HERAUSGEGEBEN
VON DER ORTSBÜRGERGEMEINDE KAISERAUGST
UND DER GEMEINDE AUGST

Augst und Kaiseraugst: Zwei Dörfer – eine Geschichte

René Salathé
Alex R. Furger
Heinrich Hänger
Diemuth Königs
Fridolin Kurmann
Reto Marti
Markus Peter

Band 1

IMPRESSUM

Autorin und Autoren
Alex R. Furger, Dr. phil.
Heinrich Hänger, Dr. phil.
Diemuth Königs, Dr. phil.
Fridolin Kurmann, Dr. phil.
Reto Marti, Dr. phil.
Markus Peter, Dr. phil.
René Salathé, Dr. phil.

Begleitkommission
Meinrad Haberl, Ortsbürgerkommission Kaiseraugst
Max Heller, Präsident, Gemeindeammann Kaiseraugst
Fritz Kammermann, Aktuar, Gemeindeschreiber Kaiseraugst
René Salathé, Dr. phil., Projektleiter
Barbara Schätti, Vizeammann Kaiseraugst
Meinrad Schmid-Tremel, Ortsbürgerkommission Kaiseraugst
Hans-Rudolf Schmutz, Dr. phil., Gemeinderat Augst
Ursula Singh, Buchgestalterin

Auftraggeber
Ortsbürgergemeinde Kaiseraugst
Gemeinde Augst

Redaktion
René Salathé, Dr. phil.

Lektorat
Elisabeth Balscheit, Dr. phil.

Gestaltung, Satz und Typografie
Ursula Singh, Kaiseraugst

Druck/Herstellung
Druckerei Lüdin AG, Liestal, Buchbinderei Grollimund AG, Reinach

Verlag
Verlag des Kantons Basel-Landschaft, Liestal

 2007

Diese Publikation wurde mit Mitteln aus den beiden Lotteriefonds
des Kantons Aargau und des Kantons Basel-Landschaft unterstützt.

ISBN 978-3-85673-671-2, EAN 9783856736712
©Liestal, 2007. Autorin, Autoren und der Verlag des Kantons Basel-Landschaft
Alle Rechte vorbehalten.

INHALT

Vorwort

Ein Gemeinschaftswerk ... **7**
Max Heller, Andy Blank

Dorfgeschichte ist Weltgeschichte ... **8**
René Salathé

Einleitung

René Salathé

Die Namen von Augst und Kaiseraugst ... **11**

Urgeschichte

Alex R. Furger

Spuren aus der Urgeschichte ... **17**

Römerzeit

Von der römischen Koloniestadt zur spätantiken Festung:
Augst und Kaiseraugst in römischer Zeit ... **23**
Markus Peter

Trinkwasser für die Stadtbewohner ... **34**
Alex R. Furger

Das frühkaiserzeitliche Holzkastell ... **39**
Alex R. Furger

Kampfarena und Schauspielbühne:
Amphitheater und Theater ... **42**
Alex R. Furger

Eine sensationelle Entdeckung:
grossräumige Lehmgewinnung im Tagebau ... **46**
Alex R. Furger

Ein industrielles Zieglerquartier in der «Liebrüti» ... **50**
Alex R. Furger

Kult und Glaube in Augusta Raurica ... **53**
Markus Peter

Ein grosses Gräberfeld «Im Sager» ... **55**
Alex R. Furger

Rheinbrücken ... **59**
Alex R. Furger

Phantom Rheinhafen ... **63**
Alex R. Furger

Ein Reihenhaus in einer Unterstadt-Insula ... **65**
Alex R. Furger

Handels- und Gewerbehaus «Schmidmatt» ... **69**
Alex R. Furger

Aus dem Leben von Elvina, Gallierin aus Augusta Raurica ... **73**
Alex R. Furger

Kaiseraugst am Kreuzweg ... **81**
Markus Peter

Fingerring mit Menora:
ältestes Zeugnis des Judentums in der Schweiz ... **83**
Alex R. Furger*

*) unter Mitarbeit von Beat Rütti

Der Kaiseraugster Silberschatz ... **86**
Markus Peter

Glossar ... **91**
Alex R. Furger & Markus Peter

Frühmittelalter

Reto Marti

Ein neues Zeitalter – das frühe Mittelalter ... **95**

Zeit des Wandels ... **95**

Kaiseraugst – Bischofsstadt ... **103**

Leben zwischen Tradition und Aufbruch ... **107**

Hoch- und Spätmittelalter bis zur Trennung im Jahr 1442

Diemuth Königs

Augst bis zur Trennung von 1442 ... **117**

Von der Trennung 1442 bis ins frühe 19. Jahrhundert

Fridolin Kurmann

Grenzen ... **157**

Herrschaften und Untertanen ... **169**

Steuern, Zinsen und Zehnten ... **185**

Wirtschaft ... **195**

Alltägliches und Denkwürdiges ... **212**

Die Bevölkerung vom Spätmittelalter bis heute

Fridolin Kurmann

Die Bevölkerungsentwicklung ... **235**

Die Kirchen

Fridolin Kurmann

Vom Bischofssitz zur Landpfarrei ... **247**

Die Reformation ... **249**

Die katholische Kirche nach der Reformation bis 1877 ... **251**

Die Spaltung der Kirchgemeinde ... **255**

Die Christkatholische Kirchgemeinde ... **262**

Die Römisch-Katholische Kirchgemeinde ... **264**

Die Reformierten in Augst und Kaiseraugst ... **269**

Die Ökumenische Kirche Liebrüti ... **274**

Kurzbiografien

Autorin und Autoren ... **281**

VORWORT

Ein Gemeinschaftswerk

Augst und Kaiseraugst – die Namen dieser beiden Gemeinden lösen die unterschiedlichsten Vorstellungen und Gedanken aus. Sicher haben auch Sie ganz persönliche Erwartungen an das Buch, das Sie jetzt in den Händen halten. Vielleicht gilt Ihr Interesse der stolzen römischen Vergangenheit von Augusta Raurica und des späteren Römerkastells; eine Vergangenheit, die noch heute durch zahlreiche historische Stätten das Bild der beiden Dörfer prägt.

Vielleicht möchten Sie aber auch gern einen Einblick in die „gute alte Zeit", als das Strassenbild noch von Bauernhäusern und Pferdefuhrwerken geprägt war, gewinnen. Womöglich werden in Ihnen Erinnerungen an die jahrelangen und erbitterten Auseinandersetzungen um das verhinderte Atomkraftwerk wach. Oder es interessiert Sie die Gegenwart der an Rhein und Ergolz gelegenen Ortschaften: das moderne Augst und Kaiseraugst mit der Hochhaussiedlung Liebrüti, den renommierten Gewerbe- und Industriebetrieben sowie den Hochleistungsstrassen quer durch beide Gemeinden.

Unsere beiden Dörfer sind heute durch politische Grenzen getrennt. Durch ihre gemeinsame Geschichte und viele Gemeinsamkeiten blieben sie eng verbunden. Was lag also näher, als das neue Buch über die gemeinsame Vergangenheit unserer Gemeinden unter den Titel „*Augst und Kaiseraugst: Zwei Dörfer – eine Geschichte*" zu setzen.

Für die Gemeinde Augst wie für die Ortsbürgergemeinde Kaiseraugst war dieses zweibändige Werk von Anfang an ein partnerschaftliches Projekt. Weder die Kantonszugehörigkeit noch die Gemeindegrösse spielten eine Rolle. Wichtig war einzig das gemeinsame Ziel: eine optisch ansprechende und inhaltlich fesselnde Berichterstattung über die lange Vergangenheit von Augst und Kaiseraugst.

Tauchen Sie ein in die spannende Geschichte unserer beiden Gemeinden.

Andy Blank
Gemeindepräsident Augst

Max Heller
Gemeindeammann Kaiseraugst

VORWORT

Dorfgeschichte ist Weltgeschichte

Wo beginnt Weltgeschichte, wo hört sie auf? Heute, im Zeitalter der weltumspannenden Globalisierung findet sich *jedes Dorf in der Realität des global village*, und Lokalgeschichte versteht sich mehr denn je als Teil der komplexen Weltgeschichte.[1] Eigentlich war das ja schon immer so, doch lange Zeit wurde Lokalgeschichte eher als quantité négligeable, als Ausfluss einer unkritischen Kirchturmpolitik verstanden und abgehandelt. Man sah in ihr einen Tummelplatz von Leuten, die lediglich ihre nächste Umgebung vor Augen haben und darüber vergessen, dass selbst die bescheidenste Ortsgeschichte immer im Gegenwind grosser weltgeschichtlicher Ereignisse und Entwicklungen steht.

Die Geschichte von Augst und Kaiseraugst führte wegen der grossen Bedeutung des alten Augusta Raurica seit je über die engen Dorfgrenzen in die Weite des ehemaligen römischen Weltreichs, und so besteht denn auch für die zweite Ortsgeschichte der beiden Nachbargemeinden eine ausserordentliche Ausgangslage. Bereits der Titel des neuen Werkes lässt aufhorchen: "Augst und Kaiseraugst: Zwei Dörfer – eine Geschichte". Wenn diese Aussage durch die Feststellung ergänzt wird, dass eines der beiden ins Geschichtsvisier genommenen Dörfer zusätzlich zum römischen noch ein kaiserliches Attribut österreichischer Provenienz trägt, dann dürfte das eine besondere Spannung erzeugen.

Warum denn überhaupt eine gemeinsame Geschichte der zwei doch souveränen und damit je getrennt verwalteten Augster Gemeinden, die erst noch zu verschiedenen Kantonen – Baselland und Aargau gehören? Anthropologisch ausgedrückt: Weil die beiden Kommunen fast siamesische Zwillinge sind. Ihre gemeinsame Lebensphase weist bis in vorchristliche Zeit zurück und dauerte über ein Jahrtausend bis 1442. Dann erfolgte die Trennung. War sie endgültig und eindeutig? Niemand, der von der geheimnisvollen Zweisamkeit von Zwillingen gehört hat, wird um eine Antwort verlegen sein. So wie Zwillingsmenschen schicksalshaft ein ganzes Leben eng miteinander verbunden bleiben, so wirkt auch bei so nah verwandten Dörfern der gemeinsame Ursprung weit über die erste Lebensphase hinaus. In vielen Belangen haben sich zwar die beiden Augster Dörfer in den mehr als fünfhundert Jahren seit 1442 tatsächlich auseinandergelebt und damit zu einer je eigenen Identität gefunden. Ihre römische Vergangenheit haben sie trotzdem nie abgestreift.

Unsere Geschichte versucht, sowohl die Gemeinsamkeiten als auch die kleineren und grösseren Unterschiede sowie die von Dorf zu Dorf verschieden gelebte Identität darzustellen. All diese Sichtweisen durchdringen sich und erzeugen eine sich von Kapitel zu Kapitel verändernde und lebendige Spannung. Einmal steht die Schilderung der Augster Verhältnisse im Vordergrund, ein andermal geht es spezifisch "nur" um Kaiseraugst: Wer glaubt, die beiden Dörfer würden auch bezüglich Seitenzahl vollkommen gleich behandelt, kommt daher nicht auf die Rechnung – den jeweiligen Umfang bestimmt nebst der Quellenlage die Augst oder Kaiseraugst zukommende Bedeutung des angesprochenen Themas.

VORWORT

Die Entstehung des vorliegenden Werkes ist der Ortsbürgergemeinde Kaiseraugst zu verdanken. Sie hat die Überarbeitung und Aktualisierung der Geschichte der beiden Nachbargemeinden Augst und Kaiseraugst initiiert und grosszügig den Hauptanteil der Kosten getragen. Zu danken ist auch den Gemeinderäten der beiden Gemeinden, die das Werk wohlwollend begleitet haben, sowie den Kantonen Aargau und Basel-Landschaft, die Beiträge aus dem Lotteriefonds zur Verfügung gestellt haben. Ein grosses Dankeschön gilt ferner den beiden Gemeindeverwaltungen, insbesondere den Herren Fritz Kammermann, Gemeindeschreiber Kaiseraugst, und Roland Trüssel, Gemeindeverwalter Augst; sie haben beide das Werk mit ihrem Wissen und den Mitteln der Administration interessiert und kompetent gefördert. In diesem Zusammenhang gehört auch das Infoblatt der Gemeinde Kaiseraugst erwähnt.

Es würde zu weit führen, an dieser Stelle alle Institutionen und Einzelpersonen dankend aufzuführen, die in irgendeiner Weise zur Entstehung der neuen Augster und Kaiseraugster Dorfgeschichte beigetragen haben. Wir treffen eine Auswahl und nennen:
- die Christkatholische Kirchgemeinde Kaiseraugst, die Zugang zu ihrem Archiv gewährt hat,
- das Team der Römerstadt Augst, insbesondere Frau Ursi Schild (Objektaufnahmen und Fotoscans), Michael Vock (digitale Bearbeitung der komplexen Römerstadtpläne), Markus Schaub (Rekonstruktionsgemälde),
- Kaiseraugster Auskunftspersonen: Marianne Füglistaller, Ernst Frey, Meinrad Haberl, Hans Rotzinger, Hans Schauli, Barbara Schätti, Meinrad Schmid-Käser, Meinrad Schmid-Tremel, André Schumacher, Willy Zinniker,
- Frau Dr. Elisabeth Balscheit, Lektorin,
- Frau Ursula Singh, die es verstanden hat, der Augster und Kaiseraugster Geschichte ein ansprechendes und modernes Kleid zu geben,
- den Verlag des Kantons Basel-Landschaft sowie
- die Druckerei Lüdin AG in Liestal.

Zum Schluss möchten wir, Autorin und Autoren, der Begleitkommission zur Geschichte von Augst und Kaiseraugst unter dem Vorsitz von Gemeindeammann Max Heller für die wache, kritische und hilfreiche Anteilnahme danken, die sie dem Werk immer wieder entgegen gebracht hat.

Nun wünschen wir dem Buch eine gute Aufnahme. Möge es helfen, die Gegenwart aus der Vergangenheit zu verstehen und damit den Weg für die Herausforderungen der Zukunft zu ebnen.

Namens des Autorenteams
René Salathé

---

[1] Scarpatetti Beat von: „Epilog: Dorfgeschichte ist Weltgeschichte", in: „Binningen – die Geschichte", Liestal 2004. S. 443.

EINLEITUNG

Die Namen von Augst und Kaiseraugst

Baselaugst – Augst an der Brücke – Ergolzaugst oder ganz einfach Augst: Mit dieser Auswahl macht das kleine Baselbieter Dorf auf sich aufmerksam. Während der erste Namen auf die Tatsache hinweist, dass Augst, wie es eben heute heisst, seit 1534 bis 1832 zum städtischen Territorium gehörte, nehmen die beiden anderen Bezeichnungen, die im 19. Jahrhundert noch oft verwendet wurden, auf die Lage des Dorfes Bezug. Allen genannten Namen gemeinsam ist indessen, dass sie sich mit ihrer Bezeichnung Augst von der römischen Ursprungssiedlung Augusta Rauracorum oder Augusta Raurica ableiten.

"Dem Ortsnamen liegt der 27 vor Christus an Kaiser Octavianus verliehene römisch-lateinische Beiname Augustus zugrunde, der zum lateinischen Adjektiv augustus = geheiligt, ehrwürdig gebildet wurde und als Kaisername auch auf alle folgenden Kaiser überging.

Augst stellt sich so in eine Reihe von Orten, bei denen ... der Kaisername massgebend, die ursprüngliche Bedeutung des Adjektivs augustus aber schon verblasst war. Zwecks genauer Identifikation wurde der entsprechende Name jeweils noch durch einen Völkernamen ergänzt: Augusta Treverorum (das heutige Trier), Augusta Vindelicum (das heutige Augsburg) oder eben: Augusta Rauracorum.

Mit seinem Doppeladler tritt das Wiener Reich noch heute im Wirtshausschild des Dorfgasthofes Adler in Erscheinung.

Der zweite Teil des Namens Augusta Rauracorum bezieht sich auf den zur Zeitenwende in dieser Gegend ansässigen keltischen Stamm der Rauriker oder Rauracher ...

Erhalten blieb von der ursprünglichen Form Augusta Rauracorum nur der erste Teil des Namens. Er entstand durch die Festigung der Betonung auf der ersten Silbe. Dadurch wurden End -und Mittelsilbe abgeschwächt und schliesslich abgestossen ... " [1]

Augst im Dorf – Aargauaugst – Kaiseraugst: Auch im Falle des aargauischen Augsts steht uns eine kleine Auswahl von Namen zur Verfügung. Wer nun aber glaubt, der Name Kaiseraugst unterstreiche gewissermassen durch sein kaiserliches Attribut die ehemalige Zugehörigkeit zum Reich der römischen Kaiser, der täuscht sich und verkennt die Tatsache, dass das Dorf von 1442 bis 1803 zum vorderösterreichischen Territorium der Habsburger Monarchie gehörte, deren Herrscher bis 1806 meist die deutsche Kaiserkrone trugen und seit 1804 Kaiser von Österreich waren. Mit seinem Doppeladler tritt das Wiener Reich auch heute noch im Wirtshausschild des Dorfgasthofs Adler in Erscheinung.[2]

Auch die beiden Wappen von Augst und Kaiseraugst verlangen eine Erklärung.

Während das 1811 als Siegel erstmals in Erscheinung tretende Wappen von Kaiseraugst einen stilisierten römischen Wachtturm darstellt – bis 1850 ohne Runddach –, zeigt das Augster Wappen einen silbernen Löwenkopf mit goldener Zunge. Haben wir es wohl mit einer Erinnerung an die auch im Augster Amphitheater zur Zeit der Römer durchgeführten Tierhatzen zu tun? Die Erklärung ist sehr viel trivialer: Das Wappen geht auf die Edelknechte Pfirter von Liestal zurück, die im 14. Jahrhundert mit der Hälfte des Augster Zolls belehnt waren.[3] Ihr 1928 am neuen Schulhausbau in Stein angebrachtes Wap-

Während das 1811 in Form eines Siegels erstmals erscheinende Wappen von Kaiseraugst einen stilisierten römischen Wachtturm darstellt – er war bis 1850 ohne Runddach–, zeigt das Augster Wappen einen silbernen Löwenkopf mit goldener Zunge.

EINLEITUNG

Das älteste, indirekte Zeugnis zum Augster Ortsnamen: Diese 2,03 m breite Steininschrift ziert das Grabmonument des Lucius Munatius Plancus auf dem Kap von Gaëta zwischen Rom und Neapel. Plancus war im 1. Jahrhundert v. Chr. ein Feldherr Julius Caesars und gründete in dessen Auftrag die Kolonien Lyon und Raurica. Davon berichtet die Grabinschrift: «... IN GALLIA COLONIAS DEDVXIT LVGVDVNVM ET RAVRICAM» (... gründete in Gallien die Kolonien Lyon und Raurica). Aus dem ursprünglichen Namen COLONIA RAURICA, der sowohl das grosse Koloniegebiet als auch die spätere Stadt an der Ergolzmündung meinte, wurde durch eine Neubenennung unter Kaiser Augstus dann die COLONIA AUGUSTA RAURICA, mit vollem Namen vermutlich COLONIA PATERNA(?) MUNATIA(?) FELIX(?) APOLLINARIS AUGUSTA EMERITA RAURICA (vgl. Seite 23). Der Gemeindename Augst geht demnach auf Augustus (27 v. Chr. – 14 n. Chr.), den ersten römischen Kaiser, zurück.

Mit dem Rückgriff auf den Wappenturm symbolisiert das Logo die historischen Wurzeln der Gemeinde, mit der schön geschwungenen blauen Wellenlinie die besondere geografische Lage des Dorfes am Fluss.

pen fand in der Folge auch für verschiedene Vereinsfahnen Verwendung. Im Jahr 1945 unterbreitete die von der kantonalen Kommission zur Erhaltung von Altertümern ins Leben gerufene Subkommission für Gemeindewappen Vorschläge für ein neues Hoheitszeichen, das insbesondere die Bedeutung des mittelalterlichen Dorfes für den Verkehr hätte versinnbildlichen sollen. An der Suche des neuen Gemeindewappens beteiligte sich auch die Einwohnerschaft. Nachdem zunächst von einer römischen Säule als Wappenzeichen die Rede war, schlug die Wappenkommission schliesslich eine Brücke mit Mitteljoch vor. Die Gemeindeversammlung vom 25. November 1947 entschied jedoch anders: Sie beschloss, am Pfirter-Löwen festzuhalten. Zur Begründung der Wahl wurde unter anderem angeführt, der Löwe als wehrhaftes Tier passe sehr gut zu einer Grenzgemeinde, deren Aufgabe es ja immer gewesen sei, wachsam zu sein; ausserdem führe das Wappen sowohl die Kantons- als auch die Landesfarben. Bezeichnend ist, dass offenbar in Augst um die Mitte des 20. Jahrhunderts das Bewusstsein des ausserordentlichen geschichtlichen Ursprungs der Siedlung in der Bevölkerung noch schwach verankert war, sonst hätte doch gewiss der Hinweis auf die römische Vergangenheit den Sieg davongetragen.

Ein Nachtrag: Kaiseraugst hat sich im Juni 1997 wenn nicht ein neues Gemeindewappen gegeben, so doch ein elegantes, von der Grafikerin Ursula Singh geschaffenes Logo. Mit dem Rückgriff auf den Wappenturm symbolisiert es die historischen Wurzeln der Gemeinde, mit der schön geschwungenen blauen Wellenlinie die besondere geografische Lage des Dorfes am Fluss. Seit 1997 prangt dieses Signet auf allen amtlichen Verlautbarungen und hat damit der Gemeinde zu einem einheitlichen, modernen Auftritt in der Öffentlichkeit verholfen. *"Eine unverwechselbare Identität gehört zu zeitgerechtem Marketing. Dies gilt im besonderen für Dienstleistungsunternehmen; und als solche verstehen wir die Gesamtheit des Gemeindedienstes, zu welchem unsere Gemeindeverwaltung, die Schule, der Werkhof und die Kommissionen gehören"*, kommentierte das 1997 ebenfalls erstmals erschienene Gemeinde-Informationsblatt "Info Kaiseraugst".

EINLEITUNG

[1] Aus dem Namenbuch der Gemeinden des Kantons Basel-Landschaft, Heft Augst, herausgegeben von Ramseier Markus, Stiftung für Orts- und Flurnamen-Forschung Baselland. Pratteln 2004, S. 7. Zum Namen auch Berger Ludwig: Testimonien für die Namen von Augst und Kaiseraugst von den Anfängen bis zum Ende des ersten Jahrtausends, in: Peter-Andrew Schwarz und Ludwig Berger (Hrsg): Tituli Rauracenses 1 Testimonien und Aufsätze - Zu den Namen und ausgewählten Inschriften von Augst und Kaiseraugst. Forschungen in Augst, Band 29, Augst 2000. S. 13 - 40.

[2] Siehe Abschnitt Adler im Kapitel Öffentliche Gebäude in Augst und Kaiseraugst. Zum Namen Kaiseraugst Zehnder Beat: Die Gemeindenamen des Kantons Aargau, Aarau 1991, S. 213ff.

[3] Suter Paul: Gemeindewappen von Baselland, Liestal 1984. S. 43ff.

URGESCHICHTE

Spuren aus der Urgeschichte

Alex R. Furger

Lange Jahre war in der Vitrine der alten Kaiseraugster Gemeindekanzlei ein Mammutzahn ausgestellt. Diese mächtig geschwungenen, über armdicken Zeugen der letzten Eiszeit (etwa 70'000–10'000 v. Chr.) finden sich häufig beim Ausbaggern tiefer Baugruben im glazialen Rheinkies. Sie fallen den Bauleuten auf, werden geborgen und finden ihren Weg in die Museen, Schulhäuser und Gemeindeverwaltungen. Die Präsenz allein eines letzten Restes von einem solchen eiszeitlichen Grosswild sagt noch nichts aus über die Anwesenheit oder gar Jagdtätigkeit des urgeschichtlichen Menschen.

Auch in den römischen Fundschichten von Augusta Raurica finden sich immer wieder Versteinerungen, seien es Muscheln oder Schnecken oder Teile anderer *Fossilien* mit auffallender Oberflächenform. Ja sogar ein «kleiner» Mammut-Backenzahn von immerhin 11 cm Höhe wurde in einer Kulturschicht des 2. Jahrhunderts n. Chr. bei Ausgrabungen in der Insula 43 entdeckt (Abb. 1). Die Zahl dieser Fossilien sowie andere in den römischen Schichten gefundene «Raritäten» aus der Natur, wie z. B. Tropfsteine oder Kristalle, lassen keinen anderen Schluss zu als dass die Römer – vielleicht und wie heute noch vornehmlich die Kinder – solche Dinge in der näheren Umgebung der Stadt gefunden und als Kuriositäten oder Sammlungsobjekte nach Hause genommen haben.

Die Entstehung all dieser Versteinerungen geht natürlich auf viel ältere Epochen der Erdgeschichte zurück als die Präsenz des Menschen. Nur die Mammutzähne könnten theoretisch von der Jagdbeute des Eiszeitmenschen stammen.

Aus welcher Zeit stammt denn der älteste Beleg menschlicher Präsenz in Augst oder Kaiseraugst?

Die ältesten Funde, die vom Menschen in Augst und Kaiseraugst zeugen, stammen aus der *Jungsteinzeit*, dem Neolithikum (um 5500–2200 v. Chr.). Auf dem Augster «Steinler», zwischen der Autobahn und dem römischen Theater, wurden bisher drei Steinbeilklingen und mehrere Geräte aus Silex (Feu-

Abb. 1: Diesen «kleinen» Mammut-Backenzahn haben bereits die Römer vor etwa 1800 Jahren im Gelände des heutigen Augst oder Kaiseraugst im Rheinschotter entdeckt und nach Hause getragen. Er ist jedoch ein Zeugnis aus der letzten Eiszeit und somit zehn- bis vierzigmal älter als die römischen Funde. Das Mammut gehört zur typischen Kältefauna der letzten Eiszeit, als bei uns in einer tundra-ähnlichen Landschaft auch Höhlenbären, Höhlenhyänen, Rentiere, Wildpferde, Wollnashörner u. a. lebten. Diese Wildtiere und essbare Pflanzen waren die Lebensgrundlage von vereinzelten Jägergemeinschaften (Neandertaler und Moderner Mensch).

(Foto Ursi Schild, Römermuseum Augst)

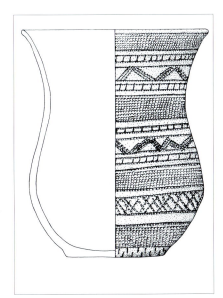 

Abb. 2: Dieser «Glockenbecher» ist in Form von 31 Scherben erhalten (Auswahl rechts). Seine Höhe lässt sich zeichnerisch auf 16,5 cm rekonstruieren (links). Er stammt aus Kaiseraugst und zeugt wahrscheinlich von einer kleinen Siedlung um 2300 v. Chr.: Entweder ist er den Bewohnern damals in Brüche gegangen oder er diente als Gefässbeigabe in einem Grab.

(nach Gutzwiller 1998, Abb. 1,25; Zeichnung Paul Gutzwiller, Therwil, Foto Ursi Schild, Römermuseum Augst)

URGESCHICHTE

erstein) gefunden. Sie lassen auf ein kleines jungsteinzeitliches Dorf in der Ebene schliessen (sogenannte Freilandsiedlung), deren Spuren jedoch durch die römische Siedlungstätigkeit völlig verschliffen worden sind.

Zwei Steinbeilklingen und 39 Feuersteingeräte vom östlichen Kastelensporn, zu Beginn des 20. Jahrhunderts im Kiesgrubenareal der E. Frey AG entdeckt, geben eine weitere jungsteinzeitliche Siedlung auf diesem heute verschwundenen Hügelsporn zu erkennen.

Ganz im Nordwesten der antiken Unterstadt in Kaiseraugst kamen 1978 in einer römischen Kellergrube 31 Scherben eines so genannten Glockenbechers zum Vorschein (Abb. 2). Er ist handgeformt (d. h. ohne Töpferscheibe), mit Kammstempeleindrücken reich verziert (Bänder, Zickzacklinien, Diagonalgittermuster) und 16,5 cm hoch. Solche glockenförmige, meist verzierte Becher gehören in die Spätphase der Jungsteinzeit (um 2300 v. Chr.) und waren oft Grabbeigaben. Vielleicht stammt auch das Kaiseraugster Stück aus einem von den Römern unerkannt zerstörten Grab.

Die menschliche Präsenz in der *Mittleren Bronzezeit* (um 1550–1350 v. Chr.) ist mit zwei kleinen Bronzedolchen, zwei Nadeln und einem kleinen Beilbruchstück belegt. Sie fanden sich aber weit über das ganze Gebiet von der Kaiseraugster Liebrüti bis zum Augster Sichelengraben verstreut und lassen keine eigentliche Fundstelle erkennen. Da Keramikfunde dieser Zeit fehlen, handelt es sich vermutlich um Reste verschleppter Grabbeigaben.

Eine bedeutendere Siedlung muss in der *Späten Bronzezeit* auf dem Hügelsporn «Sichelen I» zwischen dem Sichelengraben (Amphitheater) und Wildentälchen (Ruschenbächli) gelegen haben. Dort wo später die Römer eine Tempelanlage errichteten, kamen 1998 bei Sondierungen am oberen Rand des Amphitheaters Hunderte von Keramikscherben zum Vorschein. So klein sie auch sind, so erlauben ihre Form und Verzierung doch eine Datierung in die Zeit um 900 v. Chr. (Stufe Ha B2/B3).

Abb. 3: Bisher eine grosse Seltenheit in Augst und Kaiseraugst: ein geschlossenes Grabensemble vom Biretenweg in Kaiseraugst aus der Späten Bronzezeit (11. Jahrhundert v. Chr.). Die erhaltenen Beigaben des Frauengrabes sind: 1: Urne von über 30 cm Durchmesser (hierin waren der Leichenbrand und alle anderen Beigaben deponiert); 2–4: drei Tonbecher, mit feinem «Kammstrich» und Riefen verziert; 5: Bruchstücke mehrerer «Zwillingsarmringe» aus Bronze, Durchmesser ca. 5 cm; 6: Bronzeringlein; 7: drei Goldröllchen mit feinem Rillendekor, leicht zerdrückt. Massstab 1:3 (1–4) bzw. 2:3 (5–7).

(nach Gutzwiller 1993, Abb. 40/41; Zeichnungen Clara Saner, Ausgrabungen Kaiseraugst)

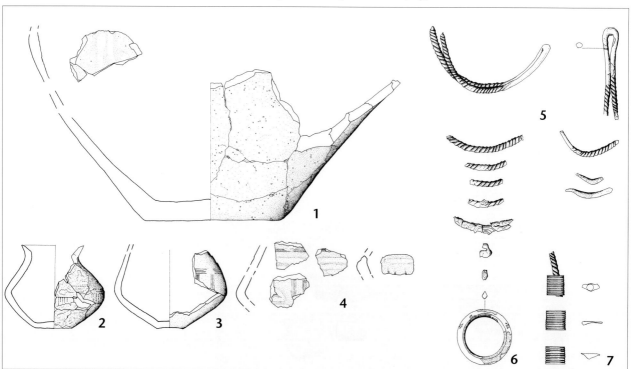

URGESCHICHTE

Auch ein zweiter Hügelsporn trug in der Späten Bronzezeit eine Siedlung: Die gross angelegten Notgrabungen von 1991 bis 1993 unter dem heutigen Auditorium der Römerstiftung Dr. René Clavel auf Kastelen erbrachten nicht nur zahlreiche spätbronzezeitliche Scherben und einige Nadeln, sondern sogar Gebäudestrukturen. Deutlich war eine urgeschichtliche Schicht, ein so genannter Gehhorizont, zu fassen, der von den römischen Bauleuten 1000 Jahre später gekappt worden ist. Reste von Balkengräbchen, die sich mit ihrer dunklen Erdverfüllung vage im Boden abzeichneten, stammen von den Fundamenten der hölzernen Häuser aus der Spätbronzezeit.

Es ist als glücklicher Zufall zu bezeichnen, dass aus derselben Epoche sogar ein Grab «in situ» (d. h. in Originalfundlage) entdeckt und erforscht werden konnte. Dies war nur dank des Umstandes möglich, dass die Bestattung im Rahmen einer archäologischen Notgrabung zutage kam. In der Rheinebene in Kaiseraugst, am Biretenweg, stiessen die Ausgräber 1992 auf ein *Frauengrab*. Es handelte sich nach Ausweis der anthropologischen Untersuchung um die Brandbestattung einer 20- bis 25-Jährigen. Der Leichenbrand, d. h. die verbrannten Knochen der Toten und die Asche vom Scheiterhaufen, waren zusammen mit drei kleinen Beigabengefässen und einem Bronzeringlein, die man mitkremiert hatte, in einer grossen Tonurne beigesetzt (Abb. 3). Die junge Frau muss wohlhabend gewesen sein und in ihrem Dorf in Kaiseraugst eine überdurchschnittliche Stellung gehabt haben, hat man ihr doch zusätzlich einen tordierten Bronzearmring mit sechs kleinen darumgewickelten Goldblechröllchen mit ins Jenseits gegeben. Die Keramikgefässe und der Armreif erlauben eine Datierung dieses Grabes in das 11. Jahrhundert v. Chr. (Stufe Ha A). Man konnte dank sorgfältiger Freilegung und Dokumentation sogar nachweisen, dass das bronzezeitliche Grab offenbar beim Bau der römischen Höllochstrasse gestört wurde.

Auffallend viele andere Metallobjekte (Nadeln, Messer, Dolch) aus der Späten Bronzezeit sind *Einzelfunde* von verschiedenen Stellen in Augst und Kaiseraugst. Wie schon für die Bronzeobjekte der Mittleren Bronzezeit ist auch hier eine ursprüngliche Herkunft aus Gräbern zu vermuten. Eine Handvoll verstreut gefundener Scherben aus dem Gebiet des Kurzenbettli, unter der heutigen Autobahn, lässt dort eine weitere kleine Siedlung der Späten Bronzezeit vermuten. Vereinzelte, nicht genauer bestimmbare Keramikfunde aus der Bronzezeit stammen von der Fortunastrasse in Augst (Ausgrabung Insula 22) und aus dem Areal der Shell-Tankstelle an der Pratteler Rheinstrasse.

Funde aus der *Eisenzeit* (Hallstattzeit [800–450 v. Chr.] und Latènezeit [450–20 v. Chr.]) kennt man kaum aus Augst und Kaiseraugst, obschon diese Epoche der römischen direkt voranging. Einige spätkeltische Objekte sind zwar in den verschiedensten Ausgrabungen in römischen Schichten zum Vorschein gekommen, so zum Beispiel Fibeln (sog. Nauheimerfibeln), recht viele keltische Münzen oder wenige nicht eindeutige Keramikbruchstücke. Sie alle bezeugen weder eine keltische Siedlung am Ort noch die Frühzeit der 44 v. Chr. von L. Munatius Plancus (Abb. S. 12) gegründeten Colonia Raurica. Es können Altstücke gewesen sein, die von den frühesten Siedlern mit nach Augusta Raurica gebracht worden sind oder sogar Objekte, die um 10 v. Chr. durchaus noch gebräuchlich waren (wie z. B. die spätkeltischen Münzen).

URGESCHICHTE

Lesetipps:

- E. Schmid, Ein Mammutzahn und ein Jurafossil aus Augusta Raurica. Baselbieter Heimatbuch 11 (Liestal 1969) 100–104.

- C. Bossert-Radtke, Das Augster Amphitheater. Die Sondierung vom Frühjahr 1988. Mit einem Exkurs über spätbronzezeitliche Funde vom Sichelenplateau. Jahresberichte aus Augst und Kaiseraugst 10, 1989, 111–142, bes. 120–126 Abb. 17 und 20.

- P. Gutzwiller, Das Urnengrab einer Frau am Biretenweg in Kaiseraugst 1992.08. In: U. Müller u. a., Ausgrabungen in Kaiseraugst im Jahre 1992. Jahresberichte aus Augst und Kaiseraugst 14, 1993, 109–133, bes. 128–131 Abb. 40–43.

- P. Gutzwiller, Stein- und bronzezeitliche Funde aus Augst und Kaiseraugst. In: R. Ebersbach/ A. R. Furger/M. Martin/F. Müller/B. Rütti (Hg.), MILLE FIORI. Festschrift Ludwig Berger, Forschungen in Augst 25 (Augst 1998) 51–59.

- U. Leuzinger/P.-A. Schwarz, Das Kastelenplateau in prähistorischer Zeit. In: P.-A. Schwarz u. a., Kastelen 1. Die prähistorischen Siedlungsreste und die frühkaiserzeitlichen Holzbauten auf dem Kastelenplateau. Forschungen in Augst 21 (Augst 2004) 51–64 Abb. 21–24.

- M. Peter, Untersuchungen zu den Fundmünzen aus Augst und Kaiseraugst. Studien zu Fundmünzen der Antike 17 (Berlin 2001) bes. 30–37 Tab. 6–8.

RÖMERZEIT

Von der römischen Koloniestadt zur spätantiken Festung: Augst und Kaiseraugst in römischer Zeit

Markus Peter

Die Geschichte von Augusta Raurica begann in den letzten vorchristlichen Jahrzehnten. Eine Inschrift auf dem Grab des Lucius Munatius Plancus in Gaëta bei Neapel erwähnt die Gründung von Kolonien in Lugudunum (Lyon) und im Raurikergebiet (wörtlich: «.. IN GALLIA COLONIAS DEDVXIT / LVGVDVNVM ET RAVRICAM»; Abb. S. 12). Munatius Plancus, eine wichtige Figur im politischen Leben seiner Zeit, war in den Jahren 44–43 v. Chr. Statthalter in Gallien.

Doch die ältesten archäologischen Funde und Befunde in Augst und Kaiseraugst, die wir kennen, belegen eine römische Besiedlung erst ab 15/10 v. Chr.: Von der Kolonie des Munatius Plancus fehlt jede Spur. Konnte sich diese Koloniegründung vorerst nicht durchsetzen? Handelt es sich um eine «Planungsleiche», die in den unsicheren Zeiten nach Caesars Ermordung (44 v. Chr.) gar nie realisiert wurde? Oder wurde sie an einem anderen Ort angelegt, etwa auf dem Münsterhügel in Basel, wo sich im 1. Jahrhundert v. Chr. eine grössere Siedlung befand?

Wir wissen es nicht. Sicher ist, dass der eigentliche Beginn der Koloniestadt in die Regierungszeit des Kaisers Augustus (27 v.–14 n. Chr.) fällt, dessen Name bis heute in beiden Dorfnamen weiterlebt. Fragmente zweier Inschriften aus dieser Zeit nennen den offiziellen Namen der Kolonie (Abb. 1): COLONIA PATERNA(?) MUNATIA(?) FELIX(?) APOLLINARIS AUGUSTA EMERITA RAURICA.

Unter Kaiser Augustus erhielt das Imperium, das jahrelang unter Bürgerkriegen gelitten hatte, festere organisatorische und territoriale Strukturen. Nach der Eroberung und Unterwerfung weiterer Gebiete von Ägypten bis

Abb. 1: Bruchstücke zweier Ehreninschriften aus Bronze. Ursprünglich waren die Tafeln sehr wahrscheinlich an den Basen von Standbildern der geehrten Personen angebracht. Obwohl nicht vollständig erhalten, überliefern diese Fragmente den offiziellen Namen der Koloniestadt am ausführlichsten: COLONIA [PATERNA? MUNATIA? FELIX? APOLLIN]ARIS [AUGUSTA E]MERITA [RAUR]ICA. – Mehr als 200 Jahre nach ihrer Aufstellung in den Jahren um Christi Geburt wurden die Tafeln abgenommen und zerteilt; sie gehörten nun zur Altmetallreserve eines Bronzegiessers. Die Fragmente kamen 1967 in der Insula 20 zum Vorschein. Breite des vordersten Fragmentes 46,3 cm.

(Foto Ursi Schild, Römermuseum Augst)

Abb. 2: Verbreitung der römerzeitlichen Siedlungsstellen des 1. bis 4. Jahrhunderts n. Chr. in der näheren und weiteren Umgebung von Augusta Raurica. Bei den meisten Siedlungsstellen handelt es sich um einfache ländliche Gutshöfe.

(Nach R. Marti, Zwischen Römerzeit und Mittelalter. Archäologie und Museum 41 [Liestal 2000] S. 314, Abb. 152).

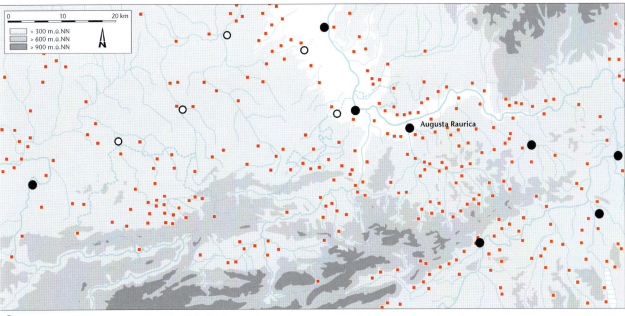

RÖMERZEIT

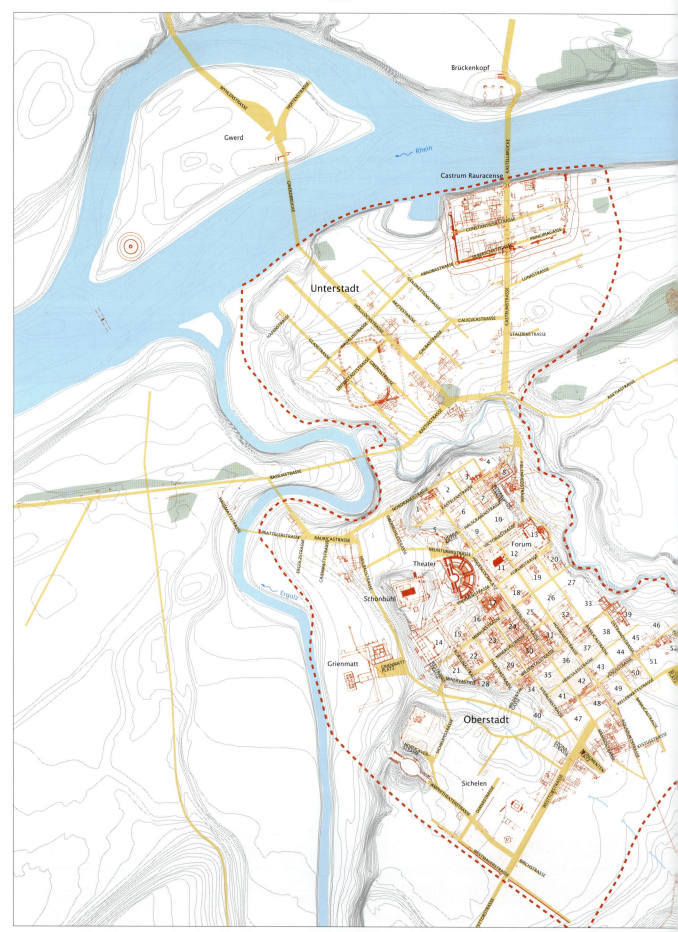

24

RÖMERZEIT

nach Westeuropa betrieb Augustus eine bewusste Politik der Romanisierung, in deren Mittelpunkt die Gründung von Kolonien stand. Diese waren nicht nur Knotenpunkte der lokalen Verwaltung, des Handels und des Kultes. Gerade unter Augustus boten sie auch eine wichtige Möglichkeit, um Soldaten nach dem Ende ihrer Dienstzeit als Veteranen mit einer Landparzelle abzufinden und anzusiedeln. Jede Kolonie bestand nicht nur aus einer Stadt, sondern aus einem teilweise beträchtlichen Gebiet mit mehreren Siedlungen bis zum einfachen Gutshof. Das Gebiet von Augusta Raurica dehnte sich im Süden bis an den Jurakamm und im Nordwesten bis ins Elsass aus (Abb. 2).

Augusta Raurica war nur eine von mehreren unter Augustus gegründeten Kolonien. Auch in den Namen von anderen Orten wie Aosta (Augusta Praetoria), Augsburg (Augusta Vindelicum) und Autun (Augustodunum) lebt der Name des Kaisers fort – Augst und Kaiseraugst befinden sich in bester Gesellschaft.

Die Stadt und ihr Umland

Die (Neu-)Gründung von Augusta Raurica erfolgte nach der Eroberung des Alpenvorlandes (15 v. Chr.). Die Wahl des Standortes hatte verschiedene Vorteile. Einerseits trafen sich an dieser Stelle wichtige Verkehrsachsen: Dem Rhein entlang führte die kürzeste Verbindung von Gallien an die Donau, und von Süden her traf die direkteste Route zwischen Italien und Germanien an den Rhein: Die römische Strasse, die vom Grossen St. Bernhard an den Genfer See, ins Mittelland, über den Hauenstein und schliesslich entlang der Ergolz bis nach Kaiseraugst führte (siehe „Kaiseraugst am Kreuzweg"). Für

Abb. 3: Augusta Raurica, Übersichtsplan.
▬ ▬ ▬ = antiker Stadtperimeter (Ausdehnung des römischen Stadtgebiets); 1–52 = Insulae (Häuserblocks) in der Oberstadt; ▬▬▬ = römische Stadtstrassen (mit modernen Strassennamen); ▬ = Gräberfelder (1.–7. Jahrhundert n. Chr.).

(Grundlagen Ausgrabungen Augst/Kaiseraugst; digitale Planbearbeitung Michi Vock)

RÖMERZEIT

die Standortwahl ausschlaggebend war nicht zuletzt auch der Rhein (Abb. 3), da Güter in der Antike wenn immer möglich auf dem Wasserweg transportiert wurden (siehe „Phantom Rheinhafen" und „Rheinbrücken"): Der Überlandtransport war weitaus teurer und antike Transportwagen hatten nur eine relativ geringe Nutzlast. Auch strategische Gründe werden in der Wahl des Siedlungsplatzes eine Rolle gespielt haben: Bis im späten 1. Jahrhundert n. Chr. und erneut seit dem späten 3. Jahrhundert n. Chr. bildete der Rhein die Grenze des Imperiums. Der Schwarzwald gehörte in diesen Zeiten bereits zum «Barbaricum» und lag ausserhalb des Reiches.

Die Bevölkerung der Stadt wird zu Beginn zu einem gewissen Teil aus Veteranen bestanden haben, vielleicht auch aus einigen Familien aus dem Süden, zum grössten Teil aber aus der alteingesessenen lokalen, keltischen Bevölkerung des Raurikergebietes. Das spätere Stadtgebiet von Augusta Raurica war bis zur Koloniegründung allerdings noch nicht besiedelt, sondern wahrscheinlich eine bewaldete, unbewohnte Zone (vgl. das Kapitel über die Urgeschichte). Ein Baumstrunk, der unter der Nordwestecke des Theaters gefunden wurde und der gemäss Jahrringanalyse (Dendrochronologie) kurz vor Christi Geburt gefällt worden war, ist vielleicht ein Zeuge der Rodungen zur Zeit der Siedlungsgründung.

Die ersten Bauten der Stadt bestanden aus Holz, doch waren die Quartiere bereits planmässig im «Insula»-System angelegt. Erst nach einigen Jahrzehnten, in der Zeit um 50–80 n. Chr., begann man, hauptsächlich in Stein zu bauen. Für diesen Wechsel gab es verschiedene Gründe: Wegen des grossen Holzverbrauchs durch die Bautätigkeit, aber auch aufgrund des enormen Brennholzbedarfs der Keramik- und Ziegelproduktion, der Schmiede, Bronzegiesser etc. war Holz wohl bald nicht mehr in unmittelbarer Nähe zu finden. Hinzu kommen die Vorteile des Steinbaus – insbesondere die geringere Feuergefahr –, aber auch die zunehmende Romanisierung der einheimischen Bevölkerung, welche Elemente der mediterranen Architektur übernahm.

Die verkehrsgeografische Lage und das fruchtbare Umland liessen die Stadt bald prosperieren; im 2. Jahrhundert n. Chr. dürfte die Einwohnerzahl der Koloniestadt rund 15'000 Menschen betragen haben. Ein Grossteil der Bevölkerung des Koloniegebietes lebte allerdings nicht in der Stadt selbst, sondern in den zahlreichen Gutshöfen der näheren und weiteren Umgebung. Was diese Gutshöfe über ihren Eigenbedarf hinaus produzierten, wurde in der Stadt gehandelt und weiterverarbeitet. Archäologisch belegt sind neben Händlern insbesondere Metzger, Gerber, Beindrechsler und -schnitzer, die alle auf landwirtschaftliche Erzeugnisse angewiesen waren. Aber auch Töpfer, Ziegler, Bronzegiesser, Schmiede, Maler, Schreiner und Zimmerleute, Glasbläser, sogar Falschmünzer arbeiteten in der Stadt.

Die Stadtstruktur

Im Mittelpunkt römischer Koloniestädte stehen stets öffentliche Bereiche und Bauten, in denen sich die römische Gedankenwelt sozusagen in der Architektur manifestiert. Das Forum im Zentrum der Stadt bildet die wichtigste dieser Zonen (Abb. 4). Noch heute sind imposante Reste der Curia sichtbar, dem Tagungsort des Stadtrates, in deren Untergeschoss heute Mosaikfunde aus Augusta Raurica ausgestellt sind. Anschliessend an die Curia

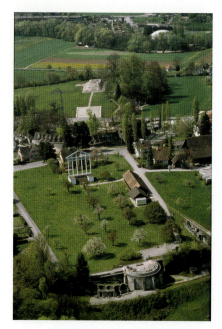

Abb. 4: Das Stadtzentrum von Augusta Raurica aus der Vogelschau. Im Vordergrund die Curia, der Tagungsort des Stadtrates, in deren Untergeschoss heute eine Ausstellung von Bodenmosaiken bewundert werden kann. Von der Curia bis zur modernen Giebenacherstrasse in der Bildmitte erstreckte sich das Forum mit dem Haupttempel der Stadt, dessen Ostfassade im Gelände 1:1 markiert worden ist. Dahinter die Rückwand des Theaters, welches durch eine monumentale Freitreppe mit dem Schönbühl-Tempel verbunden war. Die Treppe und das Tempelpodium sind ebenfalls deutlich sichtbar.

(Foto Patrick Nagy, Kantonsarchäologie Zürich/ Römerstadt Augusta Raurica)

Abb. 5: Augusta Raurica im frühen 3. Jahrhundert n. Chr.
(Rekonstruktionszeichnung Markus Schaub, Römerstadt Augusta Raurica).

RÖMERZEIT

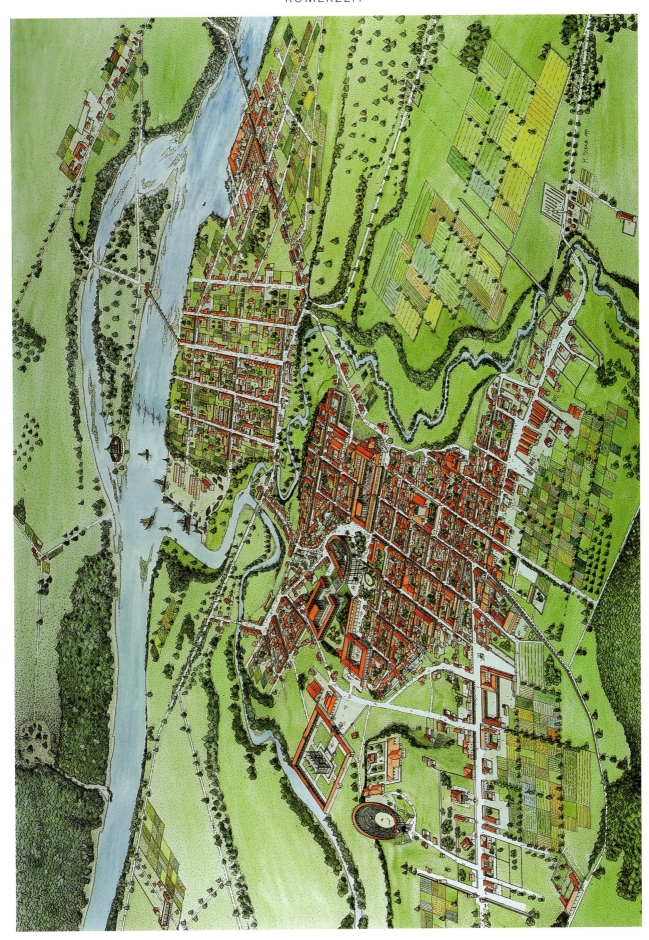

RÖMERZEIT

befand sich die Basilica, eine mächtige Halle, in der sowohl gehandelt als auch Amtsgeschäfte getätigt wurden. Der grosse Tempel am gegenüberliegenden Ende des Forums, dessen Fassade als Silhouette rekonstruiert wurde, diente wahrscheinlich dem Kaiserkult. Der ganze Forumsbezirk war in römischer Zeit von einer Säulenhalle und dahinter liegenden kleinen Kammern oder Läden umrahmt.

Auch das Theater (vgl. das betreffende Kapitel) und der gegenüberliegende Tempel auf dem Schönbühl sowie die verbindende monumentale Treppe gehören zu den zentralen öffentlichen Bauten; im Gegensatz zum Forum entstanden diese Anlagen allerdings erst zwei bis drei Generationen nach der Stadtgründung. Der Schönbühl-Tempel wurde an Stelle von älteren Tempelchen erbaut, die keltischen Gottheiten geweiht waren.

Neben diesen zentralen Bereichen existierten weitere öffentliche Bauten: Um 200 n. Chr. erhielt die Stadt im Südwesten ein Amphitheater (vgl. das betreffende Kapitel); unweit davon konnten weitere kleinere Tempel archäologisch untersucht werden. Auch die Thermen spielten im Leben der Bevölkerung eine wichtige Rolle. In der Oberstadt befanden sich zwei grosse Thermenanlagen, in Kaiseraugst können die im 3. Jahrhundert entstandenen «Rheinthermen» noch heute besichtigt werden. Eine etwas kleinere Badeanlage am Fuss des Kastelenplateaus wurde erst kürzlich ausgegraben und erlangte durch ein gut erhaltenes unterirdisches Brunnenhaus, das ebenfalls zugänglich ist, einige Berühmtheit.

Bis weit ins 3. Jahrhundert n. Chr. war Augusta Raurica eine hauptsächlich zivile Stadt; die nachweisbare Anwesenheit von Militär beschränkt sich auf kurze Zeiträume. Die grosse Ausnahme bildet ein frühkaiserzeitliches Holzkastell, das vor rund 20 Jahren in Kaiseraugst entdeckt worden ist: Auf der Wacht und in den Äusseren Reben wurden Spitzgräben und weitere Befunde ausgegraben (vgl. das betreffende Kapitel). Typisches Fundmaterial aus diesen Grabungen – Waffen und andere militärische Ausrüstungsgegenstände – zeigt, dass sich hier in den Jahren um 20 bis 50 n. Chr. ein Militärlager befand, das allerdings weitaus kleiner als das Legionslager in Vindonissa war. Einige Jahrzehnte später wurde auch dieses Gebiet mit Privathäusern überbaut; in dieser Unterstadt breitete sich ein einfaches Handwerker- und Händlerquartier aus. Danach lassen sich in Augusta Raurica während langer Zeit keine militärischen Einrichtungen mehr nachweisen.

Auch die Stadtmauer von Augusta Raurica, die im späten 1. Jahrhundert n. Chr. entstand, aber nie vollendet wurde und beim heutigen Haustierpark noch teilweise erhalten ist, kann nicht als militärische Anlage bezeichnet werden. Sie diente eher repräsentativen Zwecken und wurde möglicherweise aus Gründen der städtischen Konkurrenz kurz nach der weitaus eindrücklicheren Stadtmauer von Aventicum erbaut.

Bis gegen die Mitte des 3. Jahrhunderts n. Chr. scheint die Stadt einen ununterbrochenen Aufschwung erlebt zu haben (Abb. 5). Das überbaute Gebiet umfasste schliesslich mehr als 100 ha. Die südliche Stadtgrenze lag jenseits der heutigen Autobahn, die nördliche auf der rechten Seite des Rheins, wo mehrere Bauten und ein Gräberfeld belegt sind.

RÖMERZEIT

Alamannensturm oder Strukturkrise?

Seit der Mitte des 3. Jahrhunderts änderte sich die Situation aber deutlich. In der Heimatkunde von 1962 konnte man zu diesem Thema noch lesen, dass im Jahre 259/260 die Alamannen den Limes überrannt hätten, worauf weite Landstriche von «raubenden und brennenden Germanenscharen überschwemmt und ausgeplündert» worden seien; auch Augusta Raurica sei damals «grösstenteils zerstört» worden. Die tatsächlich tief greifenden Umwälzungen des 3. Jahrhunderts konnten mit dem scheinbaren Schlüsselereignis «Limesfall 259/269» bequem und einfach erklärt werden. Doch in den letzten Jahrzehnten hat die archäologische und historische Forschung von diesem dramatischen Szenario Abschied genommen. Vor 40 Jahren, in der Zeit des Kalten Krieges, waren drastische monokausale Erklärungen und polarisierende Bilder der Auseinandersetzung zwischen grossen Machtblöcken in der Forschung durchaus gängig. Es ist kein Zufall, dass heutige Archäologen und Historiker in einer globalisierten und unübersichtlichen Welt geschichtliche Veränderungsprozesse vermehrt durch das Zusammenwirken ganz unterschiedlicher Faktoren erklären: Die Krise des römischen Reiches war in Wirklichkeit ein vielschichtiger Prozess, der sich über mehrere Jahrzehnte erstreckte und in den meisten Provinzen zu nachhaltigen Veränderungen führte. Germaneneinfälle sind nur ein Kennzeichen dieser Zeit, doch auch wirtschaftliche, innenpolitische und ökologische Probleme spielten eine ebenso wichtige Rolle in dieser Entwicklung, die sich nicht auf ein Katastrophenjahr reduzieren lässt.

In Augusta Raurica finden sich seit der Mitte des 3. Jahrhunderts jedenfalls deutliche Hinweise auf Verarmung und Bevölkerungsrückgang (stark reduzierte Bautätigkeit, geringere Funddichte, nicht reparierte Gebäuderuinen), auf Bedrohung (versteckte Wertgegenstände), aber auch auf Kämpfe, allerdings nicht im Jahre 260, sondern erst um 273/275 (Konzentrationen von Waffenfunden [Abb. 6] in der Augster Oberstadt). Wir können nicht einmal mit Sicherheit feststellen, welchen Gruppen diese Waffenfunde zuzuschrei-

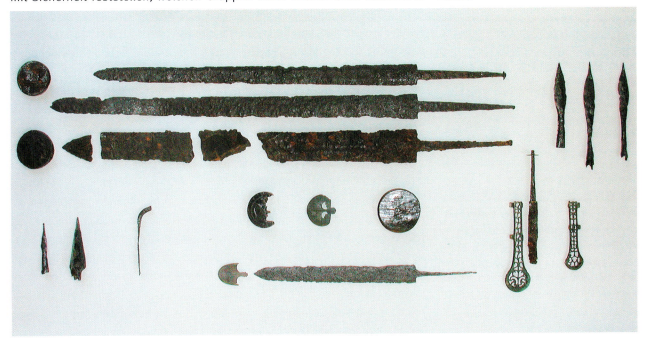

Abb. 6: In der zweiten Hälfte des 3. Jahrhunderts zerstörte ein Feuer ein Gebäude, in dessen Obergeschoss möglicherweise ein Wachposten untergebracht war. Die gut erhaltenen Reste des Gebäudes sind konserviert und heute oberhalb des Römermuseums an der Giebenacherstrasse zu besichtigen. Im Brandschutt dieses Hauses fanden sich recht zahlreiche Waffen, darunter drei Langschwerter, ein Kurzschwert, mehrere Lanzen- und Geschossspitzen, Teile von Schwertscheiden, Messer und Messerscheiden.

(Foto Alex R. Furger, Römerstadt Augusta Raurica)

RÖMERZEIT

ben sind: Waren es Soldaten, die einander in bürgerkriegsähnlichen Zuständen bekämpften? Handelt es sich um marodierende Banden, oder richteten sich die Kämpfe gegen barbarische Eindringlinge? Ein weiterer Aspekt dieser schwierigen Jahre, die Hypothese eines Erdbebens um die Mitte des 3. Jahrhunderts, das möglicherweise ebenfalls zum Niedergang der Stadt beitrug, konnte bisher nicht bewiesen werden.

Die Untersuchung der Ursachen und Begleitumstände, welche die Siedlungsstruktur veränderten, wird die Forschung sicher auch in Zukunft intensiv beschäftigen.

Gegen Ende des 3. Jahrhunderts hatte sich das Antlitz der Koloniestadt jedenfalls stark gewandelt: Während Teile der Wohnquartiere nun unbewohnt und teilweise zerstört waren, während das Leben der nun weitaus weniger zahlreichen Bevölkerung unter viel einfacheren Bedingungen verlief, hatte man wohl unter Kaiser Probus (276–282) das Kastelen-Plateau zu einer Befestigung ausgebaut.

Das *Castrum Rauracense*

Wenige Jahre später reagierten Kaiser Diocletian (286–305) und seine Mitregenten mit zahlreichen Massnahmen und Reformen auf die veränderte Situation, in der sich das *Imperium Romanum* nach schwierigen Jahrzehnten in politischer, wirtschaftlicher und sozialer Hinsicht befand.

Eine dieser Massnahmen betraf die Grenzsicherung. Vom Oberrhein bis an die Donau entstand ein System von Befestigungen, der sogenannte Donau-Iller-Rhein-Limes. Im heutigen Dorfkern von Kaiseraugst, wo seit dem 1. Jahrhundert n. Chr. ein Wohn- und Händlerquartier die Strasse gesäumt hatte, die von der Oberstadt zur Rheinbrücke führte, wurde das *Castrum Rauracense* errichtet und bildete fortan eines der wichtigsten Zentren dieser Befestigungsreihe (Abb. 7). Die «Heidenmauer» ist noch heute ein eindrückliches Zeugnis dieser mächtigen Umwehrung, die ursprünglich eine Höhe von 8–10 m aufwies und mit mindestens 18 Türmen und vier Toranlagen versehen war.

Über die Bebauung im Innern des Kastells wissen wir nicht sehr viel. Die meisten Überreste von Gebäuden, die erhalten geblieben sind, gehören zur älteren Bebauung; sie stammen aus dem 1.–3. Jahrhundert. Auch die Rheinthermen, deren Reste noch heute besichtigt werden können, bestanden bereits, als das Kastell erbaut wurde. Die Überreste der Häuser, die zur Kastellperiode gehören, sind nur bruchstückhaft erhalten, schwierig zu interpretieren und oft durch jüngere Bautätigkeiten sogar verschwunden (vgl. das Kapitel über das Frühe Mittelalter). Aber wir können davon ausgehen, dass sowohl ein Teil der zivilen Bevölkerung als auch Militär innerhalb der Kastellmauern lebte. Der Grossteil der Menschen wohnte und arbeitete hingegen in einfachen Häusern in der unmittelbaren Umgebung des Kastells, von

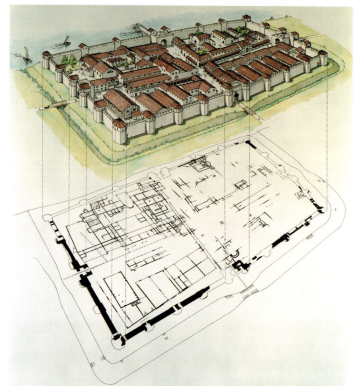

Abb. 7: Das Castrum Rauracense, die spätrömische Befestigung in Kaiseraugst. Während die Befestigungsmauer so gut erhalten ist, dass sie mit grosser Sicherheit rekonstruiert werden kann, wissen wir über die Innenbebauung viel weniger, da die ausgegrabenen Strukturen und Befunde grossenteils zu Häusern gehören, die zur Zeit der Koloniestadt bewohnt wurden; die jüngeren Bauten zur Zeit des Kastells sind weniger gut erhalten.
(Rekonstruktionszeichnung Markus Schaub, Römerstadt Augusta Raurica).

Abb. 8: Das Castrum Rauracense und die ehemalige Koloniestadt Augusta Raurica gegen die Mitte des 4. Jahrhunderts n. Chr. Die Oberstadt und das Zentrum der Koloniestadt liegen zu grossen Teilen in Ruinen, der Siedlungsschwerpunkt hat sich an den Rhein verschoben, dorthin, wo sich heute das Dorfzentrum von Kaiseraugst befindet.
(Rekonstruktionszeichnung Markus Schaub, Römerstadt Augusta Raurica).

RÖMERZEIT

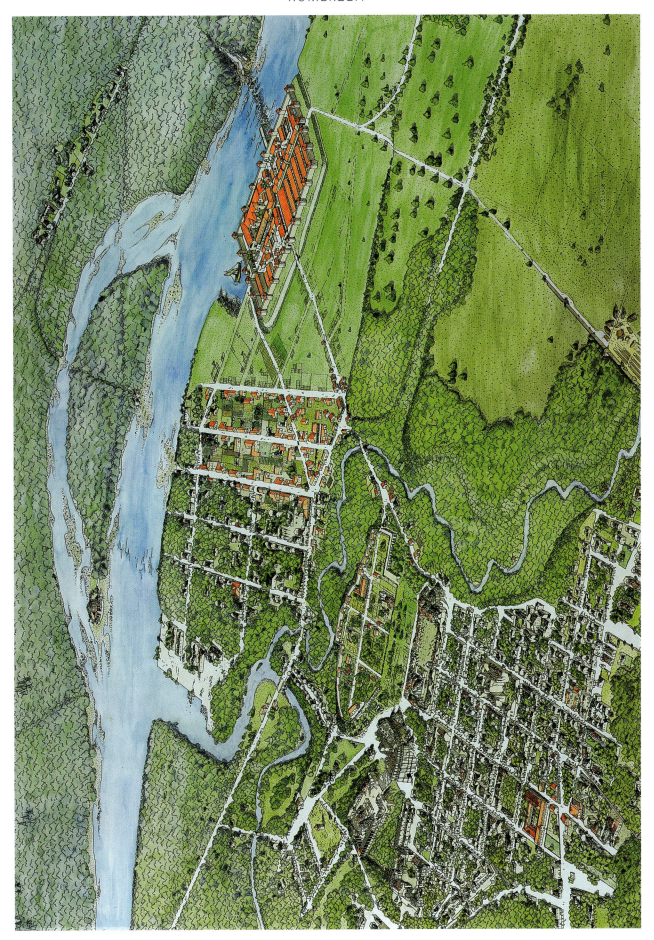

RÖMERZEIT

Abb. 9: Diese Goldmünze (Solidus) des Kaisers Magnentius wurde 1973 in Augst gefunden. Auf der Vorderseite die Büste des Kaisers im Panzer und Feldherrenmantel, auf der Rückseite Victoria und Libertas, die Siegesgöttin und die personifizierte Freiheit, dazwischen ein Tropaion, ein Siegeszeichen aus erbeuteten Waffen. Die Münze wurde im Jahre 350 in Trier geprägt. Natürliche Grösse.

(Foto Ursi Schild, Römermuseum Augst).

diesem allerdings durch einen Wehrgraben im Vorgelände getrennt (Abb. 8). Von der Wacht bis in die Äusseren Reben und die Schürmatt, aber auch von der Kastellstrasse bis über die Kantonsstrasse hinaus zeugen viele spätrömische Funde von einer intensiven Besiedlung. Im alten Zentrum der Kolonie in der Oberstadt hingegen, im «Steinler» in Augst, finden sich nur spärliche Hinweise auf Aktivitäten im 4. Jahrhundert; vor allem entlang der wichtigsten Verbindungsstrassen – an der heutigen Augster Giebenacherstrasse, im Bereich der Autobahn und auf Kastelen – deuten einige Funde auf ein Weiterleben hin.

Nach mehreren relativ ruhigen Jahrzehnten entwickelte sich um die Mitte des 4. Jahrhunderts eine dramatische Lage. Magnentius (Abb. 9), ein Gegenkaiser, der im Jahre 350 an die Macht geputscht wurde, konnte sich für kurze Zeit im gesamten Westen des römischen Reiches etablieren, doch wurde er von Kaiser Constantius II. nicht anerkannt. Die Auseinandersetzung spitzte sich zu und fand ihren vorläufigen Abschluss im Herbst 351 in einer blutigen Schlacht bei Mursa (heute Osijek, Kroatien). Magnentius hatte den Grossteil der Truppen abgezogen, die bisher in den westlichen Provinzen stationiert gewesen waren, und dadurch die Rheingrenze militärisch geschwächt. 351 oder 352 nutzten germanische Stämme diese Situation aus und fielen auf breiter Front in die gallischen Provinzen ein.

Auch in Kaiseraugst hinterliess dieser Überfall deutliche Spuren: Brandschichten und viele verbrannte Münzen genau jener Jahre sind Belege eines fatalen Alamanneneinfalls. Auch der weltberühmte Silberschatz gehört in diesen Zusammenhang (vgl. das betreffende Kapitel): Er wurde von seinen Besitzern wohl vergraben, um ihn vor der unmittelbar drohenden Gefahr zu schützen. Mehrere kleinere Schatzfunde der Jahre 351/352 sind weitere Belege dieser Ereignisse.

Doch schon wenig später wurde das Kastell wieder als Stützpunkt und als Ausgangsbasis römischer Truppen genutzt. Der zeitgenössische Historiker Ammianus Marcellinus berichtet für die Jahre nach 354, dass Kaiser Constantius II. und sein Nachfolger Julian Apostata sich mehrmals mit grösseren Heeresverbänden in Kaiseraugst und dessen Umgebung aufhielten, um die Rheingrenze wieder zu konsolidieren. Spätestens unter Kaiser Valentinian I. (364–375) lassen sich im *Castrum Rauracense* erneut deutliche archäologische Spuren nachweisen. Wohl in dieser Zeit verlor das bisherige Südtor (an der Kreuzung Kastellstrasse / Heidemurweg) seine Funktion; die bestehende Nord-Süd-Strasse wurde aufgelassen und durch ein mächtiges Apsidengebäude – wohl der zentrale Verwaltungsbau des Kastells – überbaut. Ob auch die kleine Befestigung auf der gegenüberliegenden Rheinseite erst in dieser Zeit errichtet worden war oder ob sie bereits in die erste Hälfte des 4. Jahrhunderts datiert werden kann, ist noch unklar.

Das «Ende der Römerzeit» an der Rheingrenze ist weitaus weniger klar, als dies oft angenommen wurde. Lange glaubte man, diesen Prozess mit einem Abzug der Truppen von der Rheingrenze im Jahre 401 verbinden zu können, doch lässt sich in Wirklichkeit in vielerlei Hinsicht eine Kontinuität ins frühe Mittelalter feststellen: Der Übergang von der Spätantike zum frühen Mittelalter umfasste neben vielen neuen Elementen auch ein recht langes Weiterleben römischer Traditionen und Strukturen (vgl. das Kapitel über das

RÖMERZEIT

frühe Mittelalter). Es ist denn auch kein Zufall, dass das *Castrum Rauracense* weiterhin das regionale Zentrum blieb und die Besiedlung bis zum heutigen Tag ohne Unterbrechung fortdauert.

Lesetipps:

Die Zahl der populären und wissenschaftlichen Publikationen zu Augusta Raurica ist inzwischen so gross, dass auf die stets aktualisierte Bibliographie unter www.augusta-raurica.ch verwiesen werden kann. Die folgenden Publikationen geben einen guten Einstieg und Überblick:

- L. Berger (mit einem Beitrag v. Th. Hufschmid), Führer durch Augusta Raurica (Basel 1998[6]).
- A. R. Furger, Die urbanistische Entwicklung von Augusta Raurica vom 1. bis zum 3. Jahrhundert. Jahresbericht aus Augst und Kaiseraugst 15, 1994, 29–38.
- M. Peter, Kaiseraugst und das Oberrheingebiet um die Mitte des 4. Jahrhunderts. In: M.A. Guggisberg (Hg.), Der spätrömische Silberschatz von Kaiseraugst. Die neuen Funde. Forschungen in Augst 34 (Augst 2003) 215–223.

RÖMERZEIT

Trinkwasser für die Stadtbewohner

Alex R. Furger

Eine Stadt, die im 1. Jahrhundert n. Chr. allmählich auf 10'000 Personen anwuchs und um 200 n. Chr. an die 20'000 Einwohnerinnen und Einwohner zählte, hatte auch in der Antike einen enormen Frischwasserbedarf. Die Kenntnisse der Zusammenhänge von Hygiene und Gesundheit waren viel grösser als in früheren Zeiten, das Gewerbe nahm teilweise kleinindustrielle Dimensionen an und benötigte entsprechende Wassermengen und die Badelust der Römer erforderte einen permanenten Wasserstrom in die drei öffentlichen Thermen.

Untersuchungen zur Feinverteilung des Trinkwassers in Augusta Raurica haben gezeigt, dass die Oberstadt – im zentralen Areal der 52 *insulae* (Häuserblocks) – mit einem dichten Netz von schätzungsweise 30 Laufbrunnen versehen war (Abb. 10). Sie standen meist an Strassenkreuzungen und lieferten Tag und Nacht reichlich Frischwasser. Ihre Verteilung in der Provinzstadt Augusta Raurica war erstaunlicherweise gleich dicht wie im mediterranen Pompeji: Keine Magd, kein Bürger des Stadtzentrums musste weiter als 60 Meter bis zum nächsten Brunnen gehen. Die Häuser der Reichsten verfügten sogar über private Anschlüsse direkt ins Haus, wo das Wasser in Brunnen für den Haushalt oder zu Wasserspielen im Peristyl (Innenhof mit Gärtchen) geleitet wurde.

Das meiste Wasser kam über die «Hauptschlagader» von Süden in die Stadt: Ein 6,5 km langer Aquädukt führte es nach Augusta Raurica. Die Wasserfassung am oberen Ende ist im Detail nicht bekannt, sie lag an der Gemeindegrenze Lausen-Liestal und nahm dort Wasser aus der Ergolz auf, die dort zu diesem Zweck vermutlich etwas aufgestaut war. Die Leitung ist als Tunnel mit überwölbtem Dach gebaut, innen etwa 1,5 m hoch und 0,9 m breit (Abb. 11). Sie führte mit regelmässigen 1,5 ‰ Gefälle dem rechten Talhang entlang und mündete schliesslich südlich der Stadt Augusta Raurica am Nordhang des «Birch» (Füllinsdorf) in einem Wasserschloss, von dem bisher aber keine

Abb. 10: Ein ausgezeichnet erhaltener Laufbrunnen, entdeckt 1971 an der Kreuzung der Ostrandstrasse mit der Venusstrasse vor der Insula 44. Der Trog aus acht vertikalen Sandsteinplatten wurde, nachdem er offenbar nicht mehr zu reparieren war, bei einer Strassenaufkofferung um 100 n. Chr. mit Abfällen, Erde und Kies gefüllt und zum Verschwinden gebracht.

(Nach Furger 1997, Abb. 17/18; Foto Alex R. Furger)

Spuren entdeckt worden sind. Von dort bis zum Stadtrand floss das Wasser in einem offenen Kanal auf einem Brückenviadukt, der an seinem Ende, dort wo heute die Giebenacherstrasse die Autobahn quert, 10–15 m hoch gewesen sein muss. Die letzten 150 m dieses einst eindrücklichen Aquädukts sind durch mächtige Pfeilerfundamente bezeugt, die man in den 1960er Jahren beim Autobahnbau freigelegt hat.

Der Leitungsquerschnitt, seine Oberflächenbeschaffenheit mit wasserdichtem Ziegelschrotmörtel und das Gefälle der Wasserleitung (10 m Höhenunterschied auf 6,5 km Länge) ergeben eine Leistung von *durchschnittlich 300 Litern pro Sekunde*, also max. 24'000 m³ pro Tag bzw. – rein rechnerisch – 1200 Liter pro Einwohner/-in und Tag. Das ist eine beachtliche Menge, auch wenn man die Verluste im Verteilsystem, die gar nicht erschlossenen Stadtrandquartiere und den grossen Bedarf der Thermen bedenkt!

Abb. 11: Teilstück des 6,5 km langen Aquädukts von Lausen nach Augusta Raurica. Blick in einen intakten Streckenabschnitt während der Grabung Liestal-Oberer Burghaldenweg, 1993. Der untere Teil mit sorgfältiger Mörtelauskleidung, der obere mit ausgefugten Bruchsteinen. Im Gewölbe klebt stellenweise noch Mörtel mit Negativabdrücken der Schalbretter.

(Foto Heinz Stebler, Kantonsarchäologie Basel-Landschaft)

RÖMERZEIT

Abb. 12: Entgegen landläufiger Meinung haben die Römer Bleirohre nur selten für ihre Druckwasserleitungen verwendet, etwa dort, wo komplizierte Armaturen zu verbinden oder Brunnen und Badewannen anzuschliessen waren. Die ganze Frischwasserverteilung in der Oberstadt von Augusta Raurica funktionierte mit einem dichten Leitungsnetz von Deucheln, die in den Strassengräben unterirdisch verlegt waren. Deuchel sind Holzrohre aus langen, ausgebohrten Tannenstämmchen. Das Bild zeigt einen etwa 200 Jahre alten Holzdeuchel (im Museum Grossherrischried D), dessen Ende mit einem eingeschlagenen, scharfkantigen Eisenring versehen ist. Damit hat man die Stossfugen zwischen zwei Holzrohren wasserdicht und stabil verbunden. – Die römischen Holzdeuchel haben sich im Augster Boden nicht erhalten. Bei den Ausgrabungen findet man daher nur die eisernen Deuchelringe (zwei Beispiele rechts) in bestimmten Abständen. Bei Leitungen, die lange in Gebrauch waren, hat sich sogar eine dicke Kalkversinterung erhalten, die sich einst im Innern der Röhren abgelagert hatte.

(Fotos Alex R. Furger und Ursi Schild, Römermuseum Augst)

Vom Ende des offenen Viadukts schoss das Wasser hinunter in das Druckleitungssystem der Stadt. Es bestand nicht etwa aus Bleiröhren. Diese teuren Sanitärteile waren den Armaturen und Feinverteilungen vorbehalten. Die Verteilungsleitungen im Oberstadtareal waren sogenannte Deuchel (bzw. Teuchel), d. h. lange, gerade gewachsene und längs durchbohrte Tannenstämme. An den Übergangsstellen waren jeweils zwei Stämme mit ringförmigen eisernen Muffen wasserdicht zusammengefügt (Abb. 12). Solche Deuchelleitungen finden sich in fast allen Strassen der Augster Oberstadt, jeweils unterirdisch neben den Strassengräben verlegt. Die Holzrohre haben sich natürlich nicht erhalten, jedoch die eisernen Deuchelringe und oft auch der Kalksinter, der sich im Laufe der Benutzung inwändig abgelagert hat!

Detailbeobachtungen an solchen Deuchelleitungen, an Thermen und bei Brunnen in der Stadt legen nahe, dass die Versorgung mit frischem Wasser vom Aquädukt spätestens ab etwa 30 n. Chr. und bis in die Mitte des 3. Jahrhunderts funktioniert haben muss.

Woher hatte die Bewohnerschaft der Aussenbezirke und der Unterstadt in Kaiseraugst ihr Frischwasser? In der Rheinniederung ist bis heute nur gerade ein einziger Laufbrunnen an der «Höllochstrasse», 100 m südlich des heutigen Kaiseraugster Friedhofes, bekannt. Von welchem Aquädukt er sein Wasser bezog, weiss man nicht. Es könnte genauso gut auch von einer der zwei erst 2001 beim Hardhof näher untersuchten Wasserleitungen stammen, die parallel übereinander Wasser aus dem Osten entlang des nördlichsten Jurahanges Richtung Augst-Osttor/Im Liner bzw. Kaiseraugst geführt haben. Eine dieser nur abschnittsweise bekannten Leitungen führte wohl direkt in die Unterstadt. Nebst einigen Laufbrunnen waren dort vor allem auch die Rheinthermen (unter dem Kaiseraugster Kindergarten) zu versorgen, und zwar bis ins 4. Jahrhundert, als die Oberstadt bereits zerstört und verlassen war.

Trotz perfekter Frischwasserzufuhr über mindestens drei Aquädukte versorgten sich erstaunlich viele Stadtbewohnerinnen und Handwerker mit Trink- und Brauchwasser aus Sodbrunnen! Das ganze westliche Unterstadtareal (Auf der Wacht, Äussere Reben, Bireten usw.) ist dicht gespickt mit Sodbrunnen, die meist in den rückwärtigen Höfen der Streifenhäuser angelegt waren (Abb. 13; vgl. «Ein Reihenhaus in einer Unterstadt-Insula»). Hier lag der Grundwasserspiegel in Rheinnähe bei rund 257 m ü. M. und stieg gegen Süden allmählich an; je nach Quartier innerhalb der Unterstadt war er in etwa 8–15 m Brunnentiefe ab dem römerzeitlichen Gehniveau zu erreichen. Aber

RÖMERZEIT

auch die südöstlichen Rand- und Handwerkerquartiere an der Venusstrasse (Augst-Schwarzacker) oder in der westlichen Randbesiedlung auf der Obermühle weisen auffallend viele Sodbrunnen auf. Offensichtlich reichte die städtische Druckwasserversorgung nicht bis in diese peripheren Quartiere. Es fällt auf und lässt sich – etwa durch die tierischen Nahrungsabfälle – sogar nachweisen, dass gerade hier die ärmeren Leute von Augusta Raurica gewohnt haben!

Ein Sodbrunnen einmaliger Konstruktion und sensationeller Erhaltung wurde 1998/99 am Südostfuss des Kastelenhügels entdeckt: Der Schacht selbst ist knapp 12 m tief und reicht auch heute noch bis ins Grundwasser. Auf halber Höhe, in 3–6 m Tiefe, ist er seitlich mit einem runden Gewölberaum erweitert, der völlig intakt erhalten ist und heute – konserviert – als «unterirdisches Brunnenhaus» eine der Hauptattraktionen der Römerstadt Augusta Raurica darstellt. Der Gewölberaum diente vermutlich in einer ersten Phase als Brunnenstube und als kleines, unterirdisches Heilbad, denn das hier anfallende Wasser ist leicht schwefelhaltig. Wir vermuten, dass der Grundwasserspiegel im Laufe des 1. Jahrhunderts n. Chr. stark absank, weshalb man neben dem Gewölberaum einen Sodbrunnen abgetieft hat. Etwa gleichzeitig errichtete ein findiger Bauherr auf demselben Areal ein *balneum*, eine kleine, öffentlich zugängliche Badeanlage, die ihr Wasser aus diesem Sodbrunnen und offensichtlich nicht aus dem Leitungssystem der Stadt bezog. Ob er sein Badegeschäft – in Übertreibung des Schwefelgehaltes – als heilende Kuranlage oder einfach als Alternative zu den öffentlichen Thermen anpries, wissen wir leider nicht.

Abb. 13: Einer der vielen Sodbrunnen, die typisch für die private Wasserversorgung der Aussenquartiere von Augusta Raurica sind. Der runde Schacht hier konnte 1985 beim Bau der Personenunterführung an der Kaiseraugster Landstrasse bis in eine Tiefe von 5 m sorgfältig untersucht werden. Seine Füllung enthielt Keramik und Münzen des 4. Jahrhunderts n. Chr. Interessant ist die praktische Konstruktion der Wasserschöpfanlage: Der Platz war mit Mörtel- und Ziegelplattenböden hergerichtet, ein flaches Brunnenbecken aus Sandstein (links im Bild) hatte man als Schüttstein direkt neben dem Brunnenschacht installiert, als Schwelle zum Brunnen bzw. als vertikale Scheidewand diente eine Sandsteinplatte, und im Brunnen fand sich sogar eine hölzerne Handkurbel mit eiserner Achse, die einst zum Heraufziehen der wassergefüllten Schöpfgeschirre diente.

(Foto Markus Schaub, Ausgrabungen Kaiseraugst)

RÖMERZEIT

Lesetipps:

- J. Ewald/M. Hartmann/Ph. Rentzel, Die Römische Wasserleitung von Liestal nach Augst. Archäologie und Museum 36 (Liestal 1997).
- A. R. Furger (mit einem Beitrag v. M. Horisberger), Die Brunnen von Augusta Raurica. Jahresberichte aus Augst und Kaiseraugst 18, 1997, 143–184.
- A. R. Furger, Zur Wasserversorgung von Augusta Raurica. In: R. Ebersbach/A. R. Furger/ M. Martin/F. Müller/B. Rütti (Hg.), MILLE FIORI. Festschrift Ludwig Berger, Forschungen in Augst 25 (Augst 1998) 43–50.
- H. Huber/G. Lassau, Zwei römische Wasserleitungen in Kaiseraugst-Hardhof. Ein Vorbericht. Jahresberichte aus Augst und Kaiseraugst 23, 2002, 147–152.
- M. Schwarz, Der Brunnenschacht beim SBB-Umschlagplatz in Kaiseraugst 1980: Befund und Funde. Jahresberichte aus Augst und Kaiseraugst 6, 1986, 65–80.
- J. Rychener, Ausgrabungen im Areal der E. Frey AG (Grabung 2000.60 und 2000.68) – Vierte Kampagne: Brunnenschacht und Durchgangsstrasse. Jahresberichte aus Augst und Kaiseraugst 22, 2001, 85–94.

RÖMERZEIT

Das frühkaiserzeitliche Holzkastell

Alex R. Furger

Obwohl Augusta Raurica stets eine Zivilstadt war und erst im 4. Jahrhundert offizieller Militärstützpunkt wurde (Kastell Kaiseraugst bzw. *Castrum Rauracense*), ist die Militärpräsenz nicht zu unterschätzen, auch wenn diese bisher erst in drei Abschnitten der frühen und mittleren Kaiserzeit nachweisbar ist:

• In der ersten Hälfte des 1. Jahrhunderts n. Chr. durch ein Holzkastell (Abb. 14) mit Fuss- und Reitertruppen in der späteren Kaiseraugster Unterstadt, archäologisch nachgewiesen «auf der Wacht» und in den «Äusseren Reben». In dieselbe Zeit, aber nicht nachweislich zu diesem Holzkastell gehörend, ist auch eine in späterer Zeit ins *Castrum Rauracense* verschleppte Inschrift zu datieren, welche die beiden Truppeneinheiten *ala Moesica* und *ala Hispanorum* nennt,

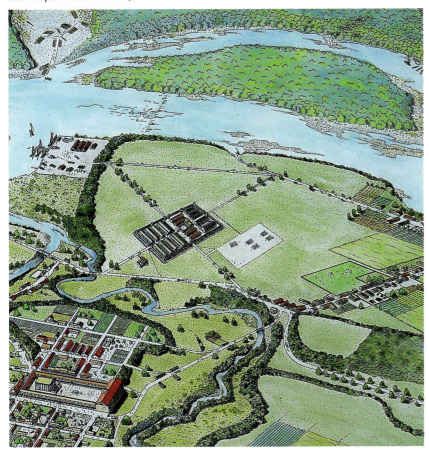

Abb. 14: Das Holzkastell zwischen der noch jungen Oberstadt (unten links, mit dem Forum) und dem Rhein könnte etwa so ausgesehen haben. Die Rheinebene war damals noch nicht Stadtgebiet, sicher aber eine vom Wald gerodete Freifläche, so dass man ringsum eine gute Sicht hatte. Einen Rheinhafen – vom Künstler hier links oben gezeichnet – muss man schon in dieser Frühzeit annehmen, sein Standort ist jedoch noch nicht nachgewiesen. Die Strasse am rechten Bildrand führte schon damals zu einer Rheinbrücke an der Stelle, wo 250 Jahre später das viel grössere, steinerne Kastell Kaiseraugst (Castrum Rauracense) errichtet worden ist.

(Rekonstruktionszeichnung Markus Schaub [Ausschnitt], Römerstadt Augusta Raurica)

• in der zweiten Hälfte des 1. Jahrhunderts durch eine weitere Inschrift (mit Nennung der *legio I adiutrix*), zahlreiche militärische Ausrüstungsgegenstände und wohl auch durch verschiedene Siegesmonumente

• sowie im späten 3. Jahrhundert durch eine kurzfristig gebaute Befestigung auf Kastelen, welche Militär und Zivilbevölkerung auf engstem Raum Platz bot.

Hier ist die Rede vom kleinen Holz-Erde-Kastell, das unweit des Rheinufers um etwa 20 n. Chr. errichtet wurde und zusammen mit dem Legionslager in Vindonissa zu einem vom Rhein bis zum östlichen Alpenvorland rei-

RÖMERZEIT

chenden Defensivsystem gehörte. Das Holzkastell, welches vielleicht einmal umgebaut wurde (Abb. 37, Mitte), hat man im Zuge der Vorverlegung des Limes um die Mitte des 1. Jahrhunderts geräumt und abgebrochen. Das freigewordene Areal lag ein halbes Jahrhundert lang brach und ist erst ab 100 n. Chr. zivil genutzt worden. Es bildete fortan einen Teil der Kaiseraugster Unterstadt (siehe «Ein Reihenhaus in einer Unterstadt-Insula»).

Notgrabungen in den 1970er bis 1990er Jahren an verschiedenen Stellen dieses Holzkastells zeigen, dass zuerst das Gelände durch Aufschüttung mehr oder weniger horizontal hergerichtet wurde. Danach setzte man in diese Aufschüttung eine Holz-Erde-Mauer, der ein Spitzgraben vorgelegt wurde. Diese Anlage hatte nicht sehr lange Bestand und wurde bald wieder abgerissen. Dabei verbrannte man anscheinend zuerst die ganzen Holzeinbauten, riss die Frontpalisade heraus und füllte den davor liegenden Spitzgraben mit der Erde aus der Holz-Erde-Mauer (Grabungsergebnisse Bireten). An anderer Stelle zeigten sich Ausgrabungsbefunde, die als Reste eines Entwässerungsgrabens mit einer vermuteten Sickergrube und eines Holzkanals zu interpretieren sind. Daneben fand sich eine Konstruktionseinheit mit Feuerstelle, die wahrscheinlich als Unterbau von hölzernen Kasernenbauten oder auch als Stallungen zu deuten ist (Grabungsergebnisse Äussere Reben). Weiterhin liess sich dort ein Steinunterbau für eine Fachwerkkonstruktion nachweisen, der eventuell zu einer zweiten Phase gehört. Insgesamt können diese – bis heute allerdings noch sehr spärlichen – Befunde vermutlich einer Kastellinnenbebauung zugewiesen werden, die wahrscheinlich einmal massiv umgebaut wurde.

Das zur Datierung des Kaiseraugster Holzkastells herangezogene Kleinfundmaterial (Abb. 15) sowie die Münzen lassen den Schluss zu, dass die Militäranlage vom Aufbau bis zum Abriss etwa 30 Jahre lang, d. h. um 20–50 n. Chr., bestand. Nach dem Abriss wurde das gesamte Gelände mit dem Abbruchschutt planiert und grossflächig aufgelassen, bis sich die Stadt um 100 n. Chr. auf dieses Areal ausdehnte.

Abb. 15: Originale bronzene Gürtelteile aus dem frühen Militärlager in der Kaiseraugster Unterstadt (Abb. 14); der Ledergürtel ist modern. Dieses «cingulum» war Teil der Standardausrüstung der Legionäre, das sie über dem Panzer trugen und an dem der Dolch hing. Das Schwert wurde an einem separaten Schulterriemen getragen. Diese Zierbeschläge gehören zu den wertvollsten militärischen Ausrüstungsgegenständen, die man bisher in Augusta Raurica gefunden hat. Ein Blech ist mit Lotusblüten verziert (rechts), das andere mit der Römischen Wölfin und den säugenden Zwillingen Romulus und Remus aus der Gründungssage der Stadt Rom (Mitte). Breite der Beschläge: 52 bzw. 57 mm.

(Foto Ursi Schild, Römermuseum Augst)

Wieso war damals römisches Militär in Kaiseraugst stationiert?

Das dank der Ausgrabungen der letzten Jahre endgültig nachgewiesene Kastell der ersten Hälfte des 1. Jahrhunderts n. Chr. in der Kaiseraugster Unterstadt passt in ein Defensivsystem tiberischer bis frühclaudischer Zeit, welches – mit dem Legionslager Vindonissa im Hintergrund – vom Rhein bis ins rätische Alpenvorland reichte. Wahrscheinlich wurde das verkehrsgünstig gelegene Kaiseraugster Kastell als Ersatz desjenigen von Basel-Münsterhügel errichtet und eine Generation später wieder abgerissen, als die römische Nordgrenze an die Donau vorverlegt wurde oder im Zusammenhang mit den Truppenverschiebungen wegen des Britannienfeldzuges.

Sind die Truppen um 50 n. Chr. abgezogen?

Für die folgende Blütezeit der Stadt Augusta Raurica sind bisher keine militärischen Einrichtungen wie Lagerbauten, Kasernen oder Befestigungen nachgewiesen worden. Es fällt aber auf, dass in der Augster Oberstadt sehr viele «Militaria», also Objekte der militärischen Ausrüstung und Waffenteile, aus der zweiten Hälfte des 1. Jahrhunderts n. Chr. gefunden werden. Es sind

RÖMERZEIT

so viele, dass es nicht allein Verluste einiger Armeeveteranen in der Stadt sein können. Vielmehr weisen sie auf Militärpräsenz auch in dieser Zeit hin. Die entsprechenden Truppeneinheiten hatten damals allerdings nicht mehr die römische Reichsgrenze zu bewachen (diese war inzwischen 100–280 km nach Norden an den Limes verlagert worden), sondern eher örtliche und polizeiliche Funktionen zu erfüllen. Zu denken wäre an lokale Logistik für die in Vindonissa stationierte 21. bzw. 11. Legion, die Kontrolle der Stadttore oder die Bewachung von Stadtkasse und Gefängnis. Vermutlich waren es wiederum Truppenteile aus Vindonissa, die diese Dienste in der zweiten Hälfte des 1. Jahrhunderts n. Chr. in der aufblühenden Zivilstadt leisteten. Eine Inschrift aus Augst bezeugt allerdings auch die zeitweilige Präsenz von Detachementen der 1. und 7. Legion in jener Zeit. Ein zugehöriges kleines Militärlager bei Augusta Raurica bleibt aber noch zu entdecken!

Lesetipps:
- E. Deschler-Erb/M. Peter/S. Deschler-Erb (mit Beiträgen v. A. R. Furger/U. Müller/S. Fünfschilling), Das frühkaiserzeitliche Militärlager in der Kaiseraugster Unterstadt. Forschungen in Augst 12 (Augst 1991).
- E. Deschler-Erb, Ad arma! Römisches Militär des 1. Jahrhunderts n. Chr. in Augusta Raurica. Forschungen in Augst 28 (Augst 1999).
- R. Matteotti, Zur Militärgeschichte von Augusta Rauricorum in der zweiten Hälfte des 1. Jahrhunderts n. Chr. Die Truppenziegel der 21. Legion aus Augst. Jahresberichte aus Augst und Kaiseraugst 14, 1993, 185–197.
- R. Fellmann, Die Besatzungsgeschichte des südlichen Teils der oberrheinischen Tiefebene und des anliegenden Hochrheintales von Tiberius bis zum Ende des 1. Jahrhunderts n. Chr. In: Universität Freiburg (Hg.), Kelten, Römer und Germanen. Frühe Gesellschaft und Herrschaft am Oberrhein bis zum Hochmittelalter. Freiburger Universitätsblätter 159, 42. Jg. (Freiburg 2003) 37–46.

RÖMERZEIT

Kampfarena und Schauspielbühne: Amphitheater und Theater

Alex R. Furger

In den ersten beiden Generationen, von etwa 10 v. Chr. bis 70 n. Chr., besass die aufstrebende Stadt Augusta Raurica noch kein Theater! Das markante Theater im Stadtzentrum wurde erst relativ spät, in einer prosperierenden Zeit errichtet. Man stellte es in eine topographisch günstige, leichte Mulde, wo bislang private Bauten standen. Es wurde mehrmals abgebrochen und neu gebaut (Abb. 16). Im Laufe seiner wechselhaften Baugeschichte diente es vorwiegend als Bühnentheater, zeitweise aber auch als Kampfarena (seit etwa 100/110 n. Chr.). Erst gegen 200 n. Chr. konnten sich die Bewohner der Stadt beide Bautypen gleichzeitig leisten: das szenische Theater (halbkreisförmig) im Zentrum und ein neu entstandenes Amphitheater (oval) am südwestlichen Stadtrand. Sie erfüllten ihre Zwecke bis ins späte 3. Jahrhundert (Amphitheater) bzw. frühe 4. Jahrhundert (szenisches Theater).

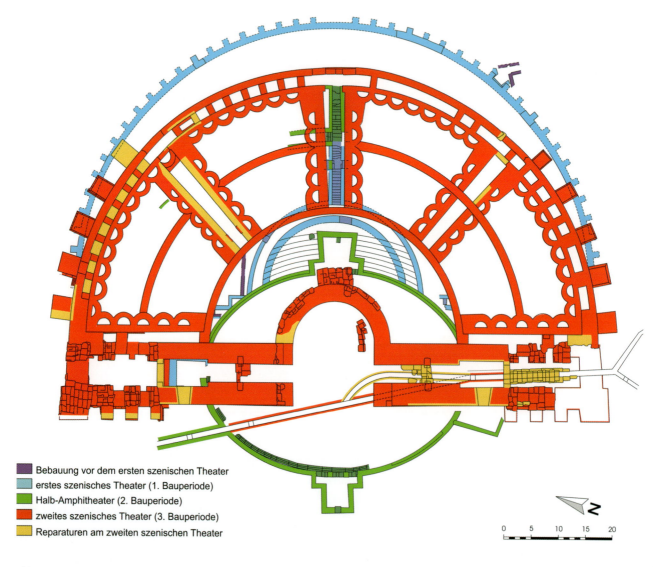

- Bebauung vor dem ersten szenischen Theater
- erstes szenisches Theater (1. Bauperiode)
- Halb-Amphitheater (2. Bauperiode)
- zweites szenisches Theater (3. Bauperiode)
- Reparaturen am zweiten szenischen Theater

Abb. 16: Ausgrabungsplan des Theaters im Stadtzentrum von Augusta Raurica mit den drei Haupt-Bauperioden und jüngsten Reparaturen. Massstab 1:700.
(nach Berger/Hufschmid 1998, Abb. 53; Überarbeitung Thomas Hufschmid und Ines Horisberger; Römerstadt Augusta Raurica)

RÖMERZEIT

Das szenische Theater von Augusta Raurica gehört heute – trotz umfangreicher Restaurierungen – zu den besterhaltenen antiken Monumenten in unseren Breitengraden! Bereits im 16. Jahrhundert fanden hier wissenschaftlich dokumentierte Grabungen statt (die ersten nördlich der Alpen überhaupt! Vgl. das Kapitel über die Forschungsgeschichte von R. Salathé), vor 120 Jahren hat man erneut grosse Teile davon freigelegt und seit 100 Jahren wurde an der Ruine immer wieder restauriert. Bis Ende des 20. Jahrhunderts waren die Mauern in einem äusserst desolaten Zustand und mussten 1991–2006 mit grossem Einsatz gesichert werden (der basellandschaftliche Landrat hatte hierfür in zwei Kreditvorlagen insgesamt 18,45 Millionen Franken gesprochen). Eindringendes Regenwasser, aus heutiger Sicht problematische Restaurierungstechniken und Materialien unserer Vorgänger sowie grossflächige Frostschäden erforderten eine Erneuerung umfangreicher Teile der älteren Restaurierungen und aufwändige Arbeiten an der erhaltenen antiken Originalsubstanz. Was die Forscher/innen und Restaurator/innen in erster Linie konserviert und präsentiert haben und was wir heute sehen, ist der dritte Theaterbau an dieser Stelle: ein halbrundes szenisches Theater für Schauspiele, das gegen 170/200 n. Chr. errichtet worden ist.

Abb. 17: Das dritte szenische Theater von Augusta Raurica gegen Ende der Sanierungsarbeiten. Mit Teilkonstruktionen (Sitzstufen aus rotem Sandstein) wurde die dritte und letzte Bauphase, die am besten erhalten ist, hervorgehoben (rot in Abb. 16). Vom ersten szenischen Theater sind heute nur die halbkreisförmige Umfassungsmauer im Gelände markiert (auf diesem Bild nicht sichtbar) sowie Teile der ovalen Arenamauer der zweiten Amphitheater-Phase (links ausserhalb des Bildausschnitts). Die umfangreichen Dokumentations-, Sicherungs- und Restaurierungsarbeiten dauerten von 1991 bis 2006. Die beiden hierfür erforderlichen Kredite von insgesamt 18,45 Millionen Franken bewilligte der Baselbieter Landrat 1991 und 1995 beide Male ohne Gegenstimme!
(Foto Ines Horisberger, Römerstadt Augusta Raurica)

RÖMERZEIT

Diese jüngste Theatersanierung (Abb. 17) war aber auch eine grosse archäologische Chance und brachte einen erheblichen wissenschaftlichen Erkenntnisschub mit sich. Dank den Bauforschungen und Sondierungen wissen wir heute viel mehr über Baugeschichte und Aussehen der Augster Theaterphasen, insbesondere der dritten und jüngsten: Die beiden überwölbten Eingangshallen im Norden und Süden mit ihren drei Sandsteinbögen in der Fassadenfront und den von hier wegführenden Treppenhäusern in den zweiten Rang sind bis ins Detail rekonstruierbar. Die im unteren Rang und in Teilen des mittleren Ranges rekonstruierten Sitzstufen und Treppenläufe erschliessen sich aus Spuren am Bauwerk und aus den wenigen erhaltenen Originalquadern. Ebenso kennen wir heute die Ausgestaltung und Statik der Vomitorien (Zugangstunnel) in den zweiten Rang. Eine Neuberechnung der einstigen Kapazität des jüngeren szenischen Theaters ergab 10'000 Sitzplätze in römischer Zeit (im restaurierten Monument heute 2000 Plätze).

So vieles die Ausgrabungen und Sanierungsarbeiten zur Baugeschichte und zur Architektur des Theaters ans Licht gebracht haben, so wenig wissen wir über seine Erbauer, das Publikum und das Spielprogramm. Es ist anzunehmen, dass in der Provinz eher Zweitrangiges und Bescheideneres als in den Metropolen des Südens geboten wurde. Eine Posse etwa, hin und wieder eine Komödie des Plautus, Gaukler und Kleinkünstler auf Tournee waren wohl Favoriten des einfacheren Publikums. Klassische griechische Tragödien, aufgeführt mit Masken und Chören, gehörten durchaus auch zum Bildungsgut, jedenfalls der gebildeten Leute. Mit den viel beachteten Aufführungen des 20. Jahrhunderts im Augster Theater haben die Regisseure Karl Gotthilf Kachler und Alexander Hatz mit modern adaptierten griechischen Stücken einen schönen Bogen zur Gegenwart gespannt!

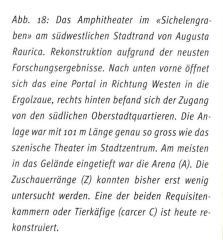

Abb. 18: Das Amphitheater im «Sichelengraben» am südwestlichen Stadtrand von Augusta Raurica. Rekonstruktion aufgrund der neusten Forschungsergebnisse. Nach unten vorne öffnet sich das eine Portal in Richtung Westen in die Ergolzaue, rechts hinten befand sich der Zugang von den südlichen Oberstadtquartieren. Die Anlage war mit 101 m Länge genau so gross wie das szenische Theater im Stadtzentrum. Am meisten in das Gelände eingetieft war die Arena (A). Die Zuschauerränge (Z) konnten bisher erst wenig untersucht werden. Eine der beiden Requisitenkammern oder Tierkäfige (carcer C) ist heute rekonstruiert.

(Virtuelle Rekonstruktion Thomas Hufschmid; Römerstadt Augusta Raurica)

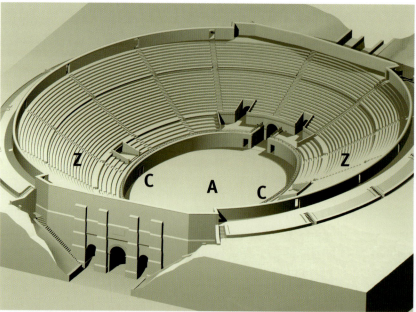

Viele Generationen nach der Stadtgründung leisteten sich die Bewohner, zusätzlich zum szenischen Theater im Zentrum, ein grosses Amphitheater am südwestlichen Stadtrand (Abb. 18, mit ovaler Arena A). Es entstand während der zweiten nur kurzen Blütezeit von Augusta Raurica, um 200 n. Chr., und bot ebenfalls Platz für etwa 10'000 Zuschauerinnen und Zuschauer (Abb. 18:

RÖMERZEIT

Z). Tierhatzen und Gladiatorenkämpfe wurden hier ausgetragen, und was bereits zum Theaterbetrieb gesagt wurde, gilt wohl auch hier: provinzielles Mittelmass unter den Gladiatoren, im *Bestiarium* wohl eher Bären, Hirsche und Steinböcke (Knochenfunde!) als teure Löwen und Elefanten. Immerhin: Die Stadtbehörden und Ehrengäste konnten die Spektakel von der für sie errichteten Ehrentribüne aus verfolgen (heute am Nordhang rekonstruiert). Im Käfig (*carcer*) darunter waren ursprünglich Tiere und Requisiten untergebracht (Abb. 18: C).

Abb. 19: Das 1987 teilrestaurierte Amphitheater im «Sichelengraben», am Stadtrand gelegen, rund 400 m südlich des öffentlichen Zentrums mit Theater und Schönbühltempel.

(Foto Ursi Schild, Römermuseum Augst)

Das heute idyllisch im Wald im «Sichelengraben» gelegene Amphitheater (Abb. 19) wurde zwar erst in einer relativ späten Phase von Augusta Raurica errichtet, hat aber dennoch eine bewegte Geschichte. Nach etwa siebzig Jahren der Benutzung musste die Anlage bereits wieder aufgegeben werden: Es lässt sich archäologisch nachweisen, dass erhebliche Mengen an Steinmaterial abtransportiert wurden und die Arena im späten 3. Jahrhundert in eine grosse Kiesgrube umgewandelt worden ist. Diese Ausschlachtung des Gebäudes könnte mit dem Bau der Befestigung auf Kastelen, der in diesen unsicheren Zeiten notwendig wurde, in Zusammenhang stehen, da hierfür kurzfristig sehr viel Baumaterial benötigt wurde.

Lesetipps:

- L. Berger (mit einem Beitrag v. Th. Hufschmid), Führer durch Augusta Raurica (Basel 1998[6]) bes. 62–90 Abb. 50–70 (Th. Hufschmid, Das Theater) und 91–95 Abb. 71–74 (L. Berger, Das Amphitheater).
- Th. Hufschmid u. a., Das römische Theater von Augst: Sanierungs- und Forschungsarbeiten 1999. Jahresberichte aus Augst und Kaiseraugst 21, 2000, 127–144 (vortheaterzeitliche Phasen); ebda. 2001, Band 23, 2002, 99–125 (Vomitorien); ebda. 2002, Band 24, 2003, 131–157 (Eingangshallen).
- A. R. Furger (mit einem Beitrag v. E. Oxé), Das Augster Amphitheater. Die Sicherungsgrabungen von 1986. Jahresberichte aus Augst und Kaiseraugst 7, 1987, 7–131.
- Th. Hufschmid, Brot und Spiele. Augusta Raurica. In: K. Kob/P. Zsidi/A. R. Furger u. a., Römerstädte in neuem Licht. Das Leben in Augusta Raurica und Aquincum (Basel 1997) 129–133.
- K. G. Kachler, Maskenspiele aus Basler Tradition (Basel 1986).
- M. Benz (mit Beiträgen verschiedener Autorinnen und Autoren), Augusta Raurica. Eine Entdeckungsreise durch die Zeit. Archäologie der Schweiz 26, 2003, H. 2 (Sondernummer Augusta Raurica) 2–80.

RÖMERZEIT

Eine sensationelle Entdeckung: grossräumige Lehmgewinnung im Tagebau

Alex R. Furger

Die «Sensation», von der hier die Rede ist, verdanken wir der systematischen archäologischen Prospektion als Reaktion auf jedes Baugesuch in Augst und Kaiseraugst. Auch wenn Funde noch so unwahrscheinlich sind wie im Kaiseraugster Junkholz, weit ausserhalb der östlichen Stadtmauer von Augusta Raurica, hat man 1992, 1994, 1999 und 2000 auch hier die Aushubarbeiten mehrerer Neubauten gewissenhaft beobachtet. Schon 1992 zeichneten sich direkt unter dem Humus längliche, parallel angeordnete Verfärbungsstreifen im hier anstehenden Lehm ab (Abb. 21), die nur von Menschen verursacht sein können.

Das ganze Gebiet zwischen der östlichen Stadtmauer und dem grossen Gräberfeld mit Tempelbezirk «Im Sager» (siehe «Ein grosses Gräberfeld ‹Im Sager›») war in römischer Zeit von grosser wirtschaftlicher Bedeutung: Hier hatten nach der letzten Eiszeit Hangwasser und Bäche Lösslehm in grossen Mengen vom südlich ansteigenden Liner-Hang in die Ebene auf den Niederterrassenschotter geschwemmt (Abb. 20: gelbe Fläche). Auf einer Ost-West-Länge von rund 400 m und einer Breite von 120 bis 300 m steht dieser sekundär verlagerte Lehm – in unterschiedlicher Güte – bis einen Meter mächtig an. Schon die Bauhandwerker, Töpfer und Ziegler von Augusta Raurica erkannten, dass sie hier ein ausgezeichnetes Rohmaterial in grossen Mengen direkt vor ihrer Haustüre hatten. Moderne kunsthandwerkliche Töpfer, die dieses Material in den letzten Jahren getestet und gebrannt haben, attestieren ihm erstklassige Qualität!

Wie hat man jedoch diese «Kaiseraugster Bodenschätze» ausgebeutet und genutzt?

Mit Hilfe eines Gradall-Teleskopbaggers hat die Kaiseraugster Ausgrabungsequipe in verschiedenen Grabungskampagnen etwas über 4000 m² Fläche herauspräpariert (Abb. 21). Danach zeichnet sich ein recht deutliches Bild dieses Areals auf den Plänen der Archäologen ab: Die Römer hatten hier unzählige längliche Abbaugruben angelegt. Sie sind gruppenweise angeordnet und lassen für jede Gruppe eine klare Struktur erkennen (Abb. 20, braune Teilflächen oben): Die Gruben sind innerhalb der Gruppen streng parallel angeordnet, meist ca. 3 m breit und mindestens 6 bis über 15 m lang. Dazwischen liess man nur schmale Stege stehen oder reihte eine Grube direkt an die andere. Von der einen Gruppe zur andern wechselt die Orientierung der Gruben, so dass im Plan regelrechte Lose oder «claims» zu erkennen sind. Je nach Mächtigkeit und Reinheit des Lehmes sind die Abbaugruben bis 0,7 m tief, gemessen ab der Unterkante des modernen Humus bis zur Basis des abbauwürdigen Lehms über dem eiszeitlichen Niederterrassenschotter. In den Randzonen, wo das Lehmpaket ausdünnt, finden sich willkürliche Grubenanordnungen.

Von den seinerzeitigen Werkplatzeinrichtungen, Schlämmgruben und dergleichen ist bisher noch nichts entdeckt worden. Immerhin liess sich

Abb. 20: Ein richtiges Industriequartier vor 1700 Jahren – fast wie heute wieder: In grossen Teilen der Kaiseraugster Niederterrasse, im Gebiet Liebrüti und Junkholz sowie «Im Liner» und «Im Sager», stand einst gutes Lehmmaterial an (gelbe Zone), das die Römer systematisch abgebaut und für Hausbau, Ziegelfabrikation (Z: Liebrüti) und Töpferei (T: Osttor, Venusstrasse usw.) genutzt haben. In mehreren Notgrabungen während der 1990er Jahre konnten längliche, dicht aneinandergereihte Lehmabbaugruben als schwache Bodenverfärbungen beobachtet und in archäologischen Plänen festgehalten werden (braune Flächen und Streifen oben). Links unten der östliche Ausläufer des Stadtareals (hellbraun) mit vorgelagerter Stadtmauer, Osttor und einem runden Grabmonument, rechts oben die Ausfallstrasse Richtung Vindonissa mit einem kleinen Tempelbezirk (hellblau, in der trapezförmigen Umfassungsmauer) und dem grossen Gräberfeld «Im Sager». Massstab 1:3000.

(nach Müller 1999, Abb. 15/16; Überarbeitung Michi Vock, Ausgrabungen Kaiseraugst)

RÖMERZEIT

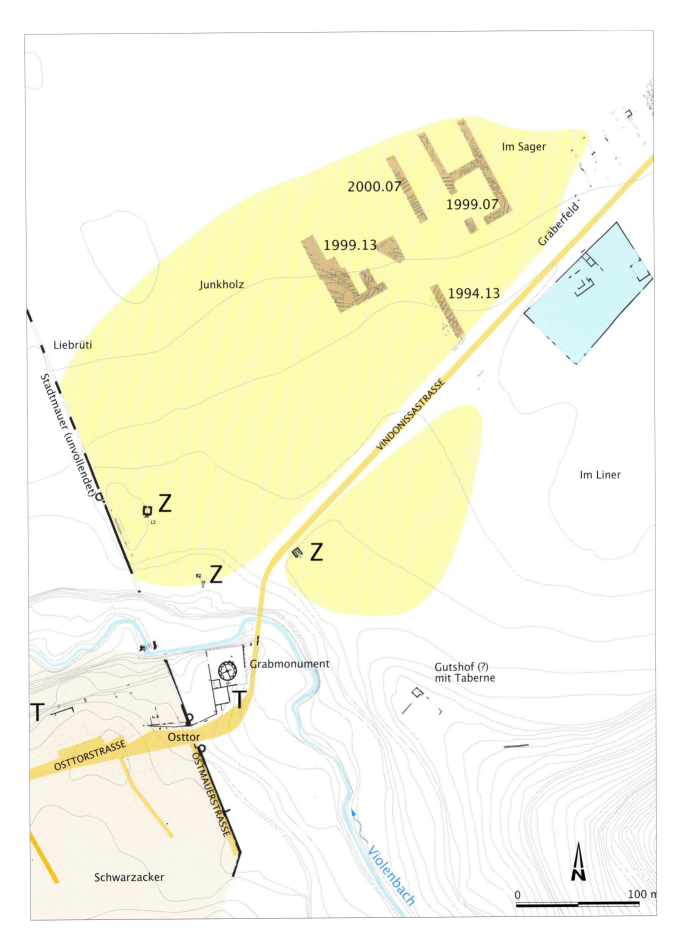

RÖMERZEIT

nachweisen, dass lokal Entwässerungsrinnen angelegt worden sind, um Regenwasser von den neuen in alte, aufgelassene Gruben umzuleiten.

Der älteste Lehmabbau fand auf rund 100 m Breite nördlich entlang der Vindonissastrasse statt, später dann weiter nördlich und in Randzonen mit weniger mächtigem Lösslehmpaket. Das ältere Abbaugebiet wurde später als Friedhof benutzt: In die Grubenfüllungen eingetieft fanden sich einige Gräber, das älteste aus der zweiten Hälfte des 2. Jahrhunderts n. Chr., das jüngste aus dem 4. Jahrhundert (siehe «Ein grosses Gräberfeld ‹Im Sager›»). Der Lehmabbau in grossem Stil hatte hier demzufolge spätestens im 2. Jahrhundert eingesetzt.

Nach der Ausbeutung sind die Gruben mit taubem Siltmaterial angefüllt worden, vermutlich dem oberflächlichen Abraum jüngerer Abbauzonen. Im Westen und Süden sind sie anschliessend grossflächig mit Ziegeleischuttmaterial überdeckt worden, das vielleicht aus den grossen spätantiken Ziegeleien in der Liebrüti stammt (siehe «Ein industrielles Zieglerquartier in der ‹Liebrüti›»).

Wozu benötigte eine römische Stadt so viel Lehm?

Wir nehmen an, dass das abgebaute Material zunächst auf Karren verladen wurde. Es gibt archäologische Indizien, dass der Abtransport über die Vindonissastrasse erfolgte. Abnehmer waren wohl einige der nahen Ziegeleien am Ostrand der Stadt (andere haben chemisch nachweislich anderes Rohmaterial verwendet!), in erster Linie aber all die vielen Baustellen im Stadtgebiet.

Im gut 7,5 ha umfassenden Abbaugebiet wurde während rund 300 Jahren Lehm im grossen Stil abgebaut. Bei einer durchschnittlichen Nutzungstiefe von 0,6 m und einer Nutzungsfläche von schätzungsweise 90% des Gesamtareals entspricht dies etwa 40'000 m³ abgebautem Lösslehm oder durchschnittlich 130 m³ pro Jahr. Dies hätte – zum Beispiel – gerade mal für

Abb. 21: Auch grosse Baumaschinen können bisweilen auf archäologischen Ausgrabungen sinnvoll eingesetzt werden: Im Südosten von Kaiseraugst wird wiederholt mit einem «Gradall» (links) der Humus abgestossen und die Oberfläche der darunter liegenden Schichten freipräpariert. So zeichnen sich die länglich-ovalen Lehmabbaugruben, die mit unmerklich anderem Material angefüllt sind, ganz schwach als Verfärbungen ab (hier gelb nachgezogen). Es ist das erste Mal im Gebiet des römischen Imperiums überhaupt, dass solche Lehmabbauzonen grossflächig entdeckt und untersucht worden sind!

(Foto Lukas Grolimund, Ausgrabungen Kaiseraugst [Grabung 2000.07])

RÖMERZEIT

fünf bis sechs Füllungen zu je 40 Tonnen Dachziegel im grossen Brennofen in der Ziegelei Liebrüti gereicht, der heute in einem Schutzhaus konserviert ist (siehe Abb. 23 und 24), oder für die Errichtung von 215 Laufmetern Stampflehm- oder Fachwerkwand in den Häusern der Stadt von durchschnittlich 3 m Höhe und 0,2 m Dicke (Abb. 22). Wie erwähnt: Der Grossteil des Lehms ging wohl nicht in die Ziegelfabrikation, sondern direkt in den Hausbau. Dort war der Lehmbedarf für Wände, Lehmestriche und -fussböden sowie für allerlei technische Einrichtungen noch viel grösser!

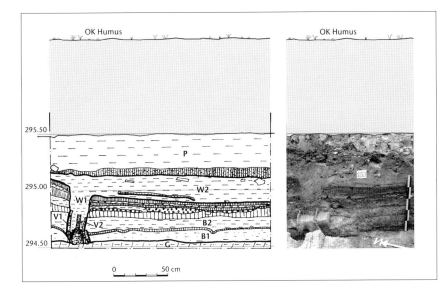

Abb. 22: Schwer lesbare Zeugen von Lehmwänden, die in der Frühzeit der römischen Stadt, etwa zwischen 15 v. Chr. und 50 n. Chr., die geläufige Technik für Innenwände darstellten: Die Profilzeichnung und die Fotografie durch die untersten Schichten in der Ostecke von Insula 30 zeigen links eine helle, vertikale Verfärbung (W1), die sich an ihrer Oberkante mit etwa derselben Dicke (14–20 cm) horizontal nach rechts fortsetzt (W2). Im vertikalen, nicht gekippten Bereich der Lehmmauer war beidseitig noch der dünne bemalte Kalkverputz erhalten (V1 und V2). Zuunterst liegt der natürliche gewachsene Boden (G). Darüber folgen zwei frühe Lehmböden B1 und B2. Ganz oben im Profilausschnitt ist eine dicke Lehmplanie P zu erkennen, die vor der Errichtung der Steinbauten um 50–70 n. Chr. ausgebreitet wurde. Die Grasnarbe und Oberfläche von 1962 lag noch etwa 1,5 m höher. Massstab 1:35.

(Profil nach Jürg Ewald; Foto Ausgrabungen Augst/Kaiseraugst [Grabung 1962.51])

Lesetipps:

- G. Lassau, Die Grabung 1994.13 im Gräberfeld «Im Sager». Ein Vorbericht. Jahresberichte aus Augst und Kaiseraugst 16, 1995, 79–90.
- U. Müller (mit Beitrag v. R. Glauser/L. Grolimund), Ausgrabungen in Kaiseraugst im Jahre 1999. Jahresberichte aus Augst und Kaiseraugst 21, 2000, 97–118, bes. 109–113 Abb. 15–18.
- U. Müller (mit Beiträgen v. R. Glauser/L. Grolimund u. unter Mithilfe v. C. Saner), Ausgrabungen in Kaiseraugst im Jahre 2000. Jahresberichte aus Augst und Kaiseraugst 22, 2001, 105–124, bes. 115 Abb. 16–17.
- M. Maggetti/H.-R. Pfeifer, Analysen von 7 Tonproben der Grabung Kaiseraugst/Im Liner 1992.11. In: U. Müller u. a., Ausgrabungen in Kaiseraugst im Jahre 1992. Jahresberichte aus Augst und Kaiseraugst 14, 1993, 109–133, bes. 131 ff. Abb. 44–46.
- D. Schmid/L. Grolimund, Das Tonabbaugebiet von Augusta Raurica. Rei cretariae Romanae fautorum, Acta 37, 2001, 137–139.
- D. Schmid/G. Thierrin-Michael/G. Galetti, L'atelier Venusstrasse-Ost, partie sud, à Augusta Raurica (Augst) et la distribution de sa production: résultats des analyses. In: Société française d'étude de la céramique antique en Gaule. Actes du congrès de Fribourg (Marseille 1999) 63–70.

RÖMERZEIT

Ein industrielles Zieglerquartier in der «Liebrüti»

Alex R. Furger

Am Südende der Kaiseraugster Liebrüti, zwischen der Kreuzung Giebenacherstrasse/Schwarzackerstrasse und den Ausläufern der modernen Grossüberbauung, lag in römischer Zeit ein Industriequartier direkt vor der Stadtmauer. Bei Bauarbeiten kamen 1965, 1971 und 1974 sieben Ziegelbrennöfen zum Vorschein (Abb. 20, Z).

Abb. 23: Römische Ziegelei in der Liebrüti in Kaiseraugst. Die Grabungsaufnahme von 1975 vermittelt – besser als der konservierte Originalbefund heute – einen Eindruck von der grossen Ofenkonstruktion, die stark ins Terrain eingetieft ist. Im Vordergrund der Einfeuerungstunnel. Vgl. Detailaufnahme Abb. 24

(Foto Ausgrabungen Augst/Kaiseraugst, Grabung 1975.11)

Bei den Prospektionen und grossflächigen archäologischen Untersuchungen, die der modernen Überbauung Liebrüti in Kaiseraugst vorausgingen, entdeckten die Archäologen 1974 zwei besonders gut erhaltene Ziegelbrennöfen. Sie sind heute in einem Schutzhaus konserviert und können jederzeit von aussen durch grosse Fenster besichtigt werden. Am grösseren Ziegelbrennofen mit der annähernd quadratischen Konstruktion lässt sich seine Funktionsweise gut veranschaulichen (Abb. 23). Sein Brennraum und die Lochtenne (Brennrost) sind vollständig intakt! Darauf ruhen sogar noch Reste des letzten Brandes von Hohlziegeln (*imbrices*; Abb. 24). Hochgerechnet lässt sich ermitteln, dass dieser grosse Ofen einst etwa 12'000 Hohlziegel mit einem Gesamtgewicht von 40 Tonnen aufs Mal fasste!

Ziegelbrennöfen unterscheiden sich wesentlich von den runden bis ovalen Öfen der Töpfer von Keramikgeschirr. Sie sind nicht nur viel grösser, sondern auch streng rechteckig und massiver konstruiert. Um die Brennkammer herum ist meist ein stabiles rechteckiges Steinfundament gebaut, welches das grosse Gewicht der Seitenwände und der Kuppel aus Lehm zu tragen vermochte. Die Feuerungsgrube und der Schürhals sind drei Meter in den Boden eingetieft und führen in einem langen Hauptkanal unterirdisch unter den Brennraum. Dieser ist vom Feuerkanalsystem durch die Lochtenne getrennt. Unter Brennraum und Lochtenne zweigen beidseits vom Hauptkanal mehrere Nebenkanäle ab – je länger der Ofen, desto mehr. Die Liebrüti-Öfen sind unterschiedlich lang (Gesamtlängen inkl. Feuergruben: 5,4 m, 9,2 m resp.

RÖMERZEIT

10,9 m). Der 1965 entdeckte Ziegelofen z. B. verfügte über fünf solcher Seitenkanal-Paare für seine knapp 4 m lange Brennkammer.

Auf die Lochtenne kommt das Brenngut – möglichst dicht und rationell aufgestapelt – zu liegen (Abb. 24). Am grossen Brennofen, freigelegt 1974, kann man heute noch einen mit Ziegeln und Lehm gemauerten «Eingang» in die Brennkammer an der hinteren Schmalseite erkennen. Die Seitenwände muss man sich ähnlich konstruiert vorstellen. Vor jedem Brand hat man das Einfüllloch mit feuerfestem Lehm- und Ziegelschutt verschlossen und vermutlich die recht improvisierte Kuppel ausgebessert oder gar neu über dem Brenngut aufgeschichtet. Beobachtungen an neuzeitlichen Ziegeleien vergleichbarer Bauweise im Orient zeigen, dass mit einem einzigen Brennvorgang zwar beachtliche Mengen an Baukeramik zu gewinnen, aber auch ein längerer Zeitaufwand von mehreren Tagen und eine grosse Menge von Brennmaterial (Holz, Schilf, Stroh, Dung usw.) zu investieren waren.

Abb. 24: Ziegelei Kaiseraugst-Liebrüti, Grabungsfoto von 1974: Blick in den 4,3 x 4,2 m messenden Brennraum. Darin ist ein Restposten des letzten Brandes mit Hohlziegeln aufgestapelt (Mitte rechts), darunter – zur Zeit der Aufnahme noch nicht freigelegt – ist die intakte Lochtenne (Brennrost) erhalten.

(Foto Ausgrabungen Augst/Kaiseraugst, Grabung 1974.11)

Zentrale Legionsziegelei

Es ist ein Glücksfall, dass wir die Betreiber wenigstens der Ziegelbrennöfen in der Liebrüti kennen: Funde von Ziegelbruchstücken im Fundament der Öfen tragen Stempel der Legio Prima Martia! Dies war eine grosse Militäreinheit (Legion), welche im 4. Jahrhundert n. Chr. einen langen Grenzabschnitt am Rhein gesichert hat. Ihr Hauptquartier hat allem Anschein nach mehrere Jahre lang von Kaiseraugst aus operiert. Von einem ehemaligen Angehörigen dieser Legion, einem *signifer* (Fahnenträger), fand sich in Kaiseraugst sogar der Grabstein.

Ziegel mit Stempeln der Legio Prima Martia kamen in grösserer Zahl an verschiedenen Orten in Kaiseraugst und Augst, vereinzelt am gegenüberliegenden Rheinufer in Grenzach-Wyhlen und sogar als konstruktive Elemente in Gräbern «Im Sager» zum Vorschein (siehe «Ein grosses Gräberfeld ‹Im Sager›»). Dank ihrer unverwechselbaren Stempel kann die Bautätigkeit dieser Legion auch in einer weiten Umgebung des Truppenstandortes Kaiseraugst nachgewiesen werden: Man fand ihre Ziegel sowohl rhein- und aareaufwärts

RÖMERZEIT

in Rheinfelden, Frick, Vindonissa und Biel-Mett als auch rheinabwärts in Basel, Breisach, Horburg, Biesheim, Strassburg usw.

... den Rhein runter, die Aare rauf!

Dank chemischer Spurenelementanalysen dieser gestempelten Ziegel aus Kaiseraugst sowie aus sechs externen Fundstellen wissen wir heute, dass die Legio Prima Martia die Ziegel für all ihre Stützpunkte zwischen Biel und Strassburg zentral hergestellt hat – in der Kaiseraugster Liebrüti! Kein Wunder, sind die Abbauareale für das Rohmaterial – den Ziegelton – sehr umfangreich (siehe «Eine sensationelle Entdeckung: grossräumige Lehmgewinnung im Tagebau»).

Die Produkte dieser Ziegelei wurden gemäss chemischen Analysen also weiterum verfrachtet – bis 120 km rheinabwärts und 150 km aareaufwärts. Dies geschah in der Antike wenn immer möglich auf dem *Wasserweg*. Der Schwertransport erfolgte auf Flusskähnen und war einfacher und wirtschaftlicher als der Güterverkehr auf Wagen über holprige Strassen und steile Pässe (siehe «Phantom Rheinhafen»). Wie die Funde aus Biel und römische Reliefs aus dem Moselgebiet zeigen, hat man Lastkähne auch flussaufwärts gezogen bzw. getreidelt (an Seilen vom Ufer aus). Nicht einmal die Stromschnelle in Rheinfelden war Hindernis genug, um auf die Vorteile des Wasserwegs zu verzichten.

Lesetipps:
- L. Berger, Ein römischer Ziegelbrennofen bei Kaiseraugst. Ausgrabungen in Augst 3 (Basel 1969).
- T. Tomasevic-Buck, Die Ziegelbrennöfen der Legio I Martia in Kaiseraugst, AG und die Ausgrabungen in der Liebrüti 1970–1975. Archäologischer Führer durch Augst/Kaiseraugst 1 (Liestal 1982).
- M. Maggetti/G. Galetti, Die Baukeramik von Augusta Raurica – eine mineralogisch-chemisch-technische Untersuchung. Zur Herstellung und Verbreitung der in Kaiseraugst produzierten Ziegel der Legio Prima Martia. Jahresberichte aus Augst und Kaiseraugst 14, 1993, 199–225.

RÖMERZEIT

Kult und Glaube in Augusta Raurica

Markus Peter

Die Religion war in der Antike viel stärker und selbstverständlicher in den Alltag eingebunden, als dies heute der Fall ist: Für die Menschen der römischen Zeit hingen Gesellschaft, Umwelt, Leben, Natur, sogar Politik eng mit der Götterwelt zusammen. Die Religion war sowohl im privaten Bereich wie auch im öffentlichen Leben, im Alltag wie im Jahresablauf allgegenwärtig. Die religiösen Bräuche und Strukturen waren eines der Elemente, welche die Welt der Menschen gliederten.

Die römische Religion war alles andere als einheitlich: Einerseits war sie empfänglich für fremde Impulse verschiedener Zeiten und Regionen, und andererseits lebten in den meisten Provinzen ältere einheimische Göttervorstellungen weiter, wenn auch oft in angepasster, «romanisierter» Form.

Wie in allen römischen Siedlungen können wir deshalb auch in Augusta Raurica neben der griechisch-römischen Götterwelt mit einer *Vielzahl* von weiteren religiösen Vorstellungen rechnen, von orientalischen Kulten bis hin zu keltischen Gottheiten, auch wenn sich letztere manchmal erst auf den zweiten Blick zu erkennen geben: Die in unserer Gegend vergleichsweise häufigen Bronzestatuetten des Merkur sind beispielsweise ein Hinweis auf die Verehrung eines keltischen Gottes, der äusserlich dem römischen Merkur angeglichen wurde; ähnliche Verschmelzungen mit keltischen Gottheiten lassen sich recht häufig nachweisen.

Abb. 25: Das mächtige Podium auf Schönbühl trug einst einen imposanten Tempel, der um 70 n. Chr. an Stelle von einfachen Kultbauten (im Vordergrund sichtbar) erbaut wurde.

(Foto Ausgrabungen Augst/Kaiseraugst)

Auch in der Architektur lässt sich dieses Neben- und Miteinander von römischen und vorrömischen Elementen erkennen: Die monumentalen Haupttempel im Stadtzentrum dienten offiziellen religiösen Funktionen wie etwa dem Kaiserkult, der eines der wichtigen sichtbaren Elemente von römischer Repräsentation und römischem Machtanspruch bildete. Im Westen der Stadt befand sich jedoch ein ausgedehnter Bereich mit kleineren *Tempeln*, die architektonisch ganz anders gestaltet waren und der Verehrung von ursprünglich einheimischen Gottheiten dienten.

Neben den häufigen und genau geregelten Kultritualen in den Tempelbezirken wurde der Glaube auch im *privaten Bereich* praktiziert. Götterstatuetten und weitere Kultgegenstände wie etwa Räucherkelche finden sich immer wieder in Privathäusern. Sie sind Zeugnisse von kleinen Hausheiligtümern. In diesen Schreinen, man nennt sie Lararien (nach dem Schutzgott Lar), waren die Götter versammelt, von denen man sich besonderen Schutz erhoffte; man begrüsste sie beim Betreten und Verlassen des Hauses und opferte ihnen wenn nicht täglich, so doch zu bestimmten Tagen jedes Monats.

RÖMERZEIT

Besonders seit dem 3. Jahrhundert fanden neben der Vielzahl von römischen und ursprünglich einheimischen Göttern auch verschiedene *Kulte* aus dem Orient Eingang in die Glaubenswelt unserer Gegend. Dazu gehören geheimnisvolle Mysterienkulte, aber auch das in Kaiseraugst seit dem 4. Jahrhundert n. Chr. belegte Christentum (Abb. 64) zählt zu dieser Gruppe von Religionen, die ihren Anhängern Erlösung und Hoffnung auf ein glückliches Jenseits versprachen. Und ein 2001 in Kaiseraugst entdeckter Ring aus dem 4. Jahrhundert mit der Darstellung einer Menora ist das bisher älteste Zeugnis des Judentums in der Schweiz (siehe das Kapitel «Fingerring mit Menora», Seite 83-85).

Abb. 26 Götterstatuetten aus einem reich ausgestatteten Lararium (Hausheiligtum) in Augst, Insula 5.

(Foto Ursi Schild, Römermuseum Augst)

Lesetipps:
- A. Kaufmann-Heinimann, Götter und Lararien aus Augusta Raurica. Forschungen in Augst 26 (Augst 1998).
- S. Martin-Kilcher, Glaube und Kult. In: L. Flutsch/U. Niffeler/F. Rossi (Hg.), Die Schweiz vom Paläolithikum bis zum frühen Mittelalter. Band V. Römische Zeit (Basel 2002) 306–331.
- D. Schmid et al., Die Religion in den Provinzen. In: P. Zsidi/A.R. Furger (Hg.), Out of Rome. Augusta Raurica /Aquincum. Das Leben in zwei römischen Provinzstädten (Basel 1997) 257–289.
- D. Schmid/A. Kaufmann-Heinimann, Götter im Haus / Les dieux chez soi / Gods in the home. Augster Museumshefte 21 (Augst 1999).

RÖMERZEIT

Ein grosses Gräberfeld «Im Sager»

Alex R. Furger

Unsere Kenntnisse der römischen Friedhöfe von Augusta Raurica sind bis heute sehr rudimentär und punktuell. Nur einer der einst vier oder fünf grossen Friedhöfe an den Ausfallstrassen der Stadt ist gut genug und auf einer grossen, repräsentativen Fläche ausgegraben, um als archäologische Quelle zum Totenbrauch, zur Demografie und zur Sozialstruktur befragt zu werden: das Ostgräberfeld «Im Sager» an der Vindonissastrasse in Kaiseraugst (Abb. 20). Obschon die Grabungen schon einige Jahre zurückliegen, sind die Befunde und Grabbeigaben wissenschaftlich leider noch nicht ausgewertet, obwohl gerade dieses Gräberfeld höchste wissenschaftliche Priorität verdienen würde. Die folgenden Darlegungen sind deshalb vorerst relativ mager und haben nur provisorischen Charakter.

Entdeckt wurde der Bestattungsplatz 1981 beim Bau der Tennisanlagen von Kaiseraugst, beidseits der römischen Vindonissastrasse. Südlich der antiken Ausfallstrasse kam ein trapezförmiges Mauergeviert von rund 100 × 57 m zutage. Darin lag der Grundriss eines gallorömischen *Vierecktempels* von 6,5 m Seitenlänge und einer ringsum laufenden Säulenhalle. Dies ist eine geläufige Kultanlage wenig ausserhalb des Stadtrands; fast identische Tempelbezirke an Ausfallstrassen ausserhalb der Stadt und gegenüber grossen Gräberfeldern kennen wir z. B. auch aus Avenches. Nördlich der Strasse wurde – ebenfalls 1981 – eine 85 × 80 m messende Fläche mit wenigen, weit entfernten Sondierschnitten untersucht. Es zeigten sich darin Spuren gemauerter Grabbauten und -einfriedungen sowie 32 Brand- und 23 Körpergräber. 16 der nicht kremierten Skelette ruhten in sogenannten *Ziegelkistengräbern*, d.h. aus viereckigen Dachziegeln konstruierten «Sarkophagen». Eine *Grabeinfriedung* lässt sich auf 30 × 29 m rekonstruieren und weist in der Mitte

Abb. 27: Ein winzig kleiner Ausschnitt aus dem bislang bestuntersuchten Gräberfeld von Augusta Raurica – Kaiseraugst-«Im Sager»: ein Brandgrab in situ, d. h. während der Ausgrabung in originaler Fundlage. Deutlich zu sehen ist die bauchige Glasurne, die in eine enge Grabgrube zwischen eine Kalksteinplatte und ein Dachziegelstück gestellt ist. Die Urne und die sie unmittelbar umgebende dunkle Erde enthielten den Leichenbrand, d. h. das, was vom Scheiterhaufen, vom Leichnam und von seinen mitverbrannten Beigaben übrig blieb (vgl. Abb. 30).

(Foto Rolf Glauser, Ausgrabungen Kaiseraugst [Grabung 1991.02])

Abb. 28: Diese beiden massiven Fundamente im grossen Gräberfeld Kaiseraugst-«Im Sager» zeugen von zwei überragenden Grabmonumenten. Die beiden grossen Sandsteinquader im Vordergrund und das kleine Mauergeviert im Hintergrund müssen einst zwei turmartige Grabmäler wohlhabender Persönlichkeiten getragen haben. Solche Grabtürme waren von weitem sichtbar und in der Regel reich verziert mit Bauschmuck und mit Skulpturen der Verstorbenen. Sie trugen eine für alle Passanten gut sichtbare Inschrift. Diese würdigte in der Regel die Verstorbenen und nannte namentlich die Verwandten, die das Monument stifteten.

(Foto Zsuzsanna Pal, Ausgrabungen Kaiseraugst [Grabung 1991.02])

einen massiven Sockel auf, vielleicht das Fundament einer Grabstele oder eines kleinen Monuments. Sicher ist damals ein Grossteil der hier erhaltenen Gräber zwischen den Sondiergräben übersehen worden. Über das zeitliche

RÖMERZEIT

Verhältnis – Gleichzeitigkeit oder Abfolge? – von Brandgräbern und Viereck-tempelbezirk herrscht noch Unklarheit.

Aber erst das Jahr 1991 brachte die wirklich grosse Grabung, als Urs Müller – 20 m im Osten an die Suchschnitte von 1981 anschliessend – eine grossflächige Notgrabung durchführen musste: Der Pharmakonzern F. Hoffmann-La Roche AG plante hier ein grosses Forschungs-, Verwaltungs- und Verpackungszentrum. Die 1991 untersuchte Fläche entlang der Vindonissastrasse betrug 90 m in der Länge und bis zu 60 m in der Breite. Ganz im Osten, immerhin 0,7 km vor dem östlichen Stadttor, ist dieser Ostfriedhof von Augusta Raurica weniger dicht belegt.

Über 700 Strukturen, brandige Gruben, Verfärbungen und Fundpunkte konnten während der langen, intensiven Notgrabungskampagne von 1991 untersucht und dokumentiert werden. Besonders hervorzuheben sind zwei Gruppen von grossen, bis 2 m langen *Brandgruben*, über denen vermutlich die Einäscherungen stattfanden. Sie waren längsrechteckig und zeigten auf ihrer Sohle zum Teil noch einen dichten Teppich von Holzkohle.

Die Leichenbrände und in der Regel mitverbrannten Beigaben sind in rund 500 *Brandgräbern*, meist mit einem Keramik- oder Glasgefäss als Urne, niedergelegt worden. Unter den Beigaben fanden sich Gefässe, Münzen, Öllämpchen, Tonfiguren, Glöckchen und Amulette, Schmuck, Nahrungsmittel (Tierknochen) usw. Dazwischen lagen wiederum, wie schon 1981, einige annähernd quadratische Mauergevierte, vermutlich Einfriedungen von Brandgräbern bedeutender Persönlichkeiten. Sie messen jedoch nur 2,2 bis 8 m im Geviert. Ein besonderes *Mauergrab* entdeckte man ganz im Osten. Es war sehr stark fundamentiert und dürfte als eigentlicher Grabturm einst einen hohen, reich mit Skulpturen verzierten Aufbau getragen haben. Im Fundament eingebaut war die Glasurne mit dem Leichenbrand des Verstorbenen.

Neben den vielen Brandgräbern konnten 1981 auch 25 *Körperbestattungen* freigelegt werden. Da sie einige Brandgräber stören und aufgrund ihrer Beigaben sind sie sicher jünger und reichen bis ins 4. Jahrhundert. Ziegelkistengräber wie weiter westlich (1981) fanden sich hier nicht mehr, nur vereinzelte Ziegelplatten als Abdeckung.

1994, beim Bau einer Einfamilienhausreihe und Erschliessungsstrasse, musste die Kantonsarchäologie Aargau 100 m vom Viereckttempel und 300 m vom Rundgrab beim Osttor entfernt erneut intervenieren. Man legte eine längliche Grabungsfläche von 96 × 7 m frei, die im Süden durch die antike Kieskofferung der Vindonissastrasse verlief und nordwärts in das Lehmabbaugebiet reichte (siehe «Eine sensationelle Entdeckung: grossräumige Lehmgewinnung im Tagebau»). Es wurden immerhin drei Brand- und acht Körpergräber (davon eines in Ziegelkiste, einige in Särgen aus Weisstannenbrettern) angeschnitten. Einige Hinweise – wie Krankheitsspuren an den Knochen, irreguläre Lage der Toten (auf dem Bauch liegend) und wenige, bescheidene Beigaben – lassen darauf schliessen, dass in diesem Friedhofsabschnitt Leute aus der *Unterschicht* von Augusta Raurica bestattet wurden.

Die bisher bestimmten Funde aus dem Gräberfeld «Im Sager» gehören ins mittlere 1. und ins 2. Jahrhundert sowie ins 4. Jahrhundert n. Chr. Der Friefhof wurde also während sehr langer Zeit – mit oder ohne Unterbrüche – von der Stadtbevölkerung benutzt. Im 1. Jahrhundert hatte man noch alle

Abb. 29: Kaiseraugst-«Im Sager», Grabungsfoto von einem der Ziegelkistengräber des 4. Jahrhunderts n. Chr. In jener Zeit pflegte man wieder die Körperbestattung (vgl. Abb. 27), und manche Toten hat man nicht in Holzsärgen, sondern in «Kisten» aus grossen Dachziegelplatten bestattet. Viel seltener als im 1. und 2. Jahrhundert haben die Angehörigen ihren Toten Speisen und Gefässe mit ins Grab gegeben.

(Foto Ausgrabungen Kaiseraugst [Grabung 1981.03])

RÖMERZEIT

Toten eingeäschert und in Brand- oder Urnengräbern beigesetzt. Vermutlich im späten 2. Jahrhundert änderte die Sitte allmählich: Die Toten wurden nicht mehr verbrannt, sondern in Körpergräbern begraben, meist in Holzsärgen. Im Westteil sind sie oft ost-westlich oder west-östlich orientiert, im Ostteil des Gräberfeldes in der Regel südwest-nordöstlich. Die in «Kisten» aus Dachziegeln statt in Holzsärgen Bestatteten gehören nach Ausweis der Ziegelstempel (der Legio Prima Martia) ins 4. Jahrhundert und somit zu den jüngsten Gräbern dieses Friedhofes.

Abb. 30: Ein willkürlich zusammengestelltes Fundensemble, wie es für die einzelnen Brandgräber des 1. Jahrhunderts n. Chr. im grossen Gräberfeld «Im Sager» in Kaiseraugst typisch ist. Oft ist der ganze Leichenbrand in einer Urne aus Ton oder Glas (Bildmitte hinten) eingefüllt. Was darin nicht Platz hatte, kam separat in die kleine Grabgrube (Abb. 27). Die eigentlichen Grabbeigaben wurden zusammen mit dem Leichnam auf dem Scheiterhaufen verbrannt und sind entsprechend beschädigt. Im Bild zu sehen sind (v. l. n. r.) Scherben von verschiedenen Trank- und Speisegefässen, ein Öllämpchen aus Ton sowie zwei Balsamfläschchen in Form eines Ebers bzw. eines Hirsches. Die sorgsam vom Einäscherungsplatz aufgelesenen verbrannten Menschenknochen (und oft auch Knochen von mitverbrannten tierischen Speisebeigaben) liegen in der Glasurne.
(Zusammenstellung Sandra Ammann, Foto Ursi Schild, Römermuseum Augst)

Eine besonders bedeutende Persönlichkeit muss ganz am Anfang des ausgedehnten Gräberfeldes, nur 40 m ausserhalb der Stadtmauer, beigesetzt worden sein: Dort erhob sich in erhöhter Lage eine monumentale Grabanlage, deren Reste heute im «Römischen» Haustierpark konserviert sind. Es handelt sich um eine *Rotunde* von 15 m Durchmesser und mindestens 3 m Höhe, über der sich einst ein Erdhügel wölbte. Unter dem Grabmal fanden sich 1966 in einer kleinen Grube zwei gläserne Parfümfläschchen und der Leichenbrand, der vermutlich von einem 35- bis 40-jährigen Mann stammt. Die Grube wurde an der Stelle eingetieft, an der zuvor die Kremation stattgefunden hatte. Die Untersuchung des Brandschuttes zeigte, dass dem Toten je eine gefüllte Weinamphore aus Italien, Spanien und Griechenland, ferner Fleischstücke von Schwein, Schaf oder Ziege, Hase und Huhn, Hülsenfrüchte und Obst sowie – vielleicht in einem Korb – mindestens 2,5 kg Getreide auf den Scheiterhaufen mitgegeben worden waren. Die zeitlich grob eingrenzbaren Amphorenscherben und die Situation im Bereich von Stadtmauer und Osttor machen eine Datierung des Grabes um das Ende des 1. Jahrhunderts n. Chr. wahrscheinlich. Aufgrund des monumentalen Charakters des Grabes, das mit Bauten in Mittelitalien und im Trierer Land verglichen werden kann, handelte es sich bei dem Bestatteten um eine herausragende Persönlichkeit.

Dieses Grab vor dem Osttor steht im Moment aber noch allein da; die reguläre, dichte Belegung des Ostfriedhofes lässt sich derzeit erst 300–700 m ausserhalb der Stadt fassen. Noch bleibt ein grosses Feld dazwischen zu untersuchen!

RÖMERZEIT

Lesetipps:

- T. Tomasevic-Buck, Augusta Raurica – Ein neuentdecktes Gräberfeld in Kaiseraugst AG. Archäologie der Schweiz 5, 1982, 141–147.
- U. Müller, Das Gräberfeld Im Sager Ostteil. In: U. Müller, Ausgrabungen in Kaiseraugst im Jahre 1991. Jahresberichte aus Augst und Kaiseraugst 13, 1992, 207–224, bes. 212–224 Abb. 7–39.
- G. Lassau, Die Grabung 1994.13 im Gräberfeld «Im Sager». Ein Vorbericht. Jahresberichte aus Augst und Kaiseraugst 16, 1995, 79–90.

Rheinbrücken

Alex R. Furger

Die ursprüngliche Anlage der antiken Stadt Augusta Raurica auf dem Plateau zwischen Violenbach und Ergolz – wenige Hundert Meter südlich des Rheins – war nicht allein aufgrund der idealen örtlichen Topographie gerade hier entstanden. Vielmehr spielten auch grossräumigere, verkehrsgeographische Überlegungen eine Rolle. Schon Caesar benötigte einen verlässlichen Stützpunkt am Rhein; er sah den Weg dorthin allerdings noch über Gallien und beauftragte seinen Feldherrn L. Munatius Plancus denn auch mit der Gründung der Colonia Raurica (Abb. Seite 12, oben). Unter seinem Nachfolger Augustus änderte sich die Strategie insofern, als Drusus über die rätischen Alpen bis zur Donau vordrang und die so entstandene Rhein-Donau-Front nach einer effizienten Verkehrserschliessung in dieser Richtung verlangte. Dies mag im Vordergrund gestanden haben, als um 10 v. Chr. der Ort für die effektive Stadtgründung im heutigen Augst/Kaiseraugst bestimmt worden ist. Erst etwa 80 Jahre später, mit dem Vorrücken des Cn. Pinarius Cornelius Clemens direkt nach Norden, gelangte Augusta Raurica unversehens in eine Schlüsselposition auch im Süd-Nord-Verkehr. Die Lage der Stadt erwies sich besonders für den Handel während der ganzen Kaiserzeit als unschätzbar wertvoll (siehe «Phantom Rheinhafen»).

Abb. 31: Gab es zeitweise wirklich zwei oder sogar drei Rheinbrücken in Augusta Raurica? So unwahrscheinlich es bezüglich technischem Aufwand erscheint, so sprechen doch mehrere archäologische Indizien dafür, dass mindestens diese beiden Brückenstandorte am Ende der breiten Höllochstrasse vis-à-vis der Insel Gwerd (links) und bei den Rheinthermen am Ort des späteren Kastells (rechts) gleichzeitig intakte Rheinübergänge für das Militär, die Händler, den Postdienst (cursus publicus) usw. anboten.
(Rekonstruktion Markus Schaub [Ausschnitt], Römerstadt Augusta Raurica)

Wieso war ein Brückenschlag für die West-Ost-Verbindung wichtig?

Im Laufe der römischen Epoche entstanden – zum Teil allerdings erst im 4. Jahrhundert – Rheinbrücken in Kembs, Augst/Kaiseraugst, Zurzach und Eschenz. Als in Augst/Kaiseraugst die Stadt gegründet wurde, muss hier bald die allererste Brücke am Hochrhein errichtet worden sein. Es galt, eine schnelle Strassenverbindung zwischen der westlichen Vormarschlinie am Rhein (mit dem Stützpunkt Basel-Münsterhügel) und der östlichen Vorhut an der Donau zu schaffen. Dies war nach Ansicht R. Laur-Belarts am einfachsten mit einer Überquerung des Rheins in Augst und einer rechtsrheinischen Route nach Waldshut, das Wutachtal hinauf und hinüber bis zur Donau.

RÖMERZEIT

Zu aller Verwirrung kennen wir *zwei* gesicherte Brückenübergänge: einen oberen in Kaiseraugst in der Querachse des spätrömischen Kastells und einen unteren von Augst über die Insel Gwerd. (Ein dritter, 1887 vorgeschlagener Brückenstandort noch weiter unterhalb, westlich der Ergolzmündung und Insel Gwerd, ist vermutlich auf eine falsche Vermessung eines Mauersockels im Rhein zurückzuführen.)

Abb. 32: Vor dem Bau des Kraftwerks Augst und dem Stau des Rheins lag die Insel Gwerd offen im Fluss. Auf diesem Aquarell von J. J. Neustück, gemalt um 1840, ist der römische Brückenkopf noch als imposante Ruine erkennbar. Karl Stehlin konnte 1909, kurz vor dem Stau des Rheins, diese Anlage mit den zugehörigen Strassenabschnitten auf der Insel (Abb. 31) noch kurz untersuchen, bevor sie in den Fluten verschwand. Rechts im Hintergrund ist das Dorf Kaiseraugst, der Standort des spätantiken Castrum Rauracense, erkennbar.

(Bild Schweizerisches Landesmuseum Zürich, Archiv Römerstadt Augusta Raurica)

Die obere Brücke beim Kastell Kaiseraugst

Die obere Rheinbrücke führte von der Mitte des späteren(!) *Castrum Rauracense* hinüber zum Steilhang mit dem (noch späteren) valentinianischen Brückenkopf und schliesslich auf die rechtsrheinische Fernstrasse (Abb. 3, oben). Daniel Speckle beschreibt 1589 in seiner «Architectura von Vestungen», dass dort im Rhein bei niedrigem Wasserstand «die Vestigia einer gewaltigen steinernen Brucken» zu sehen gewesen seien. Topographisch scheint dieser Brückenstandort durch einen Felsriegel begünstigt zu sein, der noch 1858 bei Tiefwasser im Rheinbett beobachtet werden konnte.

Betrachtet man den Stadtplan von Augusta Raurica (Abb. 3), so fällt rasch die geradlinige Strasse auf, die von diesem Brückenstandort exakt in südlicher Richtung läuft (Castrumstrasse). Erst nach der Überquerung des Violenbachs musste sie dem Kastelensporn mit einem leichten Schwenker ausweichen, um dann wieder geradlinig und direkt auf das Forum zuzusteuern (Fielenriedstrasse). Nicht nur die geografisch exakte Ausrichtung im Norden, sondern auch ihre prominente Linienführung direkt auf das politische Stadtzentrum im Süden zu sprechen *gegen* eine ganz späte Anlage erst zur Zeit des Kastells. In der Tat konnten beidseits an verschiedenen Stellen der Castrumstrasse frühe Randbebauungen festgestellt werden, welche belegen, dass diese Strasse schon bald nach der Stadtgründung bestanden haben muss. Es wäre aufschlussreich, wenn diese Befunde mit dieser Fragestellung im Detail analysiert würden. Schon heute lässt sich festhalten, dass es diese vom Stadtzentrum direkt auf den Rhein zulaufende Fielenried-/Castrumstrasse bereits in der ersten Hälfte des 1. Jahrhunderts n. Chr. gab. Die dortige obere Brücke scheint demnach die ältere der beiden zu sein. Sie wird auch Standort bestimmend für das um 300 n. Chr. erbaute Kastell von Kaiseraugst, das

RÖMERZEIT

Castrum Rauracense, gewesen sein. Dass sie aber nicht ewig bestanden hat, wissen wir dank einer historischen Notiz des Ammianus Marcellinus: Er beschreibt, wie Constantius II. versuchte, im Jahr 354 mit seinen Truppen über eine *Schiffs*brücke «*prope Rauracum*» (nahe Kaiseraugst) überzusetzen. Die alte Brücke muss demzufolge in der Mitte des 4. Jahrhunderts unbrauchbar gewesen sein. Jedoch schon unter Valentinian (364–375) hat man vermutlich die defekte Kastellbrücke repariert. Nur dann ergibt die Errichtung des massiven rechtsrheinischen Brückenkopfes (Abb. 3) in jenen Jahren einen Sinn. Für eine behelfsmässige Schiffsbrücke hätte man kaum ein derartiges Vorwerk am rechten Ufer gebaut.

Abb. 33: Über die Konstruktionsweise kleinerer Brücken in Augst und Kaiseraugst wissen wir besser Bescheid als über das Aussehen der grossen Rheinbrücken. Diese kleine Steinbrücke überquerte einst den Violenbach dort, wo heute die Venusstrasse Augst mit Kaiseraugst verbindet. Beim Umbau von Quartierstrassen anlässlich des Autobahnbaus kamen 1969 im Bachtobel die zwei römischen Widerlager und noch 45 Quader und Keilsteine aus rotem Sandstein zum Vorschein (unten). Ihre exakte Vermessung und Analyse erlaubte diese Rekonstruktion (links).
(nach Schaub 1993; Foto Ausgrabungen Augst/Kaiseraugst, Zeichnung Markus Schaub)

Die untere Brücke über die Insel Gwerd

Auch die untere Brücke erschliesst sich zunächst aus der Analyse des städtischen Strassennetzes (Abb. 31, links): Die Längsachsen zwischen den langgestreckten Insulae der Kaiseraugster Unterstadt zielen alle zum Rheinufer. Die Höllochstrasse mit ihren 14 Metern Überbreite scheint in verschiedener Hinsicht wichtiger als ihre Parallelstrassen zu sein (siehe «Ein Reihenhaus in einer Unterstadt-Insula»): Sie verfügt über den einzigen Laufbrunnen des Quartiers, ihre Häuserzeilen sind von Portiken gesäumt, und im Süden mündet sie in eine Y-förmige «Kreuzung» mit der Ost-West verlaufenden Überlandstrasse und einem prominenten Gewerbe- und Handelshaus (siehe «Handels- und Gewerbehaus ‹Schmidmatt›»). Diese Bedeutung hatte die Höllochstrasse ihrer Funktion als *Fernstrasse* zu verdanken: Sie mündete im «Hölloch», einer markanten Einbuchtung in der Uferböschung, an den Rhein. Schräg gegenüber, auf der Insel Gwerd, konnte K. Stehlin 1909, kurz vor dem Stau des Rheins durch das Kraftwerk, einen «Brückenkopf» untersuchen (Abb. 32). Damit steht fest, dass auch hier zeitweise eine Brücke den Rhein querte oder mindestens geplant war. Auf der Insel wurden zwei verschiedene Strassenzweige in Sondierschnitten festgestellt, die zu zwei Hangeinschnitten am rechten Rheinufer führen (Abb. 3). Vermutlich waren aber nicht beide Achsen gleichzeitig in Betrieb. Genau zwischen den beiden rampenartigen Böschungen am Nordufer, an der Grenze der Gemarkungen Wyhlen und Her-

RÖMERZEIT

ten, konnten die Kollegen des Landesdenkmalamtes Baden-Württemberg (Archäologische Denkmalpflege Freiburg i. B.) in den letzten Jahrzehnten eine ausgedehnte römische *Strassenstation* feststellen, die vielleicht noch zum Stadtgebiet von Augusta Raurica gehörte.

Die Datierung der unteren Rheinbrücke über die Insel Gwerd und deren Zufahrten ist nur indirekt möglich: Zur Zeit des frühen Holzkastells, um die Jahre 20–50 n. Chr. (siehe «Das frühkaiserzeitliche Holzkastell» und Abb. 14), haben die Höllochstrasse und vermutlich auch die Brücke noch nicht bestanden. Damals stand die obere Brücke noch allein. Ob die Gwerd-Brücke schon in den prosperierenden 70er Jahren errichtet worden ist, muss heute noch offen bleiben. Die Frage lässt sich dann beantworten, wenn die ältesten Bauten entlang der Höllochstrasse analysiert sind und datiert werden können. Spätestens mit der Anlage der Unterstadt um etwa 100 n. Chr. hat jedenfalls die Höllochstrasse ihre wichtige Funktion als Brückenzubringer erfüllt. Es scheint ganz, dass sich Augusta Raurica im 2. Jahrhundert des Luxus' zweier Brücken in einem Abstand von nur 500 m rühmen durfte.

Lesetipps:
- K. Stehlin (bearb. v. C. Clareboets, hg. v. A. R. Furger), Ausgrabungen in Augst 1890–1934. Forschungen in Augst 19 (Augst 1994) bes. 14–19 Abb. 3–5.
- G. A. Frey, Vier Augster Rheinbrücken? Vom Jura zum Schwarzwald N. F. 15, 1940, 48–52.
- F. Kuhn, Die Römerbrücken von Augst und Kembs und die zugehörigen Strassenverbindungen rechts des Rheins. Badische Heimat 1970, 4, 490–500.
- R. Laur-Belart, Ausgrabungen am römischen Brückenkopf Wyhlen, April–Juli 1933. Badische Fundberichte 3, H. 4, 1934, 105–114.
- R. Laur-Belart, Die Römerbrücken von Augst im hochrheinischen Strassennetz. In: Helvetia Antiqua. Festschrift Emil Vogt (Zürich 1966) 241–246.
- M. Martin, Die römische Zeit am rechten Rheinufer zwischen Augst und Kembs. In: Römisch-Germanisches Zentralmuseum Mainz (Hg.), Führer zu vor- und frühgeschichtlichen Denkmälern 47. Lörrach und das rechtsrheinische Vorland von Basel (Mainz 1981) 64–91.
- G. Fingerlin, Archäologische Denkmalpflege im Vorfeld einer römischen Stadt (Augusta Raurica, Hochrheintal). Kölner Jahrbuch für Vor- und Frühgeschichte 23, 1990, 613–628.
- M. Schaub, Die Brücke über den Violenbach beim Osttor von Augusta Rauricorum (Grabung 1969.52). Jahresberichte aus Augst und Kaiseraugst 14, 1993, 135–158.

RÖMERZEIT

Phantom Rheinhafen

Alex R. Furger

Obwohl der Rheinhafen für die Verkehrslage und Wirtschaft der antiken Stadt enorm wichtig, ja ausschlaggebend war (Abb. 34; siehe auch «Rheinbrücken»), wissen wir über ihn bis heute gar nichts: Weder kennen wir mit Sicherheit seinen Ort noch wissen wir etwas über seine Struktur und Organisation. Es gab ihn, doch er bleibt vorerst ein Phantom!

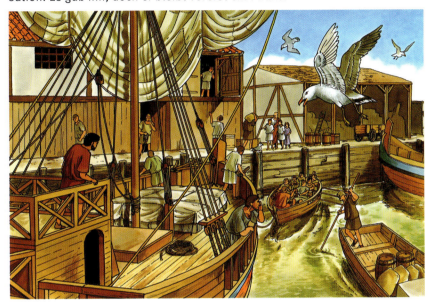

Abb. 34: Idealrekonstruktion eines geschäftigen römischen Rheinhafens, wie er in Kaiseraugst am Rhein als Knotenpunkt und Nadelöhr für die meisten Handelswaren während Jahrhunderten in Betrieb gewesen sein muss.
(Comiczeichnung von Roloff [Rolf Meier], nach Angaben von Alex R. Furger; Römerstadt Augusta Raurica)

Die Chancen, Spuren des antiken Flusshafens von Augusta Raurica zu finden, waren immer schlecht. An den überhaupt in Frage kommenden Uferstellen ist in moderner Zeit nie gebaut worden, weshalb auch die Archäolog/innen mit ihren Notgrabungsequipen dort nie auf den Plan gerufen wurden.

Aus topographischen und verkehrstechnischen Gründen kämen vier Stellen für einen antiken Rheinhafen (oder gar zwei?) in Frage:

Vor dem Stau des Flusses durch das Kraftwerk bildete der Rhein beim *Gallisacher* in Augst einen Nebenarm, der durch eine lange Sandbank vom Hauptstrom getrennt war (darauf steht heute das Turbinengebäude). An diesem ruhigen Nebenarm wäre ein Flusshafen durchaus denkbar, auch wenn das Hauptufer dort ziemlich steil ist. Der Standort ist aber nicht durch Funde erhärtet, eine römische Strasse in diese Richtung ist nicht bekannt und die Distanz zur Stadt ist doch ziemlich weit.

Ein grosses Potenzial für einen Rheinhafen muss die *Ergolzmündung* aufgewiesen haben (Abb. 35). Bei normaler Wasserführung wäre die breite Mündung der Ergolz ein idealer Anlegeplatz mit genügender Kapazität für viele Flussschiffe. Es mag aber sein, dass gelegentliches Hochwasser der Ergolz für einen Hafen in ihrem Mündungsbereich allzu riskant gewesen ist. Am flachen östlichen (Kaiseraugster) Ufer hätte man jedenfalls gut die notwendigen Infrastrukturen für Schiffe und Güterumschlag errichten und die nötigen Lagerkapazitäten schaffen können. Allerdings kennen wir keinen Ansatz einer römischen Strasse in der westlichsten Unterstadt, der auf einen solchen Hafenstandort hinzielte. Und ein Hafenstandort von dieser Bedeutung hätte optimal an das städtische Strassennetz angebunden sein müssen.

RÖMERZEIT

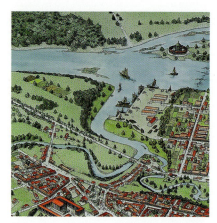

Abb. 35: Der wichtigste und grösste Flusshafen von Augusta Raurica lag wahrscheinlich neben der Mündung der Ergolz in den Rhein, vermutlich durch eine Mole von der Strömung beider Flüsse geschützt. Das Idealbild vermittelt eine vage Idee dieses Rheinhafens im 3. Jahrhundert n. Chr.; er hat aber sicher schon zur Frühzeit der Stadt bestanden (Abb. 14).

(Rekonstruktion Markus Schaub [Ausschnitt], Römerstadt Augusta Raurica)

Nur gerade 200 m flussaufwärts öffnet sich die steile Uferböschung im *Hölloch* zu einer allerdings schmalen Senke am Fluss. Hier hätten zwar nicht so lange Anlegestellen wie in der Ergolzmündung errichtet werden können, dafür wäre die Anbindung an den Strassenverkehr mit der breiten Höllochstrasse und der Rheinbrücke über die Insel Gwerd optimal gewesen (siehe «Ein Reihenhaus in einer Unterstadt-Insula»).

Der Uferabschnitt *Ziegelhof* 300 m weiter flussaufwärts bildet eine besonders flache und breite Senke unmittelbar neben der Nordwestecke des spätrömischen *Castrum Rauracense* (Abb. 31: Bildmitte und Abb. 37). Hier wäre der oberste Hafenstandort denkbar. Er mag in der Spätantike, zur Zeit des Kastells, als seichte Hafenbucht ausgebaut gewesen sein. Ein Nachweis für einen kleine Flusshafen an dieser Stelle ist ohne Ausgrabungen jedoch nicht zu erbringen (die Geländevertiefung könnte auch auf einen antiken Steinbruch zurückzuführen sein).

Von römischen Binnenhäfen in Genf, Xanten usw. weiss man, dass entlang des Hafenufers Molen mit Pfählen und Holzplanken oder schweren Steinpackungen errichtet waren, an welche Schiffe und Lastkähne direkt anlegen und gelöscht werden konnten (Abb. 34). Entlang dichter, ins Wasser führender Pfahlreihen konnten Stege montiert sein und weitere Schiffe anlegen. Wenige Meter hinter der Mole stand in der Regel eine erste Häuserzeile mit Lagerschuppen, Werkstätten usw. So müssten wir uns auch den grossen Güterumschlaghafen am Rhein bei Augusta Raurica vorstellen. Vielleicht ergibt sich in Zukunft einmal die Gelegenheit – als archäologische Notmassnahme oder aus Forschungsdrang – den römischen Hafen systematisch zu (unter)suchen? Die Lage direkt am Wasser liesse optimale Erhaltungsbedingungen für Holz und andere organische Stoffe erwarten, was in den trockenen Schottern der Ober- und Unterstadt leider nicht der Fall ist.

Eines ist sicher: Wird der Rheinhafen einmal entdeckt, so ist das eine archäologische Sensation!

Lesetipp:
- Th. Pauli-Gabi, Ein Flusshafen in Vindonissa. Gesellschaft Pro Vindonissa, Jahresbericht 2002 (2003) 27–36.

RÖMERZEIT

Ein Reihenhaus in einer Unterstadt-Insula

Alex R. Furger

Eine schmale, bescheidene Hausfassade neben der anderen reiht sich zur Strasse hin (Abb. 36). Dennoch befinden wir uns immerhin in der Höllochstrasse, der mit 14 m Breite wichtigsten Strasse des Quartiers am Rhein (die schachbrettartig angelegten Strassen im Stadtzentrum oben beim Theater sind höchstens 8 m breit). Und hier in der Nähe plätschert auch der einzige (bekannte) Laufbrunnen der Stadtniederung. Das ganze Quartier wird von den «einfachen Unterstadtleuten» bewohnt, die hier ihrem Gewerbe nachgehen, Handel treiben oder ihr Auskommen im Güterumschlag des nahen Rheinhafens haben. Meist verfügen ihre Häuser zur Strasse hin nicht mal über eine Porticus, eine gedeckte Säulenhalle für die Fussgänger. Die hier, ähnlich wie in der Oberstadt, rechtwinklig angelegten Strassen bilden auffallend lange *insulae* (Häuserblocks) von 188 auf 60 m (davon sind jeweils 168 × 51 m bebaut). Sie wurden bei der Erweiterung der Stadt an den Rhein um etwa 100 n. Chr. vermessen und in gleich grosse Lose bzw. Parzellen von je 27 auf 6,2 m (91 × 21 röm. Fuss) aufgeteilt. Die Vergabe bzw. der Verkauf der Baulose an private Interessenten ist offenbar nur langsam erfolgt, sind doch nicht alle Häuser gleichzeitig entstanden. Viele Umbauten, Umnutzungen, Kiesaufkofferungen in den Strassen und Änderungen der ursprünglichen Parzelleneinteilung zeugen von einer dynamischen Entwicklung dieses Quartiers im Laufe seiner etwa 150 Jahre dauernden Blütezeit.

Noch immer in der besonders breiten Höllochstrasse stehend, stellen wir fest, dass hier die etwas «Besseren» unter den «Einfachen» wohnen, diejenigen Leute, die Wert auf eine direkte Verbindung zum Rheinhafen im Norden und zur Fernstrasse und zur Oberstadt im Süden legen. Wir kommen von der Strasse, passieren die Porticus und treten durch ein Portal ein, dessen breite Pforte bereits erahnen lässt, dass hier eine der wohlhabendsten Familien oder eines der prosperierendsten Unternehmen der Unterstadt domi-

Abb. 36: Fassade und Baustruktur eines grösseren Hauskomplexes an der Höllochstrasse in der Unterstadt des 2./3. Jahrhunderts in Kaiseraugst (Lage: Abb. 37: ★). Im Text wird ein Besuch in diesem Haus beschrieben.

(nach Müller 2001, Abb. 27; digitale Rekonstruktion Rolf Glauser; Kolorierung Michi Vock; Ausgrabungen Kaiseraugst)

RÖMERZEIT

ziliert ist. Nach zwei weiteren Schritten finden wir uns – etwas überrascht – in einem Vorhof, den wir in der Unterstadt von Augusta Raurica nicht erwartet hätten (Abb. 36). Er nimmt die ganze Parzellenbreite von 12,5 m ein. Vor uns erheben sich zwei schmale, zweigeschossige Bauten, zwischen denen ein Gang nach hinten führt. Links und rechts führen Holztreppen in die Wohn- und Geschäftsräume hinauf. Bei genauerem Hinsehen entdecken wir im Hof, aber auch weiter hinten im Anwesen schmale Treppen, die in Keller hinunter führen. Hier hat der Hausherr seine verderblichen Handelsgüter und Vorräte eingelagert. Im vorderen Keller zeugen fünf Vertiefungen im Boden entlang der Wände, dass hier Platz für schwere Amphoren mit Wein, Fischsauce oder Olivenöl vorgesehen ist.

Auf verwinkelten Pfaden, durch Türen und Korridore, gelangen wir weiter, und noch immer ist der hintere Abschluss des Gebäudekomplexes nicht erkennbar. In einem kleinen offenen Hof von 4,5 m Breite öffnet sich ein Sodbrunnen. In etwa 5 m Tiefe spiegelt sich das Grundwasser. Die Bewohner scheinen es vorzuziehen, sich das täglich benötigte Wasser hier mühsam heraufzuhieven als es vom 120 m südlich gelegenen Laufbrunnen heranzuschleppen! Und so geht es allen Bewohnern der Unterstadt: Sie haben ihre eigenen Sodbrunnen, angelegt in Hinterhöfen ganz zuhinterst in ihren 27 m langen «Streifenhäusern», dort wo ihre Parzellen rückseitig an die hintere Häuserzeile stösst, die sich zur nächsten Parallelstrasse hin öffnet (Abb. 37:●).

Das Haus, das wir besuchen, gehört mit den vielen Verwaltungs- und Büroräumen und den beiden Vorratskellern einem Händler, der hier seinen Geschäften nachgeht und Handelsgüter zwischenlagert. Die Lage hier ist ideal für derartigen Kommerz, auch wenn ein prächtiges Haus in der Oberstadt direkt hinter dem Theater mit mehr Prestige verbunden wäre. Hier profitiert man von der Nähe des Flusshafens, der nur rund 400 m entfernt liegt (siehe «Phantom Rheinhafen» und Abb. 35). Dort werden täglich schwere Lastkähne be- und entladen, die den Rhein hinuntergefahren sind oder hinaufgetreidelt wurden. Sie bringen Rohstoffe wie Metalle, Importgüter aus dem Mittelmeerraum wie Öl- und Weinamphoren und verlassen den Hafen wieder beladen mit Getreide von den Gutshöfen der *Colonia Raurica*, mit geräucherten Fleischspezialitäten und hier gebrannten Dachziegeln, um nur einige Beispiele zu nennen. Auch unzählige, zu Flössen gebündelte Baumstämme aus dem Einzugsgebiet der Aare und des Hochrheins werden hier auseinandergenommen und an die Holzhändler verkauft. Diese machen seit Generationen gute Geschäfte, denn die Zimmerleute und Schreiner der Stadt finden in der Gegend kaum mehr gutes Konstruktionsholz für Hausbau und Einrichtungen, und die privaten Hypokaustheizungen und öffentlichen Thermen verschlingen Unmengen von Brennholz.

Obschon das Haus, das wir besichtigen, keinesfalls mit den ärmlichen Handwerkerhäusern am Stadtrand zu vergleichen ist, suchen wir hier vergeblich nach Hinweisen auf Luxus wie Mosaikfussböden, üppige Wandmalereien oder mit Hypokausten beheizte Räume, die in den zentralen Villen der Oberstadt durchaus Standard sind. Hier sind einfache Bautechniken anzutreffen wie Fussböden aus Holzbrettern oder Lehmestrichen. Da verwundert es nicht, dass sich nur wenige herausragende Persönlichkeiten in der Kaiseraugster Unterstadt angesiedelt haben! Immerhin lassen sich archäologisch ein Arzt

Abb. 37: Plan der westlichen Unterstadt von Augusta Raurica. Typisch sind die viel längeren Häuserblocks (insulae) als in der Oberstadt (Abb. 5) und die Hinterhöfe mit Sodbrunnen (●). Die auffallend breite Höllochstrasse führte vermutlich zu einem Brückenübergang über den Rhein im Norden (Abb. 31: links) und endet im Süden bezeichnenderweise beim grossen Handels- und Gewerbehaus von Kaiseraugst-Schmidmatt (Abb. 40).

★ *= das in diesem Kapitel besuchte Haus (Abb. 36). Die Signaturen* M *(Fundort Menora-Fingerring) und* X *(Fundort Christogramm-Fingerring) beziehen sich auf das Kapitel «Fingerring mit Menora» auf Seite 83. M. ca. 1:3000.*

(Nach Müller 1993, Abb. 29; Ergänzungen und Gestaltung Michi Vock; Römerstadt Augusta Raurica)

RÖMERZEIT

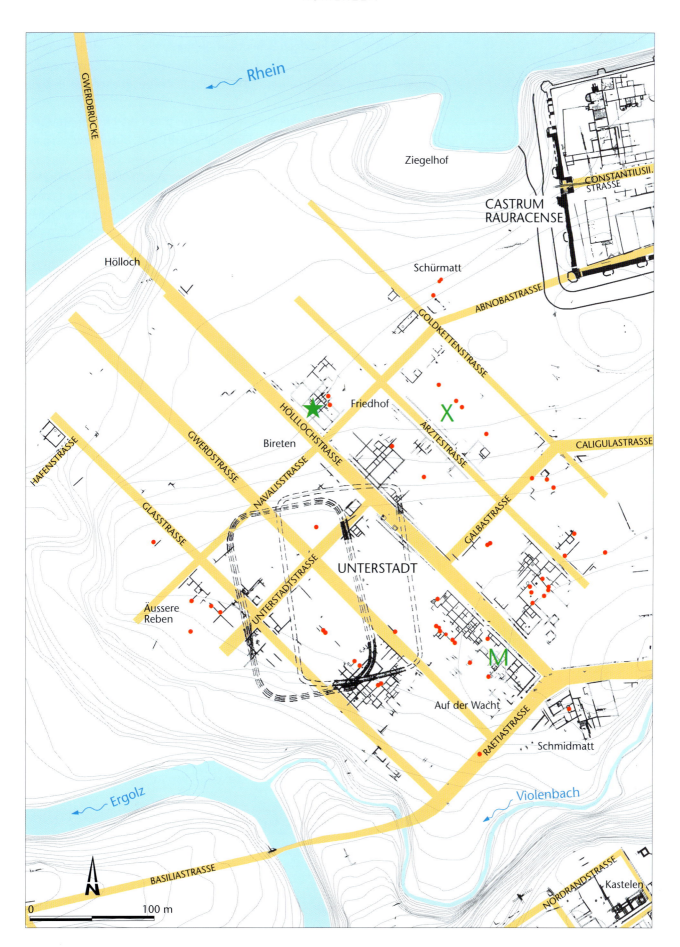

RÖMERZEIT

nachweisen (bei der heutigen Bahnunterführung) und ein reicher Grosshändler an der Fernstrasse *Basilia-Vindonissa* (siehe «Handels- und Gewerbehaus ‹Schmidmatt›»; dieses ist an der heutigen Landstrasse konserviert und zugänglich).

Das sind aber Ausnahmen! Schlendern wir durch die breiten Strassen der Unterstadt (Abb. 37), so fühlen wir auf Schritt und Tritt den wirtschaftlichen Puls der Stadt: Wir begegnen vielen voll beladenen Wagen, Tagelöhnern, Imbissverkäuferinnen, geschäftigen Boten usw. Manch ein Hauseingang verbirgt ein Handelskontor oder ein Warenlager, viele andere lassen den Blick frei in eine *fabrica* (Werkstatt), wo Töpfer Trinkbecher auf der Scheibe drehen, arme Knechte stundenlang Wollstoffe walken, Rauch aus einem Hinterhof aufsteigt, Handwerker und deren Gesellen Glasgefässe am Ofen blasen, ein Hornschnitzer Rinderhörner aufsägt, Schmiede die Eisenteile für einen Wagen aushämmern und Andere diverse Reparaturen ausführen.

Lesetipps:
- L. Berger (mit einem Beitrag v. Th. Hufschmid), Führer durch Augusta Raurica (Basel 1998[6]), bes. 191–193 Abb. 188.
- U. Müller (mit Beiträgen v. P. Gutzwiller/M. Maggetti/H.-R. Pfeifer), Ausgrabungen in Kaiseraugst im Jahre 1992. Jahresberichte aus Augst und Kaiseraugst 14, 1993, 109–133, bes. 121–127 Abb. 26–38.
- U. Müller (mit Beiträgen v. R. Glauser/L. Grolimund u. unter Mithilfe v. C. Saner), Ausgrabungen in Kaiseraugst im Jahre 2000. Jahresberichte aus Augst und Kaiseraugst 22, 2001, 105–124, bes. 108–124 Abb. 5–27.
- U. Müller (mit Beiträgen v. R. Glauser/L. Grolimund, unter Mithilfe v. C. Saner), Ausgrabungen in Kaiseraugst im Jahre 2001. Jahresberichte aus Augst und Kaiseraugst 23, 2002, 85–98, bes. 89–96 Abb. 6–13.

RÖMERZEIT

Handels- und Gewerbehaus «Schmidmatt»

Alex R. Furger

Direkt neben der heute von Basel nach Rheinfelden führenden Kantonsstrasse sind eine Gastwirtschaft (*caupona*) mit Lager- und Geschäftsräumen sowie, im Osten anschliessend, die Gewerbehalle einer Tuchwalkerei (*fullonica*) unter einem Schutzbau vereint. 1982–1985 wurde der Komplex bei einer Notgrabung entdeckt und wegen seines vorzüglichen Erhaltungszustandes vom Kanton Aargau mit Hilfe des Bundes erworben (Abb. 38). Die mehrmals umgebaute Anlage brannte im 3. Jahrhundert n. Chr. nieder.

In diesem Gewerbehauskomplex müssen clevere Geschäftsleute ihre stark diversifizierten Betriebe geführt haben. Das moderne Schutzhaus über diesem Monument mit Erläuterungen und einer kleinen Ausstellung lohnt einen Besuch!

Ein Händler lädt zur Hausbesichtigung ein

Im westlichen Trakt, der durch eine dicke Brandmauer von der benachbarten Tuchwalkerei getrennt ist, war im Obergeschoss eine *taberna* eingerichtet (Abb. 40: 13), die gegenüber der wichtigen Einmündung der Höllochstrasse in die Überlandstrasse lag (siehe «Rheinbrücken»). In den vier Meter tief in den Hang gebauten unteren Räumen waren eine Räucherkammer für Fleischkonserven, ein beheizbares Verwaltungsbüro (mit völlig intaktem Hypokaust!), ein Raum mit Herdstelle und Hausheiligtum (die fünf Götterfiguren des *Larariums* haben sich dank des Hausbrandes erhalten) und zwei umfassende Lager für Getreide- und andere Vorräte untergebracht (Abb. 39: 1.2).

Abb. 38: Die Grabungen von 1983/84 in der «Schmidmatt» in Kaiseraugst brachten zwei direkt benachbarte Gewerbebauten an prominenter Lage in der Unterstadt von Augusta Raurica zu Tage (Abb. 31: Bildecke links unten). Auf der Grabungsübersicht sind aussen links die Zufahrtsrampe 3 und oben anschliessend der Keller West 1 mit einer Fleischräucherkammer zu sehen. Das provisorische Schutzdach liegt über dem völlig intakten Zimmer 6 (zur Zeit der Aufnahme 1984 wurden hier Tausende von Wandmalereibruchstücken geborgen). Der schmale Raum rechts ist die Werkhalle 10 mit auffallender rechteckiger Wasserwanne – wahrscheinlich eine Tuchwalkerei (Abb. 42; Zahlen siehe Plan Abb. 39).

(Foto Urs Müller, Ausgrabungen Kaiseraugst)

Dank des Umstandes, dass der ganze Gebäudekomplex im 3. Jahrhundert abgebrannt ist, sind die grossen Getreidevorräte verkohlt und erhalten geblieben (Fundort: Abb. 39: 1). Die archäobotanische Untersuchung der zehn geborgenen Bodenproben (17 kg!) im Labor hat folgende Ergebnisse gebracht: 12'794 Pflanzenreste konnten aussortiert und bestimmt werden. Davon sind 8553 verkohlte Getreidekörner und Dreschreste. 65% davon liessen sich als Saatweizen, 32% als Roggen und 3,5% als Emmer bestimmen. In ganz geringen Mengen konnte auch Einkorn und Dinkel festgestellt werden. Sogar einige andere Nutzpflanzen sind mit wenigen Samen belegt, so Ackerbohne, Linse, Möhre und Schlafmohn (Ölpflanze). Das reichliche Vorkommen von Saatweizen scheint eine Spezialität oder Vorliebe in der Colonia Raurica im 3. Jahrhundert n. Chr. gewesen zu sein, ganz im Gegensatz zu römischen Fundorten in der übrigen Schweiz und in Süddeutschland, wo Gerste, Dinkel und Rispenhirse viel geläufiger waren.

Die bis zu 20% Verunreinigung durch schwere Samen von Ackerunkräutern lassen interessante Schlüsse zur Verarbeitung dieser Getreidevorräte zu: Ein Teil der Bestände war vor ihrer Einlagerung in den Keller offensichtlich gedroschen und geworfelt (im Wind gereinigt) worden. Ein kleinerer Teil stellt hingegen den Abfall des Kornreinigungsprozesses dar mit vielen Dreschresten (Spelz) und auch leichten Unkrautsamen.

Im Westen führte eine steile, befahrbare Rampe von der Strasse hinunter zu den Lagerräumen und endete mit einem kleinen Hof für Güterumschlag (beim Ochsengespann in Abb. 40). Ja sogar ein Sodbrunnen war mitten im

RÖMERZEIT

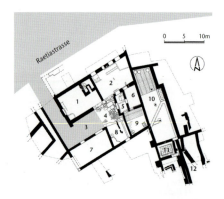

Abb. 39: Plan der römischen Handels- und Gewerbebauten von Kaiseraugst-«Schmidmatt» (Abb. 38 und 40). 1 = Keller West mit Räucherkammer und Getreidevorräten; 2 = Keller Ost mit Geschirrschrank (Abb. 41) und Zugangstreppe von der Raetiastrasse; 3 = Zufahrtsrampe; 4 = Warenumschlagplatz mit Brunnentrog; 5 = Korridor mit Sodbrunnen; 6 = ausgemaltes Zimmer mit Hypokaustheizung; 7, 8 = Nebenräume; 9 = Zimmer mit Haushaliigtum, Eckherd und Holzboden; 10 = Werkhalle (Tuchwalkerei?) mit gemauerter Wasserwanne, drei Holzfässern und Bretterboden (Abb. 42 und 60); 11 = Trocknungsraum mit «Warmluftgebläse»; 12 = Rampe bzw. rückseitiger Eingang. Massstab etwa 1:1000.

(Zeichnung Ausgrabungen Kaiseraugst)

Haus – in einem schmalen Korridor – zur privaten Wasserversorgung integriert. In der Ecke eines der Kellerräume hatte man mit Balken und Brettern einen 3 × 2,2 m grossen Vorrats- und Geschirrschrank installiert (Abb. 41: rechts), in welchem ein beachtliches Ensemble von Koch-, Ess- und Trinkgeschirr stand. Auch dieser Komplex ist dank des Hausbrandes um 240–275 n. Chr. eingestürzt, an Ort und Stelle liegen geblieben und konnte minutiös freigelegt, geborgen und rekonstruiert werden. Das Inventar des Haushaltes (Abb. 41): 3 Kochtöpfe, 4 Backplatten (für Aufläufe), 5 Reibschüsseln (Gewürzmörser), 1 Trichter, 2 Auftragsschüsseln, 1 Terra sigillata-Teller, 3 Honigtöpfe, 3–4 Weinkrüge, 6 Trinkbecher, 5–7 Wasserkrüge, 4 Vorratsgefässe (u. a. kleine gallische Weinamphoren) und 2 weitere Gefässe. Ein verzierter Kerzenständer aus Bronze, ein grosses Metzger-Hackmesser, Teile einer Kette und ein Gewichtstein waren ebenfalls in diesem grossen Eck-Wandschrank versorgt. Zum Kerzenständer passt eine kleine überwölbte Nische, die nur drei Meter weiter westlich in der hohen Kellerwand eingelassen war und zur Aufnahme von Öllampen und Kerzen diente.

Abb. 40: Rekonstruktionsversuch des Handels- und Gewerbehauses von Kaiseraugst-«Schmidmatt», Blick von Südwest. 1. 3. 4. 7–9. 11–12 siehe Abb. 39; 13 = Obergeschoss Westtrakt (taberna?); 14 = Obergeschoss Osttrakt (mit reichem Mobiliar und Eisenbarren [Abb. 59]).

(Zeichnung Markus Schaub, Römerstadt Augusta Raurica)

Qualitätsstoffe «made in Augusta Raurica»

Im Osten schliesst sich an das Handels- und Gastwirtschaftsgebäude – durch eine über 40 Meter lange Brand- und Parzellengrenzmauer getrennt – eine Gewerbehalle mit Nebenräumen an, vermutlich eine Tuchwalkerei (siehe «Aus dem Leben von Elvina, Gallierin aus Augusta Raurica»). Der 18,6 m lange und 5,4 m breite Kellerraum (Abb. 42) wurde nicht von der Hauptstrasse im Norden, sondern von der Violenbachniederung im Süden betreten. Zwei massive Holzpfosten, von denen noch die Sandsteinsockel im Fussboden erhalten sind, stützten einst die Decke. Ganz hinten standen auf einem Bretterboden drei hölzerne Fässer oder Dauben-Bottiche von je 67–77 cm Durchmesser, die

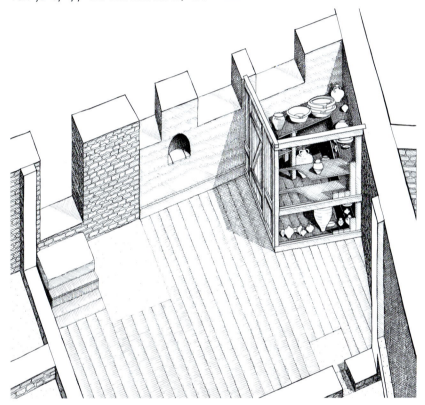

Abb. 41: Der Geschirrschrank mit seinem Gefässensemble im Keller Ost (Abb. 39: 2) des Handels- und Gewerbehauses von Kaiseraugst-«Schmidmatt». Links die Rekonstruktion des mit Krügen, Auflaufformen, Reibschüsseln (Mörsern), Kochtöpfen und Bechern gefüllten Holzschranks in der Kellerecke aufgrund des sorgfältig dokumentierten Grabungsbefundes. Das ganze Gebäude ist im 3. Jahrhundert n. Chr. einem Brand zum Opfer gefallen und sämtliche Reste des Schrankes bzw. seines Inhalts lagen bei der Ausgrabung so in der Kellerecke, wie sie 1700 Jahre zuvor eingestürzt waren! Oben die 27 am besten erhaltenen Gefässe, die grösstenteils zusammengesetzt werden konnten.

(nach Furger 1989, Abb. 94 und 100; Zeichnung Markus Schaub; Foto Helga Obrist; Römermuseum Augst)

sich bei der Ausgrabung als verkohlte Spuren gut abzeichneten (Abb. 60). Unmittelbar anschliessend war längs der Ostwand ein sorgfältig gemauertes und innen wasserdicht verputztes Becken von 2,5 m Länge eingebaut, das rund 1300 Liter Wasser fassen konnte, etwa den Inhalt der drei Fässer. Dieses konnte über einen Abfluss am Boden des Beckens und einen Abwasserkanal quer durch den Raum entsorgt werden.

Eine ebenfalls bemerkenswerte technische Einrichtung wies der kleine, im Süden anschliessende Raum 11 auf: Er war mit einem aus Ziegeln konstruierten Warmluft-Trockenofen ausgestattet, der von der Werkhalle aus befeuert werden konnte. Die Kammer in der Mitte mass nur 2,8 × 1,9 m und muss ein Trockenraum gewesen sein.

Alles zusammen betrachtet, scheint es sich um die Einrichtung eines in römischer Zeit häufigen Gewerbes zu handeln: eine Tuchwalkerei oder *fullonica*. In den Fässern wurde wohl Urin gelagert (historische Quellen berichten sogar von dessen Einsammeln in den Strassen), in der gemauerten Wanne (Abb. 42) haben die Arbeiter im Wasser stehend und unter Zugabe von Urin und Walkererde die schweren Wolltücher, Kapuzenmäntel und dergleichen mit den blossen Füssen gewalkt, verfilzt und imprägniert, und im kleinen Raum im Süden sind die so veredelten Produkte anschliessend getrocknet worden.

Da dieses Walker-Gebäude gleichzeitig mit dem benachbarten Handels- und Gastwirtschaftsgebäude abgebrannt ist, fand sich auch hier eine mächtige Brandschicht innerhalb der gut erhaltenen Mauern. Darin hat man bei den Freilegungsarbeiten zahlreiche wertvolle Funde entdeckt, die alle von den Obergeschossen stammen. Sie haben keinen Zusammenhang mit der Walkerei im Kellergeschoss und lassen erahnen, dass über der einfachen Werkstatt der Tuchveredler möglicherweise andere Leute wohnten: Mehrere in den Brandschichten vorgefundene Eisenbarren (Abb. 59) lassen auf den Vorrat eines Händlers oder Schmieds denken. Manche Objekte weisen sogar auf eine sehr wohlhabende Bewohnerschaft der oberen Stockwerke hin, so ein säulenförmiger Brunnenstock, zwei hübsch mit Bronzebeschlägen verzierte Kästchen (Abb. 51), ein origineller kleiner Amor aus Bronze, der auf einem Widder reitet, und insbesondere zwei kleine Silberstatuetten eines Herkules bzw. einer Minerva von hoher Qualität (Abb. 49), die vermutlich zu einem wertvollen Ziermöbel gehörten.

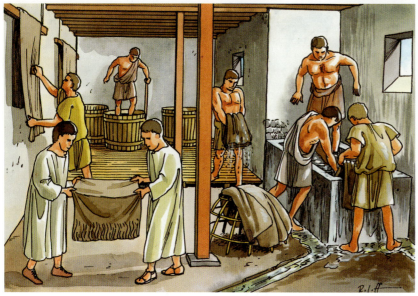

Abb. 42: Diese 3,15 m lange Wanne (vorne rechts) wurde in der römischen Tuchwalkerei in der «Schmidmatt» in Kaiseraugst entdeckt. Spuren von drei Holzfässern im hinteren Teil des Raumes (Abb. 60) lassen an Sammelbehälter für Urin denken. Das Ammoniak im Urin und die sogenannte Walkererde verfilzte die Wollstoffe und machte sie wasserabstossend. Auch der Raumgrundriss, der Holzfussboden, die Pfeiler und die Holzdecke sind vom Ausgrabungsbefund übernommen. Die Szenen mit den Personen sind von römischen Reliefdarstellungen inspiriert.

(Zeichnung Rolf Meier, nach Angaben von Alex R. Furger; Römerstadt Augusta Raurica)

Die beiden aneinander gebauten Häuser wurden wahrscheinlich im 2. Jahrhundert n. Chr. errichtet und mehrmals umgebaut. Nach der Mitte des 3. Jahrhunderts brannten die Gebäude aus und stürzten ein. Mehrfach wurde der Schutt durchwühlt. Einzelne Spuren und Fundobjekte deuten auf eine späte Wiederverwendung der Anlage im 4. Jahrhundert n. Chr. hin.

Lesetipps:
- U. Müller, Die römischen Gebäude in Kaiseraugst-Schmidmatt. Archäologie der Schweiz 8, 1985, 15–29.
- A. R. Furger (mit Beiträgen v. S. Jacomet/W. H. Schoch/R. Rottländer), Der Inhalt eines Geschirr- oder Vorratsschrankes aus dem 3. Jahrhundert von Kaiseraugst-Schmidmatt. Jahresberichte aus Augst und Kaiseraugst 10, 1989, 213–268.
- A. Kaufmann-Heinimann, Die Silberstatuetten des Herkules und der Minerva aus Kaiseraugst-Schmidmatt. Archäologie der Schweiz 8, 1985, 30–38.
- A. Kaufmann-Heinimann, Die Bronzestatuetten aus Kaiseraugst-Schmidmatt. Jahresberichte aus Augst und Kaiseraugst 7, 1987, 291–318.
- S. Jacomet, Verkohlte pflanzliche Makroreste aus Grabungen in Augst und Kaiseraugst. Kultur- und Wildpflanzenfunde als Informationsquellen über die Römerzeit. Jahresberichte aus Augst und Kaiseraugst 9, 1988, 271–310, bes. 275–276 Abb. 6–7 Tabellen 2–6.

Aus dem Leben von Elvina*, Gallierin aus Augusta Raurica

Alex R. Furger

Elvina in unserer fiktiven Geschichte ist eine waschechte Kaiseraugsterin, wie wir heute sagen würden. Sie lebt im 3. Jahrhundert n. Ch. in der Schmidmatt, im östlichen der beiden grossen Handelshäuser an der belebten Durchgangsstrasse und Kreuzung (Abb. 37), wo Reisende und Händler Richtung Westen nach Basilia abfahren, Richtung Norden über eine Rheinbrücke nach Germanien (z.B. nach *Colonia*/Köln) und nach Osten rheinaufwärts Richtung *Vindonissa* (siehe «Handels- und Gewerbehaus ‹Schmidmatt›»). Elvinas gallische Vorfahren haben schon früh das römische Bürgerrecht erworben. Dennoch hat man in der Familie nie einen Hehl über seine Herkunft gemacht, und so hatten ihre Eltern ihr auch einen traditionellen gallischen Namen (Abb. 43) und nicht einen lateinischen gegeben, wie dies bei sehr vielen aufstrebenden, karrierebewussten Keltenfamilien im Römischen Imperium der Fall war.

Hier an bester Geschäftslage wohnen in einem stattlichen Haus direkt an der vielbefahrenen Durchgangsstrasse zwei Brüder: *Marcus Sanucius Messor*, der Walker, mit seiner grossen Werkstatt im Erdgeschoss, und *Quintus Sanucius Melo*, der Eisenhändler. Elvina (Abb. 44) ist die Frau des Walkers. Dies ist ein in der römischen Antike häufiger und hoch angesehener Berufsstand.

Die beiden, Marcus und Elvina, haben sich vor 40 Jahren in der *Colonia Ulpia Noviomagus* (Nijmegen/NL), in der Provinz Germania Inferior, kennen gelernt. Elvina, ursprünglich ebenfalls aus dem Süden (Gallien) stammend, hielt sich gerade im Stammland der Bataver auf. Und dorthin reiste auch ihr späterer Gatte zum Grosseinkauf von Wolle für einige Wochen. 13'000 römische Pfund (4300 kg) Rohwolle hat er auf den Märkten Niedergermaniens von den Flachlandbauern und Hirten erstanden und darin sein kleines, als junger Mann in Augusta Raurica angespartes Vermögen investiert. Die 30 m³ gepressten Wollfliese entsprechen gerade einer Schiffsladung in den

*) ELVINA ist durch eine Ritzinschrift (Graffito; Abb. 43) aus der Augster Insula 35 bezeugt. Offenbar hatte die Frau, die immerhin des Schreibens kundig war, ihren Trinkbecher mit der Namenskritzelei als ihr Eigentum erkennbar gemacht. Weniger wahrscheinlich ist, dass der Becher einem Mann gehörte, der bei einem Gelage einen Trinkspruch auf seine Angebetete Elvina auf dem Becher eingeritzt hat. Die Form des tönernen Gefässes weist in die Zeit um 170–250 n. Chr., in der Elvina gelebt haben muss. Der Namenstyp ist keltisch-gallisch und geht auf *elu* bzw. *eluo* zurück, was «zahlreich» bedeutet. Die Trägerin des Namens war in Augusta Raurica offensichtlich eine Einheimische und sicher nicht eine aus Italien Zugewanderte. – Wir wissen ausser der Namensinschrift auf dem Becher nichts von dieser Person. Dieses Schicksal ist typisch für die Wohnbevölkerung der antiken Koloniestadt: Man kennt konkret nur äusserst wenige individuelle Angaben von ihren Einwohnern und noch viel weniger von ihren Einwohnerinnen, da Grabsteine, namentliche Weihungen usw. sowie Inschriften auf Keramikgefässen recht spärlich sind. Die Archäologie mit ihren Methoden vermag zwar die Lebensumstände der Leute zu erhellen, sie macht aber kaum Aussagen über einzelne Schicksale. Die hier erzählte Geschichte der Elvina hält sich zwar wo immer möglich an Bekanntes aus der Zeit um 200 n. Chr. in Augusta Raurica, sie ist in der vorliegenden Fassung jedoch frei erfunden.

Abb. 43: Randbruchstück eines Bechers aus rotbraunem Ton mit eingeritzter Inschrift (Graffito). Sie lässt sich als ELVINA entziffern, wobei das «E» wie oft in der Kursivschrift als «II» geschrieben ist; beim «A» rechts ist die Scherbe weggebrochen. Entweder hat eine Frau namens Elvina ihren Namen selbst eingeritzt und wollte den Becher damit als ihr Eigentum bezeichnen (was sie eigentlich im Genitiv hätte schreiben müssen), oder ein unbekannter Verehrer Elvinas hat auf seinem eigenen Becher einen Trinkspruch auf das Wohl seiner Angebeteten geschrieben (zum Beispiel: «Elvina vitula mea», d. h. Elvina mein Kälbchen [trink mit mir]!). Trinkbecher dieser Form waren im späten 2. und frühen 3. Jahrhundert n. Chr. in Mode. Gefunden in Augst, Insula 35.

(Foto Musée romain de Lausanne-Vidy, Zeichnung Gaële Féret/Richard Sylvestre, Römermuseum Augst)

RÖMERZEIT

Abb. 44: Eine Augsterin wie Elvina? (Fund aus Insula 30; getriebenes Kupferblech, zum Teil versilbert).

(Foto Ruth Steiger, Römermuseum Augst)

Abb. 45: Ein Schiff, beladen mit Woll- oder Tuchballen, wird auf dem zweituntersten Bildstreifen auf dem Fluss von zwei Treidlern an Seilen gezogen. Die Ladung ist zuvor mit Stricken zu grossen Ballen festgezurrt worden (oben). Modern kolorierte Kopie eines Reliefs an der «Igeler Säule», einem Grabmal des 3. Jahrhunderts im Trierer Land.

(Farbfoto Landesmuseum Trier)

Abb. 46: Inschrift ...COL... / ...CISA... (Collegium negotiatorum Cisalpinorum et Transalpinorum), gefunden bei der Basilica auf dem Forum von Augst. Sie zeugt von einer Niederlassung eines Collegiums von Grosskaufleuten beidseits der Alpen. Breite des Bruchstücks: 12 cm.

(Foto Germaine Sandoz, Römermuseum Augst)

Abb. 47: Römische Geräte der Textilverarbeitung aus Augusta Raurica. Links zwei Knochenscheibchen zum Bandweben, dahinter zwei Webgewichte aus gebranntem Ton, rechts vorne drei Spinnwirtel (Schwungrädchen unten an der Spindel) aus Stein, Keramik und Knochen, rechts dahinter eine Spindel aus Knochen und links davon drei durchbohrte Nähnadeln, ebenfalls aus Knochen geschnitzt.

(Foto Ursi Schild, Römermuseum Augst)

grossen, rund 16 m langen und knapp 2 m breiten Rheinlastkähnen. Die Verhandlungen mit den *navicularii* (Schiffsherren) im Hafen waren zermürbend; diese wussten eben um ihr Monopol im Schwertransportwesen Richtung Süden.

Marcus ist damals mit seiner künftigen Gemahlin und seiner wertvollen Ladung den Rhein hoch nach Augusta Raurica zurückgefahren (Abb. 45). Einfach auf dem Wasser gefahren? Ja, auf Strecken mit geringer Strömung liess sich das Schiff immerhin rudern, und bei genügend starkem Nordwind hissten die *nautae* (Binnenschiffer) an Bord sogar ihre Segel. Aber bei starker Strömung wurde es mühsam und langwierig: Da mussten starke Treidler oder sogar Maultiertreiber angeheuert werden, welche sein gechartertes Lastschiff mit langen Seilen vom Ufer aus gegen die Strömung rheinaufwärts zogen. 19 Tage hat die 470 Meilen (700 km) lange Reise gedauert! Und 1600 Sesterze musste er den unnachgiebigen Schiffern und Bootseignern dafür bezahlen – die Hälfte davon im Voraus schon im Abfahrtshafen.

Elvinas Mann ist inzwischen ein angesehener Bürger der Stadt und stolz, als erfahrener und erfolgreicher Händler, der auch mit den Gebieten südlich der Alpen Geschäfte tätigt, Mitglied der lokalen Niederlassung der mächtigen Handelsorganisation *Collegium negotiatorum Cisalpinorum et Transalpinorum* zu sein (Abb. 46; heute würde man vom Internationalen Spediteurverband sprechen). Elvina besorgt seit Jahren für das Geschäft ihres Mannes Marcus die Verarbeitung der importierten Wolle zu dickem Tuch. Zu ihren Pflichten gehört auch der Einkauf der in der Colonia Raurica nur spärlich angebotenen Wolle, die auf dem *mons Abnobae* (Schwarzwald) und im Jura produziert wird. Sie hat, geschäftstüchtig wie sie ist, mit den Jahren ein gutes Beziehungsnetz mit vielen Gutsbetrieben im Koloniegebiet von Augusta Raurica aufgebaut und beschäftigt Dutzende von Frauen, die in der *pars rustica* der Landvillen leben und in ihrem Auftrag die Rohwolle karden, spinnen und verweben (Abb. 47). Die Frauen sehen jedoch kaum etwas vom Zusatzverdienst durch diese «Heimarbeit», ist es doch jeweils der *villicus* (Gutshofverwalter), der mit Elvina verhandelt und die Weberinnenhonorare kassiert.

Die dicken Wollstoffe werden in Marcus Sanucius Messors Manufaktur gewalkt (Abb. 42). Diese Gewebeveredelung verfilzt den Stoff und imprägniert ihn gleichzeitig gegen Nässe. Von Näherinnen wird der Stoff in aller Regel zu weiten Regen- und Wintermänteln mit Kapuzen verarbeitet. Diese

RÖMERZEIT

praktischen Kleidungsstücke gehören zur obligaten Ausgehtracht der Männer und Frauen in den Nordwestprovinzen des Imperiums (Abb. 48). Lange Jahre hat die Familie des Marcus Sanucius Messor mit ihren Produkten gutes Geld verdient.

Elvinas Gatte lebt jedoch bisweilen auf zu grossem Fuss und kauft sich in *Lugudunum* (Lyon in Gallien) ein silbernes Klappgestell für ein Handwasch- oder Kohlebecken für den Speisesaal. Elvina gefallen daran besonders die äusserst fein gearbeiteten Götterfigürchen des Hercules und der Minerva (Abb. 49). Mar-

Abb. 48: Diese kleine Tonfigur stellt einen Mimen oder Gaukler mit grotesker Theatermaske dar. Er trägt die übliche einheimische Wintertracht bzw. den Allwettermantel mit Kapuze (cucullus) aus gewalkter Wolle.
(Foto Ursi Schild, Römermuseum Augst)

Abb. 49: Die zwei Silberstatuetten von höchster Qualität: Minerva mit Helm und Querbeil (links) und Hercules mit Löwenfell und Eber (rechts). Sie müssen zu einem wertvollen Gerät gehört haben, möglicherweise einem Ziermöbel oder einem Klappgestell für ein Handwasch- oder Kohlebecken; ihre Höhe beträgt bloss 55 mm.
(Foto Ursi Schild, Römermuseum Augst)

cus denkt nicht nur an sich, sondern er schenkt seiner Frau immer mal wieder ein schönes Schmuckstück (Abb. 50), das sie in zwei verzierten Holzkästchen aufbewahrt (Abb. 51). Elvina und Marcus haben drei Kinder. Den einen Jungen schicken sie einige Jahre lang in die Schule auf dem Forum (Abb. 52), denn schliesslich soll er einmal das Textilveredelungsgeschäft seines Vaters übernehmen und in Schreiben und Rechnen sattelfest sein.

Abb. 50: Schmuck aus der Schatulle der Einwohnerinnen von Augusta Raurica (1.–4. Jahrhundert n. Chr.; von links nach rechts): Halskettchen mit Glasperlen und Golddrahtgliedern, Fisch-, Scheiben- und Bügelfibel (hinten links), Armreif, Ohrringe, Haarnadeln aus Knochen und Bronze, Goldanhänger, Kieselamulett-Anhänger, drei Fingerringe (aus Silber mit Karneol-Gemme, aus Bronzedraht und als Kästchenschlüsselchen).
(Foto Ursi Schild, Römermuseum Augst)

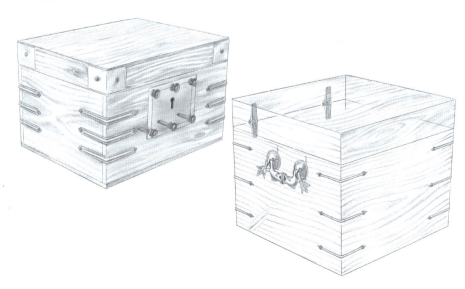

Abb. 51: Über 70 Eisen- und Bronzebeschläge (Scharniere, Schlösser, Eckverstärkungen, Griffe usw.) wurden im Brandschutt des östlichen Handwerkerhauses mit der Walkerei in der Kaiseraugster Schmidmatt gefunden. Ihre zeichnerische Rekonstruktion ergibt zwei Schmuckkästchen von je etwa 27 cm Höhe. Solche Kästchen waren beliebt zum Aufbewahren kleiner Wertgegenstände wie Schmuck, Münzen oder Schreibutensilien.
(Zeichnung Stefan Bieri, Ausgrabungen Augst/Kaiseraugst)

Abb. 52: Rings um Forum (Bild) und Nebenforum von Augusta Raurica waren doppelte Säulenhallen angeordnet, in denen sich – nach innen auf die Plätze bzw. nach aussen auf die Strassen – eine Taberna an die andere reihte. Im weiten Sinn waren das nicht nur Schankstätten, sondern auch Ladengeschäfte, Büros, Geldwechselstuben, Werkstätten und Krämläden ... und aufgrund der Überlieferung auch Räume von Privatschulen.

(Modell Walter Eichenberger; Foto Elisabeth Schulz, Römermuseum Augst)

Abb. 53: Die Männer- und Frauentracht im 3. Jahrhundert n. Chr. illustriert dieses kleine, hübsche Sandsteinrelief aus Kaiseraugst sehr anschaulich: Die Frau trägt ein langes Ärmelhemd und darüber einen Wollmantel. Ihre Frisur ist leicht gelockt mit einem Mittelscheitel. Ihr Mann zu ihrer Linken ist kein gewöhnlicher Bürger oder Händler, sondern ein Offizier. Für seinen Status typisch sind die Vitis (Kommando- und Züchtigungsstab, eigentlich Rebstock) und der Gürtel mit ringförmiger Schnalle. Dieser hält – ebenfalls – eine Ärmeltunika zusammen, darüber trägt der Mann einen Mantel, der mit einer Fibel auf der rechten Schulter zusammengehalten wird. Er trägt zeitgemäss Bart und Kurzhaarfrisur, wie sie die Kaiser seiner Generation trugen. Die sicher vorauszusetzenden Schuhe oder Sandalen des Paares sind nicht erkennbar.

(Foto Ursi Schild, Römermuseum Augst)

Hin und wieder melden die beiden Gewerbe treibenden Brüder Marcus und Quintus bei Elvina Gäste zur *cena*, zum Abendessen an, denn ihr liegt es mehr als ihrer Schwägerin, mit dem kleinen Küchenteam des Hauses ein Festessen vorzubereiten. Heute sind mit *Barbius Iulius Rufinus* und dessen Gemahlin *Augustilla* besonders hohe Gäste angesagt, denn Barbius ist *duumvir* der Stadt, d. h. einer der beiden Bürgermeister, die u. a. in der Curia die Sitzungen des hundertköpfigen Stadtrates leiten. Barbius ist ein reicher Lebemann, liebt das gute Essen, wohnt in einer der schönsten Stadtvillen nur wenige Schritte südlich der Curia und ist bei der Bevölkerung wegen seiner Spendierfreudigkeit sehr beliebt. Es gehört zum guten Ton eines reichen römischen Stadtbürgers und Politikers, der Öffentlichkeit Geschenke und sich damit beliebt zu machen. Was wir heute Sponsoring nennen würden, ist in der antiken Gesellschaft selbstverständlich. Erst kürzlich hat Barbius mit einer grossen *pompa* (Festumzug) den von ihm gestifteten neuen Merkurtempel eingeweiht (Abb. 61). Barbius' Frau Augustilla ist wie Elvina ebenfalls eine «Einheimische» aus den Nordprovinzen und stadtbekannt für ihren guten Geschmack und ihre gepflegte Kleidung (Abb. 53).

In Elvinas Küche ist es bereits sehr hektisch, und überall stehen die Nahrungsmittel bereit (Abb. 54), die zuvor auf dem Markt, in der Bäckerei, beim Metzger und bei einigen Händlern besorgt werden mussten. Bei Gastmälern gibt sich die gut situierte einheimische Gesellschaft sehr «römisch» und kultiviert. Mit der Speisefolge und den Gerichten nach italischen Kochbuchautoren bringt man gerne mediterrane Ambiance auf den Tisch. Zum Glück hilft ihr die Hausmagd *Prittusa* und der subtile Arbeiter *Secundus*, den Elvina sich aus der *fullonica* ihres Mannes «ausgeliehen» hat, denn die von ihr ausgesuchten Rezepte erfordern viel Vorbereitung in der Küche und im Speisesaal (Abb. 54).

Es wird am Abend, wenn die Gäste da sind, zur Vorspeise harte Eier, Artischocken und dazu verschiedene Saucen geben: die eine – das scharfe *garum* (Fischsauce) aus Südspanien – ist zwar teuer, kann aber direkt aus der grossen Amphore abgezogen werden. Die zweite Sauce bereitet Elvina persönlich auf dem Herd zu und schmeckt sie mit viel Sellerie, Liebstöckel und Raute ab.

RÖMERZEIT

Abb. 54: So könnte es in Elvinas Küche Stunden vor dem Gastmahl ausgesehen haben (aufgenommen im «Römerhaus» in Augst): Unter und neben dem Herd in der Küchenecke sind Holzscheite und Reisig zum Anfeuern bereitgestellt, auf dem Herd sind Suppe, Getreidebrei (puls) und Milch bereits in Tontöpfen auf kleinem Feuer am Köcheln, eine eiserne Bratpfanne mit Fischen ist zum Anbraten vorbereitet und in der wertvollen Bronzekasserolle wird eine Sauce angerührt. Auf dem Rüsttisch links daneben liegen ein Schweinskopf, eine Taube und ein Poulet für den Hauptgang bereit, daneben Rüstmesser, Kochlöffel, Linsen, Eier, Nüsse, Getreide usw.

(Foto Ursi Schild, Römermuseum Augst)

Zum Hauptgang ist *pullum numidicum* – «Perlhuhn auf numidische Art» – vorgesehen. *Apicius*, der römische Feinschmecker und Kochbuchautor, beschreibt das Rezept so:

Abb. 55: Römische Häuser und Strassen waren nachts sehr dunkel, denn die künstlichen Lichtquellen lieferten allesamt nur schwaches Licht. Dennoch sind die Beleuchtungsgeräte recht vielfältig, wie diese Funde aus Augusta Raurica zeigen: links vorne ein eiserner Wandhalter für Kienspäne (dieser ist modern eingesetzt), rechts daneben und aussen rechts zwei runde Kerzenständer aus Ton (es gibt auch solche aus Bronze, und im Kaiseraugster Silberschatz sogar einen hohen Kandelaber aus Silber [Abb. 69]), in der Mitte eine aus Eisen geschmiedete Lampe für Fett (Tiertalg) oder Pflanzenöl, davor drei Keramik- und ein Bronze-Öllämpchen und rechts hinten eine grosse Windlaterne aus Bronze, deren Zylinder einst mit dünnen, durchscheinenden Hornlamellen ausgekleidet war.

(Foto Ursi Schild, Römermuseum Augst)

«Bereite das Huhn vor, koche es, wasche es, (würze es) mit *laserpicium* (Pflanzenextrakt aus Nordafrika, auch *silphium* genannt) und Pfeffer und grilliere es. Zerstampfe Pfeffer, Kümmel, Koriandersamen, *laserpicium*, Raute, Datteln und (Pinien-)Kerne, giesse Essig darüber, Honig, *liquamen* (Fischsauce, wie *garum*) und Öl, schmecke ab. Wenn es aufgekocht hat, binde mit Stärkemehl, übergiesse das Huhn damit, streue Pfeffer darüber und serviere.» (in Auftraggeschirr wie Abb. 56, Mitte).

Natürlich darf der Wein zum Essen nicht fehlen. Ebenfalls nach italischrömischer Sitte hat die kleine Küchenbrigade am Vorabend bereits einen auserlesenen Rotwein aus Italien (aus der Amphore, gewissermassen eine «Direktabfüllung» des Produzenten) mit Pfeffer, Nelken und gerösteten Dattelkernen sowie etwas Baumharz warm angesetzt und mit Wasser stark verdünnt (in Mischgefässen wie Abb. 56, Mitte rechts). Kurz vor dem Servieren in den mächtigen Bronzebechern (Abb. 56, oben rechts) kommen die grossen Weinsiebe (Abb. 56, unten rechts) zum Einsatz: Mit ihnen werden die Gewürze abgesiebt. Den Abschluss des Mahls bilden reife Früchte aus den Gutshöfen im Jura. Den Gästen hat's geschmeckt, Elvina ist erleichtert und Gastgeber Marcus Sanucius Messor ist stolz.

Soeben noch hat Quintus Sanucius Melo, der Rohmetallhändler und Schwager Elvinas, kräftig beim Essen zugelangt und nichts hätte ahnen lassen, dass der gut situierte Importeur von Eisenbarren gesundheitlich angeschlagen ist. Wenige Tage nach dem grossen Gastmahl erleidet er schwere

RÖMERZEIT

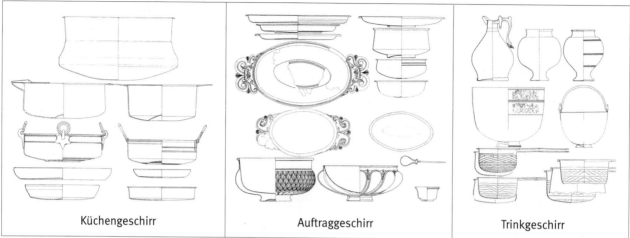

Küchengeschirr | Auftraggeschirr | Trinkgeschirr

Abb. 56: Im Geschirrversteckfund, der 1976 bei Leitungsgrabungen an der Kaiseraugster Dorfstrasse entdeckt und geborgen wurde, sind fast alle gängigen Typen des römischen Küchen-, Auftrags- und Trinkgeschirrs aus dem 3. Jahrhundert n. Chr. vertreten. Da die Gefässe nicht aus Keramik, sondern aus viel wertvollerem Metall (Kupfer, Bronze, Silber) gefertigt sind, müssen sie von einem wohlhabenderen Haushalt stammen. Jedenfalls wurde – vermutlich in Anbetracht der Alamanneneinfälle und Kriege um 275 n. Chr. – das ganze Ensemble in einer Kiste verpackt und im Haus vergraben.

(Zeichnungen Ines Horisberger, Römerstadt Augusta Raurica)

Koliken, ist innert Stunden seiner Kräfte beraubt und muss zum Arzt *Gaius*, der zum Glück nur hundert Schritte nördlich in Richtung Rhein wohnt und praktiziert. Doch auch er kann mit seiner Kunst und seinen Instrumenten (Abb. 57) nichts mehr ausrichten – Quintus stirbt.

Wie es Brauch ist, stiftet ihm seine trauernde Witwe einen Grabstein, den sie einem der besten Steinmetze der Stadt in besonders grossen Dimensionen in Auftrag gibt (Abb. 58) und für teures Geld wenig ausserhalb der Stadt direkt an der Landstrasse Richtung *Basilia* aufstellen lässt. Quintus' Frau bewahrt fortan zum Andenken an ihren Mann die letzten dreissig Eisenbarren im Haus auf, die er zu Lebzeiten nicht mehr weiterverkaufen konnte (Abb. 59).

Der Tod des Bruders, höhere Steuern und vor allem zurückgehende Geschäfte lassen in den Folgejahren die Familie der *Sanucii* allmählich verarmen. Als wäre sie nicht schon genug geplagt, hat das Schicksal letzte Woche verheerend zugeschlagen: Das ganze stattliche Handels- und Gewerbehaus an einer der prominentesten Lagen in der Unterstadt von Augusta Raurica ist einem Grossbrand zum Opfer gefallen (Abb. 60) – mitsamt dem Haus des Nachbarn *Marinius Attilianus*, Schankwirt und Exporteur von Räuchereispezialitäten.

Abb. 57: Es ist selten, dass bei Ausgrabungen in Häusern Inventare von Ärzten entdeckt werden. Bei Arbeiten an der SBB-Unterführung in Kaiseraugst kamen 1974 diese Geräte in einem Halbkeller zum Vorschein: links ein 37 cm hoher Selbstkocher (authepsa; funktioniert wie ein Samowar), rechts eine Bronzelaterne (wie Abb. 55) und dazwischen ein verzierter Bronzebeschlag (eines Medikamentenkästchens?), zwei bronzene Skalpellgriffe, ein gedrechselter Knochengriff (von einem Arztbesteck?) und ein schälchenförmiges Bronzegewicht. Wenig darüber lagen zudem ein dünnes Ohrlöffelchen aus Bein (Mitte vorn) und ein quadratischer sog. Augenarztstempel mit seitlicher Inschrift aus feinstem Grünschiefer (vorne rechts). Damit wurden Augensalbenpasten gestempelt, ähnlich einem Siegel.

(Foto Iris Krebs, Römermuseum Augst)

RÖMERZEIT

Abb. 58: Grabstein eines Eisenhändlers, gefunden 1903 nördlich der Augster Hauptstrasse. Die schwere, 2,2 m hohe Kalksteinstele zeigt oben die Büste des Bestatteten. Auch er trägt den typischen Kapuzenmantel; darunter hält er ein Schreibtäfelchen, ein wichtiges Berufsgerät der Händler. Die Grabinschrift im Mittelteil war nie eingraviert, sondern muss einst aufgemalt gewesen sein. Da sie vergangen ist, werden wir den Namen des Verstorbenen nie erfahren. Im unteren Reliefbild ist eine grosse Waage zu erkennen. In der linken Schale liegt ein grosses Steingewicht und in der rechten liegen dieselben viereckigen Stangen wie sie hinter der Waage aufgestapelt sind. Es müssen Eisenbarren sein (vgl. Abb. 59), mit denen der Händler sein Geld verdient hat.

(Foto Ursi Schild, Römermuseum Augst)

Abb. 60: Grabungsfoto vom Gewerberaum-Ost in Kaiseraugst-Schmidmatt (1984; Abb. 39: Nr. 10). In der grossflächigen Brandschicht zeichnen sich der schwarz verkohlte Bretterboden (im Vordergrund) und die Standorte von drei runden, ebenfalls verbrannten Fässern (hinten) ausgezeichnet ab. In Zusammenhang mit der wenige Meter entfernten Wanne (Abb. 42) und dem Trocknungsraum (Abb. 39: Nr. 11) vermutet man hier eine Walkerei: Die Fässer haben möglicherweise zur Aufbewahrung von eingesammeltem Urin und zum Einweichen der Wollstoffe gedient.

(Foto Ausgrabungen Kaiseraugst)

Abb. 59: Die hellbraunen Klötze, freigelegt in einer Brandschicht im östlichen Haus in der Kaiseraugster Schmidmatt, sind Eisenbarren, die offensichtlich ebenfalls mitverbrannt und in der Glut zum Teil zerbrochen sind. Im Gebäude fanden sich insgesamt 27 solcher Eisenbarren von flachrhombischer Form. Sie sind mit durchschnittlich je 2,4 kg Gewicht relativ klein; andere Funde sind viel massiger und wiegen meist um die 10–12 kg (vgl. Abb. 58).

(Foto Ausgrabungen Kaiseraugst)

Abb. 61: Bruchstück (Höhe 48,5 cm) einer Stiftungsinschrift für einen Tempel(?), gefunden 1939 mitten in den Wohnquartieren der römischen Oberstadt. Auf den fünf Zeilen ist zu erkennen:... D • D • /...RB • IVL/...VFINVS/...CVM • OR/...ET • OM/... Der Text lässt sich so rekonstruieren und ergänzen: «[IN • H(onorem) •]D(omus) • D(ivinae) •/[. • BA]RB(ius) • IVL(ianus)/[ET • . •... • R]VFINVS/[AED(em) •]CVM • OR/[NAM(entis) •]ET • OM(ni)/[CVLTV • FAC(iendum) • C(uraverunt)]», übersetzt «Zu Ehren des Kaiserhauses haben ... Barbius Iulianus und ... Rufinus das Gebäude mit Schmuck und aller Pracht errichten lassen». Leider nennt uns das Bruchstück weder den Ort des vermutlichen Tempels, noch, welcher Gottheit er geweiht war.

(Foto Germaine Sandoz, Römermuseum Augst)

RÖMERZEIT

Lesetipps:

- C. Bossert-Radtke, Die figürlichen Rundskulpturen und Reliefs aus Augst und Kaiseraugst. Forschungen in Augst 16 = CSIR (Corpus Signorum Imperii Romani) Schweiz III. Germania superior. Augusta Rauricorum (Augst 1992). [zu Abb. 58]
- W. Feldmann/H.-P. von Peschke, Kochbuch der alten Römer (Zürich 2003). [u. a. Rezept für pullum numidicum aus Apicius' De re coquinaria]
- G. Féret/R. Sylvestre, Les graffites sur céramique d'Augusta Raurica. Forschungen in Augst (Augst, in Vorbereitung) Kat.-Nr. 75. [zu Abb. 43]
- A. R. Furger, Vom Essen und Trinken im römischen Augst. Kochen, Essen und Trinken im Spiegel einiger Funde. Archäologie der Schweiz 8, 1985, 168–184. [zu Abb. 56]
- A. Kaufmann-Heinimann, Die Silberstatuetten des Herkules und der Minerva aus Kaiseraugst-Schmidmatt. Archäologie der Schweiz 8, 1985, 30–38. [zu Abb. 49]
- A. Kolb/J. Ott, Ein «Collegium negotiatorum Cisalpinorum et Transalpinorum» in Augusta Rauricorum? Zeitschrift für Papyrologie und Epigraphik 73, 1988, 107–110. [zu Abb. 46]
- M. Martin, Römermuseum und Römerhaus Augst. Augster Museumshefte 4 (Augst 1987^2) bes. Abb. 57/58; 76–80; 127; 132/133. [zu Abb. 49; 58 u. a.]
- M. u. S. Martin-Kilcher, Schmuck und Tracht zur Römerzeit. Augster Blätter zur Römerzeit 2 (Augst 1992^2, 1979^1) Abb. 14. [zu Abb. 53]
- U. Müller, Die römischen Gebäude in Kaiseraugst-Schmidmatt. Archäologie der Schweiz 8, 1985, 15–29. [zum Gebäude mit Walkerei und Abb. 59]
- V. Müller-Vogel, Römische Kleider zum Selbernähen. Baselbieter Heimatbuch 15 (Liestal 1986) 71–87 (= Augster Blätter zur Römerzeit 5 [Augst 1986]).
- E. Riha (mit Beiträgen v. M. Joos/J. Schibler/W. B. Stern), Römisches Toilettgerät und medizinische Instrumente aus Augst und Kaiseraugst. Forschungen in Augst 6 (Augst 1986) 90 und 95 Abb. 33. [zu Abb. 57 und dem Arztnamen Gaius]
- E. Riha (mit Beiträgen v. C. W. Beck/A. R. Furger/W. B. Stern), Der römische Schmuck aus Augst und Kaiseraugst. Forschungen in Augst 10 (Augst 1990). [zu Abb. 50]
- E. Riha, Kästchen, Truhen, Tische – Möbelteile aus Augusta Raurica. Forschungen in Augst 31 (Augst 2001) bes. 114 ff. Abb. 136–141. [zu Abb. 51]
- D. Šimko/R. Meier. Prisca und Silvanus. Unruhige Zeiten in Augusta Raurica. Augster Museumshefte 15 (Augst 1995). [Comic-Geschichte]
- G. Walser, Römische Inschriften in der Schweiz, für den Schulunterricht ausgewählt, photographiert und erklärt. Teil II (Bern 1980) Nr. 203 [Sanucius-Brüder] und 241. [zu Abb. 61]

Kaiseraugst am Kreuzweg

Markus Peter

Die Lage von Augusta Raurica ist alles andere als zufällig. Die römischen Planer wogen bei einer Siedlungsgründung die verschiedenen Standortvor- und -nachteile sorgfältig ab. Ein ganz wesentlicher Faktor war dabei die verkehrsgeografische Situation: Nur eine Stadt, die eng in das Verkehrsnetz eingebunden war, konnte wirtschaftlich und politisch prosperieren und sich zum regionalen Knotenpunkt entwickeln.

Die geografische Lage von Augusta Raurica erfüllte diese Anforderungen in hohem Masse, denn abgesehen vom Standort am Rhein trafen sich an dieser Stelle zwei Verkehrsachsen, die in römischer Zeit von grosser Bedeutung waren: die Ost-West-Verbindung, die Gallien mit dem Donauraum verband, und die Süd-Nord-Achse, die von Italien her über den Grossen St. Bernhard, das Mittelland und den Hauenstein an den Rhein und in die nördlichen Provinzen führte.

Ein Altar, der 1990 bei der archäologischen Untersuchung im abgebrochenen Ostteil des Gasthofs Adler in Kaiseraugst entdeckt wurde, ist ein interessantes Zeugnis dieser verkehrsgeografischen Lage.

Der etwas verwitterte Sandsteinblock mit einer Höhe von 56 cm weist auf seiner Vorderseite eine Inschrift auf, die teilweise nur mit Mühe lesbar ist:

QVADRVBIS
VAL · SECVND
INA
V · S · L · M

Ausgeschrieben:

Quadrubis / Val(eria) Secund/ina / v(otum) s(olvit) l(ibens) m(erito)
Übersetzt bedeutet dies: «Den Kreuzweggöttinnen löste Valeria Secundina (ihr) Gelübde gern (und) nach Gebühr ein».

Der Altar entstand im 2. oder 3. Jahrhundert n. Chr. und war ursprünglich in einem Heiligtum aufgestellt, vielleicht in einem kleinen Kultbezirk an einer Strassenkreuzung. Dass die sonst eher selten belegten Quadruviae, die Kreuzweggöttinnen, gerade in Augusta Raurica verehrt wurden, ist wahrscheinlich kein Zufall, sondern durch die Lage der Stadt an der Nahtstelle zweier wichtiger Überlandstrassen zu erklären.

In spätrömischer Zeit ereilte den Stein ein für Augst und Kaiseraugst geradezu typisches Schicksal: Die Errichtung des *Castrum Rauracense* um 300 n. Chr. erforderte enorme Mengen an Baumaterial, das am bequemsten in den zu diesem Zeitpunkt weitgehend verlassenen Quartieren der Koloniestadt zu finden war. Vom unzimperlichen Umgang mit den Hinterlassenschaften der Vorfahren zeugt nicht nur dieser Altar, sondern eine recht grosse Zahl von weiteren Inschriften und sorgfältig verzierten Blöcken, die in der Oberstadt von Augusta Raurica «gewonnen» und anschliessend in zweiter Verwendung als Baumaterial genutzt wurden.

Abb. 62: Weihung der Valeria Secundina an die Kreuzweggöttinnen. Der Altar aus Sandstein (Höhe 56 cm) wurde 1990 in Kaiseraugst entdeckt, als der Ostteil des Restaurants Adler abgebrochen wurde.
(Foto Germaine Sandoz, Römermuseum Augst)

RÖMERZEIT

Lesetipp:
- M. A. Speidel, Ein Altar für die Kreuzweggöttinnen. Jahresberichte aus Augst und Kaiseraugst 12, 1991, 281–282.

RÖMERZEIT

Fingerring mit Menora: ältestes Zeugnis des Judentums in der Schweiz

Alex R. Furger*

Die Archäologie beschafft und dokumentiert – im Gegensatz zur klassischen Geschichtsforschung – ihre Quellen selbst. Sie sind schier unerschöpflich. Und täglich mehren sie sich. Davon können Historikerinnen und Historiker nur träumen.

Unsere Kenntnisse der lokalen Religionsgeschichte im 3. und 4. Jahrhundert n. Chr. sind ein gutes Beispiel hierfür: Im Jahr 1999 kam mitten in der römischen Unterstadt, am Mattenweg in Kaiseraugst (Abb. 37: X), ein kleiner bronzener Siegel-Fingerring zutage, der nebst einfachen Verzierungen am Reif ein Schiff und ein spiegelverkehrt eingraviertes *Christogramm* auf der Siegelplatte trägt (Abb. 64, unten). Der unerwartete Neufund vermehrte die äusserst seltenen Zeugnisse des frühen Christentums in Augusta Raurica auf einen Schlag von drei auf vier Fundobjekte. Dies war für die Archäologin Karin Kob Inspiration genug, den Neufund bereits 2000 zu publizieren und bei dieser Gelegenheit eine kurze Bilanz zum frühen Christentum am Fundort zu ziehen. Wenig später zog Peter-A. Schwarz den Kreis noch weiter und machte sich an eine Zusammenfassung der «Archéologie chrétienne» in Kaiseraugst, die auch die schriftlichen und architektonischen Belege miteinbezog. Die Arbeit war noch nicht im Druck, als Grabungsleiter Urs Müller am 27. Juni 2001 mit einem Neufund aus Kaiseraugst eine religionsgeschichtliche Sensation präsentierte, die das Augenmerk für die nächsten Jahre in eine ganz andere Richtung lenken sollte:

Bei einer Notgrabung für ein neues Einfamilienhaus, diesmal an der Mühlegasse, kam wiederum ein bronzener Fingerring zum Vorschein (Abb. 37: M). Der besonders zierliche Ring (Abb. 63) besteht aus einem einfachen, unverzierten Reif mit einer kreisrunden Platte, in die ein *siebenarmiger Leuchter* mit dreibeinigem Fuss eingepunzt ist. Bei genauer Betrachtung erschliessen sich links und rechts dieser Menora drei weitere, fast unkenntliche Ritualobjekte.

Mittelschaft und Arme der dargestellten *Menora* bestehen aus aneinander gereihten, eingepunzten Kügelchen. Auf der linken Seite des Schaftes sind eine kreisförmige Scheibe und darüber eine gebogene Linie eingraviert, ein *Etrog* (Zitrusfrucht) darstellend, und möglicherweise ein Palmblatt vom *Lulaw*, einem Feststrauss. Auf der rechten Seite des Schaftes ist stilisiert wahrscheinlich ein *Schofar*, ein Widderhorn, abgebildet. Der Leuchter in der Mitte, die Menora, und die drei Objekte sind jüdische Symbole.

Die runde Platte des Bronzeringes mit diesen Darstellungen misst nur 10,5 mm im Durchmesser (Abb. 63, unten in Originalgrösse abgebildet). Sie ist sehr sorgfältig auf den Ringreif aufgelötet und anschliessend gefeilt und poliert worden, so dass die Nut kaum sichtbar ist. Der dünne Ringreif wurde alt ausgerissen und stark verbogen gefunden. Das lässt einerseits die Frage aufkommen, ob das Schmuckstück seinem Träger oder seiner Trägerin

*) unter Mitarbeit von Beat Rütti

Abb. 63: Der kleine, bei Notgrabungen in Kaiseraugst (Abb. 37: M) zufällig gefundene Fingerring aus Bronze ist das älteste Zeugnis jüdischen Glaubens im Gebiet der Schweiz! Er stammt aus dem 4. Jahrhundert n. Chr. (oder ist allenfalls noch etwas älter). Typisch ist die Darstellung der Menora, des siebenarmigen Leuchters.

Schwarzer Umriss = Originalgrösse

(Foto Ursi Schild, Römermuseum Augst)

Abb. 64: Zwei kleine christliche Fingerringe des 4. Jahrhunderts aus Kaiseraugst: unten aus Bronze mit kleinem Christogramm und darunter einem Schiff (Fundort Mattenweg 1999, Abb. 37: X), oben aus Silber mit Christogramm (Fundort Kastellinneres beim Südtor 1971). Massstab 2:1 (doppelte natürliche Grösse).

(Zeichnungen Stefan Bieri, Römerstadt Augusta Raurica)

gewaltsam entrissen worden ist, und andererseits erschwert es die Bestimmung des einstigen Durchmessers. Vermutlich fehlt ein Segment des Reifs.

Wie alt ist der Menora-Ring wirklich?

Ein besonderes Augenmerk haben die Archäologen seit der Entdeckung auf die *Datierung* der Fundschicht des Ringes gelegt, galt es doch abzuklären, wie früh dieses Zeugnis jüdischen Glaubens effektiv anzusetzen ist. Hierbei können die Fundzusammenhänge weiterhelfen, also das zeitliche Verhältnis der Schichten, Mauern und Fussböden innerhalb des römischen Gebäudekomplexes, in welchem der Fingerring gefunden wurde. Andererseits helfen die sorgfältig mit ihrer Herkunft dokumentierten *Mitfunde* entscheidend bei der Bestimmung des Zeitpunkts, z. B. des Jahrhunderts, in welchem der Ring verloren ging, weiter.

Der Menora-Fingerring lag in einem Kieselboden, zusammen mit relativ zahlreichen, datierbaren Keramikfunden, die aus dem 2. und 3. Jahrhundert n. Chr. stammen. Die unmittelbar darüber liegenden Schichten, die sich leider nicht scharf von der Ring-Schicht abgrenzen liessen, enthalten bereits viele Funde aus dem 4. Jahrhundert. Da mehr Verbindendes (Passscherben) als Trennendes zwischen diesen beiden Fundhorizonten besteht, scheint der wichtige Ringfund eher spätantik zu sein, ist also im 4. Jahrhundert n. Chr. verloren gegangen.

Es ist letztendlich nicht entscheidend, ob der Kaiseraugster Fingerring aus dem 3. oder 4. Jahrhundert stammt, er stellt ohnehin das älteste Zeugnis jüdischen Glaubens aus dem Gebiet der heutigen Schweiz dar. Seine Existenz in Augusta Raurica ist sogar – wie der folgende kurze Überblick über frühe Zeugnisse des Judentums in Mitteleuropa zeigt – eine kleine archäologische und religionsgeschichtliche Sensation!

Fingerringe und Ritualobjekte

Römische Fingerringe dieser Form aus Bronze sind nicht unbekannt. Zwei weitere vergleichbare Stücke kamen auch in Augusta Raurica, zufälligerweise im selben Quartier in Kaiseraugst wie der Neufund, zum Vorschein: Eines ist mit einem eingravierten Hasen verziert, das andere mit einem schlangenförmigen Muster. Religiöse Embleme hingegen sind ausserordentlich selten (s. oben).

Die Darstellungen auf dem Kaiseraugster Ring haben alle eine tiefe religiöse Bedeutung. Die zentrale Menora, der siebenarmige Leuchter, war eines der wichtigsten Ritualobjekte des alten Judentums überhaupt: Er soll von Moses auf Geheiss Gottes aus Gold geschaffen worden sein und wurde im Zweiten Tempel in Jerusalem aufbewahrt. Seine Symbolkraft für die Juden stieg noch, nachdem ihn die Römer im Jahre 70 n. Chr. geraubt und nach Rom gebracht hatten. Dort wurde er ein Jahr später zur Schmach der Gläubigen im Triumphzug, zusammen mit anderen heiligen Geräten, präsentiert. Fortan wurde die Menora zum Symbol der Hoffnung auf das Kommen des Messias und den Wiederaufbau des Tempels – zum Emblem des Judentums überhaupt.

Darstellungen von Menorot aus römischer Zeit finden sich in grosser Zahl im Mittelmeerraum. Dort sind sie geläufig in Synagogen und in der Grabkunst, auf Wandmalereien, Mosaiken, Reliefs und Gravierungen sowie auf Tonlampen und selten auf Böden von wertvollen Goldglasgefässen. Nördlich der Alpen jedoch sind jegliche Indizien auf die Präsenz von Juden in den römischen Provinzen ziemlich selten. Einige wenige Gebrauchsgegenstände wie etwa Tonlampen sind in Trier und Augsburg gefunden worden, drei Grabsteine und weitere Objekte in der römischen Provinz Pannonien an der mittleren Donau (u. a. in Ungarn). Sie alle stammen aus dem 4. Jahrhundert n. Chr. Am meisten wissen wir jedoch aus dem spätantiken Köln: Kaiser Konstantin hatte im Jahr 321 den dortigen Behörden gestattet, Juden in den Stadtrat zu berufen. Diese müssen daher zu einer in der Gesellschaft gut etablierten Gruppe gehört haben. In einem zweiten Dekret von 331 ordnete er an, dass Rabbiner und andere Gemeindebeamte vom Dienst im Rat befreit seien. Derart frühe archäologische oder schriftliche Zeugnisse aus der Schweiz waren vor dem Fund aus Kaiseraugst gänzlich unbekannt.

Es muss vorerst aber offen bleiben, ob der Träger oder die Trägerin des Ringes in der Castrum-Vorstadt von Augusta Raurica wohnte oder nur auf Durchreise war und ob es hier sogar eine kleine jüdische Gemeinde gegeben hat.

Die beiden erwähnten Fingerring-Neufunde aus dem Westteil der Kaiseraugster Unterstadt sind dort nicht die einzigen Zeugnisse aus spätrömischer Zeit. Eine Häufung von Münz-, Amphoren- und Glasfunden des 4. Jahrhunderts im selben Quartier zeigt, dass hier in der Spätantike möglicherweise eine zivile Castrum-Vorstadt stand. Bisher ist es allerdings noch nicht gelungen, in den obersten Fundschichten auch die Baustrukturen und Hausreste dieser jüngsten Phase zu erkennen.

Lesetipps:
- L. Berger, Ein Fingerring mit jüdischen Symbolen aus Kaiseraugst, Kanton Aargau. Germania 80, 2002, 2, 529–545.
- L. Berger (mit Beiträgen von B. W. Häuptli/U. Müller/V. Vogel Müller u. a.; Der Menora-Ring von Kaiseraugst. Jüdische Zeugnisse der Antike zwischen Britannien und Pannonien. Forschungen in Augst 36 (Augst 2005).
- K. Kob, Christen in Augusta Raurica: Ein weiterer Nachweis aus Kaiseraugst und eine Bestandesaufnahme. Jahresberichte aus Augst und Kaiseraugst 21, 2000, 119–125.
- P.-A. Schwarz, Zur «Topographie chrétienne» von Kaiseraugst (AG) im 4. bis 9. Jahrhundert. Zeitschrift für Schweizerische Archäologie und Kunstgeschichte 59, 2002, 153–168.

RÖMERZEIT

Der Kaiseraugster Silberschatz

Markus Peter

Der Kaiseraugster Silberschatz ist ein archäologischer Fund von Weltrang (Abb. 69). Seine Entdeckung stand allerdings unter einem schlechten Stern: Bei Erdarbeiten war er im Dezember 1961 unbemerkt aus seiner ursprünglichen Lage gerissen worden. Der einsetzende Schneefall verbarg die herumliegenden Objekte zunächst vor interessierten Blicken, doch im Januar und Februar 1962 «bedienten» sich mehrere Personen, bevor Prof. Rudolf Laur-Belart benachrichtigt wurde. Immerhin konnte die Wirtin des Restaurants Löwen nicht nur mehrere Platten sicherstellen, sondern die mühsame Wiedervereinigung zahlreicher Objekte durch wertvolle Beobachtungen unterstützen. Die Details der Entdeckungsgeschichte lesen sich spannend wie ein Krimi. Die Untersuchung der 1962 geborgenen Funde ergab, dass noch mehrere Teile fehlen mussten. Dennoch war die Überraschung gross, als 1995 nicht weniger als 18 weitere Gefässe aus einem Nachlass an den Kanton Aargau gelangten! Doch noch immer fehlt mindestens eine Silberplatte...

Der Silberschatz umfasst heute 270 Objekte: zahlreiche Gefässe (Platten, Teller, Schalen und Becher), mehrere Löffel, kleine Tischgeräte, eine Venus-Statuette, einen grossen Kandelaber (Kerzenständer; Abb. 69), drei Barren (Abb. 65) sowie 186 Münzen und Medaillons (Abb. 66-67).

Abb. 65: Silberbarren mit dem eingestempelten Porträt des Kaisers Magnentius und der Gewichtsangabe P(ondo) III (3 römische Pfund, ca. 970 Gramm), sowie dem Stempel eines Beamten GRONOPI(us). Der Barren wurde in Trier im Frühjahr 350 hergestellt.

(Foto Hans Weber, Lenzburg/Römermuseum Augst)

Die ausserordentliche Bedeutung des Kaiseraugster Silberschatzes liegt nicht nur im Wert der Objekte, sondern in den *zahllosen Informationen* zur Ereignis-, Kunst- und Kulturgeschichte, die daraus gewonnen werden können.

In den Jahren 351–352, als der Fund von seinem Besitzer oder seinen Besitzern vergraben wurde, stellte das Silber (58 kg) ein bedeutendes Vermögen dar.

Die verschiedenen Objekte sind teilweise erlesene Kunstwerke, die einen Einblick in die bemerkenswerten Fähigkeiten spätrömischer Silberschmiede geben.

Zahlreiche Stempel und Inschriften erzählen von der *Herkunft* der Gegenstände: Sie stammen aus Werkstätten in Nordgriechenland, vom Balkan, aber auch aus westlichen Städten wie etwa Trier oder Mainz.

Die *Münzen und Medaillons* allein bilden den grössten erhaltenen Fund von Silbergeld aus jenen Jahren. Sie wurden an verschiedenen Orten geprägt, in Kleinasien, auf dem Balkan, in Italien, in Lyon und vor allem in Trier.

Zahlreiche *Besitzerinschriften* künden vom Schicksal der einzelnen Objekte, die ursprünglich mehreren Personen gehörten, im Verlaufe weniger Jahrzehnte aber auf einen oder zwei Besitzer konzentriert wurden. Von Anfang an dürften die Gegenstände in den Händen hoher Offiziere gewesen sein.

Silbergegenstände – ob Münzen, Barren oder Gefässe – waren im 4. Jahrhundert geradezu typische Gaben, sogenannte *Donative*, die vom Kaiser bei seinem Regierungsantritt oder bei den regelmässig zelebrierten Regierungsjubiläen an Soldaten und Beamte übergeben wurden.

Die berühmte Decennalien-Platte aus dem Silberschatz, die 1995 bekannt wurde, trägt eine Inschrift, die auf eine solche Vergabe verweist: Sie nennt das Zehnjahres-Jubiläum des Kaisers Constans. Daraus können wir schliessen, dass diese Platte im Jahre 342/343 vom Kaiser selbst übergeben wurde.

Der Silberschatz wurde in einem Moment höchster Not vergraben, und der oder die Besitzer kamen nie mehr dazu, ihr Vermögen wieder an sich zu bringen. Der historische Kontext ist recht klar: 351 oder 352 überrannten Alamannen das *Castrum Rauracense*, wie zahlreiche Funde und Befunde zeigen.

Abb. 66: Eine Auswahl der 186 Silbermünzen und -medaillons aus dem Kaiseraugster Silberschatz. Die abgebildeten Prägungen stammen aus Trier, Ticinum (Pavia), Siscia (Sisak in Kroatien) und Thessalonica (Saloniki). Die Münzen waren nie in Umlauf, denn alle, selbst jene, die bei der Verbergung des Silberschatzes bereits über 50 Jahre alt waren (wie jene ganz links), sind stempelfrisch. Massstab 1:1.

(Foto Ursi Schild, Römermuseum Augst)

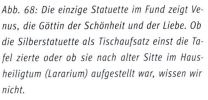

Abb. 68: Die einzige Statuette im Fund zeigt Venus, die Göttin der Schönheit und der Liebe. Ob die Silberstatuette als Tischaufsatz einst die Tafel zierte oder ob sie nach alter Sitte im Hausheiligtum (Lararium) aufgestellt war, wissen wir nicht.

(Foto Roger Humbert, Riehen/Römermuseum Augst)

Abb. 67: Ein Silbermedaillon Constantins des Grossen, geprägt in Lugdunum (Lyon) 336-337. Auf der Vorderseite das Porträt des Kaisers, auf der Rückseite ein Lorbeerkranz. Massstab 1:1.

(Foto Ursi Schild, Römermuseum Augst)

Abb. 69: Der Kaiseraugster Silberschatz im Überblick (ohne die 186 Münzen und Medaillons).

(Foto Ursi Schild, Römermuseum Augst)

RÖMERZEIT

RÖMERZEIT

RÖMERZEIT

Lesetipps:

- H. A. Cahn/A. Kaufmann-Heinimann (Red.), Der spätrömische Silberschatz von Kaiseraugst. Basler Beiträge zur Ur- und Frühgeschichte 9, 1984.
- M. A. Guggisberg (Hg.), Der spätrömische Silberschatz von Kaiseraugst. Die neuen Funde. Forschungen in Augst 34, 2003.
- B. Rütti/C. Aitken, Der Schatz. Das römische Silber aus Kaiseraugst neu entdeckt. Augster Museumshefte 32, 2003.

… RÖMERZEIT

Glossar

Alex R. Furger & Markus Peter

Apicius	Marcus Gavius Apicius Caelius(?), Feinschmecker zur Zeit der Kaiser Augustus und Tiberius (Anfang 1. Jahrhundert n. Chr.). Auf ihn geht wohl ein berühmtes Kochbuch (De re coquinaria) zurück, das in seiner späteren Überlieferung (durch einen Caelius?) ergänzt und verändert wurde.
Amphitheater	Ovale Arena mit umlaufenden Zuschauerrängen ohne Dach; Schauplatz von Gladiatorenkämpfen Mann gegen Mann (munera) bzw. Mensch gegen Tier (venationes).
Aquädukt	Wasserleitung mit offener Fliessrinne; mit regelmässigem Gefälle oft aufwändig der Topographie angepasst.
Arena	Ovale Kampfbühne im Zentrum eines Amphitheaters, umgeben von einer hohen Arenamauer.
Augustus	Erster römischer Kaiser (27 v. bis 14 n. Chr.); Neugründer der Colonia Raurica = Colonia [Paterna Munatia Felix Apollin]aris [Augusta E]merita [Raur]ica.
Basilica	Dreischiffige grosse Halle (später auch Kirchenraum), in der römischen Kaiserzeit Gerichts- und Verwaltungsgebäude auf dem Forum.
Castrum	«Kastell», ummauerte Befestigung.
Castrum Rauracense	«Kastell» Kaiseraugst (so überliefert in der notitia Galliarum, Ende 4. Jahrhundert).
Christogramm	Christliches Symbol, aus den beiden ineinandergefügten griechischen Buchstaben X (Chi) und P (Rho), die Abkürzung für Christus.
Curia	Rathaus, meist ein Annex des Forums; Tagungsgebäude des 100-köpfigen Stadtrats (ordo decurionum).
Deuchelleitung	Druckwasserleitung aus langen, durchbohrten Röhren aus Tannenstämmchen.
Fachwerk	Haus- bzw. Innenwand aus Lehm, getragen von einem Holzrahmen und oft versteift mit einem Rutengeflecht.
Forum	Zentraler Ort einer antiken Stadt; Platz der Verwaltung (mit Curia und Basilika = area publica) und des Kaiserkults (area sacra).
Hypokaust	Fussboden-Warmluftheizung (warme Luft streicht unter den Böden hindurch und durch Hohlkacheln in den Wänden hoch).
Insula	«Insel», Häuserblock im regelmässig-rechteckigen Strassennetz einer römischen Stadt.
Lararium	Ort der Hausgötter (von lares, römische Schutzgötter), in der Regel ein kleiner Schrein im Privathaus mit Götterfiguren.
Legio Prima Martia (= Legio I Martia)	«Erste Mars Legion»; Truppeneinheit, die im 4. Jahrhundert in Kaiseraugst stationiert war und ihre Ziegel mit ihrem Legionsnamen gestempelt hat.
Lehmestrich	Fussboden aus gestampftem Lehm.
Leichenbrand	Auf dem Scheiterhaufen verbrannte Knochen eines Leichnams (und oft auch tierischer Nahrungsbeigaben), die anschliessend sorgfältig zusammengelesen und im Brandgrab bestattet wurden (oft in einer Urne).
Menora (Pl. Menorot)	Siebenarmiger Leuchter, wichtiges Symbol des Judentums.
Passscherben	Scherben, die Bruch an Bruch aneinanderpassen und daher nachweislich vom selben Gefäss stammen. Wurden sie an unterschiedlichen Stellen oder Schichten gefunden, so ist über solche Anpassungen ein Zusammenhang zwischen ihren Fundpunkten erwiesen.
Rauraker, Rauriker, Raurica	Keltischer Stamm am Rheinknie (vgl. Helvetier u. a.), nach welchem die dort gegründete römische Kolonie (Colonia Raurica) benannt wurde.
Terra sigillata	Rotes Tafelgeschirr aus gebranntem Ton mit einem glänzenden Tonschlicküberzug (keine Glasur!).
Theater, szenisches	Halbkreisförmiges Theater ohne Dach; Schauplatz von Komödien, Tragödien, Schwänken und Gauklerauführungen (s. auch Amphitheater).
Walkerei	Textilveredelungstechnik, welche Wollstoffe durch Verfilzen strapazierfähig und wasserdicht macht.

(Abb. vorhergehende Seite)

Kaiseraugst, Kastellnekropole im Gstaltenrain

Der spätrömisch-frühmittelalterliche Friedhof der Stadtbevölkerung war schon früh Ziel archäologischer Forschungen. Das Aquarell von J. J. Neustück von 1843 gibt die Situation der frühmittelalterlichen Friedhofkirche mit Innenbestattungen des 7. Jahrhunderts wieder.

(Staatsarchiv Zürich, Archiv der Antiquarischen Gesellschaft Zürich)

Ein neues Zeitalter – das frühe Mittelalter

Reto Marti

Bereits in der Spätantike begann der Glanz Augusta Rauricas zu verblassen. Mit dem Niedergang des römischen Reiches entstand ein Machtvakuum, das zuerst wohl durch lokale Familien von Grossgrundbesitzern gefüllt wurde. Ab der Mitte des 6. Jahrhunderts traten die fränkischen Merowingerkönige und später die Karolinger an die Stelle der römischen Kaiser. Eine neue Aera begann, deren Vordenker nicht mehr den Mittelmeerraum als Zentrum ihrer Welt sahen. Die Kulturräume und «Märkte» – ein moderner Begriff, der nur mit Vorsicht auf die antike Welt angewandt werden darf – wurden dabei zusehends regionaler. Auch gesellschaftlich änderte sich Wesentliches: Da die staatliche Rechtsordnung nicht mehr überall aufrecht erhalten werden konnte, begaben sich viele freie Menschen – der «Mittelstand» der damaligen Zeit – unter den Schutz mächtiger Grossgrundbesitzer. Dies markierte den Beginn des frühmittelalterlichen Gefolgschaftswesens. All diese Veränderungen sind im Falle von Augst und Kaiseraugst erst in Ansätzen fassbar. Das Resultat aber ist bekannt: In der Zeit des frühen und hohen Mittelalters verwandelt sich das mächtige spätantike *Castrum Rauracense* zum gewöhnlichen Fischerdorf. Es ist eine Zeit, über die man wenig weiss. Nicht nur schriftliche Zeugnisse sind rar. Auch die Archäologie verfügt bloss über lückenhafte Quellen, was in diesem Beitrag zur Konzentration auf einige ausgewählte Themen zwingt.

Ein erster Aspekt gilt dem Wandel – nicht nur dem Wandel Kaiseraugsts am Beginn des Mittelalters, sondern auch dem beträchtlichen Erkenntniswandel der Forschung. Ein zweiter Punkt betrifft Kaiseraugst als Zentrum des frühen Christentums in der Schweiz. Das hier begründete Bistum scheint noch für Jahrhunderte bei der Neu- und Umbildung von Herrschaftsgebieten eine Rolle gespielt zu haben. Das Christentum hat zudem nicht nur Verwaltung, Kult und Kunst beeinflusst, sondern mehr und mehr auch die Handlungs- und Denkweise jedes Einzelnen. Den Bewohnern des *Castrums* selbst ist ein dritter Teil gewidmet.

Zeit des Wandels

Auch Forschung wird Geschichte

Dass es keine absolute historische «Wahrheit» gibt, ist eine Binsenwahrheit. Jede Forschergeneration beurteilt die vergangenen Zeiten aus ihrer eigenen, zeitgebundenen Perspektive. Jede und jeder hat eigene soziale, politische oder regionale Wahrnehmungen, die – bei aller angestrebten Objektivität – zu spezifischen Fragen, Blickwinkeln, Sichtweisen und Interpretationen führen. Dies trifft für die Erforschung des Frühmittelalters, der Zeit zwischen dem Niedergang des römischen Reiches und der aufblühenden Kultur der Städte und Burgen und des **Feudalwesens** im Hochmittelalter (ca. 450 – 1000 n. Chr.) ganz besonders zu. Zum einen sind die Informationen spärlich und schwierig zu interpretieren. Zum andern ist die Epoche in der Forschung seit langem nationalistisch verbrämt. Seit dem Aufkommen des

FRÜHMITTELALTER

nationalstaatlichen Denkens im 19. Jahrhundert hatte die so genannte «Völkerwanderungszeit» besondere Brisanz. Je nach politischer Couleur betonte man den Einfluss der keltischen oder keltisch-römischen Bevölkerung, die auf dem ehemals römischen Reichsboden sesshaft geblieben war, oder man setzte auf die germanischen Eroberer, die dem Land neue, frische Impulse gebracht hätten. Noch heute stehen solche ethnischen Fragen oft im Mittelpunkt von Lehrmitteln und Heimatkunden. Die neuen Kulturen, die mit den germanischen Burgundern, Franken, Alamannen und Langobarden im Frühmittelalter im Gebiet der späteren Schweiz Fuss fassten, hinterliessen zweifellos ihre Spuren – man denke nur an die gegenwärtige Deutschsprachigkeit grosser Landesteile. Es gibt aber auch zahlreiche andere wesentliche Erscheinungen des Frühmittelalters, die bis heute spürbar sind. Dazu gehören die Christianisierung und die Besiedlung der Landschaft. Viele heutige Dörfer haben ihre Ursprünge in jener Zeit.

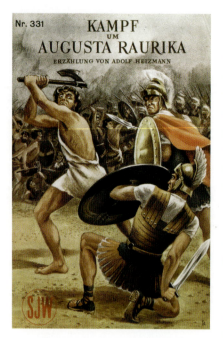

Abb. 1: Überkommenes Geschichtsbild

Die Vorstellung, dass halbnackte, wilde Germanen die Römer überrannt und Augusta Raurica zerstört hätten, ist längst überholt.

(Schweizerisches Jugendschriftenwerk (SJW) Umschlag Heft 331)

Die alte Heimatkunde von 1962 war stark beeinflusst von der Erfahrung des Zweiten Weltkrieges: Die Darstellung der spät- und nachrömischen Geschichte Kaiseraugsts stand ganz im Zeichen der Abwehr und des Ausgeliefertseins im Angesicht eines übermächtigen Nachbarn. Als «Bollwerk des spätrömischen Abwehrwillens» und des «aufsteigenden Christentums» bezeichnete Rudolf Laur-Belart die kleine befestigte Stadt am Hochrhein. Vom «Endkampf der Römer an der Nordgrenze ihres Reiches» ist die Rede, der «als wahrhaft heroisch, aber auch tragisch bezeichnet» werden müsse (Abb. 1).[1] Nach dem Jahre 401, dem Zeitpunkt eines literarisch überlieferten Truppenabzugs, seien die Augster ihrem Schicksal überlassen gewesen und bald die «Alemannen ... zu Herren des Landes aufgestiegen».

Seit 1962 hat sich einiges geändert. Nicht nur ist das politische Klima offener, sind Landesgrenzen bedeutungsloser geworden; auch die Quellenlage hat sich erheblich verbessert. Wichtige neue Funde sind hinzugekommen – man denke nur an die Grabungen um die Kastellkirche oder den just 1962 entdeckten berühmten Silberschatz. Aber auch die Interpretation archäologischer Funde hat dank einer breit abgestützten, internationalen Forschung riesige Fortschritte gemacht. Das 5. und 6. Jahrhundert kann nicht mehr als Zeit des völligen Zusammenbruchs gesehen werden, in dem das «urwüchsige Volk» der Alamannen, Städte und Villen meidend und dem Zerfall überlassend, in eine weitgehend entvölkerte Nordschweiz eingezogen sei. Die Indizien für ein Weiterleben von Einrichtungen des spätrömischen Staates und seiner Bewohner, die sich selbst nach wie vor *Romani* (Römer oder **Romanen**) nannten, haben sich stark vermehrt.

Wie sich mittlerweile herausstellt, hat vor allem der Wandel der archäologischen Quellenlage zu fehlerhaften Interpretationen geführt. So brach in der Zeit um 400 die Zufuhr von römischen Kupfermünzen nördlich der Alpen ab, was die Menschen mehrere Generationen lang dazu veranlasste, römisches Altgeld zu verwenden. Den Archäologen, die früher fast ausschliesslich mit Münzen datierten, entgingen so fast zwei Jahrhunderte. Zudem bestatteten die Romanen ihre Toten nach dem 4. Jahrhundert weitgehend beigabenlos. Dies steht ganz im Gegensatz zur Sitte der üppigen Grabbeigaben bei den germanischen Alamannen und Franken, die ihre Verstorbenen standesgemäss mit Schmuck, Waffen und Geräten, teilweise sogar mit Mobiliar beisetzten. Daraus zu folgern, die Romanen seien «arme Teufel» gewesen, war einer der fundamentalsten Trugschlüsse der früheren Forschung. Die grosse Sachkenntnis, die es braucht, um die spärlichen Funde aus romanischen Gräbern richtig zu interpretieren, fehlte damals noch.

Kaiseraugsts Bedeutung nach der Römerzeit

Gemäss dem wichtigsten spätrömischen Geschichtsschreiber, Ammianus Marcellinus, war *Rauraci*, das befestigte Kaiseraugst, noch am Ende des 4. Jahrhunderts eine der «mächtigsten Städte» der römischen Provinz *Maxima Sequanorum*, die damals von der heutigen Westschweiz bis an den Bodensee und in die Burgunderpforte reichte. Der Autor nennt sie diesbezüglich gar in einem Zuge mit der Provinzhauptstadt *Vesontio* (Besançon). Wie ist diese Aussage zu interpretieren? Nach den schweren Krisen des 3. und 4. Jahrhunderts, die besonders in grenznahen Gebieten offenbar zu einem deutlichen Bevölkerungsrückgang geführt hatten, ist um 400 in Kaiseraugst mit einer Bevölkerung von wenigen hundert Einwohnern zu rechnen – kein Vergleich zur geschätzten Zahl von vielleicht bis zu 15–20'000 Einwohnern in der Blütezeit der Koloniestadt![2] Nachdem um 350 auch noch die Vorstadtquartiere des *Castrums* offenbar weitgehend aufgegeben worden waren, reduzierte sich die bewohnte Fläche von rund 30 ha auf fast einen Zehntel. Ammian wird demnach weniger die Grösse der Besiedlung als die Stärke der Befestigungen und die militärische und administrative Bedeutung des Platzes im Auge gehabt haben.

Mit seinen fast 4 m dicken und ursprünglich 8–10 m hohen Befestigungsmauern, den mindestens 18 Türmen und vier mächtigen Toranlagen war das *Castrum Rauracense* ein wichtiges Glied in der spätrömischen Grenzverteidigung an Ober- und Hochrhein (Abb. 2). Die Bedeutung als ziviles Verwaltungszentrum zeigt sich in der Wahl des Ortes zum Bischofssitz. Kaiseraugst blieb demnach trotz der bescheideneren Grösse das antik-städtische Zentrum der Region. Zu einem solchen Zentrum gehörten neben den Einrichtungen der zivilen und militärischen Verwaltung auch eigene Märkte und Handwerksbetriebe. Noch im 7. Jahrhundert dürfte Kaiseraugst wenig von seiner antiken Bedeutung eingebüsst haben. Im damals wieder aufblühenden Bistum wurden im Hinterland mehrere Landkirchen gegründet, die letztlich dem Bischof unterstanden.[3] Im grossen Friedhof von Kaiseraugst baute man gar eine zweite Kirche, die vornehme Familien als Begräbnisplatz nutzten.

Die durch die Kriege und Krisen des 3., 4. und 5. Jahrhunderts gebeutelte, an der Grenze des Reiches gelegene Region um Augst bot eine bescheidenere Ausgangslage für die weitere Entwicklung als etwa die wirtschaftlich nach wie vor florierenden Regionen der Westschweiz oder des südlichen Galliens. Ein Vergleich des beeindruckenden Bischofsviertels von Genf – der ersten burgundischen Königsresidenz – mit demjenigen Kaiseraugsts macht dies augenfällig: Nur die ersten Kirchenanlagen des 4. Jahrhunderts sind sich noch ähnlich. Unter den burgundischen Königen setzte in Genf anschliessend eine blühende Bautätigkeit ein, die wir in Kaiseraugst vergebens suchen (Abb. 3). Dennoch wäre es falsch, eine völlig verarmte, heruntergekommene oder gar von Alamannen unterjochte Bevölkerung anzunehmen. Die nahen, zum Teil sehr reichen alamannischen Gräberfelder gegenüber den Kastellen

Abb. 2: 1700 Jahre alt

Teile der spätrömischen Festungsmauer des Castrums Rauracense haben als „Heidemauer" bis heute überlebt. Im frühen Mittelalter müssen sie noch eine gewaltige Festung dargestellt haben.

(Römerstadt Augusta Raurica, Augst)

FRÜHMITTELALTER

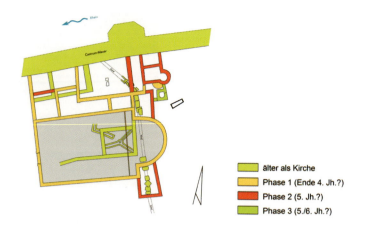

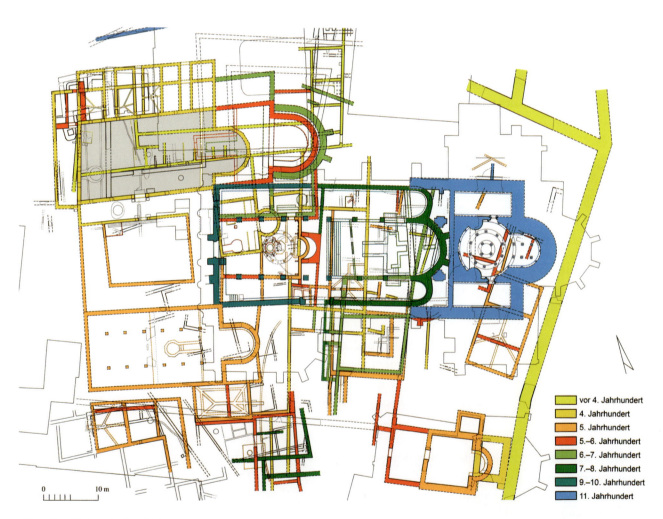

Abb. 3: Ein vielsagender Vergleich

Die 1960–1966 freigelegten Mauerreste unter der christkatholischen Kirche (oben) ergeben in der Rekonstruktion eine Kirche beachtlichen Ausmasses (vgl. Abb. 8). Die erste Kirche von Genf (unten) war nur unwesentlich grösser. Die weitere Entwicklung hingegen war in Kaiseraugst ausserordentlich bescheiden – ganz im Gegensatz zu Genf, wo der Kirchenkomplex vom 5. Jahrhundert an zu einer imposanten Doppelkirchenanlage mit Taufraum (Baptisterium) und Bischofspalast ausgebaut wurde.

(Verfasser, Vorlage Genf: Service cantonal d'archéologie de Genève)

FRÜHMITTELALTER

Kaiseraugst und Basel, in Basel-Kleinhüningen, Basel-Gotterbarmweg (heute Schwarzwaldallee) und in Herten bezeugen indirekt vielmehr die Attraktivität der Region. All diese Fundplätze liegen aber nördlich des Rheins, den die Alamannen im 5. und 6. Jahrhundert offensichtlich immer noch als Grenze respektierten.

Die antike, auf städtische Zentren ausgerichtete Kultur war im fränkischen Reich der Merowinger, zu dem die Nordwestschweiz nach 534/537 n. Chr. gehörte, noch keineswegs am Ende. Auch die merowingischen Könige, die Erben der römischen Machthaber, wussten um den Wert der alten römischen Städte. Sie blieben die Zentren ihres eigenen, nach Möglichkeit von den Römern übernommenen Verwaltungssystems. Die lokalen Vertreter der Könige, die Grafen und Herzöge, waren verpflichtet, die Befestigungen zu unterhalten und dafür zu sorgen, dass die Menschen des Umlands sich im Krisenfall – mit ausreichend Nahrung ausgestattet – in den Schutz ihrer Mauern zurückzogen.

Dunkle Erdschichten...

Die Schwierigkeit besteht darin, die indirekt erschlossene nachrömische Bedeutung Kaiseraugsts durch konkrete Befunde zu untermauern. Wie sah das *Castrum* im 5., 6. oder 7. Jahrhundert aus? Was für Leute wohnten darin? Wie lebten sie?

Schriftliche Nachrichten zu solchen Fragen gibt es nicht. Einen Zugang gewähren uns die damaligen Menschen selbst durch ihre Friedhöfe vor den Toren der Stadt, doch sind die Gräber dieser **Romanen** – wie erwähnt – aufgrund der Spärlichkeit ihrer Beigaben nur eingeschränkt aussagekräftig.[4] Das Nächstliegende, nämlich Grabungen im *Castrum* selbst, führt auch nicht ohne weiteres zum Ziel. Grosse Flächen im Kastellinnern sind bereits modern überbaut. Zwar ist ein erheblicher Teil archäologisch untersucht: Erforscht und zum Teil heute noch zugänglich sind etwa die – bereits im 3. Jahrhundert errichteten – Rheinthermen und der Bereich der Kastellkirche. Auch ein spätantiker Speicherbau (*Horreum*) sowie ein grosses Gebäude mit mehreren halbrunden Nischen (*Apsiden*) vor dem Südtor, vielleicht der Sitz der Kastellverwaltung, sind bekannt.[5] Leider brauchte es aber einen schmerzlichen Erkenntnisprozess, bis man jeweils bei Grabungsbeginn die obersten Humusschichten nicht mehr einfach bis auf die antiken Mauerkronen mit dem Bagger abtrug. Dann nämlich sind die höchstgelegenen, jüngsten Kulturschichten, die Böden der späten Römerzeit und des Frühmittelalters, bereits weitgehend zerstört. Erst Ende der 1980er Jahre ging man zu einer – allerdings aufwändigen und teuren – Grabungsweise über, bei der man auch die hochgelegenen Schichten von Hand abtrug. Die dabei gewonnenen Resultate entschädigten den Aufwand bei weitem.[6]

Der Nachweis klarer frühmittelalterlicher Gebäudegrundrisse blieb uns bisher auch nach den neuesten Grabungen verwehrt. Der Grund ist für viele antike Städte nördlich der Alpen derselbe: Über den spätrömischen Kulturschichten liegt eine zum Teil meterdicke, stark humose «dunkle Schicht» (Abb. 4). Oft wurde aus solchen Befunden auf das Ende der Besiedlung oder die Umwandlung der Siedlungsareale in Gärten und Äcker geschlossen. In den Kaiseraugster Feingrabungen liess sich aber zeigen, dass in dieser

FRÜHMITTELALTER

«dunklen Schicht» durchaus Siedlungsspuren vorhanden sein können: Gruben, Lehmbodenreste, Planierungen, vor allem aber auch Funde in Form von Siedlungsabfällen. Zusammenhängende Strukturen fehlen, weil zum Teil schon die spätrömischen Bauleute nicht mehr nur Steinhäuser mit festen Böden, sondern auch Fachwerkbauten mit Naturböden errichteten. Diese lagen auf hölzernen, wenig fundamentierten Schwellen, die kaum Spuren im Boden hinterliessen. Die im Laufe der Jahrhunderte gewachsene «dunkle Schicht» dürfte deshalb in erster Linie eine veränderte Siedlungsweise anzeigen. Hühner, Schweine und andere Tiere, die wahrscheinlich wieder häufiger auch im Innern von städtischen Siedlungen gehalten wurden, dürften den Boden zusätzlich

Abb. 4: Schwierige Spurensuche
Schichtprofil aus einer Grabung im Innern des Kastells Kaiseraugst (Areal Jakoblihaus). Die Reste einer gemauerten Kanalheizung des späteren 4. Jahrhunderts sind von dicken Humusschichten überlagert, die späteströmische und frühmittelalterliche Funde enthalten. Zugehörige bauliche Strukturen hingegen sind kaum je erhalten.
(Ausgrabungen Augst und Kaiseraugst, Augst)

durchwühlt und so ihren Beitrag zur Zerstörung der archäologischen Schichten geleistet haben.

In mehreren Grabungen wurden zwischen den Böden des späteren 4. Jahrhunderts und dieser «dunklen Schicht» Planien mit Unmengen von römischen Ziegelbruchstücken beobachtet. Sie dürften die Aufgabe ziegelgedeckter Häuser markieren. Ob dabei auch die Gebäude niedergelegt oder ob nur die Dächer allmählich mit Stroh oder Schindeln gedeckt wurden, ist ungewiss. Die Planierungen, die an einigen Stellen spätestens im 6. Jahrhundert erfolgten, markieren zugleich einen Neubeginn. Die Spuren der anschliessenden, jüngsten Bauphase sind aber derart schwach und fragmentarisch, dass sie vorläufig nur schwer deutbar sind. Es scheinen wiederum Holz- oder Fachwerkgebäude gewesen zu sein, die man zum Teil an römische, noch aufrecht stehende Mauern anbaute. Dabei fällt auf, dass vor allem dort Mauern stehen geblieben waren, wo schon in der Römerzeit Grenzen von Bauparzellen verliefen. Dies könnte bedeuten, dass die römische Grundstückseinteilung in Teilen noch Gültigkeit hatte.

Die neueren Grabungen haben auch eine grosse Menge an späteströmischer und frühmittelalterlicher Keramik ergeben. Sie sind der endgültige Beweis, dass das Innere des *Castrums* kontinuierlich besiedelt blieb. Einige Gefässformen zeigen Verbindungen ins nördliche Saône- und Rhônetal auf. Sie sind ein Indiz dafür, dass die alten wirtschaftlichen – und damit vielleicht auch die politisch-administrativen – Verbindungen der Spätantike noch bis ins 5./6. Jahrhundert, also über den Untergang des weströmischen Reiches (476) hinaus bestehen blieben.[7] Anderseits zeigt der frühmittelalterliche Fundstoff eine immer regionalere Ausrichtung. Fernhandelsgüter wie orange glänzendes Tafelgeschirr (Sigillata) aus den nordostfranzösischen Argonnen, Gläser aus dem Niederrheingebiet oder Amphoren aus Nordafrika und dem nahen Osten fanden nach ca. 450 kaum mehr den Weg nach Kaiseraugst.

FRÜHMITTELALTER

Basel rückt ins Zentrum

Dass man das grosse Kastellgräberfeld von Kaiseraugst um 700 aufgab, ist nichts Ungewöhnliches. Auch zahlreiche andere Bestattungsplätze wurden damals zugunsten der Friedhöfe bei den Dorfkirchen verlassen. Bedeutender ist, dass auch im Innern des Kastells die Funddichte im Laufe des 7. Jahrhunderts abnahm. Besonders die so genannte gelbtonige Drehscheibenware, eine aus dem nördlichen Oberrheintal importierte Keramiksorte, ist in Kaiseraugst ungewöhnlich selten (Abb. 5). In anderen Fundstellen der Nordwestschweiz ist diese Ware ab dem späteren 7. Jahrhundert regelmässig vertreten. Sie bildet dort ein eigentliches archäologisches «Leitfossil» für Orte, die neue Impulse aus dem Oberrheingebiet, vornehmlich dem Elsass, erhielten.

Die gelbtonige Drehscheibenware gibt uns einen Hinweis darauf, wo die Gründe für den Niedergang Kaiseraugsts zu suchen sind: In der Zeit der fränkischen Merowingerkönige, im 7. Jahrhundert, begannen neue Herren aus dem Elsass ihre Macht in Richtung Jura und Schweizer Mittelland auszudehnen. Um sein Gebiet abzusichern, stellte der elsässische Herzog Gundoin schon um 630/40 n. Chr. Land im oberen Birstal für die Errichtung des Klosters Moutier-Grandval zur Verfügung. Ein Nachfolger, Herzog Eticho, herrschte nachweislich über den Sornegau, das heutige Delsberger Becken. Und seine Tochter Odilia besass um 708 n. Chr. offenbar einen Hof in Arlesheim, den sie von ihm geerbt hatte. Trotz dieser fragmentarischen Zeugnisse, die ohne Zweifel nur die Spitze des Eisbergs darstellen, wird die Stossrichtung klar: Die neuen Herren forcierten den Ausbau der Birsroute als direkte Verbindung ins Mittelland. Das weiter östlich an der Ergolzmündung gelegene Kaiseraugst geriet dabei ins Abseits.

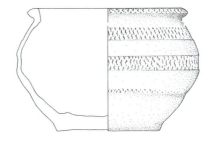

Abb. 5: Keramik aus dem Oberrheintal

Die nach ihrer Farbe benannte gelbtonige Drehscheibenware offenbart wirtschaftliche Verbindungen ins Oberrheintal.

(Verfasser)

Auch wenn die Tage der vormals «bedeutendsten Stadt des Sequanerlandes» damit gezählt waren: Das *Rauraci* des Ammianus, in den Quellen seit dem 8. Jahrhundert wieder *Augusta* genannt, ging nie unter. 752 und 824/825 wurden dort noch Urkunden ausgestellt, was auf eine gewisse Bedeutung des Ortes hinweist. Die jüngere der beiden Urkunden verwendet sogar noch ausdrücklich die Bezeichnung *civitas* (Stadt). In zwei Urkunden von 891 und 894, in denen unter anderem die alte Bischofskirche veräussert wurde, ist indes nur noch von *villa* (Dorf) die Rede.[8] Danach versinkt der Ort im schriftlosen Dunkel. Wir wissen nicht, ob die Befestigungen in der Zeit der Ungarnstürme zu Beginn des 10. Jahrhunderts oder während der Auseinandersetzungen um Rudolf von Rheinfelden nochmals instand gesetzt worden waren. Letzterer war 1077 auf Grund seiner verwandtschaftlichen Ansprüche und seiner Papsttreue zum Gegenkönig Kaiser Heinrichs IV. gewählt worden. Einer seiner direkten Widersacher war Burkard von Fenis, Bischof von Basel. Rudolf von Rheinfelden verlor im Kampf mit seinen Gegnern Reich und Leben. In Kaiseraugst gibt es einen kleinen Münzschatz aus seiner Zeit. 1937 sind an der Aussenseite der Südmauer einige Silbermünzen entdeckt worden, nahe einer Schlupfpforte und offenbar in einer Grube, die beim Ausbrechen von Quadersteinen entstanden war (Abb. 6).[9] Doch sind diese Münzen nun Belege für Baumassnahmen in Kaiseraugst selbst oder für die Gewinnung von Baumaterial, etwa für die Errichtung der ersten Stadtmauer von Basel um 1080?

Abb. 6: Nachrömische Münzen

1937 wurde im Bereich der Kastellmauer ein kleiner Münzschatz entdeckt. Die kleine Börse mit 23 Pfennigen des Basler Bischofs Berengar (1057–1072) und einer einseitig geprägten Münze (Halbbrakteat) der Fraumünsterabtei Zürich kann sowohl beim Abbruch als auch bei einer Restaurierung der alten Befestigung verloren gegangen sein.

(Römerstadt Augusta Raurica, Augst)

FRÜHMITTELALTER

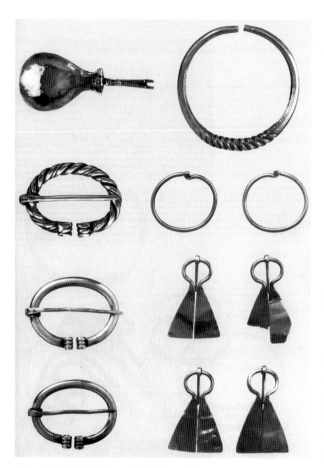

Im 11./12. Jahrhundert erlebte die Region am Hochrhein einen wirtschaftlichen Aufschwung, der sich auch archäologisch in einer allgemeinen Zunahme der Fundstellen und des Fundstoffs abzeichnet. Dies gilt auch für Kaiseraugst, wo sich seit dieser Zeit sowohl innerhalb der Kastellmauern als auch im östlichen Vorgelände, an der Fabrikstrasse, mehrere Belege für Gehöfte finden, von denen die halb im Boden eingetieften «**Grubenhäuser**» erhalten blieben.[10] Diese Befunde unterscheiden sich nicht von denjenigen anderer ländlicher Siedlungen der Zeit. Die ehemalige Bischofskirche im *Castrum* wurde – vermutlich ebenfalls im 11. Jahrhundert – durch einen kleineren Neubau ersetzt, einer der seltenen Fälle, wo eine Kirche im Laufe der Zeit nicht vergrössert wurde. Der Neubau war gut 2,5 m schmaler und entsprach in seinen Dimensionen ziemlich genau der heutigen Kirche.

In merkwürdigem Kontrast zu diesen bescheidenen Befunden steht ein kleiner Silberschatz, der angeblich 1875 «in Augst» gefunden wurde. Schmuck und Gerät sind exotisch und scheinen einer wohlhabenden Dame gehört zu haben, die am ehesten aus dem Gebiet östlich Moskaus (Mordwinien) oder dem wolgabulgarischen Raum stammte (Abb. 7).[11] Wie ihre Habe nach Augst gelangte und wieso sie dort vergraben wurde, entzieht sich unserer Kenntnis.

Abb. 7: Ein rätselhafter zweiter Silberschatz

Die kostbaren silbernen Objekte – Schale, Löffel, Ohrringpaar, Armring, drei Ringfibeln und vier Fibeln mit trapezförmig erweiterten Endplatten – sollen 1875 in Augst zum Vorschein gekommen sein. Die exotischen Gegenstände gehören ins 11./12. Jahrhundert und dürften vormals im Besitz einer reichen osteuropäischen Dame gewesen sein.

(Nach Schulze-Dörrlamm 1992, Abb. S. 166 f.)

FRÜHMITTELALTER

Kaiseraugst – Bischofsstadt

In der Spätantike, als sich das Christentum allmählich im ganzen römischen Reich durchsetzte und um 380/390 schliesslich alleinige Staatsreligion wurde, war es üblich, die kirchliche Organisation an der Administration des Staates anzuknüpfen. Aus den Stadtterritorien (*civitates*), die ihrerseits oft auf ehemaligen keltischen Stammesgebieten basierten, wurden die Sprengel der Bistümer. So ging auch aus dem Gebiet der Rauriker ein Bistum hervor, und aus dem urbanen Zentrum Kaiseraugst wurde ein Bischofssitz.

Die Anfänge im 4. Jahrhundert

Die Anfänge des Bistums liegen im Dunkeln. In den Akten des Kirchenkonzils von Serdica von 343/344 wird ein Bischof *Iustinianus* aufgeführt – wohl derselbe, der in den Konzilsakten von Köln von 346 präzisierend *episcopus Iustinianus Rauracorum* – Justinian, Bischof der Rauriker – genannt wird. Die Echtheit dieser zweiten Quelle ist zwar nicht restlos klärbar, ihre Bischofsnennungen sind aber plausibel. Danach schweigen die Quellen. Wir wissen weder, ob Justinian der erste Bischof in Kaiseraugst war, noch ob das Bistum die Zerstörungen der Jahre 351/52, in denen unter anderem der berühmte Silberschatz vergraben und nie mehr hervorgeholt worden war, überstanden hatte. Immerhin berichtet eine Legende aus dem 12. Jahrhundert von einem Bischof Pantalus, der die Heilige Ursula und ihre 11'000 Jungfrauen nach Rom geleitet und 451 in Köln durch die Hunnen das Martyrium erlitten haben soll. Sein angebliches Haupt kam 1270 nach Basel, wo man dafür ein kunstvolles Reliquienbehältnis anfertigte, das sich noch heute im Basler Münsterschatz befindet. Nach dem Verständnis der hochmittelalterlichen Quelle war der legendäre Pantalus ein Basler Bischof. Wir müssten im Falle seiner Existenz aber davon ausgehen, dass er in Kaiseraugst residiert hätte.

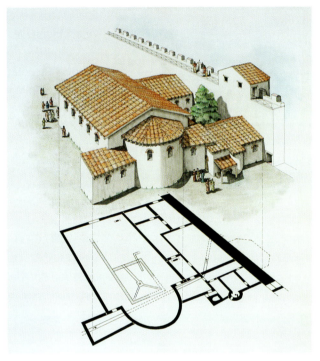

Abb. 8: Bischofsresidenz

Rekonstruktionsversuch der frühchristlichen Kastellkirche von Kaiseraugst. Die Zeichnung gibt den jüngsten Zustand des 5./6. Jahrhunderts wieder. Das kleine Kaltwasserbecken, das möglicherweise als Baptisterium diente, befindet sich unmittelbar hinter der vorderen Menschengruppe. Im Grundrissplan sind schraffiert die Reste des Vorgängerbaus eingetragen.

(Römerstadt Augusta Raurica, Augst)

Der Dürftigkeit der Schriftquellen darf man nicht allzu viel Bedeutung beimessen: Viele andere frühe Bistümer, die weniger nahe an der unsicheren Reichsgrenze lagen, sind keineswegs besser dokumentiert. Mehr als die Nennung von Bischöfen ist kaum je bekannt, und diese setzt zumeist erst mit den Konzilsakten der Merowingerzeit, d. h. im 6. und 7. Jahrhundert wieder ein. Dennoch ist nicht auszuschliessen, dass das Augster Bistum zwischenzeitlich eingegangen und durch die Merowinger im früheren 7. Jahrhundert neu eingerichtet worden war. Erst für diese Zeit ist wieder ein Bischof – Ragnacharius von Augst und Basel – nachgewiesen.

Die Residenz des Bischofs und seine Kirche

Zusätzliche Hinweise ergeben sich aus den archäologischen Quellen. So sind seit etwa 400 im Kastellfriedhof mehrere gemauerte Grabgebäude christlicher Tradition – so genannte Mausoleen – nachgewiesen. Ein grösserer Teil der Stadtbevölkerung dürfte damals bereits christianisiert gewesen sein. Be-

FRÜHMITTELALTER

Abb. 9: Ein älterer Kultraum?

Die alte Fotografie von 1960 zeigt vor dem Chor der frühchristlichen Kirche die Fundamente eines älteren Raums. Im Boden dieses Raums fanden sich gemauerte Reste von Heizungskanälen. Was waren die Gründe, den späteren Kirchenbau exakt auf diesen beheizbaren Raum auszurichten? Er könnte als erster christlicher Kultraum gedient haben.

(Ausgrabungen Augst und Kaiseraugst, Augst)

deutende Entdeckungen gelangen 1960–1966 unter der heutigen christkatholischen Kirche: An der geschützten, rheinseitigen Nordmauer des *Castrum Rauracense* stand schon sehr früh eine Kirche beachtlicher Grösse (Abb. 8)! Sie in die Zeit Bischof Justinians, also in die 340er Jahre zu datieren, ist möglich, aber nicht gesichert. Die ersten Bischöfe hätten in dieser Frühzeit nicht unbedingt eine Kirche gebraucht, sie hätten ihren Dienst durchaus in nicht eigens dafür konzipierten Räumen versehen können. Unter der ersten, frühchristlichen Kirche sind denn auch Spuren eines grösseren Gebäudes nachgewiesen. Ein nachträglich in einer Ecke dieses Baus eingefügter, beheizbarer Raum lag dabei so exakt vor dem Chor der späteren Kirche, dass sich eine kultische Verbindung von Kirche und Vorgängerbau geradezu aufdrängt (Abb. 9). Spätestens gegen 400 dürfte die Kirche gestanden haben. Danach wurde sie verschiedene Male um- und ausgebaut (Abb. 3).

Nördlich der Kirche, vor der Kastellmauer, sind mehrere Räume und eine kleine Badeanlage nachgewiesen – wohl die Wohnung des Bischofs. Der Ausgräber der Anlage, Rudolf Laur-Belart, dachte zuerst an eine zweite Kirche in diesem Bereich. So genannte Doppelkirchenanlagen sind aus grösseren Bischofsstädten – etwa aus Genf – durchaus bekannt. Die Kaiseraugster Anlage ist indes in mancherlei Hinsicht viel bescheidener. Die spätere Baugeschichte des Gebäudekomplexes lässt anstelle einer zweiten Kirche eher ein *Atrium*, einen womöglich begrünten Innenhof annehmen. Ein kleines Kaltwasserbecken ist im Laufe des 5. oder 6. Jahrhunderts aussen an das Badegebäude angebaut worden. Stellt es ein *Baptisterium*, ein christliches Taufbecken, dar? Eine solche Einrichtung wäre an einem Bischofssitz durchaus zu erwarten. Die ganze Anlage erscheint aber zumindest ungewöhnlich, zumal dieses Becken von der Kirche aus nur über Umwege zugänglich war (Abb. 11).

Die erste Kaiseraugster Kirche bestand aus einem Saal von stattlichen 17 Metern Länge und etwa 11,5 Metern Breite sowie einem weiten halbrunden Chorraum. Der leicht erhöhte Chor war durch eine Schrankenmauer vom Laienraum getrennt. Die Kirche besass einen Mörtelboden, den man mit Ziegelschrot versetzt hatte, um ihn dauerhafter zu machen. Fotografien aus der archäologischen Grabungsdokumentation zeigen,

Abb. 10: Eigentümliche Bautechnik

Die Wandgliederung aus Sandsteinquadern – das opus africanum – war an der Nordostecke (links) und an der Nordwand des frühchristlichen Kirchenschiffs (rechts) noch erhalten. Die Quader waren nicht mit dem übrigen Mauerwerk verzahnt. Die abgestuften Basen ragten aus der Wandflucht vor.

(Ausgrabungen Augst und Kaiseraugst, Augst)

dass das solide Mauerwerk in guter römischer Manier aus schönen Handquadern bestand, stellenweise durchsetzt mit Ziegellagen. Bemerkenswertes zeigt sich anhand der Fotografien in Bereichen, wo aufgehendes Mauerwerk erhalten war: An der Nordostecke und vier Meter weiter westlich, im Bereich eines Durchgangs, ist je ein eingemauerter «Pfeiler» aus Sandsteinquadern zu erkennen. Ein dritter Quader, der dazwischen abgekippt liegt, könnte zu einem weiteren solchen «Pfeiler» gehört haben (Abb. 10). Diese Sandsteinpfeiler funktionierten offenbar als tragende Stützen, während das übrige Mauerwerk kaum mit ihnen verzahnt war. Es scheint sich demnach um eine Konstruktionsweise gehandelt zu haben, die dem klassischen Fachwerk –

FRÜHMITTELALTER

Abb. 11: Eine frühmittelalterliche Taufanlage?
Die Fotografie der Grabungen von 1966 zeigt den Gebäudekomplex zwischen Kirche (oben links) und Kastellmauer (rechts). Der Pfeil markiert die Lage eines kleinen Kaltwasserbeckens neben einem beheizten Bad, das vielleicht als Taufbecken diente.

(Ausgrabungen Augst und Kaiseraugst, Augst)

mit Holzbalken anstelle der Steinpfeiler – nahe stand. Diese als *opus africanum* bezeichnete, im Mittelmeerraum verbreitete Bautechnik ist nördlich der Alpen bisher erst ganz vereinzelt nachgewiesen. Vielleicht ist es kein Zufall, dass sie auch an der ersten, um 380 errichteten Kathedrale von Genf eingesetzt wurde.[12] Dies führt zu einer weiteren Hypothese.

Burgundisches Baselbiet?

Im späteren 4. Jahrhundert erwuchs den *Civitates* der spätrömischen Provinz *Maxima Sequanorum*, zu der auch Kaiseraugst gehörte, Konkurrenz durch eine neu geschaffene Verwaltungseinheit: die *Sapaudia*.[13] Ihr Zentrum bildete Genf, ihr Name übertrug sich erst später auf Savoyen. Der Sapaudia wurden offenbar die Stadtterritorien von Nyon und Avenches zugeschlagen und damit ein Gebiet, das fast bis an den Bodensee reichte. Als der römische Heermeister Aetius, der «letzte Römer», mit Hilfe der Hunnen die römische Macht in Gallien wiederherzustellen suchte, musste auch das mächtige, im Rhein-Main-Gebiet lebende Volk der Burgunder 436 eine vernichtende Niederlage einstecken, die den Kern des späteren Nibelungenliedes bildete. Die Reste der Burgunder siedelte Aetius wohl zwei Jahre später in der *Sapaudia* an. Die *Sapaudia* wurde die neue Heimat der Burgunder, Genf ihre erste Königsresidenz. Bald kamen weitere *Civitates* hinzu, die Burgunder dehnten ihren Machtbereich ins Saône- und Rhônetal und bis in die Provence aus.

Die grösste Ausdehnung des Burgunderreichs ist anhand der Präsenzliste einer gesamtburgundischen Bischofsversammlung in Epao in Südfrankreich im Jahr 517 rekonstruierbar. Ein Bischof von Augst fehlt dort, was allerdings wenig heisst, weil das Bistum am Rhein damals womöglich gar nicht

FRÜHMITTELALTER

Abb. 12: Kleiner Fund – grosse Bedeutung

Die kleine, nur 13 mm grosse Goldmünze ist eine wichtige Zeugin für die politische Zugehörigkeit der Region in der Zeit um 600 n. Chr. Die verkürzte und schwer lesbare Umschrift BASILIÆ CIVE FIT auf der Rückseite (rechts) scheint sich auf Basel zu beziehen. Dies würde bedeuten, dass man für die Stadt damals Münzen im Stil burgundischer Prägestätten herstellte.

(University of Glasgow, Hunterian Museum)

besetzt war. Da der Rhein im 5. Jahrhundert aber nach wie vor die Grenze des römischen Reiches bildete, wie die archäologischen Funde zeigen, müsste das Gebiet diesseits des Jura, das ja keineswegs Niemandsland war, mit dem Rest der Provinz *Maxima Sequanorum* zu Burgund gekommen sein.

Die Suche nach Beweisen für die Zugehörigkeit des Baselbiets zu Burgund ist schwierig. Keine schriftliche Nachricht geht auf die Frage ein. Archäologische Funde weisen zum Teil durchaus auf Verbindungen in die *Burgundia*, doch lassen sich daraus keine politischen Zugehörigkeiten ableiten. Bemerkenswert ist immerhin, dass das neu gegründete Königreich Hochburgund im 9./10. Jahrhundert wieder Anspruch auf die Region erhob. Und von grosser Wichtigkeit ist eine Münze des späteren 6. Jahrhunderts, die sehr wahrscheinlich in Basel geprägt wurde: Sie zeigt Eigenheiten, die für burgundische Münzstätten des Rhônetals charakteristisch sind. Ist die Zuweisung zu Basel richtig, so dürfte das Baselbiet damals immer noch zum Hoheitsgebiet Burgunds gehört haben (Abb. 12).[14]

Überträgt man diese Erkenntnis auf Kaiseraugst, ergeben sich interessante Schlüsse: Als Vertreter Burgunds hätte ein Augster Bischof am oben erwähnten Konzil von Epao in Erscheinung treten müssen. Auch in späteren Konzilien in Lyon (518), Orléans (549) oder Paris (573), besonders aber in den letzten grossen gallischen Konzilien von Paris (614) und Clichy (626/627) fehlt ein Augster Bischof. Erst um 630/640 wird wieder einer genannt: Ragnachar von Augst und Basel. Der Einbezug Basels zeigt bedeutende Veränderungen an, die oben bereits angesprochen worden sind. Die erste Hälfte des 7. Jahrhunderts ist weiterum eine Zeit intensiver Missionierung, mit der die fränkischen Merowingerkönige nicht zuletzt versuchten, ihre im 6. Jahrhundert stark ausgedehnte Herrschaft abzusichern. Auch in der Region wurden damals erste Landkirchen gegründet. Der Rauriker Bischofssitz könnte deshalb in dieser Zeit neu eingerichtet worden sein, am ehesten unter dem merowingischen König Dagobert I., dem das *Castrum* von Staates wegen mittlerweile gehörte und der der Legende nach auch das benachbarte Bistum Konstanz gegründet hatte. Ob das Bistum an alter Stelle eingerichtet wurde oder im aufstrebenden Basel, ist nicht zu entscheiden, solange in Basel kein Kirchenbau aus dieser Zeit bekannt ist.

Die Vermutung, dass man das Bistum in der Zeit der Merowingerkönige ein zweites Mal einrichtete, wird durch ein lange unbeachtetes Detail bestärkt. In den beiden karolingischen Urkunden von 891 und 894 erscheint die Kaiseraugster Kirche nämlich im Besitz des ostfränkischen Königs Arnulf von Kärnten. Dieser war im Streit mit dem wenige Jahre zuvor gegründeten Königreich Hochburgund, das – wohl aus alter Tradition – Anspruch auf die Basler Region erhob. Gemäss den Urkunden vergab Arnulf die Kirche zuerst an einen gewissen Anno und schliesslich mitsamt den damit verbundenen bischöflichen Rechten dem Abt Salomon von Sankt Gallen. Salomon war zugleich Bischof von Konstanz. Diese Güterübertragung, die erklären dürfte, weshalb die Kirche heute dem heiligen Gallus geweiht ist, sollte offensichtlich den Basler Bischof Iring provozieren, der zuvor mit der burgundischen Seite kollaboriert hatte. Wie aber konnte sich der König das Recht herausnehmen, über die alte Bischofskirche zu verfügen? Spätantike Bistümer waren kein Staatseigentum und fielen normalerweise auch nie dem Fiskus anheim. Als plausible Lösung

FRÜHMITTELALTER

kommt eigentlich nur in Betracht, dass das Bistum zeitweilig – am ehesten im 5./6. Jahrhundert – nicht besetzt war. Die fränkischen Könige hätten dann nach der Herrschaftsübernahme um 534/537 das *Castrum Rauracense* wie allen anderen römischen Staatsbesitz in Gewahrsam genommen, ohne Ausscheidung der Bischofskirche. Das neu eingerichtete Bistum wäre dann mit merowingischem Königsgut ausstaffiert worden, genau gleich, wie es für das benachbarte Bistum Konstanz überliefert ist. Da auch diese Neubegründung keinen langen Bestand hatte, dürfte die Kirche bald wieder der Krone anheim gefallen sein. Erst im dritten Anlauf, im Laufe des 8. Jahrhunderts, konnte sich das Bistum endgültig etablieren. Sein Zentrum lag nun aber nicht mehr am Ort seines spätantiken Ursprungs, sondern endgültig im aufstrebenden Basel. Dies könnte erklären, weshalb die Kaiseraugster Kirche im Besitz des Königs geblieben war.

Leben zwischen Tradition und Aufbruch

Im Schutz der Stadt

Auch nachdem vermutlich um 450 die letzten regulären Truppen vom Rhein abgezogen waren, ging das Leben in und um Kaiseraugst weiter. Die Menschen waren aber zusehends auf sich selbst angewiesen. In einer ganz ähnlichen Situation befanden sich die Bewohner Ufernorikums im heutigen Ober- und Niederösterreich an der Donau. Die dortigen Verhältnisse sind dank der Lebensbeschreibung des Heiligen Severin jedoch ungleich besser bekannt. Demnach ist nach dem Abzug der Truppen und dem Ausbleiben staatlicher Gelder von der Bildung regionaler «Bürgerwehren» auszugehen, die vor innerer und äusserer Bedrohung schützen sollten.[15] Auf der zivilen Seite waren es vor allem der Bischof und seine Leute, die das staatliche Gemeinwesen so gut wie möglich und nötig weiterführten. In grenznahen Gebieten lebten die Menschen im Schutz der Kastellstädte, von wo aus sie das zum Teil Tagesreisen entfernt liegende Umland bewirtschafteten. Archäologisch untersuchte Siedlungen wie Lausen-Bettenach oder Liestal-Munzach zeigen aber, dass die Besiedlung auch auf dem Land zumindest entlang der Hauptverkehrsachsen nicht abbrach.[16]

Trotz dieses mehrheitlich «städtischen», auf befestigte Plätze konzentrierten Lebens blieb der Alltag der allermeisten Menschen bestimmt durch landwirtschaftliche Produktion und Selbstversorgung. Handel, Handwerk oder Lohnarbeit spielten bis zum Aufkommen der Städte im Hochmittelalter als eigenständige Erwerbszweige keine grosse Rolle mehr. In Kaiseraugst gibt es Hinweise darauf, dass bis ins 6. Jahrhundert Keramik und einfache Glaswaren hergestellt worden sein könnten, die man auch im Umland vertrieb. Danach verlagerte sich die gewerbliche Produktion, die über reine Selbstversorgung hinaus ging, in die Zentren weltlicher und geistlicher Grundherren aufs Land. So versorgten Töpfereien in Oberwil, Therwil und Reinach die gesamte Nordwestschweiz mit ihren Erzeugnissen. In einigen Juratälern entstanden Siedlungen, die zusätzliche Spezialinteressen verfolgten: die Gewinnung und Verarbeitung von Eisen (Develier-Courtételle JU, Liestal-Röserntal).

FRÜHMITTELALTER

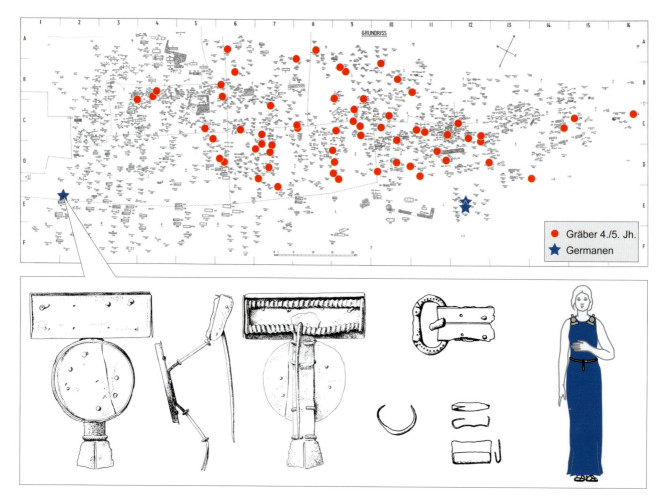

Abb. 13: Exotin

Im Gesamtplan der Kaiseraugster Kastellnekropole sind die datierbaren Gräber des 4. und 5. Jahrhunderts sowie die wenigen sicher germanischen Bestattungen hervorgehoben. Die Germanin mit Schildfibeltracht wurde fernab des Hauptfriedhofes bestattet. Die Rekonstruktion zeigt die Trageweise der Fibeln als Schulterverschluss des Hauptgewandes. (Länge der Fibel 11 cm).

(Verfasser, Vorlage Martin 1976/1991, Abb. 128, Taf. 36 D)

Die notgedrungen starke Ausrichtung auf die selbstversorgende Landwirtschaft machte die Menschen völlig abhängig von der Natur. Kälteperioden, Hitze und Trockenheit, Hagelwetter und Überschwemmungen konnten die ohnehin knappen Erträge jederzeit empfindlich schmälern. Entsprechende Hinweise sind in den Quellen denn auch zahlreich, ebenso Vermerke von Hungersnöten und Seuchen, die als Folge der zuweilen prekären Lebensbedingungen auftraten. Perioden einer gewissen Prosperität anderseits sind oft mit Anzeichen einer Klimaverbesserung verbunden, so etwa während dem 6., 9. oder 11./12. Jahrhundert. Klimatische Veränderungen hatten auch demografische Auswirkungen: so wurden Bevölkerungsverschiebungen und Siedlungsneugründungen oft durch Kältephasen ausgelöst.

Obst- und Gemüsegärten, Ackerland und Weiden dürften das unmittelbare Umland der Siedlungen geprägt haben. Erwähnenswert ist speziell der von den Römern eingeführte Weinbau, wird er doch bereits in einer Quelle von 752 für die Umgebung Kaiseraugsts genannt.[17] Die besten Reblagen befinden sich interessanterweise in Herten jenseits des Rheins, wo die Kaiseraugster noch bis zum Zweiten Weltkrieg ihren Wein anbauten. Noch um 1570 ist in Zinsbereinen eine Trotte nahe der Kastellmauer erwähnt. Auf den Weiden begegnete man vor allem Schweinen und Rindern, aber auch Schafen und Ziegen, Pferden und – seltener – Eseln, auf den Höfen wurden Hühner und Gänse gehalten.[18] Doch in unmittelbarer Nachbarschaft der Siedlungen dürfte sich bereits der Wald ausgebreitet haben: als Weidestätte für Schweine und

FRÜHMITTELALTER

Lieferant von Beeren, Nüssen, Kräutern, Pilzen und Holz in siedlungsnahen Zonen, als undurchdringlicher, ja sogar lebensfeindlicher Urwald zwischen den Siedlungskammern. Anders als der Fischfang scheint die Jagd nur eine geringe Rolle gespielt zu haben und schon früh zum Privileg der Obrigkeit geworden zu sein.

Keltoromanen, Frankoburgunder, Alamannen ...

Die keltisch-römische Bevölkerung hatte sich im Laufe des 1.–4. Jahrhunderts so viel an mediterraner Lebensweise angeeignet, dass sich ihre Nachfahren auch nach dem Ende des weströmischen Reiches ganz selbstverständlich weiterhin *Romani* – Römer (Romanen) – nannten. Zumindest als Amtssprache wurde weiterhin Lateinisch gesprochen, das auch alleinige Schriftsprache blieb. Römisches, lateinisch geschriebenes Recht, galloromische Sitte in Kleidung, Brauchtum und Ernährung blieben noch lange massgeblich.

Die bisher fassbaren archäologischen Funde des 5. und früheren 6. Jahrhunderts zeichnen das Bild einer romanischen Bevölkerung, die im Schutz der befestigten Kleinstädte Kaiseraugst und Basel (Münsterhügel) sowie in den Haupttälern des Juras weiterlebte. Die in der regulären Armee des 4. und 5. Jahrhunderts allgegenwärtigen germanischen Söldner hingegen hinterliessen kaum Spuren: Entweder waren sie zu ihren Angehörigen zurückgekehrt, oder sie wurden innert Generationen so stark integriert, dass sie archäologisch nicht mehr von alteingesessenen Romanen zu unterscheiden sind. In der Kastellnekropole von Kaiseraugst gibt es ganz wenige Gräber dieser Zeit,

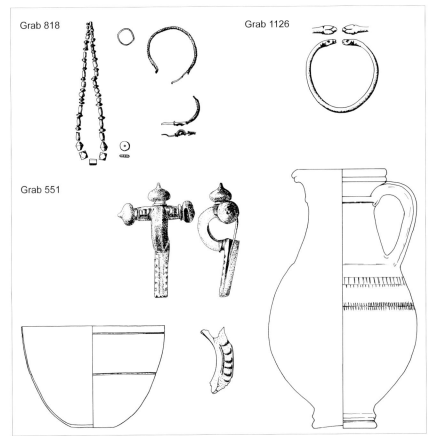

Abb. 14: Romanen aus anderen Provinzen

Einige Gräber der Kastellnekropole weisen im 4./5. Jahrhundert auf provinzialrömische Personen aus anderen Regionen hin. Der einzeln getragene Armring mit «Löwenköpfen» im Frauengrab 1126 lässt darauf schliessen, dass die Dame aus dem benachbarten Raetien stammte. Das in Grab 818 beigesetzte Mädchen dürfte aufgrund seines Halsschmuckes mit Korallen- und Bronzeblechperlen aus Pannonien, etwa dem Gebiet des heutigen Ungarn zugezogen sein. Der ungewöhnlich reich mit Sigillatakrug, Glasbecher und Zinnschale ausgestattete Mann in Grab 551 hingegen, dessen «Zwiebelknopffibel» auf ein höheres Amt hinweist, dürfte aus dem nördlichen Gallien gekommen sein. (Höhe des Kruges 22,5 cm).

(Martin 1976/1991, Taf. 37 D, 53 A, 67 C und Taf. A,1–2)

FRÜHMITTELALTER

die auf die Präsenz von Germanen schliessen lassen. Am deutlichsten ist der Fall einer wohl mitsamt Angehörigen aus Nord- oder Mitteldeutschland zugezogenen Dame, der man die germanische Fibeltracht mit ins Grab gab. Sie wurde in der Zeit um 350 zwar ebenfalls im Gräberfeld der Kastellbevölkerung, jedoch über 30 m von den übrigen Bestattungen entfernt beigesetzt (Abb. 13).[19]

Die ursprünglich rund 2000 Bestattungen umfassende Kastellnekropole, etwa 300 m südöstlich des Kastells, gewährt den besten Einblick in die Zusammensetzung der damaligen Bevölkerung. Den riesigen Friedhof, der etwa von 350–700 n. Chr. benutzt wurde, grub man grösstenteils im 19. und frühen 20. Jahrhundert aus. Die ersten systematischen Grabungen durch den Augster Papierfabrikanten und unermüdlichen Altertumsforscher Johann Jakob Schmid (1794–1849) gelten weit über den schweizerischen Raum hinaus als archäologische Pionierleistung. Da Indizien für das 4. Jahrhundert auf weitere, weniger bekannte Grabplätze entlang der römischen Überlandstrassen weisen, ist die Grösse der Bevölkerung schwer abschätzbar. Eine etwa 150 Personen umfassende Gruppe dürfte in der grossen Nekropole bestattet haben. Zusammen mit weiteren, allerdings kaum untersuchten Bestattungsplätzen etwa an der Rheinstrasse und der Höllochstrasse ist so mit einer Bevölkerungsgrösse von 300–400 Personen zu rechnen. Im Laufe des 5. Jahrhunderts könnte sich dieser Anteil auf einen Drittel reduziert haben. Spätestens im Frühmittelalter, im Zeitraum von 500–700, bildete die Kastellnekropole dann – soweit wir wissen – den einzigen grösseren Bestattungsplatz. Die diesem Zeitabschnitt zuweisbaren rund 1000 Gräber lassen auf durchschnittlich fünf Verstorbene pro Jahr schliessen und damit auf eine Bevölkerungsgrösse von kaum mehr als 150 Einwohnern.[20]

Abb. 15: Einheimische Elite

Kaiseraugst-Kastellnekropole. Beigaben aus Gräbern wohlhabender Frauen mit typisch burgundoromanischer Gürteltracht des 7. Jahrhunderts. Trotz dieser quasi althergebrachten Verbindungen in Richtung Nordburgund zeigen die mit kunstvollen Tiergeflechten verzierten Objekte deutliche Anzeichen lokaler Produktion. (Länge der grösseren Schnalle 14 cm).

(Martin 1976/1991, Taf. 37 D, 53 A, 67 C und Taf. A, 1–2)

Die Gräber bestätigen das Weiterleben einer überwiegend romanischen Bevölkerung.[21] Die meisten Grabfunde des 4. und 5. Jahrhunderts lassen sich zwanglos in der regionalen Sachkultur provinzialrömischer Tradition einordnen. Daneben gibt es Hinweise auf Personen, die aus anderen römischen Provinzen zugezogen sind (Abb. 14). Trotz der Spärlichkeit von Beigaben ist Schmuck aus Edelmetall – Fingerringe, Ohrringe, Nadeln – erstaunlich häufig, was auf beträchtlichen Wohlstand einiger Frauen schliessen lässt. Die Männer hingegen wurden praktisch immer beigabenlos bestattet. Deshalb gibt es auch kaum Hinweise auf Militärpräsenz, obwohl das *Castrum* zweifelsohne auch Soldaten oder zumindest höhere Offiziere beherbergte. Entsprechende Gegenstände – etwa Teile von Militärgürteln oder Reitsporen – finden sich denn auch zahlreicher unter dem Siedlungsmaterial im Kastellinnern.

Vom 6. Jahrhundert an sind zwei Friedhofareale auszumachen, in denen aber weiterhin hauptsächlich Romanen bestatteten. Den westlichen und südlichen Teil belegte die ortsansässige Bevölkerung, die wie zuvor hauptsächlich Beziehungen zum Saône-Rhôneraum, der *Burgundia*, und zu südlicheren Gebieten unterhielt (Abb. 15). In einem östlicheren Areal hingegen zeigen die Funde vor allem Verbindungen zum fränkischen Raum, den Landschaften zwischen Loire und Rhein. Sie dürften zum Teil mit Personen zu verbinden sein, die aus dem fränkischen Kerngebiet zugezogen sind (Abb. 16). Diese fränkischen Einflüsse sind auch auf anderen wichtigeren Bestattungsplätzen der nordalpinen Schweiz zu beobachten und stehen offensichtlich mit der Herrschaftsübernahme durch die fränkischen Merowinger (seit 534/537) in Zusammenhang.

Verbindungen zum alamannischen Raum werden erst im Laufe des 7. Jahrhunderts deutlicher, bleiben insgesamt aber selten. Dies trifft auch für die Funde im Baselbieter Hinterland von Kaiseraugst zu. Offensichtlich ist erst in der Zeit der intensiveren herrschaftlichen Durchdringung und des **Landesausbaus** mit einem zögerlichen Zuzug von Alamannen zu rechnen. Die Sprache der Franken und Alamannen gewinnt im Laufe des frühen Mittelalters jedoch die Oberhand, das Romanische verschwindet aus der Region. Diese Entwicklung ist in Kaiseraugst indes nicht mehr fassbar, weil die Belegung der Kastellnekropole in der Zeit um 700 endet. Gleichzeitig endet die Sitte, Beigaben in die Gräber zu legen. Den Archäologen entgeht auf diese Weise eine wichtige Quelle, weshalb erst die schriftlichen Quellen des ausgehenden Mittelalters wieder eine vergleichbare Fülle zum Leben der damaligen Menschen bieten.

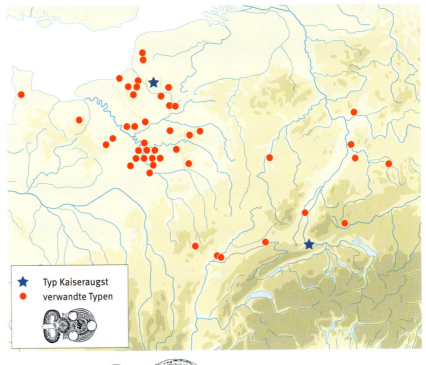

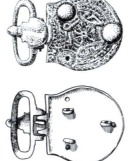

Abb. 16: Ein Repräsentant der neuen Macht

Kaiseraugst-Kastellnekropole. Die bronzene Gürtelschnalle, die der Mann in Grab 643 trug, ist ein westfränkisches Produkt. Dies zeigt die Verbreitung ähnlicher Schnallen mit konzentrischen Zierbändern. Ein vermutlich werkstattgleiches Stück stammt aus der Picardie.

(Verfasser, Vorlage Martin 1976/1991, Abb. 72, Abb. 162, Taf. 40 H)

FRÜHMITTELALTER

Feudalwesen
Mittelalterliches Gesellschaftssystem, in dem Grossgrundbesitzer die Herrschaft über die von ihnen abhängigen Bauern ausübten. Diese so genannten Feudalherrn, die ihren Grundbesitz vom Landesherrn (z.B. dem König) als Lehen *(Feudum)* erhalten hatten, waren innerhalb ihres Gebiets weitgehend unabhängig und souverän.

Gefolgschaftswesen
Sozialsystem persönlicher, auf einem Treueeid beruhender Abhängigkeit, ursprünglich aus der Anhängerschaft auf kriegerischen Zügen entstanden. Grundvoraussetzung für die Gefolgschaft sind der Kriegsruhm und wohl auch die vornehme Herkunft des Anführers, die das Wohl der Gruppe gewährleisten sollen. Das Gefolgschaftswesen wurde im mittelalterlichen Feudalwesen durch das Vasallentum abgelöst.

Grubenhaus
Kleines, maximal etwa einen Meter in den Boden eingetieftes Gebäude in Pfostenbauweise, das als Vorratsraum für Obst, Gemüse und Milchprodukte, in erster Linie jedoch als Webkeller diente. Die höhere Luftfeuchtigkeit im Innern erleichterte die Verarbeitung pflanzlicher Textilfasern, die so geschmeidiger blieben.

Landesausbau
Phase einer intensivierten Erschliessung von Wirtschaftsland, unter anderem durch Rodung in zuvor unbesiedeltem Gebiet. Der frühmittelalterliche Landesausbau beginnt im Laufe des 7. Jahrhunderts und wird im 8./9. Jahrhundert fortgesetzt. Neben der Archäologie sind vor allem Orts- und Flurnamen für die Rekonstruktion des Landesausbaus wichtig.

Romanen
Bezeichnung für die keltisch-römische beziehungsweise gallorömische Bevölkerung in nachrömischer Zeit (romanus = Römer). Die Nachfahren der Galloromer nannten sich selber so.

[1] Laur 1962, 33ff.
[2] Vgl. das Kapitel über Augst und Kaiseraugst in römischer Zeit und hier das Kapitel «Kaiseraugst – Bischofsstadt», S. 103ff.
[3] Marti 2000, 193ff.
[4] Vgl. das Kapitel «Keltoromanen, Frankoburgunder, Alamannen ...», S. 109ff.
[5] Vgl. das Kapitel über Augst und Kaiseraugst in römischer Zeit und hier Kapitel «Die Residenz des Bischofs und seine Kirche», S. 103ff.
[6] Marti 2000, bes. 266ff.
[7] Vgl. Kapitel «Burgundisches Baselbiet?», S. 105ff.
[8] Vgl. Kapitel «Burgundisches Baselbiet?», S. 105ff.
[9] Martin 1977, 30ff.; Rippmann 1987, 134 Anm. 49.
[10] Frey 1992.
[11] Schulze-Dörrlamm 1992.
[12] Bonnet 1993, 23.
[13] Favrod 1997.
[14] Marti 2000, 296ff. 337ff.; Marti 2001, 162ff.
[15] Lotter 1979.
[16] Marti 2000, 320ff.
[17] Wartmann 1863, Nr. 15.
[18] Marti 2001, 190f. (mit Literatur).
[19] Martin 1991, 309f.
[20] Martin 1991, 300, 311f.
[21] Martin 1991, 308ff.

FRÜHMITTELALTER

Kommentiertes Literaturverzeichnis

Die spät- und nachantiken Funde, die bei Ausgrabungen im Innern des Kastells Kaiseraugst in den letzten Jahrzehnten zum Vorschein kamen, sind noch kaum ausgewertet, eine Annäherung schwierig (Schatzmann 2000). Grundzüge des 4. Jahrhunderts sind bisher am besten an den Münzfunden ablesbar (Peter 1996 und 2001). Guido Faccani analysiert zur Zeit die Befunde rund um die Kastellkirche neu. Einen Einblick ins übrige Fundspektrum und zu möglichen Baubefunden des 4.–7. Jahrhunderts gibt Marti (2000), der ebenda auch den aktuellen Forschungsstand zur frühmittelalterlichen Siedlungsgeschichte des Hinterlandes bietet. Spuren der hochmittelalterlichen Besiedlung legt Frey (1992) vor.

Die für die spätrömisch-frühmittelalterliche Geschichte Kaiseraugsts äusserst wichtige Kastellnekropole wurde von Max Martin akribisch analysiert (Martin 1976/1991). In seiner Monografie, deren Bedeutung weit über die Region hinausreicht, findet sich eine Fülle von Informationen zur Bevölkerung vom 4.–7. Jahrhundert. Ein Nationalfonds-Projekt des Instituts für prähistorische und naturwissenschaftliche Archäologie der Universität Basel und der Kantonsarchäologie Baselland (Elisabeth Marti-Grädel und Richard Frosdick) geht zur Zeit umweltgeschichtlichen und archäobiologischen Fragen zur Region im Frühmittelalter nach. Einen aktuellen Überblick zur frühmittelalterlichen Archäologie in der Schweiz bietet: Die Schweiz vom Paläolithikum bis zum frühen Mittelalter, Bd. 6, 2005 (SPM VI).

Bonnet 1993 – Charles Bonnet, Les fouilles de l'ancien groupe épiscopal de Genève (1976–1993). Cahiers d'archéologie genevoise 1 (Genève 1993).

Favrod 1997 – Justin Favrod, Histoire politique du royaume burgonde (443–534). Bibliothèque historique vaudoise 113 (Lausanne 1997).

Frey 1992 – Peter Frey, Mittelalterliche Siedlungsbefunde in Kaiseraugst. Jahresberichte aus Augst und Kaiseraugst 13, 1992, 231–262.

Laur 1962 – Rudolf Laur-Belart, Altertum, in: R. Laur-Belart/ A. Senti/ R. Salathé/ A. Koch, Geschichte von Augst und Kaiseraugst. Quellen und Forschungen zur Geschichte und Landeskunde des Kantons Baselland 4 (Liestal 1962) 11–37.

Lotter 1979 – Friedrich Lotter, Die historischen Daten zur Endphase römischer Präsenz in Ufernorikum, in: J. Werner/E. Ewig (Hg.), Von der Spätantike zum frühen Mittelalter. Vorträge und Forschungen 25 (Sigmaringen 1979) 29–90.

Marti 2000 – Reto Marti, Zwischen Römerzeit und Mittelalter. Forschungen zur frühmittelalterlichen Siedlungsgeschichte der Nordwestschweiz (4.–10. Jahrhundert) (Text- und Katalogband). Archäologie und Museum 41 (Liestal 2000).

Marti 2001 – Reto Marti, An der Schwelle zum Mittelalter – Die Verwandlung der gallorömischen Welt; Land und Leute im Frühmittelalter, in: ders. (Red.), Zeit und Räume – Von der Urgeschichte zum Mittelalter. Nah dran, weit weg. Geschichte des Kantons Basel-Landschaft Bd. 1 (Liestal 2001) 155–176 und 177–204.

Martin 1976/1991 – Max Martin, Das spätrömisch-frühmittelalterliche Gräberfeld von Kaiseraugst, Kt. Aargau (Text- und Katalogband). Basler Beiträge zur Ur- und Frühgeschichte 5 (Derendingen 1976/1991).

Martin 1977 – Max Martin, Römische Schatzfunde aus Augst und Kaiseraugst. Augster Museumshefte 2 (Augst 1977).

Peter 1996 – Markus Peter, Augusta Raurica II, Kaiseraugst, 1949–1972. Inventar der Fundmünzen der Schweiz 4 (Lausanne 1996).

Peter 2001 – Markus Peter, Untersuchungen zu den Fundmünzen aus Augst und Kaiseraugst. Studien zu Fundmünzen der Antike 17 (Berlin 2001).

Rippmann 1987 – Dorothee Rippmann (et al.), Basel Barfüsserkirche, Grabungen 1975–1977. Schweizer Beiträge zur Kulturgeschichte und Archäologie des Mittelalters 13 (Olten 1987).

Schatzmann 2000 – Regula Schatzmann, Späte Steinbauten im Innenbereich des Castrum Rauracense. Jahresberichte aus Augst und Kaiseraugst 21, 2000, 145–224.

Schulze-Dörrlamm 1992 – Mechthild Schulze-Dörrlamm, Der Schatzfund von Augst, in: Das Reich der Salier 1024–1152 (Ausstellungskatalog Speyer, Sigmaringen 1992) 165–167.

SPM VI – Renata Windler/Reto Marti/Urs Niffeler/Lucie Steiner (Hg.) Die Schweiz vom Paläolithikum bis zum frühen Mittelalter, Bd. 6, Frühmittelalter (Basel 2005).

Wartmann 1863 – Hermann Wartmann, Urkundenbuch der Abtei St. Gallen (Zürich 1863).

HOCH- UND SPÄTMITTELALTER BIS ZUR TRENNUNG IM JAHR 1442

Augst bis zur Trennung von 1442

Diemuth Königs

Die Crux mit den Quellen

Bevor wir das Zeitfenster öffnen, um einen Blick auf die historische Entwicklung zu werfen, die das Dorf Augst im Hoch- und Spätmittelalter durchlief, gilt unsere Aufmerksamkeit zunächst der Quellenlage. Hierbei stellen wir fest, dass für das 12. und 13. Jahrhundert fast keine schriftlichen Quellen existieren, welche als Basis für eine fundierte Dorfgeschichte dieser Zeit dienen könnten. Erst im 14. Jahrhundert beginnen die Quellen reichlicher zu fliessen. Dieses Manko beruht auf folgenden Ursachen:[1]

Die Fähigkeit, lesen und schreiben zu können, stellte im Mittelalter keine Selbstverständlichkeit dar und war nur einem kleinen Teil der Bevölkerung vorbehalten. Es waren vor allem Adlige und Klöster, die sich der Schriftlichkeit bedienten, um ihre Rechts- und Besitzstände zu dokumentieren. Diese Dokumente waren bis ins 13. Jahrhundert in Latein abgefasst.

Im Verlauf der Zeit kam zu diesem Urkundenmaterial neues Schriftgut hinzu. Weil die Herren ihre Untertanen mehr und mehr als Herrschaftsobjekte wahrnahmen, schufen sie eine Flut von Rechtssätzen, um damit die Pflichten, welche ihnen ihre Eigenleute schuldeten, aufzuzeichnen.

Aber nicht nur im rechtlich-sozialen, sondern auch im wirtschaftlichen Bereich ergaben sich Neuerungen, welche zur Anwendung der Schrift zwangen. Die Grundherren zogen sich auf ihre Burgen zurück und überliessen die Bewirtschaftung ihrer Güter Bauern, welche hierfür eine genau fixierte Abgabe zu leisten hatten. Dieses Lehenssystem erforderte natürlich eine genaue Kontrolle. Mit einem eigens geschaffenen Verwaltungsschriftgut – Urbaren (Güterverzeichnisse der Grundherrschaften), Zinsbüchern und Berainen (Güterverzeichnisse der Grundherrschaften mit Auflistung der einzelnen Parzellen in den verschiedenen Fluren) – versuchten die Grundherren, sich eine Übersicht über ihre Güter und Einkünfte zu verschaffen. Diese Dokumente besassen ausserdem noch den Vorzug, dass sie bei den damals häufig vorkommenden Differenzen und Konflikten wegen strittiger Grundstücksgrenzen vor Gericht als Beweismittel anerkannt wurden.

Wie wichtig diese Güterverzeichnisse waren, zeigt sich am Beispiel des Zisterzienserinnenklosters Olsberg. Nachdem dieses anno 1427 bis auf die Grundmauern niedergebrannt und somit auch das klösterliche Archiv ver-

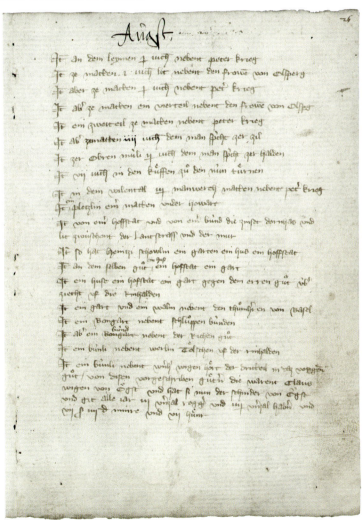

Das Bärenfelser Urbar aus dem Jahre 1375

Das Bärenfelser Urbar gehört zum Verwaltungsschriftgut, mit welchem sich die Ritter von Bärenfels einen Überblick über ihren Augster Besitz, ihre dortigen Zinsleute sowie deren Abgaben verschafften.

Staatsarchiv Basel-Stadt, Adelsarchive, B 3, 1375.

nichtet worden war, versuchte die Äbtissin, Wiblin zem Nüwenhus, unmittelbar nach der Brandkatastrophe, den Besitzstand des Klosters so schnell wie möglich vor einem Gericht in Rheinfelden rekonstruieren zu lassen.[2]

Obwohl die ländliche Bevölkerung im Mittelalter in einer überwiegend schriftlosen Kultur lebte, war sie doch auf ein gewisses Mass an Schriftverständnis angewiesen, weil sie in den Verwaltungsschriften und in den Rechtssätzen ihrer Herren die Ziel- und Ansprechgruppe bildete. Aus diesem Grund sahen sich die Inhaber der Dorfämter, die Vögte und die Meier, im 14. und 15. Jahrhundert vor die Notwendigkeit gestellt, lesen und schreiben zu lernen, um sowohl die Interessen ihrer Dorfgenossen angemessen vertreten wie auch die Weisungen ihrer Herren entgegennehmen zu können.

Auch die Augster Meier verfügten in dieser Zeit bereits über die notwendigen Lese- und Schreibfähigkeiten. Dies bezeugt Cunrat Hagge, der anno 1390 im Namen seines Dorfherren, Heinrich Rich, eine Verkaufsurkunde ausstellte.[3]

Unter diesen Voraussetzungen wundert es nicht, dass schriftliche Quellen für das mittelalterliche Augst nicht im Übermass vorhanden sind. Aus dem 13. und 14. Jahrhundert besitzen wir vor allem Kauf-, Verkaufs- und Schenkungsurkunden von Grundstücken im Augster Bann und vereinzelte Verwaltungsschriften.

Erst am Ende des Mittelalters zeigt sich die Quellenlage von einer komfortableren Seite, weil die Gemeinde Augst oder einzelne Augster Dorfgenossen die Gerichte beschäftigten. Da diese Prozesse zum grössten Teil überliefert wurden, sind wir in der Lage, die Dorfgeschichte am Ende des Mittelalters besser auszuleuchten.

Es ist in diesem Zusammenhang noch darauf hinzuweisen, dass die armen und besitzlosen Augster keine Spuren in den Quellen hinterliessen, weil sie in keinerlei Rechtsgeschäfte involviert waren. Diejenigen Dorfleute aber, die uns aus den Quellen entgegentreten, sind aus dem Blickwinkel der Herrschaft festgehalten und deswegen manchmal etwas einseitig gezeichnet.

Beginnen wir nach diesem Exkurs über die Quellenlage unseren historischen Rundgang durch das mittelalterliche Dorf Augst.

Augst wird eine Gemeinde

Das Dorf Augst gehörte im Hochmittelalter zur Landgrafschaft Sisgau. Die Herrschaft hierüber teilten sich, nach langen und heftigen Machtkämpfen, im Jahre 1363 die Grafen von Habsburg-Laufenburg, von Thierstein und von Frohburg gemeinsam.

Am Ende des 14. Jahrhunderts hatten sich in Augst die Strukturen, welche das Dorf zu einer handlungsfähigen Gemeinde machten, herausgebildet und gefestigt. Dazu gehörte als wichtiges sichtbares Element nach aussen der Dorfbann, der mit Grenzsteinen abgesteckt war. In diesem Bereich besass der Dorfherr die Gebots- und Verbotsgewalt sowie das Recht, Steuern zu erheben und die niedere Gerichtsbarkeit auszuüben.

Erstmals wird der Augster Bann anno 1302 erwähnt, als Richina Kriegin einen Teil ihrer „in dem banne ze Ogst liegende" Güter an das Kloster Olsberg verschenkte.[4]

HOCH- UND SPÄTMITTELALTER BIS ZUR TRENNUNG IM JAHR 1442

Der bedeutendste Meilenstein auf dem Weg zur handlungsfähigen Gemeinde stellte aber der Wille der Dorfbewohner zur Selbstverwaltung dar: Die Dorfleute waren bereit, sich zu organisieren, um die Belange ihres Dorfes, so weit es ihnen zustand, selbst zu regeln. Und dies war beileibe keine einfache Aufgabe, weil manch einer seine eigenen Interessen denen der Dorfgemeinschaft unterordnen musste. Dies galt vor allem bei der Verwaltung und bei der Nutzung der Allmend sowie bei der Regelung der Fruchtfolge auf den verschiedenen Zelgen.

Auch Augst verfügte über eine Allmend – Wiesen und Waldstücke –, die ausserhalb der bebauten Äcker, den sogenannten Zelgen, lagen und von der gesamten Gemeinde als Weideland genutzt wurden. Oft erhoben Augst und seine Nachbargemeinden zugleich Anspruch auf ein und dieselbe Allmendfläche, weil die Zugehörigkeit und die Nutzungsrechte an einem Grundstück urkundlich nicht geregelt waren. Dieses rechtliche Vakuum führte manchmal zu heftigen nachbarlichen Konflikten.

So stritten sich die Augster und die Giebenacher um die Nutzung eines Waldstückes mit dem treffenden Namen „Zankholz". Das Zisterzienserinnenkloster Olsberg, dem dieses Gehölz gehörte, hatte beiden Gemeinden ein Weiderecht darin eingeräumt. Jedoch erhitzte dieser Wald sporadisch immer wieder die Augster und Giebenacher Dorfgenossen, weil sich jede Gemeinde bei dessen Nutzung von der anderen übervorteilt glaubte.

Auch wegen eines Gehölzes, das den Namen „Urmis" trug, waren sich am Ende des 14. Jahrhunderts die Dorfleute von Augst und Arisdorf in die Haare geraten. Nachdem beide Dörfer lange Zeit gemeinsam und friedlich ihr Bau- und Brennholz aus dieser Waldung bezogen hatten, kippte die Stimmung plötzlich, weil sich die Arisdorfer von den Augster Gemeindegenossen betrogen glaubten. Die gutnachbarlichen Beziehungen kühlten erheblich ab und führten schliesslich zum offenen Konflikt, der an einer Augster Chilbi handgreiflich ausgetragen wurde. Daraufhin riefen die Arisdorfer die Landrichte in Zürich und in Winterthur an, um dort zu ihrem Recht zu kommen. Im Weiteren wurde ein Schiedsgericht einberufen, welches die Eigentumsrechte an dem heiss begehrten Wald klären sollte. Dabei hatte jede Gemeinde zwei angesehene Männer als Schiedsleute in das Gericht gewählt, von denen sie entsprechenden Beistand erwarten konnte. Augst bot Ritter Henman von Bärenfels, einen seiner Grundherren, sowie Conradt Thaurugk, einen Amtmann von Basel, auf. Die Arisdorfer erwählten Wernher Zuber, einen Basler Bürger, und Johans Biberlin, den „Schreiber zu minderen Basel". Diese vier kürten schliesslich den Uelin Uettinger zum Fünfmann und Vorsitzenden des Schiedsgerichtes. Beide Gemeinden sandten ihre höchsten Amtsträger, die Meier, als Beobachter zum Gerichtstag ab.

Wie zu erwarten, plädierten die Augster Schiedsleute auch zu Gunsten ihrer Mandanten. Die beiden versuchten, die Argumente der Arisdorfer zu entkräften, die behaupteten, dass der Wald Urmis eine „Gottesgabe" sei und demzufolge nicht der Gemeinde Augst, sondern „an die Kilchen zu Augst an Sankt Gallen" gehöre. Bärenfels und Thaurugk vertraten jedoch die Ansicht, das Gehölz sei ausschliesslich Eigentum der Gemeinde Augst. Sie begründeten ihre Argumentation mit glaubwürdigen Kundschaften,[5] die sie in Erfahrung gebracht hatten. Ferner forderten die Augster Interessenvertreter

HOCH- UND SPÄTMITTELALTER BIS ZUR TRENNUNG IM JAHR 1442

von der Nachbargemeinde einen Schadensersatz für die Auslagen, welche der Gemeinde Augst entstanden seien, und die Bezahlung der aufgelaufenen Gerichtskosten in Zürich und Winterthur.[6]

Natürlich wollten die Schiedsleute der Gemeinde Arisdorf den Spruch so nicht stehen lassen und griffen korrigierend ein. Nachdem der Anspruch der Gemeinde Arisdorf auf den betreffenden Wald wegen der eindeutigen Zeugenaussagen hinfällig geworden war, suchten Zuber und Biberlin diesen auch der Gemeinde Augst abzusprechen und ausserdem noch ein paar finanzielle Vorteile für ihre Schützlinge herauszuschlagen. Nachdem auch sie eingehend „ehrbare" Augster vernommen hatten, gaben sie zu Protokoll, diese Zeugen hätten glaubhaft berichtet, dass „vor alten Zeiten" zwei Schwestern aus Augst die eine Hälfte des umstrittenen Waldes dem Kloster Olsberg und die andere der Augster St. Galluskirche geschenkt hätten. Daraus zogen die Arisdorfer Schiedsleute den Schluss, dass die Augster den Wald Urmis künftig ausschliesslich im Namen des Gotteshauses St. Gallus „innehaben und nutzen" dürften. Infolgedessen, resümierten sie weiter, sei es auch die Pflicht der Augster Dorfgenossen, den betreffenden Wald allein zu pflegen. Aufgrund dieser Sachlage fanden es die beiden nur recht und billig, dass die Augster Gemeinde aus den Erträgen des Waldes die St. Gallus-Kirche auf eigene Kosten unterhalte, ohne wie bisher die Arisdorfer daran zu beteiligen, obwohl diese als Augster Kirchgenossen hierzu verpflichtet gewesen wären. Trotz dieser finanziellen Entlastung sollte aber die seelsorgerische Betreuung ihrer Mandanten gewährleistet bleiben. Am Schluss ihrer Ausführungen hielten es die Arisdorfer Schiedsleute für angebracht, dass jede Partei für die ihr entstandenen Kosten selbst aufkomme. Sie drohten den beiden Gemeinden mit einer Kollektivstrafe, wenn sich auch nur eine davon ihrem Spruch widersetzen sollte. Dann hätten nämlich die Arisdorfer und Augster Gemeindegenossen je fünfzig Pfund Basler Pfennige an den Bau einer Basler Kirche beisteuern müssen.

Abschliessend gab der Vorsitzende des Schiedsgerichtes sein Votum ab, nachdem er die Sprüche der Schiedsleute gegeneinander abgewogen hatte. Er hielt sich dabei grosso modo an die Argumentationen der Augster Schiedsleute. Um den Frieden zwischen den verfeindeten Nachbargemeinden zu fördern, übernahm der Gerichtsvorsitzende, mit der Zustimmung der beiden Dorfherren, die noch hängigen Kosten beim Landgericht in Winterthur.

Kehren wir nach diesem Exkurs wieder zur Gemeinde Augst zurück. Die innere Entwicklung vom lockeren dörflichen Verband zur handlungsfähigen, eigenständigen Korporation war in Augst zu einem für die Region erstaunlich frühen Zeitpunkt, um das Jahr 1375, abgeschlossen. Dies geht deutlich aus dem Bärenfelser Güterverzeichnis hervor, welches im gleichen Jahr erstellt wurde. Expressis verbis wird hier die Gemeinde Augst, die „Gebursame ze Ogst" erwähnt, an welche die „Taffern", das Dorfwirtshaus, verliehen war.[7] Zwanzig Jahre später finden sich erneut Belege für den Abschluss dieses Entwicklungsprozesses. So werden in dem Streit um den Wald Urmis die Dörfer Augst und Arisdorf als „Gebursami und Gemeinden" angesprochen. In die gleiche Zeit fällt auch eine Urkunde, welche den Verkauf des Mettenberges an Basel besiegelt. Auch hier wird Augst als Gemeinde bezeichnet: „das holz und den walt mit grunde und mit dem bodeme und mit allen sinen rechten,

HOCH- UND SPÄTMITTELALTER BIS ZUR TRENNUNG IM JAHR 1442

begriffen und zugehörden, so man nempt (nennt) der Mettenberg, so si hattend und gelegen ist in dem banne des dorffes, so man nempt Ogst, och gelegen in Baseler bistum, nebent dem holtz, so da ist der gemeinde des dorffes ze Ogst vorgenant und an hern Heinrich des Richen eins ritters von Basel gut, und stosset der closter frowen von Olsperg holtz dar uf, fur lidig eigen".[8]

Ein weiterer bedeutender Beleg dafür, dass sich das Dorf Augst zur mündigen, rechtsfähigen Korporation gemausert hatte, die selbstbewusst ihre Interessen nach aussen vertrat, bietet die Auseinandersetzung, welche die Augster anno 1395 mit ihrem Dorfherrn Heinrich Rich führten. Ausdrücklich spricht der Offizial von Basel, das bischöfliche Gericht, vor den der Streitfall getragen worden war, von der „communitas villae Ougst (Gemeinde des Dorfes Augst)"[9].

Augster Amtsträger – Meier, Vögte und Kirchenmeier

Die Gemeinde Augst verfügte im Spätmittelalter über ein hohes Mass an Selbstverwaltung. Dazu gehörte bekanntlich die Regelung der Allmendnutzung und die Festlegung der Fruchtfolge auf den verschiedenen Zelgen. Diese Bestimmungen setzten eine sorgfältige Verwaltung voraus, welche in den Händen der örtlichen Amtsträger, der Meier, lag.

Die Bekleidung eines Dorfamtes bedingte, dass ein Mann zu den „erwer lüte", den angesehenen Dorfbewohnern, gehörte. Dies waren Familien, die schon lange Zeit im Dorf ansässig waren und dort Respekt und Ansehen genossen. Obwohl Reichtum keine zwingende Voraussetzung für ein Dorfamt war, war er doch auch nicht hinderlich. Als Plus wirkte sich zudem aus, wenn der Amtsträger neben dem nötigen Ansehen auch über rhetorische Fähigkeiten verfügte. Weil die Bauern weder lesen noch schreiben konnten, hing viel von der Kommunikationsfähigkeit, der Überzeugungskraft und dem Verhandlungsgeschick einer Amtsperson ab.[10]

Das prominenteste öffentliche Amt, welches in Augst zu haben war, stellte das Meieramt dar. Die Bedeutung dieses Amtes belegen auch die Quellen. Denn im Vergleich mit anderen öffentlichen Dorffunktionen ist das Meieramt gut dokumentiert. Dies verwundert auch nicht! Hatten diese Amtspersonen doch als Stellvertreter der Dorfherren mannigfaltige Aufgaben zu übernehmen, die in den Quellen ihren Niederschlag fanden.

Ein erster konkreter Hinweis auf dieses Amt findet sich im Jahre 1277. Hier beggenen wir dem Meier Erphrid von Augst, der, zusammen mit seinem Bruder Burchard, Grundstücke in Giebenach an das Kloster Olsberg verkaufte.

Das Pflichtenheft der Augster Meier enthielt einen regelrechten Aufgabenkatalog. So stellten die Meier, stellvertretend für den jeweiligen Dorfherrn, Verkaufsurkunden bei Handänderungen von Grundstücken aus, wie z.B. Cunrat Hagge, der anno 1390 den Verkauf des Mettenbergs an Basel mit einem Verkaufsbrief besiegelte.[11] Zudem übten diese Amtspersonen auch Gerichtsfunktionen aus. Wenn nämlich die Dorfherren, denen die niedere Gerichtsbarkeit im Dorf zustand, bei den jährlichen Gerichtstagen nicht persönlich anwesend waren, sassen die Meier dem Dorfgericht vor. So erfahren wir in diesem Zusammenhang, dass anno 1434 Heintze Burge „Meyger zu Ougst (...) zu Gerichte sasz zu Ougst in dem dorffe in namen und an statt des fromen vesten ritters hern Hanman Offenburg, mins gnedigen lieben herren", um einen Streit wegen versessener Zinsen zu schlichten.[12]

Zu den weiteren Aufgaben der Meier gehörte, die Zinsen, welche die Dorfleute ihren Herren schuldeten, einzusammeln, die Bannwarte und Hirten des Dorfes zu bestellen und einmal im Jahr den Dorfherrn zu beherbergen und zu verköstigen. Es ist nicht bekannt, ob die Augster Meier auch die Pflicht hatten, die Zuchttiere, den Stier und den Eber, zu halten.

Diese verantwortungsvollen Aufgaben setzten voraus, dass die Meier über die rechtlich-sozialen Bindungen und Abhängigkeiten sowie über die Besitzverhältnisse im Dorf genau im Bild sein mussten.

Die Meier, die ihr Amt lebenslang innehatten, nahmen eine Sonder- und Mittlerstellung zwischen den Dorfgenossen und dem jeweiligen Dorfherrn ein, weil sie sowohl die Interessen der Dorfleute wie auch die ihrer Herren wahrzunehmen hatten. Wolllten sie ihre Aufgabe gewissenhaft erfüllen, machten sie manchmal eine heikle Gratwanderung, weil es fast ein Ding der Unmöglichkeit war, „beiden Herren" gleichermassen zu dienen.

Folgende Urkunde belegt die Sonderstellung eines Augster Meiers. Deutlich ist der Amtsträger hier als eigenständige Person zwischen dem Dorfherrn und der Gemeinde aufgezählt:

„Ich, Heinrich von Eptingen, den man nempt Zifener, rittere, tun kunt mit diesem Briefe, als von der stoesse wegen so sint zwuschent dem edeln minen gnedigen herren grauf Hannsen, grauf Rudelffen und grauf Gotfrieden von Hapsburg, grauf Johansen von Froburg, lantgrafen in Siszgow eines teiles und minem lieben oheim Heinzmann Richen edeln knecht von der von Ougst wegen, den meiger (Meier) und gemeinen luten des dorffes ze Ougst von ir selbs wegen." [13]

Oft lag das Meieramt generationenlang in den Händen einer Familie. Auch in Augst schien dies der Fall gewesen zu sein. Es handelt sich dabei um die Familie Hagg, der es gelungen war, dieses wichtige Dorfamt mindestens zwei Jahrhunderte lang, mit Ausnahme von wenigen Unterbrechungen, zu besetzen.[14] So verteidigte noch anno 1440 der Meier Rudin Hagg hartnäckig den Anspruch seiner Familie auf dieses Amt.[15]

Der erste Meier aus dem Geschlecht der Hagg findet sich im Jahre 1277 urkundlich erwähnt. Er übte sein Amt bis ins Jahr 1285 aus. Es handelte sich dabei um Petrus, dictus (genannt) Haco oder Hake. Auch die Meier Cunrat Hagge, Rudin Hagg und Lutzman Hagk, die im 14. und 15. Jahrhundert amtierten, stammten aus diesem Augster Geschlecht.[16]

Folgen wir den Spuren, welche einzelne Amtsinhaber dieses Namens hinterliessen, so können wir annehmen, dass es sich um wohlhabende, stolze, rebellische und unbeugsame Männer handelte, die zu den Augster „Dorfkönigen" zählten.

Der erste villicus (Meier)[17] aus dieser Familie, der sich uns in den Quellen präsentiert, war ein gut betuchter Lehensmann des Zisterzienserinnenklosters Olsberg, der mindestens eine Schuppose (Landmass, zinsbare Einheit) in Augst bewirtschaftete, die Eigentum des Klosters war.[18] Eine Zeit lang zeigte sich Petrus Haco[19] als pflichtbewusster und gottesfürchtiger Mann, der seiner Lehensherrin, der Äbtissin des Klosters Olsberg, wohl gesonnen war. Er übertrug ihr im Jahre 1282, „nomine elemosine"(aus Mitleid), all seine

HOCH- UND SPÄTMITTELALTER BIS ZUR TRENNUNG IM JAHR 1442

Rechte und Einkünfte, die er an einem Haus im Basler Stadtteil Sankt Ulrich besass.[20] In den nächsten Jahren muss es dann zum Bruch zwischen dem Meier und dem Kloster gekommen sein. Haco lieferte die von ihm geschuldeten Abgaben nicht mehr an dieses ab und zog möglicherweise, wie es seine Aufgabe gewesen wäre, auch die Abgaben der anderen Zinsleute des Klosters nicht mehr ein. Die Gründe hierfür sind nicht bekannt. Die Klosterfrauen waren jedoch zu ihrer Existenzsicherung auf die Abgaben ihrer Lehensleute angewiesen und beharrten deshalb auf der pünktlichen Zinszahlung. Haco liess es infolgedessen auf einen Zweikampf mit dem Kloster ankommen und gab dessen Forderungen gegenüber keinen Deut nach. Daraufhin klagte die Äbtissin, Agnes der Richinen, den unbotmässigen Meier vor dem bischöflichen Gericht in Basel an. Dieses befand den Mann für schuldig und drohte bei weiterer Uneinsichtigkeit mit dem Interdikt. Diese Kirchenstrafe beinhaltete den Ausschluss von den Sakramenten und das Verbot, am Gottesdienst teilzunehmen.

Der Brief, der diese kirchliche Sanktion androhte, wurde, wie damals üblich, publiziert und an die Augster Kirchentüre geheftet. Diese Aktion brachte den Meier in Rage. Obwohl es ihm verboten war, das Gotteshaus zu betreten, stürmte er während der Messe in die Kirche und riss den Brief ab. Lauthals verkündete er, dass ein solches Schriftstück keine Anklage, sondern im Gegenteil, einen Freispruch bedeute. Mit dieser Frechheit leistete sich Haco einen ungeheuerlichen Affront gegen die Kirche und deren Strafgewalt sowie gegen das bischöfliche Gericht. Erneut wurde dieses tätig und verhängte das Interdikt über den Rebell. Der Laienbruder Johannes, dictus de Bern, wurde nach Augst geschickt, um die Verkündigung der Strafe an die Kirchentüre zu heften. Daraufhin griff Haco „armata manu" (mit bewaffneter Hand) den Kirchenboten an. Auf diese erneute Missetat reagierte das bischöfliche Gericht mit der gebotenen Härte und exkommunizierte den aufsässigen Mann. Ausserdem drohte das geistliche Gericht allen Augster Kirchengenossen mit dem Interdikt, wenn Haco nicht innerhalb von acht Tagen ihm selbst, der Äbtissin des Klosters Olsberg und dem Laienbruder für seine schlimmen Taten und kirchenschänderischen Exzesse Genugtuung geleistet hätte.[21] Daraufhin blieb diesem nichts anderes übrig, als aufzugeben und Busse zu tun. In Tat und Wahrheit bedeutete dies eine kniefällige Entschuldigung vor der Äbtissin und die Zahlung einer grossen Summe an die drei Geschädigten. Natürlich verlor Haco wegen dieser Vorkommnisse sein Meieramt – ein Verwandter trat die Nachfolge an.[22]

Ein ähnliches rebellisches Verhalten legte rund 150 Jahre später ein anderer Meier aus der Familie Hagg an den Tag, von dem noch zu sprechen sein wird.

Über die anderen Dorfämter, das Vogt- und das Kirchenmeieramt, erfahren wir aus den Quellen wenig. Mehrmals begegnen wir einem villicus inferior, der stellvertretend für den Meier wirkte. Ausserdem amtierte in Augst, wenn kein Meier bestellt war, ein Vogt, dessen Befugnisse sich überwiegend mit denen des Meiers deckten. In der Mitte des 14. Jahrhunderts übte dieses Amt Heinzi Riche aus, der anstelle seines Dorfherrn eine Verkaufsurkunde fertigte.

HOCH- UND SPÄTMITTELALTER BIS ZUR TRENNUNG IM JAHR 1442

Die Fertigung von Urkunden bei Handänderungen von Grundstücken und die Ahndung von kleineren Vergehen mit einer Geldsumme bedingten die Existenz eines Dorfgerichtes. Dieses tagte mindestens einmal im Jahr „vor dem Kirchhof an offener Strasse zu Augst".[23] Den Gerichtstagen sass entweder der jeweilige Dorfherr, oder, wie schon erwähnt, stellvertretend für diesen, der Meier oder der Vogt vor. Angesehene Dorfleute fungierten bei Handänderungen von Grundstücken als Zeugen oder im Falle der Verurteilung eines Straftäters als Urteilssprecher. Jedoch geben die Quellen weder eine befriedigende Auskunft über Augster Delinquenten und deren Vergehen, noch geben sie einen Hinweis auf die Höhe der auferlegten Geldbussen. Wir erfahren lediglich von einem säumigen Zinsmann des Klosters Olsberg, über den in Augst gerichtet wurde. Elf Augster Dorfgenossen fungierten an dieser Gerichtssitzung als Urteilssprecher:[24]

„Ich Heintze Burge meyger zu Ougst tun kunnt allen den die disen briff yemer ansehent oder hörent, lesen, das ich offenlich zu gerichte sasz zu Ougst in dem dorffe in namen und an statt des fromen vesten ritters hern Hanman Offenburgs mins gnedigen lieben herren und koment do fur mich in gerichte der ersam geistlich herre her Cunrat, bihter (Beichtvater) des closters zu Olsperg, des ordens von Citelis, in namen und von wegen der erwirdigen geistlichen frouwen der epptissin und convente frouwen desselben closters zu Olsperg, uff ein, und Clauwy Roile von Gibenach min bruder, uff die ander site (…) daz Clauwy Roile min bruder uff dem vierdenteil des hoffs zu Gibenach gelegen, gesessen gewesen ist, den er von den egenanten frouwen des closters zu Olsperg mit den gutern so darzu gehorent zu einem erbe umb einen jerlichen zinsz gehept hat und nu der hoff leider verbrandt und do von zergangen verodet und aber min bruder den frouwen von Olsperg ettwie vil versessener zinse do von schuldig gewesen ist; darumb ouch der egenante her Cunrat von des closters zu Olsperg wegen minem bruder mit gerichte uff daz sin gefaren ist und das mit recht verkoufft und an des closters schulde genomen hat".[25]

Die Geldbussen, die das Dorfgericht verhängte, waren im 14. Jahrhundert zu einem Drittel an die Familie von Ramstein verliehen.[26] Die übrigen zwei Drittel standen dem Dorfherrn zu und wurden möglicherweise, wenn es sich um kleine Summen handelte, dem Meier oder der ganzen Gemeinde überlassen.

Da auch die Augster Kirche über eigenen Grund und Boden verfügte und daraus Gefälle, den Zehnten, bezog, benötigte sie Männer, denen die Verwaltung und Kontrolle über das Kirchengut oblag. Hierfür wurden die sogenannten Kirchenmeier bestellt, welche ihr Amt ein Jahr lang ausübten. Manchmal hatten auch zwei Augster zu gleicher Zeit dieses Amt inne. Dies war anno 1408 der Fall, als Henman Schütz und Cunzman Slupp diese Funktion ausübten. Die beiden verwalteten und kontrollierten nicht nur das Kirchengut, sondern legten auch dessen Erträge an.[27]

Wenden wir uns nun, nachdem wir das Dorf Augst als funktionierende Gemeinde kennen gelernt haben, einem anderen wichtigen Punkt der Dorfgeschichte, der Agrarordnung zu, welche das sozial-rechtliche Verhältnis zwischen den Grundherren und deren Lehensleuten bestimmte.

HOCH- UND SPÄTMITTELALTER BIS ZUR TRENNUNG IM JAHR 1442

Grundherren und Zinsleute

Der Grund und Boden eines Dorfes sowie die Wälder in dessen Bann waren ausser der Allmend, welche die Gemeinde gemeinsam nutzte, Eigentum verschiedener Grundherren. Diese Herren, die sowohl dem geistlichen wie auch dem weltlichen Stand angehörten, hatten im Verlauf des Mittelalters die Eigenbewirtschaftung ihrer Güter aufgegeben und waren dazu übergegangen, diese gegen eine jährliche Abgabe an Bauern zu verleihen.

Im Mittelalter bildeten sich verschiedene Leiheformen heraus. Es handelte sich dabei um die Zeit-, die Vital-, die Schupf-[28] und die Erbleihe. Halten wir bei letzterer inne, weil diese Leihe im mittelalterlichen Agrarsystem die bedeutendste Rolle spielte. Die Erbleihe wies, im Gegensatz zu den anderen Leihen, eine Besonderheit auf. Es stand dem Leihenehmer frei, die geliehenen Güter, Agrarland oder Immobilien, wie sein Eigentum zu behandeln. Er konnte somit die geliehenen Äcker, Wiesen oder Immobilien innerhalb der Familie vererben, mit der Einwilligung des Grundherrn verkaufen oder gar verschenken. Weil die Grundlasten ausschliesslich an das verliehene Objekt gebunden waren, änderte sich für den Grundherrn bei einem Handwechsel nur der Name des Zinsmannes.

Trotzdem bargen häufige Wechsel der Zinsleute gewisse Risiken für die Grundherren, die ja nicht wissen konnten, ob sie sich mit einem Handwechsel einen gewissenhaften und solventen Lehensmann oder gerade das Gegenteil davon einhandelten. Deshalb suchten die Herren mit Handänderungsabgaben und Fahrgeldern bei Betriebsverkäufen oder Betriebsaufgaben allzu häufige Wechsel ihrer Zinsleute zu verhindern.

In diesem Zusammenhang ist noch auf eine spezielle Leiheform, die Unterleihe, hinzuweisen, die als Mittel zur Bereicherung diente. Adlige, Geistliche und Bürgerliche liessen sich dabei von den Grundherren belehnen und verliehen ihre Güter an Dritte weiter. Dabei profitierten sie von der Gewinnspanne, die sich aus den Zinsen ergab, die sie den Grundherren schuldeten und denjenigen, die sie ihren Zinsleuten auferlegten.

Auch in Augst spielte die Unterleihe eine Rolle. Die Quellen belegen, dass das Zisterzienserinnenkloster Olsberg, die Basler Ritterfamilie von Ramstein, der Rheinfelder Magister Rudolf Seiler, der Laufener Schuhmacher Heinztman Wulis sowie der Basler Bürger Johannes von Laufen an dem Geschäft mit den Augster Grundrenten partizipierten.

Da die Herren von der Abschöpfung der Produktion ihrer Güter lebten, hatte sich eine Rechnungsführung zur Kontrolle geradezu aufgedrängt. Mit Hilfe von mehr oder weniger gründlich geführten Zinsbüchern, Berainen und Urbaren versuchten diese deshalb, sich einen Überblick über ihren Besitz und die Einkünfte daraus zu verschaffen.

Im Spätmittelalter waren die verliehenen Güter unterschiedlich gross. Die ursprünglich zinsbare Betriebseinheit des Mittelalters, die Schuppose, gab es nicht mehr in ihrer alten Form – sie war in kleinere Einheiten aufgesplittert. Zwar hatte sich der Begriff erhalten, wurde jedoch nur noch als Synonym für eine Hofstelle oder ein Hofgut verwendet. Als übliches Landmass galt der Juchart für Ackerland und das Mannwerk[29] für Wiesen.

HOCH- UND SPÄTMITTELALTER BIS ZUR TRENNUNG IM JAHR 1442

Das Zisterzienserinnenkloster Olsberg erwirbt in Augst Grund und Boden

Im spätmittelalterlichen Augst war der Grund und Boden unter verschiedene Herren aufgeteilt. Dazu zählten geistliche Grundherrschaften, wie das Kloster Olsberg, das Basler Predigerkloster, das Basler Hochstift und die Rheinfelder Johanniterkomturei. Zu den weltlichen Herren, die in Augst respektable Ländereien besassen, gehörten vor allem Ministeriale aus dem regionalen Niederadel, wie die von Bärenfels, die von Eptingen, die von Wartenberg, die von Schauenburg, die Reich von Reichenstein, die zur Kinden und die Zielemp.

Das Zisterzienserinnenkloster Olsberg um das Jahr 1830

Anno 1236 trat das Zisterzienserinnenkloster de orto Dei in Olsberg ins Licht der Geschichte. Käufe und Schenkungen trugen dazu bei, dass das Gotteshaus auch in Augst zu Grundbesitz kam.

Staatsarchiv Aargau, GS 01789-2

Nur ein verschwindend kleiner Prozentsatz der Augster Dorfleute verfügte im Spätmittelalter noch über eigenen Grundbesitz. Dazu zählte eine Erbengemeinschaft, die den Augster Mettenberg an Basel verkaufte, sowie die Schwestern Ellina und Guta Murerin, welche ihre gesamten Grundstücke dem Zisterzienserinnenkloster Olsberg schenkten.

Damit ist das Stichwort gefallen, auf das wir näher eingehen wollen, weil sich am Beispiel dieses Klosters das Entstehen einer bedeutenden Augster Grundherrschaft nachvollziehen lässt.

Bekanntlich liess sich der Konvent vom Gottesgarten anno 1236 in Olsberg nieder. Zu dieser Zeit war aber der Grund und Boden in der Region schon weitgehend unter die verschiedenen Grundherrschaften aufgeteilt und Rodungsland zur Gewinnung von neuen Ackerflächen stand auch nicht mehr unbegrenzt zur Verfügung. Weil der Grundstückskomplex, den die Zisterzienserinnen in Olsberg gekauft hatten, aber nicht ausreichte, um deren Existenz

HOCH- UND SPÄTMITTELALTER BIS ZUR TRENNUNG IM JAHR 1442

auf die Dauer ausreichend zu sichern, waren die Klosterfrauen darauf angewiesen, auch in den Nachbargemeinden Grund und Boden zu erwerben. Deshalb fassten sie auch in Augst Fuss.

Das grösste Grundstück, welches das Kloster Olsberg hier erwarb, stellte die Hard oder der Munschilacker dar. Dieser Güterkomplex, wegen seines teilweise steinigen Bodens von der Äbtissin Katharina von Hersberg als „Gestüd und Gestrüb"[30] bezeichnet, umfasste eine Fläche von 180 Jucharten. Das Kloster behielt dieses Gut bis zu seiner Auflösung. Danach gelangte die Hard an den Kanton Aargau und wurde im Jahre 1829 an den damaligen Rheinfelder Posthalter, Franz Joseph Lützelschwab, für die stolze Summe von 22'800 Franken versteigert.

Bei dem Vorhaben des Klosters, soviel Land wie möglich in seiner Umgebung zu erwerben, leisteten Leute aus den verschiedenen Ständen wohlwollend Hilfe, indem sie den Olsberger Klosterfrauen Grundstücke verkauften oder schenkten.[31] Vor allem den Eptingern, die eine besondere Affinität zum Kloster Olsberg entwickelt hatten, ist es zu verdanken, dass dieses zu einer der grossen Grundherrschaften in der Region heranwachsen konnte. So erstaunt es auch nicht, dass diese Familie die Bemühungen der Olsberger Zisterzienserinnen unterstützte, in Augst zu Grund und Boden zu kommen.

Mathias von Eptingen verkaufte schon anno 1280 alle seine Augster Besitzungen für 20 Mark Silber an das Kloster. Auch sein Verwandter, Johannes von Eptingen, erteilte seine Zustimmung, dass einer seiner Zinsleute, der Rheinfelder Magister Rudolf Seiler, sieben Jucharten Ackerland im Banne Augst an die Klosterfrauen verkaufen durfte.

Das Kloster kam aber in Augst nicht nur gegen Bargeld zu Grundeigentum, sondern erhielt hier auch Grundstücke geschenkt.[32] Eine reiche Rheinfelder Bürgerin, Richi Schumpellin, vermachte ihrer Tochter, einer Olsberger Klosterfrau, sämtliche Einkünfte und Güter, die sie im Banne Augst besass.

Aber auch Augster Dorfleute beschenkten den Olsberger Konvent reich und hofften, mit ihrer Gabe Vorsorge für ihr ewiges Heil zu treffen. Dazu gehörte die Augsterin Richina Kriegin, welche mit der Billigung ihres Herrn, des Grafen Herman von Homberg, den Olsberger Zisterzienserinnen ein Drittel ihres Augster Gutes vermachte. Mit dieser Schenkung schlug die geschäftstüchtige Frau gleich zwei Fliegen mit einem Schlag: Sie suchte damit für sich und ihre Angehörigen einen Platz im Himmel zu sichern und bezahlte zugleich ihre Schulden, die sie dem Kloster gegenüber hatte:

„ Wir grave Herman von Homberg dun kunt allen, die dissen brief sehent oder horent lesen, das wir unseres guts willen und gunst erlobet hent unserm eigenem wibe Richine der Krieginen und ir kinden des trittel irs gutlis, da si hattent in dem banne ze Ogest ligende, an das gotzhus ze Olsberg zugebende dur ir sele willen und ir vordern, und der gulte (Schulden) willen, die si dem vorgenanten gotzhuse schuldig ware". [33]

Als grosszügige Gönnerinnen erwiesen sich auch Ellina und Guta Murerin, die in Basel als Konversenschwestern lebten. Diese beiden frommen Frauen schenkten bekanntlich dem Kloster Grundstücke, die sie in Augst besassen. Das war ein Geschenk, welches die Klosterfrauen ganz besonders erfreute. Diese Grundstücke waren nämlich den beiden Schwestern „eigen" und somit nicht mit Abgaben an andere Herren belastet.[34] Ganz uneigen-

HOCH- UND SPÄTMITTELALTER BIS ZUR TRENNUNG IM JAHR 1442

nützig ging aber auch dieser Handwechsel nicht vonstatten. Die Konversenschwestern knüpften eine damals durchaus übliche Bedingung an ihre Gabe und forderten vom Kloster ein jährliches Leibgeding für ihren Lebensunterhalt und eine Geldabgabe an die Kirche von Augst für die Abhaltung einer Jahrzeit, einer Messe, die jeweils an ihrem Todestag gehalten werden sollte.

Um einen möglichst geschlossenen Grundbesitz zu erhalten, tauschte das Kloster mit anderen Grundherren auch Güter aus. So auch in Augst, wo es anno 1284 mit Hartmann von Baldeck, dem Burggrafen von Rheinfelden, ein Gut in Herten gegen den Asphof in Augst tauschte.

Wie die anderen Herren, die in Augst Grund und Boden besassen, bewirtschaftete auch das Kloster seine Augster Ländereien nicht selbst,[35] sondern vergab diese gegen einen jährlichen Zins an ortsansässige Bauern. So finden sich in einem Zinsrodel (Zinsverzeichnis) des Klosters aus den Jahren 1376 /1379 sechzehn Augster Lehensleute aufgelistet, die für ihre Grundstücke Abgaben von insgesamt sieben Viernzel (Gewichtsmass) Dinkel, 1,5 Viernzel Hafer, 5 Viertel (Gewichtsmass) Roggen, 19 Hühnern und eine Geldsumme von 5 lb (Abkürzung für eine Währung, das Pfund) leisteten.[36]

Das Lehensverhältnis zwischen dem Kloster und seinen Augster Zinsleuten gestaltete sich nicht immer erfreulich. So beschäftigten Zinsforderungen, welche die Klosterfrauen an das Augster Ehepaar Wernher und Ita Wige richteten, mehrmals das bischöfliche Gericht in Basel. Auch mit der Gemeinde Augst gerieten sie sich wegen Weidgerechtigkeiten auf der Hard des Öfteren in die Haare. Einige Male kam es auch vor, dass das Kloster eine Neuauszeichnung seines Grundbesitzes verlangte, wenn es der Ansicht war, dass ihm wegen willkürlicher Grenzverschiebungen Grundstücke abhanden gekommen seien. In einem derartigen Fall wurden der Meier und zahlreiche Zeugen aufgeboten, um den ursprünglichen Besitzstand zu rekonstruieren.[37]

Zinsleute, Krisen und Katastrophen

Werfen wir den Blick noch auf eine andere Herrschaft, die es in Augst zu ansehnlichem Grundbesitz gebracht hatte. Es handelt sich dabei um die Familie von Bärenfels. Die Bärenfels hatten im Jahre 1375[38] ein Inventar über ihre Besitzungen in Augst erstellen lassen. Dieses Güterverzeichnis belegt u.a., welche Bedeutung der Unterleihe zukam. Daraus geht nämlich hervor, dass dieses Geschlecht etliche seiner Augster Güter und Handwerksbetriebe, wie die Mühle und die Taverne, an die Basler Patrizierfamilie von Ramstein verliehen hatte, welche diese wiederum an Dritte weitervergeben hatte.

Dieses Güterverzeichnis ist, neben dem Zinsrodel des Klosters aus der gleichen Zeit, die einzige Quelle, die es ermöglicht, auf die damaligen Augster Wirtschaftsstrukturen und Lehensverhältnisse einzugehen.

Eine Interpretation dieses Inventars führt zu dem Schluss, dass es am Ende des 14. Jahrhunderts einige Bauernfamilien gab, welche die Mehrheit des Augster Grund und Bodens bewirtschafteten. So listet das Urbar vier Güter auf, welche die beachtliche Grösse von ca. 40 bis 50 Jucharten Ackerland und einigen Mannwerk Wiesen umfassten. Bei den Augstern, welche diese Güter zu Lehen innehatten, handelte es sich um reiche und angesehene Bauern, die auch die Dorfämter besetzten. Ziehen wir zu diesen Bärenfelser Zinsleuten noch die des Klosters hinzu, so liest sich die Namensliste wie ein damaliges Augster who`s who. Denn unter den Schnider, Walch, Annen, Senn, Ogster, Krieg, Hagge, Hedinen, Sluppe, Sus, Schowli, Toeltschener, Murrer, Schutz und Zipse findet sich die Dorfprominenz, die als Meier, Kirchenmeier, Zeugen und Urteilssprecher die Geschicke des Dorfes zu einem grossen Teil mitbestimmte.[39]

Obwohl wir keinen Beleg dafür besitzen, ist anzunehmen, dass neben diesen Grossbetrieben im 14. Jahrhundert auch noch Klein- und Kleinstbetriebe existierten.

Auf den Gütern lagen die üblichen Grundlasten: Getreide, Geld und Hühner. Das Bärenfelser Urbar weist, was die Getreideabgaben anbelangt, eine interessante Abweichung auf. Von den Lehensleuten der Bärenfels wird nämlich Roggen und Hafer gefordert und nicht die sonst in der Region übliche Kombination von Dinkel und Hafer. Dies ist insofern erstaunlich, weil dem Roggenanbau in der Region eine derart untergeordnete Rolle zukam, dass er als Grundlast kaum zu finden ist. So zahlten auch die Augster Zinsleute des Zisterzienserinnenklosters Olsberg Dinkel und Hafer.

Der Leihenehmer eines Gutes war verpflichtet, den geschuldeten Zins pünktlich zu einem festgesetzten Termin, meist an Martini, an einen eigens dafür bestimmten Träger abzuliefern. Dieser wiederum sammelte sämtliche Zinsen, für die er verantwortlich war, ein und gab sie an seinen Herrn weiter.

Bei der Durchsicht des Bärenfelser Inventars fallen die häufigen Wechsel der Güterinhaber auf. Selbst die Steingrube „in der Argenzen"[40], möglicherweise ein einträgliches Geschäft, wechselte mehrmals die Pächter. Dabei erstaunt, dass diese Betriebe mehrheitlich nicht an die Söhne der Betriebsinhaber weitergegeben wurden, obwohl dies der übliche Weg gewesen wäre. Ob die Betriebe mangels männlicher Nachkommen an verheiratete Töchter und deren Ehemänner oder gar an andere Verwandte fielen, kann wegen der dürftigen Quellen nicht festgestellt werden.

Versuchen wir zunächst, den Ursachen für diese häufigen Handwechsel auf den Grund zu gehen.

Da im 14. Jahrhundert reichlich Land zu haben war, könnte mancher Betriebsinhaber keine Notwendigkeit gesehen haben, den Grund und Boden an seine Söhne zu vererben, weil diese mühelos neue Bauernstellen antreten konnten.[41] Dass auch in Augst zu jener Zeit Land zur Verfügung stand, belegt das Bärenfelser Güterverzeichnis. Dieses Dokument zeigt auf, dass es am Ende des 14. Jahrhunderts nicht mehr genügend Augster für die Bewirtschaftung des verfügbaren Grund und Bodens gab, sodass manche Güter nicht mehr verliehen werden konnten und unbebaut, „wüst", lagen. Dies hatte zur Folge, dass manchmal Bauernfamilien aus Nachbardörfern zuzogen und die Lücken füllten. Dazu gehörte der Olsberger Reinger, welcher schon zu Beginn des 14. Jahrhunderts nach Augst gezogen war, und der Magdener Ulli Hemiker, der als Lehensmann der Herrschaft Ramstein gleich zwei Güter bewirtschaftete und eine dazugehörende Hofstätte bewohnte. Letzteren hatte man offensichtlich geködert, indem man ihm eine Zinsreduktion für eines der Güter gewährte.

Es sei in diesem Zusammenhang noch darauf hingewiesen, dass Zinsreduktionen nicht gang und gäbe waren. Dies zeigt sich besonders am Beispiel

HOCH- UND SPÄTMITTELALTER BIS ZUR TRENNUNG IM JAHR 1442

des Klosters Olsberg, das nicht einmal in Härtefällen Nachsicht zeigte und die Zinsen reduzierte.[42]

Im 14. Jahrhundert begann sich eine Tendenz auf dem Augster Grundstücksmarkt abzuzeichnen, die mit der Abnahme der bäuerlichen Zinsleute zusammenhing: Je weniger Pächter es gab, desto mehr nahm die Grundstücksballung in den Händen einiger vermögender Bauern zu. So bewirtschafteten im letzten Drittel des 14. Jahrhunderts die Familien Schowli, Schnider, Walch und Hemiker mehr als einen Betrieb.

Was führte aber dazu, dass sich nicht mehr genügend Leute zur Bewirtschaftung des verfügbaren Bodens fanden? In den Krisen, welche das 14. Jahrhundert erschütterten, finden wir eine Antwort auf diese Frage. Schlechte Klimabedingungen verursachten zu Beginn des Jahrhunderts Ernteausfälle und Hungersnöte. Die Pest, die in den Jahren 1348-1350 grassierte, sowie die anschliessenden Seuchenzüge rafften einen grossen Teil der vom Hunger geschwächten Bevölkerung dahin. Dadurch wurde eine verhängnisvolle wirtschaftliche Kettenreaktion in Gang gesetzt, die zur mittelalterlichen Agrarkrise führte. Der Bevölkerungsschwund bewirkte, dass nicht mehr genügend Bauern für die Bewirtschaftung der Güter vorhanden waren, sodass ganze Landstriche verwüsteten. Zugleich nahm die Nachfrage an Getreide ab und der Getreidepreis zerfiel, während sich die Löhne für Gesinde verteuerten. Aus diesem Grund wurden einzelne Betriebe aufgegeben, weil sich deren Bewirtschaftung nicht mehr lohnte oder weil die Pächter den Zins dafür nicht mehr aufbringen konnten.

Wir können voraussetzen, dass auch Augst von diesen Katastrophen nicht verschont blieb, obwohl wir die Krisenjahre weder mit Zahlen noch mit Fakten belegen können. Jedoch indizieren die freien Bauernstellen, dass die Krise und die Seuchen auch in Augst ihre Spuren hinterliessen und den Mangel an Pächtern verursachten.

Ein konkreter Hinweis dafür, dass die Agrarkrise in Augst durchaus ein Thema war, zeigt sich darin, dass von den zwei Dorfmühlen die sogenannte obere Mühle anno 1375 „asetz"[43], unbesetzt, war. Dies lässt darauf schliessen, dass sich zwei Mühlbetriebe nicht mehr lohnten. Ebenso könnte der häufige Wechsel der Augster Müller am Ende des 14. Jahrhunderts darauf hindeuten, dass mit dem Mühlgeschäft keine grossen Gewinne mehr gemacht werden konnten, weil nicht mehr genügend Getreide zum Mahlen angeliefert wurde.

Frauen im Dorf

Im Mittelalter waren die Frauen rechtlich der Vormundschaft ihres Vaters oder ihres Ehemannes unterstellt. Erstaunlicherweise verhinderte diese Abhängigkeit aber nicht, dass die Frauen in der Stadt und auf dem Land wirtschaftlich Terrain erobern konnten. Hierfür war das liberale Erbrecht verantwortlich, das bis ins 15. Jahrhundert galt. Dieses erlaubte den Frauen, wenn deren Ehemann oder Vater gestorben war und der männliche Nachwuchs fehlte oder noch unmündig war, das Erbe anzutreten und den Betrieb weiterzuführen. Damit öffneten sich für die Frauen neue Horizonte, weil sich ihr Aktionsfeld in der Öffentlichkeit vergrösserte.

Die Pest

In den Jahren 1348-1350 grassierte die Pest in Europa und raffte einen grossen Teil der Bevölkerung dahin. Die Seuche hinterliess auch in Augst ihre Spuren.

Ausschnitt aus einer Schauseite des Isenheimer Altars von Mathias Grünewald, Musée d'Unterlinden in Colmar, Foto: O. Zimmermann.

So erstaunt es nicht, dass wir auch in Augst auf Frauen treffen, die sich im öffentlichen Raum wirtschaftlich betätigten. Dazu zählten die Senndin und Gret Kriegin, die zusammen mit männlichen Partnern zwei grosse Güter der Familie Bärenfels bewirtschafteten.[44] Auch die Toeltschenerin, eine Zinsfrau des Klosters Olsberg, bebaute in Augst gleich zwei von dessen Betrieben.

Selbst die raue Arbeit in einem Steinbruch hielt Frauen nicht davon ab, auch in dieses Geschäft einzusteigen, wie sich am Beispiel der Ännin zeigt, die eine Zeit lang die „Steingrube in der Argenzen" betrieb.

Da uns, was die Dorfökonomie anbelangt, nur spärliches Quellenmaterial zur Verfügung steht, können wir nur spekulieren, ob diese weiblichen Aktivitäten selbstverständlich waren oder Auswirkungen der Pest- und der Seuchenzüge darstellten. Wenn wir jedoch von der Tatsache ausgehen, dass es in den 1370er Jahren die wenigsten männlichen Erben gab, so könnte dies die These bestätigen, die Pest habe den Augster Frauen vermehrt die Tür zur Ökonomie geöffnet.

Dass diese wirtschaftlichen Aktivitäten in einem kleinen Dorf wie Augst von den betreffenden Frauen Kenntnisse in der Landwirtschaft, Selbstbewusstsein und Durchsetzungsvermögen erforderten, versteht sich von selbst. Sicherlich wurden diese Fähigkeiten und Eigenschaften dadurch gestärkt, dass die Frauen aus angesehenen und wohlhabenden Augster Bauernfamilien kamen, wo sie erstens das „Handwerk" gelernt hatten und ausserdem auf den Respekt zählen konnten, den man der Familie entgegenbrachte.

Dass es in Augst vermögende Frauen gab, zeigte sich schon am Beispiel der Richina Kriegin und der beiden Konversenschwestern Murerin. Auch die Tochter des Cuni Murri, die anno 1451, zusammen mit ihrem Mann, für acht Gulden ein Pferd kaufte, ist zu jenen begüterten Augsterinnen zu zählen. Eine weitere Dorfbewohnerin ist in ganz besonderen Funktionen bezeugt. Sie wurde von Henman Offenburg bei der Klärung von dessen Augster Rechtsansprüchen als Kundschafterin (Zeugin) gehört und trat, zusammen mit ihren Kindern, als Klägerin vor Gericht auf.

Wir können voraussetzen, dass es sich bei diesen wirtschaftlich aktiven und vermögenden Frauen um einen ausgesprochen kleinen Kreis handelte. Die meisten Augster Frauen hinterliessen keinerlei Spuren in den Quellen, weil sie, wie ihre Männer, nicht in Rechtsgeschäfte verwickelt waren. Diese Frauen lebten in ärmlichen, wenn nicht sogar erbärmlichen Verhältnissen und schlugen sich mehr schlecht als recht als Kleinstbäuerinnen, Mägde oder Tagelöhnerinnen durchs Leben.

Bauern und Handwerker

Die meisten Menschen im mittelalterlichen Augst ernährten sich von der Landwirtschaft. Dabei kam dem Getreideanbau eine übergeordnete Rolle zu. Die Ackerflächen waren in Einheiten aufgeteilt, deren Grösse von kleinen Parzellen bis höchstens ein oder zwei Jucharten reichte. Diese Einheiten lagen weit voneinander zerstreut in den drei Zelgen, die wiederum in verschiedene Fluren aufgeteilt waren. Einige der Flurnamen haben sich bis heute erhalten, wie „des Spiegelers Grund", „an dem schwarzen Acker", „an dem Junckholz" oder „uf dem schönen Buel."

HOCH- UND SPÄTMITTELALTER BIS ZUR TRENNUNG IM JAHR 1442

Bauern beim Dreschen
Die Augster Dorfleute lebten von der Landwirtschaft. Die meiste Feldarbeit teilten sich Männer und Frauen gemeinsam. Pflügen und Dreschen blieb jedoch den Männern vorbehalten.
British Library, London, Add.42130, fol. 74v.

Auf den drei Zelgen, die sich um die Wohnhäuser mit ihren Gärten gruppierten, bauten die Bauern in jährlich wechselnder Fruchtfolge gewöhnlich Hafer und Hirse als Sommergetreide und Dinkel als Wintergetreide an. Auch in Augst muss der Anbau dieser Getreidearten üblich gewesen sein, wie sich am Beispiel der Zinsleute des Klosters Olsberg schon zeigte, die alternierend Dinkel oder Hafer als jährlichen Grundzins zahlten.

Den erwirtschafteten Produktionsüberschuss verkauften die Bauern entweder an Direktkäufer oder auf den städtischen Kornmärkten.

In jährlich wechselnder Folge lag eine Zelg brach, damit sich der Boden erholen konnte. Diese Brache wurde, wie die Allmend, als gemeinsames Weideland genutzt. Der Boden war jedoch am Ende des Mittelalters derart ausgelaugt, dass die Erträge, trotz der Ruhepausen, stagnierten. Neue Technologien zur Bodenverbesserung waren noch nicht erfunden und die Viehbestände waren zu klein, um ausreichenden Dung zu produzieren.

Neben dem Getreide wurden in sogenannten „Bünten" Sonderkulturen wie Hanf, Flachs und Gemüse angebaut. Die einzelnen Bünten waren umzäunt und lagen innerhalb der Zelgen verstreut.

Meistens gehörte zu jedem Gut noch eine Hofstatt[45] mit einem Wohnhaus. So umfasste der grosse Güterkomplex, den der Augster Schnider bewirtschaftete, vier Hofstätten. Eine davon hatte Heintzi Schowli gepachtet, der selbst ein eigenes Gut mit einer dazugehörenden Hofstatt betrieb.

Die Wohnhäuser waren aus Holz gebaut und konnten, wenn der Pächter seinen Betrieb aufgab, zerlegt und am neuen Wohnort wieder aufgebaut werden. Obwohl diese Bauweise für einen Umzug recht praktisch war, wies sie doch einen gravierenden Mangel auf: Sie war äusserst brandgefährdet.

In den Gärten, die sich um die Wohnhäuser gruppierten, wurden vor allem Kraut, Blattgemüse, Hülsenfrüchte, Zwiebeln und Knoblauch angepflanzt. Diese Gemüse ergänzten den Speisezettel, der sich hauptsächlich aus Getreidemus und Brot zusammensetzte. In eigens angelegten Gärten wurde Obst gezogen. Die Überproduktion an Obst und Gemüse gelangte ebenfalls auf den Markt. Hier kauften die Bauern auch die Waren, die sie nicht selbst herstellen konnten.

Dass in Augst auch Reben angepflanzt wurden, zeigt sich am Beispiel des Haman Kremer, der vier Viertel Dinkel als Zins für einen Rebacker bei der „Hell" zahlte.

Neben dem Ackerbau spielte natürlich auch die Viehzucht eine Rolle. Hierfür eigneten sich die Matten und Wiesen entlang des Violenbaches und der Ergolz ja auch bestens. Gehalten wurden neben Schafen, Schweinen und Ziegen auch Kühe und Pferde, wobei sich aus Kostengründen nur die wohlhabendsten Bauern Grossvieh leisten konnten.

HOCH- UND SPÄTMITTELALTER BIS ZUR TRENNUNG IM JAHR 1442

Die Tiere blieben das ganze Jahr über im Freien und wurden zur Futtersuche auf die Allmend, auf die Brachfelder und in den Wald getrieben. Im Winter wurde mit Heu, Rinde und gedörrten Blättern zugefüttert. Wegen der Weidgänge kam es bekanntlich auch zu Konflikten mit verschiedenen Nachbargemeinden.

Welche Bedeutung dem Fischfang in einem Dorf zukam, das ja im wahrsten Sinne des Wortes ans Wasser gebaut war, ist nicht bekannt. Die Ergolz jedenfalls war für die Augster Fischer tabu, weil hier ausschliesslich die Stadt Liestal das Fischereirecht besass. Auch der Fischfang im Augster Rheinabschnitt war eingeschränkt, weil hier die Stadt Basel das Recht hatte zu fischen. Dass der Fischfang im mittelalterlichen Augst tatsächlich eine untergeordnete Rolle spielte, könnte sich am Beispiel der Salmenwaag zeigen. Dieses Fanggerät befand sich nämlich zu Beginn des 15. Jahrhunderts in einem baufälligen Zustand. Möglicherweise mussten sogar Fische für die zahlreichen jährlichen Fastentage importiert werden.

Die harte Feldarbeit teilten sich Frauen, Männer und Kinder gleicherweise. Selbst die Fronen wurden gemeinsam geleistet. Den Frauen blieb noch als Zusatzaufgabe die Zubereitung des Essens, das Überwachen des Herdfeuers und die Verarbeitung von Flachs, Hanf und Wolle für den Hausbedarf.

Es ist anzunehmen, dass die Inhaber einiger grosser Augster Betriebe Knechte und Mägde beschäftigten und bei der Ernte noch Tagelöhner hinzuzogen.

Diejenigen Bauern, die sich kein Gesinde leisten konnten, verfügten nur über die Arbeitskraft der Familie. Deshalb war es üblich, die Kinder schon früh zur Arbeit heranzuziehen. So galt ein achtjähriges Kind bereits als vollwertige Arbeitskraft. Wenn die Not es gebot und eine Bauernstelle nicht dazu ausreichte, eine Familie zu ernähren, mussten die überzähligen Esser die Familie verlassen und für ihren eigenen Unterhalt aufkommen.[46]

In einem solchen Fall blieben die Kinder entweder an Ort und Stelle und verdingten sich bei vermögenderen Bauern oder sie verliessen das Dorf, um in die Städte abzuwandern, wo der Arbeitsmarkt bessere Chancen versprach.

Auch einige Augster suchten auswärts eine neue Existenz. Wohin es sie dabei jeweils verschlug, kann nur in Einzelfällen nachverfolgt werden. So treffen wir am Ende des 13. Jahrhunderts einen Ulrich von Ougst in Zofingen an. Anderen wiederum schien die nahe Stadt Basel ein begehrter Anlaufort gewesen zu sein. So sind schon am Ende des 13. Jahrhunderts Augster Dorfleute erwähnt, die hier ihren Wohnsitz hatten.[47] Auch in den folgenden Jahrhunderten scheint Basel nichts an Attraktivität verloren zu haben, wie aus Einbürgerungslisten dieser Stadt hervorgeht. Daraus können wir entnehmen, dass ehemalige Augster Dorfleute als Handwerker in Basel lebten. Als Dank für geleistete Kriegsdienste verlieh ihnen Basel das Bürgerrecht. Zu diesen Leuten zählten die beiden Bäcker Hanneman von Ougst und Cuntze Haegg sowie der Karrer Cuntzman Ougstli, die in den Jahren 1374 bis 1403 eingebürgert wurden.[48]

Jedoch stellte die Abwanderung nicht in jedem Fall die ultima ratio dar. Wenn die Bauern ein Handwerk beherrschten, konnten sie dieses als Broterwerb ausüben. Gehörte doch zur Infrastruktur des Dorfes ein Mindestan-

HOCH- UND SPÄTMITTELALTER BIS ZUR TRENNUNG IM JAHR 1442

gebot an diversen handwerklichen Dienstleistungen. Welche Handwerksbetriebe es allerdings in einem Dorf gab, hing von den Landgrafen des Sisgaus ab, welche die Zulassung dafür erteilten.

In Augst sind Schneider, Weber, Müller, Wirte, Zimmerleute sowie „andere Werkleute" belegt, wobei es sich um Schmiede und Maurer gehandelt haben könnte. Dieses Angebot an handwerklichen Berufen wurde noch durch Ziegler, Bäcker und Kalkbrenner ergänzt.[49]

Am besten sind wir über die Mühlbetriebe unterrichtet. Die Mühlen zählten zusammen mit den Tavernen und den Schmieden zu den „ehaften" Betrieben, d.h. sie waren Eigentum einer Herrschaft, welche die Abgaben hierfür festsetzte. Die Augster waren verpflichtet, ihr Getreide in der Dorfmühle mahlen zu lassen. Die Mühlen in Augst sowie das Dorfwirtshaus, die Taverne, gehörten am Ende des 14. Jahrhunderts der Familie Bärenfels und waren an die Ramstein weiterverliehen.

Laut Bärenfelser Güterverzeichnis gab es um 1375 in Augst zwei Mühlen, die nach ihrer Lage an der Ergolz obere und untere Mühle genannt wurden. Während wir von der oberen Mühle lediglich wissen, dass sie um das Jahr 1375 stillgelegt war, sind wir über die zweite, die an der Ergolzbrücke lag, besser unterrichtet. Diese Mühle wies eine Besonderheit auf. Hier wurde nicht nur Korn gemahlen, sondern ein Teil ihrer Räumlichkeiten wurde als Wirtshaus und Herberge für Reisende benutzt. Dazu gibt Anna Ludwigin, die lange in Augst gelebt hatte, Folgendes zu Protokoll:

„Item von des Winschenkens wegen spricht sy (Anna Ludwigin), daz si wol gesehen habe win in der mulin schencken und da zeren (verzehren), so sy ir korn da mule ".[50]

Die Müller schienen es nie lange auf ihrem Augster Betrieb ausgehalten zu haben, wie Anna Ludwigin weiter berichtet. Sie zählt die Namen von fünf Männern auf, die, solange sie in Augst wohnte, dieses Handwerk ausübten.[51]

Einige der Müller waren gefährliche Gesellen. So schloss sich einer von ihnen am Ende des 14. Jahrhunderts einer Räuber- und Mörderbande an, welche die Gegend vom Bözberg bis ins Elsass unsicher machte:

„Anno 1381 waren vil morder von dem Boetzen untz (bis) an das Ellsas, und waren deren by hundert, und wurden vil [gefangen und] uff reder gesetzt, besunder der muller von Ougst und der Wirt von Griesszhein ".[52]

Rund sechzig Jahre später erschlug Werlin Müller den Ehemann der Anna Ludwigin in der Augster Steingrube. Es ist nicht bekannt, was diesen Mann, der als Urteilssprecher im Dorfgericht fungierte und somit zu den ehrbaren und angesehenen Dorfleuten zählte, zu dieser Bluttat getrieben hatte. Jedoch könnte das Verbrechen als Hinweis dafür gewertet werden, dass auch in Augst Mord, Totschlag und Raub – Randerscheinungen der spätmittelalterlichen sozialen Unrast und Krise – zum täglichen Leben gehörten.

Neben der Mühle existierte noch ein zweites Wirtshaus, die „Taffern", die auch an der Ergolzbrücke lag. Dieses Wirtshaus war schon anno 1375 gegen einen Geldzins an die gesamte Gemeinde von Augst verliehen. Möglicherweise wurde diese Taverne auch als Zollstation benutzt, wo die Zöllner mit durchreisenden Händlern und Reisenden um die Bezahlung der Zölle feilschten. In späteren Jahren kam dem Wirtshaus an der Ergolzbrücke eine

HOCH- UND SPÄTMITTELALTER BIS ZUR TRENNUNG IM JAHR 1442

ganz besondere politische Bedeutung zu. Hier trafen sich die Vertreter Basels und Vorderösterreichs, um Konflikte, die diesseits und jenseits der gemeinsamen Grenze ausbrachen und Anlass zu gegenseitiger Verstimmung gaben, zu erörtern.

Die Bevölkerung

Augst war im Spätmittelalter ein kleines Dorf mit ungefähr vierundzwanzig Haushaltungen. Die Familien waren nicht gross. Ein Ehepaar hatte im Durchschnitt 3,3 Kinder, sodass sich eine Bevölkerung von maximal achtzig bis neunzig Personen ergibt. Meistens wohnten, entgegen der landläufigen Annahme, nur zwei Generationen unter einem Dach.

In Augst lebten Personen mit verschiedenem rechtlichem Status. Es handelte sich dabei um Leibeigene und Hintersassen, wobei die Leibeigenen die weitaus grössere Gruppierung bildeten. Letztere waren Eigenleute der verschiedenen Grundherren, wie der Grafen von Homberg, der von Bärenfels, der Reich von Reichenstein oder des Henman Offenburg.

Die Leibeigenen unterlagen einigen gravierenden Einschränkungen: Sie waren nur beschränkt geschäftsfähig. Auch war ihnen unter Androhung von Strafe verboten, „ungenossame" Ehen einzugehen. Rechtlich bedeutete dies, dass sie keine Personen, die einem anderen Leibherrn gehörten, heiraten durften. Obwohl dieses Verbot nach und nach an Bedeutung verlor, können wir wegen der mangelhaften Quellenlage nicht feststellen, ob in Augst auch Ehen unter Leibeigenen verschiedener Herrschaften geschlossen wurden. Ausschliessen können wir solche Ehen, die auch in der Nachbarschaft, in Pratteln, nachgewiesen sind, nicht.

Ferner war den Leibeigenen untersagt, aus dem Herrschaftsgebiet ihres Herrn wegzuziehen. Es war auch ihre Pflicht, dem Herrn zu fronen, d.h. einige Tage im Jahr für diesen Fuhrdienste zu leisten oder bei der Getreide- und Weinernte zu helfen.

Im Todesfall stand dem Herrn das beste Kleid und das beste Stück Vieh zu. Trotz allem war die rechtliche Beziehung zwischen dem Herrn und seinen Leibeigenen nicht allzu einseitig, weil dieser seinen Eigenleuten gegenüber zu Schutz und Schirm verpflichtet war.

Bei den Hintersassen handelte es sich um Bauern oder Handwerker, die von auswärts zugezogen waren. Diesen Leuten hatte die Herrschaft gegen Bezahlung einer Gebühr, der Manumissio, und nach Begleichung sämtlicher Schulden und Steuern den freien „Zug" (Wegzug) erlaubt. Jedoch war damit die rechtliche Abhängigkeit vom Leibherrn nicht aufgehoben: Auch am neuen Wohnort waren die Zugezogenen ihrem bisherigen Herrn abgabe- und steuerpflichtig.

Kinder aus einer ehelichen Verbindung zwischen einer leibeigenen Mutter und einem Hintersassen folgten der schlechteren Hand, d.h. sie behielten den leibeigenen Status der Mutter.

Auch in Augst lebten Hintersassen. Es handelte sich dabei um Leibeigene der Stadt Basel, die aus Liestal zugezogen waren. Ebenso könnte es sich bei den Reinger und Hemiker, welche aus Olsberg und Magden nach Augst

Menschen im Dorf

Der Alltag im Dorf war hart: es war ein ständiger Kampf ums tägliche Brot. Um so willkommener waren Feste, die Abwechslung in das Dorfleben brachten.

Federzeichnung von Albrecht Dürer, Staatliche Museen zu Berlin - Preussischer Kulturbesitz, Kupferstichkabinett KdZ 4270

HOCH- UND SPÄTMITTELALTER BIS ZUR TRENNUNG IM JAHR 1442

gezogen waren, um Hintersassen gehandelt haben. Auch die verschiedenen Augster Müller dürften diesem Stand angehört haben.

Wie die Augster die Beschränkungen der Leibeigenschaft empfanden, können wir nicht nachvollziehen, weil diese Menschen ja keine schriftlichen Zeugnisse über ihr Leben hinterliessen. Dass aber die Leibeigenschaft durchaus ein Thema war, an dem sich die Gemüter entzündeten, zeigt sich am Beispiel von Pratteln deutlich. Hier verweigerten eine grosse Zahl von Leibeigenen ihrem Herrn den geschuldeten Huldigungseid.

Für Augst können wir zunächst in diesem Zusammenhang festhalten, dass am Ende des Mittelalters innerhalb der Gemeinde ein Bewusstsein für die eigene Bedeutung herangewachsen war, welches zu Konflikten und Auseinandersetzungen mit einzelnen Dorfherren führte.

Es ist anzunehmen, dass den vermögenden Augster Bauernfamilien eine weit grössere Zahl von armen Kleinbauern gegenüberstand. Diese Leute ernährten sich mehr schlecht als recht von dem Ertrag einiger Parzellen, die sie von wohlhabenderen Bauern geliehen hatten. Gerade diese bäuerliche Unterschicht, die in den Quellen keinen Widerhall findet, könnte einer höheren Mobilität unterworfen gewesen sein als die bäuerliche Oberschicht und ihren Lebensunterhalt auswärts gesucht haben. Für diese Annahme spricht, dass die Oberschichtsfamilien, die um das Jahr 1375 für Augst belegt sind, auch noch 150 Jahre später dort anzutreffen sind. Es handelt sich dabei um die Hagg, Slupp, Walch, Murri, Kremer, Keyser, Schnider, Schütz und Schowli. Dass aber auch aus diesen Familien Söhne abwanderten, wenn es die wirtschaftliche Situation erforderte, zeigt sich am Beispiel des Cunzte Haegg. Diesen Mann aus der angesehenen und wohlhabenden Augster Meierfamilie[53] zwang möglicherweise die Agrarkrise, nach Basel abzuwandern, um dort ein Auskommen als Bäcker zu finden.

Der Alltag im Dorf entsprach keineswegs einer ländlichen Idylle. Dazu war er auch viel zu hart. Denn selbst die Bauern, die sich Gesinde leisten konnten, mussten bei der Arbeit kräftig mit anpacken. Ausserdem erfuhr das Dorf manche heftige Erschütterung. Es wurde weder vor Naturkatastrophen, zu denen auch das Erdbeben von 1356 gerechnet werden muss, noch von grassierenden Seuchen verschont. Dazu bedrohten Kriegszüge, plündernde Söldnerhaufen und Scharmützel, welche die Adligen in der Region untereinander führten, ständig das Leben und den Besitz der Bauern. So wurde z.B. in den Fehdezügen, die Basel in den Jahren 1443-1449 gegen den regionalen Adel führte, auch Augst nicht verschont. In diesem Kleinkrieg wurde anno 1448 die Mühle in Augst angezündet und ein Jahr später „branntend die von Rinfelden Ougest, umb das die armen lutt zu Basel worend inegeflochen."[54] Zu diesen kriegerischen Auseinandersetzungen machten noch vagabundierende Mörder- und Räuberbanden den Augstern das Leben schwer. Besonders der Viehraub war ein häufig vorkommendes Delikt, das den Bauern grosse Verluste verursachte. So wurde auch Otto Ludin, ein Räuber, der mit seinen Kumpanen die Gegend unruhig machte, beschuldigt, in Augst sechs Pferde geraubt zu haben. In diesem Fall konnte Ludin jedoch seine Unschuld beweisen und wurde frei gesprochen.[55]

Gewalt erfuhr das Dorf aber nicht nur von aussen. Manchmal erlauben die Quellen den Schluss, dass sich auch innerhalb des Dorfes diejenige Ge-

HOCH- UND SPÄTMITTELALTER BIS ZUR TRENNUNG IM JAHR 1442

walt und Willkür spiegelten, welche für das Spätmittelalter in Stadt und Land typisch waren.[56] So galt der Dorfetter, der Zaun, der den Wohnbereich umgrenzte, als Bezirk, wo Frieden herrschen sollte. Dieses Gebot wurde jedoch bedeutungslos, sobald sich Konflikte zuspitzten. Ein Beispiel dafür stellt die Rauferei zwischen den Arisdorfer und Augster Dorfgenossen an einer Chilbi dar. Es ist anzunehmen, dass es sich dabei nicht um die einzige Handgreiflichkeit handelte, die sich innerhalb des Etters ereignete.

Wurde ein Delinquent gefasst und abgeurteilt, so hatte er keinen weiten Weg bis zur Richtstätte. Augst war nämlich einer der sechs Orte in der Landgrafschaft Sisgau, die eine eigene Richtstätte mit einem Galgen aufwiesen.

Dieser unheimliche Ort lag auf der Anhöhe, wo sich heute das Gut Castelen befindet. Die Lage der Richtstätte war mit Bedacht gewählt, weil der Galgen, wo die Gehängten tagelang zur Abschreckung gezeigt wurden, weithin sichtbar war. Die Verurteilten wurden aber nicht nur gehängt, sie wurden, wie der Pferdedieb Uellin Hoehin, der in Waldenburg gefangen genommen worden war, enthauptet[57] oder wie der räuberische Müller gerädert. Andere wurden geviertelt oder verbrannt, wie die Dachshalberin, die als eine der ersten Frauen in der Region wegen Hexerei um das Jahr 1444 auf dem Scheiterhaufen starb.[58]

Der harte Alltag mit seinen vielen drohenden Unbekannten verlangte nach Abwechslung und Zerstreuung. Deshalb flohen die Menschen, sobald sich eine Gelegenheit bot, in Vergnügungen mannigfaltiger Art. Dafür eigneten sich neben der Chilbi die Märkte und die Jahrmärkte in den umliegenden Städten Rheinfelden, Basel und Liestal, auf denen es hoch zu und her ging, besonders gut. Dass auch die Augster das Vergnügen schätzten, belegt der Basler Glückshafenrodel.[59]

Als die Stadt Basel im Jahre 1471 die erste Messe ins Leben rief und die Spielsucht der Messebesucher mit einer kontrollierten Lotterie, dem sogenannten „Glückshafen", in übersichtliche Bahnen zu lenken suchte, strömten auch diejenigen Augster Dorfleute, die es sich leisten konnten, nach Basel, um dem Glücksspiel zu frönen. Dazu gehörte die gesamte Familie Schlupp sowie der Augster Vogt Hans Schütz samt Sohn und Tochter. Aber auch Einzelpersonen, wie Rudi Helli und Bernhart Sininger, der Sohn des Webers, versuchten dort ihr Glück.

Der Zoll und die Brücke

Augst wies zwei strategisch wichtige Punkte auf – den Zoll und die Brücke über die Ergolz. Diese Brücke war schon im 14. Jahrhundert aus Stein gebaut und mit einer Holzkonstruktion überdacht. Hier befand sich der Augster Zoll mit seiner wechselhaften Geschichte. Laut einer Absprache, welche die drei Sisgauer Landgrafen anno 1363 über ihre Rechte und Privilegien getroffen hatten, wurde der Augster Zoll dem Habsburger Grafen Rudolf zugesprochen. Dieser verlieh die Hälfte davon an den Edelknecht Bruno Pfirter von Liestal. Über Vererbung und Neuvergabe gelangte diese Hälfte schliesslich an die beiden Basler Patrizier, Burkhard Sinz und Franz Wider. Letzterer überliess seinen Teil anno 1433 Henman Offenburg, dem damaligen Dorfherrn von Augst, der einige Jahre später auch den zweiten Teil in seine Hände brachte.

Die Richtstätte

Das Dorf Augst war eine der sechs Gemeinden des Sisgaus, die eine Richtstätte mit einem Galgen besassen. Dieser Ort lag auf der Anhöhe, wo sich heute das Gut Castelen befindet.

Holzschnitt 15. Jahrhundert, La ville au moyen âge. Gravure allemande du XVe siècle, Musée d' Arts et d' Histoire Genève.

HOCH- UND SPÄTMITTELALTER BIS ZUR TRENNUNG IM JAHR 1442

Solange die Brücke intakt war, müssen die Zolleinnahmen beachtlich gewesen sein. Denn sämtliche Güter, die nicht per Schiff den Rhein aufwärts bis Zurzach oder in umgekehrter Richtung von Zurzach bis Basel transportiert wurden, mussten auf dem Landweg befördert werden. Und da führte fast kein Weg an der Augster Brücke mit der dazu gehörenden Zollstation vorbei.

Die Zolltarife für Menschen, Tiere und Güter wurden vom Inhaber des Zolls bestimmt.[60] Juden zahlten generell einen höheren Leibzoll als Christen. So entrichtete eine jüdische Braut, die den Zoll passierte, eine höhere Gebühr als eine christliche. Ganz besonders hoch war der Zolltarif für verstorbene Juden angesetzt, die zur Beerdigung auf den nächsten Judenfriedhof gebracht wurden. Soziale Gerechtigkeit gab es aber auch für Christen nicht. Adlige, die nach Baden zur „Kur" fuhren, zahlten nämlich keinen Zoll, während den nicht adligen Badegästen eine Gebühr abverlangt wurde. Selbst Delinquenten, die zur Hinrichtung geführt wurden, mussten am Zoll noch einen Obolus entrichten.

Die Liste mit den Waren und Gütern, die an der Augster Brücke verzollt wurden, spiegelt das damals gängige Angebot an Lebensmitteln, Genuss- und Gebrauchsgütern. Dazu gehörten vor allem Getreide und Wein, das kostbare Salz und der wertvolle Safran. Aber auch Frachten mit Eisen, Mühlsteinen, Glas, Leder, Wolle und Tuch passierten die Brücke und brachten einträgliche Zolleinnahmen. Wenn Viehhändler oder Bauern ihre Pferde, Kälber, Esel, Schweine, Schafe und Ziegen über die Brücke trieben, wurden sie natürlich auch entsprechend zur Kasse gebeten.

Der Zöllner verfügte über einige Sonderrechte. Er konnte nach eigenem Ermessen die Zollgebühr für eine Lieferung Fische oder einen Wagen mit Hausrat festsetzen. Ausserdem war er ermächtigt, die Waren renitenter Spediteure, die sich weigerten, den Zoll zu zahlen, zu konfiszieren.

Es ist nicht bekannt, wo sich die Zollstation befand. Jedoch können wir mit grosser Wahrscheinlichkeit davon ausgehen, dass die Zollgeschäfte im Wirtshaus an der Brücke erledigt wurden.

Der Unterhalt der Brücke oblag dem Inhaber des Zolls. Die Gemeinden Augst und Arisdorf sowie das Kloster Olsberg waren vom Zoll befreit. Als Gegenleistung war diesen Privilegierten auferlegt, mit Holzlieferungen, Arbeitsstunden und Geld zum Unterhalt der Brücke beizutragen.

Zu Beginn des 15. Jahrhunderts war die Augster Brücke so baufällig, dass sie nur unter Gefahr passiert werden konnte. Auch der Zoll war nicht mehr besetzt. Nachdem Henman Offenburg in den dreissiger Jahren des 15. Jahrhunderts den Zoll in seinen Besitz gebracht hatte, versuchte er, diesen zu reaktivieren, um wieder zu regulären Zolleinkünften zu kommen. Da hierfür aber eine intakte Brücke die Grundvoraussetzung war, bat er die Stadt Basel, die Restaurierung der Augster Brücke an die Hand zu nehmen, weil er die Überzeugung vertrat, dass nur Basel die finanziellen Mittel und das technische Know-how hierfür aufbringen könne. Um seiner Bitte Nachdruck zu verleihen, schaltete er auch den österreichischen Landvogt, den Markgrafen von Hachberg, ein. Dieser argumentierte zu Gunsten Offenburgs und meinte, wenn man die Brücke nicht repariere, „anders die Lüte gar einen verren (weiten) umbkreis riten und varen" müssten.[61]

HOCH- UND SPÄTMITTELALTER BIS ZUR TRENNUNG IM JAHR 1442

Basel zeigte Interesse an der Anfrage und erteilte mit penibel ausgearbeiteten Vorschriften für den Bau und das dazu notwendige Material seinem Bürger, dem Maurer Conrat Labahurlin, den Auftrag, die Brücke zu restaurieren.[62] Trotz allem eilte es der Stadt aber mit der Realisierung der Renovationsarbeiten nicht. Erst als Offenburg die Stadt Basel anno 1457 zur Teilhaberin am Augster Zoll ernannt hatte, beteiligte sie sich an der Wiederherstellung der Ergolzbrücke.

Die Kirche

Anno 1285 übertrug Rudolf von Habsburg das Patronatsrecht an den Kirchen von Augst und Zeiningen dem Hochstift Basel. Er knüpfte an dieses Geschenk die Bedingung, dass im Basler Münster zwei Altarpfründen errichtet werden sollten, deren Inhaber verpflichtet wären, jeden Tag eine Messe für die verstorbene Königin Anna und deren Sohn Hartmann zu lesen. Die Pfründe wurde auch prompt mit 25 Gulden aus dem Vermögen der Augster Kirche bezahlt. Über den Zehnten, Einkünfte aus Grund- und Immobilienbesitz, welchen die St. Galluskirche in Augst besass, verfügten aber nicht die ortsansässigen Pfarrer oder Leutpriester, sondern die Rektoren der Augster Kirche. Diese kirchlichen Herren kassierten aber nur ihre Pfründen und delegierten

Die Ergolzbrücke

Diese Brücke war ein strategisch und wirtschaftlich wichtiger Punkt im mittelalterlichen Augst. Sämtliche Gebrauchs- und Genussgüter, welche nicht per Schiff rheinauf- oder abwärts transportiert wurden, passierten die Augster Brücke. Hier befand sich auch der Zoll, wo die Waren, die auf dem Landweg befördert wurden, verzollt wurden. Auch durchreisende Personen konnten nicht ohne weiteres die Brücke überqueren, sondern mussten einen Leibzoll entrichten.

Staatsarchiv Basel-Stadt, Falk D 33,2.

HOCH- UND SPÄTMITTELALTER BIS ZUR TRENNUNG IM JAHR 1442

die seelsorgerischen Aufgaben an die Augster Leutpriester. Diese Geistlichen hatten oft nur eine rudimentäre Ausbildung vorzuweisen und wurden von den Rektoren der Kirche mehr schlecht als recht bezahlt. Möglicherweise erklärt diese schlechte Entlöhnung den häufigen Wechsel der Augster Leutpriester.[63]

Ein regelrecht unchristlicher Streit entspann sich um das Jahr 1280 zwischen dem Zisterzienserinnenkloster Olsberg und den Augster Leutpriestern um den Novalzehnten, den Rodungszehnten, in Giebenach, den beide Parteien für sich beanspruchten. Dieser Zwist, der immer wieder aufflammte, beschäftigte mehrere Schiedsgerichte. Zunächst wurde der umstrittene Zehnt der Kirche Augst zugeschlagen, wofür diese das Kloster entsprechend entschädigen musste. Die Olsberger Klosterfrauen wollten dies aber so nicht stehen lassen, sodass sich die Gerichte weiterhin jahrelang mit dem Konflikt befassten.

Die Leutpriester der Augster Kirche waren auch für die seelsorgerische Betreuung der Giebenacher und Arisdorfer zuständig. Hierfür standen ihnen je eine Kapelle in den beiden Dörfern zur Verfügung. Die Olsberger Dorfleute hingegen, die, wie ihre beiden Nachbargemeinden auch Augster Pfarrgenossen waren, mussten sich zum Gottesdienst in die St. Galluskirche nach Augst bequemen.[64] Den langen Weg zur Augster St. Galluskirche durften die Olsberger Gläubigen, mit Erlaubnis der Äbtissinnen, über den Klosterhof abkürzen. Jedoch sperrten die Klostervorsteherinnen in Seuchenzeiten, aus Angst vor Ansteckung, diesen Weg. So verbot die Äbtissin Ursula Schmotzer, die Toten durch den Klosterhof zu tragen, wenn die „Luft infiziert und Sterbläuf einreissen", und ordnete für diese Ausnahmefälle an, „die toten leychen" auf dem Umweg über den „alten Külch" nach Augst zu bringen.[65]

Für die kirchliche Betreuung seiner Olsberger Lehensleute zahlte das Kloster Olsberg eine jährliche Gebühr an den Leutpriester von Augst.

Die Arisdorfer, Giebenacher und Olsberger waren dem Augster Pfarrzwang unterworfen. Dies bedeutete, dass alle sakralen Handlungen in der Augster St. Galluskirche vorgenommen werden mussten. Dazu gehörte auch, dass die Leute aus den betreffenden Dörfern auf dem Augster Friedhof beerdigt wurden. Der Friedhof war aber durchaus nicht nur den Toten vorbehalten. Hier spielte sich auch ein beträchtlicher Teil des sozialen Dorflebens ab. An diesem Ort wurde flaniert, Markt abgehalten und es wurden die letzten Dorfneuigkeiten beredet. Ferner fanden Flüchtige auf dem Gottesacker Asyl, weil dort Sonderfrieden herrschte.[66]

Das Vermögen der Augster Kirche wurde von den Kirchenmeiern verwaltet, die sich um die wirtschaftlichen Belange der Kirche kümmerten. Sie zogen die Zehnten und Gülten ein, die der St. Galluskirche gehörten, und verwalteten die Dokumente, die den Besitz dieses Gotteshauses verbrieften. Möglicherweise war es auch ihre Aufgabe, das Öl für die rituellen Handlungen und das Wachs für die Kirchenlichter zu besorgen. Offenbar war es den Augster Kirchenpflegern erlaubt, die eingenommenen Gefälle gewinnbringend anzulegen, wie dies Henman Schütz und Cunzman Slupp taten, als sie anno 1408 ein Haus für ihre Kirche kauften.

Im Mittelalter bewegte die Menschen ganz besonders die Furcht um ihr Seelenheil. Aus diesem Grund stifteten sie Jahrzeiten, um sich damit einen

HOCH- UND SPÄTMITTELALTER BIS ZUR TRENNUNG IM JAHR 1442

Platz im Himmel zu sichern.[67] Die Angst vor der ewigen Verdammnis trieb auch die Menschen in Augst um. Deshalb beschenkten bekanntlich auch einige Augster Dorfgenossen die Olsberger Klosterfrauen. Obwohl wir keine Belege dafür besitzen, können wir voraussetzen, dass auch andere Frauen und Männer aus Augst aus den gleichen Beweggründen Jahrzeiten stifteten, der St. Galluskirche eine besondere Stiftung vermachten, den Armen mildtätige Gaben zukommen liessen oder gar einer Gebetsbruderschaft beitraten, wie die Familie Schütz, die als Mitglied des Landkapitels Sisgau dieser Bruderschaft jährlich fünf Solidi stiftete.[68]

Das Selbstbewusstsein wächst

Augst war, wie alle Dörfer, Eigentum eines Herrn. Dieser verfügte im Dorfbann über verschiedene Rechte. Er übte die Niedergerichtsbarkeit aus, erliess Gebote und Verbote und besteuerte die Dorfgenossen. Ausserdem standen ihm die Abgaben der „ehaften" Betriebe, der Mühlen, Tavernen und Schmieden zu.

Lange Zeit gehörte Augst den Basler Bischöfen. Um das Jahr 1300 belehnten diese die Basler Ministerialenfamilie Reich von Reichenstein, die in ihren Diensten stand, mit dem Dorf Augst. Danach muss Augst auf Wegen, die nicht bekannt sind, in den Besitz des Reiches gelangt sein. Am Ende des 14. Jahrhunderts trat nämlich König Adolf IV. von Nassau das Dorf als Reichspfandlehen an die Ritter Erhart, Peterman und Heinrich Rich[69] ab und bekräftigte mit diesem Rechtsakt aufs Neue das Lehen, welches die Reich von Reichenstein schon seit langem innehatten.

Wie jedes andere Lehen konnte auch eine Pfandschaft über ein Dorf gekündigt und mit der Zustimmung des Herrschers weiter verkauft werden.

Die Rolle des Dorfherrn war aber nicht einseitig aufs Nehmen beschränkt, sondern beinhaltete auch eine Schutzfunktion für das Dorf. Diese erklärt möglicherweise auch das Engagement, das der damalige Dorfherr Heinzmann Reich anno 1355 für seine Untertanen an den Tag legte, als er zusammen mit der Gemeinde Augst vor einem Schiedsgericht die Blutgerichtsbarkeit im Augster Bann beanspruchte. Jedoch können wir vorwegnehmen, dass der Dorfherr dabei nicht uneigennützig handelte. Denn ein Gerichtsentscheid im Sinne des Augster Begehrens hätte seine Machtfülle und sein Einkommen entscheidend vergrössert, sodass wir fast annehmen können, dass Heinzmann Reich als Motor für den Vorstoss gelten kann. Gehen wir kurz auf diese erstaunliche Begebenheit ein:

Als anno 1355 Heinzman Reich von Reichenstein zusammen mit dem Augster Meier [70] und den „gemeinen Lute(n)" von Augst das Recht bean-

Die Burgruine Reichenstein

Augst besass, wie jedes andere Dorf, Herren, die innerhalb des Dorfbannes über bestimmte Rechte verfügten. Die Dorfherren, welche zu Beginn des 14. Jahrhunderts über Augst geboten, stammten aus dem Basler Rittergeschlecht der Reich von Reichenstein, deren Stammburg bei Arlesheim lag.

Staatsarchiv Basel-Landschaft, KP 5001 A Grenzpläne 0001.

spruchte, „nidwendig der Fielenen untz (bis) zu den Megdengraben in den kreissen über das blut ze richtende",[71] war der Zeitpunkt für den Vorstoss klug gewählt. Die Augster Interessengemeinschaft versuchte nämlich geschickt, aus dem Kleinkrieg, den die damaligen Inhaber der Landgrafschaft Sisgau, zu der Augst gehörte, um die Definition ihrer jeweils beanspruchten Hoheitsrechte führten, Kapital zu schlagen.[72] Verständlicherweise missfiel den zerstrittenen Landgrafen das Ansinnen der Augster, weil es einen Eingriff in ihre Rechte bedeutet hätte. Deshalb riefen die drei Inhaber der Landgrafschaft Sisgau ein Schiedsgericht ein. Dieses tagte in Liestal und konnte sich lange Zeit auf keinen gemeinsamen Beschluss einigen. Erst der Vorsitzende, der Eptinger Ritter Heinrich, der den Beinamen der Ziefener trug, führte mit seinem Votum einen Stichentscheid im Interesse der Landgrafen herbei. Ausschlaggebend hierfür war, dass die drei Grafen ihren Anspruch mit entsprechenden Rechtsdokumenten belegen konnten, während die Augster keinerlei derartige Beweismittel in den Händen hielten. Kurze Zeit nachher muss die Blutgerichtsbarkeit doch an die Reich von Reichenstein gelangt sein. Dies geht aus der Kundschaft der Anna Ludwigin hervor, welche berichtet, Petermann Reich habe den Werlin Mueller wegen des Mordes an ihrem Mann für schuldig erklärt. Und auf dieses Kapitalverbrechen stand die Todesstrafe.

Fast ein halbes Jahrhundert blieben die Rechte, welche die Reich von Reichenstein im Dorf innehatten, unangefochten. Es wäre wohl auch kaum einem der Augster Dorfleute in den Sinn gekommen, diese zu hinterfragen. Doch langsam wuchs innerhalb der ländlichen Bevölkerung der Region ein Selbstbewusstsein heran, das zu Rissen in dem Verhältnis zwischen Dorfherren und Untertanen führte. Meinungsverschiedenheiten und offene Konflikte, die ein gerichtliches Eingreifen erforderten, bestimmten allmählich das Zusammenleben zwischen den Herren und ihren Untertanen und können als Vorboten des Bauernkrieges, der im 16. Jahrhundert über die Region hinwegfegte, gewertet werden. Die Dorfherren reagierten entsprechend und zogen, um ihre aufmüpfigen Untertanen zu bodigen, die Daumenschrauben an. Auch am Beispiel von Augst lässt sich das erwachte Bewusstsein der Bauern für die eigene Bedeutung nachweisen. Dieses Denken manifestierte sich vor allem darin, dass sich einzelne Augster Dorfleute und manchmal sogar die gesamte Gemeinde gegen ihre Dorfherren verschworen und deren harte Reaktion geradezu provozierten.

Zunächst führten materielle Verpflichtungen, welche die Gemeinde Augst gegenüber ihrem Dorfherrn hatte, zu gravierenden Differenzen zwischen Heinrich Reich von Reichenstein und seinen Augster Untertanen. Im Mittelpunkt der Diskussion standen, wegen des kostbaren Rohstoffes Holz, die Augster Wälder, um deren Nutzung ein heftiger Streit entbrannt war. Die Angelegenheit wurde vor den Basler Offizial getragen. Dieses bischöfliche Gericht verpflichtete darauf die Gemeinde Augst, ihrem Dorfherrn jährlich an Martini ein Viernzel Hafer, Rheinfelder Mass, dazu ein Schiff, beladen mit Holz, das am Basler Salztürlein übergeben werden sollte, sowie eine Steuer in Höhe von zehn Pfund Basler Pfennigen, abzuliefern. Falls diesem die jährliche Holzlieferung nicht ausreiche, sollten die Augster ihrem Herrn zusätzlich Bau- und Brennholz liefern oder als Ausgleich hierfür zehn Pfund

Geld bezahlen. Zu diesen materiellen Abgaben kamen noch die jährlichen Frondienste hinzu.

Der „communitas" Augst hingegen gestand das bischöfliche Gericht das Recht zu, mit Erlaubnis des Dorfherrn und unter Aufsicht der Dorfgeschworenen, aus den Augster Wäldern Holz sowohl für den Eigenbedarf als auch zum Verkauf zu schlagen. „Wun und Weid", „Weg und Steg" sollte die Gemeinde frei und ohne Abgaben nutzen dürfen.

Im Verlauf der Jahre höhlten die Augster dieses Urteil aus und begannen eigenmächtig, ohne Bewilligung des Dorfherrn, Holz zu schlagen. Ja, sie gingen sogar soweit, sämtliche Gehölze im Augster Bann als ihr alleiniges Eigentum zu reklamieren. Damit provozierten sie aber Hans Reich von Reichenstein, der seine verbrieften Ansprüche vor Gericht erneut bestätigen lassen wollte.

Ein Basler Schiedsgericht, das sich aus dem Zunftmeister Burckhard Zibol und dem Rat der Stadt zusammensetzte, war bemüht, die „stösse und spenn zwischen dem frommen festen Herren Hans Reichen von Reichenstein Ritter unserem Burgermeister an einem und dem Meier und der ganzen Gemeinde des Dorfes Augst zum anderen theil"[73] zu einem gütlichen Ende zu bringen.

Es ist auffallend, dass der Spruch, den dieses Schiedsgericht fällte, in einigen Punkten erheblich von dem älteren abwich. Zwar beharrte das Gericht weiterhin auf dem jährlichen Holzschiff, der Steuer von zehn Pfund Basler Pfennigen und den Fronen. Dazu wurde jedem, der in Augst Hausrecht besass, ein Viertel Hafer und ein Fasnachtshuhn als Abgabe an den Dorfherrn auferlegt. Doch das Gericht setzte als Novum fest, dass die Augster die Steuern nicht mehr wie bisher aus ihrem Eigenvermögen bezahlen mussten, sondern aus dem Verkaufserlös des Holzes, das sie im Gegenwert von zehn Pfund Basler Pfennigen in den Augster Wäldern schlagen durften. Neu war auch die Regelung, die jedem der Kontrahenten erlaubte, mit gegenseitiger Zustimmung, Holz zum Verkauf zu schlagen. Der Gewinn sollte zu gleichen Teilen zwischen der Gemeinde und dem Dorfherren aufgeteilt werden. Neu war aber auch, dass den Augstern die Aufsicht über den Wald unterstellt wurde. Deshalb wurde auch dem Augster Dorfgericht die Hälfte der Bussen zugesprochen, welche es für damals häufige Delikte, die Waldfrevel, verhängte. Die andere Hälfte stand, wenn es sich um ansehnliche Summen handelte, den Reich von Reichenstein zu. War dies nicht der Fall, konnte die Gemeinde das gesamte Strafgeld kassieren. Ausserdem setzte das Gericht fest, dass künftige „Stöss und Misshelle", die sich zwischen den Augstern und ihrem Herrn ergeben könnten, vor den nächsten Landvogt gezogen werden sollten.[74]

Es ist erstaunlich, wie sich bei diesem Schiedsspruch die Waagschale zu Gunsten der Augster neigte. Ob das allein den rührigen Aktionen des Meiers, einem Hagg, zu verdanken war, lässt sich nicht mit Sicherheit sagen. Einiges spricht jedoch dafür, dass Basel mit seinem Spruch die Politik des „divide et impera" verfolgte, indem es die Rechte des Augster Dorfherrn, selbst wenn es sich um den eigenen Bürgermeister handelte, ein wenig eindämmte und die Selbstverwaltung der Gemeinde stärkte. Mit diesem Vorgehen vertiefte die Stadt gezielt den Graben zwischen dem Dorfherrn und der Gemeinde Augst, um als lachende Dritte aus dem Zwist hervorzugehen. Weil Basel zu jener Zeit sein Territorium erweitern wollte, kamen ihm derartige Unstimmigkeiten sicherlich nicht ungelegen. Konnte die Stadt doch über die Sprüche ihrer Magistrate, welche in den Schiedsgerichten sassen, das politische Geschehen vor ihren Toren entscheidend mitbestimmen und so das Terrain für eine Erweiterung auch in Richtung Osten vorbereiten. Noch war es aber nicht soweit! Hans Reich von Reichenstein kündigte sechs Jahre nach diesem Spruch zwar seine Reichspfandschaft Augst auf, verkaufte sie jedoch für 100 Mark Silber an den vermögenden und einflussreichen Basler Diplomaten Henman Offenburg.

Henman Offenburg contra Augster Dorfgenossen

Henman Offenburg entstammte einer Apothekerfamilie, die schon vor 1356 in Basel eingebürgert worden war. Er gab diesen Beruf auf, um sich ausschliesslich der Politik zu widmen. Zahlreiche Missionen, bei denen er als Gesandter im Dienste für Kaiser und Könige sowie für seine Vaterstadt Basel unterwegs war, führten ihn an einige Brennpunkte der damaligen westlichen Welt, wo der gewiefte Unterhändler nicht nur sein diplomatisches Geschick, sondern auch seine zahlreichen Verbindungen zu einflussreichen Männern spielen liess. Auch beim Basler Konzil nahm Offenburg eine bedeutende Position ein. Für seine Verdienste wurde er vom Kaiser Sigismund auf der Tiberbrücke in Rom zum Ritter geschlagen. Offenburg war aber nicht nur ein geschickter Diplomat, sondern auch ein berechnender Geschäftsmann, der sein Vermögen gewinnbringend anlegte und verwaltete.[75]

Unter diesem Aspekt kaufte er wohl auch anno 1431 von Hans Reich von Reichenstein die Pfandschaft über das Dorf Augst, als dieser sein Lehen wegen Alter und Krankheit aufgekündigt hatte. Um seine Herrschaft auszubauen, strebte der neue Dorfherr in seiner Neuerwerbung sukzessive ein Recht nach dem anderen an. Dieses Vorhaben gelang nahezu reibungslos, weil sich dabei dem Günstling des Königs und späteren Kaisers Sigismund kein grösseres Hindernis in den Weg stellte.

So war ihm als besonderer herrschaftlicher Gnadenbeweis anno 1432 die Blutgerichtsbarkeit über Augst verliehen worden. Kurz zuvor hatte er sich vom Sisgauer Landgrafen Hans von Falkenstein mit der Niedergerichtsbarkeit belehnen lassen. Nachdem Kaiser Sigismund Offenburg die eine Hälfte des Augster Zolls als Lehen geschenkt hatte, gelang es diesem, nach etlichen Schwierigkeiten, auch die zweite Hälfte an sich zu bringen.

Ferner bestätigte der Kaiser Vereinbarungen, die Henman Offenburg mit Wilhelm von Grünenberg getroffen hatte. Es ging dabei um Rechte, die Grünenberg als Inhaber der Pfandschaft Rheinfelden im Augster Bann besass. Dabei hatte Offenburg ausgehandelt, dass ihm die Erträge der Augster Salmenwaag[76] allein gehörten, wenn er dafür jährlich einen Salm als Zins an Grünenberg, den Eigentümer der Waag, abführe. Einen weiteren Salm sollte Offenburg dem Basler Hochstift, welches den Zehnten an diesem Fischfanggerät besass, zukommen lassen. Ferner war der Augster Dorfherr mit Grünenberg übereingekommen, dass jedes Augster Haus nach der Getreideernte eine Garbe sowohl an Grünenberg als auch an Offenburg abzugeben habe. Grünenberg verfügte ausserdem noch über das Recht, einen Karrer in den Augster Wald zu schicken, der sich dort für seinen Herrn mit Brennholz eindecken durfte.[77]

HOCH- UND SPÄTMITTELALTER BIS ZUR TRENNUNG IM JAHR 1442

Henman Offenburg, gewiefter Diplomat und kühl rechnender Geschäftsmann, versuchte alles daran zu setzen, damit die Errungenschaft Augst finanziell rentierte. Es gelang ihm, anno 1439, die Pfandsumme des Dorfes von einhundert auf zweihundert Gulden zu erhöhen. Mit diesem Schachzug hatte Offenburg seinen Einstandspreis ohne jedes Risiko auf einen Schlag verdoppelt. Auch der Zoll sollte, wie schon erwähnt, wieder Einnahmen bringen. Deshalb bemühte sich Offenburg ja auch, die Ergolzbrücke so schnell wie möglich reparieren zu lassen und die Stadt Basel dafür einzuspannen. Allerdings gelang dies bekanntlich erst, nachdem er Basel die Hälfte des Augster Zolls übertragen hatte.

Auch die Augster Salmenwaag sollte Gewinn abwerfen. Nachdem sich Offenburg mit Wilhelm von Grünenberg wegen des Zinses geeinigt hatte, galt es noch, die Stadt Basel auszuschalten, welche das Recht hatte, bei Augst zu fischen. Kaiser Sigismund folgte der Bitte Offenburgs und erliess anno 1438 ein Fischereiverbot für Basel, welches insbesondere den Fang von Salmen enthielt. Danach ging Offenburg daran, die Renovation der verfallenen Augster Salmenwaag zu planen. Dieses Fanggerät, die sogenannte „Richen oder Sluppenwaag", befand sich am Rheinufer in unmittelbarer Nähe der St. Galluskirche. Die Reparatur stellte sich aber als äusserst kostspielig und kompliziert heraus, weil neben Spezialarbeitern auch noch eine Menge Holz, Seile, Garne und Steine benötigt wurden. Deshalb beabsichtigte Offenburg, die gesamte Gemeinde Augst in die Renovationsarbeiten mit einzubeziehen. Er erarbeitete einen bis ins Detail ausgeklügelten Vertrag, der die ganze Gemeinde prozentual sowohl an den Kosten wie auch an den Fangerträgen beteiligte. Zwei wohlhabende Augster, Cuni Murri und Hensli Slupp, Spezialisten für Salmenwaagkonstruktionen, gedachte Offenburg zu einem höheren Prozentsatz an dem Unternehmen zu beteiligen. Sich selbst reservierte er die Hälfte der Fangerträge. Dafür wollte er den ersten Teil der Baukosten übernehmen. Slupp und Murri sollten hingegen innerhalb von zwei Jahren die zum Bau nötigen Seile, Garne und Weidlinge besorgen. Der Vertrag enthielt zudem die Klausel, dass den beiden kein Lohn zustünde, ausser wenn einer von ihnen eine besonders gefährliche Arbeit im Wasser verrichte. Dazu verpasste Offenburg Slupp und Murri noch ein reichhaltiges Pflichtenheft:

Er übertrug ihnen die Verantwortung für die stetige Betriebsbereitschaft der Salmenwaag und schob auch die Bezahlung des Knechtes, der das Gerät bedienen sollte, an die beiden ab. Ausserdem verlangte der Dorfherr von Slupp und Murri eine gewissenhafte Buchführung über die Fangerträge und einen jährlichen Rechenschaftsbericht hierüber. Die beiden Augster akzeptierten anfänglich den Vertrag und liessen ihn von ihrem Leibherren besiegeln.[78]

Henman Offenburg und seine Ehefrau

Der Basler Diplomat Henman Offenburg kaufte anno 1431 von Hans Reich von Reichenstein die Pfandschaft über das Dorf Augst und erwarb damit die Dorfherrschaft. Offenburg übte elf Jahre lang die Dorfherrschaft aus. Danach verkaufte er den östlichen Dorfteil an Wilhelm von Grünenberg, den Inhaber der Reichspfandschaft Rheinfelden. Seitdem ist das Dorf Augst in zwei Teile geteilt.

Glasfenster im Chor der Kartause Basel. Foto: Hans-Peter Königs.

HOCH- UND SPÄTMITTELALTER BIS ZUR TRENNUNG IM JAHR 1442

Jedoch ging die Rechnung für den geschäftstüchtigen Dorfherrn nicht auf. Die Augster verwehrten, angestachelt von Murri und Slupp, welche die Kröten, die der Vertrag enthielt, nicht schlucken mochten, Offenburg das für den Bau der Salmenwaag benötigte Holz. Henman Offenburg bestand jedoch darauf und machte seine Rechtsansprüche auf die Wälder im Augster Bann geltend. Gerade diese Argumentation brachte die Augster in Harnisch und sie verweigerten weiterhin hartnäckig den begehrten Baustoff.

Modell einer Salmenwaag

Im Rhein gab es reichlich Salme, die mit einer sogenannten Salmenwaag gefangen wurden. In Augst befand sich dieses Gerät in der Nähe der St. Gallus-Kirche.

Fricktaler Museum, Rheinfelden

Daraufhin zeigte Offenburg, wer Herr im Dorf war! Er griff zu seinem Recht, Anordnungen und Gebote mit Gewalt durchzusetzen. Er überfiel das Dorf, sperrte den Kirchhof ab, nahm einige Augster gefangen und führte sie auf seine Burg, die Schauenburg. Jetzt schaltete sich aber die Stadt Basel ein, die den Rachefeldzug ihres Bürgers schon aus Eigeninteresse ablehnte. Sie sah nämlich „sollch Spänn" nicht gern vor ihren Toren, weil sie ein Übergreifen ländlicher Unruhen auf die Stadt fürchtete. Deshalb suchte Basel einen Vorwand zum Eingreifen. Dieser fand sich schnell. Denn unter den Gefangenen, die Offenburg abgeführt hatte, befanden sich auch Leute aus Liestal, die in Augst lebten. Da aber diese Menschen Leibeigene der Stadt Basel waren, gedachten die Häupter der Stadt, Offenburg zu bewegen, diese aus der Gefangenschaft zu entlassen.

So schickte Basel zwei seiner altgedienten Magistrate, den Altbürgermeister Ritter Burchhart zu Rein und den ehemaligen Schultheissen Andres Ospernel, sowie ein Ratsmitglied als Mediatoren zu den verfeindeten Parteien, um den Konflikt zu lösen. Die Unterhändler erfüllten ihre Aufgabe zur vollen Zufriedenheit der Stadt Basel. Sie erreichten, dass sich Henslin Slupp und Cuni Murri unterwürfig bei Offenburg entschuldigten und sogar das Versprechen ablegten, mehr Leistungen zum Bau der Salmenwaag beizutragen, als der Vertrag erforderte. Ausserdem setzten sie durch, dass keine Partei Anspruch auf Schadensersatz erhob.[79]

Der geschäftstüchtige Dorfherr vergass die Aufmüpfigkeit seiner Augster Untertanen jedoch nicht. Er zog zwei Jahre später die Daumenschrauben an und packte die Augster dort, wo es weh tat – beim Portemonnaie. Er erreichte von Kaiser Sigismund, dass die Augster ihre Steuern, nicht mehr wie bisher, aus dem Verkaufserlös von Holz aus den Augster Wäldern bezahlen durften, sondern aus ihren Privatschatullen berappen mussten.

Um seine Herrschaft auch rechtlich bis ins Letzte auszuschöpfen, hatte Henman Offenburg immer wieder grosse Hürden zu überspringen. So bedurfte ganz besonders der Augster Twing und Bann, das Gebiet in welchem seine Gebots- und Verbotsgewalt greifen sollte, einer gründlichen Revision. Dies war nötig geworden, weil ein Schultheiss von Liestal zu Beginn des 15. Jahrhunderts eigenmächtig eine neue Grenze zwischen Füllinsdorf und Augst gezogen und dabei grosse Gebiete von Augst den Füllinsdorfern zugeschlagen hatte. Nachdem der Schultheiss für seine Vergehen gehängt und seine willkürliche Grenzziehung für nichtig erklärt worden war, blieben aber doch noch einige Fragen offen. Um diese zu klären, beschritt Henman Offenburg den damals einzig möglichen Weg: er bot Zeugen aus Augst und Füllinsdorf auf, die eine Aussage zur Grösse und zum Umfang des Augster Twing und Bann machen sollten. Diese Leute, von denen der Augster Cuntz Schlup über achtzig Jahre alt war und deshalb als besonders glaubwürdig galt, wurden vor einem Notar und im Beisein des Augster Leutpriesters und eines Rheinfelder Klerikers „zu Ougst in Heintzin Burgis des meigers huse in der stuben und zu Ollsperg in dem kloster vor der oberen kilchtur und zu Ougst unter den linden uff dem bloch gehört". In diesem Kontext kommen wir auch auf Anna Ludwigin zurück, die im Basler Stadthaus Offenburgs ebenfalls vor einem Notar folgende Angaben zum Augster Twing und Bann machte:

„daz tzwing und ban ze Ougst anvahe an dem einig bechlin und gange über Blassenberg gen Gibenach uff die bruck und gen Hulfften uber, da der durre bom stat, und furbas herab untz (bis) zem galgen und von dannen untz zem Megdegraben. So denn von der muller wegen hat sy genant wohl funff, die sy erkennt hab, nemlich einen hiess Stebler, item Henman Stegrich, item Ampringer, Henman Rickenbach und Martin Muller und gehört nye anders sagen, denn daz si gen Ougst gedient habent. Und von des zolles wegen hat sie geseit, daz nieman an dem obgenannten zolle fry wer, denn die von Ougst und von Arenstorff (Arisdorf), und ob die von Brattellen ouch fry werent wisse sy nit. Aber von des todslags wegen Ludwiges ihres manns seligen spricht sy und hat geseit, daz er erslagen wurde von eim hies Werlin Mueller von Ougst in der stein gruben wol uff halben weg zwischent dem Rin und der mulin gegen dem galgen anhin und über denselben todslag richtete jungherr Peterman Rich selig und daz sie by achtundzwentzig jaren miner oder me ungevarlich (ungefähr) und wurde derselb Wernlin Mueller verruft ze drin gerichten für einen todslaher und das wiss si daby, wond sy und ire kind werent clagere."[80]

Mit diesen Kundschaften über die Reichweite und den Inhalt des Augster Twing und Bann gab sich Offenburg aber noch nicht zufrieden. Weil es Hans Reich von Reichenstein bei dem Handwechsel nämlich versäumt hatte, Offenburg ein vollständiges Güterinventar der Augster Lehen zu übergeben, sah sich dieser vor die Notwendigkeit gestellt, auch hier klare Verhältnisse zu schaffen. Natürlich benötigte er auch bei diesem Vorhaben wieder Hilfe. In diesem Fall war der Augster Meier gefragt, weil dieser am gründlichsten über die Besitzverhältnisse im Dorf informiert war. Jedoch zeigte Rudi Hagg, der damalige Meier, nicht die geringste Kooperationsbereitschaft. Und dies nicht ohne Grund! Dieser Mann hatte nämlich die Wissenslücke Offenburgs ausgenutzt und Grundstücke, die Eigentum des Dorfherrn gewesen wären, zu seinen eigenen geschlagen. Da Hagg nicht gewillt war, den usurpierten Grund und Boden wieder herauszugeben, verweigerte er jede Aussage über den ursprünglichen Umfang seiner Güter. Schlitzohrig und rebellisch wie sein Vorfahr Petrus Haco, liess er es deswegen auf eine jahrelange Konfrontation mit Offenburg ankommen.

Hagg verschwieg aber nicht nur den tatsächlichen Umfang seiner Güter sondern weigerte sich ausserdem, den an Martini fälligen Hafer und die Fasnachtshühner abzuliefern. Ausserdem leistete er sich noch einen weiteren Affront, um Offenburg finanziell zu schädigen. Er machte eine Falschaussage zu einer umstrittenen Grenzziehung zwischen Augst und Arisdorf, welche das Gehölz „Urmis" betraf. Weil dabei ein Teil des Waldstücks den Arisdorfern zugeschlagen worden war, erlitt Offenburg finanzielle Verluste. Nach diesem Husarenstück setzte Offenburg den ungetreuen Meier ab und versuchte, vor Gericht zu seinem Recht zu kommen. Die beiden Basler Schiedsrichter Arnold von Ratberg und Andreas Ospernel verordneten dem ehemaligen Meier eine

Strafe von einunddreissig Gulden als Entschädigung für die Verluste, die Offenburg wegen dessen Falschaussage erlitten hatte.

Damit war aber noch nicht geklärt, welche Güter und Privilegien Hagg usurpiert hatte. Die Aussage Wilhelm von Grünenbergs, es handle sich hierbei um die Rechte auf das Rheinfahr bei Augst und drei Matten bei Arisdorf, genügte Offenburg nicht. Denn es ging noch um viel mehr – nämlich um das Gut Blossenberg. Offenburg ging davon aus, dass dieses eine Grösse von sechzig bis einhundert Jucharten aufweise, während Hagg behauptete, es umfasse nur vierundzwanzig Jucharten.

Nachdem Offenburg in Erfahrung gebracht hatte, dass der ehemalige Meier ein Fässchen Öl mit Wasser versetzt und den Augster Kirchenpflegern zu rituellen Zwecken verkauft hatte, gedachte er, die Gunst der Stunde zu nutzen und den Gegner schachmatt zu setzen. Er klagte Hagg wegen dieses Vergehens an. Die Rechnung ging – wenigstens vorläufig – auf, weil Hagg für seinen Betrug mit dem Interdikt belegt wurde.

In der Zwischenzeit war die Angelegenheit wegen des Gutes Blossenberg vor den Rat der Stadt Basel getragen worden. Dieser forderte Offenburg auf, innerhalb einer Frist von sechs Wochen seine Besitzansprüche an diesen Ländereien vorzulegen. Unterdessen reiste Offenburg nach Ungarn, sodass der Rat den Abschluss des Verfahrens bis zu dessen Rückkehr vertagte.

Hagg, dem die Konsequenzen seines Tuns durchaus bewusst waren, bangte indessen um sein Leben. Er fürchtete wohl mit Recht, dass Offenburg ihn aufgrund seiner Strafgewalt behandeln würde, wie man damals mit „solchen Knechten im Hl. Römischen Reich" zu verfahren pflegte,[81] und ihn zum Tod verurteile. Er floh an den Hof der Gräfin Henriette von Montbéliard und begab sich „als einer der iren" in deren Schutz. Das verzögerte das Verfahren, weil jetzt die Gräfin als neue Herrin des ehemaligen Meiers ihre Zustimmung hierzu geben musste. Offenburg versuchte mit allen Mitteln, seine Beziehungen zu aktivieren, um die Gräfin zu bewegen, den unbotmässigen Hagg aus ihrem Schirm zu entlassen. Jedoch blieben diese Bemühungen erfolglos. Schliesslich gelang es Offenburg, den König Albrecht einzuschalten. Dieser forderte die Gräfin brieflich auf, dem ehemaligen Meier ihre schützende Hand zu entziehen. Die Gräfin, offenbar keine Freundin Offenburgs, reagierte nun doch und forderte diesen auf, an ihrem Hof zu erscheinen, um die Angelegenheit zu regeln. Henman Offenburg leistete der Aufforderung zunächst keine Folge, entschloss sich dann aber doch, nach Montbéliard zu reisen. Dort kam es zu folgenden Vereinbarungen: Offenburg erhielt Zinsen von einigen Gütern des ehemaligen Meiers zugesprochen. Hagg sollte mit dem Einverständnis Offenburgs vom Kirchenbann befreit werden, sobald er die Augster Kirche wegen des mit Wasser gestreckten Öls entschädigt habe. Die Entscheidung über das Gut Blossenberg wurde nach wie vor dem Rat der Stadt Basel überlassen. Dieser verschob die Angelegenheit immer wieder, bis sie schliesslich hinfällig wurde, weil Offenburg anno 1442 die Reichspfandschaft Augst aufgeben musste.[82]

Als besondere Genugtuung muss es der Augster Dorfherr hingegen empfunden haben, dass man ihm das Recht zusprach, die Augster Meier nach eigenem Gutdünken ein- oder abzusetzen, obwohl Hagg mit der Aussage, das Meieramt sei erblich, gerade das Gegenteil behauptet hatte.

HOCH- UND SPÄTMITTELALTER BIS ZUR TRENNUNG IM JAHR 1442

Noch ein anderer Augster machte seinem Dorfherrn zu schaffen. Während sich Henman Offenburg auf einer Pilgerreise ins Heilige Land befand, hatte der Prattler Dorfherr, Rudolf von Eptingen, den Augster Müller verpflichtet, nach Pratteln zu zinsen. Dadurch erlitt Offenburg erhebliche finanzielle Verluste, weil ihm nicht nur die Abgaben, die auf der Mühle lasteten, sondern auch das „Weinungeld", die Steuer auf dem Wein, der bekanntlich auch in der Augster Mühle ausgeschenkt wurde, entgingen. Nach seiner Rückkehr gelang es Offenburg, die alten Besitzverhältnisse wieder herzustellen. Er bezichtigte den Müller der Falschaussage, weil dieser, um einer Busse zu entgehen, behauptet hatte, die Mühle gehöre nicht in den Augster Gerichtsbezirk. Offenburg belegte deshalb den Betreiber der Mühle, Ulrich Müller, mit einer Strafe von zwanzig Pfund. Dieser blieb jedoch bei seiner Aussage und weigerte sich, zu zahlen. Auch dieser Streit wurde verschleppt und verlief ergebnislos.[83]

Einen letzten Streich spielten die Augster ihrem ehemaligen Dorfherrn anno 1452, als sie ihren Anteil an der „Slupen woge", eigenmächtig, ohne die Zustimmung Henman Offenburgs, für 105 rheinische Gulden an den Basler Fischer, Peter Möri, verkauften. Auf Anordnung des neuen Dorfherrn, Wilhelm von Grünenberg, machten die Augster den Verkauf rückgängig. Henman Offenburg, der seinen ehemaligen Untertanen gegenüber in der Zwischenzeit etwas milder gesinnt war, streckte diesen sogar das nötige Geld, das er sich von seinem Sohn Peter geliehen hatte, zu einem niederen Zins vor. Als Gegenleistung verlangte er, dass die Augster ihren Anteil an der Salmenwaag nie mehr veräussern dürften.[84]

Anno 1442 verkaufte Henman Offenburg auf Druck des Habsburger Kaisers Friedrich III. den östlichen und weitaus grösseren Teil des Dorfes Augst an Wilhelm von Grünenberg, den Inhaber der Reichspfandschaft Rheinfelden. Seither ist das ehemalige Dorf Augst in die Dörfer Augst und Kaiseraugst unterteilt.

Nach all dem Ärger, den sich Offenburg mit den Augstern eingehandelt hatte, dürfte ihm der Verkauf nicht allzu schwer gefallen sein. Jedoch rissen die Beziehungen zum östlichen Dorfteil nicht ab. Denn, wie aus seiner Protestreaktion ersichtlich ist, behielt Offenburg die Rechte an der Salmenwaag. Ausserdem betrieb er seine Ziegelei im östlichen Dorfteil weiter, für die er eine jährliche Abgabe von einem Viernzel Hafer an Grünenberg zahlte. Dafür durfte er wie bisher Sand aus dem Rhein und Lehm aus einigen Äckern zur Ziegelherstellung entnehmen.

Den westlichen Dorfteil mit dem Zoll und der Mühle behielt Offenburg für sich. Er berücksichtigte damit die Expansionspläne seiner Vaterstadt Basel, die aus geopolitischen Überlegungen an diesem Dorfteil interessiert war. Als Henman Offenburg zusammen mit seinem Sohn Peter im Jahr 1457, mit Bewilligung der Herrschaft Österreich, die Stadt Basel zur Teilhaberin an dem Zoll und an der Brücke von Augst machte, war diese ihrem Ziel, Augst zu ihrem Territorium zu schlagen, schon ein erhebliches Stück näher gerückt.

Die Stadt am Rheinknie hatte ja schon anno 1390 mit dem Kauf des Mettenberges konkrete Interessen an Augst signalisiert. Die ständigen Querelen zwischen den Augster Dorfherren und ihren Untertanen, die vor Basler Gerichten ausgefochten wurden, erlaubten Basel, die Dorfpolitik in seinem Sinne zu beeinflussen, um so an das gewünschte Ziel zu gelangen.

HOCH- UND SPÄTMITTELALTER BIS ZUR TRENNUNG IM JAHR 1442

Anno 1534 wurde die Trennung der beiden Dörfer endgültig besiegelt: Österreich trat in einer gross angelegten Aufräumaktion alles, was es „an lüten, gerichten, ungelten und allen andern dingen zu Ougst an der bruggen, so wyt und so ver der statt Basel hoche oberkeit an demselben ort der Fielatten nach und gat, nützit daran ussgenommen, gehept hat"[85], an Basel ab.

[1] Zur Schriftlichkeit im Mittelalter: Dorothee Rippmann, Schriftlichkeit und Macht vom Mittelalter bis um 1800, in: Nah dran, weit weg. Geschichte des Kantons Basel-Landschaft, Band zwei, Liestal 2001, S. 83-98.

[2] Staatsarchiv Aargau, Kloster Olsberg, UR 25/03.

[3] Boos, Nr. 475, S. 501. Rich ist die ältere Schreibform von Reich. Es handelte sich dabei um die Familie Reich von Reichenstein.

[4] Ebenda, Nr. 206, S. 156.

[5] Kundschaften sind Zeugenaussagen. Als Zeugen fungierten immer Leute, die relativ alt waren und somit besonders glaubhaft wirkten.

[6] Staatsarchiv Aargau, AA 7748/02, Vertrag mit Arisdorf wegen des Waldes Urmis 1397.

[7] Staatsarchiv Basel-Stadt, Adelsarchive, B 3, 1375. Gebursami ist ein Synonym für Gemeinde.

[8] Boos, Nr. 474, S. 499.

[9] BUB, Bd. 10, Nr. 157, S. 180.

[10] Dorothee Rippmann, Bauern und Städter: Stadt-Land-Beziehungen im 15. Jahrhundert. Das Beispiel Basel, unter besonderer Berücksichtigung der Nahmarktbeziehungen und der sozialen Verhältnisse im Umland, Basel und Frankfurt am Main 1990, S. 322.

[11] Boos, Nr. 475, S. 501.

[12] Ebenda, Nr. 687, S. 817.

[13] Ebenda.

[14] Wegen der dürftigen Quellenlage kann keine lückenlose Reihenfolge der Meier aus diesem Geschlecht erstellt werden.

[15] Staatsarchiv Aargau, AA 338, Meieramt zu Augst.

[16] Im Lauf der Jahre erfuhr die Schreibweise Haco oder Hake eine Änderung und wurde zu Hagg, Hagge, Hagk oder auch Hoegg. Die verschiedenen Formen des Familiennamens Hagg erklären sich daraus, dass es im Mittelalter keine einheitliche Schreibweise gab. Dies gilt auch für den Familiennamen Schlupp, der sich auch als Slupp in den Quellen findet.

[17] Villicus ist die lateinische Bezeichnung für Meier.

[18] Die Urkunden des Stifts St. Martin in Rheinfelden, herausgegeben von Friedrich Emil Welti, Aarau 1935, Nr. 172, S. 66.

[19] S. Anmerkung 16.

[20] BUB, Bd. 2, Nr. 391, S. 226/227.

[21] Staatsarchiv Aargau, AA 8014, Dokumentenbuch I 1140 – 1300 und Kloster Olsberg UR 25/1.

[22] Zwei Jahre später ist von einem Meier namens Johannes die Rede. Da kein Familienname angegeben ist, lässt sich nicht feststellen, ob es sich bei diesem Meier auch um einen aus der Familie Hagg handelte.

[23] Boos, Nr. 475, S. 501.

[24] Rudin Lutzeman, Cunrat Biedertal, Wernli Steli, Clauwy Slupp, Heinrich Walich, Henny Snyder, Lewy Kremer, Cuny Murri, Cuntz Slup, Hanns Arensdorff und Wernli Müller.

[25] Boos, Nr. 687, S. 817.

[26] Staatsarchiv Basel-Stadt, Adelsarchive B 3, 1375.

HOCH- UND SPÄTMITTELALTER BIS ZUR TRENNUNG IM JAHR 1442

[27] Aargauer Urkunden IV, Johanniterkommende Rheinfelden und Deutschordens-Urkunden, herausgegeben von Friedrich Emil Welti, Aarau 1933.

[28] Die Zeitleihe war auf einen bestimmten Zeitraum, meist neun Jahre, befristet. Bei der Vitalleihe wurde das Gut auf Lebenszeit verliehen, während es bei der Schupfleihe von einem Jahr auf das andere vom Grundherren zurückgefordert werden konnte. Dazu: Hans-Jörg Gilomen, Die Grundherrschaft des Basler Cluniazenser-Priorates St. Alban im Mittelalter, Basel 1977, S. 199-210.

[29] Der alte Basler Juchart umfasste 2835 Quadratmeter. Ein Mannwerk entsprach 4252 Quadratmetern.

[30] Stadtarchiv Rheinfelden, Kloster Olsberg.

[31] Die Quellen erlauben keine eindeutige Aussagen, ob es sich dabei mehrheitlich um eigene Güter oder um Güter in Erbleihe handelte.

[32] Im 13. und 14. Jahrhundert genoss der Zisterzienserorden ein hohes Ansehen in der Bevölkerung, was die grosszügigen Schenkungen, die bis zu Beginn des 15. Jahrhunderts an Olsberg erfolgten, erklärt.

[33] Boos, Nr. 206, S. 156.

[34] Ebenda, Nr. 385, S. 358.

[35] Das Kloster bebaute bis am Ende des 14. Jahrhunderts zwei Eigenhöfe mit Konversenbrüdern und Tagelöhnern selbst. Es waren dies die Höfe in Oberolsberg und in Giebenach. Da viele Grundstücke nicht Eigentum des Klosters waren, ist zu betonen, dass dieses über die Unterleihe zur grossen Grundherrschaft auch in Augst heranwachsen konnte.

[36] Staatsarchiv Aargau, UR 25/01, Zinsrodel des Zisterzienserinnenklosters Olsberg. Bei diesen Zinsleuten handelte es sich um : Cuni Hagge, Henman Sluppe, Toeltschenerin, Peter Burrer, Heintzman Zunger, Schutze, Henman Otto, Otto Hedinen, Henni Hagge, Werlin Slupp, Cunzman Walch, Rudi Volman, Bertschin Zipsin, Henman Negellin und Jenni Burrer. Leider sind in dem Rödel weder die Lage der Grundstücke noch deren Grösse genannt.

[37] Diese Schwierigkeiten ergaben sich nicht nur mit dem Kloster sondern mit allen Grundherrschaften und kamen sehr oft vor. Neben den Grenzsteinen dienten noch auffällige Bäume, Scheunen und Brunnen als Orientierung für Grundstücksgrenzen.

[38] Staatsarchiv Basel-Stadt, Adelsarchive B 3.

[39] Boos, Nr. 687, S. 818 und Boos, Nr. 475, S. 501.

[40] Argenz ist der mittelalterliche Name für Ergolz.

[41] Mireille Othenin-Girard, Ländliche Lebensweise und Lebensformen im Spätmittelalter, Liestal 1994, S. 256.

[42] Dies können wir aus anderen Orten entnehmen, wo das Kloster Olsberg noch begütert war. Anstatt den Zins zu reduzieren, entliess Olsberg die Zinsleute, welche die Grundlasten nicht mehr aufbringen konnten, aus dem Vertrag.

[43] Staatsarchiv Basel-Stadt, Adelsarchive B 3, 1375.

[44] Ebenda. Leider erlaubt die Quellenlage nicht, die Verwandtschaftsbeziehungen der Frauen zu ihren Partnern zu definieren.

[45] Hofstätten waren Orte, wo der Grundherr erlaubt hatte, ein Haus aufzustellen.

[46] Katharina Simon-Muscheid, Formen der Kinderarbeit in: Spätmittelalter und Renaissance. Diskurse und Alltag, in: Arbeit im Wandel. Organisation und Herrschaft im Mittelalter bis zur Gegenwart, Ulrich Pfister, Brigitte Studer, Jakob Tanner (Hg.), Winterthur 1996, S. 111.

[47] BUB, Bd. 2, Nr. 555, S. 314, BUB, Bd. 3, Nr. 182, S. 102.

[48] Staatsarchiv Basel-Stadt, Fritz Weiss-Frei, Bürgerrechtsaufnahmen in Basel, 1358-1425.

[49] Im Bärenfelser Urbar ist ein Grundstück neben dem Kalkofen erwähnt, woraus wir schliessen können, dass es auch einen Kalkbrenner gab. Ausserdem gibt es Hinweise auf Ziegler und Weber.

[50] Boos, Nr. 700, S. 833.

[51] Es handelte sich dabei um die Müller Stebler, Henman Stegrich, Ampringer, Henman Rickenbach und Martin Muller.

[52] Basler Chronik, V, Leipzig 1890.

[53] Auf die unterschiedliche Schreibweise des Familiennamens Hagg wurde oben schon eingegangen.

[54] Basler Chronik IV, S. 286, Leipzig 1890.

[55] BUB, Bd. 7, Nr. 323, S. 465-467, Bd. 7, Nr. 325, S. 468/469.

HOCH- UND SPÄTMITTELALTER BIS ZUR TRENNUNG IM JAHR 1442

[56] František Graus, Pest-Geissler-Judenmorde, Göttingen, 2. durchgesehene Auflage 1988, S. 401.

[57] Boos, Nr. 629, S. 740/41.

[58] Wir kennen nur den Rufnamen der Frau, der auf Dachshalberin lautete. Dazu: Dorothee Rippmann, Katharina Simon-Muscheid, Christian Simon, Arbeit-Liebe-Streit, Texte zur Geschichte des Geschlechterverhältnisses und des Alltags. 15. bis 18. Jahrundert, Liestal 1996, S. 207.

[59] Staatsarchiv Basel-Stadt, Handel und Gewerbe N 2 a, Glückshafenbüchlein 1471 ff.

[60] Staatsarchiv Basel-Landschaft, Altes Archiv, Bd. 330, UB 700. Folgende Angaben sind dem Zollrodel von 1394 entnommen.

[61] Staatsarchiv Aargau, GLA Karlsruhe 1438 VII 21 (Nr. 112), Kopie.

[62] Staatsarchiv Basel-Stadt, Liber Diversarum Rerum A 7, 17. Februar 1437.

[63] Staatsarchiv Basel-Landschaft, Altes Archiv, B. Jahrzeitbücher, Registrum capituli Sisgaudie XV. Jahrhundert. Hier sind allein für das 14. Jahrhundert 12 Leutpriester aus Augst aufgelistet, die dieser Bruderschaft angehörten. Möglicherweise gab es auch Pfarrer, die nicht Mitglieder dieser Bruderschaft waren, sodass sich die Zahl noch erhöhen könnte.

[64] Das Kloster Olsberg war von der bischöflichen Gewalt ausgenommen und unterlag der Jurisdiktion von Cîteaux, während die Olsberger derjenigen des Fürstbischofs von Basel unterstellt waren.

[65] Staatsarchiv Basel-Stadt, Klöster, 1,5. Erblehensbrief von Oberolsberg von 1590.

[66] Mireille Othenin-Girard, Frömmigkeit im 15. Jahrhundert: Religiöse Praxis auf der Landschaft, in: Nah dran, weit weg. Geschichte des Kantons Basel-Landschaft, Band zwei, Liestal 2001, S. 166-173.

[67] Jahrzeiten waren Messen, die jährlich an einem bestimmten Tag für den Stifter oder dessen Familie gehalten werden mussten. Der Stifter stellte hierfür ein bestimmtes Kapital zur Verfügung.

[68] Staatsarchiv Basel-Landschaft, Altes Archiv, B. Jahrzeitbücher, Registrum capituli Sisgaudie XV. Jahrhundert. Leider sind keine Jahrzeitbücher aus dem Mittelalter mehr vorhanden, die einen Einblick in das Stiftungsverhalten der Augster geben könnten.

[69] Elsanne Gilomen-Schenkel, Henman Offenburg (1379-1459). Ein Basler Diplomat im Dienste der Stadt, des Konzils und des Reichs, Basel 1975, S. 110. Es handelte sich um das Geschlecht der Rich von Richenstein (neuer Reich von Reichenstein).

[70] Boos, Nr. 359, S. 315. Der Name des Meiers ist nicht erwähnt.

[71] Ebenda. S. 315. Fielenen oder auch Fieleten sind alte Bezeichnungen für den Violenbach.

[72] Zu diesen Hoheitsrechten und Regalen gehörte auch die Hohe Gerichtsbarkeit, der Blutbann. Der Streit, den die drei Landgrafen führten, wurde erst 1367 beigelegt, nachdem genau definiert war, welche Rechte jeder für sich beanspruchen konnte.

[73] Staatsarchiv Aargau, AA 7748. Die Gemeinde war vertreten durch Ruedin Hägg, Hansen Aristorf, Henselin Sluppen, Clawin Krömer, Heini Snider, Heinrich Walch und Heini Schmid.

[74] Ebenda.

[75] Zu Henman Offenburg: Elsanne Gilomen-Schenkel, Henman Offenburg (1379-1459). Ein Basler Diplomat im Dienste der Stadt, des Konzils und des Reichs, Basel 1975, besonders die Seiten 110-116.

[76] Unter Salmenwaag versteht man ein Gerät zum Fischen von Salmen, dessen Fundament in das Wasser gemauert war.

[77] Aargauer Urkunden 5, 1933, Nr. 404, S. 153.

[78] Staatsarchiv Aargau, AA 7748.

[79] Ebenda.

[80] Boos, Nr. 799, S. 832.

[81] Staatsarchiv Aargau, GLA Karlsruhe, 69 i, Nr. (B4), Fotokopie. Die Annahme des Meiers war nicht unberechtigt, besass doch Henman Offenburg auch die Blutgerichtsbarkeit in Augst.

[82] Ebenda, GLA Karlsruhe 69 i Nr. (B2) und Nr. (B4) 1436, Fotokopie und Gilomen-Schenkel S. 114-115.

[83] Staatsarchiv Aargau, GLA Karlsruhe, 69 i, Nr. (24) 1440, Fotokopie.

[84] Aargauer Urkunden, III, Nr. 270, S. 107.

[85] BUB, Bd. 10, Nr. 157, S. 180.

HOCH- UND SPÄTMITTELALTER BIS ZUR TRENNUNG IM JAHR 1442

Lesetipps

Mireille Othenin-Girard, Ländliche Lebensweise und Lebensformen im Spätmittelalter. Eine wirtschafts- und sozialgeschichtliche Untersuchung der nordwestschweizerischen Herrschaft Farnsburg, Liestal 1994.

Dorothee Rippmann, Bauern und Städter: Stadt-Land-Beziehungen im 15. Jahrhundert. Das Beispiel Basel, unter besonderer Berücksichtigung der Nahmarktbeziehungen und der sozialen Verhältnisse im Umland. Basel 1990.

Ungedruckte Quellen

Staatsarchiv Aargau,

AA 7748.

AA 7748/02.

AA 7748/03.

AA 7748/10.

AA 8014, Dokumentenbuch I 1140-1300.

AA 8043.

Kloster Olsberg, UR 25/01.

General-Landesarchiv Karlsruhe (GLA),

69 i, 1436 VI 4, (Nr. 11), (Fotokopie).

1438 VII 21 (Nr.12), Fotokopie.

1440, 69 i, Nr. (24,) Fotokopie.

1394, 69 i Nr. (B1), Fotokopie.

1436, 69 i, Nr. (B 2), Fotokopie.

1438, 69 i, Nr. (B 4), Fotokopie.

Staatsarchiv Basel-Stadt,

Adelsarchive B 3.

Handel und Gewerbe, N 2 a, Glückshafenbüchlein.

Klöster, 1,5.

Klosterarchiv N 13.

Liber Diversarum Rerum A 7.

Fritz Weiss-Frei, Bürgerrechtsaufnahmen in Basel, 1358-1425.

Zollakten F 4.

Staatsarchiv Basel-Landschaft,

Altes Archiv Bd. 330, UB 700.

AA 338 1440 Dez. 26. Meieramt zu Augst.

AA, B. Jahrzeitbücher, Registrum capituli Sisgaudie XV. Jahrhundert.

Stadtarchiv Rheinfelden,

Kloster Olsberg.

Gedruckte Quellen

Aargauer Urkunden, ed. Emil Friedrich Welti, Band III, Aarau 1933, Band IV, Aarau 1933, Band V, Aarau 1935.

Basler Chroniken, hg. Historisch-Antiquarische Gesellschaft zu Basel, Bände 4 und 5, Leipzig 1890.

Boos, Heinrich, Urkundenbuch der Landschaft Basel, 2 Teile, Basel 1881,1883, (zit: Boos).

Urkundenbuch der Stadt Basel, ed. August Huber, Johannes Haller und Rudolf Thommen, Bd. 2, 1893, Bd. 7, 1899, Bd. 10, 1908. (zit: BUB).

HOCH- UND SPÄTMITTELALTER BIS ZUR TRENNUNG IM JAHR 1442

Literatur

Ammann Hektor, Senti Anton, Die Bezirke Brugg, Rheinfelden, Laufenburg und Zurzach. Heimatgeschichte und Wirtschaft, hg. vom Verlag H.A. Bosch, Zollikon-Zürich, Aarau 1948.

Gilomen-Schenkel, Elsanne, Henman Offenburg (1379-1459). Ein Basler Diplomat im Dienste der Stadt, des Konzils und des Reichs, Basel 1975.

Gilomen, Hans-Jörg, Die Grundherrschaft des Basler Cluniazenser-Priorats St. Alban im Mittelalter. Ein Beitrag zur Wirtschaftsgeschichte des Oberrheins, Basel 1977.

Graus, František, Pest–Geissler–Judenmorde. Das 14. Jahrhundert als Krisenzeit. 2. durchgesehene Auflage, Göttingen 1988.

Häberlein, Mark (Hg.), Devianz, Widerstand und Herrschaftspraxis in der Vormoderne. Studien zu Konflikten im südwestdeutschen Raum (15.-18. Jahrhundert), Konstanz 1999.

Nah dran, weit weg. Geschichte des Kantons Basel-Landschaft, Band 2:. Bauern und Herren. Das Mittelalter, Liestal 2001.

Othenin-Girard, Mireille, Ländliche Lebensweise und Lebensformen im Spätmittelalter. Eine wirtschafts-und sozialgeschichtliche Untersuchung der nordwestschweizerischen Herrschaft Farnsburg, Liestal 1994.

Rippman, Dorothee, Bauern und Städter: Stadt-Land-Beziehungen im 15. Jahrhundert. Das Beispiel Basel, unter besonderer Berücksichtigung der Nahmarktbeziehungen und der sozialen Verhältnisse im Umland, Basel 1990.

Rippmann, Dorothee, Simon-Muscheid, Katharina, Simon Christian, Arbeit-Liebe-Streit. Texte zur Geschichte des Geschlechterverhältnisses und des Alltags. 15. bis 18. Jahrhundert, Liestal 1996.

Senti, Anton, Salathé, René, Koch, Walter, Kaiseraugst, Liestal 1962.

Simon-Muscheid, Katharina, Formen der Kinderarbeit, in: Spätmittelalter und Renaissance. Diskurse und Alltag, in: Arbeit im Wandel, Organisation und Herrschaft vom Mittelalter bis zur Gegenwart, Ulrich Pfister, Brigitte Studer, Jakob Tanner (Hg.), Zürich 1996.

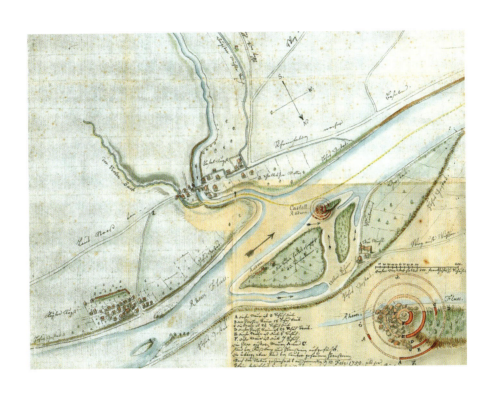

VON DER TRENNUNG 1442 BIS INS FRÜHE 19. JAHRHUNDERT

Grenzen

Fridolin Kurmann

Im Jahre 1442 hatte Henman von Offenburg den östlichen Teil von Augst an Wilhelm von Grünenberg verkauft, den Inhaber der Herrschaft Rheinfelden. Damit war Augst durch eine Grenze geteilt. Der grössere Teil im Osten mit dem Dorf wurde österreichisch, der westliche Teil mit der Siedlung an der Brügg ging bald im Herrschaftsgebiet der Stadt Basel auf. Wenn auch der Alltag die beiden Augst stets wieder nahe zusammen führte, so gehörten sie doch für mehr als dreieinhalb Jahrhunderte zwei verschiedenen Staatswesen an, teilten deren Schicksal in Kriegs- und Friedenszeiten und folgten nicht zuletzt auch deren getrennten konfessionellen Wegen. Doch bis die Grenzen in jeder Hinsicht eindeutig gezogen waren, galt es noch manchen Streit zu schlichten und manche Unklarheit zu beseitigen.

„Das Dorf Augst" und „Augst an der Brugg" im Grenzplan von M.H. Graber aus dem Jahre 1602. Seit dem Verkauf von 1442 war das alte Augst durch eine Grenze geteilt. „Augst im Dorf", wie Kaiseraugst damals meist genannt wurde, gehörte zum österreichischen Gebiet, die kleine Siedlung an der Brücke ging im Herrschaftsgebiet der Stadt Basel auf. (Staatsarchiv Baselland, Liestal, KP 5001 0004)

Augst im Dorf und Augst an der Bruck

Beiden Teilen blieb der Name Augst. Um sie zu unterscheiden, sprach und schrieb man von Augst an der Bruck für das baslerische und von Augst im Dorf für das österreichische Augst. Kommen in den Quellen die beiden Nachbarn direkt zu Wort, heisst es „die an der bruckh" oder „die im dorf", wenn sie voneinander sprachen. Oder es ist die Rede vom österreichischen oder vom baslerischen Gebiet jenseits der Grenze. Der Name Kaiseraugst erscheint erst spät, nämlich im Verlaufe des 18. Jahrhunderts. Er war auch damals bis zum Ende der österreichischen Zeit nicht die Regel. Die obrigkeitlichen österreichischen Quellen sprechen noch in dieser Zeit häufig einfach von Augst.

Die Stadt Basel schloss sich 1526 der Reformation an, wogegen das Haus Österreich vehement den alten Glauben verteidigte. So wuchsen die Untertanen in den beiden Augst in zwei unterschiedliche konfessionelle Kulturen hinein. Während mehr als eines Jahrhunderts mussten sich die Nachbarn sogar nach unterschiedlichen Kalendern richten. Als Papst Gregor XIII. im Oktober 1582 den neuen Kalender einführte, der zur Anpassung an die astronomischen Gegebenheiten 10 Tage übersprang, da weigerte sich Basel, wie viele andere nichtkatholische Herrschaften auch, diesen Schritt nachzuvollziehen. So kam es etwa, dass der Vertrag über die gegenseitigen Weiderechte der beiden Augst aus dem Jahre 1610 am Schluss mit einem Doppeldatum versehen wurde: „Actum den $^{19}/_{29}$ Octobris Ao 1610."[1] Man muss sich vorstellen, was das im Alltag bedeutete: Ein Fest wie Weihnachten wurde an der Bruck später gefeiert als im Dorf, und das neue Jahr begann östlich des Violenbaches jeweils 10 Tage früher. Der Zustand dauerte bis an die Wende zum 18. Jahrhundert. Auf den Silvesterabend des Jahres 1700 liess Basel die Zeit

VON DER TRENNUNG 1442 BIS INS FRÜHE 19. JAHRHUNDERT

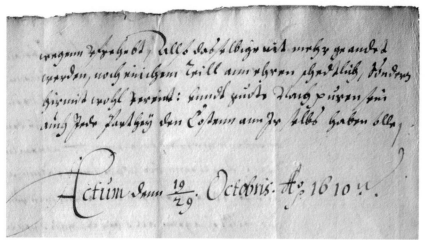

Um zehn Tage verschoben: Das reformierte Basel übernahm den vom Papst 1582 eingeführten Gregorianischen Kalender erst im Jahre 1700. Bis dann galten für die beiden Augst zwei unterschiedliche Zeitrechnungen. Deshalb trägt der Vertrag über die gegenseitigen Weiderechte der beiden Augst zwei Abschlussdaten: 19. und 29. Oktober 1610. (Staatsarchiv Aargau AA/7748/05)

unmittelbar auf den 12. Januar 1701 springen und führte damit ebenfalls den Gregorianischen Kalender ein.[2]

Der Tauschvertrag von 1534

Die österreichische Herrschaft Rheinfelden besass auch nach 1442 weiterhin verschiedene Rechte im Untertanengebiet der Stadt Basel. So stand ihr auch in Augst an der Bruck, wie noch in einer Reihe weiterer Basler Dörfer, die niedere Gerichtsbarkeit zu. Über einen Teil von Giebenach, nämlich über drei oder vier Häuser diesseits des Violenbaches übte sie neben der niederen auch noch die hohe Gerichtsbarkeit aus. Ausserdem waren ihr im Baslerischen etwa 70 Eigenleute hörig, während Basel auf deren etwa 470 im Fricktal Anspruch hatte.

Diese Überschneidungen der Herrschaftsgrenzen beseitigte der Tauschvertrag zwischen Basel und der Herrschaft Rheinfelden vom 27. August 1534.[3] Darin tauschten die beiden Herrschaften ihre Rechte über die jeweiligen Eigenleute. Neben dem Verzicht der österreichischen Seite auf ihre Rechte in Anwil und Rothenfluh wurden auch Bereinigungen an der Augster Grenze festgehalten. Österreich als Inhaberin des Steins zu Rheinfelden übergab der Stadt Basel alle Rechte und Gerechtigkeiten zu „Ougst an der Bruggen" sowie alle Rechte, insbesondere die hohe und niedere Gerichtsbarkeit, welche es in Giebenach diesseits des Violenbachs noch innehatte.

Die Leute in diesen beiden Orten wurden aller Verpflichtungen gegenüber Österreich enthoben. Dabei hielt der Vertrag auch die Grenze zur Herrschaft Rheinfelden mit den dazu gesetzten Marchsteinen fest. Dann aber folgte ein Vorbehalt von grosser Tragweite, der die gegenseitigen Weidrechte betraf: Man habe „zuo beydenn sitenn unns heiter vereinbart, das die obgenannte steinsazung unsern underthonen zuo beyden sitenn an irem veldfar wunn weyde unnd einigung, solches fürer wie von alter har gebruchenn mögen, unschedlich unnd one allen abbruch sin sollte." Das heisst, dass sich die Gemeinden für den Weidgang nicht an die Grenzen halten mussten, sondern dass sie nach bisherigem Brauch ihr Vieh weiterhin auch in die jeweils andere Gemeinde hinüber auf die Weide führen durften.

Die Weide, das sei hier vorausgeschickt, war eine Angelegenheit der Gemeinden. Die einzelnen Viehbesitzer trieben ihre Tiere nicht auf ihre eigene Weiden, sondern der Gemeindehirt sammelte alles Vieh aus der Gemeinde, Gross- wie Kleinvieh, in einer gemeinsamen Herde, führte sie auf die Gemeindeweide und hütete sie dort. Die Weidegebiete waren Gemeindeland oder private Äcker und Matten, die für eine gewisse Zeit für den gemeinsamen Weidgang offen waren (zur Weide im Rahmen der Dreizelgenwirtschaft siehe Kapitel Wirtschaft). Diese gemeinsame Nutzung war vielfältigen Regelungen und Bestimmungen unterworfen, über welche die Gemeinden im Rahmen ihrer Autonomie entscheiden konnten. Wenn jetzt die Weiderechte weiterhin über die Gemeindegrenzen hinweg galten, dann war nicht nur die Grenze in einer

VON DER TRENNUNG 1442 BIS INS FRÜHE 19. JAHRHUNDERT

Angelegenheit, die den dörflichen Alltag erst noch sehr direkt betraf, weiterhin offen und unklar. Es mussten auch ureigene Entscheidungsbereiche der jeweiligen Gemeinden miteinander in Konflikt kommen. Dies musste zu Streitigkeiten und Abgrenzungsversuchen führen, die über längere Zeit immer wieder auftraten und erst endeten, als auch in dieser Beziehung eine deutliche Grenze festgelegt wurde.

Schon früh wurden die Weidegebiete zwischen Augst an der Bruck, das damals noch den gemeinsamen Weidgang mit den Augstern im Dorf hatte, und Pratteln ausgeschieden. Dabei legte man jene Grenze fest, die auch heute noch zwischen den Gemeinden Augst und Pratteln verläuft.[4]

Gegen Ende des 16. Jahrhunderts brach ein Streit zwischen Augst im Dorf und dem benachbarten Rheinfelden aus und wurde schliesslich durch eine Grenzziehung geregelt. Komplizierter zeigte sich das Verhältnis Augsts im Dorf zu den Nachbarn an der Brücke und in Giebenach. Die teils heftigen und gar handgreiflichen Streitigkeiten endeten trotz verschiedener Einigungsversuche erst, als 1652 auch für den Weidgang die Gemeindegrenzen als verbindlich erklärt wurden.

Dass gerade zu jener Zeit die Grenzstreitigkeiten ausbrachen und die Grenzen genauer umschrieben werden mussten, hatte wohl auch mit der Bevölkerungsentwicklung zu tun. Nachdem nämlich in der Krise des späten Mittelalters die Bevölkerung stark zurückgegangen war, setzte im Verlaufe des 16. Jahrhunderts wieder ein starkes Wachstum ein. Mit zunehmender Bevölkerung wurden aber auch die Bodenressourcen wieder knapper. Der Streit um die Grenzen ist auch als Verteilungskampf um diese Ressourcen zu sehen.

Das Horn des Rheinfelder Hirten

Im September 1587 brach ein Streit zwischen Rheinfelden und Augst im Dorf offen aus, der zuvor schon längere Zeit geschwelt hatte. Der Rheinfelder Hirt führte seine Viehherde drei Tage nacheinander durch das Augster Gemeindegebiet bis zum Violenbach, angeblich auf Weisung des Rheinfelder Schultheissen Brombach.[5] Dies ärgerte die Leute von Augst im Dorf. Als alles Abmahnen nichts fruchtete, nahmen sie dem Hirten sein Horn weg, nichts weniger als eines der Insignien seines Amtes. Das war ein starkes Stück nachbarlicher Unfreundlichkeit, das auch die Obrigkeit auf den Plan rief. Um die Angelegenheit zu bereinigen, trafen sich die beiden Parteien unter der Leitung des Obervogts der Herrschaft Rheinfelden zu einem Augenschein am Dreieckstein, wo die Grenzen von Rheinfelden, Höflingen (abgegangenes Dorf, nun ebenfalls im Besitze von Rheinfelden) und Augst zusammenliefen. Vertreten waren aus Rheinfelden der neue und der alte Schultheiss mit mehreren Ratsherren und dem Stadtschreiber sowie aus dem Dorf Augst der Vogt Georg Wölflin zusammen mit den Geschworenen.

Hirt mit Ziegen, Schafen, Eseln und Kühen. So kann man sich etwa den Rheinfelder Hirten vorstellen, der 1587 mit der Gemeinde Augst im Dorf in Streit geriet. (Holzschnitt Augsburg 1479)

Aus den Klagen und Begründungen der beiden Parteien geht hervor, dass von alters her gegenseitige Weiderechte über die Gemeindegrenze hinaus bestanden hatten. Rheinfelden durfte seine Herde in den Augster Bann bis zum Violenbach zur Tränke treiben. Umgekehrt hatte Augst im Dorf das

VON DER TRENNUNG 1442 BIS INS FRÜHE 19. JAHRHUNDERT

Recht, sein Vieh auf dem Mittelweiherfeld im Rheinfelder Bann weiden zu lassen. Und dies, so erfahren wir, hatten die Rheinfelder den Augstern einige Jahre zuvor verwehrt und das dorthin getriebene Vieh gepfändet. Dass sie nun gleichwohl ihr Gegenrecht im Augster Bann beanspruchten, wurde hier als Provokation empfunden. Dazu schwang der Rheinfelder Hirt erst noch seinen Stab aufrecht. Das durfte er nur auf der Weide. Hier ging es aber nicht um ein eigentliches Weiderecht, sondern nur um das Treibrecht bis zur Tränke am Violenbach. Und auf der Treibe musste der Hirt, im Gegensatz zur Weide, den Stab gesenkt halten. Mit seiner symbolischen Geste masste er sich etwas an, das ihm nicht gebührte. Der Raub seines Horns war die handgreifliche Antwort der Augster darauf.

Im weiteren Verlauf des Streites vernehmen wir zudem, dass Augst im Dorf auch noch ein Recht zum Ackerit, also zur Eichelmast der Schweine, im Blosenberg auf Rheinfelder Boden besass. Ein Holzschlag der Rheinfelder dort schmälerte die Eichelmast empfindlich, was zu neuem Streit führte. Schliesslich setzten die beiden Nachbarn im November 1598 und im Juli 1599 neue Weidesteine. Damit wurden klare Verhältnisse geschaffen und die beiden Gemeinden für die Viehweide auf ihren jeweiligen Bann verwiesen. Einzig noch gewisse Durchzugsrechte an der Banngrenze blieben bestehen.

Giebenach: Zankholz und weiterer Zank

Schon vor der Affäre mit dem Rheinfelder Hirten wurde ein Grenzstreit zwischen Augst im Dorf und Giebenach aktenkundig, der sich als viel komplizierter und langwieriger erweisen sollte. Er drehte sich vorerst um ein Waldstück am südöstlichen Grenzbereich des Augster Bannes mit dem bezeichnenden Namen Zankholz. Dieses war Eigentum des Klosters Olsberg. Beide Gemeinden, Augst im Dorf und Giebenach, nutzten das Zankholz und entrichteten dafür dem Kloster auch Zinsen. Es diente ihnen vor allem als Ackerit, als Eichelmast für die Schweine. Im Oktober 1576 beklagte sich der Liestaler Schultheiss Michael Strübin bei der Herrschaft Rheinfelden im Namen der Gemeinde Giebenach: Bisher seien Giebenach und Augst im Dorf „guot friedliche weydtgenossen gewesen". Aber jetzt hätten die Augster den Giebenachern verboten, ihre Schweine ins Zankholz zu treiben. Der Augster Vogt, den Strübin

Giebenach lag unmittelbar an der Grenze des Gemeindegebietes von Augst im Dorf (Kaiseraugst). Es besass dort neben Wald auch Weiderechte, die aber lange Zeit nicht klar umschrieben waren. (Ausschnitt aus dem Plan von J. Leimgruber von 1772. Fricktaler Museum Rheinfelden)

deswegen zur Rede gestellt habe, hätte nichts anderes vorbringen können als die Behauptung, sie im Dorf hätten das alleinige Weiderecht dort.[6]

Zwei Jahre später versuchten die Augster im Dorf auf rabiate Weise ihren alleinigen Anspruch durchzusetzen. Kurzerhand, so beklagten sich die Giebenacher, hätten die ihre Schweine, 70 bis 80 Stück, „mit gewalt genommen und eingeschlossen". Eine solche Beschlagnahmung von Vieh war ein herkömmlicher Brauch, um Grenzverletzungen durch das Weidevieh zu ahnden. Der Übergriff führte zu einem diplomatischen Notenaustausch zwischen dem

VON DER TRENNUNG 1442 BIS INS FRÜHE 19. JAHRHUNDERT

Basler Rat und der Herrschaft Rheinfelden. Wie er ausging, wissen wir nicht. Augst wird wohl schliesslich die Schweineherde wieder herausgegeben haben. Aber vom Tisch war die Sache noch lange nicht. Im Gegenteil: Der Streit sollte sich noch ausweiten.

Im Herbst 1600 klagten der Vogt, die Geschworenen und die ganze Gemeinde zu Giebenach wiederum, die Augster im Dorf würden sie mit Gewalt am Ackerit im Zankholz hindern. Doch jetzt ging es um mehr als nur die Schweine im Zankholz. Auch die Herbstweide, also die Weide des Rindviehs auf den abgeernteten Äckern und Matten, war jetzt strittig geworden. Kaum sei nämlich das Emd eingefahren worden, da treibe der Augster Hirt die ganze Rindviehherde in die Matten, beschwerten sich die Giebenacher. Früher war damit offenbar noch zugewartet worden bis zum „Seyet" im September, also bis die Äcker angesät wurden. So lange hatte man das Rindvieh noch dort weiden lassen. Die Matten waren während dieser Zeit den Pferden aus Giebenach vorbehalten, das ohnehin sonst „wenig weyden [und] des winterfutters auch nit vyl" hatte.

Das adelige Damenstift Olsberg im ausgehenden 18. Jahrhundert. Dem Stift gehörte das Stück Wald mit dem bezeichnenden Namen Zankholz, um das sich Augst im Dorf und Giebenach ständig stritten. Beide Gemeinden bezahlten dem Stift Zinsen für ihre Weiderechte. (Staatsarchiv Basel-Stadt, Bildersammlung, Bild 10,13)

Dass die Augster im Dorf diese Schonfrist nicht mehr einhielten, war ein Druckmittel, um die Giebenacher aus dem gemeinsamen Weidgang zu verdrängen. Das war neu. Bisher hätten sich nämlich ihre Nachbarn deswegen nie beklagt, berichteten die Giebenacher dem Basler Rat. Es sei „erst bey zweyen jahres her, als sie uns vermahnt, unsere herden hinder sich ze halten", also nicht mehr über die Grenze zu schicken. „Als wir den [Augster] vogt angeredt, was sie für neuerungen gegen uns" vornähmen, so die Giebenacher weiter, habe „derselbig geantwortet, unsere [Basler] herren lassen sie auch nit bey altem herkommen verpleiben". Gemeint waren gewisse Vorgänge in Augst an der Bruck, für die nun die Giebenacher die Retourkutsche hinzunehmen hatten.

Drei Jahre später, im April 1603, ging es wieder los. Die Augster aus dem Dorf plagten den Giebenacher Hirten mit einer Schikane nach der andern. Zuerst nahmen sie ihm den Ledersack weg. Tags darauf beschlagnahmten sie ein Geissböcklein. Wieder einen Tag später brachten sie ihn um Hut und „Dschopen". Dann schliesslich nahmen sie die ganze Schafherde in Beschlag, trieben sie in ihr Dorf, hielten sie dort in Verwahrung und waren entschlossen, sie vorderhand nicht mehr herauszugeben. Die Giebenacher befürchteten auch, dass ihnen die Olsberger Äbtissin bei nächster Gelegenheit wiederum das Ackerit im Zankholz verbieten und es allein den Augstern zugestehen würde. Das sei schon einmal so geschehen, ungeachtet der „schweren Bodenzinsen", die auch sie dafür bezahlen müssten. Vor einiger Zeit habe die Äbtissin die Giebenacher Schweine „uf zween tag ingespert, und denselben nützit [nichts] zu essen geben, dardurch etliche hungers halben schier gestorben". Jetzt befürchteten sie, dass die Augster im Dorf mit ihren Schafen gleichermassen verfahren würden. Der Liestaler Schultheiss Christian Strübin, der diese Vorkommnisse dem Basler Rat berichtete, warnte dass „zwischen den beiden gemeinden todtschläg und dergleichen unheil" geschehen könnten, wenn die Sache nicht endlich geregelt werde.

Was hier vor sich ging, war eine gezielte Verdrängungsstrategie Augsts im Dorf gegenüber Giebenach. Es galt aber immer noch der Vertrag von 1534, welcher das Weiderecht über die Gemeindegrenzen hinweg garantierte, wie es von alters her geübt wurde. Augst wollte offensichtlich eine Revision dieser Rechte erzwingen. Ein Stück weit hatte es auch Erfolg damit. Nachdem sich die Basler und die österreichische Herrschaft der Angelegenheit angenommen hatten, einigten sich der Vogt und die Geschworenen der beiden Gemeinden auf einen Vergleich:

Mit dem Rindvieh und den Stieren durften die von Giebenach künftig nur noch bis zu einem bestimmten Fussweg im Augster Bann weiden. In diesem Bereich wollten die beiden Gemeinden „mit einanderen weidtgenossen sein". Auf dem übrigen Gemeindegebiet und vor allem auch auf den Matten sollten die Giebenacher künftig „müeßig gehen", also nichts zu suchen haben. Das Gleiche galt aber auch für die Augster aus dem Dorf auf den Giebenacher Matten.

Mit den Pferden, Schafen und Schweinen durften die Giebenacher nicht mehr über den Weissenberg hinunter in den Augster Bann fahren. Und die von Kaiseraugst sollten ihr Vieh nicht mehr täglich über den Weissenberg hinauf treiben, sondern nur noch alle 14 Tage einmal, „allein zue erhaltung ihres bans". Letzteres war eine eher symbolische Nutzung: Trotz aller Einschränkung sollte regelmässig „inszeniert" werden, dass es sich gleichwohl noch um Augster Gebiet handelte.

Weidegenossen beidseits der Bruck

Die beiden Augst blieben auch nach der Trennung von 1442 gemeinsame Weidgenossen. Sie hatten also weiterhin das gegenseitige Recht, ihr Vieh über die Grenze hinweg weiden zu lassen. Doch auch dies ging spätestens gegen die Wende zum 17. Jahrhundert hin nicht mehr ohne Konflikte ab. Um das Jahr 1600 verfassten die aus Augst an der Bruck eine Beschwerde gegen jene im Dorf, die angeblich nicht dulden wollten, dass der Müller Frobenius seine Schafe auf der österreichischen Seite weiden liess. Als er es dennoch tat, hätten sie ihm diese weggenommen und für einige Tage eingesperrt. Bald danach habe sich der Vorfall wiederholt.

Die Beschwerde ist vor allem deswegen interessant, weil in ihr ein unterschiedliches Verständnis der Grenze durch beide Nachbarn sichtbar wird. Für die Augster an der Bruck nämlich waren die Grenzsteine „alleinig höfstein", also Grenzen zwischen Gütern. Dagegen würden die im Dorf „selbige zu vermeinter ihrer rechtschöpfung bannstein heissen", und glaubten, über ihren Bann allein verfügen zu können. Deshalb würden sie ihnen aus dem Baslerischen auch Ross und Vieh wegnehmen und im Dorf verwahren. Die Augster an der Bruck gingen also davon aus, mit denen im Dorf nach wie vor im gleichen Bann, also im gleichen Gemeindegebiet, zu leben. Dagegen definierten die vom Dorf die Grenze als Banngrenze und beanspruchten darüber

VON DER TRENNUNG 1442 BIS INS FRÜHE 19. JAHRHUNDERT

hinaus das alleinige Weidrecht in ihrem Bann. Diese Haltung war nicht ohne Widerspruch, denn konsequenterweise hätten sie dann auch kein Vieh mehr im Baslerischen weiden lassen dürfen. Doch von einem solchen Verzicht waren sie weit entfernt.

VUE DU PONT D'AUGST
près de Bâle (Suisse)

Als sich in der Folge die Zwischenfälle und gegenseitigen Beschuldigungen häuften, da luden die beiden Obrigkeiten im Oktober 1610 zu einem gemeinsamen Augenschein an die Bruck ein. Zugegen waren neben den zerstrittenen Nachbarn einige hochrangige Vertreter der beiden Herrschaften: auf österreichischer Seite etwa Hans Rudolf von und zu Schönau, Verwalter der Hauptmannschaft der vier Waldstätte am Rhein; auf Basler Seite der Obervogt des Amtes Farnsburg und der Liestaler Schultheiss Christian Strübin.

Die beiden Streitparteien hatten nun Gelegenheit, ihre Klagen vorzubringen. Den Augstern im Dorf waren einmal die vielen Schafe des Augster Lehenwirts ein Dorn im Auge. Dann warfen sie den Nachbarn an der Bruck vor, diese hätten an mehreren Orten Einschläge gemacht. Sie hätten also ihre Parzellen mit Zäunen eingehagt und damit dem gemeinsamen Weidgang entzogen. Damit verletzten sie aus der Sicht jener im Dorf das alte Herkommen. Das war übrigens wohl auch der Anlass, für die oben erwähnte „Retourkutsche" Augsts im Dorf gegenüber Giebenach.

Die Vertreter von Augst an der Bruck hielten sich darüber auf, dass jene im Dorf weit mehr Vieh besässen als sie. Sie kämen sich von dem vielen Vieh überrannt vor, das vom Dorf her über den Violenbach hierher auf die Weide getrieben wurde. Überdies würden sich die im Dorf durchaus anmassen, die

Im Lehenwirtshaus in Augst brachten im Oktober 1610 die Vertreter von Augst im Dorf und Augst an der Bruck ihre Klagen über die Verletzung der gegenseitigen Weiderechte vor und einigten sich in einem Vertrag. Der Streit war aber nur vorübergehend beigelegt. (Nach einem Stich von Pérignon, um 1780)

Weide auf Basler Boden zu nutzen, hielten dann aber nicht Gegenrecht. Auch die hätten nämlich ihre Matten eingehagt und sie „ires gefallens graset und abgeweidet" und nicht einmal das wenige Zugvieh jener von der Bruck auf der Weide dulden wollen.

Der Augenschein im Oktober 1610 sollte dann ein vorläufiges Ende des Streites bringen. Nachdem die beiden Streitparteien ihre Klagen vorgebracht hatten, wurde in einem Vertrag festgehalten, dass „beede theil so wohl uf österreischem als uf baselischem boden gemeine weidgenossen" seien. Das alte gemeinsame Weiderecht über die Grenzen hinweg wurde also bestätigt. Es galt für die verschiedenen Kategorien des Weidviehs: für das Rindvieh und die Pferde, für die Schafe und auch für das Ackerit der Schweine. Lediglich einige Einschränkungen sollten künftig gelten: So durften nur Pferde und Stiere, die nicht älter als zwei Jahre waren, auf die gemeinsame Weide getrieben werden. Für den Wirt an der Bruck blieb die Zahl der Schafe auf 100 Stück beschränkt, hingegen wurde denen an der Bruck für ihre Schafe ein eigener Hirt zugestanden.

Klare Verhältnisse 1652

Für ein paar Jahrzehnte scheinen die Nachbarn sich vertragen zu haben. Jedenfalls wurden keine Streitigkeiten mehr aktenkundig. Der bald ausgebrochene Dreissigjährige Krieg brachte den Menschen wohl auch andere Sorgen. Doch der Krieg war noch nicht vorbei, da gingen die Händel von neuem los. Die Streitpunkte waren wieder die gleichen wie zu Beginn des Jahrhunderts: Giebenach und Augst im Dorf beschuldigten sich gegenseitig, die vereinbarten Grenzen des gemeinsamen Weidgangs überschritten zu haben, und erneut hatten die im Dorf den Giebenachern Schafe als Pfand weggenommen. Den Augstern an der Bruck warfen die aus dem Dorf vor, sich nicht an den Vergleich vom Oktober 1610 zu halten. Wiederum ging es um Einschläge, und Herr Birmann, der Wirt an der Bruck, soll jetzt,

Schafschur in einem Kalenderbild für den Monat Juni aus dem 16. Jahrhundert. Um die Weideplätze für Schafe und anderes Vieh stritt sich Augst im Dorf mit den beiden Nachbargemeinden Giebenach und Augst an der Bruck. Schliesslich sprachen die Obrigkeiten 1652 ein Machtwort und hoben die gegenseitigen Weiderechte bis auf einige Ausnahmen auf. (Holzschnitt nach Hans Sebald Beham)

so die Klage aus dem Dorf, statt der erlaubten hundert Schafe deren zwei oder gar drei Hundert auf die Weide geschickt haben. Etwas Neues kam allerdings dazu: Augst an der Bruck war nämlich in der Zwischenzeit bedeutend grösser geworden und schickte daher jetzt mehr Zugvieh auf die Weide

Am 12. Mai 1647 traf man sich im Wirtshaus an der Bruck, um eine gütliche Einigung sowohl zwischen Giebenach und Augst im Dorf wie auch zwischen den beiden Augst zu finden. Die Verhandlungen verliefen erfolglos, und die Ausschüsse der Gemeinden trafen sich nochmals am 6. September des gleichen Jahres in der Herberge zur Sonne in Rheinfelden. Selbstbewusst bemerkten dabei die an der Bruck: Dass ihr Dörfchen in der Zwischenzeit angewachsen sei, komme aus Gottes reichem Segen und dürfe ihnen nicht missgönnt werden. Und etwas sarkastisch: Man werde auch „nit darvon sein können, dass die Augster aus ihrem dorff ein stadt machen". Im Übrigen sollten jene im Dorf nicht so hart mit ihnen umgehen, da sie ihnen doch in der vergangenen Kriegszeit „viel nachbahrschafft und freündschafft erzeigt" hätten.

Die am 6. September 1647 geschlossenen Vergleiche brachten nichts Neues. Im Wesentlichen bestätigten sie, was schon am 12. Mai 1603 zwischen Giebenach und Augst im Dorf und im Oktober 1610 zwischen den beiden Augst vereinbart worden war. Der Frieden blieb denn auch von kurzer Dauer. Als es erneut Streit gab, insbesondere zwischen den beiden Augst, da setzten sich die Vertreter der zuständigen Obrigkeiten, der Stadt Basel und der Herrschaft Rheinfelden, zusammen und sprachen ein Machtwort.

Am 14. Juni 1652 erklärten sie die bisherigen Regelungen für aufgehoben. Die im Dorf sollten künftig mit ihrem Vieh auf österreichischem Grund und Boden bleiben und die an der Bruck auf baslerischem. Der Violenbach bildete die Grenze. Auf ewig sollten beide Seiten auf die Rechte verzichten, die sie bisher jenseits der Grenze gehabt hatten. Es sei „die weidtgenosenschaft hiemit aufgehebt und sie [sollte] deswegen also geschieden und entschieden sein." Auch zwischen Giebenach und Augst im Dorf wurde nun eine klare Grenze gesetzt. Es sollten künftig „wie die von Gibenach nicht hinab, also die von Augst im dorff nit hinauf und also yedtes theil sein weidtgang auch solcherarten abgesondert haben."

Einzig zwei Konzessionen musste Augst im Dorf gegenüber den Nachbarn an der Bruck einräumen: Der Wirt an der Bruck durfte 100 Schafe jenseits der Grenze auf ihrem Brachfeld weiden lassen. Und auf jedes dritte Schwein in der Herde des Dorfes durften die an der Bruck eines der ihren mit jenen ins Ackerit schicken. Dies „wegen guter Nachbarschaft und keiner Schuldigkeit wegen", wie ausdrücklich betont wurde. Die an der Bruck hatten der Gemeinde im Dorf dafür jährlich zehn Pfund Basler Währung zu bezahlen. Doch bei diesen beiden sehr klar geregelten Ausnahmen blieb es.

Erst über zwei Jahrhunderte nach der Dorftrennung und rund 120 Jahre nach dem Abtauschvertrag von 1534 zwischen Basel und der österreichischen Herrschaft Rheinfelden waren jetzt die Grenzen endgültig und klar gezogen und die Grauzonen beseitigt, die durch die überlappenden Nutzungsrechte gegeben waren.

Tabelle 1
Landbesitz jenseits der Grenzen in den 1780er Jahren (in Jucharten)

Besitz	Acker	Matten	Reben	Wald	Ödland	Total
Kaiseraugst im Basler Gebiet	37.25	2.50				39.75
Basel-Augst in Kaiseraugst	120.00	20.00	6.50			146.50
Giebenach in Kaiseraugst	66.00	29.00	6.50	67.00	30.00	198.50

Grenzüberschreitende Landwirtschaft

Wenn nun auch der gemeinsame Weidgang der Vergangenheit angehörte, so blieb die Landwirtschaft nach wie vor eine grenzüberschreitende Angelegenheit. Nicht nur blieb die Gemeinde Giebenach bis heute Eigentümerin von Wald im Tannkopf und im südlichen Teil des Zankholzes. Auch die einzelnen Bürger beschränkten sich weder in Augst im Dorf noch an der Bruck noch in Giebenach auf Landbesitz im eigenen Gemeindebann. Fast Jahr für Jahr kauften oder verkauften Bürger aus Giebenach und Baselaugst Grundstücke im Kaiseraugster Bann. Dies ist den Kaiseraugster Gerichtsprotokollen aus dem späteren 17. und dem 18. Jahrhundert zu entnehmen, in welchen die gefertigten Käufe verzeichnet sind.[7] Eine Akte aus den 1780er Jahren lis-

VON DER TRENNUNG 1442 BIS INS FRÜHE 19. JAHRHUNDERT

tet den jeweiligen Landbesitz jenseits der Grenzen auf (Tabelle 1).[8] Während sich der Kaiseraugster Besitz auf Basler Gebiet mit knapp 40 Jucharten (ca. 14.5 ha) noch bescheiden ausnahm, wurden insgesamt beträchtliche 345 Jucharten (124 ha) von den beiden Basler Gemeinden Augst und Giebenach aus genutzt.

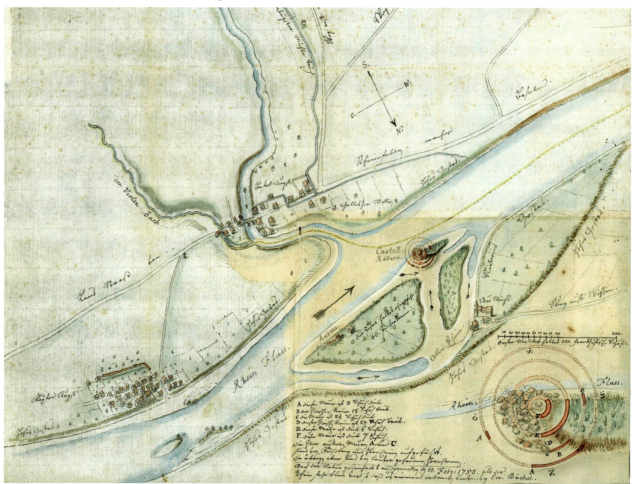

Die beiden Augst in einer Federzeichnung von Emanuel Büchel 1750. Auch wenn die gegenseitigen Weiderechte 1652 aufgehoben worden waren, blieb die Landwirtschaft eine grenzüberschreitende Angelegenheit. Im Verlaufe des 18. Jahrhunderts häuften sich die Landkäufe von Baselbieter Bürgern im Gemeindegebiet von Kaiseraugst. (Universitätsbibliothek Basel)

Allerdings begannen sich erst im Verlaufe des 18. Jahrhunderts die Grundstückkäufe aus dem Baselbiet zu häufen. Als am 9. Februar 1739 Martin Schmidli aus Giebenach den Kauf einer Dritteljucharte Matten fertigen liess, da betrat er offenbar Neuland. Das Gerichtsprotokoll merkt an, dass „seit unverdencklich jahren her" noch niemals ein Bürger aus Giebenach in Augst auf österreichischem Territorium, ausser im so genannten Zelgli, Mattland gekauft habe und dieser Kauf deshalb eine „pure neÿwerung" sei. Die auswärtigen Käufe hatten sich also bisher auf bestimmte Bereiche des Gemeindebanns beschränkt. Deshalb musste nun der Käufer Martin Schmidli beim Gerichtsstab angeloben, dass er das auf diesem Stück Matten haftende Monatsgeld (Steuer) und andere allfällige fiskalische Belastungen entrichten werde.

In Verlauf der folgenden Jahrzehnte wurden die zunehmenden Grundstückkäufe aus dem Baselbiet für die Kaiseraugster zu einem steuerlichen Problem. Die Gemeinde hatte jährlich einen gewissen Steuerbetrag, das so genannte Monatsgeld, an die übergeordnete Landschaft abzuliefern (Näheres dazu im Kapitel: Steuern, Zinsen und Zehnten). Innerhalb der Gemein-

VON DER TRENNUNG 1442 BIS INS FRÜHE 19. JAHRHUNDERT

de wurde der Steuerbetrag auf die einzelnen Bürger im Verhältnis zu ihrem Grundbesitz verteilt. Da nun immer mehr Land in den Besitz von Basler Untertanen kam, die keine Steuern an die österreichische Herrschaft zu entrichten hatten, wurde die Belastung für die Kaiseraugster Steuerpflichtigen entsprechend höher.

Im Jahre 1764 einigten sich deshalb die drei Gemeinden, dass die Basler Untertanen künftig für Land, das sie nach dem 10. Oktober 1761 gekauft hatten, ebenfalls das Monatsgeld, also die österreichischen Steuern, bezahlen mussten.[9] Grundstücke, die vor diesem Datum erworben wurden, blieben steuerfrei, so lange sie nicht wieder in den Besitz eines österreichischen Untertanen gerieten. In diesem Fall verloren sie ihre Steuerfreiheit.

Übrigens verlief auch die im Vertrag von 1652 den Augstern an der Bruck gewährte Ackeritnutzung für ihre Schweine nicht immer in Harmonie. Im Jahre 1712 kam von denen an der Bruck die Klage, dass sie übervorteilt würden.[10] Die im Dorf begannen offenbar vertragswidrig, vor dem Ackerit Eicheln aufzulesen, ja liessen dafür sogar „die eÿch bäume schwingen". In bestimmten Abschnitten des Waldes verweigerten sie den Schweinen von der Bruck überhaupt die Weide. Dafür nahmen sie gegen Bezahlung fremde Schweine in ihre Herde auf, so dass es denen an der Bruck nicht mehr den vereinbarten dritten Teil traf. Es kam dann zu einem Treffen von Vertretern der Basler Obrigkeit mit Beamten der Herrschaft Rheinfelden. Diese bestätigten, das Dorf müsse sich an den Vertrag von 1652 halten. Man einigte sich auch darauf, dass die Vertreter der beiden Gemeinden jeweils vor Beginn des Ackerits einen Augenschein vornehmen und sich einigen sollten, welche Seite wie viele Schweine auftreiben dürfe.

So beschäftigte die Grenze, so lange sie bestand, die österreichischen und baslerischen Nachbarn. Aber wenn sie sich auch immer wieder darum stritten, so waren sie doch in der Not füreinander da. In Kriegszeiten, wenn es den österreichischen Untertanen im Dorf schlecht ging, halfen ihnen die Nachbarn an der Bruck. Und als hier im Januar 1759 Haus und Scheune des Geschworenen Josef Meier mitten in der Nacht zu brennen begann, da waren die im Dorf als erste zum Löschen vor Ort, wie der Untersuchungsbericht lobend festhält.[1]

[1] StAAG AA/7748/05.

[2] Grotefend, Hermann: Taschenbuch der Zeitrechnung des deutschen Mittelalters und der Neuzeit. Hannover 1991[13], S. 26f.

[3] Urkundenbuch der Stadt Basel, Bd. 10, S. 180 – 186, bes. S. 183f.

[4] Senti, Anton: Geschichte von Augst und Kaiseraugst. Liestal 1962, S. 92f.

[5] Dazu: Senti, Anton: Ein Weidrechtsstreit zwischen Rheinfelden und Kaiseraugst in den Jahren 1587 bis 1599. In: Rheinfelder Neujahrsblätter 1950, S. 26 – 33. Senti (wie Anm. 4), S. 52f., 68f.

[6] Zu den folgenden Weidestreitigkeiten: StAAG AA/7748/05 Streitigkeiten zwischen den Gemeinden Kaiseraugst, Baselaugst und Giebenach wegen Banngerechtigkeit & Weidgang. StABL, AA 1010, Lade 38M.

[7] Gemeindearchiv Kaiseraugst, Gerichtsprotokolle 1670 – 1727, 1728 – 1779, 1784 – 1822.

[8] StAAG AA/7748/01 undatiert, aus der Amtszeit des Vogts und Stabhalters Johannes Bollinger (1783 – 1793).

[9] StABL AA 1010, Lade 38, Nr. 19, 9. April 1764.

[10] StABL AA 1010, Lade 38, Nr. 10, 7. Oktober 1712.

[11] StABL AA 1010, Lade 38, Nr. 43, 29. Januar 1759.

VON DER TRENNUNG 1442 BIS INS FRÜHE 19. JAHRHUNDERT

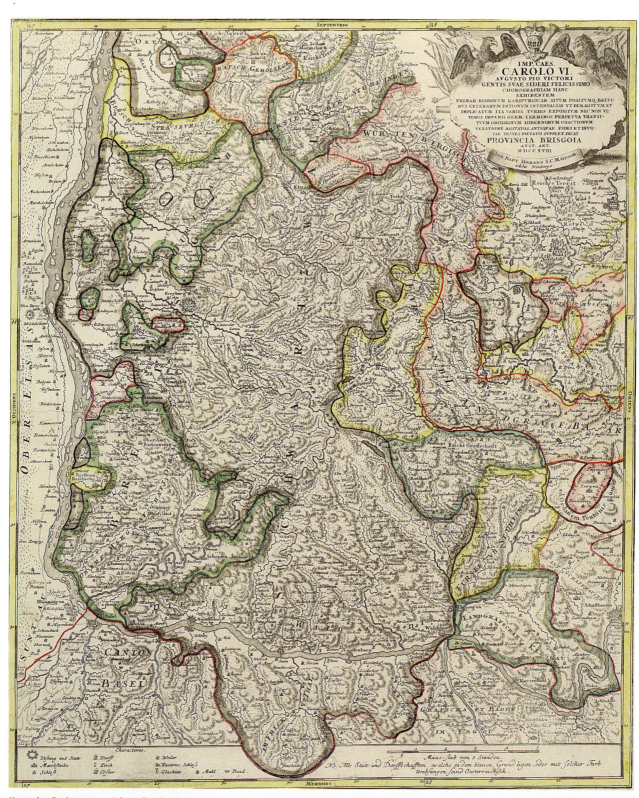

Karte des Breisgaus von Johann Baptist Homann, Nürnberg 1718. Das Fricktal bildete den südlichen Zipfel des damals vorderösterreichischen Breisgaus. (Universitätsbibliothek Basel, Kartensammlung Mappe 245:55)

VON DER TRENNUNG 1442 BIS INS FRÜHE 19. JAHRHUNDERT

Herrschaften und Untertanen

Fridolin Kurmann

Die Menschen, die in der frühen Neuzeit in Kaiseraugst und in Augst lebten, waren Untertanen. Ihre Herrschaften – das österreichische Kaiserhaus mit seiner Verwaltung für die einen, die Stadt Basel für die andern – verpflichteten sie zu Gehorsam und zu bestimmten Leistungen. Doch waren sie weder rechtlos noch blieb ihnen jeglicher Entscheidungsspielraum versagt. Im Rahmen ihrer Gemeinde bot sich ihnen ein beträchtliches Mass an Selbstverwaltung.

Kaiseraugst in Vorderösterreich

Kaiseraugst war bis zum Ende des 18. Jahrhunderts ein österreichisches Dorf. Sein Name weist auf den Kaiser als obersten Herrn hin. Wie das ganze Fricktal war es Teil der „Habsburgischen Vorlande" oder der „Vorderösterreichischen Lande". Dieses buntscheckige und teilweise sehr zerstückelte Territorium zwischen Arlberg, Donau, oberem Neckar, Rhein und Elsass hatte sich im Verlaufe des späten Mittelalters gebildet. Seine Oberbehörde residierte in Innsbruck. Gelegentlich bezeichnete man diese gesamten Habsburgischen Vorlande als Vorderösterreich. Doch Vorderösterreich im engeren Sinne beschränkte sich auf das einigermassen geschlossene Gebiet im Elsass und im Breisgau, zu dem auch das Fricktal gehörte. Bis zum Dreissigjährigen Krieg (1618 – 1648) unterstand es der vorderösterreichischen Regierung im elsässischen Ensisheim. Als danach Österreich das Elsass an Frankreich verloren hatte, wurde deren Sitz nach Freiburg im Breisgau verlegt.[1]

Das Oberamt Rheinfelden

Dieses Vorderösterreich war in verschiedene Verwaltungsbezirke, unter anderem in so genannte Kameralherrschaften unterteilt. Das Fricktal unterstand den beiden Kameralherrschaften Rheinfelden und Laufenburg. Die Kameralherrschaft Rheinfelden ihrerseits war in drei „Landschaften" gegliedert: die Landschaft Fricktal und die Landschaft Möhlinbach links des Rheins sowie die Landschaft Rheintal rechts des Rheins (siehe Karte). Kaiseraugst bildete den äussersten westlichen Zipfel der Landschaft Möhlinbach.

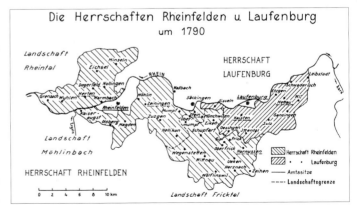

Das Fricktal in Vorderösterreich um 1790. Bis zum Ende des 18. Jahrhunderts gehörte das Fricktal zu Vorderösterreich, einem teilweise sehr zerstückelten Territorium auf süddeutschem Gebiet (oben). Das Fricktal war in die Herrschaften Laufenburg und Rheinfelden, letztere wiederum in die drei Landschaften Fricktal, Rheintal und Möhlinbach aufgeteilt (unten). (Karten nach: Friedrich Merz, Vorderösterreich, Freiburg 1977)

Das Kameralamt oder, wie es meist genannt wurde, das Oberamt Rheinfelden war jene österreichische Amtsstelle, mit der die Kaiseraugster Untertanen unmittelbar zu tun hatten. Es bildete die Mittelstelle zwischen ihnen und der Regierung in Freiburg, ohne dass es mit sehr grossen Kompetenzen ausgestattet gewesen wäre. Geführt wurde es vom Oberamtmann, der für die Justiz- und Polizeigeschäfte zuständig war. Ihm zur Seite stand ein Rentmeis-

VON DER TRENNUNG 1442 BIS INS FRÜHE 19. JAHRHUNDERT

Älteste Spezialkarte des Fricktales, entstanden nach 1784. (Bundesarchiv Bern, Bestand Helvetik, Signatur Bo / 3183 Haz-o/116)

Amtshaus des Oberamtes Rheinfelden. Das Amt residierte im Haus mit dem Tordurchgang und im links anschliessenden Haus. (Aquarell von Gustav Kalenbach-Schröter, 1821-1901. Fricktaler Museum Rheinfelden. Foto: Beat Zimmermann, Rheinfelden)

ter, welcher die Einnahmen des Amtes verwaltete und der auch die Aufsicht über das Forst- und Strassenwesen führte. Der Landschreiber und sein Gehilfe, der Registrator, führten die Kanzleigeschäfte. Für den Amtsverkehr der Untertanen waren im Oberamt Rheinfelden für jede der drei Landschaften wöchentlich zwei Amtstage angesetzt. Wer vor dem Amt erscheinen musste oder wollte, hatte sich dort im Sommer morgens um sieben, im Winter um acht Uhr einzufinden. Wer später kam, wurde bestraft oder nicht angehört.[2]

Die Obervögte

Eine Besonderheit der Herrschaft Rheinfelden gegenüber den meisten andern Kameralherrschaften war deren Gliederung in die drei Landschaften.[3] Bemerkenswert ist auch, dass deren Vorsteher, die Obervögte, aus den Reihen der Untertanen stammten. Sie bekleideten das höchste Amt, in das ein Untertan gelangen konnte. Für die Wahl eines Obervogts legte die Versammlung aller Gemeindevorgesetzten der Landschaft dem Oberamt in Rheinfelden einen Dreiervorschlag vor. Obwohl der Oberamtmann daran nicht gebunden war, fiel seine Wahl in der Regel auf jenen der drei Vorgeschlagenen, der die meisten Stimmen erhalten hatte. Die Obervögte hatten eine für die damaligen Zustände bezeichnende Doppelstellung inne und standen in einer zweifachen Loyalität, die nicht immer frei von Wider-

VON DER TRENNUNG 1442 BIS INS FRÜHE 19. JAHRHUNDERT

sprüchen war: Einerseits waren sie als ausführendes Organ der Regierung und des Kameralamtes obrigkeitliche Beamte, anderseits traten sie den vorgesetzten Stellen als Repräsentanten der Untertanen gegenüber.

Von den vielfältigen Aufgaben des Obervogts betrafen die beiden wichtigsten und auch heikelsten die Steuern und das Militär. Wenn die zuständige Stelle in Freiburg eine Steuer ausschrieb, dann wurde jeweils von jeder Kameralherrschaft und innerhalb der Herrschaft Rheinfelden von jeder Landschaft eine bestimmte Summe verlangt. Die Aufteilung dieser Summe auf die einzelnen Gemeinden hatte der Obervogt vorzunehmen. Dabei durfte er selbstverständlich nicht nach eigener Willkür vorgehen, sondern hatte sich nach der Grösse der Güter und Vermögen in den Gemeinden zu richten. Auch bei der Rekrutenaushebung hatte er ein gewichtiges Wort mitzureden. Er nahm die Verteilung der Rekrutenzahlen auf die einzelnen Gemeinden vor. Zusammen mit einem Chirurgen oder Feldscher war er für den Ablauf der Aushebungen verantwortlich, wobei er sich häufig durch einen Vertreter des Oberamtes den Rücken stärken liess. Denn der Militärdienst war unbeliebt. So gab es immer wieder Versuche, den Obervogt zu bestechen, um vom Dienst frei zu kommen. Darauf durfte er zumindest nicht offen eingehen, ohne seine Stellung und seine Autorität zu gefährden.

Im späteren 18. Jahrhundert kamen zwei weitere Aufgaben auf den Obervogt zu: Seit der Gründung der Landständischen Feuersozietät, der Brandversicherung, durch Kaiserin Maria Theresia war er für die Führung des Feuersozietätskatasters, für den Einzug der Prämien sowie, zusammen mit Schatzmännern aus dem Dorf, für die Schätzung von Brandschäden verantwortlich. Die Obervögte führten auch die Volks- und Viehzählungen durch, die im letzten Drittel des 18. Jahrhunderts ein wichtiges Instrument der Verwaltungswissenschaft wurden.

Stab des Obervogts der Landschaft Möhlinbach, einer der drei Landschaften der Herrschaft Rheinfelden. Der Obervogt war der Vorsteher der Landschaft und bekleidete das höchste Amt, zu dem ein Untertan aufsteigen konnte. (Fricktaler Museum Rheinfelden. Foto Beat Zimmermann, Rheinfelden.)

Huldigungen

Der Kaiser in Wien war fern, seine Macht glich eher einer abstrakten Grösse und trat den Untertanen lediglich in der Gestalt der vorderösterreichischen Beamtenschaft entgegen. Doch immer dann, wenn ein neuer Kaiser den Thron bestiegen hatte, wurde mit grossem Pomp und Zeremoniell die Bindung der Untertanen an das Kaiserhaus gefeiert: Die Huldigung für den Kaiserlichen Landesherrn wurde begangen.[4] Eine Kaiserliche Huldigungskommission bereiste dann das Land. Ihr wurde überall ein festlicher Empfang bereitet, und man tat alles, um die hohen Herren gnädig zu stimmen.

Auch Kaiser Karl VI. liess nach seiner Thronbesteigung für sich die Huldigungen entgegennehmen. Allerdings zeigte er, was Vorderösterreich betraf, keine Eile. Er sass bereits sechs Jahre auf dem Thron, als am 6. Juni 1717 die kaiserliche Huldigungskommission in der Herrschaft Rheinfelden eintraf. Der Oberamtmann, seine Beamten und sämtliche Gemeindevorgesetzten bereiteten, nachdem sie alle gemeinsam eine Messe besucht hatten, der Kommission an der Grenze einen grossen Empfang. Dann fand sich die ganze Gesellschaft zu einem Essen ein, das von den drei Landschaften offeriert wurde. Dabei überreichten die Vertreter der Untertanen der Kommission auch eine 25 Punkte umfassende Bittschrift. An den folgenden Tagen nahm die Kommission die Huldigungen der Stadt Rheinfelden und der einzelnen Landschaften

VON DER TRENNUNG 1442 BIS INS FRÜHE 19. JAHRHUNDERT

Huldigung Kaiser Karls VI. in Frankfurt 1711. Auch die österreichischen Untertanen im Fricktal wurden zur Huldigung des Kaisers aufgeboten. Zwar war keine solch beeindruckende Menschenmenge zugegen wie in der grossen Stadt, und der Kaiser war nicht persönlich anwesend. Doch feierlich ging es dabei auch hier zu. (Kupferstich Nürnberg 1711)

entgegen, wobei Rheinfelden als Zeichen der Unterwerfung der Kommission die Schlüssel der Stadt übergab.

Nachdem der Stadt Rheinfelden die Schlüssel wieder übergeben worden waren, reiste die Kommission am 9. Juni nach Möhlin weiter, um die Huldigung der Landschaft Möhlinbach, zu der auch Kaiseraugst gehörte, entgegenzunehmen. Hier wurde sie „durch ein salve der landtmiliz mit fliegenden landtfahnen und abfeÿerung der pöler" (Abfeuern von Böllerschüssen) empfangen. In der Kirche wurde dann ein feierliches Te Deum zelebriert. „Nach angehörter gesungener mess, worunter das anderemahl feüer gegeben wurde", versammelten sich alle (männlichen) Untertanen der Landschaft Möhlinbach vor der Kirche. Von dem „mit teppichen behenktem pfarrhofs-fenster" wurde der Land-Huldigungseid verlesen. Alle Untertanen schwuren dem neuen Kaiser Treue und Gehorsam. Die Huldigungskommission ihrerseits bestätigte den Untertanen ihre bisherigen Rechte. Dieses Ritual drückte also nicht einfach eine Unterwerfung unter die kaiserliche Macht aus, sondern erinnerte auch daran, dass es sich um eine Art von gegenseitigem Vertrag handeln sollte, den die Untertanen anschliessend beschwören mussten. Nach dieser Zeremonie wurde wiederum mit Gewehr und Böllern geschossen, und die Kommission setzte „unter abermahligem schießen die raÿs bis nacher Stain" (nach Stein) fort, wo sie dann die Huldigung der Landschaft Fricktal entgegennahm.[5]

Militärdienst und Kriegslasten

Als österreichische Untertanen waren die Kaiseraugster Bürger zum Militärdienst verpflichtet, sei es beim kaiserlichen Heer oder bei den Landmilizen.[6]

VON DER TRENNUNG 1442 BIS INS FRÜHE 19. JAHRHUNDERT

Das *kaiserliche Heer* verlangte von jeder Landschaft eine bestimmte Anzahl Rekruten. Der Dienst war unbeliebt und gefürchtet. Kaum jemand meldete sich freiwillig.[7] Manchmal mussten die Stellungspflichtigen untereinander würfeln, nicht selten wurden junge Männer erst mit List oder Zwang zu Soldaten. Als gängige Praxis nutzten die Gemeinden die Rekrutierungen, um missliebige Personen zum Militär abzuschieben. Manch einer versuchte, durch Bestechung dem Soldatenschicksal zu entgehen. Wer genug Geld hatte, kaufte sich einen Ersatzmann. Auch die Flucht über die nahe Grenze in die Schweiz konnte die Rettung bedeuten. Es musste dann der Ersatzmann daran glauben, mit der Folge, dass dem Dorf zwei Arbeitskräfte abhanden kamen. Gegen Ende des 18. Jahrhunderts wurde dies zu einem ernsthaften Problem. Zur Zeit der Revolutionskriege 1798 baten die drei Landschaften, man möge sie vor weiteren Aushebungen verschonen, denn es befinde sich schon „der kern der jungen mannschaft bei dem militär".

Im Gegensatz zu den Truppen des kaiserlichen Heeres, die ständig und fernab der Heimat im Dienst standen, war die *Landmiliz* eine Art Landsturm, der in Kriegszeiten bei der Verteidigung der näheren Umgebung zum Einsatz kam. Die einzelnen Gemeinden stellten dafür jeweils einen „Auszug", dem ungefähr ein Fünftel der wehrfähigen Männer angehörte. Für die Ausrüstung mussten die Dienstpflichtigen selber aufkommen. Die Musterung der Milizen und die Kontrolle der Ausrüstung war Sache des Obervogts. Dieser bekleidete in der Regel einen Offiziersrang und konnte bis zum Hauptmann aufsteigen. Jährlich bot er seine Milizen zu den gemeinsamen Schiessübungen auf. Dabei wurde nicht nur geschossen, sondern auch die Geselligkeit gepflegt.

Die Fricktaler Milizen waren im Rheinfelder Landfahnen zusammengefasst. Dieser wurde in den verschiedenen Kriegen, die Österreich im 18. Jahrhundert gegen seinen Erbfeind Frankreich führte, nicht nur innerhalb der heimatlichen Herrschaften Rheinfelden und Laufenburg eingesetzt, sondern mehrmals auch zur Verstärkung der Freiburger Garnison. Im Jahre 1743 etwa, während des österreichischen Erbfolgekrieges, musste der Rheinfelder Landfahnen ein Kontingent von 428 Mann in die Festung Freiburg schicken.

Solche Einsätze erregten bei den Untertanen grosses Missfallen. Denn die so aufgebotenen Männer fehlten dann zu Hause bei der Arbeit. Und nicht nur sie: Zusätzlich zu den Milizen wurden zu Kriegszeiten noch weitere Männer zu *Schanzarbeiten*, zu *Wachen* und *Fronfuhren* eingezogen. Wenn dann

Freiburger Stadtansicht mit Soldatengruppe um 1677. Während der Kriege, welche die österreichische Herrschaft während des 17. und 18. Jahrhunderts führte, wurden die Fricktaler Milizen nicht nur zur Verteidigung ihrer engeren Heimat eingesetzt, sondern oft auch zur Verstärkung der Freiburger Garnison aufgeboten. (Kolorierte Zeichnung von Louis de Chatillon, 1639 – 1734. Augustinermuseum Freiburg, Inv.Nr. G 54/14)

auch noch Naturalien wie Stroh, Lebensmittel oder auch Pferde requiriert wurden und wenn zudem die Landschaftssteuer in die Höhe schoss, wuchsen sich solche Kriege für die Untertanen zu einer schweren Belastung aus.

Immer wieder zog die österreichische Herrschaft ihre Fricktaler Untertanen in ihre kriegerischen Unternehmungen mit hinein. Eine Katastrophe brachte der Dreissigjährige Krieg (1618 – 1648), als er sich nach 1634 auf den deutschen Südwesten ausdehnte. Rheinfelden war in den Jahren 1634 und 1638 heftig umkämpft. Dabei wälzten sich nicht nur die Heere der Belagerer, sondern auch die kaiserlichen durch die Gegend und hinterliessen ein verwüstetes und ausgeplündertes Land. Während der verschiedenen Erbfolgekriege des 18. Jahrhunderts, dem Spanischen (1701 – 1714), dem Polnischen (1733 – 1735) und dem Österreichischen Erbfolgekrieg (1740 – 1748) kamen die Kriegshandlungen immer wieder gefährlich nahe an das Fricktal heran. Als Folge mussten dann, wie im Jahre 1743, die Fricktaler Milizen und Schanzenarbeiter bis nach Freiburg ausrücken.

Unter dem aufgeklärten Absolutismus

Als kaiserlichen Untertanen kam den Bewohnerinnen und Bewohnern des Fricktals bisweilen aber auch die Tätigkeit der österreichischen Verwaltung zu Gute, die einiges effizienter war als etwa jene der eidgenössischen Orte. Das galt vor allem für die Reformen des aufgeklärten Absolutismus, welche in der zweiten Hälfte des 18. Jahrhunderts unter Kaiserin Maria Theresia und ihren beiden Söhnen Joseph II. und Leopold II. in Gang gesetzt wurden.[8] So bedeutete die Einführung der Feuerassekuranz, der allgemeinen Feuerversicherung, im Jahre 1764 eine Pionierleistung, welche später die Fricktaler Politiker in den neu gegründeten Kanton Aargau hinüberretteten. Im Steuerwesen beschnitt Maria Theresia 1749 die Privilegien der adeligen Grossgrundbesitzer und bezog sie in die Steuerpflicht ein, was zu einer Entlastung der Bürger- und Bauernschaft führte. Die 1774 erlassene „Allgemeine Schulordnung für die deutschen Normal-, Haupt- und Trivialschulen" verpflichtete jeden Pfarrort zur Einrichtung einer Schule, verbesserte die Ausbildung der Lehrkräfte und machte damit einen wichtigen Schritt zur Förderung der Volksbildung. Die kirchenpolitischen Reformen schossen zwar in manchem, etwa mit dem Verbot mehrtägiger Wallfahrten oder der Aufhebung von Bruderschaften, über das Ziel hinaus und stiessen auf Widerstand. Doch brachten sie auch eine zukunftsweisende Verbesserung der Seelsorge mit sich.

Kaiserin Maria Theresia und ihr Sohn Joseph II. setzten zahlreiche Reformen im Geiste der Aufklärung in Gang. Eine der Pioniertaten war die Einführung der Feuerassekuranz, einer allgemeinen Feuerversicherung. (Fricktaler Museum, Rheinfelden; Staatsarchiv Aargau AA/6358)

Die dörfliche Selbstverwaltung

Die österreichische Herrschaft steckte sozusagen die politischen Rahmenbedingungen ab, unter denen sich die Menschen in Kaiseraugst zu bewegen hatten. Was aber das dörfliche Leben und den Alltag betraf, lag sehr vieles im Entscheidungsbereich der Gemeinde. Dafür hatte sich ein differenziertes System der dörflichen Selbstverwaltung herausgebildet. Bürger der Gemeinde bekleideten bestimmte Ämter, etwa der Stabhalter oder die Geschworenen, und waren in dörfliche Institutionen wie die Gemeindeversammlung oder das Dorfgericht eingebunden.[9]

Der Stabhalter

Als oberster Dorfbeamte und Vorgesetzter des Dorfes amtete der Vogt oder Stabhalter, wie er in Kaiseraugst meist genannt wurde. Diese Bezeichnung leitet sich vom Stab des dörflichen Gerichts her, welcher in den Händen des Vorgesetzten lag. Vom Amt eines Vogts oder Stabhalters ausgeschlossen waren die Wirte. Zu gross war offenbar die Gefahr einer Interessenkollision zwischen der Ausübung des Amtes einerseits und ihres quasi öffentlichen Gewerbes andererseits. Das musste im Jahre 1709 auch der Adlerwirt Jörg Schauli zur Kenntnis nehmen. Er war 1694, als er zum Vogt gewählt und ernannt wurde, möglicherweise noch nicht Wirt. Jetzt stellte ihn das Oberamt in Rheinfelden vor die Wahl, entweder die Wirtschaft oder das Amt des Vogts aufzugeben. Schauli verzichtete auf die Würde des Amtes und blieb Wirt.[10]

Der Stabhalter wurde vom Oberamtmann in Rheinfelden eingesetzt. Es war jedoch die Gemeinde, die ihn wählte. Sie legte dem Oberamtmann einen Dreiervorschlag vor, aus dem dieser in der Regel denjenigen ernannte, „welcher am meisten vota gehabt oder sonsten von dem amt am tauglichsten geachtet" wurde.[11]

Für die Ermittlung des Dreiervorschlages liess der Oberamtmann eine Gemeindeversammlung einberufen, bei der er, sein Schreiber, manchmal auch der Obervogt und die Stabhalter anderer Gemeinden zugegen waren. Jeder Bürger wurde nun einzeln vor den Oberamtmann berufen, in der Regel in einen separaten Raum. Dort musste er den Kandidaten seiner Wahl, manchmal auch deren drei, nennen. Mittels einer Strichliste hielt der Schreiber die Stimmen für die einzelnen Kandidaten fest. Die drei mit den meisten Stimmen kamen in den Vorschlag. Die Bestätigung des Erstplatzierten erfolgte allerdings nicht gleich vor Ort. Um zu betonen, dass die Ernennung eines Stabhalters letztlich Sache des Oberamtes war, musste der Gewählte, manchmal zusammen mit den andern beiden aus dem Dreiervorschlag, einige Tage nach der Wahl vor dem Oberamtmann in Rheinfelden erscheinen. Erst dort wurde er formell ernannt und vereidigt.

Eine Wahl zum Stabhalter galt grundsätzlich auf Lebenszeit, sie musste nicht periodisch erneuert werden. Wenn ein Amtsinhaber seines Amtes müde war, konnte er beim Oberamt ein Gesuch auf Entlassung stellen. Diese wurde ihm in der Regel bewilligt. Manchmal wurde er allerdings gehalten, im Amt zu bleiben, bis die Umstände für die Wahl des Nachfolgers günstiger waren. Dies war der Fall bei der Demission des Stabhalters Johannes Bolinger im Jahre 1792.

Die Stabhalter (Vögte) Kaiseraugsts ca. 1670 – 1803

	Amtszeit
Hans Fritsche	ca. 1670 – 1693
Jörg Schauli	1694 – 1709
Hans Jacob Lützelschwab	1710 – 1725
Joseph Häußler	1726 – 1729
Hans Jörg Lützelschwab	1730 – 1746
Franz Stegmann	1746 – 1783
Johannes Bolinger	1783 – 1794
Joseph Lützelschwab	1794 – 1798
Richard Schaulin	1798 – 1803

Quellen: GA Kaiseraugst, Gerichtsprotokolle 1670 – 1727, 1728 – 1779, 1784 – 1822. StAAG AA/6545/02.

VON DER TRENNUNG 1442 BIS INS FRÜHE 19. JAHRHUNDERT

Für Kaiseraugst sind einige Wahlergebnisse aus dem 18. Jahrhundert bekannt.[12] Im Jahre 1746 erhielten Franz Stegmann 36 Stimmen, Fridli Häußler 33, Stoffel Lützelschwab 22 und neun weitere Bürger zwischen 10 und einer Stimme.[13] Franz Stegmann wurde dann Stabhalter und blieb es für 37 Jahre.

Bei der Wahl seines Nachfolgers im Jahre 1783 trat der einmalige Fall ein, dass zwei Kandidaten mit gleicher Stimmenzahl an der Spitze lagen. Johannes Bolinger und Christoph Lützelschwab erhielten je 24 Stimmen. Das machte die Angelegenheit komplizierter. Der Oberamtmann berief nun den Rheinvogt, die Geschworenen und die Gerichtsleute nochmals vor sich. Bei ihrem Eide verpflichtete er sie „dem amte getreulich anhand zu geben, welcher von diesen beeden für die gemeinde als vorsteher der tauglichste wäre. Haben alle insgesamt, wie auch der abgekommene alte stabhalter selbst, das los auf den Johannes Bolinger gworfen, mit dem beysatz, dass er ohnehin bisher im gericht gewesen und von allen gemeindssachen informieret seye." Also selbst in dieser unentschiedenen Situation holte der Oberamtmann nochmals die Meinung seiner Untertanen ein, wenn auch nur der Dorfbeamten und nicht mehr der ganzen Gemeinde. Und er bestätigte den dabei einhellig vorgeschlagenen Johannes Bolinger.

Protokoll der Stabhalterwahlen von 1746 in Kaiseraugst. Der Oberamtmann liess eine Gemeindeversammlung einberufen und die Stimmen für die einzelnen Kandidaten auf einer Strichliste festhalten. Die Namen der drei Bestplatzierten nahm er als Dreiervorschlag entgegen. In der Regel setzte er den Kandidaten mit den meisten Stimmen als neuen Stabhalter ein. Hier war es Franz Stegmann, der 36 Stimmen erhalten hatte. (Staatsarchiv Aargau AA/6545/02)

Die Aufgaben des Stabhalters waren sehr vielfältig. Grundsätzlich kennzeichnete auch ihn jene Doppelstellung, die für Beamten aus dem Kreis der Untertanen charakteristisch war: Einerseits repräsentierte er die Obrigkeit gegenüber seiner Gemeinde. Anderseits trat er vor der Obrigkeit als Vertreter der Gemeinde auf. Der Stabhalter war für den Vollzug aller obrigkeitlichen Befehle und Verordnungen verantwortlich. Bei Widersetzlichkeiten konnte er Bussen bis zu einer gewissen Höhe verfügen, oder er musste die Fehlbaren beim Oberamt verzeigen. Dorthin hatte er auch alle wichtigen Vorkommnisse in der Gemeinde wie Todesfälle, Unglücksfälle, Überschwemmungen, ansteckende Krankheiten oder Viehseuchen zu melden.

Der Stabhalter war der Hüter des dörflichen Friedens und der Sicherheit im Dorf. So schritt er etwa bei Streitigkeiten ein, sorgte für Ordnung in den Wirtshäusern und organisierte die Dorfwacht, zu welcher alle Bürger in der „Kehri", also in einem bestimmten Turnus, verpflichtet waren. Sogar um den Schutz der Religion hatte er sich zu kümmern und gegen Ketzereien im Dorf einzuschreiten. Ihm war die Feuerpolizei anvertraut; er kontrollierte zusammen mit den Geschworenen jährlich die Feuerstellen in den Häusern. Nach dem Erlass der „Allgemeinen Schulordnung" im Jahre 1774 hatte er dafür zu sorgen, dass ein Schulraum zur Verfügung stand und die Gemeinde ihren Beitrag an die Schulbücher und an die Lehrerbesoldung leistete.

Eine weitere wichtige Aufgabe des Stabhalters war der Bezug der obrigkeitlichen Steuern im Dorf und die Verteilung weiterer Lasten wie etwa Frondienste, Requisitionen oder Einquartierungen. Auch bei der Aushebung von

VON DER TRENNUNG 1442 BIS INS FRÜHE 19. JAHRHUNDERT

Rekruten hatte er mitzureden. Als Vorsteher war er – und nur er – befugt, Gemeindeversammlungen einzuberufen, die er dann auch leitete. Schliesslich war er als Stabhalter der Vorsitzende des dörflichen Gerichtes.

Bei dieser Fülle von Aufgaben versteht es sich, dass der Vogt und Stabhalter im Dorf ein mächtiger und einflussreicher Mann war. Über seine formellen Befugnisse hinaus liefen bei ihm selbstverständlich auch viele Informationen zusammen, die seine Mitbürger und die Verhältnisse innerhalb und ausserhalb des Dorfes betrafen.

Für seine Tätigkeit erhielt der Stabhalter eine eher bescheidene Besoldung in bar, die vielleicht um die 20 Gulden betrug. Bedeutend mehr ins Gewicht fielen Entschädigungen für besondere Verrichtungen wie Augenscheine, Gerichtstage, Botengänge etc. In der Regel war er auch von den obrigkeitlichen Steuern befreit, musste keinen Wacht- und keinen Frondienst leisten und blieb in Kriegszeiten vor Einquartierungen verschont.

Wirtshaus zum Adler. Im „Adler" fanden wichtige Versammlungen wie etwa die Stabhalterwahlen statt. Wirte durften selber nicht Stabhalter werden. 1709 musste der Adlerwirt Jörg Schauli deswegen als Stabhalter zurücktreten.

Man kann davon ausgehen, dass der Stabhalter in der Regel von seinen Gemeindegenossen als Amtsträger respektiert wurde. Aber nicht allen gelang es, die Fäden in der Gemeinde zusammen zu halten. Johannes Bolinger, der 1783 als Stabhalter gewählt worden war, reichte 1792 beim Oberamt sein Demissionsgesuch ein. Er habe eine „große haushaltung" zu führen und könne deshalb sein Amt nicht mehr gehörig ausüben. Dies war eine gängige Begründung, um sich von einem Amt freistellen zu lassen. Aufhorchen aber lässt der weitere Grund: „Auch befinde er sich nicht im stande, seine untergebenen gemeindsgenoßen wegen ihren schwierigen köpfen zu leiten und im gehorsam erhalten zu können." [14] Bolinger hatte offenbar Mühe, sich als Vorgesetzter in der Gemeinde durchzusetzen. Vielleicht war schon sein Wahlresultat damals ein schlechtes Omen, er war ja nicht eindeutig mit der stärksten Stimmenzahl gewählt worden, sondern quasi durch einen Stichentscheid. Mag auch sein, dass die Revolution im nahen Frankreich die Dorfgenossen zur Aufmüpfigkeit anspornte.

Das Oberamt akzeptierte Bolingers Gesuch grundsätzlich, hiess ihn aber, angesichts der schwierigen Kriegszeiten vorläufig noch im Amt zu bleiben. Zwei Jahre später, am 18. Mai 1794, liess das Oberamt im Gasthaus zum Adler den neuen Stabhalter wählen. Doch die Wahl verlief noch schwieriger als damals 1783. Es gab jetzt zwar einen überragenden Wahlsieger, nämlich Fridolin Lützelschwab mit 21 Stimmen. Der nächstplatzierte Joseph Lützelschwab lag mit nur 6 Stimmen weit abgeschlagen zurück. Fridolin Lützelschwab aber nahm die Wahl nicht an und nannte offenbar Gründe dafür, die auch das Oberamt anerkannte. Nun wurden alle jene nochmals aufgerufen, die für Fridolin Lützelschwab gestimmt hatten, damit sie ihre Stimme einem

VON DER TRENNUNG 1442 BIS INS FRÜHE 19. JAHRHUNDERT

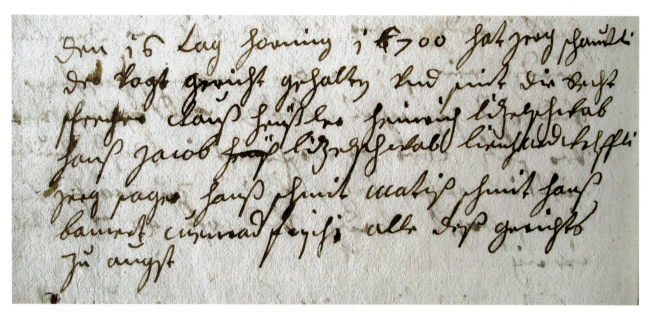

Ein kleiner Verschreiber: Am 16. Februar 1700, beim ersten Eintrag jenes Jahres ins Gerichtsprotokoll, hatte sich der Schreiber noch nicht ganz an den Jahrhundertwechsel gewöhnt. Beinahe hätte er 1699 geschrieben, bemerkte dann aber den Fehler, strich die 6 durch und setzte die richtigen Ziffern. (Gemeindearchiv Kaiseraugst)

andern Kandidaten gäben. Nur zehn von ihnen stimmten für Joseph Lützelschwab, die übrigen elf wählten andere Kandidaten, teils solche, die im ersten Wahlgang noch gar nicht genannt worden waren. Joseph Lützelschwab wurde als Stabführer vom Oberamt bestätigt. Doch seine Legitimationsbasis in der Gemeinde war schmal. Mit 16 Stimmen hatte er nicht einmal die Hälfte der insgesamt 39 erreicht, und von jenen 16 Stimmen waren zehn erst die zweite Wahl.

Joseph Lützelschwab sollte tatsächlich der Rückhalt in der Gemeinde fehlen. Schon nach einem Jahr beklagte er sich darüber, dass „mehrere in der gemeinde sich gegen seine befehle widersetzten". Seine Gegner, voran der Unterzoller Dominik Küenzle, warfen ihm vor, die Gemeinderechnung nicht korrekt zu führen. Eine Seite gab der andern die Schuld. Der Stabhalter scheint zusehends überfordert gewesen zu sein und begann seinerseits, die Gemeinde zu provozieren, etwa indem er einmal in betrunkenem Zustande um Mitternacht eine Gemeindeversammlung einberufen liess. Schliesslich bat er im April 1798 um Entlassung, weil er mit einem weiteren Verbleiben „seinem bauerngewerb nachtheil zufüge, und überhin für seine der hiesigen gemeinde wesentlich geleisteten dienste nichts als undank" erhalte. Das Oberamt akzeptierte seine Demission und liess am 15. April 1798 einen neuen Stabhalter wählen. Diesmal war das Wahlergebnis wieder eindeutig: Mit 24 Stimmen wurde Richard Schauli gewählt. Er sollte der letzte Kaiseraugster Vogt und Stabhalter werden.

Die unglücklichen Amtszeiten von Johannes Bolinger und Joseph Lützelschwab lassen vermuten, dass ein Vogt und Stabhalter sich in seinem Amt nur dann wirklich durchsetzen und damit auch mächtig werden konnte, wenn er in der Gemeinde breit abgestützt war. Wenn deshalb das Oberamt jeweils jenen der drei vorgeschlagenen Kandidaten bestätigte, der die meisten Stimmen erhalten hatte, dann lag das durchaus auch in seinem Interesse an stabilen Verhältnissen.

VON DER TRENNUNG 1442 BIS INS FRÜHE 19. JAHRHUNDERT

Der Rheinvogt

Der Rheinvogt taucht immer wieder als wichtige Figur im Dorf auf, war jedoch eigentlich kein Dorfbeamter. Er war der Vorsitzende der Rheingenossenschaft, der zunftmässigen Vereinigung der Fischer und Schiffleute am Hochrhein von Grenzach bis Säckingen (vgl. die Ausführungen zur Fischerei). Von 1683 bis 1810 hatte immer ein Bürger von Kaiseraugst das Amt inne. Selbstverständlich genoss der jeweilige Rheinvogt hohes Ansehen im Dorf, und er wurde sowohl von Seiten der Gemeinde wie auch des Oberamtes immer wieder zu Entscheiden, die das Dorf betrafen, beigezogen.

Die Geschworenen, der Bannwart und andere Dorfbeamte

Die *Geschworenen* waren die Gehilfen und Stellvertreter des Stabhalters. Gewählt wurden sie von der Gemeinde. Das Oberamt mischte sich dabei nicht ein, sondern nahm lediglich den Gewählten den Amtseid ab.[15] In Kaiseraugst amteten drei Geschworene. Wahrscheinlich dauerte auch hier, wie andernorts, ihre Amtszeit jeweils zwei Jahre, wobei sie oft nach einigen Jahren erneut gewählt wurden. Das Amt war aufwändig, schlecht besoldet und deshalb auch nicht sehr begehrt. Die Geschworenen unterstützten den Stabhalter in seiner Tätigkeit. So halfen sie etwa beim Einzug der Steuern mit. Einer von ihnen führte in der Regel die Gemeinderechnung. In ihren Verantwortungsbereich fiel auch die Aufsicht über Weg und Steg, über Brunnen und Wasser. Wenn Reparaturen oder Neubauten anfielen, mussten sie die Bürger zu den Arbeiten aufbieten.

Der *Bannwart* wurde ebenfalls von der Gemeinde gewählt. Seine Hauptaufgabe bestand in der Aufsicht über die Wälder, Äcker, Wiesen und Häge.[16] Auf seinen täglichen Kontrollgängen hatte er Schäden festzustellen und die schuldigen Frevler ausfindig zu machen. Weidete Vieh an einem verbotenen Ort, so trieb er es vor die Stalltüre des Besitzers und verlangte von ihm eine Gebühr. Zuhanden des Vogtes schrieb er alle Frevler auf, die sich etwa des Holzdiebstahls, des Harzens oder des unbefugten Weidens im Wald schuldig gemacht hatten. Dabei machte er sich gelegentlich ziemlich unbeliebt. Ausserdem versah er Dienste als Dorfweibel und Bote. Das Amt des Bannwarts wurde wohl auch in Kaiseraugst, wie in vielen andern Gemeinden, in der „Kehri", also im jährlichen Turnus, ausgeübt.

Der *Hirt* war ebenfalls ein niederer Beamter, der von der Gemeinde gewählt wurde. Er trieb das Vieh der Gemeindebürger auf die gemeinsamen Weideplätze und hütete es dort. Seine Besoldung bestand in einer bestimmten Menge Garben oder Korn pro Stück gehütetes Vieh. In gewisser Weise zur Beamtenschaft des Dorfes gehörten auch die *Hebamme* und der *Schulmeister*.

Die Gemeindeversammlung

In der Gemeindeversammlung, kurz Gemeind genannt, versammelten sich alle Bürger des Dorfes, und in ihr trat die Gemeinde am deutlichsten als Ganzes in Erscheinung.[17] Nur der Stabhalter war befugt eine Gemeind einzuberufen. Der Obrigkeit war nämlich sehr daran gelegen, dass keine unkontrollierten Versammlungen stattfanden, die vielleicht zum Anlass von Unruhen und Verschwörungen hätten werden können. Der Verlauf und die Beschlüsse der damaligen Gemeindeversammlungen wurden in der Regel nicht protokolliert, deshalb wissen wir auch wenig Konkretes darüber. Gemeindeversammlungen fanden mehrmals im Jahr statt, in der Regel jeweils an Sonntagen nach dem Gottesdienst. Dabei berieten und beschlossen die Bürger über eine Vielfalt von Angelegenheiten des Dorfes. Besonders wichtige Geschäfte waren die Wahlen von Beamten und die jährliche Abnahme der Gemeinderechnung, bei welcher der Stabhalter und die Geschworenen Rechenschaft über ihre Rechnungsführung ablegen mussten. Zu den finanziellen Kompetenzen gehörte auch, dass die Gemeindeversammlung Steuern für die Bedürfnisse der Gemeinde festlegen durfte, allerdings nur mit Vorwissen der Obrigkeit. Das Jahr hindurch entschied die Gemeind aber auch über ganz praktische Angelegenheiten: etwa über die Saat- und Erntetermine auf den Feldern oder über die Nutzung der Gemeindegüter.

Die Teilnahme und Mitbestimmung an der Gemeindeversammlung war den Bürgern der Gemeinde vorbehalten. Und zwar nur den erwachsenen männlichen Bürgern, die auch einen eigenen Haushalt führten. Nicht mitzureden hatten die Hintersassen, jene Leute, die ohne Bürgerrecht in der Gemeinde wohnten. Im Übrigen durften auch nur die Bürger die Allmendgüter, also den Wald und die gemeinsame Weide, mitnutzen; die Hintersassen waren davon ausgeschlossen. Die Bürgerschaft bildete unter sich eine ziemlich geschlossene Gesellschaft. Über die Aufnahme ins Bürgerrecht entschied die Gemeindeversammlung. Das geschah jedoch äusserst selten. Die Bürgeraufnahmen im 18. Jahrhundert lassen sich an einer Hand abzählen: Im Jahre 1706 wurde Bernhard Bürgi aus Olsberg neu in den Kreis der Kaiseraugster Bürger aufgenommen, 1718 August Innismüller von Magden, im Juni 1749 Marx Merckhlin zusammen mit seinem Sohn, und im August desselben Jahres der Sonnenwirt Victor Bürgin, bisher Bürger von Olsberg. Merckhlin bezahlte der Gemeinde hundert Reichsgulden (125 Pfund), ausserdem spendierte er anderthalb Saum (216 Liter) Rotwein, Brot von einem Sack Korn (ca. 75 kg) und eine neue Säge für die Gemeinde.[18]

Das Dorfgericht

Das Dorfgericht tagte unter dem Vorsitz des Stabhalters, welchem als Symbol der Gerichtsbarkeit der Gerichtsstab übertragen war. Mit ihm sassen zwölf Richter und ein Gerichtsschreiber, allesamt Bürger der Gemeinde, zu Gericht.[19] Das Dorfgericht befasste sich mit zivilrechtlichen Angelegenheiten. Wer im Dorf ein Haus oder Grundstück verkaufte, kaufte oder tauschte, wer eine Hypothek aufnahm, wer eine Erbteilung regelte oder wer sonstige güterrechtliche Geschäfte tätigte, musste diese vom Dorfgericht fertigen, d.h. bestätigen lassen. Damit war die Öffentlichkeit solcher Geschäfte gewährleistet. Das war hinsichtlich des so genannten Zugrechtes wichtig: Unter bestimmten Umständen, wie etwa naher Verwandtschaft zum Verkäufer oder wenn der Käufer ein Auswärtiger war, konnte ein Vorkaufsrecht geltend gemacht werden.

In Kaiseraugst tagte das Gericht in der Regel einmal pro Jahr, meist im ersten Quartal, häufig im Februar, eher selten auch später im Jahr.[20] An einem

Protokollbuch des Dorfgerichts Kaiseraugst 1728/30-1779. Im Protokollbuch wurden die Geschäfte des Dorfgerichts, meist güterrechtliche Angelegenheiten wie Käufe und Verkäufe festgehalten. (Gemeindearchiv Kaiseraugst. Foto Giuseppe Esposito, Kaiseraugst)

VON DER TRENNUNG 1442 BIS INS FRÜHE 19. JAHRHUNDERT

Gerichtstermin wurden manchmal bis gegen dreissig Geschäfte behandelt. Gelegentlich tagte das Gericht auch zwischendurch, dann nur für wenige Geschäfte, für die es wahrscheinlich extra einberufen wurde. Gerichtstag war im Übrigen nicht etwa der Sonntag, wie man vielleicht vermuten könnte. Das Gericht traf sich unter der Woche. Zwischen 1670 und 1779 fielen etwa die Hälfte der Gerichtstermine auf einen Dienstag, ein Viertel auf einen Montag und ein Sechstel auf den Donnerstag; die übrigen Wochentage bildeten die Ausnahmen. Selten waren alle zwölf Richter anwesend, meist neun oder zehn.

Die verhandelten Geschäfte wurden im Protokoll festgehalten. Nach dem Gerichtstermin musste zudem innert vierzehn Tagen ein Auszug über alle Geschäfte dem Kameralamt eingereicht werden. Dort wurden sie gegen eine entsprechende Gebühr unterfertigt und besiegelt. Erst damit erhielten sie ihre Rechtskraft. Die in Kaiseraugst protokollierten Geschäfte betreffen zum allergrössten Teil Fertigungen oder sonstige güterrechtliche Belange. An sich wären Dorfgerichte auch für Strafsachen in Bagatellfällen zuständig gewesen. In Kaiseraugst finden wir allerdings nichts davon.

Augst, eine Basler Untertanengemeinde

Auch die Bürger von Augst mussten ihren Herren huldigen, öfter sogar als jene in Kaiseraugst. Während diesen jeweils nach der Wahl eines neuen Kaisers der Huldigungseid abverlangt wurde, mussten die Basler Untertanen alle acht Jahre beim Aufzug eines neuen Landvogts zur Huldigung antreten. Im Zentrum der Huldigung stand auch hier ein Gottesdienst, allerdings nicht eine feierliche Messe mit gesungenem Te Deum, sondern die reformierte Predigt. Im Farnsburger Amte, zu dem Augst gehörte, begann der Gottesdienst schon am Morgen um sechs Uhr und alle Dorfbeamten des Amtes hatten sich mit sämtlichen andern (männlichen) Untertanen ihrer Gemeinden dazu einzufinden.[21] Die Predigt hielt der eigens dafür beauftragte Huldigungspfarrer. Zugegen war auch eine Deputation des Basler Rates. Nach der Predigt stellten sich die Untertanen, geordnet nach Gemeinden, in Kolonnen vor der Deputation auf. Ein Basler Ratsherr aus der Deputation wandte sich nun mit der Huldigungsrede an die versammelten Untertanen, die „in stiller Ehrbarkeit und mit entblösstem Haupte" zuhörten. Die Zeremonie schloss mit dem Verlesen und Schwören der Eide. Hier wie dort wurden also mit der Huldigung die Herrschaftsverhältnisse und die gegenseitigen Verpflichtungen inszeniert und den Menschen zu Gemüte geführt.

Das Herrschaftsgebiet der Stadt Basel in einer Karte aus dem Jahre 1729. Es bestand aus sieben Landvogteien oder Ämtern. Augst gehörte als Exklave zum Amt Farnsburg. (Historisches Museum Basel, Inv.-Nr. 1928.787. Foto P. Portner)

Die Geschworenen als Dorfvorgesetzte

Das Herrschaftsgebiet der Stadt Basel war in sieben Landvogteien oder Ämter aufgeteilt, in denen jeweils ein Landvogt oder Obervogt als Vertreter des städtischen Rates und oberster Verwaltungsbeamte regierte. Die Verwaltung auf der Ebene des Dorfes funktionierte im Basler Herrschaftsgebiet, wie übrigens anderswo auch, ähnlich wie dies für Vorderösterreich und Kaiseraugst im Besonderen geschildert wurde. Die dörfliche Selbstverwaltung

Das Schloss Farnsburg. Hier residierte der Landvogt, der auch für Augst zuständig war. Allerdings war die Farnsburg ziemlich weit weg, was dem Dorf offenbar eine gewisse Bewegungsfreiheit offen liess. (Lavierte Federzeichnung, 17. Jh. Burgenfreunde beider Basel. Foto Historisches Museum Basel, P. Portner)

stützte sich im Prinzip auf die gleichen Beamten und Institutionen: Untervogt, Geschworene, Bannwart, Dorfgericht, Gemeindeversammlung etc., alle mit vergleichbaren Kompetenzen und Pflichten. Allerdings hatte nicht jede Gemeinde ihr eigenes Gericht. Gelegentlich waren mehrere Gemeinden zu einem Gerichtsbezirk zusammengefasst, dem jeweils gemeinsam ein Untervogt und Stabhalter vorstand.[22]

Weil Augst verhältnismässig spät unter die Basler Herrschaft kam, wurde es eher aus Verlegenheit dem Amte Farnsburg zugeteilt. Es gehörte fortan als westliche Exklave zu diesem flächenmässig grössten Amte.[23] Der Landvogt residierte weit weg auf der Farnsburg in der heutigen Gemeinde Ormalingen.

Augst gehörte zu den kleinen Gemeinden, die kein eigenes Gericht besassen. Es bildete zusammen mit Arisdorf und Olsberg den Gerichtsbezirk Arisdorf, einen der sieben Gerichtsbezirke des Farnsburger Amtes. Entsprechend hatte Augst keinen eigenen Untervogt oder Stabhalter wie sein österreichisches Nachbardorf, sondern gehörte in die Zuständigkeit des Arisdorfer Untervogts. Als Dorfvorgesetzte amteten die beiden Augster Geschworenen.

Sie waren für die Ausführung der herrschaftlichen Anordnungen im Dorf zuständig. So organisierten sie die für das Grenzdorf wichtigen Wachten und waren dafür, zumindest zeitweise, vom Wachtdienst dispensiert.

Auch in Augst wurden sehr selten Fremde ins Bürgerrecht der Gemeinde aufgenommen, und etliche wurden mit ihrem Gesuch abgewiesen. Hingegen gab es häufigen Zuzug von Hintersassen. Im Jahre 1740 beklagten sich die Augster, sie hätten in den vergangenen anderthalb Jahrzehnten an die zehn fremde Familien aufnehmen müssen.[24]

Pfarrer Wettsteins „demüthige Vorstellung"

Am 30. September 1753 wandte sich Pfarrer Wettstein in Pratteln, in dessen Sprengel auch die Gemeinde Augst lag, an Bürgermeister und Rat der Stadt Basel. Er schlug vor, das Dorf Augst aus dem Farnsburger Amt auszugliedern und dem Liestaler Amt zuzuteilen, zu dem auch Pratteln gehörte. Er „erkühne" sich, den hochgeachteten Herren „meine demüthige vorstellung zu thun, weil mich mein amt dazu antreibt. So gering und klein die gemeind zu Augst an der bruckh ist, deren seelen sorg mir anbefohlen, so dörfte [ich] doch fast sagen, es wäre unglaublich, wie vielerley verworrene händel, zankh & zwietracht es immerfort in dieser kleinen gemeind gibet."[25]

Eine der Hauptursachen dieser Ungebühr und Unordnung komme „großen theils her von der entlegenheit des schlosses und des herrn obervogts; die beamten erfrechen sich daher um so eher unrecht zu thun, weilen es dem herrn landvogt nicht leicht zu ohren kommt". Für arme Witwen oder Waisen, die sich beklagen wollten, sei der Weg ins Schloss Farnsburg zu weit und mit zu viel Versäumnis und Unkosten verbunden. Diese Entfernung habe auch zur Folge, dass der Herr Landvogt selten selber auf einen Augenschein vorbeikomme, sondern seinen Schreiber schicke. Bei diesem aber gehe es selten ohne Parteilichkeit ab, zudem verzögerten sich die Angelegenheiten lange. Selbst redlich gesinnte Dorfbeamten, die Verfehlungen ihrer Dorfgenossen verzeigen möchten, würden durch die Entfernung zum Schloss davon abgehalten. Die Leute von Augst gingen deshalb, wenn sie etwas zu klagen hätten, zu ihm, dem Pfarrer, statt zum Landvogt. Doch es sei nicht seines Amtes, sich in solche Händel einzumischen.

Kurzum, es lebten diese Leute zum grossen Teil „wie die israëliten vormalen: ohne richter und ohne könig, und darf bald ein jeder tun, was ihm recht deucht." Dabei wäre, da sie „zu äusserst an den gränzen liegen und mit papisten täglichen umgang haben", eine besondere Achtsamkeit vonnöten. Mit einer Zuteilung zum viel näher gelegenen Liestaler Amt liesse sich das Dorf besser unter Aufsicht und Kontrolle bringen.

Die Herren in Basel nahmen den Vorstoss von Pfarrer Wettstein nicht sehr ernst. „Es mag hierbey des herrn pfarrers absicht gantz gut und wohlgemeinet gewesen seyn; doch würde er auch wohl getan haben, wann er dieses als ein pur politisches geschäft jemand anderem überlassen hätte", äusserte sich die Landkommission in ihrem Gutachten dazu. Eine Umteilung würde viele weitere Änderungen nach sich ziehen, und zudem gäbe es noch andere entlegene Gemeinden im Farnsburger Amt.

Pfarrer Wettstein mag mit seinem Vorstoss zwar etwas Übereifer an den Tag gelegt haben. Doch was er vorbringt, ist interessant und weist auf die

VON DER TRENNUNG 1442 BIS INS FRÜHE 19. JAHRHUNDERT

besondere Situation Augsts hin: Es lag an der Grenze und war weit weg vom Landvogt. Dazu kam ja noch, dass es keinen eigenen Untervogt besass, sondern jenem von Arisdorf unterstellt war. Schliesslich residierte auch der Pfarrer, jener Vertreter der städtischen Herrschaft, der gewöhnlich den direktesten Kontakt zu den Untertanen hatte, nicht im Dorf selbst, sondern in Pratteln. Das alles zusammen scheint den Augstern eine gewisse Bewegungsfreiheit beschert zu haben, die sie offenbar nutzten und gelegentlich auch ausnutzten. Kam dann noch die Nähe der „Papisten", also der Katholiken, im Nachbardorf, dazu, dann musste dies einem strengen Herrn wie Pfarrer Wettstein schon bedrohlich vorkommen.

[1] Zur wechselvollen Geschichte Vorderösterreichs: Quarthal, Franz: Vorderösterreich in der Geschichte Südwestdeutschlands. In: Vorderösterreich, nur die Schwanzfeder des Kaiseradlers? Die Habsburger im deutschen Südwesten. Ausstellungskatalog hrsg. vom Württembergischen Landesmuseum Stuttgart, Stuttgart 1999, S. 14 – 59. Ferner: Feine, Hans-Erich: Entstehung und Schicksal der vorderösterreichischen Lande. In: Metz, Friedrich (Hrsg.): Vorderösterreich, Freiburg 1977, S. 47 – 65. Stolz, Otto: Das Verhältnis der vorderösterreichischen Lande zu den landesfürstlichen Regierungen in Innsbruck und Wien. In: Metz, a.a.O., S. 111 – 121.

[2] Protokoll Landschaftsrechnung 8.11.1685, zit. bei: Senti, Anton: Untertanen. Aus Politik, Verwaltung und Wirtschaft im 17. und 18. Jahrhundert. In: Vom Jura zum Schwarzwald 1946, S. 15.

[3] Zum Folgenden vor allem.: Graf, Walter: Das Fricktal unter österreichischer Herrschaft. In: Nachbarn am Hochrhein. Eine Landeskunde der Region zwischen Jura und Schwarzwald, Bd. 1, Möhlin 2002, S. 263 – 291, bes. S. 271ff. Graf, Walter: Die Selbstverwaltung der fricktalischen Gemeinden im 18. Jahrhundert, Frick 1966, S. 28 – 63.

[4] Zum Folgenden: Graf 1966 (wie Anm. 3), S. 170ff.

[5] StAAG AA/6288/01 Extractus Erbhuldigungs Protocolli de anno 1717.

[6] Regele, Oskar: Zur Militärgeschichte Vorderösterreichs. In: Metz, Friedrich (Hrsg.): Vorderösterreich, Freiburg 1977, S. 123 – 137. Graf 2002 (wie Anm. 3), S. 273ff. Graf 1966 (wie Anm. 3), S. 42, S. 61ff.

[7] Graf 2002 (wie Anm. 3), S. 273f. Graf 1966 (wie Anm. 3), S. 40f, S. 85ff.

[8] Dazu u.a.: Bircher Patrick: Der Kanton Fricktal. Laufenburg 2002, S. 26ff.

[9] Zum Folgenden v.a. Graf 2002 (wie Anm. 3), S. 275 – 291. Graf 1966 (wie Anm. 3), S. 64 – 122.

[10] StAAG AA/6205/12, Tavernenwirthschaft Bewilligung an Georg Adam Schmid. 1710.

[11] Zit. nach Graf 2002 (wie Anm. 3), S. 279.

[12] StAAG AA/6545/02, Landschaft Möhlinbach. Vogteien, Stabhalter, Geschworene 1745 – 1803. Augst. Ferner: Senti, Anton: Geschichte von Augst und Kaiseraugst, Liestal 1962, S. 63ff. Graf 1966 (wie Anm. 3), S. 66, S.216.

[13] Die insgesamt hohe Zahl der Stimmen weist darauf hin, dass in diesem Fall jeder Bürger drei Stimmen abgeben konnte.

[14] StAAG AA/6545/02, Landschaft Möhlinbach. Vogteien, Stabhalter, Geschworene 1745 – 1803. Augst. Ferner: Senti, Anton: Geschichte von Augst und Kaiseraugst, Liestal 1962, S. 63ff.

[15] Graf 2002 (wie Anm. 3), S. 281ff. Graf 1966 (wie Anm. 3), S. 105 – 115; Senti, Anton: Geschichte von Augst und Kaiseraugst. Liestal 1962, S. 59.

[16] Graf 1966 (wie Anm. 3), S. 115 – 118.

[17] Graf 2002 (wie Anm. 3), S. 276ff. Graf 1966 (wie Anm. 3), S. 130 – 149.

[18] Gemeindearchiv Kaiseraugst, Gerichtsprotokolle 1670 – 1727 und 1728 – 1779.

[19] Graf 2002 (wie Anm. 3), S. 288ff. Graf 1966 (wie Anm. 3), S. 156 – 169.

[20] Gemeindearchiv Kaiseraugst, Gerichtsprotokolle (wie Anm. 18).

[21] Paul Roth: Die Organisation der Basler Landvogteien im 18. Jahrhundert, Basel 1922, S. 66ff.

[22] Roth (wie Anm. 21), S. 86ff.

[23] Senti (wie Anm. 14), S. 90.

[24] Senti (wie Anm. 14), S. 114ff.

[25] StABL AA/1010, Lade 38, Nr. 33.

VON DER TRENNUNG 1442 BIS INS FRÜHE 19. JAHRHUNDERT

Steuern, Zinsen und Zehnten

Fridolin Kurmann

Den Leuten in der frühen Neuzeit ging es nicht besser als uns Heutigen: Auch sie mussten Steuern und Abgaben bezahlen. Nur unterschieden sich diese in Form und Wesen noch sehr von einem modernen Steuersystem. Das gilt für die eigentlichen Steuern wie vor allem für jene Abgaben, die auf dem nutzbaren Landbesitz lasteten, die Bodenzinsen und Zehnten.

Steuern und Umgeld

Wirtshausszene. Für den ausgeschenkten Wein mussten die Wirte das Umgeld, eine Art Konsumsteuer, bezahlen. (Kupferstich von Coryl Boel, 1622 – 1664)

Der Basler Landvogt auf der Farnsburg, zu dessen Amt das Dorf Augst gehörte, bezog hier jeweils eine direkte Steuer, die so genannte Ehesteuer. Mit ihr wurden die Eheleute, also die einzelnen Haushalte besteuert. Neben einer geringen Grundsteuer war für deren Höhe der Landbesitz der Steuerpflichtigen ausschlaggebend.[1] Ähnlich verhielt es sich mit den so genannten Monatsgeldern im Österreichischen, von denen weiter unten noch die Rede sein wird.

Neben diesen direkten Steuern, die im Vergleich zu heute einen viel geringeren Anteil der Belastungen ausmachten, war für die Obrigkeit das Umgeld eine wichtige Einnahmequelle. Dies war eine Umsatzsteuer und wurde auf verschiedene gehandelte Konsumgüter wie Fleisch oder Korn, vor allem aber auf Wein erhoben. Im Basler Untertanengebiet betrug das Umgeld gegen 20 Prozent des ausgeschenkten Weines. Betroffen davon waren in erster Linie die Wirte, bei denen die Steuer eingefordert wurde, indirekt aber auch alle, welche etwa den besteuerten Wein tranken. Die Kontrolle über die Weinfässer oblag den Geschworenen, die oft die Übersicht verloren und nicht verhindern konnten, dass immer wieder Wein unversteuert verkauft wurde. Auch die Lehenwirte in Augst machten da keine Ausnahme.[2] Das Umgeld war verständlicher Weise nicht beliebt, und die Untertanen konnten sehr empfindlich reagieren, wenn die Obrigkeit neue Forderungen durchsetzen wollte. Der Rappenkrieg des Jahres 1614, eine Revolte im Fricktal und den benachbarten vorderösterreichischen Landen, war wegen der Erhöhung des Umgeldes ausgebrochen.

Das Monatsgeld in Kaiseraugst

Wie überall im vorderösterreichischen Fricktal und Breisgau mussten die Kaiseraugster Untertanen jedes Jahr eine direkte landesherrliche Steuer, das so genannte Monatsgeld entrichten. Das Bemerkenswerte daran ist, dass sie nicht direkt von der obrigkeitlichen Verwaltung verfügt wurde. Es war nämlich die Landschaft, eine Institution auf der Ebene der Untertanen, welche diese Steuer erhob und verwaltete.[3] Zwar legte das drittständische Syndikat in Freiburg den Betrag fest, welchen eine Herrschaft und innerhalb dieser eine Landschaft abzuliefern hatte. Was dann die einzelnen Gemeinden und Steuerpflichtigen leisten mussten, das wurde auf den Ebenen der

Der Bauer klagt über sein hartes Leben, in dem ihm auch die Steuern „viel hertzleid" bereiten. (Holzschnitt von J. Amman, Frankfurt 1568)

VON DER TRENNUNG 1442 BIS INS FRÜHE 19. JAHRHUNDERT

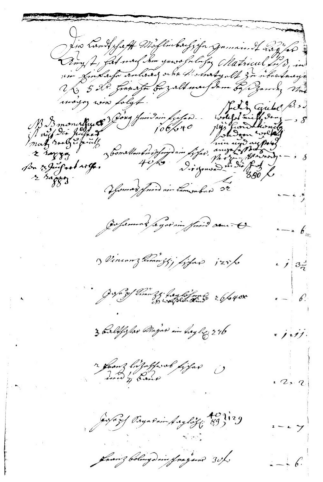

Liste der Monatsgelder für die Gemeinde Kaiseraugst um 1760 (Kopfseite). Jeder einzelne Bürger wurde mit seiner Steuerveranlagung aufgezeichnet. (Staatsarchiv Aargau AA/6297/02)

Tabelle 2
Die Höhe der Monatsgelder in Kaiseraugst um 1756

Monatsgeld	Steuerpflichtige
3 Schilling und mehr	2
2.50 – 2.99 Schilling	2
2.00 – 2.49 Schilling	5
1.50 – 1.99 Schilling	6
1.00 – 1.49 Schilling	10
0.50 – 0.99 Schilling	19
unter 0.50 Schilling	2
alle	46

Landschaft und der Gemeinden geregelt, also der Selbstverwaltung der Untertanen überlassen. Ein gewichtiges Wort hatte dabei der Obervogt mitzureden. Denn er war, zusammen mit dem Landessäckelmeister, für die Verwaltung der landschaftlichen Finanzen verantwortlich. Der grösste Teil der Landessteuer ging weiter an die Kassen höherer Stellen. Ein Teil davon blieb jedoch bei der Landschaft und konnte für deren Belange verwendet werden.

Der Obervogt verteilte die Steuersätze auf die einzelnen Gemeinden. Innerhalb der Gemeinde waren es dann die Dorfvorgesetzten, welche den Steuerbetrag für die einzelnen Pflichtigen veranlagten. Massgebend war dabei im Wesentlichen der Grundbesitz, manchmal auch noch der Ertrag eines Gewerbes. Die Grundeinheit dieser Steuerveranlagung war das „Monatsgeld". Der Name ist verwirrend, denn es handelte sich dabei nicht etwa um einen monatlich zu entrichtenden Betrag, sondern um eine abstrakte Grundeinheit. Sie konnte für einen einzelnen Steuerpflichtigen von einigen wenigen Pfennigen bis zu ein paar Schillingen betragen. Je nach Finanzbedarf der Landschaft und vor allem der vorgesetzten Stellen wurde dann pro Jahr jeweils eine bestimmte Anzahl von Monatsgeldern verlangt. Sie konnte sich von einem guten Dutzend im günstigsten Fall bis zu einigen Hunderten etwa in einem Kriegsjahr bewegen.

Einer Steuerliste um das Jahr 1760 ist zu entnehmen, dass innerhalb der Landschaft Möhlinbach für die Gemeinde Kaiseraugst als Ganzes „ein einfache anlaag oder monatgelt" von zwei Gulden und sechs Kreuzern (2.08 Gulden) festgelegt war.[4] Für die Verteilung auf die einzelnen Haushalte war hier der Landbesitz massgebend, wie eine Randnotiz in der Liste zeigt: „NB das monathsgeld ist auf die juchert matten reeben güter 2 rappen, von 3 juchart acher 2 rappen". Es wurden also für eine Juchart Matten oder Rebland zwei Rappen veranlagt und für drei Jucharten Ackerland, das weniger kostbar war, ebenfalls zwei Rappen.[5] Die Verteilung der Steuer auf die einzelnen Steuerpflichtigen lag in der Verantwortung des Vogts oder Stabhalters, das war zu jener Zeit Franz Stegmann. Er selber war von Amtes wegen von der Steuer befreit. Der grösste Steuerzahler war der Adlerwirt Gregori Lützelschwab, der mit 25 Jucharten auch am meisten Land besass; er war mit einem Monatsgeld-Satz von 4 Schilling und 3 Pfennig (4.25 Schilling)) veranlagt. Ihm folgte der Fischer und Viertelbauer Leodegari Küenzli mit 3 Schilling. Alle andern waren mit weniger als drei Schilling eingeschätzt.

Die Verteilung der 46 Monatsgelder nach ihrer Höhe gibt in etwa einen Eindruck von der Streuung des Wohlstandes in der Gemeinde (Tabelle 2). Nach den beiden genannten Spitzenreitern folgten sieben Steuerpflichtige, die mit zwei bis drei Schilling eingeschätzt waren und die man ebenfalls noch zu den eher wohlhabenden Leuten der Gemeinde zählen kann; zu ihnen hätte auch der Stabhalter Franz Stegmann gehört, der ja von der Steuer befreit war. Auf der andern Seite war mit 21 Steuerpflichtigen doch beinahe die Hälfte mit einem Ansatz unter einem Schilling belastet, was auf ziemlich bescheidene Vermögensverhältnisse schliessen lässt. Einschränkend ist allerdings zu bemerken, dass der Grundbesitz, auf dessen Basis die Steuer erhoben wurde, in Kaiseraugst nicht die alleinige Existenzgrundlage darstellte. Anders als in einem reinen Bauerndorf, lebten ja viele Haushalte auch noch von der Fischerei oder der Schifffahrt.

Bodenzinsen

Die dörflichen Landbesitzer waren damals, im späten Mittelalter und in der frühen Neuzeit, eigentlich nicht wirklich die Eigentümer ihres Landes. Theoretisch gehörte es den geistlichen oder weltlichen Grundherren. Dieses für uns heute fremde Eigentumsverständnis erklärt sich aus der geschichtlichen Entwicklung. Ursprünglich gaben die Grundherren ihre Höfe den Bauern nur als Lehen. Schon im späten Mittelalter jedoch wurde es allmählich zur Gewohnheit, dass ein Hof nach dem Tode eines Bauern nicht mehr förmlich an die Erben neu verliehen wurde, sondern ohne weiteres an diese überging. Mit der Zeit trat das Eigentumsrecht des Grundherrn immer mehr zurück und es bildete sich die Praxis der so genannten Erbleihe heraus: Die Güter wurden mehr und mehr faktisches Eigentum der Bauern oder Tauner. Sie konnten nach Belieben über sie verfügen, durften sie also weiter verkaufen, tauschen, teilen oder als Grundpfand verschreiben. Geblieben aber von den Verpflichtungen dem Grundherrn gegenüber war der Bodenzins. Dieser musste jährlich auf einen bestimmten Termin, häufig auf Martini am 11. November, entrichtet werden. Er bestand in der Regel nicht in Geld, sondern in Naturalien, nämlich in einem bestimmten Quantum des Getreides oder sonstigen Produktes, das auf dem jeweiligen Land angebaut wurde.

Bodenzins-Berain des Gotteshauses St. Galli in Kaiseraugst von 1814. In den Berainen wurden die Zinsguthaben der Grundherrschaften festgehalten, hier zusätzlich noch die gestifteten Jahrzeiten. (Gemeindearchiv Kaiseraugst. Foto Giuseppe Esposito, Kaiseraugst)

Tragereien und Beraine

Der Gemeindebann von Kaiseraugst war grundherrlich kein geschlossenes Gebiet, sondern es hatten, je nach Lage des Landes, verschiedene Grundherren ihre Rechte. Es waren dies das Gotteshaus St. Galli zu Augst, also die Kirche zu Kaiseraugst, das Stift St. Martin zu Rheinfelden, das Kloster Olsberg, die Kommende Beuggen und die Herren von Bärenfels zu Hegenheim.[6]

Das zinspflichtige Land war jeweils in mehrere so genannte Tragereien aufgeteilt. Dem grössten Landbesitzer innerhalb einer solchen Tragerei kam jeweils die Rolle des Tragers oder Trägers zu. Als solcher musste er bei den übrigen Zinspflichtigen seiner Tragerei den Zins eintreiben und ihn, zusammen mit dem seinen, der Grundherrschaft abliefern. Das war verständlicherweise ein sehr unbeliebtes Amt, das jeder gerne wieder loswurde. Da im Dorf ein ziemlich reger Grundstückhandel herrschte, blieben auch die Besitzverhältnisse innerhalb der Tragereien dauernd im Wandel. Sobald ein Trager von einem Mitzinser an Landbesitz überholt wurde, trat er vor das Dorfgericht

Ein Mönch lässt sich von einem Bauern ein Fass Wein und Brote als Abgaben hinterher tragen. Die Zinsen und Zehnten mussten häufig an geistliche Institutionen entrichtet werden. (Holzschnitt aus Thomas Murner: Vom grossen lutherischen Narren, Strassburg 1522)

VON DER TRENNUNG 1442 BIS INS FRÜHE 19. JAHRHUNDERT

und wies nach, dass er jetzt nicht mehr „der erste im zins" sei. Das Gericht bestätigte dies und ernannte jenen zum Trager, der nun innerhalb der Tragerei am meisten Land besass. Solche Entscheide hatte das Gericht fast jedes Jahr, und zwar meist mehrere, zu fällen.

Die ständigen Handwechsel, die zumeist kleine Parzellen von oft weniger als einer Jucharte betrafen, führten mit der Zeit dazu, dass dem Grundherrn die Übersicht über seine Zinsgüter verloren ging. Dies nutzten dann die Zinspflichtigen gelegentlich aus und versuchten, sich um ihre Abgaben zu drücken. Im Juli 1649, ein Jahr nach Ende des Dreissigjährigen Krieges, wandte sich Ernst Friedrich von Bärenfels an die Regierung in Freiburg. Seine Zinsgüter in (Kaiser-)Augst seien „bey dieser langwierigen kriegs zeit, durch absterben und verenderung der leüth, in zwielichtigkeit gekommen". Die Zinsleute würden die Bezahlung der Zinsen verweigern, bis ihnen gezeigt werde, „von was büecheren solche herrühren." Von Bärenfels hatte also Mühe, seine Zinsforderungen aufgrund von Dokumenten oder Büchern zu beweisen. Er bat deshalb die Regierung, eine Bereinigung vorzunehmen, also die Zinsgüter, die darauf lastenden Zinsen und die pflichtigen Zinser neu aufzuzeichnen. Das letzte Mal war eine solche Bereinigung der Bärenfelsischen Güter im Jahre 1594 aufgenommen und in einem Verzeichnis, einem so genannten Berain, festgehalten worden. Auf das oben erwähnte Gesuch hin wurde im Jahr darauf, 1650, ein neuer Berain ausgefertigt. Später sollte dieser noch zwei Mal revidiert werden, nämlich im Jahre 1728 und im Jahre 1772.[7] Es wurde also alle fünfzig bis siebzig Jahre eine solche Bereinigung fällig. Nicht nur die Herren von Bärenfels liessen so von Zeit zu Zeit ihren Berain erneuern, sondern auch die andern Grundherren.

Eine solche Bereinigung war eine sehr aufwändige und feierliche Angelegenheit. Nachdem der Grundherr an die vorderösterreichischen Amtsstellen das Gesuch um Erneuerung gestellt und diese dem Gesuch stattgegeben hatten, befahl der Herr Oberamtmann in Rheinfelden dem Vogt und Stabhalter zu Augst, einen Gerichtstag anzusetzen. Das Gericht tagte dann unter dem Vorsitz des Stabhalters, der in einer besonders feierlichen Formel daran erinnerte, dass er im Namen des Römischen Kaisers zu Gericht sitze.

Einleitung eines Berains über Bodenzinsen des Stiftes Rheinfelden in Kaiseraugst. Das Verzeichnis wurde am 14. April 1750 vor dem Dorfgericht bereinigt und von Stabhalter Franz Stegmann feierlich bestätigt. (Staatsarchiv Aargau AA/7516)

VON DER TRENNUNG 1442 BIS INS FRÜHE 19. JAHRHUNDERT

Dem Stabhalter zur Seite standen die Gerichtsleute des Dorfgerichtes. Oft war auch noch ein Vertreter des Oberamtes in Rheinfelden anwesend. Sozusagen als die eine Partei vor dem Gericht zugegen war der Grundherr oder sein Vertreter, also etwa der Junker von Bärenfels für seine eigene Grundherrschaft, der Schaffner des Stifts St. Martin in Rheinfelden als dessen Vertreter oder der Kirchmeier und der Pfarrer für die hiesige Kirche. Auf der andern Seite waren alle Zinspflichtigen vorgeladen. Nun wurde Stück für Stück der alte Berain verlesen. Die Zinspflichtigen mussten unter Eid erklären, wer jetzt Besitzer welches Zinsgutes war, wie viel er darin besass und welches die jeweiligen Anstösser (Nachbarn) der Parzelle waren. Nicht nur über ihre eigenen Besitztümer wurde von ihnen Bescheid gefordert, sondern sie waren auch verpflichtet anzugeben, was sie über die andern Güter wussten. Sie waren gehalten, keine „gefördte"(Tücke) und keinen Betrug zu gebrauchen und nichts zu verschweigen. Denn wenn eines oder mehrere Stücke „ledig", also zinslos, gemacht würden, träfe es auf die andern eine umso grössere Last. Es dürfe niemandem zu lieb oder zu leid gehandelt werden, es solle ohne Ansehen von Eigennutz, Gefälligkeit, Furcht, Neid oder Hass, Freundschaft oder Feindschaft geschehen, so dass „ich [der Stabhalter] und sie [die Zinser] Gott dem allmächtigen am jüngsten gerichtstag getrawen hierumben red, antwort und rechnungschaft zue geben".[8] Gegenseitige Solidarität und die einst vor dem jüngsten Gericht zu verantwortende Beachtung religiöser Gebote bildeten also die moralische Grundlage und die Gewähr für den korrekten Ablauf einer solchen Bereinigung.

Tragerbüchlein für Galli Lützelschwab auf die vierte Tragerei des Gotteshauses S. Galli zu (Kaiser)Augst. Die Zinsgüter waren jeweils in Tragereien aufgeteilt. Der grösste Landbesitzer innerhalb einer Tragerei musste als Trager die Zinsen der übrigen Zinspflichtigen einsammeln. (Gemeindearchiv Kaiseraugst. Foto Giuseppe Esposito, Kaiseraugst)

Wenn dann sämtliche Besitzverhältnisse festgehalten und die Einträge entsprechend revidiert waren, dann überprüften und bestätigten der Stabhalter, die Gerichtsleute und zusätzlich noch die Ältesten des Dorfes die gemachten Angaben. Schliesslich wurden sie dem Gericht und den versammelten Zinspflichtigen öffentlich vorgelesen. Darauf verfügten sich der Stabhalter und die Gerichtsleute nach Rheinfelden auf das Oberamt, legten den korrigierten Berain vor und liessen sich vom dortigen Amtsschreiber einen neuen ausfertigen. Das Dorfgericht unter der Leitung des Stabhalters blieb aber jene Institution, welche den Berain anschliessend als rechtskräftig erklärte, wobei, wie erwähnt, der Stabhalter sich auf seine Vollmacht von Seiten des Kaisers berief. Solche Grundzins-Bereinigungen waren also ein bemerkenswerter Akt dörflicher Autonomie. Den Dorfbewohnern blieb es überlassen, ihre Zinslasten in eigener Verantwortung festzuhalten. Das funktionierte nur über ein breit abgestütztes moralisches Selbstverständnis und auch über eine grundsätzliche Anerkennung der bestehenden Herrschaftsverhältnisse.

Der Zehnt

Der Zehnt war eine alte kirchliche Abgabe, die den zehnten Teil des Ernteertrages ausmachte. Je nach Art der geernteten Früchte gab es verschiedene Kategorien des Zehnten. Am meisten ins Gewicht fiel der Getreidezehnt oder Grosse Zehnt vom Getreide, das auf den Ackerfluren angebaut wurde. Die Reben waren mit dem Weinzehnten belastet, die Matten mit dem Heuzehnten. Der Zehnt wurde vom Rohertrag genommen und nicht etwa vom

VON DER TRENNUNG 1442 BIS INS FRÜHE 19. JAHRHUNDERT

Bei der Getreideernte musste jede zehnte Garbe auf dem Feld liegen gelassen werden und wurde vom Zehntherrn oder dem Zehntbeständer eingesammelt. (Kupferstich nach Daniel Nikolaus Chodowiecki, um 1770)

Reinertrag, der nach Abzug von Saatgut, Schuldzinsen und sonstigem Aufwand noch blieb. So war er die am schwersten lastende der verschiedenen Abgaben, welche damals von den Untertanen verlangt wurden. Weniger bedeutend war der Kleine Zehnt auf Gartenfrüchten und Kulturen auf den Bündten (Pflanzplätzen), der wahrscheinlich auch hier bereits seit längerem in eine feste Geldabgabe umgewandelt worden war.

Zehntherr in Kaiseraugst war das Basler Domkapitel in Arlesheim. Seit 1285 besass es das Patronatsrecht über das hiesige Gotteshaus St. Galli.[9] Damit oblag es ihm, die Pfarrer zu ernennen und sie auch zu besolden. Der grösste Teil des Zehnten diente denn auch der Besoldung des Pfarrers. Im Jahre 1803 zog der Kanton Aargau das Patronatsrecht und damit auch den Zehnen an sich.

Üblicherweise zogen damals die Zehntherren den Zehnten nicht mehr selbst ein, sondern überliessen dies den so genannten Zehntbeständern. Einige Wochen vor der Ernte, wenn der Ertrag in etwa abgeschätzt werden konnte, wurde der Zehnt an den Meistbietenden versteigert. Der Zehntbeständer, welcher den Zuschlag erhielt, durfte dann, gegen Entrichtung des in der Steigerung gebotenen Betrages, den Zehnten auf eigenes Risiko einziehen. Es ist allerdings fraglich, ob auch in Kaiseraugst der Zehnt der hiesigen Kirche versteigert wurde. Die Praxis während der Phase der Zehntablösung im 19. Jahrhundert weist eher auf einen direkten Bezug hin.

Der Zehnt war eine Holschuld, das heisst, er musste vom Zehntherrn oder vom Zehntbeständer auf dem Feld abgeholt werden. Beim Getreidezehnten ging das im Grundsatz so, dass die Zehntpflichtigen ihre Garben auf dem Feld stehen lassen mussten, bis der Zehntherr über das Feld gefahren und jede zehnte Garbe mit sich genommen hatte. Wahrscheinlich ging es aber nicht immer so streng zu und her, und die Zehntpflichtigen durften ihre Ernte vorher einfahren und von sich aus jede zehnte Garbe auf dem Feld stehen lassen.

Für den Bezug des Weinzehnten stellte der Zehntherr am Rande des Rebbergs einen Bottich auf. Jeder Rebenbesitzer musste mit seinen Trauben in geeichten Behältern dort vorbeigehen. Dort wurden sie in den mitgebrachten Behältern zerstossen und der zehnte Teil davon weggenommen und in den Bottich geleert.[10]

Weinbauer bei der Weinlese. Auch von den Trauben aus den Rebbergen musste der Zehnt entrichtet werden. (Holzschnitt, Strassburg 1525)

Die Zehntablösung in Kaiseraugst nach 1829

Der Zehnt war nicht nur eine für die Pflichtigen belastende Abgabe. Weil er eng auf das Dreizelgensystem der Landwirtschaft zugeschnitten war, behinderte er auch Innovationen. So mussten beispielsweise die durch die Tradition geforderten Getreidearten angebaut werden, und die Zehntpflichtigen hatten nicht die Freiheit, auf den entsprechenden Parzellen etwas anderes zu

VON DER TRENNUNG 1442 BIS INS FRÜHE 19. JAHRHUNDERT

pflanzen. Der Zehnt hemmte somit beispielsweise die Tendenz zum Ausbau der Vieh- und Graswirtschaft. Aus diesen Gründen wurde er im Laufe der ersten Hälfte des 19. Jahrhunderts an den meisten Orten abgelöst.

In Frankreich hatte die Revolution 1793 den Zehnten zusammen mit allen andern Feudallasten wie etwa den Bodenzinsen abgeschafft, und zwar ohne Entschädigung an die Feudalherren. In der Schweiz war die Zehntfrage eine der grossen Streitfragen, um die in der Helvetik (1798 – 1803) gerungen wurde. Eine radikale Abschaffung wie in Frankreich, die von Seiten der Bauernschaft gefordert wurde, kam nicht in Frage. Zu sehr war das ganze öffentliche Finanzwesen mit dem Zehnten verknüpft. So blieb dieser weiterhin bestehen.[11]

Martinskirche mit Zehntscheune in Rheinfelden. Das Martins-Stift in Rheinfelden bezog in Kaiseraugst Bodenzinsen. (Aquarell von Gustav Kalenbach-Schröter, 1821-1901. Fricktaler Museum, Rheinfelden. Foto Beat Zimmermann, Rheinfelden)

Aber der Stein war ins Rollen geraten. Nicht mehr ob der Zehnt verschwinden sollte, sondern wie dies geschehen könnte, war nun die Frage. Es bestand aber ein weitgehender Konsens darüber, dass das Zehntrecht ein legitimes Eigentum des Zehntherren war. Eine entschädigungslose Abschaffung wäre einer Enteignung gleichgekommen und lief deshalb dem damals massgeblichen Rechtsverständnis entgegen. Die einzelnen Kantone legten deshalb Verfahren fest, wie die Zehnten mit einer Entschädigung an die Zehntherren abzulösen seien. Dabei wurde der Zehnt kapitalisiert, meist zu fünf Prozent. Also rechnete man aus 20 durchschnittlichen jährlichen Zehnterträgen ein Kapital hoch, das dem Zehntherrn als Entschädigung bezahlt werden musste. Selbstverständlich verfügte kaum ein Zehntpflichtiger über genügend flüssige Mittel, um eine solche Ablösungssumme zu begleichen. Er musste dafür Geld aufnehmen, was zur Folge hatte, dass sich die ohnehin schon stark belasteten Landwirte noch mehr verschuldeten.

Ein weitsichtiger Plan

Mit der Integration des ehemals österreichischen Fricktals in den neuen Kanton Aargau war das Kollaturrecht der Kaiseraugster Kirche an den Kanton übergegangen, das heisst, dem Kanton oblag künftig die Ernennung und Besoldung des Pfarrers. Damit war auch der Zehnt dem Kanton zu entrichten. Für den Loskauf wählten die Zehntpflichtigen von Kaiseraugst nun ein sehr weitsichtiges Vorgehen, dank dessen sie die geschilderte Schuldenfalle umgehen konnten. Am 31. März 1829 beschloss eine Versammlung aller 108 Zehntpflichtigen des Zehntbezirks Kaiseraugst, den Zehnten abzulösen.[12] Aber statt dass nun jeder seinen Teil zur Ablösungssumme hätte beitragen müssen, entschied die gleiche Versammlung einhellig, dass man gemeinsam ein Kapital für den Loskauf aufnehmen und als solidarische Schuldner dafür haften wolle. Um das Loskaufkapital zu tilgen, entschieden die Zehntpflichtigen, den Zehnten in eigener Regie weiterhin wie bisher zu beziehen und aus dessen Erlös allmählich das Kapital samt Zinsen abzubezahlen. Und zwar sollte das so lange geschehen, bis nicht nur das Loskaufskapital getilgt wäre, sondern bis zusätzlich noch ein Kapital von 4000 Franken für den Schulfonds zusammengekommen wäre. Die Führung der beschlossenen Geschäfte sollte einer Zehntkommission obliegen. Sie bestand aus sieben Mitgliedern, fünf davon aus Kaiseraugst und je eines aus Giebenach und Baselaugst, weil auch Bürger aus diesen Gemeinden in Kaiseraugst zehntpflichtiges Land besassen.

Für die erste Amtsperiode von drei Jahren wurden in die Zehntkommission gewählt: Gemeindeammann Fridolin Lützelschwab aus Kaiseraugst, Gemeindepräsident Schweizer aus Giebenach, Gemeinderat Jakob Meyer aus Baselaugst sowie weiter aus Kaiseraugst Lehrer Ignaz Schmid, Richard Schauli, Johann Künzli und Martin Gertieser. Es wurde nun der Zehnt geschätzt und mit dem Bezirksverwalter Lützelschwab in Rheinfelden die Ablösungssumme ausgehandelt, wobei für den Weinzehnten eine gerichtliche Schatzung notwendig wurde. Schliesslich nahm die Kommission bei Herrn Johann Jakob Iselin in Basel ein Kapital von insgesamt etwa 27'500 Franken auf, das jährlich mit 3.5 Prozent zu verzinsen war.[13]

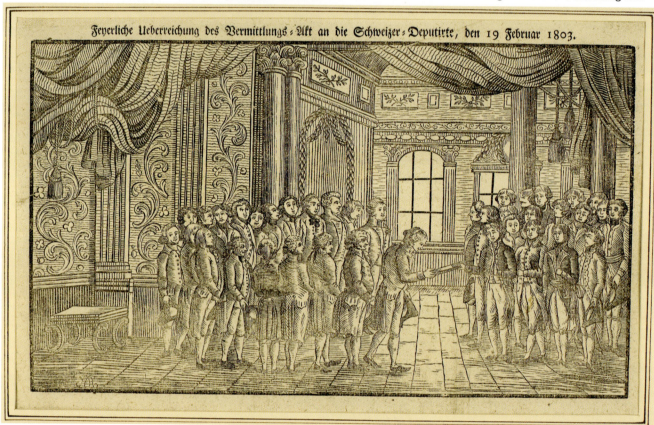

Feierliche Überreichung der Vermittlungsakte an die Schweizer Delegierten durch Napoleon in Paris am 19. Februar 1803. Diese Mediationsakte umschrieb auch den neuen Kanton Aargau, zu dem das Fricktal künftig gehören sollte. In der Folge ging das Kollaturrecht über die Kirche von Kaiseraugst vom Basler Domkapitel in Arlesheim an den Kanton Aargau über. Dieser wurde somit neuer Zehntherr in Kaiseraugst. (Fricktaler Museum, Rheinfelden. Foto Beat Zimmermann, Rheinfelden)

Die eigenen Zehntherren

Nach wie vor mussten die Zehntpflichtigen bei der Ernte jede zehnte Garbe stehen lassen und im Herbst von ihren Trauben den zehnten Teil abgeben. Für den Heuzehnten legte man einen Geldbetrag fest. Er machte 12, 16 oder 20 Batzen pro Juchart aus, je nach dem, welcher der drei Qualitätsklassen das jeweilige Mattland zugeordnet war.

Aber die Kaiseraugster waren nun ihre eigenen Zehntherren. Die Zehntgarben sammelten sie selbst in Fronarbeit ein. Der „Kehri" nach kamen alle Zehntpflichtigen von Zeit zu Zeit dafür zum Einsatz. Auch das Dreschen der Zehntgarben jeweils im November wurde auf diese Weise organisiert. Jeden Tag waren sechs Mann am Dreschen. Ein Mitglied der Zehntkommission beaufsichtigte die Arbeit. Die Zehntkommission war auch dafür besorgt, dass schliesslich das Zehntgetreide und der Zehntwein zu einem guten Preis verkauft wurden.

Nach einigen Jahren stellte die neu gewählte Zehntkommission fest, dass es „sowohl im Zusammentragen auf dem Felde als auch wegen dem Heimführen & zugleich auch Tröschen sehr lau & langsam zugieng und daß bereits ein jeder allemal wieder froh war, daß seine Tour oder Kehry vorbeiy gieng ohne daß es dabey viel oder wenig gethan worden". Damit durch solche Nachlässigkeit das Loskaufprojekt nicht gefährdet wurde, beschloss die Zehntkommission im September 1838, die Arbeit gegen Lohn auszugeben. Für jeden Träger wurden pro Tag ein Franken und sechs Batzen festgesetzt, die Fuhrleute bekamen für das Fahren und Abladen zwei Rappen pro Garbe, die Drescher neun Batzen pro Tag. Die Lohnkosten sollten durch den Verkauf von Stroh und „Güsel" (Dreschabfall) wieder ausgeglichen werden. Einmal, im Jahre 1846, wurde versucht, den Zehnten zu versteigern. Das bewährte sich offenbar nicht, und so kehrte man wieder zur bisherigen Praxis zurück.

Für die Lagerung der eingesammelten Zehntgarben und für das Dreschen stand kein eigens dafür vorgesehenes Gebäude wie etwa eine Zehntscheune zur Verfügung. Die Gemeinschaft der Zehntloskäufer musste sich deshalb bei jemandem einmieten. Wer dafür in seiner Scheune Platz zur Verfügung stellte, mit dem wurde ein Akkord über den „Scheuerzins" ausgehandelt. Später wurde dieser öffentlich versteigert. Oft wurde nicht alles Zehntgetreide am gleichen Ort eingelagert, sondern nach Getreidearten – Korn, Roggen, Weizen, Gerste, Hafer – getrennt. Bezahlt wurde nach Anzahl Garben. Manchmal gab es pro Roggen-, Gerste- und Hafergarbe zwei Rappen und für die übrigen anderthalb Rappen, manchmal auch zwei Rappen ohne Unterschied der Sorte. Wer seine Scheune für die Zehntgarben vermietete, der musste gewährleisten, dass nicht verschiedene Sorten Getreide durcheinander gerieten und er durfte keine Garben direkt über dem Stall lagern, wahrscheinlich wegen der Feuchtigkeit und vielleicht auch wegen der Mäuse. Und wenn der Dreschtermin kam, musste er die Scheune dafür gehörig geräumt haben, „dass kein Hindernis fürs Dreschen im Wege stehe."

Ein gutes Ende

Im Sommer 1849 war es dann so weit. Am 8. Juli konnte die Zehntkommission den versammelten Zehntpflichtigen mitteilen, dass für die Tilgung der Restschuld von 1700 Franken bei Iselin in Basel und für die 4000 Franken in den Schulfonds nicht mehr ein ganzer Zehntertrag, sondern lediglich noch ein Rest von 1000 Franken erforderlich sei. Um nochmals „viel Kösten mit Führen, Scheurenzins & Tröscherlohn" zu vermeiden, schlug die Kommission der Versammlung vor, auf einen erneuten Zehntbezug zu verzichten und statt dessen die fehlenden 1000 Franken im Verhältnis zum Landbesitz auf die Zehntpflichtigen aufzuteilen und einzuziehen. Ausser zwei Opponenten aus Giebenach stimmten alle dem Vorschlag zu. So gehörte jetzt der Zehnt

Protokoll der Kaiseraugster Zehntkommission. Die Ablösung des Zehnten wurde in Kaiseraugst sehr weitsichtig geplant, so dass sich die einzelnen Zehntpflichtigen nicht verschulden mussten. Die Ablösung dauerte von 1829 bis 1849 und wurde von der Zehntkommission geleitet. (Gemeindearchiv Kaiseraugst. Foto Giuseppe Esposito, Kaiseraugst)

VON DER TRENNUNG 1442 BIS INS FRÜHE 19. JAHRHUNDERT

in Kaiseraugst endgültig der Vergangenheit an, ohne dass jemand sich persönlich hatte verschulden müssen. Und mit den 4000 Franken für den Schulfonds blieb erst noch ein nachhaltiger Nutzen für das Gemeinwesen.

[1] Nah dran, weit weg. Geschichte des Kantons Basel-Landschaft, Liestal 2001, Bd. 3, S. 195ff. Senti, Anton: Geschichte von Augst und Kaiseraugst. Liestal 1962, S. 120ff.

[2] Freivogel, Ludwig: Die Lasten der Baslerischen Untertanen. In: Basler Jahrbuch 1927, S. 129f.. Senti (wie Anm. 1), S. 120.

[3] Graf, Walter: Das Fricktal unter österreichischer Herrschaft. In: Nachbarn am Hochrhein. Eine Landeskunde der Region zwischen Jura und Schwarzwald, Bd. 1, Möhlin 2002, S. 273ff.. Graf, Walter: Die Selbstverwaltung der fricktalischen Gemeinden im 18. Jahrhundert, Frick 1966, S. 38f., S. 52 – 57, S. 79 – 84.

[4] StAAG AA/6297/02, Augst. Verzeichnus über Bürger, ca. 1756; Liste der Monatsgelder undatiert, um 1760.

[5] 1 Rappen war 1/6 Schilling wert.

[6] StAAG AA/7748a – c, Bärenfelser Beraine 1594, 1650, 1728. Gemeindearchiv Kaiseraugst, verschiedene Zinsbücher und Einträge in den Gerichtsprotokollen.

[7] StAAG AA/6205/10, 3./13. Juli 1649. AA/7748a – c Bärenfelser Bereine 1594, 1650, 1728. Gemeindearchiv Kaiseraugst, Gerichtsprotokoll 11. August 1772.

[8] StAAG AA/7748c, Bärenfelser Berain Augst 1728. Ähnliche Formeln finden sich auch in den Einleitungen zu Tragereibüchern im Gemeindearchiv Kaiseraugst.

[9] Vgl. Kapitel Kirchen und Religion. StAAG AA/6205/07, Beschwerde des Domkapitels 1783.

[10] So war jedenfalls die Praxis während der Phase der Zehntablösung. Gemeindearchiv Kaiseraugst, Protokoll der Zehntkommission, 25. September 1830.

[11] Handbuch der Schweizergeschichte, Zürich 1980, Bd. 2, S. 817 – 820.

[12] Dazu und zum Folgenden: Gemeindearchiv Kaiseraugst, Protokoll über die Verhandlungen und Beschlüsse der Kaiseraugster Zehend Commission.

[13] Im November 1829 wurden 25'000 Franken aufgenommen, Anfang 1830, als dies nicht ganz ausreichte, weitere 2100 und nochmals etwas mehr als 300 Franken.

VON DER TRENNUNG 1442 BIS INS FRÜHE 19. JAHRHUNDERT

Wirtschaft

Fridolin Kurmann

Im Jahre 1772 liess die vorderösterreichische Verwaltung in der Herrschaft Rheinfelden die Areale der einzelnen Gemeinden in genauen Plänen aufnehmen. Den Plan des Gemeindebanns von Kaiseraugst zeichnete der Geometer J. Leimgruber (S. 197).[1] Das Dorf, die Matten, die Äcker, die Reben, die Wälder, die Strassen und Wege: alles hat er vermessen und massstabgetreu aufgezeichnet. Auch der Rhein mit seinen Uferböschungen findet sich auf dem Plan, ausstaffiert mit einem Fischer, der am gegenüberliegenden Ufer angelt, zwei Fischern in einem Boot und den drei Salmenwaagen an beiden Ufern auf der Höhe des Dorfes. Damit ist uns auch das damalige wirtschaftliche Leben Kaiseraugsts vor Augen gestellt. Das Dorf lebte von der Landwirtschaft, also der Nutzung von Grund und Boden, gleichermassen wie vom Fluss, von der Fischerei und Schifffahrt. Dies machte die spezifische wirtschaftliche Verfassung von Kaiseraugst aus: Weder war es ein reines Bauerndorf noch ein reines Fischerdorf, sondern es war beides zusammen.

Das Dorf

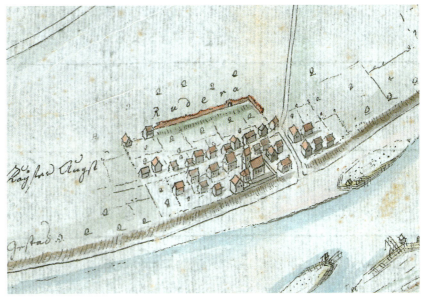

Das Dorf Kaiseraugst um 1750, Detail aus der kolorierten Federzeichnung von Emanuel Büchel. (Universitätsbibliothek Basel)

Das Dorf am Rheinufer liegt, wie das aus Leimgrubers Plan deutlich ersichtlich ist, ziemlich am Rande des Gemeindebannes. Dennoch bildete es das Zentrum der Gemeinde. Die ganze Besiedlung war hier konzentriert, es gab keine Wohnhäuser ausserhalb des Dorfes. Einzige Ausnahme davon war der olsbergische Hardhof im Osten des Bannes. Das Land wurde vom Dorf aus bebaut, auch wenn es zum Teil recht weit davon entfernt lag. Das Dorfgebiet war, erst bei genauem Hinsehen auf dem Plan erkennbar, durch den so genannten Etter abgegrenzt. Dies war ein Zaun, der ursprünglich auch eine Schutzfunktion, etwa gegen wilde Tiere, hatte, der später aber vor allem das Dorf als engeren Rechtsbereich kennzeichnete. Über weite Strecken war es ein Palisadenzaun, in einem Teilbereich übernahm die alte Römermauer die Funktion des Etters. Innerhalb des Dorfetters waren zwischen und hinter den Häusern Gärten und Baumgärten angelegt.

Gemäss einer Häuser-Schatzung von 1764 standen damals im Dorf 37 Wohnhäuser.[2] In den 37 Wohnhäusern waren 49 Haushaltungen untergebracht. Es traf also nicht auf jede Haushaltung ein Haus. In zwei Häuser teilten sich je drei Haushaltungen, in acht Häuser je zwei. Immerhin 27 Häuser aber waren nur von einer Haushaltung bewohnt.

Etwas mehr als zwanzig Jahre später wurde der Feuersozietätsbeschrieb von 1787 erstellt.[3] Er war die Grundlage für die Feuerversicherung, einer damals sehr fortschrittlichen Einrichtung der österreichischen Verwaltung. Der

VON DER TRENNUNG 1442 BIS INS FRÜHE 19. JAHRHUNDERT

Beschrieb zählte jetzt 40 Häuser, es waren also drei neue dazugekommen. Immer noch acht Häuser nahmen zwei Haushalte auf, wobei der zweite bei einigen jeweils in einem angebauten kleinen „Häusle" untergebracht war. Beim einen Haus gehörte die eine Hälfte der Gemeinde, womöglich als Armenhaus. Nur noch in ein Haus teilten sich drei Haushaltungen.

Die Häuser und die zugehörigen Ökonomiegebäude (Scheuer, Stallung) wurden für den Beschrieb auch nach ihrem Wert eingeschätzt. Wenn diese Schätzung auch weit unter den tatsächlichen Verkehrswerten lag, zeigt sich doch eine breite Palette im Standard der Häuser (Tabelle 3). Am höchsten hinaus schwang der Adlerwirt Gregori Lützelschwab. Er nannte neben Haus, Scheuer und Stallung auch noch eine Trotte sein Eigen und kam damit auf einen Schatzungswert von 860 Gulden. Dem Hufschmid Martin Gertisen gehörte neben Haus, Scheuer und Stallung zusätzlich ein „Schmidfeuerwerk", also eine Schmiede, was sich im Wert zusammen auf 540 Gulden belief. Noch ein weiteres Haus war etwas über 500 Gulden wert; darin wohnten allerdings zwei Familien. Sieben Häuser samt jeweiligen Ökonomiegebäuden, einige ebenfalls aufgeteilt, waren zwischen 300 und 500 Gulden wert. Den Grossteil der Häuser müssen wir uns aber recht einfach und im Vergleich zu den wenigen stattlichen Bauten eher bescheiden vorstellen. Drei Viertel nämlich waren auf weniger als 300 Gulden geschätzt, 19 davon auf keine 200.

Tabelle 3:
Wert der Häuser in Kaiseraugst 1787

Anzahl Häuser	Wert in Gulden*
3	über 500
7	300 – 499
11	200 – 299
14	100 – 199
5	unter 100

* Wert von Wohnhaus und Scheuer/Stallung zusammen

Landwirtschaft als Dreizelgenwirtschaft

Leimgrubers Plan von 1772 zeigt den (Kaiser-)Augster Bann mit den verschiedenen Nutzungszonen. Weitgehend in der näheren Umgebung des Dorfes befinden sich die Matten. Sie sind im Plan durch die Signatur kleiner Grasbüschel gekennzeichnet. Etwas weiter ausserhalb sind die Äcker angelegt, gekennzeichnet durch eine Streifen-Struktur. Sie nehmen den grössten Teil der Fläche ein. Schliesslich erstreckt sich, neben einigen anderen kleineren Flächen, vor allem über den südöstlichen Teil des Gemeindebannes der Wald, erkennbar an den in regelmässigen Abständen gezeichneten Bäumen.

Tabelle 4
Arealflächen im Kaiseraugster Bann 1772

Kategorie	Jucharten	Prozent
Acker	514	41.8
Matten	167	13.6
Reben	23	1.9
Wald	427	34.7
Baumgärten	16	1.3
Ödland	82	6.7
Summe	1229	100.0

Der Plan spiegelt somit anschaulich eine Bewirtschaftung im Dreizelgensystem. Dieses System hatte sich im hohen Mittelalter herausgebildet und war in jenen Gebieten üblich, in denen das Schwergewicht der Landwirtschaft auf dem Getreidebau lag. Sein Hauptmerkmal lag in der Anordnung des Ackerlandes in drei Zelgen. Diese wurden im dreijährigen Turnus abwechslungsweise einmal mit Wintergetreide, einmal mit Sommergetreide bepflanzt und dann ein Jahr brach liegen gelassen.

Zum Dreizelgensystem gehörte auch, dass das gesamte Gemeindeareal in drei Bereiche gegliedert war, welche in der Agrargeschichte mit den Begriffen Hortus, Ager und Saltus umschrieben werden. Der Hortus (Garten) umfasste die Nutzflächen im Dorf selber, nämlich die Gärten und Baumgärten. Unter Ager (Acker) versteht man die intensiv genutzte Flur, zu der ausser den Äckern auch die Matten und, wie im Fall von Kaiseraugst, die Reben gehörten. Der Saltus (Weide) bestand aus dem extensiv genutzten äusseren Bereich des Gemeindebanns, dem Wald und den Weiden, wobei auch der Wald als

VON DER TRENNUNG 1442 BIS INS FRÜHE 19. JAHRHUNDERT

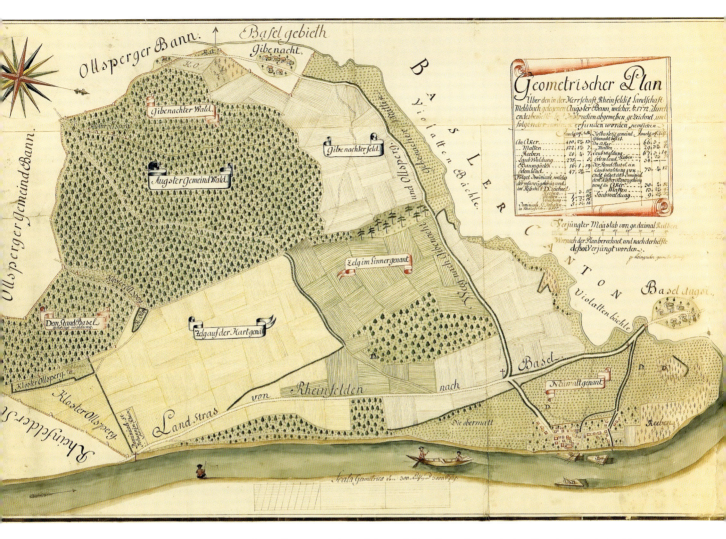

Geometrischer Plan des Gemeindegebiets von Kaiseraugst, gezeichnet vom Geometer J. Leimgruber im Jahre 1772. Auf dem Plan sind die verschiedenen Nutzungszonen des Gemeindegebiets ersichtlich: Matten, Äcker, Reben und Wald. Auf die Bedeutung der Fischerei weisen die Fischer und die drei Salmenwaagen am Rhein hin. (Fricktaler Museum Kaiseraugst. Foto Kathrin Schöb)

Viehweide diente. Dieser Bereich war Allmend. Er war also nicht auf die einzelnen Besitzer aufgeteilt, sondern wurde als Gemeingut von der ganzen Bürgerschaft gemeinsam genutzt. Auch für die Nutzung der Äcker und Matten gab es, wie noch zu zeigen ist, verschiedene einschränkende Bestimmungen. Die Dreizelgenwirtschaft war also durch eine Vielfalt von Regeln bestimmt, welche das Alltagsleben im Dorf stark prägten.

Leimgruber hat nicht nur gezeichnet, er hat den ganzen Gemeindebann auch vermessen. Die Ergebnisse hat er in einem Rahmen rechts oben auf dem Plan nach Kategorien (Acker, Matten etc.) geordnet festgehalten. Zusammengezählt waren dies insgesamt 1229 Jucharten oder etwa 442 Hektaren. Das Besondere und ein Hinweis auf die komplizierte Grenzlage der Gemeinde: 336 Jucharten oder ein gutes Viertel davon waren nicht in Kaiseraugster Besitz. Allein Giebenach besass etwa 200 Jucharten oder 16 Prozent. Das Kloster Olsberg verfügte über etwas mehr als 50 Jucharten, das Stift Rheinfelden über etwa 5 Jucharten, und 73 Jucharten Wald waren im Eigentum der Stadt Basel. Während der Giebenacher Besitz wohl auch von dort aus bewirtschaftet wurde, waren die Olsberger und Rheinfelder Güter in der Regel an Leute von Kaiseraugst verlehnt gewesen.

Nach Kategorien aufgeteilt entfiel der grösste Teil des Gemeindebanns auf das Ackerland, nämlich 514 Jucharten oder 42 Prozent (Tabelle 4). Die

VON DER TRENNUNG 1442 BIS INS FRÜHE 19. JAHRHUNDERT

Matten machten 167 Jucharten oder knapp 14 Prozent aus. Das Rebland war mit etwas mehr als 23 Jucharten nicht sehr umfangreich. Noch etwas kleiner waren die Baumgärten innerhalb des Dorfes. Ein gutes Drittel des Gemeindebannes, nämlich 427 Jucharten, waren von Wald bedeckt. Die 82 Jucharten Ödland befanden sich wohl vor allem im Hardgebiet.

Äcker in den drei Zelgen

Das Ackerland war auf drei Zelgen verteilt. Im Plan sind sie mit Schriftfahnen benannt und mit unterschiedlichen Farben gekennzeichnet: Im Nordosten, gegen den Rheinfelder Bann hin, lag die „Zelg auf der Hart", westlich davon die „Zelg im Linner" und noch weiter im Westen sowie gegen Giebenach hin das „Gibenachter Feld". Der Besitz auf den Ackerzelgen war sehr gestreut. Die einzelnen Betriebe besassen möglichst auf jeder der drei Zelgen Ackerland. Und innerhalb der Zelgen gehörten ihnen an verschiedenen Orten kleine, meist schmale und lang gezogene Parzellen.

Äcker auf dem Leimgruber-Plan. Die Äcker waren in drei Zelgen angeordnet. Hier sind die Zelg auf der Hard und die Zelg im Linner sichtbar.

Die Besitzer konnten über ihre Parzellen nicht frei verfügen, sondern waren vielerlei Beschränkungen unterworfen. Wie erwähnt, wurden die Zelgen in einem dreijährigen Turnus mit Sommer- und Wintergetreide bepflanzt und dann brach gelegt. Das bedingte einen Anbauzwang: Jeder Besitzer durfte auf seinen Äckern nur das ansäen, was im entsprechenden Jahr für die Zelge bestimmt war, und in der jeweiligen Brachzelg durfte er nichts anbauen. Eine weitere Einschränkung hing mit dem Wegsystem zusammen. Auf dem Leimgruber-Plan sieht man, dass von wenigen Ausnahmen abgesehen kaum Wege in die Zelgen hinein führten, sondern dass sie deren Rändern entlang verliefen. Bei der feinen Parzellierung der Äcker bedeutete dies, dass man zu seinem Acker nur über jene der Nachbarn gelangen konnte, es sei denn, man besass eine Parzelle am Zelgenrand. Ab einem gewissen Zeitpunkt im Jahr war der Zugang nicht mehr möglich, ohne dass man auf den andern Äckern Schaden anrichtete. Die Arbeiten im Jahresverlauf musste also genau geregelt werden: Die Gemeinde legte fest, wann gepflügt, wann gesät werden musste, ab wann der Zugang zu den Äckern gesperrt war. Auch die Ernte hatte zu einem gemeinsamen Zeitpunkt erfolgen.

Ein Bauer sät Getreide. (Holzschnitt Augsburg 1517)

Die individuelle Nutzung der Ackerparzellen wurde noch durch eine weitere Einrichtung eingeschränkt, nämlich durch die Viehweide. Wenn die Äcker abgeerntet waren, wurden sie für die so genannte Stoppelweide geöffnet. Die gesamte Viehherde des Dorfes, beaufsichtigt von einem eigens dafür angestellten Hirten, durfte dann auf der ganzen Zelg weiden. Diese wurde also vorübergehend zum Gemeinbesitz.

Die Matten

Die Dreizelgenwirtschaft war in erster Linie auf die Produktion von Getreide ausgerichtet. Viehwirtschaft war sekundär und dem Getreidebau untergeordnet. Da brauchte es vorerst einmal Zugvieh für das Pflügen und für weitere Feldarbeiten sowie für die notwendigen Transporte. Allerdings be-

VON DER TRENNUNG 1442 BIS INS FRÜHE 19. JAHRHUNDERT

sassen nur die grösseren Landbesitzer, die eigentlichen Bauern, Zugvieh. Nicht unwesentlich war der Mist, den das Vieh produzierte und der für die Düngung der Äcker genutzt wurde. Wer etwa eine Kuh oder eine Ziege im Stall hatte, verwendete deren Milch für die Selbstversorgung, dasselbe galt für das Fleisch des Kleinviehs und die Eier der Hühner. Eine Kuh der damaligen Zeit müssen wir uns übrigens viel kleiner vorstellen als heute. Ein bernisches Gutachten aus dem späten 18. Jahrhundert beschreibt die Kühe im Aargau als Tiere, „die sehr genügsam und nicht viel kostbarer zu unterhalten sein sollten als Ziegen".[4]

Der Dorfhirt sammelte jeden Tag das Vieh des ganzen Dorfes und trieb es zu den gemeinsamen Weideplätzen auf der Allmend oder auf den abgeernteten Äckern und Wiesen und hütete es dort. (Detail aus der Dorfansicht Therwils von Matthäus Merian, um 1621)

Im Jahre 1768 wurden in Kaiseraugst insgesamt 69 Stück Grossvieh und 102 Stück Kleinvieh gezählt.[5] Beim Grossvieh fanden sich 24 Ochsen, also Zugtiere, die übrigen 45 waren vermutlich Kühe. Das Kleinvieh ist nicht weiter spezifiziert. Am meisten Vieh stand in den Ställen des Adlerwirts und damals eben neu gewählten Rheinvogts Gregori Lützelschwab, nämlich 4 Stück Grossvieh, wohl Ochsen, und 10 Stück Kleinvieh. Es gab noch ein weiteres gutes halbes Dutzend Landwirte, die zwei oder drei Stücke Grossvieh und einiges Kleinvieh besassen. Ansonsten standen etwa eine Kuh im Stall oder gar keine und höchstens drei Stück Kleinvieh. Pferde wurden zu diesem Zeitpunkt offenbar noch keine gehalten. Erst in den 1770er Jahren erscheint dann in den entsprechenden Erhebungen für Kaiseraugst jeweils ein Pferd, in den 1780er Jahren werden es allmählich mehr, bis 1794 die Höchstzahl von 8 Pferden erreicht ist.

Matten auf dem Leimgruber-Plan. Die meisten Matten befanden sich in der näheren Umgebung des Dorfes.

Den im Vergleich zur Landwirtschaft des späteren 19. oder des 20. Jahrhunderts doch eher kleinen Viehbeständen entsprach denn auch die Fläche des Mattlandes, also der Wiesen. Mit 167 Jucharten machten die Matten knapp 14 Prozent des gesamten Areals aus; die Ackerfläche war demgegenüber drei Mal so gross. Der grösste Teil der Matten, die Obermatt und die Niedermatt, lagen in der Nordwestecke des Bannes in der Nähe des Dorfes. Ausserdem erstreckte sich ein schmaler Streifen der westlichen Banngrenze entlang gegen Giebenach zu, dessen südlicher Abschnitt als die „Gibenacher Matten" bezeichnet ist.

Die Matten waren vor allem für die Winterfütterung des Viehs bestimmt, also zum Heuen und Emden. Nach dem Heuet und dem Emden mussten allerdings auch die Matten, wie schon die Äcker, für die Gemeinweide freigegeben werden. Auch die Matten waren in kleine Parzellen aufgeteilt, die als ausgesprochener Streubesitz in so genannter Gemengelage ineinander verschränkt waren. Auch hier galt, dass die wichtigen Arbeitsgänge wie etwa Heuet und Emden oder das Öffnen der Weide zu bestimmten festgelegten Terminen stattfinden mussten.

Reben auf dem Leimgruber-Plan. Die Reben machten nur knapp zwei Prozent der Arealfläche aus.

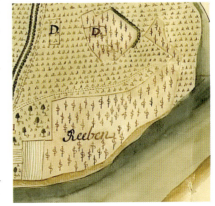

Reben

Die bloss etwa 23 Jucharten Rebland beschränkten sich auf einen grösseren Rebberg westlich des Dorfes, zum Teil am Rhein gelegen, und zwei

VON DER TRENNUNG 1442 BIS INS FRÜHE 19. JAHRHUNDERT

Viehweide im Wald. Zwischen den Bäumen wuchs auf lichten Flächen Gras, das dem Vieh Nahrung bot. (Peter Birmann, 1758 – 1844, In der Hard bei Basel. Kunstmuseum Basel, Kupferstichkabinett, Inv. Bi.369.28. Foto Kunstmuseum Basel)

Stockausschlag. Im ausgeholzten Niederholz wuchs aus den Stöcken neues Brennholz nach. (Bildarchiv Wald- und Forstgeschichte ETH Zürich. Foto: N. Schärer)

kleinere an der westlichen Banngrenze gegen Augst und im Süden an der Grenze zu Giebenach. Im Jahre 1830, während der Zehntablösung, machte der Zehntwein acht Saum und 22 Mass aus.[6] Das waren umgerechnet 11.8 Hektoliter. Wenn wir annehmen, dass dies ein Zehntel der Ernte betrug, dann wurden damals in der ganzen Gemeinde etwa 120 Hektoliter Wein produziert. Damit kennen wir nur einen einzigen, zufälligen Jahresertrag. Aber er zeigt immerhin etwa die Grössenordnung, wenn auch zu bedenken ist, dass die Erträge pro Jahr sehr schwanken konnten.

Wald und Allmend

Mit 427 Jucharten nahm der Wald ein gutes Drittel des Gemeindebanns ein. Er war nicht, wie die Äcker oder Matten, parzelliert und im Besitze einzelner Bürger, sondern wurde von der Gemeinde als Gesamtheit genutzt und verwaltet. Allerdings konnte die Gemeinde Kaiseraugst nicht über allen Wald innerhalb ihrer Grenzen selbst verfügen. Etwas über 67 Jucharten nutzte nämlich die Gemeinde Giebenach, und 73 Jucharten gehörten der Stadt Basel.

Die wirtschaftliche Bedeutung des Waldes war eine zweifache: als Holzlieferant und als Weideplatz. Holz war in der frühen Neuzeit ein wichtiger und unentbehrlicher Rohstoff. Zum einen lieferte es praktisch die gesamte Wärmeenergie zum Heizen und Kochen. Zum andern diente es in noch viel höherem Masse als heute als Bau- und Werkstoff. Jeder Bürgerhaushalt in der Gemeinde erhielt als Bürgernutzen jährlich eine bestimmte Menge Brennholz aus dem Gemeindewald. Brauchte er Bauholz, dann hatte er ebenfalls Anspruch darauf, dass ihm die Gemeinde aus dem gemeinsamen Wald solches zuwies. Damit waren Gemeindebürger einigermassen ausreichend mit dem wichtigen Rohstoff versorgt. Dies galt für Kaiseraugst. Augst hingegen besass kaum Wald und war entsprechend ständig von Holzsorgen geplagt.

Ein Wald sah damals noch ganz anders aus als heute. Er war noch nicht so geschlossen mit Bäumen bestückt, sondern erinnerte eher an einen dichten Baumgarten. Die grossen Bäume wie Eichen oder Buchen standen in grösseren Abständen voneinander. Insofern ist die Darstellung des Waldes auf dem Plan Leimgrubers nicht einfach eine abstrakte Signatur, sondern entspricht etwa den damaligen Verhältnissen. Zwischen den grossen Bäumen wuchs Niederholz. Dieses bestand aus buschartigen Hagebuchen, Linden, Ulmen oder Eschen. Von Zeit zu Zeit, wenn nach zehn oder zwanzig Jahren das Niederholz zu armdicken Ästen herangewachsen war, wurde es flächenweise völlig ausgeholzt und dann als Brennholz verwendet. Die grossen Bäume liess man dabei stehen, bis sie dereinst als Bauholz geschlagen werden konnten. Aus den Stöcken des ausgeholzten Niederwaldes schlugen wieder Äste aus, die dann nach einigen Jahrzehnten erneut geerntet wurden.

In einem solchen Wald fanden sich zwischen den grossen Bäumen überall kleine lichte Flächen, auf denen Gras wuchs. Deshalb diente der Wald auch als Weide. Die Viehherde des Dorfes, Gross und Kleinvieh, wurde den Sommer durch, wenn Äcker und Matten nicht zur Verfügung standen, vom Dorfhirten dorthin geführt. Die Zahl des Viehs, das auf die Weide geführt wurde, war beschränkt: Jeder Bürger durfte nur so viel Vieh halten, wie er mit seinem eigenen Futter auch überwintern konnte. Ebenfalls in den Wald trieb man die Schweine, und zwar zur Eichelmast oder zum so genannten Ackerit. Die im Wald unter den Bäumen herumliegenden Eicheln waren ein sehr wertvolles und von den Tieren geschätztes Schweinefutter. „Auf den Eichen wachsen die besten Schinken", wusste schon Grimmelshausens Simplicissimus zur Zeit des Dreissigjährigen Krieges im 17. Jahrhundert. Eichelfutter gab offenbar ein kerniges Fleisch und einen fetten Speck. Ausser Eicheln frassen die Schweine auch Buchnüsschen, die sich aber auf die Fleischqualität nicht so vorteilhaft auswirkten.[7]

Grossvieh und vor allem die Ziegen begnügten sich nicht mit dem Gras, das zwischen den Bäumen am Boden wuchs, sondern frassen auch Zweige von den Bäumen. Deshalb konnte das Vieh, insbesondere in Fällen von Übernutzung und wenn junge Waldflächen nicht durch Zäune geschützt wurden, Wälder regelrecht ruinieren. Aus diesem Grunde verbot das erste aargauische Forstgesetz von 1805 die Waldweide gänzlich.

Schweineherde unter einer Eiche. Die Schweine trieb man zur Eichelmast in den Wald. Sie liebten die Eicheln als Futter und bekamen davon ein kerniges Fleisch und fetten Speck. (Holzschnitt 1546)

Bauern, Fischer, Handwerker

Welche Berufe in Kaiseraugst ausgeübt wurden, verrät uns eine Steuerliste aus der Zeit um 1760.[8] Unter den 49 Haushaltvorständen befanden sich vier Witwen. Von den 45 männlichen Steuerpflichtigen waren zwei Wirte und zugleich Bauern (Tabelle 5). Fünf weitere waren ebenfalls Bauern, genauer Viertelbauern; zu ihnen gezählt ist auch der Stabführer Franz Stegmann, der ohne Berufsbezeichnung aufgeführt ist, aber vermutlich ein Bauer war. 23 Steuerpflichtige waren Fischer, fünf von ihnen gleichzeitig auch Bauern, und einer versah den Zolldienst. Neben den vielen Fischern und Bauern übten bloss neun Steuerpflichtige ein Handwerk aus: drei Schmiede und je ein Maurer, Schreiner, Schuhmacher, Steinhauer und Zimmermann. Sie arbeiteten wohl vor allem für den täglichen Bedarf des Dorfes, abgesehen vielleicht von den drei Schmieden. Sechs Steuerpflichtige schliesslich verdingten sich als Taglöhner.

Tabelle 5
Berufe in Kaiseraugst um 1760

Beruf	Anzahl
Halbbauer und Wirt	1
Viertelbauer und Wirt	1
Viertelbauer	5
Fischer und Viertelbauer	5
Fischer	17
Fischer und Zoller	1
Leinenweber	1
Maurer	1
Schmied	3
Schreiner	1
Schuhmacher	1
Steinhauer	1
Zimmermann	1
Taglöhner	6

Halbbauern, Viertelbauern und Taglöhner

Bauer zu sein war in einem Dorf der damaligen Zeit mehr als ein Beruf, es war vielmehr auch ein Status. Als Bauern bezeichnete man jene schmale Schicht von Landwirten, die genügend Land hatten, um sich und ihre Familien davon auch ernähren zu können.[9] Die Grenze zum Vollerwerbsbetrieb lag bei etwa 10 Jucharten. Neben den Bauern gab es eine breite Schicht von so genannten Taunern oder Taglöhnern, die zwar ebenfalls etwas Land besassen

VON DER TRENNUNG 1442 BIS INS FRÜHE 19. JAHRHUNDERT

und Landwirtschaft betrieben, davon aber nicht ihr volles Auskommen finden konnten. Sie waren auf Taglohnarbeit bei den Bauern angewiesen. Das machte sie von diesen abhängig, abgesehen davon, dass sie weniger begütert waren. Bei den sechs Taglöhnern in der Steuerliste kann man annehmen, dass es sich um solche Tauner handelte. Das Wort Tauner leitet sich übrigens vom „tagwen" her, was so viel wie tagwerken oder taglöhnern bedeutete.

Noch etwas zeichnete die Bauern aus: Nur sie verfügten über Zugvieh. Ein Bauer besass in der Regel einen ganzen Zug, das waren vier Ochsen. Diese spannte er vor seinen Pflug oder seinen Wagen. Aber nicht nur für seine eigenen Bedürfnisse setzte er sein Zugvieh ein. Es kam auch bei gemeinschaftlichen Fronarbeiten zum Einsatz. Und er half damit den Taunern beim Pflügen und Transportieren aus, die ja kein eigenes Zugvieh besassen. Das bedeutete für die Tauner eine zusätzliche Abhängigkeit.

Ochsen dienten als Zugtiere zum Pflügen und für Transporte. Zugtiere konnte sich nur ein Bauer mit genügend Land leisten. Die andern waren auf deren Hilfe angewiesen. (Holzschnitt Ulm 1473)

Das Ungewöhnliche in Kaiseraugst war, dass es, zumindest gemäss der genannten Liste, gar keine Vollbauern gab, sondern lediglich einen Halbbauern und im Übrigen Viertelbauern. In der Regel war ein Halbbauer dadurch gekennzeichnet, dass er weniger Land besass als ein Vollbauer, vor allem aber, dass er nur über einen halben Zug, also bloss zwei Ochsen, verfügte. In Kaiseraugst scheint die Bedeutung eine andere zu sein. Vermutlich waren im Verlaufe der Zeit durch Güterteilung aus einer festen Zahl von Bauernstellen solche von Halb- und Viertelbauern geworden. Der Adlerwirt Gregori Lützelschwab als Halbbauer verfügte mit seinen 25 Jucharten über ein für jene Zeit stattliches Bauerngut (Tabelle 7). Er besass, soviel ist aus den Quellen zu entnehmen, sicher auch einen ganzen Zug. Einem der Viertelbauern gehörten 18 Jucharten Land. Die übrigen kamen mit acht bis 14 Jucharten an die untere Grenze eines Bauernbetriebes, teilweise sogar darunter. Bei einigen von ihnen kann man aber annehmen, dass sie einen ganzen Zug, bei andern, dass sie einen halben im Stall hatten.

Fischer

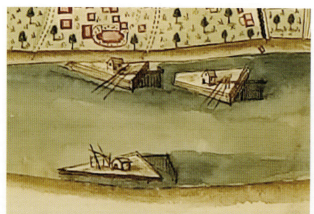

Die drei Salmenwaagen auf dem Leimgruber-Plan erinnern an die Bedeutung der Fischerei für Kaiseraugsts Wirtschaft.

Von den 45 Steuerpflichtigen (ohne die vier Witwen) im Steuerverzeichnis um 1760 waren 23 Fischer, also ziemlich genau die Hälfte. Zwar waren einige von ihnen auch noch Viertelbauern. Aber offensichtlich war die Fischerei für das wirtschaftliche Leben in Kaiseraugst genau so wichtig, wenn nicht gar wichtiger als die Landwirtschaft. Damals schwammen ja im Rhein noch Lachse oder Salme in grossen Schwärmen. Die drei Salmenwaagen und die Fischer im Boot auf dem Rhein im Plan von Leimgruber weisen bildhaft auf die Bedeutung dieses Wirtschaftszweigs hin.

Die Fischer waren in einer zunftähnlichen Organisation, der Rheingenossenschaft, zusammengeschlossen.[10] Sie beschränkte sich nicht auf Kaiseraugst, sondern zu ihr gehörten die Fischer des gesamten österreichischen Rheinabschnittes von Grenzach bis Säckingen. Nur wer

202

VON DER TRENNUNG 1442 BIS INS FRÜHE 19. JAHRHUNDERT

Rheingenosse war, durfte sich als Fischer betätigen. Die Rechtsgrundlage der Rheingenossenschaft bildeten die so genannten Maienbriefe, welche durch die österreichischen Landesherren ausgestellt worden waren. Darin wurde den Rheingenossen das Privileg zuerkannt, zwischen der Hüninger Kapelle unterhalb von Basel bis zur Säckinger Brücke dem Fischfang nachgehen zu dürfen. Die Fischenz war aufgeteilt in eine untere und eine obere, wobei die Brücke in Rheinfelden die Grenze bildete. Die Kaiseraugster Fischer hatten an der unteren Fischenz Anteil. Im Maienbrief fanden sich auch zahlreiche Bestimmungen darüber, wie das Fischen vor sich zu gehen hatte, was dabei erlaubt und was verboten war, wie das Handwerk zu erlernen war und Ähnliches mehr. Den ersten Brief soll Kaiser Maximilian I. ausgestellt haben, vermutlich in den 1490er Jahren. Dieser Maienbrief war aber verloren gegangen, und eine zweite Fassung verbrannte 1559 „in der gewesten erschröcklichen Brunst zu Augst" im Haus des damaligen Rheinvogts Jakob Golder. 1561 versammelten sich die ältesten Rheingenossen, rekonstruierten aus dem Gedächtnis den Inhalt des verbrannten Briefes und liessen sich die neu aufgezeichneten alten Rechte von den zuständigen Beamten der Herrschaft Rheinfelden bestätigen. Einen vierten Brief stellte Erzherzog Ferdinand in Innsbruck 1587 aus, wobei einige Bestimmungen nachgetragen wurden, die 1561 offenbar vergessen gegangen waren.

Die ersten vier Maienbriefe betrafen nur die Fischerei. Um die Mitte des 18. Jahrhunderts schien aber auch die Rheinschifffahrt, also der Transport von Waren auf dem Rhein, an Bedeutung gewonnen zu haben. Um 1748 schlugen die österreichischen Beamten anlässlich einer Erneuerung der Privilegien in einem Gutachten vor, sie auch auf die Schifffahrt auszudehnen. Begründet wurde dies mit den treuen Diensten, welche die Untertanen am Hochrhein im Jahre 1743, während des österreichischen Erbfolgekrieges, der dort stationierten kaiserlichen Armee geleistet hatten. Am 8. Oktober 1767 erliess dann Kaiserin Maria Theresia einen wesentlich erneuerten Maienbrief, welcher sich ausser an die Fischer auch an die „Schiffleuth" richtete und die Privilegien auch auf die Schifffahrt ausweitete. Bezüglich der Fischerei blieb es im Wesentlichen bei den alten Bestimmungen.

Innerhalb der Rheingenossenschaft stellte Kaiseraugst das grösste Kontingent. Lange Zeit kamen von hier um die 23 Rheingenossen (Tabelle 6).[11] Nur Walbach kam auf annähernd gleich viele. In der oben genannten Steuerliste um 1760 sind ebenfalls 23 Fischer aufgeführt. Ende des Jahrzehnts, im Jahre 1769, war die Zahl der Kaiseraugster Rheingenossen plötzlich auf 33 angestiegen. Das muss mit dem Einbezug von Schiffsleuten im erwähnten Maienbrief Kaiserin Maria Theresias von 1767 zu tun haben. Im 19. Jahrhundert ging die Zahl wiederum auf den alten Stand zurück und sank bis 1847 auf weniger als die Hälfte davon.

Tabelle 6
Anzahl Rheingenossen aus Kaiseraugst

Jahr	Anzahl
1684	23
1719	24
1769	33
1810	23
1829	23
1847	11

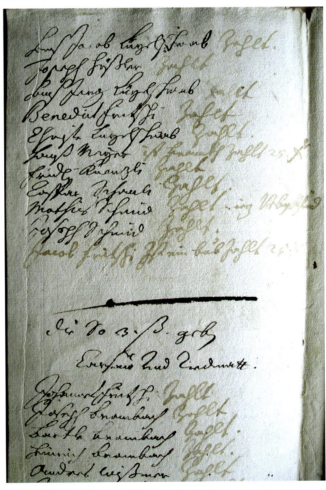

Kaiseraugster Rheingenossen im Verzeichnis der Rheingenossenschaft von 1719. (Staatsarchiv Aargau AA/6473/02)

VON DER TRENNUNG 1442 BIS INS FRÜHE 19. JAHRHUNDERT

Tabelle 7
Berufe und Landbesitz in Kaiseraugst um 1760

Vorname	Name	Beruf	Land in Jucharten
Franz	Stegmann	Stabhalter	12.50
Gregori	Lützelschwob	Adlerwirth + ½ Bauer	25.00
Victor	Bürgin	Sonnenwirth + ¼ Bauer	14.00
Joseph	Bolinger	¼ Bauer	11.00
Fridlin	Bürgin	¼ Bauer	9.00
Hans Georg	Fritschin	¼ Bauer	?
Faustin	Schaulin	¼ Bauer	14.00
Chrispin	Fritschin	Fischer	3.50
Johannes	Fritschin	Fischer	4.50
Fridlin	Küenzlin	Fischer	?
Johannes	Küenzlin	Fischer	12.50
Joseph	Küenzlin	Fischer	6.50
Vincenz	Küenzlin	Fischer	2.50
Galli	Lützelschwob	Fischer	2.50
Joseph	Lützelschwob	Fischer	5.50
Adam	Meÿer	Fischer	2.00
Fridlin	Schaulin	Fischer	6.00
Bonaventur	Schmid	Fischer	4.00
Galli	Schmid	Fischer	?
Gregori	Schmid	Fischer	?
Jacob	Schmid	Fischer	6.00
Jörg	Schmid	Fischer	3.5
Jörg	Schmid	Fischer	4.5
Joseph	Schmid	Fischer	5.5
Gottfried	Küenzlin	Fischer + ¼ Bauer	8.00
Leodegari	Küenzlin	Fischer + ¼ Bauer	18.00
Christoph	Lützelschwob	Fischer + ¼ Bauer	12.00
Franz	Lützelschwob	Fischer + ¼ Bauer	14.00
Kaspar	Lützelschwob	Fischer + ¼ Bauer	11.50
Simon	Küenzlin	Fischer + Zoller	7.00
Thomas	Schmid	Leinenweber	2.50
Philipp	Mattes	Maurer	1.00
Marx	Merckhlin	Schmied	7.00
Xaveri	Merklin	Schmied	?
Johannes	Sager	Schmied	0.50
Franz	Bolinger	Schreiner	2.00
Caspar	Schmid	Schuhmacher	6.00
Bernhart	Sager	Steinhauer	2.50
Anselm	Bolinger	Zimmermann	4.00
Joseph	Küenzlin	Taglöhner	3.00
Felix	Sager	Taglöhner	5.00
Joseph	Sager	Taglöhner	3.50
Jörg Adam	Schmid	Taglöhner	5.00
Joseph	Schmid	Taglöhner	4.00
Balthasar	Meÿer	Taglöhner	6.00

Rheinvögte aus Kaiseraugst

1559 erwähnt	Jakob Goldner	
1656 – 1666	Jakob Lützelschwab	
1683 – 1699	Hans Lützelschwab	
1700 – 1725	Hans Jakob Lützelschwab	
1728 – 1746	Hans Georg Lützelschwab	
1747 – 1768	Christoph Lützelschwab	
1768 – 1800	Gregor Lützelschwab	
1800	Fridolin Lützelschwab	
1800 – 1810	Joseph Lützelschwab	

VON DER TRENNUNG 1442 BIS INS FRÜHE 19. JAHRHUNDERT

Kaiseraugst stellte nicht nur das grösste Kontingent an Rheingenossen. Es war auch so etwas wie der Hauptort der Rheingenossenschaft. Die meiste Zeit, von 1683 bis 1810 sogar ununterbrochen während 127 Jahren, stammten die Rheinvögte aus Kaiseraugst, und zwar seit Mitte des 17. Jahrhunderts immer aus der Familie der Lützelschwab. Der Rheinvogt stand an der Spitze der Rheingenossenschaft. Ihm zur Seite standen der Rheinweibel als sein Stellvertreter sowie eine Anzahl Geschworener. Der Rheinvogt vertrat die Genossenschaft nach aussen und war der Verhandlungspartner der österreichischen Oberbeamten. Er berief das so genannte Maiengericht, die Versammlung der Rheingenossen, ein und leitete es. Ihm oblag es, Streitigkeiten zu schlichten, neue interne Regelungen vorzuschlagen und Lehrlinge, Gesellen und Meister in die Genossenschaft aufzunehmen. Dabei legten diese das Gelübde auf den Rheinstab ab, den der Rheinvogt das Jahr hindurch in seinem Hause verwahrte.

Die Mitgliedschaft in der Rheingenossenschaft wurde vererbt. Das heisst, dass nur solche Knaben als Lehrlinge aufgenommen werden konnten,

Insignien der Rheingenossenschaft: Vergoldeter Doppeladler am Gerichtsstab des Rheinvogts und Fahne der Rheingenossenschaft. Die Rheinvögte stammten meist aus Kaiseraugst. (Fricktaler Museum Rheinfelden. Fotos Beat Zimmermann, Rheinfelden)

die das Recht dazu vom Vater ererbt hatten. Und da die Zahl der Rheingenossen über Jahrzehnte konstant blieb, war das Genossenrecht offenbar auch nur auf jeweils einen Sohn übertragbar. So kam es, dass es sich mit der Zeit auf immer weniger Familien beschränkte (Tabelle 8).

Von den 23 Fischern in Kaiseraugst, die in der Steuerliste um 1760 aufgeführt sind, waren fünf gleichzeitig auch noch Viertelbauern. Einer davon, Leodegari Küenzlin verfügte mit 18 Jucharten Land über das zweitgrösste Bauerngut in der Gemeinde (Tabelle 7).[12] Weitere drei, darunter der damalige Rheinvogt Christoph Lützelschwab, nannten deutlich über 10 Jucharten ihr Eigen, was damals eigentlich für einen, wenn auch eher bescheidenen, Vollerwerbsbetrieb ausgereicht hätte. Es zeigt sich hier eine interessante Verbindung von Fischerei und vollwertiger Landwirtschaft. Doch auch jene Fischer, die nur als solche in der Steuerliste aufgeführt sind, besassen Land in unterschiedlichem Umfang. Wie das damals auch für Dorfhandwerker üblich war, pflegten sie ne-

Tabelle 8
Die in der Rheingenossenschaft vertretenen Kaiseraugster Familien

Familie	1684	1719	1760	1810	1829	1847
Bürgin					1	
Fritschi	3	4	2			
Golder	1					
Heker		1				
Heußler		1				
Küenzlin	3	4	7	3	3	
Lützelschwab	6	6	5	6	4	1
Meyer	1	1	1	3	3	1
Sager		1				
Schauli	3	1	1	1	2	1
Schmid	3	5	7	10	12	8
Sieber				1		
Uebelhart						
Wölfflin	1					

VON DER TRENNUNG 1442 BIS INS FRÜHE 19. JAHRHUNDERT

ben ihrem Hauptgewerbe noch ihre Äcker und hielten etwa eine Kuh oder eine Ziege. Wenn also Kaiseraugst gleichzeitig Bauerndorf und Fischerdorf war, galt dies nicht nur für das Dorf als gesamtes, sondern auch für die einzelnen Bewohnerinnen und Bewohner. Alle lebten in grösserem oder kleinerem Ausmasse auch noch vom Grund und Boden, die Bauern ohnehin, aber auch alle andern, ob Fischer, Wirte oder Handwerker.

Tabelle 9
Grundstückpreise in Kaiseraugst 1760 – 1768

Preise in Pfund pro Juchart	Anzahl Verkäufe		
	Äcker	Matten	Reben
unter 50	5	1	0
50 – 99	8	0	0
100 – 149	9	0	0
150 – 199	3	1	0
200 – 249	4	2	0
250 – 299	1	0	0
300 – 399	0	2	0
400 – 499	1	4	5
über 500	0	0	4

Geld und Boden

Grundstückhandel

Die Gerichtsprotokolle der Gemeinde Kaiseraugst, in welchen ja sämtliche Handänderungen von Grundstücken und Gebäuden in der Gemeinde verzeichnet wurden, offenbaren einen sehr regen Immobilienhandel.[13] Jährlich wechselten im Durchschnitt gegen zehn Grundstücke die Hand. Nicht immer geschah dies durch Kauf, manchmal wurde auch getauscht; sogar der Tausch von Häusern kam vor. Sehr oft waren es kleine Grundstücke von weniger als einer Juchart, welche gehandelt wurden. Dies entsprach der damals sehr kleinflächigen Parzellierung von Äckern und Matten.

Bei den Preisen der gehandelten Grundstücke gab es sehr deutliche Unterschiede zwischen den Kategorien Äcker, Matten oder Reben. Innerhalb dieser Kategorien differierten die Preise nochmals stark, wohl je nach Qualität des Landes. Am günstigsten war das Ackerland. Im Zeitraum zwischen 1760 und 1768 kosteten die meisten der gehandelten Ackerparzellen, auf die Juchart umgerechnet, zwischen 50 und 150 Pfund (Tabelle 9). Es erscheinen aber auch etliche günstigere und teurere, allerdings nur ausnahmsweise solche über 250 Pfund.

Mattland hingegen war unter 200 Pfund pro Juchart kaum zu bekommen, meistens bezahlten die Käufer über 400 Pfund. Noch teurer war das Rebland. Da war unter 400 Pfund pro Juchart nichts zu kaufen, und der Preis konnte bis gegen 1'000 Pfund steigen. Allerdings wurden nie ganze Jucharten Reben gehandelt, sondern kleine Stücke, etwa in der Grössenordnung eines Drittel-Viertels, also des Zwölftels einer Juchart.

Am 24. Mai 1768 verkaufte Marx Merckhlin dem Meister Martin Gerteisen von Degerfelden Haus, Scheune, Stall und die Schmiede. Der Verkauf brachte ihm 2'000 Pfund ein. Am 9. September 1777 verkaufte Rheinvogt Gregori Lützelschwab dem Basler Domkapitel sein Haus mit Keller, möglicherweise das bisherige Gasthaus zum Adler, um 2'900 Pfund. Doch beides waren sehr stattliche und damit überdurchschnittlich teure Anwesen. Zwischen 1760 und 1768 wurden zwei Häuser, das eine mit Garten, das andere mit Scheune, um bloss 200 und 250 Pfund, ein kleines Häuschen gar um 120 verkauft. Dies wiederum waren Preise im unteren Bereich der Skala. Meist

Das Gerichtsprotokoll von Kaiseraugst zeugt von einem regen Grundstückhandel. (Gemeindearchiv Kaiseraugst. Foto Giuseppe Esposito, Kaiseraugst)

VON DER TRENNUNG 1442 BIS INS FRÜHE 19. JAHRHUNDERT

wechselten Häuser zu Preisen zwischen 500 und 1'000 Pfund die Hand. Dennoch ist das Verhältnis zu den Landpreisen auffällig: Schon ungefähr zwei Jucharten Matten erreichten den Gegenwert eines durchschnittlichen Hauses.

Verschuldung

Auch die Verschuldungen und die dafür eingesetzten Sicherheiten an Gebäuden und Grundstücken mussten vor dem Dorfgericht gefertigt und in den Gerichtsprotokollen aufgezeichnet werden. Ein Überblick über die Einträge in den beiden Protokollbüchern von 1670 – 1727 und von 1728 – 1779 zeigt, dass die Verschuldung von der ersten Periode mit 59 Fällen zur zweiten Periode mit 100 Fällen deutlich zugenommen hatte (Tabelle 10). Kam noch dazu, dass auch die Verschuldungssummen im Durchschnitt deutlich angestiegen waren.

Woher kam das Geld? Beim Blick auf die Geldgeber fällt zuerst einmal auf, dass die Kirche im Dorf ganz tüchtig die Bank spielte. Knapp zwei Drittel der Schuldscheine in der ersten Periode und die Hälfte in der zweiten Periode wurden zu Gunsten des Gotteshauses St. Galli in Kaiseraugst ausgestellt. Einschränkend ist allerdings zu bemerken, dass es sich dabei um eher kleinere Beträge, meist unter 100 Pfund, handelte.

Anders verhielt es sich bei jenen Darlehen, die bei Bürgern der Stadt Basel aufgenommen wurden. Hier waren meist Beträge von mehreren Hundert Pfund im Spiel. Oft finden wir über gewisse Zeiträume hin immer wieder die gleichen Geldgeber aus der Stadt Basel, die nach Kaiseraugst Geld verliehen. Offenbar konnte sich einer, wenn er einmal Fuss gefasst hatte, eine gewisse Position sichern. Im ersten Viertel des 18. Jahrhunderts tritt fast jedes Mal Frau Salome Schatzmann, „des Herrn Pfarrer Barthen selig Witwe", als Basler Geldgeberin auf. Später sind es etwa ein Andreas Merian und dann sein gleichnamiger Sohn und späterer Pfarrer in Buus, ein Heinrich Diessing oder ein Hieronymus Lindenmeyer und später dessen Witwe, die mit einer gewissen Regelmässigkeit als Gläubiger erscheinen.

Das Basler Geld spielte vor allem in der Zeit von den 1730er bis etwa Mitte der 1750er Jahre eine wichtige Rolle. Es scheint, dass damals der Geldbedarf besonders gross war. In den späteren Jahrzehnten kam das Geld öfter auch aus der Basler Landschaft, meist von Liestaler Bürgern. Seltener als die geographische Nähe es vermuten liesse, wurde bei Bürgern oder Beamten in Rheinfelden geborgt. Nur ganz selten liehen Kaiseraugster Bürger unter sich Geld aus. Auf die Hauptlinien reduziert lässt sich sagen, dass die Kaiseraugster für kleinere Beträge zumeist bei der Kirche im Dorf um Kredit nachsuchten. Wenn es aber um das grosse Geld ging, waren die Basler Herren am Zuge. Damit zeigt sich auch, dass Kaiseraugst, entgegen seiner politischen Zugehörigkeit, in seinen wirtschaftlichen Beziehungen stark nach der nahen eidgenössischen Stadt ausgerichtet war.

Tabelle 10
Verschuldungen in Kaiseraugst: Geldgeber

Geldgeber	Anzahl Verschuldungen		
	1670 -1727	1728 - 1779	Total
Kirche St. Gallus	36	50	86
Pfarrer persönlich	2	0	2
Bürger des Dorfes	3	3	6
Bürger der Stadt Basel	10	28	38
Bürger Basler Landschaft	3	15	18
Rheinfelder Bürger / Beamte	5	4	9
Total	59	100	159

Baselbieter Landpfarrer traten bei grösseren Darlehen gelegentlich als Geldgeber auf. (Portrait von Pfarrer Gysendörfer. Museum.BL, Liestal, Grafische Sammlung, Inv. Nr. 1987.29)

Tabelle 11
Arealflächen in Augst 1685

Kategorie	Jucharten	Prozent
Acker	334.9	65.0
Matten	162.0	31.4
Reben	8.5	1.7
Wald	10.0	1.9
Summe	515.4	100.0

VON DER TRENNUNG 1442 BIS INS FRÜHE 19. JAHRHUNDERT

Dorf und Wirtschaft in Augst an der Bruck

Basel-Augst in der Zeichnung von Emanuel Büchel 1750. Das Dorf war seit dem frühen 17. Jahrhundert beträchtlich angewachsen und jetzt nicht mehr viel kleiner als Kaiseraugst. (Universitätsbibliothek Basel)

Ein eingeheizter Kachelofen war für die Augster Haushalte keine Selbstverständlichkeit. Weil ihnen ein Gemeindewald fehlte, litten sie ständig an Holzmangel. (Holzschnitt Frankfurt 1581)

Im Vergleich zu Kaiseraugst war Augst „an der Bruck" bis ins frühe 17. Jahrhundert hinein ein augenfällig kleineres Dorf. Der Grenzplan von Hans Bock um 1620 zeigt dort im Wesentlichen nur das Lehenwirtshaus, die Mühle und den Offenburger Hof. Bis um 1680, als G. F. Meyer seine Karte zeichnete, waren erst wenige Häuser dazugekommen. Allerdings scheinen diese dicht bewohnt gewesen zu sein, waren doch um 1700 herum schon 25 Haushaltungen im Dorf ansässig. Emanuel Büchels Darstellung um die Mitte des 18. Jahrhunderts zeigt dann ein Dorf, das bezüglich seiner Grösse dem österreichischen Nachbardorf nur mehr um weniges nachstand. Das Dorf verzeichnete denn auch die ganze frühe Neuzeit hindurch einen beträchtlichen Bevölkerungszuwachs (vgl. Kapitel Bevölkerung).

Das landwirtschaftliche Areal Augsts war mit seinen 514 Jucharten bloss zwei Fünftel so gross wie jenes von Kaiseraugst mit 1229 Jucharten (Tabelle 11)[14]. Im Verhältnis der einzelnen Landkategorien zueinander fallen zwei Unterschiede auf. Zum einen ist es der grössere Stellenwert des Mattlandes. In Augst gab es mit 162 Jucharten absolut gesehen fast gleich viel Mattland wie in Kaiseraugst. Doch gemessen am Ackerland kam ihm mehr Gewicht zu. Dieses war hier nur etwa doppelt so gross wie das Mattland; in Kaiseraugst war das entsprechende Verhältnis eins zu drei. Dies lässt darauf schliessen, dass in Augst ein grösseres Gewicht auf der Viehwirtschaft lag. Die Vergleichszahlen liegen zwar fast 100 Jahre auseinander. Grundsätzlich dürften sich in der Zwischenzeit die Arealverhältnisse nicht allzu sehr verändert haben. Es gibt höchstens Anzeichen dafür, dass der Anteil der Matten noch zugenommen hat.

Holznot

Erstaunlich ist die äusserst kleine Waldfläche von Augst. Lediglich 10 Jucharten (3.6 ha) oder knappe zwei Prozent des Areals machte der Wald aus. Augst verfügte, ausser einigen Ufergestrüppen entlang von Ergolz und Violenbach, über keinen Gemeindewald. Bei der Trennung der beiden Dörfer war eben der ganze Allmendbereich beim österreichischen Dorf geblieben. Das bedeutete für das Dörfchen Augst an

VON DER TRENNUNG 1442 BIS INS FRÜHE 19. JAHRHUNDERT

der Bruck einen grossen Nachteil. Nicht nur fiel mit dem Wald auch ein bedeutender Teil der gemeinsamen Weide dahin. Vor allem konnte die Gemeinde ihre Angehörigen nicht mit dem notwendigen Brennholz und Bauholz versorgen.[15] Mit dem starken Ausbau des Dorfes im Verlaufe des 17. und frühen 18. Jahrhunderts wurde der Holzmangel immer prekärer. Im kalten Winter 1741/42 schrieb der Farnsburger Landvogt in einem Schreiben an den Basler Rat, dass „von 39 burgeren zu augst verschiedene noch kleine kinder haben, die sie kaum durch den winter bringen können."[16] Die Augster Haushaltungen waren darauf angewiesen, dass ihnen die Basler Obrigkeit Holz aus ihren herrschaftlichen Wäldern verabreichte. Das änderte nichts daran, dass sie mit Brennholz sehr sparsam umgehen mussten und dass sie manchmal vergeblich um dringend benötigtes Bauholz nachsuchten.

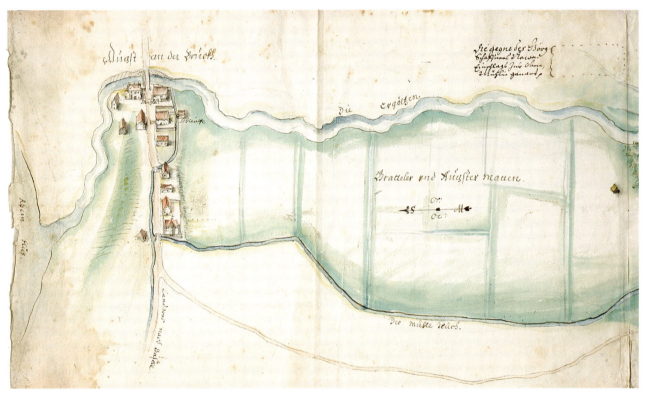

Die Mühle war eines der markantesten Gebäude und neben dem Lehenwirtshaus der wichtigste Gewerbebetrieb in Augst. Obwohl sie direkt am Fluss lag, trieb nicht dieser direkt die Wasserräder an. Das Wasser wurde unterhalb der Hülften in einen Kanal, den Mühleteich, geleitet und in einem weiten Bogen zur Mühle geführt. (Staatsarchiv Baselland, Liestal, AA/1010, Lade L.38/0292a, G.22)

Die Mühle und andere Gewerbe

Zu den markantesten Gebäuden in Augst gehörte die Mühle unten bei der Brücke. Ursprünglich gab es in Augst zwei Mühlen.[17] Die „Obere Mühlin", einige hundert Meter südlich der Augster Brücke, scheint schon gegen Ende des 16. Jahrhunderts abgegangen zu sein. Seit wann die Mühle an der Brücke bestand, lässt sich nicht mehr sagen, sie dürfte jedoch in die Zeit des späten Mittelalters zurückgehen. Anfänglich war mit ihr ein Tavernenrecht verbunden, also das Recht, Gäste zu beherbergen. Wegen Missbrauchs hob es jedoch die Basler Obrigkeit 1540 auf und verlieh das Recht allein dem nun neu errichteten Lehenwirtshaus.

Obwohl die Mühle an der Ergolz lag, war es nicht der Fluss direkt, der die Mühlenräder antrieb. Schon bald unterhalb der Hülften wurde von der Ergolz mittels eines Wuhrs ein Kanal, der Mühleteich, abgezweigt. Er verlief zuerst südwestwärts und dann parallel zur Ergolz bis hinunter an die Landstrasse. Dort bog er beinahe rechtwinklig nach Osten ab, verlief eine Zeitlang der Landstrasse entlang und führte schliesslich auf die Hinterseite der Mühle, wo er die Räder trieb und danach wieder in die Ergolz zurückfloss.

Am Oberlauf des Kanals zweigte noch ein Bewässerungskanal ab, mit dem nach damaligem Gebrauch die Matten gewässert wurden. Weil die Ergolz bei trockener Witterung nicht sehr viel Wasser führte, gab es zwischen dem Müller und den Besitzern der Wässermatten oft Streit um das knappe Gut. Diese leiteten gelegentlich so viel Wasser ab, dass für die Mühleräder nicht mehr genug Kraft blieb. Herumstreiten musste sich der Müller auch mit den Fischern. Denn bei knappem Wasserstand blieb so wenig Wasser im Fluss zurück, dass es für die Fische eng wurde. Zudem beklagten sich die Fischer, das Wuhr bilde ein unüberwindbares Hindernis für die flussaufwärts schwimmenden Lachse.

Wenn auch der Augster Müller gelegentlich einen schweren Stand hatte, so waren er und der Lehenwirt doch die wichtigsten Gewerbetreibenden in Augst. Daneben gab es einige Dorfhandwerker, etwa Schmied, Küfer, Sattler, Leinenweber, Bäcker, Schuster oder Steinhauer. Seit dem späteren 17. Jahrhundert betrieben immer auch einige Haushalte die Posamenterei für die Basler Seidenindustrie. Drei bis acht Webstühle waren jeweils in Betrieb.[18]

Getreidevorräte

Im Jahre 1743 veranstaltete die Basler Obrigkeit, wie sie das schon einige Jahrzehnte früher einmal getan hatte, so genannte Fruchtaufnahmen. Sie liess auf der ganzen Landschaft für jeden Haushalt die vorhandenen Getreidevorräte ermitteln. Damals herrschte eine knappe Versorgungslage, und die Fruchtaufnahmen sollten der Planung allfälliger Notmassnahmen dienen. Die Ergebnisse dieser Erhebung geben einigen Aufschluss über die materielle Lage der Haushalte und über die Verteilung von Arm und Reich.[19] Bei Jacob Stingely lagerte damals mit 53 Säcken Korn und Roggen der grösste Vorrat aller 42 Haushalte in Augst. Ein Sack wog um die 75 Kilogramm. Rund ein Dutzend Haushalte besassen zwischen 20 und 50 Säcke. Auf der andern Seite lagen bei etwa 10 Haushalten lediglich ein paar wenige Säcke im Vorrat, bei acht nicht einmal ein ganzer Sack und bei dreien überhaupt nichts.

Berücksichtigt man die Anzahl der Personen in den jeweiligen Haushalten und nimmt einen Jahresbedarf pro Person von etwa drei Säcken an, dann lässt sich etwa abschätzen, wie lange die Vorräte im Einzelnen gereicht hätten. Die Hälfte aller Haushalte war für weniger als ein halbes Jahr, ein Viertel gar für weniger als einen Monat gerüstet (Tabelle 12). Ein weiteres Viertel hatte für ein bis zwei Jahre genügend Getreide im Speicher. Sieben Haushalte hätten sich länger als zwei Jahre von ihren Vorräten ernähren können, unter ihnen Jacob Stingely, dem es für vier Jahre und Heinrich Rudis allein stehende Witwe, der es gar für sechs Jahre gereicht hätte.

Das ergibt zusammen das Bild einer ziemlich gut und ausgeglichen versorgten Gemeinde. Weder zeigt sich ein exorbitanter Reichtum noch eine verbreitete Armut. Es gab nämlich Orte, in denen die Hälfte aller Haushalte überhaupt ohne Vorräte war.[20]

Das ausgeglichene Bild bestätigt sich auch in den Ergebnissen einer weiteren Erhebung im Jahre 1774. Damals wurden, wiederum hinsichtlich der Planung allfälliger Nothilfemassnahmen, auf der ganzen Landschaft die Haus-

Tabelle 12
Getreidevorräte in Augst 1743

Vorrat für	Haushalte
über 3 Jahre	2
2 bis 3 Jahre	5
1 ½ bis 2 Jahre	6
1 bis 1 ½ Jahre	4
½ bis 1 Jahr	4
1 bis 6 Monate	10
weniger als 1 Monat	11
Total	42

VON DER TRENNUNG 1442 BIS INS FRÜHE 19. JAHRHUNDERT

halte in die drei Kategorien „reich", „mittel" und „arm" eingeteilt. Als „reich" galten jene Haushalte, die keinerlei obrigkeitlicher Unterstützung bedurften, weil sie genügend Getreide im Vorrat hatten. Die „mittleren" Haushalte verfügten über knapp ausreichende, wenige oder gar keine Vorräte, hatten jedoch Geld genug, um sich dennoch aus eigener Kraft versorgen zu können. Den „armen" Haushalten reichten weder die Vorräte noch das Geld, um sich ausreichend zu ernähren, und benötigten deshalb obrigkeitliche Hilfe.

In Augst gehörten 40 Prozent zu den „mittleren" Haushalten und je 30 Prozent zu den „reichen" und den „armen".[21] Damit stand das Dorf vergleichsweise günstig da: Mit dem „reichen" Anteil belegte es den 16. Rang aller 69 Gemeinden, mit dem „armen" erst den 53. Rang. Das dies bei fast einem Drittel „armer" Haushalte so war, wirft ein Licht auf die verbreitete Armut der damaligen Zeit.

[1] Der Plan befindet sich im Fricktaler Museum in Rheinfelden.
[2] StAAG AA/6358 Häuser-Schatzung in der Gemeind Augst 1764.
[3] StAAG AA/6358 Feuersozietäts Beschrieb der Gemeinde Augst 1787.
[4] Zitiert nach: Geiser, Karl: Studien über die bernische Landwirtschaft im 18. Jahrhundert. Bern 1895, S.75.
[5] StAAG AA/6286/19, verschiedene Zählungen.
[6] Gemeindearchiv Kaiseraugst, Zehntprotokoll 14. November 1830.
[7] Küchli, Christian: Auf den Eichen wachsen die besten Schinken. Frauenfeld 1987, S. 7.
[8] StAAG AA/6297/02 Liste der Monatsgelder. Undatiert, ca. 1760.
[9] Dazu: Mattmüller, Markus: Bauern und Tauner im schweizerischen Kornland um 1700. In: Schweizerisches Archiv für Volkskunde 70, 1980, S. 49 – 62 (Neu abgedruckt in: Schweiz. Zeitschrift für Geschichte 2003, Nr. 4, S. 379 – 395).
[10] Zur Rheingenossenschaft: Baumann, Max: Fischer am Hochrhein. Zur Geschichte der Fischerei zwischen Säckingen und Basel. In: Argovia 106, 1993, S. 1 – 202.
[11] StAAG AA/6473/02 Fricktal, Rheingenossen.
[12] Der Landbesitz wurde aus einer früheren Steuerliste von 1756 den Steuerpflichtigen von 1760 beigefügt. Allfällige Besitzveränderungen in der Zwischenzeit sind nicht berücksichtigt. Auch konnte nicht in jedem Fall der Besitz zugeordnet werden. StAAG AA/6297/02.
[13] Gemeindearchiv Kaiseraugst, Gerichtsprotokolle 1670 – 1727, 1728 – 1779, 1784 – 1822.
[14] Senti, Anton: Geschichte von Augst und Kaiseraugst. Liestal 1962, S. 113.
[15] Senti (wie Anm. 14), S. 95ff.
[16] StABL AA/1010, Lade 38, Nr. 33, 1. Febr. 1742.
[17] Senti (wie Anm. 14), S. 105ff.
[18] Gschwind, Franz: Bevölkerungsentwicklung und Wirtschaftsstruktur der Landschaft Basel im 18. Jahrhundert. Liestal 1977, S. 672; Senti (wie Anm. 14), S. 113ff.
[19] StABL AA/1010, Lade 1, Gemeine Ämter 4, Nr. 142, Fruchtaufnahme 1743.
[20] Kurmann, Fridolin: Die Bevölkerungsentwicklung. In: Binningen – die Geschichte, Liestal 2004, S. 174ff.
[21] Gschwind (wie Anm. 18), S. 389 ff. und S. 658ff., Tabelle 107.

VON DER TRENNUNG 1442 BIS INS FRÜHE 19. JAHRHUNDERT

Alltägliches und Denkwürdiges

Fridolin Kurmann

Der Alltag ist voller Selbstverständlichkeiten, die nicht weiter auffallen, mit denen man lebt, ohne weiter davon Notiz zu nehmen. Das war früher wohl nicht anders als heute. Die Menschen lebten in einer Umgebung von Gegebenheiten und Normen, die erst dann eine besondere Aufmerksamkeit auf sich zogen, wenn aus irgendeinem Grunde ihre Selbstverständlichkeit aufgehoben war, wenn die Dinge nicht ganz den gewohnten Lauf nahmen. So wurde Alltägliches nur beiläufig festgehalten und überliefert. Diese Beiläufigkeiten müssen uns genügen, um uns daraus ein Bild des Lebens und Zusammenlebens im Dorf zu machen.

Was allerdings damals als denkwürdig erachtet wurde, das wurde festgehalten, um es der Nachwelt als Erinnerung zu erhalten, vielleicht damit es schliesslich als Erinnerung gar ein Teil des Alltags wurde. Solche Denkwürdigkeiten trug etwa der Schreiber ins Gerichtsprotokoll ein, oder der Pfarrer hielt es in den Kirchenbüchern fest. Kriegsereignisse gehörten dazu und sonstiges Unglück, aber auch etwa das Spektakel des zugefrorenen Rheins.

Wohnen

In Kaiseraugst standen im späteren 18. Jahrhundert um die 40 Wohnhäuser, in Augst um die 35.[1] Es handelte sich zumeist um einfache Dreisässenhäuser, in denen Wohnung, Scheune und Stall unter einem Dach vereinigt waren. Nur wenige Häuser zeigten grössere Dimensionen, etwa die Wirtshäuser, die Mühle in Augst oder das dortige Offenburger „Schloss". Von diesen stattlicheren Gebäuden abgesehen, bestand der Wohnteil in den gewöhnlichen Häusern aus Küche, Stube und einer Schlafstube oder „Stubenkammer" und manchmal einer weiteren Kammer im Erdgeschoss sowie vielleicht noch einer oder zwei Kammern im Obergeschoss. Gelegentlich war im oberen Geschoss auch bereits eine zweite Wohnung eingerichtet. Ganz einfache Häuser beschränkten sich auf Küche und Stube.[2] Im Grossteil der Häuser lebte eine einzige Familie. Es gab aber auch geteilte Häuser, in denen zwei, selten auch drei Familien untergebracht waren. In Kaiseraugst war etwa ein Viertel der Wohnhäuser auf diese Weise geteilt.

Bauernhaus der Familie Natterer um 1915. So oder ähnlich dürfen wir uns ein Wohnhaus mit Scheune in der frühen Neuzeit vorstellen.

Haushalte

Ein Haushalt bestand zu dieser Zeit in Augst durchschnittlich aus vier Personen, in Kaiseraugst um die fünf. Genaueres zu Kaiseraugst erfahren wir aus einer Zählung von 1768 (Tabelle 13).[3] Die Palette der Haushaltgrös-

VON DER TRENNUNG 1442 BIS INS FRÜHE 19. JAHRHUNDERT

sen war hier ziemlich breit. Am häufigsten waren Haushalte mit fünf Personen und beinahe so häufig jene mit vier Personen. Mit je sechs Haushalten noch recht gut vertreten waren jene mit drei, sechs und sieben Personen. Selten waren die Ein- und Zweipersonen-Haushalte. In immerhin fünf Haushalten lebten acht oder neun Personen; zu den grössten zählte jener des Rheinvogts Gregori Lützelschwab.

Wenn wir nur die erwachsenen Personen betrachten, dann finden wir meist zwei oder drei Erwachsene in einem Haushalt, also entweder nur die Eltern oder dann noch eine weitere Person dazu. Kinderlos waren 13 Haushalte. In den übrigen lebten am häufigsten zwischen zwei und vier Kinder. Im „typischen" damaligen Kaiseraugster Haushalt wohnten also die Eltern und manchmal noch eine weitere erwachsene Person sowie zwei bis vier Kinder.

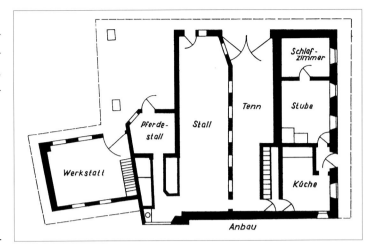

Grundriss eines Dreisässenhauses in Kaiseraugst (Dorfstrasse 26). Wohnteil, Tenn und Scheune sind unter einem Dach vereint. Der Wohnteil besteht lediglich aus Küche, Stube und einer Schlafkammer. (Planaufnahme R. Lützelschwab 1962, aus: Geschichte von Augst und Kaiseraugst, 1962)

Dabei waren die Haushalte in Kaiseraugst 1768 für die damalige Zeit eher überdurchschnittlich gross. Dennoch lässt sich auch hier nicht von jener ‚Grossfamilie' sprechen, die in romantischen Vorstellungen von ‚früher' gelegentlich noch gehegt wird, die es aber in unseren Gegenden damals kaum gab. Weder war eine grosse Kinderschar die Regel, noch lebten mehrere Generationen oder Verwandtenfamilien unter einem Dach. Der Haushalt bestand meist aus einem Ehepaar und seinen Kindern. Manchmal, aber noch lange nicht in der Regel, lebte noch ein Grosselternpaar oder der überlebende Teil davon im gleichen Haushalt, in seltenen Fällen noch eine Magd oder ein Knecht. Die kinderreichen Familien im Dorf, die wir vielleicht noch aus den Erinnerungen unserer Grosseltern kennen, sind eine Erscheinung des späteren 19. und des frühen 20. Jahrhunderts, als die Sterblichkeit der Kinder wie auch der Mütter erheblich zurückgegangen war.

Enge im Haus

Dennoch lebte man eng aufeinander in den wenigen Kammern. Meist standen Betten auch in der Stube. Im Winter beschränkte sich die Wohnlichkeit ohnehin auf Küche und Stube, die einzigen Räume, die beheizt waren.

Kleine Einblicke in die Wohnverhältnisse geben die Protokolle des Dorfgerichts, wenn dort Hausteilungen oder Nutzungsrechte festgehalten worden sind. Am 10. Mai 1718 erschien Hans Lützelschwab mit seinen beiden Söhnen Stoffel und Franz, um die Nutzung des Hauses durch die beiden Brüder zu regeln.[4] Franz bekam „die besten recht", also den besseren Teil, nämlich die Stube, die der Vater bewohnt hatte, die kleine Stubenkammer, die alte Küche und die Kammer gegen die Tränkgasse hin, dann oben die Fleischkammer und den halben Estrich, den halben Keller und den halben Krautgarten, dazu den halben Stall, die halbe Scheune und die halbe „Mistwürffy" (Miststock). Sein Bruder Stoffel erhielt „gütiglich" die grosse Kammer neben der Stube und eine Kammer im oberen Stock. Dazu ebenfalls die Hälfte von Estrich, Keller, Scheune, Stall, Miststock und Krautgarten. Die Lützelschwabs genossen demnach den Komfort eines eher geräumigen Hauses. Die unter die beiden

Tabelle 13
Haushaltgrössen in Kaiseraugst 1768

Alle Personen		Erwachsene		Kinder	
Zahl	Haush.	Zahl	Haush.	Zahl	Haush.
				0	13
1	1	1	2	1	4
2	3	2	17	2	9
3	6	3	21	3	7
4	9	4	4	4	8
5	11	5	3	5	3
6	6			6	2
7	6			7	1
8	2				
9	3				

VON DER TRENNUNG 1442 BIS INS FRÜHE 19. JAHRHUNDERT

Enge Wohnverhältnisse waren die Regel. Man lebte nahe aufeinander. („Der Familienvater", Kupferstich von Adriaen van Ostade, 1648)

Brüder verteilten Räume im Wohnbereich waren: eine Küche, eine Stube, eine grosse und eine kleine Stubenkammer, zwei weitere Kammern, davon mindestens eine im oberen Stock, sowie eine Fleischkammer, wohl die Rauchkammer über der Küche.

Weit bescheidener war das Haus, welches der noch minderjährige Ferdinand Bolinger als jüngster Sohn von seinem Vater ererbt hatte und über das am 22. Februar 1759 eine Abrede getroffen wurde.[5] Ferdinand musste „alls ein schneider pursch in die frömbde reisen", also als Handwerksbursche auf Wanderschaft gehen. Bis er wieder nach Hause zurück kommen würde, durfte sein Bruder Johannes das ganze Haus nutzen. Wenn er dann zurückkäme und in seinem Hause Wohnung nehmen würde, „ihnen beeden aber eine stube und kuchin zu klein wäre", sollten sie einander helfen, aus der einen Wohnung deren zwei zu machen. Dieses Wohnhaus eines kleinen Schneiders bestand also bloss aus einer Küche und einer Stube.

Die Enge der Wohnverhältnisse zeigt sich auch in den gelegentlichen Regelungen des Wohnrechts von Witwen oder sonstigen Familienangehörigen. So vermachte Hans Meyer seiner Frau Elisabetha für den Fall seines Absterbens nicht nur einige kleine Stücke Acker-, Wies- und Rebland zur Nutzung. Er liess zudem festhalten, dass man ihr „das bett unberüert lassen" und dass sie „in der stube und kuche zu wohnen nach belieben" berechtigt sei. Caspar Übelhart liess festschreiben, seine Frau solle nach seinem Tod „in dem haus aufenthalt haben den tag ihres lebens, die stubenkammer soll ihren vorbehalten sein". Daraus dürften ihre Kinder sie zeit ihres Lebens nicht vertreiben, und zudem dürfe sie in der Stube frei ein- und ausgehen. Hans Jacob Lützelschwab hatte vor seinem Tode ein Wohnrecht für seine „presthafte", also kranke Tochter Catharina versprochen: Der Erbe Caspar Lützelschwab müsse ihr den Ein- und Ausgang ins Haus ohne Hinderung gestatten und ihr die Stubenkammer als Wohn- und Liegestatt überlassen. Es solle ihr zudem niemals verwehrt sein, „in der stuben die wehrme zu geniessen ohne einzige entgeltung des holzes", und in der Küche solle ihr jederzeit Platz zum Kochen gelassen werden.

Nicht gerade grosszügig bemessen waren die Räumlichkeiten im Gasthof zur Sonne. Als der Sonnenwirt Victor Bürgi im Jahre 1748 seinem Schwager Clementz Kirchbaumhofer die Hälfte des Hauses verkaufte, lautete eine der vielen Verpflichtungen, die dieser dabei eingehen musste: „Sollte Victor Bürgy oder der jeweyllige sonnen würth zu zeithen mit gesten überladen werden, so solle er Kirchbaumhofer ihme sonnen würth in der stube und kammeren platz geben und solche [die Gäste] nach gelegenheit loschieren."[6]

VON DER TRENNUNG 1442 BIS INS FRÜHE 19. JAHRHUNDERT

Alter, Krankheit und Armut

Catharina Karrer

Im Jahre 1710 erhielt Georg Adam Schmid die Zustimmung der österreichischen Obrigkeit, in Kaiseraugst ein zweites Wirtshaus, die „Sonne" zu führen. Während der folgenden Jahrzehnte war er Wirt und angesehener Bürger, amtete auch als Richter und Gerichtsschreiber im Dorfgericht. Dann übergab er das Wirtshaus an Victor Bürgi aus Olsberg, wahrscheinlich sein Schwiegersohn. Dabei bedingte sich Georg Adam Schmid für sich und seine Ehefrau Catharina Karrer das weitere Wohnrecht aus. Als Victor Bürgi im Februar 1748 das halbe Haus seinem Schwager, dem Hammerschmied Clementz Kirchbaumhofer verkaufte, musste dieser das Wohnrecht weiterhin garantieren. Ja, er durfte die erworbene halbe Behausung gar nicht nutzen „bis nach des Jörg Adam Schmids und seiner ehelichen hausfrauwen absterben, es wäre denn sach, daß Jörg Adam Schmid ihme gutwillig leiden und platz geben wollte".

Gasthaus zur Sonne. Die Wirtin Catharina Karrer erlebte als Witwe den Abstieg von bescheidenem Wohlstand in die Armut.

Zwölf Jahre später, am 16. März 1760 erschien Jörg Adam Schmid wiederum vor dem Gericht, nahm Bezug auf das lebenslängliche Wohnrecht für sich und seine Frau in der halben Behausung zur Sonne, das mit dem Hammerschmied Kirchbaumhofer ausbedungen worden war. „Nun aber anjezo" fährt das Protokoll fort, „in betrachtung wie sie beide schon die meisten jahr ihres lebens zurückgelegt und dardurch in das gestandene alter kommen, allwo gedenckhens genug zu tragen, wie weithers die übrig täg des lebens durch zu bringen seyen." Also sei er gesinnt, den Wohnsitz freiwillig zu verlassen und aufzugeben und sich an ihren Tochtermann Crispin Fritschin zu wenden „und bey ihme die noch übrige täg ihres lebens bleibendte statt nemmen."

Am 29. Juli 1773 erschien Catharina Karrer – sie war inzwischen Witwe geworden – wiederum vor dem Dorfgericht und liess eine Verfügung festschreiben. Wenige Tage zuvor war ihre letzte überlebende Tochter Emerentia gestorben, die seit einigen Jahren für ihren Lebensunterhalt gesorgt habe, da sie selbst nicht das mindeste Vermögen mehr besitze. Jetzt sei ihr von ihrer verstorbenen Tochter etwas Kleines als Erbe zugefallen. Da sie „in betrachtung ihres hohen alters und schwachen leibes-krefften" nicht mehr im Stande sei, dieses Erbe zu nutzen „und ihre tägliche nahrung davon zu nemen", sei sie gesinnt, das wenige Ererbte dem ehrsamen Christoph Lützelschwab und dessen Ehefrau Ottilia Stegmann zu vermachen. Dafür mögen ihr die beiden „so lang sie noch leben werde, die tägliche nahrung

Alte Frau als Bettlerin. Besonders Witwen waren einem grossen Armutsrisiko ausgesetzt. (Kupferstich nach David Teniers, um 1650)

215

güthlich darreichen, auch in nöthen, sie seyen wie sie wollen, ihr beyspringen, auf und abwarten gleich als ihrer eygenen mutter." Wir erfahren weiter, dass ihre älteste Tochter, die mit Crispin Fritschi verheiratet war und zu der sie vor 13 Jahren mit ihrem Mann gezogen war, schon vor längerer Zeit verstorben war. Fritschi hatte inzwischen wieder geheiratet, ein „verrufenes böses weib", wie es heisst. Sie, Catharina Karrer, wolle deshalb nicht mehr zu ihrem Tochtermann zurück, ob wohl er von Rechts wegen für sie hätte sorgen müssen. Denn sie wisse, „daß sie wenig täg bey ihm und seiner frauen in friden leben würde". Diese Verfügung war doch so ungewöhnlich, dass sie das Dorfgericht zur Bewilligung an das Oberamt weiterleitete. Nach Befragung der betroffenen Personen stimmte dieses dann zu.[7]

Im Angesicht der Vergänglichkeit

Als Jörg Adam Schmid und seine Ehefrau Catharina Karrer vor dem Dorfgericht den Verzicht auf ihr Wohnrecht bei Clementz Kirchbaumhofer bekräftigten, da stellten sie

Die Lebensalter der Frau. Solche Darstellungen der Altersstufen waren für beide Geschlechter sehr verbreitet. Sie sollten den Menschen die Vergänglichkeit ihres Lebens vor Augen halten. (Auf- und Niedergang des weiblichen Alters, Kupferstich Gerhardt Altzenbach, München um 1650)

eine sehr anrührende Betrachtung über die Vergänglichkeit ihres Lebens an, darüber dass sie schon „die meisten jahr ihres lebens zurückgelegt" und darüber, wie sie „die übrig täg des lebens" verbringen sollten.

Solche Äusserungen verdienen im Wortlaut zitiert zu werden, drücken sie doch eine eigentümliche Einsicht und Ergebenheit in eine göttliche Ordnung aus, die schon fast so etwas wie Geborgenheit bot. Gabriel Broglin aus dem Hardhof sann über die begrenzte Lebenszeit nach, als er vor dem Gericht ein Testament bestätigen liess. Er „brachte vor, wie daß er und seine eheliche hausfrauw Anna Ritterin schon viele jahr in ihrem ehestand in bester zufriedenheit bey einander gelebt, und durch ihr von Gott gesegnets alter schon die meiste tag ihres lebens hinderlegt haben, auch öffters betrachteten die unbeständigkeit diser welt, in welcher nichts gewissers dan der todt, und aber nichts ungewissers dan die stund."

Durchaus diesseitig war übrigens das Hauptanliegen von Broglins Testament. Es sollte sicherstellen, dass ihr Erbe nicht an Tochter und Schwiegersohn gingen, sondern direkt an deren Kinder. Denn sie würden „in stetigem gedencken stehen, wie daß ihr dochter mann Joseph Hayselmeyer ein so schlecht und liederlicher haußhalter seye."

Altersvorsorge

Die Geschichte von Catharina Karrer zeigt nicht nur ein etwas trauriges Einzelschicksal. Sie illustriert auch, wie sogar Menschen, die in ihren guten Tagen einigermassen begütert waren, Gefahr liefen, im Alter zu verarmen und in Abhängigkeit zu verfallen. Alte Leute waren gut dran, wenn sie noch ein eigenes Vermögen besassen. Im Übrigen waren sie auf die Unterstützung durch die Familie angewiesen, besonders wenn sie pflegebedürftig wurden. Dies bedeutete auch Abhängigkeit, und diese geriet umso empfindlicher, wenn manchmal die familiären Verhältnisse keineswegs harmonisch waren, wie etwa bei Catharinas Tochtermann.

Um der Ehefrau für ihre Zeit als Witwe einen bescheidenen Lebensunterhalt zu sichern und manchmal auch, um sie gegen die Willkür der Familie zu schützen, setzten Eheleute gelegentlich noch zu Lebzeiten vor dem Dorfgericht so genannte Leibgedinge auf.[8] Darin wurde geregelt, was der verwitweten Ehefrau nach dem Tod des Mannes zu ihrem Lebensunterhalt verbleiben solle. Das war vor allem einmal das Wohnrecht im Haus. Dabei wurde, wie im vorigen Abschnitt an einigen Beispielen gezeigt, genau umschrieben, welche Räume ihr gänzlich oder zur Mitnutzung zustehen sollten. Zudem erhielt sie auch etwas Land überschrieben, das sie für sich noch nutzen durfte, zumindest ein oder zwei Krautbeete im Garten, meist aber auch noch ein wenig Acker- und Mattland. Gelegentlich wurden die Kinder zur Bezahlung einer Geldrente verpflichtet. Manchmal bekam der überlebende Teil auch den ganzen Besitz zur weiteren Nutzung zugeschrieben, der erst nach dessen Ableben unter die Erben verteilt werden sollte, oder die Erben erhielten vorerst die Hälfte und die andere Hälfte verblieb dem überlebenden Ehepartner.

Wer keine direkten Nachkommen hatte, konnte beim Hausverkauf ein Wohn- und Betreuungsrecht ausbedingen. Als Joseph Sager 1753 sein Haus dem Bernhart Sager, vermutlich einem Verwandten, verkaufte, blieb ihm „der lebenslängliche sitz im haus und die liegestatt in der stuben kammer vorbehalten, worbeÿ ihne der käuffer mit holz und liecht versehen und underhalten solle." Darüber hinaus versprach Bernhart Sager, „daß so oft und vill der verkhäufer Joseph Sager sollte krank werden, so wolle er oder seine frauw ihme die abwarthung thuen mit kochen wie auch in all andern nothwendigkeiten mit seüberen und waschen und die speisen zubereithen und darreichen." Dabei solle dies alles aber aus den Mitteln und dem Vermögen des Joseph Sager bezahlt werden.[9]

Krankheit

In ähnlicher Weise traf man für kranke Familienmitglieder Vorsorge, wie etwa oben im Falle von Catherina Lützelschwab gezeigt wurde.

Bei Krankheit waren die Menschen auf die Unterstützung durch die Familie oder Verwandtschaft angewiesen. (Holzschnitt Hans Weidiz, Augsburg 1535)

In einem anderen Falle vermachte ein kränklicher, schwerhöriger und sehbehinderter Joseph Lützelschwab sein ganzes ererbtes Vermögen seinem Bruder Thadäus. Denn er „seye doch ausser stand gesetzt, seinem gütle vor zu stehen und sich darauf zu ernehren, weilen er neben schwachen leibs-kräften übel gehöre und wenig mehr sehe". Als Gegenleistung musste ihn sein Bruder zeitlebens unterhalten und pflegen. Allzuviel war es nicht, was er da-

VON DER TRENNUNG 1442 BIS INS FRÜHE 19. JAHRHUNDERT

Bettlerinnen und Bettler gehörten zum Alltag, waren aber ausgegrenzt und rechtlos. (Alte Bettlerin und Bettlerfamilie. Kupferstiche nach Rembrandt, um 1650)

bei erwarten durfte, nämlich nichts als eine „ehrbahre bekleidung und [dass er] mit seinem bruder Thadeus an seinem tisch seine hausmans kost geniessen und haben sollte."[10]

Dorfarme

Wer keine Familie hatte und kein Vermögen besass, war arm dran. Besonders für Witwen konnte die Situation prekär werden, wenn ihre Kinder noch nicht erwachsen waren und für sie sorgen konnten. Als der Kaiseraugster Stabhalter der Herrschaft Rheinfelden 1776 eine Liste der Armen im Dorfe einreichen musste, verzeichnete er neben drei Waisenkindern und einem Mann zwei Witwen. Beide waren auswärts verheiratet gewesen, die eine in Degerfelden, die andere im Elsass. Nach dem Tod ihrer Ehemänner wurden sie armengenössig, kehrten, ob freiwillig oder unfreiwillig, in ihr Heimatdorf zurück und mussten von der Gemeinde unterhalten werden.[11]

Für solche Arme hatte die Gemeinde aufzukommen. Doch in diesem Sinne als arm galt nur, wer keine familiäre Unterstützung finden konnte und wer unverschuldet in Armut geraten war, was immer das auch heissen mochte. Solche Leute fanden dann etwa im Armenhaus des Dorfes Aufnahme und bekamen von der Gemeinde das „Almosen". Dieses bestand oft darin, dass die Armen in die „Kehri" gegeben wurden. Nach einem bestimmten Turnus mussten die einzelnen Haushalte des Dorfes sie bei sich zu Tische aufnehmen und verpflegen.

Fahrende und Bettler

Es gab aber immer wieder Menschen, die fielen aus dem Netz der dörflichen Gesellschaft hinaus in die Heimatlosigkeit. Das konnten kleine Handwerker oder Taglöhner und ihre Familien sein, die sich mit ihrem Verdienst nicht mehr zu halten vermochten. Oder es waren etwa ehemalige Soldaten oder auch Menschen, die seit Generationen keinen festen Wohnsitz mehr kannten. Sie schlugen sich als Landstreicher mit Gelegenheitsarbeit, Bettel und gelegentlich auch kleineren Diebstählen durch. Wie viele solche Fahrende damals durch das Land zogen, weiss man nicht genau, aber es gibt Schätzungen, welche sie auf acht bis zehn Prozent der gesamten Bevölkerung beziffern. Kriegswirren wie etwa der Dreissigjährige Krieg (1618 bis 1648) oder der Spanische Erbfolgekrieg zu Beginn des 18. Jahrhunderts trieben vermehrt Menschen auf die Strasse. Solche fahrenden Bettler befanden sich ausserhalb des Schutzes der Gesellschaft und waren rechtlos. Waren sie von den Dorfbewohnern gelegentlich noch ein Stück weit geduldet, so gingen die Obrigkeiten zusehends härter gegen sie vor. In der Eidgenossenschaft hatte schon 1551 ein Bettelmandat verfügt, dass die Gemeinden für ihre eigenen Armen aufzukommen, die fremden Bettler hingegen abzuweisen hätten. Es kam zu regelmässigen so genannten Betteljagden. Die bettelnden Männer, Frauen und Kinder wurden über die Gemeindegrenzen hinaus getrieben. Jene die nicht mehr gut zu Fuss waren, lud man auf Fuhrwerke oder Handwagen. In der nächsten Gemeinde erging es ihnen dann bald wieder gleich.

Im Sterbebuch von Kaiseraugst scheint gelegentlich die Tragik solcher Schicksale auf. So am 14. September 1689: „Hans Jacob Amrein ex parochia Münster sive Beronensi [aus der Pfarrei Beromünster] ist als krancker auff dem betel karen von Mutenz nacher Brateln geführt worden, und im abladen gleich ohne heilige sacramente gestorben." Weil er katholisch gewesen war, wurde er dann nicht in Pratteln, sondern in Kaiseraugst begraben.

Im Jahr darauf, „den 12ten aprillen ist ein armes weib auf dem betler karen nach Brateln gebracht worden, welche nit mehr hat können reden, sondern gleich da man si von dem karen abgehebt verschiden. Weillen aber die daselbst in dem quartier ligenden soldaten von zug einen rosencrantz beÿ ihr gefunden, haben sie die selbe hieher führen und begraben lassen, dero nahmen und vatterland ist nicht bekannt."[12]

Ordnung, Streit und Ehre

Der fremde Barbier

Im Oktober 1724 weilte der Schaffhauser Barbier Hans Jacob Weisshaupt in Pratteln zu Besuch bei seinen Schwägern und anderen guten Freunden. Da schickte Herr Niclaus Mäglin, der Lehenwirt zu Augst nach ihm und bat ihn, in sein Haus zu kommen und seine Frau zur Ader zu lassen.[13] Weisshaupt hatte jedoch keine obrigkeitliche Erlaubnis, seine Profession auf der Basler Landschaft auszuüben. Er kam der Einladung nach, und bei dieser Gelegenheit liess sich Mäglin gleich auch noch von ihm „barbieren", also rasieren. Da kam eben auch Hans Peter Mohler, Barbier und Perückenmacher zu Pratteln, „seiner gewohnheit nach" ins Wirtshaus, um den Herrn Mäglin zu barbieren. Doch der war schon von Weisshaupt „eingeseÿffet".

Mohler verliess wortlos das Wirtshaus und ging in Augst weiteren Geschäften nach. Dann versteckte er sich mit einem Gewehr in der Mühle und drohte, den fremden Schaffhauser Barbier zu erschiessen, wenn er aus dem Wirtshaus komme. Mäglin erfuhr davon und bat den Augster Metzger Heinrich Martin, er möge den Weisskopf nach Pratteln begleiten, damit kein Unglück geschehe. Bloss waren die beiden einige Schritte gegangen, da „seÿe Mohler ihnen auff dem fuß sprungsweiß nachgefolgt und habe mit presentiertem gewehr geschryen, halt du schelm, dieb, du stilst mir das brodt vor dem maul hinweg". Metzger Martin entwand ihm das Gewehr und liess es auf Geheiss der Geschworenen vom Lehenwirt wegschliessen. Dann machte er sich mit Weisshaupt auf den Weg nach Pratteln.

Kurz darauf, Mäglin war gerade am Zeitung Lesen, kam Mohlers Frau in die Wirtsstube. Zuvor hatte sie verlauten lassen, „sie wolle es dem Mäglin dem ketzer schon machen", dann redete sie ihn „wie eine rasende furie und taube frauw" an und verlangte das Gewehr zurück. Mäglin wies sie weg. Wenig später kam sie zusammen mit ihrem Mann zurück und schimpfte Mäglin einen „lumpen, schelmen, dieben." Dieser hiess die beiden, sie sollten sich

VON DER TRENNUNG 1442 BIS INS FRÜHE 19. JAHRHUNDERT

Im Lehenwirtshaus in Augst (vorne rechts) geriet der Barbier Mohler an seinen Konkurrenten Weisshaupt. Wirtshäuser waren öffentliche Räume, in denen es besonders darauf ankam, seine Ehre zu wahren und zu verteidigen. (Detail aus dem Grenzplan von Hans Bock, um 1620. Staatsarchiv Baselland, Liestal, KP 5001 A 0030)

aus seinem Haus scheren und ihn in Ruhe lassen, wobei er den Mohler einen „sauberen buben", „lumpengesind" und einen „faulen henkersbueb" titulierte. Es entstand ein Handgemenge, wobei Mohler seinen Degen zückte. Metzger Martin und die beiden Geschworenen nahmen ihm den Degen weg, doch seine Frau riss ihn mit Gewalt wieder an sich. Dann seien die beiden in die Mühle eingekehrt und hätten „eine guete halbstund über ihn herrn Mäglin geflucht und geschworen". Gegenüber Metzger Martin soll Mohler noch behauptet haben, die Gnädigen Herren [die Obrigkeit] hätten ihm erlaubt, „den hund tod zuschiessen" wenn er ihm begegne. Er hätte, wenn Martin nicht dazwischen gekommen wäre, zwar auf Weisskopf geschossen, aber nur in den Schenkel, nicht um ihn zu töten. Im Verhör vor dem Landvogt gab er dann vor, er habe ihm nur gedroht mit Erschiessen, um ihn zu erschrecken.

Man kann, wenn man die Geschichte liest, den Barbier Mohler für einen gewalttätigen und gefährlichen Choleriker halten. Doch greift dies zu kurz. Im dörflichen Ordnungsdenken gab es eine feste Grenze zwischen Einheimischen und Fremden. Mohler fühlte sich durch den fremden Eindringling, der ohne obrigkeitliche Berufsbewilligung seinen Kunden Mäglin einseifte und dessen Frau zur Ader liess, in seinen Rechten verletzt. Sein Recht war es, hier an diesem Ort seine Profession auszuüben, und Weisshaupt war ein fremder

"Brotdieb", der ihn um seinen Verdienst brachte. Mohler glaubte, sich gegen ihn wehren zu müssen, und hielt sich für berechtigt, ihn zu vertreiben. Im Disput mit Mäglin fragte Mohlers Frau diesen denn auch, "warumb er doch einem frömbden mehr recht gebe als einem landskind". Weisshaupt hatte die Grenze, die ihn als Fremden von den Einheimischen trennte, missachtet und damit die geltende Ordnung gestört. Der Landvogt sah denn auch von einer Bestrafung Mohlers ab und liess es bei einem Verweis bewenden.

Ein Tröler?

Jacob Frey, der Schmied, und Johann Georg Gessler, Lehenwirt in Augst an der Bruck, besassen beide etwas Land auf der österreichischen Seite der Grenze. Über den Acker des Jacob Frey in der Kallerenmatt floss ein kleines Bächlein. Im Mai 1711 brach das Bächlein aus, floss über einige Brachäcker und schliesslich auch über Gesslers angesäten Acker, wo es einigen Schaden anrichtete.[14] Gessler war überzeugt, dass Frey den Bach "mit sonderbahrem fleiß", also mit Absicht, auf seinen Acker geleitet habe, wogegen dieser beteuerte, anderswohin sei es ihm nicht möglich gewesen. Vermutlich hatte Gessler auf seinem Acker, statt ihn brachliegen zu lassen, Gras oder Klee angesät. Damit hätte er ihn auch während des Brachjahres genutzt und damit aus dem dreijährigen Zyklus der Dreizelgenwirtschaft herausgenommen. Möglicherweise hätte er ihn dann auch eingeschlagen, also mit einem Zaun versehen und der allgemeinen Brachweide entzogen. So wäre es durchaus plausibel, dass Frey so etwas wie einen Racheakt verübt hatte.

Streitende Bauern, die mit Dreschflegeln aufeinander schlagen. (Kupferstich von J. Amman. 1539 – 1591)

Wie dem auch sei, kurz darauf kehrte der Giebenacher Untervogt Hans Wirth, der in eigenen Geschäften in Augst an der Bruck zu tun hatte, im dortigen Wirtshaus ein. Da bat ihn Gessler, mit ihm zusammen den Schaden auf seinem Acker zu besichtigen. Als sie dort waren, fuhr der Knecht des Jacob Frey mit einem Fuhrwerk auf dem Weg zu dessen Acker an ihnen vorbei. Gessler glaubte offenbar, es sei Frey selbst, und rief ihm nach "wart nur du tröler /:den Jacob Frey meinend:/ ich will dirs machen". Auf dem Heimweg nach Giebenach holte Jacob Frey den Untervogt Wirth ein und fragte ihn, ob es stimme, was Gessler zu seinem Knecht gesagt habe, wobei er beteuerte, er habe den Bach nicht absichtlich über dessen Acker laufen lassen. Wirth antwortete ihm, der Handel gehe ihn nichts an.

Ein halbes Jahr später, Anfang November, kam Jacob Frey an einem Samstag nach Giebenach zum Untervogt Wirth und fragte ihn erneut, ob er sich erinnere, dass Gessler ihn damals "einen tröler geheissen". Wirth, der krank im Bett lag, wies ihn ab, er solle ihn in Ruhe lassen. Die Angelegenheit war aber doch so wichtig, dass sich am Donnerstag darauf der Statthalter von Liestal, Hans Rudolf Huber, eigens nach Giebenach ins Haus des Untervogts begab, um ihn als Zeugen einzuvernehmen und ein Protokoll aufzusetzen. Wirth, "bettlägerigen leibs, jedennoch bey gesundem verstand", musste ihm den ganzen Vorfall vom vergangenen Mai berichten, nachdem er "bey seinem guten gewüssen erinneret und ermahnet worden, die pure lauter wahrheit, niemand zu lieb noch zu leid anzuzeigen und auszusagen".

Tanzendes Bauernpaar. (Kupferstich von Albrecht Dürer, 1514)

VON DER TRENNUNG 1442 BIS INS FRÜHE 19. JAHRHUNDERT

Inzwischen war auch der Pratteler Pfarrer Niclaus Rhyner, zu dessen Sprengel Augst an der Bruck gehörte, mit der Angelegenheit befasst. Jacob Frey hatte nämlich vor dem Oberamt in Rheinfelden ausgesagt, Gessler sei vom Abendmahl ausgeschlossen worden, wegen der Schelt- und Schmähworte, die er gegen ihn ausgestossen hatte. Von denen müsse er zuerst „ehrlich gemacht werden" (freigesprochen werden), bevor er wieder zugelassen werde. Pfarrer Rhyner bescheinigte schriftlich, dass dem nicht so sei.

Unmässige Bauern wie streitende oder derb tanzende Bauern (vorherige Seite) prägten die abschätzigen Clichés, welche in städtischen oder adligen Kreise über die Dorfbevölkerung gepflegt wurden. Doch wenn auch Streit und Lustbarkeiten zum Dorfleben gehörten, folgten beide wohl beachteten kulturellen Normen, bei denen die Wahrung der öffentlichen Ehre im Zentrum stand. (Kirchweihszene, Holzschnitt nach Hans Sebald Beham)

Lebenswichtige Ehre

Es ging jetzt, ein halbes Jahr später, gar nicht mehr um die eigentliche Ursache des Streits, das Wasser nämlich, das über Gesslers Acker geflossen war, sondern darum, dass Gessler den Frey einen „Tröler" genannt haben soll. „Tröler" kommt eigentlich vom Verb „trolen", das so viel heisst wie „rollen", „wälzen". In seiner übertragenen Bedeutung heisst es: schlau oder unredlich handeln, durch Kniffe und Unredlichkeit Recht und Gesetz umgehen. Ein Tröler war einer, der die Leute durch List und Ränke hinterging, dem also nicht zu trauen war.[15]

Wer aber in einem solchen Ruf stand, der war in der damaligen dörflichen Gesellschaft erledigt, gesellschaftlich tot sozusagen. Im Streit zwischen Gessler und Frey ging es um die Ehre, zuerst jene von Frey, den Gessler einen Tröler genannt hatte, dann auch um die Gesslers, der angeblich vom Abendmahl ausgeschlossen worden war. Die Ehre war eine zentrale Kategorie des Zusammenlebens im Dorf. Sie hatte nichts zu tun mit Reichtum oder Macht. Ehre besass, wer die Normen des Zusammenlebens erfüllte und der dörflichen Moral nachlebte, wer beispielsweise das Eigentum respektierte, wer fremde Rechte nicht antastete und seine eigenen Rechte nicht antasten liess, wer sein Wort hielt und auf den oder die man sich verlassen konnte. In Ehre zu leben war eine existentielle Angelegenheit, sowohl in der Einschätzung durch andere wie auch in der eigenen Wahrnehmung. Wer die Ehre verlor, der war verloren. Eine Ehrverletzung war eine Verletzung im wörtlichen Sinne.[16] Wem die Ehre abgesprochen wurde, etwa indem sie oder er als Schelm, Dieb oder eben Tröler beschimpft wurde, musste alles daran setzen, sie wieder erstattet und hergestellt zu bekommen. Das erklärt die Hartnäckigkeit, mit der Jacob Frey bestätigt haben wollte, ob Gessler ihn als Tröler beschimpft habe oder nicht.

VON DER TRENNUNG 1442 BIS INS FRÜHE 19. JAHRHUNDERT

Der Ausgang des Streites ist in den Dokumenten nicht überliefert, aber es ist zu vermuten, dass schliesslich der Landvogt einen Schiedsspruch fällte und damit auch die Scheltworte und die Ehrverletzungen wieder aufhob. Auch im Streit des Barbiers Mohler mit seinem Konkurrenten Weisskopf und dem Lehenwirt Mäglin waren böse Worte gefallen, welche auf die Ehre der Beschimpften zielten: „Schelm", „Dieb", „Ketzer", „Lump", „Henkersbub". Auch in diesem Falle hatte das Urteil des Landvogts unter anderem die Funktion, die ehrverletzenden Schimpfworte wieder aufzuheben.

Guote nachpuren

Nicht nur bei privaten Händeln, auch bei Streitigkeiten zwischen Gemeinden wurde gelegentlich die gegenseitige Ehre beschädigt und musste wieder hergestellt werden. Dies lässt sich bei den teils handgreiflichen Konflikten um die Weiderechte zwischen Augst im Dorf auf der einen und Augst an der Bruck und Giebenach auf der andern Seite im späteren 16. und im frühen 17. Jahrhundert verfolgen.[17] In den „Abschieden" und Verträgen, in denen jeweils die Streitigkeiten geregelt und beigelegt wurden, finden sich abschliessende Formeln, welche die gestörte Nachbarschaft wieder ins Lot bringen sollten.

Im „Abschied" vom Oktober 1610 zwischen Augst an der Bruck und Augst im Dorf heisst es zum Schluss: „Entlichen was sich hierunder für schmach undt scheltreden verloffen, das die von obrigkeit wegen ufgehebt, also das selbige nit mehr geandet werden, noch einichem theill ann ehren schedtlich, sondern hirmit wohl vereint undt guote nachpuren sein." Die Obrigkeit als höhere Instanz erklärte also alles, was die streitenden Nachbarn einander angetan hatten, als erledigt und stellte für beide Teile die intakte Ehre wieder her. Als es im Jahre 1647 wiederum derartige Streitereien zu schlichten gab, wurde in den Vergleichen mit Giebenach und Augst an der Bruck auf ältere Abkommen verwiesen, die man einzuhalten versprach. Zum Schluss folgte die Versicherung, dass alles, „was bishero darwider beschechen, gegen einandern aufgehebt sei", und dass „darbey alle unnachbarschaft und unwillen aufgehebt" seien.[18]

Fricktaler Tracht. Der Luzerner Trachtenmaler Joseph Reinhardt zeigt das Landleben von einer idealisierenden Seite. (Kolorierter Stich von J. Reinhardt, 1819. Fricktaler Museum Rheinfelden. Foto Werner Brogli, Möhlin)

Die Rückgabe der Ehre vor dem Sittengericht

Diese grundlegende Bedeutung der Ehre hielt auch noch bis ins frühe 19. Jahrhundert an, wie einige Fälle von Streitigkeiten zeigen, welche vor dem Sittengericht in Kaiseraugst verhandelt wurden.[19] Das Sittengericht war ein Gremium bestehend aus Kirchenpflegern und Gemeinderäten unter dem Vorsitz des Pfarrers. Später kamen praktisch nur noch Verstösse gegen die Sittlichkeit im Sinne der Sexualmoral vor das Gremium.

Anfänglich aber ging es oft auch noch um häusliche und nachbarliche Streitigkeiten und Ehrverletzungen. Da wurde etwa eine Helena Lützelschwab angeklagt, „daß sie der Verena Meyer am Brunnen durch übertribenes Reden ihre Ehre benommen" habe. Karli Schmid hatte ohne Beweise über den Georg Bolinger das Gerücht ausgestreut, dieser habe sich in der Basler Hard „ausser der Ehe ungebührlich aufgeführt". Schmid hatte aber keine Beweise dafür und somit „unüberlegt andern schlechten Leuten nachgeredt". Eine Konstantia Döschler hatte ihren Schwiegervater Anton Bürgi als „einen schlechten Mann und Schelmen" beschimpft. Fridli Lützelschwabs Knechte wurden vor Sittengericht zitiert, „wegen daß dieselben durch einen allzu sehr ungebührlichen Brief der Margeritha Fritschin an die Haustür angehängt, ihre Ehre abgeschnitten" hatten. Fridolin Sager und seine Ehefrau hatten die Elisabeth Schmid beschuldigt „als hätte sie denselben ab einem Schweinen Hammen im Kamin geschnitten", ohne dafür mehr als eine Vermutung zu haben.

In all diesen Fällen wurde protokolliert, die oder der Schuldige sei vom Gericht „zur Rückgabe benommener Ehr verurteilt" worden oder habe „die gehörige Satisfaction zu geben". Und immer folgte die Ergänzung, dass dies sogleich vor versammeltem Gericht geschehen sei, etwa in der Formulierung: „welches alsogleich geschehen und mit Mund und Hand erfolgt ist". Es lief also eine Art Ritual ab, bei dem die Person, welche durch ihre Reden der Klägerin oder dem Kläger die Ehre genommen hatte, diese Ehre vor Zeugen durch eine wörtliche Erklärung und mit Handschlag wieder zurück erstattete. Damit war die Angelegenheit im wörtlichen Sinne wieder in Ordnung.

Krieg

Belagerung der Stadt Rheinfelden 1678 durch die Franzosen. Das Fricktal wurde immer wieder in die kriegerischen Auseinandersetzungen des österreichischen Herrscherhauses hineingezogen. So auch im Holländischen Krieg (1672 – 1679) gegen das Frankreich Ludwigs XIV. (Votivbild im Rathaus Rheinfelden. Foto Werner Brogli, Möhlin)

Kriege bedeuteten für die beiden Augst als Grenzorte stets eine besondere Bedrohung. Das baslerische Augst hatte das Glück, unter einer Obrigkeit zu leben, die in den Kriegen des 17. und 18. Jahrhunderts neutral blieb und das Dorf deshalb nicht in kriegerische Abenteuer hineinzog, wie es dem österreichischen Fricktal geschah. Aber ganz ungeschoren kam auch es nicht weg. Die Grenze, vor allem die Brücke, musste streng bewacht werden. Das bedeutete, dass der Wachtdienst, der zwar in allen Dörfern von den Bürgern in einem bestimmten Turnus geleistet werden musste, in Augst eine viel aufwändigere Angelegenheit wurde als anderswo. Wenn auch die Wacht in Kriegszeiten zuweilen durch Bürger anderer Gemeinden verstärkt wurde, so blieb sie dennoch für die Augster besonders drückend, und immer wieder wurden sie auch allein gelassen damit. Verschiedentlich äusserten sie darüber ihren Unmut. Im Jahre 1702, während des Spanischen Erbfolgekrieges, traf es auf jeden dienstpflichtigen Bürger eine Wacht pro Woche. Das hiess, jede Woche für einen Tag die Arbeit liegen zu lassen, was vor allem etwa den Taglöhnern ihren Verdienst in kaum erträglicher Weise schmälerte.[20]

VON DER TRENNUNG 1442 BIS INS FRÜHE 19. JAHRHUNDERT

Das österreichische Fricktal hingegen wurde vor allem im Dreissigjährigen Krieg (1618 – 1648) sehr direkt von den kriegerischen Ereignissen heimgesucht. Zwar blieb es anfänglich noch lange Zeit davon verschont. Doch im Jahre 1633 erreichten die blutigen Kämpfe das Gebiet des Hochrheins. Rheinfelden wurde von den Schweden belagert und erobert, und in der Doppelschlacht von Rheinfelden im Februar und März 1638 bereiteten die schwedisch-französischen Truppen den Kaiserlichen eine vernichtende Niederlage. In diesen Jahren streiften die Truppen beider Kriegsparteien plündernd und raubend durch die Gegend, wobei kaum ein Dorf verschont blieb.[21]

Auch Kaiseraugst hatte unter diesen Wirren zu leiden. Nicht nur sind verschiedentlich Bemerkungen überliefert, wonach die Augster an der Bruck denen im Dorf in den Notzeiten hilfreich beigestanden seien, ein Umstand auf den jene nicht ohne Bitterkeit hinweisen, als die Weidestreitigkeiten zwischen den beiden Gemeinden 1647 wieder aufflammten.[22] Im Sterbebuch der Pfarrei Kaiseraugst findet sich ein ganzseitiger Eintrag: „Tempore illo calamitoso patriam devastantibus schweciis et eorum fautor[ibus] hinc migraverunt ex parochia Augustana 1634 et 1635".[23] Frei übersetzt heisst dies: „In jener unheilvollen Zeit, da die Schweden und ihre Begünstiger das Vaterland verwüsteten, starben aus der Pfarrei Augst 1634 und 1635:" Es folgen die Namen von 23 Personen, 10 Frauen und 13 Männer. Das sind sehr viele im Vergleich zu den damals in der Regel etwa drei bis fünf Verstorbenen pro Jahr. Die genauen Todesdaten fehlen in der Liste, ein Zeichen dafür, dass die Namen erst nachträglich aufgeschrieben worden sind. Im Jahre 1634 hatten die Schweden nämlich auch das Pfarrhaus geplündert und den Pfarrer gefangen gesetzt. Für einige Jahre musste dann die Gemeinde ohne Pfarrer bleiben.[24]

Die verschiedenen Kriege, welche das Kaiserreich im 18. Jahrhundert führte, mieden zwar das Fricktal als direkten Kriegsschauplatz. In Ruhe liessen sie die Menschen hier gleichwohl nicht. Die Männer wurden etwa zu Schanzarbeiten und Fuhrdiensten aufgeboten, manchmal bis hinaus nach Freiburg. Vor allem aber waren gelegentlich durchziehende Truppen zu verpflegen, was die Gemeinden beträchtliche finanzielle Opfer kostete.

Erste Schlacht bei Rheinfelden Ende Februar 1638. Vom Dreissigjährigen Krieg (1618 – 1648) blieb das Fricktal anfänglich verschont. Doch nach 1633 geriet es ebenfalls in den Strudel der kriegerischen Ereignisse und wurde von plündernden Truppen heimgesucht. (Fricktaler Museum Rheinfelden. Foto Werner Brogli, Möhlin)

VON DER TRENNUNG 1442 BIS INS FRÜHE 19. JAHRHUNDERT

Überfall eines Dorfes durch Soldaten. In der späteren Phase des Dreissigjährigen Krieges (1618-1648), besonders in den 1630er Jahren, streiften die Truppen beider Kriegsparteien plündernd und raubend durch die Gegend. Kaum ein Dorf blieb verschont. In den Jahren 1634 und 1635 hatte Kaiseraugst über zwanzig Kriegsopfer zu beklagen. (Holzschnitt von Hans Sebald Beham)

Drastisch schildert dies ein Eintrag aus dem Jahre 1703, also während des Spanischen Erbfolgekrieges (1701 – 1714), im Gerichtsprotokoll Kaiseraugst. „Es sollen die nach kommenden nicht [sich] lassen wunder nehmen, warumb die gemeindt schulden gemacht worden sein." So beginnt der Bericht, und dann listet er auf, was von der Gemeinde in den zwei Monaten zwischen dem 26. November 1702 und dem 27. Januar alles abverlangt worden war: So hätten sie „im dorff gehabt pfert bortionen 61, mundt bortionen 58", das heisst sie mussten 61 Pferde und 58 Mann verpflegen, wobei sie ihnen „so vill sie wollen in essen und wein" geben mussten. Zudem hätten sie dem Steirischen[?] Regiment 620 Reichsgulden in bar hinlegen müssen. Das Geld war aber in der Gemeinde nicht vorhanden und musste erst bei Geldgebern in Basel zu teuren Konditionen aufgetrieben werden. Bis das Geld aus Basel hier war, setzte der zuständige Hauptmann den Vogt, den Rheinvogt und zwei weitere Männer, vermutlich die Geschworenen, im Haus des Rheinvogts als Geiseln unter strenger Bewachung gefangen. Als dieses Geld erstattet war, musste die Gemeinde zusätzlich noch einer Anzahl märkischer Offiziere fast 300 Gulden nach Zeiningen, Möhlin, Magden und Frick liefern, und die Wachtdienste kosteten nochmals etwa 200 Gulden.[25]

Auch der Adlerwirt, bis ein Jahr zuvor noch Vogt, Jörg Schauli beklagt sich 1710 in einem Schreiben an die Regierung in Freiburg über die Unbill, die er während dieser „leidg kriegs zeithen" habe erdulden müssen. Nicht nur habe er „nit ohne leib- und lebens gefahr auch mit großem meinem Schaden" das Amt des Vogtes versehen. Auch als Wirt habe er „in stehendten kriegs zeithen, da allzeit fremdte völcker in Augst gelegen, in der zeit die herren officiers verpflegen und in meinem haus haben müessen, nit wenig ausgestandten und um ein mehreres betrogen und verlustig wordten."[26]

Der Rhein, Gefahr und Spektakel

Unglück im Fluss

Am 12. Juli 1748, nachmittags um drei Uhr wollte Caspar Schaulin „bei grossem Rhein", also bei hohem Wasserstande, eine Frau aus Degerfelden in einem kleinen Fischer-Weidling über den Rhein setzen. Schaulin war ein erfahrener Fischer und mit 77 ½ Jahren damals der älteste Bürger Kaiseraugsts. Er nahm aber, obwohl er nicht mehr voll bei Kräften war, den Weg zu kurz. Rheinvogt Christoffel Lützelschwab, der die eine Salmenwaage hütete, rief ihm noch zu, er solle stärker rudern, doch vergeblich. Der Weidling wurde abgetrieben und geriet mitten zwischen den Salmenwaagen in einen Wirbel, begann sich im Kreis zu drehen, füllte sich mit Wasser und kenterte. Der „guthe alte vatter" wurde vom Weidling abgeworfen und hat „mit dem wasser ringen müssen ohne eintzige mögliche menschliche hülfe." Er ertrank in den Fluten. Seine Leiche fand man tags darauf bei Neudorf unterhalb Hüningen auf einer Insel. Sie wurde am andern Tag nach Kaiseraugst gebracht und dort begraben. Anna Maria Göllerin, Michel Spillmanns Ehefrau aus Degerfelden, die mit Schaulin mitfuhr, geriet unter den gekenterten Weidling, hielt sich daran fest, wurde mit ihm flussabwärts getrieben und hat dabei „um hilff gewunken". „Aus sonderbahrer anschickung Gottes und Mariae seiner libwertesten mutter, welche sie immer under dem wasser angeruffen" habe, konnte sie schliesslich von drei Schiffsleuten aus Warmbach aus ihrer Not gerettet werden.[27]

Der Pfarrer hat im Sterbebuch den Unfall und den tragischen Tod des alten Caspar Schaulin in allen Einzelheiten über mehr als eine Seite hin geschildert. Gewiss hat das Unglück grosses Aufsehen erregt, schon wegen des hohen Alters des Verunglückten. Es mag den Leuten im Dorf aber auch einmal mehr die Gefährlichkeit des Flusses vor Augen geführt haben. Der Rhein, mit dem und von dem sie lebten und mit dem sie vertraut waren, zeigte immer wieder seine heimtückischen Seiten und forderte seine Opfer. Im Sterbebuch der Pfarrei für die Jahre von 1683 bis 1781 sind insgesamt 17 Ertrunkene verzeichnet. Manchmal waren es Knaben, die beim Spielen oder Schwimmen er-

VON DER TRENNUNG 1442 BIS INS FRÜHE 19. JAHRHUNDERT

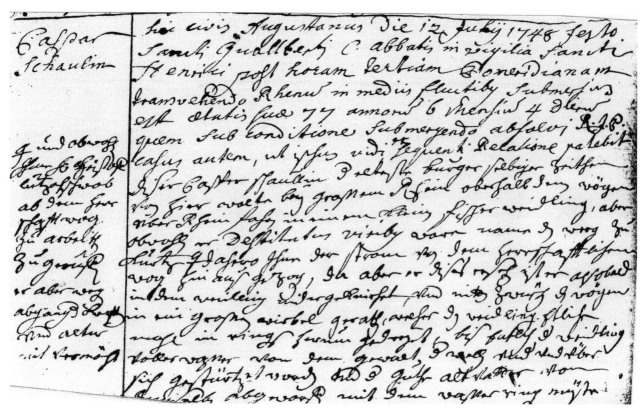

Caspar Schaulins Unglück bei dem er am 12. Juli 1748 im Rhein ertrank, wurde vom Pfarrer im Sterberegister in allen Einzelheiten beschrieben. (Christkatholisches Pfarrarchiv Kaiseraugst)

tranken, manchmal aber auch erfahrene Fischer und Schiffsleute, denen ein Unheil zustiess.

Das schlimmste Unglück passierte am 7. Oktober 1735. Am Morgen jenes Tages wollten sechs junge Leute, vier Frauen und zwei Burschen, über den Rhein nach Nollingen „in herbst" fahren, also zu Erntearbeiten im Rebberg. Aus Unachtsamkeit brachten sie das Schiff zum Kentern. Einzig Jakob Schmid konnte sich retten, die andern fünf ertranken: Jakobs Bruder Lorenz Schmid, der das Schiff geführt hatte, sowie Veronika Rosentaler, Susanna Schmid, Anna Maria Meyer und Barbara Dobler. Ihre Leichen wurden bis ins Markgräfler Land und noch weiter hinunter geschwemmt. Drei wurden nach Kaiseraugst zurückgebracht und hier begraben, die andern beiden fanden ihre Ruhestätten auf Friedhöfen im Elsass.

Rheingfrörni

Doch ab und zu bot der Rhein auch ein eindrückliches Spektakel, wie etwa zu Beginn des Jahres 1755. Im Januar und im Februar herrschte eine extreme Kälte. Der Rhein gefror. Tagelang trieb das Grundeis den Fluss hinunter. Wir können uns lebhaft vorstellen, mit welchem Staunen Pfarrer Franz Joseph Schnebelin das Schauspiel aus seinem Studierzimmer am Rheinufer mit Augen und Ohren verfolgte. Jedenfalls hat er davon eine ausführliche Schilderung hinterlassen.

Ein erstes Mal fror der Rhein am 7. Januar vom Kaiseraugster Ufer bis fast zur Gewert-Insel gegenüber zu. Dann brach am 13. Januar in der Frühe die Eisdecke, die Eisschollen „wohl bis 20 schue dick" schoben sich übereinander und stauten den Fluss zeitweise. Gegen Ende Januar kam die Kälte zurück, und der Fluss fror wieder zu. Diese „eisene prugg" hielt sich bis zum 10. Februar, als sie erneut einbrach und ihre Bruchstücke „den gantzen rhein geschwelt, welcher aber sehr klein war", und es so nur wegen des niedrigen Wasserstandes zu keiner Überschwemmung kam.[28]

Die „eisene prugg" über den Rhein war eine Sehenswürdigkeit. Es seien „vile schweitzer hieher gekommen umb zu sehen", schreibt Pfarrer Schnebelin. Am 26. Januar, einem Sonntag, seien „bis 20 und 30 personen wib und mänlichen geschlechtes mit einander über diese eisene prugg gegangen curiositatis causa [aus Neugierde]" und ein „junges schweitzer völklein" sei bis in den späten Abend den Rhein aufwärts spaziert. Auch er selbst, gesteht der Pfarrer ein, allerdings in lateinischer Sprache, habe „cum aliis sacerdotibus [mit andern Priestern]" den Fluss überquert.

Ein Metzger aus Liestal habe einen fetten Ochsen hinüber gebracht. Am 29. Januar seien „2 große mastschwein, jedes wenigstens 3 ½ Centner schwär, von sich selbsten ohne getriben zu werden hin über geloffen". Am 3. Februar sei ein Knecht mit zwei Pferden und elf Säcken Korn von Wyhlen nach Baselaugst hinüber gefahren. Tags zuvor seien „etliche hundert schweitzer

mitten auf dem Rhein gestanden, auch bis 5 persohnen in einem schlitten mit einem pfert hinüber gefahren."

Pfarrer Schnebelin erinnert im gleichen Schriftstück daran, wie der Rhein schon früher, in den Jahren 1684 und 1695, zugefroren war. Im Jahre 1684 hielt eine „solche von eyss gemachte bruggen" vom 19. bis 24. Januar, und es sollen auch damals viele hundert Personen darüber gegangen sein. Ein zweites Mal schloss sich die Eisfläche noch grossflächiger in der Nacht zwischen dem 2. und 3. Februar und blieb bis zum 17. Februar. Am 23. Januar sei eine Frau, die übers Eis gegangen sei, „etliche mahlen mitten auf dem Rhein gebürtzlet" [hingefallen], und am 10. Februar hätten „etliche jungfrauwen von Augst bey heiterem sonnenschein mitten auf dem Rhein gespunnen."

Rheingfrörni im Februar 1929. Noch nicht fotografieren konnte Pfarrer Franz Joseph Schnebelin das Spektakel des gefrorenen Rheins, das er im Januar und Februar 1755 von seiner Studierstube aus beobachtete und wovon er eine ausführliche Schilderung hinterlassen hat.

VON DER TRENNUNG 1442 BIS INS FRÜHE 19. JAHRHUNDERT

1695 war der Rhein zwischen dem 25. Januar und dem 14. Februar gefroren. Damals seien „30 tragoner zu pfert und sonsten wohl 600 man fusgänger in das dorf gelegt" worden. Es wurden also Truppen einquartiert, wobei nicht klar hervorgeht, ob diese tatsächlich über die „kalte brugg" herüber gekommen waren. Damals schlug sich der Kaiser gerade mit den Franzosen im Pfälzischen Krieg (1688 – 1697). Übrigens machten diese Truppen schätzungsweise über das Dreifache der Dorfbevölkerung aus. Sie zogen, da „Gott gnat erzeigt" habe, bald nach dem Aufbrechen des Eises, am Aschermittwoch den 16. Februar wieder ab.

VON DER TRENNUNG 1442 BIS INS FRÜHE 19. JAHRHUNDERT

[1] StAAG AA/6286 Volkszählungen. Senti, Anton: Geschichte von Augst und Kaiseraugst. Liestal 1962, S. 112f. Gschwind, Franz: Bevölkerungsentwicklung und Wirtschaftsstruktur der Landschaft Basel im 18. Jahrhundert. Liestal 1977, S. 283, 596, 655ff.

[2] Senti (wie Anm. 1), S. 130ff. Nah dran, weit weg. Geschichte des Kantons Basel-Landschaft, Liestal 2001, Bd. 3, S. 82ff. Räber, Pius: Die Bauernhäuser des Kantons Aargau. Bd. 2, Fricktal und Berner Aargau. Basel 2002, S. 173 – 230, 346 – 368.

[3] StAAG AA/6286/19, Personen- und Viehzählung 1768. In der Zählung werden die einzelnen Häuser, nicht jedoch die einzelnen Haushaltungen aufgeführt. Wo ein Haus mehr als eine Haushaltung umfasste, wurden für die Tabelle Durchschnittswerte genommen.

[4] Gemeindearchiv Kaiseraugst, Gerichtsprotokoll 1670 – 1727.

[5] Gemeindearchiv Kaiseraugst, Gerichtsprotokoll 1728 – 1779.

[6] Gemeindearchiv Kaiseraugst Gerichtsprotokoll 25.07.1722, 7.03.1724, 8.02.1752, 22.02.1748.

[7] StAAG AA/6205/12 Tavernenwirtschaft Bewilligung an Georg Adam Schmid, 1710; AA/6312 Eheverträge, Testamente etc., 29. Juli 1773. Gemeindearchiv Kaiseraugst, Gerichtsprotokoll 22.02.1748, 16.03.1760.

[8] Gemeindearchiv Kaiseraugst, Gerichtsprotokoll 25.07.1733, 7.03.1724, 28.02.1726, 2.05.1730, 22.02.1748, 15.02.1757.

[9] Gemeindearchiv Kaiseraugst, Gerichtsprotokoll 20.02.1753.

[10] StAAG AA/6312, 1. Juli 1773.

[11] StAAG AA/7748/01, 17.11.1776.

[12] Christkatholisches Pfarrarchiv Kaiseraugst, Tauf-, Ehe und Sterbebuch 1683 – 1782. Nah dran, weit weg. Geschichte des Kantons Basel-Landschaft. Liestal 2001, Bd. 4, S. 147ff.

[13] Zum Folgenden: StABL AA/1010, Lade L 38, Nr. 33A. Senti (wie Anm. 1), S. 118f.

[14] StAAG AA/7748/01, 12. und 17. November 1711.

[15] Schweizerisches Idiotikon, Bd. 14, Sp. 911 – 913. Stalder, Franz Joseph: Schweizerisches Idiotikon (1806), Aarau/Frankfurt 1994, S. 157f.

[16] Schnyder Albert: Alltag und Lebensformen auf der Basler Landschaft um 1700. Liestal 1992, S. 306ff. Nah dran, weit weg. Geschichte des Kantons Basel-Landschaft. Liestal 2001, Bd. 4, S. 125ff.

[17] Kapitel Grenzen.

[18] StAAG AA/7748/05, Abschied 19./29. Oktober 1610, Vergleiche 6. September 1647.

[19] Christkatholisches Pfarrarchiv Kaiseraugst, Sittengerichtsprotokoll 1813 – 1861 (2.06.1813, 20.06.1813, 9.10.1813, 12.02.1815, 10.12.1815, 26.05.1816, 23.02.1817, 26.11.1820, 6.01.1826).

[20] StABL AA, Lade 38, Nr. 288, 33D; 292, 293. Näheres in: Senti (wie Anm. 1), S. 121 – 126.

[21] Jegge, Emil: Geschichte des Fricktals bis 1803. Laufenburg 1943, S. 139ff. Senti, Anton: Die Herrschaften Rheinfelden und Laufenburg. In: Metz, Friedrich (Hrsg.): Vorderösterreich. Freiburg 1977, S. 419f. Hüsser, Linus: Im Spannungsfeld der Mächtigen. Von der Reformation bis zum Ende des 18. Jahrhunderts. In: Nachbarn am Hochrhein. Möhlin 2002, Bd. 1, S. 189 – 197.

[22] StAAG AA/7748/05. Vgl. Kapitel Grenzen.

[23] Christkatholisches Pfarrarchiv Kaiseraugst, Tauf-, Ehe und Sterbebuch 1593 – 1682. Das Wort „migrare" heisst ausser „wandern, wegziehen" im übertragenen Sinne auch „sterben".

[24] Koch, Walter Christoph: Die Geschichte der Kirche von Augst und Kaiseraugst. In: Geschichte von Augst und Kaiseraugst, Liestal 1962, S. 227.

[25] Gemeindearchiv Kaiseraugst, Gerichtsprotokoll 1670 – 1727, Eintrag auf einer der letzten Seiten.

[26] StAAG AA/6205/12, Tavernenwirthschaft Bewilligung an Georg Adam Schmid, 11. Februar 1710.

[27] Christkatholisches Pfarrarchiv Kaiseraugst, Tauf-, Ehe- und Sterbebuch 1683 – 1782. Dazu und zum Folgenden auch: Baumann, Max: Fischer am Hochrhein. Zur Geschichte der Fischerei zwischen Säckingen und Basel. Aarau 1993, S. 23 – 30.

[28] Christkatholisches Pfarrarchiv Kaiseraugst, lose eingelegter Bogen im Tauf-, Ehe- und Sterbebuch 1593 – 1682.

DIE BEVÖLKERUNG VOM SPÄTMITTELALTER BIS HEUTE

Die Bevölkerungsentwicklung

Fridolin Kurmann

Das Bevölkerungswachstum

Wie viele Menschen vor einigen hundert Jahren in den beiden Dörfern lebten, lässt sich für einen langen Zeitraum nur annähernd bestimmen. Erst nach der Mitte des 18. Jahrhunderts begannen die herrschaftlichen Verwaltungen systematisch die Menschen in ihren Untertanengebieten zu zählen. Für die Zeit vorher fallen Bevölkerungszahlen sozusagen als Nebenprodukte anderweitiger Erhebungen ab, etwa zu Zwecken des Militärs, des Steuereinzugs oder der Versorgung mit Getreide. Meist sind deshalb nur Teilzahlen, etwa jene von Haushalten oder von wehrfähigen Männern, überliefert, von denen ausgehend die Gesamtbevölkerung geschätzt werden muss. Die an damaligen Verhältnissen gemessen sehr fortschrittliche österreichische Verwaltung hinterliess für das Fricktal seit etwa 1760 eine Reihe von Volkszählungen, welche in Ansätzen modernen statistischen Ansprüchen genügen können. Für das Basler Gebiet lässt sich dies erstmals für die Zählung von 1774 sagen.[1] Doch erst bei den seit 1850 alle zehn Jahre durchgeführten eidgenössischen Volkszählungen kann man von wirklich zuverlässigen und genauen Erhebungen sprechen.

Kaiseraugst

Ein Blick auf die Wachstumskurve der 560 Jahre von 1440 bis 2000 (Grafik 1) macht bewusst, in welch unerhörte Dimensionen das kleine Dörfchen von damals mit kaum zwei Dutzend Häusern im Verlaufe der Jahrhunderte und insbesondere in den letzten fünfzig Jahren angewachsen ist. Das gemeinsame Augst dürfte kurz vor der Trennung im Jahre 1442 von höchstens 140 Personen bewohnt gewesen sein, wobei es auf das nachmalige Kaiseraugst rund 110 Personen traf (Tabelle 1). Bis um das Jahr 1600 waren es dann etwa anderthalb Mal so viele. Die um 1760 beginnenden Volkszählungen der vorderösterreichischen Verwaltung weisen für damals knapp 220 Einwohner aus.[2] Das blieb ungefähr so bis in die 1780er Jahre. Dann setzte, wie das in andern Regionen auch zu beobachten ist, ein ziemlich starkes Wachstum ein. Wegen der Kriegsereignisse im Gefolge der Französischen Revolution brach es um 1790 zeitweise wieder ein.

An der Wende zum 19. Jahrhundert und am Ende der vorderösterreichischen Geschichte Kaiseraugsts lebten im Dorf knapp 300 Menschen.[3] Das frühe 19. Jahrhundert zeigte sich vorerst eher gemächlich. Doch in den vierziger und fünfziger Jahren folgte dann ein erster Wachstumsschub mit durchschnittlichen jährlichen Zuwachsraten wenig unter 2 Prozent. Nach einem Einbruch in den 1860er und insbesondere in den krisenhaften 1870er Jahren begann die Bevölkerung nach 1880 für rund drei Jahrzehnte erneut sehr stark zu wachsen, beinahe stürmisch im ersten Jahrzehnt des 20. Jahrhunderts bis zum Höhepunkt von 1910, mit einer jährlichen Rate von 2.81 Prozent. Wie wir

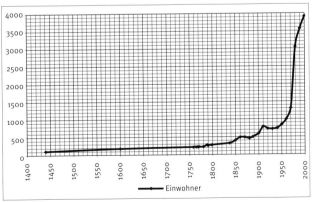

Grafik 1

Die Bevölkerungsgrösse Kaiseraugsts 1440-2000

DIE BEVÖLKERUNG VOM SPÄTMITTELALTER BIS HEUTE

später sehen werden, hatte sich damals eine ansehnliche Zahl ausländischer Zuwandernder hier niedergelassen.

Die Bevölkerungsentwicklung Kaiseraugsts zeigt für das ausgehende 19. und das beginnende 20. Jahrhundert das Muster einer Industriegemeinde. Gemeinden mit vorwiegend landwirtschaftlicher Struktur mussten nämlich in diesem Zeitraum oft massive Bevölkerungsverluste hinnehmen. Tatsächlich hatte ja die Industrialisierung mit der Saline und der Cellulosefabrik in Kaiseraugst Fuss gefasst. Für die Jahre um 1910 brachte der Bau des Rheinkraftwerkes noch zusätzlich Menschen in die Gemeinde. Während des ganzen 19. Jahrhunderts und bis 1910 hatte sich die Bevölkerung Kaiseraugsts etwa um den Faktor 2.6 vervielfacht.

Nach 1910 wurde diese Entwicklung für die nächsten paar Jahrzehnte gestoppt. Wie andernorts auch, hinterliessen hier der Erste Weltkrieg und die darauf folgenden Krisenzeiten ihre Spuren. Eine Wende setzte nach dem Zweiten Weltkrieg ein, als die Wachstumskurve wieder nach oben anhob. Erst 1960 aber wurde die Marke von 1910 erstmals wieder überschritten. Die seit etwa 1950 erneut einsetzende industrielle Expansion in Kaiseraugst zeitigte nun ihre Auswirkungen auf die Bevölkerungsentwicklung. In den 1970er Jahren geriet die Gemeinde dann in den Sog der Entwicklung in der Agglomeration Basel, die sich wellenartig von deren Zentrum weg bewegte. Im damaligen Bauboom entstand die Liebrüti-Überbauung. Zwischen 1970 und 1980 betrug der Bevölkerungszuwachs gegen neun Prozent im jährlichen Durchschnitt. Im Jahre 1980 lebten mehr als drei Mal so viele Menschen in Kaiseraugst wie noch 1960.

In den 1980er Jahren verlangsamte sich der Zuwachs sehr deutlich, etwa auf das Niveau der 1950er Jahre, um dann im letzten Jahrzehnt des 20. Jahrhunderts weiter abzuflachen. Gleichwohl nahmen in diesen beiden Jahrzehnten nochmals etwa 900 Personen zusätzlich ihren Wohnsitz in Kaiseraugst. Im Überblick betrachtet, spiegeln die Bevölkerungszahlen des ganzen Jahrhunderts einen immensen Wandel der dörflichen Verhältnisse.

Augst

Im nachmaligen Basel-Augst lebten vor der Dorftrennung etwa 30 Menschen[4] (Tabelle 1). Aufgrund von Akten zur Reichssteuer des Jahres 1497 lässt sich für die Wende zum 16. Jahrhundert eine Einwohnerzahl von etwa 69 Personen schätzen.[5] In der ersten Hälfte des 17. Jahrhunderts muss sich das Dorf sehr verändert haben. Dies erfahren wir aus den Quellen zum Streit um die Weiderechte zwischen den beiden Gemeinden um 1650. Es ist darin die Rede davon, dass sich in dieser Zeit viele neue Haushalte in Augst angesiedelt hätten.[6] Im Jahre 1685 lebten hier 162 Menschen.[7] In den 1690er Jahren herrschte in ganz Westeuropa eine tiefe Krise, die sich auch in Augst auf die Bevölkerung auswirkte. Bereits 1709 war der Verlust jedoch wieder ausgeglichen. Augst zählte jetzt 180 Personen, und deren Zahl steigerte sich bis 1743 auf 204, womit die beiden Nachbardörfer etwa gleichauf lagen. In der zweiten Hälfte des 18. Jahrhunderts musste Augst dann allerdings einen massiven Bevölkerungsverlust hinnehmen.

Seit der ersten Eidgenössischen Volkszählung von 1850 können wir die Entwicklung Augsts gut mit jener des Schwesterdorfes jenseits der Kan-

Tabelle 1
Bevölkerungsgrösse in Kaiseraugst und Augst 1440 - 2000

Jahr	Kaiseraugst		Augst	
	Bevölkerung	Wachstum*	Bevölkerung	Wachstum*
1440	110		30	
1497			69	1.47
1600	180	0.31		
1685			162	0.46
1698			151	-0.54
1699			142	-5.96
1709			180	2.40
1743			204	0.37
1758	215	0.11		
1764	218	0.23		
1768	222	0.46		
1770	224	0.45	162	-0.85
1780	225	0.04		
1788	281	2.82		
1790	257	-4.37		
1798	278	0.99	130	-0.78
1811			249	5.13
1837	323	0.39	367	1.50
1850	405	1.76	369	0.04
1860	488	1.88	357	-0.33
1870	489	0.02	405	1.27
1880	458	-0.65	402	-0.07
1888	502	1.15	421	0.58
1900	595	1.43	501	1.46
1910	785	2.81	772	4.42
1920	727	-0.76	607	-2.38
1930	719	-0.11	646	0.62
1941	748	0.36	592	-0.79
1950	842	1.32	672	1.42
1960	995	1.68	860	2.50
1970	1311	2.80	863	0.03
1980	3044	8.79	836	-0.32
1990	3568	1.60	786	-0.61
2000	3917	0.94	954	1.91

pro Jahr in %

tonsgrenze vergleichen (Grafik 2). Augst war damals wiederum nur noch wenig kleiner als Kaiseraugst, und das Wachstum verlief bis 1910 ungefähr im Gleichschritt, wobei der Boom des Jahrzehnts vor 1910 hier mit einer jährlichen Zuwachsrate von 4.42 Prozent noch viel drastischer ausfiel. Hier dürften die Industrialisierung in der benachbarten Industriegemeinde Pratteln und zuletzt auch der Bau des Rheinkraftwerkes ihre Spuren hinterlassen haben. 1910 war Augst mit 772 Einwohnern fast gleich gross geworden wie Kaiseraugst.

Grafik 2

Die Bevölkerung von Kaiseraugst und Augst 1850-2000

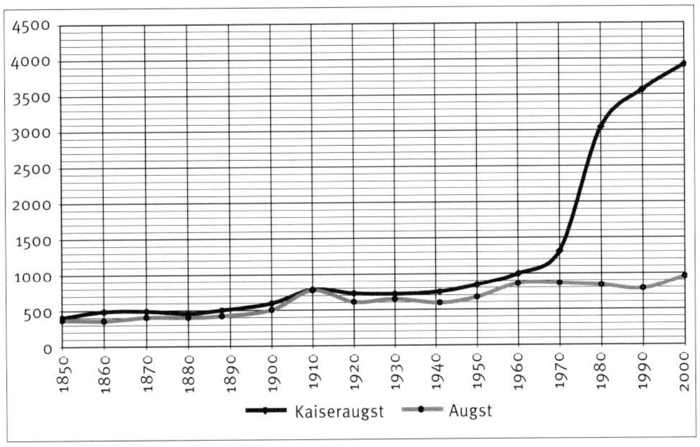

Nach 1910 ging dann in Augst die Bevölkerung stärker zurück als in der Nachbargemeinde. Nach dem Zweiten Weltkrieg setzte wieder eine Aufwärtsbewegung ein, sogar noch etwas stärker als in Kaiseraugst. Geradezu erstaunlich jedoch ist, wie die beiden Gemeinden sich nach 1960 auseinander bewegten. Während in Kaiseraugst das Wachstum zu einem wahren Höhenflug abhob, in dessen Verlauf sich die Bevölkerung vervielfachte, verlor Augst sogar etwas an Einwohnern. Erst die neunziger Jahre brachten der Gemeinde wieder ein wenig Wachstum.

Heimatverhältnisse

In der frühen Neuzeit, vor den Umwälzungen der französischen Revolution, war eine Dorfgemeinde im Wesentlichen auch Bürgergemeinde. Der Grossteil der Leute, die in einem Dorf lebten, waren Bürger dieses Dorfes, und nur als solche waren sie vollberechtigte Mitglieder der Dorfgesellschaft. Zwar gab es immer auch Hintersassen und Fremde, doch sie stellten jeweils nur eine kleine Minderheit dar. Seit der allmählichen Lockerung der Niederlassungsvorschriften zu Beginn des 19. Jahrhunderts und besonders seit dem in der Bundesverfassung von 1848 verankerten freien Niederlassungsrecht für Schweizerinnen und Schweizer (ausser für die jüdische Bevölkerung) änderte sich dies, und im Zuge einer zunehmenden Mobilität vermischte sich die Heimatzugehörigkeit allmählich. Es ist deshalb aufschlussreich, die in den Eidgenössischen Volkszählungen bis 1960 festgehaltene Heimatzugehörigkeit der Bevölkerung zu verfolgen und damit indirekt auch Hinweise auf die Zuwanderung zu bekommen. Allerdings verlieren schon um die Mitte des 20. Jahrhunderts solche Angaben an Aussagekraft, weil in vielen Fällen der Bürgerort mit der wirklichen biografischen Herkunft der Menschen wenig mehr zu tun hatte.

Grafik 3

Die Bevölkerung Kaiseraugsts nach Heimat 1837-1960

Kaiseraugst

In Kaiseraugst besassen im Jahre 1837 noch fast 90 Prozent der Bevölkerung auch das Bürgerrecht der Gemeinde. Die übrigen gut zehn Prozent verteilten sich zu ungefähr gleichen Teilen auf Bürgerinnen und Bürger anderer Gemeinden des Kantons Aargau und der übrigen Schweiz sowie auf ausländische Zugewanderte (Grafik 3). Bis 1860 reduzierte sich der Bürgeranteil auf etwa 65 Prozent oder knapp zwei Drittel und pendelte dann bis 1888 in einem Bereich von meist etwas über 60 Prozent. Die

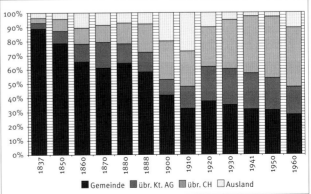

DIE BEVÖLKERUNG VOM SPÄTMITTELALTER BIS HEUTE

Bürgerinnen und Bürger der Gemeinde waren also noch bis ins späte 19. Jahrhundert klar in der Mehrheit. Im übrigen Kanton Aargau heimatberechtigt waren im Jahre 1850 etwa 9 Prozent, danach meist um die 13 Prozent (Ausnahme 1870 mit 18%). Sukzessive zu nahm der Anteil der übrigen Schweiz, von gut acht Prozent im Jahre 1850 bis zu knapp 20 Prozent 1888, wobei der bedeutendste Teil davon aus den beiden Basler Halbkantonen stammte.

Ein deutlicher Wandel vollzog sich in den beiden Jahrzehnten um 1900, in denen ja, wie bereits gezeigt, das Bevölkerungswachstum einen ersten Höhepunkt erreichte. Jetzt waren die Einheimischen in die Minderheit geraten, mit 42 Prozent in der Volkszählung des Jahres 1900 und nochmals zehn Prozent weniger in jener von 1910. Massiv zugenommen hatte die ausländische Bevölkerung, auf beträchtliche 27 Prozent im Jahre 1910 (Grafik 4). Der grössere Teil davon und mehrheitlich Männer stammten aus Italien. Viele von ihnen dürften auf der Baustelle des Rheinkraftwerkes gearbeitet haben. Damals hatte gesamtschweizerisch die ausländische Zuwanderung einen vorläufigen Höhepunkt erreicht. Doch der Ausländeranteil von mehr als einem Viertel in Kaiseraugst war auch für die damaligen Verhältnisse überdurchschnittlich.

Bald danach setzte der Ausbruch des Ersten Weltkrieges eine tiefe Zäsur, gefolgt von einer Stagnation des Wachstums über rund drei Jahrzehnte. Ein grosser Teil der ausländischen Bevölkerung zog wieder weg. Der Anteil von Schweizerinnen und Schweizern aus dem übrigen Aargau und der übrigen Schweiz, davon vorwiegend aus den beiden Basel, bekam mehr Gewicht. Aber die Einheimischen blieben, auch wenn sie nicht in der Mehrheit waren, bis 1930 immerhin die stärkste Gruppe. Und noch 1960 lebten in Kaiseraugst mit einem Anteil von fast 30 Prozent, anders als in vergleichbaren Gemeinden, immer noch erstaunlich viele Einheimische.

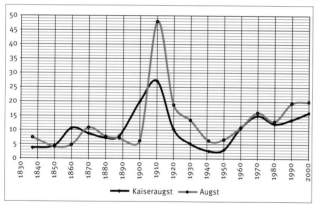

Grafik 4
Anteil der ausländischen Bevölkerung in Kaiseraugst und Augst 1837-2000 (in Prozent)

Mit dem Wachstumsschub seit den 1950er Jahren erhöhte sich auch wieder der Anteil der ausländischen Bevölkerung, ohne im Übrigen je wieder das Ausmass von 1910 zu erreichen (Grafik 4). Ein vorläufiger Höhepunkt war 1970 zu verzeichnen, mit ziemlich genau 15 Prozent. Wiederum waren es vor allem Zugewanderte aus Italien. Danach ging der Anteil in den 1970er Jahren als Folge der Wirtschaftskrise und der restriktiveren Einwanderungsbestimmungen wieder zurück, um dann in den letzten beiden Jahrzehnten des 20. Jahrhunderts erneut anzusteigen, auf rund 16 Prozent im Jahre 2000. Bemerkenswert ist, dass ausgerechnet in den 1970er Jahren, dem Jahrzehnt mit der weitaus steilsten Wachstumskurve, der Ausländeranteil sich verminderte. Anders als vor 1910 ging also dieser Wachstumsschub nicht auf das Konto von ausländischen Zuwandernden. Die ausländischen Bewohnerinnen und Bewohner des Jahres 2000 stammten übrigens aus einer breiten Palette von Herkunftsländern, wobei Deutschland und Italien weitaus am stärksten ins Gewicht fielen.

DIE BEVÖLKERUNG VOM SPÄTMITTELALTER BIS HEUTE

Augst

Ein ganz anderes Bild als Kaiseraugst zeigt die Gemeinde Augst (Grafik 5). Hier war schon 1837 nur noch knapp 30 Prozent der Bevölkerung einheimisch. Das blieb bis 1850 so. Dann sank der Anteil der Ortsbürgerschaft erneut und schwankte danach bis Ende des 19. Jahrhunderts um die 20 Prozent. Die grösste Gruppe bildeten bis 1860 die Bürgerinnen und Bürger aus andern Gemeinden des Kantons Basel Landschaft, danach jene aus andern Kantonen der Schweiz.

Zu erwähnen sei noch, dass Augst in den 1830er und 1840er Jahren rund dreissig Neubürger aufnahm, um mit den Einkaufsgeldern seine Not leidende Gemeindekasse aufzubessern. Es waren meist Emigranten aus Deutschland, teils prominente Literaten, Geistliche oder Professoren. Die bekanntesten unter ihnen waren der Dichter Georg Herwegh oder der aus dem Kloster Heiligenkreuz bei Wien entflohene Zisterziensermönch Otto Widmann, der spätere reformierte Stadtpfarrer von Liestal. Die wenigsten dieser Neubürger allerdings nahmen auch ihren Wohnsitz in Augst.[8]

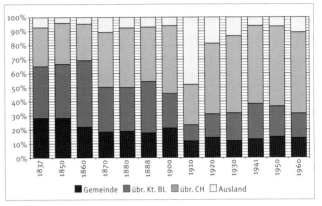

Grafik 5
Die Bevölkerung von Augst nach Heimat 1837-1960

Der Ausländeranteil bewegte sich bis 1890 in einer ähnlichen Bandbreite wie in Kaiseraugst (Grafik 4). Anders als dort ging er auf das Jahr 1900 hin nochmals zurück. Dann schnellt er aber bis zum Jahre 1910 plötzlich enorm in die Höhe. Er überholt jenen von Kaiseraugst bei weitem und erreicht beinahe die Hälfte der gesamten Bevölkerung (48%). Auch hier waren es in überwiegender Zahl Leute aus Italien, von denen wahrscheinlich die meisten beim Kraftwerkbau beschäftigt waren. Nach der Spitze von 1910 brach der Ausländeranteil bis 1920 abrupt ein, blieb jedoch in den folgenden Jahrzehnten immer noch höher als in Kaiseraugst. Wie dort erfolgte seit den 1950er Jahren ein erneuter Aufschwung auf einen Höhepunkt im Jahre 1970, der aber immer noch unter dem Wert von 1920 lag. Und auch hier zog danach in den 1970er Jahren ein Teil der ausländischen Bevölkerung wieder weg. Doch, viel stärker als in Kaiseraugst, gab es im Verlaufe der 1980er Jahre wieder ausländischen Zuzug, so dass bis 1990 der Ausländeranteil auf knapp 20 Prozent angestiegen war, so hoch wie 1920.

Die Einheimischen machten 1910 bloss noch etwas mehr als ein Zehntel der Bevölkerung aus, und ihr Anteil stieg in der Folge nicht mehr wesentlich an (Grafik 5). Seit 1920 wiesen mehr als die Hälfte der Einwohnerinnen und Einwohner einen schweizerischen Bürgerort ausserhalb des Kantons Basel-Landschaft aus, die allermeisten im Kanton Bern.

Geburtsort

Es liessen sich für die Heimatverhältnisse statt der bürgerrechtlichen auch eher biographische Kriterien anwenden. Dann wäre in der Gemeinde „heimisch", wer dort geboren wurde. So gesehen wären in Kaiseraugst noch 1930 fast 60 Prozent der Bevölkerung „Einheimische" gewesen, und auch in den folgenden Jahrzehnten über 40 Prozent (Tabelle 2). Umso deutlicher wird der Unterschied zum nächsten Zählungsjahr, in dem dieses Kriterium erfasst worden ist: 1990 waren nur noch etwa 17 Prozent oder ein Sechstel der Einwohnerinnen und Einwohner Kaiseraugsts auch von hier gebürtig.

Tabelle 2
Anteil der in der Wohngemeinde Geborenen in Kaiseraugst und Augst (in Prozent)

Jahr	Kaiseraugst	Augst
1860	69.26	41.18
1888	70.52	51.78
1900	60.50	53.29
1910	50.32	33.16
1920	58.46	43.66
1930	58.41	37.77
1941	46.12	40.37
1950	47.86	35.86
1960	42.01	34.53
1990	16.65	

DIE BEVÖLKERUNG VOM SPÄTMITTELALTER BIS HEUTE

Grafik 6
Die Bevölkerung von Kaiseraugst nach Konfessionen 1850-2000

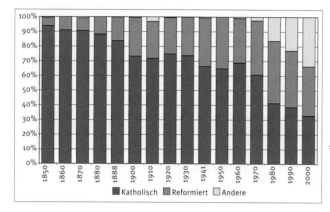

In Augst lag zwar der Anteil der dort Geborenen tiefer als in Kaiseraugst, doch im Vergleich zu den Heimatberechtigten war er in der Regel drei bis vier Mal höher.

Konfessionen

Die zunehmende Durchmischung der Bevölkerung spiegelte sich auch in der Konfessionszugehörigkeit der Menschen. Ähnlich wie beim Bürgerrecht waren die Dorfgemeinden vor der Revolutionszeit konfessionell geschlossen. Das im 16. Jahrhundert festgelegte Prinzip: „cuius regio eius religio", wonach die Herrschaft die Konfession ihrer Untertanen bestimmte, wirkte bis dann weiter. Eine Vermischung begann auch in dieser Hinsicht erst im 19. Jahrhundert.

Kaiseraugst

Die Kaiseraugster Bevölkerung war im Jahre 1850 noch zu 94 Prozent katholisch (Grafik 6). Bis 1870 änderte sich daran nicht viel. Erst seit 1880 zeichnete sich ein Rückgang des katholischen und auf der andern Seite eine Zunahme des reformierten Bevölkerungsteils ab. Dabei unterscheiden die Eidgenössischen Volkszählungen bis 1941 nicht zwischen Römischkatholiken und Christkatholiken.[9] 1910 waren noch 72 Prozent katholisch und bereits ein Viertel (25%) reformiert, und ausnahmsweise fiel in diesem Zähljahr die Kategorie „Andere" mit etwas über drei Prozent leicht ins Gewicht.

Grafik 7
Anteil der Christkatholischen Bevölkerung in Kaiseraugst 1941-2000 in Prozent

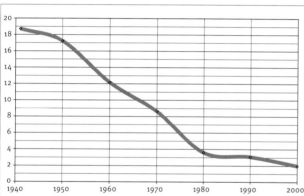

Zwischen 1900 und 1960 schwankte der katholische Anteil (römisch-katholisch und christkatholisch) zwischen drei Vierteln und zwei Dritteln, machte also noch immer die grosse Mehrheit aus. Um 1970 dann setzte ein grundlegender Wandel ein: Vorerst bekannten sich noch 60 Prozent zu einer der katholischen Konfessionen, in den folgenden Jahrzehnten weniger als die Hälfte bis zu einem Drittel im Jahre 2000. Die Christkatholiken verloren übrigens seit 1941, als sie erstmals separat erhoben wurden, mit ihrem Anteil massiv an Gewicht. Er fiel von knapp 19 auf bloss noch zwei Prozent zurück (Grafik 7). Seit 1980 hielten sich die Anteile der Katholiken und der Reformierten ungefähr die Waage. Dazu kam die bis anhin weitgehend unbedeutende Kategorie „Andere" ins Spiel, deren Anteil bis zum Jahre 2000 genau so gross wurde wie jener der Reformierten. Neben einigen freikirchlichen, christlich-orthodoxen, jüdischen und islamischen Gläubigen gehörte der Grossteil davon keiner Religionsgemeinschaft an (Tabelle 3). Diese insgesamt 22 Prozent der gesamten Bevölkerung weisen auf einen bedeutenden gesellschaftlichen Wandel in den letzten Jahrzehnten des 20. Jahrhunderts hin, nämlich dass bisher weitgehend selbstverständliche Bindungen an die Kirchen sich zusehends zu lösen begannen.

Tabelle 3
Die Bevölkerung nach Religion in Kaiseraugst im Jahre 2000

Religion/Konfession	absolut	in Prozent
Römisch-katholische Kirche	1210	30.89
Christkatholische Kirche	78	1.99
Evangelisch-reformierte Kirche	1314	33.55
Evangelische Freikirchen	87	2.22
Christlich-orthodoxe Kirchen	60	1.53
Jüdische Glaubensgemeinschaft	1	0.03
Islamische Gemeinschaften	87	2.22
weitere Glaubensgemeinschaften	53	1.35
Keine Zugehörigkeit	880	22.47
Ohne Angabe	147	3.75
	3917	100.00

Quelle: Statistisches Amt des Kt. Aargau

DIE BEVÖLKERUNG VOM SPÄTMITTELALTER BIS HEUTE

Augst

Im traditionell reformierten Augst zeigt sich die konfessionelle Verteilung der Bevölkerung in etwa spiegelbildlich zu Kaiseraugst (Grafik 8). Bis 1900 war die Gemeinde zu ungefähr 90 Prozent reformiert und damit noch geschlossener von der herkömmlichen Konfessionszugehörigkeit geprägt als das katholische Kaiseraugst. In der Zählung von 1910 hoben die vielen zugewanderten Italiener den katholischen Anteil vorübergehend auf beinahe die Hälfte an. Danach bildeten die Reformierten wiederum eine solide Mehrheit, deutlicher als die Katholiken in Kaiseraugst. Allerdings zeigte sich seit den 1950er Jahren ebenfalls eine stärkere Durchmischung, wenn auch weniger ausgeprägt als in der Nachbargemeinde. Etwas später als in Kaiseraugst, nämlich erst so richtig seit der Zählung von 1990, erhielt die Kategorie „Andere" einiges Gewicht.

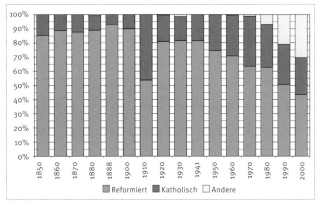

Grafik 8
Die Bevölkerung von Augst nach Konfessionen 1850-2000

Die Beschäftigung

In der ersten Eidgenössischen Volkszählung von 1850 sind für Kaiseraugst die Haushaltvorstände und erwachsenen Einzelpersonen mit ihren Berufen aufgeführt (Tabelle 4). Von den 104 Genannten waren deren 35 in der Landwirtschaft oder Fischerei, dem primären Sektor also, beschäftigt. In einer der insgesamt 14 Handwerke, dem sekundären Sektor, betätigten sich 36 der genannten Personen. Die beiden Wirte, die drei Schiffer und den Strassenwärter würden wir heute wohl als Angehörige des dritten, des Dienstleistungssektors bezeichnen. Nicht ganz eindeutig einem Sektor zuzuordnen sind die acht Taglöhner, die zehn Knechte und acht Mägde. Die meisten von ihnen sind allerdings unter landwirtschaftlichen Haushalten aufgeführt. Somit machte der primäre Sektor damals gegen 60 Prozent aus, der sekundäre etwa 35 Prozent.

Die Volkszählung von 1910 weist für Kaiseraugst nur noch ein gutes Viertel der Erwerbstätigen im primären Sektor (Landwirtschaft und Fischerei) aus (Grafik 9). Das blieb bis 1930 so, dann ging der Anteil bis 1950 auf ein Fünftel (20%) zurück. In den 1950er Jahren begann für die Landwirtschaft ein dramatischer Strukturwandel. Innert nur eines Jahrzehnts halbierte sich der Anteil der darin Beschäftigten auf 10 Prozent im Jahre 1960. Zwanzig Jahre später blieb der Landwirtschaft nur noch eine marginale Nische: Lediglich 17 Personen oder 1.09 Prozent waren darin beschäftigt.

Am stärksten war bis vor 1980 der zweite Sektor mit den Bereichen Handwerk und Industrie. Er nahm 1910 um die 62 Prozent der Beschäftigten auf, ging dann in den nächsten beiden Jahrzehnten etwas zurück zugunsten des Dienstleistungssektors und weitete sich wieder aus auf 68 und 67 Prozent, über zwei Drittel, in den Jahren 1950 und 1960. In diesem Jahr nahm aber auch der Dienstleistungssektor breiteren Raum ein und zog bis 1980 schon beinahe mit dem zweiten Sektor gleich (48%

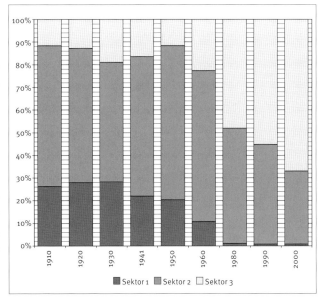

Grafik 9
Die Erwerbstätigen in Kaiseraugst nach Sektoren 1910-2000 in Prozent

DIE BEVÖLKERUNG VOM SPÄTMITTELALTER BIS HEUTE

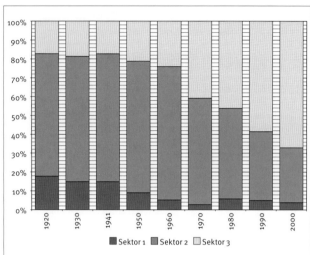

Grafik 10
Die Erwerbstätigen in Augst nach Sektoren 1920 - 2000 in Prozent

gegenüber 51%). Diese Tendenz setzte sich im Zuge der Deindustrialisierung am Ende des Jahrhunderts fort. Im Jahre 2000 arbeiteten über zwei Drittel (67%) der Beschäftigten im Dienstleistungssektor und nur noch 32 Prozent im sekundären Sektor. Noch mehr marginalisiert worden war die Landwirtschaft mit bloss noch 14 Beschäftigten oder 0.8 Prozent.

In Augst zeigt sich im Grossen und Ganzen ein ähnliches Bild (Grafik 10). Bis 1960 ist hier der Anteil des Sektors Landwirtschaft allerdings noch deutlich tiefer als in Kaiseraugst. Dafür kommt dem Sektor 2 (Handwerk und Industrie) grössere Bedeutung zu. Zwischen 1960 und 1970 beginnt der Umschwung zu Gunsten des Dienstleistungssektors, der in der Tendenz bis Ende des 20. Jahrhunderts anhält. In den letzten Jahrzehnten dieses Jahrhunderts ist die Verteilung der Erwerbstätigen auf die drei Sektoren in den beiden Gemeinden beinahe gleich, ausser dass jetzt erstaunlicherweise in Augst der Sektor Landwirtschaft mehr Gewicht erhält.

Im Jahre 2000 arbeiteten in der Gemeinde Kaiseraugst 1'998 Personen. Davon wohnten 454 auch in der Gemeinde. Zupendler nach Kaiseraugst wurden 1'544 gezählt, wogegen 1'490 erwerbstätige Personen wegpendelten. Kaiseraugst wies also mit 54 Personen eine leicht positive Pendlerbilanz aus.[10] In Augst arbeiteten 464 Personen. Davon wohnten 125 auch in der Gemeinde. Von den insgesamt 512 Erwerbstätigen der Gemeinde suchten 387 ihren Verdienst auswärts, während 339 Erwerbstätige zupendelten. Hier war somit die Pendlerbilanz negativ, und zwar um 48 Personen.[11]

Tabelle 4
Berufe in Kaiseraugst 1850

Pfarrer	1
Landwirt / Landwirtin	26
Senn	1
Landarbeiter	1
Viehhändler	2
Fischer	5
Glaser	1
Hafner	1
Küfer	2
Maler	1
Maurer	4
Modistin	1
Schmid	4
Schneider	3
Schreiner	2
Schuster	5
Spengler	2
Wagner	2
Weber	5
Zimmermann	3
Schiffer	3
Wirt	2
Strassenwärter	1
Taglöhner	8
Knecht	10
Magd	8
Total	104

Quelle: StAAG Eidgenössische Volkszählung 1850

DIE BEVÖLKERUNG VOM SPÄTMITTELALTER BIS HEUTE

[1] Ammann, Hektor: Die Bevölkerung des Fricktals in der zweiten Hälfte des 18. Jahrhunderts. In: Argovia 53. 1941, S. 190 – 199. Gschwind, Franz: Bevölkerungsentwicklung und Wirtschaftsstruktur der Landschaft Basel im 18. Jahrhundert. Liestal 1977, S. 62ff.

[2] Senti, Anton: Geschichte von Augst und Kaiseraugst. Liestal 1962, S. 71. Ammann (wie Anm.1), S. 190 – 199. Für die Zeit kurz vor der Dorftrennung rechnet Senti mit einer zu hohen Haushaltgrösse. Sie dürfte kaum höher als 5.5 gewesen sein. Zur Methode der Umrechnung: Mattmüller, Markus: Bevölkerungsgeschichte der Schweiz. Teil 1. Die frühe Neuzeit, Bd. 1, Basel 1987, S. 80ff.

[3] Die bei Ammann aufgeführte Zahl von 328 Personen für das Jahr 1803 ist wahrscheinlich zu hoch.

[4] Senti (wie Anm. 2), S. 71.

[5] Dazu und zum Folgenden: Gschwind (wie Anm. 1), S. 294ff. Tabelle 92, S. 569. StABL AA/1010, L. 1 Gemeine Ämter 4, Nr. 61, 68, 142, Fruchtaufnahmen 1698, 1699, 1709, 1743.

[6] StAAG AA/7748/05, 6. Sept. 1647, Vergleich zwischen Augst im Dorf und Augst an der Bruck.

[7] Senti, (wie Anm. 2), S.112.

[8] Salathé, René: Augst und Kaiseraugst im 19. und 20. Jahrhundert. In: Geschichte von Augst und Kaiseraugst. Liestal 1962, S. 196f.

[9] Einzig für die Jahre 1893 und 1902 halten zwei aus aktuellem Anlass durchgeführte konfessionelle Zählungen das Verhältnis zwischen den beiden katholischen Konfessionen fest: 1893: Römisch-Katholische 258 (60%), Christkatholische 173 (40%); 1902: 322 (62%), 197 (38%).

[10] Angaben des Statistischen Amtes des Kantons Aargau.

[11] Nach: Statistisches Amt Kanton Basel-Landschaft: Hauptergebnisse der Volkszählungen 1970 – 2000.

Innenraum der christkatholischen Kirche (Foto Ronny Wittenwiler)

Die Kirchen

Fridolin Kurmann

Vom Bischofssitz zur Landpfarrei

Kaiseraugst kann auf eine sehr alte christliche Tradition zurückblicken.[1] Das Castrum Rauracense war einer der am frühesten christianisierten Plätze der heutigen Schweiz. Die berühmte Grabstele der Eustata sowie verschiedene Kleinfunde bezeugen, dass hier schon im frühen 4. Jahrhundert der christliche Kult gepflegt wurde.[2] Möglicherweise ist aber die christliche Tradition noch älter, schreibt doch Irenäus, der Bischof von Lyon, schon um das Jahr 180 von christlichen Gemeinden in den germanischen Gebieten. Allerdings haben die Archäologen bisher keine Belege in der Sachkultur gefunden. Mehrere der frühen Funde stammen aus Kreisen des Militärs. So lässt sich annehmen, dass sich damals auch hohe Offiziere der Armee zum Christentum bekannten. Nach der Mailänder Konvention des Jahres 313, welche dem römischen Reich die völlige Religionsfreiheit brachte, etablierte sich in der Bevölkerung des Castrums das Christentum offenbar ziemlich rasch. Mit dem im Juni 2001 an der Mühlegasse in Kaiseraugst gefundenen Fingerring ist übrigens auch eine Spur jüdischen Lebens aus dieser Zeit überliefert.

Im Castrum befand sich der erste Bischofssitz am Oberrhein. Die Teilnehmerliste der Kölner Synode von 346 nennt einen *„episcopus Iustinianus Rauricorum"* (Justinian, Bischof der Rauriker) aus Augst. Die Bischofskirche befand sich an der Stelle der heutigen christkatholischen Kirche. Die stattliche Saalkirche, deren Grundmauern 1960 – 1966 ausgegraben wurden, war etwa zwei Meter breiter als die heutige Kirche und gegen Osten durch eine mächtige Apsis von über sieben Metern Weite abgeschlossen. Sie wurde vermutlich bereits im frühen 4. Jahrhundert erbaut. Bis zum Bau des Basler Münsters zu Beginn des 9. Jahrhunderts war sie die grösste Kirche der Region. An die Kirche schloss sich die Bischofsresidenz an, welche im Verlaufe des 5. und 6. Jahrhunderts mehrfach ausgebaut wurde. Im 10. oder 11. Jahrhundert musste die alte Kirche einem kleineren Neubau weichen, der im Wesentlichen die Ausmasse der heutigen Kirche aufwies.

Für die Zeit zwischen etwa 400 und 600 schweigt sich die Überlieferung über den Bischofssitz im Castrum weitgehend aus, und es könnte sein, dass er eine Zeit lang vakant war. Immerhin soll aber der Legende nach der Bischof Pantalus, der die Heilige Ursula und ihre elftausend Jungfrauen nach Rom begleitet hatte und der 451 in Köln durch die Hunnen das Martyrium erlitt, ein Augster Bischof gewesen sein. Sicher ist jedoch auf Grund archäologischer Funde, unter anderem einer Grabkirche, dass das Castrum damals weiterhin ein wichtiges christliches Zentrum blieb.

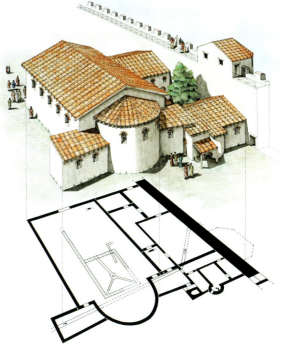

Die römische Bischofskirche stand an Stelle der heutigen christkatholischen Kirche. Im Castrum Rauracense lebte schon früh eine christliche Bevölkerung. Neben der Kirche residierte der Bischof von Augst. Im 8. Jahrhundert wurde der Bischofssitz nach Basel verlegt. (Römerstadt Augusta Raurica, Augst) Vgl. S. 103.

DIE KIRCHEN

Um das Jahr 618 taucht in schriftlichen Quellen wiederum ein Bischof auf namens Ragnacharius. Einmal wird er als *„presul Augustanae et Basiliae ecclesiae"* (Vorsteher der Augster und Basler Kirche), einmal als *„Augustodunensis ecclesiae pontifex"* (Bischof von Augst) bezeichnet. Er spielte eine wichtige Rolle bei der vom irischen Missionar Columban betriebenen Christianisierung weiter Gebiete der Deutschschweiz. Auch wenn bereits von Basel die Rede ist, so weist doch vieles darauf hin, dass dieser Bischof immer noch in Augst residierte. Erst mit dem Niedergang des Castrums im Verlaufe des 8. Jahrhunderts dürfte der Bischofssitz nach Basel verlegt worden sein. Er blieb dort, bis der Bischof in der Reformation die Stadt verlassen musste und danach seinen Sitz in Pruntrut nahm. Nach den Wirren der Französischen Revolution und der Zeit danach wurde 1826 aus Teilen des alten Bistums Basel und Gebieten des ehemaligen Bistums Konstanz das neue Bistum Basel mit Bischofssitz in Solothurn gebildet. Die Wiege des heutigen Bistums Basel stand also in Kaiseraugst.

Der Heilige Gallus ist seit etwa dem Jahr 900 Kirchenpatron von Kaiseraugst. Vorher war die Kirche wahrscheinlich dem Heiligen Martin oder dem Heiligen Petrus geweiht gewesen. Um 894 gelangte sie durch einen Tausch an das Kloster St. Gallen, in dessen Besitz sie rund 200 Jahre lang blieb. (Hl. Gallus, Detail aus dem Titelblatt des Zinsbuches der Kirche Kaiseraugst, 1814. Gemeindearchiv Kaiseraugst)

Nachdem die fränkischen Könige die Herrschaft über das Gebiet am Oberrhein angetreten hatten, nahmen sie mit der alten Römerstadt auch die dortige Kirche in ihren Besitz. Im Jahre 891 schenkte sie König Arnulf einem seiner Vasallen namens Anno. Dieser wiederum tauschte drei Jahre später die Kirche und die zugehörigen sieben Huben (Höfe) mit dem Abt Salomon des Klosters St. Gallen gegen andere Besitzungen ab. Für rund zwei Jahrhunderte gehörte nun die Pfarrei dem Kloster St. Gallen. Damals erhielt vermutlich die Kirche, die bisher wahrscheinlich dem Heiligen Martin oder dem Heiligen Petrus geweiht gewesen war, den Heiligen Gallus als Patron.

Arlesheim mit dem Dom und den Gebäuden des Domkapitels in einer Zeichnung von Emanuel Büchel, 1756. Im Jahre 1285 übertrug König Rudolf das Patronatsrecht über die Augster Kirche dem Basler Domkapitel. Dieses liess sich später, im Jahre 1678, in Arlesheim nieder. 1803 ging das Patronatsrecht an den Kanton Aargau über. (Öffentliche Kunstsammlung Basel, Kupferstichkabinett. Inv. 1886.7.3 p.33)

In einem um 1200 angelegten Verzeichnis des Klosters St. Gallen über die ihm zugehörigen Pfarreien fehlt Augst. Vermutlich hatte der Kaiser schon im Verlaufe des 11. Jahrhunderts die Pfarrei dem Kloster entzogen und sie wieder in den Besitz des Reiches zurückgenommen, dies im Zuge politischer Streitigkeiten um den Gegenkönig Rudolf von Rheinfelden. Im Jahre 1285 übertrug dann König Rudolf von Habsburg die Kirche dem Basler Domkapitel. Die Domherren, welche sich später, nach der Reformation, vorübergehend in Freiburg und schliesslich in Arlesheim niederliessen, blieben während mehr als 500 Jahren Patronatsherren in Kaiseraugst. Als solche verfügten sie über die Einkünfte der Kirche, insbesondere den Zehnten. Daraus mussten sie den Pfarrer besolden und für den Unterhalt der Gebäude aufkommen. Es stand ihnen jeweils auch das Recht zu, dem Bischof einen neuen Pfarrer zur Einsetzung zu präsentieren, also faktisch zu ernennen, und auch zu entlassen. 1803 ging das Patronatsrecht an den Kanton Aargau über.

Bis zur Reformation gehörte auch das baslerische Augst an der Bruck zur gemeinsamen Pfarrei Augst. Die Dörfer Arisdorf und Giebenach waren seit dem 9. Jahrhundert Filialen der Kirche von Augst. Das Dorf Olsberg war vor und auch noch nach der Reformation hierher pfarrgenössig.

Ablassverkäufer traten mit grossem Gefolge und mit theatralischem Pomp auf. Im späten Mittelalter und schliesslich mit den Kampagnen zur Finanzierung des neuen Petersdoms um 1515 häuften sich die teilweise grotesken Auswüchse des Ablasswesens. (Holzschnitt von Jörg Breu d.Ä., um 1525)

Die Reformation

Um die Wende zum 16. Jahrhundert befand sich die abendländische Kirche in einer Krise. Die geistliche Disziplin lag vielerorts im Argen. Auf zu vielen Pfründen, die oft wirtschaftlich nur schwach ausgestattet waren, sassen zu viele Kleriker. Vor allem auf dem Land entstand ein eigentliches Proletariat von schlecht bezahlten und wenig gebildeten Geistlichen. So blieb die Seelsorge oft sehr vernachlässigt. Weite Kreise sowohl von Laien wie von Klerikern suchten nach neuen Formen der Frömmigkeit und nach Wegen, die Kirche von innen her zu reformieren. Zu den hohen geistlichen Würdenträgern, welche um Reformen bemüht waren, gehörte zu Beginn des 16. Jahrhunderts auch der Bischof von Basel, Christoph von Utenheim. Die Basler Obrigkeit betrieb ebenfalls eine aktive kirchliche Reformpolitik.[3] Die Ablasskampagne Roms zur Finanzierung des neuen Petersdoms brachte eine Zuspitzung der Reformdiskussion und veranlasste Martin Luther zur Publikation seiner 95 Thesen im Herbst 1517. Damit war der Bruch eines Teils der Reformbewegung mit Rom und die Spaltung der bis anhin als Einheit erlebten abendländischen Christenheit angebahnt. Die Basler Obrigkeit und die österreichische Herrschaft standen in dieser Auseinandersetzung auf den entgegen gesetzten Seiten der Front. Das bedeutete für die beiden Augst, dass sie künftig in konfessioneller Hinsicht getrennte Wege gingen.

Martin Luther (1483-1546) als Mönch. Mit der Publikation seiner 95 Thesen kritisierte Luther öffentlich die Missbräuche im Ablasswesen und forderte damit die römische Kirche heraus. (Holzschnitt vermutlich von Hans Sebald Beham, um 1520)

Die Reformation im Baselbiet

In der Buchdruckerstadt Basel, wo die Schriften Luthers verbreitet und zu einem Teil auch gedruckt wurden, fand nach 1520 das reformatorische Gedankengut breiten Widerhall. In mehreren Kirchen und auch im Münster wurde schon in den frühen zwanziger Jahren reformatorisch gepredigt. 1522 liess sich Johannes Oekolampad in Basel nieder und wurde bald zum Anführer der reformatorischen Bewegung. Aber auch auf dem Land fand die Refor-

DIE KIRCHEN

Johannes Oekolampad (1482-1531) stammte aus dem schwäbischen Weinsberg und liess sich 1522 in Basel nieder. Hier führte er bald die reformatorische Bewegung in Stadt und Land an. Nach dem Entscheid des Rats für die Reformation 1529 amtete er als erster Antistes der Basler Kirche. (Miniaturbildnis von Hans Holbein d.J.)

mation eine breite Anhängerschaft. Im Zuge der Bauernaufstände des Jahres 1525 vermischten sich wirtschaftliche und politische Forderungen mit religiösen. Bessere seelsorgerische Betreuung, die Verwendung des Zehnten für rein kirchliche Zwecke und die Wahl der Pfarrer durch die Gemeinden waren solche religiös motivierten Anliegen. In Liestal, dem Zentrum der Reformation auf der Landschaft, predigte der Leutpriester Stephan Stör schon in den frühen zwanziger Jahren im Sinne der Reformation und heiratete seine Lebensgefährtin, mit der er schon lange Jahre im Konkubinat gelebt hatte; dies zog schliesslich seine Absetzung durch das Basler Domkapitel nach sich. Auch im nahen Pratteln wurden schon 1528 die Bilder aus der Kirche entfernt. Unter dem Druck der städtischen Zünfte und der aufmüpfigen Landgemeinden erliess die Basler Obrigkeit nach langem Zögern schliesslich am 1. April 1529 die Reformationsordnung. Sie bedeutete den endgültigen Durchbruch der Reformation in Stadt und Landschaft Basel. Für die Landleute lief dies nicht ohne Enttäuschungen ab, wurde doch ihre Forderung nach der Wahl der Geistlichen durch die Gemeinden nicht erfüllt.

Die Dörfer des Basler Untertanengebietes, die bisher zur gemeinsamen Pfarrei Augst gehört hatten, wurden nun durch den Reformationsentscheid abgetrennt. Die Filialen Giebenach und Arisdorf bekamen den Status selbständiger Pfarreien. Das Dörflein Augst an der Bruck wurde in den Pfarrsprengel Pratteln einverleibt und blieb fortan ein Teil der dortigen Pfarrei.

Die Reformation im österreichischen Gebiet

Anders als der Basler Rat war der österreichische Landesherr ein entschiedener Gegner der Reformation. Kaiser Karl V. erliess mit dem Wormser Edikt von 1521 für das ganze Reich ein Verbot der Lehre Luthers. Zwar scherten sich zahlreiche Fürsten und Städte des Reiches keinen Deut darum. Umso mehr setzte Karls Bruder, Erzherzog Ferdinand (1503 – 1564), der Herr über die habsburgischen Vorlande, alles daran, um bei seinen Untertanen die neue Lehre zu bekämpfen. Im Jahre 1524 berief er einen vorderösterreichischen Landtag nach Breisach ein. Die versammelten Stände mussten ihm dort zusichern, das Wormser Edikt durchzusetzen und die Verbreitung lutherischer Ideen zu unterbinden.

Dieser Eifer verhinderte vorerst nicht, dass die Reformation auch in Vorderösterreich allenthalben Sympathie fand, auch in nächster Nachbarschaft von Augst im Dorf, wie Kaiseraugst damals noch genannt wurde. Die Äbtissin von Olsberg etwa wandte sich der neuen Lehre zu, verliess das Kloster und zog nach Rheinfelden, von wo sie später auf Geheiss der vorderösterreichischen Regierung weggewiesen wurde.

Grossen Anklang fanden die reformatorischen Ideen in Rheinfelden. Die Stadt wurde auf dem Breisacher Landtag wegen der Duldung lutherischer Prediger gerügt. Einige Wochen des Jahres 1523 lang predigte hier der radikale Reformator und ehemalige Franziskanermönch Johannes Eberlin von Günzburg. Schon vorher hatte der einflussreiche Chorherr und Doktor der Theologie, Johann Waldenberger, im Geiste der Reformation zu predigen begonnen. Er wirkte von 1518 bis 1537 am St. Martins-Stift und war, zusammen mit Fridolin Rüttener, auch er ein Chorherr, eine der Stützen der Reformation in Rheinfelden.

DIE KIRCHEN

Die Reformierten stellten in der Stadt zumindest eine starke Minderheit, zeitweise vermutlich sogar die Mehrheit, auch im Rat und im Chorherrenstift. Die österreichische Obrigkeit musste dem mehr oder weniger tatenlos zusehen, wollte sie nicht ein Eingreifen der reformierten Eidgenossen provozieren. Anderseits konnten sich Rat und Bürgerschaft eine klare Entscheidung zu Gunsten der Reformation und damit gegen ihren Landesherrn nicht leisten. So blieb alles in einer eigenartigen Schwebe, bei der auch die Grenzen zwischen altem und neuem Glauben durchlässig waren. Erst gegen die Mitte des Jahrhunderts sollte sich das Blatt eindeutig wieder zum alten Glauben hin wenden. Doch noch einige Jahrzehnte später meinte ein Appenzeller Kapuzinerpater, als die Errichtung einer Ordensniederlassung in Rheinfelden erörtert wurde: Es könnte hier *„viel Gutes gewirkt werden, weil der grössere Teil der Leute lutheranisch ist und fast alle im Irrtum sich befinden und sie doch meinen, sie seien katholisch."*

Über konfessionelle Auseinandersetzungen in den Dörfern zu dieser Zeit sind wir kaum unterrichtet. Aber es ist schwer vorstellbar, dass die Vorgänge und die Stimmung in der benachbarten Stadt nicht auch auf das religiöse Leben in Kaiseraugst seine Auswirkungen gehabt haben.

Erzherzog Ferdinand (1503-1564), der Landesherr Vorderösterreichs und spätere Kaiser Ferdinand I., war ein entschiedener Gegner der Reformation. Er trat als Beschützer des alten katholischen Glaubens auf und verbot jegliche reformatorischen Regungen in seinem Untertanengebiet. (Portrait von Jan Cornelisz Vermeyen)

Die katholische Kirche nach der Reformation bis 1877

Die Katholische Reform

Nach der Reformation wurden die katholisch gebliebenen Pfarreien des Dekanats Sisgau, zu denen auch Kaiseraugst gehörte, dem Dekanat Fricktal zugeteilt. Dass sich die Reformation im österreichischen Herrschaftsgebiet der Region nicht durchsetzen konnte, war weniger auf die Überzeugung der Gläubigen oder die Überzeugungskraft der katholischen Kirche zurückzuführen als auf den entschiedenen Druck, den das österreichische Herrscherhaus ausgeübt hatte. Dieses, und nicht die kirchlichen Instanzen, war es auch, welches zuerst auf die dringend fälligen Reformen des kirchlichen Lebens drängte. So schrieb die Polizeiordnung der vorderösterreichischen Regierung im Jahre 1550 katholische Lebensformen verbindlich vor und trug damit nachhaltig zur katholischen Prägung der österreichischen Vorlande bei. Zwar standen auch reformwillige Kreise des Klerus hinter solchen Massnahmen. Die Kirche als ganzes jedoch sammelte sich erst am Konzil von Trient (1545 – 1563) zu einem inneren Neuaufbau.

Das Kapuzinerkloster Rheinfelden wurde 1598 als erste Niederlassung des Ordens in Vorderösterreich gegründet. Mit ihrer volksnahen Seelsorge waren die Kapuziner eine wichtige Stütze der Katholischen Reform. Das Kloster stand zuerst auf einem Hügel südlich ausserhalb der Stadt. Nach der Zerstörung durch die Schweden 1634 wurde es in der Stadt neu aufgebaut. (Zeichnung nach Gustav Kalenbach-Schröter, 19. Jh.)

DIE KIRCHEN

Die Gläubigen bekamen die Reformen erst einmal als Disziplinierung zu spüren. So wurde die Sonntagsheiligung entschiedener durchgesetzt. Aus Rheinfelden wissen wir, dass es dort bisher durchaus üblich war, an Sonntagen allerlei Arbeiten zu verrichten. Jetzt wurde etwa das Fischen an Sonn- und Feiertagen unter Androhung von Bussen untersagt. Auch wurde gebüsst, wer die Fastengebote nicht einhielt.

Eine zentrale Rolle bei der Festigung der Katholischen Reform spielten die neuen geistlichen Orden der Jesuiten und der Kapuziner. Diese vor allem wirkten mit ihrer volksnahen Seelsorge und Missionstätigkeit auf weite Kreise der Bevölkerung ein. Bereits 1598 entstand in Rheinfelden ihre erste Niederlassung in den österreichischen Vorlanden. Von dort aus wirkten die Patres in über zwanzig umliegenden Gemeinden.

Auch in Kaiseraugst traten wohl die Mönche in den braunen Kutten aus der benachbarten Stadt in Erscheinung. Dies umso mehr, als hier ein anderes Postulat der katholischen Reform, nämlich die sorgfältigere Seelsorge durch die Pfarrer vor Ort, vorläufig bei weitem noch nicht verwirklicht war. Häufiger Wechsel war die Regel, und dazwischen entstanden oft längere Vakanzen. So beklagten sich 1592 Vogt und Geschworene beim Oberamtmann in Rheinfelden und ersuchten ihn, das verantwortliche Basler Domkapitel um die Einführung einer ständigen Seelsorge anzugehen. Doch auch in den folgenden Jahrzehnten schien sich die Situation kaum merklich verbessert zu haben. Im Jahre 1629 wurde die Seelsorge im Dorf Olsberg zusätzlich dem hiesigen Pfarrer übertragen. Das war vielleicht ein Ansatz zur Neuordnung. Doch im Jahre 1634, als der Dreissigjährige Krieg auch das Fricktal heimsuchte, plünderten die Schweden das Pfarrhaus und nahmen den Pfarrer gefangen. Danach blieb die Pfarrei wieder einige Jahre unbesetzt.

Beständigere Seelsorge

Als dann 1637 Michael Schindelin als neuer Pfarrer die Vakanz beendete, blieb er immerhin ganze 14 Jahre auf dem Posten. Damit begann eine beständigere Seelsorge in der Gemeinde. Adam Renk, der 1662 die Pfarrei übernahm, blieb 38 Jahre hier, bis er am 4. Oktober 1700 starb. Sein Nachfolger, Johann Adam Rosenthaler aus Rheinfelden, hielt es fast ein halbes Jahrhundert, von 1701 bis 1745, im Pfarrhaus aus. Er erhielt für seine Amtsführung grosses Lob und war offenbar in der Gemeinde sehr gut verankert. Vor dem Dorfgericht, welches Kaufgeschäfte und Schuldverschreibungen zu bestätigen hatte, erschien er gelegentlich auch als Käufer oder Verkäufer von Grundstücken sowie als Darlehensgeber.[4]

Der übernächste Nachfolger Rosenthalers, Franz Joseph Schnebelin, amtete von 1747 bis 1769. Er war es nicht nur, der in schöner Anschaulichkeit beschrieb, wie im kalten Januar des Jahres 1755 der Rhein zufror.[5] Unter ihm wurden in den Jahren 1749 und 1750 auch das Kirchenschiff von Grund auf neu erbaut und um 14 Fuss verlängert sowie der Chor erhöht. Am 6. September 1750 konnte der Basler Fürstbischof Joseph Wilhelm Rinck von Baldenstein die renovierte Kirche und die beiden neuen Seitenaltäre einweihen.[6]

Als neuen Schmuck für die Altäre liess Pfarrer Nepomuk Elsässer im Jahre 1777 durch Anton Döbelin aus Rheinfelden fünf Altargemälde ausführen. Sein Nachfolger, Ignaz Schmid, stammte selber aus Kaiseraugst. Er hatte bis

Zwei Altarbilder von Anton Döbelin in der christkatholischen Kirche. Pfarrer Nepomuk Elsässer hatte sie 1777 mit weiteren drei Bildern in Auftrag gegeben. (Foto Ursi Schild)

DIE KIRCHEN

1770 im Jesuitenkollegium und Priesterseminar zu Pruntrut studiert und leitete die Pfarrei von 1782 bis 1804 – als letzter Pfarrer der österreichischen Zeit übrigens. Er liess zu der einzigen Glocke aus dem Jahre 1680 zwei weitere giessen. In seiner Amtszeit wurde 1787 das Dörfchen Olsberg seelsorgerisch wieder von Kaiseraugst abgetrennt. Dennoch beschränkte Schmid seine Tätigkeit nicht auf das Pfarrdorf. Von ihm wird lobend berichtet, er habe trotz seiner schwächlichen Gesundheit nicht nur in Augst und Giebenach die katholischen Dienstboten besucht, sondern auch in Frenkendorf, Füllinsdorf und Schöntal.

Wirtschaftliches

Als Besoldung erhielt ein Pfarrer jährlich 10 Saum (ca. 1'500 Liter) Wein, 50 Pfund (25 kg) Spelt,[7] 25 Viernzel (ca. 3'000 kg) Dinkel und 10 Viernzel (ca. 1'100 kg) Hafer. Diese Naturalbesoldung wurde aus dem Zehnten bestritten. Was der Zehnt darüber hinaus eintrug, gehörte dem Domkapitel. Dies konnte beispielsweise vom Weinzehnten 5 bis 24 Saum ausmachen. Ausserdem standen dem Pfarrer neben seiner amtlichen Behausung eine Scheune, eine Stallung und ein Krautgarten zur Verfügung, und er konnte je eine halbe Juchart Reben, Acker und Matten nutzen. Er führte also auch noch einen landwirtschaftlichen Kleinbetrieb. Damit war er in das System der Dreizelgenwirtschaft und in die entsprechenden Regelungen durch die Dorfgenossen eingebunden. Manchmal musste er sich auch für seine Einkünfte wehren, wie Pfarrer Schmid, der 1794 ans Oberamt Rheinfelden gelangte, weil seine Pfarrkinder ihm den Kleinzehnt verweigern wollten.

Die Kirche als Körperschaft, also nicht der Pfarrer persönlich, verfügte über einiges Kapital und war deshalb in der Lage Geld auszuleihen. Vor allem so lange es um kleinere Beträge ging, fungierte sie als wichtigstes Kreditinstitut im Dorf und spielte damit neben der geistlichen auch eine nicht unbedeutende wirtschaftliche Rolle.[8]

Tragerbüchlein für Galli Lützelschwab. Darin sind die Bodenzinsen aufgezeichnet, die Galli Lützelschwab für die Kirche sammeln musste. Aus den Zinsen und Zehnten wurde der Pfarrer besoldet. Der Überschuss ging an das Basler Domkapitel. (Gemeindearchiv Kaiseraugst. Foto Giuseppe Esposito, Kaiseraugst)

Die kirchlichen Reformen Maria Theresias und Josephs II.

Am Wiener Hof fand seit dem frühen 18. Jahrhundert die Bewegung des aufgeklärten Katholizismus offene Ohren. Es waren dann aber vor allem Kaiserin Maria Theresia (1717 – 1780) und ihr Sohn Joseph II. (1741 – 1790), die sich aktiv für eine Reform des kirchlichen Lebens einsetzten. Im Gegensatz zur veräusserlichten Frömmigkeit des Barocks sollte die neue Religiosität auf das Wesentliche gerichtet sein und sich im Sinne der Aufklärung tätig um das Wohl der Menschen bemühen. Die Förderung des Schulwesens war eines ihrer grossen Anliegen.

Kirche und Dorf Kaiseraugst vom Rheine aus gesehen. (Nach einer Lithographie von C.A. Inoeck. Gemeindeverwaltung Kaiseraugst)

DIE KIRCHEN

Der Klerus sollte dafür eine wesentliche Stütze sein. Deshalb legte die Kirchenpolitik der Kaiserin und ihres Sohnes grossen Wert auf eine gründliche Ausbildung der Kleriker. Um eine solche nachzuweisen, musste sich deshalb jeder Bewerber auf eine kirchliche Pfründe einem so genannten Pfarrkonkurs unterziehen, einer Prüfung über theologische und seelsorgerische Kenntnisse. Solche Konkurse hatte im Übrigen schon das Konzil von Trient verlangt; die Forderung war bisher jedoch nicht umgesetzt worden.

Das Volk nahm diese kirchlichen Reformen jedoch weniger in ihren positiven Aspekten wahr, sondern erlebte sie vielmehr als Eingriff in die Ausübung seiner gewohnten Frömmigkeit. Denn die neue Kirchenpolitik beseitigte lieb gewonnene Feiertage und schränkte Wallfahrten ein oder verbot sie gar. Dies stiess bei breiten Schichten auf Unmut oder gar Widerstand, vor allem als Joseph II. die von seiner Mutter in Gang gesetzten Neuerungen in gewissen Bereichen auf die Spitze trieb. Diese Missachtung populärer Frömmigkeit brachte den „Josephinismus", wie die Reformpolitik vereinfachend und nicht ganz zutreffend genannt wird, in Misskredit. Sie verstellte nachträglich den Blick auf deren hohen ethischen, erzieherischen und sozialen Anspruch. Die Maria-Theresianischen und Josephinischen Reformen haben zweifellos das

Das Kreuz an der Dorfstrasse, bereits in einem Dorfplan aus dem 18. Jahrhundert eingezeichnet, ist als Zeuge barocker Frömmigkeit erhalten geblieben. (Foto Ursi Schild)

kirchliche Leben auch im Fricktal nachhaltig geprägt. Möglicherweise ist die grosse Resonanz, die später der Christkatholizismus hier fand, ein Stück weit damit zu erklären.

Der Übergang zum Kanton Aargau

Mit dem Übergang des Fricktals zum Kanton Aargau übernahm der Kanton auch das Kollaturrecht (das Recht, die Pfarrer einzusetzen) über die Pfarrei Kaiseraugst, nachdem dieses während über eines halben Jahrtausends (seit 1285) dem Basler Domkapitel zugestanden hatte. Es waren nun nicht mehr die Domherren, welche die Pfarrer ernannten, sondern die aargauische Regierung erachtete dies als Teil ihres Kompetenzbereiches. Auch die Installation, also die Amtseinführung des Pfarrers, erfolgte nicht mehr allein durch den Dekan. In der Person des Bezirksamtmanns musste auch ein Vertreter des Staates zugegen sein. Anlässlich der Installation von Pfarrer Wocheler am 7. Januar 1805 etwa hatte der Bezirksamtmann im Auftrag der Regierung die *„Ernennung sowohl dem Herrn Wocheler als der Gemeinde Kaiser-Augst anzuzeigen, mit dem bischöflichen Vikar über den Tag der Präsentation des neu ernannten Pfarrers zu Kaiser-Augst übereinzukommen, derselben in Unserem Namen beizuwohnen, beiliegendes Ernennungspatent der versammelten Gemeinde ablesen zu lassen und solches dem Herrn Pfarrer in Unserem Namen zuzustellen."* [9]

Mit dem Kollaturrecht hatte der Kanton auch die Pfrund- und Kirchengüter an sich gezogen. Der Zehntbezug wurde so ebenfalls seine Sache. Dafür musste er nun den Pfarrer besolden. Dieser hatte jährlich Anspruch auf 1'185 Pfund, 3 Batzen und 6 Rappen sowie auf acht Klafter Holz. Zu dieser kantonalen Besoldung kamen noch 150 Pfund, die ihm für gestiftete Messen zuflossen.[10] Mit den knapp 1'200 Pfund rangierte die Kaiseraugster Pfarrerstelle in der untersten der insgesamt vier Besoldungsklassen für Geistliche des Kantons.

Die schlechte Besoldung liess die Pfarrei Kaiseraugst kaum sehr attraktiv erscheinen. Pfarrer Wocheler zog schon nach zwei Jahren wieder weg und wurde Stadtpfarrer von Rheinfelden. Sein Nachfolger, Josef Delrieux, der dann 25 Jahre lang in Kaiseraugst blieb, scheint nicht gerne gepredigt zu haben. Bezirksamtmann Fischinger rügte ihn, weil er selten die Kanzel betrete, und erinnerte ihn daran, *„dass heutzutage der Seelsorger seine Amtsobliegenheiten nicht mehr allein durch Beobachtung mancher sonst auch ehrwürdigen Zeremonie erfülle"*. Als Anhänger eines aufgeklärten Katholizismus und als Vertreter des liberalen Staates forderte Fischinger die Pflege des Wortes vor der Befolgung des Zeremoniells ein.

Seinem Nachfolger Heinrich Wasmer fehlte offenbar der Eifer für sein Amt, das er über dreissig Jahre lang bis 1867 versah. Als nach Wasmers Tod Pfarrer Dietrich Meyer die Pfarrei übernahm, beklagte er in einem Brief an die bischöfliche Kanzlei dessen Gleichgültigkeit: *„Alles ist verlottert und im Zerfall. Es ist, als hätte den Leuten das Licht des Glaubens ausgehen wollen"*.[11] Vielleicht trug auch dieses schwierige Erbe zum Verhängnis von Pfarrer Meyer bei, als er im Kulturkampf zehn Jahre später zu Gunsten eines christkatholischen Geistlichen abgewählt wurde.

Die Spaltung der Kirchgemeinde

Ein alter Konflikt zwischen Aufklärung und Tradition

In den 1870er Jahren griff ein Konflikt auf Kaiseraugst über, der die katholischen Gemüter der Schweiz und Deutschlands erregte. Es war der Höhepunkt einer säkularen Auseinandersetzung nicht nur zwischen Katholischer Kirche und Staat, sondern auch innerhalb der katholischen Kirche. Auf der einen Seite stand die Bewegung des aufgeklärten Katholizismus, die bis weit ins 18. Jahrhundert zurückreichte. Sie versuchte, kirchliche Frömmigkeit mit Postulaten der Aufklärung wie Bildung und Wohlfahrt zu verbinden, wertete die Volkssprache im Gottesdienst auf und forderte schliesslich eine grössere Autonomie der Ortskirchen gegenüber dem zentralen Lenkungsanspruch Roms. Prominentester Vertreter dieser Richtung war der Konstanzer Bischofsvikar Ignaz Heinrich von Wessenberg (1774 – 1860). Auch die kaiserliche Kirchenpolitik Österreichs des späteren 18. Jahrhunderts gründete auf den Vorstellungen eines aufgeklärten Katholizismus. Das war ein Grund

Eugène Lachat (1819-1886), Bischof des Bistums Basel mit Sitz in Solothurn, war ein überzeugter Verfechter des Dogmas der päpstlichen Unfehlbarkeit. Er verpflichtete alle Geistlichen seines Bistums, das Dogma von der Kanzel zu verlesen. Damit brachte er liberale Geistliche und Politiker gegen sich auf. (Zentral- und Hochschulbibliothek Luzern, Sondersammlung)

DIE KIRCHEN

dafür, dass gerade im Klerus und bei führenden politischen Kreisen des Fricktals diese Bewegung stark verankert war.

Wie schon der so genannte Josephinismus nicht nur Ideen der Aufklärung umsetzte, sondern gleichzeitig auch den staatlichen Zugriff auf die Kirche verstärkte, so versuchten auch die liberalen und radikalen Politiker der Schweiz, die Kirche vermehrt unter staatliche Kontrolle zu bringen. Bekanntester Exponent dieser staatskirchlichen Richtung war der Aargauer Regierungsrat Augustin Keller (1805 – 1883), der massgeblich für die Aufhebung der aargauischen Klöster 1841 verantwortlich war. Der kirchliche Richtungsstreit weitete sich so schon bald auch zu einem politischen Machtkampf aus.

Auf der andern Seite der Front stand die römische Zentralgewalt der Kirche mit dem Papst an der Spitze. Sie setzte im Verlaufe des 19. Jahrhunderts die aufklärerischen und liberalen Strömungen innerhalb der Kirche mehr und mehr unter Druck. Selbstverständlich bekämpfte sie die staatskirchlichen Tendenzen des liberalen Staates. Darüber hinaus verstand sie sich zusehends als Bollwerk gegen den Liberalismus und die Moderne überhaupt.

Am ausgeprägtesten zeigte sich dieser Antimodernismus unter dem Pontifikat des Papstes Pius IX., das von 1846 bis 1878 dauerte. Mit seinem *„syllabus errorum"* von 1864 verurteilte der Papst den Liberalismus als Irrlehre, verlangte die Unterordnung von Staat und Wissenschaft unter die kirchliche Autorität und löste damit in den aufgeklärten Kreisen Europas einen Sturm der Entrüstung aus. Als verhängnisvoll erwies sich jedoch das Dogma der Unfehlbarkeit des Papstes, welches das Erste Vatikanische Konzil (1869 – 1870) auf seine Veranlassung hin verkündete.

Augustin Keller (1805-1883), radikal-freisinniger Kirchenpolitiker und Aargauer Regierungsrat, gehörte zu den Gründern der Christkatholischen Kirche der Schweiz. Die Christkatholische Nationalsynode wählte ihn 1875 zu ihrem ersten Präsidenten. (A. Keller: Augustin Keller, Aarau 1922)

Das Unfehlbarkeitsdogma stiess nicht nur bei vielen katholischen Intellektuellen, sondern auch in weiten Kreisen des Klerus auf Unverständnis. Doch die wenigsten Geistlichen lehnten sich offen dagegen auf, denn bei aller Kritik sahen sie durch das neue Dogma gleichwohl ihre alltägliche seelsorgerliche Tätigkeit kaum berührt. Zwei Geistliche des Bistums Basel jedoch weigerten sich im Februar 1871, den Passus über das Unfehlbarkeitsdogma im bischöflichen Fastenmandat von der Kanzel zu verlesen, und taten damit ihren Widerstand offen kund: der Luzerner Gefängnispfarrer Johann Baptist Egli und der Pfarrer von Starrkirch bei Olten, Paulin Gschwind. Während Egli kurzerhand entlassen wurde, entbrannte ein eigentlicher Machtkampf zwischen Gschwind, der die liberalen Solothurner Politiker hinter sich wusste, und dem Diözesanbischof Eugenius Lachat, einem überzeugten Befürworter des Dogmas.

Die freisinnig-katholische Opposition gegen Rom und das Unfehlbarkeitsdogma formierte sich gesamtschweizerisch im „Verein freisinniger Katholiken der Schweiz", der im September 1871 in Solothurn gegründet wurde und zu dessen Protagonisten freisinnige Politiker und Intellektuelle wie Augustin Keller oder der aus Olten stammende Berner Rechtsprofessor Walter Munzinger gehörten. Anfänglich verstand sich der Verein noch als innerkirchliche Opposition. Doch unter dem Einfluss der altkatholischen Kirchengründung in Deutschland und nach der Exkommunikation der Pfarrer Egli und Gschwind legte der Verein am Oltener Tag vom 1. Dezember 1872 den Grundstein für eine neue, christkatholische Kirche. Am 14.

DIE KIRCHEN

Juni 1875 verabschiedete die erste Nationalsynode in Olten die Verfassung der Christkatholischen Kirche der Schweiz, und im Juni 1876 wählte sie den ehemaligen Luzerner Theologieprofessor Eduard Herzog zum ersten christkatholischen Bischof.[12]

Der christkatholische Verein Kaiseraugst

Der Oltener Tag vom Dezember 1872 rief zur Bildung von Ortsvereinen auf. Sie sollten in ihren Gemeinden solche Geistlichen, die das Unfehlbarkeitsdogma ablehnten, unterstützen. Ziel war es, jeweils Mehrheiten zu finden für die Abwahl des romtreuen Pfarrers und die Wahl eines christkatholischen, wenn nicht schon der bisherige Pfarrer selbst sich der neuen Bewegung anschloss. Mit einer solchen Wahl war jeweils der Schritt zum Anschluss an die christkatholische Kirche faktisch getan. Schon eine Woche nach dem Oltener Tag wählte die Kirchgemeinde Olsberg auf Betreiben ihres Ehrenbürgers Augustin Keller den aus seinem Amt in Luzern vertriebenen Baptist Egli zu ihrem neuen Pfarrer. Am gleichen Tag erklärte die katholische Gemeinde Aarau ihren Bruch mit Rom. Es folgten dann nach und nach mehrere Kirchgemeinden im Fricktal, das von seiner Tradition her für den liberalen Katholizismus empfänglich war.

Im April 1875 bildete sich auch in Kaiseraugst ein christkatholischer Verein. Desssen Präsident war der Adlerwirt August Lützelschwab. Er wurde vom Verein zum Delegierten der christkatholischen Synode gewählt. Ein paar Monate später stellte der Verein an die Kirchenpflege ein Gesuch um Mitbenützung der Kirche für seine gottesdienstlichen Versammlungen an Sonntagen. Die Kirchenpflege, in welcher Pfarrer Dietrich Meyer als Aktuar offensichtlich das bestimmende Wort führte, entschied, wenn der christkatholische Verein vorhabe, „einen dem hiesigen Pfarrer und der Kirchenpflege unbekannten Geistlichen herbeizuziehen & für dessen Funktionen die Pfarrkirche zu beanspruchen, so können & dürfen wir nicht ‚Ja' sagen, sondern müssen ein entschiedenes ‚Nein' entgegensetzen."[13] Gegen diesen Entscheid rekurrierte der christkatholische Verein an den Regierungsrat, der schliesslich die Kirchenpflege anwies, dem Gesuch stattzugeben.

Die Kirchenpflege schickte darauf ihr Mitglied Ammann Bolinger zu Verhandlungen mit August Lützelschwab. Was dabei herauskam, ist nicht bekannt, weil sich nun für mehr als ein Jahr keine Einträge mehr im Kirchenpflegeprotokoll finden. Sicher dürfte sein, dass sich die Spannungen zwischen den Christkatholiken und den romtreuen Katholiken, insbesondere der von Pfarrer Meyer dominierten Kirchenpflege, in der Zwischenzeit verschärften und eine zunehmende Verbitterung um sich griff. Christkatholische Brautleute begaben sich in dieser Zeit zur Trauung nach Rheinfelden zum dortigen christkatholischen Pfarrer Schröter, liessen dann aber ihre Kinder in Kaiseraugst von Pfarrer Meyer taufen, ein Hinweis, wie offen und unentschieden die Lage damals noch war.

Es ist auch kaum auszumachen, wo die religiösen Differenzen lagen – von der Unfehlbarkeitsfrage einmal abgesehen. Einen Hinweis immerhin

Eduard Herzog (1841-1924) wurde nach Abschluss seines Studiums als Professor an die theologische Lehranstalt Luzern berufen. Aus Opposition gegen das Unfehlbarkeitsdogma verliess er 1872 die Stelle und begann als alt- bzw. christkatholischer Pfarrer zu wirken, zuerst in Deutschland, dann ab 1873 in Olten. Die Nationalsynode wählte ihn 1876 zum ersten Bischof der Christkatholischen Kirche der Schweiz. Am 18. September 1876 empfing er in der Rheinfelder Martinskirche die Bischofsweihe. (W. Herzog: Bischof Eduard Herzog, Laufen 1935)

DIE KIRCHEN

Die Karwochenraffel ersetzte vom Abend des Hohen Donnerstags bis am Karsamstagabend das Geläute der Kirchenglocken. Über eine Handkurbel wird eine Mechanik in Gang gesetzt, welche die Holzhämmer auf eine hölzerne Unterlage schlagen lässt. So entsteht ein weithin hörbares Rattern. Die christkatholische Kirchenpflege schaffte 1879 neben den Bittgängen und Prozessionen auch die Raffeln als Ausdruck überholter Tradition ab. (Historisches Museum Uri)

finden wir in einem Vorschlag aus dem Jahre 1871 des damaligen Vizepräsidenten der Kirchenpflege, Fridolin Künzli: Die Kreuzgänge (Bittprozessionen) in der Kreuz- und in der Auffahrtswoche wären abzuschaffen, und an deren Statt sollte eine besondere Andacht in der Kirche eingeführt werden. Künzli, der übrigens später christkatholischer Kirchenpflegepräsident wurde, brachte damit ein typisches Postulat des aufgeklärten Katholizismus vor, der von gewissen traditionellen Frömmigkeitsformen nichts mehr wissen wollte. Der Vorschlag unterlag damals mit zwei gegen drei Stimmen. Tatsächlich beschloss dann aber am 30. März 1879 die nun christkatholische Kirchenpflege, *„die Charwochenraffeln– große & kleine – in Ruhestand zu versetzen & zu den Gottesdiensten während dieser Zeit wie sonst zu läuten. Es sollen ferner die Bittgänge, Prozessionen usw. unterbleiben."*[14] Die Karwochenraffeln sind kastengrosse, im Kirchturm platzierte Rätschen. In katholischen Gebieten ersetzt gelegentlich heute noch das Rattern der Raffeln vom Hohen Donnerstag bis am Karsamstagabend das Glockengeläute.

Die Abwahl des Pfarrers

Als die im Sommer 1877 anstehende Wahl zur Kirchenpflege stattfand, zeigte es sich, dass die Stimmung zu Gunsten der Christkatholiken umgeschlagen hatte. Präsident der neuen, nun mehrheitlich christkatholischen Kirchenpflege wurde Adlerwirt August Lützelschwab. Die Kirchenpflege ordnete auf den 6. Januar 1878 die periodische Wiederwahl des Pfarrers an. An der einberufenen Kirchgemeindeversammlung wurden die anwesenden 78 Mitglieder unter Namensaufruf zur Stimmabgabe aufgefordert. Von den eingelegten Stimmzetteln lauteten 32 auf Wiederwahl von Pfarrer Dietrich Meyer, 43 jedoch auf Nichtwiederwahl; drei wurden leer eingelegt.

Nun wäre also ein neuer Pfarrer zu wählen gewesen. Allein, es meldete sich ausser Meyer, der sich erneut bewarb, kein Kandidat. Offenbar waren die Verhältnisse in Kaiseraugst zu heikel und zu verfahren. Angesichts einer fehlenden Alternative sprach sich die Mehrheit der Kirchenpflege für die Wiederwahl Meyers aus. Dieser war jedoch für die christkatholischen Gemeindemitglieder nicht wählbar. So blieb das Wahlgeschäft vorläufig offen. Am 7. April dann wählte die Kirchgemeinde den vom christkatholischen Pfarrer Schröter in Rheinfelden vorgeschlagenen Peter Greter, Hilfspriester in Büttikon. Doch der nahm die Wahl nicht an, *„weil sein Freisinn nicht stark genug war, dass er sich auf das Kampfgebiet zu begeben wagte"*, wie Pfarrer Paulin Gschwind später schrieb. Darauf schlug wiederum Pfarrer Schröter den Pfarrhelfer in Duggingen, Louis Saladin, vor. Dieser wurde am 19. Mai 1878 mit 47 Stimmen gewählt. Sein (vermutlich römisch-katholischer) Konkurrent, Pfarrer Wunderlin in Wegenstetten, erhielt 41 Stimmen. An Pfingsten 1878 fand Saladins Installation durch den christkatholischen Bischof Eduard Herzog statt. Somit war Kaiseraugst eine christkatholische Gemeinde geworden. Ergänzend angemerkt sei, dass in all diesen Wahlgeschäften selbstverständlich nur die Männer stimmberechtigt waren, dass also die politisch rechtlosen Frauen in diesen schwerwiegenden Fragen gar nicht mitentscheiden durften.[15]

DIE KIRCHEN

Die römisch-katholisch Gesinnten blieben formell weiterhin Mitglieder der Kirchgemeinde, obwohl sie den Gottesdienst in der Kirche nicht mehr besuchten. Im gleichen Jahr 1878 nämlich schlossen sich 25 Stimmberechtigte zu einem „Römisch-katholischen Verein" zusammen und richteten in einem Privathause am Fähriweg einen Saal ein, wo sie ihre sonntäglichen Gottesdienste abhielten. Anfang des Jahres 1881, als es um die Besoldung des Sigristen der nun christkatholischen Kirche ging, verweigerten die Römisch-Katholiken ihre Beteiligung daran. Nach längeren Streitigkeiten und Rekursen erklärten am 12. Juni 1881 schliesslich 34 Stimmberechtigte den Austritt aus der Kirchgemeinde.

Im Sommer des Jahres 1882 zog Pfarrer Saladin von Kaiseraugst weg. Wiederum war es schwierig, die Stelle neu zu besetzen. Zwei Bewerber zogen sich wieder zurück. Nachdem die Kirchenpflege den Regierungsrat ersucht hatte, er möchte „*bald möglichst für einen tüchtigen, freisinnigen Geistlichen besorgt sein*", war es schliesslich wieder Pfarrer Schröter aus Rheinfelden, der auf einen geeigneten Kandidaten, nämlich Gottfried Räber, hinwies. Dieser wurde dann am 31. Dezember 1882 gewählt. Doch er war noch jung und unerfahren, hatte keine glückliche Hand, mischte sich ungeschickt in die Dorfpolitik ein und machte sich dadurch unbeliebt. Schliesslich bewog man ihn 1889 zur Resignation, weil die „*völlige Auflösung*" der Pfarrei drohte.

„Zusammenstellung der Notizen, die sich über die Entstehung der christkatholischen Kirchgemeinde von Kaiseraugst in dessen Pfarrarchiv & Tradition vorgefunden haben." Pfarrer Paulin Gschwind verfasste 1901 einen kurzen geschichtlichen Abriss über die Anfänge der christkatholischen Kirchgemeinde. Hier die ersten paar Zeilen des neunseitigen Dokuments. (Christkatholisches Pfarrarchiv Kaiseraugst)

DIE KIRCHEN

Erfolglose „blaue" Fusionsbestrebungen

Die Kirchentrennung bedeutete für das Dorf eine grosse Belastung. Seit Jahrhunderten war es konfessionell eine geschlossene Einheit gewesen. Es hatten sich zwar im Verlaufe des 19. Jahrhunderts auch einige Reformierte angesiedelt. Doch abgesehen davon, dass sie eine kleine Minderheit bildeten, waren sie Fremde. Aber nun ging die Spaltung durch die einheimische, alt eingesessene Bürgerschaft, oft quer durch die Familien. Das war im Alltag schwierig zu ertragen. Auf diesem Hintergrund ist es nicht verwunderlich, dass Tendenzen aufkamen, die Kirchenspaltung wieder rückgängig zu machen. Wohl nicht zuletzt wegen der durch Pfarrer Räber provozierten Unzufriedenheit geriet diesbezüglich einiges in Bewegung. Im Januar 1886 stellte die römisch-katholische Genossenschaft das Gesuch, wieder in den Verband der christkatholischen Kirchgemeinde zu treten, was von dieser selbstverständlich abgelehnt wurde. Im Herbst 1887 trat Kirchenpflegepräsident August Lützelschwab *„wegen Misshelligkeiten im eigenen Lager"* aus der Kirchenpflege aus. Und ausgerechnet er, der einstige Kopf der christkatholischen Bewegung, setzte sich nun an die Spitze einer Unterschriftensammlung innerhalb der christkatholischen Gemeinde, welche die Fusion mit den Römisch-Katholischen zum Ziel hatte. Anfang des Jahres 1889 zählten die *„Blauen"*, wie die Fusionisten auch genannt wurden, nicht weniger als 27 Stimmberechtigte, lediglich noch 19 wollten christkatholisch blieben.

In dieser existentiellen Krise der christkatholischen Gemeinde kandidierte der wohl prominenteste christkatholische Geistliche der Schweiz, Paulin Gschwind, für das Kaiseraugster Pfarramt. Seine Kandidatur bewirkte, dass 15 der 27 Fusionisten zurückkehrten, so dass die Gemeinde nun wieder 34 Stimmberechtigte zählte. So hat Gschwind wahrscheinlich die Gemeinde vor dem Untergang gerettet, und es gelang ihm nach seiner Wahl, die Verhältnisse zu stabilisieren.

August Lützelschwab gehörte übrigens nicht zu jenen 15 *„Blauen"*, die wieder zurückkehrten. Hingegen blieben seine Angehörigen christkatholisch. Und als er einige Jahre später tödlich verunglückte, wurde auch er vom christkatholischen Pfarrer Paulin Gschwind bestattet.

Die konfessionellen Mehrheitsverhältnisse in Kaiseraugst hatten sich nach diesen Vorfällen endgültig verschoben. Die Römisch-Katholischen waren jetzt mit 53 Stimmberechtigten in der Mehrheit gegenüber 34 der Christkatholischen. Die Mitglieder der Gemeindebehörden waren sämtliche wieder römisch-katholisch. Eine konfessionelle Zählung des Jahres 1893 ergab 258 (60%) Römisch-Katholische und 173 (40%) Christkatholische. Im Jahre 1902 betrug das Zahlenverhältnis 322 zu 197 oder 62 zu 38 Prozent.

Streit ums Eigentum

War nach dem Scheitern des *„blauen"* Fusionsversuches die Trennung der katholischen Gläubigen in zwei konfessionelle Lager endgültig, so blieben die Eigentumsverhältnisse an Kirche und Pfarrhaus noch längere Zeit ungeklärt. Im Oktober 1893 gelangten die Römisch-Katholischen mit einem

Paulin Gschwind (1833 – 1914) war ein christkatholischer Geistlicher der ersten Stunde. Als katholischer Pfarrer von Starrkirch (SO) war er 1872 von Bischof Lachat exkommuniziert worden, weil er öffentlich das Unfehlbarkeitsdogma und die Zölibatspflicht der Priester kritisierte. Darauf beteiligte er sich tatkräftig an der Gründung und am Aufbau der Christkatholischen Kirche der Schweiz, zu der auch seine Pfarrgemeinde Starrkirch übertrat. Seine Wahl zum Pfarrer von Kaiseraugst 1889 beendete die tiefe Krise der hiesigen christkatholischen Kirchgemeinde. Ein Jahr nach dem Tod seiner Frau trat er 1905 zurück und zog nach Bern. (Bild Christkatholisches Pfarramt Rheinfelden)

DIE KIRCHEN

Gesuch um Aufteilung der Kirchengüter an die Regierung in Aarau. Dort wurde die Angelegenheit mehr als zögerlich behandelt. Erst zehn Jahre später, am 28. Dezember 1903, verabschiedete der Grosse Rat ein Dekret, wonach die Güter zwischen Römisch-Katholischen und Christkatholischen im Verhältnis vier zu drei geteilt werden sollten. Dem Entscheid zu Grunde lag die konfessionelle Zählung von 1902, die 56 römisch-katholische und 44 christkatholische Stimmberechtigte ermittelt hatte.

Der Chor der Kirche und das Pfarrhaus gehörten damals noch als Pfrundgut dem Kanton, seit dieses 1803 vom Basler Domkapitel an ihn übergegangen war. Obwohl schon die Verfassung von 1885 die Übertragung der Pfrundgüter an die Kirchgemeinden verlangte, erfolgte deren Herausgabe erst 1906/1907. Seither gehörten der Chor und das Pfarrhaus in Kaiseraugst ebenfalls im Verhältnis 4:3 den beiden Kirchgemeinden. Ob auch die Sakristei zum Pfrundgut gehörte, darüber gab es unterschiedliche Auffassungen. Lange blieb ungeklärt, ob sie nicht der Ortsbürgergemeinde gehörte, wie dies die Christkatholiken behaupteten.

Nach dem grossrätlichen Entscheid vom Dezember 1903 begann erst ein langwieriger und teils verbitterter Verhandlungsprozess um die Ausscheidung der Güter, wobei es unter anderem um die Frage von Realverteilung oder Auszahlung ging. Eine zusätzliche Streitfrage betraf die inzwischen angefallenen Renovationskosten für die Kirche, die sich ja nach wie vor in geteiltem Eigentum befand. Strittig war, wer wie viel davon übernehmen sollte. Im November 1923 beschloss die römisch-katholische Kirchgemeinde, dafür 8'000 Franken zu entrichten, nebst einem Beitrag an eine Expertise über den baulichen Zustand der Kirche. Am 31. Januar 1924 schliesslich, nach einem Hin und Her von über zwanzig Jahren, trat die römisch-katholische Kirchgemeinde ihr Miteigentum von vier Siebteln an Gebäuden und Kirchplatz, das ihr im Dekret von 1903 zugesprochen worden war, kostenlos an die Christkatholische Kirchgemeinde ab. Damit verzichtete sie endgültig auf ein Mitbenutzungsrecht an der Kirche, war aber auch aller finanziellen Verpflichtungen enthoben. Erst jetzt fand die konfessionelle Trennung in Kaiseraugst, 46 Jahre nach der Wahl des ersten christkatholischen Pfarrers, auch güterrechtlich ihren Abschluss.

Einzig für den Kirchturm blieben die Besitzverhältnisse noch etwas skurril. Allerdings handelte es sich dabei nicht um eine Angelegenheit zwischen den beiden Kirchgemeinden, sondern um eine solche zwischen der Christkatholischen Kirchgemeinde und der Einwohnergemeinde. Der Kirchturm war nämlich schon zu Zeiten der Trennung unbestrittenes Eigentum nicht der Kirche, sondern der Einwohnergemeinde. Da das grossrätliche Dekret von 1903 jedoch das gesamte Kirchenareal ohne Einschränkung den beiden Kirchgemeinden im bekannten Teilungsverhältnis zuwies, ergab sich der seltsame Sachverhalt, dass die Einwohnergemeinde den Kirchturm als Eigentum besass, nicht aber den Boden, auf dem er stand. Nach dem römisch-katholischen Verzicht von 1924 gehörte der Boden unter dem Turm ausschliesslich der christkatholischen Kirchgemeinde. Diese verschenkte ihn dann 1934 der Einwohnergemeinde, die erst damit Alleineigentümerin des Turmes wurde.

DIE KIRCHEN

Die Christkatholische Kirchgemeinde

Die Christkatholische Kirchgemeinde ist die Rechtsnachfolgerin der alten katholischen Kirchgemeinde Kaiseraugst, die sich, wie oben dargestellt, mit der Wahl von Pfarrer Louis Saladin im Mai 1878 mehrheitlich für die christkatholische Richtung entschieden hatte. Sie gehört der Christkatholischen Kirche der Schweiz mit Bischofssitz in Bern und der Christkatholischen Landeskirche des Kantons Aargau an. Die Christkatholische Kirche der Schweiz ist ihrerseits im Rahmen der Utrechter Union mit den Altkatholischen Kirchen anderer Länder verbunden.

Grosse Verdienste um die Kaiseraugster Kirchgemeinde in den Anfangsjahren kommen sicherlich Pfarrer Paulin Gschwind (1833 – 1914) zu. In seiner Amtszeit von 1889 bis 1905 konsolidierte er die zuvor in Auflösung begriffene Gemeinde. Gschwind, der als Pfarrer im solothurnischen Starrkirch den Stein des Konfliktes mit Bischof Lachat und der römischen Kirche ins Rollen gebracht hatte, gehörte zu den Christkatholiken der ersten Stunde. Er war ein brillanter und polemischer Kopf, der sich auch literarisch betätigte. Gleich zu Beginn seiner Tätigkeit in Kaiseraugst setzte er sich für die Innenrenovation der Kirche ein, zu der übrigens eine Tombola des Frauenvereins die finanzielle Grundlage schuf. Keineswegs im Schatten Gschwinds stand seine Frau Maria Rosina geborene Hofer (1841 – 1904). Nicht nur als erste christkatholische Pfarrfrau war die ausgebildete Lehrerin eine Pionierin. Auf ihre Anregung hin wurde 1888 der Schweizerische Gemeinnützige Frauenverein gegründet, dessen erste Präsidentin sie war. Sie setzte sich sehr für den Ausbau des Hauswirtschaftsunterrichts ein. Im Kaiseraugster Pfarrhaus richtete sie eine gut besuchte Haushaltungsschule ein.[16]

Rosina Gschwind-Hofer (1841-1904), die Gattin Pfarrer Paulin Gschwinds, förderte als schweizerische Pionierin den Aufbau des Hauswirtschaftsunterrichtes. Im Kaiseraugster Pfarrhaus betrieb sie eine Haushaltungsschule, und sie publizierte ein viel beachtetes Kochbuch. (Gemeindearchiv Kaiseraugst. Foto Giuseppe Esposito, Kaiseraugst)

DIE KIRCHEN

Als wertvolles Erbe früherer Jahrhunderte ist der Christkatholischen Gemeinde die alte Dorfkirche anvertraut. In den Jahren 1960/61 wurde sie unter Pfarrer Gottfried Konrad einer gründlichen Innenrenovation unterzogen, rund siebzig Jahre nach der letzten, von Pfarrer Paulin Gschwind veranlassten Renovation. Sowohl die Fresken aus dem 15. Jahrhundert wie die barocken Altäre wurden dabei fachmännisch restauriert.

In der Kirche, einem der schönsten Sakralräume der Umgebung, fanden besonders in den 1960er Jahren auch viel beachtete Konzerte statt. Diese Konzerttradition wird bis heute weiter gepflegt. Allerdings verschlechterte sich der Zustand der alten Orgel zusehends, bis sie schliesslich kaum mehr spielbar war. Ende der 1980er Jahre wurde ihr Ersatz durch eine neue Orgel unumgänglich. Zu deren Finanzierung fand Anfang September 1989 ein grosses Dorf- und Orgelfest statt, das weitgehend von den drei örtlichen konfessionellen Frauenvereinen organisiert und durchgeführt wurde.[17]

Zahlenmässig geriet die Christkatholische Gemeinde schon bald nach der Trennung wiederum in die Minderheit gegenüber den Römisch-Katholiken. Schon zu Beginn des 20. Jahrhunderts wies die konfessionelle Zählung von 1902 nur noch 197 christkatholische Personen gegenüber 322 römisch-katholischen aus. Pfarrer Paulin Gschwind führte damals den Rückgang auf *„Tod, Wegzug & Wegkauf einer grossen Elsässer Familie"* zurück und den Zu-

Die Pfarrer der Christkatholischen Gemeinde Kaiseraugst	
Louis Saladin	1878 – 1882
Gottfried Räber	1882 – 1889
Paulin Gschwind	1889 – 1905
Karl Josef Fischer	1905 – 1913
Ludwig Meier	1913 – 1921
Raimund Köpfer	1921 – 1922
Karl Mettler	1923 – 1929
Albert Rüthy	1929 – 1938
Otto Gschwind	1938 – 1946
Franz Ackermann	1946 – 1950
Johann Ulrich Bürke	1950 – 1954
Gottfried Konrad	1955 – 1961
Benno Middeke	1961 – 1962
Otto Gschwind	1963 – 1972
Dieter Prinz	1972 – 1985
Erwin Gut	1985 – 2001
Peter Grüter*	seit 2001

* in Rheinfelden, zuständig für Kaiseraugst

wachs der römischen Glaubensrichtung auf *„Zuzug von Auswärts, namentlich vom Schwarzwalde her."*[18] 1924 übernahm der Kaiseraugster Pfarrer auch die Seelsorge des benachbarten Olsberg. Bis 1960 feierte er jeden zweiten Sonntag in der dortigen Klosterkirche eine Messe. Danach wurde die Pastoration

Ausflug der Christkatholischen Jugend Kaiseraugst auf die Farnsburg am Ostermontag 1957. (Christkatholisches Pfarrarchiv Kaiseraugst)

DIE KIRCHEN

Olsbergs durch den Magdener Pfarrer übernommen. Der Rückgang der christkatholischen Gemeinde in Kaiseraugst hielt auch nach 1900 weiter an. Mitte des 20. Jahrhunderts, in der Volkszählung von 1950, deklarierten sich noch 17 Prozent der Bevölkerung als christkatholisch. In der Folge schwand die Zahl rapide. Heute zählt die Kirchgemeinde noch 82 Mitglieder.

Seit der Pensionierung von Pfarrer Erwin Gut im Juni 2001 wird Kaiseraugst, wie übrigens auch Wegenstetten, Helllikon und Zuzgen, durch den christkatholischen Pfarrer von Rheinfelden betreut. Anderseits teilt sich Kaiseraugst die Kirche mit der christkatholischen Gemeinde Baselland, welche jeweils am ersten und vierten Sonntag jeden Monats hier den Gottesdienst feiert.[19]

Die Römisch-Katholische Kirchgemeinde

Neuorganisation der Römisch-Katholischen Kirchgemeinde

Mit der Wahl Pfarrer Louis Saladins im Frühjahr 1878 hatte sich die christkatholische Mehrheit innerhalb der katholischen Kirchgemeinde durchsetzen können. Die verbliebene Minderheit der romtreuen Katholikinnen und Katholiken schloss sich danach zum Römisch-Katholischen Verein zusammen. Mit Hilfe der Inländischen Mission, des katholischen Pfarrers von Liestal und anderer Gönner mietete der Verein am heutigen Fähriweg 2 ein Privathaus. Dort richtete er einen Saal ein, wo fortan die sonntäglichen Gottesdienste gefeiert wurden.[20]

Seelsorgerisch betreut wurden die romtreuen Katholiken Kaiseraugsts bis 1892 durch den römisch-katholischen Pfarrer in Rheinfelden, Peter Wildi. Die Messe wurde jeweils morgens um sieben Uhr gefeiert. Mit einem Fuhrwerk holte man Pfarrer Wildi am Morgen in aller Frühe in Rheinfelden ab und brachte ihn nach der Messe wiederum dorthin zurück. Wildi war seinerseits im Jahre 1877 als Pfarrer von Allschwil weggewählt worden und hatte dort einem christkatholischen Geistlichen Platz machen müssen. Sein Wirken in Kaiseraugst wurde von christkatholischer Seite in einer Eingabe angefochten und darauf vom Regierungsrat verboten, dies mit der Begründung, er besitze keine staatliche Anerkennung als aargauischer Geistlicher. Der Römisch-Katholische Verein reichte gegen dieses Verbot beim Bundesrat Rekurs ein, der schliesslich gutgeheissen wurde.

Im Jahre 1881 änderte der Verein seine Rechtsform und wandelte sich zur Römisch-Katholischen Kirchgenossenschaft. Ihr Fernziel war die Gründung einer eigenen Kirchgemeinde, weshalb sie 1893 an die aargauische Regierung ein Gesuch um Teilung der Kirchengüter zwischen Christkatholiken

Liegenschaft Fähriweg 2. Nachdem im Frühjahr 1878 die Mehrheit der Kirchgemeinde einen christkatholischen Pfarrer gewählt hatte, schlossen sich die romtreuen Katholiken zum Römisch-Katholischen Verein zusammen. In einem Privathaus am Fähriweg 2 richteten sie einen provisorischen Gottesdienstsaal ein. (Foto Ursi Schild)

DIE KIRCHEN

und Römisch-Katholiken einreichte. Die Behandlung des Gesuchs wurde in Aarau auf die lange Bank geschoben. Erst der Erlass des grossrätlichen Dekrets im Jahre 1903 brachte einen Entscheid. Der Hintergrund der Verzögerung war, dass die Regierung einen Zusammenschluss der römisch-katholischen Bevölkerung Rheinfeldens und Kaiseraugsts zu einer Kirchgemeinde beabsichtigte.

Eine neue Pfarrkirche

Der Bischof von Basel wertete im Jahre 1893 die Römisch-Katholische Kirchgenossenschaft Kaiseraugst auf, indem er diese in den Status einer Missionspfarrei erhob. Gleichzeitig setzte er in der Person von Dominik Herzog einen eigenen Pfarrer ein, welcher den bisherigen Hilfspriester Peter Wildi ablöste. Immer drängender wurde der Wunsch nach einem geeigneten Kirchenraum, denn die Notkirche in der Privatliegenschaft konnte auf die Dauer den Ansprüchen des Gottesdienstes nicht genügen. Im August 1895 gelangte der Vorstand der Römisch-Katholischen Genossenschaft mit einem Gesuch

„Projekt der röm.-kath. Kirche zu Kaiseraugst" von Baumeister X. Troller. Offenbar stand neben dem schliesslich ausgeführten noch mindestens ein anderes Kirchenbauprojekt zur Diskussion. Baumeister Troller plante ein ziemlich bescheidenes Kirchlein. (Römisch-katholisches Pfarrarchiv Kaiseraugst)

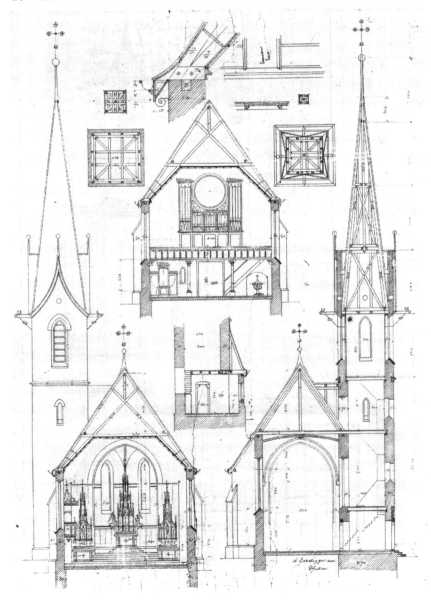

Bauplan von August Hardegger für die neue römisch-katholische Kirche Kaiseraugst aus dem Jahre 1900. Der Plan zeigt unter anderem den Orgelprospekt, der so nie ausgeführt worden ist. Der St. Galler August Hardegger war damals einer der führenden katholischen Kirchenarchitekten der Schweiz. (Römisch-katholisches Pfarrarchiv Kaiseraugst)

DIE KIRCHEN

um Mitbenützung der alten Pfarrkirche an die Christkatholische Gemeinde. Die beiden Parteien setzten sich zusammen und einigten sich auf folgenden Benutzungsmodus: Die Christkatholiken behielten sich den Choraltar und die übliche Gottesdienstzeit vor. Den Römisch-Katholiken überliessen sie für die übrige Zeit die beiden Seitenaltäre. Auf den eidgenössischen Bettag 1895 hin sollte die Übereinkunft in Kraft treten. Es kam aber nicht so weit, weil Pfarrer Herzog die uneingeschränkte Benutzung der Kirche verlangte.[21] Ohnehin verbot im Jahr darauf der Bischof von Basel den Gottesdienst in der Christkatholischen Kirche.

Die Anstrengungen richteten sich deshalb nun gezielt auf die Errichtung einer neuen Kirche. Pfarrer Herzog rührte heftig die Werbetrommel zur Geldbeschaffung, wobei er mit der Äusserung, die romtreuen Katholiken seien *„ihrer altehrwürdigen Kirche beraubt worden"* die Christkatholiken vor den Kopf stiess und zu einer Beschwerde beim Regierungsrat veranlasste. Pfarrer Josef Näf, der seit Dezember 1898 Hilfspriester war und seit August 1899 als neuer Pfarrer dem gesundheitlich angeschlagenen Dominik Herzog nachfolgte, betrieb die Geldsuche eifrig weiter. Dabei verlangte er auch von seinen Pfarrangehörigen beträchtliche Opfer.

Pfarrer Josef Näf betrieb seit 1898 zuerst als Hilfspriester, dann als Nachfolger des kränklichen Pfarrers Dominik Herzog die Geldsammlung für eine neue Kirche eifrig weiter. Bereits am 1. April 1900 konnte er den Bauvertrag für die neue Kirche abschliessen. Pfarrer Näf wirkte noch bis 1921 in Kaiseraugst. (Römisch-katholisches Pfarrarchiv Kaiseraugst)

Da auch die Inländische Mission wesentliche finanzielle Mittel in Aussicht stellte, konnte die Genossenschaft am 1. April 1900 mit dem St. Galler Architekten August Hardegger den Bauvertrag für eine neue Kirche abschliessen. Hardegger war damals einer der führenden katholischen Kirchenarchitekten der Schweiz. Die bekanntesten seiner Bauwerke sind die Kirche St. Othmar in St. Gallen und die Liebfrauenkirche in Zürich. Aber auch viele kleinere Diasporakirchen stammen von ihm, so die katholischen Kirchen von Sissach, Binningen, Zuzgen und die St. Josephskirche in Basel. Wie bei den meisten seiner Kirchenbauten plante Hardegger auch für Kaiseraugst eine Kirche im neugotischen Stile. Bereits am 1. Juli 1900 wurde der Grundstein gesetzt. Bei den folgenden Bauarbeiten war auch die tätige Mithilfe der Genossenschaftsmitglieder mit Schaufel und Pickel gefordert. Am 28. April 1901 war es dann so weit: Die neue Kirche konnte feierlich eingesegnet werden. Bald erwarb die Genossenschaft auch ein eigenes Pfarrhaus.

Die Kirche war nun gebaut, aber es fehlten noch die Glocken und die Orgel. Das Geläute mit drei Glocken konnte 1907 dank einer ansehnlichen Spende aufgezogen werden. Längere Zeit musste die Gemeinde allerdings noch ohne Orgel auskommen. Erst gegen Ende der 1920er Jahre war das nötige Geld beisammen. Am 13. Mai 1928 konnte die neue Orgel, ein Werk der Firma Späth aus Rapperswil, eingeweiht werden.

Eine neue Kirchgemeinde

Mit dem grossrätlichen Dekret vom Dezember 1903, welches die Aufteilung der Kirchengüter unter die beiden katholischen Konfessionen regelte, wurde für Kaiseraugst formell eine Römisch-Katholische Kirchgemeinde errichtet. Die bisherige Genossenschaft löste sich deshalb auf. Die Eigentumsverhältnisse blieben aber einigermassen kompliziert. Gemäss Statuten der Genossenschaft war nämlich in finanzieller Hinsicht nicht die neue Kirchgemeinde ihre Rechtsnachfolgerin, sondern die Inländische Mission. An sie ging das Vermögen der Genossenschaft über. Sie übertrug es aber schon zwei

DIE KIRCHEN

Jahre später dem im September 1905 eigens dazu gegründeten Kultusverein. Dieser wurde somit Eigentümer der Kirche, des Pfarrhauses, des Ökonomiegebäudes und einiger Grundstücke. 1910 dann wurden diese Gebäulichkeiten an die Kirchgemeinde verpachtet, welche damit auch die Unterhaltspflichten übernahm. Erst 1950 kam es zu einer vollständigen Neuordnung: Der Kultusverein trat sein Eigentum an Gebäuden und Kapitalien unentgeltlich an die Römisch-Katholische Kirchgemeinde ab. Allerdings verband er damit die Bedingung, dass die Kirche und das Pfarrhaus nie dem römisch-katholischen Kultus entfremdet werden dürfen, eine Absicherung in Erinnerung an die Zeit der Kirchentrennung. Jetzt erst war die Kirchgemeinde voll und ganz selbständig geworden. Der Kultusverein spielt seither nur noch die Rolle eines Garantiekomitees.

Firmung am 30. Mai 1942. In einer feierlichen Prozession mit Weihrauch, Kerzen und Fahnen wurde Bischof Franziskus von Streng unter einem Baldachin zur Kirche geleitet. Nach dem Gottesdienste mischte er sich unter die Gläubigen und segnete die Kinder. (Römisch-katholisches Pfarrarchiv Kaiseraugst)

Renovationen und Bautätigkeit

Nach einer ersten Aussen- und Innenrenovation in den Jahren 1946 und 1948 kam Ende der 1960er Jahre der Wunsch nach einer Neugestaltung der Kirche auf. Es wurde damals eine Vergrösserung der Kirche, ja sogar ein Neubau ins Auge gefasst. Die Diskussionen verliefen aber vorerst im Sand. Mitte der 1970er Jahre wurde die Angelegenheit wieder aufgegriffen, und im Juni 1975 nahm eine Kommission die Arbeit an der Planung einer Kirchenrenovation auf.[22] Die Frage eines Abrisses der alten Kirche und der Errichtung eines Neubaues war zwar noch nicht ganz vom Tisch. Nach eingehenden Diskussi-

DIE KIRCHEN

Pfarrer Dr. Walter Christoph Koch, im Amt 1951 bis 1965, war auch ein ausgewiesener Historiker. Er schrieb 1962 eine Geschichte der Kirche von Augst und Kaiseraugst, die in weiten Teilen heute noch gültig ist. (Römisch-katholisches Pfarrarchiv Kaiseraugst)

onen mit Fachleuten und innerhalb der Gemeinde stand schliesslich die Option für eine Renovation des bestehenden Gebäudes fest.

Mit entscheidend war dabei auch der Umstand, dass es nicht mehr, wie in den 1960er Jahren, in erster Linie um eine Erweiterung des Platzangebotes ging. Inzwischen hatte sich nämlich die Kirchendisziplin gelockert, und der Kirchenbesuch war merklich zurückgegangen. Mit der in den Jahren 1977/78 erfolgten Renovation wurde die Kirche vor allem auch den Erfordernissen der Liturgiereformen des Zweiten Vatikanischen Konzils angepasst. Am 11. Juni 1978 wurde die renovierte Kirche eingeweiht. Im Zuge der Renovation war auch die altersschwach gewordene Orgel aus dem Jahre 1928 abgebrochen worden. Ihre Nachfolgerin stammt aus der Werkstatt der Firma Graf in Sursee und konnte am 30. Oktober 1983 eingeweiht werden.

Mit dem Bau des neuen Pfarreizentrums im Jahre 1995 schuf die Kirchgemeinde zusätzlichen Raum für das Gemeindeleben. Der Saal im Eingangsgeschoss und die drei Gruppenräume im Obergeschoss sollten dem in Kaiseraugst bestehenden Mangel an kleineren Räumlichkeiten für Vereinsaktivitäten begegnen. Die Kirchenpflege äusserte anlässlich der Einweihung im Mai 1995 die klare Absicht, *„dass das neue Haus nicht ein ‚katholisches' Haus*

Innenansicht der römisch-katholischen Kirche kurz nach 1950. Sie zeigt den Zustand nach der ersten Renovation um 1950, als die monumentale Verkündigungsszene an der Stirnwand angebracht wurde. Die spätere Renovation von 1977/78 entfernte dann die Kanzel und passte die Altäre der Liturgiereform des Zweiten Vatikanischen Konzils an. (Römisch-katholisches Pfarrarchiv Kaiseraugst)

DIE KIRCHEN

sein wird, sondern ein Haus für Gruppen, Vereine, Private".

Die römisch-katholische Kirche in Augst

Augst war bis um 1800 eine geschlossen reformierte Gemeinde, wie Kaiseraugst damals geschlossen katholisch war. Seit der Staat in der Helvetik um die Wende zum 19. Jahrhundert die Religionsfreiheit garantiert hatte, begann auch hier eine konfessionelle Durchmischung der Bevölkerung. In den Volkszählungen der zweiten Hälfte des 19. Jahrhunderts deklarierten sich zwischen 10 und 15 Prozent der Einwohnerinnen und Einwohner als katholisch. Im Jahre 1910 waren es plötzlich beinahe die Hälfte, nämlich etwa 46 Prozent. Dies bedeutete jedoch bloss eine vorübergehende Erscheinung; sie war durch die Kolonie der beim Kraftwerkbau beschäftigten italienischen Arbeiter bedingt, welche sich nach Vollendung des Baus wieder auflöste. Erst seit den späteren 1940er Jahren nahm im Zuge der erneuten Zuwanderung der katholische Bevölkerungsanteil wieder zu. Den höchsten Stand erreichte er 1970 mit 35 Prozent, im Jahre 2000 lag er bei 26 Prozent.[23]

Das Pfarreizentrum „Am Schärme" kurz vor seiner Vollendung 1995. Mit dem Bau des Zentrums schuf die Kirchgemeinde neuen Raum für das Gemeindeleben, nicht nur für das katholische. (Römisch-katholisches Pfarrarchiv Kaiseraugst)

Die katholischen Gläubigen in Augst waren anfänglich nach Liestal pfarrgenössig, wo seit 1835 ein katholischer Pfarrer im Amt war. Ende des 19. Jahrhunderts teilte sie der Bischof provisorisch der Römisch-katholischen Kirchgenossenschaft Kaiseraugst zu, und die dortigen Pfarrer betreuten fortan auch die Gläubigen in Augst. Definitiv geschah die Zuweisung zum Pfarramt Kaiseraugst im Jahre 1933, als die katholische Pfarrei Pratteln errichtet wurde. Die Zugehörigkeit zu Kaiseraugst galt aber nur in kirchlicher Hinsicht. Staatskirchenrechtlich gehörte Augst weiterhin zur katholischen Kirchgemeinde Pratteln. Daraus ergab sich die komplizierte Situation, dass die Augster Katholiken dort und nicht in der für sie zuständigen Pfarrei Kaiseraugst stimmberechtigt waren. Heute ist diese Widersprüchlichkeit bereinigt. Augst ist Bestandteil der römisch-katholischen Pfarrei Pratteln-Augst und besitzt mit dem Pfarreiheim „Romana" auch ein eigenes kirchliches Zentrum.

Die Reformierten in Augst und Kaiseraugst

Augst

Bis zur Reformation gab es noch eine gemeinsame Institution, welche die beiden Augst miteinander verband, nämlich die Pfarrei. Dies änderte sich 1529, als die Stadt Basel mit der Reformationsordnung für sich und ihr Untertanengebiet den neuen Glauben annahm. Die Herrschaftsgrenze zwischen Vorderösterreich und Basel wurde jetzt auch eine kirchliche Grenze. Das Dörfchen Augst an der Bruck kam unter die Fittiche der Pfarrei Pratteln. Bis heute bilden Pratteln und Augst eine gemeinsame Pfarrei.

Die römisch-katholischen Pfarrer (seit 1995 Gemeindeleiter) von Kaiseraugst

Peter Wildi*	1878 - 1893
Dominik Herzog	1893 – 1898
Josef Näf	1899 – 1921
Gottfried Binder	1921 – 1925
Richard Oeschger	1925 – 1930
Leo Rast	1931 – 1938
Josef Mehr	1938 – 1950
Dr. Walter Christoph Koch	1951 – 1965
Josef Oehen	1966 – 1972
René Schnell**	1972
Hans Wittmer	1973 – 1986
René Schnell	1986 – 1995
Marek Sowulewski	1995 – 2001
Rayen Nick	2001 – 2003
Stephan Kochinky	seit 2003

*besorgte die Seelsorge von Rheinfelden aus
** Pfarrverweser
Ergänzte Zusammenstellung aus Lisbeth Dudler (wie Anm. 13)

DIE KIRCHEN

In Pratteln wirkte nach der Einführung der Reformation Jakob Immeli als Pfarrer. Er war einige Jahre zuvor als Leutpriester zu St. Ulrich und St. Elisabeth in Basel der erste Geistliche gewesen, der in Basel reformatorisch zu wirken begann und sich verheiratete. Er war deswegen 1525 seines Amtes enthoben worden. 1529 erhielt er dann die Pfarrerstelle in Pratteln, wo er im Geiste Zwinglis und des Basler Reformators Oekolampad tätig wurde.

Gelegentlich war Augst, das zu äusserst an der Grenze lag und dessen Bewohner täglichen Umgang mit „Papisten" hatten, ein Sorgenkind der Pratteler Pfarrer. Denn nicht nur war der zuständige Landvogt auf der Farnsburg weit weg. Abseits des Pfarrdorfes befand sich Augst auch ausser Reichweite der direkten Kontrolle durch den Pfarrer. Dies veranlasste 1753 den beunruhigten Pfarrer Wettstein, seine Bedenken dem Basler Rat in einer Eingabe vorzubringen.[24]

Im späteren 19. Jahrhundert wurde Pratteln-Augst eine typische Industrie-Pfarrgemeinde, geprägt durch eine massive Zuwanderung und durch eine stark durchmischte Bevölkerung. Das stellte die Seelsorge vor neue Herausforderungen. Diesen gegenüber war die damals noch strukturlose Organisation der Baselbieter Kirche, die sehr auf die Person der jeweiligen Pfarrer zugeschnitten war und beispielsweise noch keine Kirchenpflegen kannte, nicht mehr zeitgemäss. Pfarrer Lukas Christ, der die Pfarrei von 1911 bis 1948 betreute und damals wohl die bedeutendste Baselbieter Pfarrerpersönlichkeit war, suchte tatkräftig nach neuen Wegen. Er sah die christliche Gemeinde als wesentliche Trägerin des kirchlichen Lebens. Auf seine Initiative hin gründeten im Jahre 1922 einige Gemeindemitglieder die erste freiwillige Kirchenpflege des Kantons. Von der Gemeinde Pratteln-Augst gingen wesentliche Impulse aus für die Schaffung einer freiwilligen Synode im Jahre 1936 und schliesslich auch für die Neuordnung der kirchlichen Rechtsverhältnisse im Kanton. Erst mit der Verfassungsänderung von 1946 und dem Kirchengesetz von 1950 entstanden ja die drei Landeskirchen als eigene Rechtspersönlichkeiten.[25]

Pfarrer Christ erhielt 1940 einen Vikar zu seiner Entlastung, nachdem die Bemühungen um die Schaffung einer zweiten Pfarrstelle zuvor zwei Mal am Veto des Regierungsrates gescheitert waren. Erst 1948, also für Christs Nachfolge, wurden dann zwei Pfarrer installiert. Im Jahre 1956 erhielt die Gemeinde, deren Bevölkerung überdurchschnittlich stark angewachsen war, eine dritte Pfarrstelle zugestanden. Nun nahm mit Rudolf Hardmeier-Wirz auch das erste Mal ein Pfarrer in Augst Wohnsitz, und zwar in der ehemaligen Anstalt des Armenerziehungsvereins.

Die Bewilligung, im Saal des Gemeindehauses jeden Monat einen Gottesdienst abzuhalten, wurde noch anfangs der 1930er Jahre vom Gemeinderat abgelehnt. Erst im Jahre 1942 kam er dem Ansuchen entgegen. Der Wunsch nach einer eigenen Kirche in Augst liess am 24. April 1959 den „Reformierten Kirchenbauverein" entstehen. Dessen finanzielle Grundlage bildete ein Kapital von 6'000 Franken, welches bereits 1918 von Marie Plattner gestiftet worden war. Ebenfalls im Jahre 1959 wurde mit der Renovation des Gemeindehauses der Gemeindesaal so weit vergrössert, dass er nun etwa 100 Personen Platz bot. Doch ein Kirchenbau konnte bis heute noch nicht realisiert werden. Gelegentlich aber finden Gottesdienste im katholischen Pfarreiheim Romana statt.

Pfarrer Lukas Christ betreute die reformierte Kirchgemeinde Pratteln-Augst von 1911 bis 1948. Er war eine herausragende Persönlichkeit unter den Baselbieter Pfarrern. Auf seine Initiative hin entstand in seiner Kirchgemeinde die erste freiwillige Kirchenpflege des Kantons.

Reformierte Pfarrer und Pfarrerin in Kaiseraugst

Jürg Fahrni	1958 – 1988
Esther Borer-Schaub	seit 1988

DIE KIRCHEN

Kaiseraugst

Kaiseraugst war, wie alle Dörfer der Umgebung, bis um 1800 eine konfessionell geschlossene Gemeinde. Glaubensfreiheit galt erst seit dem Beginn des 19. Jahrhunderts. Erst danach wohl siedelten sich die ersten Reformierten in Kaiseraugst an. Noch die erste Eidgenössische Volkszählung von 1850 wies für die Gemeinde bloss 23 Reformierte aus, das waren knapp sechs Prozent der Bevölkerung. Im Jahre 1888 war deren Zahl auf 81 angestiegen, bis 1910 auf 196, was bereits ein Viertel der Bevölkerung ausmachte. Die Entwicklung war vor allem durch den Zuzug von Arbeitskräften aus dem badischen Wiesental für die Holzstofffabrik bedingt. Im Verlaufe des 20. Jahrhunderts stieg der Anteil der reformierten Bevölkerung auf den Höchstwert von 42 Prozent im Jahre 1980. Wenn er auch bis 2000 wieder auf 33 Prozent gesunken ist, bleibt seither in Kaiseraugst die reformierte Konfession zahlenmässig am stärksten vertreten.[26]

Nebeneinander gehen die Pfarrer der drei Konfessionen im Umzug anlässlich des Kinderfestes um 1966 mit. In der dritten Reihe: Jürg Fahrni (ref.), Otto Gschwind (christkath.), Hans Wittmer (röm.-kath.). Um diese Zeit gedieh das ökumenische Zusammenleben in Kaiseraugst. (Foto Urs Wullschleger, Kaiseraugst)

Bis in die 1870er Jahre hinein besuchten die in Kaiseraugst ansässigen Reformierten die Gottesdienste in Pratteln. Danach wurden sie von Rheinfelden aus seelsorgerisch betreut, wo seit 1855 ein eigener reformierter Pfarrer tätig war. Dort stand für den reformierten Gottesdienst anfänglich die St. Margrethen- oder Klooskapelle zur Verfügung, für grosse feierliche Anlässe auch die Martinskirche. Erst 1895 erhielten die Rheinfelder Reformierten ihre eigene Kirche.

Am 15. Februar 1900 wurde die bisherige reformierte Kirchgenossenschaft Rheinfelden durch grossrätliches Dekret in eine Kirchgemeinde mit öffentlich-rechtlichem Charakter umgewandelt. Zu dieser Kirchgemeinde gehört bis heute auch Kaiseraugst. Die hiesigen Reformierten sind innerhalb der Kirchgemeinde im Gemeindeverein Kaiseraugst organisiert.

Im Winter 1895/96 hielt der Rheinfelder Pfarrer Graf die ersten Predigten in Kaiseraugst. Ab 1914 liess dann Pfarrer Glur diese Filialpredigten öfters stattfinden. Seit Ende der 1920er Jahre wurden alle 14 Tage reformierte Gottesdienste gehalten, bis zum Bau eines eigenen Kirchgemeindehauses noch im Schulhaus.

Taufe mit Rheinwasser auf dem Campingplatz 1972. Mit unkonventionellen Formen des Gottesdienstes gab Pfarrer Jürg Fahrni dem Gemeindeleben neue Impulse. (Foto Urs Wullschleger, Kaiseraugst)

DIE KIRCHEN

Etwa in den 1950er Jahren wurde unter den Reformierten Kaiseraugsts zusehends der Wunsch nach einem eigenen Pfarrer laut.[27] Man erhoffte sich davon einen Aufschwung des Gemeindelebens; bisher waren die Kaiseraugster Reformierten ja lediglich durch zwei Mitglieder in der Kirchenpflege von Rheinfelden vertreten gewesen. Treibende Kräfte hinter diesem Wunsch waren der spätere Gemeindeammann Dr. Büchi, der Kirchenchor und vor allem der sehr rührige reformierte Frauenverein, vom damaligen Gemeindeammann gelegentlich als *„die Damen von Unruh"* betitelt. Es wurde dann ein Bauverein ins Leben gerufen, der sich vorerst die Errichtung eines Pfarrhauses in Kaiseraugst zum Ziel setzte und der dann später in den Gemeindeverein umgewandelt wurde.

Im Jahre 1958 war es dann so weit: Kaiseraugst hatte sein eigenes reformiertes Pfarrhaus. Und wenn auch noch kein Gemeindehaus stand, so nahm nun doch mit Jürg Fahrni der erste reformierte Pfarrer in Kaiseraugst seinen

Glockenaufzug für das Kirchgemeindehaus. Im Jahre 1988 erhielt das reformierte Kirchgemeindehaus einen Glockenturm mit drei Glocken. Pferde zogen die Glocken auf dem reich geschmückten Wagen zu ihrem Bestimmungsort. Mit vereinten Kräften wurden sie in den Turm aufgezogen. (Fotos Urs Wullschleger, Kaiseraugst)

DIE KIRCHEN

Wohnsitz. Er war allerdings auch für die Seelsorge in Magden und Olsberg sowie in einigen Quartieren von Rheinfelden zuständig. Sein Arbeitsgebiet lag also zum grösseren Teil ausserhalb Kaiseraugsts. Dies konnte gelegentlich zu Spannungen führen, da die Kaiseraugster ihn als ihren eigenen Pfarrer betrachteten und deshalb meinten, er sei zu viel auswärts. Nachdem in den 1970er Jahren die neu errichtete Siedlung Augarten in Rheinfelden ebenfalls in den Zuständigkeitsbereich des Kaiseraugster Pfarrers gekommen war, wurde für Magden und Olsberg eine eigene Pfarrstelle geschaffen. Danach war der Kaiseraugster Pfarrer nur noch für Kaiseraugst und den Augarten zuständig.

Da ein eigenes Gemeindezentrum noch fehlte, fanden die Gottesdienste nach wie vor im Schulhaus statt. Lediglich für kleinere Gemeindeanlässe stand ein Raum im Untergeschoss des Pfarrhauses zur Verfügung. Der Bau eines Gemeindehauses war deshalb ein nächstes Ziel. Zwar hätte die Christkatholische Gemeinde es gerne gesehen, wenn die Reformierten ihre alte Dorfkirche mitbenutzt hätten. Doch Pfarrer Fahrni und auch die Mehrheit des Gemeindevereins bevorzugten die Option eines Neubaues. Denn ein solcher liess mehr Möglichkeiten und Formen der Gottesdienstgestaltung offen als eine traditionelle Kirche, in der nur schon durch die fest installierten Kirchenbänke vieles vorgegeben war. Der Umstand, dass die reformierte Bevölkerung in diesen Jahren stark zunahm, gab der Idee einer eigenen Kirche zusätzlichen Auftrieb. Mit viel Begeisterung standen die Leute hinter dem Projekt. 1967 konnte das vom Aarauer Architekten Emil Aeschbach errichtete Kirchgemeindehaus bezogen werden. Nach einem feierlichen Umzug vom bisherigen Gottesdienstlokal im Schulhaus zum neuen Gemeindezentrum wurde dieses seiner Bestimmung übergeben.

Pfarrer Jürg Fahrni beim Apéro nach seinem Abschiedsgottesdienst. Er wirkte von 1958 bis 1988 als erster reformierter Pfarrer in Kaiseraugst und leistete dabei Pionierarbeit. (Foto Urs Wullschleger, Kaiseraugst)

Als Pfarrer Fahrni 1958 nach Kaiseraugst kam, fand er mit dem initiativen Frauenverein und der sehr aktiven Jugendgruppe eine ausgesprochen lebendige Gemeinde vor. Weil die Pfarrstelle neu errichtet worden war, musste er zudem kein hergebrachtes und möglicherweise einengendes ‚Erbe' übernehmen. So hatte er selbst freie Hand zur Gestaltung des Gemeindelebens und konnte in gewisser Weise Pionierarbeit leisten und Neues einführen. So gestaltete er das Abendmahl als geschlossenen Gottesdienst ohne vorherige Entlassung, was damals noch sehr ungewohnt war. Er führte die Gottesdienste mit Jung und Alt ein, die Camping-Gottesdienste mit Rheinwasser-Taufe, den Gottesdienst mit Morgenessen am Reformationssonntag sowie die, heute noch gut besuchten, ökumenischen Kindergottesdienste jeweils in den Dorfkirchen der drei Konfessionen.

Neue Bevölkerungsgruppen, die in den späteren 1970er Jahren von auswärts vor allem in die Liebrüti zugezogen waren, zeigten sich offen für neue Formen der Begegnung. So kam die Idee der so genannten *Stubeten* auf, die etwa jeden Monat stattfanden: Eine Familie stellte sich als Gastgeberin zur Verfügung und stellte ein Thema zur Diskussion. Die Telefonnummer der Gast-

DIE KIRCHEN

geber wurde im Kirchenboten publiziert. Wer interessiert war, konnte sich anmelden und zum bestimmten Termin dort hingehen. Es wurde dann lebhaft diskutiert und gemeinsam gegessen, oft bis Mitternacht.

Im Jahre 1988 wurde nochmals ein augenfälliger baulicher Akzent gesetzt. Damals erhielt das Kirchgemeindehaus einen Glockenturm mit drei Glocken. Damit trat das Haus auch äusserlich im Dorfbild als drittes kirchliches Zentrum neben den beiden schon bestehenden Dorfkirchen in Erscheinung.

Im Herbst des gleichen Jahres ging Pfarrer Jürg Fahrni nach genau dreissig Jahren Tätigkeit in Pension. Als seine Nachfolgerin trat dann Frau Esther Borer-Schaub ihr Amt an.

Die ökumenische Kirche Liebrüti

Gegen Ende der 1970er Jahre wurde die Überbauung Liebrüti errichtet. Damit entstand in Kaiseraugst zum alten Dorf und seiner unmittelbaren Umgebung hinzu ein neuer Ortsteil, in den vorwiegend eine urbane Agglomerationsbevölkerung Einzug hielt. Die Planer der Überbauung waren bestrebt, nicht bloss eine Schlafstadt auf die grüne Wiese zu stellen, sondern eine Siedlung, die auch soziales Leben möglich macht. In diesem Konzept war ein Kirchenraum eingeplant. Die drei in Kaiseraugst wirkenden Kirchgemeinden gestalteten den Raum gemeinsam zu einer ökumenischen Kirche aus. Streng formal genommen war es zwar eine römisch-katholische Kirche. Sie wurde nämlich so eingerichtet, dass die kirchenrechtlichen Anforderungen für den römisch-katholischen Gottesdienst erfüllt waren; so stand dort ein geweihter Altar und brannte ein Ewiges Licht.[28]

Ökumenische Kirche Liebrüti: Präsidenten der Betriebskommission

Erich Schätti	1979 – 1988
Hans Bieri	1988 – 2000
René Studer	seit 2000

Doch die Ausgestaltung und die Nutzung der Liebrüti-Kirche durch die drei ansässigen Kirchen konnten sich auf eine bewährte ökumenische Tradition in Kaiseraugst abstützen. Diese hatte bereits in den späteren 1960er Jahren, im Gefolge des Zweiten Vatikanischen Konzils, eine Blütezeit erlebt. Damals wurden oft gemeinsame Gottesdienste gefeiert, abwechselnd in den jeweiligen Kirchen des Dorfes, und es fanden rege interkonfessionelle Diskussionen statt. Da die Katholiken noch kein eigenes Kirchgemeindehaus besassen, stand ihnen für Anlässe wie etwa Suppentage das reformierte Kirchgemeindehaus zur Verfügung. Auch dies wirkte förderlich auf den ökumenischen Geist und liess Freundschaften über die konfessionellen Grenzen hinweg entstehen. Nicht zu unterschätzen ist zudem der Beitrag der drei Frauenvereine, welche mit ihren vielen gemeinsamen Aktivitäten seit langem die Ökumene im Dorf inspiriert hatten.

Den Kirchenraum in der Liebrüti stellte die Bauherrschaft unentgeltlich zur Verfügung. Für die Ausstattung und das Mobiliar leisteten die Reformierte Kirchgemeinde Rheinfelden und die Römisch-Katholische Kirchgemeinde Kaiseraugst je 100'000 Franken, die Christkatholische Kirchgemeinde Kaiseraugst einen symbolischen Beitrag von 1'000 Franken.[29] Die gemeinsame Nutzung erforderte auch gewisse organisatorische Strukturen. Eine Benutzungsordnung regelt die Grundsätze und Einzelheiten der Benutzung. Eine Betriebskommission ist für die Regelung und Koordination der verschiedenen

Aktivitäten zuständig. Als oberstes Organ schliesslich ist die Gesellschafterversammlung bestimmt, die in der Regel jährlich einmal zusammentritt.

Die Einweihung der Kirche fand am 22. März 1979 statt. Wie sehr die Errichtung einer gemeinsamen Kirche als wichtiges Zeichen der Ökumene gesehen wurde, zeigte die Anwesenheit geistlicher Würdenträger bei der Einweihungsfeier: Zugegen waren der römisch-katholische Bischof des Bistums Basel, Anton Hänggi, der Kirchenratspräsident der Reformierten Landeskirche des Kantons Aargau, Pfarrer Max Gloor, und der Bischof der Christkatholischen Kirche der Schweiz, Léon Gauthier.[30] Alle drei sprachen von der Bedeutung und der Notwendigkeit des Brückenschlages und der ökumenischen Zusammenarbeit. Bischof Gauthier sah in der Liebrüti *„eine alte Utopie verwirklicht, nach der der Mensch von seiner Geburt bis zu seinem Tod in einer rationell durchdachten Stadt ein ausgeglichenes und lauteres Leben führen kann. Dabei wird das Religiöse nicht übersehen, sondern berücksichtigt, und zwar nach ökumenischem Bedürfnis."* Die Menschen könnten wahrnehmen, dass der Himmel sowohl moderne Hochbauten wie die vertrauten Kirchen und Kathedralen überrage und dass sie selbst persönlich und gemeinschaftlich nach dem Reich Gottes trachten sollten.

Die hohen Ideale trafen dann allerdings auf eine etwas nüchternere Wirklichkeit. Die neue ökumenische Kirche fand bei der Bevölkerung nicht den erwarteten Zuspruch. In den Berichten der Seelsorgerin und der Seelsorger anlässlich der jährlichen Gesellschafterversammlungen zieht sich die Enttäuschung über die laue Teilnahme an den Gottesdiensten durch. Bei dem jeweils auf den frühen Freitagabend angesetzten ökumenischen Gottesdienst konstatierte man schon im August 1979 eine *„recht magere Teilnehmerzahl"*. Zehn Jahre später scheinen, vom ökumenischen Abendgebet an Montagen abgesehen, ökumenische Gottesdienste nur noch bei ausserordentlichen Gelegenheiten stattgefunden zu haben. Solche ‚festen Werte' geblieben sind bis in die Gegenwart der Weltgebetstag der Frauen, der jeweils am ersten Freitag im März im Rahmen eines Gottesdienstes gefeiert wird, und die Weihnachtsfeier des ökumenischen Kindergottesdienstes.

Auch die konfessionellen Wochenendgottesdienste fanden wenig Zuspruch. In den römisch-katholischen, die vorerst noch regelmässig jedes Wochenende stattfanden, waren fünf bis zehn Personen die Regel, nur in ganz seltenen Fällen fünfzig bis sechzig. Bei den vierzehntäglichen reformierten

Kirchliche Prominenz beehrte die Einweihung der ökumenischen Kirche Liebrüti am 22. März 1979. In der vordern Reihe von links: Anton Hänggi, römisch-katholischer Bischof des Bistums Basel; Max Gloor, Kirchenratspräsident der Reformierten Landeskirche des Kantons Aargau; Léon Gauthier, Bischof der Christkatholischen Kirche der Schweiz. In der hinteren Reihe die Kaiseraugster Pfarrer Hans Wittmer (römisch-katholisch), Dieter Prinz (christkatholisch), (verdeckt hinter Bischof Gauthier) Jürg Fahrni (reformiert).

DIE KIRCHEN

Gottesdiensten sah es ähnlich, wenn auch vielleicht nicht ganz so schlecht aus. So beschränkten sich zuerst die Reformierten, dann 1998 auch die Katholischen auf bloss einen Gottesdienst pro Monat, weil *„offensichtlich kein Bedürfnis besteht, jeden Sonntag zur Kirche zu gehen"*, wie der damalige Gemeindeleiter Marek Sowulewski einräumte. Gegenwärtig wird dies auf katholischer Seite noch immer so gehalten; die Reformierten veranstalten in der Regel nur noch vierteljährlich einen Gottesdienst in der Liebrüti.

Um Näheres über die Bedürfnisse nach kirchlichen Diensten in der Liebrüti zu erfahren, startete das römisch-katholische Pfarramt im Frühjahr 1998 eine Umfrage. Von den 1'400 verschickten Fragebögen kamen sieben Prozent zurück. Von diesen waren 23 Prozent dafür, dass monatlich nur noch ein Gottesdienst durchgeführt werde. 71 Prozent der Antwortenden gaben sogar an, sie hätten überhaupt kein Interesse an einem Gottesdienst in der Liebrüti.[31]

Regeren Zuspruch als die kirchlichen Anlässe finden die kulturellen Aktivitäten in der Kirche Liebrüti. Die Benützungsordnung sieht nämlich explizit auch die Pflege von Kultur in den kirchlichen Räumen vor. Seit Beginn ist dort deshalb die Initiative *„Kunst in Liebrüti"* aktiv. Sie organisierte bisher 70 Konzerte und 42 Ausstellungen und etablierte damit die Kirche Liebrüti als Kulturforum von Kaiseraugst.

Dass die Liebrüti bezüglich Gottesdienstbesuch seit Beginn *„ein hartes Pflaster"* ist, wie sich Frau Pfarrer Borer einmal ausdrückte, mag zum Teil seine spezifisch örtlichen Gründe haben: Ein Kirchenraum in dieser Umgebung wird vielleicht von vielen Menschen nicht als ‚richtige' Kirche wahrgenommen, zumal er ökumenisch getragen ist und deshalb nicht einer bestimmten Konfession zugeordnet werden kann. Kommt dazu, dass die Gläubigen im Dorf wenig Interesse an einem Gottesdienstbesuch in der Liebrüti zeigen.

Die Situation in der Liebrüti spiegelt jedoch in zugespitzter Form auch, dass sich das Verhältnis der Gesellschaft zu Kirche und Religion gewan-

„Kunst in Liebrüti" organisierte in der ökumenischen Kirche Liebrüti über die Jahre hin zahlreiche Kunstausstellungen und Konzerte. So wurde der Ort zum kulturellen Forum von Kaiseraugst.

delt hat. Zum einen begann seit den 1970er Jahren die Zahl von Menschen, die keiner der drei Landeskirchen zugehörig sind, sehr rasch anzusteigen. In Kaiseraugst machte ihr Anteil im Jahre 2000 mit 1314 Personen oder 33.6 Prozent ziemlich genau ein Drittel aus und war genau gleich gross wie jener der Reformierten, der grössten konfessionellen Gruppe in der Gemeinde. Nur ein Fünftel davon gehörte anderen Glaubensgemeinschaften, christlichen oder nichtchristlichen, an. Die übrigen erklärten sich keiner religiösen Gemeinschaft zugehörig (880) oder machten keine Angaben (147).[32]

Zudem hat sich aber auch bei den Kirchenmitgliedern die Bindung an ihre Kirche gelockert. Eine Untersuchung im Auftrag der Evangelisch-reformierten Landeskirche Baselland von 1996 zeigt auf, dass rund 60 Prozent ihrer Mitglieder kaum noch Gottesdienste besuchen. Die katholische Kirche vermag ihre Mitglieder noch etwas stärker an sich zu binden, doch in der Tendenz ist eine ähnliche Lockerung zu erwarten wie in der reformierten Kirche.[33] Die Individualisierung prägt zunehmend auch die Einstellung zur Religion, die immer weniger als etwas von einer Institution Vorgegebenes betrachtet wird, sondern als Bereich individueller Einsichten und Entscheidungen. Der ebenfalls zu beobachtende Rückzug auf fundamentalistische Positionen ist nur die Kehrseite dieser Öffnung. Diese Entwicklungen stellen die Kirchen vor neue Herausforderungen und führen sie zwangsläufig auch zu engerer ökumenischer Zusammenarbeit.

Konzerte in der Kirche Liebrüti entsprechen wie die Ausstellungen dem Auftrag, in den kirchlichen Räumen auch die Kultur zu pflegen.

DIE KIRCHEN

[1] Eine wichtige Grundlage dieses Kapitels ist die Darstellung von Walter Christoph Koch: Die Geschichte der Kirche von Augst und Kaiseraugst. In: Geschichte von Augst und Kaiseraugst. Liestal 1962, S. 217-246. Sie hat in weiten Teilen noch immer Gültigkeit.

[2] Schwarz, Peter-Andrew: Zur „Topographie chrétienne" von Kaiseraugst (AG) im 4. bis 9. Jahrhundert. In: Zeitschrift für Schweizerische Archäologie und Kunstgeschichte, Bd. 59, 2002, S. 153 – 168. Kob, Karin: Christen in Augusta Raurica: Ein weiterer Nachweis aus Kaiseraugst und eine Bestandesaufnahme. Jahresberichte aus Augst und Kaiseraugst, 21. 2000, S. 119 – 125. Zu Einzelheiten siehe auch die einschlägigen Abschnitte in den Kapiteln Römerzeit und Frühmittelalter in diesem Band.

[3] Zum Folgenden: Fridrich, Anna C.: Die Reformation. In: Nah dran, weit weg. Geschichte des Kantons Basel-Landschaft. Bd. 3. Liestal 2001, S. 139-169. Kurmann, Fridolin: Reformation und Reformen – Das kirchliche Leben vom 16. bis zum 18. Jahrhundert. In: Nachbarn am Hochrhein. Eine Landeskunde der Region zwischen Jura und Schwarzwald. Möhlin 2002, Bd. 2, S. 157 – 171.

[4] Gemeindearchiv Kaiseraugst, Gerichtsprotokolle.

[5] Siehe Kapitel Alltägliches und Denkwürdiges S. 228-230.

[6] Christkatholisches Pfarrarchiv Kaiseraugst, Tauf- Ehe- und Sterberegister 1683 – 1782.

[7] Vermutlich Spelzen, eine Art Kapseln, die das Dinkelkorn umhüllten und beim Vorgang des Röllens in der Mühle vom Korn getrennt wurden.

[8] Gemeindearchiv Kaiseraugst, Gerichtsprotokolle. Vgl. auch Kapitel Wirtschaft S. 207.

[9] Zitiert nach Koch (wie Anm. 1), S. 18.

[10] StAAG R01.KW05/0008, 7. August 1828.

[11] Zitate nach Koch (wie Anm. 1), S. 19.

[12] Stadler, Peter: Der Kulturkampf in der Schweiz. Zürich 1996, S. 236ff., S. 284ff., S. 336 – 365.

[13] Dazu und zum Folgenden: Christkatholisches Pfarrarchiv Kaiseraugst, Protokoll der Kirchenpflege Kaiseraugst 1869 – 1924. Gschwind, Paulin: Zusammenstellung der Notizen, die sich über die Entstehung der christkatholischen Kirchgemeinde von Kaiseraugst in dessen Pfarrarchiv & Tradition vorgefunden haben, den 19. Oktober 1901. In: Protokoll der Kirchenpflege Kaiseraugst 1869 – 1924. Frey, Adolf: Die Entstehung der christkatholischen Kirchgemeinde bildet ein bedeutsames Ereignis der Kaiseraugster Geschichte. Manuskript ohne Datum. Dudler, Lisbeth: Locus iste a Deo factus est. Eine Schrift zum 100. Geburtstag der Kirche St. Gallus und Othmar in Kaiseraugst. Kaiseraugst 2001, S. 2 – 6.

[14] Zitiert nach Gschwind (wie Anm. 13).

[15] Wie Lisbeth Dudler, (wie Anm. 13)) in ihrem Vorwort treffend bemerkt.

[16] Biographisches Lexikon des Kantons Aargau. Aarau 1958, S. 271f.

[17] Freundlicher Hinweis von Frau Barbara Schätti.

[18] „Zusammenstellung der Notizen ..." vgl. Anmerkung 13.

[19] Internetseite der christkatholischen Kirchgemeinde Kaiseraugst.

[20] Zu diesem Abschnitt neben Koch (wie Anm. 1) auch: Dudler, Lisbeth (wie Anm. 13).

[21] So jedenfalls die Darstellung von Paulin Gschwind: „Zusammenstellung der Notizen ..." (wie Anm. 13).

[22] Akten im Römisch-Katholischen Pfarrarchiv Kaiseraugst.

[23] Siehe auch das Kapitel „Die Bevölkerungsentwicklung" S. 240f.

[24] StABL AA 1010, Lade 38, Nr. 33, 30. Sept. 1753. Siehe auch Kapitel „Herrschaften und Untertanen" S. 183f.

[25] Nah dran, weit weg. Geschichte des Kantons Basel-Landschaft. Liestal 2001, Bd. 5, S. 88 – 92. Hagmann, Daniel: zwischenzeit. Die Reformierte Kirche Baselland 1950 bis 2000. Liestal 2004, S. 60f.

[26] Wie Anm. 23.

[27] Für die folgenden Abschnitte seien die freundlichen Hinweise von Herrn Pfarrer Jürg Fahrni verdankt.

[28] Dazu und zum Folgenden: Hinweise von Herrn Pfarrer Jürg Fahrni.

DIE KIRCHEN

[29] Zum Folgenden: Römisch-Katholisches Pfarrarchiv Kaiseraugst, K.2. ökumenische Kirche Liebrüti.

[30] Die Anwesenheit dieser kirchlichen Prominenz entsprach allerdings auch dem dringenden Wunsch der Bauherrschaft (Hinweis von Herrn Pfarrer Jürg Fahrni).

[31] Protokoll der Gesellschafter-Versammlung vom 14. Mai 1998. Römisch-Katholisches Pfarrarchiv Kaiseraugst (wie Anm. 29)

[32] Wie Anm. 23.

[33] Ferkel, Jörg/Stadler, Reto: Kirchen An- & Einsichten. Liestal 1996. Dubach, Alfred/Campiche, Roland (Hrsg.): Jeder ein Sonderfall? Religion in der Schweiz. Zürich/Basel 1993.

KURZBIOGRAFIEN

Autorin und Autoren

Alex R. Furger

Dr. phil., Archäologe. Geboren 1951. Studium der Ur- und Frühgeschichte mit provinzialrömischer Archäologie sowie der Geografie und Anthropologie in Basel. Zahlreiche Publikationen. Seit 1985 Leiter der Römerstadt Augusta Raurica. Lebt in Basel.

Heinrich Hänger

Dr. phil., Germanist. Geboren 1942. Studium der Germanistik und Geschichte in Zürich. Gymnasiallehrer in Basel, Münchenstein und Basel. Seit 2002 Mitarbeiter der Baselbieter und Solothurner Forschungsstellen für Flurnamenforschung. Lebt in Dornach.

Diemuth Königs

Dr. phil., Historikerin. Studium der Alten Geschichte, der Geschichte des Mittelalters und der Altgriechischen Philologie in Basel. Seit der Promotion publizistische Arbeit als Historikerin und freie Journalistin. Lebt in Olsberg.

Fridolin Kurmann

Dr. phil., Historiker. Geboren 1947. Studium der Geschichte und Germanistik in Basel. Spezialist für ländliche Sozial- und Kulturgeschichte der frühen Neuzeit und des 19. Jahrhunderts. Mitautor verschiedener Orts- und Regionalgeschichten. Lebt in Bremgarten AG.

Reto Marti

Dr. phil., Archäologe. Geboren 1962. Studium der Archäologie und der Geschichte des Mittelalters in Basel. Stellvertretender Leiter der Archäologie Baselland. Spezialist für die Spätantike und das Mittelalter. Verfasser mehrerer Artikel über das Castrum Rauracense und die Frühgeschichtes des Bistums Basel. Lebt in Oberbipp.

Markus Peter

Dr. phil., geboren 1960. Altertumswissenschaftliche Studien in Basel und Frankfurt/M. Numismatiker der Römerstadt Augusta Raurica. Zahlreiche Veröffentlichungen zur römischen Archäologie und Geldgeschichte. Lebt in Basel.

René Salathé

Dr. phil., Historiker. Geboren 1927. Studium der Geschichte und Geografie in Basel. Gründungsrektor des Gymnasiums Oberwil. Verfasser von regional- und kulturgeschichtlichen Arbeiten. Träger des Basellandschaftlichen Kulturpreises. Lebt in Reinach.

HERAUSGEGEBEN
VON DER ORTSBÜRGERGEMEINDE KAISERAUGST
UND DER GEMEINDE AUGST

Augst und Kaiseraugst: Zwei Dörfer— eine Geschichte

René Salathé
Alex R. Furger
Heinrich Hänger
Diemuth Königs
Fridolin Kurmann
Reto Marti
Markus Peter

Band 2

IMPRESSUM

Autorin und Autoren
Alex R. Furger, Dr. phil.
Heinrich Hänger, Dr. phil.
Diemuth Königs, Dr. phil.
Fridolin Kurmann, Dr. phil.
Reto Marti, Dr. phil.
Markus Peter, Dr. phil.
René Salathé, Dr. phil.

Begleitkommission
Meinrad Haberl, Ortsbürgerkommission Kaiseraugst
Max Heller, Präsident, Gemeindeammann Kaiseraugst
Fritz Kammermann, Aktuar, Gemeindeschreiber Kaiseraugst
René Salathé, Dr. phil., Projektleiter
Barbara Schätti, Vizeammann Kaiseraugst
Meinrad Schmid-Tremel, Ortsbürgerkommission Kaiseraugst
Hans-Rudolf Schmutz, Dr. phil., Gemeinderat Augst
Ursula Singh, Buchgestalterin

Auftraggeber
Ortsbürgergemeinde Kaiseraugst
Gemeinde Augst

Redaktion
René Salathé, Dr. phil.

Lektorat
Elisabeth Balscheit, Dr. phil.

Gestaltung, Satz und Typografie
Ursula Singh, Kaiseraugst

Druck/Herstellung
Druckerei Lüdin AG, Liestal, Buchbinderei Grollimund AG, Reinach

Verlag
Verlag des Kantons Basel-Landschaft, Liestal

 2007

Diese Publikation wurde mit Mitteln aus den beiden Lotteriefonds
des Kantons Aargau und des Kantons Basel-Landschaft unterstützt.

ISBN 978-3-85673-671-2, EAN 9783856736712
©Liestal, 2007. Autorin, Autoren und der Verlag des Kantons Basel-Landschaft
Alle Rechte vorbehalten.

INHALT

Das 19. und 20. Jahrhundert
René Salathé

Augst und Kaiseraugst in der Geschichtsschreibung 9

Bann und Grenzen
Der Augster und Kaiseraugster Bann und die Grenzen 14
Der Rhein – eine besondere Grenze 17
Nachbarn 23

Landschaft und Natur
Die Landschaft von Augst und Kaiseraugst im Wandel der Zeit 29
Der Wald 39
Die Ergolzmündung und der Violenbach – Lebensräume für Biber und Eisvogel 47
Der Stausee – Naherholungs- und Naturschutzgebiet 55
Naturschutz im Dorf – Planen für eine intakte Umwelt 60
Das Wetter 67

Geschichtsbilder
Der Kaiseraugster Alltag um die Mitte des 19. Jahrhunderts 73
Der Augster Alltag um 1860 75
Der Alltag in Kaiseraugst in der Zwischenkriegszeit des 20. Jahrhunderts 82
Was Kaiseraugster Gemeindeversammlungsprotokolle 1844-1854 berichten 89
Die Auswanderung: Der amerikanische Traum 92
Augst und Kaiseraugst im Zweiten Weltkrieg 1939-1945 97

Zwei Dörfer verändern sich
Kaiseraugst 1950-2000: Planung und Ausbau 106
Wohnen in Augst und Kaiseraugst 122
Öffentliche Gebäude und Anlagen – eine Auswahl 142
Akustische Räume 157

Die politische Gemeinde
Die Kaiseraugster Ortsbürgergemeinde 164
Die Bürgergemeinde Augst 169
Kaiseraugst und seine Verwaltung 170
Die Augster Verwaltung 178
Aufgaben der Gemeinde im Wandel der Zeit 180
Der Finanzhaushalt – gestern und heute 187
Dorfpolitik 192
Die Augster Einbürgerungspraxis im 19. Jahrhundert – ein Routinegeschäft? 196

Der Verkehr
Gelebte Kaiseraugster Identität: Die Fähre 201
Von der Landstrasse zur Autobahn 209
Die Bözbergbahn 219
Die Buslinien 70, 83 und 84 226
Die Hochrheinschifffahrt im 20. Jahrhundert 228

Die Wirtschaft
Die Landwirtschaft 232
Die Fischerei 245
Kaiseraugst: Die Anfänge der Industrialisierung im 19. Jahrhundert 254
Der Bau des Kraftwerks Augst-Wyhlen und die Aufstauung des Rheins 260
Kies, das Kaiseraugster Gold 267
Die industrielle Expansion in der zweiten Hälfte des 20. Jahrhunderts 271
Augster Gewerbefleiss – anno dazumal 278
Augster und Kaiseraugster KMU-Betriebe 280
Die Augster und Kaiseraugster Erwerbsstruktur in den letzten drei Jahrzehnten des 20. Jahrhunderts 282
Kaiseraugst und das Kernkraftwerk 283

Die Schule
Die Anfänge der Schule 298

Dorfkultur
Das Brauchtum 311
Die Vereine 319

Römerforschung
„Aus den Ruinen von Augst erwuchs Basel" 329

Zukunftsvision
Augst: Quo vadis? 347

Literaturverzeichnis 351

Die Flurnamen
Heinrich Hänger

Die Flurnamen von Augst und Kaiseraugst 355
Pläne 362-365
Namenliste 366

Dank 368

„Geschichte heisst nicht Asche aufbewahren,
sondern das Feuer am Brennen erhalten."

Antoine de Saint-Exupéry

Augst und Kaiseraugst in der Geschichtsschreibung [1]

Augst ist in einer privilegierten Lage: Es verfügt über mehrere Dorfbeschreibungen. Die älteste reicht bis ins Jahr 1763 zurück und ist Bestandteil des *Versuchs einer Beschreibung historischer und natürlicher Merkwürdigkeiten der Landschaft Basel*. In 23 mit Kupferstichen Emanuel Büchels (1705 – 1775) gut illustrierten, insgesamt 2736 Seiten zählenden Faszikeln oder Stücken, wie die Einzelbände damals bezeichnet wurden, gelang es dem Basler Historiker Daniel Bruckner (1707 – 1781) mit diesem Werk, eine erste wissenschaftliche, aufgrund archivalischer Quellen erarbeitete Heimatkunde der Baselbieter Untertanendörfer vorzulegen. Das 23. Kapitel ist Augst gewidmet und zählt 67 Seiten, eingangs wartet es mit einer schönen Zeichnung des Mausoleums von Munatius Plancus bei Gaeta auf. Wenn auch Bruckner der raurachischen und römischen Vergangenheit des Brückendorfs – sie wird in einem zusätzlichen Bändchen *Von den Altertümmern des römischen Augsts, dem Gemäure, den Steinschriften, den Bildnissen, den Münzen und dem Geräthe* auf 105 Seiten beschrieben – besondere Aufmerksamkeit schenkt, so kommt doch die mittelalterliche Entwicklung nicht zu kurz, indem Zoll, Wirtshaus und Brücke ausführlich behandelt werden. Hier der Abschnitt über den Violenbach:

Das Titelblatt des Augster Kapitels des von Daniel Bruckner 1763 verfassten „Versuchs einer Beschreibung historischer und natürlicher Merkwürdigkeiten der Landschaft Basel".

„*Das Dorf Basel-Augst gränzet gegen Aufgang an die Herrschaft Rheinfelden, und ein kleiner Bach, so nunmehr Violenbächlein genennt wird, macht bis zu seinem Ursprung die Gränzscheidung aus ... Vor Jahren ward über dises Bächlein, so hart an den aussersten Häusern von Augst vorbey fliesst, anstatt des hölzernen Stegs eine kleine steinerne Brücke gebauet, auf deren Seiten-Wänden oben auf in der Mitte eine vertiefte Linie als das Zeichen der Gränzscheidung eingehauen ist. Augst ist also ein starker Durchpass und ein Gränzort, welcher den Eingang in das Land versperren kann.*" [2]

In die Mitte des 19. Jahrhunderts führt uns die von Lehrer Kummer verfasste *Heimatkunde von Augst*. 1862 fasste die basellandschaftliche „Schullehrer-Conferenz" den Beschluss, „*jeder Lehrer möge eine geschichtliche und ortsbeschreibende Heimatkunde seiner Gemeinde ausarbeiten.*" Der Aufruf hatte Erfolg: In kurzer Zeit gingen von 63 der 74 Gemeinden Heimatkunden ein. Sie liegen heute in sechs Foliobänden mit insgesamt über 4000 Seiten in deutscher Schrift im Staatsarchiv in Liestal und stellen für alle Historiker, die sich ein Bild des Kantons Basel-Landschaft im 19. Jahrhundert machen möchten, eine Fundgrube dar. [3]

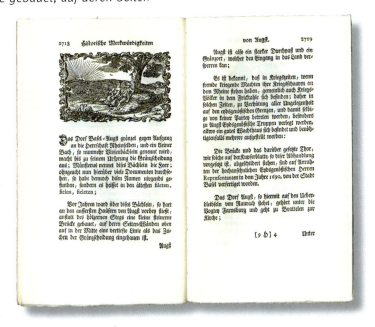

Eine Textseite aus den „Merkwürdigkeiten".

Die Augster Heimatkunde von 1863 zählt 217 Seiten. Während 136 Seiten auf die Darstellung der römischen Vergangenheit entfallen, bemüht sich der ortsbeschreibende Teil entsprechend der Vorgabe der Initianten um eine möglichst lückenlose Schilderung der Gegenwartsverhältnisse.

AUGST UND KAISERAUGST IN DER GESCHICHTSSCHREIBUNG

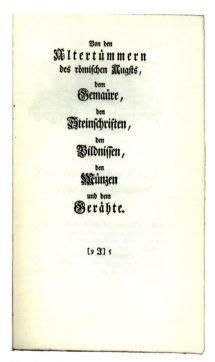

„Von den Altertümmern des römischen Augsts, dem Gemäure, den Steinschriften, den Bildnissen, den Münzen und dem Geräthe". Die erste umfassende, deutsch geschriebene und reich illustrierte Darstellung von Augusta Raurica zählt 105 Seiten.

Das Mausoleum von Munatius Plancus, dem Begründer von Augusta Raurica – Darstellung aus den „Merkwürdigkeiten".

Die „Beurtheilungskommission" des Schweizerischen Lehrervereins, der die 63 Heimatkunden vorgelegt wurden, hält in ihrem Bericht fest, *„dass einige der abgelieferten Heimatkunden erst nach bedeutender Umarbeitung und Verbesserung das volle Lob verdienen werden, welches wir der grossen Mehrzahl schon jetzt spenden können."* Zweifellos war für die Augster Heimatkunde keine Überarbeitung nötig. So hat sich Lehrer Kummer mit seiner sorgfältigen Darstellung, aus der die Liebe zu seiner Wohngemeinde spricht, ein kleines Denkmal gesetzt, das auch in unserer neuen Augster Geschichte fortwirkt.

Eine höchst eigenartige Heimatschrift erschien anonym 1853. Sie trägt den geheimnisvollen Titel *Einiges über die Ortschaften Basel- und Aargau-Augst mit besonderer Berücksichtigung der frühern und jetzigen Verhältnisse von Basel-Augst.*[4] Was da im Kleide einer anspruchslosen Beschreibung einherkommt, entpuppt sich bei näherem Zusehen als Rechtfertigungsschrift. Der Autor – es war, wie sich später herausstellte, der von der Regierung mit der Geschäftsführung von Augst betraute G. Niederhauser – wollte keine Geschichte der beiden Dörfer vorlegen: *„... was so weit zurückliegt, das wollen wir liegen lassen und uns an die Jetztzeit halten, die für den Raum dieses Blattes genug Stoff liefert, zur näheren Kenntnis der beiden Dörfer und ihrer Verhältnisse. Dass wir vorzüglich des Dorfes Basel-Augst erwähnen, und nur hie und da vergleichsweise das Dorf Aargau-Augst anführen werden, dafür ist der Grund leicht im Artikel selbst zu finden."*

Niederhauser zeigt in seiner Schrift drastisch auf, wie sehr Augst im Unterschied zu Kaiseraugst in den 1830er und 1840er Jahren verarmte und was in der Folge vorgekehrt wurde, um die Gemeindefinanzen zu sanieren. Der Bericht gipfelt in einem moralischen Appell an die Einwohner und fordert sie *„zur unentwegten Übung guter Sitten, namentlich aber auch zur Unmöglichmachung der vielen Wirthschaften und zur Verbannung der Branntweinpest"* auf.

Um die Wende vom 19. zum 20. Jahrhundert erlebte die Idee, „Ereignisse und Traditionen" in den verschiedenen Gemeinden des Kantons festzuhalten, eine Renaissance. Initiiert wurde das Unternehmen in Nachahmung eines entsprechenden Zürcher Vorstosses vom Liestaler Pfarrer und Historiker Karl Gauss (1867 – 1938) sowie von Erziehungsdirektor Gustav Bay (1866 – 1931), doch darf angenommen werden, dass auch die Heimatkundebewegung von 1863 mitbestimmend gewesen war. Und gleich wie 1863 war das neue Projekt auf Erfassung der Gegenwart, so wie sie von jedem Bürger und jeder Bürgerin ohne Archivstudien erlebt werden kann, angelegt. Als Anregung und als Rahmen für ihre Arbeit erhielten die Schreiber, die sich bereit erklärten, über einige Jahre eine Dorfchronik zu verfassen, Vorschläge für den Aufbau und die Einteilung der Chronik: *„Was sollte aufgezeichnet werden? Summarische Notizen über die Verwaltung der Gemeinde und ihren Haushalt, der Naturverlauf, wichtige Vorkommnisse, Kirchengeschichtliches."*

Und genau an diese Vorgabe hielt sich Carl Tanner (1864 – 1927), der Verfasser der *Chronik von Augst* der Jahre 1904 bis 1908.[5] Die detailreichen Ausführungen Tanners – er war Hausvater der Augster Erziehungsanstalt – bieten spannende Einblicke in das Leben der kleinen Dorfgemeinschaft in der Zeit des Kraftwerkbaus. Als aber die Anstalt 1908 aufgehoben und auf den Schillingsrain bei Liestal verpflanzt wurde, übergab Tanner die Feder an Marie

AUGST UND KAISERAUGST IN DER GESCHICHTSSCHREIBUNG

Plattner, Posthalterin und Arbeitsschullehrerin. Sie versah ihr Amt länger als alle anderen Chronisten, nämlich während rund vierzig Jahren von 1909 bis 1947; ihre Berichterstattung weicht von jener ihres Vorgängers sehr deutlich ab. Während Tanner das Dorfgeschehen relativ klar und nüchtern beobachtete und nur selten moralisierte, nehmen in der zweiten Serie unter der Federführung Plattners Ermahnungen zu einem christlichen Leben und abstinenten Verhalten immer mehr Raum ein, was wohl in Augst mit seinen zahlreichen Wirtschaften, wie es auch schon Niederhauser festgestellt hatte, nicht ganz zufällig war. Im Übrigen steht die Chronistin unter dem Eindruck des grossen Weltgeschehens. 1917 schreibt sie: *„Unsre Zeit ist von so gewaltigen wirtschaftlichen, politischen und sozialen Umwälzungen, dass man die Ereignisse unmöglich recht erfassen kann."*

Etwas mehr als ein halbes Jahrhundert verging, und wieder kam es zu einer Heimatkundeinitiative.[6] Der Kanton Basel-Landschaft und viele seiner Gemeinden befanden sich in den sechziger und siebziger Jahren des 20. Jahrhunderts in einer eigentlichen Umbruchsituation. Es galt damals angesichts einer stürmischen Bevölkerungsentwicklung dem drohenden Zerfall des Gemeinschaftsgefühls Einhalt zu bieten und die gewachsene Identität zu sichern. Auch wenn die Bevölkerung von Augst im Unterschied etwa zur Nachbargemeinde Pratteln nur leicht zunahm, so war doch das Bedürfnis nach einer Standortbestimmung vorhanden; es kristallisierte sich 1984 in der vorbildlichen, auch heute noch gültigen *Heimatkunde Augst* von Werner Reichmuth (1913 – 1994) und seinen Mitarbeitern aus. Vom gleichen Autor stammen noch drei weitere Studien zur Augster Geschichte: 1985: *Augster Anekdoten und Müschterli us em Dorf*, 1989: *Aus vergangenen Tagen – Streiflichter von Augst im neunzehnten Jahrhundert* und *Kleiner kulturgeschichtlicher Abriss aufgrund der Schulpflegeprotokolle vom Jahre 1815 – 1915*. Herausgegeben von der Vereinigung Pro Augst erschien schliesslich 1999 eine von Dieter Hartmann zusammengestellte Sammlung alter Fotos und Postkarten *Augst anno dazumal*. Verdient gemacht hat sich Pro Augst auch durch die 1958/59 aufgenommenen Interviews – *Augst, wie's frühner gsi isch* – alter Augster und Augsterinnen, die von ihrer Jugend im Brückendorf erzählen. Vertreten sind die Jahrgänge von 1907 bis 1920.

Die Kaiseraugster Galerie der alten Dorfbeschreibungen ist weniger reich als jene von Augst, ein Umstand, der leicht zu erklären ist: Im Fricktal fehlte eben einerseits ein Daniel Bruckner, anderseits blieb im 19. und 20. Jahrhundert eine vom Kanton ausgehende Heimatkundeinitiative aus. Doch fand das Dorf in einschlägigen Handbüchern immer wieder Erwähnung, so beispielsweise in der 1801 erschienenen und von Markus Lutz (1772 – 1835) verfassten *Beschreibung des vorderösterreichischen Frickthals in historisch-topografischer Hinsicht als ein Beytrag zur näheren Kenntnis einer mit Helvetien befreundeten, nachbarlichen Landschaft*. Kaiseraugst war damals noch reines Bauern- und Fischerdorf: *„Der Wieswachs ist hier gleich wie*

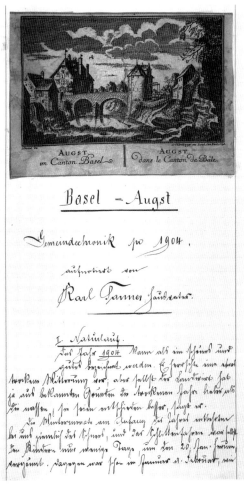

Die erste Seite der Augster Chronik aus dem Jahr 1904. (Staatsarchiv BL)

1801: Titelblatt der von Markus Lutz verfassten Beschreibung des vorderösterreichischen Fricktals. (Staatsarchiv Baselland)

AUGST UND KAISERAUGST IN DER GESCHICHTSSCHREIBUNG

1853: Das Titelblatt der Rechtfertigungsschrift von G. Niederhauser. (Staatsarchiv Baselland)

Dr. G. A. Frey (1875-1962), der weit über die Grenzen von Kaiseraugst bekannte Dorfhistoriker. (Foto in Privatbesitz)

der Ackerbau beträchtlich. Viele der Einwohner sind Fischer und Schiffleute, welche die Lage ihres Dorfes am Gestade des Rheins wohl zu benutzen wissen," lautete die Kurzbiografie. Die ausführliche Darstellung des Läufelfinger Pfarrers zeigt sehr eindrücklich den Gegensatz *„einer weithin fruchtbaren, durch die natürlichen Gegebenheiten begünstigten Landschaft und den zerstörerischen Auswirkungen des Krieges, die in den Siedlungen (beispielsweise Laufenburg) besonders deutlich sichtbar waren."* [7]

1822 erschien das *Geographisch-statistische Handbuch der Schweiz für Reisende und Geschäftsmänner:* „Augst vormals Kaiser-, jetzt Aargau-Augst, ein Pfarrdorf am Rhein und an der Baseler Grenze ..." heisst es da und erinnert mit dem heute verloren gegangenen Dorfnamen an die erst neunzehn Jahre zurückliegende Geburt des Kantons Aargau. Einen gewichtigen Eintrag lieferte schliesslich 1844 das Standardwerk von Franz Xaver Bronner (1758 – 1850): *Der Kanton Aargau historisch, geographisch, statistisch geschildert. Ein Hand- und Hausbuch für Kantonsbürger und Reisende.* 72 Häuser und 367 Einwohner zählte Kaiseraugst damals; sein Aussehen brachte Bronner auf die prägnante Kurzformel: *„Die Ruinen einer Römermauer umschliessen es wie eine Klammer; die Nordseite sichert der Rhein ... Aus dem Dorf führen zwei steile Gassen und ein paar Fusssteige zum Rheine hinab."*

Wenn es, wie bereits erwähnt, für Kaiseraugst im 19. Jahrhundert auch keine Heimatkunde gab, an neueren Darstellungen fehlt es nicht. Da ist einmal an einige der zahlreichen historischen Abhandlungen des weit herum bekannten Kaiseraugster Journalisten und Historikers G. A. Frey (1875 – 1962) zu erinnern:

- *Die Industrialisierung des Fricktals,* 1926 und 1927
- *Die Volksstimme als Vorkämpferin der Bözbergbahn,* 1936
- *Vier Augster Brücken,* 1940
- *Das Augster Lehen,* 1940
- *Aus der Geschichte der Aargauer Nordwestecke (o. J.)*
- *Augster Spaziergang durch zwei Jahrtausende,* 1942
- *Augst – ein klassisches Dorf,* 1943

All diese Aufsätze und Untersuchungen – sie sind sowohl Kaiser- wie auch Baselaugst gewidmet – lassen immer wieder den Stolz aufblitzen, der G. A. Frey die Feder führen liess.

Um die systematische Aufarbeitung der Kaiseraugster Vergangenheit hat sich vor allem die Ortsbürgergemeinde von Kaiseraugst verdient gemacht. 1962 erschien die von ihr initiierte erste gemeinsame *Geschichte von Augst und Kaiseraugst;* sie wurde 1976 unverändert ein zweites Mal aufgelegt. Ihr Vorwort betont, dass auch nach der Verselbständigung der beiden Gemeinwesen zwischen den beiden Dörfern enge Beziehungen und Wechselwirkungen bestanden hätten, *„sodass ohne gleichzeitige Berücksichtigung des Zeitablaufs beidseits der Brücke kein abgerundetes Bild entstanden wäre"* – eine Überlegung, die auch der vorliegenden neuen gemeinsamen Augster und Kaiseraugster Geschichte zugrundeliegt.

In die Geschichte von 1962 teilten sich folgende Autoren: Rudolf Laur-Belart: *Altertum* – Anton Senti: *Mittelalter und Neuzeit* – René Salathé: *Augst und Kaiseraugst im 19. und 20. Jahrhundert* – Walter Christoph Koch:

AUGST UND KAISERAUGST IN DER GESCHICHTSSCHREIBUNG

Die Geschichte der Kirche von Augst und Kaiseraugst. 1985 veranstaltete die Kaiseraugster Dorf- und Kulturkommission eine Fotoausstellung *Kaiseraugst – wie's damals war – Bilder der Erinnerung*. Nach einem Aufruf waren 140 Fotos – die älteste aus dem Jahr 1890 – eingegangen. Es lag auf der Hand, mit dem Bildmaterial nicht nur eine befristete Ausstellung zu gestalten, sondern ein bleibendes Zeitdokument zu schaffen, das im Auswahlverfahren fotografisch die Veränderungen festhalten sollte, welche das Dorf seit dem Stau des Rheins geprägt hatten. So entstand ein informativer und wertvoller Fotoband, der in neun, durch kurze Einführungs- und Bildtexte gegliederten Abschnitten die Geschichte des Dorfes im 20. Jahrhundert aufrollt. Die Vernissage von „Kaiseraugst, wie's damals war" fand im Oktober 1989 statt, und wiederum war es die Ortsbürgergemeinde, welche die Herausgabe des Buches grosszügig finanziert hatte.

Auch die 1994 erschienene und von Max Baumann verfasste Darstellung *Fischer am Hochrhein. Zur Geschichte der Fischerei zwischen Säckingen und Basel* ist der Ortsbürgergemeinde zu verdanken.

Zu guter Letzt sei dem Kaiseraugster Gemeinderat ein Kränzchen gewunden: Weitblickend erteilte er im April 1963 seinem früheren Kollegen Hans Schauli – Köpfli (geb. 1920) den Auftrag, eine *Jahreschronik* zu führen. *„Dem Chronisten ist ein geeignetes Ringbuch mit den erforderlichen Blättern zur Verfügung zu stellen"*, heisst es zum Beschluss im Protokoll des Gemeinderates. Alle Presseartikel sowie die laufenden Mitteilungen des Gemeinderates sollten im Hinblick auf eine spätere Neuausgabe der Kaiseraugster Geschichte gesammelt werden. Hans Schauli erfüllte diesen Auftrag während der turbulenten Zeit der Atomkraftwerkdiskussion und der Liebrütiplanung mit viel Umsicht und hat so zahlreiche Geschichts-Mosaiksteinchen zusammengetragen. Als ausgezeichneter Gedächtnis-Chronist erwies sich Hans Schauli auch bei den zahlreichen Gesprächen, die er mit dem Sammler der Flurnamen und dem Verfasser des vorliegenden Kapitels führte. Die Kaiseraugster Geschichtsschreibung ist ihm zu grossem Dank verpflichtet. Chronikalischen Charakter hat schliesslich das von Gemeindeschreiber F. Kammermann redigierte Kaiseraugster *Infoblatt*. Es berichtet laufend über die Entwicklung der Gemeinde und erschien erstmals im Juni 1997. Zu Beginn des Jahres 2006 liegt es in 19 Ausgaben vor.

[1] Eine summarische Übersicht der der römischen Forschung in Augst und Kaiseraugst gewidmeten Literatur bringt das Kapitel „Römerforschung".

[2] S. 2718f.

[3] Nicht publiziert, Original im Staatsarchiv Baselland in Liestal.

[4] Ebda.

[5] Nicht publiziert, Original im Staatsarchiv Baselland in Liestal.

[6] Salathé René: Ein Blick auf die Gipfelflur der landeskundlichen Forschung im Kanton Basel-Landschaft, in: Baselbieter Heimatblätter, Oktober 2001. S. 97ff., sowie: Dörfliche Identität im Spiegel der Baselbieter Heimatkunden des 19. und 20. Jahrhunderts, in: Baselbieter Heimatblätter, März 1997. S. 13ff.

[7] Bircher Patrick: Der Kanton Fricktal, Laufenburg 2002. S. 80.

BANN UND GRENZEN

Der Augster und Kaiseraugster Bann und die Grenzen

Künstliche und natürliche Grenzen

So wie sich ein Staat durch sein Territorium und seine Grenzen definiert, so wird auch eine Gemeinde u. a. von ihren Grenzen bestimmt; die Ermahnung der Bibel, *„Du sollst deines Nächsten Grenze nicht zurücktreiben, die dir die Vorfahren gesetzt haben in deinem Erbteil"* hat auch im dritten nachchristlichen Jahrtausend noch nichts von ihrer Aktualität verloren, und so kann es nicht verwundern, dass die Geschichte immer wieder von Grenzstreitigkeiten zwischen Gemeinden und Staaten zu berichten hat.

Weniger zu reden dürften Grenzen dort gegeben haben, wo sie nicht künstlich gezogen sind, sondern als sogenannte natürliche Grenze Fluss- und Bachläufen folgen. Augst ist in dieser Hinsicht zusammen mit Birsfelden unter den Baselbieter Gemeinden Rekordhalterin; nicht weniger als 57 % beträgt der Gewässeranteil seiner Gemeindegrenze. Im Norden folgt der „lange Arm" von Augst entlang dem Rheinbord, im Osten bilden Violenbach und Ergolz die Grenze.

Auch der Kaiseraugster Grenzverlauf ist stellenweise durch natürliche Gegebenheiten bestimmt, im Norden durch den Rhein, im Westen durch Ergolz und Violenbach. Schwieriger sind die Verhältnisse dagegen im Osten und Süden, wo es vor allem auf dem buckligen und von Gräben durchzogenen Bergrücken zwischen Olsberg und dem Rheintal früher oft Anlass zu Streitigkeiten gab. *„Ein Waldstück in dieser Gegend trug schon lange den Namen 'Zankholz'. Dieser behielt seine Berechtigung noch für 200 Jahre und hat sich als Flurname eingelebt. Im Zickzack zog sich die Bannscheide von der Giebenacher Brücke über den Berg bis an den Fuss der Rüschelen und von da bis an den Rhein, quer durchs Haupttal hinüber. So erinnert auch dieser Grenzzug mit seinen immer wiederkehrenden Streitigkeiten an eine schon im Frühmittelalter zerfallene Gesamtmark."* ²

Grenzsteine

Das Kaiseraugster Gemeindearchiv hütet aus dem Jahr 1807 eine „Banns Beschreybung", die auch die *„Beschreybung der Marksteine und wie dieselben bezeichnet sind"* enthält. Einer Bannfestlegung kommt nur dann juristische Bedeutung zu, wenn sie auch von den Nachbarn anerkannt wird. In diesem Sinn hat offenbar Kaiseraugst 1807 nach der turbulenten Revolutionszeit die Nachbargemeinden Baselaugst, Füllinsdorf, Giebenach, Olsberg und Rheinfelden je zur Gegenzeichnung der „Banns Beschreybung" eingeladen. Insgesamt sind 31 Bannsteine beschrie-

> *Grenzsteinsetzung anno dazumal*
>
> *Bis ins 20. Jahrhundert war die Grenzsteinsetzung Sache der örtlichen Gescheide. In Pratteln bestand das Gescheid aus drei vereideten Männern, die die Aufgabe hatten, die Grenzsteine nach einem exakt vorgeschriebenen und geheimen Ritual zu setzen. Sie legten Lohen (Röhrenknochen, Glasscherben, Kiesel- und Ziegelsteine) in bestimmter Ausrichtung unter die Bannsteine. Damit konnten sie ein allfällig frevlerisches Versetzen der Bannsteine beweisen.*
>
> *1878 machte die Gemeinde Füllinsdorf Augst darauf aufmerksam, dass nach ihrem Dafürhalten einige Grenzsteine zwischen der Gemarkung beider Dörfer nicht dort stünden, wo sie eigentlich stehen sollten. Füllinsdorf fragte daher seine Nachbarn an, ob sie damit einverstanden seien, die Grenzsteine wieder richtig zu setzen und welches Gescheid damit beauftragt werden solle. Die Gemeinde Augst gab daraufhin bekannt, dass sie, das Einverständnis von Füllinsdorf vorausgesetzt, das Gescheid von Pratteln in dieser Sache anrufen wolle.*¹

Der Violenbach, ein Grenzfluss zwischen den beiden Gemeinden. (Foto André Schumacher)

BANN UND GRENZEN

ben, wobei die Distanz von Stein zu Stein in Schritten angegeben wird.

Grenzsteine erzählen Geschichte: Der älteste in der „Banns Beschreybung" aufgeführte weist ins Jahr 1699 zurück, andere sind *„vor undenklicher Zeit gesezt worden."* Acht Steine markieren die Höflinger, beziehungsweise Rheinfelder Grenze und erinnern mit ihrer Bezeichnung an das im Dreissigjährigen Krieg (1618 – 1648) verwüstete und südlich von Rheinfelden gelegene ehemalige Nachbardorf. Dass einige der Steine einerseits sowohl als sogenannte Landeshoheitssteine zur Kennzeichnung der Basler, bzw. österreichischen oder aargauischen Grenze, anderseits als Gemeinde-Grenzzeichen dienten, verweist auf die komplexe Grenzsituation der beiden Augst. Bedauerlicherweise haben sich aber bis heute nur gerade im Wald einige dieser Grenzsteine erhalten; meistens sind sie Opfer der mit der Feldregulierung verbundenen Landumlegungen und des Autobahnbaus geworden.

Der Augster und Kaiseraugster Bann im Vergleich

Grenzen umschliessen einen Bann. Wir vergleichen die Territorien von Augst und Kaiseraugst und stellen fest, dass Augst eine der zehn „Zwerggemeinden" des 86 Gemeinden zählenden Kantons Basel-Landschaft ist. Mit 164 ha Fläche steht Augst in der Flächenrangliste an sechstletzter Stelle. Noch schlechter platziert ist das Dorf bezüglich seines Waldanteils, der nur gerade 17 ha beträgt und lediglich von Birsfelden und Schönenbuch unterboten wird. Beinahe Rekordhalterin ist die Gemeinde indessen, was ihren Anteil an unproduktiver Fläche ausmacht. Mit 27 ha steht sie sowohl relativ zu ihrer Gesamtfläche wie auch absolut unmittelbar nach Birsfelden im zweiten Rang. Die Erklärung für diesen Sachverhalt ist rasch bei der Hand: Während in Birsfelden der Stausee mit seinen Hafenanlagen zu Buche schlägt, ist es in Augst ausser dem Stausee vor allem das geschützte römische Ruinengelände, ein Umstand, der sich im Übrigen auch in einer wenig dichten Besiedlung niederschlägt.

Ganz anders die Verhältnisse in Kaiseraugst, dessen Bann 489 ha zählt und damit drei Mal grösser ist als jener seiner bescheidenen und kleinen

Ein moderner Augster Grenzstein.

Während Grenzsteine in der Regel als kleine Mahnmale deutlich wahrnehmbar sind, tritt der südlichste Augster Grenzstein – er markiert den Berührungspunkt des Augster, Füllinsdörfer und Prattler Bannes (Koordinaten 263.320 / 621.200) – kaum in Erscheinung; er ist als runde Scheibe mit einem Durchmesser von 25 cm in den Boden eingelassen.

Ein alter Kaiseraugster Grenzstein.

Ein neuer Kaiseraugster Grenzstein. (Fotos: oben links André Schumacher, oben rechts Willy Stohler, unten Giuseppe Esposito)

BANN UND GRENZEN

Die Ergolz, ein Grenzfluss zwischen den Gemeinden Pratteln, Füllinsdorf und Augst. (Foto Ursi Schild)

Nachbargemeinde. Es dürfte auf der Hand liegen, dass die sehr verschiedene Mitgift, die den beiden Dörfern anlässlich ihrer Trennung im Jahr 1442 zugesprochen wurde, ganz wesentlich dafür verantwortlich ist, dass die beiden Augst sich geschichtlich unterschiedlich entwickelt haben. Doch davon später.

[1] Nach Reichmuth Werner: Aus vergangenen Tagen, Augst 1989. S. 31.
[2] Senti Anton: Geschichte von Augst und Kaiseraugst, Liestal 1976. S. 55.

BANN UND GRENZEN

Der Rhein – eine besondere Grenze

Augst und Kaiseraugst – beide Dörfer sind rheinverbunden, und doch gibt es Unterschiede. Während Augst entsprechend seiner Lage ein etwas distanzierteres Verhältnis zum Rhein besitzt, ist Kaiseraugst als eigentliches Flussdorf eng mit dem Rhein verbunden. So war Kaiseraugst bis an die Schwelle des 19. zum 20. Jahrhundert nicht nur ein Dorf der Bauern, sondern auch ein Dorf der Schiffer und Fischer. Als die spätmittelalterliche Siedlung 1442 in das dem Stadtstaat Basel zugehörende Baselaugst und in das vorderösterreichische Kaiseraugst aufgeteilt wurde, übernahm letzteres alle traditionellen mit dem Fluss verbundenen Gewerbe – die Längsschifffahrt, die Floss-Zollstätte, die Fähre sowie die Fischerei. Baselaugst aber, das etwas weiter vom Strom entfernt liegt, ging leer aus, selbst die Fischfang-Rechte blieben ihm verwehrt.

Der Rhein. (Foto Beat Zimmermann)

Die Kaiseraugster – mit dem Rhein vertraut

Von der engen Vertrautheit der Kaiseraugster mit dem Rhein berichtet die folgende Episode. Man schrieb das Jahr 1858; im Februar war der Rheinwasserstand, wie ein Protokoll *„zur Erinnerung der Gegenwart und zur Notiz der Zukunft"* festhält, derart tief gesunken, dass einige weitblickende Kaiseraugster beschlossen, *„zum ewigen Angedenken an diesen Wasserstand"* eine Feier zu veranstalten.[1] Sie versammelten sich am 22. Februar, abends 19.30 Uhr auf dem „Burgwaagkopf", einem ausnahmsweise trocken liegenden Felsen in der Mitte des Rheins, und liessen während einer ganzen Stunde ein mächtiges Feuerwerk abbrennen. Darauf stellten sie sich im Kreis um ein an der gleichen Stelle entfachtes Feuer und sangen das sinnige und nasses Wetter beschwörende Lied „Unsere Wiesen grünen wieder." Im Gasthaus zur Sonne fand dann das Fest einen feucht-fröhlichen Abschluss; *„es wurde ziemlich gekneipt, denn der Wein war gut und das Fleisch liess sich schmecken und die Havannen trieben Wolken."* Wenn je der Augster Stausee von Tauchern durchforscht werden sollte, könnten sie vielleicht in einer Tiefe von neun Metern auf eine Eisenplatte mit der Aufschrift *„1858, 22. Febr. K.A."* stossen – sie stammte aus der Werkstätte des Kaiseraugster Hammerschmieds Johann Lützelschwab und war einige Tage nach dem Fest versenkt worden. Der Gemeinderat verhielt sich angesichts der aussergewöhnlichen Situation des Rheins klug und weitblickend: Er liess den Unterschied zwischen dem Hochwasserstand von 1852 und dem Tiefstand von 1858 messen – er betrug nicht weniger als 6.30 m.

Idylle am Rhein in Kaiseraugst. (Foto Ursi Schild)

BANN UND GRENZEN

Der Rhein war noch nicht gestaut. (Foto aus Kaiseraugst – wie's damals war)

Doch die Angelegenheit sollte noch ein unrühmliches Nachspiel haben. Mehr als zwei Jahre später erfuhren die Kaiseraugster Bürger an einer Gemeindeversammlung, dass die erwähnte Platte noch nicht bezahlt worden sei. Wer sollte bezahlen, die Gemeinde oder nur die zwei Gemeinderäte, welche die Platte hatten anfertigen lassen? Man hielt dafür, die Sache zu vertagen und an einer nächsten Gemeindeversammlung erneut zu besprechen. Das Protokoll schweigt sich indessen über weitere diesbezügliche Gemeindebeschlüsse aus, so dass wohl angenommen werden darf, die Rechnung sei von den beiden Gemeinderäten selbst berappt worden – *„zur Erinnerung der Gegenwart und zur Notiz der Zukunft."* Nachzutragen bleibt nur, dass die Erinnerungstafel vor der Aufstauung bei niederem Wasserstand noch zu sehen war.

Weil der Rhein in Kaiseraugst schon immer die Rolle der grossen Dorfbühne gespielt hat, gab es wohl 1576 anlässlich der berühmten Hirsebreifahrt von Zürich nach Strassburg auch Kaiseraugster Augenzeugen. Und das ist die Geschichte: *„Um den mit ihnen damals verbündeten Strassburgern zu beweisen, dass sie notfalls rasch zu Hilfe eilen könnten, wollten die Zürcher Eidgenossen einen grossen Topf Hirsebrei, der in Zürich zubereitet war, so schnell nach Strassburg bringen, dass er dort noch warm gegessen werden konnte. Anlässlich eines in Strassburg geplanten Schützenfestes fuhren daher am 20. Juni 1576 gegen halb zwei total 54 Mann in Zürich ab, geführt von den dortigen Schiffleuten und unter Begleitung von Ratsmitgliedern. In Laufenburg hatten sie ein Schiff unterhalb des Laufens bereitstellen lassen, in das sie samt Hirsebreihafen rasch umstiegen. Danach wurden sie von ortskundigen Steuerleuten begleitet, die sie sicher nach Rheinfelden und Basel brachten. Unterwegs wurden sie reichlich mit Essen und Trinken versorgt und von der Bevölkerung begrüsst. Dank der Anstrengung der 18 Ruderer erreichten sie am Abend gegen 9 Uhr ihr Ziel, wo sie von Rat und Volk der Stadt Strassburg überschwenglich willkommen geheissen wurden. Ein lustiges Fest und Gelage schloss sich an."* [2] An der Fahrstrecke Zürich – Strassburg lässt sich die Geschwindigkeit des Hirsebreiweidlings messen: Sie lag je nach den Windungen von Limmat, Aare und Rhein zwischen 8 und 15 km pro Stunde.

Kaiseraugst und die Rheingenossenschaft

Die Verbundenheit der Kaiseraugster mit dem Rhein erschöpfte sich indessen nicht nur in fröhlichen Festivitäten oder einer nur passiven Zuschauerrolle, sie war vielmehr verbrieftes Recht *(siehe das Kapitel „Wirtschaft")*.

Die Rheingenossenschaft war eine zunftähnliche Vereinigung, die ausser der Fischerei auch das Flössen und das Frachtfahren auf dem Rhein regelte. Die Kaiseraugster Fischer besassen zwischen der Rheinfelder Brücke und der Kapelle von Hüningen die Fischenz, anderseits war es ihnen und den Genossen aus Rheinfelden und Warmbach gemäss der „Steinfuhr-Kehr-Ordnung" von 1808 gestattet, *„auf dem Rhein mit klein und grossen Schiffen, Waidlingen, Flössen und anderen Fahrzeug ohngehindert ... Verdienst zu suchen, so gut es sein kann."* Die Kehr-Ordnung bezog sich auf alles, *„was mit Schiffen kann und muss geführt werden"*, und legte fest, wann jede Ortschaft an der Reihe war: *„Zu Rheinfelden fangt die Kehr an, geht nach Warmbach, und von da zieht sie nach Kaiseraugst, von dannen wieder nach Rheinfelden zurück."* [3] Auch nachdem der Rhein zu Beginn des 19. Jahrhunderts Grenzfluss zwischen dem Grossherzogtum Baden und dem Kanton Aargau geworden war, sicherte ein Staatsvertrag die altererbten Privilegien. Das Jahr 1879 brachte aber dann nach langwierigen juristischen Auseinandersetzungen das Ende der Rheingenossenschaft. Der Monopolcharakter der Vereinigung mit ihren zunftähnlichen Vorrechten war den Genossen zum Verhängnis geworden – er lief der in der Bundesverfassung festgeschriebenen Handels- und Gewerbefreiheit zuwider.

Insignien der Rheingenossenschaft: Vergoldeter Doppeladler am Gerichtsstab des Rheinvogts und Fahne der Rheingenossenschaft. Die Rheinvögte stammten meist aus Kaiseraugst. (Siehe Band 1, S. 205)

Von Weidlingen und Unfällen

Als der Rhein noch ungestaut an Kaiseraugst vorbeifloss, belebten ihn 14 m lange Weidlinge – früher auch Esel genannt.[4] Sie konnten bis zu 20 Personen aufnehmen; drei solcher Weidlinge, nebeneinander mittels quergelegter Leitern zu einem sogenannten „Gefährt" verbunden, trugen als Frachtschiff bis etwa 100 Zentner. Für gewichtigere, bis zu 600 Zentnern schwere Ladungen dienten die noch grösseren „Lädinen" mit bis zu 24 m Länge und 2,5 m Breite. So lange die Strassen nicht gut ausgebaut waren und die Eisenbahn den Verkehr auf dem Wasser nicht konkurrenzierte, war der Schiffsverkehr auf dem Rhein recht intensiv. Dass es daher nicht immer ohne Unfälle abging, kann nicht überraschen. *(Siehe das Kapitel „Alltägliches und Denkwürdiges" in Band 1)* Als besonders gefährlich erwies sich dabei das Gebiet der Ergolzmündung, wo der Rhein vor seiner Aufstauung immer kleinere oder grössere Wellen warf. So kenterte dort in den siebziger Jahren des 19. Jahrhunderts ein mit 700 Marchsteinen beladener Weidling – glücklicherweise kam keine der mitfahrenden Personen zu Schaden. Ein ähnlicher Unfall, der sich am 7. Oktober 1829 zugetragen hatte, gibt uns Einblick in die damals noch

BANN UND GRENZEN

durchaus landwirtschaftlich bestimmte Erwerbsstruktur der Fricktaler Bevölkerung: Sieben Personen waren mit Kartoffeln und Äpfeln auf der Fahrt nach Basel unterwegs, wo sie die Früchte auf dem Markt absetzen wollten.[5] Zum Glück hörten Kaiseraugster Fischer, die eben mit dem Einziehen des Salmgarnes beschäftigt waren, das Rufen und Jammern der Verunglückten. Sie eilten ihnen so rasch als möglich zu Hilfe, und es gelang, alle zu retten. Der Ammann von Kaiseraugst schickte dem Oberamtmann in Rheinfelden noch gleichen Tags einen Unfallbericht und regte an: *„Diese 6 Fischer haben für ihren Fleiss und Mühe und Schnelligkeit für Rettung dieser 7 Personen etwas verdient."* Und wirklich, der Lohn blieb nicht aus! Am 12. November liess ihnen die Kantonsregierung *„unter Bezeugung des Beifalls für diese muthvolle und menschenfreundliche That"* eine grosse silberne Medaille überreichen, und einen Monat später erhielten die Fischer den Bescheid, es sei ihnen vom Kanton Basel, auf dessen Territorium sich der Unfall ereignet hatte, eine Belohnung von vierzig Pfund zugesprochen worden.

1927: Das letzte Floss (Foto aus Kaiseraugst – wie's damals war)

Das Flössen

Zur alten Kaiseraugster Rheinlandschaft gehört auch das Floss; die Hochrhein-Flösserei beruhte auf dem ausserordentlichen Holzreichtum des angrenzenden Schwarzwalds und des Juras. Der bekannte Kaiseraugster Historiker G. A. Frey, der seine Primarschulzeit im alten, am Fähreplatz gelegenen

Schulhaus absolvierte, berichtet, wie sehr er es schätzte, vom Lehrer aufgerufen zu werden: Stehend konnte er nämlich den Flossverkehr auf dem Rhein beobachten! Betrieben wurde das alte Gewerbe gemäss den 1808 revidierten Satzungen der Rheingenossenschaft von seinen oberhalb der Rheinfelder Brücke wohnenden Mitgliedern. Die Kaiseraugster, die als Frachtschiffer wirkten, waren also von der Flösserei ausgeschlossen. Immerhin waren seit 1840 alle Flösse bei Geldstrafe gehalten, in Kaiseraugst anzulegen, wohin die alte Laufenburger Rheinzollstätte verlegt worden war. 1843 hatte die Regierung aus diesem Grund unten beim Rhein ein kleines Zollhaus errichten lassen. Dort war der von den Rheingenossen ausgestellte „Flossabfuhrschein" polizeilich zu kontrollieren und für jeden Baumstamm eine Gebühr von 32 Kreuzern zu entrichten. Auch die Abfahrtszeiten waren genau geregelt. Damit die Flosse in Basel gestaffelt ankamen und so gefährliche Zusammenstösse vermieden werden konnten, durfte von Kaiseraugst aus nur jede halbe Stunde ein Floss weiterfahren. Die Bedeutung der Zollstelle war bescheiden: Von 1827 bis 1836 nahm der Staat bei von Jahr zu Jahr stark schwankenden Erträgen im Durchschnitt jährlich nur gerade Fr. 75.40 ein. Immerhin brachte der Zoll einem Kaiseraugster „Unterzoller" einen kleinen Verdienst.

Kaiseraugst vom Rheine aus gesehen, mit Floss im Vordergrund. (Nach einer Lithografie von C. A. Inoek, Gemeindeverwaltung.)

Ein Floss – es konnte je nach Länge der Tannen bis 40 m lang sein – bestand aus runden oder unten leicht vierkantig behauenen und durch Querhölzer oder Weiden zusammengehaltenen Stämmen, die in drei bis vier Lagen übereinander gebaut und bis vier Meter dick waren *„Vorn am Floss befand sich ein Ruder, und hinten zwei, mit denen das schwere Fahrzeug gesteuert wurde. Die oberste Balkenlage ragte aus dem Wasser, aber in den Stromschnellen tauchte oft das ganze Floss in das Wasser, so dass nur ein Paar bis über die Oberschenkel reichende Stiefel vor Nässe zu schützen vermochte. Es war nun die grosse Kunst, die ungefüge Holzmasse durch all die Krümmungen, durch die engen Stellen an Felsen und Brücken hindurchzusteuern; mit einem Floss ist dies bedeutend schwieriger als mit einem Boot, weil das Floss nicht grössere Geschwindigkeit besitzt als das Wasser. Oft genug kamen Missgeschicke vor, die stets gefährlich waren."* [6]

Es würde zu weit führen, die sich von Flossordnung zu Flossordnung immer wieder verändernden Bestimmungen bezüglich Länge, Breite und Tonnage der Flösse aufzulisten. Wir erwähnen lediglich die eidgenössische Flossordnung, die 1880 als letzte – ein Jahr nach der Freigabe der Schifffahrt und der Flösserei auf dem Rhein von Neuhausen bis Basel – in Kraft trat. Sie bestimmte als zulässige Grösse eine Länge von 27 m und eine Breite von 7,5 m und setzte den zulässigen Wassertiefgang auf 55 cm fest. Neben Eichenflössen unterschied man Bauholz-, Dielen- und Brennholzflösse, sie nahmen als

BANN UND GRENZEN

Oblast oft Personen oder Waren aller Art auf und waren mit primitiven Bretterhütten für die Flösser ausgerüstet."Holländer" nannte man jene Flösse, die sich aus grossen Baumstämmen zusammensetzten und bis nach Holland geführt wurden.

Während in der Periode von 1823 bis 1829 im Jahresdurchschnitt 700 Flösse von Laufenburg nach Basel geführt wurden, erhöhte sich diese Zahl zwischen 1844 und 1847 auf ca. 2500. 1856 zählte man mit 4251 Flössen den Höchststand, damals – so lässt sich unschwer vorstellen – muss am Kaiseraugster „Anländeplatz" reges Leben geherrscht haben. Dann aber setzte der Niedergang ein: In den 1860er Jahren kam die Statistik nur noch alle zwei Jahre auf 2000 Flösse, und in der Zeit von 1901 – 1907 passierten durchschnittlich bescheidene 32 Flösse die Flossgasse des Stauwehrs beim Kraftwerk Rheinfelden. Das letzte Floss wurde dann im Kraftwerk Augst am 27. Mai 1927 geschleust – ein Ereignis, von dem nur noch der Lokalhistoriker besondere Notiz nahm: Ihre einst hervorragende wirtschaftliche Bedeutung hatte die Flösserei schon lange eingebüsst.

Warum war es zum Niedergang der Flösserei gekommen? Da gibt es zahlreiche Gründe. Einmal erwuchs dem Wasserweg durch ein immer perfekter ausgebautes Strassennetz Konkurrenz, vor allem aber wirkte sich die Eröffnung der rechtsrheinischen Eisenbahnlinie von Basel nach Waldshut im Jahre 1856 negativ auf die Flösserei aus, die oft wegen niederem bzw. allzu hohem Wasserstand oder winterlicher Ungunst eingestellt werden musste. Zudem war der Transport auf den Schienen nicht nur billiger und schneller, auch das umständliche Zurüsten der Baumstämme zu einem Floss entfiel. Eine Rolle spielte ferner, dass das Risiko von Schäden am Ufergeländeoder an Brücken wegfiel und sich die mit dem Wassertransport verbundene Verminderung der Holzqualität vermeiden liess. Zum Untergang des alten Flössereigewerbes trug schliesslich der Bau der Elektrizitätswerke am Hochrhein bei: Während die Kraftwerke Rheinfelden und Augst flossgängig waren, blieb das Kraftwerk Laufenburg ohne Flosspass, weshalb seit 1912 oberhalb von Laufenburg nicht mehr geflösst wurde.

[1] Aus Salathé René: Geschichte von Augst und Kaiseraugst, Liestal 1976. S. 153f.
[2] Brogle Felix: Die Flösserei am Hochrhein, Laufenburg 1989. S. 32.
[3] Siehe Baumann Max: Fischer am Hochrhein – Zur Geschichte der Fischerei zwischen Säckingen und Basel, Kaiseraugst 1994 und Salathé (siehe Anmerkung 1).
[4] Köhler Hans J.: Die historische Schifffahrt auf dem Rhein und seinen Zuflüssen, Laufenburg 1989. S. 31.
[5] Salathé, S. 156.
[6] Brogle Felix, S. 8. Siehe Anmerkung 2.

Nachbarn

Augst und Kaiseraugst haben hüben und drüben Nachbarn. Hüben – es sind die Gemeinden Füllinsdorf, Giebenach, Olsberg, Pratteln und Rheinfelden, sie liegen teils im Kanton Aargau, teils im Kanton Basel-Landschaft. Drüben, jenseits des Rheins, sind es die Dörfer Herten und Wyhlen im deutschen Land Baden-Württemberg. Wir nehmen insbesondere diese deutsche Nachbarschaft ins Visier und fragen uns: Gab und gibt es in Vergangenheit und Gegenwart institutionalisierte und verbindliche Beziehungsbrücken zu ihr oder überwiegen die nur zufälligen Berührungspunkte? Zu guter Letzt versuchen wir, auch ein wenig Licht in das Verhältnis der beiden Dörfer zu bringen.

Grosses Landeswappen von Baden-Württemberg.

Kaiseraugst und die vorderösterreichische Vergangenheit des Fricktals

Als 1789 in Frankreich die Revolution wütete, hätte es sich im Fricktal gewiss niemand träumen lassen, dass diese Erschütterung den Untergang der österreichischen Herrschaft nach sich ziehen könnte. Der Vertrag von Campoformio (1797) und der Friedensschluss von Lunéville (1801) besiegelten dann im Gefolge der Revolutionskriege das Schicksal des Ländchens, dessen Zukunft nun in den Händen Napoleons lag. Er beabsichtigte, es an die Schweiz abzutreten, doch verzögerte sich der Anschluss; das Fricktal, das unter den französischen Besatzungstruppen litt, blieb bis zum 9. Februar 1802, als der Waldshuter Stadtarzt Sebastian Fahrländer den Kanton Fricktal gründete *„ein Land ohne Leiter und Hirth und ohne Herrn, sich selbst überlassen."* [1] Napoleon schien es indessen zu gewagt, einen so kleinen Kanton zu bilden, dessen Einkünfte allzu bescheiden wären; auch misstraute er der österreichfreundlichen Bevölkerung. Er dachte vielmehr daran, die untere Hälfte des Fricktals dem Kanton Basel, die obere mit Laufenburg dem Kanton Aargau zuzuweisen. Die Fricktaler waren bestürzt; sie waren sowohl einer Vereinigung mit Basel als auch der Einverleibung in den Kanton Aargau sehr abgeneigt. Einerseits fürchteten sie unter dem protestantischen Basel für ihre katholische Konfession, anderseits redeten sie nur geringschätzig von der aargauischen Gesetzgebung. In beschwörendem Ton richteten daher die Vorsteher der 33 Gemeinden – darunter auch Kaiseraugst, das damals (1800) 280 Personen, 52 Familien und 45 Häuser zählte – eine Bittschrift an Napoleon: *„Sollen 20'000 gutmütige und friedliche Menschen, die Jahrhunderte miteinander verbrüdert und vereinigt waren, nicht mehr selbständig bleiben? Sollen sie getrennt und in ihrer Trennung vernichtet werden?"* [2] Die Petition fruchtete nichts – das Fricktal konnte seine Selbständigkeit nicht wahren, doch wurde es wenigstens nicht geteilt. Am 19. Februar 1803 verfügte Napoleon in der Mediationsurkunde, die der Schweiz eine neue Verfassung gab, dass das Fricktal dem Kanton Aargau einzuverleiben sei, ein Ereignis, das es zu feiern galt. Überall im Fricktal bereitete man sich darauf vor, der neuen Regierung in einem festlichen Akt zu huldigen. Der Huldigungstag von Kaiseraugst fiel auf den 30. September 1803. Die Feier begann morgens um acht Uhr und dauerte zwei Stunden. Eine ausführliche Schilderung der Festlichkeit liegt leider nicht vor. Wohl hatte Bezirksamtmann Fischinger den Auftrag, seiner vorgesetzten Behörde über die Feier eines jeden Dorfes einen besonderen Bericht vorzule-

Rathäuser von Grenzach-Wyhlen (oben) und Herten (unten). (Fotos Gemeindeverwaltungen der beiden Gemeinden)

BANN UND GRENZEN

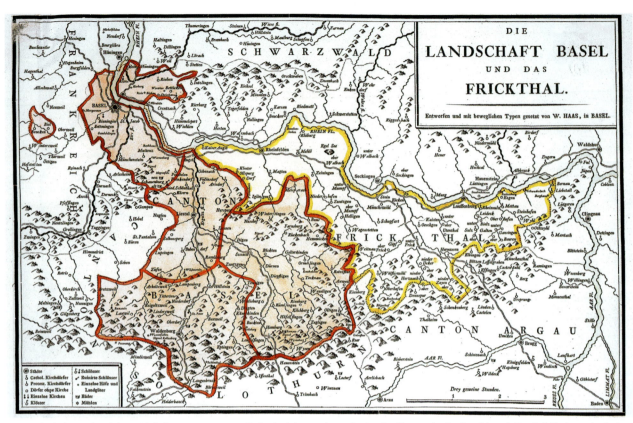

"Die Landschaft Basel und das Frickthal."
Der Läufelfinger Pfarrer Markus Lutz, dem wir die 1801 erschienene "Beschreibung des vorderösterreichischen Frickthals in historisch-topographischer Hinsicht als ein Beytrag zur näheren Kenntnis einer mit Helvetien befreundeten, nachbarlichen Landschaft" verdanken, beurteilte die 1798 bei Wilhelm Haas in Basel verlegte Karte als "ziemlich genau" und empfahl sie daher zum Gebrauch. (Sammlung Ryhiner, Universitätsbibliothek Bern)

Dr. Sebastian Fahrländer (1768-1841), der Begründer des Kantons Fricktal, hatte Verbindungen zu Revolutionären im süddeutschen Raum. (Aus Patrick Bircher: Der Kanton Fricktal, 2002)

gen. Sehr bald wurde er jedoch dieser Aufgabe überdrüssig! Er beschränkte sich darauf, die Möhliner Feierlichkeiten detailliert zu schildern und legte im Übrigen seiner Behörde nur einen allgemeinen Bericht vor, *"denn ich habe alles gesagt, wenn ich Ihnen, hoch geehrte Herren vortrage, dass eine Gemeinde in Veranstaltung aller möglichen Feyerlichkeiten die andere zu übertreffen suchte."* Von Möhlin bis Kaiseraugst habe seine Reise einem wahren Triumphzug geglichen, und er werde zeitlebens nie vergessen, wie er allenorts vom Gemeinderat abgeholt worden sei und wie sich hierauf der Zug der Behörden unter Gewehr- und Böllerschüssen der Kirche zugewandt habe. In Kaiseraugst wurde Oberamtmann Fischinger namens der Bevölkerung von Blasius Meyer begrüsst, dem ersten Ammann des Dorfes. Der Ortspfarrer Ignaz Schmid hielt darauf ein Hochamt, und anschliessend verlas ein Sekretär des Bezirksamtmanns die Regierungsverordnung über die Huldigung, die schliesslich zu einer Rede Fischingers überleitete. Der Regierungsvertreter hielt den neuen Schweizer Bürgern vor Augen, wie gut es ihnen in den vergangenen Kriegsjahren trotz allem ergangen sei, und bat sie, die Wohltaten nie zu vergessen, welche die Regierung in Aarau jeder Gemeinde während der kurzen Zeit der neuen Kantonszugehörigkeit schon habe zuteil werden lassen. Ein Appell beendete seine Rede: *"Doch bevor Ihr zu diesem wichtigen Werk schreitet, noch einen Blick auf jenes befreundete Land über dem Rhein und damit einen Blick auf das Kaiser- und das allerdurchlauchtigste Erzhaus Österreich, und lauten Dank demselben. Ihr und Eure Väter und Altvordern haben, Ihr gesteht es Euch selbst zu, sehr viel Gutes von demselben empfangen; mit sanftem Hirtenstab lenkte dasselbe von jeher seine grossen Völkerschaften. Nehmt von ihm Abschied, wie Söhne, wie gute Kinder von dem Hause ihres zärtlich geliebten Vaters mit dankerfülltem Herzen und seyd – dies ist mein*

BANN UND GRENZEN

Wunsch – mein Gebeth an dieser heiligen Stätte, jetzt so gute Bürger als Ihr vormals Unterthanen gewesen seyd. Der Herr wolle dieses Gebeth erhören." Der Eid *„unter feyerlichstem Ernste und allgemeiner Rührung"* sowie der Gesang *„Herr, Dich loben wir"* bildeten den Abschluss der kirchlichen Feier.[3] Die mündliche Überlieferung wusste noch lange zu erzählen, dass bei jenen Worten des Abschieds manchem alten Mann die Augen übergingen. In der Tat hatte sich ja der grösste Teil der Fricktaler Bevölkerung nur mit Unwillen ins Unvermeidliche geschickt.

Die Nachbarn drüben

Wenn auch feststeht, dass die wirtschaftliche Autarkie der Dörfer vor dem Industriezeitalter im 19. Jahrhundert sehr viel grösser war als heute in einer globalisierten Wirtschaft, Verflechtungen der vielfältigsten Art gab es trotzdem. Mit dem Eintritt des Fricktals in den Kanton Aargau und der Entstehung des Grossherzogtums Baden gingen alte wirtschaftliche, konfessionelle und menschliche Beziehungen über den jetzt als Landesgrenze wirkenden und trennenden Rhein jäh verloren. Aber offenbar überdauerten alte Verbindungen noch während einiger Zeit; auffallend ist jedenfalls, dass die erste eidgenössische Volkszählung von 1850 in Kaiseraugst bei einer Zahl von 18 Ausländern nicht weniger als 14 aus dem Grossherzogtum Baden stammende Einwohner zählt. Als besonders dauerhaft erwiesen sich naturgemäss die verwandtschaftlichen Bande, sie gingen eigentlich erst nach dem Zweiten Weltkrieg ganz verloren. Als infolge der nationalsozialistischen Machtergreifung die Frequenz der Fähre immer mehr zurückging – 1938 zählte man bloss 2177 Passagiere – kommentierte der Kaiseraugster Gemeinderat: *„Es kann ruhig gesagt werden, dass der jetzige Verkehr zum grossen Teil sozusagen nur noch dem gegenseitigen Besuch von Verwandten zwischen den Dörfern Kaiseraugst einerseits und Herten und Wyhlen andererseits dient."* In den Jahren nach dem Ersten Weltkrieg soll es noch hie und da zu Heiraten über den Rhein gekommen sein, indem Badenserinnen, die im Fricktal in Diensten standen, von Schweizern an den Altar geführt wurden. Nach dem Sieg des Nationalsozialismus wurden aber solche Verbindungen immer seltener, und heute sind die transrheinischen verwandtschaftlichen Beziehungen weitgehend erloschen. Dagegen pflegen ausser den Behörden diesseits und jenseits des Rheines einzelne Vereine die Kontakte über die Landesgrenze, z. B. hat die Musikgesellschaft von Kaiseraugst mit dem Musikverein von Herten und Wyhlen Kontakt und der Turnverein mit jenem von Wyhlen. Auch trifft sich der katholische Frauenverein im Turnus mit den Frauen von Wyhlen, Herten und Degerfelden.

Das Misstrauen

Gemäss der 1850 erstmals in der Schweiz durchgeführten Volkszählung kamen in Kaiseraugst auf 405 Einwohner und Einwohnerinnen 34 aus anderen Kantonen; bezeichnend ist dabei, dass der benachbarte Kanton Basel-Land-

Die 2002 in Erinnerung an die Proklamation des Kantons Fricktal am Westausgang des Dorfes gepflanzten Linden. (Foto Giuseppe Esposito)

Napoleon, der Geburtshelfer des Kantons Aargau.

„Im September 1802 versicherte Napoleon Bonaparte dem Präsidenten der fricktalischen Landstände, dass ihm die 'Völker des Fricktals nie gleichgültig' sein würden. Das Protektoratsgebiet zwischen Rhein und Jura war für den Ersten Konsul jedoch nur als diplomatisches Faustpfand vorübergehend von Interesse. Die Anliegen und Bedürfnisse der Bevölkerung standen nie im Vordergrund." [5] *(Nach einem Gemälde von Charles François Gabriel Levachez)*

BANN UND GRENZEN

Während Jahrhunderten bildete der Violenbach die Grenze zwischen eidgenössischem und vorderösterreichischem Territorium, entsprechend nahm beispielsweise die Entwicklung der Baukultur in den beiden Grenzdörfern einen verschiedenen Verlauf. In Kaiseraugst waren um 1800 50% der Dächer noch strohbedeckt, während in Augst bereits alle Dächer mit Ziegeln bedeckt waren. (Luftaufnahme 1963, Gemeindearchiv Kaiseraugst)

schaft mit nur gerade drei Personen vertreten war, während die katholischen Kantone Luzern, Solothurn und Schwyz zusammen 19 Einwohner stellten.

Bis weit über die Mitte des 19. Jahrhunderts bestand auch in Baselaugst ein gewisses Misstrauen gegenüber den Fricktalern. Als beispielsweise 1872 die Revision der Bundesverfassung in Augst nur mit 60 Ja-Stimmen gegen 14 Nein-Stimmen angenommen wurde, sah sich der Augster Protokollführer zu folgendem Kommentar veranlasst: *„über die unerwartet vielen 'Nein' ist das Protokoll Aufschluss schuldig. Eine Anzahl Eisenbahnarbeiter aus dem Fricktal, welche hier an die Kost gehen, legten hier ihre Stimme ein. Mit aller Bestimmtheit ist zu schliessen, dass die meisten 'Nein' von diesen herkommen."*

Die folgende schöne Anekdote „Nochbere überem Violebach" – sie wurde von einem Augster um 1960 überliefert – lässt vermuten, dass das aus dem konfessionellen Gegensatz genährte Misstrauen zwischen den beiden Violenbachdörfern seinen Schatten bis weit ins 20. Jahrhundert geworfen hat.[4]

„Nochbere – do dermit sy d Baselaugschter und d Chaiseraugschter gmeint, wos früjer nit so guet mitenander hai chönne wie hützedag. Me darf nit vergässe, dass d Chaiseraugschter nonig so lang Schwyzer sy wie ihri Nochbere äne am Violebach, also uf dr Basler Syte. Me ghört zum Gschpass hütte no der Uusdruck, wenn e Baselaugschter öppis im Nochberdorf z tue het, er well 'ins Oestrychisch dure', denn s Fricktal het bis ans Aendi vom 18. Johrhundert zue Vorderöstrych ghört, het um 1802 der Kanton Fricktal bildet

und erscht in der Mediationszyt, vom 19 Februar 1803 a, sy Laufeburg und Rhyfälde und dermit au Chaiseraugscht Teil vom Kanton Aargau worde.

Dorum gits jetz no do und dört im Fricktal, ämmel au z Chaiseraugscht, e Wirtschaft 'zum Adler', und früher het mänge Bueb Franzsepp gheisse, allwäg wägem Kaiser Franz Josef z Wien. Derzue isch no cho, dass Baselaugscht reformiert, d Chaiseraugschter aber katholisch gsi sy. Die einte hai zwo Chilche gha, e römischkatholischi und e christkatholischi, aber Baselaugscht, wo zue der Prattler Chilche ghört, het jetz wenigschtens e Pfarrhuus, aber no kei eigeni Chilche. Wemme das weiss, verstoht me das Gschichtli besser, woni jetz will verzelle. Do het nämmlig e Geissebuur z Chaiseraugscht e schöni Muttigeiss gha, und die hätt me selle zum Geissbock tue. Eso eine isch aber im Dorf keine gsi, und dorum isch d Kariseppene – ihre het die Geiss ghört – uf e glungeni Idee cho. Sie het zue ihrem Bueb gsait: 'Jetz fahrsch mit euser Muttigeiss uf Nugle und dass es echlei schnäller goht, nimmsch der alt Chinderwage und ladsch die Geiss druuf, hesch ghört!' Der Bueb het zerscht nit welle. Wonem aber d Muetter e Batze gee het, dass er underwägs öppis chönn chaufe, isch er mit syner glungene Fuer abzottelt, vom katholische Fricktal ins katholisch Schwarzbuebeland. Aber zerscht hai sy müese dur Baselaugscht dure, und do het die Geiss im Chinderwage afo meggere, velicht wil si d Nööchi vome Geissbock gschmeckt het. E Baselaugschter, wo näbedure gloffe isch, frogt der Bueb: 'Wo wetsch ane mit dyner Geiss?' Der Bueb het zerscht nit welle uusrucke, aber wo none paar Augschter um sy Geiss im Chinderwage gschtande sy, het ers gsait: 'He, dänk zum Bock uf Nugle.' Jetz hai die Augschter afo lache: 'Worum denn au so wyt? Der Schaffner Bärti an der Langgass het jo au e Geissbock und no was für eine.' Aber dä guet Rot het nüt gnützt.' Worum wetsch du denn partut uf Nugle hindere, do hesch jo no zwo Stund z 'laufe mit dym Geissechinderwage.' Der Chaiseraugschter Bueb isch zerscht nit uuse mit der Sprooch, aber wonem alli grote hai, er sell doch mit syner Geiss zum Baselaugschter Bock, isch er uusgruckt: 'He, d Muetter het gsait, si well derno keini reformierte Gitzi.' Und so het er sy Fuer ins Schwarzbuebeland hindere gstosse!"

Se non è vero, è ben trovato!

Bis weit in die zwanziger Jahre des 20. Jahrhunderts fand übrigens das gegenseitige Misstrauen diesseits und jenseits des Violenbachs wiederholt handgreiflichen Ausdruck, indem sich nämlich die Augster und Kaiseraugster Dorfjugend im Grenzgebiet kleinere Schlägereien lieferte. Heute ist längst Normalität eingekehrt.

Die „neuen Nachbarn"

Nachbarbeziehungen verändern sich und passen sich neuen Gegebenheiten an. Während sie bis ungefähr in die Mitte des 20. Jahrhunderts sehr eng auf die unmittelbare Nachbarschaft, die angrenzenden Dörfer, ausgerichtet waren, zogen sie gegen Ende des Jahrhunderts im Zeichen einer gewachsenen Mobilität und Kommunikationsdichte immer grössere Kreise. Massgebend für diese Entwicklung ist nicht zuletzt die Tatsache, dass sich angesichts der zunehmenden Komplexität des modernen Lebens grenzüberschreitende Zusammenarbeit einzelner Kommunen geradezu aufdrängt. Hier in aller Kürze eine Übersicht der Augster und Kaiseraugster alten und „neuen Nachbarn".

Feuerwehr: Wie aus alten Protokolleinträgen hervorgeht, arbeiteten die Feuerwehren von Augst und Kaiseraugst schon immer eng zusammen. Seit Dezember 1998 ist indessen diese Zusammenarbeit institutionalisiert: Die beiden Gemeinden haben sich kantonsgrenzüberschreitend zu einer gemeinsamen Feuerwehr Augst-Kaiseraugst zusammengeschlossen.

Abwasser: Seit Anfang der 1970er Jahre sind Augst und Kaiseraugst an die Abwasserreinigungsanlage ARA Pratteln angeschlossen.

Sozialdienste des Bezirks Rheinfelden: Seit 1980 sind die Gemeinden Hellikon, Kaiseraugst, Magden, Möhlin, Mumpf, Obermumpf, Olsberg, Rheinfelden, Schupfart, Stein, Wallbach, Wegenstetten, Zeiningen und Zuzgen im Gemeindeverband Sozialdienste Bezirk Rheinfelden zusammengeschlossen. Dazu gehören folgende Dienststellen: Amtsvormundschaft, Jugendpsychologischer Dienst, Berufsberatung, Logopädischer Dienst, Fachstelle für persönliche Beratung für Männer und Frauen, Familien und Jugendliche, Mütter- und Väterberatung, Mobiler Schulsozialdienst.

Zivilschutz: Am 1. Januar 2000 schlossen sich Augst und Kaiseraugst zusammen. Ab 1. Januar 2004 gehören Augst (wieder als eigene Gemeinde) und Kaiseraugst dem Verbund der Zivilschutzorganisation Sonnenberg an, der ausserdem die Gemeinden Rheinfelden, Olsberg und Magden, sowie neuerdings auch Buus und Maisprach umfasst.

Fricktal Regio Planungsverband (Repla): Seit 2003 ist die Regionalplanung unteres und oberes Fricktal zu einem Verband zusammengeschlossen; als Vorläuferorganisation wirkte seit 1970 die Regionalplanungsgruppe Unteres Fricktal.

Wasserversorgung: Über sie wird im Kapitel Aufgaben der Gemeinde im Wandel der Zeit berichtet.

---

[1] Burkart S.: Geschichte der Stadt Rheinfelden bis zu ihrer Vereinigung mit dem Kanton Aargau, Aarau 1909. S. 677.

[2] Ebda. S. 621.

[3] StA AG, Bericht über die Huldigungsfeier.

[4] Keller Hans E.: Pratteln. Es konnte nicht eruiert werden, wann und in welcher Zeitung die Anekdote erschienen ist.

[5] Bircher Patrick: Der Kanton Fricktal, Laufenburg 2002. S. 166.

LANDSCHAFT UND NATUR

Die Landschaft von Augst und Kaiseraugst im Wandel der Zeit

Das Rheintal zwischen Rheinfelden und Basel, wie es der Geologe sieht

Es liegt als rund drei Kilometer breiter, mit alpinem Schotter gefüllter Talboden zwischen der reich bewegten Berglandschaft des Tafeljuras zu seiner Linken und den Tafelflächen des Dinkelbergs zu seiner Rechten.

Am 22. Juni 1965 förderte ein Bagger bei der Ausbeutung einer Kiesgrube der Ortsbürgergemeinde einen Mammutzahn. Der beeindruckende Fund ist Zeuge der letzten Eiszeit (etwa 70'000 – 10'000 v. Chr.) und kann heute in der Gemeindeverwaltung bewundert werden. (Foto Giuseppe Esposito)

„*Eine flachliegende Schichtplatte des Muschelkalkes der Triasformation bildet den Untergrund der Gegend von Augst. Sie tritt in den Felsen des Ergolzsteilufers und am Unterlauf des Violenbachs zutage und war vor dem Rheinstau auch im Rheinbett wahrzunehmen … In der Gegend des Waldhauses sinken die anstehenden Gesteinsschichten abrupt in die Tiefe; dort tritt der Rhein in die Oberrheinische Tiefebene ein, die durch den gewaltigen Grabenbruch der Rheintalflexur begrenzt wird. Unter dem Muschelkalk liegen in der Anhydridgruppe bedeutende Salzlager … Über dem Anstehenden hat der Rhein das weite Tal mit seinen Schottermassen gefüllt. Bohrungen haben erwiesen, dass der Strom während der Eiszeit sein Bett gewechselt haben muss; eine diluviale eiszeitliche Rinne auf dem deutschen Ufer quert den heutigen Rhein beim Auhafen und führt durch die Hard. Die Rheinschotter sind in vielen Kiesgruben aufgeschlossen, sie bilden die so genannten Niederterrassen. Es können verschiedene Terrassenflächen festgestellt werden, deren Entstehung einem Wechsel von Erosion und Akkumulation zugeschrieben werden muss.*"[1]

Die weite, relativ ebene und nur durch einzelne meterhohe Böschungen unterteilte Terrassenlandschaft des Hochrheintals mit ihren wasserdurchlässigen Böden zeichnete und zeichnet sich durch ein sehr trockenes und wintermildes Klima aus. In der Nacheiszeit hatte sie für die Besiedlung der Schweiz mit Pflanzen und Tieren eine zentrale Bedeutung; sie diente nämlich als Korridor für wärmeliebende Arten, die unter Umgehung der klimatischen Barriere des Juras aus dem Süden und Westen durch die Burgunderpforte und den Oberrheingraben via Aaretal ins Mittelland gelangten. So sind beispielsweise nach dem Ende der letzten Eiszeit Laubfrosch und Kreuzkröte gewissermassen über Kaiseraugst, beziehungsweise das Hochrhein- und untere Aaretal ins Mittelland gelangt. Fachleute haben nachgewiesen, dass diese Besiedlungsdynamik über das Hochrheintal auch heute, zu Beginn des dritten nachchristlichen Jahrtausends, keineswegs abgeschlossen ist, sondern anhält. In unserer schnelllebigen Zeit wird sie allerdings von Nicht-Spezialisten kaum wahrgenommen, denn botanische oder zoologische Wanderungen verlaufen, gemessen an der menschlichen Lebensdauer, nur sehr langsam. Doch gibt es auf Grund längerer Beobachtungen unübersehbare Wanderungs-Beweise.[2]

LANDSCHAFT UND NATUR

Die glazialen Schotter des Rheintals, die in Kaiseraugst im Laufe des 20. und 21. Jahrhunderts industriell genutzt wurden und werden, haben auch einen unerwarteten Einblick in die Urgeschichte der Gegend vermittelt: Am 22. Juni 1965 förderte nämlich ein Bagger bei der Ausbeutung einer Kiesgrube der Ortsbürgergemeinde einen Mammutzahn. Der beeindruckende Fund ist Zeuge der letzten Eiszeit (etwa 70'000 – 10'000 v. Chr.) und kann heute in der Gemeindeverwaltung bewundert werden.

Die Berglandschaft zur Linken des Hochrheintals steigt auf der Höhe von Kaiseraugst bis zu 420 m an. Sie besteht aus sehr fruchtbaren Lösslehmböden, die am Ende der letzten Eiszeit durch Windablagerungen entstanden sind. Spätere Auswaschungen haben die steilen Zankholz-, Flue- und Chesslergräben sowie das Challerentäli erzeugt. An den Hängen kommt an einigen Stellen der Untergrund aus Nagelfluhgestein zum Vorschein, z. B. beidseits des Waldeingangs beim Heizwerk der Firma F. Hoffman La Roche AG.

Das Gebiet von Augusta Raurica um 30 v. Chr. (Rekonstruktionsbild Markus Schaub)

Die Landschaft um Augusta Raurica vor, während und nach der Zeit der Römer

Dank den Nachforschungen der Römerstadt besitzen wir eine Abfolge von mehreren Rekonstruktionszeichnungen, welche Augusta Raurica und seine Landschaft über einen Zeitraum von fast 700 Jahren darstellen und uns die römische „Skyline" vor Augen führen:"

„Die für die Rekonstruktionszeichnungen herangezogenen Quellen entsprechen dem Stand der Ausgrabungen zu Beginn des 21. Jahrhunderts und der wissenschaftlichen Forschung (archäologische, historische, schriftliche und bildliche Dokumente)." Obwohl versucht wurde, „alle nachweisbaren Strukturen zu berücksichtigen und in die Illustrationen aufzunehmen, mussten selbstverständlich viele Hypothesen mit verarbeitet werden. Die Zufälligkeit vieler Fundpunkte im Stadtgebiet (Notgrabungen!) und die dadurch entstehenden Lücken bei der Interpretation des Stadtbildes zwingen zu Vermutungen, und oft helfen nur Analogieschlüsse weiter."[2]

Das Gebiet von Augusta Raurica zur Zeit der frühen Holzbauten um 30 n. Chr. (Rekonstruktionsbild Markus Schaub)

LANDSCAFT UND NATUR

Diese Ausgangslage wird gleich bei der ersten Rekonstruktion deutlich. Sie zeigt das Gebiet von Augusta Raurica zur späten Eisenzeit (um 30 v. Chr.) kurz vor der römischen Stadtgründung. Vom kleinen in die Ergolzschlaufe eingezeichneten Gehöft fehlen bis heute zwar jegliche Spuren, doch lassen einzelne isoliert gefundene Objekte eine keltische Siedlung vermuten.

Die zweite Zeichnung zeigt das Gebiet von Augusta Raurica zur Zeit der frühen Holzbauten (um 30 n. Chr.). Jetzt bestimmen Felder das Landschaftsbild; bei der Stadtgründung um etwa 15 v. Chr. müssen grosse Gebiete gerodet worden sein. Ausser einem kleinen Holzkastell am Rhein sind die Gebiete in Rheinnähe kaum besiedelt. Anderseits erinnert die Fernstrasse daran, dass die beiden Augster Dörfer ihren Standort einer besonders günstigen Verkehrslage verdanken. Sie liegen im Schnittpunkt der Süd-Nord-Verbindung (Grosser St. Bernhard – Mittelland – Hauenstein – Niederrhein) und der West-Ost-Verbindung (Gallien – Rheinknie – obere Donau – Rätien). Auch heute wird das Gebiet der antiken Römerstadt wieder von zwei wichtigen europäischen Hauptverkehrsachsen des Eisen- und des Autobahnnetzes gestreift.

Das Gebiet von Augusta Raurica um 650 n. Chr. (Rekonstruktionsbild Markus Schaub)

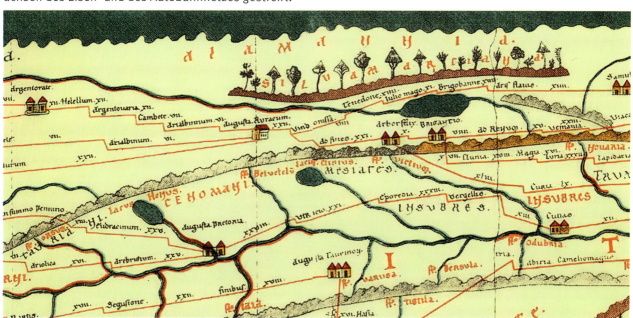

Die Lage von Augusta Rauracorum. Ausschnitt aus der „Tabula Peutingeriana", einer spätantiken Strassenkarte. (Aus Patrick Bircher: Der Kanton Fricktal, 2002)

Wie das Gebiet von Augusta Raurica zur Zeit der Blüte der Stadt aussah, wurde bereits in den der römischen Geschichte gewidmeten Kapiteln dargestellt. Ganz anders müssen wir uns das Gelände im frühen Mittelalter, um 650 n. Chr. vorstellen: Die einstige Oberstadt war grösstenteils zerstört, und dort, wo noch vor vierhundert Jahren reges Leben herrschte – auf Strassen und Plätzen sowie in den öffentlichen Gebäuden – überwucherten Busch-

31

LANDSCAFT UND NATUR

Ausschnitt aus dem Grenzplan von H. M. Graber 1602. (Staatsarchiv Baselland)

Ausschnitt aus G. F. Meyers Karte von Augst, Arisdorf, etc. 1680. (Staatsarchiv Baselland)

werk und Wald die immer mehr zerfallenden Ruinen der einstigen römischen „Grossstadt". Menschen gab es nur noch innerhalb der ebenfalls zerfallenden Kastellmauern; sie lebten in einfachen Holzhütten oder in Grubenhäusern – Verhältnisse, die uns an die Ausgangslage um das Jahr 30 v. Chr. erinnern.

Die Landschaft am Ende des 18. Jahrhunderts

Wir machen einen grossen Zeitsprung und versuchen aufgrund älterer und neuerer Karten einen Landschafts-Überblick zu gewinnen. Während die älteste Karte – der Grenzplan von M.H. Graber aus dem Jahr 1602 – eher skizzenhaft wirkt, bestechen die Karten von G. F. Meyer 1680, Emanuel Büchel 1763 und J. Leimgruber 1772 mit ihrer Klarheit und Präzision. Gemeinsam ist ihnen allen, dass sie entsprechend der verschiedenen Staatszugehörigkeit der kartografierten Dörfer die Gegenseite ausklammern und so entweder nur gerade Augst oder Kaiseraugst darstellen.

Sowohl Meyers wie Büchels Landkarten zeigen überaus deutlich den durch die bis zu 300 m breite und 18 ha grosse Insel „Gewert" oder „Gwert" (von mittelhochdeutsch wert = Insel, Halbinsel) in zwei Arme geteilten Strom, den „Alten Rhein" längs dem deutschen Ufer und den eigentlichen Rhein längs dem Schweizer Ufer. Schon im 18. Jahrhundert stellte man auf der Insel grössere Reste eines Bauwerks fest. Es wurde mit grosser Sicherheit als rechtsrheinischer Brückenkopf einer wahrscheinlich hölzernen Pfahljochbrücke identifiziert, die linksrheinisch in die 14 m breite Hauptstrasse des Kastells Kaiseraugst mündete. Eine andere kleine Insel südwestlich der Insel Gwert trug einen römischen Rundbau. Während Daniel Bruckner 1750 in diesem Bauwerk ein „Castell", ein militärisches Bollwerk, vermutete[3], könnte es nach neuerer archäologischer Deutung ein Siegerdenkmal gewesen sein, *„das weithin den Sieg der römischen Legionen anlässlich der Besetzung des Dekumatenlandes im Jahre 74 n. Chr. verkündete."*[4] 1817 wurde der Rundbau von einem Hochwasser weggeschwemmt. Die Insel Gwert war vom Mittelalter bis 1793, bis zur Aufhebung des Bistums, Besitz des Basler Bischofs, der

LANDSCHAFT UND NATUR

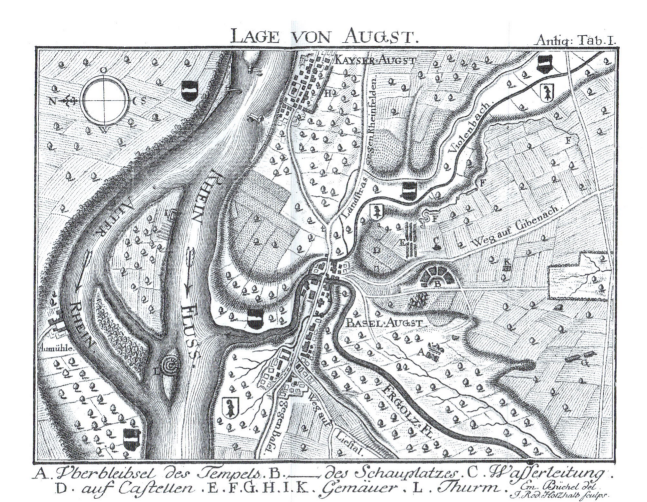

Emanuel Büchel: Die Lage von Augst 1763. (Aus Daniel Bruckner)

sie als Lehen weitergab, bis sie dann im 19. Jahrhundert Privatbesitz wurde.[5] Seit 1885 bis zur Aufstauung des Rheins stand das Bauernhaus den Bewohnern und Bewohnerinnen der umliegenden Dörfer vom Mai bis Oktober als „Schankwirthschaft" offen – für Sauser, Nüsse und Bauernbrot.

Sowohl die Ausweitung des Rheins wie auch die Inseln sind zweifellos der Ergolz zu verdanken, die in früheren Zeiten sehr viel Geschiebe aus dem Baselbieter Jura mitgeführt haben muss. Mit ihrem in den Rhein vorgeschobenen Schwemmkegel zwang sie den Rhein nach Norden auszuweichen, so bildeten sich dann Strominseln. Ein Rheinhochwasser dürfte in späterer Zeit den Durchbruch und den nördlichen Flussbogen des „Altrheins" geschaffen haben. Bis zum Bau des Kraftwerks veränderte sich die Flusslandschaft von Jahr zu Jahr nur kleinräumig: Kiesinseln wurden aufgeschüttet, Ufer angerissen und schnell wachsende Weichholzauen vom Hochwasser wieder weggeschwemmt. Wie eine Skizze Emanuel Büchels zeigt, gab es solche nur kurze Zeit existierende Kiesinseln auch im Mündungsgebiet der Ergolz.

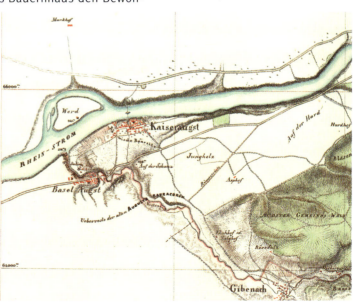

Ausschnitt aus der Michaeliskarte von 1844. (Aargauisches Geographisches Informationssystem AGIS)

LANDSCHAFT UND NATUR

Das Gelände vor dem Kraftwerkbau.
Die mit 'Wehrstelle' angeschriebene Linie auf dem Bild bezeichnet die Lage des projektierten Stauwehrs. (Foto aus Kaiseraugst – wie's damals war)

Ausschnitt aus dem Siegfried-Atlas, Ausgabe 1940.

1844: Die Michaeliskarte

Der Kanton Aargau besitzt aus der Mitte des 19. Jahrhunderts eine erste eigene Kantonskarte, es ist die vom preussischen Ingenieur und Topographen Ernst Heinrich Michaelis (1794 – 1873) auf Veranlassung von Henri Dufour (1787 – 1875) in Schraffentechnik ausgeführte und nach ihrem Schöpfer benannte Michaeliskarte. Sie wartet mit präzisen Höhenangaben auf und macht dank der Modellierung der Landschaft den Unterschied zwischen der in Geländestufen zum Rhein abfallenden Ebene und dem hügeligen Waldland deutlich. Beeindruckend ist der grosse westlich ans Dorf anschliessende Weinberg.

1940: Das Landschaftsbild der Siegfriedkarte

Mit der Aufstauung des Rheins für das Kraftwerk erhielt die Flusslandschaft 1912 ihr heutiges Aussehen: Die ehemals starke Dynamik des Rheins war gebrochen, und der früher oft wilde Strom hatte sich zu einem trägen und gezähmten Fliessgewässer gewandelt, das darum bezeichnenderweise den Namen See erhielt. Acht Meter betrug die Stauhöhe; sie liess die Insel Gwert mit ihren landwirtschaftlich genutzten 18 ha

LANDSCAFT UND NATUR

samt dem zugehörenden Gehöft in den Fluten des Rheins verschwinden. An die alte Insel erinnert heute nur noch ein schmaler Inselstreifen, der als „Leitdamm ... auf der dem Fluss zugewandten Seite der Insel aufgeschüttet worden war, um das entstehende Altrheinbecken vom Fliessgewässer abzutrennen." [6]

Auch die Ergolzmündung hatte sich wegen der Aufstauung des Rheins verändert, ihre frühere Dynamik war verloren gegangen, und so entstand auf ihrem Kaiseraugster Ufer eine kleine Auenwald- und Röhrichtzone. Es ist diese Verlandung, die dazu führte, dass das Mündungsgebiet der Ergolz in regelmässigen Zeitabständen immer wieder ausgebaggert werden muss. 1940 gab es sowohl in Augst als auch in Kaiseraugst keinen Rebberg mehr. Während Augst sich noch weitgehend an das alte Siedlungsbild hielt, zeigt die Karte für Kaiseraugst erste Überbauungs-Ansätze.

Die Landschaft um die Jahrtausendwende

Seit dem Aufstau des Rheins hat sich das Landschaftsbild rund um die Ergolzmündung und den Stausee nicht wesentlich verändert. Ganz anders steht es indessen um die beiden Dörfer. Ende 2002 zählte die Bevölkerung von Augst 965, diejenige von Kaiseraugst 4'400 Menschen. Den ca. 390 Einwohnern von 1770 steht somit zu Beginn des dritten Jahrtausends eine rund dreizehnfach grössere Bevölkerung gegenüber. Entsprechend hat sich das Siedlungsgebiet der beiden Dörfer bedeutend erweitert, und längst hat Kaiseraugst seine ehemals durch die römischen Mauern des Castrums fixierte Ausdehnung durchbrochen. Das bescheidene Augst im Dorf, wie Kaiseraugst früher oft genannt wurde, hat sich in den breiten Talboden des Rheins ausgebreitet. Mit der Siedlung Liebrüti und einem ausgesprochenen Industriequartier im Osten des Dorfkerns und längs des Rheins hat es sich zu einer im Banne Basels stehenden Agglomerationsgemeinde entwickelt. Etwas moderater war die Augster Entwicklung, wenn auch die alte Bezeichnung Augst an der Brücke noch immer ihre Berechtigung hat. Die den künftigen Ausgrabungen der Römerstadt Augusta Raurica reservierten Parzellen haben ein grossflächiges Wachstum verhindert.

Blick über den noch ungestauten Rhein auf die Insel Gwerd mit dem Bauernhof. (Foto aus Kaiseraugst – wie's damals war)

LANDSCAPE UND NATUR

Vorhergehende Seite:
Blick von Deutschland über den Rhein.
(Foto Beat Zimmermann)

Noch ein landschaftsbestimmender Gesichtspunkt, den allerdings eine Karte nicht erfasst, verdient an dieser Stelle erwähnt zu werden: Kaiseraugst hat sich in der zweiten Hälfte des 20. Jahrhunderts nicht nur in die Breite sondern auch in die Höhe entwickelt, und dies sowohl im Wohngebiet mit der Überbauung Liebrüti als auch im Industriegebiet längs des Rheins mit seinen Kolossalbauten, Bauwerken, die das Panorama – vor allem aus der Sicht der deutschen Nachbarn – beherrschen und dem ehemals so bescheidenen und geduckten Dorf mit dem schlanken Turm der katholischen Kirche eine neue ungewohnte und eigenartige Silhouette gegeben haben.

[1] Suter Paul: Das Rheintal zwischen Augst und Basel, in: Heimatkunde Augst 1984, S. 21.
[2] Schaub Markus und Furger Alex R.: Panorama Augusta Raurica, Augster Museumshefte 31, Augst 2001. S. 9.
[3] Bruckner Daniel, S. 2669f.
[4] Mitteilung von Dr. A. R. Furger, Römermuseum Augusta Raurica.
[5] Richter Erhard: Die ehemalige Rheininsel „Gewerth" bei Wyhlen, in: Das Markgräflerland, Band 2 1996. S. 86.
[6] Wendt Gernot: Das Naturschutzgebiet „Altrhein Wyhlen", eine Attraktion für Natur und Besucher, NABU Lörrach, o. J. S. 2.

LANDSCHAFT UND NATUR

Der Wald

Die Geschichte der Augster und Kaiseraugster Waldbewirtschaftung zeigt exemplarisch auf, wie sehr sich die Landteilung von 1442 schicksalsbestimmend für die beiden Dörfer ausgewirkt hat.

Der Vorzeige-Wald von Kaiseraugst

Kaiseraugst ist stolz auf seinen Wald, und das war schon 1861 so, als die Regierung feststellte, dass *„diese Gemeinde auf 54 holzberechtigte Bürger 218 Jucharten Wald besitzt, also reich an Waldungen ist und jedes Jahr eine bedeutende Summe Holz verkaufen kann."* [1] Der die Landschaft entscheidend prägende Kaiseraugster Wald nimmt heute mit 154,6 ha einen Anteil von 31% an der Gesamtfläche der Gemeinde von 489 ha ein. Er liegt im Nordwesten des grossen Waldareals Berg zwischen den Gemeinden Rheinfelden, Magden sowie Kaiseraugst und verteilt sich auf vier Besitzer: Ortsbürgergemeinde Kaiseraugst 90 ha, Bürgergemeinde Giebenach östlich Challerenweiher und Zankholz 49,7 ha, Staatswald 3,6 ha und Privatwald entlang Violenbach und Rhein 11,3 ha.

Grüne Idylle am Challerenweiher. (Foto André Schumacher)

Die Geschichte der Bewirtschaftung des Kaiseraugster Waldes

Die Geschichte der Bewirtschaftung des Fricktaler Waldes lässt sich bis 1557, dem Datum der ersten österreichischen Forstordnung zurückverfolgen. 1667 wurde eine weitere Forstordnung erlassen. Sie war nötig geworden, weil im Verlauf des Dreissigjährigen Krieges die Wälder von *„Unterthanen und Soldaten verderblich verwüstet, und nieder gehauen worden"* waren.[2] Genaue Aufsicht, Schonung des jungen Eichenholzes sowie geordnetes und sparsames Abholzen waren jetzt angesagt. So konnte beispielsweise Bauholz nur mit besonderer Bewilligung geschlagen werden. 1754 erliess Kaiserin Maria Theresia angesichts eines sich abzeichnenden Holzmangels als Folge der wachsenden Bevölkerung erneut eine strenge „Wald- und Forstordnung". Sie verbot den ohne Erlaubnis vorgenommenen *„allzu exzessiven Verkauff"* von Eichen an die Holländer.[3] Auch ihr Nachfolger Joseph II. versuchte mit einem Vorschriftenkatalog von 146 Artikeln den Waldbestand zu erhalten und den Nachwuchs sicherzustellen. Er propagierte z. B. das Pflanzen lebender Zäune und setzte fest, dass die Häuser mindestens ein Stockwerk hoch in Stein aufgeführt werden mussten. Doch im Dritten Koalitionskrieg 1805 hielt man sich in keiner Weise an diese Bestimmungen; als die Franzosen zur Sicherung des Hüninger Rheinübergangs Holz brauchten, *„flossen"* ganze Wälder rheinabwärts.[4] Kein Wunder, dass darum schon der erste bezirksamtliche Bericht im

LANDSCAPE UND NATUR

Blühender Stech-Ginster auf der Echsenmauer an der Kraftwerkstrasse.

Die Pappel mit den gut sichtbaren Misteln verliert bei jedem Sturm Kronenteile. (Foto André Schumacher)

neuen Kanton Aargau darauf hinwies, in welch traurigem Zustand sich die Fricktaler Waldungen befänden und dass es zur Wiederherstellung der alten Zustände der *„unausgesetzten Aufsicht rechtlicher und verständiger Männer"* bedürfe, denn der Wald müsse mehr denn je *„mit ökonomischem Geiste"* behandelt werden.[5] Heinrich Zschokke, der erste aargauische Oberforstrat, war einer dieser Männer. 1805 verfügte er, dass jeder Hochzeiter in seiner Wohngemeinde sechs Bäume – *„entweder Eichen, Obstbäume oder andere nützliche Baumarten"* – zu pflanzen und während eines Jahres zu pflegen habe. Im gleichen Sinn musste auch jeder Vater eines neugeborenen Kindes im Hinblick auf die Sicherung des forstlichen Nachwuchses zwei Bäume pflanzen.[6] Der Erfolg solcher Bemühungen konnte nicht ausbleiben. Bereits 1819 stellte der Bezirksamtmann fest: *„Im Allgemeinen muss den Vorstehern der Gemeinden das Zeugniss ertheilt werden, dass sie nicht nur auf Erhaltung und Schonung der Gemeindewaldungen ernsten Bedacht nehmen ..., sondern sich auch dafür thätig zeigen, dass Anflug und junger Aufwuchs erhalten werde, wozu besonders das Verbot des Weidens beyträgt."*[7]

Auch die aus den drei Gemeinderäten und einem Bürger bestehende Kaiseraugster Forstkommission verschaffte dem Kampf der Regierung gegen die Waldweide Nachachtung. Als sie 1822 einen neuen Hirten bestellte, gab sie ihm die Weisung mit, seine Herde dürfe in Zukunft nur auf das Feld und nicht mehr in den Wald getrieben werden, eine Verfügung, die nicht nur für Rinder, Schafe und Ziegen galt, sondern auch für Schweine, denen man früher zur Mast oft den Wald überlassen hatte. 1866 lockerte die Gemeindeversammlung das Verbot und erteilte dem Hirten die Erlaubnis, die 129 Schafe, welche es im Dorf noch gab, von Mitte April bis Ende Juni täglich in den Gemeindewaldungen *„allda während ca. 6 Stunden weiden zu lassen."* Doch die Kaiseraugster Stimmbürger hatten die Rechnung ohne den Wirt gemacht. Die Regierung belegte den Gemeinderat mit einer eindrücklichen Busse und liess den Bezirksamtmann wissen: *„Die ganze Angelegenheit ist Anstoss gebend und höchst ärgerlich, und dies namentlich deshalb, weil die Schafherde nicht etwa einem durchziehenden Schäfer gehört und diesem geöffnet worden wäre, sondern weil die Gemeinde und der Gemeinderath entgegen der deutlichen Satzung des Gesetzes, in wohlüberlegter Weise, eine Schafherde angeschafft und dieser den Wald in seinen jungen und älteren Beständen zum Tummel- und Weidplatz angewiesen haben."*[8]

1887 kam es erneut zu einer Auseinandersetzung mit dem Regierungsrat. Wir erfahren bei dieser Gelegenheit, dass es in jenen Jahren mit der Kaiseraugster Forstverwaltung nicht zum Besten stand. Anfangs Juni war der Gemeinderat mit dem Ersuchen eines ausserordentlichen Holzschlages an den Regierungsrat gelangt. Die Ortsbürgergemeinde beabsichtigte, dem Waldfonds zwei Drittel der Kosten von Fr. 20'000 für die Wasserversorgung zu entnehmen. Die Regierung gab in ihrem Antwortschreiben deutlich zu verstehen, dass sie von Kaiseraugst zunächst einmal einen Bewirtschaftungsplan erwarte. Man habe sich seit der Einführung des neuen Forstgesetzes von 1860 geduldet, doch jetzt sei es endlich an der Zeit, den Vorschriften des Gesetzes nachzuleben. Erst anhand eines Wirtschaftsplanes lasse sich beurteilen, ob der beabsichtigte ausserordentliche Holzschlag gewährt werden könne oder nicht. Der Wink mit dem Zaunpfahl verfehlte seine Wirkung nicht: Bereits ein Jahr später lag der erste Wirtschaftsplan der Gemeinde Kaiseraugst vor. Und siehe da, die Regierung sagte Ja zum ausserordentlichen Holzschlag. Doch verknüpfte sie mit ihrer Erlaubnis die Bedingung einer *"wirksamen Bestandespflege"*, da die Gemeinde ihren Wald allzulange vernachlässigt habe. Wie berechtigt offenbar diese Ermahnung war, zeigt ein Ausschnitt aus einem Brief des Kreisförsters. Ihm war nämlich Ende 1887 zu Ohren gekommen, der Gemeinderat habe ohne Wissen und Zuzug des Gemeindeförsters Holz schlagen und verkaufen lassen: *"Wie es scheint, will der Gemeinderat Kaiseraugst wieder dem früheren Fahrwasser zusteuern und damit die Staatsadministration nochmals herbeiführen. Nun diese letztere können Sie haben, in vollem Umfange, und sie wird sicher nicht ausbleiben; denn wenn nur noch ein einziger derartiger Fall vorkommt, so werde ich die Staatsadministration beantragen und sie wird dann sicher auf diesseitigen Bericht hin verhängt werden."* [9] Soweit sollte es aber nicht kommen.

Die aktuelle Waldpflege

Gezielte Waldpflege nach modernen wissenschaftlichen Grundsätzen setzte in Kaiseraugst erst in den vierziger Jahren des 20. Jahrhunderts ein, nachdem der Gemeinderat beschlossen hatte, einen nach neuesten Kriterien ausgebildeten Gemeindeförster anzustellen.[10] Es galt, anstelle der sogenannten Niederdurchforstung die Hochdurchforstung einzuführen. Die Niederdurchforstung, die jeweils am Ende einer Umtriebszeit in einem Kahlschlag endete, lässt der Natur einen weiten Spielraum, indem sie ihr den Ausscheidungsprozess überlässt. Sie verzichtet mit anderen Worten auf eine gezielte Auslese durch den Förster und produziert daher nur wenig wertvolles Nutzholz. Ganz anders die Hochdurchforstung, wie sie seit Ende des 19. Jahrhunderts propagiert wird: Sie basiert auf dem Prinzip der Auslesedurchforstung. Alle vier bis sechs Jahre wird durchgeforstet, wobei nur gradschaftige, standortgemässe Bäume mit guter Krone stehen gelassen werden und auf eine Durchmischung verschiedener Altersstufen geachtet wird.

Grillstelle Stelli am Banntagsplatz. (Foto André Schumacher)

LANDSCHAFT UND NATUR

Da wird das Wandern auch im Winter zum Vergnügen und ein Verirren fast unmöglich. (Foto André Schumacher)

Mit dem Verzicht auf die veraltete Niederdurchforstung veränderte sich auch die Bodenflora, und das lichtabhängige Seegras (Carex brizoides L.), das früher dank der allmählichen Ausdünnung des Kronendaches weite Flächen des Kaiseraugster Waldes bedeckt hatte, verschwand. Mit seinem dichten Wurzelgeflecht verhinderte das Seegras das Wachstum von Baumkeimlingen; anderseits ermöglichte es bis in die 1930er Jahre das Seegrasrupfen, einen eigentümlichen, kleinen Nebenerwerb, dem einige Kaiseraugster Familien und insbesondere die Knabenerziehungsanstalt Olsberg nachgingen.[10] Man sammelte im Sommer das Seegras und verkaufte es dann gut getrocknet einer Matratzenfabrik.

Die aktuelle Waldbewirtschaftung hat die Grundsätze der Hochdurchforstung übernommen. Es ist ihr Ziel, sämtliche Waldfunktionen – Wohlfahrt, Natur-, Wasser- und Bodenschutz sowie Holzproduktion – zu berücksichtigen und damit jede Einseitigkeit zu vermeiden.[11] Dabei soll das Verhältnis von 70% Laubholz zu 30% Nadelholzanteil erhalten bleiben und die Überalterung der Bestände durch gezielte Nutzung vermieden werden. Mit dem Verzicht auf grossflächige Kahlschläge will man ferner die Verjüngung des Waldes fördern und dafür sorgen, dass es in Zukunft alle Altersstufen vom Sämling bis zum Baumriesen auf engstem Raum gibt. Selbst tote Bäume, die Vögeln und Insekten als Unterschlupf und Futterplatz dienen, gehören zum Bild dieser teilweise bereits realisierten abwechslungsreichen Waldlandschaft.

> ***Der Kaiseraugster Wald setzt sich aus folgenden Baumarten zusammen:***
>
> - *Fichte (Rottanne) 24%*
> - *Andere Nadelhölzer 2%*
> - *Buche 42%*
> - *Eiche 12%*
> - *Andere Laubhölzer 20% (Eschen, Ahorn, Kirschbaum, Hainbuche, Birke).*
>
> *Der Laubholzanteil von Kaiseraugst ist mit 74% im Vergleich zu den kantonalen Werten mit 44% und den schweizerischen mit 27% hoch.*

Artenvielfalt und Nutzung des Kaiseraugster Waldes

Überliesse man den Wald sich selber, so würde in wenigen Baumgenerationen die Buche auf 90% der Fläche vorherrschen. Nur an sehr feuchten Stellen (z.B. beim Challerenweiher) oder an trockenen Standorten (z.B. Kuppen) vermögen spezielle Baumarten (Erlen, bzw. Eichen) der Dominanz der Buche zu widerstehen.

Einen besonderen Hinweis verdient in diesem Zusammenhang der Rottannenanteil.[12] Er ist – so merkwürdig dies auf den ersten Blick auch tönen mag – eine Folge der lange Zeit einseitig auf die Versorgung der Cellulosefabrik mit billigem Brennholz ausgerichteten Waldpflege. Die grossen Waldschäden – Jahrhundertstürme Vivian 1990, Lothar 2000/01, Borkenkäferbefall 2003/2004 –, die gerade in diesen Fichtenparzellen entstanden sind, bleiben uns noch in frischer Erinnerung.

Genutzt wird der Kaiseraugster Wald jährlich mit 1050 m³, was der Holzmenge entspricht, die pro Jahr nachwächst. Als Betriebsleiter hat die Ortsbürgergemeinde einen Förster angestellt: Er plant nicht nur den Holzschlag und -verkauf, ihm obliegen auch sämtliche andere im Wald anfallenden Arbeiten, so z.B. der Wildschutz oder die „Erziehung" der zukünftigen Wertträger vom Sämling bis zur Stufe Stangenholz, wenn die Bäume auf Brusthöhe ca. 30 cm Durchmesser aufweisen. Für den Holzschlag sind im Winter zusätzlich zwei Landwirte im Akkord tätig, die aus ihrem Betrieb die notwendigen Traktoren mitbringen. Bei all diesen Arbeiten ist der Förster in Zusammenarbeit mit Landbesitzern, Forstorganen, Jägern und Naturschützern für die Er-

Liebevoll geschmückte Fichte im Zaun.

Dieser Schutz ist notwendig, da sonst Tiere die Bäumchen ausgraben bzw. die Schilder abreissen können. (Foto André Schumacher)

haltung und Aufwertung besonders interessanter Waldgebiete besorgt. So fördert er die Bildung nicht intensiv genutzter, lichter Waldränder, wo Vögel, Säugetiere und Insekten Nist- und Futterplätze finden, und schützt den seltenen Erlen-Bruchwald am Challerenweiher.

Der Kaiseraugster Wald bietet ein breites Verkaufssortiment. Im Februar findet jeweils die Versteigerung des Laub-Rundholzes statt. Die rund 250 m^3 brachten in den letzten Jahren durchschnittlich Fr. 45'000 ein; begehrt sind vor allem erstklassige Ahorn- und Buchenstämme sowie Roteichen. Der Spitzenpreis für Ahornholz lag im Jahr 2003 bei Fr. 1'260.- pro m^3. Im März wird der traditionelle Holzverkauf für den Hausbrand und im Dezember der Weihnachtsbaum-Verkauf durchgeführt. Das Fichtenholz schliesslich findet den Weg in die Sägereien im Inland oder in Italien. All diese Einnahmen reichen jedoch nicht zur Deckung der Waldpflegekosten aus; wenn auch das Defizit vergleichsweise klein ist, so ist doch der Wald alljährlich auf einen Zuschuss der Ortsbürgergemeinde angewiesen.

Durchforstung Rifelderhübel – fein zeichnen sich die wilden Kronen der Eichen im leichten Morgendunst ab.

1999: Der Sturm Lothar

Förster verrichten eine Arbeit, die sowohl gegenwartsbezogen als auch zukunftsorientiert ist, der Erfolg ihrer geduldigen Arbeit stellt sich oft erst Generationen später ein. Doch nicht selten durchkreuzt die Natur ihre Anstrengungen. Das war beispielsweise am 26. Dezember 1999 der Fall, als der Sturm Lothar unser Land mit Spitzengeschwindigkeiten von 140 km pro Stunde durchbrauste und auch den Kaiseraugster Wald schädigte. Der Förster bewahrte in dieser aussergewöhnlichen Situation Ruhe, er jammerte nicht, sondern wusste selbst diesem Unglück positive Seiten abzugewinnen. In seinem Jahresbericht von 2000 schreibt er: *„Ein aussergewöhnliches Jahr geht seinem Ende entgegen. Noch wartet der erste Schnee, um seine weisse Pracht über die geschädigten Wälder von Kaiseraugst zu legen. Die Rede ist natürlich vom „Jahrhundertsturm" Lothar, der das ganze Jahr geprägt hat und sicher auch noch die nächsten Jahre prägen wird. Und doch: Ein Gang durch die Waldungen zeigt auch, wie schnell die Spuren des Sturmes überwachsen werden und verheilen. In den Lücken und Blössen beginnt bereits neues Leben zu spriessen. Nur der Tod eines (Baum-) Riesen macht Platz für kleines Leben … Heute Morgen an einem nassen Dezember-Sonntag voller Freude entdeckt: Junge Sämlinge von Lär-*

Klebast-Eichen bei der Stelli-Waldhütte. (Fotos André Schumacher)

LANDSCHAFT UND NATUR

Rifelderhübel. Aushieb starker Roteichen zugunsten von Stieleichen. (Foto André Schumacher)

chen, Fichten, und Douglasien am Rande eines zerstörten Fichtenstangenholzes! So sind Freuden und Leiden eines Försters recht nah beieinander.

Selten wurde der Wald so zum Dauerthema wie in diesem Jahr, viel wurde geredet und noch mehr wurde geschrieben und fotografiert. Geht es dem Wald schlecht, wird er zum Renner. Danach gehen wir liebend gerne zum Alltag über. Und doch, die Förster sind genauso durchgerüttelt worden wie ihre Wälder. Vorbei hoffentlich die überholten Vorstellungen von Vorratsanhäufung auf Biegen und Brechen. Stärkere Durchforstung, vermehrt verjüngen und abräumen der alten Bestände sind ein Muss. Herabsetzung der Umtriebszeiten sollte keine Sünde mehr sein, wenn wir den Stoff Holz wirtschaftlich vermarkten wollen. Trotz aller Schäden: Die Wälder sind lichter geworden, die Natur wird es danken. Wir werden noch froh sein um diesen Sturm, auch wenn noch einige Jahre mit negativen Folgen zu rechnen ist." [13]

Die Kaiseraugster Waldbereisung

Fachmännische Pflege des Waldes ist das eine, Verständnis der Bevölkerung für alle damit verbundenen Massnahmen das andere. Alljährlich organisiert daher die Ortsbürgergemeinde für ihre Mitglieder die traditionelle Waldbereisung.

Der Waldumgang der Bürger war den Gemeinden in einer Verordnung vom 23. Dezember 1808 als gesetzliche Pflicht auferlegt worden. Der somit behördlich vorgeschriebene Anlass – für Gemeinderat und Waldkommission (Ortsbürgerkommission) obligatorisch – wurde zusammen mit dem Kreisförster als Vertreter des Kantons und dem Gemeindeförster alljährlich an einem Wochentag durchgeführt. Der Kreisförster orientierte dabei die Gemeindebehörden über die vorgesehenen Arbeiten im Wald, wobei der Kantonsvertreter die Tätigkeiten im Gemeindewald kritisch begutachtete. Um 1980 schlug die Ortsbürgerkommission vor, die Waldbereisung jeweils an einem Samstagnachmittag im Herbst durchzuführen. So sollten alle Ortsbürger Gelegenheit erhalten, an Ort und Stelle forstliche Probleme aus der Nähe kennenzulernen. Seit ca. 1983 findet der jeweils von fünfzig Personen besuchte Anlass seinen Abschluss in der Waldhütte bei froher Geselligkeit und guter Verpflegung. Er ersetzt damit teilweise den mit der neuen Aargauischen Kantonsverfassung von 1981 abgeschafften Bürgernutzen.

Waldverständnis setzt entsprechende Aufklärungsarbeit voraus: Der Kaiseraugster Förster unterzieht sich gerne dieser Aufgabe. So haben seit „Lothar" zahlreiche Schulklassen jeweils im Frühling ausgewählte Flächen mit jungen Bäumen bepflanzt, 2004 waren es beinahe 200 Schüler und Schülerinnen. Diese bereits zur Tradition gewordenen Einsätze finden Jahr für Jahr bei Schülern und Lehrern grosses Interesse, und auch die Kleinsten halten mit, indem sie während der Waldwoche für einige Tage den Geheimnissen des Waldes nachgehen. *„So wichtig die Nutzung unseres Rohstoffes Holz ist,* *längst ist der Wald in unserer Freizeitgesellschaft in eine übergeordnete gesellschaftliche Nutzung eingetreten: Mit Feuerstellen, Sitzbänken, Waldwegen und Reitwegkonzepten kommt ihm in unserer Freizeitgesellschaft die Funktion eines riesigen Freizeitgeländes zu – notabene gratis!"*

Der Augster Wald und die Geschichte seines Verschwindens

Während Augst heute nur noch über einen bescheidenen Waldanteil von 17 ha verfügt, besass die Gemeinde 1849 immerhin rund 30,5 Jucharten, von denen allerdings nur gerade 21,5 im eigenen Bann lagen. Es waren dies die äusserst steile und steinige Riedhalde, auf der beinahe nur Gestrüpp wuchs, sowie die bewaldeten Ergolz- und Rheinufer.

Roteichenstämme am Stelliweg, die allen Freude bereiten, den Holzern, dem Förster und dem Säger. (Foto André Schumacher)

Der grösste ehemalige Waldkomplex, das sogenannte Birch, lag im Banne der Gemeinde Füllinsdorf und umfasste rund 28 Jucharten. Auf einer kleinen Anhöhe inmitten der Fluren von Augst, Giebenach und Füllinsdorf gelegen, war das Waldstück im Osten, Süden, Westen und zum Teil auch im Norden von urbarem Land umgeben, so dass Zu- und Abfuhr sehr bequem waren. Dessen ungeachtet liess aber die Gemeinde in der Mitte des 19. Jahrhunderts ihrem Birchwald sehr wenig Pflege angedeihen. *„Was wachsen wollte, konnte wachsen; das Holz, das sich schön hätte ziehen lassen, verstickte im Dickicht des Gestrüpps ... Der Bürger nahm, was der Boden zufällig trieb. Die Beaufsichtigung dieses Waldstückes war seit vielen Jahren gleich Null. Sie konnte aber auch nicht mehr sein, denn der Gemeindekasse, der armen, war nicht zuzumuthen, dass sie wenigen Jucharten Holzlandes wegen einen Förster besolde und hätte ein solcher auch bei guter Aufsicht pro Jahr nur Fr. 50.- gefordert. Der Frevel, der an diesem Gemeindeeigenthum begangen wird, ist unbegränzt und die Frevler werden nicht entdeckt oder höchst selten einer, weil eine Überwachung des Försters mangelt."* [14] Gemäss den forstwirtschaftlichen Richtlinien hätte die Gemeinde damals im Birch nur alle fünf Jahre Holz schlagen lassen dürfen. Doch auch in diesem Punkt war sie unbelehrbar und liess jeden Winter zu, dass sich ihre Bürger mit rund 24 Holzgaben bedienten, Rücksichten auf das Wachstum des Holzes wurden ausser Acht gelassen, und Holzverkäufe zu Gunsten der Gemeinde fanden auch nur höchst selten statt. Die Bürger hatten das Holz selbst zu schlagen und versäumten dafür während etwa acht Wintertagen ihre anderweitigen Beschäftigungen. 16 Batzen Gewinn auf acht harte Arbeitstage – bescheidener konnte es nicht gehen. Kein Wunder, dass man sich darum in Kreisen der Bürgerschaft immer wieder die Frage stellte, ob es nicht möglich wäre, mit einer Urbarisierung das Birchareal ausgiebiger zu nutzen. Ende März 1849 billigte die Regierung einen entsprechenden Vorstoss, und bereits einen Monat später konnte mit den Ausstockungs-Arbeiten begonnen werden. Im Frühjahr 1856 fanden sie ihren Abschluss: Das abgeholzte Land wurde in juchartegrosse Parzellen aufgeteilt und Stück für Stück den Meistbietenden auf sechs Jahre zur Benützung überlassen. Um „Miethsleute" brauchte sich der Gemeinderat nicht zu sorgen, *„da einerseits der Augster Bann zu der Bevölkerung in keinem Verhältnis steht, die Einwohner fast alle*

LANDSCAFT UND NATUR

Eine aussergewöhnliche Buche im Challerentäli/ Finstergraben. (Foto André Schumacher)

Landbebauer sind und das Birchfeld ein sehr ertragsreiches ist." [15] Mit dem Erlös des ebenfalls versteigerten Holzes wurde ein „Beholzungsfonds" gegründet, dem auch der grösste Teil des jährlichen Pachtzinses aus dem neu gewonnenen Ackerland zufiel. Gleich von Anfang an trug das Unternehmen seine Früchte; die Urbarisierung des Birchs hatte den Wert des Bodens ansehnlich steigen lassen, und so nahm das Kapital des Beholzungsfonds von Jahr zu Jahr zu. 1863 war es bereits auf mehr als Fr. 29'000 angewachsen, und dies, obwohl jedem Bürger ein halbes Klafter Holz – es wurde auswärts eingekauft – zur Verfügung gestellt wurde. Erst mit der Zeit, als die Holzpreise derart stiegen, dass die Gemeinde die hohen Ausgaben nicht mehr verkraften konnte, erhielten die Gabholzbezüger anstatt Holz eine Geldentschädigung.

Dass Augst sehr unter seiner „Waldlosigkeit" litt, belegt auch ein Streit, den Augst in den sechziger Jahren des 19. Jahrhunderts mit der Nachbargemeinde Giebenach führte. Auf Grund von zum Teil sehr alten Dokumenten bestritten die Augster den Verlauf ihrer südlichen Grenze und brachten damit gleichzeitig Eigentumsansprüche für eine acht Jucharten grosse und im Wirthsberg gelegene Waldparzelle vor. Als sich eine gütliche Einigung zerschlug, brachte Augst die ganze Angelegenheit vor Obergericht, erlitt jedoch mit Urteil vom 30. Juni 1869 eine Abfuhr. Das Gericht stellte fest, dass die unzweifelhaft mit Wissen und Willen beider streitenden Gemeinden zustandegekommene Gemeindebanngrenze *„mit so wenig belegten Ansprüchen"* nicht angefochten werden könne.

---

[1] Protokoll des Kleinen Rates vom 12. März 1861, StA AG.

[2] Opferkuch Dieter: Der Einfluss einer Binnengrenze auf die Kulturlandschaft, Basel 1977. S. 136.

[3] Ebda. S. 136.

[4] Ebda. S. 117.

[5] Jahresbericht des Bezirksamtmanns 1802/3, StA AG.

[6] Schib Karl: Geschichte des Dorfes Möhlin, Thayngen 1959. S. 261f.

[7] Jahresbericht des Bezirksamtmanns 1819, StA AG.

[8] Brief des Kreisförsters I an den Gemeinderat vom 29. Dezember 1887, Gemeindearchiv Kaiseraugst.

[9] Brief des Direktoriums des Inneren.

[10] Hinweis von Hans Schauli, alt Gemeindeförster.

[11] Die folgenden Angaben gemäss André Jules Schumacher, Gemeindeförster.

[12] Hinweis von Hans Schauli, alt Gemeindeförster.

[13] Schumacher André Jules: Jahresbericht 2000.

[14] Niederhauser G.: Die beiden Dörfer Augst, S. 8.

[15] StA BL, Gesuch um Birchurbarisierung an den Regierungsrat vom 11. März 1849.

LANDSCHAFT UND NATUR

Die Ergolzmündung und der Violenbach – Lebensräume für Biber und Eisvogel

Die Ergolz – eine Kloake?

Die Ergolz, das Fluss-Rückgrat der oberen drei Baselbieter Bezirke Sissach, Waldenburg und Liestal, mündet bei Augst in den Rhein. Daniel Bruckner charakterisiert sie in seinen „Merkwürdigkeiten der Landschaft Basel" als einen Bach, der *„das Waldwasser von verschiedenen Flüsslein sammelt, welche hin und wieder in dem Baselgebiete hervorquellen."* [1] Der

Zusammenfluss von Violenbach, Ergolz und Rhein. (Luftaufnahme 1975, Gemeindearchiv Kaiseraugst)

Name des 29,4 km langen „Nationalflusses des Baselbiets" ist keltischer Herkunft und bedeutet so viel wie Forellenfluss (erc = Forellen und enze = Fluss), eine Charakteristik, die mindestens früher im Forellenreichtum der Ergolz ihre tatsächliche Entsprechung fand.[2] Die Augster freilich hatten nie Gelegenheit, von diesem Reichtum zu profitieren, denn sie hatten seit dem Jahr 1400 keinen Anteil an der Ergolz-Fischweide; sie gehört der Gemeinde Liestal – von der Mündung in den Rhein bis hinauf zur Stadt. Am 15. August 1601 wurde den Liestalern dieses Recht erneut vom Basler Rat bestätigt und festgesetzt, dass die *„Liechtstahler in der Ergolz und auch in dem Rhein, so weit als ein Reisiger mit sinem Pferde in den Rhein reiten und mit seinem Spiesse darein langen möge, zu fischen, das Recht haben sollen."*

Es gibt das lateinische Zitat „nomen est omen", was soviel heisst wie der Name enthält seine Vorbedeutung. In den sechziger Jahren des 20. Jahrhunderts entsprach allerdings der im Ergolznamen enthaltene Hinweis auf

LANDSCAPE UND NATUR

einen sauberen auch den Forellen zuträglichen Fluss keineswegs der Wirklichkeit; das Wasser der Ergolz war damals oft derart schmutzig, *„dass man die Steine in ihrem Bett nicht mehr sehen konnte. Eine undefinierbare Brühe von abstossendem Aussehen, vielfach oszillierend in allen Regenbogenfarben, wälzte sich dem Rhein entgegen, und zu Zeiten der Sommerschwüle, wenn kein Lüftchen sich regte, war der Gestank, den die Ergolz verbreitete, dermassen infernalisch, dass man in den Häusern, die in ihrer Nähe stehen, tagsüber und nachts die Fenster schliessen musste, um es bei ihrem penetranten Kloakengestank einigermassen aushalten zu können. An ihren Ufern verweilen zu müssen, war eine Qual."* [3]

Erst als 1965 und 1966 Kläranlagen in Füllinsdorf und in Sissach ihren Betrieb aufnahmen und 1974 die Abwasserreinigungsanlage ARA Ergolz II gebaut wurde, begann sich der Zustand zu bessern, und so kann heute der Spazierweg am linken Ergolzufer von Augst bis Füllinsdorf ohne Geruchsbe-

Die „Zeppelinbrücke" über die Ergolz. (Foto Ursi Schild)

lästigung benutzt werden. Noch aber ist die Ergolz wie leider übrigens auch andere Flüsse nicht frei von Zivilisationsmüll. In Augst führte deshalb der Verein Pro Augst im Frühling 2003 erstmals eine Flussuferputzete durch."*Es war erstaunlich, was wir in diesem kurzen Abschnitt der Ergolz alles zusammengelesen haben. Die Trophäe war ein Rasenmäher"*, fasste der Vereinspräsident ernüchtert zusammen. Noch gäbe es leider immer noch Menschen, die ihre Abfälle per Bach entsorgen würden. Sichtbar wird dieser Müll – verwitterte Plastiksäcke, WC-Papier, Verpackungen, etc. – besonders nach einem Hochwasser – wirklich kein schöner Anblick! Auch die Leitung des Kraftwerks weiss ein Liedchen zu singen! Während des Januar-Hochwassers 2004 wur-

LANDSCAPE UND NATUR

den innerhalb von vier Tagen nicht weniger als 80 Tonnen Schwemmmaterial aus dem Rechen geholt. Wenn es sich auch vor allem um Schwemmholz handelte, in kleinen Mengen galt es auch Zivilisationsmüll wie PET-Flaschen, Styropor oder Bälle zu entsorgen. Wie lange noch?

„Naturpark Ergolzmündung"

1999 setzte sich im Auftrag des Basellandschaftlichen Natur- und Vogelschutzverbandes (BNV) sowie der Pro Natura Baselland ein Ökologie-Beratungsunternehmen in einer Machbarkeitsstudie mit der Gegenwart und der Zukunft der Ergolzmündung auseinander. Sie stellte einleitend fest: *„Der Bereich der Ergolzmündung mit dem Augster Stau ist ein 'hotspot' der regionalen Natur und ein beliebtes Ausflugsziel. Hier fokussie-*

ren sich auf kleinem Raum seltene Lebensgemeinschaften und eine Reihe Rote Liste-Arten, darunter Eisvogel, Flussregenpfeifer und Biber. Diese Natur hat sich inmitten einer stark beanspruchten Energie- und Erholungslandschaft gehalten" [4]. Und sie gelte es zu schützen und – wenn immer möglich – über das jetzige, eher bescheidene Niveau hinaus zur Entfaltung zu bringen.

Der „Naturpark Ergolzmündung". (Fotos Ursi Schild)

Vor dem Bau der Kraftwerkanlage veränderte sich die Flusslandschaft bei der Einmündung der Ergolz beinahe jährlich: Ufer erodierten und Kiesinseln entstanden, Weichholzauen wuchsen schnell auf und wurden durch Hochwasser wieder weggerissen. Heute ist diese Dynamik weitgehend verloren gegangen: Das Wasser hat sich beruhigt; kleine Auenwald- und Röhrichtzonen sind entstanden, sie ziehen Seefische wie Rotauge und Hecht an. Das nährstoffreiche Sediment und die ausgeglichenere Wasserführung bringen Mengen von Algen, Muscheln, Würmern und Wasserinsekten hervor, was – vor allem im Winter – zahlreiche Enten- und Wasservogelarten, teils aus dem hohen Norden, auf den Plan ruft.

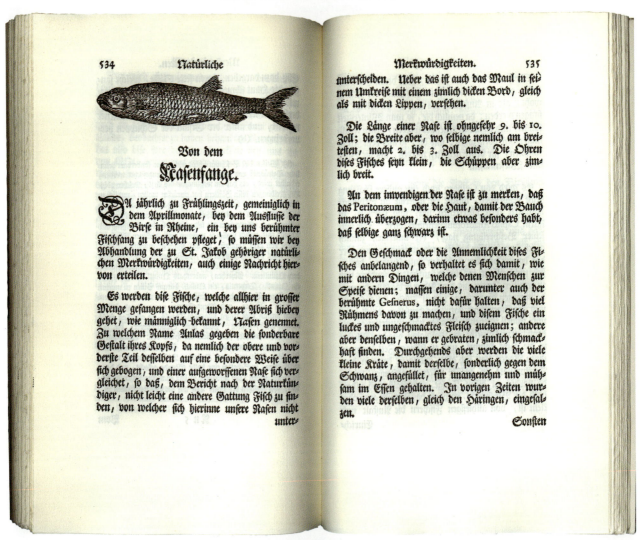

Die Nase. (Aus Bruckners Merkwürdigkeiten)

Die Ergolzmündung und der Nasenstrich

Die verschiedenen Aufstauungen des Rheins sind auch schuld, dass der sogenannte „Nasenstrich" der Vergangenheit angehört. Die Nasen, die vorher rheinaufwärts geschwommen kamen, pflegten im Mündungsgebiet von Wiese, Birs und Ergolz an kiesreichen Stellen zu laichen. Ein erstklassiger Speisefisch war der heute seltene kleine Fisch sicher nicht, denn – so schreibt Daniel Bruckner 1754 in den „Merkwürdigkeiten der Landschaft Basel" – *„die vielen kleinen Kräte, damit derselbe sonderlich gegen den Schwanz, angefül-*

let ist", sind nicht dazu angetan, die Nase der Forelle gleichzusetzen. Den merkwürdigen Namen trug dem Fisch die sonderbare Gestalt seines Kopfes ein, *„da nemlich der obere und vorderste Teil desselben auf eine besondere Weise über sich gebogen, und einer aufgeworffenen Nase sich vergleichet ... und auch das Maul in seinem Umkreise mit einem zimlich dicken Bord, gleich als mit dicken Lippen, versehen ist."* [5]

Der Nasenstrich, der wie der Salmenfang seit langem der Vergangenheit angehört, war jeweils in Augst wie auch in Kaiseraugst ein Dorfereignis. Am Rueditag, dem 17. April, erwartete man nämlich in der Ergolz die ersten Nasen. Sie suchten um diese Zeit hier und in anderen stillen Nebenflüssen des Rheins an kiesreichen Stellen ihre Laichplätze auf und drängten sich manchmal dicht wie Heringe. Für die männliche Bevölkerung der beiden Dörfer brach jetzt eine bewegte Zeit an. Bei Einbruch der Dunkelheit versammelten sich die Männer der beiden Dorfschaften am unteren Ergolzufer; die Kaiseraugster auf der Aargauer und die Augster auf der Baselbieter Seite. Die mit Bähre und Sack ausgerüsteten Fischer stellten zunächst einmal fest, welche Stellen die Nasen zum Laichen wählten und warteten dann alle die zum Einsetzen der Bähren günstige Zeit ab. Wenn es endlich ganz dunkel war, gab ein altbewährter Fischer mit dem Ruf „yne" das Zeichen zum Einsatz. Massenhaft konnten jetzt die aufgescheuchten und verjagten Nasen gefangen werden. Sie wurden gleich getötet und in die umgehängten Säcke gestossen. Wenn nach allgemeiner Überzeugung und Erfahrung das weitere Einsetzen der Bähren sich nicht mehr lohnte, gab der gleiche Fischer, der zuvor das Startsignal gegeben hatte, den Befehl „use". Je nach Fangergebnis zogen die Fischer jetzt heim oder lagerten sich am Ufer um ein flackerndes Feuer, wo sie unter Erzählen und Plaudern eine weitere Gelegenheit zum Nasenfang abwarteten. Nach anderthalb Stunden Ruhe ging das Fischen von neuem los; man fischte wieder eine halbe Stunde oder noch länger, setzte sich ein zweites Mal um das wärmende Feuer, und bald brach die Morgendämmerung an. *„Auch beim Nasenstrich sei es nicht mehr so wie amme"*, berichtete die Augster Chronik 1904: *„Die Nasen sind viel seltener und mit dem Heurechen kann man keine mehr herausziehen, wie dies früher schon vorgekommen sein soll."* [6] Tatsächlich hätten sich, wie alte Leute zu erzählen wussten, um die Jahrhundertwende oft so viele Nasen eingefunden, dass man beim Kartoffelpflanzen zu jeder Knolle als Dünger eine Nase gelegt habe. Von einem Baselaugster Fischer wurde erzählt, er habe einen Handwagen voller Fische nach Reigoldswil gezogen, weil in Pratteln und anderen nah gelegenen Orten kein Fisch mehr zu verkaufen gewesen sei. Doch auch in Reigoldswil habe man ihm erklärt, es sei schon einer mit Ross und Wagen dagewesen und habe zwölf Stück für zehn Rappen abgegeben. So gab denn der brave Augster dreizehn Stück für einen Batzen und leerte schliesslich die dreihundert unverkauft gebliebenen Nasen in einen Strassengraben.

Wie jede Medaille so besass auch die Nasenfischerei ihre Kehrseite, liess es sich doch beim besten Willen nicht vermeiden, dass den Landbesitzern am Rhein und an der Ergolz durch die Fischer Schaden zugefügt wurde. Wahrscheinlich unterstellte man aus diesem Grunde das Nasenfischen, das ursprünglich jedermann freistand, um die Jahrhundertwende einer behördlichen Kontrolle. Doch schon von 1913 an konnte man sich auf der Gemein-

LANDSCAPE UND NATUR

Biberfrass in der Ergolzmündung.

Der Biber.

dekanzlei keine „Nasenkarte" mehr beschaffen: Die Aufstauung des Rheins hatte den Fisch vertrieben.

Bald hundert Jahre später setzt das Kraftwerk auf Wiedergutmachung, im Mai 2002 titelte jedenfalls die Basler Zeitung etwas rätselhaft: „80 000 Nasen im Glück". Und mit diesem Glück hatte es folgende Bewandtnis. Als das Augster Kraftwerk in den Jahren 1990 bis 1994 um- und ausgebaut wurde, blieben zwei Turbinenkammern unbesetzt, da von den früher zehn im Betrieb stehenden Turbinen nur noch sieben wieder eingesetzt wurden. Die Leitung des Kraftwerkes stellte nun der Baselbieter Jagd- und Fischereiverwaltung eines dieser freien Einlauflöcher für die Nasenaufzucht zur Verfügung. Die Initianten gingen dabei von der Überzeugung aus, dass Fische, die in einer natürlichen Rheinwasser-Kinderstube aufwachsen, im offenen Rhein mit sehr viel mehr Erfolg ausgesetzt werden können, weil sie sich nicht erst an ein „neues" Gewässer gewöhnen müssen. Der im Kraftwerk ausgesetzte Laich wurde übrigens in Zusammenarbeit mit dem Basler Fischerei-Inspektorat der Wiese entnommen. Auch wenn es an der Ergolzmündung sicher nie mehr einen Nasenstrich geben wird, die Hoffnung bleibt, dass die Nase in Zukunft wieder ein ganz normaler Rhein- und Ergolzbewohner wird.

Der Biber

Auch der Biber könnte im dritten Jahrtausend wieder das Rhein- und Ergolzgebiet bewohnen. 1805 wurde im unteren Birstal der letzte Schweizer Biber erlegt. Gejagt wurde er vor allem wegen seines heiss begehrten äusserst dicken Felles – 23'000 Haare pro cm^2 – und eines Drüsensekretes, das als sogenanntes Bibergeil als Heilmittel Verwendung fand. Weil der Biber im Übrigen wegen seiner Schwanzflosse als fischähnliches Wesen galt, durfte er während der Fastenzeit gegessen werden. Lange Zeit galt der scheue Flussbewohner als ausgestorben; seit 1956 ist er jedoch wieder an der Versoix bei Genf heimisch. 1996 konnte dann im Rechen des Kraftwerks Augst ein Biber lebend geborgen werden. Er war gewissermassen ein Vorbote dieser sympathischen Nager, die sich von Osten her den Hochrhein hinunter wieder ausbreiten. Und tatsächlich, nur wenig später, am 29. April 1998 fanden sich auf der Kaiseraugster Seite des Mündungsgebietes der Ergolz, dort wo sich wegen der geringen Fliessgeschwindigkeit seit dem Stau eine Verlandungszone mit Röhricht entwickelt hat, erste Biber-Frassspuren. Ein kleiner an das Röhricht anschliessender Streifen Auenwald, der aus Silber- und Korbweiden sowie Erlen besteht, hatte es dem Nager angetan. Wie sich später herausstellte, handelte es sich nicht um einen „niedergelassenen" Kaiseraugster Biber son-

LANDSCAFT UND NATUR

dern gewissermassen um einen „Grenzgänger", dessen Bau sich auf der deutschen Rheinseite befand. Auf Schweizer Seite gab es bis zu diesem Zeitpunkt keine Möglichkeit, einen Erdbau zu beziehen – zu unnatürlich waren die Ufer, zu viele flächendeckende Störungen gab es, doch liessen neue Ansiedlungen am Aargauer Rhein darauf schliessen, dass es künftig zu einer steten Zuwanderung von Jungtieren kommen könnte. Der Kaiseraugster Gemeinderat liess sich rasch vom ungewohnten Gast begeistern: Er handelte und realisierte die von Fachleuten empfohlenen Biber-Massnahmen.[7] Er liess die Ergolz auf einer Länge von 50 m durch Entfernen der Uferverbauungen und Abflachen der Ufer renaturieren. Ebenso veranlasste er das Graben eines Stichkanals mit Unterwasserzugang zu geeigneten Biberbaustandorten und sorgte für eine Vermehrung der Silberweide, der wichtigsten Futterpflanze des Bibers. Dank dieser Massnahmen soll nun der Biber Gelegenheit bekommen, ein Kaiseraugster Revier zu beziehen, und Biologen rechnen damit, dass dies in den nächsten Jahren geschehen könnte.

Der Eisvogel.

Die Wiedereinführung des Nagers in seinem ehemaligen Baselbieter Stammland, im Birstal nämlich, wo er gemäss der ältesten Naturgeschichte der Schweiz von 1680, der „Historia naturalis Helvetiae curiosa" seit jeher seine „Hölen" hatte, wird auch vom Kraftwerk Augst gefördert: Es hat nämlich in der Schleuse eine „Biberumfahrung" in Form einer Stufe und einer Holzrampe geschaffen. Der optimistische Zeitplan der von „Pro Natura Baselland" 1997 gestarteten Aktion „HALLO BIBER", die für das Jahr 2003 in der aufgewerteten unteren Ergolz eine Biberkolonie vorsah, hat sich bis zur Drucklegung des vorliegenden Werkes leider noch nicht erfüllt, doch deuten alle Zeichen auf eine positive Wende.

Der Eisvogel an der Ergolz

„Einen Eisvogel sehen, ist etwas höchst Seltenes", stellte im ersten nachchristlichen Jahrhundert der bekannte römische Naturforscher Plinius (23 - 79 n. Chr.) fest, und was damals galt, gilt heute erst recht. Die vielen Flussbegradigungen haben in der Neuzeit zahlreiche steile und lehmige Uferpartien vernichtet, die dem zierlichen und so farbenprächtigen Uferbewohner früher ermöglichten, Niströhren anzulegen. Im Kanton Basel-Landschaft leben 14 bis 20, in der Schweiz gut 300 Paare, die sich vor allem über den Jura, das Mittelland und den Kanton Tessin verteilen. Unter günstigen Bedingungen erstreckt sich das Territorium eines Eisvogelpaares über 0,3 bis 2,5 km Flusslauf oder Uferlinie.

In aller Leute Mund war insbesondere ein Augster Eisvogelpaar, das sogar einen Bundesgerichtsentscheid provozierte und damit in der Rechtsgeschichte unseres Landes Eingang gefunden hat. Und das kam so. Auf der flussumströmten Augster Ergolzhalbinsel wurde anstelle der „Aktienmühle" in den neunziger Jahren des vergangenen Jahrhunderts eine neue Wohnsiedlung geplant, wobei vorgesehen war, dem Kanton einen drei bis vier Meter breiten Uferstreifen abzutreten. Von diesem Uferstreifen bis zu den Häusern war noch ein bis zwölf Meter breiter Gartenbereich geplant. Gegen diese Pläne wandten sich der Schweizerische Bund für Naturschutz (SBN) sowie der Bund für Naturschutz Baselland (BNBL), heute Pro Natura. Sie argumentierten, die vorgesehene Überbauung beeinträchtige die vorhandene Uferve-

LANDSCAPE UND NATUR

getation und insbesondere den Lebensraum des Eisvogels, einer bundesrechtlich geschützten Vogelart. Nachdem die Umweltorganisationen beim Regierungsrat kein Gehör gefunden hatten, musste sich das Bundesgericht mit dem Fall befassen. Es entschied am 19. November 1992 zugunsten des Eisvogels, denn gerade in der dicht besiedelten Agglomeration Basel komme der Bewahrung natürlicher Lebensräume ein besonders hoher Stellenwert zu. In der Abwägung zwischen den Interessen von Naturschutz und jenen der Gemeinde Augst auf Nutzung ihrer wenigen Baulandreserven rechtfertige das Gericht eine gewisse Einschränkung des Baupotentials. Es hob den Genehmigungsbeschluss auf und wies die Angelegenheit zur Neubeurteilung an die Vorinstanz zurück, was der Gemeinde und dem Kanton die Möglichkeit eröffnete, eine umweltgerechte Überbauung vorzusehen.

PS: Auch in Kaiseraugst ist der Eisvogel kein Fremdling. Er hat sowohl in der Nähe der Zeppelinbrücke als auch am Rheinufer Nestanlagen.

[1] Bruckner, S. 1078.

[2] Interpretation von Heller-Richoz Max: Der Name Ergolz, in: Baselbieter Heimatblätter, 64. Jahrgang 1999, S. 126.

[3] Heimatkunde Augst 1984, S. 31.

[4] Machbarkeitsstudie Naturpark Ergolzmündung, Gelterkinden, April 1999.

[5] Bruckner über Nasen und Nasenfang S. 534-538, 577, 631, 633, 649.

[6] Augster Chronik 1904.

[7] Berchten Felix/Stingelin Karin: Biber Kaiseraugst, Bildbericht zu den ausgeführten Gestaltungsarbeiten, Reinach 1999.

LANDSCHAFT UND NATUR

Der Stausee – Naherholungs- und Naturschutzgebiet

Die Bedeutung des Stausees als Ort des Naturschutzes

Als 1912 der Stausee Augst-Wyhlen entstand, hätte es wohl kaum jemand für möglich gehalten, dass sich neunzig Jahre später eine von nahezu hundert Teilnehmerinnen und Teilnehmern besuchte internationale Fachtagung im Kraftwerk Augst nicht mit technischen Aspekten der Energiegewinnung sondern mit naturschützerischen Problemen der Flusslandschaft Augst-Kaiseraugst und Wyhlen befassen würde. Die Faszination der neuen Energiegewinnung liess 1912 keinen Raum für Überlegungen des Naturschutzes, und die Wunden, die der Kraftwerkbau der Landschaft damals zweifellos zufügte, wurden kaum wahrgenommen. Heute hat sich das Blatt gewendet: Wir haben erkannt, dass Natur nicht einfach unbeschadet ausgenützt werden kann, sondern eines intensiven Schutzes bedarf – nicht nur um ihrer selbst willen, sondern letztlich auch für uns Menschen.

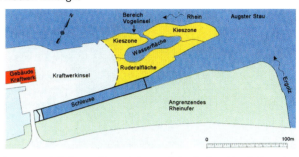

Neues Leben auf der Kraftwerkinsel: Lageplan mit den vom Kraftwerk neu gestalteten Flächen; gelb eingefärbt: die Vogelinsel. (Aus dem Gestaltungsplan des Kraftwerks Augst)

Wie stark sich der „Lebensraum Rhein" seit 1912 durch menschliche Eingriffe verändert hat, wird vor allem auf der linken Seite des Rheinufers im Bereich der Gemeinde Kaiseraugst deutlich: Naturnahe Uferabschnitte gibt es nur gerade an der Ergolzmündung, im Ortsbereich dagegen verläuft direkt am betonierten Ufer ein langer Fussweg, zudem sind weite Uferabschnitte durch Bootsanlegestellen und -liegeplätze belegt. Auch oberhalb des Ortes bestimmt die Freizeitnutzung die Ufergebiete. Die wenigen zugänglichen Abschnitte sind durch Vereinsheime, Angelplätze oder als Bootsliegeplätze genutzt. Und selbstverständlich hat sich durch den Stau auch die Fliessgeschwindigkeit des Rheins verändert: Der ehemals dynamische Fluss hat sich zu einem trägen und langsam dahinschleichenden Gewässer gewandelt, zu einem sogenannten See, und mit der Beruhigung des Wassers sind Seefische wie Rotauge und Hecht eingezogen.

Die Kraftwerke Augst-Wyhlen und Rheinfelden und der Naturschutz

Eine Schlüsselrolle in der Naturschutzdiskussion nimmt das Zwillingskraftwerk Augst-Wyhlen ein. Seine Leitung sah und sieht sich vor die Frage gestellt: Steht die Naturschutzidee im Widerspruch zur Nutzung der Wasserkraft oder lassen sich durch das Zusammenwirken der beiden Bereiche sogar Synergien erzielen? Auch das Rheinfelder Stauwehr der deutschen Energiedienst AG (ehemals Kraftübertragungswerk Rheinfelden, Baden), das 2002 ebenfalls erneuert wurde, stellt sich diesen Überlegungen. Um die Qualität des Rheinufers zu erhöhen, gaben die Gemeinden Kaiseraugst und Rheinfelden 1999 eine Studie in Auftrag. Sie ging vom heute anerkannten Grundsatz aus, dass das Ufer eines Fliessgewässers mehr als nur einfacher Übergangsbereich zwischen Land und Wasser ist. Ein naturnahes Ufer bietet für Wasserinsekten, Fische und Vögel nicht nur Verstecke an, sondern auch Nahrungsreviere, Brutplätze, Kinderstuben und An-

Auf der Vogelinsel.

LANDSCHAFT UND NATUR

Die Vogelinsel kurz nach Fertigstellung. Von links nach rechts im Bild: Ruderalfläche, Kieszone und Rhein. (Foto aus dem Infoblatt)

sitzwarten, alles Aufgaben, die ein befestigtes, strukturloses und damit naturfernes Ufer nicht erfüllen kann. Einige der in der Studie vorgeschlagenen Massnahmen sind bereits im Frühjahr 2000 umgesetzt worden. Realisiert hat sie die Gemeinde, finanziert aber wurden sie als Ausgleich für den Neubau des Stauwehrs Rheinfelden von der deutschen Energiedienst AG. Beim Kaiseraugster Campingplatz entfernte man die alten und grösstenteils ausgespülten Drahtschotterkörbe und ersetzte sie durch flache, vor allem für Jungfische ideale Kiesschüttungen; ferner wurden längs des Ufers auf einer Länge von ca. 30 m Raubäume – gefällte Bäume, die am Ufer verankert werden – und Wurzelstöcke angebracht, die mit ihrem Ast- und Wurzelwerk unterschiedliche Strömungsbereiche schaffen. Im Winter 2004/2005 wurde schliesslich das Ufer am Regattasteg in gleicher Weise neu gestaltet, während man das Steilufer unterhalb der Klingentalmühle durch Blocksteinbuhnen in Stillwasserzonen und Flachwasserbereiche gliederte. All diese Massnahmen helfen nicht nur vielen und verschiedenen Tierarten, sie sorgen darüber hinaus für ein abwechslungsreiches Landschaftsbild und steigern damit den Erholungswert des Ufers für die Menschen. Wichtig ist ferner, dass die Renaturierungsmassnahmen den Bade- und Ruderbetrieb in keiner Weise beeinträchtigen und letztlich auch die Fischgründe für die Fischer und Hobbyangler verbessern.

Der Flussregenpfeifer – ein modernes Märchen

„Es war einmal ein Vogel mit dem wohlklingenden Namen Flussregenpfeifer, der an wilden Flüssen lebte. Seine Eier waren als Kieselsteine getarnt, und er legte sie in die von Hochwasser frisch aufgeschütteten Kiesbänke. Doch dann zähmten Flusskorrektionen die Wildheit der Flüsse. Staustufen liessen zusätzliche Abschnitte mit trägen Stauseen entstehen. Vergeblich suchte der Flussregenpfeifer Kiesbänke zum Brüten. Erst im Jahr 1995 entdeckte er wieder eine Kiesinsel beim Kraftwerk Augst und entschloss sich spontan zu brüten – Eine kleine Bilanz des spannungsvollen Nebeneinanders von modernster Technik und Natur."[1]   *(Zeichnung Annemarie Schelbert)*

Auch das Kraftwerk Augst-Wyhlen ist nicht untätig geblieben. Anlässlich der Erneuerung 1994/95 legte der Kraftwerkbetreiber gemäss Artikel 23 „Landschaftsschutz sowie Natur- und Heimatschutz" der Konzession einen Gestaltungsplan vor, dessen Projektierung und Ausführung mit der Abteilung für Natur- und Landschaftsschutz des Kantons Basel-Landschaft entwickelt worden war. So entstand auf der verlängerten Insel im oberen Schleusenvorhafen eine kleine, naturnahe Halbinsel, die sogenannte Vogelinsel; sie soll dem hochgefährdeten Flussregenpfeifer als neue Heimat dienen:

„Kies- und Sandbänke, bewachsen und unbewachsen, frisch aufgeschüttet und beim nächsten Hochwasser wieder weggeschwemmt, gehörten in die ursprüngliche Flusslandschaft des Rheins. Bedingt durch Korrekturen, Verbauungen und Stauwerke ist die Dynamik des Rheins heute verschwunden,

LANDSCAFT UND NATUR

und Kiesbänke sind Mangelware. Spezialisierte Pflanzen und Tiere, sogenannte Pioniere, brauchen aber genau diese wenig bewachsenen Kiesflächen als Lebensraum. Einer ihrer Vertreter ist der Flussregenpfeifer. Er brütet nur auf nicht oder kaum bewachsenen Kiesflächen. Da wenig bewachsene Kiesbänke heute sehr selten sind, ist er auf Kiesgruben ausgewichen. Sein Bestand in der Schweiz liegt bei ungefähr hundert Brutpaaren. Er ist auf der Roten Liste der gefährdeten und verletzlichen Arten verzeichnet." [2]

Doch die Vogelinsel soll nicht nur Brutplatz des Flussregenpfeifers werden, mit ihren wenig bewachsenen Stellen, den sogenannten Ruderalflächen, und der seichten nur gerade 10 bis 20 cm tiefen Wasserfläche in ihrem Zentrum dient sie auch andern Wasser- und Watvögeln als wichtiger Rast- und Nahrungsplatz. Um die vegetationsarmen, für Pflanzen und Tiere gleichermassen wertvollen Flächen zu erhalten, ist periodische Pflege notwendig. Es gilt, die fehlende natürliche Dynamik des Rheins künstlich nachzuahmen. Das Personal des Kraftwerks und Mitglieder des Kaiseraugster Natur- und Vogelschutzvereins erledigen diese Aufgabe jeweils in freiwilliger Fronarbeit – zu Gunsten des Rosmarinblättrigen Weidenröschens und des seltenen und hübschen Regenpfeifers, der mit seinen schnellen und etwas ruckartigen Laufbewegungen die Aufmerksamkeit auf sich zieht.

Der Stausee als Lebensraum für Wasser- und Watvögel

Als Lebensraum für viele Wasser- und Watvögel, sei es als Brutvögel, nordeuropäische Durchzügler oder Wintergäste, hat insbesondere der Altrhein seit Mitte des letzten Jahrhunderts zusehends an Bedeutung gewonnen. Die ausgeglichenere Wasserführung des Rheins hat die Entwicklung grosser Mengen von Algen, Muscheln, Würmern und Wasserinsekten begünstigt, was wiederum – vor allem im Winter – zahlreiche Enten- und Wasservogelarten auf den Plan ruft. So dient der Stausee heute trotz seiner vergleichsweise bescheidenen Grösse als wichtiges Verbundglied zwischen dem Aarestausee bei Klingnau im Osten und den oberrheinischen Überwinterungsgebieten im Westen.

Der Leser mag sich an dieser Stelle vielleicht fragen, warum in einer „Geschichte von Augst und Kaiseraugst" auch vom Altrhein die Rede ist, einem Gebiet, das doch in Deutschland liegt und darum auch von Freiburg i. B. aus als Naturschutzgebiet verwaltet wird. Eine entsprechende Verordnung datiert vom 31. März 1953, eine zweite heute noch gültige vom 18. September 1975 und eine dritte, die dem veränderten Freizeitverhalten Rechnung tragen soll, ist in Vorbereitung. Die Beantwortung der Frage fällt nicht schwer: Natur ist unteilbar, sie kümmert sich weder um kommunale noch staatliche Grenzen, und was auf der deutschen Seite des Rheins geschah, geschieht oder geschehen wird, bleibt nicht ohne Einfluss auf die Schweizer Rheinlandschaft und umgekehrt. Soll der Rhein bei Augst, Kaiseraugst und Wyhlen für kommende Generationen sowohl als Naherholungsgebiet wie auch als Schutzzone für Wasser- und Watvögel erhalten bleiben, so ist grenzüberschreitende Kooperation der Behörden und der Naturschutzverbände nicht einfach Wunschdenken, sondern gebieterische Notwendigkeit.

In Übereinstimmung mit den deutschen Bemühungen um den Schutz der Rheinlandschaft hat darum die Vogelwarte Sempach 1995 den Augster Stau,

Der Haubentaucher. (Foto Alex Labhardt)

LANDSCAPE UND NATUR

der im Zonenplan der Gemeinden Augst und Kaiseraugst als Naturschutzzone figuriert, ins Inventar der Wasservogelgebiete von nationaler Bedeutung aufgenommen. Regelmässige Wasservogelzählungen belegen die Richtigkeit dieses Entscheids. So beträgt beispielsweise der Winterbestand der Krickente in der Schweiz rund 3'100 Tiere, im Augster Stau sind davon regelmässig 200 anzutreffen. Das eigentliche Wahrzeichen des Augster Staus ist indessen der schmucke Haubentaucher, der im Winter mit ca. 30 Exemplaren vertreten und im Sommer auch als Brutvogel anzutreffen ist.

Der Stausee – ein Naherholungsgebiet

Doch die Enten, Taucher und Schwäne sind nicht die einzigen Nutzniesser des Stausees, sie haben ihn mit den Entspannung und Erholung suchenden Menschen zu teilen. Ein Nutzungskonflikt zwischen Natur – sprich Lebensraum für zahlreiche Vogelarten – und Naherholungsgebiet für den Menschen ist programmiert; doch weder auf die eine noch die andere Inanspruchnahme kann und soll verzichtet werden, beide haben ihre Existenzberechtigung. Und so gilt es denn, einen für beide „Parteien", für Tier und Mensch, tragfähigen Kompromiss zu finden, Partnerschaft zu üben.

Renaturiertes Rheinufer mit „Totholz". (Foto André Schumacher)

Die Krickente.

Wer heute, im beginnenden 21. Jahrhundert, an einem Sommerwochenende auf schmalem Pfad einen Spaziergang entlang dem Stausee unternimmt, wird Zeuge eines lebhaften Motor-, Segel- und Ruderbootverkehrs. Im Staugebiet des Rheins sind auf Schweizer Seite nicht weniger als 140 Boote registriert; ihre Besitzer sind Angehörige verschiedener Vereine – Basler Ruderclub, Ruderverein Rheinfelden/Baden, Basler Segelclub, Prattler Segelclub, Wassersportfreunde Rheinfelden e. V., Bootsclub Rheinfelden und Bootsclub Augst. Für sie alle ist der Stausee der einzige „See" in unmittelbarer Nähe. Hier verbringen sie ihre Freizeit und üben sich in Segel- und Ruderfertigkeiten. Ab und zu durchpflügt zudem ein stolzes Schiff der Basler Personenschifffahrt den Stausee, und natürlich gehören auch Frachtkähne zum Bild.

Keine Störung geht von jenen Menschen aus, die entlang des Naturschutzgebietes wandern. Dank der 1995 erfolgten Öffnung des Stauwehrs als Rhein- und Grenzübergang für Fussgänger und Velofahrer sowie der Möglichkeit, für die Flussüberquerung die Rheinfähre Kaiseraugst – Herten zu benutzen, ist ein attraktiver Rundweg entstanden, der von den Naturschutzverbänden in Zusammenarbeit mit dem Kraftwerk ausgeschildert wurde. Hinweis- und Informationstafeln bringen den Wanderern die Besonderheiten des Gebietes näher. Realisiert wurden auch geringfügige Auslichtungen im Hangwald, der den Altrhein begleitet; sie verbessern die Sicht auf die Wasserfläche und den Schilfbereich längs des Ufers.

LANDSCHAFT UND NATUR

Auch der Bade- und Freizeitbetrieb, der an warmen Sommertagen den Stausee belebt, lässt sich bei Befolgung gewisser einschränkender Regeln weitgehend in Einklang mit der Natur bringen. So wurde beispielsweise das als Brut- und Ruheplatz wichtige und unter Naturschutz stehende Inseli, das heute von einem dichten und artenreichen Feldgehölzstreifen überzogen ist, für den Badebetrieb gesperrt.

„Der grösste Störfaktor für die Tierwelt ist indessen der Bootsbetrieb. Zwar ist im östlichen Teil mit der Flachwasserzone das Betreten und Befahren ganzjährig untersagt, aber der westliche Teil des Naturschutzgebietes ist von April bis einschliesslich November für den Bootsverkehr freigegeben. Während dieser Zeit hat sich ein lebhafter Segel- und Ruderbetrieb entwickelt, der bei günstiger Witterung ununterbrochen vom Morgen bis in den späten Abend dauert. Segelschulen, vor allem Windsurfer, befahren das Gewässer und geben mit Megaphonen von Motorbooten aus Anweisungen und weithin schallende Befehle an ihre Schüler. Auch die schmale Insel ist nicht sicher. Sie wird an der Südwestspitze schwimmend vom gegenüberliegenden Badeplatz aus erreicht oder auch von der Flussseite her von anlandenden Booten, die oft aus der Schweiz von dem am anderen Ufer befindlichen Campingplatz kommen. Diese Aktivitäten stören im Frühjahr und Sommer das Brutgeschäft vieler Wasservögel, besonders auch des Haubentauchers. Viele Nester werden dadurch von den Altvögeln verlassen und die Brut aufgegeben. Eine wesentliche Beruhigung des Gebietes während der Brutzeit könnte erreicht werden, indem ganzjährig auch der westliche Teil für den Bootsverkehr gesperrt würde." [3]

---

[1] Bäumler Esther, S. 73.

[2] Bäumler Esther: Der Flussregenpfeifer – ein modernes Märchen, aus: wasser, energie, luft, 98. Jg 1997, Heft 3/4, 5401 Baden, S. 73f.

[3] Wendt Gernot: Das Naturschutzgebiet „Altrhein Wyhlen", eine Attraktion für Natur und Besucher, NABU Lörrach. S.6.

LANDSCHAFT UND NATUR

Naturschutz im Dorf – Planen für eine intakte Umwelt

1987: Das Kaiseraugster Naturschutzinventar

Natur- und Umweltschutz ist in Kaiseraugst spätestens seit 1987 fester Bestandteil der kommunalen Politik. In diesem Jahr erschien das von einem Architekten und Planer ausgearbeitete Inventar über Naturschutzgebiete und -objekte der Gemeinde. In bunter Vielfalt und fotografisch belegt, werden da 49 Natur-Standorte dokumentiert: Fett- und Trockenwiesen, Hecken, Obstgärten, Heide mit Dornbüschen, Grubengelände, Trockenborde, Bächlein, Waldweiher sowie Feld- und Autobahngehölze, jeweils mit geografischen Koordinaten, Grösse und Beschreibung. Das Inventar klassifiziert die verschiedenen Objekte in erhaltenswerte und wertvolle. Eine kurzgefasste Auflistung der für den Schutz notwendigen Massnahmen rundet das Ganze ab.

▬ *Vernetzungsachsen Pratteln-Rheinfelden um das Jahr 2000 und* ● *Lebensräume bedrohter Arten trocken-warmer Standorte. (Aus der Broschüre „Naturschutzkonzept für die Hochrheinebene der Gemeinde Kaiseraugst")*

Hochstamm-Obstbäume Lienertshalde. (Foto Giuseppe Esposito)

Begleitet wurde das Naturschutzinventar, das auf eine kantonale Initiative zurückgeht, von einem ornithologischen Inventar. Wir greifen daraus nur gerade eine Vogelart heraus, die lange Zeit für Kaiseraugst sehr typisch war, seit 2003 aber verschwunden ist – die Rede ist von der Uferschwalbe. Der kleine Vogel nistete in kleineren oder grösseren Kolonien in den Steilwänden der Kiesgruben. Als aber der Kiesabbau immer mehr zurückging und die aufgelassenen Gruben aufgefüllt und rekultiviert wurden, gingen ihm diese Nistmöglichkeiten verloren, und so ist es – gewissermassen unter unseren Augen – zu einer bedauerlichen Verarmung unserer Vogelwelt gekommen.

LANDSCHAFT UND NATUR

1989: Der Plan zur Nutzung des Kulturlandes

Natur- und Umweltschutz ist in Kaiseraugst nicht einfach schöngeistiges Lippenbekenntnis, sondern spätestens seit 1989 auch gelebte Wirklichkeit. Denn in diesem Jahr erliess die Gemeindeversammlung – gestützt auf das Bundesgesetz über die Raumplanung (1979) sowie das kantonale Baugesetz, die Verordnung zum Schutze des Rheins, das Dekret über den Natur- und Landschaftsschutz und das eidgenössische Forstgesetz – einen Plan zur Nutzung des Kulturlandes mit einer entsprechenden Nutzungsordnung. Er regelt die Bodennutzung ausserhalb der Bauzone und gliedert sich in zwei Hauptkapitel; das erste ist den allgemeinen Bedingungen und der Zoneneinteilung gewidmet, das zweite den Bestimmungen für die einzelnen Zonen.

Nutzungsplanung ist kein Luxus, sondern gebieterische Notwendigkeit, wenn wir uns auch in Zukunft in unserer Landschaft wohl fühlen wollen. Sie geht von der Tatsache aus, dass wir in der kleinräumigen Schweiz wegen der Schaffung neuer Wohngebiete, der Industrialisierung und der Mobilität zuviel „Landschaft" verbrauchen, und steht unter dem Motto: Retten, was noch zu retten ist!

Die von einer örtlichen Kommission erarbeitete Nutzungsplanung ging für das Kulturland von den Zonen Landwirtschaft, Naturschutz, Landschaftsschutz und einer Restzone „übriges Gemeindegebiet" aus. Der Landwirtschaftszone wurden Gebiete zugeordnet, deren Böden sich aufgrund ihrer Lage und Qualität für die landwirtschaftliche Nutzung eignen; Natur- und Landschaftsschutzzonen sollen dagegen dem Überleben seltener Tier- und Pflanzenarten dienen sowie Gewässer und Naturdenkmäler schützen. Angesichts der im Kaiseraugster Gemeindebann schon weit fortgeschrittenen Überbauung und Nutzung waren in diesem Sinn nur noch wenige Gebiete zu inventarisieren:

Der Challerenweiher. (Foto Giuseppe Esposito)

• Ergolzmündung:

„*Die ehemalige Mündung der Ergolz in den Rhein wird heute durch das Kraftwerk Augst aufgestaut. Durch die geringe Fliessgeschwindigkeit ist auf der Kaiseraugster Seite der Ergolz eine ausgedehnte Verlandungszone entstanden, die allmählich in einen auenähnlichen Wald übergeht. Obwohl flächenmässig eher klein, wird das Gebiet doch von verschiedenen Vogelarten als Rast-, Brut- oder Überwinterungsquartier genutzt. Im überfluteten, auenähnlichen Teil laichen jedes Frühjahr Amphibien.*"

• Violenbach / Böötme:

„*Die der Einwohner- resp. Ortsbürgergemeinde gehörende Fläche von ca. 1,4 ha könnte ohne grösseren Aufwand wieder in eine Wässermatte umgewandelt werden... Wässermatten, einst in der ganzen Schweiz verbreitet, stellten ein System zur extensiven, aber umweltfreundlichen Düngung von Wiesen*

61

LANDSCHAFT UND NATUR

Seit 1991 hat Kaiseraugst wieder sein Storchennest. (Foto Urs Wullschleger)

Die Kaiseraugster Störche

Was heute für die Kaiseraugster Bevölkerung optisch und akustisch längst selbstverständlich ist, die klappernden Störche auf dem Turm der christkatholischen Kirche, ist ebenfalls Teil des Naturschutzes und hat eine planerische Vorgeschichte. Sie begann im Herbst 1990 mit dem Instandstellen des alten Storchennestes und dem Anbringen einer weissen Lockfarbe auf dem Dach. Und siehe da, das Experiment gelang, und bereits im Frühling 1991 wurde der Horst nach einem sechzigjährigen Unterbruch wieder bezogen. Seine Belegschaft war, wie es der heutigen Zeit entspricht, international. Der Storchenvater stammte aus einer Brut des Basler Zoos, die Mutter, eine gebürtige Elsässerin, aus Seltz. Zwei Jungstörche konnten ausgebrütet werden. Bis 2005 hat sich die Zahl der in Kaiseraugst flügge gewordenen und beringten Jungstörche auf stolze 36 erhöht. Störche ernähren sich nicht, wie man landläufig annimmt, in erster Linie von Fröschen; ihre Hauptnahrung sind Regenwürmer, Insekten, Käfer und Mäuse, und so lange noch in der weiteren Umgebung von Kaiseraugst, diesseits und jenseits des Rheines, naturnahe Felder existieren, wird der Storch auch in Zukunft das Nest auf der christkatholischen Dorfkirche beziehen.

PS: Auch in Augst war der Storch im 19. Jahrhundert ein gern gesehener Gast. Er nistete auf dem „Turm" der Anstalt. Der 2001 auf dem Dach des Kraftwerks bereitgestellte Horst wurde bis 2006 noch nicht bezogen.

und Weiden dar. Ihr heutiger Nutzen liegt im kulturhistorischen Wert. Sie legen Zeugnis ab von einer traditionellen Nutzungsform und können als Anschauungsobjekt dienen." (Siehe auch den Abschnitt 'Wässermatten' im Kapitel Landwirtschaft)

• Lienertshalde-Dachshalde:

„Die Lienertshalde (Nord-Abhang) mit ausgedehnten Brombeerhecken und einem Hochstamm-Obstgarten soll unter Naturschutz gestellt werden. Obstgärten haben eine bedeutende ökologische Rolle: Nist- und Futterplatz, Wachtposten. Die südlich davon liegenden Gebiete Uf em Berg und Dachshalde sollen als Landschaftsschutzzone ausgeschieden werden. Heute wird dieses Areal sehr intensiv genutzt (Ackerbau, Baumschule), woran sich nicht viel ändern dürfte. Zudem durchzieht leider ein Netz von geteerten Flurstrassen das Gelände. Ziel ist es hier, die noch verstreut vorhandenen Natur-Inseln (Baumgruppen, Gehölze, Obstbäume, Wiesen) miteinander zu verbinden und im Sinne eines verbesserten Lebensraumes für Tier- und Pflanzenwelt aufzuwerten."

• Grube Rinau:

Sie hatte sich im Laufe der Jahre, wie das ornithologische Inventar belegt, zur artenreichsten Fläche der Gemeinde entwickelt, doch sollte sie zur Gewinnung von Bauland aufgeschüttet werden. Die Kommission stellte sich die Frage, ob mindestens teilweise ein Ersatzbiotop geschaffen werden könnte. Doch Nutzungspläne sind so lange wertlos, als sie nicht in ein praktikables Regelwerk umgesetzt werden, welches erlaubt, vor Ort mittels gezielter Massnahmen die anvisierten Schutzziele zu realisieren. In diesem Sinn erteilte der Gemeinderat am 8. Mai 1992 einer Ökofirma den Auftrag, nicht nur für die oben aufgelisteten Gebiete, sondern für die ganze Hochrheinebene zwischen der Eisenbahn im Norden und dem Waldrand südlich der Autobahn sowie zwischen der Überbauung Liebrüti im Westen und der Gemeindegrenze im Osten ein umfassendes Naturschutzkonzept auszuarbeiten. Das nun seit 1993 vorliegende Konzept stützt sich einerseits auf die eidgenössischen und kantonalen Rechtsnormen – sie legen fest, welche

Lebensräume geschützt und/oder wertvoll sind – anderseits auf anerkannte wissenschaftlich untermauerte Einschätzungen über den Zustand der Flora und Fauna.

Die Korridorfunktion des Hochrheintals

Das Konzept geht von der bereits früher erwähnten Korridorfunktion des Hochrheintals aus, die ungeachtet der dichten Besetzung durch Siedlungen, Autobahnen, Strassen, Hafen- und Bahnanlagen auch heute noch ungebrochen ist. Um sie auch in Zukunft zu gewährleisten, fordert die Studie den Schutz und die Vernetzung aller noch vorhandenen naturnahen Lebensräume – es sind dies die ungenutzten, lückenhaft bewachsenen und kiesigen Flächen der Gruben, die Geleiseanlagen, Lagerplätze und die dazwischen noch brachliegenden Böschungen sowie das potentielle Bauland. All diese Standorte zeichnen sich dank Sonne, Wind und durchlässigem Boden durch extreme Trockenheit aus. Sie gewähren darum zahlreichen Pflanzen- und Tierarten, deren Hauptverbreitungsgebiete oft im Mittelmeerraum oder in den Steppen Osteuropas liegen, Überlebenschancen; in der Nordwestschweiz können sie sich nur gerade auf den Schotterflächen der Rheinebene behaupten. Es gilt daher, diese Korridore von regionaler und teilweise sogar nationaler Bedeutung möglichst umgehend zu erhalten, resp. zu verbessern.

Die Kreuzkröte ist eine für die trocken-warmen Verhältnisse in der Rheinebene charakteristische Bewohnerin. Sie zählt zu den Amphibienarten, die in der Schweiz stark gefährdet oder vom Aussterben bedroht sind. (Foto aus dem Infoblatt)

„Für die langfristige, natürliche ‚Versorgung' des Mittellandes mit waldmeidenden Tierarten ist es von zentraler Bedeutung, welche Veränderungen in der Rheinebene bei Kaiseraugst stattfinden."

Abgesehen von der Erhaltung der Hochrheinebene als Wanderkorridor verlangt das Naturschutzkonzept, dass das Siedlungsgebiet von Kaiseraugst grundsätzlich möglichst naturfreundlich zu gestalten sei, um wildlebenden Tier- und Pflanzenarten Lebensraum und Unterschlupf zu gewähren. Wertvolle Flächen im Industrie- und Wohngebiet sollen darum erhalten, aufgewertet oder neu als ökologische Ausgleichsflächen geschaffen und mit Korridoren vernetzt werden. Und wer an diesen Dringlichkeitsappell nicht glauben mag, dem gibt das Konzept die folgende Liste der in den letzten beiden Jahrzehnten im Gebiet der Rheinebene bereits ausgestorbenen und bedrohten Tiere und Pflanzen zu bedenken:

Ausgestorbene Tiere im Lebensraum Rheinebene
Amphibien: *Kammmolch, Teichmolch, Laubfrosch*
Reptilien: *Smaragdeidechse*
Brutvögel: *Baumpieper, Braunkehlchen, Feldschwirl, Haubenlerche, Hohltaube, Raubwürger, Rotkopfwürger, Schwarzkehlchen, Steinkauz, Uferschwalbe.*

Bedrohte Tiere im Lebensraum Rheinebene
Amphibien: *Gelbbauchunke, Kreuzkröte, Wasserfrosch*
Reptilien: *Blindschleiche, Mauereidechse, Ringelnatter, Zauneidechse*
Vögel: *Flussregenpfeifer*
Säugetiere: *Feldhase, Iltis*

Bedrohte Pflanzenarten im Lebensraum Rheinebene
auf Kiesflächen und auf Ödland   70
auf Wiesen, Äckern und in Feuchtgebieten   20

LANDSCHAFT UND NATUR

Es würde im Rahmen einer Ortsgeschichte zu weit führen, die vom Naturschutzkonzept vorgesehenen und seit seiner Inkraftsetzung teilweise auch bereits realisierten Massnahmen an dieser Stelle ausführlich zu behandeln.

Naturschutz in der Praxis

Eines steht fest: Das Naturschutzkonzept hat dem Gemeinderat und seinen Organen eine grosse Verantwortung übertragen. Er sucht sie im Gespräch mit Liegenschaftsbesitzern, Bauherren und Baukonsortien im Sinne des gesetzlichen Auftrags von Bund und Kanton wahrzunehmen, doch nicht immer verlaufen seine Bemühungen positiv. Denn noch gibt es leider Menschen, die für ökologische Massnahmen wenig Verständnis aufbringen und die gesetzlichen Vorgaben bewusst oder unbewusst unterlaufen. Anderseits ist nicht zu leugnen, dass sich eine naturnah gestaltete Umgebung, auch wenn sie im ersten Moment kahl und karg aussehen mag, im Laufe der Jahre zu einem vielfältigen und artenreichen Landschaftstupfer entwickeln kann, der nicht nur der Natur, sondern auch dem Wohlbefinden des Menschen dient.

Ein neues Biotop: Der Hardweiher. (Fotos Giuseppe Esposito)

"Ein typisches Beispiel ist das Industriegelände der Firma F. Hoffmann-La Roche AG. Die Anlage gilt in der Schweiz als Musterbeispiel. Sie entstand in enger Zusammenarbeit des Unternehmens mit Biologen, den kantonalen Fachstellen und der Gemeinde. Ganz am Rande darf erwähnt werden, dass Anlagen dieser Art weniger Pflege benötigen und somit kostengünstiger im Unterhalt sind ...

Den Grundsatz, naturnahe Flächen anzulegen, stützt der Gemeinderat durch einige Beispiele. Im vergangenen Herbst (1998) wurden Flächen entlang der Mühlegasse und Kantonsstrasse umgestaltet. Ergolzkies ersetzte den Humus. Jetzt können sich einheimische Pionierpflanzen einnisten."

Halten wir zum Schluss nochmals die Grundsätze für die Gestaltung einer naturfreundlichen Umgebung im Baugebiet der Rheinebene fest, wie sie das Infoblatt der Gemeinde im April 1999 umschrieben hat:

• *"Gärten und nicht genutzte Restflächen im Industriegebiet womöglich nur punktuell bepflanzen/ansähen; ausschliesslich Pflanzen und Saatgut standortheimischer Arten verwenden.*

LANDSCAFT UND NATUR

• Alle nur mässig beanspruchten Verkehrsflächen wie Lagerplätze, Zufahrten und Fusswege mit Naturbelag versehen und versiegeln.

• Weitgehend gehölzfreie, gut besonnte und brachliegende Landstreifen in West-Ost-Richtung als Wanderkorridor freihalten.

• Keine Hindernisse für Kleintiere schaffen; aus diesem Grund nur abgeschrägte Randsteine verwenden oder bei Umzäunungen darauf achten, dass sie beispielsweise für Feldhasen passierbar sind.

• Grosse Regenwasserpfützen zulassen und teilweise kahle Weiher mit Kiessohle und flachen Kiesufern für Kreuzkröten und Gelbbauchunken anlegen."

In seinen Bemühungen um Landschafts-, Natur- und Umweltschutz wird der Gemeinderat seit 1989 von einer Kommission unterstützt, ebenso entscheidend ist jedoch, dass die Bevölkerung mitträgt. Und da ist in erster Linie der 1986 gegründete Natur- und Vogelschutzverein zu erwähnen. Er leistet mit seinen Mitgliedern praktische, auf fachmännische Gutachten gestützte Arbeit. Hier eine Übersicht seiner Aktivitäten:

• Heckenpflanzungen: Im Zeitraum von 1994 bis 1999 wurden auf gemeindeeigenem Gebiet rund 500 m Hecke gepflanzt.

• Nisthilfe für Vögel in Feld und Wald.

• Pflege des Challerenweihers und der Kiesinsel beim Kraftwerk Augst.

• Pflanzung von zwei Linden uf em Berg.

• 2002 Pflanzung einer Linde am Westausgang des Dorfes anlässlich der Erinnerungsfeier an die Proklamation des Kantons Fricktal.

• Bau und Pflege einer Trockensteinmauer im Böse Sulz und an der Kraftwerkstrasse nur wenige Meter von der Ergolzmündung entfernt. Sie bietet den Eidechsen Unterschlupf.

Kontrolle der Waldkauzkästen im Wald.

• Pflanzung von 50 Hochstamm-Obstbäumen.

• Seit 2002 Pflege des Obstgartens Lienertshalden.

• Ab 2005 Pflege des Hardbiotops, das als ökologische Ausgleichsmassnahme beim Bau der Querspange N3 – A 98 angelegt worden ist.

Seit dem ersten gesamtschweizerischen Naturschutztag 1995 wird auch in Kaiseraugst alljährlich ein von der Gemeinde und dem Natur- und Vogelschutzverein organisierter „Naturschutztag" durchgeführt. Die rund 50 Aktivisten treffen sich nicht, um schöne Gespräche zu führen, sondern um Hand anzulegen. Ebenfalls findet seit 2002 im April eine „Frühlingsputzete" statt – auch sie dient nicht der Geselligkeit sondern dem praktischen Einsatz, d. h. der Reinigung des Siedlungsraumes.

Der Natur- und Vogelschutzverein beim Bau der Trockenmauer im Böse Sulz. (Fotos aus dem Infoblatt)

LANDSCHAFT UND NATUR

Der Natur- und Vogelschutzverein beim Reinigen des Challerenweihers. (Foto Natur- und Vogelschutzverein Kaiseraugst)

Benutzte Unterlagen:

Nutzungsplan Kulturland, Gemeinde Kaiseraugst 1950.

Marti Partner: Inventar Naturschutzgebiet, Naturschutzobjekte 1987.

Hintermann Urs/ Fiechter Stefan/Weber Darius: Naturschutzkonzept für die Hochrheinebene im Gebiet der Gemeinde Kaiseraugst, Schlussbericht November 1993.

Landschaftsentwicklungsprogramm (LEP) der Regionalplanungsgruppe Unteres Fricktal. Gemeindespiegel Kaiseraugst, September 2001.

Berchten Felix/Hänggi Claudia: Naturgärten, Wanderkorridore, naturfreundliche Umgebungsflächen in Wohn- und Industriezone. Ökologischer Ausgleich im Baugebiet der Gemeinde Kaiseraugst, Bericht und Bilddokumentation, September 2001.

LANDSCHAFT UND NATUR

Das Wetter

Vom Augster und Kaiseraugster Wetter

Das Wetter – es war schon immer ein Dauerthema, nur dass es in der „guten, alten Zeit", als es noch keine Industrie gab und die Bevölkerung weitgehend auf Eigenversorgung ausgerichtet war, bestimmender in den Alltag eingriff als heute: Das Wohlergehen der Menschen hing vom Gedeihen oder Nichtgedeihen der Kartoffel-, Gemüse- und Getreideernte ab. Kein Wunder, dass man darum versuchte, das Wetter mit Bauernregeln, die ganz selbstverständlich in jeden Kalender und in jeden Haushalt gehörten, in den Griff zu bekommen. So kommt es nicht von ungefähr, dass die Augster Heimatkunde von 1863 dem Klima ein eigenes Kapitel widmet. Sie charakterisiert es folgendermassen: *„Unser Klima stimmt in den meisten Beziehungen mit demjenigen Basels überein ... wegen der frischen Luft und der offenen Lage der Gegend ist es aber sehr gesund"* – eine Beobachtung, die sicher auch für Kaiseraugst zutrifft.[1]

Seit je wurden ausserordentliche Witterungserscheinungen besonders beachtet und chronologisch aufgezeichnet wie beispielsweise das Gefrieren des Rheins, die „Gfrörni" oder Trockenperioden. *(Siehe auch das Kapitel „Alltägliches und Denkwürdiges" in Band 1)*

Im Februar 1750 führte der Rhein nur sehr wenig Wasser, ein Umstand, welcher der römischen Forschung zugute kam. So konnte der Basler Historiker Daniel Bruckner am 10. Februar unterhalb der Insel Gwert das wegen des niederen Wasserstandes sichtbar gewordene römische Gemäuer aufnehmen. Er berichtet darüber in seiner Abhandlung „Von den Altertümern des römischen Augsts, dem Gemäure, den Steinschriften, den Bildnissen, den Münzen und dem Geräthe" Folgendes:

„In dem Hornung des Jahres 1750 war der Rhein so klein, als er vorhin fast bey einem Jahrhundert nicht gewesen, daher ohngeachtet die Kälte gross war, die Zeit dennoch sehr bequem gewesen, die Gestalt dises seltenen Gebäudes genau zu besehen; ich nahm daher solches in genauen Augenschein und stellte hiebey dessen Grundriss vor: übrigens konnte man auf dem Boden des Rheins sonst nirgends kein Gemäuer sehen, da doch das Wasser nicht zween Schuhe tief und sehr hell war." [2]

1755 bildete sich vom 7. bis 13. Januar sowie vom 26. Januar bis zum 10. Februar eine tragfähige Eisbrücke.[3] Besonders eindrücklich muss für die Anwohner jeweils das von lautem Krachen begleitete Bersten dieser Eisbrücke gewesen sein. In sol-

Basler klimatische Jahres-Mittelwerte

Aufschlussreich sind auch die klimatischen Jahres-Mittelwerte von 1961 – 1990.
- *Temperatur 9.7 Grad*
- *Anzahl Eistage 15*
- *Anzahl Frosttage 72*
- *Anzahl Sommertage 50*
- *Anzahl Hitzetage 10*
- *Niederschlag 788.3 mm*
- *Anzahl Reiftage 43*
- *Schneefalltage 29*
- *Schneedecke an 30 Tagen*
- *Gewitter 38*
- *Hagel 2*
- *Helle Tage 42*
- *Trübe Tage 163*
- *Sonnenscheindauer in h 1678.6*
- *Sonnenlose Tage 66*
- *Nebeltage 34*

Basler meteorologische Maximalwerte

Die ausserordentlichen Augster und Kaiseraugster Wetterereignisse finden in den von der meteorologischen Anstalt in Basel gesammelten Maximalwerten seit 1775 bis zum Jahre 2003 eine wertvolle Ergänzung.[12] *Die Daten beziehen sich auf Basler Messwerte, lassen sich aber ohne grössere Verzerrung auch auf die Augster und Kaiseraugster Verhältnisse übertragen.*

Höchstes mittleres Tagesmaximum	*1948 mit + 16.79 Grad C*
Tiefstes mittleres Tagesmaximum	*1956 mit + 3.95 Grad C*
Absolutes Maximum	*1983 mit + 39.20 Grad C*
Absolutes Minimum	*1830 mit – 27.00 Grad C*
Frosttage (minimal < 0 Grad C)	*1917 mit 122 Tagen*
Eistage (maximal < 0 Grad C)	*1963 mit 46 Tagen*
Sommertage (maximal > 25 Grad C)	*1947 mit 108 Tagen*
Hitzetage (maximal > 30 Grad C)	*1947 mit 49 Tagen*
Maximaler Niederschlag in mm	*1872 mit 1257 mm*
Minimaler Niederschlag in mm	*1921 mit 400 mm (Augst 522 mm)*
Höchster Tages-Niederschlag	*1872 mit 95 mm*
Totale Schneemenge	*1986 mit 756 cm*
Höchste Schneehöhe	*1931 mit 55 cm (jeweils um 06.45 Uhr)*

LANDSCHAFT UND NATUR

chen Tauperioden türmte sich das Grund- und das Deckeis aufeinander und staute das Rheinwasser, welches sich dann längs des Ufers einen neuen Weg suchen musste.

1830: Ergolzhochwasser

Am Nachmittag des 16. Juli schwoll die Ergolz infolge eines Gewitters im Oberbaselbiet derart an, dass man ihr Wasser von der Augster Brücke aus schöpfen konnte. Die Ergolz schwemmte an diesem Tag nicht nur Bäume, sondern auch Fahrhabe und Hausgebälk in den Rhein und brachte den Stadtbewohnern mit diesen Trümmern erste Kunde von einem Unglück, das im Baselbiet sogar Menschenopfer gefordert hatte. In der Augster Heimatkunde wird die Ergolz darum nicht ohne Grund als *„tückisches Gewässer"* charakterisiert, das nach starkem Regen *„in ganz kurzer Zeit zu einer erschreckenden Höhe"* anschwellen könne.

1852: Der Violenbach führt Hochwasser

„Auch dieser sonst ganz kleine Lauf schwillt zu Zeiten so an, dass er links und rechts die Ufer übertritt und Buchen und Pritschen mit sich fortreisst. Dieses geschah z. B. im Jahr 1852 wirklich und wiederholte sich 1862 zu anfangs September bereits wieder." [4]

1880: Die Ergolz tritt über die Ufer

Der Augenzeuge G. A. Frey erinnert sich: *„Als ich eines Tages von unserem Wohnhaus nach Kaiseraugst in die Schule gehen wollte, da fand ich den Salinenplatz von der hochgehenden Ergolz überschwemmt. Auf einem Weidling wurde ich einige Hundert Schritte weit bis zu einer Stelle gefahren, die nicht mehr überschwemmt war. Nachdem die Wasser sich zurückgezogen hatten, bedeckte ein dicker lehmiger Schlamm das Lochmattgelände und niemand in der Schule begriff besser als ich das Geheimnis der durch den Nil bewirkten ägyptischen Fruchtbarkeit."* [5]

Die in den Jahren 1904 bis 1947 fortgeführte Augster Chronik berichtete alljährlich über den Witterungsverlauf und seine Auswirkungen in Feld und Garten.[6]

1909: Ein regnerischer Sommer

„ ... und oft war das Heu eher dem Mist zu vergleichen."

1910: Ein Hochwasser und seine Folgen

„Am 9. und 20. Januar wurde an vielen Orten Sturm geläutet, wegen Hochwasser. Sogar in Kaiseraugst musste die Feuerwehr resp. Hilfe aufgeboten werden, weil der kleine Violenbach so reissend geworden, und dem Lehrer Kummer sein Wohnhaus drohte zu untergraben; nach einigen Stunden wäre der Einsturz desselben sicher erfolgt. Schon hatte man circa 60 dicke buchene Wellen geopfert, aber das Wasser verschlang alles im Nu, und andere Hilfsmittel mussten angewendet werden. Auch das im Bau begriffene Kraftwerk litt unter den Folgen des Hochwassers, seine Arbeiter konnten viele Tage 'feiern', bis wieder regelrecht gearbeitet werden konnte."

1920: Ein trockenes Jahr

„Das Jahr 1920 kann man als eines der trockensten Jahre des ganzen Jahrhunderts bezeichnen ... Die Ergolz war ganz ausgetrocknet, was seit Menschengedenken nicht mehr vorgekommen, trockenen Fusses konnte man oberhalb des Dorfes das Flussbett überschreiten. Viele tausend Fische giengen zu Grunde. Schulknaben versahen sich mit Büchsen, füllten diese mit frischem

---

Die Augster Regenmess-Station

Augst besass von 1901 bis 1983 eine eigene Regenmess-Station, welche folgende Durchschnittswerte ermittelte.[11]

1901 – 1940	887 mm
1951 – 1950	897 mm
1961 – 1970	944 mm
1971 – 1980	612 mm
1982	1152 mm
1983	866 mm

Wasser und holten die kleinen Fische aus den vertrockneten Tümpeln und trugen sie abwärts ins gestaute Wasser."

1926: Der 22. Juni mit einem starken Gewitter

Die Ergolz trat links und rechts über die Ufer, *„und brachte viel Holz, ganze Baumstämme, etc."*

1928: Ein trockener Herbst

„Eine merkwürdige Folge des trockenen Wetters im Herbst war die Bildung von sog. Wasseralgen auf dem See und der Ergolz; oft war die ganze Fläche bedeckt mit solch grünen Wasseralgen, und dann sah es aus wie eine prächtig grüne Wiese."

1929/1930: Ein kalter Winter

„Das Jahr 1929 brachte uns den kältesten Winter seit hundert Jahren, bereits der Januar machte 11 – 14 Grad Kälte. Die Ergolz war bald ganz zugefroren und bald folgte das Strandbad, und als die Kälte immer stieg, da gefror der Rhein total bis ans Kraftwerk. Mit 20 – 28 Grad Kälte giengen die Leute auf dem sonst so gar zahmen Vater Rhein spazieren; Velos, Motorräder, Reiter mit Pferd, endlich noch ein Wagen mit Pferden tummelten sich nach Herzenslust auf dem fest gefrorenen Rhein. An Samstagen und Sonntagen mögen es viele Tausend gewesen sein, die rheinaufwärts marschirten, auf dem holperigen Eisboden bis Rheinfelden; da aber nahmen viele den Zug, sie waren rechtschaffen müde. Viele Bewohner von Baden machten es sich zu Nutze und holten Spezereien und sonstige Waren, bei dieser Gelegenheit wurden Schweizern beim Bären 5 Velos gestohlen, aber die Diebe waren schnell über den Rhein und die Bestohlenen hatten das Nachsehen. Die Kälte dauerte den ganzen Monat Februar, im März noch 6 – 7 Grad kalt; es war ein teurer Spass, viele Wasserleitungen waren nicht nur in den Häusern, sondern auch in den Zufuhrleitungen im Boden gefroren, und kosteten viel Geld, bis alles wieder im Stand war."

1929 war der Rhein bis unter die Rheinfelder Brücke zugefroren. (Gemälde von F. Reinboldt)

Ein Gewährsmann weiss zu erzählen, dass er in diesem kalten Februar als Dreijähriger schön geborgen im Kinderwagen mit seinen Eltern eine Eiswanderung Kaiseraugst – Warmbach und zurück miterleben durfte.[7] Die Ergolz bot damals der Augster Dorfjugend mit den Gasblasen, die sich unter ihrer dicken Eisschicht gebildet hatten, ein ganz spezielles aber nicht ganz ungefährliches Vergnügen, dem auch Augenbrauen zum Opfer gefallen sein sollen. Zwei Knaben taten sich jeweils zusammen; während der eine die Blasen mit seinen Schlittschuhen aufstach, entzündete sein Kollege mit einem Zündhölzchen das herausschiessende Gas. Bis anderthalb Meter hohe Stichflammen soll es dabei gegeben haben.

Weniger gefährlich war in jenen schneereichen Wintern das Schlitteln – Autos waren noch spärlich, Schwarzräumung und Sandstreuen gab es noch nicht. Da bot die Augster Giebenacherstrasse von den Ruinen bis hinunter zur Ergolzbrücke und zum Rössliparkplatz eine willkommene Schlittelbahn. In Kaiseraugst führte sie, sofern die obere Barriere offen war, von der Land-

LANDSCHAFT UND NATUR

strasse den Gstaltenrain hinab bis zum Fähreplatz. Bei geschlossener Barriere wurde oberhalb des Bahngeleises ein Abstecher nach links entlang der Geleise eingebaut.

1930: Ein stürmischer November

„Das Jahr 1930 brachte 2 stürmische Tage erster Güte ... Am 22. auf den 23sten November wütete nochmals ein grosser Wirbelsturm, der wiederum halbe Dächer der Ziegel entleerte und Kamine zerschmetterte. Am Augster Schulhaus nahm's circa 800 Ziegel ebenso am Gemeindehaus und am Schulhaus Kaiseraugst Kamine, man musste am Sonntag arbeiten, um zu decken gegen den eindringenden Regen, und damit man die Öfen wieder heizen konnte. In den Wäldern waren unzählige Bäume den Stürmen zum Opfer gefallen, und die armen Leute konnten sich genügend für den Winter mit Gratisholz versorgen, wenn sie nicht zu faul waren."

1946/47, 1955/56 und 1962/63: Ergolz und Stausee oberhalb des Kraftwerks zugefroren

Winter 1947. Das Eis staute sich an der Ergolzbrücke, bis ein Durchbruch die gefährliche Situation entschärfte. (Aus Augst anno dazumal)

„Dass es aber dabei leider ab und zu zu tödlichen Unfällen kam, ist die traurige Kehrseite der Medaille. Beispielsweise im Winter 1946/47, als im Badischen drüben noch arger Mangel an Konsumgütern herrschte, kamen die Menschen in Scharen über das Eis, um bei uns einzukaufen. Damals ist mehr als einer von ihnen im Eis eingebrochen und ertrunken. Auch Augst hatte in jenem Winter einen Toten zu beklagen." [8]

1968: Schneedruck

Auch nach dem Abbruch der Augster Chronik blieb die Zeit nicht stehen. Im Januar berichtete der Kaiseraugster Chronist – er war im Nebenamt Förster – von Eisregen und Verheerungen im Gemeindewald:

„Am Sonntag, dem 7. Januar fegte ein starker Sturm mit Regen und Schnee über unsere Gegend. Offensichtlich war im Wald, der ca. 100 m höher als das Dorf liegt, auch der Regen in Schnee übergegangen. Der nasse Schnee blieb besonders an den Fichtennadeln kleben und fror dann nachts daran fest. Dem grossen Gewicht waren schon in diesem Stadium viele Bäume nicht gewachsen. Als dann von Dienstagmorgen bis Mittwochmorgen weitere 40 cm Schnee fielen, war das Unheil da. Die schlanken Bäume wurden juchartenweise zusammengerissen oder aber abgebrochen.

Der zugefrorene Rhein im Winter 1954. (Foto aus Kaiseraugst – wie's damals war)

Nachdem die schweren Stürme vom Februar – März 1967 erhebliche Schäden verursacht haben (ca. 150 m³ Sturmholz), ist dieses neue schwere Unheil in den so viel versprechenden Rottannenbeständen sehr deprimierend. Es ist die grösste Katastrophe, die der Förster in seiner nun 26jährigen Tätigkeit bisher erlebt hat." [9]

1999: Der Sturm Lothar

Wenn von besonderen Wetterereignissen die Rede ist, dann darf natürlich der ausserordentlich starke Orkan Lothar nicht übergangen werden.

LANDSCHAFT UND NATUR

Vorhergehende Seite:
Schäden des Wintersturms „Lothar" vom 26. 12. 1999. (Foto André Schumacher)

Er zog am 26. Dezember 1999 in etwa zweieinhalb Stunden von 10 Uhr bis etwa 12.30 Uhr über die Schweiz hinweg. Dabei überquerte er vom Jura her kommend nacheinander das Mittelland, die Zentralschweiz und die Nordostschweiz. Die Spitzengeschwindigkeiten lagen selbst in Tallagen bei über 140 km/h, entsprechend verursachte der Sturm im Wald, an Gebäuden und Verkehrseinrichtungen grosse Schäden, die in die Hunderte von Millionen gingen. Auch der Kaiseraugster Wald blieb nicht verschont, doch hielt sich der Schaden in Grenzen: In vier, gesamthaft 124 a grossen Gebieten mit 80- bis 100-jährigem Baumbestand wurden etwa 1800 m^3 Holz „geschlagen". Das entspricht etwa der doppelten Jahresnutzung. Betroffen wurden alle Baumarten, selbst die als sturmfest geltenden Eichen.[10]

In Kürze: Das Augster und Kaiseraugster Klima

Zusammenfassend lässt sich das Augster und Kaiseraugster Klima folgendermassen charakterisieren: Es ist für nordwestschweizerische Verhältnisse sehr trocken und warm (wintermild), was an die Bedingungen des Oberrheingrabens nördlich von Basel erinnert. Ein ähnliches Klima findet sich in der Schweiz erst wieder am Jurasüdfuss westlich von Biel. Die Vegetationszeit beträgt ungefähr 220 Tage, der Jahresniederschlag liegt bei etwa 89 cm.

---

[1] Heimatkunde Augst 1863.

[2] Bruckner Daniel: Versuch einer Beschreibung historischer und natürlicher Merkwürdigkeiten der Landschaft Basel, Basel 1723. Stück . S. 2753.

[3] Siehe auch die Kapitel über den Alltag um die Mitte des 19. und 20. Jahrhunderts.

[4] Heimatkunde Augst 1863.

[5] Aus Disler C.: Die Saline Riburg 1848-1948 und ihre aargauischen Schwestersalinen Kaiseraugst und Rheinfelden, Rheinfelden 1948. S. 8.

[6] Augster Chronik 1904.

[7] Rotzinger Hans, Jahrgang 1920, Kaiseraugst.

[8] Heimatkunde Augst 1984, S. 33.

[9] Schauli Hans, Jahrgang 1920, Kaiseraugster Chronist.

[10] Angaben von Gemeindeförster André Schumacher.

[11] Heimatkunde Augst 1984, S. 26.

[12] Alle folgenden Daten sind Herrn Max Baumann von der Meteorologischen Anstalt Binningen zu verdanken.

GESCHICHTSBILDER

Der Kaiseraugster Alltag um die Mitte des 19. Jahrhunderts

Wie gestaltete sich der Alltag der Menschen um die Mitte des 19. Jahrhunderts? War es wirklich die viel beschworene „gute alte Zeit", und wie nähern wir uns ihr? Fragen über Fragen. Dank Franz Xaver Bronners Schilderung der Fricktaler Lebensumstände um 1840 und der Augster Heimatkunde von 1863 sind wir in der Lage, uns recht anschaulich in diese ferne, mehr als hundertfünfzig Jahre zurückliegende Zeit zu versetzen.

1844: Das Fricktal aus der Sicht Franz Xaver Bronners (1758-1850)

Im Rahmen seines Auftrags, den Kanton Aargau zu beschreiben, hat Franz Xaver Bronner gewiss auch Kaiseraugst besucht; so können wir davon ausgehen, dass sein anschaulicher, dem Fricktal insgesamt geltender Augenzeugen-Bericht im Wesentlichen auch für Kaiseraugst zutrifft.[1]

Der Fricktaler Schlag

„Der Frickthaler, ein Stamm von kräftigem Körperbau, ansehnlicher Grösse und aufrechter Haltung, etwas schwerfälligen Ganges, bedächtlichen und ernsten Blickes, vermisst zwar die Munterkeit und Freudigkeit der Berg- und Alpenbewohner, doch wissen sich die lebenslustigen Jungen mit ihren flinken Mädchen fröhlich genug im Tanze zu drehen. Die Tracht, schlicht und einfach, nähert sich der Kleidung der Schwarzwälder, denen das Frickthal mehrere Jahrhunderte lang beigezählt wurde. Zwilch und gröberes Wollentuch macht den Stoff aus. Die ehrbaren Männer zeichnen sich durch lange Kamisöler (Jacken. Der Verfasser), meistens von dunkelrother Farbe, die Weiber durch Bandmaschen auf ihren Häubchen über die Stirn aus. Auf der Brust jedes Mädchens hängt ein Heiligthum in Silber gefasst. Buntfarbig sind ihre Kleider."

Fricktaler Tracht um 1850. (Kolorierter Stich von J. Reinhardt, 1819. Fricktaler Museum Rheinfelden. Foto Werner Brogli, Möhlin. Siehe auch Band 1, S. 223)

„Nahrungsstoffe"

„Die vorzüglichen Nahrungsstoffe der zahlreichen Volksclassen stammen aus dem Pflanzenreiche: Brod von allen Sorten und Gestalten, Erdäpfel unter jeder Form mannigfaltiger Zubereitung, gelbe Rübe, weisse Ackerrüben, Köhl (Wirsing), Kopfkohl, frisch und als Sauerkraut eingemacht, Rettige, Salat, Spinat, Mangold; Hülsenfrüchte: Bohnen, Erbsen, selten Linsen; im Frühling und Sommer frische Beeren, Erdbeeren, Johannisträubchen, Stachelbeeren, Heidelbeeren, Himbeeren, Kirschen jeder Art; im Herbst Brombeeren, Trauben, Pflaumen und allerlei Steinobst, dann Äpfel, Birnen und manche Gattung Kernobst. Für den Winter werden Birnen, Aepfelschnitze, Bohnen, Zwetschgen, Kirschen gedörrt; weisse Rüben hobelt der Krautschneider zu langen Fasern und Riemchen, und salzt sie wie ein Sauer-Chabis. Als Gewürze dienen Zwiebeln, Lauch, Knoblauch, Kümmel, Wachholderbeeren. Aus dem Thierreiche stammen mehrere Milchspeisen, Käse, Eier, Anken (Butter), Schweineschmalz, Schweinefleisch. (Viel seltener wird Rindfleisch, noch seltener Kalbfleisch genossen.) Schafffleisch kömmt nur dort zuweilen auf den Tisch des Landmannes, wo die Schafzucht zu Hause ist; Ziegenfleisch verschmähen die meisten Leute."

„Jeune Fille du Frickthal".

GESCHICHTSBILDER

Frühstück, Mittag- und Abendessen

„Das Frühstück besteht meistens aus einer Suppe von Brodschnittchen und Erdapfelscheibchen; fast eben so oft aus einem Absude von Kaffeepulver oder von Surrogaten desselben, der durch Milch angenehmer und durch eingebrocktes Brod nahrhaft gemacht wird. In kleinen Becken (Hafnergeschirr) wird diese Brühe den Kindern und Dienstboten vorgesetzt ohne Zucker; die Brodbrocken fischt man mit beinernen, buchsenen oder zinnernen Löffelchen aus der Schale.

Das Mittagessen beginnt, indem ein Kessel voll geschwellter Erdäpfel auf den nackten Tisch ausgeschüttet wird und der Haufen in Portionen an jeden Ort der Mitesser vertheilt wird; dann trägt die Köchin eine grosse Schüssel voll Suppe auf, die Hausgenossen kommen herein, langen ihre blechernen Löffel vom Rahmen an der Wand, Jemand spricht das Tischgebet, dann nimmt Jeder seinen Platz ein, stemmt den Ellenbogen auf den Tisch und führt ämsig die Suppe zum Munde. Die Fahrt wird bald mit einer nassen Strasse auf dem Tische bezeichnet. Nach der Suppe schält Jeder seine Erdäpfel, und man bringt die zweite Schüssel, welche meistens Gemüse oder ein Surrogat desselben enthält, z. B. weich gekochte Birnschnitze. Jeder greift zu und verzehrt die Schnitze als Beiessen zu den Erdäpfeln, bis er satt ist und davon geht. An Sonn- und Festtagen, etwa nach dem Abschlachten eines Schweines, begleitet die Hausfrau gern die Trägerin des Gemüses mit einem Teller voll Speckstücke, und theilt mit der Gabel jedem Tischgenossen seinen Theil zu.

Zum Nachtessen wird eine Art Erdäpfelbrei oder eine Suppe von Erdäpfelscheibchen, oder an Sonntagen ein Erdäpfelbräusi (in Anken oder Butter geschmorte Erdäpfelbröckchen), im Winter zuweilen mit dicker Milch, im Sommer mit Salat dazu, aufgetischt. An Werktagen begnügt man sich wohl auch mit geschwellten Erdäpfeln und dicker Milch, oder legt noch Jedem eine Portion frisches Obst oder Nüsse bei. An hohen Festtagen geschieht es zuweilen, dass die Hausfrau Küchlein backt. Dann jubeln die Kinder im Hause. Ehe sie das Brod zum Backen in den Ofen bringt, macht sie immer zum Voraus sogenannte Waien, Butterfladen (Vorbrod), und überreicht tüchtige Stücke davon den Dienstboten und den Kindern. Die Regierung liess zur Zeit der Theurung eine Menge Reis unter die Armen in den Dörfern austheilen; aber die Haufrauen wussten nicht, ihn so wenig zu kochen, dass sie Mehl darein rührten, und ihn, ehe die Körner aufgelöst waren, durch eine ekelhafte Schlichte verdarben, die mit noch harten Körnern auf den Tisch gebracht und von Jedermann mit Widerwillen verschmäht wurde. Sie wussten nicht, dass man die Reiskörner vorläufig waschen, eine Zeit lang einweichen,

Das Hungerjahr 1817

Das Jahr 1817 ist als Hungerjahr in die Geschichte eingegangen. Schlechtes Wetter hatte zu einer Missernte geführt – die Preise stiegen in astronomische Höhen. „Gemessen an den Löhnen der Landbevölkerung waren die auf dem Markt erhältlichen Lebensmittel fast unerschwinglich. So bezahlte z. B. die Gemeinde Magden 1816 einem Bauern mit Zug (Ochsengespann) einen Taglohn von Fr. 1.- und einem Handarbeiter 50 Rappen.

Der Rheinfelder Pfarrer Wohnlich hielt die Situation des Hungerjahres 1817 in einem Gedicht fest, das er, um es für die Nachwelt zu erhalten, dem Goldknopf des Kirchturms übergab:

„Der Viernzel Korn galt dreissig Gulden
Fast 100 Gulden ein Saum Wein;
Man trank zwar Bier, doch es gab Schulden,
Wie möglich schränkte man sich ein:
Vier Gulden galt das Viernzel Roggen
Und auch soviel das Gerstenmass;
Das machte manche Wirtschaft stocken,
Dass man bald nur noch von Ganten las.
Für Rindfleisch zahlte man drei Batzen,
Zehn Kreuzer für das Fleisch vom Kalb:
Nach Schweinefleisch durft' man nicht schmatzen,
Zehn Batzen galt es allenthalb.
Das Schafffleisch galt zehn gute Kreuzer,
Zehn Gulden der Kartoffelsack,
Und das benahm dann manchem Schweizer
An Heimatliebe den Geschmack."[7]

PS: Ein Saum = 150 l; 1 Viernzel = Getreidemass 295,58 Liter

und dann weich sieden und mit etwas Milch aufkochen muss, wenn sie eine angenehme Speise werden sollen.

Zuweilen bereitet die Hausfrau für Mann und Kinder im Anken Stierenaugen, oder aus feinem Mehl mit Eiern einen Dotsch (Pfannkuchen). Das geschieht aber nur selten, und erregt Jubel unter den Kleinen."

„Fleischspeisen"

„Fleischspeisen kommen selten auf den Tisch des gemeinen Mannes. Nur wenn er um Weihnachten ein Schwein schlachtet, wird an Sonn- und Festtagen ein Rippenstück oder Speck ins Kraut gesteckt und an die Tischgenossen vertheilt. Etwas besser als der gemeine Mann auf dem Lande lebt der Handwerker, Fabrikarbeiter und Taglöhner in den Städten. Auch diesen sind Kaffee, Kartoffeln und Brod tägliche Nahrung; sie haben jedoch, der kräftigen Suppe wegen, öfters ein Pfündlein Fleisch aus der Metzig, oder kaufen Gelünge, Würste, Ochsenfüsse, Zungen, u. dgl.

Dass angesehene Kaufleute, Beamte und Offiziere bessere Kost geniessen, versteht sich von selbst. In allen Wirthshäusern sind Cotoletten, kalberne Vögelein, gebackene Fische, gebratene Tauben und Hühnchen zu haben. Geräuchte Schinken, Würste und Presskopf verkauft jeder Schweinemetzger. Wer es vermag, lässt sich in grösseren Gasthöfen bereiten, was ihm beliebt, Hasenpfeffer, Rehbraten, Salm, etc."

Schweine auf der Wiese westlich der Kastellmauer. (Foto aus Kaiseraugst – wie's damals war)

Der Augster Alltag um 1860

1860 hatte Augst eine Bevölkerung von 357 Einwohnern und Einwohnerinnen. Wir versuchen, uns ihrer Lebensart anzunähern.²

Ernährungsgewohnheiten

Neben dem Wohnen gibt insbesondere die Ernährung einen guten Einblick in die Lebensweise, wie dies auch schon aus der Schilderung Franz Xaver Bronners hervorgegangen ist. Die drei Hauptmahlzeiten wurden in der Küche eingenommen. Der Speisezettel war wenig abwechslungsreich. Am Morgen kam fast in jeder Familie zum Kaffee Rösti auf den Tisch. Zu Mittag gab es gewöhnlich Suppe, ab und zu auch eine Mehlspeise oder Gemüse mit etwas Speck. Denn beinahe jede Familie hielt sich ein Schwein, das entweder an Weihnachten, Neujahr oder an der Fasnacht geschlachtet wurde, „um die Rüben oder das Kraut das Jahr hindurch angenehmer zu machen." Rind- oder Kalbfleisch erlaubte sich der einfache Augster höchstens an Fei-

GESCHICHTSBILDER

Bauernfamilie Bolinger und Familie Stöckli, Heidemurweg, vielleicht etwa um 1915. (Foto aus dem Gemeindearchiv Kaiseraugst)

ertagen. Zum Abendbrot gab es wiederum Kaffee mit gesottenen Kartoffeln oder Suppe. Die Zwischenmahlzeiten sahen für jeden Augster etwas anders aus. Während der Salinenarbeiter oder der ärmere Bewohner sich mit Kaffee begnügte, trank der *„Rebbesitzer oder der Handwerker sein Glas Wein zum Brot, im Winter wohl auch sein Gläschen Kirschwasser oder Trusen, zuweilen auch nur Apfelbranntwein."* Schon um die Jahrhundertwende gehörte diese einfache Lebensweise tatsächlich der „guten, alten Zeit" an; 1904 berichtet die Augster Chronik, die tägliche Nahrung habe durchwegs die Einfachheit früherer Zeiten verloren, *„in der Küche des einfachen Fabrikarbeiters, werde mehr als bei dem noch aufs Solide und Währschafte gerichteten Bauern, eben dem Gaumenkitzel Rechnung getragen."* Die Kartoffel, der Härdöpfel, obwohl immer noch wichtig, begann ihre Bedeutung als Volksnahrungsmittel nach und nach zu verlieren.

Kleidung

Der Wandel von der alten, schlichten zur modernen Lebensweise lässt sich sehr eindrücklich an der Bekleidung ablesen. Was für das stadtferne Oberbaselbiet gilt, trifft um die Mitte des 19. Jahrhunderts noch viel mehr für den mittleren und unteren Kantonsteil zu: die allmähliche Abkehr von der Selbstversorgung und die Verdrängung der alten Landestracht durch die modische Kleidung, eine Entwicklung, die sich seit der Französischen Revolution angebahnt hatte. Seither war es den Bürgern und Bürgerinnen erlaubt, die Kleidung nach individuellen Gesichtspunkten zu wählen. Die Augster Heimatkunde von 1863 machte indessen noch einen anderen Grund geltend, der mit der von Jahrzehnt zu Jahrzehnt zunehmenden Wahrnehmung des Dorfes als römischem Ausflugsziel zu tun hat:

GESCHICHTSBILDER

„*Es mag hier nicht nur die grössere Nähe der Städte Basel, Liestal und Rheinfelden, sondern vorzüglich auch der grössere Fremdenverkehr im allgemeinen, der häufige Besuch der Ruinen von Augst im besonderen und wohl noch anderes die Ursache dieser Erscheinung sein.*" Zwar kleidete sich der Augster um 1860 so wenig in Samt und Seide wie der Oberbaselbieter. Er begnügte sich werktags immer noch mit einem starken Halbleinen- oder Baumwollstoff, und wintersüber waren Zwilchhose, blaue Bluse und Holzschuhe noch durchaus an der Tagesordnung. Sonntags hingegen war der Augster wie verwandelt. Wenn immer er es vermochte, trug er ein feineres und etwas eleganter geschnittenes Kleid mit Stiefeln. Das weibliche Geschlecht gab sich werktags mit einem bedruckten Indiennerock zufrieden. Die kurze, schwarze und gefaltete Baselbieter „Jüppe" hatte der französischen Krinoline weichen müssen, und auch die unter dem Namen „Begine" bekannte, kostbar gestickte Kappe kam aus der Mode. 1860 wurde sie in Augst nur noch von drei älteren Frauen getragen. An Sonntagen trugen die Töchter und jüngeren Frauen gern städtische Kleidung aus Wollstoff mit Tuchstiefeln, „*denn Zwilch- oder Halbleinjüppen passten ebenso wenig zu der modernen männlichen Kleidung wie seidene Strümpfe zu Holzschuhen oder Saffianschuhe auf Pech.*"

Wärme, Licht und Hygiene

Über die gewaltigen Mühen, welche den Alltag noch im 19. Jahrhundert prägten – sie liegen für uns konsumverwöhnte Menschen des beginnenden dritten Jahrtausends weit, weit zurück – berichtet ein Baselbieter Volkskundler Folgendes: „*Sorgen um Feuer und Licht z.B. waren ständige Begleiter. Im holzgefeuerten Füüröfeli, über dem das mächtige, schwarze 'Chemischoos' sich wölbte, suchte man die Glut vom Abend bis zum folgenden Morgen zu erhalten, um sich die Arbeit des Feuerschlagens zu ersparen. Feuer zu machen war eine kleine Kunst. Wenn die Gluten erloschen waren, musste man zuerst mit Feuerschwamm, Stein und Stahl hantieren, und das Morgenessen kam später auf den Tisch. Kienholz galt als unentbehrlich. Dann brannte das Herdfeuer fast den ganzen Tag, und verschlang eine Menge Holz. Im kupfernen Wasserschiff war ein Vorrat heissen Wassers. Das Holzmachen galt als Sache der Männer, die viel Zeit mit Sägen, Spalten, Schichten und Wellenmachen versäumten. Die Winterabende wurden auf dem mit Wellen beheizten Kachelofen zugebracht, und man stritt sich etwa um die besten Sitze. Im Choustloch dörrten Schnitze, und 'gfrörlige' Leute wärmten auf die Nacht das Staiseckli (Säcklein mit Kirschkernen zum Wärmen des Bettes). So umständlich wie das Heizen war die Beleuchtung. Neben den älteren Lichtspänen, hatte man die Lewatt-Ämpeli, die stark russten und wenig Helligkeit verbreiteten, später die*

Eine Kaiseraugster Bauernhausstube mit ihrem hellblauen Biedermeier-Kastenofen (Haus Nr. 95 in der zweiten Reihe der Dorfstrassenbebauung). (Foto Kurzinventar der Kulturdenkmäler)

Die 1860 erstmals erschienene „Volksstimme" – Vorläuferin der Fricktaler Zeitung – widmete 1863 der Frage, ob sich das Fricktal dem „Kanton Basel" anschliessen solle, eine Leitartikel-Serie.

Petrollampen. Man musste das Licht sparen. Alle rückten mit ihren Arbeiten zusammen. Man richtete sich mit dem Tageslauf nach der Helligkeit ... Grosse Mühe machte alle Tage das kostbare Wasser. Das Wassertragen mit dem Zuber gehörte zu den täglichen Arbeiten. Kam man abends spät vom Felde, musste zuerst oft weither Wasser geholt werden. In der Küche stand das Wasserständli mit dem Schöpfer, und man ging mit dem kostbaren Nass überaus sorgsam um.

Unangenehm fallen einem Zurückschauenden am damaligen Leben der Mangel an Hygiene und die schlechten Verkehrsverhältnisse auf. Der erste Missstand lässt sich mindestens teilweise aus der eben erwähnten primitiven Wasserversorgung erklären. Natürlich fehlte eine Kanalisation; während in den kleineren Dörfern die Aborte einfach bei Mist und Jauchegrube angelegt wurden, mussten in den grösseren, enggebauten Ortschaften die Abortgruben geleert und die 'Hüsliwar' auf das Feld geführt werden. Die Wohnungen glänzten nicht vor Sauberkeit. Die tannenen Dielenböden wurden vielerorts im Jahr nur zwei-, dreimal gefegt. Fast ängstlich schloss man die Fenster vor jedem Sonnenstrahl. Auch die Leute müssen wenig sauber gewesen sein ... Grosse Wäsche wurde jährlich vielleicht zweimal gehalten. In der grossen 'Bockte' wurde die Wäsche eingelegt, ein Leintuch darüber gespannt und über das Ganze Aschenlauge gegossen. Im 'Buch-Chessi' bereitete man das heisse Wasser." [3]

Freizeit

Und wie verbrachten die Augster die Freizeit? Anders als heute war sie damals sehr spärlich, denn die Arbeit nahm sehr viel mehr Zeit in Anspruch und belegte auch den Samstag. Obwohl das gesellige Leben um die Jahrhundertmitte noch sehr bescheiden war und Vereine Seltenheitswert besassen, bereitete die Gestaltung der Freizeit aber kaum jemandem Kopfzerbrechen. Mehr als heute war damals die Familie Mittelpunkt; den Abend verbrachte man meistens zu Hause – im Gespräch, beim Spiel oder bei der Lektüre. Voll Stolz vermerkt jedenfalls der Augster Chronist, es seien in seinem Dorf nicht nur mehrere Werke über Viehzucht und Landwirtschaft zu finden, sondern auch „*da und dort ein gutes Jugendbuch oder ein Sittengemälde etwa von Jeremias Gotthelf oder H. Zschokke.*" Die Augster wussten sich aber auch über die aktuellen Ereignisse auf dem Laufenden zu halten; sie hielten sich schon damals 44 Ausgaben von insgesamt einundzwanzig verschiedenen Zeitungen, darunter einige Vorläufer der Illustrierten. So kann man mit dem Chronisten feststellen: „*Das ist*", gemessen an der Zahl der Bevölkerung, „*ein ausserordentliches Verhältnis und ein Beweis, dass der Augster auch bezüglich der Belehrung und Unterhaltung kein Knorzer ist.*" Im Gegenteil: „*Der Augster ist fast in jeder Hinsicht belesen. Er sucht z.B. den türkischen Sultan nicht in Amerika und versetzt Paris nicht nach England oder Aegypten. Er weiss, warum gegenwärtig die Polen gegen ihre Unterdrücker kämpfen und durchschaut im allgemeinen mit Leichtigkeit Tendenz und Zweck der einheimischen Blätter.*"

Doch trotz offensichtlich vielseitiger und aufklärerischer Lektüre war der Aberglaube in manchen Familien bis weit über die Jahrhundertmitte nicht auszurotten. 1863 berichtet der Chronist darüber Folgendes:

„*Es gibt zwar bei uns auch noch welche, die einen Kometen für einen Unglücksboten halten und die Bewegung der Erde bestreiten, weil man ja nichts spüre und des Nachts auf dem Kopf stehen müsste, die nur im Schütz Hanf sähen, nur im Vollmond ihr Schwein schlachten und da und dort Gespenster zu sehen behaupten; aber ihre Zahl wird jährlich geringer.*"

Wenn es auch für Kaiseraugst keine Zeitungsliste gibt wie in Augst, aus der Reaktion der Gemeindeversammlung auf den Befreiungskampf der Griechen gegen die Türken in den Jahren 1821 bis 1830 lässt sich schliessen, dass die Kaiseraugster sich ebenfalls für das Geschehen jenseits der Grenze interessierten. Als ein aargauischer „Hilfsverein für die Griechen" ins Leben gerufen wurde, wartete jedenfalls Kaiseraugst mit einem eigenen Zweigverein auf – ausser dem Bezirkshauptort tat es ihm nur noch Bünzen gleich. Am 2. April 1827 lag denn auch der Gemeindeversammlung ein Verzeichnis all jener Bürger vor, die sich verpflichteten, während vier Monaten den „*heymathlosen Griechen*" ein Scherflein zu spenden.

Auch am Sonntag gab es nicht viel Abwechslung, man war auf sich selbst angewiesen und in seinem Vergnügungsanspruch viel bescheidener als heu-

Reellen weißen und rothen Italiener-Wein
sowie schwarzen Coupirwein
empfiehlt (1691) G. Martinetti.

Kirchweihsonntag und Dienstag:
TANZ
in der (1696)
Blume in Magden.

Kirchweihsonntag:
Tanz
im Schiff z. Ryburg.
☞ **Sauser**
im besten Stadium. (1697)

Tanz-Belustigung
am Kirchweihsonntag
im Adler in Mumpf. (1698)

Gasthof z. Löwen, Stein.
Sonntag den 21. Okt.
Kilbi-Tanz.
Waadtländer-Sauser. (1699)

Corinthen
zu billigsten Preisen;
Schweinefett I. Qualität
zu 70 Cts. per ½ Kilo bei
1599] A. Zetzer in Stein.

Candis-Zucker,
Stock- & Stampfzucker,
Weinbeeren, Corinthen,
sowie alle Artikel
zur Vermehrung und Verbesserung
des Weins
empfiehlt zu billigsten Preisen (1633)
Jos. Teuber, Sohn, Rheinfelden.

Wer
reinen, prima
Kupfer-Vitriol
haben will, kauft solchen billigst
in der
Droguerie Lang,
1590) E. Landauer, Rheinfelden.

Hasenbälge
kauft (16–8) J. Rosenthaler,
Rheinfelden. Hutmacher.

Neue Kastanien
in Schmid's Laden.
1679] J. Hochstrasser.

Von heute an feinstes ächtes
Straßburger Sauerkraut
1680) bei J. Byland.

Zu vermiethen:
2 kleine Wohnungen an stille Familien mit wenig Kindern, bei
1692] G. Martinetti.

Zu vermiethen:
Eine Wohnung, bestehend in 2 Zimmern, nebst Küche, Keller und Holzplatz. Zu erfragen bei der Exp. des Blts. [1693

Zu vermiethen:
Ein möblirtes, warmes Zimmer, billig. Marktgasse Nr. 105, 3. Stock. [1694
Ofenrohre & Winkel

Rheinklub Mumpf-Wallbach.
End- & Wettfahren
Sonntag den 21. Oktober 1883.
Nachher Preisvertheilung, Festessen & Tanzunterhaltung
im Gasthaus zum „Schiff".
Freundliche Einladung! [1700] Der Vorstand.

Grümpel- Schießen
der Feldschützengesellschaft Olsberg,
Sonntag den 21. Oktober 1883, im Betrage von Fr. 150,
wozu Schützen und Schützenfreunde höflichst einladet
Der Vorstand.

End- & Grümpelschiessen
der
Schützengesellschaft Rheinfelden
Kirchweih-Sonntag und Montag den 21. und 22. Oktober 1883.
Das Schießen beginnt Sonntag Mittags 12 Uhr und dauert bis Abends 6 Uhr, Montags von Morgen 8 bis Mittags 12 und Nachmittags von 1 bis halb 6 Uhr.
Die Gabenvertheilung findet Montag Abends 8 Uhr im Gasthaus zum „Engel", statt; hierauf gemeinschaftliches Essen und Schützenball daselbst, wozu alle Freunde der Gesellschaft eingeladen werden.
Grümpelgaben werden entgegengenommen von den HH. Max Lang, Wuhrmann, Salathe, Coiffeur und Knapp, Sohn.
Das Schießen auf die Grümpelscheibe ist Jedermann gestattet, der eine Gabe im Mindestwerthe von Fr. 5 rechtzeitig bei einem der obgenannten Herren abgibt.
Schützen und Schützenfreunde ladet zu zahlreicher Betheiligung höflichst
ein (1668) Der Vorstand.

Tanz-Belustigung
am Kirchweih-Sonntag (1684)
im „Ochsen" in Rheinfelden.

Kirchweihsonntag den 21. Oktober:

TANZ
im „Storchen". [1685

Tanz-Unterhaltung
am Kirchweih-Sonntag (1701)
den 21. Oktober
im Engel.

Anzeige & Empfehlung.
Meine Wirthschaft ist von heute ab (Kirchweih-sonntag) wieder eröffnet.
Walliser-Sauser im Stadium.
Gleichzeitig setze das t. t. Publikum zu Stadt und Land in Kenntniß, daß ich in meiner Behausung eine **Kleinmetzg mit Wursterei** errichtet habe und empfehle mich auch in dieser Branche angelegentlichst.
Achtungsvollst!
Georg Bauer,
Metzger und Gastwirth
1702] zur „Blume" in Rheinfelden.

Kirchweih-Sonntag:
Neuer süßer Waadtländer,
Walliser Neuer,
Hasenpfeffer, Schweinsknöchel & Wienerli.
Freundlichst ladet ein R. Kalenbach
1705] z. „Drei-König."

Ref. Gottesdienst
Morgen Sonntag Vormittags 9 Uhr in der Kloos-Kapelle Predigt durch Hrn. Pfr. Em. Linder aus Basel. (1700)

Danksagung.
Für die liebevolle Theilnahme während der Krankheit und an der Beerdigung unserer unvergeßlichen Gattin, Mutter, Schwester, Schwiegermutter Großmutter und Tante,
Frau Josephine Nußbaumer
geb. Meyer,
danken herzlich
Die trauernden Hinterlassenen.
Rheinfelden, 20. Okt. 1883. [1709

Anzeige & Empfehlung.
Der Unterzeichnete bringt hiemit seinen werthen Kunden zur Kenntniß, daß er mit heute seine **Metzg** wieder eröffnet und empfiehlt sich zu geneigtem Zuspruch.
J. Morgen-Siegwart,
1690] Metzger.

Zu verkaufen:
Schöne weiße **Rüben**, bei
1695) **Alois Schäuble.**

Schöne, 6 Wochen alte
Schweineferkel
sind zu haben bei **Ferd. August**
Metzger, ober, in Möhlin.

Zu verkaufen:
Eine schwere, ganz nahe das dritte mal jungende
Simmenthaler-Kuh. [1689
Zu erfragen bei der Exped. des Blts.

Zu verkaufen:
3 schöne, junge **Hunde,** Männchen, 6 Wochen alt, tauglich für Metzger oder Hofhunde, um billigen Preis, bei
1672) **Joh. Guthauser.**

Zu verkaufen:
Eine bereits noch neue **Schneider-Nähmaschine,** um billigen Preis, bei
1674] **Emil Fritschi in Möhlin.**

Ein Wagen, 2½zöllig, bereits noch neu, mit starken eisernen Achsen und Vormechanik, ist zu verkaufen oder an einen Einspänner zu vertauschen bei
1675] **A. Soder, Regt., Möhlin.**

Xaver Kim
kauft und verkauft fortwährend angetriebene und auch fette **Schweine.** (1662)

Kanarienvögel, Pariser u. Harzer
verkauft billig **Rünzi,** Schreiner,
1678) in Warmbach.

☞ Man wünscht ein größeres **Kinderbettstätti** zu kaufen.
Zu erfragen bei der Exp. des Blts. [1687

Lehrlingsgesuch.
Ein Knabe von rechtschaffenen Eltern könnte bei einem **Metzger** sofort in die Lehre treten. Zu erfragen bei der Exp. [1677

Ich empfehle bestens zu den billigsten Preisen und in frischester Waare:
Chlorkalk, Soda, Sodasalz, Glaubersalz, Doppelsalz.
Ebenso alle Viehpulver, wie
Anis-, Fenchel-, Wachholderbeer-, Loorbohnen-, Altheaewurzel-, Haselwurzel-, Calmuswurzel-, Gentianenwurzel-, Meisterwurzel-, Liebstöckelwurzel-, Süßholz-, Fénugreci-, schwarzes Senf-, Schwefelblust-, Antimon- oder Spießglanzpulver, sowie mein Freß & Strengelpulver für die Pferde und Antwerpener Mast- und Milchpulver.
E. Landauer,
1314] Droguerie Lang.

Handkoffer,
Reisesäcke,
Damentaschen,
Schultheken.

GESCHICHTSBILDER

te. Dafür war es offensichtlich etwas gemütlicher, wie aus der folgenden, aus heutiger Sicht romantischen Schilderung der Augster Heimatkunde hervorgeht:

„In der wärmeren Jahreszeit sitzen an Sonntagnachmittagen und noch mehr am Abend, oft auch in der Woche, da und dort einzelne Bewohner vor den Häusern zusammen. Die Männer rauchen ihre Pfeifchen oder nehmen zuweilen eine Prise, die Dose im Kreise herum bietend, und unterhalten sich gegenseitig vom Wetter, erzählen sich die Tagesneuigkeiten, gar oft auch politische, und verbringen so die Zeit. Die jüngere Generation geht in dieser Zeit gerne spazieren, der Jüngling und, leider oft auch schon der Schulknabe, raucht seine Cigarre und baut Luftschlösser; zuweilen ertönt auch ein munteres Lied durch die Stille der Nacht. Mancher Landmann lustwandelt an schönen Sommernachmittagen mit seiner Frau, oft auch mit den Kindern aufs Feld und freut sich über das Gedeihen seiner Früchte und der schönen Natur. Der Handwerker oder der Berufsmann trinkt am Sonntag wohl auch sein Glas Wein und liest die Zeitung dazu oder unterhält sich mit einem Mitbürger oder dem durchschreitenden Fremden über die Politik von Napoleon oder Amerika und dergl. und freut sich über den Fortschritt, wo immer er sich zeigen mag. Der Augster kann auch gemütlich sein."

Linke Seite:

Eine Inserate-Seite der „Volksstimme" aus dem Jahr 1863. (Aus dem Archiv der Herzog Medien AG)

GESCHICHTSBILDER

Der Alltag in Kaiseraugst in der Zwischenkriegszeit des 20. Jahrhunderts

Wir machen einen Zeitsprung und hören uns zunächst an, was in Kaiseraugst eine Altersrunde, die sich im Januar 2005 im Altersheim eingefunden hat, über Dorf- und Jugendleben in den zwanziger und dreissiger Jahren des vergangenen Jahrhunderts zu erzählen wusste, lassen dann aber auch den Bericht eines 1907 geborenen Augsters wiederaufleben.

Die Wahrnehmung des Dorfes [4]

So unterschiedlich die Aussagen der Teilnehmerinnen und Teilnehmer der Altersrunde im Einzelnen auch waren, in einem Punkt waren sich alle einig: Kaiseraugst hat seine ehemalige, unverkennbar dörfliche Identität weitgehend verloren. Früher kannte man sich und nahm am Schicksal der Mitmenschen Anteil – man war eine Familie. Nicht dass es damals weniger Konflikte gegeben hätte, wenn es aber zu Spannungen kam, suchte man sie, so weit möglich, im Gespräch zu lösen. Alle Gesprächsteilnehmer waren sich auch darüber einig, dass ihr Dorf einen wunderbaren Dorfkern besitzt. Gleichzeitig bedauerten sie jedoch, dass sich in dorfnahen Quartieren – die „Liebrüti" ist nicht gemeint – immer öfters Bauten einnisten, die sich nicht mehr wie früher mehr oder weniger respektvoll an die vorgegebenen Dimensionen der alten Bauernhäuser halten und damit den ehemals homogenen Aussenquartieren ein Allerweltsgesicht geben. Lustig und heute nur schwer nachvollziehbar ist die Tatsache, dass es bis zum Jahr 1929 sogar eine angenehme geruchliche Kaiseraugster Identität gegeben hat. Nicht nur die Lage am Stausee mit seinem speziellen Rheinwasser-Geruch vermittelte das Gefühl, daheim zu sein, sondern die Cellulosefabrik. Die durch das Kochen der Baumstämme in schwefligem Wasser verursachten Dämpfe legten sich wie eine Geruchswolke über das Dorf und gaben ihm eine unverkennbare atmosphärische Note. Die so geschwängerte Luft soll übrigens – das wurde in der Altersrunde glaubhaft berichtet – bis 1929 auch dafür gesorgt haben, dass Kaiseraugster Kirschen von Würmern verschont geblieben sind! Wer weiss – vielleicht hatte tatsächlich die schwefelhaltige Luft rund um die Fabrik eine desinfizierende Wirkung, die bei den Kirschbäumen die Schrotschusskrankheit und bei den Apfelbäumen den Schorf verhinderte.

Geburt – Hochzeit – Kinderalltag – Tod

Doch wenden wir uns nun den wichtigsten Ereignissen im individuellen Leben der Kaiseraugster und Kaiseraugsterinnen in der Zwischenkriegszeit zu, der Geburt, der Hochzeit und dem Tod. Wir halten uns dabei wiederum an die Auskünfte der Altersrunde.

Noch fanden die Geburten meistens zu Hause statt. Für die neuen Erdenbürger musste oft ein Waschkorb genügen. Wenn es die Umstände erforderten, wurde sehr rasch getauft. Als Paten nahm man für das erste Kind oft die Trauzeugen, beim damaligen Kinderreichtum mussten indessen auch jüngere ledige Verwandte einspringen oder die Geschwister der Eltern – wenn immer möglich blieb man aber bei dieser Wahl im Dorf.

Die Kaiseraugster Hebamme Emma Schmid-Schmid (1906-1993) stand während 40 Jahren den werdenden Müttern als Gemeindehebamme bei Hausgeburt und Wochenbett unterstützend zur Seite. (Aus dem Infoblatt Nr. 10)

GESCHICHTSBILDER

Wie gestaltete sich der Kinderalltag? Noch war das Dorf weitgehend frei vom motorisierten Verkehr – für die Kinder gab es daher tausend Spielmöglichkeiten. Dabei lockten nicht nur die Strassen und Plätze, auch die nähere Umgebung des Dorfes bot Abwechslung. Oft verbrachten beispielsweise die Buben ihren Sonntagnachmittag an der Lienertshalde oder dort, wo heute das Kies- und Betonwerk der Ernst Frey AG steht. An steilem bewaldetem Hang standen damals einige grosse Bäume, die mit der wilden Waldrebe überwachsen waren. Gab es etwas Herrlicheres als sich an diesen Lianen ins Land hinauszuschwingen und nachher vielleicht sogar eine Niele zu rauchen? Beliebter Aufenthaltsort der Kinder war auch der Schopf, der zu jedem Bauernhaus gehörte aber auch bei Arbeiterwohnungen vorhanden war: Seine Attraktion war das an einem Balken befestigte „Ritseil". Im Übrigen gab es, wie man heute sagen würde, saisonale Spiele: Im Frühling war es das „Chluckern" (Marmelspiel) und „Reifle", im Herbst das Drachensteigen. Zu Zeiten hatten das Stelzenlaufen oder das „Seiligumpen" Hochsaison. Langsam begann sich auch der Fussball dank eines jungen Lehrers durchzusetzen. Doch blieb während der Woche neben der Schule kaum Zeit zum Spielen, da musste geholfen werden – entweder im bäuerlichen Betrieb oder dann im Garten. Zudem galt es, täglich Brennholz für den Kochherd oder im Winter für den Ofen ins Haus zu schaffen. Mithilfe in Haus und Hof war somit noch reine Selbstverständlichkeit, regelmässiges Sackgeld dagegen unüblich."*Wir gingen für Leute in der Nachbarschaft die Milch im Milchhüsli holen und erhielten pro Woche 50 Rappen und am Sonntag gab es einen Würfelzucker extra.*" Nach der Schulzeit traten die jungen Burschen entweder dem Turnverein oder der Musikgesellschaft bei.

Wie lernten sich junge Leute kennen? *„Schon damals führten viele Wege nach Rom. Oft entstanden die ersten Kontakte an einem Musik- oder Turnfest. Vielleicht führte der Besuch einer Wirtschaft, wo eine Badenserin oder eine Österreicherin arbeitete, zum gewünschten Kontakt. Nicht zufällig kursierte damals der Spruch 'Mädle geh in die Schweiz rei und mach dei Glück'. In den dreissiger Jahren bis nach dem Krieg herrschte in dieser Beziehung allerdings Funkstille. Im eigenen Dorf auf Brautschau zu gehen, war verpönt, denn das halbe Dorf war ja schon miteinander verwandt. Den Jungvermählten blieb oft nichts anderes übrig als die erste Zeit mit der älteren Generation unter einem Dach zu leben, was natürlich zu Spannungen und Reibereien führen konnte. Wohnraum war auch nach dem Krieg noch knapp."*

So wie die Geburten nicht im Spital erfolgten, so erwartete man auch den Tod meistens zuhause. Die Glocken teilten der Bevölkerung mit, wenn ein Todesfall eingetreten war. Für erwachsene Männer wurde um halb zwölf Uhr vormittags die grosse Glocke mit Unterbruch dreimal geläutet, für Frauen zweimal. Das Läuten mit der kleinen Glocke zeigte den Tod eines Kindes an. Bis zur Beerdigung blieb der Tote in der Schlafkammer aufgebahrt. An der

> ### *Kaiseraugster Hebammen*
> *Frauen spielen in der dörflichen Öffentlichkeit des 19. und des beginnenden 20. Jahrhunderts kaum eine Rolle; ihre Spuren verlieren sich in der harten bäuerlichen Alltagsarbeit. Eine Ausnahme bilden lediglich die Hebammen, die als geachtete Persönlichkeiten den Frauen bei Hausgeburten halfen und sie im Wochenbett unterstützten. Auch in Kaiseraugst waren bis 1969 Hebammen tätig. Die letzte, Frau Emma Schmid-Schmid, sei besonders erwähnt. Nach Absolvierung der Hebammenschule trat sie ihr Amt 1929 an und führte es während 40 Jahren weiter. „Ihre Arbeit war nicht leicht, denn Tag und Nacht musste sie zur Verfügung stehen, oft unter mühsamen Arbeitsbedingungen: ohne fliessendes Heisswasser und ohne Telefon. Die Verdunkelung während der Kriegsjahre erschwerte ihre Arbeit zusätzlich. Dank dem ruhigen Wesen von Emma Schmid liefen die Hausgeburten meist ohne Hektik in aller Ruhe ab. Traditionsgemäss wurde die Hebamme von den Familien zur Taufe eingeladen, sie durfte die Kinder zur Kirche und ans Taufbecken tragen."* [8]

GESCHICHTSBILDER

Beerdigung segnete der Pfarrer den Sarg vor dem Sterbehaus ein; verheiratete Frauen und Männer wurden in einem schwarzen, Ledige in einem braunen und Kinder in einem weissen Sarg beerdigt. Der Leichenzug bewegte sich vom Sterbehaus zum Friedhof. Vier Leichenträger, denen die Trauerfamilie diesen letzten Dienst anvertraut hatte, trugen den Sarg. Erst in den fünfziger Jahren kam ein niederer Handwagen in Gebrauch. Er wurde von zwei Männern gezogen, während Teilnehmer des Trauerzuges die Kränze trugen.

Verlorenes religiöses Brauchtum

Von den noch lebendigen Kaiseraugster Bräuchen berichten wir in einem späteren Kapitel. Hier seien lediglich zwei Bräuche genannt, die sich heute verloren haben. Da ist einmal an die bis in die siebziger Jahre des 20. Jahrhunderts durchgeführte Fronleichnamsprozession zu erinnern, an der jeweils gegen zweihundert Männer, Frauen und Kinder teilnahmen. Sie ging von einem Altar beim Haupteingang des Pfarrhauses aus und führte anschliessend dem Heidenmurweg entlang westwärts bis zum Nordeingang des Schulhauses, wo ein zweiter Altar aufgestellt war. Die Prozession nahm dann den Weg durch die Dorfstrasse zum dritten Altar östlich der „Sonne" an der Westwand des dortigen Ökonomiegebäudes. Der vierte Altar befand sich auf der an den Heidemurweg angrenzenden Wiese. Den Schlusspunkt bildete der Einzug in die rund 170 m entfernte Kirche, wo ein Gottesdienst stattfand. Eine Abordnung der Musikgesellschaft begleitete den Zug mit dem Priester, der unter einem von Männern der Kirchenpflege getragenen Baldachin die Monstranz trug.

Eng mit der Landwirtschaft verbunden waren im Frühling die drei Flurprozessionen – die letzte fand jeweils am Auffahrtstag statt. Mit wehender Kirchenfahne zogen hundert bis hundertfünfzig Gläubige vor dem sonntäglichen Gottesdienst über die Flur. An zwei ausgewählten Orten spendete der Pfarrer den Wettersegen, was der Kirchenchor mit einem Lied begleitete. Als die Landwirtschaft verschwand, büsste der Brauch seine innere Rechtfertigung ein; er hatte sich überlebt.

Kleidung und Ernährung

Bescheidenheit war angesagt. Während die Knaben Kniehosen und oft Ärmelschürzen trugen, gefielen sich die Mädchen nicht nur an Werktagen, sondern auch an Sonntagen mit einer Schürze. In jenen Jahren wurde von den Frauen viel geflickt und geschneidert, so dass sich mitunter alte Militäruniformen in Bubenkleider verwandelten. Oft trugen die Männer allerdings ihre alten Militärhosen selber aus. Im Winter trugen sie in der Regel Hemden aus Barchent (Baumwoll-Flanell). Aus dieser Zeit stammt wohl auch das Spasslied: *„Wenn eine tannigi Hose het und hagebuecheni Strümpf, so chan er tanze wie n'er will, es git ihm keini Rümpf."* Neuen Stoff kaufte man in der Regel nicht in Basel und nicht in Rheinfelden ein: Zwei, drei Stoffhändler hatten im Dorf ihre festen Kunden und präsentierten im Frühling und im Herbst ihr neues Sortiment. In einigen besseren Familien kam zwei Mal jährlich eine Näherin auf Stör; selbstverständlich wurde sie in der Familie verköstigt.

Wo deckten sich die Kaiseraugster Familien ein, wenn sie nicht Selbstversorger waren? Da gabs den 1887 eröffneten Schauli-Laden an der Dorfstrasse. Es war ein richtiger Allerweltsladen, ein kleines Warenhaus oder – wie ein

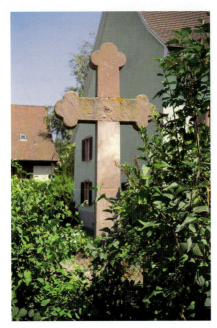

Das so genannte Prankenkreuz an der Dorfstrasse. (Siehe auch Band 1, S. 254)

Gewährsmann sagte – ein Bazar, wo sich alle damals gebräuchlichen Lebensmittel einkaufen liessen, auch Sprit, Petrol und Karrensalbe, wie sie die Bauern für das Schmieren der eisenbereiften Wagen brauchten, zu haben waren. 1939 wurde dieses älteste Kaiseraugster Ladengeschäft umgebaut, und seit den sechziger Jahren hat es sich für die Selbstbedienung geöffnet. Wichtig war natürlich auch der ACV, der Allgemeine Consumverein. Öfters als heute brachten in den dreissiger Jahren auch Hausierer ihre Ware zum Verkauf vor die Haustüre; sie trugen einen in zahlreiche Schublädchen aufgeteilten Holzkasten und hielten alles Nötige zum Flicken in bunter Auswahl bereit: Schuhbändel, Fingerhüte, Nähfaden, etc. Selbst Lumpensammler tauchten hie und da auf. Sie hielten Geschirr feil – Tassen, Teller und Schüsseln – und nahmen Lumpen im Tausch.

In den Bauernfamilien wurde in diesen Jahren das Brot meistens noch selbst gebacken. In hölzernen Mulden kneteten die Bäuerinnen den Teig aus halbweissem Mehl. Das Weissmehl – auf 50 kg halbweisses Mehl erhielt man rund 5 kg – war den Züpfen und Kuchen vorbehalten. Fasnachtsgebäck – Fasnachtsküechli und Schenkeli – sowie Weihnachtsgutzi waren ebenfalls Hausprodukte. Zum Alltag einer bäuerlichen Familie gehörte ferner das Dörren von Äpfeln, Birnen und Bohnen, während man im Sommer und Herbst den übrigen Obstsegen sterilisierte. Für den Winter stand im Keller eine „Stande" mit dem selbst „gehobelten" Sauerkraut bereit; die Eier hatte man in Steingutäfen im sogenannten Wasserglas eingelegt.

Der Schauli-Laden 1939. (Foto aus Kaiseraugst – wie's damals war)

Höhepunkt im Ablauf eines Bauernjahres war die jährliche „Metzgete", der Tag, entweder im November/Dezember oder im Februar/März, an dem das eigene Schwein vom Dorf- oder vom Störmetzger geschlachtet wurde. Die Speisefolge am Schlachttag folgte der Tradition: Eingeleitet wurde das Festmahl mit einer Fleischsuppe, wobei die Kinder das Sauschwänzchen zugeteilt erhielten, dann kamen Blut-, Leber- und Bratwürste sowie Fleisch auf den Tisch; Kartoffeln – entweder in Stücke geschnitten oder als Stock – rundeten mit Apfel- oder Birnenschnitzen die „Metzgete" ab. Selbstverständlich wurden Verwandte, Nachbarn und Freunde am Segen beteiligt.

Der Kindergarten und die Schule

Nach dem Besuch des Kindergartens am Bahnweg 21 *(siehe Abschnitt Kindergarten im Kapitel Schule)* erfolgte der Schulbesuch im Dorfschulhaus. Dort standen drei Schulzimmer zur Verfügung, eines für die 30 bis 40 Erst- und Zweitklässler, ein zweites für die 30 bis 40 Dritt- und Viertklässler und schliesslich eines für die ebenfalls 30 bis 40 Schülerinnen und Schüler zählenden 5. – 8. Klassen. Ab der 5. Klasse war der Übertritt in die Realschule, heute Sekundarschule, in Pratteln oder aber in die Bezirksschule in Rheinfelden möglich. Turnstunden wurden, so es das Wetter zuliess, an den wenigen im Freien installierten Geräten auf dem Schulhausplatz abgehalten. Der Spatenstich für die Turnhalle erfolgte erst 1961. Gartenkunde wurde auf dem westlich ans Schulhaus angrenzenden Grundstück, auf dem später die Turnhalle gebaut wurde, beigebracht. Ein weiterer Raum des Schulhauses diente der Strickschule. Dieses Fach, ausschliesslich für die Mädchen bestimmt, wurde durch eine Handarbeitslehrerin unterrichtet.

Allen damaligen Schülerinnen und Schülern bleibt der 'Pausenbetrieb' der Lehrerschaft in lebhafter Erinnerung. In 'Dreier Formation', das heisst in einem Glied marschierte sie den Pausenhof ab. *"Am Platzende erfolgte wie auf Kommando eine Drehung, und jetzt wurde der Weg in Gegenrichtung unter die Füsse genommen. Diese Zeremonie der Lehrer – hin und her und ins Gespräch vertieft – wiederholte sich bis zum Pausenende."* [5]

Was auch noch anders war als heute

Einen Arzt gab es damals in Kaiseraugst nicht. Zuständig war Doktor Ad. Egli aus Pratteln. Wer am Donnerstagnachmittag seine Sprechstunde besu-

Kartoffelsetzen um etwa 1928. (Foto aus Kaiseraugst – wie's damals war)

chen wollte oder einen Hausbesuch wünschte, hatte sich am Morgen im Löwen einzuschreiben. Doktor Egli benützte für seinen Weg von Pratteln nach Kaiseraugst in der Regel das Auto; während des Zweiten Weltkrieges war er entweder hoch zu Ross oder mit dem Velo unterwegs.

Erinnern wir uns schliesslich daran, dass Kaiseraugst in dieser Zwischenkriegszeit zwei Coiffeure besass, der eine hiess bezeichnenderweise Schaber. Beiden gemeinsam war, dass sie nicht vom Haar- und Bartschneiden lebten, sondern dieses Geschäft nur als Nebenerwerb betrieben, sie suchten ihre Kundschaft jeweils am Samstag zu Hause auf. Von Haus zu Haus unterwegs war auch der Sager der Milchgenossenschaft – er sorgte mit einer kreischenden Kreissäge dafür, dass aus dem Gabholz handliches Brennholz wurde – noch gab es keine Ölheizungen!

Und zu guter Letzt noch zwei, drei statistische Hinweise, deren Bedeutung weit über den Zahlenwert hinausgeht und viel über die damaligen Verhältnisse aussagt: So gab es 1925 in Kaiseraugst erst vier Badezimmer, und auch die Telefonanschlüsse waren noch längst nicht selbstverständlich – ganze sieben zählte man. Auch die Motorisierung hielt sich bis 1949 in Grenzen; in Kaiseraugst und Augst waren zusammen nur gerade 23 Autos registriert.

Jede Zeit hat ihre unverkennbare Prägung. Die dreissiger Jahre des 20. Jahrhunderts standen im Zeichen des Börsenkrachs und der Weltwirtschaftskrise, und von diesen Bedrohungen blieb auch das kleine Dorf am Hochrhein nicht verschont. Das bedrückende Gespenst der Arbeitslosigkeit ging um, und in vielen Familien war Schmalhans Küchenmeister. Die in der Altersrunde vertretene Generation hat diese Zeit hautnah miterlebt und erzählt von der ergebnislosen und zermürbenden Arbeitssuche der Väter. Nach den Jahren eines stetig wachsenden Wohlstandes wird den glücksverwöhnten Generationen der Nachkriegszeit erst jetzt auf der Schwelle des dritten Jahrtausends wieder bewusst, welch grosser Druck damals auf der Gesellschaft lastete.

Ein Augster Rückblick: Erinnerungen eines 1907 Geborenen[6]

"Oft gehen des Nachts in stillen, schlaflosen Stunden die Gedanken zurück in die ferne Jugendzeit. Im Frühjahr 1907 geboren, fiel diese in die Zeit des Kraftwerkbaus ... Das Leben war sehr einfach, Spielzeug bastelte man sich selber. Der Phantasie waren keine Grenzen gesetzt. Den Häuschenschnecken baute man aus ein paar Ziegeln einen Stall, darin wurden die 'Rennpferde' gehalten. Man spielte mit Chluckern (Marmeln), Reifen, Pfeil und Bogen, fertigte sich aus Halbkarton Windrädchen, aus Stoff und Wollresten einen Ball. Viel Zeit verbrachte man am Wasser: Am Dorfbrunnen, am Mühleteich, an der Ergolz, am Violenbach und am Rhein.... Bedurfte man des Arztes, meldete man das im Gasthaus zum Rössli, dort kam jeden zweiten Tag Dr. Meyer aus Frenkendorf mit seinem 'Füchsli' angeritten. Brauchte der Kranke Medikamente, musste man dieselben in der Arztpraxis holen. Oftmals habe ich solche Botengänge gemacht und bin mit meinem Reifen nach Frenkendorf und zurück getrabt. Wenn es dann einen Zehner oder gar einen Zwanziger gab, fühlte man sich reich. Bei Gesslers im Rössli und bei der Metzgerei Bürgi wurden Ruderboote vermietet, die mussten an Samstagen ausgeschöpft und gereinigt werden.

Wer die Aufnahmeprüfung bestand, konnte in Pratteln die Sekundarschule besuchen. Das hiess mehr Hausaufgaben, aber auch in der Woche 10 mal hin und zurück. Nur eine Schülerin, die Alleinkind war, besass ein Velo. Wir empfanden den langen Schulweg nicht als Ungemach; da wurden gegenseitig Gedichte und Liederverse abgehört und Rechnungen verglichen oder nachgeholt. Pech war dann, wenn 2 oder 3 das gleiche falsche Resultat hatten. Wir wussten aber auch, an welchem Baum die ersten Kirschen reiften, die besten Äpfel zu finden waren. Heute nach 65 /70 Jahren weiss ich eine ganze Anzahl Gedichte und Lieder noch auswendig ... Wir brauchten Worte, deren Ur-

GESCHICHTSBILDER

sprung viele nicht mehr kennen. Als Beispiel das Wort Fünfliber: Um die Jahrhundertwende hatten Belgien, Frankreich, Italien und die Schweiz zusammen eine Münzunion, d. h. die Münzen dieser Länder verkehrten auch in den andern dieser Länder. Auf dem französischen Fünffrankenstück war die Prägung Liberté, Egalité, Fraternité, daher das Wort 'Liber'.

Die Elektrizität, die geheimnisvolle Kraft, die man nicht sah, nicht hörte, die man in Drähten überallhin leiten konnte, verdrängte bald die Wasserräder, die Göpel und ersetzte weitgehend die Menschenkraft. Gleichzeitig gelang es dem menschlichen Geist, den Explosionsmotor zu verbessern: Als Fünfjähriger sah ich das erste Flugzeug an einem Anlass in Möhlin; es knatterte auf der Wiese an uns vorbei, erhob sich kurz und musste landen: Beim zweiten Versuch erhob es sich und konnte einen grossen Bogen fliegen und wurde beim Landen mit grossem Beifall bedacht. Der Benzinmotor war noch sehr störanfällig, und manche Sonntagsausfahrt endete damit, dass ein Pferd die störrische Benzinkutsche heimziehen musste.

Und wenn man mich nun frägt, wie gut die 'Alte Zeit' gewesen ist? Die Zeit ist immer das, was der Mensch aus ihr macht. Ich würde sie loben, wenn sie den Menschen glücklicher gemacht hätte."

[1] Bronner Franz Xaver: Der Kanton Aargau, St. Gallen/Bern 1844 (2 Bde.), Faksimile Druck Genf 1978. Band 1, S. 419ff.

[2] Alle folgenden Zitate aus der Augster Heimatkunde 1863.

[3] Strübin Eduard: Baselbieter Volksleben – Sitte und Brauch im Kulturwandel der Gegenwart, Basel 1952. S. 95ff.

[4] Teilnehmerinnen und Teilnehmer der Altersrunde: Frau Oliva Michel, Frau Lina Waltert, Hans Berger-Frutiger, Hans Rotzinger-Hunziker, Hans Schauli-Köpfli.

[5] Mitteilung von M. Haberl.

[6] Stingelin Fritz: Ein alter Mann erinnert sich, in: Augster Anekdoten und 'Müschterli us em Dorf', S. 38ff.

[7] Geschichte von Magden, Magden 2004. S. 309.

[8] Info Blatt, Dezember 2000.

Was Kaiseraugster Gemeindeversammlungsprotokolle 1844-1854 berichten

1844
Beschlussfähigkeit: „*Dann wurde die Versammlung beiläufig gezählt, und es ergab sich, dass die Versammlung vollzählig sei.*"
Hebamme: „*Ist die Hebammenstelle als vacant erklärt.*"
Holzraub: „*Ist wegen Holzraub im Walde dem Bannwart der Lorenz Bolinger als Mithelfer und Aufsicht beigegeben worden.*"
Zündhölzchen: „*Desweiters sind die Älteren ermahnet, die sogenannten Zündhölzli wegen den Kindern auf Weite zu schaffen, damit dieselben nicht mehr damit Entzündungen wie früher geschehen, anstellen können.*" Eltern, deren Kinder mit Zündhölzchen erwischt wurden, hatten eine Busse von 5, im Wiederholungsfall von 10 Franken zu gewärtigen.

1845
Steinablagerung: „*Wird verbotten, dass keine Steine mehr an die Strasse abgelagert werden soll.*"
Zuchtochse: „*Wurde das Gesäz über das Halten und Bezeichnen des Zuchtstiers vorgelesen.*"
Wirtshausverbot: „*Wurde bekannt gemacht, dass der P. S. unter Vormundschaft gesezt und das Wirthäuser Verbott über denselben verhängt sey – dessen Curator ist seyn Bruder K. S.*"
Säumige Steuerzahler: „*Sint die, welche der Gemeinde schuldig sint, das letzte Mahl ermahnet, in Zeit 8 Tagen ihre Schuldigkeit an den Gemeindeschaffner bey Kostenvermeidung abzurechnen.*"
Schulholz: „*Wurde das Schulholzmachen im Laufe dieser Woche bestimmt.*"
Kuhweide: „*Ist das Weidfahren der Kühe neuerdings verboten, sodass auf eine Anzeige hin dieselben bestraft werden.*"

1846
Schärmauser: „*Ist der Gemeinderat bevollmächtigt worden einen Akort mit einem Schermauser abzuschliessen – jedoch mit der Bedingung denselben nicht auszuzahlen bis man überzeugt sey, dass er durch Fleiss eine Abschlagszahlung verdient*" habe.
Not: „*Im Jahre 1846 - 47 hat die Gemeinde für alle Nothdürftigen Mehlankäufe gemacht und lässt zum Theil dasselbe sich von den Vermöglichen nach und nach zurückzahlen. - Die ganz Armen wurden im Armenhaus theils aus dem Armenfonds, theils aus der Gemeindekasse unterhalten.*"

1847
Salzauswäger: „*Wurde eröffnet, dass Seraphin Schmid als Salzauswäger ernannt sey.*"
Rehabilitation: „*Wegen Befriedgung seiner Gläubiger des Matthias Nussbaumer von Obermumpf ist derselbe wieder in seine vorigen Rechte eingetreten.*"
Gabholz: „*Ist das Gabholzausgeben wieder nach alter Gewohnheit allgemein beschlossen worden.*"

1848
Rechnungsablage: „*Ist die Rechnung der Bürgerschaft vorgelesen und den Amtskräften zur Untersuchung übergeben worden.*"

Fronarbeit: „Ist gesagt, dass in dieser Woche die Fronarbeit zum neuen Birchhof beginnen werde."

1849

Wilde Blatern: „Es wurde wegen der Kinderblattern von G.H. Bader ein Schreiben eröffnet."

1850

Schulbibliothek: „Wurde die Schülerbibliothek-Liste bekannt gemacht."

Zuchtochse: „War 7. die Verlesung des Satzes 3 aus dem Protokoll vom 8. September 1845 über Zulassung von fremden Kühen bei dem Zuchtochsen."

Frondienst: „Gemeinderätliche Verordnung über Strassengräben-Aufwerfung auf Dienstag 7 Uhr beidseits des Gstaltenrains durch die sämtlichen Bürger des Dorfes vermittelst rückständiger Frohndienste."

1851

Zuchthammelhalter: „Wurde die Wiedersteigerung des Zuchthammelhalters vorgenommen."

Kirschenfrevel: „Erging die nachdrückliche Ermahnung, dass Eltern ihre Kinder von dem Naschen des Obstes, als Kirschen ... abhalten sollen, widrigenfalls der Gemeinderath Züchtigungsmassnahmen ergreifen werde."

1852

Löwenzahn: „Verbot des Sonnenwirbel-Ausstechens auf nicht eigenthümlichem Land ohne Erlaubnis des Eigenthümers mit 1 Fr. Busse."

Unfug: „Erging wegen kürzlich vorgefallenen Unfuges von Schulknaben auf dem Rhein, das Verbott, dass Kinder unter 18 Jahren ohne Aufsicht der Eltern oder anderer erwachsener Personen die Weidlinge oder Flösse nicht betreten dürfen. Im Falle dieser Übertrettung ist jedes Kind oder Knabe einzeln mit 1 neuer Fr. zu belegen, wovon dem Anzeiger die Hälfte zugesichert wird."

Bürgereinkauf: Festsetzung auf 1600 Franken.

Rebhüter: „Wurde ebenfalls von der Versammlung erklärt, dass zum Schutze des Rebgutes ein tauglicher mit zwei guten Beinen versehener Hüter bestellt werden möchte."

Waldwege: „ ... desgleichen sollen die durch den Wasserguss zerstörten Waldwege wieder fahrbar gemacht werden."

Weibel: „ ... war die Bekanntmachung, dass allfällige Bewerber für die Gemeinde Weibel und Wärter-Stelle innerhalb 8 Tagen ihre Anmeldung anzubringen haben."

Obligationenrecht: "Dann wurden noch einige Abschnitte im neuen allgemeinen bürgerlichen Gesetzbuch IIIter Theil Obligationenrecht, verlesen."

1853

Unterstützung: „Nun trat J. N. auf und begehrt, dass man ihn von der Gemeinde aus unterstützen solle, damit er sein Gut bis weiteres behalten und die rückständigen Zinse nach und nach bezahlen könne. Der Gemeinderath stellt den Antrag, man möchte ihm vorab 50 Franken alter Währung bezahlen, welches er sowie weitere Unterstützung der Gemeinde wieder abverdienen könne." In der nachfolgenden Gemeindeversammlung wurde das Gesuch in geheimer Abstimmung mit 39 gegen 8 Stimmen abgelehnt.

Eidgenössischer Bettag: Die Proklamation der Regierung wurde vorgelesen.

GESCHICHTSBILDER

1854
Lebensmittelnot: „Wurde aus der Versammlung die Frage gestellt, ob man bei der gegenwärtigen Lebensmittelnoth künftigen Frühling eine Sparsuppenanstalt errichten, oder ob man aus der Gemeinde-Armenkasse Lebensmittel aufkaufen und unter die Bedürftigen vertheilen solle."
Beschluss. Ankauf von Erbsen, Reis und Mehl.
Bohnenstecken: „Es wurde ferner angesagt, dass man künftigen Dienstag Nachmittag Bohnenstecken hauen dürfe, wobei aus jeder Haushaltung aber nur einer erscheinen dörfe."
Wassergräben: „Eröffnet wurde, dass diese Woche (März) die Wassergräben geöffnet werden sollen und sich jeder bei 10 Fr. Busse hüten soll, das Wasser einzukehren." (d. h. auf das eigene Land abzuleiten)
Ährensammeln: „Verbotten wurde das Kornmüllersammeln (Ährensammeln) auf nicht eigenthümlichem Land bei 1 Fr. Busse oder vierstündiger Gefangenschaft."
Feuerspritze: „Endlich wurde angesagt, dass auf Mittag 12 Uhr die Feuerspritzenprobe stattfinden soll."
Traubenernte: „Wurde die Bürgerschaft angefragt, wann man die Traubenzusammenlese wolle? Bestimmt wurde Samstag, den 8. Oktober."

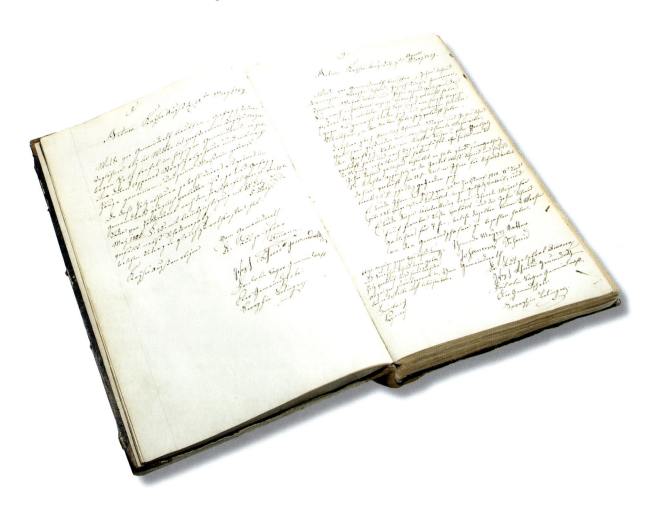

Gemeindeversammlungsprotokoll.
(Foto Giuseppe Esposito)

(Staatsarchiv Aargau)

Die Auswanderung: Der amerikanische Traum

Amerika – das Land der unbegrenzten Möglichkeiten: So erleben wir es zu Beginn des dritten Jahrtausends, und so erlebte es Europa auch im 19. Jahrhundert, als die junge nordamerikanische Republik ihre Zukunft in schillernden Farben schilderte und so die europäischen Einwanderer lockte.[1]

Der amerikanische Lockruf und das Fricktal

Eine in Maryland erscheinende, deutsch geschriebene Zeitung erreichte auch unsere Gegend; in der Nummer vom 23. Oktober 1817 wird Amerika als ein Land geschildert, das *„beynahe ganz frisch aus der Natur kommt"* und als jüngstes Glied der menschlichen Familie zuruft: *„Schickt eure unglücklichen Kinder hieher. Kommt her zu mir alle, die ihr mit Unterdrückung beladen seyd und ich will euch Recht geben. Diejenigen, die das bittere Brod der Verfolgung essen, sollen hier Brod geniessen, welches der Becher der Freyheit versüsset. Ich habe genug, um euch Arbeit zu geben. Mein Gebiet breitet sich von den Ufern des Weltmeers bis zum Mississippi aus – von den Canadier Seen bis zum Meerbusen von Mexiko. Meine frühesten Niederlassungen sind noch dünn bevölkert; wenn ihr euch aber gegen Westen wendet, so liegen dort ausgedehnte Gegenden offen vor euch. Der Hirsch spielt auf meinen Wiesen, und in vielen Wäldern ertönte noch nie der Schlag einer Axt. Jahre und Jahrhunderte müssen entfliehen, ehe mein Land ein mässiges Verhältnis von Bevölkerung erlan-*

gen kann. Die entferntesten Nachkommen werden noch Land genug und im Ueberfluss haben."

Der amerikanische Ruf wurde auch im Fricktal gehört, nicht etwa weil sich das Land unterdrückt gefühlt hätte, sondern weil es sowohl zu Beginn wie auch um die Mitte des 19. Jahrhunderts sowie von 1880 – 1885 Not litt. 1813/14 hatte es unter den Durchzügen fremder Truppen zu leiden, 1816/17 unter Missernten. Dazu kam, dass das Fricktal lange Zeit auch in wirtschaftlicher Beziehung sehr benachteiligt war. Sein Einbezug in die Schweiz hatte die alten Handelsbeziehungen über den Rhein jäh zerrissen, und es brauchte daher Jahre, bis sich die Wirtschaft wieder in die neuen Verhältnisse gefunden hatte. Die allgemeine Verarmung war auch Folge einer rückständigen Landwirtschaft, denn dank der Erbteilung hatten sich zahlreiche Betriebe derart verkleinert, dass sie kaum mehr lebensfähig waren. *„Taglöhner und viele Heimarbeiter verdienten damals rund einen Franken pro Tag und hatten pro Pfund für Brot 17 Rappen, für Reis 20 Rappen, für Zucker 40 Rappen und für Kaffee 80 Rappen zu bezahlen. Hauptnahrungsmittel waren Kartoffeln, Zichorienkaffee, Kuh- und Ziegenmilch, wenig Brot, Dörrobst und Gemüse. Fleisch kam nur selten auf den Tisch. In den 1840-er Jahren gab es wegen der Kartoffelkrankheit nur wenig Kartoffeln. Gelbe und weisse Rüben mussten sie ersetzen. Wieder produzierten die Gemeinden Sparsuppen. Der Staat kaufte im Ausland Mais und Erbsen auf und gab sie an die Bevölkerung ab, 1841 – 1850 wanderten aus dem Aargau jährlich rund 225 Personen aus, 1851 waren es 1300, 1854 sogar 2963."* [2]

Kaiseraugster Auswanderer

Im Bezirk Rheinfelden waren es allein 167 Einwohnerinnen und Einwohner, die 1832 auf diese Weise ihrer Heimat verloren gingen. Die einen wanderten aus, weil sie hofften in Amerika unter zufriedeneren Menschen leben zu können, die anderen wollten sich in den Staaten eine neue Existenz aufbauen. *„Von seinem Vorhaben"*, meldete der Bezirksamtmann der Regierung in Aarau, *„liess sich keiner mehr abwendig machen; im Kampfe mit Schmerz und Muth enteilten sie den Gestaden des vaterländischen Rheines von schwellender Musik begleitet, und ein und der andere gab vielleicht den letzten Gruss aus seinem Gewehre, vorhin bestimmt zur Vertheidigung seines Vaterlandes."* [3]

Obwohl Kaiseraugst an sich ziemlich wohlhabend war, hatten sich auch seine Behörden wiederholt mit Auswanderungsgeschäften zu befassen, so 1852, als ein Ortsbürger das *„dringende Ansuchen"* stellte, *„dass ihm neben den Reiseentschädigungen, ein Betrag von 400 Franken entweder frei bei der Abreise, oder bei dem Betretten des erwünschten Landes, verabfolgt werden möchte, um sodann eine ernstliche, auf Anstand und Sitte gestützte Existenz befördern zu können."* Die Ortsbürgergemeindeversammlung zeigte sich vorsichtig; sie beschloss, nähere Erkundigungen über den *„Betrag der Expeditionskosten"* einzuholen. Schliesslich gewährte sie dem Gesuchsteller à fonds perdu eine Unterstützung. In welchem Masse das Geld in diesem Fall perdu war, zeigte sich sehr bald. Einige Monate später ging nämlich der Auswanderer die Gemeinde erneut um eine Unterstützung an; er berichtete, dass er wegen stürmischer Seefahrt zur Rückreise genötigt worden sei. Wohl oder übel

Januar 1883: Drei Inserate aus der „Volksstimme".

1906: Inserat aus dem Bauernkalender.

GESCHICHTSBILDER

musste die Gemeinde ein zweites Mal helfend einspringen. Die Familien von B. F. mit 2 Kindern und jene von Karl Schmid mit 4 Kindern, sowie die noch ledige Maria Anna Schmid erhielten im gleichen Jahr je 400 Franken an ihre Auswanderungskosten. 1853 entsprach die Gemeindeversammlung nach längerer Diskussion beinahe einstimmig dem Gesuch der Geschwister Bolinger, die Gemeinde möchte ihre Reise unterstützen. Der Gemeinderat hatte es verstanden, der Versammlung diesen Entscheid schmackhaft zu machen, als er vorschlug, *"dass das ihnen betreffende Gabholz jährlich verkauft werden soll, bis diese Beisteuer dadurch wieder ersezt sein werde."*

Die Organisation der Auswanderung, die in der Regel in Basel begann und dann rheinabwärts nach Holland führte, lag in den Händen von Auswanderungsagenturen; sie waren vor allem in Basel konzentriert und standen von 1888 an unter eidgenössischer Kontrolle. Es hatte sich gezeigt, dass viele Auswanderer über die Verhältnisse, wie sie in den anvisierten Einwanderungsländern – meistens Nordamerika, ab und zu auch Südamerika – bestanden, sehr mangelhaft unterrichtet waren oder aus Quellen schöpften, die man weder als kompetent noch vorurteilslos betrachten konnte. *"Solche Leute in zuverlässiger Weise zu beraten, ist eine nicht nur vom humanitären, sondern auch vom nationalökonomischen Standpunkte aus wichtige Aufgabe des durch das Gesetz geschaffenen Auskunftsbureaus; denn da die schweizerischen Auswanderer auch in der Ferne alle Rechte behalten, die ihnen das heimatliche Bürgerrecht zusichert, so liegt es auch im hohen Interesse der Heimathgemeinden, dass ihre auswandernden Bürger von Anfang an in richtige Bahnen geleitet werden und möglichst viele Chancen für eine gedeihliche Ansiedlung im fremden Lande behalten."* [4]

In den siebziger Jahren mehrten sich in Kaiseraugst die Auswanderungen: 1871 ist es Künzli Adolf – 1872 Schauli Bernhard – 1873 sind es zwei ungenannte Männer – und 1879 Künzli U. mit Reiseziel Buenos Aires; *"Vermögen hat derselbe keines mitgenommen, da dessen Eltern noch leben, und so sich mit dem nöthigsten Reisegeld begnügte",* lautete der Kommentar.

Hans Jakob Voegtlin, ein Augster Auswanderer

Auch Augst hat seine Auswanderungsgeschichte.[5] So hören wir, dass im Hungerjahr 1817 Hans Jakob Voegtlin (Vögtly) im Alter von 21 Jahren von seiner Familie nach Amerika geschickt wurde, um dort auszukundschaften, ob sich eine Übersiedelung anderer Familienangehöriger empfehlen würde. Die positive Rückmeldung veranlasste dann den Vater Nicklas Voegtlin ein Boot zu kaufen, das er zusammen mit seinem Bruder John und anderen Passagieren von Kaiseraugst aus für die Fahrt nach Amsterdam benutzte, wo er am 15. August 1822 eintraf.

"Am 13. September gingen sie an Bord des Dreimasters Senne, geführt von William Williams. Die Überfahrt kostete pro Person 100 Gulden, und die Passagiere mussten sich selbst mit Lebensmitteln versorgen, erhielten aber Wasser und Brot zum Kochen. Am 16. Oktober landeten sie in New London, Connecticut, erreichten am 21. Oktober New York und am 10. November ihr Reiseziel Pittsburg."

Nicklas Voegtlin betrieb ein Fährengeschäft und war in Alleghenny (Pennsylvania) Gründer der Deutschen Evangelisch-Protestantischen Kirch-

Die Auswanderer. Stich aus dem Jahr 1821.

Die Gerätschaften der Auswanderer verraten ihre bäuerliche Herkunft. Geschildert wird der traurige Auszug aus dem Haus.

GESCHICHTSBILDER

gemeinde. Am 11. Dezember 1852 starb er im 84. Altersjahr. Am 17. November 1986 fand in der Cyclorama Hall von Alleghenny ein Familientreffen statt, das 175 Nachkommen von Nicklas Voegtlin vereinigte.

[1] Zitat aus Schib Karl: Geschichte des Dorfes Möhlin, Thayngen 1959. S. 208.
[2] Leimgruber Walter: Auswanderungen im 19. (und 20.) Jahrhundert, in: Geschichte des Fleckens Zurzach, Zurzach 2004. S. 354f.
[3] Schib, S. 207.
[4] Rundschreiben der aargauischen Direktion des Inneren vom 4. Februar 1889.
[5] Heimatkunde Augst 1984. S. 87ff.

GESCHICHTSBILDER

Augst und Kaiseraugst im Zweiten Weltkrieg 1939-1945

Wie erlebten Augst und Kaiseraugst den Zweiten Weltkrieg? Die Protokolle des Gemeinderates und der Einwohnergemeindeversammlungen 1939 – 1945 werfen mosaikartig einige Schlaglichter auf das Dorfgeschehen während des Zweiten Weltkrieges.[1]

Gemeinderatssorgen

Symptomatisch ist zunächst, dass an einer der ersten „Kriegssitzungen" des Kaiseraugster Gemeinderates gleich vier seiner fünf Mitglieder wie auch der Gemeindeschreiber militärdienstlich abwesend waren. Doch nicht nur wegen Abwesenheit einzelner Gemeinderäte war die Exekutive in dieser Zeit der Bedrohung ausserordentlich stark gefordert, auch die zunehmende Verwaltungsintensität machte der Behörde zu schaffen. Es zeigte sich, „dass der Gemeinderat durch die vielen neuen Geschäfte derart in Anspruch genommen wird, dass die sorgfältige Behandlung der Geschäfte etwas leidet", resümierte der Protokollführer, der Präsident habe immer ein vollgerütteltes Mass an Arbeit zu bewältigen. Abhilfe liess sich nur durch die Bildung neuer Kommissionen schaffen.

Die Alarmierung

In Kaiseraugst stand bei Kriegsbeginn an erster Stelle der reichen Traktandenliste die Alarmierung des Dorfes, wenn der Ernstfall eintreten sollte. Das noch kleine Dorf in den Grenzen der Heidemauer besass keine Sirene. So einigte man sich auf die Alarmierung durch das Glockengeläute und legte eine Glocken-Arbeitsteilung fest. Während in Zukunft für kirchliche Zwecke nur gerade eine Glocke erklingen durfte, sollte bei Alarm mit sämtlichen Glocken geläutet werden. Im Hinblick auf einen drohenden Luftkrieg traf der Gemeinderat sodann Vorbereitungen für die Verdunklung und beschloss nebst der Anschaffung von 10 Gasmasken die Schaffung von vier Sand-Fassungsplätzen. Obwohl der Gemeindeammann an einer Einwohnergemeindeversammlung verkündete, die Bevölkerung müsse „auf alles gefasst sein", wollte der Gemeinderat von der Einrichtung eines bombensicheren Unterstandes im Schulhauskeller nichts wissen, ganz im Gegensatz zur Schulpflege, die räsonierte, wären „die Ausgaben für diesmal umsonst, umso besser."

Sowohl Augst als auch Kaiseraugst besassen zu Beginn des Zweiten Weltkrieges noch keine Sirene – es wurde noch mit den Glocken des Schulhauses beziehungsweise der Dorfkirche alarmiert.

Der vorausahnende Bundesbeschluss vom 29. September 1934 – „Der Bund sorgt für die Vorbereitung und Durchführung geeigneter Massnahmen zum Schutz der Zivilbevölkerung gegen chemische und ähnliche Kampfmittel (passiver Luftschutz), die neben der militärischen Abwehr (aktiver Luftschutz) getroffen werden" – galt für kleinere Gemeinden noch nicht. (Foto Ursi Schild)

Einer der drei Kaiseraugster Bunker. (Foto Giuseppe Esposito)

„Das Gespenst der Evakuation"

In Augst war erstmals im September 1939 vom „Gespenst der Evakuation" die Rede. Eine Liste zuhanden des Platzkommandos Liestal führte auf,

GESCHICHTSBILDER

Seite 98/99: „Beton-Toblerone"

Panzersperren, die seit dem Zweiten Weltkrieg unser Land überziehen – es gibt sie sowohl in Augst als auch in Kaiseraugst – tragen nicht zufällig den Übernamen Beton-Toblerone, denn mit ihren dreieckigen Beton-Zähnen erinnern sie an eine der renommiertesten Schweizer Schokoladen. In Deutschland hiessen und heissen die gleichen Panzersperren weniger süss aber umso bedrohlicher Drachenzähne.

Die Ruinen-Anlage im Hintergrund der Aufnahme zeigt den Zentralbau des weitläufigen römischen Heiligtums in der „Grienmatt". (Foto Ursi Schild)

General Henri Guisan

Während des Zweiten Weltkriegs war Henri Guisans Bild überall präsent – daheim und in den Wirtsstuben. Der letzte Tagesbefehl des Generals erschien am 8. Mai 1945, dem Tag des Waffenstillstands. Er schloss mit den Worten: „Soldaten. Ihr habt getreu Eurem Fahneneide auf Euren Posten ausgeharrt. Ihr habt Euch Eures Vaterlandes würdig erwiesen." Als Symbolfigur für den Durchhaltewillen der Schweiz blieb der General weit über das Kriegsende populär – daran änderte sich auch nur wenig, als aus Bundes- und weiteren Akten Ungereimtheiten (Kompetenzüberschreitungen, Auslandkontakte, etc.) aufgedeckt wurden. (Aus Kriegstagebuch des Verfassers)

dass im Ernstfall für diesen Zweck 25 Brückenwagen und 3 Schlitten bereitstünden. Im Januar 1940 ernannte der Gemeinderat einen Fürsorgechef für die Evakuation und teilte die Bevölkerung in Gruppen von ca. 25 Personen ein, die je einem Gruppenchef unterstanden. Die Sorge der Behörden galt indessen nicht nur der Zivilbevölkerung, ebenso sehr beschäftigten sie sich mit der Evakuation des Rindviehs, das mittels Ohrmarken gezeichnet werden musste, damit es später wieder den rechtmässigen Eigentümern zurückerstattet werden konnte. Schliesslich galt es auch die Weisung der Direktion des Inneren bezüglich der Auslagerung der Gemeindekasse zu befolgen. Während Wertpapiere und Goldstücke der Kantonalbank zur Aufbewahrung zu übergeben wären, sollte der Kassabestand – er *„dürfte im Hinblick auf den Bankverkehr nicht sehr gross sein, sodass keine allzugrossen Werte auf dem Spiele stehen"* – mitgenommen werden.

Truppeneinquartierungen

Wie alle anderen Dörfer der Nordwestschweiz hatten Augst und Kaiseraugst während der Grenzbesetzung Truppenunterkünfte bereitzustellen. In Kaiseraugst beschloss der Gemeinderat zu diesem Zweck den Ankauf von 150 Strohsäcken und die Einrichtung von Truppenverpflegungsstellen. In Augst wurde sowohl das alte Schulhaus wie die neue Turnhalle sowie die leerstehende Anstalt als Kantonnement der Grenzschutztruppen – bis 200 Mann – in Beschlag genommen und aufgrund einer Anregung aus der Bevölkerung im Restaurant Amphitheater, in der Unteren Mühle sowie in einem freien Schulzimmer eine Soldatenstube eingerichtet. Der Gemeinderat war damals wirklich Mädchen für alles: Er hatte selbst für einwandfreie Kochgelegenheiten zu sorgen, und so *„untersuchte"* der Gemeindepräsident die Angelegenheit höchstpersönlich. Er veranlasste die Verzinnung der vorhandenen Kessel, die in der Folge *„als vollwertige Kochgelegenheit anerkannt"* wurden. Eine Sorge der Gemeinden war es auch, das für Truppeneinquartierungen notwendige Heu und Stroh bereitzuhalten. Um hier alle Schwierigkeiten zu vermeiden, beschlagnahmte der Augster Gemeindepräsident kurzerhand den Bestand von ca. 1000 kg.

Wachsamkeit

Wachsamkeit war ein Gebot der Stunde! Die Regierung verlangte die *„Bezeichnung von zwei handfesten Leuten."* Sie erhielten den Auftrag bei akuter Kriegsgefahr alle Ausländer vom 16. bis 60. Altersjahr abzuführen. *„Die zu bezeichnenden Leute werden bewaffnet, sie dürfen aber nicht wissen, zu welchem Zweck sie bestimmt sind, bis sie den für sie bestimmten Auftrag erhalten."* Eine besonders intensive Bewachung wurde dem Kraftwerk zuteil – 25 bis 30 Mann standen den ganzen Krieg über im Einsatz. Das Werk verstand es, ihnen das Wacheschieben zu erleichtern. Es rüstete die Schildhäuschen im kalten Winter mit elektrisch geheizten Bodenplatten aus. Der Wachtdienst zu zweit dauerte jeweils zwei Stunden; es galt den Verkehr auf der deutschen Seite auf Schiene und Strasse zu beobachten. *„Auf der deutschen Seite waren Fliegerabwehrgeschütze stationiert. Der Kontakt zwischen schweizer und deutschem Militär war nur sporadisch, wenn auch etwa ein Päckli Zigaretten oder eine Tafel Schokolade den Besitzer wechselten."*

GESCHICHTSBILDER

Am Herzen lag den Gemeindepräsidenten auch die Bildung von Ortswehren, welche die Aufgabe hatten, die Abwehr gegen Saboteure, Luftlandetruppen und durchgebrochene Panzertruppen zu verstärken. Sie sollten sich *„aus allen vaterlandstreuen Schweizerbürgern rekrutieren, die aus der Wehrpflicht entlassen oder noch nicht in diese eingetreten sind und die ein Ordonnanzgewehr oder ein Leihgewehr besitzen und schiessen können."* In Kaiseraugst gab es ernsthafte Rekrutierungsschwierigkeiten. Der Ammann begegnete ihnen mit einem eindringlichen Appell; auch ermahnte er die Frauen und Töchter, sie hätten sich *„in Ausführung des Befehls des Generals"* für den Samariterverein zur Verfügung zu stellen. Ob der Appell Wirkung zeigte, lässt sich heute nicht mehr feststellen. In Augst meldeten sich dagegen 18 Personen für die Ortswehr, die Angemeldeten waren meistens Jungschützen: 1943 stellten sich von 43 Eingeladenen 26 zur Verfügung.

Das Kraftwerk mit dem Schweizerkreuz

So suchte man sich gegen Bombardierungen zu schützen – in vollem Vertrauen auf die Neutralitätspolitik der Schweiz.

1943 befürchtete man wegen des sich verschärfenden Luftkriegs in den fricktalischen Rheintaldörfern eine Bombardierung der Schluchsee- und Rheintalwerke, was wegen der zu erwartenden Flutwelle Hochwasseralarm ausgelöst haben würde. Auch in Augst wurde die Warnung gehört, bedroht war insbesondere die tiefer gelegene Dorfpartie an Ergolz und Violenbach. Am Kraftwerk war man ebenfalls gewappnet; alle tiefliegenden Fenster wurden mit Brettern und Balken verbarrikadiert.

Die Sprengung der Tankmauer

Während des Krieges verunmöglichte eine Tankmauer auf der West-Terrasse des Kraftwerks die Benützung des Wehrs als Durchgang. Ihre Sprengung erfolgte am 29. Juni 1946. (Fotos: Archiv des Kraftwerks Augst)

Augst und Kaiseraugst waren Grenzgemeinden: Was geschah jenseits des Rheins? Die Frage beunruhigte und führte im Dezember 1944 in der Kaiseraugster Gemeindeversammlung zu einer längeren Diskussion, als aufgrund von Offiziersaussagen bekannt wurde, in Rheinfelden aber eventuell auch in der Carbidfabrik Wyhlen werde Giftgas hergestellt und *„bei einem Bombardement könnte eine Freilegung solchen Gases stattfinden."* Die Meinungen gingen auseinander: Der eine Redner warnte davor, den Teufel an die Wand zu malen; der andere erachtete die Gefahr als nicht so riesig, die Bevölkerung brauche nicht in Unruhe versetzt zu werden, für eine wirkliche *„Vergasung unserer Ortschaft"* von Rheinfelden aus brauche es gewaltige Mengen Gas, die dort kaum vorhanden seien. Vorbereitende Massnahmen hätten daher keinen Sinn, denn beim Eintritt von Gasgefahr werde die Bevölkerung so oder so kopflos handeln. Der Präsident schliesslich empfahl, bei Gasgefahr einen nassen Schwamm vor den Mund zu halten oder ein nasses Leintuch überzuwerfen, denn die Anschaffung von Gasmasken für die ganze Bevölkerung sei nicht möglich.

Obwohl Badisch-Rheinfelden 1940 bombardiert wurde, trat der Gas-Ernstfall glücklicherweise nicht ein.

Die Auswirkungen auf die Schule

Auch die Schulpflege dies- und jenseits der Ergolz war gefordert. In Kaiseraugst hatte sie 1940 die Fünftagewoche einzuführen und der Klage zu begegnen, die Schuljugend halte sich noch nachts auf den Strassen auf, ein Umstand, der *"namentlich der Soldaten wegen nicht geduldet werden könne."* Sie ersuchte deshalb die Lehrerschaft, *"hierüber ein wachsames Auge zu haben."* Souverän begegnete sie auch einem inspektoralen Wink, die Weltkarte sei zu erneuern, und meinte vieldeutig und realistisch, *"eine Neuanschaffung mache im gegenwärtigen Zeitpunkt keinen Sinn."* Für den Schulbetrieb gravierend wirkte sich die Tatsache aus, dass der Stundenplan in Augst im Winter 1942/43 und 1944/45 wegen der stark reduzierten Brennstoffzuteilung gestrafft werden musste.

Landwirtschaftlicher Mehranbau

Der gemäss Bundesratsbeschluss vom 20. Oktober 1939 geforderte Mehranbau war sowohl in Augst wie auch in Kaiseraugst ein Dauerthema. In Augst machte ein ganz besonderes Experiment weit über die Gemeindegrenze hinaus von sich reden. Im Frühjahr 1940 mietete sich eine Grenzschutzkompanie in einer leerstehenden Hühnerfarm zwischen Augst und Giebenach ein, und *"was die Soldaten da unter fachkundiger Leitung geschafft (haben), das gleicht einem schönen Mustergarten;*

Liebe Schulkinder!
Die »Soldatenweihnacht 1939« war ein freudvolles, beglückendes Gelöbnis tiefer Verbundenheit zwischen dem dankbaren Schweizervolk und unsern unter den Fahnen stehenden Wehrmännern. Für Eure Spende und für die sinnigen Wünsche, Zeichnungen und Briefe, lauter Flämmchen und Flammen gläubiger Heimatliebe, die das Gemüt all' unserer Soldaten so sehr erwärmt haben, danke ich Euch und Eurer Lehrerschaft von ganzem Herzen.

Chers écoliers,
Le »Noël du Soldat 1939« a été l'heureuse et solennelle expression de la solidarité entre le peuple suisse reconnaissant et ses soldats sous les armes. Pour vos dons, pour vos voeux, dessins et lettres, qui ont fait tant de plaisir à nos défenseurs, je vous adresse, ainsi qu'à vos dévoués maîtres et maîtresses, un chaleureux merci!

Cari scolari,
Il »Natale del Soldato 1939« è stato una consolante espressione del radicato sentimento di solidarietà fra il popolo svizzero ed i suoi soldati sotto le armi. Per il vostro dono, per i vostri espressivi auguri, disegni e lettere - fiaccole ardenti di sacro amor patrio - che tanto allietarono i nostri soldati, io vi porgo, unitamente ai vostri insegnanti, il mio più cordiale ringraziamento.

Chars scolars!
Il »Nadal da sudats 1939« füt ün usche plaschaivel, sco solen e comovent güramaint da la plü intima e ferma uniun tanter il grat pövel svizzer e sia sudada in servezzan. Eu ingrazch cordialmaing tant als scolars co als magisters per lur sincers giavüschs, chartas e disegns, chi han s-chodà il cour ed anim da tuots nos sudats sco tantas glüminas e flammas da püra amur per la patria.

Le Commandant en Chef de l'Armée
Général Guisan
ce 18 janvier 1940

Soldatenweihnacht 1939: Der Brief des Generals.
(Aus Museum Birsfelden)

im ganzen waren es 11 1/2 Jucharten." Eine reiche Ernte belohnte den gärtnerischen Einsatz der Truppe; 14'000 Salatköpfe, 3600 Stück Lattich, 300 – 360

Doppelzentner Kartoffeln, 160 kg Zwiebeln, 8000 Stück Randen, 2400 Stück Sellerie, 1400 Stück Lauch usw. waren es. Militärküchen landauf, landab sowie unbemittelte Wehrmannsfamilien waren Nutzniesser des Bio-Einsatzes der Truppe.

1940/41 betrug die Mehranbaufläche für den Kanton Basel-Landschaft 2000 ha, das Mehranbau-Kontingent von Augst, das im Frühjahr 1941 insgesamt 65 ha Acker– und Gemüseland auszuweisen hatte, belief sich dabei auf 28,4 ha. Anders ausgedrückt: Augst hatte 51% seiner gesamten Futterfläche umzupflügen. Den drei Landwirten, die dieser Mehranbau-Forderung nicht nachkamen, wurde nahegelegt, den *„geforderten Anbau durchzuführen, ansonst mit dem Entzug aller Lebensmittelkarten zu rechnen"* sei. Besonders zu reden gab natürlich der Umstand, dass in diese Mehranbauaktion auch der Sportplatz einbezogen wurde. Er diente mit 20 Parzellen zu je 3 a zu *„Pflanzlandzwecken."*

Eine Briefmarke zum „Plan Wahlen", zu der sogenannten Anbauschlacht

Die Briefmarke beschwört das fast mythisch gewordene Bild der alten noch nicht motorisierten agrarischen Schweiz.

Sammlungen

Wir leben heute in der Schweiz in einer Zeit des Überflusses und des Abfalls, wie es sie in der Geschichte noch nie gegeben hat. Von allem haben wir zuviel, und so gehen wir mit den uns anvertrauten materiellen Gütern oft sehr sorglos um. Ganz anders war es zur Zeit des Zweiten Weltkrieges: Mangel prägte damals das Leben, und er verstärkte sich von Jahr zu Jahr. In einem Aufruf der Kriegswirtschaftlichen Zentralstelle wurde denn auch festgehalten: *„Tausende von Tonnen verwertbaren Altmaterials sind bis heute unbeachtet weggeworfen worden. Mindestens 4000 grosse Güterwagen könnten zuverlässigen Berechnungen zufolge in der Schweiz jährlich damit gefüllt werden."* Wem sollte diese Aufgabe übertragen werden? Es gab eine Institution, die ohne viel bürokratischen Aufwand und erst noch gratis für diese Aufgabe eingesetzt werden konnte. Es war die Schule, die während der Grenzbesetzung in dieser Hinsicht eine Pionierrolle spielte. Und so war es denn nur natürlich, dass einer der beiden Augster Lehrer als Abfallchef eingesetzt wurde; er hatte als erstes eine Papiersammlung durchzuführen. 1941 erbrachte sie 761 kg. Selbstverständlich gab es auch ausserhalb der Schule Sammelaktionen. So kamen beispielsweise 1942 durch das Ährenlesen 949 kg und 1944 gar 2078 kg zusammen: *„Die gesammelte Menge an Brotfrucht ist recht ansehnlich und als Zustupf für die Ernährung sehr erwünscht. Es kann daraus ersehen werden, welche Werte in Friedenszeiten, wo das Ährenlesen nicht geübt wird, verloren gehen",* resümierte das Protokoll. Auch wiederholte Entrümpelungsaktionen führten schliesslich zu ansehnlichen Ergebnissen: 1941 waren es 5212 kg, und 1943 wies Augst unter den kleinen Gemeinden *„so ziemlich das höchste Gewicht pro Kopf der Bevölkerung – ca. 8 kg"* aus.

Die Abfallbewirtschaftung im Zweiten Weltkrieg

Was heute selbstverständlich ist – die Abfallbewirtschaftung – wurde im Zweiten Weltkrieg von den Hausfrauen besorgt. (Abbildungen S. 103-104 aus Kriegstagebuch des Verfassers)

GESCHICHTSBILDER

Die Rationierung

Im Zweiten Weltkrieg wurde alles, aber auch alles rationiert: Lebensmittel, Kleider, Schuhe, Veloschläuche, Benzin, Mahlzeiten usw.

Notstandsmassnahmen

Je länger der Krieg dauerte, desto deutlicher zeigte sich, dass Teile der Bevölkerung kriegsbedingt – Aktivdienst, steigende Preise etc. – in wirtschaftliche Schwierigkeiten geraten waren. Mit Notstandsmassnahmen zu Gunsten dieser Minderbemittelten versuchten Staat und Gemeinden Gegensteuer zu geben. 1942 führte der Kanton Basel-Landschaft eine sogenannte Volkstuchaktion durch und übertrug den örtlichen Fürsorgekommissionen die Verteilung der Kontingente: Auf Augst entfielen 26 m Flanellette und 26 m Hemdenbarchent, ferner wurden 11 Paar Halbtuchhosen für Männer, 12 m Serge, 90 cm breit, für Frauen sowie 20 Strangen Strickwolle für Socken verteilt.

Brennstoffmangel

Während die „von Bern" verfügten Rationierungen in den Protokollen nur selten erwähnt werden, ist die Brennholzzuteilung wiederholt Gegenstand der gemeinderätlichen Verhandlungen, denn als Ersatz für die mehr und mehr stagnierende Kohlenzufuhr war damals anders als heute Brennholz von grosser Wichtigkeit. Es konnte nicht in beliebiger Menge bezogen werden, sondern wurde zugeteilt. In diesem Sinn stellte etwa das Augster Protokoll im Februar 1943 lakonisch fest: *„Die verfügbare Brennholzmenge ist also knapp, für die reduzierte Zuteilung jedoch genügend."*

Eine Flüchtlingstragödie

Die Augster Grenzlage illustriert die Tatsache, dass im Mai 1942 drei russische Kriegsgefangene auf ihrer Flucht aus Deutschland im Rhein ertranken und im Kraftwerk angeschwemmt wurden. Während man die ersten beiden Leichen auf Veranlassung des Statthalteramtes Liestal dem anatomischen Institut in Basel übergab, wurde der dritte Tote auf dem Augster Friedhof ordentlich beerdigt. Der Gemeinderat kommentierte den Übergabe-Entscheid des Statthalteramtes mit dem Wunsch, man möchte doch identifizierte Leichen beerdigen, so wie es sich für Menschen gezieme. Er wurde in dieser Ansicht auch vom Prattler Kommunisten Hans Jeger, dem späteren Gemeindepräsidenten, unterstützt, der in einem Brief feststellte, er hoffe, dass die Verfügung des Statthalteramtes nicht aus feindseliger Einstellung gegenüber der Sowjetunion erfolgt sei. In der Schweiz, am Sitz des Roten Kreuzes, dürfte soviel Humanität herrschen, *„dass solche Menschen gewissenhaft bestattet werden und sie auf dem Friedhof ihre Ruhestätten finden wie andere Menschen."*

Der Ernstfall

Immer wieder beschäftigten Luftschutzprobleme den Augster Gemeinderat. Da war beispielsweise die Verdunkelung; sie war seit Januar 1941 obligatorisch, wobei sich zwei Gemeinderäte in die Kontrolle des unteren und des oberen Dorfabschnittes teilten. Gemäss ihrer Feststellung wurde die Massnahme *„im Allgemeinen pünktlich und vollständig ausgeführt"*, nur 1944 mussten fünf Gebäudeeigentümer wegen ungenügender Verdunkelungs-Vorkehrungen verwarnt werden. Mit einem unerwarteten Ernstfall sah sich die Augster Bevölkerung am 11. September 1944 konfrontiert, als der Schnellzug

GESCHICHTSBILDER

Zürich-Basel um ca. 14.15 Uhr auf offener Strecke von amerikanischen Bombern angegriffen wurde." *Der Zug wurde mit Bordwaffen beschossen und zugleich 4 Bomben kleineren Kalibers (50 kg) abgeworfen, die der Sprengung des Bahndammes galten. 3 Bomben fielen südlich des Bahndamms in den Weiden auf offenes Feld, wo sie etlichen Kulturschaden an Pflanzungen und Bäumen verursachten und einige Personen in Schrecken versetzten. Eine Bombe fiel direkt südlich des Dorfes zwischen Bahndamm und Dorf. Diese beschädigte mehrere Häuser mehr oder weniger stark. Frau Moritz-Fischmeister und Frau Blank-Glanzmann wurden durch Splitter je an einem Bein getroffen. Die Verletzungen waren aber nicht schwerer Natur. Es kann von Glück gesprochen werden, dass nicht mehr Bewohner zu Schaden gekommen sind. Der Schnellzug erhielt viele Geschosseinschläge. Durch korrektes Verhalten der Passagiere (diese haben sich meist auf den Boden der Wagen geworfen) ergaben sich auch hier nur wenige leichtere Verletzungen. Durch einen weiteren Angriff zwischen Pratteln und Augst wurde dann der Zug doch zum Stehen gebracht ... In dieser Gegend wurden die Geleise durch Bombentreffer aufgerissen."*

Die Zeit der Bedrängnis
Standartenübergabe des Grenzschutz Bataillons 245 im Augster Theater. November 1940. (Foto aus Privatbesitz)

Nur zwei Tage nach diesem aufrüttelnden Ereignis, das für die Bundesbahnen einen Schaden von 10'000 Franken verursacht hatte, erliess das Territorialkommando nicht zuletzt unter dem Eindruck „*der in den letzten Tagen stattgefundenen Beschiessungen von schweizerischen Bahnhöfen*" die Weisung, sämtliche Schulhäuser entweder durch Hissen von Fahnen und Flaggen oder durch entsprechende Bemalung der Dächer zu kennzeichnen. In Augst wurde in diesem Sinn beidseitig des Schulhausdaches ein Schweizerkreuz aufgemalt; das Kraftwerk war schon viel früher in dieser Weise gesichert worden.

Fazit

Dem aufmerksamen Leser wird nicht entgangen sein, dass Augster Quellen öfters zitiert werden als Kaiseraugster. Absicht oder Zufall? Weder noch! Der Unterschied ist zum einen der Tatsache zu verdanken, dass es in Augst ausser dem minutiös geführten gemeinderätlichen Protokoll auch noch eine handgeschriebene Jahreschronik gibt, zum anderen dem Umstand, dass möglicherweise in Kaiseraugst die wirtschaftlichen Auswirkungen des Kriegs trotz unmittelbarer Grenzlage weniger einschneidend wahrgenommen worden sind als in der Nachbargemeinde. Viele der von den kriegswirtschaftlichen Ämtern in Bern und Aarau ausgehenden Beschlüsse und Verfügungen fanden jedenfalls im Kaiseraugster Protokoll keinen Niederschlag. Vielleicht – so lässt sich vermuten – blieb eben das Dorf, das noch immer bäuerlich geprägt war, mehr als Augst von all den Rationierungsengpässen und -ängsten verschont.

[1] Alle Zitate aus den Gemeinderatsprotokollen.

ZWEI DÖRFER VERÄNDERN SICH

Kaiseraugst 1950-2000: Planung und Ausbau

Wo Berge sich erheben – dort bei Luzern, hier bei Kaiseraugst. Wer auf der A2 in Luzern einfährt, hat die gewaltige Silhouette des Pilatus vor sich – und wer von Luzern herkommend in das Rheintal einbiegt, hat die gewaltige, aus der Rheinebene auftauchende eigenwillige Silhouette des Liebrüti-Berges vor sich mit seinen rechtwinklig zueinander versetzten und unterschiedlich hohen, 856 Wohnungen zählenden Gebäudekomplexen. Dort geologische Natur-Kunst, hier Beton-Baukunst. Wie kam es zu diesem aussergewöhnlichen Bauwerk?

Darüber geben über 70 im Archiv der Gemeindeverwaltung aufbewahrte Ordner Auskunft: Sie enthalten unzählige Protokolle und Pläne.

Doch bevor wir uns dem Liebrüti-Papierberg zuwenden, blicken wir zurück zum ursprünglichen Dorf, wie es Franz Xaver Bronner 1844 so treffend beschreibt:

„Eine Römermauer umschliesst den Ort wie eine Klammer, die Nordseite sichert der Rhein." 48 Häuser zählte das Dorf damals, und selbst 1910 waren es erst 82. Bis zur eidgenössischen Volkszählung von 1888 wuchs die Bevölkerung auf 502 Personen, doch bereits 1950 verzeichnete das Dorf mit 156 selbständigen Haushaltungen in 139 Häusern 842 Einwohnerinnen und Einwohner. Das Telefonbuch führte 87 Abonnenten auf. Einen Telefonanschluss besassen 19 kleinere und grössere Unternehmungen sowie sechs Bauern, ebenso das Stationsbureau der Bundesbahnen, der Grenzwachtposten Kaiseraugst, die Hebamme, die Krankenschwester, die Pfarrer der Christ-Katholischen und der Römisch-Katholischen Kirchgemeinde, die Post mit einer öffentlichen Sprechstation, der Polizeiposten sowie last but not least der Lehrer. Unterdessen – wir zählen das Jahr 2005 – sind es rund 2500 Anschlüsse geworden.

Im Bezirk Rheinfelden stand das Dorf 1950 mit einer Zunahme von 107,9% seit 1850 nach Rheinfelden (138,2%) an zweiter Stelle, gefolgt von Möhlin (101,8%), während fünf Gemeinden sogar mit einer Abnahme der Bevölkerung zurechtkommen mussten. Eine grosse Tageszeitung sprach aus, was damals immer deutlicher wurde: Der Gemeinde stand in der zweiten Hälfte des 20. Jahrhunderts eine stürmische Entwicklung bevor, und sie musste *„in weiser Voraussicht das Menschenmögliche"* tun, um sie bewältigen zu können; mit ihren grossen Bau- und Industrielandreserven war sie jetzt endgültig ins Kraftfeld der nahen Gross- und Industriestadt Basel getreten.

1957: Der erste Zonenplan

Der Gemeinderat verschloss sich dieser Tatsache nicht und schlug deshalb der Gemeindeversammlung vom 14. Oktober 1954 die Erstellung eines Zonenplanes vor – ohne Erfolg. Doch er liess nicht locker; bereits zwei Jahre später kam das Geschäft erneut vor den Souverän, was dem Gemeindeammann Gelegenheit gab, mit Nachdruck darauf hinzuweisen, *„dass durch die fortschreitende Überbauung wohl jetzt die letzte Gelegenheit für eine Zonenplanung gekommen sei, sofern dies der Gemeinde noch nützen solle."* Die Versammlung konnte sich der Argumentation der Behörden nicht verschliessen und stimmte darum sowohl dem Zonenplan als auch der Zonenordnung mit einer überwältigenden Mehrheit zu. Der Zonenplan trat am 11. April 1957 in Kraft, er wies neben dem Dorfkern, der Zone für öffentliche Bauten und der Industriezone nur Baugebiete für zweigeschossige Wohnhäuser auf – noch fehlte eine Mehrfamilienhauszone.

1964: Die Revision des ersten Zonenplanes

1964, nur sieben Jahre später, wurde der erste Zonenplan von 1957 geändert, erweitert und mit einem neuen Zonenreglement versehen. Kernpunkt der neuen Planung war die Idee, ein ausgewogenes Verhältnis zwischen Industrieland und Wohngebiet zu schaffen: Wenn schon Industrie angesiedelt werden solle, müsse doch auch dafür gesorgt werden, dass die dort Beschäftigten nach Möglichkeit in der Nähe wohnen könnten. In diesem Sinn standen nun den 28 ha des zusammenhängenden Industrielandes im Osten sowie den angrenzenden 22 ha des Esso-Areals an der östlichsten Peripherie des Dorfbannes 68 ha Wohnzone gegenüber. Der alte Dorfteil zählte 32, das neu für den Wohnbau eingezonte Gebiet auf der Hochebene an der Giebenacherstrasse (Schanz, Widhag und Liebrüti) 36 ha. Dass die Landwirtschaft bei dieser Entwicklung, welche die Bodenpreise rapid steigen liess, langsam an Boden verlor, war zwangsläufig, denn welcher Bauer konnte unter diesen Umständen seinen Betrieb noch vergrössern? Und war es nicht verlockend, hier zu hohen Preisen Land zu verkaufen, um andernorts damit eine neue und grössere Liegenschaft schuldenfrei erwerben zu können? Die Statistik spricht Klartext: 1950 zahlte man per m2 10 Franken, 1960 25 und 1972 bereits 50 Franken – parallel dazu ging die Zahl der Bauern laufend zurück: 1950 gab es 22 Bauernbetriebe, 1965 waren es acht, 1972 drei und heute ist es noch einer.

Im Gegensatz zur Zonenordnung von 1957, die keine Mehrfamilienhauszone vorsah, sah die neue Planung des Liebrütigebiets eine mehrgeschossige oder dichtere Überbauung vor. Insbesondere sollte hier durch einen Richtplan eine differenzierte Bauweise in möglichster Auflockerung von zwei bis acht Geschossen gefördert werden. Ein weiteres Merkmal der Zonenerweiterung war die Planung der neuen Wohn- und Gewerbezone im Junkholz und beim Violahof. Hier sollten Gewerbe- und kleinere Industriebetriebe mit geringer Immission zugelassen werden. In die gleiche Zone wurde das Gebiet zwischen Bahnhof und Landstrasse eingewiesen. Der Industrie war dagegen insbesondere das Gebiet nördlich der Landstrasse, wo zunächst Kies abgebaut wurde, reserviert, ferner das Esso-Areal. Das Grundstück der ehemaligen Cellulosefabrik, eines der heute reizvollsten Gebiete des Dorfes, wurde dagegen der Industrie entzogen und als dreigeschossige Wohnzone deklariert, was zur Folge hatte, dass sich heute der Dorfkern an seiner östlichen Peripherie nicht mehr in einer Industriezone fortsetzt.

Die neue Zonenordnung von 1964 unterschied ferner erstmals zwischen definitiven und zukünftigen Baugebieten und ermächtigte den Gemeinderat, zukünftiges Baugebiet in definitives umzuwandeln, sofern die Überbauung mit einem Plan technisch zweckmässig erschlossen und ästhetisch befriedigend gestaltet werden könne. Auch musste die Finanzierung der Erschliessung mit Wasser, Kanalisation, Elektrizität, Strassen und öffentlicher Beleuchtung sichergestellt sein. Während die Kosten der Strassen und Werkleitungen von den Überbauern und Grundeigentümern zu tragen waren, sollte die Gemeinde nach der definitiven Einzonung die Strassen samt Beleuchtung sowie die Wasser- und Kanalisationsleitungen entschädigungslos in Anrechnung an die zu leistenden Anschlussgebühren in Eigentum und Unterhalt übernehmen. Nicht unwesentlich für das Gesicht des modernen Dorfes waren ferner die Festlegung der diversen Ausnützungsziffern und die Fixierung eines generellen Verkehrsplanes.

1967/68: Die Spiegelgrund-Siedlung

Mit dem Bau der Spiegelgrund-Siedlung in den Jahren 1967/68 vollzog Kaiseraugst einen wichtigen Entwicklungsschritt. Bis dahin war sein Baugebiet hauptsächlich auf die Nordseite der Landstrasse beschränkt, jetzt sollte auch südlich dieser Verkehrsachse ein Wohnquartier entstehen – solange es aber keine Strassenunter- oder überführung zum alten Dorfteil mit Bahnhof, Post, Schulen, Läden und den Kirchen gab, blieb das neue Quartier isoliert. Insbesondere konnte den Kindern nicht zugemutet werden, die stark befahrene Landstrasse täglich mehrere Male unter Lebensgefahr ungeschützt zu überqueren. Der Gemeinderat nahm daher sofort nach Beginn der Überbauung Spiegelgrund die Errichtung eines gesicherten Fussgängerübergangs an die Hand. Nach Prüfung sämtlicher Varianten – Sicherheitsstreifen, Lichtsignalanlage, Fussgängerüberführung – entschloss sich die Behörde für eine nur Fussgängern zugängliche Unterführung – sie konnte im Frühling 1968 eröffnet werden.

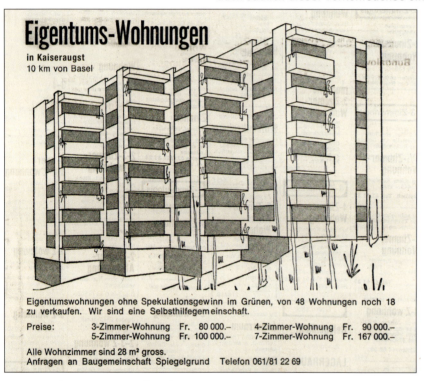

Eigentumswohnungen: Ein Spiegelgrund-Inserat vom 2. April 1966. Dazu der Kommentar des Dorfchronisten: „Kaiseraugst geht mit der Zeit. Ein für Kaiseraugst ganz neuer Baustil mit neuartigen Eigentumsverhältnissen."

1975: Die Grossüberbauung Liebrüti

Die Grossüberbauung Liebrüti, die das Gesicht Kaiseraugsts auf Jahre und Jahrzehnte hinaus prägen sollte, hat eine lange Geschichte. Hier die Etappen dieses Grossunternehmens:

- 1960: Die Gemeindeversammlung stimmt dem Antrag des Gemeinderates zu, das Gebiet Schanz, Widhag, Spiegelgrund und Liebrüti als zusätzliches Wohngebiet zu erklären – in Ergänzung des Zonenreglementes sowie der Bauordnung und im Hinblick auf die sich abzeichnende Entwicklung der Gemeinde als Industriezentrum. Das topfebene Gelände im Dreieck zwischen der Hauptstrasse Basel-Zürich, der Ortsverbindungsstrasse Kaiseraugst-Giebenach und dem Violenbach umfasst 14,65 ha und ist in zehn Parzellen aufgeteilt, von denen neun im Besitz von Kaiseraugster Einwohnern sind.

- 1964 erfolgt eine Teileinzonung des Landes auf Junkholz und der Kauf von rund 13'000 m² Land durch die Gemeinde.

ZWEI DÖRFER VERÄNDERN SICH

- 1966 schliessen sich sieben Eigentümer von Grundstücken auf Liebrüti/Junkholz mit der Gemeinde Kaiseraugst zur „Planungsgesellschaft Liebrüti/Junkholz" zusammen. Ebenfalls 1966 erhalten die Architekten Schachenmann & Berger, Basel, den Planungsauftrag. Noch ist das Land in der Hand vieler Eigentümer. Wer waren diese Leute? Ein Planer, der seit 1966 beratend mitwirkte, erinnert sich: *„Mir ist eine Versammlung in Erinnerung, an der viele ältere Bürger als Eigentümer des Baulandes teilnahmen. Es dürften auch Erbengemeinschaften darunter gewesen sein. Man hatte das Land vom Vater. Man war nicht Bauunternehmer sondern schlicht Eigentümer. ... Vielen dürfte die Angelegenheit zu komplex und sehr riskant vorgekommen sein. Immerhin war man soweit der Zukunft gegenüber offen, dass man eine Hochhauszone befürwortete. Auch dann noch, als es vielen klar geworden sein dürfte, dass sie selber kaum hier bauen könnten. ... Der Gemeindeammann und sein Vize führten mit dem Gemeindeschreiber die meisten Verhandlungen. Der Gemeindeammannn, der in seiner Freizeit einen kleinen Chor dirigierte, lenkte auf die gleiche Weise die Versammlung."* [1]

- 1970: Im Juni entschliessen sich sämtliche Landeigentümer, mit Ausnahme der Gemeinde, ihr Land an die „Liebrüti Immobilien AG" zu veräussern, die stellvertretend für die Wohlfahrts-Stiftung der Firma F. Hoffmann-La Roche AG die Planung der Überbauung an die Hand genommen hat. Der Katalog der vielen offenen Fragen ist gross. Soll das Einkaufszentrum im Zentrum der Liebrüti oder als Zentrum der Gemeinde näher zur Landstrasse gebaut werden? Aus dem Dorf kommt Widerstand. Man befürchtet, der Dorfladen würde die Konkurrenz nicht ertragen. Soll sich die Gemeinde am Ladenzentrum beteiligen? Wie gross muss die zukünftige Liebrüti-Schule sein? Genügt die bestehende Wasserversorgung? Wohin mit dem Abwasser? Wie wird sich der Schattenwurf der Hochhäuser auf die Giebenacherstrasse auswirken? usw., usw.

- 1971: Im November wird das Überbauungs-Projekt in einer Ausstellung und mit Erläuterungen der Fachleute den Bewohnerinnen und Bewohnern von Kaiseraugst und der breiten Öffentlichkeit vorgestellt.

- 1972: Am 20. September genehmigt die Gemeindeversammlung mit grossem Mehr den Vertrag zwischen der Einwohnergemeinde und der Liebrüti Immobilien AG. Da die Gemeinde die für die Erschliessung erforderlichen Mittel kaum beschaffen könnte, gewährt die Firma F. Hoffmann-La Roche AG ein Darlehen von 20 Mio. Zusätzlich erklärt sie sich bereit, auf die Verzinsung bis zum Bezug der Wohnungen zu verzichten. Im Oktober erteilt der Gemeinderat die Baubewilligung.

- 1973: Am 14. März 1973 genehmigt der Grosse Rat des Kantons Aargau den Teilüberbauungs- und den Gestaltungsplan Liebrüti.

- 1973: Am 25. Mai erfolgt unter Fanfarenklängen der erste Spatenstich.

Aus dem bunten Strauss der bei diesem Anlass gehaltenen Reden seien zwei Passagen herausgegriffen:

„...so werden sie begreifen," führt der Verwaltungsratspräsident der Firma F. Hoffmann-La Roche AG aus, *„dass ich mir heute keineswegs etwa vorkomme wie ein zweiter Munatius Plancus, der in fernen raurakischen Landen eine Stadt aus jungfräulichem Boden stampft. Ich weiss sehr genau, dass hier bereits eine lebendige Gemeinschaft besteht, die uns als Zuzüger in ihre Ge-*

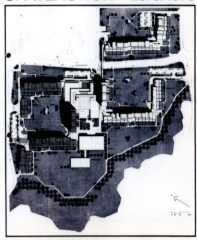

Das Deckblatt der Einladung zum Liebrüti-Spatenstich vom 25. Mai 1973.

(Fotos Gemeindearchiv Kaiseraugst)

ZWEI DÖRFER VERÄNDERN SICH

meinschaft aufnimmt. Sie tut das in vollem Wissen, dass sie dadurch verändert wird, dass sie neue Probleme wird lösen müssen, und dass sie vor allem zu einer grösseren, weniger überschaubaren Gemeinschaft heranwächst. Sie tut es aber auch in der bestimmten Erwartung, dass sich die neuen Einwohner hier nicht nur als Schlafgänger fühlen; dass sie sich einfügen wollen in etwas Bestehendes, das es zu anerkennen und zu respektieren gilt."

Auch der Gemeindeammann weist mit Nachdruck darauf hin, dass sich die Bevölkerung des Dorfes in nur fünf bis sieben Jahren verdreifachen werde.

„Die Probleme, die sich uns damit stellen, sind gross und mannigfaltig, und die Frage, wie dies eine Gemeinde mit 1300 Einwohnern verkraften kann, ist berechtigt. Wir haben eine Entwicklung in solchem Ausmass nicht gesucht. Der kontinuierliche Ausbau des Dorfes, beschränkt auf das Gebiet zwischen Landstrasse und Rhein, wäre für uns der Idealfall gewesen. Doch die Entwicklung war nicht aufzuhalten. Die Stadt mit ihrem Landhunger rückt unwiderstehlich näher. Für uns galt es, frühzeitig die Weichen zu stellen, damit uns die sich abzeichnende Entwicklung nicht unvorbereitet findet und wir überrannt werden."

Das Wohnungsangebot der Liebrüti-Überbauung

60	1 1/2 – Zimmerwohnungen:	7 %
86	2 1/2 – Zimmerwohnungen:	10 %
239	3 1/2 – Zimmerwohnungen:	27,5%
283	4 1/2 – Zimmerwohnungen:	33 %
69	5 1/2 – Zimmerwohnungen:	8 %
68	6 1/2 – Zimmerwohnungen:	8 %
26	7 1/2 – Zimmerwohnungen:	3 %
25	Dachwohnungen:	3 %
4	Ateliers:	1/2 %

Bauherrschaft und Gemeinde hatten einen Weg gefunden, der den Bau der Siedlung ohne allzu starke Belastung der Gemeindefinanzen ermöglichte. Der Ausbau des Strassen- und Kanalisationsnetzes, ferner die Erstellung neuer Schulräumlichkeiten und der für Zivilschutz und Feuerwehr notwendigen Räume sowie des Zentrums mit Post, Arztpraxen, Apotheke, Läden, Hallenbad, Saal, Spielplätzen und Kirche wurde weitgehend von der Liebrüti Immobilien AG übernommen. Den bisherigen Einwohnern und Einwohnerinnen der Gemeinde Kaiseraugst sollten wegen der Überbauung Liebrüti/Junkholz keine höheren Steuern erwachsen, sondern erweiterte Möglichkeiten für Freizeit und Kultur.

Das Liebrüti-Wohnungsangebot liess und lässt sich sehen: Für nahezu jeden Wohnungstyp war die Nettowohnfläche rund 20% grösser als das damals übliche Raumangebot, und so entsprach eine Viereinhalbzimmerwohnung etwa derjenigen einer landläufigen Fünfeinhalbzimmerwohnung. Die 860 Wohnungseinheiten – sie reichen vom integrierten zweistöckigen Einfamilienhaus zur Wohnung für junge Ehepaare, für ältere Menschen, für Invalide bis hin zum Künstleratelier – gewährleisten auch heute noch eine lebendige und gute soziale Durchmischung der Siedlungsgemeinschaft.

Modell der Liebrüti-Überbauung. (Foto Peter Moeschlin)

Das südlich des alten Dorfes gelegene Plateau versprach eine ruhige Wohnlage. Die westliche Begrenzung war durch das Tälchen des Violenbachs gegeben, welches als Grünzone und Erholungsgebiet der neuen Siedlung ausgeschieden werden sollte.

Welche Zielvorstellungen hatten die Planer und Architekten ihren Überlegungen zugrunde gelegt? Sie waren der Überzeugung, dass sich der Wert einer Wohnung nicht nur nach Zimmerzahl, Grösse und Ausdehnung bemessen lässt, sondern sehr wesentlich nach den äusseren Bedingungen, in die sie hineingestellt wird. Es gelte, gewissermassen in einem Spagat, zwei zentralen Bedürfnissen zu genügen: Einerseits müsse ein angenehmes, gesundes Wohnen, verbunden mit dem Schutz der individuellen Wohnsphäre und dem Zugang zu Grünflächen sowie Einkaufs- und Schulungsmöglichkeiten, angeboten werden, anderseits müsse in einem neuen Wohngebiet ohne innere und äussere Bindung an eine gewachsene Bevölkerungsstruktur alles getan werden, um eine lebendige Siedlungsgemeinschaft zu erzielen. Kurz – eine Grossüberbauung habe die Pflicht, zwischen der Intimsphäre der einzelnen Wohnung und der Kontaktsphäre der Gemeinschaft zu vermitteln: Die individuelle Wohnsphäre sei Zelle eines grossen Organismus. In ihr solle sich das Individuum durch ein grosszügiges Raumangebot persönlich entfalten können und dabei gegen äussere akustische und optische Einflüsse geschützt sein.

Aus all diesen Gründen
• wurde der Fahrverkehr innerhalb der Siedlung in Tieflage geführt, getrennt von der ebenerdigen, grösstenteils gedeckten, platzartig aufgelockerten Fussgängerebene,
• wurden die Parkplätze in unterirdischen Einstellhallen angelegt,
• erfolgte die Wärmeversorgung via Fernheizung unter Ausschluss von störenden Immissionen,
• waren die Wegstrecken ins Einkaufszentrum kurz,
• waren Kinderspielplätze, Jugendtreffpunkte, Spazierwege und Wasserspiele eingestreut.

Kurzum, so folgerten die Planer: *„Der Liebrüti-Bewohner wird wählen können zwischen soviel Gemeinschaft, wie er gerne hat, und soviel Individualität und Distanz, wie er braucht."*

Realisiert wurde die Liebrüti-Überbauung in zwei Phasen. Die ersten Wohnungen konnten ab Frühling 1976 bezogen werden, die weiteren Wohnungen entsprechend dem Baufortschritt im Verlaufe der Jahre 1977 und 1978. Schule und Kindergarten aber nahmen ihren Betrieb 1976 auf.

Die Grossüberbauung Liebrüti zeichnet sich einerseits durch verhältnismässig wenige Baukuben anderseits durch hohe Geschosszahlen aus, sie bietet dafür weite Grünflächen. Der Gebäudefluss verläuft von den Randzonen aufsteigend in eine verdichtete Zentrumszone.

ZWEI DÖRFER VERÄNDERN SICH

Skulptur auf dem Spielplatz Schwarzackerstrasse. (Fotos Ursi Schild)

"Fussgänger- und Fahrverkehr sind getrennt auf verschiedenen Ebenen geführt. An den Einmündungen in das öffentliche Strassennetz wird der Fahrverkehr abgenommen und umschliesst in Tieflage sämtliche Häuser auf Kellerniveau, ebenso die unterirdischen Sammelgaragen, in denen pro Wohnung ein Einstellplatz vorhanden ist. Die Wege von den Einstellhallen zu Treppenhäusern und Liftanlagen sind kurz. Für Besucher stehen in den Einfahrtszonen oberirdische Parkplätze zur Verfügung. Die Fussgängerzone liegt in einem Zwischengeschoss der Wohnhäuser, ist überdeckt, lebendig gestaltet, durch platzartige Erweiterungen aufgelockert und in der Wegführung auf das Siedlungszentrum ausgerichtet. Kindergärten und Kinderspielplätze sind eingestreut. Die grossen Grünräume werden durch Geländebewegungen und Vielgestaltigkeit zu Erholungszonen für alle Altersstufen gestaltet." [2]

Die Zeit bleibt nicht stehen: 1998 erfolgte der Umbau der Doppelturnhalle Liebrüti zu einer Dreifach-Anlage mit Zuschauertribüne; und auch 2003 und 2005 kam es zu Schulhaus-Ausbauten: Mehr und mehr hatte die Liebrüti-Schulanlage angesichts der kontinuierlich wachsenden Gemeinde für andere Wohnquartiere Infrastrukturaufgaben zu übernehmen.

1974: Die Dorfausfahrt Mühlegasse

Mit der zwischen 1973 und 1978 erfolgten Liebrüti-Überbauung bekam auch die Verkehrserschliessung des Dorfes eine neue Dimension. Die zwei Barrieren – die eine bei der Dorfausfahrt Mühlegasse, die andere bei der Allmendgasse/Gstaltenrain – behinderten zusehends und in starkem Masse den Personen- und Fahrzeugverkehr zwischen dem alten und dem neuen Dorfteil. Gemäss einem Flugblatt, das für die Aufhebung der Barrieren kämpfte, schnitten sie *"das Dorf täglich ca. 120 mal von der Aussenwelt ab"* und bewirkten wegen der bis zu 15 Minuten langen Wartezeiten, *"dass während ca. sechs Stunden kein Arzt zur Hilfeleistung in unser Dorf kommen kann und während dieser Zeit selbst Feuerwehr, Polizei und Krankenwagen, auch in Notfällen, warten müssen"*. Oft kam es auch zu tragischen Verkehrsunfällen: Die Gemeindeversammlung beschloss daher, dem *"ewigen Warten"* bei der Mühlegasse-Barriere durch eine grosszügig geplante Bahnunterführung ein Ende zu setzen. Im Dezember 1974 wurde die neue Anlage eröffnet – ein

Die Barriere Mühlegasse vor dem Bau der Unterführung ca. 1973. (Foto aus dem Gemeindearchiv)

Jahr nach der Schliessung des Bahnübergangs. Als letzte Barriere wurde 1977 auch jene der Allmendgasse geschlossen. Damit war das alte Dorf gewissermassen zu einer "Sackgasse" ohne Durchgangsverkehr geworden – umso mehr atmet es heute Ruhe und Beschaulichkeit.

1990: Die Rinau-Planung

Für die Planung des Rinau-Gebietes wurde ein Ideenwettbewerb ausgeschrieben, aus dem 1990 das Architekturbüro Otto + Partner in Rheinfelden als Sieger hervorging. Gemäss seiner Überbauungsstudie und gestützt auf das von der Ortsbürgergemeinde als Grundbesitzerin genehmigte Baulandreglement sind seither im Wohngebiet östlich des Altersheims im Baurecht 14 Einfamilienhäuser erstellt worden.

1995: Die Verlegung der Familiengärten in das Areal Im Liner

Mit der Verlegung des früheren Familiengarten-Areals östlich der Liebrüti – es war 1976 vom Familiengarten-Verein in Betrieb genommen worden – ins Areal Im Liner fand die Kaiseraugster Planungskette 1995 ihre Fortsetzung. Da der Pachtvertrag der Gärten – es waren 100 Gartenparzellen auf rund 175 a – auf Ende 1995 wegen der geplanten Überbauung gekündigt wurde, mussten die Gärten weichen, wobei der Familiengarten-Verein das Ziel hatte, wieder etwa gleich viele Gartenparzellen in unterschiedlicher Grösse anbieten zu können. Neben den nötigen Infrastruktur-Anlagen wie interne Wege, Wasserleitungen und Umzäunung dachte man an ein Clubhaus, einen Kinderspielplatz sowie an einen geordneten Kompostierplatz. In seinen Erläuterungen zur entsprechenden Kreditvorlage hielt der Gemeinderat einen Bericht des Basler Grossen Rates zitierend fest:

Die Familiengärten. (Foto Fritz Kammermann)

„Heute bildet der Familiengarten eine Stätte der Erholung und Entspannung, einen seelischen und körperlichen Ausgleich für den modernen, termingestressten Menschen. Auch im Hinblick auf die Arbeitszeitverkürzung bietet der Garten eine sinnvolle Freizeitgestaltung. Nicht zuletzt wird bei den Kindern aus städtischem Umfeld das Interesse für die Natur geweckt. Die zunehmende Lebenserwartung des Menschen rückt aber auch die Probleme des Alters und die damit häufig verbundene Anonymität des Einzelnen immer mehr in den Vordergrund. So ermöglicht der Familiengarten älteren Menschen, bis ins hohe Alter auf eigenen Füssen zu stehen, aktiv zu bleiben und Kontakte zur Umwelt zu pflegen. Der Familiengarten erfüllt also gesamthaft gesehen eine wichtige soziale Aufgabe ...".*

Doch trotz sorgfältiger Planung kam es zu einer grossen Ernüchterung: Eine Analyse von Bodenproben des neuen Familiengartenareals Im Liner führte zur überraschenden Feststellung, dass das Areal wegen der vorherigen sehr intensiven landwirtschaftlichen Nutzung derart mit Schadstoffen belastet war, dass ein Anbau von Gemüse nahezu unmöglich erschien. Die Einwohnergemeinde übernahm daher eine kostspielige Bodensanierung; 1996 konnte der neue Familiengarten, der nun risikoloses Pflanzen ermöglicht, zur Freude der Kaiseraugster und Augster Hobby-Gärtner bezogen werden.

ZWEI DÖRFER VERÄNDERN SICH

Kaiseraugster Planungsperspektiven für das 21. Jahrhundert

Spätestens seit der industriellen Expansion in der zweiten Hälfte des 20. Jahrhunderts besitzt der Wirtschaftsstandort Kaiseraugst in der Region eine besonders hohe Attraktivität.[3] Die Statistik der in Kaiseraugst angebotenen Arbeitsplätze beweist es: Waren es vor rund hundert Jahren 140, so sind es zu Beginn des dritten Jahrtausends über 2000, und noch ist von einer weiteren Zunahme auszugehen.

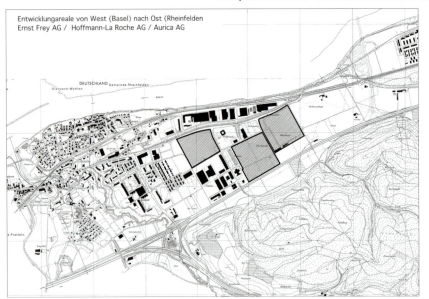

2005: Die drei grossen Kaiseraugster Baulandreserven: angrenzend an die Wohnzone die ehemalige Kiesgrube der Ernst Frey AG, östlich davon das Land der F. Hoffmann-La Roche AG und anschliessend das Areal der Aurica AG. (Infoblatt, Ausgabe 16)

Blicken wir auf die Geschichte der Kaiseraugster Industrialisierung mit den wichtigsten Firmengründungen und Niederlassungen zurück: 1848: Saline; 1888: Cellulosefabrik, 1889: Ernst Frey AG; 1948: Rotzinger AG; 1950: Thommen AG; 1966: Kliba; 1974: F. Hoffmann-La Roche AG. Der Rückblick lässt erkennen, dass es für das ehemalige Fischer- und Bauerndorf nur gerade in der ersten Hälfte des 20. Jahrhunderts einen Entwicklungsstillstand gegeben hat. Eine weitsichtige Planung, vor allem aber die Tatsache, dass um das Jahr 2000 noch rund 190'000 m2 Baulandreserven der F. Hoffmann-La Roche AG auf ihren Ausbau warten, sorgen dafür, dass es auch nach der Wende vom 20. zum 21. Jahrhundert im gleichen Stil weitergeht wie in den Jahren 1950 bis 2000. Während die Aurica AG, die das Erbe des Atomkraftwerks angetreten hat, ca. 100'000 m2 ausweist, besitzt die Ernst Frey AG in ihrem ehemaligen Kiesabbaugebiet ca. 90'000 m², wobei 40'000 für die Industrie, 50'000 für Wohnüberbauungen vorgesehen sind.

2005: Noch hat die Überbauung der Kaiseraugster Baulandreserven nicht begonnen. (Foto Fritz Kammermann)

Wie soll es weitergehen? Unter Vermeidung jeder Einseitigkeit und nach dem Grundsatz „Das eine tun, und das andere nicht lassen" streben Gemeinde und Landbesitzer ein Doppelziel an. Sie bekennen sich einerseits zu einem weiteren industriellen Entwicklungsschub mit hoher Wertschöpfung, anderseits sind sie dafür besorgt, dass ein attraktives Wohnangebot die entstehenden Arbeitsplätze sinnvoll ergänzt und damit ein gesundes Wachstum garantiert. „Wachstum", so sieht der Gemeindeammann die neue Entwicklungsrunde, „ist ein Teil der Entwicklung und eröffnet in einem sich ständig wandelnden Umfeld neue Chancen."[4] Längst sind die Kaiseraugster Behörden in diesem wichtigen Zukunfts-Geschäft kei-

ZWEI DÖRFER VERÄNDERN SICH

ne „Anfänger" mehr; die Liebrüti-Grossplanung hat sie und das Dorf gelehrt, dass nur überschaubares und umweltgerechtes Wachstum verkraftbar ist. Und so sehen die vom Architekturunternehmen Zwimpfer Partner Architekten SIA Basel ausgearbeiteten Entwicklungsschritte aufgrund des Bauzonenplanes vom 2. April 2003 aus:

Im Herbst 2006 wird auf dem ehemaligen Kiesgrubenareal der Firma Ernst Frey AG mit der ersten Etappe der Wohnüberbauung Weidenweg mit rund hundert Wohnungseinheiten begonnen werden. Zwischen der Wohnüberbauung und den insbesondere für den Dienstleistungssektor vorgesehenen Arbeitszonen wird einerseits eine öffentliche Parkanlage entstehen, anderseits sollen im Sinne des Naturschutzkonzeptes ökologisch gestaltete Grünstreifen das Überleben der Tier- und Pflanzenwelt sichern. Wichtig ist, dass auch bei diesem Projekt der Grundsatz der Gemeinde „Trennung des Verkehrs aus Wohn- und Arbeitszonen" eingehalten wird. Während den Bewohnern und Bewohnerinnen des neuen Quartiers, das bis zu 300 nachbarschaftlich gut verträglichen Wohnungen Raum geben wird, als Zufahrt der Junkholzweg zur Verfügung stehen soll, muss die Bauherrschaft für die Arbeits-Zone eine neue Erschliessungsstrasse bauen. Der heutige Knotenpunkt Wurmisweg wird deshalb anstelle der Lichtsignalanlage einen Kreisel mit einem neuen, in das Gelände westlich des Wurmisweges hineinführenden Abzweiger erhalten.

Die Bauherrschaft ist verpflichtet, ökologische Ausgleichsflächen (Vernetzungskorridore) sowie einen öffentlich zugänglichen Grünraum (Parkanlage) zu erstellen. Der Park wird nach Fertigstellung unentgeltlich an die Gemeinde abgetreten. (Foto aus dem Infoblatt)

Auch im Gebiet des ehemals geplanten Kernkraftwerkes steht das Rad nicht still; es soll vom hervorragenden Standort in der Dreiländerregion nahe der Autobahn profitieren. Und so sieht die Vision 2005 aus: Auf dem ca. 100'000 m2 grossen Aurica-Grundstück soll eine campusartige Überbauung entstehen. Ein Zentrumsgebäude mit zwei identischen Gebäudeteilen von je 5'000 m² wird Forschungsmittelpunkt werden, wobei hier kleine und mittlere Firmen im Bereich der Life-Sciences Flächen ab 500 m2 pro Partie mieten können. Mittlere und grössere, bereits arrivierte Unternehmen sollen westlich und östlich des Zentrumsgebäudes auf einem in sich abgeschlossenen Firmengelände entstehen; dort wird neben Forschung und Entwicklung auch die Produktion möglich sein. *„Ein Dienstleistungsgebäude mit Logistikflächen ergänzt den Campus und stellt sicher, dass die ganze Wertschöpfungskette von der Forschung über die Entwicklung bis zur Produktion und dem Vertrieb auf dem Gelände abgewickelt werden kann."* [5]

2005: Die Vision: Der Technologiepark Aurica. (Foto aus dem Infoblatt)

Weitsichtiges Planen nimmt Rücksicht auf die Natur und das Erholungsbedürfnis der Menschen: Grünanlagen und Alleen werden diesem Zweck dienen und *„ein entspanntes, naturnahes Forschen und Arbeiten ermöglichen..."*. Ein Hotel, das längerfristig Kongresse und Seminare beherbergen wird, soll ebenfalls diesem Ziel dienen.

 GEMEINDE KAISERAUGST

KANTON AARGAU

BAUZONENPLAN
MST. 1 : 5'000   gemäss § 15 BauG

Mitwirkungsbericht vom : Juni 1999
Vorprüfungsbericht vom : 3. April 2001
Öffentliche Auflage vom   17. Mai bis 17. Juni 2002

Von der Gemeindeversammlung beschlossen am 2. April 2003
Der Gemeindeammann :   Der Gemeindeschreiber :

Max Heller   Fritz Kammermann
Genehmigung :

MARTI PARTNER ARCHITEKTEN UND PLANER AG
HOFACKERSTR. 13, 8032 ZÜRICH   TEL. 01 422 51 51   FAX 01 381 62 01
AUGUSTIN KELLER-STR. 22 5600 LENZBURG TEL. 062 891 68 88 FAX 062 891 68 75
VERANTWORTLICHER PARTNER: CLAUDE RUEDIN
MITARBEITER : THOMAS RUBIN   e-mail: planung@martipartner.ch

PLANNR.	FORMAT	GEZ.	DATUM	REV.	Feb. 2000
920	42 / 60	TR	Februar 1999	März/Juli/Sept. 2001	März 2003

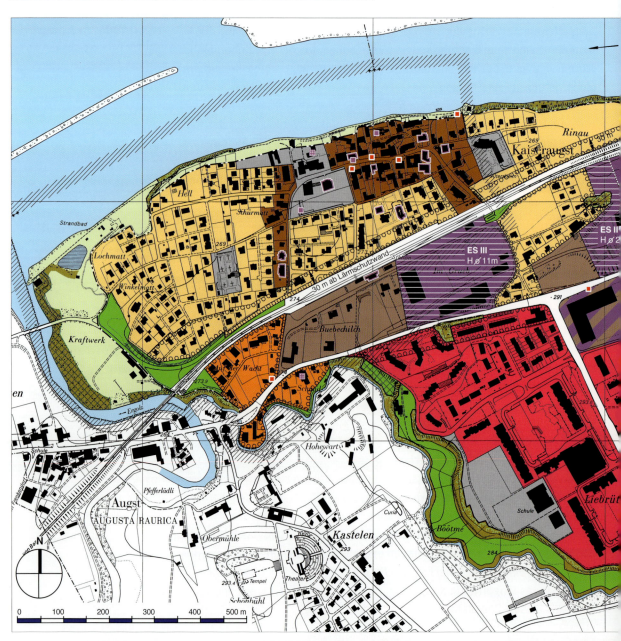

Genehmigungsinhalt

	Ortskernzone	OK
	Wohnzone 0.45	W 0.45
	Wohnzone 0.55	W 0.55
	Wohnzone 0.6	W 0.6
	Sonderbestimmung Parzelle Nr. 361	
	Zentrumszone	ZZ
	Spezialzone Junkholz	
	Wohn- und Arbeitszne	WA
	Arbeitszone	AR
	ES-Zuordnung III / IV, Gesamthöhe	
	Schutz Umfeld Wohnzonen gemäss BNO § 9 Abs. 2	
	Zone für öffentliche Bauten und Anlagen	OE
	Zone für Sportanlagen	S
	Archäologieschutz	

Informationsinhalt

	Kulturobjekt unter kant. Schutz / kant. Schutz beantragt	
	Wald	
	Waldgrenze, § 5 Forstverordnung	
	Sperrzone gemäss Rheinuferschutzdekret	

	Grünzone	GR
	Spezialzone "Im Liner"	SL
	Pferdepension mit Schauhof	
	Familiengartenareal	

Schutzobjekte

	Gebäude mit Substanzschutz	
	Kulturobjekt	

Übrige Festsetzungen

	Gestaltungsplanpflicht gemäss § 16 Abs. 3 BauG
	Erschliessungsplanpflicht gemäss § 16 Abs. 3 BauG
	Lärmvorbelastetes Gebiet, ES III
	Bereich von besonderem archäologischem Interesse (BNO § 2 Abs. 2)
	Bauzonengrenze
	Gewässer
	Gewässerschutzzonen
	Landschaftsschutzzone
	Naturschutzzonen
	Hecken, Feldgehölze, Einzelbäume, Baumgruppen

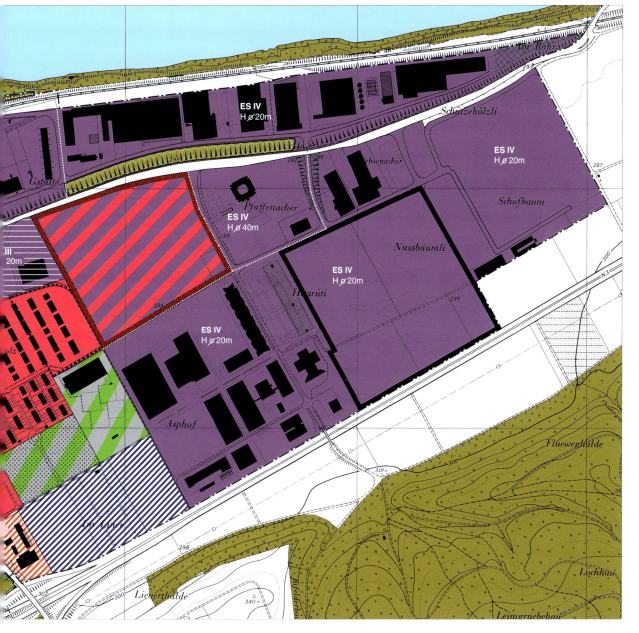

ZWEI DÖRFER VERÄNDERN SICH

Alles in allem: Kaiseraugst hat zu Beginn des 21. Jahrhunderts definitiv die Zukunftsweichen gestellt. Kein Zweifel – gewitzigt durch die Liebrüti-Erfahrungen wird das Dorf auch diesen Quantensprung, der nicht nur bauliche, sondern auch schulische und menschliche Aufgaben mit sich bringen wird, gut meistern. Und so kann denn Kaiseraugst fünf Jahre nach Eintritt ins dritte Jahrtausend mit gutem Recht den Titel von Robert Jungks berühmtem Buch: „Die Zukunft hat schon begonnen" für sich in Anspruch nehmen.

Der Blick zurück – Der Kaiseraugster Siedlungsbau 1772 bis 1965 und die Statistik zur Wohnraumentwicklung von 1970 bis zur Jahrtausendwende[6]

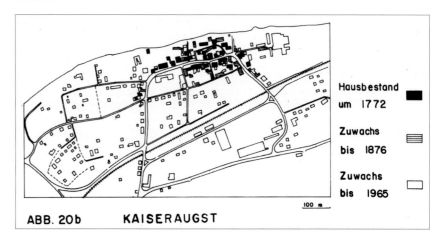

ABB. 20b KAISERAUGST

Wohnraumentwicklung von 1970 bis 2000

	1970	2000
Einfamilienhäuser	119	258
Zweifamilienhäuser	54	66
Gebäude mit mindestens 3 Wohnungen	120	1'052
Andere Gebäude	91	315
Notunterkunft	-	1
Total	384	1'692

Die Statistik macht es deutlich: Kaiseraugst zeigt bezüglich der Zahl von Mehrfamilienhäusern Spitzenwerte, es übertrifft sogar das benachbarte Rheinfelden mit seinem Augarten. Doch mit der Realisierung des „Römergarten"-Projektes, das 300 Wohnungen zählt, wird sich der Bau von Mehrfamilienhäusern seinem Ende nähern."*Bis in sechs, sieben Jahren werden wir 5500 Einwohner haben, dann ist das Wachstum erschöpft",* hält der Gemeindeammann im Januar 2006 fest.[7] Selbst für Einfamilienhäuser wird man sich dann ein Plätzchen suchen müssen.

Ein Nachtrag

Planung ist gut und recht, doch entscheidend ist letztlich, wie sie umgesetzt wird. Kaiseraugst hat mehrmals bewiesen, dass es diese Umsetzung mit Augenmass zu bewerkstelligen weiss. Wir greifen ein Beispiel heraus, das Projekt der Unilever-Ölmühle, über das der Gemeinderat erstmals im Juni 1974 anlässlich einer Pressekonferenz zusammen mit der Konzernleitung der Unilever orientierte. Geplant war die Erstellung einer Ölmühle auf einem 40'000 m2 grossen Areal unmittelbar neben der Klibamühle. 350'000 Tonnen Sojabohnen und Raps sollten von rund hundert Angestellten zu rohem Salatöl verarbeitet werden. Die Wahl war auf Kaiseraugst gefallen, weil eine Produktionsstätte dieses Ausmasses auf den Wasserweg angewiesen ist.

„Stinkt sie oder stinkt sie nicht?", lautete eine der Fragen, die aus dem Publikum bezüglich der Umweltverträglichkeit der neuen Anlage gestellt wur-

de. Auch im benachbarten Baselbiet wurden Befürchtungen laut, das gigantische Vorhaben sei zu verhindern, da neben der heutigen Industrie und dem kommenden Kernkraftwerk die zusätzliche Beeinträchtigung von Wasser und Luft das tragbare Mass überschreiten würde. Schliesslich hinterfragte der für die Umweltschutzprobleme zuständige Kanton Aargau das Projekt: Würden die von Unilever stündlich benötigten 20 t Dampf mit 1,8 t Schweröl oder aber mit Erdgas erzeugt? Würden die stündlich erforderten 1750 Kubikmeter Rheinwasser gekühlt oder ungekühlt wieder in den Rhein abgelassen werden, dessen biologisches Gleichgewicht keine weitere Erwärmung ertrage. Besorgnis erregte nicht zuletzt der Umstand, dass Unilever vorhatte, an der Anlegestelle wöchentlich zehn Schiffe zu löschen, nur einige Kilometer oberhalb von Basels Trinkwassergebiet im Hardwald.

Und wie verhielt sich angesichts all dieser drängenden Fragen die Ortsbürgergemeinde, die als Landbesitzerin in dieser Sache das letzte Wort hatte? Sie sprach trotz der in Aussicht stehenden Steuern und Baurechtszinse 1976 ein deutliches Nein und bewies mit dieser Entscheidung, die weit über die lokale Befindlichkeit hinausging und die gesamte Region betraf, Weitsicht und Verantwortungsbewusstsein.

Fazit

Die Industrie-Planung, so wie sie die neue Bau- und Nutzungsordnung von 2004 vorsieht, ist nicht kurzfristiges, von willkürlichen und zufälligen Überlegungen geleitetes Kalkül sondern Ausdruck einer in langen Jahren gewachsenen, umweltgerechten Planungs-Praxis. Unter Ausschluss von Verkaufseinrichtungen und Lager-, Logistik- und Transportfirmen bevorzugt sie Forschungs-, Produktions- und Dienstleistungsunternehmungen und verhilft damit der Gemeinde nicht nur zum Attribut eines bevorzugten Wirtschaftsstandortes; dank der vorgesehenen gemischten Überbauung mit Wohnungen und Arbeitsplätzen steht sie gleichzeitig einem gesunden und menschlich verantwortbaren Bevölkerungswachstum Pate.

[1] Ruedin Claude, in: Brief an R. Salathé vom 6.12.05. C. Ruedin begleitete den Liebrüti-Bau im Auftrag einer Zürcher Architekten und Planer Firma.

[2] Aus dem Baubeschrieb.

[3] Siehe den Flyer „Kaiseraugst, der attraktive Wirtschaftsstandort im unteren Fricktal, 2004.

[4] Heller Max, in: Info der Gemeinde Kaiseraugst, November 2004, S. 6.

[5] Ebda. S. 5.

[6] Plan des Hausbestandes aus Opferkuch Dieter: Der Einfluss einer Binnengrenze auf die Kulturlandschaft, Basel 1977, S. 149.

[7] Heller Max, in: „Die letzten 300 Wohnungen", Basler Zeitung, 10. Januar 2006.

ZWEI DÖRFER VERÄNDERN SICH

Wohnen in Augst und Kaiseraugst

Häuser sind anschauliche und zugleich unbestechliche Zeitzeugen; sie berichten von den sich verändernden Lebensgewohnheiten ihrer Bewohner und belegen den gesellschaftlichen Wandel. In Augst und Kaiseraugst weist ihre lebendige Beweiskraft bis weit in die Römerzeit zurück und führt dann über hoch- und spätmittelalterliche Hofsiedlungen bis in die Zeit der beginnenden Industrialisierung und der im Zuge der Massenmotorisierung einsetzenden Verstädterung. „Häusergeschichte" ist immer auch Architekturgeschichte und zeichnet die Entwicklung des ästhetischen Empfindens nach.

In Augst
Das gallo-römische Stadthaus oder kürzer: Das Römerhaus

Wer Augst sagt, der denkt sogleich an die Zeit der Römer, wie sie eingangs dieser Ortsgeschichte nachgezeichnet wird – unter anderem im Kapitel „Ein Reihenhaus in einer Unterstadt-Insula" in Band 1. An dieser Stelle sei nicht an ein ausgegrabenes römisches Haus erinnert, sondern an das reale, aber museale Römerhaus, das den Besuchern und Besucherinnen von Augusta Raurica seit 1954/55 die Wohnweise der alten Römer vor Augen führt. Wie es zu diesem Römerhaus kam, hat der verdiente Augusta-Raurica-Erforscher Rudolf Laur-Belart in seinem kleinen Führer „Domus Romana Augustae constructa. Das Römerhaus in Augst" festgehalten. Eines Tages eröffnete Dr. René Clavel, der grosse Augster Mäzen, Professor Laur, er werde beim Bau eines Museums kräftig mithelfen. Die Idee, ein Römerhaus zu rekonstruieren, war dem bis heute bedeutendsten Mäzen der Römerstadt bei Reisen nach Herculaneum und Pompeji gekommen, diesen grossen Pilgerstätten der römischen Kultur.

Römerhaus: Leben wie am Mittelmeer. (Foto oben Susanne Schenker, unten Ursi Schild)

„Die Besprechungen ergaben, dass es originell wäre, wenn man den Besuchern von Augst ein römisches Bürgerhaus mit seiner ganzen Ausstattung, wie es in der alten Kolonialstadt bestanden haben mag, vor Augen führte. Zum Glück hatten wir im Jahr 1948 mit Ausgrabungen in Wohnquartieren der Stadt begonnen, während frühere Generationen sich in erster Linie mit der Erforschung der öffentlichen Monumentalbauten beschäftigt hatten ... Da es aus finanziellen Gründen selbstverständlich unmöglich war, eine ganze Insula in der Ausdehnung von 50 x 60 Metern wiederaufzubauen, kristallisierte sich die Idee heraus, einen Baukomplex zu erstellen, der im Kleinen die Anlage einer ganzen Insula widerspiegelt und zugleich von jedem Raumtypus ein Beispiel enthält: also längs der Strasse die Säulenlaube, dahinter einen Gewerberaum, einen Laden und einen Hauseingang; im Inneren den U-förmigen Säulenhof und darum gruppiert: 1 Küche, 1 Speisezimmer, 1 Schlafzimmer und das Bad

ZWEI DÖRFER VERÄNDERN SICH

mit den drei Abteilungen ... Es war von vorneherein ausgemacht, dass alles, was den Augster Originalfunden entnommen werden konnte: also Grundriss, Proportionen der Räume, Dicke der Mauern, Türschwellen, Form und Ausmass der Säulen, Ziegel, usw., sich nach Augst zu richten hatte. Alles übrige musste sich zum mindesten an römische Vorbilder halten." [1]

Über all die Jahre hat das Römerhaus nichts von seiner Attraktivität verloren; es nimmt seine Besucher und Besucherinnen nicht durch die Darstellung kriegerischer Ereignisse gefangen sondern gewährt einen lebensnahen Einblick in den Alltag der Augster und Kaiseraugster Bevölkerung vor 2000 Jahren. *„Sich wie einst die römische Oberschicht auf Speisesofas hinzulegen, einer Metzgerin bei der Arbeit über die Schultern zu gucken oder nach Lust und Laune durch die – schon vor 1800 Jahren weit offenen – Hallen zu wandeln: Das alles eröffnet vielen Besuchern den emotionellen Zugang zum Leben und Treiben dieses fortgeschrittenen Volkes, dem wir zum grossen Teil unsere Kultur und Rechtspflege verdanken ... So angestaubt diese pathetischen Formulierungen in der Schenkungsurkunde heute klingen mögen, so modern ist auch aus der Sicht der heutigen Betreiber der museumspädagogische Ansatz, der hinter der aufwändigen Rekonstruktion steckt. Bei der Renovation im Jahre 2000 wurde die zuvor etwas kahle Stadtvilla mit Kopien von Originalfunden möbliert und nach neuesten Erkenntnissen der Forschung bemalt."* [2]

Das Römerhaus gewährt einen Einblick in den römischen Küchenalltag (oben) und in das Speisezimmer (unten). (Fotos Ursi Schild)

Ende 16. Jahrhundert: Das „Schlössli"

Anders als sein Nachbardorf Pratteln besitzt oder besass Augst kein Schloss, dafür aber ein Schlössli; gemeinsam ist beiden Gebäuden ihr hohes Alter.[3] Erbaut wurde das Schlössli gegen Ende des 16. Jahrhunderts vom mächtigen und einflussreichen Geschlecht der Offenburger, die Besitzer des Augster Lehens waren und bis 1665 die Hälfte des Zolles besassen. Zeichnungen aus dieser Zeit haben das Aussehen des Schlösslis festgehalten: Von einer niederen Mauer umgeben, lag es etwas ausserhalb des Dorfes. Ein Krüppelwalmdach mit einem Treppenturm – er ist mit seiner Wendeltreppe und der Holzspindel bis heute erhalten geblieben – charakterisierte den zweigeschossigen und giebelständigen Bau. Im 17. Jahrhundert war das Schlössli sommersüber von vermögenden Basler Familien bewohnt, im 18. Jahrhundert von einfachen Leuten. Heute tritt das Schlössli als eigenständiger Bau nicht mehr in Erscheinung, es ist in einen anderen Bau integriert worden, doch lassen sich einzelne seiner Elemente, wie bereits erwähnt, immer noch nachweisen.

ZWEI DÖRFER VERÄNDERN SICH

1721: Die „Anstalt"

ANSTALT B. AUGST.

„Eine Stunde von Liestal, zwei Stunden von Basel entfernt, am unteren Ende des Dorfes Augst, liegt, eingeschlossen durch die Basel-Zürcher Landstrasse, die ausmündende Ergolz und den Rheinstrom, in wunderschöner Lage das Augster Hofgut. Die hügelige Umgebung des Hauses ist da und dort mit einfachem Gebüsch besetzt und bietet mit ihrem Wasserreichtum ein liebliches Bild, das Haus selber, gegen die Strasse zu mit einem eisernen Gitter umfasst, theilt sich in zwei nebeneinander liegende Gebäude. Auf der einen Seite steht das Wohnhaus mit etwa 15 Zimmern, auf der anderen das Ökonomiegebäude mit Stallungen, Scheunen, Schöpfen, Waschhaus und einem sogenannten Stöcklein von 4 Zimmern, welche, über einander aufgebaut, eine Art Thurm bilden und ein bewohntes Storchennest tragen. Beide Gebäude sind getrennt durch einen Hof, welcher mit seinen alten Linden, dem laufenden Brunnen und einer nach dem Rheine hinführenden Allee dem Garten ein stattliches Aussehen giebt." [4]

So umschreibt 1854 Martin Birmann, basellandschaftlicher Armeninspektor (1826 – 1890), das 1721 erbaute Landgut. Der kantonale Armenerziehungsverein hatte es ein Jahr zuvor in der Absicht erworben, eine „Rettungsanstalt" zu eröffnen. 1906 ging das Gut in den Besitz der Stadt Basel, bzw. der Industriellen Werke Basel über, die es nach Aufhebung des Landwirtschaftsbetriebs zu einem neun Wohnungen umfassenden Miethaus umgestalteten. Die schöne, parallele Ausrichtung der Häuser um den von Mauern umschlossenen Innenhof entspricht einem alten Hoftypus, wie wir ihn häufig im Elsass antreffen. Die denkmalgeschützte Anstalt wurde im Oktober 2003 auch in die Liste der historischen Gärten und Anlagen der Schweiz aufgenommen. Die Linde ist gewissermassen das Wahrzeichen der Aussenanlage; je zwei stattliche Bäume flankieren Einfahrt und Brunnen, dahinter erstreckt sich eine prächtige Allee.

Die Geschichte der Anstalt vermittelt uns einen tiefen Einblick in die sozialen Probleme des 19. Jahrhunderts. Einen Sozialstaat, wie wir ihn heute kennen, gab es noch nicht, und so ging es den einflussreichen Kreisen damals auch nicht darum, die Armut zu beheben. *„Vielmehr galten die Worte Pestalozzis und Gotthelfs, dass ein Armer sein ganzes Leben lang immer ein Armer bleiben werde und genau deshalb auf ein Leben voller Arbeit und Entbehrung vorzubereiten und zu erziehen sei. Auf dass er gottergeben und in aller Bescheidenheit auf seinem Platz in der Gesellschaft verharre."* [5]

In diesem Sinn wurde 1848 der basellandschaftliche Armenerziehungsverein gegründet. Seine offizielle Anerkennung erfuhr er 1853, als der Landrat das „Gesetz über Versorgung verwahrloster Kinder" verabschiedete. Im gleichen Jahr erfolgte auch die Eröffnung der Rettungsanstalt in Augst. Treibende Kraft war Armeninspektor Martin Birmann gewesen, der die Aufgabe der neuen Institution folgendermassen umschrieb: *„Eine solche Anstalt muss*

Familie, Schule und sozusagen auch Kirche zugleich sein ... Sie muss in der Arbeit und durch die Arbeit erziehen und in der Erziehung und durch die Erziehung arbeiten. Handarbeit und besonders landwirtschaftliche Arbeit sind ihre schöne Aufgabe." [6]

1853 gab es im Kanton Basel-Landschaft nicht weniger als 1043 Knaben im Alter von 11 bis 13 Jahren, die von der Armut gezeichnet waren; *"... unter ihnen sind 163 vater-, 95 mutterlos und 64 ganze Waisen; ungefähr 443 sind infolge erblicher Armut verkümmert ... Von den 435, welche unter fremden Leuten sind, essen manche ihr Brot mit Tränen, während die zu Hause gebliebenen vollends alle Stufen menschlichen Elends einnehmen."* [7] Es war ein Glücksfall für den Verein, dass sich Eduard Ehinger-von Speyr, der Besitzer des Hofgutes, bereitfand, die Liegenschaft samt Mobiliar und 19 Jucharten Kulturland für lediglich 50'000 Franken zu verkaufen. *"Dazu kam erst noch die grosse, natürliche Schönheit des Landes am Rhein. Fürwahr einen landschaftlich schöneren Ort, als hier an der Mündung der Ergolz in den Rhein, gab es im ganzen Kanton keinen mehr. Grösse und Wucht des Rheinstromes, dessen mächtige Wasser in schaumgekrönten Wogen über die Stromschnellen fluteten, deren Rauschen in der Stille des Sommermorgens bis zur Hülftenbrücke halbwegs Liestal hörbar war, schufen zusammen mit dem lieblichen Uferwald, wo üppige Weiden und Schilfdickicht unberührt von jeder Einwirkung des Menschen sich in stillen, tiefen Widerwassern spiegelten, ein Bild unvergleichlicher Schönheit, verbunden mit der heimeligen, dörflichen Siedlung und ihren Bewohnern war es ein Stück von Gottes schöner Erde, wie gemacht, um Knaben sich heimisch fühlen zu lassen und ihre Erziehung günstig zu beeinflussen ..."* [8] Allein in den ersten fünfzehn Jahren sollen 72 charakterlich gefestigte und handwerklich geschulte junge Männer die Anstalt verlassen haben.

1908 wurde die gedeihliche Entwicklung der Augster Anstalt für immer abgebrochen. Was der Armenerziehungsverein schon immer befürchtet hatte, traf ein: Das Kraftwerk verdrängte die stille Erziehungsstätte. Am 11. Juni ging der ganze Anstaltskomplex, dessen Landbesitz unterdessen auf 46 Jucharten angewachsen war, für die Summe von 30'000 Franken in den Besitz des Kantons Basel-Stadt über, der das Kraftwerk baute. Erst nachträglich stellte sich heraus, dass der Armenerziehungsverein eigentlich zu schwarz gesehen hatte, als er 1908 die Veräusserung des Betriebs beschloss. Denn die durch die Aufstauung des Rheins bewirkte Veränderung der Augster Landschaft war geringfügiger als man es sich vorgestellt hatte. Weder war die Lindenallee des Landgutes gefallen – sie hätte ursprünglich einer Verbindungsstrasse weichen sollen – noch verunstaltete der Stausee die Gegend. An die Stelle des abgeholzten „Wäldelis" war vielmehr eine schöne und gepflegte Anlage getreten. Der Armenerziehungsverein aber hatte im Schillingsrain bei Liestal ein neues Zuhause gefunden.

1907: Wie die Gastarbeiter und wie die Augster wohnten

Es gibt sie heute nicht mehr, die 1907 als Folge des Kraftwerkbaus „unten am Dorf" entstandenen und zur „Versorgung der Kraftwerkarbeiter" dienenden zwei Wohnungskasernen und „Kostgebereien". Augst wurde im Zeichen dieser Grossbaustelle tatsächlich von Gastarbeitern förmlich überschwemmt, was der Chronist folgendermassen kommentierte: *„Am 16. Juli wurde mit den Arbeiten begonnen. Schon vorher und seither sind Tschinggen (Italiener – Der Verfasser) in Masse eingezogen und haben von jedem der wenigen freien Winkel des Dorfes Besitz genommen."* [9] Die eidgenössische Volkszählung bestätigt diese Aussage: 1900 zählte das Dorf 501 Einwohnerinnen und Einwohner, fünf Jahre später waren es 772.

Nicht nur die Gastarbeiter, auch viele Augster wohnten einfach und bescheiden. Rückblickend erzählt ein Augster: *„In der Küche stand ein Holzherd, meist für zwei Pfannen und ein Wasserschiff, was dem heutigen Boiler gleicht. Neben dem Herd der Backofen, der in die Stube hineinragte; angebaut die vom Holzherd erwärmte Kunst (Kachelofen – Der Verfasser). Dann gab es noch eine oder zwei Kammern. Knaben schliefen oft auf dem Estrich, direkt unter den Ziegeln, auf Laub- oder Strohsäcken. Kinder schliefen oft zu zweit oder dritt in einem Bett und in Kammern, in welche nie ein Sonnenstrahl fiel. Badezimmer hatten nur reiche Leute."* [10]

Augster Hauptstrasse. (Aus Augst anno dazumal)

1919: Die Villa Clavel

Auch die Villa Clavel hat eine bewegte Vergangenheit, die bis ins 17. Jahrhundert zurückreicht.[11] Auf Chastelen stand damals in der Nähe des Hochgerichtes mit seinem weithin sichtbaren Galgen ein Wachthaus, welches zur Überwachung des Augster Brückentors und der Hülftenschanze diente. Im 18. Jahrhundert benützte man die Anlage nicht mehr als militärischen Stützpunkt; anstelle des Wachthauses trat ein Reb- und Lusthaus, das 1919 nach Plänen des Architekten und Burgenforschers Max Alioth in neu-barockem Stil umgestaltet wurde. Seither atmet die nach ihrem Erbauer benannte Villa Clavel herrschaftlichen Geist und zeichnet sich nicht nur durch eine grosszügige Gartenanlage mit altem Baumbestand aus sondern auch durch prächtige Innenräume – erwähnt sei insbesondere das sogenannte, vom Basler „Bläserhof"

Die Villa Clavel. (Aus Augst anno dazumal)

übernommene Spätrenaissance-Intarsienzimmer mit Wand- und Türtäfer und einer schönen Kassettendecke. Von der nach Westen ausgerichteten Vorderfront des Hauses geht der Blick über ein rechteckiges Wasserbassin auf die Rheinebene bei Pratteln und Schweizerhalle; gedämpfter Verkehrslärm, der aus der Ebene nach oben dringt, lässt den Besucher erst recht empfinden, an welch privilegierter Lage die Villa steht.

Der Erbauer der Villa – Dr. René Clavel (1886-1969) – bewohnte die Villa jeweils während der Sommermonate, den Winter brachte er in Basel zu. Heute ist die Villa im Besitz des Kantons Basel-Landschaft und dient vor allem als Tagungsort.

Panorama Osttor. (Rekonstruktionszeichnung Markus Schaub)

In Kaiseraugst
Der römische Gutshof „Im Liner"

Die Römer waren nicht nur Stadtbewohner, in Einzelhöfen besiedelten und erschlossen sie auch das Hinterland von Augusta Raurica. Bekannt geworden sind insbesondere die Ausgrabungen der römischen Gutshöfe von Hölstein und Munzach, die beide mit wunderschönen Mosaikböden ausgestattet waren. Auf den ersten Blick weniger spektakulär waren die Bodenfunde des Kaiseraugster Gutshofes Im Liner. *„Am 10. Juni 1964 meldete der Bauführer des Bauabschnittes der Nationalstrasse Augst-Rheinfelden, dass vermutlich römisches Mauerwerk angeschnitten worden sei. Ein Traxfahrer hatte den Auftrag erhalten, für die Autobahnausfahrt Richtung Giebenach auf der Ostseite der Landstrasse Humus abzutragen."* [12] Noch gleichentags führten die zuständigen Archäologen eine Ortsbesichtigung durch und fanden den direkten Hinweis auf eine Wasserleitung. Eine Notgrabung förderte einen gut erhaltenen Keller mit zahlreichen Geschirrfunden zutage; sie lassen vermuten, dass hier unweit der Vindonissastrasse einst eine Herberge oder Schänke in Betrieb war.

ZWEI DÖRFER VERÄNDERN SICH

(Foto Ursi Schild)

Der Dorfkern

Glücklicherweise hat sich der alte Dorfkern von Kaiseraugst erhalten; er erinnert an die Zeit vor der Industrialisierung zu Beginn des 19. Jahrhunderts, als es im Dorf nur gerade 58 Häuser und 21 Nebengebäude gab. Es waren entsprechend der hauptsächlichen *„Nahrungszweige der Einwohner"*, der Landwirtschaft, dem Fischfang und dem Steinführen auf Schiffen den Rhein hinunter, beinahe ohne Ausnahme Bauernbetriebe. Als aber die Landwirtschaft im Laufe des 20. Jahrhunderts ihre frühere dominante Bedeutung nach und nach einbüsste, ging die ursprüngliche Funktion dieser Bauernhäuser verloren. Was ist aus ihnen geworden? Glücklicherweise hat sich die Einsicht, dass der alte Bauernhausbestand zu unserem Kulturerbe gehört, schon längst durchgesetzt. So kommt es nicht von ungefähr, dass sich auch die Denkmalpflege dieser Bausubstanz annimmt, sie untersucht und für ihre Erhaltung eintritt. Im September 1996 überreichte das Erziehungsdepartement des Kantons Aargau dem Gemeinderat in diesem Sinn das von der Kantonalen Denkmalpflege ausgearbeitete „Kurzinventar der Kulturdenkmäler".

Es hat zum Zweck: *„Die unwiederbringlichen Werte der Kulturdenkmäler aufzuzeigen und so Verständnis zu wecken für ein schonungsvolles Umgehen mit althergebrachtem, unersetzbarem Kulturgut. Nicht selten sind es gerade Gebäude, die seit längerem vernachlässigt sind, die in ihrer Unverdorbenheit überaus wertvolle Zeugen ländlicher Bautradition darstellen. Es ist uns bewusst, dass deren Erhaltung besonders hohe Anforderungen stellt. Angesichts der zunehmenden Aushöhlung der historischen Ortskerne lohnt es sich indessen, solchen Objekten besondere Aufmerksamkeit zu schenken."* [13]

ZWEI DÖRFER VERÄNDERN SICH

Wir greifen in diesem sowie im Kapitel über die öffentlichen Gebäude und Anlagen des Öftern auf dieses Kurzinventar zurück.

1577: Ein spätgotisches Bauernhaus und seine Verwandlung in ein Mehrfamilienhaus

Wohnen in Kaiseraugst ist etwas Besonderes, denn ausser in Augst dürfte wohl die „Tuchfühlung" mit der römischen Vergangenheit nirgends so eng sein wie gerade in Kaiseraugst. Das wird jedem Bauherrn schmerzlich bewusst, wenn er vor dem eigentlichen Baubeginn das Areal für die obligate archäologische Untersuchung freigeben muss. Nun, beim Wohnhaus Nr. 14 im Winkel zwischen Allmendgasse und Lindenweg brachten die Grabungen von 1990 im vorgelagerten Garten nicht römisches Gemäuer, sondern Spuren zahlreicher Gruben und Grubenhäuser des Hoch- und Spätmittelalters zutage.[14] *„Dem späten Mittelalter kann auch ein steinerner Speicherbau zugeordnet werden, der in das noch erhaltene Wohnhaus von 1577 integriert wurde und somit als ältester erhaltener Profanbau der nachrömischen Zeit in Kaiseraugst angesprochen werden kann."*

Eine Foto aus dem Jahr 1860 zeigt das beeindruckende, tief über die Scheune heruntergezogene Dach. Der 1765 errichtete Bau wurde anlässlich der Renovation von 1900/01 zugunsten eines neuen Mehrfamilienhauses abgerissen, das an das erhalten gebliebene alte Wohnhaus, einen spätgotischen Mauerbau von 1577 mit steilem Giebeldach anschliesst. Aus der Erbauungszeit dieses Hauses haben sich in der Südfassade zwei gestaffelte, dreigliedrige Fenster mit spätgotischer Kehlung erhalten. Der Strassenfront im Norden ist eine Laube vorgelagert; sie wurde gemäss einer Jahreszahlinschrift am mittleren Stützpfosten im Jahre 1666 angefügt und überdeckt den schönen Hauseingang mit der Jahreszahl 1577. Eine Rundbogentür führt zum Keller hinunter.

(Fotos: Kurzinventar der Kulturdenkmäler)

1579: Die „Kaserne"

Kaserne – der Ausdruck erinnert an einen Waffenplatz, an Aarau oder an Liestal. Natürlich wissen wir, dass zur Römerzeit das Kastell Kaiseraugst von Militär belegt war, doch beim Haus Nr. 21 A/B/C, das zwischen Kirchgasse und Fähriweg liegt und eine der ältesten Liegenschaften des Dorfs sein dürfte, handelt es sich nicht um einen römischen sondern um einen spätgotischen, dreigeschossigen Bau [15] – und das verrät die Jahrzahl 1579, die an einem Fenstersturz des ersten Obergeschosses an der westlichen Gebäudehälfte eingelassen ist. Welches war früher die Funktion dieses Baus? Aufgrund seiner ungewöhnlichen Grösse diente er vielleicht dem Meier, dem mittelalterlichen Dorfverwalter. Aber genau wissen wir es nicht, und darum hält auch die Sage eine Erklärung bereit: Im Dreissigjährigen Krieg (1618 – 1648) sollen in diesem Haus Soldaten einquartiert gewesen sein – daher die volkstümliche Bezeichnung Kaserne.

(Fotos: Kurzinventar der Kulturdenkmäler)

„Das Erdgeschoss und das 1. Obergeschoss wurden wohl schon immer zu Wohnzwecken genutzt. Die niedrigen Räume im 2. Obergeschoss, die zum Teil noch unverändert im russgeschwärzten Zustand erhalten sind, dienten wohl eher als Speicherräume. Die nördlich benachbarte, freistehende Stallscheune Nr. 20 stammt aus dem frühen 19. Jahrhundert."

Unter dem Verputz des hochragenden, schlanken und langgestreckten Baukörpers, der in zwei ungleich grosse und in Etappen errichtete Haushälften gegliedert ist, verbergen sich mächtige Bruchsteinmauern. Die westliche Partie der rauchgeschwärzten Sparrendachkonstruktion weist einen recht grossen Eichenholzanteil auf. Imposant ist der auf der Nordseite zum Gewölbekeller führende steile und tonnenförmige Zugang.

Kaiseraugster Höfe

Kaiseraugst besass bis in die Mitte des 20. Jahrhunderts mehrere Höfe. Besondere Erwähnung verdient dabei der Asphof, der bereits im Jahr 1284 geschichtlich belegt ist und ursprünglich dem Kloster Olsberg gehörte. 1979 musste dieser grösste Kaiseraugster Hof den Industrieanlagen der Firma F. Hoffmann-La Roche AG weichen.

Das hochragende, steilgiebelige und drei Vollgeschosse zählende Wohnhaus war durch einen Torbogen mit dem Stallgebäude verbunden. Es war eines jener sogenannten „Schwedenhäuser", die im Fricktal gemäss

ZWEI DÖRFER VERÄNDERN SICH

volkstümlicher Überlieferung als einzige Gebäude wegen ihrer Steinbauweise die Brandschatzungen und Verwüstungen des Dreissigjährigen Krieges (1618-1648) überlebt haben. Diese spätgotischen Steinbauten – sie stammen aus dem 16. oder 17. Jahrhundert – unterscheiden sich deutlich von den hölzernen Bauernhäusern, die damals das Bild der Dörfer bestimmten; sie lehnten sich stark an die herrschaftliche und städtisch-bürgerliche Architektur jener Zeit an.

Der Asphof, oben. Der Hardhof, unten. (Fotos aus Kaiseraugst, wie's damals war)

Ebenfalls ursprünglicher Klosterbesitz war der alte Hardhof mit seiner eindrücklichen Dachlandschaft. Er war in den Jahren 1696/97 von der Olsberger Äbtissin Maria Franziska von Eptingen erbaut worden. 1960/62 musste er der Autobahn weichen, wurde aber ca. 250 m nordöstlich auf Rheinfelder Boden wieder als moderner und zeitgemässer landwirtschaftlicher Siedlungshof aufgebaut.

Der Hof Hohe Landschaft wurde erst 1959 als Folge der während des Zweiten Weltkriegs durchgeführten Feldregulierung erbaut, er ersetzte das an der Dorfstrasse gelegene, wei-

ter unten erwähnte spätbarocke Bauernhaus. Der Begriff Hohe Landschaft war in Kaiseraugst nie sehr geläufig, viel eher war von der Hard die Rede.

Was den alten Bauernhäusern im Dorfzentrum widerfahren ist – die Umnutzung – gilt auch für einige Höfe. So wird beispielsweise der Hardhof Ischi an der Nordseite der Autobahn gegen die Rheinfelder Grenze zu heute von seinem Besitzer für das Auto-Transportgewerbe genutzt. Nicht mehr landwirtschaftlich betrieben werden ferner der Zelglihof an der Giebenacherstrasse und der seit 2003 im Besitz der Ortsbürgergemeinde stehende Violahof, in dessen Wohnhaus eine Kinderkrippe eingerichtet wurde. Während

Das Fricktaler Bauernhaus

Die meisten an der Dorfstrasse angelegten Kaiseraugster Bauernhäuser beherbergten sowohl Menschen wie auch Tiere unter einem Dach; es waren Vielzweckbauten (Dreisässenhäuser) mit Wohnteil, Stall und Tenn, wie es beispielsweise der Grundrissplan des Hauses Nr. 26 an der Dorfstrasse zeigt. Neben reinen Steinhäusern, die sich nur besser gestellte Bauern leisten konnten, herrschten Fachwerkbauten vor – Holzkonstruktionen, die zwischen den Holzpfosten mit Kalk-Bruchsteinen oder mit Rutengeflecht aus Stroh ausgefüllt waren.

1769 beschäftigte sich ein kaiserlicher Erlass mit dem „Ökonomie- und Bauwesen" im vorderösterreichischen Fricktal.[23] Holz war damals Mangelware, aber auch aus feuerpolizeilichen Gründen wurde verlangt, dass die leicht brennbaren Strohdächer „...ab- und an deren Statt mit Ziegeln gedecket, oder doch wenigstens bey neuen Gebäuden keine Strohdächer mehr geduldet werden." Beanstandet wurden schliesslich freistehende offene Feuerherde unter Holzböden oder Strohdächern. Von Jahrzehnt zu Jahrzehnt verschärften sich die behördlichen Vorschriften. So legte die Löschordnung vom 7. September 1782 fest: „Die Häuser (auf dem Land) sollen nicht aneinander gebaut werden, sondern immer so, dass ein Raum von einem Klafter dazwischen gelassen wird." Und schliesslich verlangte die Josephinische Forstordnung von 1786 zur Schonung der Wälder für Gebäude auf dem Land, „dass wenigstens der untere Stock aus Steinen, und die Rauchfänge aus Ziegeln erbaut werden." 1807 waren von den Kaiseraugster Bauernhäusern 50% mit Ziegeln und 50% mit Stroh und Ziegeln gedeckt, ein nur mit Stroh gedecktes Haus existierte bereits nicht mehr.[24] Dank den rigorosen Brandversicherungsgesetzen des Kantons verschwanden dann gegen Ende des 19. Jahrhunderts auch die letzten Dächer aus Stroh und Ziegeln.

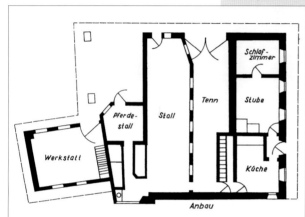

Grundriss eines Kaiseraugster Dreisässenhauses (Dorfstrasse Nr. 26). Planaufnahme R. Lützelschwab 1962 (aus Geschichte von Augst und Kaiseraugst, Liestal 1976, S. 130. Siehe auch Band 1, S. 213)

das ehemalige Ökonomiegebäude bis auf weiteres als Schulungszentrum der Firma F. Hoffmann-La Roche AG genutzt wurde, stehen Schopf und Wiese den Pfadfindern und dem Hundehalterverein als Clublokal und Trainingsgelände zur Verfügung. Doch die Zeit steht nicht still! Die Ortsbürgergemeinde hat mit dem Violahof, wo der ehemalige Polizeiposten untergebracht war, Grosses im Sinn. Dort, wo während Jahrzehnten der Boden kultiviert worden ist, soll nun in absehbarer Zeit unter dem Titel „Jugend- und Kulturzentrum Violahof" das Kulturleben – Theater, Lesungen, Konzerte, aber auch Discobetrieb etc. – kultiviert werden; die Ansprüche an einen Bauernhof haben sich gewandelt, und die ehemals so bedeutende Kaiseraugster Landwirtschaft ist nur noch ferne Erinnerung.

ZWEI DÖRFER VERÄNDERN SICH

Auch der in den neunziger Jahren abgebrochene Junkhof lebt nur noch im Gedächtnis einiger älterer Bewohner weiter. An seiner Stelle sind gegenüber dem Coop-Center grosse Wohnblöcke entstanden.

Ein spätbarockes Bauernhaus aus dem ausgehenden 18. Jahrhundert

Der spätbarocke Giebeldachbau an der Dorfstrasse Nr. 30 ist ein Vielzweckgebäude; das heisst, er diente ursprünglich sowohl dem Wohnen als auch dem bäuerlichen Betrieb.[16] Die Ostseite wies eine mächtige Stallscheune mit breitem, rundbogigem Tor und zwei seitlichen Ställen auf; die Westseite mit den schmucken, regelmässig angeordneten Stichbogenfenstern diente der Familie als Wohnraum. Nachdem der Landwirtschaftsbetrieb 1962 aufgegeben worden war, wurde die Scheune 1977 zu einem Wohn- und Geschäftshaus umgenutzt. Heute ist das ehemalige Bauernhaus Sitz des „Café Raurica". Die neue Gaststätte hat ihren Namen einem öffentlichen Wettbewerb zu verdanken, welcher der Kaiseraugster Bevölkerung Gelegenheit gab, Namensvorschläge einzusenden. Das Echo war gewaltig: Es trafen über 160 Einsendungen mit 530 Vorschlägen ein. Nicht weniger als 18 Teilnehmer erinnerten mit ihrem Vorschlag an die ursprünglichen Bewohner des Dorfes.

Wohnen im Armenhaus

Wann das sogenannte Armenhaus (Hauptstrasse 40) – es diente der Ortsbürgergemeinde als Unterbringungsort „für die ganz Armen" – eingerichtet worden ist, liess sich nicht mehr eruieren. Aus den „Beiträgen zu der vom hohen Schweizerischen Bundesrath verlangten Statistik der Schweiz" erfahren wir 1850, dass an diesem Zeitpunkt vier Erwachsene und ein Kind dort untergebracht waren. Nachdem 1936 die Armenfürsorge von der Ortsbürgergemeinde auf die Einwohnergemeinde übertragen worden war, wurde das Armenhaus in den Nachkriegsjahren aufgehoben und verkauft.

1800/1820: Bauernhaus

Eines der stattlichsten Bauernhäuser von Kaiseraugst steht in der zweiten Reihe der Dorfstrasse-Überbauung hinter dem Gasthaus Sonne.[17] Der typische Vielzweckbau, dessen Keller an die Kastellmauer angrenzt, gliedert sich in einen westlichen Wohnteil und dem nach Osten anschliessenden Wirtschaftstrakt mit Remise/Wagenschopf, Tenn und Stall. Neben dem Hauseingang liegt der Abgang zu einem tonnengewölbten Keller. Bemerkenswert ist in der unteren Stube der hellblaue Biedermeier Kastenofen.

Wohnen in der „Villa" und an der „Automatengasse"

Heutigen Bewohnern von Kaiseraugst ist besten Falls die weiter unten beschriebene Villa Natterer bekannt; es gab aber schon viel früher eine Villa. Es war das Wohnhaus des Cellulosedirektors, eine Fabrikantenvilla, wie wir sie aus Walsers Roman „Der Gehülfe" kennen: Ein edles Interieur mit schönen Gipsdecken, Parkettböden und weiten Treppenaufgängen gab ihr einen herrschaftlichen Anstrich. Nach der Aufgabe der Cellulosefabrik 1929 wurde sie von verschiedenen Wohngemeinschaften bewohnt und geriet von Jahr zu Jahr in einen immer desolateren Zustand. 1988 wurde das Haus abgebrochen, das planierte Gelände diente als Reservefläche für das Altersheim, und so ist

(Fotos: Kurzinventar der Kulturdenkmäler)

ZWEI DÖRFER VERÄNDERN SICH

heute der ehemalige Garten der Villa mit seinem schönen alten Baumbestand Teil des Altersheimparks.

Der Abbruch der Cellulosefabrik verschonte auch die Angestelltenhäuser an der ehemaligen Fabrikstrasse (heute Lindenweg) nicht. Vor dem Abbruch dienten sie einigen weniger Bemittelten, die den Strom öfters ab Münzautomaten bezogen, als vorübergehende Unterkunft, was der Fabrikstrasse im Volksmund den Übernamen Automatengasse eintrug. Die letzten Bewohner waren Saisonarbeiter der Kaiseraugster Baugeschäfte.

1900/01: Das römisch-katholische Pfarrhaus

Das westlich der Kirche errichtete Pfarrhaus soll ursprünglich für einen Lehrer erstellt worden sein, wurde aber nach seiner Fertigstellung – wahrscheinlich durch Baumeister Adolf Natterer – von der Kirchgemeinde übernommen.[18] Auffallend sind die schönen Zementguss-Fenstergewände wie auch die filigrane Eingangstüre.

1910/15: Erste Mehrfamilienhäuser

Mehrfamilienhäuser gibt es in Kaiseraugst beliebig viele; sie sind meistens im gängigen Allerweltsstil der Nachkriegsjahre erbaut, nur eines macht eine Ausnahme: Es ist das von Baumeister Adolf Natterer-Waldmeier in den Jahren 1910/15 an der Mühlegasse 15 und 17 erstellte, originelle Mehrfamilienhaus.[19] Der zweigeschossige Bau trägt ein steiles Walmdach; auffallend sind die beiden Giebelbekrönungen der paarweise angeordneten Risalitfenster. *„Der langgestreckte Baukörper ist symmetrisch durchgebildet. Die Strassenfassade der beiden spiegelbildlich konzipierten Haushälften gliedern reich instrumentierte zweiachsige Risalite (Risalit = Mauervorlage) mit geschweiften Giebeln, deren gequaderte Ecklisenen wie die bekrönenden Zierformen*

(Fotos: Kurzinventar der Kulturdenkmäler)

aus blassrotem Kunststein gehauen sind ... Die mit Farbfriesen ausgestattete Verglasung der rückwärtigen Veranden gehört ebenso zum ursprünglichen

ZWEI DÖRFER VERÄNDERN SICH

Bestand wie die beschnitzten Haustüren, die Fliesen und Treppenaufgänge."
Die Erschliessung der Wohnungen erfolgt über eckständige Treppenhäuser und längsgerichtete Mittelgänge. Während die Wohnstuben nach Osten auf die Strasse blicken, sind Küche, Badzimmer und ein weiterer Raum nach Westen ausgerichtet.

1928: Die Villa Natterer, die sogenannte „Rote Villa"

Adolf Natterer-Waldmeier baute 1928 für den Eigenbedarf an der Mühlegasse 19 eine Villa.[20] Sie wird im Kurzinventar der Kulturgüter von Kaiseraugst als typisches Produkt des Heimatstils aufgeführt und ist der bernischen Landhausarchitektur des späteren 19. Jahrhunderts verpflichtet. Der zweigeschossige Kubus wird von einem steilen Walmdach gekrönt; Unter- und Obergeschoss werden durch ein Gesimse gegliedert, das wie die meisten anderen Zierelemente im Zementgussverfahren erstellt worden ist. Während die Strassenfassade von einem halbrunden sogenannten Mittelrisalit mit dreiteiligen Fensterbändern dominiert wird, ist der südlichen Schmalseite eine Veranda vorgelagert. Aus Holz sind die Zahnschnitt-Kranzgesimse sowie die kassettierte Dachuntersicht. Das Innere überrascht mit schönen Tafelparketten und schlicht dekorierten Gipsdecken. Zu erwähnen sind schliesslich die bunt verzierten Kachelöfen aus der Hafner-Werkstatt Rheinfelden.

Ab 1949: Freizeitwohnen auf dem Campingplatz

Obwohl Kaiseraugst, abgesehen von den wenigen Fremdenzimmern in den Gasthöfen Adler, Sonne und Bahnhöfli, kein Hotel besitzt, berichtet die Statistik im Jahr 2002 von 2'981 Kurzzeit-Übernachtungen, ein Jahr später sind es sogar 4'123. Des Rätsels Lösung: der Kaiseraugster Campingplatz beim Rhein! Er wurde 1949 eröffnet und setzte dem ungeordneten Zelt- und Lagerbetrieb am Stausee ein Ende. Damals verbot auch der Gemeinderat das Betreten des Dorfes in Badekleidern bei einer Busse von Fr. 5.- bis 15.-. Eine mit den nötigen Vollmachten ausgestattete Hilfspolizei hatte den neuen Bestimmungen Nachachtung zu verschaffen. Ein Brief aus dem Jahr 2000 an die Adresse des Gemeinderates verdient im Zusammenhang mit dem Campingbetrieb vermerkt zu werden. Da schrieb eine Baslerin: *„... als 86-jährige bin ich zur Zeit die älteste Campeuse und seit 52 Jahren treue Benützerin des Campingplatzes Kaiseraugst. Leider bin ich heute nicht mehr so fit wie vor 50 Jahren und möchte deshalb die mir liebgewordene Tradition des allwöchentlichen Wochenendaufenthaltes etwas reduzieren und nur noch bei sonnigem Wetter wohnwägeln, also doch nicht ganz verzichten...".* Der Gemeinderat zeigte ein

Vase als Krönung des Kastenofens mit Baumeisteremblem und Baudatum der Villa. (Fotos: Kurzinventar der Kulturdenkmäler)

ZWEI DÖRFER VERÄNDERN SICH

Einsehen, drückte ein Auge zu und gewährte der dienstältesten „Campeuse" eine Preisermässigung.

Der Campingplatz gehört schon längst zum selbstverständlichen Freizeitangebot der Gemeinde. Sie lässt ihn zusammen mit dem Strandbad hegen und pflegen und ist dafür besorgt, dass kein Wildwuchs entsteht, sondern rings um die 35 festen Campingplätze und den Kiosk Ordnung herrscht. Das fällt bei grossem Andrang nicht immer ganz leicht, wie das beispielsweise an Pfingsten 1985 der Fall war. Bei grossem Andrang, ständigem Kommen und Gehen, Mofalärm und Türenzuschlagen sei an Schlaf nicht zu denken gewesen, meldet der Jahresbericht des Strandbad- und Campingwarts.

Auch das Strandbad, das im Rekordsommer 2003 nicht weniger als 7'379 Eintritte zu verzeichnen hatte, braucht Aufsicht und ständige, intensive Pflege der technischen Einrichtungen. So kommt es, dass die Einnahmen, die aus der Belegung des Campingplatzes und dem Besuch des Strandbades resultieren, die Unterhaltskosten für diese zwei Einrichtungen nicht zu decken vermögen.

Campingplatz am Rheinufer. (Foto Ursi Schild)

1928: Wohnen im Weekendhaus

Kaiseraugst ist nicht gerade Kur- und Fremdenort, doch zeugt die Tatsache, dass das Dorf einen Campingplatz besitzt, von seiner bevorzugten Lage am Stausee. Kein Wunder, dass sich darum hier auch einige wenige Weekendhäuser finden lassen. Einen besonderen architektonischen Akzent weist dabei das kleine sogenannte Musfeldhaus am Rhein auf. 1928 stand es an der Gartenbau-Ausstellung in Basel. Dann wurde es zerlegt und nach Kaiseraugst transportiert; auf dem ehemaligen Celluloseareal fand es eine neue Bleibe. Hier begannen gute Zeiten für das kleine Haus am Rhein. Die Familie Natterer nutzte es jahrelang als Wochenend-Villa. Ein Zaun grenzte den Garten ab, ein Spielplatz mit Rundlauf erfreute die Kinder, und so wurde es zwei Generationen lang für gemütliche Weekends und Partys genutzt. Auch ein Bootshaus gehörte dazu, so dass die Zeiten am Rhein intensiv genossen werden konnten. Anfangs der 1970er Jahre ging die Ära der Familie Natterer zu Ende, für das kleine Haus begann eine lange Zeit der Verwahrlosung. Nachdem es zwischenzeitlich im Besitz der Ortsbürgergemeinde war, erlebte es 2003 eine Renaissance; der neue Besitzer liess es mit der schicken, gerundeten Fassade wieder instand stellen.

1960 und 1965: Erste „Blöcke"

Im Spiegelgrund entstanden um 1960 auf Initiative des Kaiseraugsters Robert Delfosse die ersten vier Blöcke mit 15 Drei-und Vier-Zimmerwohnungen. Die neue Wohnform hatte zum Ziel, günstiges Eigentum zu schaffen. Die Spiegelgrundbewohner entwickelten mit der Zeit ein eigenes Quartierbewusstsein, was auch die Tatsache belegt, dass einige dieser Wohnungen bereits in zweiter Generation bewohnt werden. 1965 erfuhr die Siedlung eine Erweiterung auf 48 Wohneinheiten.

Ab 1969: Wohnen im alten Schulhaus – ab 1990: Wohnen im Altersheim

„Das Alter darf nicht abseits stehen. Es gehört zu unserem Leben", mit diesen Worten begrüsste am 17. Mai 1969 der Präsident des „Vereins für Alterswohnungen Kaiseraugst" seine Gäste an der feierlichen Schlüsselübergabe und Einweihung der Alterswohnungen im alten Schulhaus an der Kirchgasse Nr. 19. Das alte Gebäude hatte der Gemeinde während des ganzen 19. Jahrhunderts bis 1901 als Schulhaus gedient, bis etwa 1960 war es auch Zollstation. 1969 konnte nun der seit 1967 bestehende religiös und politisch neutrale Verein, der den Bau von Alterswohnungen zum Ziel hatte, einen ersten Erfolg buchen, den direkt am Rhein gelegenen Neubau mit Ein-, Zwei- und Dreizimmerwohnungen.

Doch angesichts der immer zahlreicheren älteren Personen und der Tatsache, dass nicht jedermann bis ins hohe Alter in seiner Wohnung bleiben kann, drängten sich weitere Massnahmen auf. Im Juni 1985 legte deshalb eine vom Gemeinderat eingesetzte Arbeitsgruppe für Altersplanung ihren ersten Bericht vor. Eine Gegenüberstellung der Bevölkerungsstatistik von Ende 1985 und 2004 untermauert, wie richtig Gemeinderat und Arbeitsgruppe mit ihrer Lagebeurteilung lagen.

	Bevölkerung 1985:	*3'136*	*Bevölkerung 2004:*	*4'642*
- älter als 55 Jahre:	494 Personen	= 15,5 %	1223 Personen	= 26,3 %
- älter als 65 Jahre:	266 Personen	= 8,3 %	619 Personen	= 13,3 %
- älter als 80 Jahre:	36 Personen	= 1,1 %	141 Personen	= 3,0 %

1985 wurden zahlreiche der heute selbstverständlichen Dienstleistungen für Betagte noch nicht angeboten: Mahlzeiten-, Transport-, Gesundheits-, Wäsche- und Reinigungsdienst. Ebenfalls fehlten Körperpflege-Beihilfe, teilweiser Haushilfedienst, Bastel- und Handwerkskurse sowie ein Tagesheim als Aufenthaltsort. Viele Betagte mussten deshalb weit über die Region hinaus bis Suhr und Wangen an der Aare untergebracht werden.

Altersheim. (Fotos Ursi Schild)

Die Arbeitsgruppe argumentierte, ein Altersheim ermögliche mit seiner Infrastruktur, die meisten Dienstleistungen für Betagte zentral anzubieten. Die Gemeindeversammlung vom 26. Juni 1985 folgte ihren Empfehlungen und

ZWEI DÖRFER VERÄNDERN SICH

hiess den Bau eines Altersheimes mit Pflegemöglichkeiten für 36 Heimbewohner gut. Einen grossen Beitrag zum Gemeinschaftswerk leistete die Ortsbürgergemeinde, die das Baugrundstück in der Rinau 1986 kaufte und es der Einwohnergemeinde geschenkweise zur Überbauuung im Baurecht abtrat. Den Anfang der am 15. August 1988 begonnenen zweijährigen Bauzeit markierte ein symbolischer Spatenstich.

1981: Die Liebrüti und ihre Wohnqualität

Liebrüti – der Name steht für ein ausserordentliches Experiment einer kleinen Gemeinde, nicht nur in finanzieller, sondern vor allem in menschlicher und gesellschaftlicher Hinsicht. Als im Sommer 1981 rund 96 % der 856 Wohnungen, Studios und Bastelräume vermietet waren und damit rund 2300 Personen ein neues Zuhause gefunden hatten, startete die Fricktaler Zeitung eine breit gestreute und eher zufällige Umfrage über die Befindlichkeit der neuen Kaiseraugster im *„Betongelände."* [21] Die Befragung ergab, dass sich die meisten Bewohner in der Liebrüti wohl fühlten. Sie schätzten die Grosszügigkeit der Wohnungen und die vielen Grünflächen, oft wurde die Überbauung auch als Kinderparadies geschildert."*Was vielleicht noch etwas fehlt"*, schloss die Zeitung ihre Berichterstattung, *„ist die Identifikation mit dem Ort Kaiseraugst. Auch da wurde schon einiges unternommen, doch es wird bestimmt noch seine Zeit dauern, bis ein jeder Liebrütibewohner auf die Frage: 'Wo wohnen Sie?" spontan die Antwort 'Kaiseraugst' gibt. Bei unserer Umfrage antworteten alle Befragten, mit einer Ausnahme, Liebrüti."*

Und wie steht es etwas mehr als zwanzig Jahre nach dem Bezug des neuen Quartiers mit der Befindlichkeit der Liebrütianer? Haben sich die hochgesteckten Erwartungen der Planer erfüllt? Hat sich die vorausgesagte Wohnqualität eingestellt? Sind die Liebrütianer in Kaiseraugst integriert? Vorweg: An Bemühungen der Behörde, die Liebrüti nicht zu einem Ghetto entarten zu lassen, hat es nie gefehlt. Alljährlich werden beispielsweise die „neuen" Kaiseraugster im Mai vom Gemeinderat empfangen und seit Mitte 1987 wird auch jede dritte Einwohnergemeindeversammlung in der Liebrüti durchgeführt. Die Liebrüti mit ihrem grossen Saal ist darum schon längst, und dies schon einige Jahre vor dem Abbruch des Löwen, für die politische Szene zu einem wichtigen Begegnungsort geworden. Im Vorfeld der Grossratswahlen war sie beispielsweise für die Kandidaten des Bezirks Rheinfelden schon öfters Austragungsort eines „überparteilichen Frühschoppens", und auch die Kaiseraugster Landammann-Feier für die Wahl von Stéphanie Mörikofer-Zwez fand im Liebrüti-Zentrum statt.

Wie sehr dem Gemeinderat die Integration des neuen Quartiers am Herzen lag und liegt, beweist ferner die Tatsache, dass Kaiseraugster Schüler und Schülerinnen die Mittel- und Oberstufe nicht im Dorf sondern im Liebrüti-Schulhaus besuchen. Seit 1976 ist übrigens die Liebrüti verkehrsmässig dank der Buslinie 84 etwas näher zum Bahnhof und damit auch zum alten Dorfteil mit der Gemeindeverwaltung gerückt. Und natürlich haben längst auch die Vereine zur Integration der „neuen" Bevölkerung beigetragen. Eine restlose Verschmelzung des alten und des neuen Kaiseraugst wird sich allerdings nur schwerlich einstellen, zu verschieden ist die Ausgangslage der beiden Dorfhälften. Dazu kommt, dass es spezifische Liebrüti-Probleme gibt,

Liebrüti. (Fotos Ursi Schild)

ZWEI DÖRFER VERÄNDERN SICH

wie sie jedes andere Quartier eben auch kennt. So wurde anlässlich einer vom Gemeinderat und vom Quartierverein „Liebrüti und Umgebung" durchgeführten Befragung der Bevölkerung über die Kaiseraugster Wohnqualität und das Dienstleistungsangebot festgestellt, dass die Polizeipräsenz zwischen Bahnhof und Liebrüti in der Zeit von 22 Uhr bis nach den letzten Zügen grösser sein sollte. Und schliesslich gibt in der Liebrüti und den angrenzenden Quartieren auch der zunehmende Strassenlärm der Giebenacherstrasse und der Autobahn zu reden. Alles in allem darf festgehalten werden, dass die Bewohner des futuristischen Kaiseraugster Quartiers mit den gebotenen Lebensbedingungen zufrieden sind, wenn auch die Identifikation mit der Liebrüti heute mehrheitlich noch stärker sein dürfte als mit dem alten Dorf. Entscheidend ist: Wer sich um echte Kaiseraugster Integration bemüht, der findet sie, es zählt die Eigeninitiative.

Es bleibt zu hoffen, dass die neuen Eigentümer – 1998 verkaufte die F. Hoffmann-La Roche AG die Liebrüti an ein Eigentümer-Konsortium – dafür besorgt sind, dass die in die Jahre gekommene Siedlung ihren hohen Standard in Zukunft halten kann.

Ab 1987: Wohnen im Asylantenheim

Wie andere Gemeinden so beherbergt Kaiseraugst seit 1987 Asylanten – rund 50 sind es im Zeitpunkt der Abfassung der vorliegenden Geschichte. Sie sind in drei verschiedenen Unterkünften – in der Rinau, im Hirsrütigebiet sowie in zwei Wohnungen im Bahnhofgebäude und im ehemaligen Polizeiposten an der Giebenacherstrasse – untergebracht und haben noch nie Anlass zu grösseren Reklamationen gegeben.

Ab 1997: Wohnen östlich der Liebrüti

„L'appétit vient en mangeant" – der Appetit kommt beim Essen. Viele Liebrüti-Bewohnerinnen und Bewohner hätten gern ihre Miet- mit einer Eigentumswohnung vertauscht, doch wurden im Dorf kaum Bauplätze freigegeben. Mitte der 1990er Jahre veränderte sich die Situation. In mehreren Bauetappen entstanden im Junkholz und am Römerweg sich teppichartig nach Osten erstreckende Überbauungen.

Die neuen Quartiere nördlich und östlich der Liebrüti. (Fotos Ursi Schild)

ZWEI DÖRFER VERÄNDERN SICH

2004: Der Durchgangsplatz der Fahrenden

Der nächste Besuch führt uns an einen ganz besonderen „Wohnort", der bis vor kurzem auf keinem Ortsplan ausgewiesen war: Gemeint sind die den Fahrenden seit November 2004 beim Augster Stich in unmittelbarer Nähe zur neuen Autobahn-Rheinbrücke reservierten und umzäunten 4000 m².

Der erste offizielle Standplatz des Kantons Aargau gewährt rund 15 bis 20 Wohnwagen-Einheiten Platz und ist mit Strom- und Kanalisationsanschluss, einer einfachen Wasch- und WC-Anlage sowie einer Abfallmulde ausgerüstet. Erstellt wurde der gebührenpflichtige Platz – pro Tag und pro Wohnwagen zahlen die Fahrenden fünf Franken – vom Kanton, während die Gemeinde für den Unterhalt zuständig ist. Mit der Eröffnung des offiziellen Durchgangsplatzes ist die Jahrzehnte dauernde Aera der längs der Landstrasse in Richtung Rheinfelden wild campierenden Fahrenden zu Ende gegangen. Sie hatte in der Vergangenheit der Gemeinde, die sich von den kantonalen Behörden im Stich gelassen fühlte, sowie zahlreichen Dorfbewohnern immer wieder viel Ärger bereitet, da während Jahren *„Wiesen und Äcker durch Fahrzeug-Kolonnen ungefragt in Beschlag genommen, Landwirtschaftsland geschädigt und Naturschutzbiotope sowie Waldwege in Fäkaliengruben verwandelt wurden."* [22]

Der Durchgangsplatz. (Foto Fritz Kammermann)

Die Betroffenen zeigten sich über das Angebot erfreut und nahmen den neuen Standplatz bereits vor seiner offiziellen Eröffnung in Beschlag. *„Ich finde es gut, dass es einen solchen Platz gibt. Er kostet zwar etwas, dafür hat man Ruhe,"* kommentierte eine ältere Roma aus Marseille. Die Existenz des Kaiseraugster Standplatzes wurde von den Fahrenden über das Handy in Windeseile in ganz Europa kommuniziert. Der Standplatz setzt eine lange Tradition würdig und zeitgemäss fort, denn Kaiseraugst war schon im 19. Jahrhundert Zielort der Fahrenden gewesen. Der Flurname Chesslergraben beschreibt in erster Linie keine topografische Situation, sondern erinnert an die Tatsache, dass dieses abgelegene Gebiet einst Aufenthaltsort von Schirm- und Kesselflickern gewesen ist.

ZWEI DÖRFER VERÄNDERN SICH

[1] Martin Max: Römermuseum und Römerhaus Augst, Augst 1981. S. 14f.

[2] Basler Zeitung, 18. Mai 2001, S. 13.

[3] Heyer Hans-Rudolf: Die Kunstdenkmäler des Kantons Basellandschaft, Basel 1974, Band II. S. 37f.

[4] Bilder aus dem Leben eines Heims. 125 Jahre Rettungsanstalt Augst, Schulheim Schillingsrain 1853 – 1978, Liestal 1978, S. 15f.

[5] Leuenberger Martin: Die Armut, in: Nah dran, weit weg. Geschichte des Kantons Basel-Landschaft, Liestal 2001, S. 124.

[6] Grieder Fritz: Martin Birmann 1828 – 1890, Liestal 1991, S. 112.

[7] Ebda.

[8] Tanner C.: Rettungsanstalt Augst – Knaben-Erziehungsheim Schillingsrain 1854 – 1952, Liestal 1953. S. 12f.

[9] Augster Chronik 1908.

[10] Stingelin Fritz, in: „Ein alter Mann erinnert sich", Augster Anekdoten, Augst 1985. S. 39.

[11] Heyer S. 41.

[12] Bender Helmut: Kaiseraugst – Im Liner 1964/1968: Wasserleitung und Kellergebäude, Augst 1987. S. 11.

[13] Geleitwort zum Kurzinventar der Kulturdenkmäler.

[14] Kurzinventar, Inv. Nr. 913.

[15] Kurzinventar, Inv. Nr. 917.

[16] Kurzinventar, Inv. Nr. 914.

[17] Kurzinventar, Inv. Nr. 915.

[18] Kurzinventar, Inv. Nr. 907.

[19] Kurzinventar, Inv. Nr. 911.

[20] Kurzinventar, Inv. Nr. 912.

[21] Fricktaler Zeitung 1981.

[22] Basler Zeitung, 12. August 2003.

[23] Die folgenden Zitate aus der Geschichte von Magden, Magden 2004. S. 96f.

[24] Opferkuch Dieter: Der Einfluss einer Binnengrenze auf die Kulturlandschaft, Basel 1977. S. 145ff.

ZWEI DÖRFER VERÄNDERN SICH

Öffentliche Gebäude und Anlagen – eine Auswahl

In Augst
Das Bild der alten Siedlung

Der Siedlungskern von Augst liegt auf einer von der Ergolz umflossenen felsigen Halbinsel unterhalb der Römerstadt. Hier entwickelte sich am linken Ufer der Ergolz kurz vor deren Mündung in den Rhein das Brücken- und Strassendorf Augst, das sich im 19. Jahrhundert in westlicher Richtung, genannt Aussendorf, und in östlicher Richtung über die Brücke bis zum Violenbach, genannt Vorstadt, entwickelte. Heute wird es von vielen seiner Besucher und Besucherinnen nur gerade über sein römisches Erbe definiert, die besondere Bedeutung, die dem Dorf aber in der frühen Neuzeit bis 1803 als Grenz- und Zollort zwischen dem vorderösterreichischen Fricktal und der Basler Landschaft zukam, bleibt weitgehend vergessen.

1539: Der Gasthof zum Rössli

An diese ferne Grenzvergangenheit erinnert heute nur noch der markante, zweigeschossige Gasthof zum Rössli. Sowohl der gemalte Baslerstab auf der Ergolzfront des Hauses wie auch das strassenseits eingefügte und von zwei Basilisken gehaltene, kunstvoll gehauene Basler Wappenrelief bezeugen die ehemals städtische Herrschaft. Seit 1539 verpachtete die Stadt den Gasthof zum „Baselstab", den sie gemäss Relief-Inschrift *„von Grund auf"* neu hatte erbauen lassen, mit Tavernen- und Zollrecht an angesehene Basler Bürger. Mit dem Besitzerwechsel von 1804 erhielt der Gasthof seinen auch heute noch gültigen Namen Rössli.

„Der stattliche Gasthof umfasste neben der Zollstätte und dem Wachthaus einen ausgedehnten Landwirtschaftsbetrieb. Die Vernachlässigung des Strassenunterhaltes durch die Stadt Basel führte dazu, dass sich der Verkehr hauptsächlich auf dem rechtsrheinischen Ufer bewegte und die Zolleinnahmen zurückgingen. Dadurch gewann die Gast- und Landwirtschaft immer mehr an Bedeutung, weshalb die erhaltene Gebäudegruppe vorwiegend diese Funktion zum Ausdruck bringt." [1] Das kleine Nebengebäude auf der Nordseite des Gasthofs ist in Fachwerk mit Satteldach konstruiert und war einst Bad- und Waschhaus, während das traufständig zur Strasse stehende, grosse Ökonomiegebäude seit 1926 als Garage und Schopf dient.

Im Laufe seiner fünfhundertjährigen Geschichte hat das Rössli, das zweifellos oberhalb von Basel eines der wichtigsten Gasthäuser an der Rheinstrasse war, zahlreiche Renovationen und Umbauten erlebt. An die Er-

Das Rössli vor der Restaurierung 1928. (Foto aus Augst anno dazumal)

bauungszeit erinnern auf der Ostseite insbesondere die zwei-, drei- und vierteiligen Fensterreihen des Erdgeschosses, während die hohen zweiteiligen Fenster des Obergeschosses aus dem 17. Jahrhundert stammen. Neben dem 1926 von der Giebelseite auf die westliche Traufseite versetzten heutigen Eingang findet sich auf dem Sturz eines vermauerten Eingangs die Inschrift „18WZ05"; sie erinnert an den letzten Lehenswirt Wilhelm Zeller, den Namengeber des neuen Rösslis.

In der Geschichte des Dorfes nahm das Rössli eine zentrale Stellung ein. *"In dem Wirtshaus und ausserhalb geschah selten etwas, was nicht das Dorf berührte. Den Augstern konnte es nicht gleichgültig sein, wen die Basler auf das Lehen setzten, schon weil das Wirtshaus der eigentliche Grundbesitzer in der Gemarkung war und das meiste Vieh hielt, aber auch, weil der Wirt bei besonders langer Pachtdauer einen ziemlichen Einfluss auf das Dorfgeschehen und die Dorfwirtschaft haben konnte ... Die markanteste Gestalt auf dem Augster Lehen war zweifellos Hans Georg Gessler. Er hatte das Lehen vom 8. Juli 1708 bis zu seinem Tode im Jahr 1717 inne. Er war der Nachkomme des Rheinfelder und Basler Bildhauers Veltin (Valentin) Gessler. Sein Lehenszins betrug 530 Pfund. Durch seine Geschäftstüchtigkeit, Gewandtheit in Rede und Schrift erwarb er sich grosses Ansehen unter vielen Geschäftsleuten und im Rate zu Basel und beim Oberamte in Rheinfelden, sogar bei französischen Offizieren. Das Lehenswirtshaus hielt er vorzüglich in Ehren, baute eine neue schöne Gaststube und bewirtschaftete mit Umsicht das viele unterschiedliche Land für sich. In der Grienmatt steht seither der schöne Tempelhof, erbaut von Gesslers Witwe, der berühmten Frau "Gesslerin". Dieser Wirt scheute sich nicht, seiner Lehnherrschaft für seine Reparaturen und Neubauten jeweilen Rechnung zu stellen; er wusste, dass der Rat ihn konsequenterweise zurückweisen musste, aber doch etwas daran zahlte, wohl in Anbetracht, dass dieser Beständer einer der betriebsamsten und erfolgreichsten war."* [2]

An dieser Stelle darf noch angemerkt werden, dass der durch seine Plakatproduktion international bekannt gewordene Grafiker Herbert Leupin seine Jugend im Rössli verbracht hat. Später baute er sich in nächster Nähe ein Einfamilienhaus – es dient heute als Polizeiposten.

Das Rössli vor Abbruch der Mühle (1956) und der alten Brücke (1957). Postkarte. (Aus Augst anno dazumal)

Das basiliskengeschmückte Wappenrelief des Rösslis. (Foto Ursi Schild)

Die Augster Brücke von Westen her gesehen (ca. 1925). Am linken Bildrand die Rössli-Scheune, rechts der Bären mit zwei Futterkrippen. Zwischen Brücke und Bären die alte Mühle, deren Mühlrad vom 'Dych' angetrieben wurde, und jenseits der Brücke der säulengeschmückte Polizeiposten. (Foto aus Augst anno dazumal)

ZWEI DÖRFER VERÄNDERN SICH

1650: Der Bären – 1759: Die Krone – 1850 Restaurant Salmeck

Über dem dominanten Rössli vergisst man allzuoft, dass Augst noch drei andere, ebenfalls sehr alte Wirtshäuser besitzt. Auch sie haben ihre Existenz der Bedeutung des Dorfes als Grenzort mit starkem Durchgangsverkehr zu verdanken. Der breit ausladende und freistehende Bären gegenüber dem Rössli atmet behäbige Ländlichkeit. Während die Krone etwas unscheinbarer in die Häuserzeile längs der Hauptstrasse schräg gegenüber der Anstalt eingebaut ist, dominiert das Restaurant Salmeck den westlichen Dorfeingang.

1811: Wohnhaus – 1858: Schulhaus – 1927: Gemeindeverwaltung – 1972: Gemeindehaus

Häuser verändern ihre Funktion. Das 1811 als Wohnhaus erbaute, später aber immer wieder umgenutzte heutige Gemeindehaus beweist es.[3] Es ist das zierlichste Gebäude von Augst. Der zweigeschossige, hübsche Bau liegt unter einem Satteldach mit Würge und versteckt sich etwas abseits der Dorfstrasse. Auffallend ist insbesondere sein viereckiger Pfostenreiter mit Uhr und Glöcklein.

Postkarte. (Aus Augst anno dazumal)

Ende des 20. Jahrhunderts plante man in Augst einen grosszügigen Umbau des alten Gemeindehauses, doch stiessen die Pläne bei der kantonalen Denkmalpflege auf Ablehnung. Sie wandte sich sowohl gegen das Flachdach, das für den Anbau vorgesehen war, wie auch gegen das grosse Fenster, das anstelle mehrerer kleiner Fenster für Helligkeit gesorgt hätte. 2003 beschloss die Gemeindeversammlung, verärgert über das Veto der Denkmalpflege, das sie als Eingriff in die Gemeindeautonomie empfand, den grosszügigen Ausbauplan fallen zu lassen und dafür eine schrittweise und sanfte Renovation durchzuführen.

1868: Der Friedhof

Zwölf lange Jahre brauchte es, bis die Augster mit ihrer Nachbargemeinde Pratteln, deren Friedhof sie seit altersher benutzten, über die Trennung handelseinig geworden waren. Da Augst 1829 an der Anlegung des alten, heute auch wieder aufgelassenen Friedhofs beteiligt gewesen war – die Augster hatten gefront und Pratteln zur Ausschmückung der Anlage zwei römische Säulen gestiftet – , lehnte die Augster Gemeindeversammlung jede weitergehende finanzielle Forderung des Nachbardorfs ab. Pratteln liess sich jedoch nicht beeindrucken. Ende 1867 teilte sein Gemeinderat kategorisch mit, dass Augst vom kommenden Jahr an sein Recht verwirkt habe, seine Toten auf dem Prattler Gottesacker zu begraben. Unter diesen Umständen schien es Augst geraten, endgültig auf seinen Anteil zu verzichten und einen eigenen Gottesacker anzulegen. Am 20. Februar 1868 beschloss die Prattler Bürgergemein-

144

de, Augst das hiezu nötige Land auf Stundenglas gegen eine Entschädigung von 6 Rappen pro m2 abzugeben, was zu einem Gesamtpreis von 330 Franken führte.

"Bevor das Totenhäuschen unter dem grossen Nussbaum stand, wurden die Toten im Spritzenhäuschen aufgebahrt. Nach dem Bau des Kraftwerks und vor allem während der beiden Weltkriege ländeten zahlreiche Leichen, die auf dem Augster Friedhof ihre letzte Ruhestätte fanden. Unter diesen waren Soldaten und Zivilisten, Verunglückte und solche, die im Rhein den Tod gesucht hatten." [4]

1896 – 1921: Das "Post Bureau"

Wer die von der Hauptstrasse abzweigende, steil nach der Ruine, den Neun Thürmen führende Giebenacherstrasse benutzt, sieht sich an ihrem unteren Ende einem schönen Bauernhaus-Ensemble gegenüber. Das stattlichste Haus der Reihe ist das zweitunterste; es beherbergte ursprünglich einen Spezereiladen, wurde dann aber im Parterre von einer Konsumgenossenschaft übernommen. *"Und nun wirkte da ein Konsumfräulein, deren es damals noch nicht viele gab. Zusammen mit den paar Männern, meistens Fabrikarbeitern, leitete das Emmeli den Laden zur Zufriedenheit, trug jeden Einkauf zahlenmässig und handschriftlich ins Konsumbüchlein ein und sorgte für ständigen Nachschub der Waren von den Lebensmitteln zum Bier – Löwenbräu steht auf einer der Affichen zum Petrol und zum Waschpulver."* [5]

(Foto aus Augst anno dazumal)

Nicht nur der "Consum" sorgte für die Belebung des Oberdorfs, wichtig war, dass auch die Post hier auf lange Zeit ihr Domizil gefunden hat. War sie 1861 bis 1896 im nahen säulengeschmückten Polizeiposten untergebracht, so wechselte sie für die Jahre 1896 bis 1921 in das "Post Bureau" des untersten Hauses der Giebenacherstrasse. Das dritte Postbüro wurde etwa hundert Meter weiter oben gebaut; es diente ein gutes halbes Jahrhundert bis zum 8. Mai 1972, als die Post neben der Gemeindeverwaltung ihre Schalter öffnete.

1977: Das katholische Pfarreiheim "Romana"

"Das 'Romana' liegt zwar auf Prattlerboden, denn die Grenze Pratteln-Augst ist in jenem Gebiet des Dorfes eine ziemlich skurrile Angelegenheit, aber ein bisschen gehört es eben doch zu Augst, denn es steht zu einem grossen Teil auf dem Areal, auf dem vorgängig die alte Kleinkinderschule 'Stiftung Kleinkinderschule Augst' stand, die anfänglich vor allem für die Augster Arbeiterkinder gedacht war. Damals gab es das heutige Längiquartier noch nicht, vielmehr dehnten sich dort weite Wiesen und Felder aus." [6]

Die Kapelle des Pfarreiheimes "Romana" steht seit kurzem im Wintersemester in echtem ökumenischem Geist auch der Evangelisch-reformierten Kirchgemeinde alle zwei Wochen für den Sonntagsgottesdienst zur Verfügung.

ZWEI DÖRFER VERÄNDERN SICH

In Kaiseraugst
Die „Heidemur"

„Eine Römermauer umschliesst den Ort wie eine Klammer; die Nordseite sichert der Rhein ... Aus dem Dorf führen zwei steile Gassen und ein paar Fusssteige zum Rheine hinab."

So umschrieb 1844 ein Standardwerk des Kantons Aargau, das historische, geographische und statistische „Hand- und Hausbuch für Kantonsbürger und Reisende" prägnant das einmalige Ortsbild von Kaiseraugst. Einmalig? Tatsächlich, wo gibt es ausser eben in Kaiseraugst ein Dorf, dessen Grenzen ursprünglich von einer Mauer bestimmt worden sind, die nicht im christlichen Mittelalter sondern – weiter zurückreichend – im ersten Viertel des 4. Jahrhunderts entstanden ist? Sie schützte, nachdem das mehr zivile Augusta Raurica auf der linken Seite des Violenbachs an Bedeutung verloren hatte, die „Rückzugsfestung" am Rhein. Beim Bau der neuen Wehranlage verwendete

(Foto Ursi Schild)

man Steine des heutigen Augster Römertheaters, später nutzte man wiederum das alte Gemäuer als Steinbruch.

In den neunziger Jahren des 20. Jahrhunderts kam es in mehreren Etappen zu einer umfassenden Renovation der vom Verfall bedrohten Mauer, die auch einen praktischen Wert hat, indem sie als Spielwiesenzaun des gegenüberliegenden Schulhauses und stellenweise als Gartenmauer genutzt wird: Über ihre „römische" Bedeutung hinaus verdient die „Heidemur" aber als sichtbares Zeichen der römisch-alemannischen Kontinuität unsere Beachtung.

Der Dorfkern

Im Jahr 2000 erhielt Kaiseraugst im Inventar der schützenswerten Ortsbilder der Schweiz (ISOS) das Prädikat „Ortsbild von nationaler Bedeutung". Wir folgen den Überlegungen der Fachleute.[7]

Im Hochmittelalter gruppierte sich Kaiseraugst um die alte Dorfkirche. Damals dürfte auch die Ostmauer des ehemaligen Kastells samt ihrem römischen Tor abgebrochen worden sein; das Steinmaterial fand in Basel Verwendung. Heute haben das Gasthaus Sonne und das im Volksmund „Kaserne" genannte Gebäude die Stelle des alten Osttors eingenommen. Im Westen der Kastellmauer strahlte die Siedlung über den Kastellgrundriss hinaus; verschiedene mittelalterliche Grubenhäuser belegen diese Entwicklung. Wie sehr aber die antike Kastellmauer noch immer das heutige Wegnetz bestimmt, beweist der den sichtbaren Kastellmauern entlang führende Heidemurweg.

„Aber auch die früh- bis mittelkaiserliche Achse an den Rhein ist im Ort erkennbar; einerseits als heutige Kastellstrasse, die beim ehemaligen Kastellsüdtor leicht nach NW abbiegt, anderseits als (Mittlere) Tränkgasse, die

ZWEI DÖRFER VERÄNDERN SICH

zur heutigen Kursschiffanlegestelle führt ...*Vom Restaurant „Sonne" sticht der Fähriweg (Obere Tränkgasse) hinunter zur Anlegestelle der Fähre und zeichnet den östlichen Kastellgraben nach."* [8]

Der Ausbau der alten Kastell-West-Ost-Achse zur heutigen Dorfstrasse mit ihren geschlossenen, zum Teil leicht versetzten traufständigen Häuserreihen, die dem Dorf sein charakteristisches Aussehen geben, erfolgte in der frühen Neuzeit. Gesprengt wurde das vom ehemaligen Kastell bestimmte Siedlungsbild erst nach dem Zweiten Weltkrieg, als nach und nach eine *„mehrheitlich überbaute Umgebung"* entstand. Noch 1921 erfahren wir aus einer Verfügung des Bezirksamtmanns, dass einem Deutschen die Niederlassung verweigert wurde, weil offensichtlich zu wenig gebaut wurde und darum Wohnraum fehlte: *„in Kaiseraugst herrscht grosse Wohnungsnot. Bereits mussten Ortsbürger auswärts verziehen."*

(Foto Ursi Schild)

Die Dorfstrasse

Dem Umstand, dass in Kaiseraugst lange nur wenig gebaut wurde, ist es also zu danken, dass heute das Dorf einen geschlossenen alten Kern besitzt. Wer als Benützer der Autobahn A2 eilends über Aargauer, mithin Kaiseraugster Boden Basel oder Zürich zustrebt, wird wohl kaum vermuten, dass sich in nur wenigen hundert Metern Distanz zur monumental aus der Ebene aufsteigenden Liebrüti-Überbauung entlang einer eigentlichen Dorfstrasse ein Bauernhaus an das andere reiht. Freilich – Bauern gibt es in diesem Geviert schon längst nicht mehr.

ZWEI DÖRFER VERÄNDERN SICH

Dass die Kaiseraugster Dorfstrasse *"in der kantonalen Skala der schützenswerten Dörfer ... an vorderster Front steht"*,[9] ist aber nicht einfach Zufall, sondern das Verdienst einer weitsichtigen Planung, in die sich sowohl Ortsbürger- wie auch Einwohnergemeinde teilten. Sie nahm ihren Anfang mit dem Kauf einiger teilweise abbruchreifen, zwischen Dorfstrasse und Rhein gelegenen Liegenschaften nördlich von Turnhalle und Schulhaus. Früh wurde dabei erkannt, dass das harmonische Bild der Dorfstrasse gegen Westen hin durch ein dominierendes, aber den bestehenden Gebäudeformen im Dorfkern angepasstes Gemeindehaus abzuschliessen wäre. Von 1975 an nahm sich dann eine Arbeitsgruppe insbesondere der Dorfkerngestaltung an. Da die Dorfstrasse zeitweise von parkierten Autos komplett verstellt war, setzte sich diese Arbeitsgruppe vor allem für deren Fussgängerfreundlichkeit ein und erinnerte an die Zeit um 1950, als es im Dorf selbst nur noch wenige Bauernbetriebe gab. Trotz einigen die Strasse prägenden Miststöcken, Jauchewagen und anderen landwirtschaftlichen Gefährten genossen die Fussgänger damals eine grosse Bewegungsfreiheit. Ganz anders 1975 – jetzt galt es, das Hauptaugenmerk auf den von Jahr zu Jahr zunehmenden Autoverkehr zu richten. In diesem Sinn wurde auf das traditionelle Trottoir verzichtet, da es wahrscheinlich doch viele Automobilisten dazu verleitet hätte, mit mehr als den tolerierten 50 km/h durch das Dorf zu fahren. Links und rechts der 6 m breiten Strasse markieren heute Schalensteine die Abgrenzung der Fussgänger-Wege zur Fahrbahn. Auch der Beleuchtung der Strasse und der Gestaltung der Vorplätze nahm sich die Arbeitsgruppe an – mit Erfolg: Beschaulichkeit und Gemütlichkeit kennzeichnen heute die sich durch den Dorfkern schlängelnde und für den Durchgangsverkehr unattraktiv gewordene Strasse.

Die christkatholische Dorfkirche

Kaiseraugst steht im Schatten von Augusta Raurica; Besucher sind hier seltener als rund um das Römermuseum, und doch verdient die frühe Geschichte des Dorfes eine eingehende Würdigung. Sie lässt sich nicht nur anhand der trotzigen Kastellmauer augenfällig nachzeichnen, sondern vor allem im Blick auf das frühchristliche Baptisterium und die alte Dorfkirche, die in reizvoller Lage über dem Rhein thront. Wenn es in der weiteren Umgebung der Regio Basiliensis die Kontinuität von spätrömischer und frühmittelalterlicher Zeit zu erleben gilt, in Kaiseraugst lässt sie sich am eindrücklichsten belegen. Und so beschreibt der von der Gesellschaft für Schweizerische Kunstgeschichte herausgegebene Kunstführer das frühchristliche Baptisterium samt Bad aus dem frühen 5. oder 6. Jahrhundert:

"Die architekturgeschichtlich hochbedeutende Anlage zwischen Kirche und rheinseitiger Kastellmauer barg einen zentralen, heizbaren Hauptraum, der ursprünglich eine Badewanne enthielt. Daran schloss sich westseits der Auskleideraum, nordseits der Vorwärmeraum und südlich das Baptisterium mit einem gemauerten Wasserbecken. Durch einen schmalen Gang war der Taufraum mit dem nördlichen Annex (= Anbau) der frühchristlichen Bischofskirche verbunden. Dieser erste Sakralbau der Region Basel ist um 400 oder im frühen 5. Jahrhundert über den Resten eines römischen Profangebäudes errichtet worden. Die stattliche Saalkirche, zirka 2 Meter breiter als die heutige Anlage ... musste im 10./11. Jahrhundert einem frühmittelalterlichen Neubau

Der hl. Fridolin der christkatholischen Kirche in einer Totentanz-Szene. (Fotos auf beiden Seiten Ursi Schild)

Blick in den festlichen Chor – Links: Der Muttergottesaltar – Hochaltar in der Mitte mit der Darstellung des hl. Gallus - Rechts: Der Josephsaltar.

weichen, der von gleicher Breiten- und Längenausdehnung wie das jetzige Kirchenschiff war ..."·.¹⁰

Die heutige Kirche wurde nach einer Brandkatastrophe um die Mitte des 15. Jahrhunderts über den Grundmauern des frühmittelalterlichen Längsschiffes erbaut. Älter als diese spätgotische Anlage ist lediglich der behäbige, heute mit einem Storchennest gekrönte sogenannte Käsbissenturm, der ins späte 13. Jahrhundert zurückweist und merkwürdigerweise nicht im Besitz der christkatholischen Gemeinde ist sondern der Einwohnergemeinde gehört.

Im Jahr 752 wurde die Kaiseraugster Kirche Eigentum des Klosters St. Gallen. Als Schenker trat der Alemanne Dudar auf.

„Dudars Name erscheint in keiner weiteren Urkunde, so dass wir nicht erfahren können, wo er zu Hause war und woher der Familienreichtum rührte. Dass es ihm mit seiner Schenkung ernst war, leuchtet aus zwei Sätzen hervor: er handelte, den Blick auf Gott gerichtet und auf das ewige Seelenheil bedacht. Sodann bekräftigte er seinen Willen, dass sein Gut ungestört in Besitz und Verwaltung der Kirche zu St. Gallen bleiben solle, durch den Zusatz, wenn jemand, ob er selber oder einer seiner Erben oder eine andere Person, die Schenkung beeinträchtigen sollte, müsse derselbe dem Kloster den angerichteten Schaden doppelt vergüten und überdies dem Staate 2 Pfund Goldes als Strafe geben." ¹¹

Noch heute ist die ehemalige Zugehörigkeit der Dorfkirche zum Kloster St. Gallen sichtbar, denn im Chor hat ein Meister aus dem Umkreis von Konrad Witz (1395 – 1447) um 1460 unter einem elfteiligen Marienzyklus einen siebzehnteiligen Galluszyklus ausgemalt. Die beiden Zyklen sind leider nur

noch bruchstückhaft erhalten, müssen aber von berückender Schönheit gewesen sein: Die ausgewogene, farbige Gestaltung der noch erhaltenen Szenen bezeugt es.

Der Galluszyklus stellt die Vita (= das Leben) des heiligen Gallus dar. Während die Überlieferung über die Kindheit des Heiligen legendär ist, lässt sich historisch belegen, dass er einer der zwölf Gefährten war, mit denen Kolumban um das Jahr 690 aus dem irischen Kloster Bangor aufbrach, um auf dem Festland die Heiden zu bekehren und ein Leben der Busse zu führen.

„Der selige Gallus", so erzählt sein Biograf Walafried, „war ausgestattet mit dem Eifer der Frömmigkeit. Er verbrannte (an dem See, der sich früher in der Gegend von Tuggen an den Zürcher See anschloss) die Heiligtümer, in denen sie (die Alemannen) den Teufeln opferten und versenkte die Ofergaben, die er fand, in den See. Ohne Furcht vor den Tausenden um ihn schritt er zur Bekehrung der Heiden. Die aufgebrachten Alemannen beschlossen, Gallus zu töten, Kolumban aber mit Geisseln schlagen und mit Schande bedeckt aus ihren Grenzen zu verjagen."[12]

Nachdem Gallus im Arboner Pfarrhaus gesund gepflegt worden war und sich von Kolumban getrennt hatte, zog er sich in die Einsamkeit der Berge zurück und gründete das Kloster St. Gallen.

Während die Chorfresken den Besucher der Kaiseraugster Dorfkirche ins ausgehende Mittelalter führen, strömt die weiträumige und helle Saalkirche mit ihrer farbenfrohen Ausstattung barocke Festlichkeit aus. Die drei mehrfarbig marmorierten, ziervergoldeten und blaulüstrierten Altäre wurden zwischen 1736 und 1750 geschaffen; sie sind der Muttergottes und verschiedenen Heiligen – u.a. auch dem Kirchenpatron Gallus – gewidmet. Die Erinnerung an den Kirchenpatron war und ist in Kaiseraugst immer präsent, so begegnet uns in den Akten wiederholt

Die Kaiseraugster Chorfresken [19]
Der Marienzyklus (oberes Register)
1. Wurzel Jesse. – 2. Joachim wird aus dem Tempel verstossen. – 3. Geburt Mariä. – 4. Tempelgang Mariä. – 5. Verkündigung an Maria. – 6. Heimsuchung. – 7. Geburt Christi. – 8. Beschneidung Christi. – 9. Anbetung der Drei Könige. – 10. Krönung Mariä. – 11. Schutzmantelmadonna.

Der Galluszyklus (unteres Register)
12. Der Knabe Gallus wird von seinen Eltern bei Meister Kolumban in die Schule gegeben. – 13. Gallus als Schüler Kolumbans im Kloster Bangor. – 14. Unbestimmt (vielleicht Darstellung Kolumbans und seiner Gefährten, die von König Sigisbert aufgenommen werden). – 15. Unbestimmt (eventuell Galluspredigt in Bregenz). – 16. Der hl. Gallus heilt Herzog Gunzos Tochter Fridiburga. – 17. Unbestimmt (vielleicht Gallus, der mit dem Kreuzzeichen den Berg- und Seedämon wegscheucht). – 18. Kolumban nimmt von Gallus Abschied. – 19. Gallus und Hiltibod verabschieden sich in Arbon von dem Priester Willimar. – 20. Gallus beschliesst am Flüsschen Steinach eine Wohnstatt zu errichten. – 21. Gallus und der Bär. – 22. Tod des hl. Kolumban im Kloster Bobbio. – 23. und 24. Zerstört. – 25. Unbestimmt (höchstwahrscheinlich Tod des Heiligen). – 26. Begräbnis des hl. Gallus.– 27. Hl. Johannes der Evangelist. – 28. Hl. Johannes der Täufer.

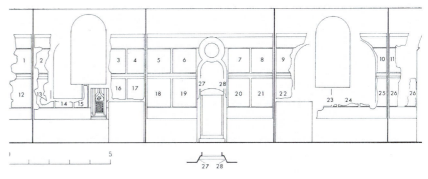

(Fotos Ursi Schild)

ein Gallus Lützelschwab, und auch die römisch-katholische Kirchgemeinde trägt das Attribut seines Namens.

Die alte christkatholische Dorfkirche ist zweifellos das geschichtsträchtigste Gebäude von Kaiseraugst; ihr Studium führt nach einem Einblick in die spätrömische Zeit zu einem Gang durch die Kirchengeschichte mit den Stationen frühes Christentum, Bischofssitz, katholische bzw. christkatholische Dorfkirche und vermittelt unerwartete Einblicke in die europäische Kunstgeschichte. An dieser Stelle muss noch erwähnt werden, dass die in Kaiseraugst weit verbreitete Auffassung, die rechtsseitig in der Kirche angebrachte Kanzel beweise, dass die Kirche ursprünglich Bischofskirche gewesen sei, von der Denkmalpflege und den Kunsthistorikern nicht gestützt wird. Auch in Zurzach, das nie Bischofssitz gewesen ist, gibt es beispielsweise in der St. Verena-Kirche eine rechtsseitig im Längsschiff thronende Kanzel.

1848 wurde die Umgebung der Kirche nachhaltig verändert: Der alte, rings um die Kirche angelegte Friedhof wurde zugunsten der neuen, im Fronwerk auf dem gemeindeeigenen Landkomplex Bireten errichteten Anlage aufgehoben. Noch vor Ende Jahr stellte man in der Mitte des Gottesackers das rote Sandsteinkruzifix auf, das heute noch steht.

1800: Das Gasthaus Adler

Das Bild der alten Kaiseraugster Dorfstrasse wird nicht nur von der Dorfkirche und von Bauernhäusern geprägt, an prominenter Stelle steht im Zentrum des Ortskerns bei der Einmündung der Tränkgasse in die Dorfstrasse das Gasthaus Adler. Es ist mit seinem mächtigen Giebeldach und der nach Süden auf die Dorfstrasse gerichteten Schaufassade nicht zu übersehen und erinnert mit seinem vom habsburgischen Doppeladler dominierten Wirtshausschild im Empirestil an die ferne Zeit, da das Fricktal noch vorderösterreichisches Herrschaftsgebiet war. Der Adler steht genau am Schnittpunkt der an den Rhein führenden frühkaiserzeitlichen Strasse mit der späteren West-Ost-Achse.

Das heutige, spätbarocke Erscheinungsbild des Gasthauses weist mit der kräftig profilierten Gesimsbekrönung des einfachen Hausteinportals auf die Zeit von 1800 zurück. *"Laut Bauernhausforschung ist der dreiachsige Ostflügel des Gebäudes Resultat einer zweiten Bauetappe. An seiner Stelle soll ursprünglich das Zollhaus gestanden haben, in dem die Flösser ihre Abgaben (Flossgelder) zu entrichten hatten."* [13]

> **Wer ist älter, der Adler oder die Sonne?**
>
> *Zwei Briefe, die im aargauischen Staatsarchiv aufbewahrt werden, bringen zusammen mit anderen Dokumenten Licht ins Dunkel. Da beantragt am 5. Januar 1710 bei der Geheimen Kammer in Freiburg ein Georg Schmid, „burger zu Augst," für seinen Sohn Georg Adam eine Taverne führen zu dürfen; es dürfte sich, wie aus anderen Dokumenten hervorgeht, offensichtlich um die spätere Sonne handeln. Schmid begründet die Notwendigkeit von zwei Wirtshäusern mit den „vielen sowohl zu wasser, als lande durchreissenden leuthen." Doch es gibt Einspruch. Am 11. Februar lässt Jörg Schauli, Wirt zu Augst „euer Excellenz undt gnaden" wissen, er habe mit Bestürzung von diesem Gesuch vernommen. Vor zwanzig Jahren habe es im Dörflein Augst überhaupt noch keine Wirtschaft gegeben und es sei daher auch nicht möglich gewesen, „ein(en) ehrlichen man sambt bey sich gehabtem pferd über nacht oder sonsten zu beherbergen." Das habe sich erst dank seiner Initiative, für die er 1690 auch Schulden eingegangen sei, geändert. Schauli zeigt sich überzeugt, dass „zwey würth nit werdten subsistiren khönnen, sondern einer den andteren allenfalls zue grundt richten würdet." Doch seine Bedenken finden kein Gehör, und so kann eben Georg Adam Schmid die Sonne eröffnen.* [20]

Das Gasthaus Adler wurde während Generationen von den Familien Lützelschwab geführt. 1960 endete diese Tradition. Emil Lützelschwab verkaufte das Gasthaus an Josef Herzog-Stampfli. Seit 1840 bis weit ins 20. Jahrhun-

ZWEI DÖRFER VERÄNDERN SICH

dert war das Kaiseraugster Postbüro in einem Nebenraum des Gasthauses im Bereich der Scheune untergebracht; der Adler war darum auch Postkutschen-Station. Der mit dem Gasthaus gekoppelte Landwirtschaftsbetrieb wurde bis 1961 geführt. 1991 wurde die westlich an den Adler anschliessende Stallscheune, die am Tenntorgewände die Jahreszahl 1648 trug, sowie der 1763 datierte Scheunenanbau zugunsten eines Wohn- und Geschäftshauses abgebrochen. Schliesslich bleibt zu erinnern, dass das Hinterhaus des Adlers bis 1912 die Dorfmetzgerei beherbergte.

Ein Prunkstück des Adlers ist der aus grünen Füllkacheln neu aufgesetzte Kastenofen mit Sitzkunst. *„Sein weissgründiger, blau bemalter Zierfries mit Jahreszahl 1803 ist aufgrund der Initialen HIF dem Aargauer Ofenmaler Hans Jakob Fischer (1754 – 1809) zuzuschreiben. Dargestellt sind idyllische Landschaftsprospekte und ländliche Genreszenen."*

1800/20: Das Gasthaus Sonne

Das Gasthaus Sonne prägt mit seinem riegelartigen und über die südliche Häuserzeile hinausragenden Baukörper den Strassenraum am östlichen Ausgang des Dorfes.[14] Sein heutiges Erscheinungsbild weist ins frühe 19. Jahrhundert. Der zweigeschossige Bau aus verputzten Bruchsteinmauern fällt durch schöne und charakteristische spätbarocke Fenster auf, der östlichen Trauffassade ist eine eingefriedete Gartenwirtschaft mit zwei alten Kastanienbäumen vorgelagert. Die Sonne besass wie der Adler ein ehaftes Tavernenrecht (ehe von ehedem = wie schon immer), d. h. es durften hier – und nur hier – Reisende beherbergt und mit warmen Speisen verköstigt werden. Zum Gasthof, dessen ursprüngliches Wirtshausschild verlorengegangen ist und im späten 19. Jahrhundert durch ein elsässisches ersetzt wurde, gehörte früher immer eine Bäckerei und wohl auch ein Landwirtschaftsbetrieb.

(Fotos oben und mitte: Ursi Schild, unten: aus Kaiseraugst – wie's damals war)

1886-1973: Das Milchhüsli

Die Frage, wo das Kaiseraugster Milchhüsli stand – offiziell hiess es Milchhaus – dürfte für Bewohnerinnen und Bewohner neuerer Kaiseraugster Quartiere nicht einfach zu beantworten sein. Dabei war das Milchhüsli noch vor etwas mehr als vierzig Jahren eines der öffentlichen Gebäude, das jedem Kind vertraut war. Heute fristet es mit seiner verwitterten Inschrift an der Dorfstrasse Nr. 46 nur noch ein Aschenbrödeldasein; es legt Zeugnis ab vom Wandel eines Bauerndorfes zur Industrie- und Agglomerationsgemeinde.

„Die Milchgenossenschaft war im Jahr 1886 von damals 48 teils hauptberuflich, grossenteils aber auch nebenberuflich tätigen Bauern gegründet worden, um, wie es in den ersten Statuten heisst: die Milch bestmöglich zu verwerten. Zuvor hatte sich jeder Einzelne um den Absatz der in seinem Betrieb erzeugten Milch selbst kümmern müssen. Nach der Gründung der Milchgenossenschaft wurde die Milch in einer Sammelstelle, eben dem Milchhüsli, angenommen. Hier fand auch während den Milchabnahmezeiten der Ortsverkauf statt. Er blieb für die Dorfbevölkerung nun für lange Zeit die einzige Mög-

lichkeit, Milch zu kaufen, denn den Mitgliedern der Genossenschaft war fortan verboten, Milch auf eigene Rechnung an Private zu verkaufen. Die überschüssige Milch wurde nach Basel geliefert. So wurde das Milchhüsli nun der tägliche Treffpunkt von Produzent und Konsument und ein besonders beliebter Tummelplatz der jungen Generation – dies allerdings nicht immer zur Freude der Anwohner. Damals gehörte eben das Milchkesseli zu den unentbehrlichen Requisiten eines Haushaltes, wie es im Bauernhof die Brente oder Kanne war, mit welchen man den 'weissen Saft' in die Sammelstelle brachte. Das Milchholen war in vielen Familien die Aufgabe der Kinder." [15]

Doch die Tage des Milchhüslis waren gezählt. Von Jahrzehnt zu Jahrzehnt ging die Zahl der Genossenschafter zurück: Waren es 1890 noch 34, so schrumpfte diese Zahl als Folge des grossen Bauernsterbens 1920 auf 21. Im Zeitpunkt der Schliessung des Milchhüslis, am 1. Mai 1973, gab es gerade noch drei milchproduzierende Landwirtschaftsbetriebe, im Dorf selbst noch einen einzigen. Lange zuvor war der Milchverkauf an die ansässigen Lebensmittelläden übergegangen, welche die inzwischen aufgekommene pasteurisierte Milch verkauften und damit den Offenausschank überflüssig machten.

1891/92-1997: Der Gasthof Löwen

Aller guten Dinge sind drei – wenn vom Adler und der Sonne die Rede ist, dann darf natürlich auch das ehemalige Gasthaus Löwen nicht fehlen.[16] Erbaut wurde der Löwen, an den sich die ältere Generation noch lebhaft erinnert, vom Kaiseraugster Maurermeister Adolf Natterer-Waldmeier in spätklassizistischem Stil in den Jahren 1891/92. Der grosszügige Gebäudekomplex *„umfasste das eigentliche Gasthaus mit angebautem Saal längs der Kastellstrasse und – von dieser um Gartenbreite zurückgestaffelt – das südseitige Wohnhaus, das sich in zwei Trakte gliederte. Der dem Gasthaus nächstgelegene beherbergte im Obergeschoss sechs Gästezimmer und im Erdgeschoss befanden sich Pferdestallungen. Der Kopfbau zur Kastellmauer hin diente als Wirtewohnung."*

Gasthaus z. Löwen, Kaiseraugst. Grosser Saal, Gartenwirtschaft, Kegelbahn u Metzgerei. Telefon

(Foto: Kurzinventar der Kulturdenkmäler)

1926 wurde der Saal am Schulhausplatz erweitert und nach Norden mit einem Bühnenanbau versehen. Er bot jetzt bei Konzertbestuhlung bis 160 Personen Platz.

Der Löwen wurde von 1943 bis 1991 von der Familie Schmid bewirtschaftet. Weitherum wegen seiner Fischküche bekannt, galt er als gut-bürgerliche Gaststätte. Darüber hinaus war er gewissermassen kultureller Mittelpunkt des Dorfes. So kommt es nicht von ungefähr, dass der Kaiseraugster Bildband nostalgisch festhält: *„Welche Festfreude hier geherrscht haben mag, etwa nach Theateraufführungen oder an Fasnachtsbällen, kann nur ermessen, wer selber dabei war."* [17]

ZWEI DÖRFER VERÄNDERN SICH

1991 wurde der Löwen von der Gemeinde gekauft. Sie beabsichtigte, auf seinem Areal ein Oberstufenschulhaus mit Saal und Bühne zu bauen. Doch die kantonale Schulplanung nahm einen anderen Weg: Die Regionalisierung der Oberstufe durch ein kantonsweites Projekt machte ein separates Oberstufenschulhaus mit Standort Löwen überflüssig, und so ist das Areal, nachdem 1997 die ehemaligen Gebäulichkeiten des Gasthofs abgerissen worden sind, bis zur Stunde unüberbaut geblieben.

1894/95: Das Restaurant Bahnhof

Selbstverständlich darf das Restaurant Bahnhof, von den Kaiseraugstern liebevoll „Resti" genannt, nicht unerwähnt bleiben. Seit 1894/95, als es vom Salinenverwalter Gustav Frey erbaut wurde, gehört es zum Kaiseraugster Erscheinungsbild.

1900/01: Die römisch-katholische Kirche

Ausserhalb des Kaiseraugster Dorfzentrums, doch nur ein paar wenige Schritte entfernt, sticht der schlanke Kirchturm der 1900/01 erbauten römisch-katholischen Kirche in den Himmel; er prägt die Silhouette des Dorfes.[18] Der Bau war nach der Spaltung während des Kulturkampfes nötig geworden, als die alte Dorfkirche einschliesslich des Pfarrhauses an die christkatholische Gemeinde übergegangen war. Das Gotteshaus wurde nach Plänen des bekannten Kirchenarchitekten August Hardegger, St. Gallen, als neugotische Saalkirche mit eingezogenem, vierseitig schliessendem Chor und steilem Giebeldach errichtet.

(Fotos Ursi Schild)

„An seine südöstliche Chorflanke schliesst ein quadratischer Turm mit hohem Spitzhelm und angegliederter kapellenartiger Sakristei an. Den Chor und das Langhaus rhythmisieren Spitzbogenfenster und Strebepfeiler. Letztere flankieren auch das grosse Rundfenster und das Kirchenportal der Nordfassade. Das in Granit gehauene, mit kräftigen gotisierenden Profilen geschmückte Spitzbogenportal trägt im Bogenfeld die Inschrift 'Sancto Gallo et Othmaro'. Geschützt wird es von einem weit vorkragenden steilgiebeligen Vorzeichen mit Kuppelwalmdach.

Inneres: Das Langhaus ist mit einer Holzdecke eingewölbt, der Chor zeigt ein Kreuzgewölbe ... Bei den Altaraufbauten handelt es sich um sorgfältig geschnitztes, gotisierendes Sprengwerk mit krabbenbesetzten Fialen über Figurennischen mit farbig gefassten, teils vergoldeten Statuen (Muttergottes und Jesus mit Assistenzfiguren). Im Chor Glasma-

ZWEI DÖRFER VERÄNDERN SICH

(Foto Ursi Schild)

lereien im neugotischen Stil mit Darstellung der Titelheiligen Gallus und Othmar; am Gallusfenster die Stifterinschrift GEST. ANNO 1901 V. HOCHW. HERRN JAC. DIET MEYER V. HAEGG / LINGEN PFARRER IN KAISERAUGST VON 1867 – 1878.

Als 1976 eine durchgreifende Innenrenovation im Sinne des 2. Vatikanischen Konzils erfolgte, wurde die ursprüngliche Ausstattung empfindlich reduziert, so gingen beispielsweise Kanzel und Chorschranke verloren."

1966/1967: Das reformierte Kirchgemeindehaus

Kaiseraugst erhielt erstmals 1958 einen reformierten Pfarrer. Nachdem sich die Mitglieder der reformierten Gemeinde während Jahren behelfsmässig mit Räumen im Untergeschoss des ebenfalls 1958 erstellten Pfarrhauses oder mit den harten Bänken des Oberstufen-Schulzimmers begnügen mussten – *„an der Tafel stand oft noch das Diktat vom Vortag oder eine Rechenaufgabe, und als Kanzel diente das Pult"* – konnte 1967 das von Architekt Emil Aeschbach, Aarau, entworfene Kirchgemeindehaus bezogen werden. Dank des neu erstellten Glockenturms mit seinen drei Glocken wuchs es 1988 gewissermassen über sich hinaus und zeigt seither sowohl akustisch wie auch optisch an, dass Kaiseraugst mit den Kirchgemeinden der drei Landeskirchen eine ökumenische Gemeinde ist.

---

[1] Heyer Hans-Rudolf: Die Kunstdenkmäler des Kantons Basel-Landschaft, Basel 1974, Band II, S. 33ff.

[2] Senti Anton, in: Geschichte von Augst und Kaiseraugst, Liestal 1976. S. 100 und 103.

[3] Heyer, S. 39.

[4] Heimatkunde Augst 1984. S. 67.

[5] Keller Hans E. in: Augst anno dazumal, Liestal 1999. S. 15.

[6] Heimatkunde Augst 1984. S. 153.

[7] Müller Urs: Wie antike Strukturen das heutige Ortsbild von Kaiseraugst prägen – Zum europäischen Tag des Denkmals am 1. September 2000, in: Jahresberichte von Augst und Kaiseraugst 22, 2001. S. 125-133.

[8] Ebda. S. 130.

[9] Neue Rheinfelder Zeitung, August 1964.

[10] Felder Peter: Kirche Kaiseraugst in: Schweizerische Kunstführer, hg. von der Gesellschaft für Schweizerische Kunstgeschichte.

[11] Senti Anton, S. 41.

[12] Nach Manns Peter (Hg.): Die Heiligen, Mainz 1982.

[13] Kurzinventar, Nr. 908.

[14] Kurzinventar, Nr. 909.

[15] Neue Rheinfelder Zeitung, 1. Mai 1973.

[16] Kurzinventar, Nr. 910.

[17] Kaiseraugst, wie's damals war, S. 50.

[18] Kurzinventar, Nr. 906.

[19] Aus Felder Peter: Kirche Kaiseraugst, in: Schweizerische Kunstführer, S. 6/7.

[20] Staatsarchiv Aargau, Aarau 6205/12, Tavernenwirtschaft Bewilligung an Georg Adam Schmid 1710.

Akustische Räume

Räume erleben wir Menschen primär über visuelle Merkmale und Gegebenheiten, die klanglichen und akustischen Hörbilder prägen wir uns dagegen weit weniger ein, es sei denn sie stören und beeinträchtigen unser Befinden. So ist uns denn die Tatsache, dass jeder Ort für eine spezifische "akustische Landschaft" steht, nicht immer bewusst. Mit der zunehmenden zivilisatorischen Vernichtung von natürlichen Lebensräumen und der gleichzeitigen Verdichtung des Wohnens ist das Bedürfnis nach Erhaltung natürlicher "Klanglandschaften" gewachsen. Denn eine 1998 durchgeführte Umfrage ergab, dass 64% der Bewohner und Bewohnerinnen der Schweiz sich durch Lärm – vor allem der Bahn- und Strassenverkehr wird als Lärmquelle wahrgenommen – gestört fühlen. Und so ist Lautstärke – sie wird gemäss der Lärmschutzverordnung in Empfindlichkeitsstufen gemessen – zu einem Raumplanungselement geworden.

Die beiden Augster Dörfer sind von all diesen Problemen nicht verschont geblieben. Versuchen wir, ihrer akustischen Problematik an sechs ausgewählten Standorten etwas näher zu kommen – laienhaft, also ohne Lärmmessungs-Instrumentarium und ohne Lärmempfindlichkeitsplan.

Standort 1: Die Augster- und Kaiseraugster Dorfstrasse

Alte Fotos der beiden Dorfstrassen lassen die Vermutung zu, dass ihr öffentlicher Raum bis weit ins 20. Jahrhundert hinein mehr oder weniger geräuscharm gewesen sein muss. Zwar wurde der Dorfbesucher vielleicht am Brunnen, wo gewaschen wurde, Zeuge fraulicher Mitteilsamkeit, vielleicht hörte er auch ächzende Fuhrwerke, Peitschenknallen und das Muhen der zur Tränke geführten Kühe sowie das Kläffen abwehrender Hunde, doch brausende Motoren gab es zu Beginn des 20. Jahrhunderts noch keine, und auch quietschende Bremsen und dröhnende Radiomusik waren unbekannt.

Die Dorfstrasse gegen Osten um 1955. (Foto aus Kaiseraugst – wie's damals war)

Wie es um die Augster Akustik in den zwanziger Jahren des 20. Jahrhunderts stand, erfahren wir authentisch von einem Ohrenzeugen."*Unser Schulhaus, das an der Dorfstrasse stand, war noch in keiner Weise vom Verkehr gestört. Im Sommer, wenn die Fenster offen standen, hörte man das Kling-Klang vom Amboss in der Schmiede, roch den Rauch, wenn das glühende Eisen auf dem Huf angepasst wurde. Der Müller setzte stundenlang Hammerschlag an Hammerschlag, um den Mahlstein wieder aufzurauhen.*" [1]

Und noch eine akustische Augster Idylle aus der Zeit nach dem Ersten Weltkrieg: „*Oft kam es vor, dass wir Kinder an lauen Sommerabenden vor dem Einnachten zusammenstanden und einige Lieder sangen, während uns die El-*

ZWEI DÖRFER VERÄNDERN SICH

tern und Nachbarn von der Feierabendbank aus zuhörten und Beifall spendeten." [2]

In Kaiseraugst gab es bis nach Kriegsende gegen zwanzig Bauernbetriebe – ihre Miststöcke waren unübersehbar, und noch gehörte damals das Aufschlagen der Pferdehufeisen zur ersten morgendlichen Geräuschkulisse. In den fünfziger Jahren des 20. Jahrhunderts wurde es von lautem Traktorengeknatter abgelöst. Mit dem Verschwinden der letzten Bauernbetriebe Mitte der siebziger Jahre ging schliesslich auch dieses Geräusch verloren.

Wie ist es um das Geräuschprofil der beiden Dorfstrassen zu Beginn des dritten Jahrtausends bestellt? Dank der Tatsache, dass die Kantonsstrasse das eigentliche Dorf Kaiseraugst nicht berührt, hat sich der ländliche Wohncharakter des Dorfzentrums ungeschmälert erhalten, nur relativ wenige Autos durchfahren die Strasse, die wider Erwarten um einiges stiller geworden ist. Der Verkehr dient vor allem der Zulieferung der Gaststätten, des Dorfladens und des Altersheims. In Augst ist dagegen die Idylle der Dorfstrasse schon seit längerem verloren gegangen: Die Akustik wird vom intensiven Durchgangsverkehr und der Eisenbahn geprägt, die das Dorf auf Brücke und Damm überqueren. Eine akustische Beruhigung sollte 1979 der Abbruch der alten, fast hundertjährigen eisernen Brücke bringen, die von Gustav Eiffel, dem Erbauer des gleichnamigen Pariser Wahrzeichens, konstruiert worden war. Rund 300 Tonnen Alteisen mussten bei dieser Gelegenheit von der Firma Thommen entsorgt werden. Gewiss – eine Brücke aus Stahlbeton verursacht weit weniger Lärm als eine solche aus Eisen; wenn aber der Neubau mit einer Begradigung der Geleise gekoppelt ist und den durchfahrenden Zügen somit ein höheres Tempo ermöglicht, dann ist der angestrebte Lärm-Reduktionseffekt mindestens teilweise wieder „im Eimer". So geschehen in Augst!

Postkarte: „Partie am Augster See" – Die alte, 1979 abgebrochene Eisenbahnbrücke.

Eine Sonntagsfoto aus dem Jahr 1914. Eine Bootsverleihstelle liess damals den Alltag vergessen. (Aus Augst anno dazumal)

Standort 2: Der Kaiseraugster Abschnitt der Bözbergbahnlinie

Die Bözbergbahn gibt es bekanntlich seit 1875; der Fahrplan verzeichnete damals täglich in jede Richtung vier Personen- und drei Schnellzüge, die jeweils im Bahnhof mit Glockensignal angezeigt wurden. Heute durchfahren nicht weniger als 300 Züge die Strecke – es sind holpernde Güterzüge, bremsenquietschende Personen-, sowie brausende und donnernde Hochleistungszüge. Als die SBB 1976 die Kurvenradien streckten und die Zugsgeschwindigkeit erhöhten, verlangte der Gemeinderat Schutzmassnahmen für die lärmgeplagte Bevölkerung der Wohngebiete nördlich der Bahnlinie sowie für das südliche gemischte Wohn- und Industriequartier. Seit 1987 flankieren nun Lärmschutzwände das Bahnareal; sie haben den Lärm nicht eliminiert aber merklich gemildert.

Standort 3: Das Ufer des Stausees

Auch der im Augster Stausee versteckte Rhein ist nicht mehr, was er einmal war. Vor dem Stau war der Rhein ein richtiger, ein ziehender Fluss; einmal gab er sich leise gurgelnd sehr friedlich, ein andermal, wenn Hochwasser angesagt war, erschreckte er mit dumpfem Grollen und Brausen, tosend und brüllend bewegte er sich dann in schäumendem Wellenspiel vorwärts. Heute ist die Akustikszene des Rheins weitgehend nivelliert und sanftes, beinahe geräuschloses Plätschern an der Tagesordnung, nur selten mischen sich Vogellaute in dieses Klangbild. Im Sommer allerdings, wenn Segel- und Motorboote ausgefahren werden, übertönt Motorengeknatter die Klangidylle.

Standort 4: Die Kaiseraugster Skatinganlage

Wo spielten Kinder, als der motorisierte Verkehr unsere Strassen noch nicht beherrschte? Ohne allzu grosse nachbarliche Lärmbeeinträchtigung eben auf der Strasse, so wie das die Augster Heimatkunde von 1984 zu berichten weiss und wie es auch alte Kaiseraugsterinnen und Kaiseraugster nostalgisch erzählen.

„Tschuepp – ist ein Laufspiel für 6 bis 20 Mitspieler, die das ganze Dorf zum Spielplatz haben. Nach der Einteilung und Auslosung der Spieler geht die eine Partei unter der Führung ihres Anführers auf die Reise, die andere Partei muss 'yluege', bis die abgemachten drei, vier Minuten vorbei sind. Dann rennen sie aus dem 'Ziel' auf die Suche. Wenn sie die Versteckten sehen, rufen sie laut 'Tschuepp' und laufen ins Ziel zurück. Wenn aber einer der vorher Versteckten vor ihnen im Ziel ist, müssen die gleichen nochmals 'yluege'. Sonst müssen sie im zweiten Spiel suchen gehen." [3]

Die Kaiseraugster Skatinganlage. (Foto Beat Zimmermann)

Das ganze Dorf als Spielplatz? Das war einmal. Die Zeiten ändern sich und mit ihnen auch das Freizeitverhalten der Jugendlichen. In den grösser gewordenen Dörfern müssen angesichts der gewachsenen Verkehrsbedürfnisse speziell gesicherte Spielzonen ausgeschieden werden. Dort, und nur dort darf und kann gespielt werden. Auch Kaiseraugst hat sich dieser Entwicklung nicht verschliessen können. Am 17. Juni 1998 war in der Einwohnergemeindeversammlung ein Kredit für eine Skating-Anlage am Junkholzweg traktandiert. In den Erläuterungen führte der Gemeinderat aus:

„Heute wird praktisch überall geskatet, wo es ein Durchkommen gibt: auf Strassen, auf Trottoirs, in Parkanlagen, Einkaufscentren usw.; Geländer, Bänke, Mauern, jedes Hindernis wird zur Herausforderung. Das 'Skaten' wird so an vielen Orten zu einer regelrechten 'Plage' mit der entsprechenden Nervenbelastung für Passanten und Schulabwarte. Es ist jedoch ein sinn- und aussichtsloses Unterfangen, die Skater von einem Ort zum anderen zu verscheuchen."

Darum, so folgerte der Gemeinderat, sei eine Skating-Anlage eine gute Möglichkeit für Jugendliche, sich körperlich zu fordern und auszutoben." *Wer skatet, bekommt das Gefühl, dass er etwas kann, dass er jemand ist. Können führt zu Anerkennung und Beachtung. Selbstbewusstsein ist notwendig für*

ZWEI DÖRFER VERÄNDERN SICH

Stabilität und Abwehr von Verführungen aller Art." Und der Lärm? Er wurde zur Entlastung von Pausenanlagen, Strassen und Trottoirs gewissermassen in eine Lärmexklave verbannt. Die Gemeindeversammlung stimmte dem Vorschlag des Gemeinderates zu, und so konnte die Anlage am provisorischen Standort Junkholzweg am 5. September 1998 den Kaiseraugster Kindern und Jugendlichen sowie sportlichen Erwachsenen übergeben werden. Am 1. Oktober 2005 wurde die Skating-Anlage schliesslich trotz mehr als 100 Einsprachen wegen Lärmimmissionen am definitiven Standort in der Sportplatzzone Liner eingeweiht.

Standort 5: Die Gemeinschaftsschiessanlage Ruschebächli

Da ist noch an ein spezifisch schweizerisches akustisches Element zu erinnern – es findet sich in den Bergen, im Flachland, ja selbst in den Städten und wirkt seit der Mitte des 19. Jahrhunderts bis ins 3. Jahrtausend hinein identitätsbildend. Die Rede ist vom Schiesslärm, der gleich wie die Kirchenglocken in manchen Dörfern am Sonntagmorgen zum normalen Geräuschpegel gehört oder gehörte: Das Schiessen dient gemäss den 1961 erneuerten Statuten der Schützengesellschaft Augst der Erhaltung und Förderung der Schiessfertigkeit im Interesse der Landesverteidigung sowie der Pflege der Kameradschaft und vaterländischen Gesinnung. Jedem Dorf sein Schiessplatz, könnte entsprechend das Motto heissen, doch in Augst und Kaiseraugst kam es anders! Der Autobahnbau wars, welcher die Schiessfreudigkeit diesseits und jenseits des Violenbachs bedrohte. Angesichts der engen territorialen Verhältnisse drängte sich für die beiden Augst sowie für Füllinsdorf und Giebenach eine Gesamtanlage auf, doch was so selbstverständlich tönt, führte zu jahrelangen und zähen Verhandlungen. 1973 konnte endlich die neue Gemeinschaftsschiessanlage Ruschebächli an der Banngrenze Giebenach, Füllinsdorf und Augst südlich der Autobahn eröffnet werden. Es war die erste interkantonale Anlage überhaupt, und vor allem: *„Sie wies bei der Eröffnung die niedrigsten Lärmwerte aller Anlagen auf."* [4] – Der Schiesslärm auf kommunaler Ebene war verstummt.

Die Gemeinschaftsschiessanlage Ruschebächli. (Foto Ursula Singh)

Standort 6: Die Kaiseraugster Agora

Während Augst mit einem römischen Marktplatz, dem Forum, aufwartet, besitzt Kaiseraugst mit der Agora in der Liebrüti einen Versammlungsplatz, so wie er im alten Griechenland den Mittelpunkt einer Stadt ausmachte. Im Unterschied zur römischen Augster Ruine fehlt allerdings dem Liebrüti-Zentrum die geschichtliche Dimension – es ist das Kind einer modernen Überbauung.

Besonders in der Winterszeit ist der gedeckte „rote Platz", wie die Agora auch genannt wird, tagsüber immer belebt. Er ist dann vor allem für noch nicht schulpflichtige Kinder witterungssicherer Spielplatz, ungestört können sie hier ihre Kindervelo-, Trottinett- oder Scooterrunden drehen – der von Kinderausrufen dominierte Geräuschpegel vermag das Plaudern der erwachsenen Agorabesucher, die in der angrenzenden Treffpunkt-Wirtschaft vielleicht einen Kaffee oder ein Glas Bier genehmigen, kaum zu stören.

Auch in kultureller und politischer Hinsicht hat die Agora im Laufe der Zeit eine gewisse Bedeutung erlangt: 1995 fand hier die Feier zur Wahl von Ernst Frey-Burkard zum Präsidenten des Grossen Rates statt und 1997 die Feier zur Wahl von Frau Dr. Mörikofer-Zwez zum Landammann.

Überregional bekannt ist die Agora wegen des regelmässig durchgeführten Liebrüti-Flohmarktes geworden; auch Militärblaskonzerte locken hin und wieder Besucher und Besucherinnen der Umgebung an. Schliesslich kennt man die Agora über Kaiseraugst hinaus als Austragungsort von Tischtennis-Turnieren auf nationaler und internationaler Ebene sowie von Dart-Turnieren.

Die Kaiseraugster Agora. (Foto Werner Schaub)

Am 2. Januar 2001 fand für die ganze Dorfbevölkerung auf der Agora, die zusammen mit der Galerie für mehr als 1000 Personen Platz bietet, die Milleniumsfeier statt und im Februar 2004 war sie Schauplatz der erstmals durchgeführten grossen vorfasnächtlichen „Konfetti-Chilbi". Die Liebrüti-Agora war nicht zufällig gewählt worden, die Veranstalter erhoffen sich mit dieser Wahl „*die Bewohner südlich der Landstrasse vermehrt ins Kaiseraugster Dorfgeschehen zu integrieren.*" [5]

Die Sprache der Glocken

In unserer geräuschintensiven Gegenwart werden Glocken gleich wie Fabrik- und Baumaschinen, Autos oder Flugzeuge oft nur noch negativ – als Lärmquelle – erlebt: Abstimmungen über Einschränkungen des Glockengeläutes bezeugen es. Das war nicht immer so.

Das Augsterglöggli

Das Augster Klangbild wäre unvollständig, würde an dieser Stelle nicht auch an die kleine Glocke erinnert, die seit 1866 im Dachreiter des einstigen Schulhauses und jetzigen Gemeindehauses hängt. Sie wurde von J. J. Schnegg in Basel gegossen.

„*Es dirigierte in früheren Zeiten einen Grossteil des alltäglichen Lebens des kleinen Dorfes.*

Am Morgen kündigte es mit hellem Klang an, wenn die Schule ihren Anfang nahm, und um elf Uhr mahnte das Glöcklein die Hausfrauen daran, sich mit der Zubereitung des Mittagessens zu befassen oder ein Kind mit einer Mahlzeit im 'Säckli' zu diesem oder jenem Angehörigen zu schicken, der auf dem Felde, im Wald oder in der Saline Schweizerhalle werkte.

Um ein Uhr rührte sich das Glöcklein erneut, wenn die Nachmittagsschule begann, und um drei Uhr betätigten sich die Buben der Oberschule am Glockenseil, damit die Glocke meldete, es sei jetzt Zeit zum 'Zobeneh'.

Abends, wenn es still wurde im Dorf, erhob es noch einmal seine Stimme zum sogenannten 'Bätzytlüüte'. Sonntags läutete die Glocke nur einmal, und zwar eine halbe Stunde bevor in Pratteln der Gottesdienst begann." [6]

Das Glockentürmchen des Augster Gemeindehauses. (Foto Ursi Schild)

ZWEI DÖRFER VERÄNDERN SICH

Es meldete sich auch mit gellendem Ton, wie heute noch, wenn irgendwo Feuer ausgebrochen ist. Auch bei Gemeinderatswahlen verkündete die kleine Glocke früher die Wahl eines neuen Mitgliedes der Exekutive. Und wenn jemand im Dorf zur letzten Ruhestätte begleitet wird, klagt das Glöcklein seinen letzten Gruss zum Friedhof hinüber.

Dass es um zwölf Uhr in der Sylvesternacht mit dabei ist, wenn es gilt, das neue Jahr einzuläuten, versteht sich von selbst, und es gibt sich jeweilen die allergrösste Mühe, damit seine zwar nicht unbedingt überaus melodische, aber umso hellere Stimme im tiefen Gesumm und Gebrumm all der Kirchenglocken der umliegenden Ortschaften nicht untergeht." [7]

Auch im dritten Jahrtausend hat sich das Augsterglöggli zu wehren; allerdings nicht mehr gegen das Gesumm und Gebrumm der Kirchenglocken in den umliegenden Ortschaften sondern gegen den nicht enden wollenden Verkehrslärm der nahen Hauptstrasse.

Kaiseraugster Glocken im Dienste der Öffentlichkeit

So wie das Augsterglöggli haben auch in Kaiseraugst die Glocken in öffentlichem Dienst längst ihre Bedeutung eingebüsst. Das gilt vor allem für jene der alten Dorfkirche. Sie läuteten ganz selbstverständlich bis in die ersten Jahrzehnte des 20. Jahrhunderts die Gemeindeversammlungen ein und erinnerten die Bürger, wenn zwischen Gemeinderats-Wahlgängen längere Pausen entstanden, an ihre Pflicht, wieder zur Wahlversammlung zurückzukehren. Auch die Frondienstpflichtigen hörten auf sie: Um zwölf Uhr orientierte ihr Glockenzeichen, dass um halb zwei Uhr die Fronarbeit beginnen würde.

Die Kaiseraugster Weibelglocke. (Foto Giuseppe Esposito)

Längst hat die Weibelglocke – sie wurde bis in die vierziger Jahre des 20. Jahrhunderts als Kommunikationsmittel zwischen Verwaltung und Bürgerschaft eingesetzt – ausgedient. Das Protokoll der Gemeindeversammlungen berichtet, dass sie erstmals 1854 benutzt wurde. Am 16. September orientierte der Gemeinderat die Versammlung, „*dass künftighin Bekanntmachungen in der Gemeinde durch sogenanntes Ausschellen publiciert werden.*" Mit einer Handglocke ausgerüstet – sie wird heute im Archiv zusammen mit alten Gemeindeakten aufbewahrt – rief der Weibel das „Volk" an verschiedenen, genau fixierten Orten zusammen, etwa vor der Sonne oder dem Adler, wenn der Gemeinderat eine wichtige Mitteilung unter die Leute bringen wollte oder wenn wegen einer Notschlachtung billiges Fleisch feil war. Ins Pflichtenheft des Weibels gehörte ferner das Austragen gemeinderätlicher Strafbefehle.

Längst verklungen sind die sogenannten Bahnhofglocken. Sie gehörten seit Mitte des 19. Jahrhunderts bis in die siebziger Jahre des 20. Jahrhunderts ganz selbstverständlich zu jedem Bahnhofinventar. In Kaiseraugst standen sie vor dem bescheidenen Holzbau von 1875, dem ersten, heute aber weitgehend leer stehenden Bahnhofgebäude. Sie hatten die Aufgabe, die Abfahrt eines Zuges in den Nachbarstationen akustisch zu melden. Nach hundertjährigem Einsatz haben sie ausgedient; sie wurden entweder verschrottet oder haben als nostalgische Gartendekoration neue Verwendung gefunden.

ZWEI DÖRFER VERÄNDERN SICH

[1] Aus Reichmuth Werner: Augster Anekdoten und „ Müschterli us em Dorf ", Augst 1985. S. 39.
[2] Ebda.
[3] Heimatkunde Augst 1984, S. 145f.
[4] Heimatkunde Augst 1984, S. 158.
[5] Neue Fricktaler Zeitung, 4. Oktober 2004.
[6] Die Augster Reformierten gehören zur Kirchgemeinde Pratteln-Augst; sie besitzen keine eigene Kirche aber eine 50%-Pfarrstelle, ein Pfarrhaus sowie einen eigenen Friedhof.
[7] Persönliche Erinnerungen von Hans E. Keller, in: Reichmuth Werner: Heimatkunde Augst, Liestal 1984. S. 66.

DIE POLITISCHE GEMEINDE

Die Kaiseraugster Ortsbürgergemeinde

Wie lässt sich erklären, dass es sowohl in Augst wie auch in Kaiseraugst neben der Einwohnergemeinde eine Bürgergemeinde gibt? Wie stehen die beiden Institutionen zueinander? Sind sie gleich alt? Fragen über Fragen. Die Geschichte weiss sie zu beantworten.

Vom Ancien Régime zur Helvetischen Republik

Im Ancien Régime, d. h. in der Zeit vor der Französischen Revolution waren die Bewohner der Dörfer überwiegend alteingesessene Ortsbürger. Nur sie besassen das Stimm- und Wahlrecht und nur sie hatten Anspruch auf den Bürgernutzen. Zugezogene Familien – die sogenannten Einsassen oder Hintersassen – waren in politischer Hinsicht rechtlos. Eine Änderung dieser Verhältnisse brachte erst die Helvetik (1798-1803). Sie trat nach dem Einmarsch der Franzosen an die Stelle der alten Eidgenossenschaft und erneuerte sie im Sinne der Französischen Revolution. Die nach dem französischen Vorbild gestaltete helvetische Verfassung erklärte alle bisherigen Bewohner einer Stadt- oder Landgemeinde – alteingesessene oder neu zugezogene – zu gleichberechtigten Schweizerbürgern. Ohne irgendwelche Auflagen konnten sich Schweizer fortan in jedem beliebigen Ort der Helvetischen Republik niederlassen. Sie genossen die gleichen politischen Rechte wie die Alteingesessenen und waren nach zurückgelegtem zwanzigstem Altersjahr in der Gemeindeversammlung stimmberechtigt. Obwohl der Sonderstatus der Ortsbürger dem Grundsatz der allgemeinen Rechtsgleichheit widersprach, wurde jedoch die Bürgergemeinde beibehalten, so dass den „alten" Bürgern ihr gekauftes, ererbtes oder geschenktes Recht an Gemeinde- oder Armengütern ungeschmälert erhalten blieb. Als Gegenleistung hatten sie dafür wie bis anhin für die Armen zu sorgen.

Einwohner und Ortsbürger im Kanton Aargau

Die Zweiteilung in eine Ortsbürger- und in eine Einwohnergemeinde blieb grundsätzlich auch im 19. Jahrhundert erhalten. Im Kanton Aargau brachte 1841 das Gesetz über die Organisation der Gemeinde und der Gemeinderäte mit einer Vermögensausscheidung eine klare Trennung von Einwohner- und Ortsbürgergemeinde und überband der letzteren das Armenwesen. 1841 war auch das für die Ortsbürgerschaft entscheidende Stichjahr. Das Gesetz definierte: Ortsbürger waren die Mitglieder jener Familien, die 1841 in der Gemeinde ansässig waren – in Kaiseraugst betraf diese Bestimmung die Familien Bolinger, Füchter, Künzli, Lützelschwab, Meyer, Natterer, Schauli und Schmid.

Im Laufe der Zeit wurden der Einwohnergemeinde immer mehr Aufgaben überbunden. Die grosse Wende kam 1936; von diesem Jahr an verloren die Ortsbürgergemeinden alle staatlichen, respektive hoheitlichen Aufgaben, sie wurden zu sogenannten „Besitzergenossenschaften" und zu einer Unterabteilung der Einwohnergemeinde *„mit eigenen Aufgaben und eigener Rechtspersönlichkeit."* [1] Der Souverän hatte mit einem überwältigenden Mehr beschlossen, die bisherige Unterstützungspflicht von der Ortsbürgergemeinde auf die Einwohnergemeinde zu übertragen. *„Diese Massnahme rechtfertigte*

DIE POLITISCHE GEMEINDE

sich von verschiedenen Gesichtspunkten aus. Einerseits ist die Wahlbehörde der Wohngemeinde eher besser in der Lage, Person und Verhältnisse der Bedürftigen zu kennen und zu beurteilen als die meist entfernten Heimatgemeinden. Ferner ist es vom psychologischen Standpunkt aus betrachtet verständlicher, wenn ein Bedürftiger dort seine Unterstützung erhält, wo er in gesunden Tagen seine Steuern bezahlt hat." [2]

Die Abstimmung über das Bürgerrecht vom 29. Oktober 1940 brachte anschliessend die bis heute gültige Zweiteilung des Bürgerrechtes:

„1. Das Gemeindebürgergesetz verleiht dem Bürger das Heimatrecht in der betreffenden Gemeinde. Das Heimatrecht umfasst den Anspruch auf Aufenthalt und auf Unterstützung im Sinne des Armengesetzes.

2. Das Ortsbürgerrecht gewährt dem Berechtigten Anspruch auf Teilnahme an der Verwaltung und Nutzung des Ortsbürgergutes."

Schliesslich legte das Gesetz über die Ortsbürgergemeinden vom 19. Dezember 1979 die Aufgaben der Ortsbürgergemeinde fest: Es markierte einen wichtigen Wendepunkt, brachte es doch den Wegfall des Bürgernutzens und beschränkte den Ausgabenhorizont: „Sofern ihre Mittel, vor allem der Ertrag ihres Vermögens, ausreichen, hat sie das kulturelle Leben der Gemeinde zu fördern und der Einwohnergemeinde auch bezüglich der Erfüllung anderer, insbesondere sozialer Aufgaben zu helfen."

Fazit: Die Einwohnergemeinde Kaiseraugst umfasst die gesamte Einwohnerschaft, wobei die in der Gemeinde wohnhaften Schweizer Stimmberechtigten die Einwohnergemeindeversammlung oder kurz die Gemeindeversammlung bilden: Sie ist befugt, Ausländern und Ausländerinnen das Gemeindebürgerrecht zu erteilen, die Aufnahme von Schweizer Bürgern und Bürgerinnen ins Kaiseraugster Bürgerrecht nimmt dagegen der Gemeinderat vor. Die Verleihung des Ortsbürgerrechtes schliesslich ist Sache der Ortsbürgergemeindeversammlung, wobei nur Ortsbürger oder Ortsbürgerin werden kann, wer das Gemeindebürgerrecht besitzt.

Bürgerkeller (oben), Neuzuzügerempfang auf der Terrasse des Kaiseraugster Bürgerkellers (mitte und unten). (Fotos Ronny Wittenwiler)

Die Ortsbürgerkommission

Die Exekutivgewalt der Ortsbürgergemeinde liegt von Gesetzes wegen beim Gemeinderat. Ihm steht in Kaiseraugst wie in vielen anderen Gemeinden des Kantons eine Ortsbürgerkommission zur Seite. Bis 1993 bestand sie aus fünf Mitgliedern, dann wurde ihre Mitgliederzahl wegen der vielen anstehenden Geschäfte auf sechs angehoben. Gemäss einer langen Tradition werden in Kaiseraugst fünf der sechs Mitglieder der Ortsbürgerkommission aus der Mitte der Ortsbürgergemeindeversammlung gewählt. Das sechste Mitglied der Kommission wird vom Gemeinderat direkt abgeordnet. Die

DIE POLITISCHE GEMEINDE

Versammlungen finden in der Regel eine Woche nach der Einwohnergemeindeversammlung statt: Im Sommer im Gemeindehaus, im Winter im Bürgerkeller.

In Kaiseraugst ist der Anteil der Ortsbürger an der Gesamtbevölkerung in absoluten Zahlen seit 1850 ungefähr gleich geblieben, sehr stark hat sich indessen der relative Anteil gewandelt; die Ortsbürgerschaft ist heute darum eine Minderheit. 1850 kamen auf 405 Einwohner 317 Ortsbürger, am 31. Dezember 2003 zählte man dagegen auf 4'450 Einwohner nur noch 224 Ortsbürger.

Die Finanzen der Ortsbürgergemeinde

Dank der Vermögensausscheidung von 1841 ist die Ortsbürgergemeinde Kaiseraugst die grösste lokale Grundbesitzerin. 1966 besass sie nicht weniger als 81 ha des 469 ha grossen Gemeindebannes. Bis zur Feldregulierung von 1943 lag das Bürgerland im Gebiet Junkholz und Sager, dann wurde es umgeteilt und kam mit 12 ha neu ins Gebiet Gstalten und Im Dokter zwischen SBB-Geleise und Landstrasse zu liegen. Während der Wald heute defizitär ist, verhalfen die erwähnten 12 ha Kulturland der Ortsbürgergemeinde dank der seit 1964 von einem Konsortium vorgenommenen Ausbeutung des auf eine Million m^3 geschätzten Kiesvorkommens in den sechziger Jahren zu grossen Einnahmen. Verbuchte sie für

Die Fähre – seit 1995 im Besitz der Ortsbürgergemeinde Kaiseraugst. (Foto Ronny Wittenwiler)

das Jahr 1962 Einnahmen in der Höhe von Fr. 6'400.-, so betrugen diese nur zwei Jahre später bereits Fr. 170'000.-. Nach dem Abbau des Geländes bis auf die Höhe des Bahntrassees gab die Ortsbürgergemeinde das nun kiesfreie Industrieland stückweise im Baurecht ab – entsprechend stiegen ihre Einnahmen nochmals an. Und so sah das Budget für das Jahr 2000 aus:

„Im kommenden Jahr kann mit einem gesamthaften Eingang an Baurechtszinsen aus dem Industrieland der Rinaustrasse von rund 1,33 Mio. Franken gerechnet werden. Dazu kommen die Baurechtszinsen aus dem Wohngebiet Rinau mit 57'800 Franken. Angesichts dieser Einnahmen resultiert voraussichtlich wiederum ein stattlicher Ertragsüberschuss. Er wird auf Fr. 973'700.- veranschlagt und wird dem Eigenkapital der Ortsbürgergemeinde zugeführt. Dieses beträgt dann 3'675'000 Franken."

Das Wirken der Ortsbürgergemeinde

In welchem Mass die Ortsbürgergemeinde der gesetzlichen Verpflichtung, ihr Einkommen für kulturelle und gemeinnützige Belange einzusetzen, nachgekommen ist und nachkommt, erhellt die folgende, unvollständige Übersicht:

• Mitte der 1960er bis 1970er Jahre: Zur Sicherung der landwirtschaftlich nutzbaren Fläche tätigt die Ortsbürgergemeinde Landkäufe im Gebiet uf em Berg; verschiedene Landwirte, deren Pachtland in der Wohnzone sich immer mehr verkleinert, erhalten zu günstigen Pachtzinsen Ersatzland. Auch gibt

Umschlagbild von „Fischer am Hochrhein"
Ein dank der Ortsbürgergemeinde realisiertes Kaiseraugster Buch.

DIE POLITISCHE GEMEINDE

die Ortsbürgergemeinde der Einwohnergemeinde für den Bau des Reservoirs „Lienertshalde" kostenlos Land im Baurecht ab.

• 1968: Die Ortsbürgergemeinde übernimmt die Gestaltung des Gemeinderatszimmers in der neuen Gemeindeverwaltung.

• 1968: Sie finanziert Alterswohnungen im alten Schulhaus am Rhein.

• 1984: Sie übernimmt den Bühnenanbau in der Dorfturnhalle.

• 1988: Sie überlässt der Einwohnergemeinde in der Rinau das für ein Altersheim notwendige Bauland im unentgeltlichen Baurecht.

• 1989: Sie ermöglicht dank einer Finanzierung aus dem Kulturfonds die Publikation des Erinnerungsbuches „Kaiseraugst wie's damals war".

• 1994: Sie beauftragt Max Baumann mit der Monographie „Fischer am Hochrhein".

• 1995: Sie übernimmt die Fähre.

• 2001: Sie bestreitet die Kosten der Grünabfuhr für mindestens zwei bis drei Jahre.

• 2003: Sie kauft den Violahof, der zu einem Jugend- und Kulturzentrum umgewandelt werden soll.

• 2005: Sie veranlasst und ermöglicht die Publikation der vorliegenden zweiten Kaiseraugster Ortsgeschichte.

Die Waldhütte der Ortsbürgergemeinde Kaiseraugst. (Fotos Giuseppe Esposito)

Die Liste liesse sich verlängern, sie zeugt von einem guten Einvernehmen zwischen Ortsbürger- und Einwohnergemeinde, und so gilt auch heute, was der Ammann 1965 anlässlich eines Interviews aussagte: *„Das Verhältnis zwischen Ortsbürger- und Einwohnergemeinde ist ebenfalls ein gutes. Der Ruf nach Aufhebung der Bürgergemeinde findet bei uns vorläufig kein grosses Echo, und wenn die Bürger auch weiterhin daran denken, dass sie ja auch Einwohner sind und danach handeln wie bis anhin, verlangt niemand nach ihrem Besitz.*

Die Ortsbürger haben es meiner Meinung nach verstanden, dass ihr Reichtum allen zugute kommen soll und haben dies auch durch Taten bewiesen." [3]

Der Bürgernutzen

Mit der Ortsbürgergemeinde ist beinahe untrennbar der Begriff des Bürgernutzens verknüpft, der auf die Allmenden des Mittelalters zurückgeht. Die Allmend, d. h. das gemeinschaftlich genutzte Wald- und Weideland einer Gemeinde, gehörte damals zur Existenzgrundlage der Landwirtschaft.

Der Kaiseraugster Bürgernutzen, der in enger Beziehung zum weiter unten dargestellten Frondienst stand, war zweigeteilt: Er bestand in der Abgabe von 14 a Kulturland und von Gabholz. Die Abgabe von Kulturland wurde nach der Feldregulierung unter Entschädigung der Bürger um 1943 aufgegeben; der Bezug des Bürgerholzes hielt sich rund vierzig Jahre länger. Doch bereits

> **Das Kaiseraugster Gabholz als Einnahmequelle**
>
> *Gabholz liess sich nicht nur verfeuern, es bot, wenn der Gemeinderat sich einverstanden erklärte, durch Weiterverkauf eine willkommene Einnahmequelle – beispielsweise, um für die kranke Ehefrau Medikamente zu beschaffen, um Hausreparaturen vorzunehmen, um geschuldete Zinsen abzuzahlen, und so weiter.*

DIE POLITISCHE GEMEINDE

1937, ein Jahr nach dem Inkrafttreten des neuen Armengesetzes, setzte sich eine Dissertation der Juristischen Fakultät der Universität Bern kritisch mit dem Bürgernutzen im Aargau und seiner Beziehung zum Armenwesen auseinander.

2006: Der Violahof wird zum neuen Kulturzentrum umgebaut. (Foto Giuseppe Esposito)

Über dem Polizeiposten entsteht der neue Jugendraum. (Foto Beat Zimmermann)

„Unser Rechtsleben," hielt die Arbeit fest, „weist noch viele Institutionen auf, deren Ursprünge auf Jahrhunderte zurückgehen und die sich zäh erhalten, obschon sie in die moderne Rechts- und Wirtschaftsordnung nicht mehr recht zu passen scheinen. Sie können aus der heutigen Sicht überhaupt nicht mehr verstanden werden. Die mit dem Bürgernutzen verknüpften privaten Interessen in allen Ehren, aber ihnen darf doch der Gesichtspunkt des allgemeinen öffentlichen Interesses nicht geopfert werden. Der Grundsatz 'Gemeingut geht vor Eigennutz' sollte bei der Regelung der Bürgernutzenfrage deutlicher als bisher zum Ausdruck kommen." [4]

Was angesichts der unsicheren Weltlage vorerst nur theoretisch diskutiert wurde, wandelte sich nach dem Zweiten Weltkrieg – nicht zuletzt wegen der Modernisierung des Heizwesens, welche die Holzfeuerung reduzierte und die Ölheizung brachte – zu einem handfesten Politikum. Am 1. Januar 1981 trat deshalb ein neues Gesetz über die Bürgergemeinden in Kraft, dessen wichtigster Paragraph folgendermassen lautete:

„Aus den Erträgnissen der Ortsbürgergemeinde dürfen keine Geld- oder Naturalabgaben an die Ortsbürger ausgerichtet werden. Kleinere Naturalgaben fallen nicht unter diese Bestimmung."

Aufgrund dieses Nachsatzes, der den Aargauer Ortsbürgerinnen und Ortsbürgern den Verlust ihres Privilegiums etwas versüsste, spendet die Kaiseraugster Ortsbürgermeinde ihren Mitgliedern jeweils im Oktober anlässlich der Waldbereisung und im Dezember nach der Budgetversammlung einen das Zusammengehörigkeitsgefühl stärkenden und nicht allzu knapp bemes-

DIE POLITISCHE GEMEINDE

senen Imbiss. Mit dem Gabholz war es aber endgültig Schluss; im Frühjahr 1980 wurde das letzte abgegeben. Es bestand aus 77 ganzen Gaben zu 3 Ster sowie 22 halben Gaben zu anderthalb Ster, dazu kamen als Ersatz für die aufgegebene Landnutzung bei den vollen Gaben je 35, bei den halben Gaben je 20 Franken. Bezugsberechtigt für die ganzen Gaben waren Ortsbürgerfamilien *„mit eigenem Feuer und Licht"*, während ledige und verwitwete Ortsbürger und Ortsbürgerinnen mit eigenem Haushalt eine halbe Gabe erhielten.

Die Bürgergemeinde Augst

Zu den ältesten Augster Bürgergeschlechtern gehören die Familien Blank (nachgewiesen seit 1808), Olloz (seit 1821), Schaffner (seit 1801), Vögtlin (seit 1804). Um 1930 wurden die Familien Kugler, Moritz, Ruder und Schötzau eingebürgert; die Einbürgerungen erfolgten damals nicht in der Absicht, die Kasse zu füllen, sondern um den neuen Bürgern der zweiten Generation eine Heimat zu geben. Ebenfalls eingebürgert wurden nach dem Zweiten Weltkrieg folgende Familien, die zum Teil bereits in der dritten Generation in Augst ansässig waren: Berger, Grossenbacher, Harisberger, Herzog, Kasper, Mahrer, Trüssel, Tschudin und Zill. Heute zählt Augst bei einer Bevölkerung von 920 Einwohnern 168 in Augst wohnhafte Bürger und Bürgerinnen.

Anders als in Kaiseraugst kennt Augst einen Bürgerrat; er besteht aus drei Mitgliedern und wird vom Bürgerratspräsidenten geleitet. Seine wichtigste Aufgabe besteht in der Verwaltung des Bürgerlandes; es sind 970 Aren Landwirtschaftsland; es befindet sich vor allem im Banne Füllinsdorf und wird zum grössten Teil an Augster Landwirte verpachtet. Wald besitzt die Bürgergemeinde keinen. Im Unterschied zur Nachbargemeinde kennt man in Augst noch den Bürgernutzen. Auf einem Teilstück ihres Grundbesitzes hat nämlich die Gemeinde 1958 eine Kirschbaumplantage eingerichtet. Sie zählt heute 100 Bäume:

„Mit Freude und auch berechtigtem Stolz wird jedes Jahr der Ertrag der Kirschbäume unter den bezugsberechtigten Bürgern verlost. Diese Verlosung findet immer an Ort und Stelle, d. h. direkt in der Kirschbaumanlage statt, und jeder Bürger kann sich sofort vom zu erwartenden Ertrag überzeugen. Da jeweils ein Baum je Bürger und Bürgerin, welche eine eigene Haushaltung führen, gratis abgegeben wird, erfreut sich der Anlass eines grossen Zuspruchs." [5]

Eine Landparzelle im Dorf wurde im Baurecht an die Firma Chemoforma AG abgegeben. Auf einer anderen Parzelle wurde die Gemeinschafts-Schiessanlage „Ruschebächli" der Gemeinden Füllinsdorf, Arisdorf, Giebenach, Augst und Kaiseraugst ebenfalls im Baurecht abgegeben.

[1] Sennhauser Hans Rudolf: „Zurzacher Bürger", in: Geschichte des Fleckens Zurzach, Zurzach 2004, S. 12.

[2] Leber Walther: Die aargauischen Ortsbürgergemeinden im Wandel der Zeit, Zofingen 1988. S. 14.

[3] Neue Rheinfelder Zeitung, 14. August 1965.

[4] Leber Walther, S. 21.

[5] Reichmuth Werner, in: Heimatkunde Augst 1984. S. 79.

DIE POLITISCHE GEMEINDE

Kaiseraugst und seine Verwaltung

Der Gemeinderat

„Die Mitglieder des Gemeinderathes sollen bey ihren Versammlungen, so wie bey allen öffentlichen Feyerlichkeiten in schwarzen Mänteln erscheinen, und in der Kirche ihre besonders angewiesenen Plätze einnehmen. In den Sitzungen können sie mit dem Degen oder in schwarzen Mänteln erscheinen, welches jeder Gemeinde zu bestimmen überlassen ist." [1]

So heisst es im kantonalen Gesetz über die Organisation der Gemeinden vom 25. Juni 1803. Ob aber dieser Tenue-Zwang auch in Kaiseraugst Beachtung gefunden hat, entzieht sich unserer Kenntnis. Dagegen setzt uns das älteste, vom 1. Januar 1822 datierte „Besoldungsregister" detailreich über die damaligen Entschädigungen ins Bild.

Der Ammann bezog eine Jahresbesoldung von Fr. 39.- . Hatte er früher – seit *„altershero"* – Anrecht auf die doppelte Holzgabe, so wurde er jetzt mit nur einer Holzgabe den übrigen Bürgern gleichgestellt, erhielt aber als Entschädigung für die entgangene Holzgabe jährlich 20 Franken. Das Amt befreite ihn überdies vom Frondienst und der Wachtpflicht. Dass Kaiseraugst noch weitgehend von der Landwirtschaft dominiert wurde, spricht aus der Bestimmung, wonach der Ammann anlässlich der Ernte von jedem Bürger zusätzlich entweder eine Korngarbe oder *„in Abgang derselben"* eine andere Fruchtgarbe erhielt. 1848 beschloss die Gemeindeversammlung eine Besoldungserhöhung auf 90 Franken.

Die zwei, dem Ammann sekundierenden Gemeinderäte belasteten die Gemeindekasse mit je 15 Franken.

„Dieses Gemeinderaths Protocoll enthaltet 181 Seiten und wurde im Jahr 1824 errichtet", heisst es eingangs der ersten Kaiseraugster Protokollsammlung für die Jahre 1825 bis 1839. Die Sitzungsfrequenz war von Jahr zu Jahr verschieden. Während in einem „Normaljahr" 8 bis 10 Sitzungen stattfanden, kamen die Gemeindeväter, die sich in die Verwaltung der Gemeidekasse, des Armen- und Kirchen- sowie des Schulfonds teilten, 1828, als es um die Zehntablösung ging, zwanzig Mal zusammen. Die Protokolle bieten einen tiefen Einblick in das soziale Leben des Dorfes. Sie erzählen von Ehestreitigkeiten und von Kleindiebstählen, sie berichten über Verbeiständungen von Witwen und Bevogtungen von Waisen und sie listen die verschiedenen Bewilligungen und Bescheinigungen auf. Immer wieder zeigen sie auch die Rolle auf, die dem Gemeinderat als Busseninstanz bei Streitigkeiten und Gesetzesverstössen zukam. So hatte er alljährlich jene Bürger zu bestrafen, welche unentschuldigt den Gemeindeversammlungen ferngeblieben waren; zwei Drittel des eingezogenen Bussengeldes gingen in den Armenfonds, ein Drittel in den Schulfonds.

Ein ganz besonderer Protokolleintrag datiert vom 5. Oktober 1829. Er berichtet nicht von einer Staatsaffäre, aber von einem Vorfall, der in der kleinen Gemeinde sicher sehr viel zu reden gegeben hat. Der Zwischenfall ereignete sich bei der Probe der neuen Feuerspritze. Da hatte nämlich der als „Feuerspritzenmeister" amtende Gemeinderat Josef Schmid versehentlich den vor seinem Hause stehenden Paul Natterer abgespritzt. Doch Natterer liess die nasse Angelegenheit nicht auf sich beruhen und antwortete mit zwei

---

Das Lob des Kaiseraugster Gemeinderates aus dem Visitationsbericht des Bezirksamtmannes:

1833: *„Hier überhaupt gute Ordnung."*
1843: *„Die Gemeinderäthe verwalten ihr Amt zum grössten Theil mit lobenswerthem Eifer, einige mussten hie und da angespornt werden. Unter die ersteren gehören jene von Kaiseraugst ..."*

DIE POLITISCHE GEMEINDE

Steinwürfen, was ihm eine Vorladung vor den Gemeinderat einbrachte. Mit der durch seine Unterschrift besiegelten Entschuldigung wurde mindestens vordergründig ein Schlussstrich unter die Affäre gezogen.

Entsprechend der landwirtschaftlichen Struktur des Dorfes waren die „Gemeindeväter" bis weit ins 19. Jahrhundert hinein Landwirte; und so dürfte auch für sie das gelten, was Bezirksamtmann Fischinger 1823 ganz allgemein für die Gemeinderäte seines Bezirks feststellte – sie sind „meistens nicht bloss rechtliche (= rechtschaffene. Der Verfasser) sondern auch rechtserfahrene Männer." Im Übrigen hatte der Gemeinderat bei Unklarheiten immer die Möglichkeit, beim Bezirksamt nachzufragen: 1832 gab es für die vierzehn Gemeinden des Bezirks nicht weniger als 564 Anfragen zu beantworten.

1893 stand erstmals die Erweiterung des Gemeinderates von drei auf fünf Mitglieder zur Diskussion – ein Thema, das in der kleinen Gemeinde viel zu reden gab und in der „Volksstimme" Anlass eines mehr oder weniger verbitterten und ironischen Schlagabtausches war:

„Wenn jüngst ein Korrespondent Ihres werthen Blattes eine Personaländerung oder eine Verstärkung des Gemeinderathes anregen zu wollen schien, so halten wir wenigstens diese Anregung für verfrüht. Der gegenwärtige Gemeinderath ist stark genug und vor Allem sorgt ja der Gemeindeamann bestens dafür, dass die Kirche im Dorfe bleibt und dass auch die geringsten Leute, die Lumpen- und Knochensammler, die Korb-, Paraplui- und Kesselflicker und Bajasse ihren Verdienst und ihr Unterkommen finden. Ohne ein solches loyales Vorgehen der Ortspolizei käme ja kein rechtes fremdes Bein ins Dorf. Denn anständige Leute schlagen schon vor den Jauchelachen und Jauchegräben, die das Dorf zieren, noch mehr aber bei der Steuerschraube und anderer Unannehmlichkeiten wegen vor Kaiseraugst das Kreuz und wandern von Baselaugst lieber gerade vorwärts Rheinfelden zu. Und vielleicht ist gerade deshalb dort, wo der Weg ins Dorf von der Landstrasse abzweigt, als Warnungstafel ein Kreuz aufgestellt worden."

Hinter dem Eingesandt, das so leichtfüssig daherzukommen scheint, verbirgt sich ein tiefgreifendes Malaise, dessen Wurzeln in der Spaltung der Kaiseraugster Bevölkerung in drei verschiedene christliche Konfessionen zu

Sorgen des Gemeinderates um die Mitte des 19. Jahrhunderts

Die Holz-Sorgen

Beim Durchgehen der Gemeinderatsprotokolle wird einem bewusst, welch grosse Bedeutung im 19. Jahrhundert dem Brennholz zukam. Holzfrevel war für die Behörde ein Dauerthema. Einmal ging es um das Einsammeln dürren Holzes, ein andermal gar um das Fällen und Wegführen ganzer Bäume. Dem Gemeinderat kam die Pflicht zu, Fehlbare zur Rechenschaft zu ziehen und zu büssen. Im Zeitraum von 1839 bis 1841 waren es acht Sünder.

Die Strassen-Sorgen

Die Strassenpolizei ist keine Erfindung des 20. Jahrhunderts, es gab sie schon 1840. Und entsprechend hatte sich der Gemeinderat öfters mit Anzeigen des Strassenwärters Lützelschwab zu befassen, der darüber zu wachen hatte, dass den Bestimmungen des 1839 erlassenen kantonalen Strassenreglementes nachgelebt wurde. So wie heute die Polizei dafür besorgt ist, dass Lastautos nicht überladen werden, so hatte der Gemeinderat „Gütherfuhrhalter" zu bestrafen, die sich wegen „überspanntem Vorspann" schuldig machten. Vor allem auf der Strecke von Baselaugst bis auf die Ebene von Kaiseraugst oberhalb der Schanz wurde verbotenerweise immer wieder 8-spännig gefahren!

Die Fähre-Sorgen

Selbstverständliche Pflicht des Gemeinderates war es, das Vorrecht der Fähre, Waren und Personen überzusetzen, ungeschmälert zu erhalten. Entsprechend hatte er Bussen wegen unerlaubter Waidlingsfahrten „vom linken zum rechten Rheinufer" und umgekehrt zu sprechen.

Die Sorge mit der Schwarzarbeit

Auch die Schwarzarbeit ist keine Erfindung des 20. beziehungsweise 21. Jahrhunderts. Am 5. August 1840 büsste beispielsweise der Gemeinderat einen Kaiseraugster Bauern, der einen Tagelöhner ohne Hinterlegung des Heimatscheins vier Wochen lang bei sich arbeiten liess.

DIE POLITISCHE GEMEINDE

suchen sind. Bei einem Verhältnis von 200 Römisch-katholischen und 200 Christkatholischen könne man den Protestanten mit ungefähr 100 Einwohnern nur durch eine Erhöhung der Zahl der Gemeinderäte auf fünf gerecht werden, räsonierte man im protestantischen Lager:

„Der Gedanke, dass auch ein Protestant in den Gemeinderat von Kaiseraugst gelangen soll, erweckt bei gewissen Leuten vielleicht einiges Gruseln; allein, da dieselben so gut Steuern zahlen als andere und auch nicht lauter Stroh dort haben, wo andere ihren Verstand, so dürfte auch dieser Gedanke in Erwägung gezogen werden." [2]

Nun, es sollten noch einige Jahre vergehen, bis der Einsender recht bekam; erst am 30. Oktober 1909 rang sich die Einwohnergemeindeversammlung zu diesem Schritt durch und beschloss, den Gemeinderat auf fünf Mitglieder zu erweitern. Inzwischen hat der ökumenische Gedanke längst Fuss gefasst, und Kaiseraugst ist ganz selbstverständlich zu einem Dorf der drei Kirchen geworden.

Die Ortsbürger- und die Einwohnergemeindeversammlungen im 19. Jahrhundert

Ortsbürgerversammlungen dienten im 19. Jahrhundert weit mehr als heute dazu, das genossenschaftliche Zusammmenleben im Dorf zu organisieren. In den Jahren 1835 bis 1845 fand im Durchschnitt jeden Monat eine Versammlung statt. Sie wurde am Vortag um 12 Uhr mittags durch Glockenzeichen angezeigt und in der Regel am Sonntag um halb zwei Uhr unter dem Vorsitz des Gemeindeammanns durchgeführt. Die vom Gemeindeschreiber verfassten Protokolle sind sehr kurz gehalten, es sind Beschlussprotokolle, die nur selten Aufschluss über Diskussionen geben. Selbst das Protokoll der am 25. Oktober 1863 vorzeitig aufgelösten Versammlung gibt sich nicht anders.

„Weil die Versammlung durch Störungen und unreglementarisches Benehmen den Charakter einer Bürgerversammlung verloren hatte, so wurde ohne irgendwelchen Entscheid zu fordern, die Versammlung aufgehoben."

Die Protokolle bieten einen lebendigen Einblick in den Alltag einer kleinen Bauerngemeinde, deren Behörde sich mindestens ein Mal monatlich den Fragen und Anregungen aus dem Kreis der Bürger stellte, umgekehrt aber auch die Gelegenheit wahrnahm, um das „Volk" durch Verlesen der von der Regierung in Aarau oder vom Bezirksamtmann in Rheinfelden ausgehenden Weisungen auf dem Laufenden zu halten. Noch waren Zeitungen als Meinungs- und Kommunikationsträger dünn gesät, umso wichtiger deshalb dieser lebendige Dialog. (Siehe das Kapitel „Was Kaiseraugster Gemeindeversammlungsprotokolle 1844 – 1854 berichten")

Einwohnergemeindeversammlungen waren dagegen in der ersten Jahrhunderthälfte noch viel seltener; sie galten insbesondere Wahlgeschäften. Noch wurde das Dorfgeschehen – entsprechend der kantonalen Gesetzgebung – bis weit über die Mitte des 19. Jahrhunderts von der Ortsbürgergemeinde bestimmt; die Nur-Einwohner hatten umgekehrt einen bescheidenen Einfluss auf die Dorfverwaltung und -entwicklung. In den siebziger Jahren des 19. Jahrhunderts begannen sich dann die Gewichte zu verschieben: 1874 ka-

---

Zur Erinnerung

Nach § 20 des heute nicht mehr geltenden Gesetzes über Wahlen und Abstimmungen vom 6. September 1937 wurden Bürger, die an Wahlen, Abstimmungen oder an der Gemeindeversammlung unentschuldigt nicht teilnahmen, mit Fr. 2.- gebüsst. Am 23. März 1971 wurde diese Bestimmung aufgehoben.

men beispielsweise auf vier Ortsbürger- 11 Einwohnerversammlungen, und ein Jahr später wurden sechs Ortsbürger- und 14 Einwohnerversammlungen durchgeführt. Heute hat sich ein Rhythmus von je 2 Ortsbürger- und Einwohnergemeindeversammlungen etabliert.

Zwei Neuerungen prägen seit 1987 die Einwohnergemeindeversammlung: Angesichts der von Jahrzehnt zu Jahrzehnt komplexer gewordenen Sachgeschäfte werden heute ihre Verhandlungen temporär zur Erleichterung der Protokollführung auf Tonband aufgenommen. Im Sinne einer möglichst bruchlosen Integration des neuen Liebrütiquartiers werden überdies seit diesem Jahr die Einwohnergemeindeversammlungen im Turnus zweimal im Dorf, einmal in der Liebrüti durchgeführt.

Die Gemeindeämter um 1822

Während heute jeder grösseren Gemeinde für die anfallenden Aufgaben ein grösserer Stab fest besoldeter Gemeindeangestellter zur Verfügung steht, lassen sich Gemeinde-Funktionen zu Beginn des 19. Jahrhunderts an einer Hand abzählen.

Das erwähnte erste Besoldungsreglement vom 1. Januar 1822 nennt nach dem Ammannn und den Gemeinderäten an zweiter Stelle den Dorfschaffner; er war zu einer Zeit, als es noch keine Gemeindeverwaltung gab, eine wichtige Persönlichkeit, betreute er doch den Finanzhaushalt des Dorfes. Leider geht aus dem Reglement nicht deutlich hervor, wie er entlöhnt wurde.

An dritter Stelle ist an den Bannwart zu erinnern. Er wurde nicht aus der Gemeindekasse entschädigt, sondern bezog alljährlich sowohl von jedem Bürger als auch von jedem auswärtigen Landbesitzer eine Korn- oder *„in Ermangelung"* eine andere Fruchtgarbe. Zudem kam ihm die unentgeltliche Nutzung des Bürgerlandes im Junkholz im Ausmass einer Jucharte zu.

Die Titelseite des ersten Besoldungsreglementes von 1822. (Fotos Giuseppe Esposito)

Während der Gemeindeschreiber nur gerade mit einer jährlichen Besoldung von 6 Franken rechnen durfte, hatte der Dorfwächter von jedem Bürger eine Entschädigung von 3 Franken, 2 Batzen und von jedem Insassen 8 Batzen zugute.

Besonders ausführlich ist der die Besoldung *„eines jeweiligen Hyrthen"* umschreibende Passus, was die Wichtigkeit dieser Beamtung unterstreicht. Schweine wurden ab 1822 nicht mehr ausgetrieben, dafür Schafe – nicht in den Wald, den es zu schonen galt, sondern nur über das Feld. Dem Hirten kam das Recht zu, an Weihnachten von jedem Bürger, ob Schafhalter oder nicht, ein Quart Korn zu beziehen sowie 3 Batzen für *„jedes Stück Schaf, welches das ganze Jahr zur Herde geht."*

Am althergebrachten Zinstag, an Martini, war auch die Jahresbesoldung des Schulmeisters fällig; sie betrug 70 Franken, wozu noch 37 Franken, 5 Batzen von der Kirche kamen. *„Da aber das Kirchenvermögen anjezo sehr gering und kann die Kirche im Unterhalt sowohl als dem Herrn Pfarrer, Sigrist und Kirchenpfleger nicht ihre Besoldung durch deren Zinsen bestritten werden, so ist auf Befehl des wohllöblichen Bezirksgericht der Betrag der 37 Fr. 5 Bz. im Jahr 1821 das erste mahl der Gemeinde zu bezahlen zugemessen worden."*

An letzter Stelle erwähnt das Reglement die dem Sigrist zukommende Entschädigung. Die Aufzählung macht die grosse Bedeutung dieses Amtes deutlich. Ausser den alljährlich ebenfalls auf Martini vom Kirchenpfleger be-

DIE POLITISCHE GEMEINDE

zogenen 3 Franken und zweieinhalb Batzen hatte der Sigrist Anspruch auf drei Säcke Korn sowie auf zwei Jucharten Ackerland und 1 1/3 Viertels Matten. Auf Pfingsten und auf Weihnachten stand ihm überdies von jedem Bürger ein Laib Brot zu; nicht zuletzt brachte ihm das Aufziehen der Kirchenuhr jährlich von jedem Bürger einen Batzen ein. Hochzeiter hatten ihm anderthalb Batzen zu entrichten, während er bei Begräbnissen siebeneinhalb Batzen bezog.

Wie heute so mussten natürlich auch im 19. Jahrhundert all diese Besoldungen der Teuerung angepasst werden, was entsprechende Kantons- oder Gemeindeversammlungsbeschlüsse voraussetzte. 1827 legten beispielsweise das Sittengericht und das „hochlöbliche Bezirks-Gericht" das Schulmeisterhonorar auf 160 Franken fest und gewährten dem Lehrer als Zins für eine von der Gemeinde bereitzustellende Wohnung 20 Franken. Die diese Besserstellung begleitende Ermahnung, *„dagegen soll ein jeweiliger Schullehrer gehalten seyn, auch nach dem neuen Schulgesetze Schule zu halten"*, war unmissverständlich.

Die Entstehung der modernen Gemeindeverwaltung

Wie die Gemeinde zu Beginn des 20. Jahrhunderts verwaltet wurde, berichtet 1910 das Protokoll über die Wahl der im vierjährigen Turnus gewählten sogenannten Unterbeamten. Die Verwaltung der Gemeinde ruhte damals noch auf vielen Schultern. Die folgende stattliche Zahl von Beamtungen – nur gerade drei befanden sich in einer Hand – macht dies deutlich:

Gemeindeschreiber – Fertigungsaktuar – Schulcassaverwalter – Ortsbürgercassaverwalter – Armencassaverwalter – Gemeindeförster – Viehinspektor – Brunnenmeister – Hebamme – Leichenschauer und Totengräber – Feuerschau – Friedhofordner – Ein- und Ausschalter der öffentlichen Beleuchtung – Civilstandsbeamter – Fleischschauer – Forstkassier – Gemeindewaibel, Ortspolizeidiener – Waldbannwart – Feldhüter – Christkatholischer Fondsverwalter – Römischkatholischer Fondsverwalter – Fremdenkontrolleur – Haftpflichtbeamter – Fabrikaufseher – Arbeiterinnenschutzgesetzaufseher.

Nicht zu den Unterbeamten gehörte der „Maulwurfffänger", der nur im Bedarfsfall gewählt wurde. So schloss die Gemeinde 1916 mit einem Badenser einen auf drei Jahre befristeten Mauser-Vertrag: Es galt, *„die Schär- und Wühlmäuse im hiesigen Bann bestmöglichst einzufangen."*

1950, als Eduard Suter sein Amt als erster vollamtlicher Gemeindeschreiber antrat, wurden die Funktionen Gemeindeschreiber, Gemeindeverwalter, Steuerbeamter, Zivilstandsbeamter, Sektionschef, Urkundsbeamter und Pferdekontrollführer zu einem Vollamt vereinigt. Noch wurden indessen, wie die Liste der 1965 zur Wahl anstehenden Nebenämter zeigt, zahlreiche

Das „Spritzehüsli" auch „Trotte" genannt.

Vor dem Bau der neuen Gemeindeverwaltung prägte ein ebenerdiges, langgestrecktes Satteldach-Haus, das einem Schuppen glich, das nord-westliche Ende der Dorfstrasse. Es war ein gemeindeeigener Vielzweckbau. In seinem Mittelteil beherbergte er die Feuerwehr mit ihren Gerätschaften; ein markanter Dachaufbau diente der Unterbringung der Schläuche. An die Feuerwehrlokalität schlossen sich im Osten ein Magazin für die Sargtragbahre – letztmals wurde sie 1955 benützt – sowie ein Arrestlokal an. Im Westen war die „Trotte" untergebracht, die Mosterei der Milchgenossenschaft. (Foto Gemeindearchiv)

DIE POLITISCHE GEMEINDE

Die alte und die neue Gemeindekanzlei

Seit 1901 war die Kanzlei im Parterre des Dorfschulhauses untergebracht. Dort wickelte sich auf einer Grundfläche von 36 m² die gesamte Verwaltung ab, wie Kanzlei, Einwohner- und Fremdenkontrolle, Steueramt, Zivilstandsamt, Sektionschef, Kasse und Buchhaltung. Im gleichen Raum tagten ferner der Gemeinderat und die Kommissionen, während die Ziviltrauungen im Schulzimmer der Arbeitsschule durchgeführt wurden. Bei seinen alljährlichen Kontrollen wies das Bezirksamt wiederholt auf die prekären Raumverhältnisse hin und forderte Remedur. Auch das Feuerwehrlokal in der alten Trotte konnte den Bedürfnissen der Brandverhütung und -bekämpfung nicht mehr genügen. All diese Defizite führten schliesslich zum Bau einer neuen Gemeindekanzlei mit Feuerwehrmagazin, Kindergarten, Handarbeitsschule und Abwartwohnung. Angesichts der angespannten Finanzlage der Gemeinde übernahmen Hugo Schauli und Pirmin Schmid als private Bauunternehmer ein von Architekt Jäggi aus Wallbach entworfenes Projekt und realisierten dieses als Generalunternehmer mit festem Kostendach. Im November 1968 wurde die Gemeindekanzlei eingeweiht, doch vermochte sie bereits in den achtziger Jahren angesichts der Bevölkerungszunahme und laufend wachsenden Anforderungen an die Verwaltung je länger desto weniger zu genügen. Mehrmalige Um- und Ausbauten waren die Folge, bis schliesslich trotz Ausbau des Dachgeschosses die Kapazitätsgrenze der alten Gemeindekanzlei anfangs der neunziger Jahre erreicht wurde.

Architektur – Büroplanung – Kunst: So lautete das Motto zum Tag der offenen Tür, mit dem die Bevölkerung im Juni 1997 zur Besichtigung der neuen Gemeindeverwaltung eingeladen wurde. Sie war aus einer Verbindung der alten Gemeindekanzlei mit einem neuen Verwaltungsgebäude entwickelt worden. Der alte Verwaltungstrakt war vom Büro Buser + Minder, Basel modernisiert worden; im Osten trat an die Stelle des sogenannten „Jakobli-Bauernhauses" der vom Architektenteam Hirt + Sprenger, Rheinfelden, entworfene Neubau. Ein „gläserner" Erschliessungstrakt verbindet die zwei Baukörper miteinander. Das gediegene Erscheinungsbild der neuen Verwaltung beweist, dass diese Verschmelzung gut gelungen ist: Der als modernes Dienstleistungszentrum verstandene Verwaltungskomplex fügt sich städtebaulich organisch in die Dorfstrasse ein. Er ist so konzipiert, dass er mit den eingebauten Reserve-Räumen auch den steigenden Ansprüchen der Zukunft genügen wird, zudem bietet er Lokalitäten für Kommissionen und Vereine.

Die Kaiseraugster Gemeindeverwaltung im Februar 1994. (Foto Urs Wullschleger)

Teilzeitbeamtungen von Einwohnern übernommen. Unterdessen – wir schreiben das Jahr 2005 – hat sich die Zahl der Nebenbeamtungen sehr markant verringert, sie wurden entweder in die Gemeindeverwaltung und den Werkhof integriert oder aufgehoben. Hier eine Übersicht über die Entwicklung von 1965 bis 2005.

DIE POLITISCHE GEMEINDE

Nebenämter von 1965, die es 2005 noch gibt:
Feuerwehrkommandant, Pilzkontrolleur.

Nebenämter von 1965, die bis 2005 in die Gemeindeverwaltung integriert worden sind:

Betreibungsamt, Brunnenmeister, Fabrikaufseher (heute Industrie- und Gewerbeaufsicht), Gemeindeförster (100%-Stelle), Gemeindepolizist, Hundekontrolle, Schifffahrtspolizei, Schulhausabwarte (mehrere 100%-Stellen, Freizeit-, Schwimmbad- und Campingwart. (100%-Stelle. Die Jahresarbeitszeit wird während der Sommersaison geleistet).

Nebenämter von 1965, die 2005 im Werkhof integriert sind:
Bauamtsarbeiter, Beleuchtungswart, Friedhofordner und Totengräber.

Funktionen, die seit 1965 erloschen sind:
Abdecker, Armenpfleger, Bannwart, Fleischschauer, Gemeindeweibel, Hebamme, Lehrlingskontrolle, Pferdestellung, Viehinspektor.

Auf Eduard Suter, der die Zentralverwaltung einführte, folgte auf Beginn des Jahres 1958 Willy Zinniker als zweiter vollamtlicher Gemeindeschreiber. Lange Zeit stand ihm im Dorfschulhaus als Gemeindekanzlei ein einziges Büro, das überdies als Sitzungszimmer, Traulokal und vieles andere mehr zu dienen hatte, zur Verfügung. Erst mit dem Bezug des neuen Gemeindehauses 1969 erhielt die Verwaltung genügend Platz. Auf Ende Februar 1986 ging W. Zinniker, dem das Verdienst zukommt, die Verwaltung in den stürmischen Entwicklungsjahren des Dorfes effizient ausgebaut zu haben, in Pension. Auf ihn folgte Fritz Kammermann; er gab dem Gemeindezentrum in Entsprechung zu den gewachsenen Anforderungen der heutigen Büro- und Verwaltungstechnik das moderne Gesicht.

„Was Farben aussagen können"

In der Kaiseraugster Gemeindeverwaltung wurde Wert darauf gelegt, die einzelnen Bereiche verschiedenfarbig auszugestalten. Der Besucher darf sich von einer harmonischen, warmen und wohltuenden Farbgebung leiten lassen, die der Gestalter Emil Müller gemäss Harmonielehre konzipiert hat. Die unterschiedlichen Farbtöne sollen einerseits dem Wohlbefinden dienen, andererseits die Funktion der verschiedenen Räumlichkeiten unterstreichen.

„eingangshalle, schalterhalle, treppen, vorplätze	*grau = granit*	*sicherheit – stärke*
einwohnerdienste	*hellblau, grau*	*stabilität – korrektheit*
finanzen, steuern	*grünblau*	*ausgleichend*
soziale dienste	*rosa*	*wohlwollend – kreativität*
gemeindeschreiber, sitzungsräume	*blau*	*konzentration – vertiefend – beständig*
bauwesen, computerraum, vereine	*grau / braun*	*erdverbunden – beharrlich – stille energie".*

Zu Beginn des Jahres 2005 zählt Kaiseraugst 42,5 auf 53 Personen verteilte Vollzeitstellen. Eingeschlossen in diese Zahl sind nicht nur die Mitarbeiter und Mitarbeiterinnen der Gemeindeverwaltung, sondern auch jene der Aussendienste (Abwarte, Werkhof, Förster, Bäder, Jugendbetreuung) sowie der Schulen (Schulleitung, Schulsekretariat).

Wie wenig andere Fricktaler Gemeinden hat sich Kaiseraugst innert 200 Jahren von einem einfachen Bauern- und Fischerdorf zu einer aufstrebenden Agglomerationsgemeinde in unmittelbarer Nachbarschaft zu Basel mit einem

DIE POLITISCHE GEMEINDE

grossen Arbeitsplatzangebot und einer immer noch wachsenden Bevölkerung entwickelt. Behörden und Verwaltung der aargauischen Grenzgemeinde stehen daher von Jahr zu Jahr grossen Herausforderungen gegenüber. Ihnen ist nur mit einer kompetenten und gut ausgebauten Verwaltung zu begegnen – mit Nebenämtern, wie sie im 19. Jahrhundert noch ganz selbstverständlich üblich waren, ist zu Beginn des dritten Jahrtausends nichts mehr auszurichten.

Über der Verwaltung aber steht die Gemeindebehörde, der Gemeinderat. Er ist es, der mit seiner Dynamik und Kompetenz das Gesicht und die Entwicklung einer Gemeinde entscheidend prägt.

Das Fronen

Während sich heute die Pflichten eines Einwohners weitgehend auf die Bezahlung der Steuern reduzieren lassen, wurden früher viele Aufgaben, die allen Gemeindegliedern zugute kamen, von den Einwohnern gemeinsam erledigt. In diesem Sinn war das sogenannte Fronen oder das Gemeindewerk auch in Kaiseraugst bis in die ersten Jahrzehnte des 20. Jahrhunderts noch durchaus gebräuchlich. 1850 bestimmte das Fronreglement, dass jeder ohne Ausnahme nach seiner Steuerkraft zu fronen habe. Als Norm wurde auf eine Schatzung von 1000 Franken ein Tag Fronarbeit angenommen. *„Würde ein Frohnpflichtiger nach einem vorherigen Aufgebote des Weibels, ohne genügende Entschuldigung die bestimmte Dienstzeit versäumen, so wird auf desselben Rechnung ein anderes Individuum bestimmt, unter Entrichtung des höchsten tarifierten Lohnes."* Verspätet eintreffende Fronpflichtige mussten sich einen Abzug gefallen lassen oder wurden einfach nach Hause geschickt.

Fronarbeit galt es beispielsweise für den Unterhalt des Friedhofs zu leisten. 1888 erfahren wir, dass die Einwohnerschaft in drei Gruppen eingeteilt wurde. Wer dabei an keinem der drei bezeichneten Tage der Aufforderung zur Arbeit nachkam, hatte eine Busse von einem Franken zu gewärtigen. Hie und da kam es auch vor, dass Einwohner strafweise auf dem Gottesacker beschäftigt wurden. So befassste sich beispielsweise der Gemeinderat am 1. September 1863 mit dem Fall einer armen Witwe, die ein Gebot der Direktion des Innern missachtend zu wenig Maikäfer abgeliefert hatte. Die ihr zudik-

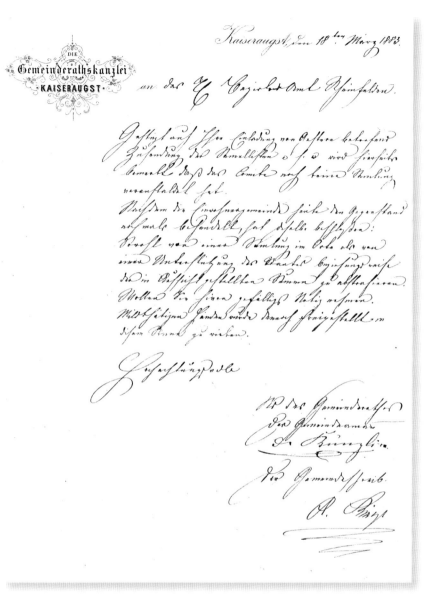

Das Kanzleipapier von 1883 mit dem filigran ausgestalteten Briefkopf und dem ebenso filigranen Schriftzug.

Gemeindeammänner seit 1945:

- 1945: Frey-Baumgartner Ernst
- 1949: Schauli Gustav
- 1953: Büchi Arnold Dr. oec.
- 1962: Stöckli Reinhold
- 1974: Schmid-Tremel Meinrad
- 1994: Heller Max

tierte Strafe von zwei Franken musste wegen allzugrosser Armut in einen halben Tag Arbeit auf dem Friedhof umgewandelt werden.

Auch das Waldreglement des Jahres 1892 berichtet vom Gemeindewerk, doch zeigte sich offenbar schon damals der beginnende Zerfall dieser alten Form der Gemeinschaftsarbeit an, indem die Waldarbeiten nicht mehr in vollem Umfang von den Ortsbürgern durchgeführt wurden, sondern nur *„insoweit ... als die Arbeit nicht die Anstellung hiefür tüchtiger Arbeiter erfordert."*

Das Waldfronen hat sich bis zu Beginn des Zweiten Weltkriegs erhalten; es war in einem gewissen Sinn eine Gegenleistung für den Bürgernutzen und wurde jeweils den fronpflichtigen Ortsbürgern am Vortag um 12 Uhr mit dem Läuten der mittleren Glocke angezeigt.[4] Anfangs September ging es insbesondere den Brombeerranken und dem hochstehenden Adlerfarn zu Leibe; die Männer traten für diese nicht ganz leichte Arbeit mit den sogenannten Brommessern an, rund anderthalb Meter langen, den Macheten in den Tropenwäldern vergleichbaren und mit aufgesetztem halbrundem Messer versehenen Stielen. Im November galt es dagegen zu „plentern". Im damals dreissig- bis vierzigjährigen Wald mussten die dürren und alten Bäume herausgeschlagen werden; die ca. 5 m langen Holzstücke wurden anschliessend von den als Helferinnen wirkenden Frauen an Haufen gelegt. Der Förster hatte eine Stundenkontrolle durchzuführen; am Ende des Jahres präsentierte er die Schlussabrechnung, wobei er die Stunde mit 1 Franken berechnete. Wer überdurchschnittlich gefront hatte, erhielt einen Zusatzbatzen, wer sich zu wenig ausgegeben hatte oder dem Aufgebot überhaupt nicht nachgekommen war, musste nachzahlen. 1940 wurde der Frondienst, wie bereits erwähnt, eingestellt – die Männer standen an der Grenze – und damit ging eine jahrhundertealte Tradition zu Ende. Immerhin gibt es heute wieder den freiwilligen Arbeitseinsatz anlässlich des alljährlichen Naturschutztages – man könnte ihn als moderne Form der Fronarbeit zu Gunsten der Allgemeinheit interpretieren.

Die Augster Verwaltung

Die Einwohnergemeinde

Während die Entwicklung der Kaiseraugster Dorfverwaltung recht ausführlich und exemplarisch dargestellt worden ist, begnügen wir uns für Augst nur mit einigen wenigen Eckdaten und Hinweisen. Zunächst halten wir fest, dass entsprechend den Gepflogenheiten des Kantons Basel-Landschaft das Oberhaupt der Gemeinde den Titel eines Gemeindepräsidenten oder einer Gemeindepräsidentin führt. Seit Kriegsende waren es die folgenden Persönlichkeiten:

    1938: Hänni-Müller Ernst
    1950: Vögtlin-Althaus Traugott
    1961: Berger-Camenisch Hans
    1980: Stutz-Buser Walter, Dr.
    1992: Dillier-Fischl Heinz
    2000: Blank-Sommer Andreas

DIE POLITISCHE GEMEINDE

Gleich wie in Kaiseraugst zählt der Augster Gemeinderat fünf Mitglieder. Auch in Augst wurde die Verwaltung zu Beginn des 20. Jahrhunderts gestrafft; am 3. November 1907 wurde beschlossen, die Beamtungen Waibel, Laternenanzünder, Schulabwart, Totengräber, Schärmäuser und Bannwart auf eine Stelle und Person zu vereinigen, *„um so eine Existenzstelle zu schaffen."* Zu einem vollamtlichen Gemeindeschreiber kam das Dorf allerdings erst 1945. Seither haben sich folgende Gemeindeverwalter abgelöst:

1945: Ramseier-Tschudin Walter
1964: Graber-Dürr Walter
1966: Moosmann-Werly Dieter
2001: Trüssel-Fischer Roland

Vom Auftrag des Augster Wächters und seiner Besoldung um 1870

Um 1870 zählte Augst 45 Häuser mit 81 Haushaltungen. Der Wächter, eine Art Dorfpolizist, amtete auch als Weibel, er ging beispielsweise dann, wenn jemand einen Bauplan vorlegte, weil er die Absicht hatte, ein Haus, eine Scheune oder einen Schopf bauen zu lassen, von Haus zu Haus: „Falls der Gemeinderat nichts gegen das Vorhaben einzuwenden hatte, konnte man den Plan nicht wie heutzutage auf der Gemeindeverwaltung einsehen, sondern der Wächter musste denselben von Haus zu Haus zur Begutachtung tragen; und erfolgte innert drei Wochen keine Einsprache, wurde der Plan zur Genehmigung dem Regierungsrat unterbreitet."

Von Haus zu Haus hatte der Wächter auch seinen Wächterlohn einzuziehen – keine einfache Angelegenheit, da er wiederholt abgewiesen und auf später vertröstet wurde. Erst als man drohte, den Dienst zu quittieren, veränderte sich der Zahlungsmodus, indem nun die Gemeinde für den Lohn aufkam.

Die Augster Gemeindeverwaltung

Impluvium – so nannten die Römer das Regenbassin oder die Zisterne im Atrium ihrer Häuser. Impluvium – das war auch das Kennwort des von Rolf G. Otto, Liestal, gewonnenen Projektes für den Neubau der Augster Gemeindeverwaltung und der Post. 1972 konnte der wohlproportionierte Bau aus Sichtbeton bezogen werden.

"Wer über die breite Freitreppe aus Granit in die Gemeindeverwaltung oder in die Post gelangen will, steht vor dem von Erwin Rehmann aus Laufenburg geschaffenen Brunnen, der aus einem mit unregelmässig genarbter Oberfläche und mit verschieden grossen Löchern versehenen, in rostfarbener Bronze gegossenen Kuppelgebilde besteht, welches das steinerne Brunnenbassin überwölbt, aus dessen Boden das Wasser gleich einer Quelle sprudelt."

(Fotos Giuseppe Esposito)

DIE POLITISCHE GEMEINDE

Aufgaben der Gemeinde im Wandel der Zeit

Das „Pflichtenheft" einer jeden Gemeinde ist unendlich vielfältig und wird angesichts der zunehmenden Komplexität unseres Lebens immer umfassender. Wir machen uns in keiner Weise anheischig, mit diesem Kapitel einen runden Tour d'horizon anzutreten, wir gehen lediglich einigen Grundaufgaben und ihrem Wandel in der Zeit nach – unsere Recherchen betreffen einmal Kaiseraugst, ein andermal Augst, oftmals beide Gemeinden zusammen.

Die Wasserversorgung

Wie anderwärts so war auch in Kaiseraugst die Wasserversorgung bis weit ins 19. Jahrhundert sehr bescheiden: Hauszuleitungen gab es noch nicht. Das Wasser musste von hauseigenen Sodbrunnen oder den drei öffentlichen Brunnen bezogen werden. 1844 beschloss die Gemeinde, dass der hölzerne Trog des mittleren Brunnens durch einen steinernen aus Solothurner Kalk ersetzt werden solle. Offenbar waren aber die Kosten zu hoch, denn kurz nach diesem Beschluss bekamen zwei Zimmerleute den Auftrag, für 18 Franken einen neuen, hölzernen Trog zu erstellen. Erst 1863 musste er einem steinernen weichen. 1885 war ein weiterer Fortschritt zu verzeichnen. Hatte man bisher für Wasserleitungen ausgehölte Föhrenstämme, sogenannte Teuchel, benutzt, so ersetzte man sie jetzt durch Gussröhren. Noch erfolgte das Auswerfen der Gräben, die für die Aufnahme der Abwasserröhren des mittleren Brunnens bestimmt waren, auf dem Fronweg.

In den achtziger Jahren des 19. Jahrhunderts wurde das gute Einvernehmen, das im Allgemeinen zwischen Basel- und Kaiseraugst herrschte, ernstlich gefährdet und gestört. Anlass zu dem die Gemüter beidseits des Violenbachs beschäftigenden Streit gab eine Wasserrechtsfrage. Am 12. März 1887 verkaufte nämlich die Gemeinde Füllinsdorf der Gemeinde Kaiseraugst *„jetzt und für alle Zeiten als Eigenthum"* das Wasser der in ihrem Banne liegenden „Lochackerquelle" um den Preis von 3000 Franken. Der Kaufvertrag enthielt die Bestimmung, dass von diesem Wasser ohne Bewilligung des Gemeinderates von Füllinsdorf kein Tropfen ausserhalb des Kaiseraugster Bannes abgegeben werden dürfe. Gegen diese Bestimmung wandten sich nun die Augster, denn mit der Fassung der Lochackerquelle drohte das Rauschenbächlein zu versiegen, das von ihnen seit jeher zur Wässerung der angrenzenden Wiesen benützt worden war. In ihrer Klage vor dem Bezirksgericht Liestal verlangten sie, dass ihnen das Recht zur alleinigen Benützung der Quelle zum Zwecke der Wässerung zuerkannt und der Gemeinde Kaiseraugst ihre Fassung und Ableitung untersagt werde. Nur nach langwierigen Verhandlungen kam es schliesslich zwischen den beiden Gemeinden zu einem Vergleich: Kaiseraugst erhielt das Recht auf zwei Drittel Wasser, Augst auf einen Drittel, wobei es bei einem Quellerguss von weniger als 50 l pro Minute seinen Anspruch verlor. In die Kosten der Fassung wollten sich die beiden Gemeinden im gleichen Verhältnis teilen, Augst verpflichtete sich überdies, allfällige Ansprüche der Wasserinteressenten abzufinden. Doch der Verwirklichung dieses Vergleichs stellten sich grosse Hindernisse entgegen, indem ein heftiger Streit um den Standort des geplanten gemeinsamen Reservoirs entbrannte. Im Hinblick auf eine möglichst kurze Zuleitung vom Reservoir zum

In der Rôtisserie Raurica ist ein 12 m tiefer Sodbrunnen erhalten geblieben.

Der Brunnen in der Dorfmitte. (Fotos Ursi Schild)

DIE POLITISCHE GEMEINDE

Dorf versuchte nämlich jede Gemeinde den Bau so nahe als möglich durchzuführen, und so brauchte es zur Klärung der Standortfrage nicht nur einen zweiten bezirksgerichtlichen, sondern sogar einen bundesgerichtlichen Entscheid. Wie es in diesen kritischen Tagen um die Stimmung der Kaiser- und Baselaugster stand, belegt ein in der „Volksstimme" erschienener Artikel, der einem Augster Gemeinderatsmitglied folgenden föderalistischen Schmerzensruf zur Last legte:

„Wir hätten nicht viel gegen die Sache, aber das Wasser kommt ja aus dem Kanton hinaus." Mit wenig verhülltem Spott gab der Kaiseraugster zu bedenken: „*Der bekümmerte Mann dachte nicht, dass es gar kein Baselbiet geben könnte, wenn kein Wasser fortfliessen würde. Da hätte man nur ein grosses Baselbietermeer.*"

> **Brunnenunterhalt anno dazumal**
>
> *Im 19. Jahrhundert wurde die Brunnenaufsicht in Kaiseraugst jeweils von der Gemeindeversammlung auf ein Jahr versteigert. 1854 erhielten der Sonnen- und der Adlerwirt den Zuschlag für 6 Franken Pacht. Sie hatten dafür zu sorgen, „dass der Weg zum Brunnen immer für Menschen und Vieh offen bleibt, dass die Seitengräben immer offen gehalten werden, dass die Brunnentröge hie und da gereinigt werden und dass bei Winterzeit, wenn die Wege zu den Rheinbrunnen anfangen glatt und schlüpfrig werden, dieselben mit Sand überstreut werden." Und was machte die Pacht erstrebenswert? Der Dung des zur Tränke geführten Viehs; er kam den „Übernehmern" zugute.*

Ungeachtet des langen Debattierens und des kostspieligen Prozessierens kam es schliesslich 1889 doch noch zum Bau des gemeinsamen Reservoirs. Es enthielt für jede Gemeinde eine Kammer zu 100 m^3 und wurde genau dort errichtet, wo vordem die Kaiseraugster ihr Fasnachtsfeuer abgebrannt hatten – auf der Schanz. In Kaiseraugst wie in Augst führte das nun durchwegs aus gusseisernen Muffenröhren bester Qualität errichtete neue Leitungsnetz zur modernen, uns so selbstverständlichen Hauslieferung des Wassers. Ältere Kaiseraugster und Kaiseraugsterinnen erinnern sich noch lebhaft, wie sie zur Kinderzeit dem leisen Plätschern gelauscht haben, das aus der Tiefe des von hohen Linden bewachsenen, geheimnisvollen Hügels drang. Das Reservoir diente bis 1971.

Auch in Augst begnügte man sich bis 1850 für die Wasserversorgung mit Teucheln. Eine erste Anlage dieser Art bezog das Wasser von einer beim Eingang in die Kiesgrube Frey am Ufer des Violenbachs gelegenen Quelle und speiste, so lange sie nicht verunreinigt war, die beiden Dorfbrunnen beim heutigen Bären und beim alten Landjägerposten. 1858 erwarb sich die Gemeinde Anteil an einer zweiten Leitung, die von der Familie Ehinger zur Versorgung des von ihr erbauten Tempelhofs und des Anstaltsgutes erstellt worden war und bis 1982 funktionierte. Sie führte von der im Banne von Füllinsdorf gelegenen Riedacherquelle der Ergolz entlang ins Dorf, wo die Gemeinde den Schmiedebrunnen anschliessen liess. Um 1860 standen somit ausser zwei privaten drei öffentliche Brunnen in Betrieb. Während sie heute beinahe nur noch dekorative Aufgaben zu erfüllen haben, kam ihnen damals im Gemeindehaushalt eine sehr grosse Bedeutung zu, Wasserstellen innerhalb der Häuser gab es ja ausser einigen Sodbrunnen in der Regel noch nicht; die Dorfbevölkerung sah sich zur Deckung ihres Wasserbedarfs noch weitgehend auf die öffentlichen Brunnenanlagen angewiesen, weshalb denn auch ihrer Pflege immer besondere Aufmerksamkeit geschenkt wurde. Laut Gemeinderatsbeschluss mussten die Tröge des Schmiede-, Schlössli- und Rösslibrunnens sommersüber zweimal und im Winter einmal gereinigt werden. Der von der Gemeindeversammlung mit dieser Arbeit Beauftragte erhielt

DIE POLITISCHE GEMEINDE

als Lohn nicht einen festen Betrag, wohl aber das Recht, das ganze Jahr über den Dünger des zur Tränke geführten Viehs für seinen eigenen Garten wegzuräumen. 1866 wurde erstmals der Ankauf eiserner Röhren beschlossen. Man hoffte damit, die bei Teucheln beinahe unvermeidlichen jährlichen Reparaturarbeiten vermeiden zu können. Die Arbeiten wurden auch in Augst im Frondienst vorgenommen und die Entlöhnung auf ein halbes Mass Wein pro Tag angesetzt. Mit der zusammen mit Kaiseraugst 1889 realisierten neuen und modernen Wasserversorgung hielten auch die ersten zu Feuerlöschzwecken installierten Hydranten Einzug im Dorf, so dass sich Augst als eine der ersten Gemeinden des Kantons mit einer modernen Wasserversorgungsanlage brüsten konnte.

Obwohl man 1889 mit dem Bau des Reservoirs auf der Schanz gehofft hatte, auf lange Sicht zu bauen, zeigte sich schon bald nach der Jahrhundertwende, dass die Anlage den steigenden Bedürfnissen nicht länger zu genügen vermochte. Wegen der kurz nach Erstellung der Anlage einsetzenden regen Bautätigkeit musste das Leitungsnetz nach allen Seiten erweitert werden – auch zum Prattler, an Augst anschliessenden Dorfteil Längi. Besonders in Trockenzeiten war die Ergiebigkeit der Lochackerquelle, deren Wasser übrigens heute nicht mehr als Trinkwasser verwendet werden kann, starken Schwankungen unterworfen. Es gab Zeiten, in denen das Pumpwerk mehrere Stunden am Tag abgestellt werden musste, so dass sich die Gemeinde genötigt sah, Zusatzwasser zu beschaffen. Auf Anregung ihres Präsidenten suchte sie zunächst ihr Glück beim bekannten Wasserschmecker Blapp aus Thürnen. Es galt insbesondere abzuklären, ob im Birch Wasser zu finden wäre. So fahndete also der Wundermann im Beisein der Gemeinderäte nach dem köstlichen Nass. Er bediente sich hiezu eines mit Kirsch gefüllten Fläschleins, das an seiner rechten Hand befestigt war und immer dann lustig zu hüpfen begann, wenn sein Träger eine vermeintliche Wasserader überschritt. Nun, es fand sich immerhin unter den Begleitern einer, der etwas misstrauisch war und das Experiment selbst durchführen wollte. *„Aber siehe da, kaum in meinen Händen, blieb das Fläschchen schlampig hängen, wo es bei Herrn Blapp sich vor Aufregung völlig überschlagen hatte. Ich brachte es nicht einmal in Bewegung."* [1] Der Zweifel in die etwas unsichere Methode scheint nicht unberechtigt gewesen zu sein. 1906 hiess es jedenfalls, es hapere *„trotz Gütterli und Wünschelrute. Erstere werden von den Augstern missachtet, und letztere missachten die Augster."* Als im gleichen Jahr die Stadt Basel mit dem Bau des Kraftwerks begann, sah sich die Gemeinde ausserstande, dem grossen Unternehmen Wasser abzugeben. Unterhandlungen führten dann dazu, dass sich die Stadt als Bauherrin des Kraftwerks verpflichtete, unterhalb des Anstaltgutes ein Grundwasserpumpwerk zu erstellen und auch die Gemeinde zu beliefern. Im

Das Reservoir Uf em Berg. (Fotos Giuseppe Esposito)

182

Sommer 1912 konnte das Werk in Betrieb genommen werden, doch schon zehn Jahre später musste dem geförderten Wasser die Trinkwasserqualität abgesprochen werden. Ende 1922 beschloss daher die Gemeindeversammlung, ein eigenes Pumpwerk mit Hochreservoir zu erstellen. Diesmal sah man von der Mitwirkung eines Wasserschmeckers ab und zog dafür Geologen bei. Oberhalb des Tempelhofes wurden die am Ergolzufer austretenden Quellen nachgegraben, alle zusammen lieferten nicht weniger als 600 Minutenliter. Auch die chemische Qualität des Wassers war befriedigend, so dass sehr bald mit der Fassung der Quellen und der Montage der Pumpen begonnen werden konnte. Auf dem Birch überliess die Bürgergemeinde der Einwohnergemeinde das für den Bau eines Reservoirs erforderliche Grundstück.

Auch Kaiseraugst wurde Nutzniesser der neuen Augster Trinkwasserversorgung. War es rund dreissig Jahre zuvor wegen der Lochackerquelle zu Gerichtsverhandlungen gekommen, die bis zur höchsten schweizerischen Instanz führten, setzten sich nun die Vertreter der beiden Gemeinden friedlich zusammen und arbeiteten 1924 einen Vertrag über gegenseitige Aushilfe mit Trink- und Löschwasser aus.

Mit der Spiegelgrund-Überbauung – sie brachte 48 Wohnungen – begann 1965 für Kaiseraugst eine neue Aera. Da vorauszusehen war, dass bei der prognostizierten Bevölkerungszunahme die bisherige Wasserversorgung nicht ausreichen würde, liess die Gemeinde an ihrer Grenze nahe bei der auf Giebenacher Boden liegenden Fischzucht das Grundwasservorkommen durch Tiefenbohrungen erschliessen und begann 1969 mit der Planung des Reservoirs Uf em Berg. Eröffnet wurde die neue Anlage mit ihren zwei je 750'000 Liter fassenden Kammern im Sommer 1971; bereits 1987 wurde ihr Fassungsvermögen durch die Anlage von zwei weiteren Kammern verdoppelt.

Petroleum-Lampen oder „Petrolfunzeln".

Die Einrichtung der öffentlichen Beleuchtung

Am Beispiel der öffentlichen Beleuchtung lässt sich ein weiterer Entwicklungsschritt der beiden Gemeinden belegen. Uns Menschen des beginnenden dritten Jahrtausends fällt es schwer, sich vorzustellen, dass bis in die Mitte des 19. Jahrhunderts die Strassen und Plätze unserer Dörfer und Städte nicht beleuchtet waren. 1859 waren in Amerika die ersten erfolgreichen Petroleum-Bohrungen vorgenommen worden. Schon kurz danach gelangte das Petroleum auch in Europa in zunehmendem Mass für Beleuchtungszwecke zur Anwendung. Petroleum-Lampen, die sich leicht handhaben liessen – man nannte sie „Petrolfunzeln" – begannen in den Häusern die Kerzen zu ersetzen. Bald fand das Petroleum selbst für die Strassenbeleuchtung Verwendung. Augst liess erstmals 1882 fünf Strassenlampen aufstellen und übertrug ihre Bedienung einem „Besorger und Anzünder". Er versah sein Amt bis 1907, dann aber blieb seine Stelle mangels Bewerber während drei Monaten unbesetzt, und die Augster Strassen waren wieder dunkel. Einem endlich gefundenen Nachfolger wurde indessen wie seinem Vorgänger bald der Verleider gemacht. *„Böse Zungen behaupteten nämlich, jetzt wie früher, das auf Gemeindekosten angeschaff-*

Ein Inserat der „Basellandschaftlichen Zeitung" vom 18. September 1899.

DIE POLITISCHE GEMEINDE

te Petrol werde nicht allein zu öffentlichen Zwecken verwendet." Als eines Abends zwei Knaben die Laternen besorgt hätten, wollte nämlich ein Dorfbewohner gehört haben *„wie der eine dem anderen zugerufen habe: Schütt nit alles dry, d' Grossmuetter muess au no ha."* [2]

1907 erschien in Augst die Elektrizität als neue Energie. Wie in anderen Baselbieter Dörfern hatten einige fortschrittliche Bürger eine dörfliche Elektrizitätsgenossenschaft gegründet. Sie erreichte, dass die öffentliche Beleuchtung 1910 elektrifiziert wurde, und verfolgte den Zweck, die bei den deutschen Kraftwerksübertragungen Rheinfelden AG eingekaufte Energie zu günstigen Preisen an ihre Mitglieder abzugeben. Die Elektra Augst ist bis heute selbständig geblieben. 2004 zählte sie bei 309 Genossenschaftern 690 Zähler; ihr Versorgungsgebiet umfasst die Gemeinde Augst, einen Teil des benachbarten Prattler Längi-Quartiers sowie einige Kaiseraugster Häuser.

Die Augster Transformatorenstation der „Elektra Baselaugst"

Wie in vielen anderen Baselbieter Dörfern, so steht auch in Augst eine lokale Elektrizitätsgenossenschaft am Anfang der Stromversorgung. Das bald hundertjährige Transformatorenhäuschen wird auch heute noch benutzt. (Foto Ursi Schild)

Auch in Kaiseraugst erfolgte früher das Ein- und Ausschalten der öffentlichen Beleuchtung nicht wie heute automatisch sondern von Hand. Gewährsleute berichten, dass dieses Geschäft bis in die zwanziger Jahre des vergangenen Jahrhunderts einer Frau oblag, der am Lampenmast vor ihrem Haus ein

Der Göpel

Wer wüsste nicht, was ein Göpel ist – natürlich ein abgewirtschaftetes Velo! Doch das Wort Göpel hat noch eine ganz andere Bedeutung: Es bezeichnet eine Vorrichtung zur Erzeugung einer Antriebskraft durch Menschen oder Tiere. Und solche von einem Pferd oder einer Kuh angetriebene Göpel gabs in Kaiseraugst um 1930 noch ganze drei. Sie waren Relikte einer Zeit, da es noch keine elektrische Kraft gab. Und so funktionierte ein Göpel: Ein an den Zugbalken angespanntes Pferd zog im Rundgang ein flachliegendes Zahnrad. Die dabei erzeugte Drehkraft diente mittels Transmissionsriemen zum Antrieb von Dresch- und Häckselmaschinen („Rübenbröckler") oder auch zum Bedienen eines Aufzugs. (Aus Brockhaus, Bd. 7, 1930)

DIE POLITISCHE GEMEINDE

entsprechender Schalter eingerichtet worden war. Die Lampen brannten vom Eindunkeln bis ca. 22 Uhr.

Feuerwehr

Zu den Aufgaben der Gemeinden gehörte natürlich auch die Feuerwehr. In Kaiseraugst hatte zu Beginn des 19. Jahrhunderts jeder Bürger, der heiraten wollte, zu Gunsten der Dorfgemeinschaft einen Feuereimer anzuschaffen. 1829 wurde diese Verordnung durch eine zeitgemässe Bestimmung ersetzt. In seiner Begründung stellte der Gemeinderat fest:

„ ... da bis dahin von dem eint und andern Bürger aber sehr geringe Eimer angeschafft wurden, statt diesem bestimmten Feuereimer, soll von jetzt an jeder verehlichende Bürger vor der Copulation dem Gemeinderat 4 Franken 5 Batzen baar erlegen, damit derselbe zu den nöthigsten und zweckmässigsten Feuerlöschgeräthschaften, z.B. Feuereimer, Rondellen, Laternen u.d.g. verwenden könne".

Die Abfallentsorgung

1992 wurden sämtliche Kaiseraugster Haushaltungen mit „Post von der Kehrichtfront" bedient: Es ging um eine Zwischenbilanz der aktuellen Abfallentsorgung.

Wir fragen uns an dieser Stelle, wie es denn vor gut hundert Jahren an der oben erwähnten „Abfallfront" aussah? Die Antwort ist rasch gegeben: Eine geregelte Abfallentsorgung, wie sie heute ganz selbstverständlich zu unserer Konsumgesellschaft gehört, existierte noch bei weitem nicht. Küchenabfälle wanderten auf den Mist, das noch seltene Zeitungspapier wurde verbrannt und das Gleiche passierte mit den Holzabfällen. Wenn darüber hinaus Abfallmaterial anfiel – z.B. Ziegel- und Bauschutt oder Eisen und Blech, sowie grössere altersmorsche Balken – so wurde in eine gemeindeeigene Abfallgrube oder in wilder Deponie in den Wald entsorgt.

In den ersten Jahrzehnten des 20. Jahrhunderts stand der Bevölkerung bis etwa 1935 das im Besitz des Kraftwerks stehende „Hölloch„ für Abfallbeseitigung zur Verfügung, eine Vertiefung südlich der Zusammenführung von Kraftwerk- und Friedhofstrasse. Nachdem seine Auffüllung beendet war, übernahm das der Einwohnergemeinde gehörende „Gruebloch" die Funktion der Abfallgrube. Es lag im Gebiet des heutigen Shredderwerkes Thommen und musste darum später dessen Anlagen weichen. Ab 1. Januar 1965 wurde die Hauskehrichtabfuhr eingerichtet.

Ökologische Massnahmen

Ökologie, das bis weit über die Mitte des 20. Jahrhunderts nur gerade Spezialisten bekannte Fremdwort, ist heute bald in aller Leute Mund, und so kann es nicht verwundern, dass die „Lehre vom Haushalt der Natur" in den letzten Jahrzehnten wiederholt Eingang in die Verhandlungen der Behörden gefunden hat. So beispielsweise 1990, als in der Kaiseraugster Gemeindeversammlung aufgezeigt wurde, wie sich die Ausdehnung des Siedlungsgebietes und damit die Zunahme der versiegelten Flächen auf den Wasserhaushalt auswirken. Die Tatsache, dass wegen der Verringerung der Einsickerung von Regen und Schneeschmelzwasser die natürliche Regenerationsfähigkeit

Das Kaiseraugster Transformatorenhäuschen an der Bahnlinie

Der Leser mag sich vielleicht fragen: Was soll ein einfaches Backstein-Transformatorenhäuschen in einer Ortsgeschichte? Wer indessen um die Bedeutung der Elektrizität weiss, wird um eine Antwort nicht verlegen sein: Transformatorenhäuschen sind Denkmäler einer technischen Entwicklung, die seit den letzten Jahrzehnten des 19. Jahrhunderts sowohl unsere Arbeitswelt als auch den häuslichen Bereich geradezu revolutioniert hat. Sie gehören daher als Kulturdenkmäler erhalten!

Das Kaiseraugster Transformatorenhäuschen an der Bahnlinie ist wahrscheinlich im Umfeld der Cellulosefabrik entstanden; heute ist es tatsächlich nur noch ein Denkmal und dient – zweckentfremdet – schon längst nicht mehr dem weissen Riesen sondern dem Vogelschutzverein, der dort eine Werkstätte eingerichtet hat. (Foto Ursi Schild)

DIE POLITISCHE GEMEINDE

des Grundwassers erheblich gefährdet ist, rief nach Gegenmassnahmen. Es wurde beschlossen, dass es in Zukunft in den neu geplanten Industrie- und Wohnquartieren aber auch in älteren Quartieren darum gehen werde, das saubere Meteorwasser nicht mehr der Kanalisation und den Kläranlagen zuzuführen, sondern möglichst direkt in den Untergrund versickern zu lassen oder als sogenanntes Grauwasser zur Speisung von Toilettenspülungen zu verwenden.

In diesem Sinn hatte 2004 auch die Ortsbürgergemeinde das Traktandum Versickerungsanlage Cholgruebe zu behandeln. Sie beschloss, das bisher aus den Waldungen von Kaiseraugst direkt in den Rhein geführte Wasser in Zukunft in einer Geländemulde am Waldrand im Gebiet Cholgruebe zu sammeln und versickern zu lassen – eine Massnahme mehr im Interesse einer umweltgerechten Öko-Bilanz. Seit den 1980er Jahren führte man nämlich im Kaiseraugster Industriegebiet aufgrund einer Pionier-Initiative des Gemeinderates Dachwasser nicht der Kanalisation zu, sondern liess es im Blick auf seine haushälterische Nutzung und zu Gunsten der Grundwasser-Anreicherung im Boden versickern – dies anfänglich gegen den Widerstand der kantonalen Behörden, heute mit ihrer Unterstützung! Einmal mehr zeigt dieses Beispiel – schon in einem früheren Kapitel ist der Naturschutz-Leitfaden der Gemeinde angesprochen worden –, dass sich Förderung des Umweltschutzes nicht einfach einstellt, sie muss bewusst angegangen werden.

[1] Augster Ortschronik 1904.
[2] Ebda.

Der Finanzhaushalt – gestern und heute

In Augst

„So können wir denn hoffen, dass dieser, wir sagen es noch einmal, bis dahin verachteten Gemeinde künftig ein freundlicherer Stern leuchten wird." Mit diesen Worten schliesst eine 1853 erschienene Broschüre, die den wirtschaftlichen und finanziellen Verhältnissen von „Basel-Augst" und „Aargau-Augst" gewidmet war. Was hatte wohl den anonymen Verfasser zur schwerwiegenden Behauptung veranlasst und berechtigt, Augst sei bisher verachtet gewesen?[1]

In den ersten Jahrzehnten des 19. Jahrhunderts ging es den Augstern offensichtlich gut, sie besassen sogar bedeutende Stücke des besten Acker- und Mattlandes, das im Kaiseraugster Bann zu finden war. Mit Neid blickten die aargauischen Nachbarn über den Violenbach. Sie fühlten sich, wie unser anonymer Broschürenschreiber feststellt, *„infolge dieses Besitzthums und des mehrren Gewerbes in Basel-Augst von den Bewohnern dieses Ortes so einigermassen abhängig ..."*. Tatsächlich fand das Gewerbe in Augst seit altersher sehr günstige Bedingungen vor, einerseits wegen der ausgezeichneten Verkehrslage, anderseits wegen der Nutzung der Ergolz-Wasserkraft. An guten Voraussetzungen für eine gedeihliche Entwicklung Augsts fehlte es also gewiss nicht, und doch zählte das Dorf um die Mitte des Jahrhunderts zu den ärmsten Gemeinden des Kantons.

„Die Basel-Augster haben sehr wenig Land mehr im Aargau-Augster-Banne, dafür die Aargau-Augster desto mehr im Bann der Basler-Augster, die sich mit ganz wenigen Ausnahmen, nicht mehr mit Stallungen voll der schönen Rinder und mit ansehnlichen Düngerhaufen 'meinen' können. Der Wohlstand ist gewichen und an seiner Stelle meist die Armuth getreten. Waren früher die Bauern von Basel-Augst mit ihren erübrigten Landerzeugnissen zu Markte gefahren, um sie gegen blanke Taler abzusetzen, und diese dann wieder zum Ankauf von Land zu verwenden, oder verkauften sie oft ein schön gezogenes oder wohlgemästetes Rind, um den Erlös gegen diejenigen Lebensmittel und Geräthe zu verwechseln, die sie nicht selber ziehen oder verfertigen konnten, – so sehen sich die heutigen Bewohner im Falle, zu ihren landwirthschaftlichen Erzeugnissen des ganzen Jahres noch zuzukaufen, um die Familie zu erhalten. Aber ihr anderweitiger Verdienst reicht nicht aus, solche Zukäufe ohne Gefährdung des Besitzthums zu machen und so wandert denn hie und da auch der letzte Grundbesitz in die Hand des Gläubigers oder eines Bauern der angrenzenden Gemeinden. Nur ganz wenige Bürger und Einwohner zählt die Gemeinde noch, die sich durch Gewerbe oder die Landwirtschaft auf einem ansehnlichen Wohlstande zu erhalten vermochten. Aber auf diesen lastet um so mehr die Armuth der Miteinwohner."

Wo lag die Ursache dieser verhängnisvollen Entwicklung? Die Tatsache, dass es um die Mitte des Jahrhunderts in Augst auf 44 Wohngebäude bei 369 Einwohnern und Einwohnerinnen nicht weniger als drei Tavernen- und drei Schenkwirtschaften gab, sagt genug. Die Augster hatten – immer nach dem Zeugnis des anonymen Berichterstatters – weitgehend die Lust zur ausdauernden Arbeit, zur Reinlichkeit, zur Sparsamkeit und Bescheidenheit in

DIE POLITISCHE GEMEINDE

Kleidung und Nahrung verloren; sie liessen sich gehen und schadeten damit nicht nur sich selbst, sondern dem ganzen Gemeinwesen.

Die Feststellung, Augst habe in der ersten Hälfte des 19. Jahrhunderts weitgehend von der Hand in den Mund gelebt, ist daher nicht übertrieben. Die Gemeinde stillte die laufenden Bedürfnisse der Gegenwart und vergass darob die Zukunft. Dies blieb sich auch dann noch gleich, als der Regierungsrat von 1834 an die besondere Überwachung des Augster Gemeindehaushaltes verfügte. Die Rechnungsführung wurde in Zukunft eigens dafür bestellten Personen übertragen – allerdings mit sehr geringem Erfolg, da weder Kassier noch Gemeinderäte sie verstanden. So blieb lange Zeit alles mehr oder weniger beim Alten. Erst als die Regierung G. Niederhauser – er ist der Verfasser der erwähnten Broschüre – mit der Geschäftsführung der Gemeinde beauftragte, begann sich eine Besserung abzuzeichnen. Niederhauser, der in Liestal die Stelle eines Bankkassiers bekleidete, war selbst in Augst aufgewachsen und wusste daher wie kein Zweiter, was seiner Heimatgemeinde nottat. Er nahm sich seiner Aufgabe, wie er nicht ohne Eigenlob feststellte, *„seit Anfang 1847 mit aller Liebe und Aufmerksamkeit"* an und konnte schon bald einen ersten Erfolg buchen:

„Sein Erstes war, die Einnahmequellen, wie die zu bestreitenden Bedürfnisse der Gemeinde kennen zu lernen, um nach denselben rubrikenweise das Einnehmen wie das Ausgeben zu regliren; sein zweites, Gelder flüssig zu machen, um ansehnliche Schulden, deren gerichtliche Betreibung bereits bis zur rechtlichen Ausklage der Gemeinde vorgerückt war, zu tilgen; sein Drittes und Viertes, die grausam verwickelten Rechnungsverhältnisse der verschiedenen Gemeindfonds zu einander und dieser Fonds gegenüber den meisten Einwohnern, beim bereits völligen Abgange von Belegen, zu lösen."

Was keinem seiner Vorgänger gelungen war, gelang Niederhauser mit viel Geduld und Mühe, beispielsweise das Eintreiben der ausstehenden Steuergelder. Niederhauser schonte dabei niemanden, weder seine Verwandten noch seine Freunde. Doch regte sich der *„Geist des Widerspruchs, der Insubordination und Unordnung."* In seinem Rechenschaftsbericht an die Regierung schreibt Niederhauser:

„Das setzte einen Lärm in der Gemeinde, Aufregung gegen den Gemeinderath und mich, und wurde die Sache so weit getrieben, dass der Statthalter des Bezirks an offener Gemeinde zur Ruhe und Ordnung ermahnte. Es geschah diess und hatte seine gute Wirkung. Um den im Umlauf gewesenen böswilligen Absichten wo möglich den Lebensfaden ganz abzuschneiden, sah ich mich dann noch zu dem Kreisschreiben an die Bessergesinnten zu Augst veranlasst, und wenn auch seither Ungebührlichkeiten sich Bahn zu brechen versuchten, sie drangen nicht durch, sondern prallten an der Beharrlichkeit der Gemeindebehörde und der Einsichtigen der Einwohner ab."

Niederhauser gelang es, den Gemeinderat für seine Reorganisation zu gewinnen. Arbeitsscheue Leute, die der Gemeinde zur Last fielen, wurden zur Arbeit angehalten und für Arbeitslose suchten die Behörden neue Verdienstmöglichkeiten. Mit Nachdruck bat Niederhauser die Regierung, dem bei seinen Schutzbefohlenen *„eingerissenen Hang zum Branntweintrinken kräftigst zu widerstehen, ihn zu vertilgen und so viel immer möglich auf die Verminderung der Wirthschaften zu dringen."*

DIE POLITISCHE GEMEINDE

Wie Niederhauser den Augster Haushalt sanierte, ist teilweise bereits früher im Kapitel Wald dargelegt worden. Die Schaffung des Beholzungsfonds war eine Massnahme, die grössere Kontinuität in Aussicht stellte als der von den Augster Behörden wiederholte Versuch, der Gemeindekasse durch die Aufnahme neuer Bürger mit entsprechenden Einkaufsgebühren aufzuhelfen. Jedenfalls gelang es Niederhauser relativ rasch, das Augster Rechnungswesen wieder ins Reine zu bringen. Bereits Ende 1851 konnte sich das Dorf über ein bescheidenes Vermögen ausweisen. Zwei Jahre später wurde Niederhauser von seiner Aufsichtspflicht entbunden. Das bis dahin erwirtschaftete Vermögen reichte gerade, um bei sparsamem Haushalten die wichtigsten Bedürfnisse zu bestreiten. Nach den Sturmjahren kam die Zeit der Erstarkung und eines langsamen Wachstums.

Ende gut – alles gut, so etwa könnte man Niederhausers Schlussfolgerungen – sie erinnern an ein schulmeisterliches Buchhaltungs-Lehrbuch – charakterisieren.

„Nun hat diese kleine, verachtete Gemeinde ihr Rechnungswesen so im Reinen, dass sie im Kanton als Muster gelten dürfte. Nicht nur kann mit geringer Mühe aus jeder Kassarechnung entnommen werden, was in diesem und jenem Fache der Gemeindeverwaltung eingenommen und was ausgegeben worden, sondern auch der Vermögensstand jeden Fonds und am Ende jeden Jahres ist den Kassarechnungen beigefügt und kann künftig leicht nachgeführt werden, so dass die Gemeinde immer in der Kenntniss der Bewegung ihrer Vermögensbestände sicher ist und sich dann darnach zu richten weiss. In diesen Vermögensverzeichnissen figurirt Alles: Gebäude, Liegenschaften, Kapitalien, Zinse, Bürgergelder, Einsassgelder, Strafen. etc., die Schulden, heissen sie wie sie wollen, fehlen auch nicht, so dass, wenn die Passiven von den Aktiven abgezogen sind, die Gemeinde sagen kann: Das und so viel haben wir ..."

Die Einnahmen des Schulfonds beliefen sich auf Fr. 1'007.92, jene der Bürgergemeinde auf Fr. 2'158. Entsprechende Angaben für die separat geführten Armen- und Besoldungsfonds fehlen. [2]

Heute erfreut sich Augst dank sinnvollem und haushälterischem Umgang mit den zur Verfügung stehenden Mitteln einer gesunden Finanz- und Ertragslage. Das Eigenkapital liegt aktuell bei einer Bilanzsumme von rund 6,5 mit gegen 3 Millionen Franken auf einem erfreulichen Niveau. Fremdkapital wurde in letzter Zeit nur selten beansprucht. Auf der Aktivseite sind fast alle Liegenschaften und Anlagen vorzeitig abgeschrieben, während passivseitig bereits einige Rückstellungen für anstehende Investitionen und Grossprojekte getätigt werden konnten. Die Folge ist ein seit Jahren innerhalb des Kantons sehr attraktiver Steuerfuss (50%).

Sorgen bereitet eigentlich lediglich die stagnierende, sogar rückläufige Bevölkerungsentwicklung und eine daraus resultierende Überalterung.

1882 sah die Bilanz für die Einwohnergemeinde folgendermassen aus:

- Kassarezess und Ausstände Vorjahr	980.-
- Miet- u. Pachtzinse von Liegenschaften	-.-
- Ertrag der Jagdverpachtung	45.-
- Ertrag der Fischweidverpachtung	26.70
- Gesetzlicher Anteil an der Hundesteuer	50.-
- Beiträge von Bürgergemeinde	110.-
vom Schulfonds	578.30
vom Kirchen- und Schulgut	650.-
- Bussen	45.-
- Gemeindesteuer	2'137.-
Total	4'622.-

Die Ausgaben gliederten sich wie folgt:

- Besoldungen und Verwaltungskosten	580.-
- Bussen	200.-
- Unterhalt der Gemeindewege, Brücken und Stege	300.-
- Beitrag an den Unterhalt der Kantonsstrassen	322.-
- Öffentliche Brunnen und Wasserleitungen	400.-
- Öffentliche Beleuchtung	100.-
- Löschwesen und Feuerschau	300.-
- Schulwesen	1'500.-
- Verzinsung und Abzahlung von Schulden	700.-
- Verschiedenes	220.-
Total	4'622.-

DIE POLITISCHE GEMEINDE

Verursacht wird dieser Umstand durch die archäologische Belastung eines Grossteils des Siedlungsgebietes, welche Bauvorhaben enorm verzögert, respektive verhindert. Der Gemeinderat ist mit grossem Elan bestrebt, gangbare Alternativen und Lösungswege zu schaffen.

In Kaiseraugst

Wie es um die Kaiseraugster Finanzen bestellt war, geht aus einem Vergleich der vierzehn Gemeinden des Bezirks Rheinfelden hervor. Die meisten hielten ihre Behörden sehr kurz, so dass „*die durch das Gesetz vorgeschriebene Beschäftigung ... dadurch gehemmt und der gute Zweck verfehlt"* wurde. Kaiseraugst machte eine löbliche Ausnahme: 1844 entschädigte es den Ammann mit 90, die Gemeinderäte mit 30 und den Schreiber mit 60 Franken. Besser stellten sich lediglich die Behörden des benachbarten Rheinfelden.

Die Kaiseraugster Gemeinderechnungen waren Mitte des 19. Jahrhunderts in der Regel ausgeglichen, eine Ausnahme machte das Jahr 1853, als die Ausgaben mit 3'155 Franken die Einnahmen von 2'934 Franken überwogen. Doch konnte bereits im folgenden Jahr ein ausgeglichenes Budget präsentiert werden.

Verglichen mit den heutigen Rechnungen nehmen sich zahlreiche Posten sehr bescheiden aus. Zum Teil erklärt sich dies aus der inzwischen eingetretenen Geldentwertung, zum Teil daraus, dass der Aufgabenkreis der Gemeinden vor hundert Jahren längst nicht so umfassend und umfangreich wie heute war. So figuriert unter den Ausgaben beispielsweise die Wasserversorgung nur mit 85 Franken; sie wurde von dem auf 217 Franken festgesetzten Schärmäuserlohn in den Schatten gestellt. Anderseits gab es damals verschiedene Ausgaben- und Einnahmeposten, die in heutigen Rechnungsabschlüssen fehlen: 1853 betrugen die Auswanderungskosten 114 Franken, und der Unterhalt des Zuchthammels und des Ziegenbocks „verschlang" 23 Franken. Unter den Einnahmen fällt die Rubrik „Feuereimer" auf. Mit 5 Franken ist sie 1853 die kleinste. Zu Beginnn des 19. Jahrhunderts hatte jeder Bürger, der heiraten wollte, zu Gunsten der Dorfgemeinschaft einen Feuereimer anzuschaffen. 1829 wurde diese Verordnung durch eine zeitgemässere Bestimmung ersetzt. In seiner Begründung stellte der Gemeinderat fest:

„*... da bis dahin von dem eint und andern Bürger aber sehr geringe Eimer angeschafft wurden, statt diesem bestimmten Feuereimer, soll von jetzt an jeder zu verehlichende Bürger vor der Copulation dem Gemeinderat 4 Franken 5 Batzen baar erlegen, damit derselbe zu den nöthigsten und zweckmässigsten Feuerlöschgeräthschaften, z. B. Feuereimer, Rondellen, Laternen u. d. g. verwenden könne."*

Und wie sah die Kaiseraugster Rechnung in der Mitte des 20. Jahrhunderts aus? 1950 konnte das Dorf mit einer positiven Rechnung aufwarten: Bei Fr. 84'000 Einnahmen, wovon Fr. 57'000 Steuereinnahmen waren, und bei Fr. 67'000 Ausgaben wies die Rechnung einen Aktivsaldo von Fr. 17'000 aus – eine Erfolgsbilanz, die sich in den 60er Jahren dank dem Wirken nachhaltig und taktisch klug handelnder Behörden fortsetzen sollte. Weitsichtige Verträge, die damals mit privaten Bauwilligen – der F. Hoffmann-La Roche AG und der Motor Columbus AG – abgeschlossen werden konnten, brachten der Gemeinde Entlastung von Infrastrukturkosten und leiteten eine gesunde Entwicklung des Industriestandortes Kaiseraugst ein. Und so gehörte das Dorf lange Zeit zu den steuergünstigsten Gemeinden des Kantons; von den Nachbargemeinden wurde es dementsprechend beneidet und als das „reiche Kaiseraugst" apostrophiert.

Doch 2003 tauchten „*dunkle Wolken am Finanzhimmel" auf.* [3] *„Die Rechnung 2002 hatte völlig unerwartet mit einem Verlust von 1,2 Millionen Franken abgeschlossen. Der Schock sass tief, weil die gewohnt reichlich fliessenden Aktiensteuern plötzlich ausgeblieben waren. Statt der budgetierten 3,4 Millionen Franken zählte man am Jahresende nur 600'000 Franken an Aktiensteuern in der Kasse ... Auch für die darauf folgenden Jahre waren die Annahmen düster ... Die Überraschung war dann 2003 gross, als statt eines Verlustes ein Gewinn von 2,4 Millionen Franken ausgewiesen werden konnte. Was war geschehen? Die Aktiensteuern flossen wieder reichlicher als erwartet, und auch die Sparübungen zeigten erste Erfolge."* Und das blieb auch für den Rechnungsabschluss 2004 so; er schloss dank der sich auf dem Niveau früherer Jahre bewegenden Aktiensteuern mit einem Überschuss von 5 Millionen ab.

---

[1] Niederhauser G.: Einiges über die Ortschaften Basel- u. Aargau-Augst mit besonderer Berücksichtigung der früheren und jetzigen Verhältnisse von Augst, Liestal um 1850. Alle folgenden Augst betreffenden Zitate stammen aus dieser Schrift.

[2] Reichmuth Werner: Aus vergangenen Tagen, S. 45.

[3] Info-Blatt Nr. 18. April 2005.

DIE POLITISCHE GEMEINDE

Dorfpolitik

„Ortsparteien bilden die Basis sowohl für die politische Willensbildung wie auch für die Auswahl geeigneter Persönlichkeiten als Kandidatinnen und Kandidaten für die Wahl in die Behörden von Gemeinde, Kanton und Bund. Ortsparteien geben Raum für eine vertiefte politische Diskussion. Sie tragen damit zur Abstützung von demokratischen Entscheiden bei und sensibilisieren für politische Abläufe. Bei der Besetzung von öffentlichen Ämtern verleiht der Umstand, dass eine Kandidatin oder ein Kandidat von einer organisierten und in der Öffentlichkeit bekannten Personengruppe vorgeschlagen wird, dem Wahlvorschlag Legitimität. In beiden Funktionen – Diskussionsplattform und Kandidatenauswahl – spielen die Parteien in unserem demokratischen System eine elementare Rolle." [1]

Wie wird diesseits und jenseits des Violenbachs politisiert?
In Augst

In Augst gibt es grundsätzlich drei Ortsparteien:

1. die der Freisinnig-demokratischen Partei FDP nahestehende „Demokratische Partei",

2. die der Sozialdemokratischen Partei SP nahestehende „Vereinigung für ein lebenswertes Augst" und

3. die der Schweizerischen Volkspartei SVP nahestehenden „Bürgerlichen".

Heisse und harte politische Auseinandersetzungen haben Seltenheitswert; schon längst hat man sich quer über alle Parteigrenzen hinweg darauf geeinigt, so weitgehend als möglich schonungsvoll miteinander umzugehen. Die Überzeugung, dass es angesichts des kleinen zur Verfügung stehenden Reservoirs von politisch geeigneten Persönlichkeiten unsinnig wäre, sich aufs Messer zu bekämpfen und damit die politische Abstinenz zu fördern, ist Allgemeingut.

In Kaiseraugst

Auch in Kaiseraugst treten Parteien in der Regel nur gerade vor den Erneuerungswahlen in den Grossen Rat oder in den Gemeinderat sowie vor kantonalen und eidgenössischen Abstimmungen ins Rampenlicht der Öffentlichkeit. Ausnahmen vorbehalten! Man erinnere sich an die Zeit der Diskussion über das Atomkraftwerk! So wie damals ein Riss durch die Bevölkerung ging, so waren auch die Parteien gespalten, denn jede hatte in ihren Reihen sowohl AKW-Befürworter als auch -Gegner, und es dauerte lange, bis eine Beruhigung eintrat. Ob stürmische oder ruhige Zeiten, ob auf der öffentlichen Politbühne oder eher hinter den Kulissen – alle Parteien leisten zu jeder Zeit einen unverzichtbaren Beitrag zu einer gesellschaftsverträglichen und bürgerfreundlichen Dorfpolitik.

Die Parteien

Seit 1909 zählt der Kaiseraugster Gemeinderat fünf Mitglieder. Sie rekrutieren sich aus vier Ortsparteien – der FDP, der CVP, der SP und der SVP. Während die Christlich-demokratische Volkspartei – sie ging in Kaiseraugst aus dem örtlichen katholischen Volksverein hervor – entsprechend der damals noch mehrheitlich katholischen Bevölkerung bis in die vierziger Jahre des letzten Jahrhunderts ganz selbstverständlich einen Grossteil der Wählerschaft binden konnte, sind die drei anderen Parteien jüngeren Datums. Ihr Entstehen ist Ausdruck der stürmischen Bevölkerungsentwicklung, die nach dem Zweiten Weltkrieg das Gesicht von Kaiseraugst bis heute bestimmen sollte.

Als Vorläufer der Sozialdemokratischen Partei Kaiseraugst kann der 1946 gegründete Arbeiterverein angesehen werden, der bis ca. 1961 als eine Art „Wahlverein" wirkte. Als er nach der Wahl von 1972 nicht mehr im Gemeinderat vertreten war, beschlossen die sich aus einem Kern der Anti-AKW-Bewegung rekrutierenden Sozialdemokraten am 17. November 1975 die Gründung einer Sektion Kaiseraugst der Sozialdemokratischen Partei der Schweiz – mit Erfolg, denn bereits 1977 konnten sie einen ersten Gemeinderat stellen.

Die Ortssektion der Freisinnigdemokratischen Partei wurde 1950 gegründet, doch weisen ihre Spuren viel weiter zurück, bis 1901, als erstmals ein freisinniger Gemeinderat als Vertreter des „Freisinnigen Gemeindevereins" in der damals noch drei Mitglieder zählenden kommunalen Exekutive Platz nahm. Nachdem 1909 der Gemeinderat auf fünf

> *Kaiseraugst: Frauen in der Öffentlichkeit*
>
> *Wie keine andere Bevölkerungsgruppe haben im 20. Jahrhundert die Frauen ihre Rechte, ihre Lebensinhalte, ihr Rollenbild und ihr Selbstverständnis verändert. Am 26. Mai 1900 wurde der „Bund Schweizerischer Frauenorganisationen" gegründet, er kämpfte für die rechtliche und politische Gleichstellung der Frauen in der Schweiz. Erst 1971 erreichte er ein erstes grosses Ziel: das Frauenstimm- und Wahlrecht auf eidgenössischer Ebene. Noch aber ist die Durchsetzung der Gleichberechtigung auf allen Stufen des gesellschaftlichen Lebens ein Wunschtraum, wie dies beispielsweise die Statistik der Entlöhnung weiblicher und männlicher Arbeitskräfte zeigt.*
>
> *In Kaiseraugst bestehen drei Frauenvereine; sie sind konfessionsgebunden, arbeiten aber eng zusammen. Politisch haben sich die Frauen in Kaiseraugst seit Januar 1974, als eine Vertreterin der AKW-Gegner in den Gemeinderat gewählt wurde, durchgesetzt – es war die erste und damals auch einzige Gemeinderätin im Fricktal. Wegen Wegzug gab sie indessen ihr Amt nach weniger als einem Jahr auf. Die Rückkehr in den Gemeinderat gelang den Frauen erst wieder in der Legislaturperiode von 1986. 1998 erhöhten sie ihren Anteil auf zwei und 2006 auf drei Sitze.*
>
> *Vom 1. April 1993 bis zum 30. März 2001 hatte eine Kaiseraugsterin, Frau Stéphanie Mörikofer-Zwez, als erste Frau im Kanton Aargau das höchste politische Exekutivamt inne: Sie wurde, nachdem sie die übliche politische Stufenleiter vom kommunalen zum kantonalen Bereich – Mitglied der Schulpflege Kaiseraugst, dann FDP-Grossrätin – durchlaufen hatte, in den Regierungsrat gewählt, wo sie bis 30. September 1999 dem Departement Gesundheit und Soziales (ehemals Gesundheitsdepartement) und anschliessend dem Departement Finanzen und Ressourcen (ehemals Finanzdepartement) vorstand. 1997/98 war sie Landammann.*

Mitglieder aufgestockt worden war, stellten die Freisinnigen während langer Jahre zwei Mitglieder. Mitte des 20. Jahrhunderts – im Dorf begannen sich grosse Veränderungen anzubahnen – zeigte sich immer deutlicher, dass ein Verein ohne kantonale Verankerung nicht mehr genügen konnte. Die Zeit für die Gründung einer Ortsgruppe der Freisinnig-demokratischen Partei des Kantons Aargau war gekommen.

Die Schweizerische Bauern-, Gewerbe- und Bürgerpartei, die 1971 ihren Namen änderte und zur Schweizerischen Volkspartei wurde, beteiligte sich erstmals 1949 an den Gemeinderatswahlen und war in den Folgejahren wiederholt in der Exekutive vertreten.

Die Gemeinderatswahlen

Es würde zu weit führen, an dieser Stelle die Geschichte der Gemeinderatswahlen nachzuzeichnen. Tatsache ist, dass die vier Parteien, deren Geschichte wir kurz beleuchtet haben, vor allem im Vorfeld der Gemeinderatswahlen aktiv werden, wobei es in der Regel recht friedlich zu- und her-

DIE POLITISCHE GEMEINDE

geht: Ausnahmen vorbehalten, z. B. 1965, als die Konservativen, die Freisinnigen und die Arbeiter mit einer gemeinsamen Liste antraten: *„Man hat erkannt, dass es im heutigen Zeitpunkt falsch wäre, das gegenwärtige Team aufzulösen und durch Ersatzwahlen zu schwächen"*, schrieben sie in einem gemeinsamen Communiqué. Doch es kam anders. Nach einem mit grossem Propagandaaufwand geführten zweiten Wahlgang wurde die seit 1961 gültige Ratszusammensetzung – zwei Vertreter der CVP, zwei Vertreter der FDP und ein Vertreter der SP – umgestossen. Die CVP blieb bei ihren zwei Vertretern; Gewinnerin war die SP mit neu zwei Sitzen, Verliererin die FDP mit einem. 1970 erwarb dann auch die SVP auf Kosten der SP einen Sitz. 1986 trat zum zweiten Mal eine nicht parteigebundene Gemeinderätin ihr Amt für zwei Legislaturperioden an. Die gleiche Zusammensetzung – je eine Vertretung für die FDP, CVP, SP, SVP und die Parteilosen bestimmte und bestimmt auch die Legislaturperioden 1998 – 2005 sowie 2006 – 2009.

Summa summarum

Politik und Parteikonstellationen verändern sich laufend:

„Vor 50 Jahren war es für die allein stimmberechtigten Männer ein leichtes, Fragen der Dorfgemeinschaft bei der Morgenkaffeepause oder beim Frühschoppen im Löwen zu besprechen und auf der Stelle eine Lösung für das Vorgehen zu finden. ... Während sich am Ende des Zweiten Weltkrieges die persönlichen Beziehungsnetze der Dorfbewohner noch zum grössten Teil praktisch deckten, sind sie heute so vielfältig wie die Arbeitsplätze zwischen Zürich, Baden, Aarau, Basel, Freiburg (im Breisgau), etc., etc., wo die verschiedenen Einwohnerinnen und Einwohner von Kaiseraugst arbeiten." [2]

Die Mitbestimmung und die persönliche Beteiligung an den öffentlichen Aufgaben ist nicht zuletzt auch wegen der zunehmend verlangten Professionalität der politischen Arbeit aufwändiger geworden. Kaiseraugst, das bis in die Mitte des letzten Jahrhunderts noch in sich selbst ruhte, macht keine Ausnahme; es ist wie alle anderen Dörfer der Basler Agglomeration in den letzten fünfzig Jahren sowohl auf kantonaler wie auch auf gesamteidgenössischer Ebene voll in den Sog der verschiedenen politischen Strömungen geraten. Abwendung von den traditionellen Parteien zu Gunsten der Bildung temporärer Interessengruppierungen, Rekrutierungsnotstand, wenn es um die Besetzung öffentlicher Ämter geht – von all diesen Problemen ist auch Kaiseraugst betroffen.

Kaiseraugst und der Kanton [3]

Das Fricktal, die Fricktalerinnen und Fricktaler haben schon geografisch und historisch gesehen ein nicht allzu inniges Gefühl der Zugehörigkeit zum Aargau und zur Obrigkeit. Dazu kommt, dass sich dieses Tal selbst wieder aufteilt in das obere Fricktal, das mehrheitlich noch ländlich geprägt ist, und in das untere, wo sich die Nähe der Stadt Basel so auswirkte, dass sich Industrie und Wohnquartiere vor allem in den Gemeinden Kaiseraugst, Rheinfelden und Möhlin ausgeprägt entwickelten.

So kommt es, dass sich Kaiseraugst hin und wieder auf den Alleingang begibt. Der Beginn der industriellen Entwicklung in den 1960er Jahren brachte der Gemeinde Wohlstand und damit auch Selbstbewusstsein. Entspre-

DIE POLITISCHE GEMEINDE

chend stand sie immer wieder im Rampenlicht, sei es mit der Etablierung der Firma F. Hoffmann-La Roche oder sei es mit dem modernen Siedlungskonzept Liebrüti – vom Thema AKW ganz zu schweigen. Das alles brachte der Gemeinde von Seiten der Nachbarn oder der kantonalen Behörden nicht immer nur Wohlwollen ein.

Es gehört zum politischen Alltag, dass Anliegen einer Gemeinde vom Kanton – aus finanziellen Gründen – nicht immer gutgeheissen werden können. Ist indessen eine Gemeinde finanzstark, wie beispielsweise Kaiseraugst, spielen solche Finanzierungsfragen oft nur eine untergeordnete Rolle – man kann es sich ja leisten. So kommt es nicht von ungefähr, dass Kaiseraugst verschiedene Kantonsstrassen-Bauprojekte zum Wohle der Einwohnerschaft auf eigene Rechnung hat ausführen lassen. Auch beim Bau des Altersheimes oder bei Um- und Ausbauten von Schulanlagen verzichtete Kaiseraugst, um die von der Gemeinde gewünschten Ziele zu erreichen, auf Kantonsbeiträge. Wegen der Steuerkraft der Gemeinde wäre die Finanzhilfe des Kantons so oder so lediglich minimal gewesen – das „Opfer" der Gemeinde hielt sich folglich durchaus in Grenzen.

Die Unabhängigkeit von kantonalen Subventionen machte sich auch bei anderen Themen immer wieder bemerkbar. So schrieb die Gemeinde gegen den ausdrücklichen Willen des Kantons das vollständige Ausbeuten des Kieses in der Arbeitszone nicht vor; sie beschränkte sich darauf, dies nur im Bereich einer Baugrube zu verlangen. Anderseits setzte sie durch, dass auch im Landwirtschaftsgebiet Kies abgebaut werden konnte, selbstverständlich unter der Bedingung, dass dieses Land anschliessend wieder landwirtschaftlich genutzt würde. Ein weiteres Beispiel dieser Selbständigkeit ist die Dachwasserversickerung im Industriegebiet. Was lange Zeit von den kantonalen Behörden untersagt war, wurde von Kaiseraugst viel früher praktiziert; heute gehört es zum allgemeinen Standard.

Dass die selbstbewusste und von Aarau unabhängige Haltung Kaiseraugsts richtig ist, beweist die kürzlich erschienene Pressemitteilung zum Thema „Raumentwicklung im Fricktal". Aus regierungsrätlichem Munde wurde da die Siedlungspolitik von Kaiseraugst lobend hervorgehoben – Anreiz genug, auch weiterhin nach diesem bewährten Muster zu verfahren.

Im Übrigen darf an dieser Stelle nicht unerwähnt bleiben, dass Kaiseraugst wiederholt zu einer Vertretung im Grossen Rat gekommen ist. Wir nennen:
- Rotzinger-Hunziker Hans (1964 - 1972)
- Frey-Burkard Ernst (1981 - 2003)
- Mörikofer-Zwez Stéphanie, Dr. phil. (1985 - 1993)
- Wachter-Gemünd Paul (2003 - 2005)

Ihr in Unternehmen und Dorfpolitik geschärfter Sachverstand kam und kommt auf höherer Ebene dem Kanton mit seiner Problemfülle zugute.

---

[1] Mörikofer-Zwez Stéphanie, Geleitwort, in: 50 Jahre Freisinnige Ortspartei Kaiseraugst 1950-2000, Kaiseraugst 2000.

[2] Mörikofer Oskar, Die Aufgaben einer Ortspartei gestern, heute und in Zukunft, in: 50 Jahre Freisinnige Ortspartei Kaiseraugst 1950-2000, Kaiseraugst 2000.

[3] Gemäss Mitteilung von F. Kammermann, Gemeindeschreiber.

DIE POLITISCHE GEMEINDE

Die Augster Einbürgerungspraxis im 19. Jahrhundert – ein Routinegeschäft?

Die Titelfrage lässt sich rasch beantworten: Einbürgerungen waren und sind nie nur Routinegeschäfte – das beweisen sowohl die zahlreichen Diskussionen, die in den letzten Jahrzehnten landauf, landab geführt worden sind, das beweisen aber auch die Augster Einbürgerungsakten der vergangenen zwei Jahrhunderte.

Besonders im 18. Jahrhundert häuften sich die Bewerbungen von Auswärtigen um Niederlassung und Bürgerrecht. *„Es waren meistens Handwerker, die am grossen Pass, wie Augst mit seiner wichtigen Brücke auch genannt wurde, besseren Verdienst zu finden hofften, als ihre Heimat ihnen bot. Sie kamen aus dem Thurgau, aus dem Toggenburg, aus dem Bernischen und Solothurnischen und selbst aus Deutschland: Müller, Schuhmacher, Steinhauer, Schmiede, Ziegler, Bäcker, Krämer."* [1] Für die Gemeinde mit ihrer notorischen Raumnot rührte jedes Einbürgerungsgesuch an Grundsätzliches: Es galt einerseits eine Übervölkerung und eine Konkurrenzierung der bereits ansässigen Handwerker zu verhindern, anderseits war man an tüchtigen Leuten interessiert, die in der Lage waren, der Allgemeinheit durch Übernahme von Ämtern zu dienen – ein Dilemma, das sich von Gesuch zu Gesuch erneuerte.

Und wie stellte sich das Problem im 19. Jahrhundert?

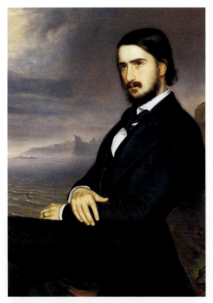

Georg Herwegh. Nach einem Ölbild von C. Hitz, 1843. (Dichter- und Stadtmuseum Liestal)

1843: Die Einbürgerung des republikanischen Dichters Georg Herwegh

Augst kann sich rühmen, dem berühmten republikanischen Dichter Georg Herwegh (1817 - 1875), der aus Deutschland geflohen war, am 5. März 1843 das Bürgerrecht gewährt zu haben. Für Herwegh, einen Vorkämpfer des liberal gesinnten jungen Deutschands, war die Schweiz das „Land der Sehnsucht." Seine „Gedichte eines Lebendigen" stiessen weit über Deutschland hinaus auf ein grosses Echo und schürten die revolutionäre Unruhe. Wir zitieren aus dem 1842 erschienenen Gedicht „Die Schweiz" die zweite Strophe.

„Land der Sehnsucht, drin die Ströme sich wie muthige Rebellen
In die Ebne niederstürzen, auch der Rhein mit seinen Wellen.
Auch der Rhein mit seinen Wellen, der die vielen Worte hört –
Ob's die deutschen Fürsten ahnen, dass sich auch der Rhein empört?"

Was hatte Herwegh bewogen, in Augst anzuklopfen, wo er nie Wohnsitz nehmen sollte, und was hatten die Augster Bürger gedacht, als sie beschlossen, diesem politischen Heissporn das Bürgerrecht zu gewähren? – nota bene nicht als Geschenk, sondern gegen Bezahlung von 600 Franken und gegen Überlassung eines Feuereimers. So sehr man auch in den Akten sucht, es lässt sich beim besten Willen kein Hinweis finden, der von einer besonderen Sympathie Herweghs für Augst oder umgekehrt einer ausgesprochenen Bewunderung der Augster für den revolutionären Dichter zeugen könnte. Für Herweghs Augster Wahl dürfte wohl bestimmend gewesen sein, dass Augst nur durch den Rhein vom Herzogtum Baden getrennt war und das Dorf zudem wegen seiner römischen Ruinen einen bescheidenen Bekanntschaftsgrad besass. Innerster Beweggrund für die Flucht Herweghs in die Schweiz war

DIE POLITISCHE GEMEINDE

indessen sein Wunsch, der Einberufung zum Militärdienst zu entgehen. Für die Augster war seine Aufnahme ins Bürgerrecht eine unter vielen; sie brachte der armen Gemeinde einen willkommenen finanziellen Zustupf. Der formelle Akt der Einbürgerung lief gemäss der protokollarischen Eintragung folgendermassen ab:

„Actum

Ergolz-Augst, den 5. März 1843, Nachmittags 2 Uhr. Im Schulhaus daselbst Bürgerliche Abstimmung betreffend Georg Herwegh aus Stuttgart, Akzess-Schein vom 14. Februar 1843. Der Bürgerrodel zeigt 16 im Bann Augst wohnhafte Aktivbürger, von welchen 15 anwesend sind. Gegen die Formalien wird keine Einwendung erhoben und daher zur geheimen Abstimmung geschritten.

Annehmende 15, Verwerfende 0.

Beschluss: ist somit Georg Herwegh gegen Erlass von 600 Fr. sage sechshundert Schweizerfranken und eines Feuereimers in den Bürgerverband der Gemeinde Augst aufgenommen. Also vorgelesen, genehmigt und unterzeichnet: Graf President, die drei Gemeinderäthe Jacob Langendorf, Joh. Vögtlin, Jakob und zwei weitere Bürger Johannes Schaulin und Wernhart Graf." [2]

Am 7. März beantragte in der Folge der Regierungsrat dem Landrat, den Petenten ins basellandschaftliche Staatsbürgerrecht aufzunehmen, dies auch vor dem Hintergrund, dass *„sein ökonomisches Fortkommen auf völlig selbstständigem Fuss"* beruhe.

Das Einbürgerungs-Procedere

Während Augst zwischen 1830 und 1900 nicht weniger als 43 Einbürgerungen zu verzeichnen hatte, waren es für den ganzen Kanton im gleichen Zeitraum 603; Augst partizipierte also mit beachtlichen 7,1%.[3]

Wer entschied über Bürgerrechts-Aufnahmegesuche? Gleich wie heute – die Aktivbürger einer Gemeinde. In Augst waren es im Jahr 1837 auf 367 Einwohner nur gerade 19. Auch wenn man von der Annahme ausgeht, jeder dieser Bürger habe eine zehnköpfige Familie gehabt, so würde die Gesamtzahl der Bürger und Bürgerinnen nur etwas mehr als die Hälfte der Gesamteinwohnerzahl betragen. Zwischen den in Bürgerrechtsangelegenheiten nicht stimmfähigen Kantonsbürgern und den Ortsbürgern herrschte also zahlenmässig ein offensichtliches Ungleichgewicht, das sich bis in die siebziger Jahre noch verschärfte und dazu führte, dass sich die Bürger gegenüber den Einsassen zunehmend unterlegen oder sogar bedroht fühlten – sie waren längst nicht mehr unter sich, und das mag vielleicht auch erklären, warum die Ortsbürger-

Die Allemandi-Stiftung

Nicht um einen Einbürgerungs- sondern um einen Heiratszuschuss geht es bei der Augster Allemandi-Stiftung. Und das verhält sich so: In ihrem Testament bedachte die aus Frankreich stammende und 1982 verstorbene Schwiegertochter des in Augst eingebürgerten Generals Michael Napoleon Allemandi-Ehinger neben anderen Gemeinwesen in Frankreich und der Schweiz auch den Kanton Basel-Landschaft mit 30'000 Franken mit der Auflage, den jährlichen Zins den Gemeinden Liestal und Augst zukommen zu lassen. So kommt es, dass sich in Liestal und Augst eine Heirat, sofern sie gemäss dem Willen der Donatorin vor Ende Mai erfolgt und von einem „unbescholtenen Mädchen" eingegangen wird, auch finanziell durchaus lohnen kann.

Die Stiftung ist gewissermassen das Resultat einer Enttäuschung. Ernestine Allemandi war von ihren Eltern wegen einer nicht standesgemässen Heirat keine Mitgift zugedacht worden. Damit es anderen Frauen nicht auch so gehe, rief sie deshalb ihre Stiftung ins Leben. Das Angebot, das sich heute zwischen 500 und 800 Franken bewegt, wird alljährlich im Bezirksanzeiger ausgeschrieben. Gemäss Aussagen des Gemeindeverwalters halten aber die meisten Leute den Aufruf für einen Aprilscherz. Im Übrigen soll diese sicherlich gut gemeinte Geldspende nicht immer nur eitel Glück und Segen gebracht haben. In Zeiten, da dieser Zustupf noch ein anständiger Batzen war, habe es nämlich Burschen gegeben, die nach der Eheschliessung, die offenbar nur wegen des Legats zustande gekommen war, auf und davon gingen und die junge Ehefrau schmählich sitzen liessen.

DIE POLITISCHE GEMEINDE

schaft von Augst, abgesehen von den finanziellen Überlegungen, eine derart aktive Bürgerrechtsaufnahme-Politik betrieb.

Von den 43 eingebürgerten Personen waren 37 Männer; elf betrieben ein Handwerk, vier arbeiteten als Beamte, drei waren Gelehrte, zwei Händler, zwei Bierbrauer, zwei Arbeiter, und je einer war Bauer, Handwerkergehilfe, Bäcker, Notariatsangestellter, Bleiblätterfabrikant, Gärtner, Müller, Dichter, Wirt, Gemeindepräsident und Salinengeschäftsführer. 24 Neubürger stammten aus Deutschland, neun davon aus dem benachbarten Grossherzogtum Baden, fünf andere kamen aus anderen Kantonen, einer aus Basel-Stadt. Acht der Neubürger liessen sich mit ihrer Familie einbürgern, neun wollten sich wegen Heirat einbürgern lassen, drei aus beruflichen Gründen. Von der Gemeinde bevorzugt waren also *„Männer, die einen ehrlichen Beruf ausübten ..., aus Deutschland oder der Schweiz stammten, unverheiratet waren und aus Heirats- oder Geschäftsgründen, oder um den Militärdienst im Heimatland zu umgehen, das Bürgerrecht von Augst, bzw. von Baselland erwerben wollten und im Durchschnitt 400.- bis 600.- Franken dafür bezahlten."* [4]

Gemäss dem kantonalen Bürgerrechtsgesetz von 1835 hatte die Gemeinde jeweils gegenüber der Regierung und zuhanden des Landrates eine Begründung für die kommunale Einbürgerung abzugeben; sie bildete gewissermassen den Nährboden für die vom Landrat beschlossene kantonale Einbürgerung. Dass es dem Augster Gemeinderat damals offensichtlich nicht ganz leicht fiel, das entsprechende Schreiben abzufassen, illustriert der folgende, von den Gemeinderäten Meyer und Schaffner sowie dem Gemeindepräsidenten Vögtlin am 12. Dezember 1836 verfasste Brief:

„Die Gemeinde Augst hat unterm 10t Wintermonat d.J. auf Gesezlichem Wege einen neüen Bürger Nahmens Dencker aus Hanofer Bey Lübey daso Zimer Gesel in Basel angenomen in dem sich derselbe Beschwert für das Cantons Bürgerrecht die Gesezliche Gebühr zu Bezahlen Wünscht Petent und die Gemeinde Augst, der hoche Land Rath möchte demselben am Stats Bürgerrechts Gebühr 250 fr nachlasen. Die Gemeinde Augst hat ihn schon um 400 fr für das Orts Bürgerrecht angenomen aus folgenden Gründen:

Wir haben ohnlengst eine neüe Glocke machen lasen müsen und 1835 eine neüe Schulstuben 1836 unser Feürsprützen Renofiern lassen wo alles zusamen uns Bereits auf 1200 fr Gekomen ist und wir Bezahlungs wegen noch im Ruckstand stehen." [5]

Das Schreiben wirft ein Licht auf den Bildungsstand der Gemeinderatsmitglieder, es illustriert, dass es zum Zeitpunkt der Kantonstrennung um die Schulbildung der Baselbieter noch nicht zum Besten stand, mehrheitlich waren sie des Lesens und Schreibens noch unkundig. Entlastend muss allerdings beigefügt werden, dass sich ausser der mangelhaften Rechtschreibung zwischen Gemeinde und Kanton bis zu dieser Zeit noch kein Amtsstil verfestigt hatte. *„Folglich konnten auch keine sprachlichen Wendungen oder einzelne Textabschnitte von früheren Mitteilungen an die kantonalen Behörden abgeschrieben werden, was nicht versierten Schreibern sicher dienlich gewesen wäre."* [6]

DIE POLITISCHE GEMEINDE

Berühmte Augster Ortsbürger

Eine Auflistung der berühmtesten Augster Ortsbürger zeigt, dass im Baselbiet, das in den dreissiger und vierziger Jahren des 19. Jahrhunderts *„einer der bevorzugten Orte für das Exil der deutschen Flüchtlinge"* war, Augst mit seiner liberalen Einbürgerungspraxis durchaus an vorderster Front mithielt.[7] Denn nicht nur Georg Herwegh erhielt das Augster Bürgerrecht zugesprochen, auch Joseph Otto Widmann (1816 – 1873) und Michael Napoleon Allemandi-Ehinger (1807 – 1858) wurden Augster Ortsbürger. Joseph Otto Widmann war der Vater des bekannten Dichters und Feuilletonredaktors Joseph Viktor Widmann (1842 – 1911). Er war am 23. Dezember 1842 ins Ortsbürgerrecht aufgenommen worden und versah von 1845 bis zu seinem Tode in Liestal das Amt des Stadtpfarrers. Ein Revolutionsflüchtling war Michael Napoleon Allemandi-Ehinger. Als Mitglied des von Mazzini gegründeten „Jungen Italien", das den Sturz der Monarchie und die Einführung einer Republik auf seine Fahne geschrieben hatte, musste er in die Schweiz fliehen, wo er 1834 das Augster Bürgerrecht erhielt. Der Piemontese verheiratete sich mit der aus dem bekannten Basler Geschlecht stammenden A. Marie Julie Ehinger: *„Auf dem Ehingerschen Familiengut pflanzte er 6000 Maulbeerbäume und züchtete Seidenraupen. Nachdem er einige Jahre damit Erfolg hatte, brach die Raupenkrankheit aus, und er musste sein Unternehmen aufgeben. Durch eine grössere Geldspende trug er dazu bei, dass die Kantonsstrasse Augst – Liestal gebaut werden konnte. 1837 wurde er basellandschaftlicher Miliz-Inspektor im Majorsrang, und im zweiten Freischarenzug befehligte er als Oberst eine grössere Truppeneinheit.*

Auf die Nachricht einer Erhebung in Oberitalien begab er sich sofort nach Mailand und kämpfte als General auf der Seite der Aufständischen. 1858 starb er in Basel."[8]

Die Kehrseite der Medaille

Jede Medaille hat bekanntlich ihre Kehrseite: So weltoffen sich die Augster Einbürgerungspraxis im 19. Jahrhundert auch gibt, die Augster Bürger liessen sich für ihre Beschlüsse kaum von altruistischen oder politischen Beweggründen leiten; im Zentrum ihrer Überlegungen standen viel eher finanzpolitische Motive. Es galt von Mal zu Mal, die marode Gemeindekasse zu sanieren, die *„kleinzählige"* Bürgerschaft tat es auf dem Umweg der Einbürgerungen: *„War nicht Geld in den Gemeindekassen vorhanden, um aufgelaufene Schulden zu tilgen, so nahm man, je nach Bedarf Einen oder Mehrere in's Bürgerrecht auf und zahlte aus den Einkaufsgeldern die Schulden, namentlich die Kostgelder für die Armen. Mitunter sollen es Privatschulden Gewisser vermocht haben, Bürgeraufnahmen zu beschliessen",* schreibt G. Niederhauser, der 1847 von der Regierung beauftragt worden war, die Augster Gemeindefinanzen zu sanieren.[9] 15'000 alte Franken habe die Gemeinde mit ihren Bürgeraufnahmen seit 1833 eingenommen, doch wo sei dieses Kapital geblieben, fragt der Sanierer, der sich im Übrigen auch daran stösst, dass Augst nur gerade 15 Aktivbürger zähle, während 40 bis 45 auswärts wohnten. Niederhausers Überlegungen waren offenbar nicht in den Wind gesprochen, jedenfalls beschloss die Bürgergemeinde 1866 bis auf weiteres keine Bürger mehr aufzunehmen.

DIE POLITISCHE GEMEINDE

Kaiseraugster Einbürgerungen in der zweiten Hälfte des 20. Jahrhunderts

Während Augst im 20. Jahrhundert eine eher zurückhaltende Einbürgerungspolitik betrieb, zeigte sich Kaiseraugst ausserordentlich weltoffen. Im Zeitraum von 1955 bis 2003 genehmigte die Gemeindeversammlung nicht weniger als 95 Einbürgerungsgesuche. Sie nahmen vor allem von 1975 an sprunghaft zu. Der Einbürgerungsweg führte über den Gemeinderat zum Souverän, der dann aufgrund der Behördenempfehlung entschied; zu grösseren Diskussionen soll es dabei nie gekommen sein.

Die Einbürgerungsstatistik widerspiegelt, dass auch ein kleines Schweizer Dorf im ausgehenden 20. Jahrhundert im Gegenwind weltweiter Entwicklungen steht und sich der Globalisierung nicht entziehen kann. Auf 75 „europäische Einbürgerungen" kamen (einschliesslich der Türkei) 20 „nicht-europäische". In der Länder-Rangliste standen Deutschland, Italien und Ex-Jugoslawien an der Spitze.

[1] Senti Anton, in: Geschichte von Augst und Kaiseraugst, Liestal 1976. S. 115.
[2] Argast Regula: Die Bürgerrechtsgesetze im Kanton Baselland von 1835 und 1877 als Indikatoren kantonaler, kommunaler und individueller Interessen unter spezieller Berücksichtigung der Gemeinden Augst und Buckten. Lizentiatsarbeit, Basel 1996. S. 33.
[3] Ebda. S. 40.
[4] Ebda. S. 37.
[5] Ebda. S. 38.
[6] Ebda. S. 42.
[7] Leuenberger Martin: 1848: Im Zentrum Europas – Europa im Zentrum, in: Nah dran, weit weg. Geschichte des Kantons Basel-Landschaft, Liestal 2001, Band 5. S. 187.
[8] Heimatkunde Augst 1984. S. 86.
[9] Niederhauser G.: Einiges über die Ortschaften Basel- und Aargau-Augst..." Liestal um 1850. S. 4f.

DER VERKEHR

Der „Heimathafen" der Fähre heute. (Foto Ursi Schild)

Gelebte Kaiseraugster Identität: Die Fähre

Die Pflichten des Fährmanns

Zur Identität von Kaiseraugst gehört zweifellos seine Fähre, so dass schon 1912 eine Einwohnergemeindeversammlung feststellen konnte, *„dass die Gemeinde unter keinen Umständen geneigt sei, die Rheinfähre eingehen zu lassen."* Tatsächlich bestand die Fähre laut Fährordnung von 1810 *„schon von Alters her."* Als sogenanntes *„kleines Fahr"* diente sie in erster Linie den Fussgängern, aber auch Kühe, Schafe und Ziegen wurden mit der Fähre transportiert. Betreut wurde sie von den Kaiseraugster Schiffern, die sie im Turnus nach einer jedes Jahr neu fixierten Kehrordnung bedienten.[1] *„Die Namen derjenigen, welche zur Fähre stehen, sind ordentlich, und zwar nach den Buchstaben des Alphabeths zu verzeichnen, und nach der Namensordnung soll jeder Tag- oder Wochenweise zur Fähre tretten."*

Der Arbeitstag des Fährmanns war lang; er begann frühmorgens und endete mit der Abendglocke. Die Tatsache, dass die Fähre somit während des ganzen Tages in Betrieb war, spricht für ihre Bedeutung und den im 19. Jahrhundert immer noch bestehenden engen Kontakt der Kaiseraugster mit den durch den Rhein und die Landesgrenze getrennten badischen Nachbarn. Die Fährordnung legte auch die Pflichten des Fährmanns fest; er hatte die Fähre in gutem Zustand zu halten und sie darum allabendlich zu reinigen, vor allem aber hatte er sich die ganze Zeit über in der Nähe der Fähre aufzuhalten, um sie auf den Ruf *„Hol"* möglichst umgehend in Betrieb zu nehmen: *„Auf den Ruf soll die Fahrwache sogleich den Nachen oder Weidling betreten, und an das jenseitige Ufer fahren, um diejenigen Personen, so an das entgegengesetz-*

DER VERKEHR

te sich übersetzen lassen wollen, aufzunehmen." ² Dem Fährmann kam auch Grenzpolizei-Kompetenz zu: *"An den Fähren zu Mumpf und Kaiseraugst sollen Landesfremde, ganz unbekannte, am wenigsten verdächtige Personen, nie in den Nachen aufgenommen und über den Bözberg geführt werden, weder vom*

Die Anlegestelle auf dem deutschen Ufer. (Foto Ursi Schild)

linken zum rechten, noch vom rechten zum linken Ufer; denn diese Fähren sollen ihrer Bestimmung nach, nur zur Bequemlichkeit der Anwohner des Rheins dienen. Welche Fähre eine landesfremde Person über den Rhein führt, soll für den ersten Übertretungsfall 4 Franken Busse, für den zweiten 8 Franken, und für den dritten 10 Franken Busse bezahlen, und seines Fährrechts verlustig seyn. Wenn aber eine verdächtige Person und zulezt ein gefährlicher Mensch bei einer Rheinfähre übersezt wird, so unterliegt der Schiffer einer schärferen Strafe, welche nach Umständen über ihn verhängt werden soll."

Kam der Fährmann seiner Pflicht nicht innerhalb einer Viertelstunde nach, so wurde er gebüsst – das erste Mal mit einer Busse von zwei Franken, das zweite Mal hatte er vier Franken zu entrichten und das dritte Mal drohte ihm gar der Verlust des Fährrechtes sowie eine Busse von sechs Franken. Bei *„grossem Wasser"* wurde der Fährdienst von *„zween"* Schiffern versehen, schwoll aber der Rhein allzu sehr an, so hatte die Fähre *„ganz im Ruder zu stehen"*, der Fährdienst musste eingestellt werden.

Wiederholt kam es wegen allzu langer Wartezeit vor dem Gemeinderat zu Klagen. So sah sich einmal ein Kaiseraugster nach einstündiger Wartezeit genötigt, *„den Weg über Rheinfelden anzustellen, um seine Geschäfte beim Doktor zu verrichten."* 1862 musste der Gemeinderat einem Fährmann wegen üblen Gehörs das Patent entziehen; er hatte verschiedentlich Passagiere mehr als fünfundzwanzig Minuten warten lassen. Doch der Fährmann wollte diesen Grund nicht gelten lassen. Er erklärte, einmal hätten ihn häusliche

DER VERKEHR

Pflichten an der rechtzeitigen Überfahrt gehindert, ein anderes Mal entschuldigte er sich damit, seine Passagiere hätten eben nicht am gewöhnlichen Ort gerufen, so dass er ihren Ruf unmöglich habe hören können.

Vom Handruder zur Drahtseilfähre

1866 wurde die alte mit Handruder funktionierende Fähre durch eine Drahtseilfähre ersetzt – schief zur Strömung des Flusses gestellt, machte sie sich, wie das die Basler Fähren auch heute noch demonstrieren, die Kraft der Strömung zu Nutze, die Muskelkraft hatte ausgedient. Es hatte vieler Verhandlungen bedurft, bis die Neuerung eingeführt werden konnte. Anfänglich hatte die grossherzogliche Regierung das Einrichten der entsprechenden Seil-Vorrichtungen verboten. Erst als sich die Aargauer Regierung der Sache annahm, liess sie sich überzeugen, dass keine Erweiterung wohl aber eine Modernisierung des Fährbetriebs beabsichtigt sei. Die Winde zum Spannen des Tragseils war im Untergeschoss des ehemaligen Zollhäuschens untergebracht, während das Obergeschoss als Aufenthaltsraum des Fährmanns diente. Doch auch der bis zu einem gewissen Grade automatisierte neue Fährbetrieb hatte seine Tücken. So wusste die „Volksstimme" im November 1890 von einem glimpflich abgelaufenen Unfall zu berichten. Das Drahtseil war gerissen, und die Fähre trieb rheinabwärts. Glücklicherweise gelang es einem Kaiseraugster Schiffer auf das Geschrei der 25 Cellulose-Fabrikarbeiterinnen hin, die von Herten und Wyhlen auf dem Weg zur Arbeit in Kaiseraugst waren, die Fähre mit seinem Weidling abzufangen und sicher an Land zu bringen.

Der „Heimathafen" der Fähre früher. (Aus Kaiseraugst – wie's damals war)

Mit grosser Pflichtvernachlässigung des Fährmanns ging das folgende Eingesandt der „Volksstimme" vom 3. August 1892 ins Gericht: *„Vom Material und Stärke der Verbindungstheile will ich heute nicht sprechen, wohl aber von der Bedienung dieser Fähre, die einem Skandal gleichkommt. Sie wird zumeist bedient von einem etwa 11jährigen Jungen, der, wenn er nach dem Badischen übersetzen will, erst überall gesucht werden muss. Das ginge noch an, man kann ja nachfragen und bei schlechtem Wetter wohl Schutz finden. Wehe aber demjenigen, der vom Badischen nach Augst will! Die gemarterte Glocke jenseits des Rheins könnte darüber erzählen! Oft 3 – 5 Minuten lang wird sie geläutet, zwei, drei und mehrmal, umsonst! Es kommt Niemand, der Junge ist beim Kegelaufstellen oder sonst irgendwo, und Wenigen wird das Glück zu theil, nur 1/4 Stunde warten zu müssen. Eine Schutzhütte gibt es nicht und das Vergnügen lässt sich bei Wind und Wetter leicht ausmalen. Schon Manche haben desshalb den Zug und ihre Tagesgeschäfte verfehlt, und sollen diese Zustände nun weiter dauern? Bisherige Losreissungen des Schiffes vom Seil verliefen ja soweit glücklich, aber bietet der elfjährige Junge Garantie dafür,*

DER VERKEHR

Fritz Schmid-Brunner: Der letzte Fährmann vor dem Zweiten Weltkrieg und zugleich der letzte Fährmann der Fährmann-Dynastie Schmid. (Foto aus Kaiseraugst – wie's damals war)

dass er im Falle wäre, das losgerissene Schiff und die Passagiere angesichts der nahen Insel und der Fels-Riffe an's Land zu bringen? Jedenfalls würde letztern das Zutrauen fehlen und sie Schrecken und Angst befallen, die das grösste Unglück herbeiführen könnten. Diesen Missständen sollte abgeholfen werden und wird die betreffende Behörde darauf aufmerksam gemacht." Und was

DER VERKEHR

unternahm der angesprochene Gemeinderat? Die Höflichkeit des Protokolls schweigt sich über allfällige Massnahmen aus.

Die Motorfähre

Am 22. August 1912 schlug der Kaiseraugster Drahtseilfähre die letzte Stunde. Der 6,5 m hohe, durch den Kraftwerkbau verursachte Aufstau des Rheins hatte den oft reissenden Strom in einen zahmen See verwandelt, dessen Strömungskraft nicht mehr ausreichte, um die Fähre von einem Ufer zum anderen zu bewegen: Jetzt war eine Motorfähre gefragt. Sie war aus Holz und diente mit ihrem Benzinmotor bis 1935. Mit der veränderten Betriebsart der Fähre wechselte auch ihr Besitzer. Während sie seit dem Erlöschen der Rheingenossenschaft im Jahre 1898 Eigentum der Familie Schmid war, ging sie nun in den Besitz des Kraftwerks Augst über, das sich *„aus rein freundnachbarlichen Gründen"* und unter Zusicherung eines Mitspracherechts der Ufergemeinden Kaiseraugst, Herten und Wyhlen verpflichtete, ihren kostspieligen und unrentablen Unterhalt und Betrieb sicherzustellen – aber nur solange als es keinen Fussgängersteg über das Wehr des Kraftwerkes gab. Noch blieb aber der Fährdienst der Familie Schmid anvertraut, und so wurde dem 62-jährigen Ferdinand Schmid die Ehre zuteil, die erste Motorfähre über den Stausee zu lenken, nachdem er vor 1866 auch schon den Dienst mit dem Ruderboot versehen und später die Seilfähre bis zu ihrer Aufhebung bedient hatte. Die „Volksstimme" bedachte Schmid darum bei Gelegenheit dieser Motor-Jungfernfahrt mit einem Spezialjob:

Die Motorfähre nach 1935. (Foto aus dem Gemeindearchiv)

„Der Fährmann Schmid ist ein urchiger Rauracher, der dem Brauch seiner Väter treu, trotz seines Alters und trotz seines nassen Lebenselementes über einen gesunden Durst verfügt, und es müsste uns wunder nehmen, wenn er nicht noch die vierte Epoche der Fähre, wo der Mensch über den Rhein fliegt, als Fahrer der Rheinfähreflugmaschine einleiten würde." [3]

So weit kam es nun allerdings nicht, doch wurde immerhin der Betrieb modernisiert und die Holzfähre 1935 durch eine eiserne ersetzt. Fährmann war Friedrich Schmid, der Wirt des Gasthauses Sonne. Dort war in der Küche eine mit den Klingelknöpfen des Fährhauses und der deutschen Anlegestelle verbundene Glocke angebracht. Sie rief den Fährmann zur Arbeit. 1939 verstummte sie – gleich wie vom Beginn des Ersten Weltkriegs 1914 bis 1925, so wurde der Fährdienst auch während des Zweiten Weltkriegs eingestellt. Er konnte erst an Ostern 1951 nach intensiven Verhandlungen mit der französischen Besetzungsmacht und gegenseitigen Behördebesuchen wieder aufgenommen werden; jetzt übernahm Fischer und Bauer Albert Schauli (1888 – 1964) das Steuer. Als die Hochkonjunktur in der Schweiz in den fünfziger Jahren einsetzte, die Wirtschaftslage im Deutschland der Nachkriegszeit aber noch schlecht war, stieg die Zahl der Grenzgänger auf monatlich rund 1000 an, im Rekordjahr 1956 konnten nicht weniger als 40'312 Ein- und Ausreisen registriert werden. Glücklicherweise hatte das Kraftwerk rechtzeitig ein neues, grösseres Schiff in Auftrag gegeben: *„Mit einer Länge von 14 Metern und einer Breite von 3.20 Meter wurde es von einem luftgekühlten Deutz-Diesel von 60 PS angetrieben. Nun konnten die Passagiere bei schlechtem Wetter die Überfahrt im gedeckten Teil verbringen und ihre BMW-Zündapp- und Horrexmotorräder mitführen. Zudem war das Schiff als Mehrzweckfahrzeug gebaut. Mit wenig Tiefgang, einer abnehmbaren Kabine, Schlepphaken und Schleppbügeln versehen, konnten die mit Baggergut aus der Ergolz beladenen Kähne geschleppt werden."* [4] Von 1958 an wurde die Fähre vom Betriebspersonal des Kraftwerkes geführt. 1964 erhielt sie einen neuen Namen: Aus Augst – Wyhlen wurde Kaiseraugst – Wyhlen/Herten.

Die Ortsbürgergemeinde als Betreiberin der Fähre

Mit der Eröffnung des Fussgängerstegs über das Wehr des Kraftwerkes im Sommer 1994 hatten sich die Rahmenbedingungen für den Betrieb der Fähre in grundlegender Weise verändert. In der Verleihungsurkunde des Bundesrates an die Kraftwerk Augst AG, bzw. des Landes Baden-Württemberg an die Kraftübertragungswerke Rheinfelden AG war 1987 verankert worden: *„Der Weiterbetrieb der Personenfähre bei Kaiseraugst ist nach den Weisungen der Behörden sicherzustellen, solange nicht die nach Artikel 18, Absatz 3 zu schaffende Fussgängerverbindung über das Wehr von den Behörden anerkannt ist."* Nach der Eröffnung des neuen Grenzüberganges stellte sich darum jetzt für die Fähre die Existenzfrage. Sie wurde glücklicherweise positiv beantwortet; gemäss Publikumswunsch sprachen sich die Behörden der Anrainer-Gemeinden Rheinfelden (Baden), Herten und Grenzach-Wyhlen auf deutscher sowie Augst und Kaiseraugst auf Schweizer Seite gemeinsam für eine Weiterführung des Fährbetriebs aus. Natürlich wusste man hüben und drüben, dass die Frequenz der Fähre seit den 1950er und 1960er Jahren stetig abgenommen hatte und der „Berufsverkehr" kaum mehr eine Rolle spielte, da die in der Schweiz beschäftigten Grenzgänger ihre Arbeitsstätten meist mit Motorfahrzeugen über die Rheinbrücken in Rheinfelden oder Basel erreichten. Mit der Eröffnung des Kraftwerk-Steges würde sich nun die Fähre erst recht und immer deutlicher zum reinen „Ausflugsboot" von Schulklassen, Wanderern und Sonntagsspaziergängern wandeln. Doch Kaiseraugst liess sich von dieser Entwicklung nicht beirren. Unmissverständlich stellte der Gemeinderat fest: *„Die Rheinfähre ist mit dem Dorf aufs engste verbunden und gilt somit als historischer aber auch als kultureller Bestandteil der Geschichte der Gemeinde: Dieses Kulturgut sollte nicht verloren gehen oder einfach abgegeben werden!"* In einer abgesprochenen Aktion verlangte er darum zusammen mit den anderen Anrainer-Gemeinden von den Konzessionsbehörden in Bern und in Freiburg i. Br. den Entscheid über die Entbindung der Kraftwerksbetreiber vom Fährbetrieb solange zu sistieren, bis objektive Vergleichszahlen vorgelegt werden könnten, d.h. die Ganzjahres-Frequenzen vor und nach der Eröffnung des Wehr-Steges. Dem Begehren wurde aber weder von deutscher noch von Schweizer Seite stattgegeben, da die Konzession unmissverständlich festhielt, dass das Kraftwerk mit der Inbetriebnahme der Fussgängerverbin-

DER VERKEHR

Die Fähre in voller Fahrt. (Foto Ronny Wittenwiler)

dung über die Wehranlage von der Pflicht entbunden sei, einen Fährbetrieb zu finanzieren. Um in die Bresche zu springen, nahmen daher die interessierten Gemeinden – Kaiseraugst, Herten, Badisch Rheinfelden und Wyhlen – die Bildung einer öffentlich-rechtlichen zwischenstaatlichen Körperschaft in Angriff, die vor allem die einzelnen Kostenanteile am Betriebsaufwand festzulegen hatte. Auf den 1. April 1995 übernahm dann die Ortsbürgergemeinde Kaiseraugst definitiv den Fährbetrieb; das Kraftwerk hatte ihr die Fähre und die Trägerschaft zum symbolischen Preis von einem Franken überlassen.

Es würde zu weit führen, im Folgenden die weiteren Diskussionsschritte wiederzugeben. Entscheidend ist, dass sich die Ortsbürgergemeinde von Beschluss zu Beschluss – der letzte fiel für die Jahre 2005 – 2015 – immer wieder bereitgefunden hat, die jährlichen Defizite von rund 20'000 Franken des weitgehend auf Wochenendfahrten reduzierten Fährebetriebs zu tragen. Sie entsprach damit dem von ihrer Fährekommission erarbeiteten Leitbild, das vom Grundsatz ausging, die Fähre sei zu erhalten und habe die Partnerschaft und die grenzüberschreitenden Kontakte zu fördern. In der Tat: Mit dem Entscheid, der übrigens auch von der Stadt Rheinfelden (Baden) mit einem jährlichen Beitrag von rund 6'700 Franken unterstützt wird, dient Kaiseraugst nicht nur dem Tourismus, es bekennt sich zur traditionellen Freundschaft mit der deutschen Nachbarschaft.

DER VERKEHR

KWA   **KWR**

Uebergabe des Fährschiffes
Augst – Wyhlen
Freitag, 31. März 1995

Heute, 31. März 1995, stellen die Kraftwerksunternehmungen den seit Jahrzehnten geführten Fährbetrieb ein.

Wir freuen uns, dass eine neue Trägerschaft, vertreten durch die

Ortsbürgergemeinde Kaiseraugst,

das Schiff übernimmt und den Fährbetrieb weiterführt.

Wir übergeben das Fährschiff
Augst – Wyhlen
zum symbolischen Betrag von

Fr. 1.—

und wünschen noch manches glückliches
"Hohlüber" und "Leinen los".

Kraftwerk   Kraftübertragungswerke
Augst AG   Rheinfelden AG

„Neben dem fahrplanmässigen Fährbetrieb", so ist den Erläuterungen zum Traktandum Fähre der Ortsbürgergemeindeversammlung vom 10. Dezember 2004 zu entnehmen, „haben sich vor allem die Sonderfahrten als Angebot beidseits des Rheins etabliert. An den verschiedenen über den Sommer hindurch stattfindenden 5 – 6 Abendfahrten nehmen jedesmal bis 30 Personen teil und geniessen bei einem Apéro die rund zweistündige Rundfahrt auf dem Stausee. Auch von Privaten wird die Fähre etwa siebzig Mal gemietet. Im Durchschnitt kommen so rund 1500 Fahrgäste zusammen, die für Fr. 125.00 pro Stunde die Fähre für eine Stauseerundfahrt oder eine Fahrt von und nach Rheinfelden buchen. Gemäss Statistik wird die Fähre durchschnittlich von 6'000 Fahrgästen pro Jahr für eine reguläre Überfahrt benutzt. In erster Linie sind es Schulklassen oder Wandergruppen, welche die Fahrt über den Rhein in ihr Ausflugsprogramm einbauen."

Noch aber bleibt eine Frage offen. Schmid oder Schauli hiessen die Fährmänner bis zur Übernahme des Steuers durch Kraftwerksangestellte, und wer sind die Fährmänner seit dem 1. April 1995, seitdem die Ortsbürgerschaft die Fähre betreibt? Es sind nicht weniger als elf Fährmänner, die sich jetzt in diese Arbeit teilen und nach Absprache den Jahres-Einsatzplan erstellen. Alle fühlen sie sich mit dem Rhein verbunden und beinahe alle besitzen auch privat ein eigenes Boot auf dem Fluss. Eine besondere Fährmanns-Prüfung haben sie nicht ablegen müssen: Zum Hin- und Herfahren auf dem Stausee reicht die normale Motorbootprüfung. Nur wenn Sonderfahrten auf der lauschigen Rheinstrecke zwischen Kaiseraugst und Rheinfelden oder Stausee-Rundfahrten angesagt sind, braucht es für Fahrten mit 30 Personen das Rheinschifferpatent sowie eine Funkprüfung.

---

[1] Mumpfer und Kaiseraugster Fährordnung vom 28. Dezember 1810, abgedruckt in Vetter J., Schifferei, Flötzerei und Fischerei am Oberrhein, Karlsruhe 1864, S. 212f.

[2] Ebda. S. 213.

[3] Volksstimme 31. August 1912.

[4] Meyer Marcel: Kaiseraugst und die Rheinschifffahrt, in: Rheinfelder Neujahrsblätter 2001, S. 87.

DER VERKEHR

Von der Landstrasse zur Autobahn

Der „Pass zu Augst"

Zur historischen Augster Zoll- und Grenzsituation gehört – oder besser gesagt: gehörte – insbesondere die alte Ergolzbrücke. Sie wird erstmals 1363 erwähnt, bestand aber seit der Römerzeit.[1] Wie sie nach verschiedenen Um- und Ausbauten im 18. Jahrhundert aussah, lässt uns einer der schönen Stiche Emanuel Büchels erleben. Wir stehen unterhalb der Einmündung (B) in die Ergolz (A) und blicken von Norden auf die Augster Brücke, den „Pass zu Augst". Auf seiner rechten Seite dominiert ein imposanter Torturm mit Wall, Graben, Mauern und Zugbrücke, der nach den Plänen von Georg Friedrich Meyer 1690 zusammen mit der Hülften-Schanz und St. Jakob auf Anraten der Eidgenossenschaft erbaut wurde. Im Rücken der trotzigen Befestigungsanlage wölbt sich die zweijochige, schmale und aus grossen Steinquadern errichtete Ergolzbrücke zum einladenden Gasthof Rössli hinüber, dem einzigen aus jener Zeit noch erhaltenen Gebäude. Der Mittelpfeiler der Brücke ist auf seiner Südseite durch einen keilförmigen und abgedachten Wellen- und Eisbrecher verstärkt – angesichts der immer wieder auftretenden Ergolzhochwasser und -vereisungen sicher eine gebotene Massnahme. Östlich der Ergolz führte die Strasse vor dem 1692 erbauten Holzsteg über eine Furt im Violenbach ins vorderösterreichische Gebiet. Der Baubeschluss des Basler Kleinen Rates verhehlt nicht, dass der Brückenschlag über den Violenbach schon längst nötig gewesen wäre, da „nicht schon etliche wägen allda ... niedergesuncken, sondern auch bey etwas grossem Wasser, wie nicht weniger Winters Zeit, man weder zu Pferd noch sonsten durchkommen kann."[2]

18. Jahrhundert: Augster Brücke mit Torturm und Lehenwirtshaus. (Staatsarchiv Basel-Stadt, Falk D 33,2. Siehe Band 1, S. 139)

Wie gross die militärische Bedeutung des Augster Passes war, geht aus Bruckners Beschreibung von 1763 hervor: *„Es ist bekannt, dass in Kriegszeiten, wenn fremde kriegende Mächte ihre Kriegsscharen an dem Rheine stehen haben, gemeinlich auch Kriegsvölker im Fricktal sich befinden; daher in solchen Zeiten, zu Verhütung aller Ungelegenheiten auf den eydsgenössischen Grenzen, und damit selbige von keiner betreten werden, besonders zu Augst Eydsgenössische Truppen verlegt werden."*[3]

Rheinfelden – Basel: links- oder rechtsrheinisch?

Obwohl dem „Pass zu Augst" als Eingangstor zum Fricktal bis zum Jahr 1803 höchste militärische Bedeutung zukam, wurde er, was seine Zufahrtsstrassen anbelangt, bis 1812 sowohl von eidgenössischer als von österreichischer Seite recht stiefmütterlich behandelt. So lange hatte man den Ausbau des alten Weges zwischen Basel und Rheinfelden unterlassen. Die Stadt Basel hatte eine recht gute Entschuldigung zur Hand: Die im 18. Jahrhundert bereits bestehende rechtsufrige Rheinstrasse genügte ihr vollkommen, weil sie bis vor ihre Tore nur österreichisches Gebiet berührte und ihr Unterhalt daher zu Lasten Österreichs ging. Auch von der Gegenseite wurden keine grossen Anstrengungen unternommen, um die Isolation von Kaiseraugst aufzuheben. An einer linksufrigen Verbindungsstrasse zwischen Rheinfelden und Basel war im Grunde genommen nur gerade der Augster Lehenwirt interessiert, denn so lange die vor seinem Gasthaus durchführende Strasse nicht ausgebaut war, stand es um seinen Verdienst nicht zum Besten, er musste zusehen, wie sich beinahe der ganze Verkehr zwischen Basel und dem Fricktal jenseits des Rheines auf österreichischem Gebiet abwickelte. Als jedoch das Fricktal 1802 der Schweiz zugeschlagen wurde, liess sich die Anlage einer linksufrigen Rheinstrasse sowohl aufgrund militärischer als auch wirtschaftlicher Überlegungen nicht länger hinausschieben. Besonders die Aargauer Regierung legte Gewicht darauf, auf der Schweizer Rheinseite und über aargauisches Gebiet mit der eidgenössischen Rheinstadt verkehren zu können. 1830 wurde das alte Brückentor dem von Jahr zu Jahr zunehmenden Verkehr geopfert. Seine militärische Bedeutung hatte es schon viel früher mit dem Übergang des Fricktals zur Schweiz eingebüsst. Die Rolle des alten und wehrhaften Wachtturms übernahm 1830 ein neuer, kurz vor der Kantonstrennung von der Basler Regierung in klassizistischem Stil errichteter Zoll- und Landjägerposten am unteren Ende der Häuserreihe, die am rechten Ergolzufer emporsteigt. Doch auch er sollte 1957 ein Opfer des Verkehrs werden.

18. Jahrhundert: Augster Brücke mit Lehenwirtshaus und Torturm. (Nach einem kolorierten Kupferstich von Pérignon. Siehe Band 1, S. 163)

Die Landstrasse Basel–Rheinfelden im 19. Jahrhundert

Mit dem Übergang des Fricktals zur Eidgenossenschaft begann vor allem für Augst ein wichtiger Abschnitt seiner Entwicklung: Der ganze Verkehr zwischen Basel und Zürich passierte nun das Dorf, und der Wirt des Gasthofes zum Rössli hatte sich fortan nie mehr über die Konkurrenz zu beklagen, die seinem Gewerbe von der badischen Seite her schadete. Der zunehmende Handelsverkehr zwischen Basel und der Ostschweiz verbesserte auch den Verdienst der anderen an der Strasse gelegenen Gaststätten. Nicht selten konnte man am Abend in Augst zehn oder mehr Lastwagen und Gespanne jeder Art vor den Wirtschaften stehen sehen: *„...Pferdefuhrwerke beherrschten die Dorfstrasse. Man fuhr in Kutschen von Basel aus nach Baden, aber auch nach Zürich; auf schweren Lastwagen beförderte man jurassische Kalksteine oder aus den Vogesen Buntsandsteine auf die Bauplätze; Botenwagen aus dem Fricktal, von Buus, Maisprach und anderen Baselbieter Dörfern fuhren mit Waren und Passagieren nach Basel, aber auch die Bauern von Augst und Kaiseraugst benützten mit ihren Heu-, Mist- und Güllenwagen die Dorfstras-*

se; Kornfuhren der Prattlerbauern kamen zur Kundenmühle, und nicht vergessen darf man die schweren Mehlfuhrwerke der Aktienmühle, die, bespannt mit den robusten, rotbraunen Belgierpferden, ihre Last in alle Himmelsrichtungen beförderten." [4]

Wegen dieses doch recht regen Verkehrs wurde dem Unterhalt der Strasse gegen die Mitte des Jahrhunderts grössere Beachtung geschenkt. So erfahren wir etwa, dass im Winter 1855/56 anstelle der nicht mehr genügenden, schmalen Brücke über den Violenbach eine breitere aus behauenen Quadersteinen trat. In ihre Kosten teilten sich die beiden Kantone Baselland und Aargau, deren Grenze genau in der Mitte des Baches verläuft. Deshalb wurde auch das sicherheitshalber angebrachte eiserne Geländer mit den entsprechenden Kantonsfarben bemalt – westlich weiss und rot, östlich schwarz und blau. Die Eröffnung der aargauischen Salinen steigerte um die Jahrhundertmitte den Verkehr noch mehr. Eine Bözberglinie gab es noch nicht, also musste das Salz, welches von den verschiedenen Kantonsregierungen gekauft wurde, entweder nach Pratteln oder Niederschöntal geführt werden. Denn dort ging seit 1858 die Hauensteinlinie durch, welche Basel mit der Innerschweiz verband. Ein grosser Teil der Salzerträge kam in den 1840er und 1850er Jahren freilich auch nach Basel, das den Verlust des Baselbietes anno 1833 nicht so schnell vergessen konnte und daher die Saline Schweizerhalle geflissentlich überging. Trotz dieser Salzfuhren ging der Verkehr einige Jahre nach Eröffnung der Hauensteinlinie zurück. Statt der vier- und fünfspännigen Postwagen, die früher täglich zwischen Basel und Zürich gefahren waren, verkehrte jetzt nur noch ein Einspänner zwischen Basel und dem Fricktal. Doch nicht nur der Personenverkehr wurde von der Bahn an sich gezogen, 1863 stellte der Augster Chronist enttäuscht fest, dass auch die Güterfuhren, von denen früher täglich acht, oft zehn das Dorf passiert hätten, inzwischen zur grossen Seltenheit geworden wären. Und er erging sich in bewegter Klage, *„dass dieser Ort der ersten Kulturstätte unserer weiteren Umgegend, von welchem aus der römische Handel seine entfernten Verbindungen unterhielt, von dem Verkehr und dem Gewerbefleiss der Neuzeit so zurückgesetzt und übergangen worden sei."* [5] Noch konnte er eben um 1860 nicht wissen, dass bereits wenige Jahre später mit dem Bau der Bözbergbahn auch für Augst der Anschluss an den Weltverkehr vollzogen wurde.

Und Kaiseraugst – war es mit seinem Schicksal abseits der grossen Strasse zufrieden? Der Kaiseraugster Geschichtsforscher G. A. Frey vermutet, die Kaiseraugster, diese „Söhne des Rheins" müssten sich ihr Abseitsstehen selbst zuschreiben, *„sie fühlten sich auf dem Wasserweg begünstigt und tranken gern, wenn sie von Basel heimkehrten, im vorderösterreichischen Grenzach oder Wyhlen ein Schöpplein."* [6] Im Hinblick auf den Autoverkehr der zweiten Hälfte des 20. Jahrhunderts dürfte diese stolze Haltung der Kaiseraugster vielleicht ihre nachträgliche Rechtfertigung gefunden haben: Kaiseraugst hat seinen Dorfkern erhalten können, Augst dagegen musste Opfer bringen. Wie es übrigens um die „Fahrhabe" in Kaiseraugst vor der Industrialisierung stand, belegt eine Statistik des „Cantons" Aargau aus dem Jahr 1831. Man zählte im Dorf neben 14 mehrspännigen vier einspännige Wagen; für den Zugdienst standen 19 Pferde zur Verfügung, doch werden bei Bedarf sicher auch einige der 31 Ochsen für diesen Zweck eingesetzt worden sein.

DER VERKEHR

Die Landstrasse in den ersten Jahrzehnten des 20. Jahrhunderts

Wer heute Augst und Kaiseraugst durchfährt, hat sich voll zu konzentrieren; dichter Gegenverkehr, Ampeln, Fussgängerstreifen, Kreisel, Einmündungen nehmen die Aufmerksamkeit in Anspruch. Ganz anders war das Bild der Landstrasse zu Beginn des 20. Jahrhunderts, als die Motorisierung Einzug hielt. Noch gab es keine Signalisation und noch war die Strasse ungeteert, es ging über Stock und Stein – bei Regenwetter hatten die Strassenbenützer mit Schlamm, bei Trockenheit mit Staub zu rechnen. Das erfuhren auch die Teilnehmer des grossen Automobilrennens von 1902, das seinen Anfang in Paris genommen hatte und über Basel und Zürich nach Wien führte und damit auch die beiden Augster Dörfer berührte.

Postkutsche von Kaiseraugst nach Arisdorf. (Foto aus Kaiseraugst – wie's damals war)

Angesichts des grossen und ungewohnten Schauspiels traf die Kaiseraugster Schulpflege, um jegliche Unfallgefahr zu bannen, vorsorgliche Massnahmen. Sie verbot der Schuljugend kurzerhand das Betreten der Landstrasse, doch darf angenommen werden, dass die Bevölkerung auch im Aargauer Dorf gleich wie in Augst Spalier stand. Man ergötzte sich am abenteuerlichen Aussehen der Autofahrer. Sie waren in dick wattierte Mäntel eingehüllt, um bei allfälligen Stürzen böse Schürfungen zu vermeiden, und durchfuhren mit nur wenigen Stundenkilometern die Landschaft. „*Interessant, aber nicht gerade schön war das Schauspiel,*" wusste der Augster Chronist zu berichten: „*Wie Mumien nahmen sich die mit Schutzbrillen versehenen staubigen Gestalten auf den dahersausenden Gefährten aus. Jedenfalls ist solch ein Fahrer, wenn er diese tolle Jagd einige Tage lang mitgemacht hat, mehr todt als lebendig.*" [7]

Was 1906 die „Basellandschaftliche Zeitung" über die Verhältnisse der über Muttenz nach Liestal führenden Landstrasse berichtete, hatte somit auch für die Augster und Kaiseraugster Durchgangsstrasse seine Richtigkeit: „*Wer am letzten Karfreitag auf unseren von Basel nach Liestal führenden Strassen die Aufwirbelung des Staubes mitansah, welche durch das beständige Hin- und Herfahren der Automobile und Velos verursacht wurde, wer beobachtete, wie die vielen Hunderte von Baslern, die den schönen Tag zu einer Fusstour nach Muttenz und Pratteln benutzten, ihren Weg beständig durch aufwirbelnde Staubwolken zu nehmen hatten und sah, wie sich Frauenzimmer 30 bis 50 Schritte weit in die anliegenden Aecker und Matten hinein flüchteten, um ihre Kleider durch Verstaubung nicht ganz zu Grunde richten zu lassen, der musste sich überzeugen, dass bezüglich einer derartigen Benutzung unserer Strassen Wandel geschafft werden muss.*" [8]

Und wie sah dieser prophezeite Wandel aus? Da sich das Abspritzen der Strassen als untaugliches Mittel erwiesen hatte, schlug der Einsender der Staubklage das Radikalmittel eines Benutzungsverbotes vor, wenn die Strassen mit dickem Staub belegt seien. So weit sollte es allerdings nicht kommen: Das Auto war nicht mehr wegzudenken. 1911 hören wir von der Beschwerde eines die Hauptstrasse bewohnenden Augsters: *„Wegen der vielen im Sommer durchfahrenden Autowagen ist das Wohnen an der Hauptstrasse ein sehr unangenehmes, durch das viele Staubaufwerfen. Nun könnte diesem Übel wie anderwärts durch Theeren der Strasse abgeholfen werden, allerdings wird die Gemeinde einen entsprechenden Theil an die Kosten leisten müssen. Die Fremden, die sich im Sommer so zahlreich einfinden, würden es jedenfalls als rechte Annehmlichkeit begrüssen, da es oft bei vielen nacheinander fahrenden Autos einfach entsetzlich ist."* [9]

Kreuzgarage an der Landstrasse. (Foto aus Kaiseraugst – wie's damals war)

In den dreissiger Jahren wurde dann die Strasse endlich geteert – sowohl ihre Anwohner wie auch die Besucher der römischen Ruinen konnten jetzt staubfrei aufatmen. Gemessen an den heutigen statistischen Werten hielt sich allerdings der Verkehr noch absolut in Grenzen. Die Verkehrszählung von 1928/29 weist für die Strecke Birsfelden-Schweizerhalle lediglich ein Tagestotal von 1212 Fahrzeugen und 405 Fahrrädern aus!

Wie begegnete der Gesetzgeber der neuen Verkehrsentwicklung? Bereits 1904 hatten zahlreiche Kantone – darunter auch die Kantone Aargau und Basel-Landschaft – ein Konkordat über eine einheitliche Verordnung betreffend Motorwagen- und Fahrradverkehr erlassen.[10] In Artikel 6 wurde festgehalten: *„Jeder Fahrer soll seinen Wagen mit einer Warnvorrichtung versehen, diese hat aus einem tiefen Ton zu bestehen, mit Ausschluss jeden anderen Signals."* Artikel 8 legte fest: *„Von Beginn der Dämmerung an soll während der Nachtzeit jeder Motorwagen vorn mit zwei Laternen versehen sein; die eine mit grünem, die andere mit weissem Licht, die erstere links, die andere rechts angebracht."* Artikel 8 regelte auch das Tempo: *„Niemand darf die Geschwindigkeit, selbst in flachem Land, dreissig Kilometer in der Stunde überschreiten"*. Bei Brücken und in engen Strassen sei sie hingegen auf *„diejenige eines Pferdes im Schritt, d. h. auf sechs Kilometer"* herabzusetzen – eine besonders für Augst mit seiner schmalen Brücke wichtige Bestimmung. Das Jahr 1911 – wir erinnern uns an die Staubklage des Augsters – brachte eine erste Revision, sie legte neu fest: *„Die zulässige Geschwindigkeit für Motorwagen und Motorfahrräder ist in Städten und Ort-*

Lastwagenunfall auf der Landstrasse. (Foto aus Kaiseraugst – wie's damals war)

DER VERKEHR

schaften von 10 auf 18 Kilometer und in flachem Land und offenem Felde von 30 auf 40 Kilometer erhöht. Es ist dies eine Geschwindigkeit, die, wenn sie wirklich eingehalten wird, im allgemeinen Anlass zu Klagen über allzu grosse Belästigung kaum mehr geben wird." In Kaiseraugst fanden die Staubdiskussionen 1933 ihr Ende – die Dorfstrasse wurde geteert. Für den Wegmacher, der für den Strassenunterhalt verantwortlich war und diese Aufgabe bisher mit einem mergel-gefüllten Schubkarren erfüllt hatte, brachte die Neuerung eine merkliche Entlastung.

Die Augster Brückensanierung von 1957/58

Belästigungsklagen verstummten auch nach der Teerung der Strasse und der zunehmenden Reglementierung des Verkehrs nicht. Wer hätte auch zu Beginn des Automobiljahrhunderts je geglaubt, dass das Dorf nur fünfzig Jahre später täglich von 11'000 Motorfahrzeugen durchfahren würde und die nur 2,1 m breite Brücke diesen Verkehr kaum mehr schlucken könnte? Auch eine 1952 eingerichtete automatische Signalanlage, die den Verkehr wechselseitig im Einspurbetrieb regelte, genügte nicht. Die Verkehrsstockungen – heute würde man von Staus reden – wurden immer häufiger, so dass es manchmal Kolonnen gab, die bis gegen Schweizerhalle oder den Augsterstich reichten. Die Brücke war – in den Worten eines Journalisten – zu einem lebensgefährlichen „Strassengeschwür" verkommen. Infolge ihrer zur Hauptfahrtrichtung etwas abgedrehten Lage war sie auch mehrmals durch Motorfahrzeuge beschädigt worden, ein erstes Mal bereits in der Nacht vom 11. auf den 12. Mai 1907, als eine Brüstung vollständig demoliert und in die Ergolz gestossen wurde. Seit diesem Zeitpunkt standen auch immer wieder Vorschläge, wie

1941: Die Ergolzbrücke mit der alten Mühle (links) und dem Rössli. (Aus Augst anno dazumal)

die prekären Verhältnisse saniert werden könnten, zur Diskussion. Der Leidensdruck der Bevölkerung nahm von Jahr zu Jahr zu: *„Von den Erfahrungen der Augster Dorfbevölkerung, die kaum noch im Sprintertempo, eingeklemmt zwischen allen möglichen Fahrzeugen das Brücklein passieren kann und dabei ihres Lebens nie sicher ist, wollen wir lieber schweigen"*, resümierte ein Journalist.[11] Eine Strassenkorrektion wurde unumgänglich. Eine Verbreiterung der Ergolzbrücke lehnte die Augster Gemeindeversammlung kategorisch ab; sie befürchtete, die Hauptstrasse des Dorfes werde nach Beseitigung des Brücken-Engpasses zu einer besonders für Kinder und ältere Leute gefährlichen Rennbahn. Sie verlangte daher zum Schutze der Fussgänger einen an die bestehende Brücke angebauten Laufsteg und ersuchte die Regierung, eine Umfahrungsstrasse zu forcieren. Das berechtigte Anliegen der Augster fand Unterstützung von der Presse, die für die Erhaltung des alten Bau-, Kultur- und Zeitdenkmals eintrat. So schrieb die „Basellandschaftliche Zeitung": *„Durch* *den Bau einer Notbrücke entlastet man die alte Brücke... Bund, Kanton und die Gemeinde Augst sparen dadurch einige hunderttausend Franken, sie erhalten den Charakter des schönen, alten Dorfes und seiner Brücke und beschleunigen gleichzeitig die dauerhafte, alle befriedigende Lösung des Auto- und Umfahrungsstrassenbaus!"* [12] Doch aus der Umfahrung wurde nichts. Da eine verbindliche Finanz-Zusage des Bundes ausblieb, beschloss der Landrat am 20. Dezember 1956 einstimmig den Abbruch der alten Brücke. Ausschlaggebend war die Feststellung, dass die Brücke in ihren Gewölben bedenkliche Ermüdungserscheinungen zeigte, weshalb früher oder später schwerwiegende bauliche Eingriffe vorzunehmen wären. Auch wurde zu bedenken gegeben, dass es sich seit dem Abbruch des Wachtturmes und der Niederlegung der alten Mühle anno 1951 nur noch um ein Rudiment der ehemals turmbewehrten und trotzigen Grenzbrücke handle. Etwas mehr als ein Jahr nach dem Landratsbeschluss konnte die neue Brücke am 12. April 1958 dem Verkehr übergeben werden.

Bei allem Verständnis für die Dringlichkeit einer Lösung der Augster Verkehrsprobleme ist es betrüblich, dass es nicht möglich war, das Brücklein zu retten. Die geschmackvolle Ausführung der neuen Betonbrücke, die auch auf Aargauer Boden verbreiterte Strassenanlage – all diese an und für sich begrüssenswerten Verbesserungen vermögen nicht darüber hinwegzutäuschen, dass Augst mit dem Verschwinden der altersgrauen Ergolzbrücke auch seine ursprüngliche harmonische Geschlossenheit verloren hat.

Der Bau der Nationalstrasse

Die Arbeiten für die Basel mit Zürich verbindende Nationalstrasse, wie damals die Autobahn hiess, begannen 1963 an verschiedenen Stellen, beispielsweise in unmittelbarer Nähe des Kaiseraugster Hardhofes, der abgerissen werden musste und neu auf Rheinfelder Gebiet zu stehen kam. 1966 war es dann so weit. Am 15. April konnte im Zeichen der Mustermesse das knapp 6000 Meter lange Autobahnstück Kaiseraugst – Rheinfelden während ganzen zehn Tagen für den Verkehr geöffnet werden. Man wollte mit dieser Massnahme das Fricktaler Haupthindernis für den Besuch der Rheinstadt, nämlich die oft geschlossene Bahnschranke der Bäderstadt, Schachmatt setzen und damit einen flüssigeren Ablauf des gewaltigen Messeverkehrs erreichen. Die „Neue Rheinfelder Zeitung" begrüsste das Ereignis, stellte aber zugleich fest: *„Bei der ganzen Freude über dieses Werk bleibt immer noch der Wermutstropfen hängen, dass es bis im Jahre 1972 bei diesen sechs Kilometern bleibt. Wenn aus dem Betonstreifchen einmal ein respektabler Betonstreifen geworden ist, dann freut sich auch der hinterste Fricktaler."* [13]

Und das waren die weiteren Etappen des Autobahnbaus:
- 23. Dezember 1969 Eröffnung des Autobahn-Teilstücks Hagnau-Augst
- 23. Dezember 1970 Eröffnung der Autobahn N2
- 18. Oktober 1996 Eröffnung des Bözbergtunnels.

Die definitive Eröffnung der N2 brachte dem lärmgeplagten Dorf mindestens vorübergehend eine gewisse Beruhigung. Während in den sechziger Jahren täglich rund 17'000 Fahrzeuge das Dorf durchfuhren – den Rekord markierte das Jahr 1969 mit 19'500 Fahrzeugen –, sank diese Quote 1970 auf 6'400. Doch leider hielt dieser Tiefstand nur gerade ein paar Jahre an,

DER VERKEHR

denn auch die Eröffnung des Bözbergtunnels vermochte den „Aufwärtstrend" nicht zu brechen – 2003 war mit 16'900 Durchfahrten täglich der alte Wert wieder erreicht .

Autobahnen wachsen zusammen

Was lange währt, wird endlich gut – so etwa könnte man die Geschichte des Anschlusses der deutschen Autobahn (A98) an die Schweizer Autobahn (A3) auf einen kurzen Nenner bringen. Die Planung für die Führung dieses Strassenabschnittes, der sogenannten Querspange zwischen Rheinfelden und Kaiseraugst, begann bereits in den sechziger Jahren, bis zu ihrer Realisierung sollten fast vier Jahrzehnte vergehen. Nach hitzigen und unerfreulichen Streitigkeiten einigten sich die angesprochenen Fachverbände und die Behörden schliesslich auf einen Anschluss, der als West-Ost-Zubringer Basel nicht durchquert, sondern über Märkt, Lörrach und Kaiseraugst/Rheinfelden auf zwei Spuren – geplant waren ursprünglich vier – an der Stadt vorbeiführt.

Im August 2001 konnte mit dem Bau dieses Zubringers begonnen werden – von den einen begeistert begrüsst, von anderen als attraktive Basler Umfahrung für den Nord-Süd-Schwerverkehr befürchtet. Am 7. März 2006 wurde die Brücke eröffnet. Sie soll Rheinfelden und die beiden Augster Dörfer fühlbar vom Verkehr entlasten. Bisher hat der morgendliche Pendlerstrom – einerseits aus Richtung Rheinfelden bis zum Autobahnanschluss Augst, bzw. nach Liestal oder Schweizerhalle, anderseits in entgegengesetzter Richtung zu den Arbeitsplätzen in Kaiseraugst – regelmässig zu hohen Spitzenbelastungen geführt. Jetzt hoffen die Behörden, dass der Arbeits-Verkehr seinen Weg direkt in das übergeordnete Strassennetz finden wird. Kaiseraugst hat in dieser Absicht weitsichtig alle Industriebetriebe, die sich in den letzten Jahren hier niedergelassen haben, mit der Baubewilligung verpflichtet, den Zubringerverkehr nach Eröffnung der neuen Autobahneinfahrt ausschliesslich nach Osten abzuwickeln. *"Wir nehmen an, dass der Automobilist automatisch den bequemeren und sicher auch schnelleren Weg wählen wird, um auf die Autobahn zu gelangen. Ergänzende Massnahmen, um den Verkehrsfluss zu lenken, behalten wir uns aber ausdrücklich vor"*, kommentierte der Kaiseraugster Gemeindeammann die neue Situation.[14] Erst nach der Drucklegung dieser Ortsgeschichte wird sich aber zeigen, ob angesichts des stetig wachsenden Lastwagenaufkommens die optimistische Rechnung

Die neue Autobahnbrücke nach Deutschland östlich von Kaiseraugst. (Foto Beat Zimmermann)

DER VERKEHR

der Behörden aufgeht und ob es nicht auf dem Abschnitt Rheinfelden-Augst zu Mehrverkehr mit Stau und Immissionen kommt.

Auf grossen Baustellen gehört heute eine ökologische Begleitung zum Schutz von Pflanzen und Tieren ganz selbstverständlich zum Bauprogramm – und das galt auch für die Baustelle des Autobahnzubringers, wo insbesondere die Lebensräume gefährdeter Amphibienarten (Erd- und Kreuzkröte, Gelbbauchunke, Berg- und Fadenmolch) zu schützen waren. Eine Gruppe, die sich aus Biologen und Vertretern der Abteilung für Umwelt im Baudepartement sowie Mitgliedern der örtlichen Naturschutzkommissionen von Kaiseraugst und Rheinfelden zusammensetzte, nahm sich dieser Aufgabe an und schrieb sich das Thema Vernetzung auf die Fahne: So wie es ein Strassen- und Autobahnnetz gibt, so muss auch für Tiere und Pflanzen ein Netzwerk von gefahrlosen Korridoren bereitgestellt werden, auf denen sie sich frei vermehren und bewegen können. Insbesondere Kreuzkröten und Gelbbauchunken sind sehr wanderfreudige Amphibien, sie bevorzugen kahle Flächen sowie flache Gewässer. Im Umfeld der Baustelle hielten sie sich bereits vor Beginn der Bauarbeiten auf. Um sie so gut als möglich zu schützen, wurden sie aus der Gefährdungszone evakuiert und ausserhalb der Baustelle in künstlich geschaffenen Ersatzgewässern angesiedelt, bis Ende 2004 das zwischen Autobahn und Waldrand angelegte wechselfeuchte Biotop „Hardweiher" bereitstand. Es passt sich in die ökologischen Massnahmen der Gemeinde ein und ermöglicht Naturfreunden dank eines vom Natur- und Vogelschutzverein Kaiseraugst in Fronarbeit angelegten Holzstegs die Beobachtung des Lebens im und am Weiher aus nächster Nähe. Schliesslich sorgen naturnahe Hecken und Gehölze sowie naturbelassene Flächen, die als Öko-Korridore dienen und Kleintieren Querungsmöglichkeiten bieten, für eine optimale Eingliederung des Betonwerkes in die Landschaft.

Von Kreisel zu Kreisel

Verkehrsprobleme gehören zu einer aufstrebenden Gemeinde, und so war vorauszusehen, dass das Verkehrsaufkommen auf der Giebenacherstrasse zunehmen würde. Neben dem steigenden Durchgangsverkehr aus den südlichen Nachbargemeinden war es aber vor allem die hausgemachte Zunahme aus der Liebrüti-Überbauung selbst, welche zu einer immer grösseren Frequenz auf der Giebenacherstrasse führte. Mit der Eröffnung der Coop-Fachmärkte am Junkholzweg spitzte sich die Situation derart zu, dass an gewissen Wochentagen der Strom der zu- und abfahrenden Autos nicht mehr abbrach. Ein Kreiselprojekt sollte Abhilfe schaffen. Es wurde jedoch in einem ersten Anlauf von der Gemeindeversammlung wegen der hohen Kosten abgelehnt. Man war der Meinung, Coop als Verursacher müsste einen Beitrag leisten.

Der älteste Kaiseraugster Kreisel. (Foto Ursi Schild)

DER VERKEHR

Mit der sich mittlerweile abzeichnenden baulichen Entwicklung am Junkholzweg wurde der Wunsch nach einem klaren Konzept wach. Der Verkehr musste verflüssigt und geordnet werden. Ein erster Kreisel wurde deshalb 2004 an der Landstrasse erstellt; er hatte die Aufgabe, die Zu- und Wegfahrt zur Gewerbezone (Hobbyland, Kaiserhof) in Richtung Rheinfelden über den neu gebauten Schwalbenweg zu entlasten. Gleichzeitig wurde der Junkholzweg vom Gewerbeverkehr vollkommen befreit; er dient heute als Wohnstrasse einzig den Anwohnern und Besuchern des neuen Wohnquartiers.

Der zweite Kreisel wurde zwei Jahre später an der Giebenacherstrasse dem Verkehr übergeben; er ermöglicht das gleichzeitige Kreuzen aus allen vier Richtungen (Giebenach, Liebrüti, Junkholz, Landstrasse).

Ein dritter Kreisel ist anstelle der heutigen Lichtsignalanlage bei der Einmündung des Wurmisweges in die Landstrasse geplant. Er wird der Erschliessung der „Arbeitszone" auf dem Gelände der ehemaligen Kiesgrube dienen sowie der Entlastung des Roche-Areals und der Industriebetriebe nördlich der Landstrasse.

Und schon zeichnet sich die Erstellung weiterer Kreisel ab. Im Rahmen der Umgestaltung der Giebenacherstrasse soll bei der Dorfeinfahrt aus Richtung Giebenach ein Kreisel entstehen. Ein weiterer Kreisel soll als zweite Industrieausfahrt bei der Einmündung des Schafbaumweges in die Landstrasse eingerichtet werden.

Und so hat auch in Kaiseraugst der Kreisel als wichtiges den Verkehr verflüssigendes Gestaltungselement des öffentlichen Raums den Lichtsignalanlagen den Rang abgelaufen.

[1] Heyer Hans-Rudolf: Die Kunstdenkmäler des Kantons Basel-Landschaft, 2. Band, Liestal 1974. S. 31.
[2] Frey G. A.: Aus der Geschichte der Aargauer Nordwestecke, in: Vom Jura zum Schwarzwald 1953, Heft 2/3. S. 71.
[3] Bruckner, S. 2719.
[4] Heimatkunde Augst 1984, S. 129.
[5] Heimatkunde Augst 1863, S. 255.
[6] Frey G. A.: siehe Anmerkung 2.
[7] Volksstimme, 28. Juni 1902.
[8] Klaus Fritz: Basel-Landschaft in historischen Dokumenten, 3. Teil, Liestal 1985. S. 59.
[9] Augster Chronik 1904.
[10] Klaus Fritz, S. 61ff.
[11] Basellandschaftliche Zeitung, 12. April 1958.
[12] Basellandschaftliche Zeitung, 12. Juni 1956.
[13] Neue Rheinfelder Zeitung, 16. April 1966.
[14] Info-Blatt.

Die Bözbergbahn

Dass die Eisenbahnlinie Pratteln – Rheinfelden – Brugg, die Bözbergbahn, erst 1875 eröffnet werden konnte, gehört zu den Merkwürdigkeiten der schweizerischen Eisenbahngeschichte. Sowohl technisches Unvermögen wie auch menschliches Versagen mögen diese späte Entwicklung verursacht haben.

Die Vorgeschichte

Im Zeitalter der Raumfahrt fällt es nicht ganz leicht, sich vorzustellen, welch grossen Widerhall die Eisenbahnfrage vor hundertfünfzig Jahren im Schweizer Volk fand. Auch das Fricktal blieb vom Eisenbahnfieber nicht verschont. Bereits in den vierziger Jahren des 19. Jahrhunderts bemühten sich Finanzkreise um eine direkte Verbindung Basels mit Zürich. 1838 riet jedoch der Engländer John Locke, der als Experte beigezogen worden war, vom Bau der Bözberglinie ab. Ihm schien ein Tunnel durch den Bözberg ebenso unmöglich wie dessen Überquerung; die neue Eisenbahnlinie sollte vielmehr den Flussläufen der Limmat und Aare folgen und dann dem Rhein entlang nach Basel führen. Das Fricktal drohte dabei ins verkehrstote Abseits zu geraten. Doch das Projekt scheiterte: Der Kanton Basel-Landschaft, der von der Bahn nach Überquerung der Kantonsgrenze bei Augst berührt worden wäre, verweigerte die Durchgangskonzession, worauf die „Neue Zürcher Zeitung" allen Ernstes erklärte, man könne ja die Bahn von Kaiseraugst schräg über den Rhein nach Wyhlen führen, so werde jedenfalls das basellandschaftliche Territorium nicht berührt. Als dieser Vorschlag vom Kanton Aargau zu Gunsten der Bözbergbahn abgelehnt wurde, entschloss sich Zürich zu einer Schienenverbindung nach Waldshut, wo der Anschluss an die rechtsrheinische Linie der Badischen Staatsbahn nach Basel stattfand. Als 1858 mit der Eröffnung der von Basel nach Zürich führenden Hauensteinlinie Olten, Brugg und Baden erreichbar wurden, war die Umfahrung des Fricktals vollendete Tatsache; dem kleinen Land schien der früher so bedeutende Transitverkehr von Basel nach Brugg für alle Zeiten verloren zu gehen. Wollte es in seiner wirtschaftlichen Entwicklung nicht ins Hintertreffen geraten, so gab es nur eines zu tun: Der Kampf um die Bahn musste mit verdoppeltem Einsatz wieder aufgenommen werden. Eine 1864 erschienene Schrift „Was hat der Kanton Aargau in Eisenbahnsachen zu tun?" gab gewissermassen den Ton an. Sie wies darauf hin, dass mit einer durch das Fricktal führenden Bahnlinie der *Verkehr der in Basel ausmündenden mitteleuropäischen Bahngruppe in direkter und wahrhaft zentraler Richtung zum St. Gotthard"* geleitet werden könne.

Die Finanzierungsaktion

Um bei der Konzessionsbehörde, dem Grossen Rat in Aarau, von vornherein etwaige finanzielle Bedenken zu zerstreuen, hatte ein Initiativkomitee anfangs April 1869 einen Appell an das Volk der drei beteiligten Bezirke Brugg, Laufenburg und Rheinfelden erlassen und es aufgefordert, sich mit zwei Millionen Franken am grossen Unternehmen zu beteiligen.[1] Der Erfolg blieb nicht aus. Am 28. April 1869 veröffentlichte das Komitee in der „Volksstimme aus dem Fricktal" in grosser Aufmachung eine Liste der verschiedenen Gemeindebeteiligungen. Die Kaiseraugster durften stolz sein: Zusammen mit Eiken und Wallbach eröffnete ihr Dorf den Reigen der bahnfreundlichen Gemeinden. Die von der Gemeinde gezeichneten 30'000 Franken durften sich sehen lassen. Kaiseraugst erhoffte sich von einer Eisenbahnstation zu Recht *„besseren Absatz der Produkte und billigeren Bezug des Benöthigten"*, auch versprach es sich wegen der Nachbarschaft zur Fähre und zum Badischen einen verstärkten Passagierverkehr. Doch es sollte nicht bei dieser ersten Überweisung bleiben. Am 2. Juni 1869 meldete die „Volksstimme", dass Kaiseraugst seine Beteiligung dank der Initiative *„einsichtsvoller Männer"* auf 50'000 Franken erhöht hatte, und lobte überschwänglich: *„Die Schlussnahme von Kaiseraugst erfolgte auf einstimmigen Antrag des Gemeinderathes, ohne die mindeste Diskussion. Das ist etwas vom Geiste der alten Römer, die in den Gräbern von Augusta Raurica schlummern."* Im gleichen Sinn äusserte sich das Komitee in einem an den Gemeinderat gerichteten begeisterten Dankesbrief vom 31. Mai 1869.

„Die kleine Gemeinde Kaiseraugst, deren rasches, so mannhaftes, so patriotisches Vorgehen wesentlich zu den bisherigen, beinahe unerhörten Erfolgen beigetragen hat, hat sich also neuerdings ebenso gross als brav gezeigt. Ihre Manifestation wird nicht verfehlen, auf die noch unschlüssigen oberen fricktalischen Gemeinden, sowie diejenigen des Bezirks Brugg, in welchen nunmehr die Gemeindebeteiligung sich zu entfalten beginnt, einen mächtigen Eindruck zu machen. Sie hat umso grössere Bedeutung, als in gegenwärtigem Augenblick unsere Residenz Aarau sich anschickt, durch kleinliche Umtriebe, wie z. B. unter anderm durch Aufstellung eines Gegenprojektes die öffentliche Meinung zu verwirren, die Bevölkerungen zu vereinigen und das Zustandekommen einer Frickthalbahn im Interesse der Centralbahn zu vereiteln; was ihm aber, so Gott will, nicht gelingen soll. Solchem offenbaren Landesverrath gegenüber ist die Gemeinde Kaiseraugst durch ihren gestrigen Beschluss aufgetreten wie gegen den Erzengel Michael mit dem flammenden Schwert."

Das Komitee hatte sich nicht getäuscht: Das Beispiel Kaiseraugst machte Schule, und bald war die dem Bezirk vom Komitee vorgeschlagene Beteiligung von 663'000 Franken überschritten. Niemand konnte sich eben mit gutem Gewissen den einleuchtenden Argumenten der Initianten verschliessen, die immer wieder darauf hinwiesen, dass dem Tal mit der Eisenbahn der einst so lebhafte Güter- und Personenverkehr wieder zurückgegeben und damit manche Quelle des Verdienstes geschaffen werde. Als Brugg am 25. Mai mit einer Zeichnung von 400'000 Franken überraschte, erschien in der „Volksstimme" aus der Feder Johann Urban Kyms, des Salinenbegründers, ein *„lauschiges Telegramm."* Seine holprigen, aber ehrlichen Verse geben einen guten Eindruck von der freudigen Stimmung der Fricktaler

Kaiseraugst – schon 1869 eine fortschrittliche Gemeinde. (Aus Kaiseraugst – wie's damals war)

DER VERKEHR

Bevölkerung angesichts der in greifbare Nähe gerückten Verwirklichung des grossen Projektes.

„Ungeheure Heiterkeit!
Brugg beschliesst mit Freudigkeit!
400'000 Franken
An die Bötzbergbahn zu schenken!
Drum ein Hoch dem Bötzbergloch!
Kommt's auch spät, so kommt es doch!"

Als das Initiativkomitee am 27. November 1869 die Konzession schliesslich erhielt, hatte die Beteiligungssumme der Gemeinden die Zwei-Millionengrenze überschritten. Lediglich Augst hatte im Hinblick auf seine prekäre Finanzlage auf die Aktienzeichnung verzichten müssen.

Der Bahnbau und seine Folgen

Termingerecht konnte am 8. Juni 1871 mit dem Bau begonnen werden, nachdem man sich zuvor nach langen Diskussionen geeinigt hatte, dass der Anschluss an die Centralbahn nicht wie vorgesehen in Muttenz, sondern in Pratteln durchzuführen sei. Mitte 1873 begannen in Augst die Unterhandlungen zum Ankauf des Landes, und die Einwohnerschaft machte sich allmählich mit dem Gedanken vertraut, dass ihr Dorf in Bälde von einer Eisenbahnlinie durchschnitten werden sollte. Obwohl die Augster dem Bözbergbahnunternehmen durchaus positiv gegenüberstanden, herrschte doch über diesen Umstand begreiflicherweise nicht eitel Freude. Hatten die Bahnbauer ursprünglich für das Augster Trassee ein Viadukt vorgesehen, so setzte sich kurz vor Baubeginn die Idee eines Dammes durch, nota bene ohne dass die Gemeinde zuvor konsultiert worden wäre. Der Gemeinderat machte sich zum Anwalt der Hausbesitzer längs der zukünftigen Bahnlinie – sie sollten nicht für immer der Aussicht und des Sonnenlichtes beraubt werden – und verlangte die Ausführung des ursprünglichen Projektes, und als dies nicht gelang, wegen der vorauszusehenden Verunstaltung des Dorfes eine Genugtuung von 5'000 Franken.

Doch nicht nur das Augster Ortsbild veränderte sich negativ, auch das gesellschaftliche Leben wurde beeinträchtigt. Nächtliche Störungen und Schlägereien der fremden Arbeiter, die im Dorf Einzug gehalten hatten, brachten die Dorfbewohner öfters um Ruhe und Schlaf. Der Gemeinderat wehrte sich so gut er konnte: Er untersagte jeden Nachtlärm und beauftragte den Dorfwächter um elf Uhr mittels Horn das Signal zur Räumung der Wirtschaften zu geben! Ferner verfügte er: *„Es darf nach elf Uhr nachts kein Gesang, weder von einzelnen noch von mehreren stattfinden."* [2] Wer nach elf Uhr ohne Ausweis angetroffen wurde, hatte sich – wie es im Gemeinderatsprotokoll so schön heisst – *„dem Landjäger zu fügen."* Und um diesen Massnahmen

Der Anfang des Briefes des Bözbergkomitees vom 31. Mai 1869. Handschrift des Komitee-Präsidenten A. Mauch. (Aus Geschichte von Augst und Kaiseraugst, 1976)

DER VERKEHR

Der alte Bahnhof
Wie viele andere Gebäude hat sich auch der Kaiseraugster Bahnhof im Laufe der Zeit gewandelt. „Der alte Bahnhof" – er war von 1875 bis 1921 in Betrieb – „war in seiner ursprünglichen Erscheinung ein typischer Vertreter des in der 2. Hälfte des 19. Jahrhunderts beliebten schweizerischen Holzstils mit reichen ausgesägten Zierformen...."[6]. Er diente zugleich als Stationsgebäude, Güterschuppen und Dienstwohnung. Typisch für die damaligen Bahnhöfe waren die beiden, auf hohem Stiel thronenden Signalglocken sowie das von Hand betriebene Stellwerk. Heute dient der alte Bahnhof als Güterschuppen. *(Foto aus Kaiseraugst – wie's damals war)*

noch mehr Nachdruck zu verleihen, ersuchte der Gemeinderat die Polizeidirektion um Abtretung einer alten Uniform samt Seitengewehr. Die Regierung erkannte den Ernst der Stunde – am 2. Februar 1878 traf sie eine Massnahme, die geradezu Erinnerungen an den Zweiten Weltkrieg wachruft: Sie verpflichtete die männlichen Einwohner von Augst zu einem nächtlichen Wachtdienst: *„Von den älteren Einwohnern musste jeweilen einer den Dorfwächter bei seinem nächtlichen Patrouillengang begleiten und zwar vom Einbruch der Nacht bis Mitternacht. Zwei jüngere Einwohner hingegen mussten denselben Dienst von Mitternacht an bis Tagesanbruch versehen; derjenige jedoch, der zu diesem Wachtdienst nicht erschien, wurde zur Verantwortung gezogen und im Wiederholungsfall beim Statthalteramt wegen Widersetzlichkeit angezeigt."*[3]

Landgasthof oder Bahnhof?

Das neue Bahnhofgebäude wurde 1921 gebaut; es trat an die Stelle des bescheidenen Holzbaus von 1875, der nach diversen Umbauten später als Güterschuppen diente. Die selbstbewusste und vornehme Erscheinung des behäbigen Neubaus erinnert an die Repräsentierfreude eines Landgasthofs.[5] *Ein ausladendes Walmdach mit symmetrisch angeordneten Dachfenstern prägt den zweigeschossigen Putzbau, der ohne Veränderungen bis heute erhalten ist. Zwei kleine, eingeschossige Flügelbauten mit Walmdach gliedern die Anlage, die zahlreiche schöne Details aufweist, beispielsweise die mit Blumenreliefs geschmückten kräftigen Eckquader oder den zierlichen Wandbrunnen zwischen den Toilettenanlagen. Elegant ist auch das über Bogenträgern errichtete Perrondach. Das Erdgeschoss umfasste das Stationsgebäude und zwei Wartesäle; das Obergeschoss beherbergte Wohnungen.*

Seit der Inbetriebnahme des neuen Bahnhofs hat sich in seinem Umfeld vieles verändert, doch seine Stileinheit ist glücklicherweise erhalten geblieben. Getrübt wird diese Feststellung allerdings dadurch, dass der Bahnhof seit kurzem bis zu einem gewissen Grade als öffentlicher Ort ausgedient hat. Nichtsahnende Besucher werden mit einem kleinen, an der ursprünglichen Eingangstür zum Schalterraum angebrachten Zettel auf diese bedauerliche, im Zeichen der Rationalisierung erfolgte Entwicklung aufmerksam gemacht: „Schliessung des Bahnschalters mit persönlichem Verkauf 27. 4. 2002", heisst es da kurz und bündig. Die verschiedenen Sprayereien tun ein Übriges, so dass der Eindruck aufkommen kann, der einst stolze und geraniengeschmückte Bahnhof befinde sich gewissermassen im „SBB Niemandsland". Im Dezember 1916 beklagte sich ein Einsender in der „Volksstimme" über die „traurige Petrollampenbeleuchtung" der Station; offensichtlich hat sich nach 2002 die gleiche Traurigkeit über den Bahnhof gelegt. Zu diesem Bild passt schliesslich auch, dass die Dienstwohnungen nicht mehr von SBB-Angestellten bewohnt werden.

Landgasthof oder Bahnhof? (Aus: Bildarchiv der SBB in Bern)

Der Standort des Bahnhofs

Viel zu reden gab der Standort der Station. Die Augster versprachen sich von einem Bahnhof in unmittelbarer Nähe des Dorfes eine Belebung der Wirtschaft und hofften, dass der Bahnanschluss in Anbetracht der noch nicht voll ausgenützten Wasserkraft der Ergolz zur Gründung einer Fabrik führen würde. Sobald bekannt wurde, dass das Stationsgebäude näher bei Kaiseraugst als bei Augst zu liegen käme, stellte die Gemeindeversammlung daher zu Handen der Bahnverwaltung fest: *„So wie die Station angelegt werden soll, dient sie den Interessen von Baselaugst wenig."* Da es wegen der schwierigen Linienführung nicht möglich sei, die Station wie gewünscht in nächster Nähe von Augst zu erstellen, so möge sie doch wenigstens in die Mitte zwischen den beiden Ortschaften verlegt werden. Aber auch die Unterstützung des basellandschaftlichen Regierungsrates half nichts. Die Kaiseraugster trugen den Sieg davon. Mit Erfolg hatten sie ihre Interessen zu verteidigen gewusst. In einem Schreiben an die Bahnverwaltung wiesen sie darauf hin, dass sie sich zu Gunsten des Unternehmens zu bedeutenden Ausgaben herbeigelassen hätten, während Augst keinen Rappen gespendet habe. Für den einmal gewählten Platz spreche auch die Nähe zur Fähre und zur Saline. Wenn auch Augst in der Standortfrage nicht durchgedrungen war, beim Namen versuchte die Bahnverwaltung auszugleichen; sie hielt es mit der Mitte und taufte die Station weder auf Kaiser- noch auf Baselaugst, sondern schlicht und einfach auf Augst – zum grossen Ärger der Kaiseraugster, die ihren Beitrag an den Bahnbau auch in der Annahme geleistet hatten, dass die neue Station den Namen ihres Dorfes trage. Des einen Freud, des anderen Leid – zwei Verse aus einem Gedicht, das anlässlich der Einweihungsfahrt vorgetragen wurde, bezeugen es:

„Si hai die Kaiser dusse glo
und Augst elei lo stoh."

Die Eröffnung und der Streit um die Benennung der Station

Bei der Konstruktion der Eisenbahnbrücke ging es leider nicht ohne Unfall ab, doch am 10. Juli 1875 konnte die Brücke endlich mit fünf schweren

DER VERKEHR

Lokomotiven und einem Personenwagen erprobt werden. Und bereits drei Wochen später wurde die Bahnlinie am 31. Juli eröffnet. Auf grosse Feierlichkeiten verzichtete das Komitee, es gab lediglich eine offizielle Eröffnungsfahrt: *„An heitern Zwischenfällen bei der Fahrt soll es nicht gefehlt haben, denn trotzdem vorher bekannt gegeben wurde, dass die Eröffnungsfahrt nur in ganz privatem Rahmen vor sich gehen solle, versuchten Nichteingeladene den Eintritt in die glänzend lackierten Wagen, wurden aber wieder ohne Erbarmen hinausspediert ... Seit Montag ist nun die Bahn dem Betriebe übergeben und hat schon so viel Arbeit, dass die Lokomotivpfeifen sich bereits heiser geschrieen haben."* [4] Der Fahrplan wies in jede Richtung vier Personen- und drei Schnellzüge auf; er scheint indessen auch 1907 bescheiden gewesen zu sein, jedenfalls beklagte sich die Ortschronik von Augst. *„Von der Eisenbahn werden wir ziemlich stiefmütterlich bedient, obschon fünf Gemeinden auf die Station angewiesen sind, und jedenfalls auch ein bedeutender Güterverkehr registriert werden kann, halten nur die langweiligsten und primitivsten Bummelzüge, so dass man gewöhnlich eine ganze Stunde Basel – Augst, oder umgekehrt fährt."* Heute ist die Bözberglinie eine der am dichtesten befahrenen Strecken der Schweizerischen Bundesbahnen.

Als Baselaugst 1937 seinen angestammten Namen zugunsten des kürzeren und heute längst eingebürgerten Namens Augst fallen liess, erneuerten die Kaiseraugster mit Vehemenz ihren Namensanspruch, doch die Augster wussten sich zu wehren. Der Gemeinderat argumentierte: *„Wir glauben nicht, dass der Stationsname Augst sich für unsere Nachbargemeinde Kaiseraugst nachteilig auswirkt ... Steigt ein ortsunkundiger Bahnbenützer, der die Gemeinde Augst aufsuchen will, auf der Station Augst aus und verirrt sich nach Kaiseraugst, so bedeutet dies für Kaiseraugst noch lange keine Benachteiligung."* Dass es übrigens tatsächlich zu solchen Fehlgängen kam, das ist den

30. Mai 1964: Was lange währt, wird endlich gut. (Foto aus dem Gemeindearchiv)

Augster Anekdoten zu entnehmen, die von einem Kaiseraugster Schulbesuch des Baselbieter Schulinspektors, der aber Augst gegolten hätte, zu berichten wissen. Doch erst nach langem Hin und Her fanden die Kaiseraugster bei den Schweizerischen Bundesbahnen Gehör; diese erkannten endlich, dass Kaiseraugst wegen der Stationsbenennung *„etwas ins Hintertreffen"* geraten war. Und so wurde vom 31. Mai 1964 an der Stationsname zu Gunsten von Kaiseraugst abgeändert, gemäss einem Entscheid des Eidgenössischen Amtes für Verkehr. Die in nächtlicher Stunde von Frauenhand bekränzte Stationstafel unterstrich die Freude der Dorfbewohner.

Veränderungen im 20. Jahrhundert

Dank der seit der Gründung von Jahrzehnt zu Jahrzehnt wachsenden Bedeutung des Bözbergverkehrs drängte sich gegen Ende des 20. Jahrhunderts eine Modernisierung des Stellwerks und der Bahnhofanlage auf. 1977 wurde mit diesen Arbeiten begonnen. Das noch vor dem Ersten Weltkrieg instal-

DER VERKEHR

(Foto aus Kaiseraugst – wie's damals war)

lierte mechanische Stellwerk ersetzte man durch ein sogenanntes Gleisbildstellwerk in Spurplantechnik, der Streckenblock bis Pratteln wurde automatisiert und der ursprünglich von Basel bis Pratteln reichende Wechselbetriebsabschnitt verlängert. Für das Bahnpublikum einsichtiger war der Bau eines schienenfrei zugänglichen Inselperrons mit teilweiser Überdachung sowie die Einrichtung von vier neuen Geleisen; sie haben dem Freiverlad, dem Rangieren und Überholen zu dienen. 1981 konnten all diese Arbeiten abgeschlossen werden. Um das repräsentative Bahnhofgebäude in seiner bemerkenswerten Stileinheit zu erhalten, wurden die neuen Sicherungseinrichtungen in einer Unterführung installiert.

Wenn von Veränderungen im 20. Jahrhundert die Rede ist, dann darf natürlich der Hinweis auf die 1970 erfolgte Schliessung der kleinen, lediglich dem Personenverkehr dienenden Bahnhofbarriere – sie ermöglichte den Dorfbewohnern einen direkten Zugang zum Bahnhof – nicht unerwähnt bleiben. Über die Stilllegung der alten Bahnbarrieren östlich und westlich des Dorfeingangs wurde bereits im Kapitel „Zwei Dörfer verändern sich" berichtet.

DER VERKEHR

Die Buslinien 70, 83 und 84

Wenn Augst auch über keinen eigenen Bahnhof verfügt, so ist es doch seit 1928 durch die Buslinie 70 der Autobus AG Liestal mit der Rheinstadt vernetzt. Am 28. Juni 1928 reichte nämlich die Gesellschaft mit Unterstützung der Kantonsregierung und der beteiligten Gemeinden beim Eidgenössischen Post- und Eisenbahndepartement das Gesuch um Verlängerung der Kursstrecke Reigoldswil-Liestal über den Kantonshauptort hinaus nach Basel ein. Ihre Begründung: *„Je länger, je mehr macht sich das Bedürfnis geltend, von hier*

aus eine direkte Fahrgelegenheit mit den nicht an der Linie der SBB liegenden Ortschaften Augst und Schweizerhalle herzustellen." Der Betrieb konnte nach den Herbstferien am 28. Oktober aufgenommen werden. Für die Schulkinder von Augst und Schweizerhalle – letzteres besass damals noch eine selbständige Primarschule – gab es zur Feier des Tages eine Gratisfahrt nach Basel. Noch war die Kursfrequenz bescheiden; nur sechs Kurse waren es täglich, heute sind es werktags in beiden Richtungen je 35.

Die Anbindung von Kaiseraugst an den öffentlichen Busverkehr liess länger auf sich warten. Die Buslinie 83 war Bestandteil des Siedlungskonzeptes Liebrüti und wurde 1976 eröffnet. Sie verkehrte anfänglich als Direktbus zwischen Aeschenplatz und der Liebrüti, der Buswendeplatz war am Bötmeweg. Später wurde die Linie unter Schaffung einer Umsteigemöglichkeit in die bei Augst vorbeiführende Reigoldswiler-Linie 70 nach Arisdorf erweitert. Heute bedient die 14,9 km lange Buslinie, die vom Bahnhof Liestal ausgeht und über Arisdorf und Kaiseraugst nach Pratteln führt, die Haltestellen Liebrüti, Kaiseraugst Bahnhof, Augst, Längi sowie Pratteln (Haltestelle Rankacker).

DER VERKEHR

Die Buslinie 84, die heute vom Rheinfelder Bahnhof über die Liebrüti und den Kaiseraugster Bahnhof zu den Haltestellen Augst, Längi, Schweizerhalle und Auhafen führt, entstand im Zusammenhang mit der Kaiseraugster Betriebserweiterung der F. Hoffmann-La Roche AG in den 1980er Jahren auf Druck von Gemeinde und Kanton. Die Linie, die anfänglich unter Kostenbeteiligung der Firma Roche geführt wurde, hatte einerseits im Sinne der Förderung des öffentlichen Verkehrs die Aufgabe, den Individualverkehr einzudämmen, anderseits hatte sie einer Verbesserung des Schulwegangebots nach Rheinfelden zu dienen.

Zusammenfassend: Kaiseraugst, sowohl Dorf als auch Liebrüti, sind ringsum bestens vernetzt – rheinab und rheinaufwärts nach Pratteln, Basel und Rheinfelden sowie das Ergolztal hinauf nach Liestal.

Der Kaiseraugster Bus. (Fotos Autobus AG)

[1] Frey G. A.: Die Volksstimme als Vorkämpferin der Bözbergbahn, in: Jubiläumsnummer '75 Jahre „Volksstimme" 1861 – 1936, Dezember 1936, Rheinfelden.

[2] Reichmuth Werner: Aus vergangenen Tagen, August 1989. S. 15ff.

[3] Ebda. S. 15ff.

[4] Volksstimme, 2. August 1875.

[5] Kurzinventar Nr. 919, S. 3.

[6] Ebda. S. 2.

DER VERKEHR

Die Hochrheinschifffahrt im 20. Jahrhundert

Navigare necesse est – Die Bedeutung der Schifffahrt

„Navigare necesse est" – es ist notwendig, Schifffahrt zu betreiben. Wenn auch der Ausspruch des römischen Feldherrn Pompeius (106 – 48 v. Chr.) ursprünglich nicht auf Augusta Raurica gemünzt war, zu Beginn des 20. Jahrhunderts sollte sich das ändern: Das „Navigare necesse est" wurde gewissermassen zum Leitmotiv des „Vereins für Schifffahrt auf dem Oberrhein", der die Ausdehnung der Hochrheinschifffahrt bis zum Bodensee propagierte und für den Bau einer grossen Schleuse in der Stauanlage von Augst-Wyhlen als erste Etappe eintrat. Sie sollte die Grossschifffahrt bis Rheinfelden ermöglichen. Schon das behördliche Pflichtenheft der Konzessionen vom April 1907 und Februar 1908 hatte den Erbauern des Kraftwerks die Erstellung einer Floss- und Kanalschleuse überbunden. Die nutzbare Länge dieser Anlage war allerdings nur auf 36 m geplant, gerade gross genug, um einer durchschnittlichen Flosslänge zu genügen. Doch glücklicherweise konnte sich die zukunftsweisende Vision der Freunde der Oberrheinschifffahrt durchsetzen, die für eine grössere Schleuse eintraten, und so wurde 1910 – 1912 eine 88 m lange und 12 m breite Schleuse gebaut. Sie hat massgeblich dazu beigetragen, dass Kaiseraugst in der zweiten Hälfte des 20. Jahrhunderts Standort grosser Industrien geworden ist, die neben dem Schienen- auch den Wasseranschluss suchten.

Die Schleusenanlage des Kraftwerks Augst-Wyhlen

Eröffnet wurde die Schleuse am 14. September 1912. Hunderte von Schaulustigen umstanden die Anlage, als kurz nach 16 Uhr der stark besetzte Dampfer „Müllheim" einfuhr. Seit dieser Zeit ist die Schleuse eine besondere touristische Attraktion, so dass sich an schönen Sommertagen regelmässig viel Publikum auf der Zugangsbrücke zum Kraftwerk einfindet. Es beobachtet und kommentiert die in 12 Minuten vor sich gehende Füllung oder Leerung der Schleuse mit ihrem Wasservolumen von 8500 m³. Längst hat sich die Prophezeiung der Fricktaler „Volksstimme" anlässlich der Ankündigung des ersten Fahrplanes erfüllt:

„Prächtige Landschaftsbilder und die Möglichkeit, die Durchschleusung des Schiffes selber mitzumachen, sowie die gleichzeitige Besichtigung der Kraftwerkbauten werden für viele Veranlassung sein, an den Fahrten teilzunehmen."

In der Schleuse. (Aus: Rheinfelder Neujahrsblätter 2001)

Die von der Basler Schifflände ausgehende und über die Anlegestellen Kraftwerk Augst und Kaiseraugst nach Rheinfelden führende Personenschifffahrt ist heute fester Bestandteil des Basler Tourismus. Die Basler Rheinschifffahrt hat es verstanden, die vom Ersten und Zweiten Weltkrieg verursachten touristischen Einbrüche zu überbrücken.

DER VERKEHR

Der Schiffsverkehr

An der Anzahl der Schleusungen von Grossschiffen seit 1912 lässt sich die wirtschaftliche Entwicklung ablesen: Waren es beispielsweise während der Krisenjahre nach dem Ersten Weltkrieg von 1919 bis 1925 im Durchschnitt jährlich 25, so schnellte diese Zahl 1960 im Zeichen der Nachkriegs-Konjunktur auf 1685 Frachtschiffe und 487 Personenschiffe sowie 580 Kleinboote empor. Die im Berg- und Talverkehr registrierte Gütermenge überstieg 1960 bereits 220'000 Tonnen, wozu erst noch 65'000 Tonnen Sand und Kies kamen, die rheinabwärts geführt wurden. Der Geschäftsbericht 2002/2003 verzeichnet differenziert folgendes Bild:

Anzahl Schleusungen total	2844
Geschleuste Personenschiffe	725
Geschleuste Kleinschiffe	878
Geschleuste Güterschiffe	659
Total Schiffe	2262

Im Übrigen bleibt anzumerken, dass Kaiseraugst dank der Schleusenanlage zu zwei für den Frachtverkehr wichtigen Anlegestellen kam – 1965 zur Anlegestelle der Kliba und 1992 zu jener der Firma Ernst Frey AG.

Im Zusammenhang mit dem Ausbau des Kraftwerks 1990 – 1994 wurde auch die Schleusenanlage modernisiert. Um sie auf den heutigen Stand der Technik zu bringen, kamen die Schifffahrtsbehörden zusammen mit den Kraftwerksgesellschaften überein, sie so zu verlängern, dass auch Schiffe der neu aufkommenden Klasse von 110 m Länge passieren können. Auch wurde die Steuerung der Schleuse automatisiert und so weit vorbereitet, dass eine Fernbedienung und Überwachung von der Schleuse Birsfelden aus möglich ist. Für all diese Arbeiten musste die Schleuse während 12 Monaten gesperrt werden. Die Kosten beliefen sich auf etwa 25 Mio. Franken. Während die Schleusenmodernisierung und die Einfahrthilfen sowie die Leitmole zu Lasten der beiden Kraftwerksgesellschaften gingen, beteiligten sich an der Schleusenverlängerung auch die Schweizerische Eidgenossenschaft, das Land Baden-Württemberg und der Kanton Aargau.

Die Kaiseraugster Werft

„Navigare necesse est" – diesen Leitspruch beherzigte 1919 auch die im Stahl- und Kesselbau tätige Firma Buss AG in Pratteln, als sie in Kaiseraugst auf dem Areal des heutigen Campingplatzes eine Schiffswerft einrichtete.

„Den Ausschlag gab auch das ruhige Wasser des Stausees und die unmerklichen Pegelschwankungen. 1919 wurde eine Querhelling errichtet, die so ausgelegt war, dass auch Schiffe für Umbauten und Reparaturen an Land

Die Werftanlage von Osten. (Foto aus Kaiseraugst – wie's damals war)

geholt werden konnten. Zwei Portalkrane, Rollwagengeleise und einige Baracken kamen dazu. Die Einzelteile der Schiffe wurden im Werk Pratteln der Firma Buss hergestellt und auf der Werft montiert. Der erste Auftrag kam von der im gleichen Jahr gegründeten Schweizer Schleppschiffahrtsgenossenschaft in Basel. Sie bekam bald den Kurznamen 'Schleppi' und behielt ihn auch, nachdem 1938 aus der Schleppi die Schweizerische Reederei AG wurde." [1]

Die „Birs". (Aus: Rheinfelder Neujahrsblätter 2001)

Am 30. April 1921 erfolgte der erste Stapellauf eines Frachtkahns. Er war 65 m lang und 8 m breit und wies an Bug und Heck je eine einfache Wohnung für den Schiffsführer und zwei Matrosen auf. Getauft wurde er auf den Namen Ergolz. Drei „Geschwister" dieser ersten Serie bekamen ebenfalls Flussnamen: Birs, Sisseln und Wiese. Eine zweite Serie erhielt später die Namen Glatt, Limmat, Linth, Töss, Rabiusa und Tamina, wie der Augster Chronist G. A. Frey mit „Augster Genugtuung" zu berichten wusste. Und so wurde auf der Werft gearbeitet:

„Mein Grossvater arbeitete als Zimmermann auf der Werft. Ihm zugeteilt waren vier Handlanger. Zusammen bauten sie den Boden im Laderaum aus dicken Eichenbohlen ein. Das saubere Einpassen verlangte viel Handarbeit. Waren keine weiteren Holzarbeiten anstehend, mussten sie zeitweise beim Nieten helfen. Das Nieten war Sache der Schmiede, die auf portablen Essen die Nieten glühten. Diese Arbeit erforderte viel Routine, denn die Nieten mussten weisswarm sein und durften nicht anbrennen. Hatten sie die richtige Temperatur, nahm sie der Schmied aus dem Feuer und warf sie mit der Zange dem Arbeiter zu, der sie mit Lederhandschuhen auffing und in das vorgebohrte Loch steckte. Mit dem Döpper, einem Hammer mit

Das Räderboot „Zürich". (Aus: Rheinfelder Neujahrsblätter 2001)

einer Aussparung für den Nietenkopf, hielt er sie fest, während auf der andern Seite die noch rotwarme Niete mit dem Presshammer verstemmt wurde. Durch das Erkalten der Niete zog sich das Eisen zusammen und dichtete die Planken. War das Schiff fertig vernietet, wurde eingesalbt. Die Pinsel von der Grösse eines Besens wurden in heissen Steinkohlenteer getaucht, wobei sie ein ansehnliches Gewicht bekamen und die Innenseite einmal und die Aussenseite dreimal damit angestrichen. Gangbord, Tennebaum und andere Aufbauten hingegen wurden dreimal mit gekochtem Leinöl gestrichen. War alles fertig, kam der Maler vom Kraftwerk, um als Nebenerwerb nach Feierabend die Schriften anzubringen." [2]

DER VERKEHR

Den Höhepunkt in der Geschichte der Werft bildete unzweifelhaft der Stapellauf des von der Basler Rheinschiffahrts AG in Auftrag gegebenen Personenschiffes MS Rheinfelden am 14. April 1925. Das 31,4 m lange und 5,3 m breite Schiff war mit zwei Sulzer Dieselmotoren von je 80 PS bestückt und bot 250 Passagieren Platz. An seinem Ehrentag trug es Girlandenschmuck, und an Bug und Heck wehten die Basler und Rheinfelder Flaggen – Symbol der künftigen Verbindung der beiden Städte. Nachdem die Stützen und Spriessen unter schweren Hammerschlägen gefallen waren und nur noch zwei starke Taue das Schiff auf den glatten Schlittenbalken festhielten, erfolgte die Taufe.

Die Ur-Rheinfelden mit Ballast nach dem Stapellauf 1925. (Aus: Rheinfelder Neujahrsblätter 2001)

„Klirrend sprang die Weinflasche entzwei. Der Taufakt war vollzogen. 15 Uhr 35. Der Ruf 'Los' ertönte. Nochmals krachten Böllerschüsse. Auf dem Arbeitsgelände rief die Sirene. Die scharfen Beile hieben die Seile durch, und glatt und ruhig, leicht wie ein Nachen, glitt das Schiff in wenigen Augenblicken und begleitet von lauten Bravorufen in den Rhein hinaus. – Gut Glück und frohe Fahrt dem Personenmotorboot Rheinfelden, das auf seinen regelmässigen Fahrten, die es demnächst antritt, die Schönheit der Rheinlandschaft weiten Kreisen erschliessen will." [3]

Die MS Rheinfelden hat verschiedene Umbauten über sich ergehen lassen müssen. 1962 bot schliesslich das Schiff mit der neuen Länge von 41,6 m und einer Breite von 6,2 m sowie einem Oberdeck 600 Passagieren Platz und erreichte mit zwei GM-Dieselmotoren von je 270 PS eine Geschwindigkeit von 26 km/h. Heute verbringt das Schiff unter dem Namen Schloss Munzingen seinen Lebensabend in Breisach. Es hat die Kaiseraugster Werft, die 1935 wegen der ausländischen Konkurrenz liquidiert werden musste, um viele Jahre überlebt.

„Navigare necesse est" – das ist auch das Motto der Besitzer von im Staugebiet des Kraftwerks registrierten Motor-, Segel- und Ruderbooten. In der Statistik figurieren diese rund 140 Boote – sie werden von der Rheinschifffahrtsverordnung bezüglich Länge und möglicher Passagierzahl definiert – unter dem Begriff der „Kleinschifffahrt". Meistens gehören sie verschiedenen Clubs an, die am Stausee eigene Vereins- und Bootshäuser besitzen. Genannt seien: Basler Ruderclub, Ruderverein Rheinfelden/Baden, Basler Segelclub, Prattler Segelclub, Wassersportfreunde Rheinfelden e.V. und Bootsclub Augst. Die Kaiseraugster Bootsbesitzer sind nicht organisiert. Entsprechend dem intensivierten Freizeitbetrieb hat die Kleinschifffahrt in den letzten Jahren enorm zugenommen.

[1] Meyer Marcel: Kaiseraugst und die Rheinschifffahrt, in: Rheinfelder Neujahrsblätter 2001. S. 18.

[2] Meyer Marcel, S. 54f.

[3] Fricktaler Zeitung, 4. Oktober 1985.

DIE WIRTSCHAFT

Die Landwirtschaft

Die Landwirtschaft nach der Auflösung der alten Dreifelderwirtschaft

In seiner Erzählung „Käserei in der Vehfreude" schildert Jeremias Gotthelf 1850 anschaulich, wie sich die Landwirtschaft im Übergang vom 18. zum 19. Jahrhundert von der althergebrachten Dreifelderwirtschaft löste und zu einer rationelleren Bewirtschaftung überging:

„Zu Ende des verflossenen Jahrhunderts und im Anfang des gegenwärtigen fand eine grosse Revolution in der Landwirtschaft statt. Bis dorthin weidete man viel im Feld und auf der Brache, zog Rinder und Pferde auf, handelte stark, besonders mit den letztern, nach allen Weltgegenden. Da ward das sogenannte Kunstgras erfunden, das heisst Klee, Esparsette, Luzerne kamen ins Land, die Stallfütterung ward möglich, die Brachwirtschaft hörte auf, die Wälder wurden geschlossen, die Weiden urbar gemacht und Kartoffeln massenhaft gepflanzt, nicht bloss so gleichsam zum Dessert. Sobald das Vieh im Stalle war, gab es Dünger, dicken und dünnen, fleissig und verständig ward er angewandt, die Felder trugen alle Jahre mehr ab. Das urbare Land erweiterte sich auch in dem Masse als man mehr Dünger hatte, ebenso mehrte sich der Viehbestand und namentlich die Kühe, welche Nutzung gewährten, während mit den verminderten Weiden die Zucht und namentlich die Pferdezucht abnahm. Mit den Kühen mehrte sich die Milch, denn es greift alles ineinander und eines entsteht aus dem andern auf gar seltsame Weise, und oft so fein, dass das menschliche Auge die Fäden nicht einmal sieht." [1]

In Augst

Die Augster Heimatkunde von 1863 bestätigt, dass die Landwirtschaft seit der Auflösung der alten Dreifelderwirtschaft im Allgemeinen rationell geführt werde, wobei es allerdings im engen Bann, wo wenig nutzbares Land zur Verfügung stand, nicht viele Voll-Bauern gab. Um 1860 zählen wir drei grössere Höfe. Typisch für Augst, so räsonniert der Heimatkundeverfasser, sei jedoch, dass „gar viele nur so viel Land besitzen, um die nothwendigsten Lebensmittel selbst pflanzen zu können oder wie sie sich gewöhnlich ausdrücken, ein „Kuhli" halten zu können." Zum eigentlichen Bauernstand könnten diese Leute unmöglich gezählt werden.

Vierzig Jahre später zeichnet die Chronik des Jahres 1904 ein eher ungünstiges Bild der Augster Landwirtschaft. Trotz guter Verkehrs- und Absatzlage im Städtedreieck von Rheinfelden, Liestal und Basel fänden sich nur wenige Familien, die sich mehr oder weniger ausschliesslich der Landwirtschaft widmeten, und zuverlässige Knechte seien seltener als Diamanten. „Den meisten ist ihre Arbeit allzu schwierig und mühevoll, sie suchen leichteren und sicheren Verdienst in den verschiedenen nahen Fabriken." Der Chronikschreiber, der von hoher moralischer Warte aus urteilt, bekundete offensichtlich Mühe, der ge-

> **Vom Augster Zuchtstier**
>
> *„1889 kam Augst nicht mehr darum herum, sich einen Zuchtstier zu halten. Bis dahin mussten die Zuchtstiere von Kaiseraugst oder diejenigen von privaten Besitzern, etwa vom Asphof oder vom Hof Kreuzen in Füllinsdorf bei Bedarf einspringen. Nun aber weigerte sich plötzlich Kaiseraugst, seinen Muni für dieses Geschäft zur Verfügung zu stellen, und die privaten Zuchtstierhalter riskierten eine Strafe, wenn es ruchbar werden sollte, dass ihre Tiere den Augster Kühen zur Mutterschaft verhalfen, denn nach Gesetz konnte die Kantonsregierung jede Gemeinde zwingen, einen eigenen Zuchtstier zu halten.*
>
> *Der Pächter vom Tempelhof war auf Anfrage der Gemeinde bereit, gegen Entschädigung von Fr. 200.- jährlich, einen prämierten Zuchtstier für das Rindvieh der Gemeinde zu halten. Er musste sich verpflichten, am Morgen, Mittag und Abend den Zuchtstier zur Begattung der Rinder und Kühe in einen zweckmässigen Zuchtstand zu führen. Bei gefährlichen Zuchtstieren hatte er persönlich für die nötige Sicherheit zu sorgen."* [13]

Augst und Umgebung.

Am linken Bildrand der Lithographie von Engelmann père et fils (nach einer Zeichnung von Carl Oppermann aus der 1. Hälfte des 19. Jahrhunderts) sieht man die seinerzeit von A. Parent aufgestellte Säule, welche heute noch dort steht. Dahinter befindet sich der 1804 errichtete Tempelhof. Erst nach einem Brand im Jahr 1897 wurde der Wohntrakt vom Ökonomiegebäude getrennt. Ungefähr in der Bildmitte befindet sich die Ergolz, im Hintergrund das Dorf Pratteln zu Füssen des Adlers. (Aus: Augusta Raurica, in: archäologie der schweiz, 2003)

Der Tempelhof – einst und heute

Anders als Kaiseraugst, das ausser dem Hof Hohe Landschaft all seine Höfe wegen der Industrialisierung und des Autobahnbaus verloren hat, besitzt Augst heute noch drei währschafte Bauernhöfe. Da ist einerseits der 1804 erbaute Tempelhof, anderseits der um 1888 in Betrieb genommene Feldhof und schliesslich der 1976 erbaute Hof Kurzenbettli, der in zweiter Generation durch die Familie Grossenbacher geführt wird.

Erbaut wurde der Tempelhof vom Basler Christoph de Matthias Ehinger-Burckhardt (1755 -1833), der auch ein Gut im Dorf Augst besass, die spätere „Anstalt". Bald führte er den Hof mit all seinen Ländereien (Matten, Reben, Äcker, Wald) in ein Fideikommiss über, mit der Auflage, kein Land dürfe je verkauft werden. Die heutige Rechtsform ist eine Familienstiftung. Der Hof wurde seit Anfang als Pachtbetrieb geführt, wobei Pachtverträge mit sich über Generationen folgenden Pächterfamilien für Konstanz sorgten. Der beharrliche Zukauf von Parzellen führte dazu, dass heute die Ehinger Familienstiftung Tempelhof, Augst, nach dem Kanton Basel-Landschaft die grösste Landbesitzerin der Gemeinde ist. Ein Grossteil des zum Tempelhof gehörenden Landes liegt an der Ergolz. Die Erosion der Ufer und die Schäden durch Hochwasser beschäftigten Pächter und Besitzer durch all die Jahre und führten auch zu gerichtlichen Auseinandersetzungen.

Aus dem Mühledych, der nahe bei der Grenze zu Füllinsdorf aus der Ergolz abgeleitet wurde, wässerte auch Ehinger seine Matten auf Gallezen. Er setzte sich immer wieder dafür ein, dass es für alle Mattenbesitzer genug Wasser gab, doch entstanden vor allem mit dem Müller, der Anrecht auf zwei Drittel des Wassers aus dem Kanal hatte, Auseinandersetzungen.

Der heute von der Familie Kälin bewirtschaftete Tempelhof besitzt eine Fläche von 28 ha. Seine 30 Kühe dienen der Milchwirtschaft, die 20 Kälber der Fleischproduktion, daneben wird Ackerbau (Saatzucht) und Obstbau betrieben.

DIE WIRTSCHAFT

Der moderne Tempelhof. (Foto Hans R. Nebiker)

Rauchschwalbe am Nest. (Foto Alex Labhardt)

waltigen sozialen und gesellschaftlichen, durch die Industrialisierung bewirkten Umwälzung auch positive Aspekte abzugewinnen, und klagte unter dem Eindruck der tatsächlich nicht wenigen Augster Sozialfälle: *„Wenn's nur nicht gar so oft nach dem Sprüchlein ginge, wie gewonnen, so zerronnen."*

Bezeichnend für das bäuerliche und auch dörfliche Selbstverständnis von Augst ist indessen die Tatsache, dass die Gemeinde ungeachtet ihrer doch eher bescheidenen Landwirtschaft bis weit ins 20. Jahrhundert hinein die Haltung eines Ziegenbocks und eines Zuchtstiers subven-

Der Feldhof

Der Feldhof ist seit 1895 im Besitz der Familie Langel, die ihn zu Beginn des dritten Jahrtausends in der fünften Generation bewirtschaftet. Am Beispiel des Feldhofes lässt sich der Wandel, dem die Landwirtschaft in den letzten Jahrzehnten des 20. Jahrhunderts unterworfen war, nachzeichnen.

„Der Betrieb hatte bis 1972 die im Baselbiet für Landwirtschaftsbetriebe übliche Produktion. Ca. 15 – 20 Milchkühe mit Aufzucht, ca. 8 bis 10 Mastschweine, ca. 40 Hühner; daneben Hochstammobstbau mit Äpfeln und vor allem Kirschen sowie etwa ein Dutzend Zwetschgenbäume. Im Ackerbau wurden damals auf etwa 20 ha Weizen, Gerste, Hafer, Kartoffeln und Runkelrüben angepflanzt." [14]

Heute hat sich der Feldhof spezialisiert. Jährlich werden ca. 100 Stiere und 12 weibliche Rinder zur Fleischproduktion grossgezogen, wobei alle Ställe Label-konform sind. Mit anderen Worten: Die Tiere liegen auf Stroh, können sich frei bewegen und haben jederzeit Auslauf ins Freie. Auch der Ackerbau – Brotweizen: Mehl für Bäckereien, Raps: Öl für Salate, Gerste: Energiefutter für Rinder, Mais: Grundfutter für Rinder – beruht auf IP Suisse-Richtlinien (Integrierte Produktion), d.h. Kunstdünger und Spritzmittel werden nur beschränkt eingesetzt.

Ein wichtiges Standbein des Feldhofs ist überdies die Lohnarbeit für andere Landwirtschaftsbetriebe in der näheren Umgebung:

– z.B. Getreide dreschen: jährlich mit drei Mähdreschern ca. 400 ha,
– Ballen pressen: jährlich 5000 Silo-, 5000 Stroh und 2000 Heuballen,
– Maissäen: jährlich ca. 150 ha,
– Getreidesäen: jährlich ca. 100 ha.

Und eine letzte Bemerkung: Die offenen Ställe kommen nicht nur dem Vieh zugute sondern auch den Rauchschwalben, deren Bestand schweizweit angesichts verschlechterter Brut- und Ernährungsmöglichkeiten rückläufig ist. Der Feldhof bietet ihnen erfolgreich Brutplätze.

tionierte. Die 28 Kleinbauern, die das Dorf vor dem Ersten Weltkrieg zählte – beinahe kein Haus war damals ohne Geiss oder Kuh – waren auf diese Dienstleistung angewiesen.

In Kaiseraugst

In Kaiseraugst lassen sich erste Spuren der von Jeremias Gotthelf beschriebenen Agrarrevolution bereits in den siebziger Jahren des 18. Jahrhunderts finden. 1816 berichtet der bezirksamtliche Jahresbericht, Schuster Kaspar Schmid habe 1776 als erster den Kartoffelbau eingeführt, während der Ruhm, mit dem Kleebau begonnen zu haben, Altrheinvogt Gregor Lützelschwab zukommt. Noch immer stand aber in den ersten Jahrzehnten des 19. Jahrhunderts der Ackerbau an erster Stelle, so dass sich die fruchtbaren Flächen des Augsterfeldes zu einem einzigen grossen Getreidefeld zusammenschlossen. Zu drei Vierteln wurde dabei Dinkel oder Korn angepflanzt, ein Viertel blieb dem Anbau von Roggen sowie Gerste, Hafer und Weizen überlassen, Wiesen fanden sich damals nur längs des Violenbachs und rings um das Dorf.

1912: Güllenfuhr. (Foto aus Kaiseraugst – wie's damals war)

Nur allmählich begannen die Bauern die alte Gewohnheit abzulegen, wonach der Boden nach einem genau festgelegten Turnus brach liegen zu lassen sei, damit er sich ausruhen könne. Jetzt wurde die Brache mit Klee oder Kartoffeln bepflanzt und mit Gips gedüngt. Gleichzeitig hielt auch die Stallfütterung nach und nach Einzug. Die Umstellung trug bereits 1818 erste Früchte und veranlasste den Bezirksamtmann zur stolzen Feststellung, „*dass der Landwirth besonders das Hornvieh, ich möchte nicht aussprechen mit mehr Liebe, sondern mit mehr Sorgfalt pflege, als in früheren Jahren, weiss der Beobachter von heute und ehedem.*"

Aufschlussreich ist in dieser Hinsicht auch Franz Xaver Bronners Charakterisierung der Aargauer Landwirtschaft. Wenn auch in seiner umfassenden Darstellung von 1844 Einzelheiten zur Kaiseraugster Wirtschaft fehlen, in den Grundzügen treffen seine Beobachtungen, die vom Viehbesitz als sozialem Indikator ausgehen, auch für das kleine Dorf am Rhein zu.

„*Sicher ist Armuth die lästige Hausgenossin des geringen Handwerkers oder des Taglöhners, der nicht einmal eine Ziege zu ernähren vermag ... Täglich dreimal Wurzelkaffee mit erkaufter Milch und gesottene Erdäpfel dazu sind die Nahrung solcher Dürftigen, denen es schwer wird, Geld für Milch und Kartoffeln aufzutreiben. Darum neigen sich solche Leute gern zum Branntwein, der ihnen die Erdäpfel verdauen helfen soll ... Selbst Hühner zu halten versagt ihnen die Nachbarschaft, wenn sie nicht in einen gesperrten Hofraum eingeschlossen werden. Wird ihnen etwas Pflanzland zu Theil, so widmen sie es dem Kartoffelbau.*

DIE WIRTSCHAFT

"Nicht ganz so ärmlich ist der Zustand der Hüttenbewohner, welche die Gunst des Glückes geniessen, eine Geiss füttern und überwintern zu können. Die Ausgabe für Milch fällt hinweg. Die Familie erquickt sich durch die fette Ziegenmilch, und der erworbene Taglohn reicht eher hin, andere Bedürfnisse für Kleider u. dgl. zu bestreiten. Ein solcher Eigenthümer muss schon einiges Mattland besitzen, und ist meistens im Stande auch ein Schweinchen und Hühner zu halten.

Die nächste Classe der Hausväter besteht aus den arbeitsamen Leuten, welche ein sogenanntes Kuhheimathlein vermögen. Sie besitzen schon eine hinreichende Strecke Mattland und benutzen mit Sorgfalt Milch und Butter ihres werthen Haustiers... Der erzeugte Dünger mästet das Feld und die Wiese, meistens auch ein Gärtchen beim Hause. Schon wird der Vortheil fühlbar, jährlich ein Kälbchen und junge Hühner verkaufen zu können. Irgend eine Fabrikarbeit hilft den Zufriedenen weiter empor.

1915: Rindviehgespann im Heuet. (Foto aus Kaiseraugst – wie's damals war)

Ein Halbbauer, der zwei Kühe im Stalle hat, muss nothwendig schon ergiebiges Wiesenland und einiges Ackerfeld besitzen, damit er die Scheune mit Futter, Garben und Streue füllen kann. Seine Grundstücke empfinden auch kenntlich die Wirkung des ausgebreiteten Düngers. Er versucht das schönere der gefallenen Kälber zu erziehen, entweder zur Nachzucht oder zum Verkaufe um höhern Preis als den eines jungen Milchkalbes ... gar oft fördert Fabrikarbeit in müssigen Stunden das Einkommen der ämsigen Haushaltung.

Der verständige Bauer, welcher einen ganzen Hof und einen Stall voll wohlgenährten Viehes besitzt, kann in seiner Art ein freier glücklicher Mann sein, wenn ihn eine ererbte Schuldenlast nicht zu sehr drückt. Bei ihm muss man das schöne Vieh suchen, welche die Fremden mit Wohlgefallen, ja mit Bewunderung betrachten; er ist der Erzieher des trefflichen Nachwuchses grosser Alpenkühe und der kräftigen Stiere, fast so gross wie Elephanten." [2]

Die Wässermatten

1915: Bauernfamilie Natterer. (Foto aus Kaiseraugst – wie's damals war)

Wässermatten heissen Wiesen, die dank einer meist künstlichen Verbindung zu einem Bach oder kleinen Fluss bewässert werden können; sie spielen seit altersher in der Rheinebene mit ih-

DIE WIRTSCHAFT

ren durchlässigen Böden, wo das Regenwasser rasch versickert, eine bedeutende Rolle. Während solche Wiesen in Möhlin, wo das System der Wässermatten besonders ausgeprägt war, schon im Mittelalter nachgewiesen werden können, fehlen in Kaiseraugst schriftliche Unterlagen.[3] Möglicherweise sind sie wie andere wertvolle Archivalien der Gemeinde Bränden zum Opfer gefallen, vielleicht sind sie aber – angesichts der bis 1950 äusserst prekären Platzverhältnisse im Dorfarchiv – einfach verloren gegangen. Immerhin gibt es in den Protokollen der Gemeindeversammlungen einige wenige Hinweise. Wenn wir heute trotzdem über Wässermatten berichten können, dann verdanken wir dies alt Förster Hans Schauli.[4] Sein Bericht dokumentiert einmal mehr, wie sehr sich die Dorflandschaft von Kaiseraugst verändert hat – die Generation der um 1900 Geborenen würde sie kaum mehr wiedererkennen.

„Aus meiner Jugendzeit mag ich mich noch deutlich an Folgendes erinnern: Am Violenbach zuhinterst in der „Bötme" war eine aus Brettern gefertigte Pritsche, das heisst eine seitliche Staumauer, über welche das Wasser ca. 1,5 bis 2 m herunter stürzte; gegen Nordwesten wurde das Wasser durch einen Schieber, der durch eine mechanische Vorrichtung gehoben werden konnte, abgesperrt. Wurde der Schieber gehoben, floss ein Teil des gestauten Wassers in einem kleinen Graben unterhalb des grösstenteils bewaldeten Hanges ebenfalls gegen Nordwesten bis zur Landstrasse, wo es unten durchgeführt wurde. Auf der Nordseite der Strasse befand sich ein Schacht mit drei Schiebern, von wo aus das Wasser je nach Schieberstand nach Osten, nach Westen in das Gebiet „auf der Wacht" oder nach Norden in offene Gräben geleitet werden konnte. Der östliche Wassergraben auf der Nordseite des Staldenhübels – heute ungefähr zwischen der Fabrikliegenschaft Rotzinger und dem Schredderbetrieb Thommen – unterquerte die Gstaltenrainstrasse und zog sich anstelle der während des Zweiten Weltkriegs erstellten Guggereggestrasse entlang dem damals noch bewaldeten Geländeabsatz zwischen Bahntrassee und Landstrasse nach Osten ... Im untersten Waldstück war der frühere Wassergraben noch bis in die ersten Jahrzehnte des 20. Jahrhunderts erkennbar. Auch die 1888 eröffnete Cellulosefabrik, die für ihre Produktion auf sehr viel Wasser angewiesen war, bediente sich, bevor sie ihr Wasser zu 100 % aus dem Rhein bezog – das dazu dienende Pumpenhaus hat sich bis heute erhalten – eines Teils des Wassers aus diesem Wassergraben. Die Beschreibung der Wässermatten wäre unvollständig, würden wir nicht auch den nach Norden führenden Wassergraben erwähnen; er unterquerte etwa beim reformierten Kirchgemeindehaus die Dorfstrasse und führte südlich des Friedhofs gegen Westen in das Gebiet der äusseren Reben. Hier konnte der Hangkante entlang das Wasser auf die nordseits abfallenden Wiesen geleitet werden. Ich erinnere mich, dass noch kurz vor dem Zweiten Weltkrieg an diesem damals bereits eingewachsenen Graben Weidenstöcke standen, ein untrügliches Zei-

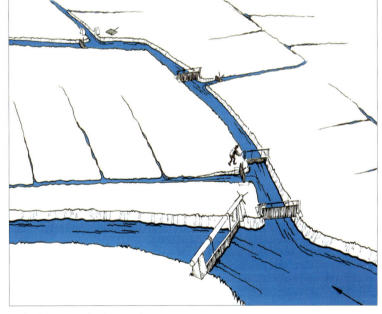

Wässermatten. Bachfassung und Verteilkanäle. (Zeichnung von Max Hari aus Valentin Binggeli: Geografie des Oberaargaus, Langenthal 1983)

DIE WIRTSCHAFT

1932: Familie Waltert-Straumann. (Foto aus Kaiseraugst – wie's damals war)

chen, dass hier in früheren Zeiten manchmal Wasser floss."

Und noch eine Erinnerung gibt Hans Schauli preis, die Erinnerung an einen Lausbubenstreich. Mehr als einmal haben offenbar Buben in kalten Wintern den östlichen Strang des Bewässerungsgrabens geöffnet, so dass die anschliessenden Matten überflutet wurden und eine weite gefrorene Wasserfläche entstand, die, obwohl etwas höckerig, auch für das Schlittschuhlaufen genutzt werden konnte.

Die Kaiseraugster Landwirtschaft im 20. Jahrhundert – eine Geschichte des Verschwindens

Die Statistik vermittelt uns, was verschwand – sie ist eindrücklich: 1929 gab es auf 40 Landwirtschaftsbetriebe 28 hauptberufliche, eine Zahl, die sich nur im Zweiten Weltkrieg während der sogenannten Anbauschlacht kurzfristig leicht erhöhte.[5] Dann verabschiedeten sich die Bauern innert fünfzig Jahren beinahe vollständig aus der Kaiseraugster Berufsstatistik. Im Jahr 2000 zählte sie noch vier Betriebe, zwei davon wurden hauptberuflich geführt und boten zehn Personen Arbeit. Im gleichen Rhythmus veränderte sich auch das Dorf selbst. Die landwirtschaftlichen Gefährte – Jauchewagen, Heuwagen, etc. – verschwanden zusehends aus der Dorfstrasse und die Motorisierung hielt Einzug: 1939 zählte man 9 Getreidesäh-, 23 Mäh- und 34 Heuerntemaschinen. Die Zeit, als „die meisten Ackerleute ihr Fuhrwerk durch Stiere (Ochsen), die ärmeren durch ihre Kühe besorgen" liessen und als nur „Wirthe, Müller, Fuhrleute, Spitäler und andere Stiftungen einen Zug Pferde hatten", diese Zeit lag bald hundert Jahre zurück.[6] Selbstverständlich begannen jetzt auch die ehemaligen Bauernhäuser anders genutzt zu werden, Tenn und Stall hatten dem erweiterten Wohnraum zu dienen. 1975 verschwand der letzte Bauernbetrieb im Dorf.

Anfangs der 1930er Jahre: die ersten Traktoren. (Foto aus Kaiseraugst – wie's damals war)

Geradezu dramatisch waren die Veränderungen, die sich gleichzeitig draussen im Umfeld des Dorfes abspielten. Die ehemals offene Landschaft wurde zusehends überbaut oder verarmte allmählich zu einer Zivilisationssteppe. Zählte man 1961 noch 4'493 Obstbäume (Apfel-, Birn-, Kirsch-,

DIE WIRTSCHAFT

Zwetschgen-, Pflaumen-, Aprikosen-, Quitten- und Nussbäume), so waren es zwanzig Jahre später gerade noch 764. Die Apfelbäume gingen von 1384 (Hochstämmer 1200) auf 183 zurück, und von den 1328 Kirschbäumen hatten 1981 lediglich 390 überlebt. Noch radikaler ging es den Nussbäumen zuleibe: Von den im Jahr 1961 gezählten 82 Exemplaren blieben zwanzig Jahre später nur gerade vier von der Säge verschont!

Bekanntlich wurden die wenigen auf der Lienertshalde noch überlebenden Hochstämmer gemäss Naturschutzkonzept 1989 unter Schutz gestellt. Wer je an der Berechtigung dieser Massnahme gezweifelt haben sollte, müsste von der obigen Statistik überzeugt werden, dass die Unterschutzstellung keine Luxusaktion, sondern eine Rettung fünf Minuten vor zwölf Uhr war. Das Obstbaumfällen dürfte ebenfalls klar gemacht haben, dass der Abbruch des ehemaligen Trottenhauses auf dem Areal der Gemeindeverwaltung 1967 überfällig war und dass dem früher so bedeutenden aber zusehends überflüssigen kommunalen Gemeinschaftsbetrieb keine Tränen nachgeweint werden mussten.

So hat sich leider gegen Ende des 20. Jahrhunderts Franz Xaver Bronners traurige Voraussage aus dem Jahr 1844 voll bewahrheitet: *„Wie schön sind die Dörfer, deren Häuser in einem Obstwalde stehen: Erst wenn die Obstbäume mangelten, würde jeder Einwohner fühlen, wie erstorben die Gegend ist."* [7]

1942: Ackerbau zur Kriegszeit. (Foto aus Kaiseraugst – wie's damals war)

Der römische Haustierpark

Wie wurde zur Zeit der Römer Landwirtschaft betrieben? Besucher und Besucherinnen von Augusta Raurica können sich – mindestens was die Viehzucht betrifft – einen lebendigen Eindruck verschaffen, indem sie den römischen Haustierpark besuchen. Nachdem Archäologen und Archäologinnen Geräte aus Geweihen und nicht weniger als 300'000 Tierknochen aus Speise- und Gewerbeabfällen wissenschaftlich untersucht haben – man nennt diese Wissenschaftsdisziplin Archäozoologie –, lassen sich gesicherte Rückschlüsse auf die von den Römern gehaltenen Haustiere ziehen. So wissen wir denn heute, dass die „römischen" Schafe markant gekrümmte Hörner hatten – genau wie die im römischen Haustierpark gezeigte alte Rasse der Bündner Oberländer Schafe. (Foto Ursi Schild)

DIE WIRTSCHAFT

Pferde statt Kühe – Die Stalltür des Linerhofs

„Tempora mutantur, nos et mutamur in illis,", heisst es in einem alten lateinischen Sprichwort – die Zeiten ändern sich, und wir ändern uns in ihnen: Der 1994 eröffnete Freizeithof Liner und das fünf Jahre später erbaute Reitzentrum Challeren beweisen die Richtigkeit der römischen Aussage.

Der hart an der Autobahn beim Übergang der nach Giebenach führenden Landstrasse gelegene Freizeithof Liner ist gewissermassen Realersatz für den Junkhof, der mit seiner Viehhaltung 1992 aufgegeben worden ist. 25 Kühe zählte der Betrieb damals, heute werden im kleinen Familienbetrieb – er bietet vier Vollzeitstellen – nur Pferde (8 Reitschul- und 26 Pensionspferde) gehalten, und selbstverständlich dienen auch die 6 1/2 ha nicht mehr der Getreide- sondern der Gras- bzw. Heuproduktion. Auch im Reitzentrum Challeren werden keine Kühe mehr gehalten, dafür 40 Pferde.

Wo der Boden noch bis in die Mitte des 20. Jahrhunderts landwirtschaftlich genutzt wurde, hat sich heute die moderne Freizeitgesellschaft durchgesetzt. Und so darf mit Sicherheit angenommen werden, dass in Zukunft weder ein Pferd des Freizeithofs Liner noch eines des Reitzentrums Challeren je für landwirtschaftliche Zwecke benutzt werden wird, was doch 1831 für die 19 Pferde und die 40 Ochsen in Kaiseraugst noch ganz selbstverständlich der Fall war. Sowohl im Linerhof als im Reitzentrum Challeren kann man heute dafür reiten lernen oder sein Pferd in Pension geben.

Die industrielle und dörfliche Expansion bewirkte auch die Verringerung der Wiesen und des offenen Ackerlandes sowie des Viehbestandes. Als Franz Xaver Bronner in der Mitte des 19. Jahrhunderts das Fricktal beschrieb, konnte er noch rühmen: „Die Ackerfelder in den weiten Ebenen und Thälern ... oder auf den unübersehbaren Ebenen am Rheine werden herrlich angebaut, so dass das Frickthal zu den besten und fruchtbarsten Gegenden Deutschlands gezählt zu werden verdient. 180 bis 200 Garben sind ein nicht ungewöhnlicher Abwurf einer Jucharte Feld." [8]

Ein Teilnehmer der Altersrunde (siehe das Kapitel „Der Alltag in Kaiseraugst in der Zwischenkriegszeit des 20. Jahrhunderts") – Jahrgang 1920 – weiss noch zu berichten, wie in seiner Jugendzeit Getreide geerntet wurde: In der Morgenfrühe schnitt der Bauer die Frucht mit Sense und Bogen.[9] Dann wurde sie zum Abtrocknen breitgelegt. Während die Kinder die Aufgabe hatten, die grünen oder blauen Garbenbänder – man kaufte sie im Gemischtwarengeschäft Schauli ein – auf dem Acker auszulegen, oblag es vor allem den Frauen, sie mit einem speziellen, holzgezahnten Rechen oder auch mit der Gabel zu kleinen Häufchen zusammenzunehmen. Zwei bis drei Häufchen ergaben eine Garbe. Sie wurde von starker Männerhand satt gebunden, wobei das um den Holzknopf gedrehte Bandende ihr Auseinanderfallen verhinderte. Auf dem letzten Wagen beim Heuet oder der Getreideernte befestigte man vorne den „Maiebaum", zum Zeichen, dass man fertig war. Zu Hause wurden die Garben, um die Fäulnis zu vermeiden, auf einem luftdurchlässigen Rundhölzerboden, der über der Scheune gelegenen sogenannten „Oberte" gelagert. Gedroschen wurde in der frühen Jugendzeit unseres Gewährsmannes noch mit drei oder vier Flegeln, erst in den dreissiger und vierziger Jahren des 20. Jahrhunderts hielten die Dreschmaschinen Einzug. „Ich erinnere mich, als man mit der Dreschmaschine der Milchgenossenschaft oder mit der ganz grossen der Milchgenossenschaft Rheinfelden von Scheune zu Scheune zog. Beim Dreschen in der Scheune entstand dabei oft ein Staub von vergrauten weil zu feucht eingebrachten Garben, so dass nur schon das Atmen, geschweige das Arbeiten ein Problem war. Da für diese Arbeit mit den grossen Dreschmaschinen jeweils sieben bis acht Mann nötig waren, halfen die Bauern einander aus. So war es also durchaus möglich, dass man eine ganze Woche bei dieser Tätigkeit ausharren musste. Das änderte sich erst, als die Mähdrescher aufkamen."

Heute haben Getreideäcker im Kaiseraugster Bann Seltenheitswert! Im vergangenen Jahrhundert schrumpfte die landwirtschaftliche Nutzfläche

Stalltüre. (Foto Giuseppe Esposito)

DIE WIRTSCHAFT

(Äcker für Brot-, Futtergetreide, Futtermais und Raps sowie Wiesen) von Jahrzehnt zu Jahrzehnt; zählte sie 1929 noch stolze 24'032 a, so musste sie 1975 bereits mit weniger als der Hälfte, mit 11'991 a vorliebnehmen, und 2000 waren es noch bescheidene 4920 a.

Zur Landwirtschaft gehört das Vieh: 1869 gab es 288 Stück Rindvieh; während der Bestand 1943 mit 260 Tieren etwa gleich hoch war, standen im Jahr 2000 nur noch 27 Tiere im Stall. Und auch beim Schweinebestand ist ein deutlicher Aderlass zu verzeichnen – er ging von 64 Tieren im Jahr 1869 und einer Hausse während des Zweiten Weltkriegs auf nur gerade 15 Tiere im Jahr 2000 zurück. Ausgeprägt ist schliesslich der Rückgang der Schafe von 101 auf 9 Tiere. Lediglich der Bestand der Ziegen veränderte sich bescheiden positiv von 22 auf 26 Tiere. In diesem allgemeinen Abwärtstrend macht die Pferdehaltung eine Ausnahme. Sie verzeichnete 1869 18 Tiere, wuchs aber dann nach einem durch die Motorisierung verursachten Tief in der Mitte des 20. Jahrhunderts im Jahr 2000 auf 85 Tiere an – eine Folge des populär gewordenen Reitsports.

Es ist offensichtlich: Für viele Menschen des 21. Jahrhunderts ist Landwirtschaft immer häufiger zu einem Begriff ohne klaren Inhalt geworden, und so gilt im Jahr 2005 erst recht, was schon 1985 seine Richtigkeit hatte: *„Bindbaum und Windenbrettli sind schon heute für Bauernkinder Latein."* [10]

Fazit: Wenn Kaiseraugster Schülerinnen und Schülern im 21. Jahrhundert naturnaher landwirtschaftlicher Anschauungsunterricht geboten wer-

So sah das „Hinterland" von Kaiseraugst 1950 aus – hochstämmige Obstbäume charakterisierten die Landschaft. (Luftaufnahme Gemeindearchiv Kaisraugst)

DIE WIRTSCHAFT

den soll, wenn sie lernen sollen, den Weizen vom Roggen zu unterscheiden, wenn sie sich überzeugen möchten, dass Kartoffeln weder aus Amerika noch aus Afrika importiert werden – dann haben sie bald nur noch die Wahl zwischen einem Gang ins Museum oder dem Besuch eines landwirtschaftlichen Versuchsbetriebs.

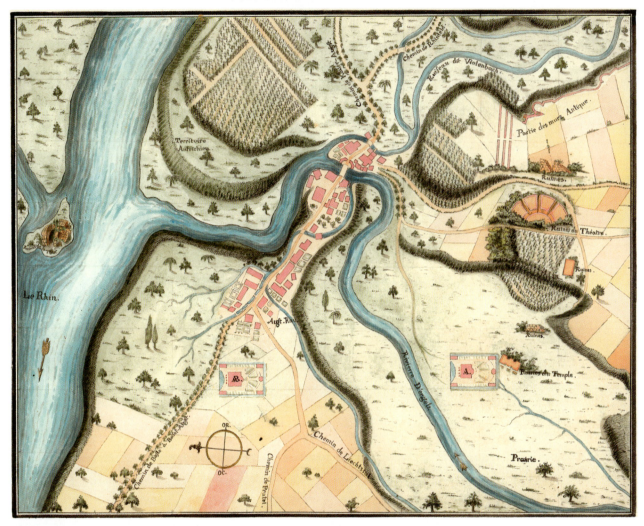

Die 1797 datierte und von Aubert Parent gezeichnete Karte zeigt eindrücklich das ehemalige Rebgelände von Augst und Kaiseraugst. Es überrascht, dass damals offenbar Teilstücke der Landstrasse als Alleen angelegt waren. Auch der Verlauf des Mühledichs lässt sich deutlich ablesen. (Universitätsbibliothek Basel)

Der Rebbau in Augst und Kaiseraugst

Zum Bild der alten Augster und Kaiseraugster Landschaft gehören auch die Reben. Während das Rebareal von Augst sehr klein war – es nahm vor allem den Abhang ein, der vom heutigen Sichelenweg hinunter zur Ebene des Tempelhofes führt –, betrug die Kaiseraugster Rebbau-Fläche zur Zeit der Zehntablösung, d. h. in den zwanziger und dreissiger Jahren des 19. Jahrhunderts, immerhin 23 Jucharten (828 a). Ein kleiner Rebberg zog sich nördlich der Landstrasse der Violenbach-Böschung entlang, während die grossen Rebbestände vor allem westlich des Dorfes längs des Rheines zu finden waren.

Heute ist der Rebbau sowohl in Augst wie auch in Kaiseraugst nur noch ferne Erinnerung, so wie sie etwa in den Worten des Kaiseraugster Dorfhistorikers G. A. Frey nachklingt: *„Der schönste Teil des Jahres war für uns junge und alte Leute ausser dem Frühling immer wieder der Herbst. Geraume Zeit vor der Weinlese wurde das Rebgelände streng abgesperrt, damit der Herbstsegen unverwundet verblieb. Jedes Jahr im September wurde die Gemeinde*

DIE WIRTSCHAFT

befragt, ob ein Rebhüter gewählt werden sollte ... Einmal wurde beschlossen, um die paar Trauben zu sammeln, bedürfe es kaum einen Rebhüter. Wir ältesten Bürger und Einwohner von Kaiseraugst vergessen nie die herrlichen Stunden und Tage, die wir in den Reben selbst oder dann in der Trotte zubrachten, wo wir Buben immer etwa eine Traube oder ein Gläslein Most bekamen." [11]
1876 gab es in Kaiseraugst 118 Grundbesitzer, 63 von ihnen besassen Reben: Sie teilten sich in rund 20 Jucharten (720 a) und bewirtschafteten damit durchschnittlich 11 a, was zur Selbstversorgung gerade reichte.[12] Im Bezirk Rheinfelden mit seinen 14 Gemeinden stand 1868 Kaiseraugst mit einer Ernte von 180 Saum, was 270 hl entspricht, an zehnter Stelle. Erwähnenswert ist schliesslich auch die Tatsache, dass es bis zu Beginn des Ersten Weltkriegs in Herten mehrere Rebberge gab, die einem Kaiseraugster Rebbauern gehörten – ein Relikt aus der Zeit der engen transrheinischen Zusammengehörigkeit. Der Mist, so weiss der Gewährsmann zu berichten, sei damals von Kaiseraugst aus über die Rheinfelder Brücke an seinen Bestimmungsort gefahren worden.

Auch in Augst stand das Rebgelände zur Zeit der Traubenreife unter strengen Schutzbestimmungen. Der Rebberg durfte nur von den Rebbesitzern betreten werden, und auf Traubendiebstahl wurden harte Strafen ausgesetzt: Während Erwachsene mit einer Strafe von 1 bis 5 Franken zu rechnen hatten – so ein Gemeinderatsbeschluss von 1876 –, mussten die Eltern von Kindern, die beim Traubenstehlen ertappt wurden, 50 Rappen bezahlen – hohe Strafen, wenn man bedenkt, dass der Traubenhüter eine Tagesentschädigung von Fr. 1.90 erhielt. Um wiederum die Traubenhüter zu sorgfältiger Pflichterfüllung anzuhalten, liess der Gemeinderat das nächtliche Hüten kontrollieren; allzufrühes Abtreten von der Nachtwache wurde bestraft.

Gegen Ende des 19. Jahrhunderts setzte in der Schweiz mit dem Auftreten des Echten und Falschen Mehltaus, der Reblaus und des Traubenwicklers der Niedergang des Rebbaus ein. Dazu kamen zwischen 1882 und 1892 einige durch klimatische Veränderungen verursachte Frostjahre. Auch die sich rasch entwickelnde Industrie mit ihren besseren Verdienstmöglichkeiten war dem Rebbau abträglich; dem einheimischen Wein erwuchs zudem grosse Konkurrenz durch per Eisenbahn importierten billigen ausländischen Wein. Wurden 1880 ca. 900'000 hl Wein importiert, so waren es 1905 bereits 2 Millionen hl – eine Entwicklung, die sich im dramatischen Rückgang der Schweizer Rebbaufläche spiegelt: 1884 35'500 ha, 1932 nur noch 12'500 ha. So darf es uns nicht wundern, dass sowohl Augst als auch Kaiseraugst heute keine Rebparzellen mehr besitzen.

Nur noch Strassennamen erinnern an den alten Kaiseraugster Rebberg. (Fotos Ursi Schild)

DIE WIRTSCHAFT

[1] Gotthelf Jeremias: Die Käserei in der Vehfreude, 1850. Kapitel 2, Absatz 4.
[2] Bronner Franz Xaver: Der Kanton Aargau, historisch, geographisch, statistisch geschildert, St. Gallen und Bern 1844. S. 450ff.
[3] Schib Karl: Geschichte von Möhlin, Thayngen 1959. S. 123 ff.
[4] Hans Schauli, Jahrgang 1920.
[5] Die folgenden statistischen Werte gemäss den eidgenössischen Betriebszählungen.
[6] Bronner, S. 495.
[7] Bronner, S. 459.
[8] Lutz Markus: Das Vorderösterreichische Frickthal in historisch-topographischer Hinsicht, Basel 1801. S. 84.
[9] Siehe Anmerkung 4.
[10] Stingelin Fritz, in: Augster Anekdoten, Augst 1985. S. 39.
[11] Frey G. A.: Handschriftliche Notizen, Gemeindearchiv Kaiseraugst.
[12] Reichmuth Werner: Aus vergangenen Tagen, Augst 1989. S. 56ff.
[13] Die folgenden Angaben gemäss Mitteilung von Frau B. Dubois-Kuhn, Basel und Alphonse C. M. Ehinger, Muttenz
[14] Mitteilung von F. Langel, Augst.

DIE WIRTSCHAFT

Die Fischerei

> Ein Rheinsalm schwamm den Rhein
> bis in die Schweiz hinein.
> Er war schon weissgottwo,
> doch eines Tages – oh -!
> da kam er an ein Wehr:
> das mass zwölf Fuss und mehr!
> Zehn Fuss – die sprang er gut!
> Doch hier zerbrach sein Mut,
> Drei Wochen stand der Salm
> am Fuss der Wasser-Alm.
> Und kehrte schliesslich stumm
> nach Deutsch- und Holland um.

Mit diesen launigen Versen verstand es der deutsche Dichter Christian Morgenstern (1871-1914), die Geschichte der Fischerei am Hochrhein auf den Punkt zu bringen. Max Baumann hat sie als Historiker nachgezeichnet und dabei vor allem Kaiseraugst ins Zentrum seiner Nachforschungen gesetzt.[1]

Wer würde es zu Beginn des dritten Jahrtausends glauben, dass im Dorf der grossflächigen Industrie- und Wohnüberbauungen noch zur Zeit der ersten Eidgenössischen Volkszählung in der Mitte des 19. Jahrhunderts von 104 Berufstätigen 35 als Landwirte oder Fischer arbeiteten? Die Fischer waren damals in die zunftähnliche Rheingenossenschaft eingebunden, von der bereits in einem früheren Kapitel die Rede war.

Die Fischereirechte der Kaiseraugster Fischer

Eine Übersicht der ganz unterschiedlichen und vom Kanton Aargau im 19. Jahrhundert anerkannten Fischereirechte (Fischenzen) macht deutlich, wie existenziell die Fischerei für Kaiseraugst damals war.[2]

- Mit allen anderen in der Rheingenossenschaft zusammengeschlossenen Berufskollegen teilten sich die Kaiseraugster Fischer das Recht, von der Säckinger Brücke bis zur Kapelle von Hüningen vom Ufer oder vom Weidling aus mit allen erlaubten Mitteln Gross- und Kleinfische zu fangen und Garne zu ziehen.

Darüber hinaus besassen die Kaiseraugster folgende Fischereirechte:

- *„Zu Beginn des 19. Jahrhunderts standen innerhalb des Kaiseraugster Gemeindebannes am Rhein zwei spezielle Fangvorrichtungen, die so genannten Salmenwaagen. Die eine, Richenwaage genannt, stand auf der Höhe der Dorfkirche. Ebenfalls uralt war die Geigerwaage, etwa 300 Meter oberhalb des östlichen Dorfrandes.*
- *Der Rheinbezirk der Gemeinde Kaiseraugst war in drei Fischweiden eingeteilt, deren Besitzer hier das ganze Jahr hindurch fischen durften. Die unterste, die Fischweid vor dem Augsterbach reichte von der Einmündung der Ergolz bis zur oberen Tränkgasse, die mittlere – die Fischweid bei der oberen Tränkgasse – von dieser Tränkgasse bis zur erwähnten Geigerwaage (Gigerwoog), die dritte, Rohrweid genannt, von hier bis zum engen Gässli, also bis zur Gemeindegrenze gegen Rheinfelden. Die beiden unteren Fischweiden bildeten Privateigentum von Kaiseraugster Fischern und wurden als solche re-*

DIE WIRTSCHAFT

gierungsrätlich anerkannt. Die Rohrweid dagegen befand sich im Besitz des Staates und wurde regelmässig unter den Fischern von Kaiseraugst als Pacht versteigert.

• *Die Gemeinde Kaiseraugst machte für ihre sämtlichen Einwohner eine Berechtigung geltend, 'mit kleinen Garnen' zu fischen, und zwar so weit ihr Gemeindebann reichte. Der Regierungsrat anerkannte diese Fischenz 1865 als privates Recht; über deren Inhalt sollte es aber zu jahrzehntelangen Auseinandersetzungen zwischen der Gemeinde und der kantonalen Verwaltung kommen.*

• *Dem Staat Aargau stand aussserdem das halbe Fischereirecht im Violenbach, dem Grenzbächlein zwischen Kaiseraugst und Baselaugst, bzw. den Kantonen Baselland und Aargau zu. Diesen Anteil verpachtete er – meist an einheimische Fischer."*

Der Lachs

Am bedeutendsten war die Lachsfischerei. Der Lachs oder Salm ist ein typischer Wanderfisch. Als Jungtier schlüpfte er früher, als ihm noch keine Stauwehre den Weg flussaufwärts versperrten, in den Nebenflüssen des Rheins, bei uns in der Nordwestschweiz Wiese, Birs und Ergolz. Als Jungfisch schwamm er dann den Rhein hinunter bis ans Meer, wo er zum voll ausgebildeten Fisch heranreifte. Mit reichlichen Fettreserven und einem Gewicht von 12 bis 16 Pfund bei einer respektablen Länge von 70 bis 110 cm trat er schliesslich nach zwei bis drei Jahren den mehrere Monate dauernden und Hunderte von Kilometer langen Rückweg an. Er führte ihn wieder zu den Fischgründen, wo er geschlüpft war. Die kleineren, dreijährigen Männchen trafen hier ab Ende Mai ein, die grösseren und im Durchschnitt vierjährigen, geschlechtsreifen Weibchen etwas später. Im Rhein frassen sie nichts mehr:

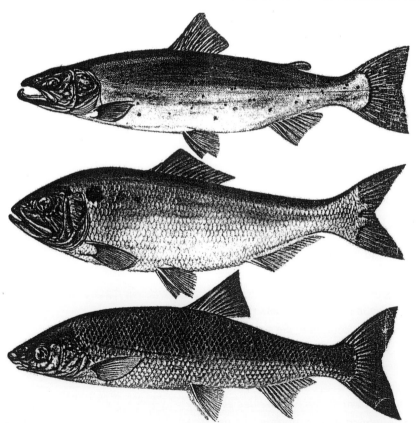

Die einst wichtigsten Brotfische der Rheinfischer (von oben nach unten): Lachs/Salm, Maifisch und Nase. (Aus: Fischer am Hochrhein)

„In dieser Zeit erfolgte auch eine äusserlich sichtbare Veränderung: Sie färbten sich dunkler. Die Männchen bekamen das sogenannte Hochzeitskleid; die Haut wurde prächtig schillernd, der Bauch purpurrot, und am Kopf bildeten sich Zickzacklinien; die Haut von Rücken und Flossen verdickte sich, und am Unterkiefer entwickelte sich ein Stumpfhaken für den Kampf mit Rivalen an den Laichplätzen. Wegen dieser Veränderungen nannte man das Tier im Frühling und Sommer Salm, im Herbst und Winter aber Lachs ... Diesem Lebenszyklus entsprechend gab es zwei Hauptfangzeiten. Die erste fiel mit dem Aufstieg des Salms zusammen und dauerte von Ende Mai *bis anfangs August; es war die Zeit der Salmenwaagen. Die zweite setzte mit der Laichzeit Ende September ein und endete üblicherweise anfangs Januar; dies war die Saison der Lachsweiden."* [3]

Lachsfangmethoden

Die Waagen oder Woogen, dieses für den Lachsfang so typische Fanggerät, verdanken ihren Namen keineswegs der Ähnlichkeit mit einer Waage, wie eine oberflächliche Erklärung nahe legen würde. Als Woog bezeichnete man vielmehr im Alemannischen früher jene tiefen Wasserstellen in der Nähe der Ufer, wo sich durch rückläufige Strömungen Wirbel bildeten. Gerade dort fanden sich aber seit altersher ziehende Lachse ein. Vom Ort, wo das Fanggerät aufgestellt wurde, übertrug sich dann der Name auf das letztere selbst.

Am besten lässt sich eine Woog mit einem zwischen Grashalmen angebrachten Spinnennetz vergleichen. Ihr Garn stand, zwischen zwei Balken ausgespannt, schief im Wasser und hatte es auf die flussaufwärts ziehenden Fische abgesehen. Die Rolle der auf der Lauer liegenden Spinne übernahm der Fischer, der hoch über dem Wasser im Wooghüsli sass und hütete. Da der Bau einer Wooganlage ziemlich kostspielig war, taten sich zu ihrem Betrieb und Unterhalt meist zwei oder drei Fischer zusammen. Sie erreichten ihr Häuschen, das auf einem aus Steinen gefügten und auch bei Hochwasser soliden Unterbau stand, vom Land aus über eine kleine Brücke, während von der Plattform des Wooghüsli eine Treppe zum Wasser hinunterführte. Gefischt wurde meistens nachts, wobei sich die Besitzer der Woog in der Arbeit ablösten. In jedem Häuschen gab es deshalb ausser Tisch und Bank auch ein Bett, wo der jeweils gerade dienstfreie Fischer seine Ruhezeit zu verschlafen pflegte. Währenddessen sass sein Kollege, der nach ungefähr zwei Stunden abgelöst wurde, an seinem Tischchen, hing seinen Gedanken nach und war vielleicht, um ja nicht einzuschlafen, in einen spannenden Roman vertieft. Dabei hielt er in der Hand ein Hölzchen, das etwa ein Dutzend Schnüre durch ein Loch des Fussbodens mit dem Garn verband. Verirrte sich nun ein Fisch längs des Ufers und „rannte" er ins Netz „ein", so brachte er durch sein ungestümes Zappeln die Reizfäden und damit auch das Holzstückchen zum Zittern – es „rupfte", der Fischer war alarmiert. Er betätigte augenblicklich ein kompliziertes Hebelwerk, so dass das schwere Netz in die Höhe schnellte und frei über dem Wasser schwebte. Für den Fisch gab es jetzt kein Entweichen mehr. Er wurde in Sicherheit gebracht, worauf der Fischer die ganze Einrichtung wieder in die Ausgangslage zurückversetzte.

Um die Geigerwoog rankte sich eine mysteriöse Geschichte, die ihren Niederschlag in einer Sage fand: *„Schon seit uralter Zeit hörte der Fischer*

Die Baumerwoog am Augsterstich.

Sie wurde beim Rheinstau im Jahr 1912 abgebrochen. Gleiche „Woogen" befanden sich auch im Dorfbereich, bei der Kirche und zwischen der Tränkgasse und dem Fuchsloch. (Foto aus Kaiseraugst – wie's damals war)

DIE WIRTSCHAFT

jeweilen eine kurze Zeitspanne während des Sommers beim Fischen auf der Woog zwischen 12 und 1 Uhr nachts vom Wasser her ein wundersames Geigenspiel. Dies wiederholte sich jedes Jahr. Im letzten Jahrhundert fischten zwei Kameraden zusammen. Der eine schlief, der andere wachte. Er traute aber seinen Ohren nicht, und als der Kamerad ihn ablöste, blieb er selber wach, ohne es merken zu lassen. Punkt Mitternacht hub die sanfte Musik wieder an. Der Kollege schüttelte ihn: Hörst du die Geige spielen? Beide hörten es und täuschten sich nicht." [4]

Ausser dem Lachsfang mittels Woogen gab es noch zahlreiche andere Methoden. Im Spätherbst, der ergiebigsten Lachsfangzeit, wurde auf genau begrenzten Rheinabschnitten, den sogenannten Lachsweiden, die Stuhlfischerei betrieben:

„Vor Beginn der Laichzeit, wenn die Lachse 'bissig' werden und sich gegenseitig bekämpfen, errichtete der Rheingenosse auf seiner 'Waid' einen 'Reizbähren'. Von einem im Wasser stehenden Gestell (Stand) gingen zwei 'Chunkle' (Kunkeln), hölzerne Stangen, rechtwinklig ins Wasser; zwischen ihnen hing ein Garn aus starkem Faden. Ein gefangener lebender Lachs war mit einer Salmenschnur an einem Seil und dieses an einem Anker oder grossen Stein befestigt. Von der Salmenschnur lief eine dünnere Schnur, die 'Reizschnur', nach dem Land und war dort an einer Schelle angebunden. Beim Er-

Galgen – Fischergalgen sind für die Augster und Kaiseraugster Rheinstrecke charakteristisch. (Foto Ursi Schild)

scheinen eines fremden Fisches wurde der Lockfisch unruhig und setzte die Schelle in Bewegung. Dadurch benachrichtigt, trat der hütende Fischer aus seiner 'Lachshütte' am Ufer hinaus an den Bähren und zog den Lockfisch an der Reizschnur so weit heran, bis er durch einen in die Schnur geschlungenen

DIE WIRTSCHAFT

Knoten wusste, dass nun der Lockfisch unmittelbar vor der oberen Kunkel steht. Nun wartete er, bis er mittels der in einer Hand gehaltenen Reizschnur in Kenntnis gesetzt wurde, dass der Lockfisch von seinem Verfolger gebissen worden sei. Da die Zähne des Lachses nicht imstande sind, tief ins Fleisch einzudringen, ist dieses Beissen vielmehr ein Ritzen, wobei der Angreifer stromabwärts gleitet und über das Garn zu stehen kommt. Dieser Augenblick und bevor der Lachs zu neuem Biss ansetzte, wurde vom Fischer wahrgenommen. Rasch zog er mit dem Stecken, der die Kunkeln auf den Grund sperrte, den Bähren über das Wasser und hatte nun die Beute im Garn liegen." [5]

Zünden und Stechen mit Geeren und Leuchtkorb. Kupferstich aus der „Encyclopédie ou dictionnaire des sciences, arts et métiers", herausgegeben von Diderot und d'Alembert, Paris 1771. (Aus: Fischer am Hochrhein)

Die Lachsfischerei, das hat der Bericht über die Stuhlfischerei gezeigt, erforderte neben genauer Kenntnis der Wasser- und Stromverhältnisse Gewandtheit und Mut, wie überhaupt der Fischerberuf längst nicht so idyllisch war, wie man sich das vielleicht vorstellt. Er setzte ausser grosser Ausdauer eine eiserne Gesundheit voraus, denn gefischt wurde nicht nur bei Sonnenschein, sondern auch bei Regen, Nässe und Kälte. Die Fischer kamen wochenlang kaum aus ihren Kleidern heraus und mussten ständig und bei jedem Spätherbstwetter auf dem Posten sein.

Einen romantischen Anstrich hatte hingegen das sogenannte Zünden:

„Frühzeitig legt sich der Fischer zu Bett. Wenns gegen Mitternacht geht, erhebt er sich schon wieder von seinem Lager. Stockdunkel ist die Nacht, wenn er zu seinem Weidling am Rheinufer niedersteigt. Seit mehreren Tagen hat es weder geregnet noch geschneit, und bei dem sinkenden Wasserstand klärt sich der Rhein allmählich, so dass man bis zum Grunde sieht. Dort liegen die Lachse auf ihren Gruben dem Laichgeschäft ob. Auf sie hat es die scharfe, eiserne 'Fischgabel', der sogenannte 'Geer', abgesehen, der jetzt zum Weidling hinuntergetragen wird. Ein Bündelchen Kienholz liegt bereit, und auch der schmiedeiserne 'Lüüchterkorb', der an einer gebogenen kurzen Stange befestigt ist. Zwei Fischer machen sich am Weidling zu schaffen. Der eine entfacht ein Feuer und richtet den Korb mit den Kienspänen her, der andere macht den Weidling zurecht. Nachdem der Lüüchter in ein Loch am vorderen 'Schoochebrett' gesenkt und gebührend befestigt ist, stösst der eine Fischer mit dem 'Schalten' das Boot flussaufwärts ('uffestachle'), während der andere den Geeren erfasst und hinter dem Feuer Aufstellung nimmt. Gespenstisch tanzt der Feuerschein über dem Wasser. Schatten huschen vorbei, Lichtkringel flimmern über den Wogen dahin. Am Grunde aber heben sich im grellen Lichterscheine die Lachse scharf vom hellen Griengrund ab, wenn der Fackelschein durch das klare Wasser dringt. Das ungewohnte Licht blendet die Fische, sie verharren einen Augenblick: da naht das Verderben. Mit sicherem Stoss senkt der Fischer den Geeren in die Tiefe. Die Zacken dringen dem Fisch durch den Leib und dank den Widerhaken kann der Lachs herausgezogen und in den Nachen geworfen werden." [6]

DIE WIRTSCHAFT

Die wirtschaftliche Bedeutung und der Niedergang der Lachsfischerei

Bei der Bedeutung, welche dem Lachs in der Küche der renommierten Gaststätten Basels, im Badischen und in der Schweiz zukam, brauchten die Kaiseraugster Rheingenossen nie um den Absatz zu bangen. Eine Episode aus dem Jahr 1799 zeigt, in welch grossem Ansehen der „Lachs à la Bâloise" früher stand. Am 19. Juli 1799 gelüstete es nämlich den infolge der Revolutionskriege in Rheinfelden stationierten französischen General Bontemps nach einem Salm, und einem Kaiseraugster, dem Rheinvogt Gregor Lützelschwab, fielen die Ehre und der Auftrag zu, den fremden Machthaber zufriedenzustellen. Ende des 19. Jahrhunderts kam die Zeit, wo die Nachfrage nach dem Edelfisch grösser war als die Zulieferung, und dann traf 1898 ein erster Schicksalsschlag die Fischer: Der Kanton Aargau annullierte die Rechte der Rheingenossen. Auch ein Prozess vor Bundesgericht vermochte diesen harten Entscheid nicht umzustossen. Doch nicht nur in juristischer Hinsicht waren die Hochrhein-Fischer bedroht, ebenso negativ wirkten sich die Kraftwerke aus, die seit den 1880er Jahren an verschiedenen Orten des Hochrheins gebaut wurden. 1898 nahmen die „Kraftübertragungswerke Rheinfelden" ihre Tätigkeit auf. Ein Jahr zuvor hatten die Verhandlungen über das Kraftwerk Augst/Wyhlen begonnen, 1900 wurde ein erstes Projekt eingereicht, 1903 ein zweites: Beide Projekte gefährdeten die Lachsfischerei, indem durch den geplanten Aufstau die Strömung des Rheins und damit auch die Wanderwege des Lachses stark verändert

Albert Schauli (1888-1964), der letzte Kaiseraugster Berufsfischer

Am 17. April 1964 erschien in der „Volksstimme aus dem Fricktal" ein Nachruf; er galt Albert Schauli, dem letzten Kaiseraugster Berufsfischer. Albert Schauli stand in der Tradition seiner Familie; wie sein Vater teilte er sich in die Arbeit als Fischer und Kleinbauer und wie bei seinen Eltern wurden auch alle anderen Familienangehörigen – Ehefrau und Söhne – in den Arbeitsablauf des Landwirts und des Fischers einbezogen. Während Jahrzehnten traf man ihn beim Morgengrauen – ob bei schönem oder schlechtem Wetter – auf dem Wasser und ebenso lange gehörte er ganz selbstverständlich zum damals noch wöchentlichen Basler Fischmarkt. (Foto aus Fischer am Hochrhein)

würden und infolgedessen die Besitzer der Woogen und Lachsweiden mit einer empfindlichen Entwertung ihrer Fischenz rechnen mussten. Fünf Kaiseraugster Fischereiberechtigte erhoben deshalb Einspruch. Nach langwierigen Verhandlungen anerkannte das Kraftwerk die Berechtigung ihrer Beschwerde und kaufte ihnen die Fischereirechte zwischen dem Rheinfelder Stauwehr und der Ergolzmündung in Berücksichtigung der wirtschaftlichen Bedeutung für 24'000 Franken ab. Das Fischereirecht der Kaiseraugster Einwohner mit Angeln und kleineren Garnen (Bähren) blieb dagegen weiterhin bestehen.

Die Konzession des Kraftwerkes verpflichtete die Betreiber, drei Fischtreppen zu erstellen, *„zwei am oberen Ende der beiden Ablaufkanäle auf der badischen und auf der schweizerischen Seite, die dritte am Ende des Stauwehrs auf der badischen Seite."* Doch das Kraftwerk hatte die Rechnung ohne

DIE WIRTSCHAFT

den Wirt gemacht: Keine der drei Treppen wurde von den Lachsen benützt! Waren in den Jahren 1897 bis 1911 auf der badischen Seite zwischen Augst-Wyhlen und Laufenburg durchschnittlich 216, auf der Schweizer Seite 376, gesamthaft also 592 Lachse gefangen worden, so reduzierte sich 1912 die Zahl der auf der gleichen Strecke eingebrachten Fische auf bescheidene 172, 1913 auf lediglich 79 Exemplare. 1914 kommentierte die „Volksstimme" ernüchtert:

„Wohl können jetzt zu gewissen Tageszeiten Lachse beim Kraftwerk gesehen werden, aber von Hunderten kann nicht die Rede sein, so wenig wie auf dem Festland Hunderte von Hasen beisammen gesehen werden können."[7]

Der Niedergang der Lachsfischerei war nicht mehr aufzuhalten. Die aargauische Fischereistatistik belegt es; wurden 1925/26 10 Fische gefangen, so gingen in den Folgejahren 28, 8, 34, 6 und schliesslich 1931/32 nur noch 7 Lachse ins Netz. Mit der Eröffnung des Kraftwerks Kembs 1932 blieben sie überhaupt aus, sie stiegen nicht mehr auf – Ausnahmen vorbehalten! 1945

Max Blank, der letzte Berufsfischer des Kantons Basel-Landschaft (1913-2000)

Augst war nie wie Kaiseraugst Fischerdorf, aber trotzdem war es dem nassen Element und seinen Bewohnern verbunden. Eine Bestätigung dieser Aussage liefert die nachfolgende Würdigung von Max Blank, dem letzten Berufsfischer des Kantons Basel-Landschaft. Reich konnte man bei diesem Gewerbe besonders auch angesichts des immer mehr zurückgehenden Fangertrags nicht werden, doch war es immerhin möglich, eine sechsköpfige Familie bescheiden durchzubringen.

Die Fischerei erlernte Max Blank zusammen mit seinem Bruder August von seinem Vater, der allerdings noch einem Nebenverdienst nachging: Er arbeitete in der Saline Kaiseraugst. Vor allem der Rhein war mit ca. 2300 m Uferlänge das Revier der Blanks, einige Jahre hatten sie auch die Ergolz bis zum sogenannten Hülftenfall in Pacht. Gefischt wurde mit Spreit-, Wurf- und Zuggarn, mit Reusen, Lachsfallen, Handbähren und Grundschnüren, die bis zu 120 Haken aufwiesen und mit Würmern, Güllenruggern und Käse beködert wurden. Eine Salmenwoog besass die Familie Blank nicht, wohl aber einen Fischergalgen.

Für die beiden Berufsfischer-Familien, Blank in Augst und Schauli in Kaiseraugst, war besonders der Lachs wichtig, den man bis zum längsten Tag als Salm, dann bis zum kürzesten Tag als Lachs bezeichnet. Die ersten silbergrauen Salme wurden im Mai mit Spreitgarn gefangen; es waren meist recht grosse und fette Exemplare, keines unter 18 Pfund, während die Lachse im Durchschnitt nur 8 bis 12 Pfund wogen. Die Fangstatistik der beiden Fischerfamilien lässt sich sehen: Jährlich gingen ihnen zwischen 1912 und 1932 350 Lachse und 50 Salme in die 23 von einer Grenzacher Handschmiede gelieferten Lachsfallen. Meistens wurden lebende Lockfische – also bereits erbeutete Lachse – vor den Fallen angebunden; als die Lachse immer seltener wurden, taten es auch hölzerne. Das Stellen dieser Fangeinrichtung erforderte nicht nur viel Geschick sondern besonders bei schlechtem Wetter auch Überwindung und Ausdauer. Der grösste gefangene Lachs wog 43 Pfund, 25-Pfünder waren nicht allzu selten, doch der Bau des Kraftwerks Kembs setzte 1932 der Lachsfischerei ein Ende.

(Foto aus Familienbesitz)

DIE WIRTSCHAFT

Am 23. Juni 1977 gründeten die Kaiseraugster Fischer traditionsbewusst den Verein „Rheingenossenschaft", der unter anderem dafür eintritt, dass die Fischereirechte der Gemeinde Kaiseraugst erhalten bleiben. (Foto Giuseppe Esposito)

öffnete nämlich die kriegsbedingte Sprengung eines Schützen des Kraftwerks Kembs dem Lachs ein letztes Mal den Weg in den Hochrhein: Die aargauische Statistik verzeichnete entsprechend für die Periode vom 1. Oktober 1945 bis 30. September 1946 221 Lachse. Dann gingen die Erträge sofort wieder zurück, und am 11. September 1952 zog Albert Schauli – er hatte früher in den guten Jahren bis 50 Lachse gefangen – den letzten Lachs ans Land.

1986, ein Jahr nach der Sandoz-Katastrophe von Schweizerhalle, wurde von der internationalen Kommission zum Schutze des Rheines das „Aktionsprogrammm Rhein" beschlossen, das eine Verbesserung des Ökosystems im gesamten Rheingebiet zum Ziele hat. Dabei geht es unter anderem um die Wiederbelebung und Vernetzung der Auen, um die Renaturierung eintöniger Flussstrecken und um funktionierende Fischtreppen. Gewissermassen „Zugpferd" des Aktionsprogramms ist der Lachs; der Rhein soll wieder zu einem Lachs-Gewässer werden, aber auch Wiese, Birs und Ergolz sind als potentielle Laichgewässer in dieses ehrgeizige Projekt eingebunden.

Millionen von Junglachsen sind seither im Rhein ausgesetzt worden, trotz ersten Erfolgen steht aber der eigentliche Durchbruch noch aus, und so wird es wohl noch einige Jahre gehen, bis in Kaiseraugst wieder ein Lachs gefangen werden kann – dannzumal nicht von einem Berufs-, sondern von einem Sportfischer.

DIE WIRTSCHAFT

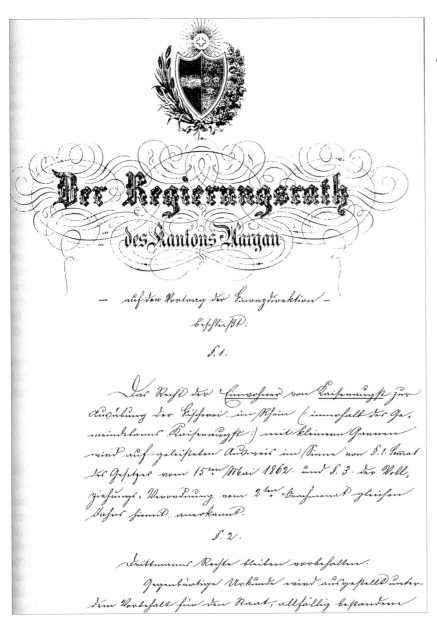

Die Anerkennungsurkunde der Fischenz der Einwohner von Kaiseraugst vom 27. Dezember 1865.

„Das Recht der Einwohner von Kaiseraugst zur Ausübung der Fischerei im Rhein (innerhalb des Gemeindebanns Kaiseraugst) mit kleinen Garnen wird auf geleisteten Ausweis im Sinne von § 1 Lemma 1 des Gesetzes vom 15ten Mai 1862 und § 3 der Vollziehungs-Verordnung vom 2ten Brachmonat gleichen Jahres hiemit anerkannt". (Aus: Fischer am Hochrhein)

[1] Baumann Max: Fischer am Hochrhein – Zur Geschichte der Fischerei zwischen Säckingen und Basel, Aarau 1994.
[2] Nach Baumann, S. 30f.
[3] Baumann S. 10.
[4] Ruther K.: Von der Salmenfischerei in Rheinfelden. Rheinfelder Neujahrsblätter 1959, S. 31ff.
[5] Baumann, S. 17f.
[6] Steinmann P.: Die Lachsfischerei am Hochrhein, Basel 1825. S. 23f.
[7] Volksstimme, 26. August 1914.

DIE WIRTSCHAFT

Kaiseraugst: Die Anfänge der Industrialisierung im 19. Jahrhundert

Kaiseraugst ist früher als alle anderen Fricktaler Dörfer in den Sog der Industrialisierung geraten. 1841 bohrte man das an der Ergolz vermutete Salzlager an, und 1888 nahm die Cellulosefabrik ihren Betrieb auf. Doch trotz dieser Entwicklung blieb der bäuerlich-landwirtschaftliche Charakter des Dorfes bis weit über die Mitte des 20. Jahrhunderts erhalten. Industrie und Landwirtschaft gingen Hand in Hand. *„Es wäre falsch, zu glauben, die industrielle und gewerbliche Entwicklung im Dorf hätte sich nachteilig auf das Zusammenleben unserer Bauern mit den Arbeitern ausgewirkt. Das Gegenteil war der Fall: Viele Kaiseraugster, die ihr Brot nicht mehr mit Bauernarbeit verdienten, waren Söhne und Töchter aus Bauernfamilien, die sehr oft bis zur Verheiratung im elterlichen Haushalt lebten und nach Feierabend, besonders zur Erntezeit, tatkräftig Hand anlegten. Auch für die übrige Arbeitnehmerschaft war nachbarliche Hilfeleistung meistens eine Selbstverständlichkeit; die dafür erhaltene Entschädigung – Naturalien wie Speck, Eier, Metzgete usw. – bedeutete manchen einen willkommenen Zustupf an die eigene Haushaltung."* [1]

1843: Saline Kaiseraugst AG

Die ausgediente Salinenanlage kurz vor dem Rheinstau. (Foto aus Kaiseraugst – wie's damals war)

Sie war die kleinste der drei Aargauer Salinen, aber die erste nach Schweizerhalle, und mit ihr begann die Industrialisierung von Kaiseraugst. 1840 stellte Forstinspektor Johann Urban Kym ein Konzessionsgesuch um Salzausbeutung. Im September 1841 wurde die Bohrung in 138 m Tiefe fündig. Kym konnte sich beglückwünschen; seine Vermutung, das Salzlager von

DIE WIRTSCHAFT

Schweizerhalle könnte sich auch weiter ostwärts über die Kantonsgrenze hinaus ausdehnen, hatte sich bewahrheitet. Voll Stolz schrieb er der Aargauer Regierung:

„Abgesehen von meinem persönlichen Interesse, freut es mich, bei meinen Bohrversuchen auf dieses günstige Resultat gekommen zu sein, in der Überzeugung, dass dieses Resultat für unsern Kanton und die ganze Eidgenossenschaft von besonderem Interesse sein wird und somit unser Vaterland durch Auffinden dieses notwendigen Nahrungsmittels an das Ausland nicht mehr tributpflichtig ist und von demselben wieder etwas unabhängiger und freier ist." [2]

Am 6. April 1843 wurde die Saline Kym & Cie. aus der Taufe gehoben. 21 Geldgeber, darunter der Basler Ratsherr, Professor und Financier Peter Merian, hatten ihren Start ermöglicht. Die Konzession vom gleichen Jahr sah vor, dass die Salzförderung bis zu Beginn des Jahres 1848 gebührenfrei bleiben sollte, später aber der zehnte Teil in natura oder in Geld abzugeben sei. Der im November 1843 aufgenommene Betrieb arbeitete zunächst mit einem Bohrloch und einer Pfanne und erzielte eine maximale Jahresproduktion von rund 600 Tonnen. Hauptkunde war die Stadt Basel, die wegen der Kantonstrennung von 1832 ihr Salz nicht von der basellandschaftlichen Saline Schweizerhalle, sondern vom aargauischen Kaiseraugst bezog. Doch bereits im November 1847 wurde der Kaiseraugster Betrieb wegen Unergiebigkeit der Salzbohrung zu Gunsten der Saline Riburg stillgelegt.

Wer wagt, gewinnt: Am 27. Oktober 1862 ersuchte der Kaiseraugster Landwirt Johann Lützelschwab die Behörden um Übertragung der alten Konzession auf seinen Namen; er begründete seinen Vorstoss, der vom Geologen Amanz Gressly positiv beurteilt wurde, mit der nach wie vor ungenügenden Schweizer Eigenversorgung aus den bestehenden drei Salinen Schweizerhalle, Rheinfelden und Riburg. Am 21. August 1864 wurde die Aktiengesellschaft Neue Saline Kaiseraugst gegründet, worauf ein Jahr später der erste Sud mit zwei Pfannen aufgenommen werden konnte. Der Saline, die ca. 20 Personen beschäftigte, wurde ein Achtel der Aargauer Salzproduktion zugestanden; vier zusätzliche Pfannen und fünf statt bisher zwei Bohrlöcher erbrachten diese Leistung. 1867 starb Johann Lützelschwab durch einen Unfall, und 1873 kam es zur Fusion mit den anderen Aargauer Salinen und damit zum Verlust der Eigenständigkeit zu Gunsten der neuen Aktiengesellschaft der Schweizerischen Rheinsalinen. Als erster Verwalter amtete von 1874 bis 1899 Gustav Frey; unter ihm wurde der Saline 1890 die „Bausteinfabrik Kaiseraugst" angegliedert, welche die Fabrikation von Schlackensteinen betrieb. Wie der Kaiseraugster Salinenbetrieb funktionierte, berichtet höchst anschaulich der bekannte Kaiseraugster Journalist und Historiker G. A. Frey, der als Sohn Gustav Freys seine Jugendjahre in der Saline verbrachte:

„Die Ergolz, dieser gewerbefleissige Nebenfluss des Rheins, darf als die Mutter der Saline Kaiseraugst gelten, so wie der Salzton im Schoss der Erde sich als ihr Vater offenbart. Die Verwendung der Ergolz als treibende Kraft und das flache Wiesengelände der Lochmatt am rechten Ufer des Flusses bedingten die Wahl dieses Terrains für den Bau der Saline Kaiseraugst. Einige Dutzend Meter unterhalb des von rechts her einmündenden Violenbachs wurde ein gegen 300 m langer, unterirdischer Stollen in das dort noch steil sich

erhebende rechte Ufer hineingetrieben. Seine der Ergolz entnommenen Wasser waren dazu bestimmt, die beiden unterschlächtigen Wasserräder der Saline zu betreiben. Nachher strömten sie durch einen tief eingeschnittenen Unterwasserkanal wieder dem Flusse zu.

Die nächst gelegene Nutzniesserin der so gewonnenen Wasserkraft war die hohe und geräumige Schmiede, welche im Jahre 1856 als sogenanntes Hammerwerk vom Kaiseraugster Schmied Josef Füchter in Betrieb gesetzt worden war. Ausgestattet mit Blasebälgen, einer Esse und einem Amboss, ferner mit einer Blechstanze, einer Drehbank und einer Bohrmaschine, war sie wie geschaffen, um für die Siedepfannen die nötigen Bleche zu liefern. In der Nähe der Schmiede stand das Wohnhaus, im Parterre mit einem Raum zum Packen und Magazinieren des Tafelsalzes; ferner die Düngsalzstampfe, wo vier abwechselnd im Rhythmus sich hebende und senkende Balken mit metallenen Füssen den bei der Salzgewinnung als Nebenprodukt sich ergebenden Pfannenstein zerkleinerten. In einer Schreinerei wurden die Tafelsalzkisten hergestellt, in denen die Pakete mit diesem auserlesenen Salinenprodukt zum Versand kamen.

Die Sprengung des Salinenkamins. (Foto aus Kaiseraugst – wie's damals war)

Räumlich getrennt von diesem mehr nördlich gelegenen Rheinquartier oder Gewerbequartier des Dorfes, als das mir die Saline Kaiseraugst immer und immer erschien, diente das mehr südlich gelegene Ergolz- oder Salzquartier der eigentlichen Gewinnung des Salzes. Ganz an der Ergolz erhob sich das älteste Bohrhaus, unten aus Stein, oben aus Holz gebaut. Die von Zeit zu Zeit notwendige Reinigung des Bohrloches, die jeweils eine Heraushebung und Wiederversenkung der Verrohrungen, die Inbetriebsetzung des Bohrmeissels und dessen nachherige Ersetzung durch den Schlammlöffel an dem langen Gestänge erforderte, nahm in der Regel zwei Wochen Arbeitszeit in Anspruch. Die Handhabung des Meissels oblag dem Schmiedemeister Füchter, einem Sohn des Josef Füchter aus der einstigen Hammerschmiede. Während der Reinigungs- und Bohrarbeiten hielt ich mich jeweilen beständig im Bohrhaus auf und bewunderte die Präzision, mit der Bohrmeister Füchter und die vier oder acht Männer am Bohrhebel, sowie der oben in den Bohrturm gekletterte, das Gestänge am Seil emporziehende Hilfsmann zusammen arbeiteten. Ähnlich gestaltete sich auch der Betrieb in dem sogenannten neuen Bohrhaus. Die zum Pumpen der Sole notwendige Kraft wurde von den Wasserrädern her auf über 200 m langem Weg mittels Transmissionsriemen an Ort und Stelle geleitet. Durch eine unterirdische Rohrleitung gelangte die Sole unter Anwendung einer Druckpumpe in das Reservoir auf den höchsten Punkt des Salinenareals und von da in die Siedhäuser. Die im Rhythmus von zwei Tagen sich vollziehende Siedearbeit ging, wie überhaupt der ganze Augster Salinenbetrieb, unter der Leitung meines Vaters ruhig und *ohne viel Gerede friedlich vonstatten. Von Zeit zu Zeit mussten die Pfannen entleert werden, da sich in ihnen der sogenannte Pfannenstein gebildet hatte, der durch den Pickel entfernt werden konnte. Daraufhin erschien wieder unser Schmiedemeister Josef Füchter, musterte defekte Eisenblechstücke aus und ersetzte sie durch solche gleicher Grösse, die er auf der Blechstanze an den vier Rändern mit Nietlöchern versehen hatte. Von den Trocknungen wurde das fertige Salz durch die Sieder in den auf ihrem Rücken befestigten Bückten in das Magazin getragen und dort in Säcke verpackt, die mit dem Stempel „S.K." versehen wurden. War der bereitstehende Wagen mit 50 Säcken gefüllt, so gab der Fuhrmann, der den Salzakkord geschlossen hatte, das Zeichen zum Abfahren, und die Rosse zogen an."* [3]

Die ersten Jahre des 20. Jahrhunderts standen im Zeichen des Kraftwerkprojektes Augst-Wyhlen. Am 25. Juni 1907 wurde die Saline an den Kanton Basel-Stadt verkauft, einen der Partner des neuen Kraftwerks. Zwei Jahre später schloss die Saline ihren Betrieb; die Fabrikationsgebäude wurden grossenteils sofort abgerissen, der Rest unter Wasser gesetzt.

1888: Cellulosefabrik

Die Cellulosefabrik. (Foto aus Kaiseraugst – wie's damals war)

Wieder war es die Rheinnähe, die den Standort der 1888 in der Rinau eröffneten ersten schweizerischen Cellulosefabrik bestimmte, denn Celluloseherstellung setzt sowohl grosse Wasser- als auch Holzmengen voraus; letztere deckte vor allem der nahe Schwarzwald. *„Täglich gehen mehrere Ladungen Rundholz von der badischen Station bei Rheinfelden zur Holzstofffabrik, welche wieder 70 – 80 Arbeiter beschäftigt,"* meldete die „Volksstimme" 1896.

DIE WIRTSCHAFT

Flugaufnahme der Cellulosefabrik anfangs der 1920er Jahre.

Gewaltige Holzstapel prägen die Umgebung der Fabrik. Der helle Streifen am Rheinufer stammt von der Schwefellauge, die zu dieser Zeit wie anderswo noch ungeklärt in den Rhein abgeleitet wurde. (Foto aus Kaiseraugst – wie's damals war)

Jährlich wurden rund 40'000 Ster Holz – vor allem Fichtenholz – aus den Kaiseraugster Waldungen geliefert und aus dem südlichen Schwarzwald und aus Österreich importiert. Die Cellulosefabrik, die später von den Gebrüdern Schonlau übernommen wurde, brachte Verdienst in das kleine Bauern- und Fischerdorf am Rhein. In seinen ersten Jahren beschäftigte der Betrieb rund 40 Arbeiter, 1920 zählte das Unternehmen an die 140 Mitarbeiter und Mitarbeiterinnen, die im Drei-Schichtenbetrieb arbeiteten. Da bewährte sich auch die Fähre ein erstes Mal als Arbeiter-Transportmittel. 1929 wurde der Betrieb stillgelegt, er ging an die Firma Attisholz über. Der Konkurs war für das Dorf eine eigentliche Katastrophe, gingen doch zahlreiche Arbeitsplätze verloren. Der mutige Versuch von Einwohnern, den Betrieb zu retten, schlug fehl. Im September 1971 wurde das 38 m hohe „Chämi" der Cellulosefabrik in einem Wiederholungskurs einer Luftschutzkompanie gesprengt. Kaiseraugst war um ein Wahrzeichen seiner frühen Industrialisierung ärmer.

Die Cellulosefabrik hat Kaiseraugst ein erstes Mal schon gleich nach der Eröffnung mit der industriellen Umweltbelastung konfrontiert, und so meint ein Eingesandt der „Volksstimme" vom Oktober 1891 wohl nicht ganz zufällig und etwas ironisch, es sei ein Beweis für die weiterhin gute Qualität von Luft und Wasser, *„dass in unserer Gemeinde trotz Cellulose-Fabrik und Saline bis jetzt nur eine auswärtige Person gestorben sei."* In Tat und Wahrheit verursachte die Cellulosefabrik eine Dauerverschmutzung des Rheins, so wie sie ein Umweltschützer der ersten Stunde umschrieben hat: *„So lange die Cellulosefabrik von Herrn Schonlau in Betrieb war, entliess diese die zur Be-*

DIE WIRTSCHAFT

arbeitung des Holzschliffs notwendige Sulfatsäure ungeklärt einfach in den Rhein. So lange nun die Strömungsbremsung durch das Wehr noch nicht da war, schwammen die Schaumkronen rasch an Kaiseraugst vorbei und waren schon bei Baselaugst kaum mehr sichtbar. Jetzt (nach dem Aufstau) aber zog die lange Zeile der Schaumplacken im Schneckentempo dem Dorfufer entlang, roch so komisch wie angebranntes Zuckergebäck, und sammelte sich vor den Rechen des Augster Kraftwerks." [4]

Die Belegschaft. (Foto aus Kaiseraugst – wie's damals war)

Zwar hatten die Kaiseraugster gegen das Kraftwerk einen Prozess angestrengt – wohlgemerkt nicht gegen die „Zellosi" von Herrn Schonlau, denn der war Steuerzahler und Arbeitgeber von zahlreichen Dorfbewohnern und durfte daher nicht vergrämt werden. Doch war vorauszusehen, dass die Einsprecher verlieren würden, denn was konnte schliesslich das Elektrizitätswerk Basel-Stadt dafür, dass die Cellulosefabrik ihre ungeklärte, gelbe Abwasserbrühe direkt in den Rhein entliess? Selbst eine wissenschaftliche Expertise über „Die Bedingungen der Fischerei am Hochrhein", die 1918 vom Kanton als Eigentümer der dortigen Fischenzen in Auftrag gegeben worden war, konnte an diesem üblen Zustand kein Jota ändern. Offenbar war die Schonung des Unternehmens wichtiger, und das blieb so bis zu seiner Schliessung 1929.

[1] Kaiseraugst, wie's damals war, S. 41f.
[2] Aus Disler C.: Die Saline Riburg 1848-1948 und ihre aargauischen Schwestersalinen Kaiseraugst und Rheinfelden, Rheinfelden 1948. S. 8.
[3] Ebda. S. 61ff. Wiedergabe in leicht gekürzter Fassung.
[4] Nach Baumann Max: Fischer am Hochrhein, Aarau 1994. S. 133.

DIE WIRTSCHAFT

Der Bau des Kraftwerks Augst-Wyhlen und die Aufstauung des Rheins

Bedeutung und Folgen des Kraftwerkbaus

„Auf dem Rheinabschnitt des Kantons Basel-Landschaft liegen zwei Flusskraftwerke. 1953/54 entstand das Rheinkraftwerk Birsfelden, dessen Gestaltung durch Hans Hofmann Berühmtheit erlangte. 1907-1912 wurde das Kraftwerk Augst-Wyhlen erbaut. Dieses Kraftwerk ist industriearchäologisch besonders interessant, weil es das erste 'Grossleistungskraftwerk' der Schweiz ist. Vor 1912 entstanden fünf Kanalwerke: Beznau, Bannwil, Aue, Felsenau und Aarau. Sie hatten in der ersten Ausbauetappe max. 8'000 PS (Aarau). Das Kraftwerk Augst-Wyhlen (Turbinenhaus Augst) erreichte eine Durchschnittsleistung von 16'000 PS."

(Postkarte aus Archiv des Kraftwerks Augst)

Mit diesen Worten umschreibt der „Industriearchäologische Führer Baselland" die energetische Bedeutung des Kraftwerks von Augst.[1] Das typische Niederdruckwerk war vom Kanton Basel-Stadt und den Kraftübertragungswerken Rheinfelden in Auftrag gegeben worden und umfasst das Kraftwerk Augst auf der Schweizer Rheinseite, das Kraftwerk Wyhlen auf der deutschen Seite, das gemeinsame Wehr und die Schifffahrtsschleuse am Schweizer Ufer. Das Kraftwerk Augst war vor allem im Hinblick auf die Versorgung der Stadt Basel und der angrenzenden Gebiete mit elektrischer Energie gebaut worden.

Die Aufstauung des Rheins veränderte die Augster und Kaiseraugster Rheinlandschaft in grundlegender Weise, so gibt es seit 1912 keine Insel

DIE WIRTSCHAFT

Der Neubau der Kraftwerksanlage 1911. Rechts die Einfahrt in die Schifffahrtsschleuse. (Foto aus Ausbau und Erneuerung des Kraftwerks Augst)

Gwerd mehr – an ihre Stelle ist der sogenannte Leitdamm getreten, der lediglich Trennfunktion hat und in keiner Weise dem Bild der alten und baumbewachsenen Insel mit ihrer einladenden Bauernschenke entspricht. Würde heutzutage ein gleiches Projekt aufgelegt, so käme es zu gross angelegten Protestaktionen, wie es der Kampf gegen die Zollfreistrasse bei Riehen belegt, wo sich Umweltschützer und Umweltschützerinnen auf den Geist von Kaiseraugst berufen. Anders beim Bau des Kraftwerks Augst-Wyhlen; umweltschützerische Kritik blieb vollständig aus – im Gegenteil: man wusste 1960 selbst im Lager der Gegner eines Ausbaus der Hochrheinschifffahrt rückblickend nur zu rühmen. So schrieb ein prominenter Naturschützer:

„Du weisst, ich bin Naturschützer mit Leib und Seele. Aber gegen das Laufwerk wie dasjenige von Augst-Wyhlen kann man wohl kaum etwas einwenden. Seine Einfügung in die Rheinlandschaft, seine architektonisch massvolle Form, nicht zuletzt aber die Verlegung der Kraftleitung in die Erde entspringt einem Geist der landschaftlichen Schonung, den wir in der heutigen, nur in technischen und besonders wirtschaftlichen Kategorien denkenden Welt vergeblich suchen. Liest man die heutige Quatscherei (entschuldige bitte den scharfen Ausdruck) von 'Opfern, die der Landschaftsschonung gebracht würden', so denkt man mit wahrem Heimweh an die alte Zeit zurück, die das alles ohne Aufhebens in aller Stille verwirklichte." [2]

Der Kraftwerkbau veränderte auch die Ergolz auf ihrem letzten Kilometer vor dem Einfluss in den Rhein: Hatte der Fluss vor dem Einstau des Rheins noch ein ordentliches Gefälle, dank dem das mitgeführte Geschiebe auch bei Niedrigwasser den Rhein erreichte, so wandelte er sich jetzt zum trägen Gewässer, das in der Regel nicht mehr in der Lage war, das Geröll bis zum Rhein zu transportieren. Bei Hochwasser sah es allerdings anders aus: Da bildete

DIE WIRTSCHAFT

sich im Rheinbett vor der Schifffahrtsschleuse ein unsichtbares und für die Grossschifffahrt gefährliches Delta, das immer wieder ausgebaggert werden musste. Wohin mit dem Material? Eine Zeit lang wurde es rheinseitig bei der Landzunge mit den schönen Pappeln aufgeschüttet, dort wo sich heute der Fussballplatz befindet, später diente es zur Überdeckung der Abfalldeponie östlich des Ergolzufers und zur Auffüllung des verlandeten Gebietes zwischen Zeppelinbrücke und Pappelallee, einer Brutstätte für Stechmücken.

Die Anlage

Das quer zur Flussrichtung stehende, 212 m lange Schützenwehr mit zehn je 17,5 m breiten Wehröffnungen erzeugt einen Aufstau, der über 8 km bis zur Brücke von Rheinfelden reicht. Während das Kraftwerk ursprünglich je nach Wasserstand für ein Gefälle von 4,7 bis 8,4 m angelegt war, beträgt das maximale Gefälle seit dem Einstau durch das Kraftwerk Birsfelden im Jahre 1954 nur noch 6,7 m.

Während des Umbaus 1990 - 1994 prägten lange Zeit grosse Baukrane das Bild der Baustelle. (Foto: Archiv des Kraftwerks Augst)

Für die Stauwehranlage zwischen den beiden parallel zur Flussrichtung angeordneten Maschinenhäusern wurden neun Pfeiler betoniert und auf schweizerischer Seite mit Gotthard-, auf deutscher Seite mit Badenser-Granit verkleidet. Auf den Pfeilerkrönungen läuft in Fachwerkkonstruktion der Dienststeg. Die aus Eisenbeton erstellte Wehrbrücke dient der Öffentlichkeit seit der Einweihung des umgebauten Werks als Grenzübergang und wird bei schönem Wetter von zahlreichen Wanderern und Velofahrern benutzt.

Das linksufrige Turbinenhaus wurde symmetrisch zum deutschen Turbinenhaus erbaut. Die Wassermenge verteilte man entlang des Turbinenhauses auf zehn Generator- und zwei Erregerturbinen, während im 117 m langen und 11 m breiten über den Ablaufkammern errichteten Maschinensaal die elektrischen Generatoren, Regulatoren und Hilfsmaschinen untergebracht wurden.

Der Bau der obersten Grossschifffahrtsschleuse am Hochrhein – sie war 88 m lang und 12 m breit – begann auf der Augster Seite im Jahre 1910. Benutzt wird sie im Sommer sowohl von der Basler Personenschifffahrt, die regelmässig Rheinfelden bedient, als auch von Frachtschiffen, die den Hafen Rheinfelden und die Kaiseraugster Anlegestellen der Firmen Ernst Frey AG und Provimi Kliba SA anfahren.

Die Baukosten für die ganze Kraftwerksanlage, inkl. Anteil an Wehr und Schleuse, beliefen sich auf knapp 215 Mio. Franken.

Augst und Kaiseraugst und das Kraftwerk

Die Industriearchäologie beschreibt die Geschichte der technischen Entwicklungen; wir aber versuchen auch die Frage zu klären, wie die Zeitgenossen die einschneidenden Veränderungen des Landschaftsbildes aufgenommen haben.

In Augst stand man dem Projekt sehr positiv gegenüber, erhoffte man sich doch vom grossen Werk billigen Lichtstrom, eine Wertsteigerung der Grundstücke, günstigere Steuern, einen vergrösserten Wirteumsatz und nicht zuletzt für Arbeiter und Handwerker gut bezahlte Arbeit. 1904 schrieb darum der Augster Chronist:

„Seit Jahren schwebt die Gemeinde in der grossen Hoffnung, ein Elektrizitätswerk in ihrer Gemarkung zu erhalten. Seit Jahren werden auch wirklich verschiedene Vorarbeiten zu einem solchen alldort ausgeführt. Aber das Werk lässt noch auf sich warten, und die Hoffnungen können weiter ins Kraut schiessen."

In Kaiseraugst war man um einiges skeptischer: Man schickte sich ins Unvermeidliche, weshalb die Einwohnergemeindeversammlung vom 13. März 1904 beschloss, von einem Protest gegen Errichtung des Werkes – *„wegen Aussichtslosigkeit desselben"* – abzusehen. Kaiseraugst sah nicht nur die bisherigen Betriebsverhältnisse der Rheinfähre gefährdet, es befürchtete auch das Versiegen von zwei nahe am Rhein gelegenen Quellen, vor allem

aber machte es geltend – und dies nicht zu Unrecht, – der Betrieb der Saline könnte eingestellt werden, *„wodurch für die Gemeinde eine Verdienstquelle und eine Steuerkraft verloren ginge."* Lange vor der AKW-Diskussion sah sich somit der Kaiseraugster Gemeinderat in einer weit über Routinegeschäfte hinausgehenden Angelegenheit gefordert, doch er wusste sich zu behaup-

Auch vor 80 Jahren waren schon gute Handwerker am Werk. Die komplizierten Schalungen für die Saugrohre auf der Baustelle. (Foto aus Ausbau und Erneuerung des Kraftwerks Augst)

DIE WIRTSCHAFT

ten und verlangte unter anderem für das Kaiseraugster Gewerbe 500 bis 600 Pferdekräfte zum Selbstkostenpreis.

Nach langen Jahren – die Feststellung ist wirklich nicht übertrieben, wenn man bedenkt, dass 1884 die erste Projektstudie ausgearbeitet worden war – begann am 7. Februar 1908 die auf 80 Jahre befristete Konzession zu laufen, und am 16. Juni konnte der erste Spatenstich ausgeführt werden. Es hatte zahlreiche interkantonale und internationale Verhandlungen gebraucht, bis es soweit war. Aber auch die viel Zeit beanspruchenden Zwangsenteignungen, wie sie beispielsweise dem kleinen Kaiseraugster Landwirtschaftsbetrieb Fuchsloch (im Areal des heutigen Ruderclubs) widerfuhr, hatten sich lähmend ausgewirkt. Dazu kamen die vielen Einsprachen von Haus- und Landeigentümern, die befürchteten, durch die projektierte Aufstauung des Rheins in ihrem Besitz geschmälert zu werden.

Jetzt war das Dorf zu einem grossen Bauplatz geworden! *"Da waren viele Männer im Dorf"*, so berichtet ein Augenzeuge in seinen Erinnerungen, *"ihr Reden war mir nicht verständlich, sie trugen rote Schärpen um den Leib. Auf dem Ergolzuferweg bis fast hinauf zum Rössliplatz lagen die Schienen einer Feldbahn. Beim Kraftwerk selber konnte man zu gewissen Zeiten über die Brücke nach Wyhlen wandern. Zimmergrosse eiserne Kästen wurden auf das Kiesbett hinuntergelassen, Luft wurde in die Caissons gepumpt, die verdrängte das Wasser, und die Männer konnten dann darin arbeiten."* [3] 1910 bekamen die Augster und Kaiseraugster und mit ihnen die Arbeiter des neuen Werks ein letztes Mal die noch ungestüme und ungebändigte Macht des Rheins zu spüren. Mitte Juni stieg der Rheinpegel auf eine seit nahezu dreissig Jahren nicht mehr erreichte Höhe an. Die Baugrube wurde fast völlig unter Wasser gesetzt, so dass es zu einer nicht unwesentlichen Verzögerung des Bau-Programms kam. Doch noch bevor der Aufstau des Rheins seine volle Höhe erreicht hatte, konnte am 9. August 1912 die erste Turbine in Gang gesetzt und vom 17. August an bereits regelmässig Strom nach Basel geliefert werden. Die Jahresproduktion betrug durchschnittlich 140, nach dem Einstau des Kraftwerks Birsfelden 125 Mio. Kilowattstunden.

Wie vorteilhaft die Augster über ihren neuen See dachten, dessen Aufstau vierzehn Tage beanspruchte, belegt folgender Augenzeugenbericht: *"Mitte August begann man am Kraftwerk mit den ersten provisorischen Stauungen, die natürlich eine grosse Zuschauermenge herbeilockten. Das Gelände bildete nach und nach einen prächtigen, tiefblauen See, der nicht wenig zum schönen Landschaftsbild beitrug."* [4]

Als 1913 der Steuerfuss des neuen Kraftwerks festgesetzt werden musste, beschloss die Gemeinde Augst – in der Annahme, dass bald ein neues Schulhaus mit Turnhalle zu erstellen sei – auf das Kraftwerk den gleichen

Situationsplan der Staustufe Augst-Wyhlen mit der 1990 - 1994 umgebauten und verlängerten Schleuse. (Planzeichnung von Esti Wenger)

DIE WIRTSCHAFT

Steuerfuss anzuwenden wie auf den einzelnen Bürger. So gingen denn im Jahr 1913 vom Kraftwerk 12'000 Franken Vermögenssteuer ein, was die Gemeinde Kaiseraugst, *„die gar zu gerne auch etwas vom Kraftwerk geschöpft hätte"*, verärgerte. Aber auch Augst hatte Grund zur Verärgerung: Weder bekam es billigeren Strom noch durfte es laut Konzessionsvertrag vom 20. April 1907 eine Einkommenssteuer erheben. Der lachende Dritte war in diesem Falle der Kanton Basel-Landschaft, dem das Werk gemäss besonderer Abmachung jährlich 2000 bis 4000 PS Energie zum Selbskostenpreis abzugeben hatte.

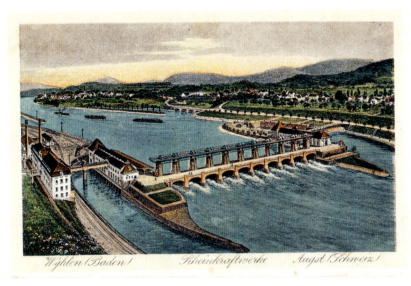

Postkarte aus dem Jahre 1914.

Der Heimfall (1988) und der Umbau (1990-1994)

Im Hinblick auf die 1988 auslaufende erste Konzession fällten der basellandschaftliche Landrat und der aargauische Grosse Rat in den Jahren 1981/82 für das Kraftwerk Augst den Heimfallbeschluss und regelten die Ablösung mit dem bisherigen Besitzer, dem Kanton Basel-Stadt. Die beiden Kantone arbeiteten partnerschaftlich zusammen; der Löwenanteil an der Wasserkraft fiel entsprechend der Staustrecke dem Kanton Aargau mit 85% zu, während sich der Kanton Basel-Landschaft mit 15% zu begnügen hatte. Am 30. August 1983 wurde dann die Kraftwerk Augst AG mit Sitz in Augst gegründet. Das Aktienkapital zeichneten die Kantone Aargau (40%), Basel-Landschaft (20%) und das Aargauische Elektrizitätswerk AEW (40%). Im 15-köpfigen Verwaltungsrat bündeln sich die kantonalen, regionalen und auch lokalen Interessen. Auf den 7. Februar 1988 verlieh der Bundesrat in Übereinstimmung mit dem Lande Baden-Württemberg der neuen Gesellschaft die Konzession. Ihre Hauptaufgabe sah sie in einem Umbauprogramm, das einerseits eine bessere Ausnützung der verfügbaren Wasserkraft anstrebte, anderseits durch eine Verlängerung der Schleusenanlage auf 110 m auch grösseren Schiffen die Durchfahrt ermöglichte.

Das Bau-Programm wurde von schweizerischer und deutscher Seite gemeinsam geplant und in den Jahren 1990 – 1994 realisiert. Dank dem Einbau von insgesamt 13 Strateflow-Turbinen konnte die Stromproduktion um 60% auf 400 GWh erhöht werden. Die jährliche Mehrproduktion entspricht etwa dem Elektrizitätsbedarf von 30'000 Haushaltungen. Immerhin blieben aus wirtschaftlichen Überlegungen zwei der al-

(Abbildungen aus dem Archiv des Kraftwerks Augst)

DIE WIRTSCHAFT

ten Francis-Gruppen erhalten. Die Gesamtkosten für den Ausbau des Kraftwerks betrugen inkl. Bauzinsen und Teuerung, jedoch ohne Aufrechnung der Kosten für die ebenfalls einer Erneuerung unterzogenen Schifffahrtsanlagen rund 210 Mio. Franken. Der Umbau des Augster Kraftwerks kann als *"spürbarer Beitrag zur Realisierung des Programms 'Energie 2000', das eine Erhöhung der Energieproduktion durch einheimische Wasserkraft um 5% vorsieht,"* betrachtet werden.

Wer heute das Kraftwerk Augst besucht, sieht ihm den Umbau rein äusserlich nicht an: Sein Erscheinungsbild, das von einer gewissen Monumentalität geprägt ist, blieb erhalten, und noch immer erinnert das vom Basler Künstler Burkhard Mangold (1873 – 1950) kraftvoll im Giebelfeld am Westende des Maschinenhauses gestaltete Basler Wappen an den ehemaligen Besitzer des Kraftwerks, an den Kanton Basel-Stadt.

Im Innern des Kraftwerks hat sich freilich einiges verändert. Wegen der Konzentration der Turbinenanlage konnte im Osten des Maschinenhauses eine Decke eingezogen werden: Sie wird heute gewissermassen als Bühne für die vom Kraftwerk seit 1996 durchgeführten kulturellen Veranstaltungen – Kunstausstellungen, Konzerte etc. – genutzt. Diese Veranstaltungen verzeichnen jeweils über die Vernissage hinaus an den Wochenenden einen regen Besuch, führt doch unmittelbar am Maschinenhaus entlang der vielbefahrene und begangene Wanderweg über die Wehrbrücke. Er ist, wie überhaupt das ganze Kraftwerkareal mit Tafeln beschildert, so dass Wanderer sich kompetent über Kraftwerk-Technik und Natur orientieren können.

Zum Schluss bleibt noch festzuhalten, dass sich das Kraftwerk Augst nicht nur in energetischer, architektonischer und kultureller Hinsicht einen Namen gemacht hat, sondern auch in ökologischer. Davon war im Kapitel „Der Stausee – Naherholungs- und Naturschutzgebiet" die Rede. An dieser Stelle sei der Vollständigkeit halber nur noch erwähnt, dass das Kraftwerk im Durchschnitt jährlich 300 Tonnen sogenanntes Geschwemmsel – Totholz und Zivilisationsmüll, der in seinen Rechen hängen bleibt – fachgerecht entsorgt.

Das Wappen des Künstlers Burkhard Mangold im Giebelfeld am Westende des Maschinenhauses erinnert daran, dass das Kraftwerk von der Stadt Basel in Auftrag gegeben worden ist. (Foto Ursi Schild)

---

[1] Frei-Heitz Brigitte: Industriearchäologischer Führer Baselland, Basel 1995. S. 17.
[2] Schmid Philipp, gemäss Baumann Max, Fischer am Hochrhein, Aarau 1994. S. 140f.
[3] Stingelin Fritz, in: Augster Anekdoten, Augst 1985. S. 37.
[4] Augster Chronik 1910.

DIE WIRTSCHAFT

Kies, das Kaiseraugster Gold

In der Schweiz werden neben dem Salz Steine und Erden als einzige wichtige Rohstoffe abgebaut. Kaiseraugst kann sich dank seinem geologischen Untergrund rühmen, an der Gewinnung gleich beider Bodenschätze beteiligt gewesen zu sein. Profitierte das Dorf im 19. Jahrhundert von den Salzlagern, so nutzte es im 20. Jahrhundert das grosse Kiesreservoir, das der Rhein im bis drei Kilometer breiten Talboden nach der Eiszeit aufgeschüttet hatte. Es war insbesondere die Ortsbürgergemeinde, die von diesem gewaltigen Kieslager profitierte. Anlässlich der Güterzusammenlegung während der Kriegsjahre wurde ihr 1943 zwischen dem Bahntrassee und der Landstrasse Im Dokter-Gebiet ein grosser zusammenhängender und kiesreicher Landkomplex von rund 13 ha zugewiesen. Um ihn auszubeuten, bildete sich ein Konsortium; ein Vertrag hielt dabei fest, dass das ganze Gelände nach rund 20 Jahren auf das Niveau des SBB-Geleises abzutragen sei. Die Ortsbürgergemeinde beabsichtigte, das Land nach erfolgter Nutzung im Baurecht an die Industrie abzugeben; ein erster Vertrag wurde 1963 mit der Klingentalmühle Basel abgeschlossen. Auch das Waldstück Rohr, das seit jeher im Besitz der Ortsbürgergemeinde war, wurde für den Kiesabbau genutzt; den Ersatz für die Rodung leisteten die Ortsbürger in den Jahren 1972-1975 in den Gebieten Lienertshalde, Rhyfelderbode und Böse Sulz.

Dank dem Kiesabtrag erzielte die Ortsbürgergemeinde während Jahren ein gesichertes regelmässiges Einkommen. Während ihr Budget für das Jahr 1962 noch Einnahmen in der Höhe von 6400 Franken vorsah, betrugen sie drei Jahre später 170'000 Franken; 1972 erreichten sie schliesslich die stolze Höhe von 412'000 Franken. Die gute Finanzlage der Ortsbürgergemeinde hat seither wesentlich zum allgemeinen Wohlstand der Gemeinde beigetragen, denn immer dann, wenn für die Einwohnergemeinde ein finanzieller Engpass anstand, sprang die Ortsbürgergemeinde ein. Es war also nicht ganz zufällig, dass sich Kaiseraugst in den 1980/1990er Jahren zu einer aargauischen Steueroase entwickelte.

Ernst Frey AG

Der industrielle Kiesabbau ist eng mit der Firma Ernst Frey AG verknüpft und geht in Augst und Kaiseraugst auf die 1890 im Areal der Saline gegründete „Backsteinfabrik Kaiseraugst AG" zurück.[1] Sie produzierte Schlackensteine und bezog ihr Rohmaterial auf Rollwagen über das Salinensträsschen aus einer Kiesgrube im vorderen, auf Augster Boden gelegenen Violenried. Als die Saline mit der ihr angegliederten Backsteinfabrik 1909 dem Kraftwerk Augst-Wyhlen weichen musste, errichtete Fritz Frey-Haumüller (1881 – 1912), der vormalige Salinenverwalter, 1912 ein modernes Kieswerk mit Brechanlage. Doch war es ihm nicht vergönnt, den neu strukturierten Betrieb über längere Zeit zu führen; er starb kurz nach der Eröffnung im Alter von 31 Jahren. Jetzt übernahm sein Bruder Ernst Frey-Baumgartner die Firmenleitung und gründete noch im gleichen Jahr das heutige Strassenbaugeschäft Ernst Frey AG. Das Unternehmen erwarb sich in Basel, im oberen Baselbiet und im unteren Fricktal rasch einen grossen Kundenkreis, den es mit verschiedenen Betonmaterialien, Verputzsand, Strassenkies und Schotter belieferte. Während

DIE WIRTSCHAFT

der Vertrieb zu Beginn mittels Pferdefuhrwerken und Karren erfolgte, wurde 1914 ein erster Lastwagen, Marke „Orion", gekauft. Noch war der mit einem Zylinder ausgerüstete, mit Ketten angetriebene und zwei m^3 Ladung fassende Wagen vollgummibereift. An der beeindruckenden Geschichte des sich ständig vergrössernden Fuhrparks lässt sich sowohl die stürmische Entwicklung des Unternehmens wie auch jene des Lastwagenbaus ablesen. *„Zuerst waren es 'Arbenz'-Lastwagen, ebenfalls mit Kettenantrieb und Vollgummibereifung. Diese Lastwagen hatten bereits eine Führerkabine, und die Schaltkulisse befand sich noch ausserhalb der Kabine. Die Maximalgeschwindigkeit betrug 18 – 25 km pro Stunde. Im Laufe der zwanziger Jahre wurden die ersten 'Berna'-Lastwagen gekauft. Im Jahre 1940 setzte sich der Lastwagenpark aus vier 'Berna', einem 'International', einem 'Ford', einem 'Berliet' und einem 'Chevrolet' zusammen."* Heute sind es mehrere Dutzend!

Zur Geschichte einer Strassenbaufirma gehört natürlich auch das Kapitel Dampfwalzen; für das Strassenbaugeschäft Frey nahm es kurz nach 1912 mit dem Kauf von zwei „Maffay"-Maschinen seinen Anfang; in den sechziger Jahren mag es zu Ende gegangen sein. Längst hatte die technische Entwicklung des Strassenbaus die Dampfwalze überholt – sie ist heute nur noch Relikt der sogenannten guten alten Zeit und damit Nostalgie-Sammelobjekt.

Die Dampfwalzenparade. (Foto aus den 1960er Jahren, aus Kaiseraugst – wie's damals war)

Als sich die Kiesvorräte im Violenried anfangs der dreissiger Jahre erschöpften, verlegte die Ernst Frey AG ihren Betrieb auf Kaiseraugster Boden. Vorsorglich waren zwei Parzellen auf der Schanz gekauft worden, wo Sand und Kies gewonnen wurden.

Mit der Dislozierung des Betriebs vom Violenried auf die Schanz war indessen die lange Wanderung des Frey Unternehmens längst nicht beendet. Ende der fünfziger, anfangs der sechziger Jahre, nachdem sich der Kiesabbau auf der Schanz nicht mehr lohnte, ging es wieder einige hundert Meter ostwärts zum heutigen Standort des Kies- und Betonwerkes in der Rinau. Dort entstand 1965 auf einer Fläche von 1800 m^2 in dreijähriger Bauzeit eine moderne Grossanlage. Ihr Wahrzeichen war der sich gut in die Umgebung einfügende, wuchtige und doch elegante 36 m hohe Hauptkubus; er wurde 2006 abgebrochen. Das alte Betonwerk wurde durch einen Neubau etwas weiter östlich beim Kiesdepot ersetzt.

In den fünfziger und sechziger Jahren erfolgte der Kiesabbau zunächst auf Ortsbürgerland im Rohr. Von dort wurde der Kies mittels Pneulader zum Ausgangspunkt eines 800 m langen Transportbandes geführt, das mit dem eigentlichen Kieswerk verbunden war. Als auch dieses Kieslager erschöpft war, nahm die Ernst Frey AG die Grube südlich der Landstrasse in Beschlag. Ein Rohrdurchlass unter der Landstrasse mit anschliessender Bandstrasse stellte den Anschluss an das Kieswerk her.

DIE WIRTSCHAFT

Ende der achtziger Jahre ging der Kiesabbau auch in dieser Grube zu Ende, doch wieder hatte die Firmenleitung in weitsichtiger Planung rechtzeitig dafür gesorgt, dass der Kaiseraugster Betrieb ohne Unterbruch weitergeführt werden konnte. Da vorauszusehen war, dass in der weiteren Umgebung kaum noch Bewilligungen für industriellen Kiesabbau erhältlich sein würden, suchte die Ernst Frey AG andere Kiesvorkommen über die Landesgrenze hinaus im nahen Elsass.

Ausgesprochen ideal – im Hinblick auf die Kosten und den Umweltschutz – sind die Transportbedingungen, welche französische am Rhein gelegene Kiesgruben anbieten. Der Transport auf dem Wasserweg drängte sich geradezu auf. Am 9. November 1992 legte der erste Kieskahn nach einer rund 100 km langen Fahrt bei der firmeneigenen Schiffsanlegestelle in Kaiseraugst an. Je nach Konjunktur und Wasserstand bringen seither zwei bis drei Schiffe wöchentlich mit einem Ladegut von je 2000 Tonnen das kostbare und für die weitere Entwicklung unserer Region unentbehrliche Rohmaterial in die Schweiz.

Strassenbauer. (Foto aus Kaiseraugst – wie's damals war)

Es war von Vollautomation des Betriebs die Rede – angesichts der Tatsache, dass die Ernst Frey AG heute im Sommer je nach Konjunktur bis 400 und im Winter 300 Mitarbeiter beschäftigt, erfordert diese Aussage eine Präzision. Die oben dargestellte Geschichte des Unternehmens könnte nämlich den Schluss nahelegen, die Firma betreibe nur gerade Kiesabbau. Effektiv gliedert sie sich aber in drei Sparten: Die grösste ist seit altersher der Strassen- und Tiefbau, die zweitgrösste wird vom Hochbau und den Kundenbetrieben bestritten, erst an dritter Stelle ist die Baustofffabrik Rinau mit den dazugehörenden Anlagen zu nennen.

DIE WIRTSCHAFT

Und nun ein letzter Aspekt der nicht ganz gewöhnlichen Geschichte der Familienunternehmung Ernst Frey AG. Sie hat – vor allem in den Anfangsjahren im Violenried – nicht nur Kies geschürft, sondern immer wieder bedeutende römische Bodenfunde gefördert und gerettet, und dies zu einer Zeit, als die professionell betriebene und staatlich finanzierte Archäologie noch nicht so selbstverständlich war wie heute.

Tozzo Tief- und Strassenbau AG

Eine der letzten Kaiseraugster Kiesgruben – sie liegt im östlichsten Zipfel des Gemeindebannes – wird von der Tozzo Tief- und Strassenbau AG in Bubendorf bewirtschaftet. Der Konzession war ein jahrelanger Kampf der Einwohnergemeinde zu Gunsten des Kiesabbaus in diesem Gebiet vorausgegangen. Begonnen wurde die Ausbeutung des 7,5 ha grossen Areals im Jahr 2000. Bis Mitte 2004 wurden bisher 155'000 m^3 abgebaut, noch bleiben 400'000 m^3 abzubauen, und dies wird voraussichtlich bis 2015 dauern. Die abgebauten Teilstücke werden laufend mit sauberem Aushubmaterial aufgefüllt und so der Landwirtschaft als Kulturland zurückgegeben.

Die Landschaftsveränderung

Bergbau und Kiesgewinnung fördern Bodenschätze. Während aber die Abraumhalden des untertags betriebenen Bergbaus – man denke an die elsässischen Kalisalzbergwerke oder die Kohlenbergwerke des Ruhrgebietes – noch lange Zeit nach der aktiven Ausbeutung gewissermassen als Erinnerungszeichen bestehen bleiben, geht der Kiesabbau, der keine Halden hinterlässt, der Erinnerung mehr oder weniger verloren. Trotzdem trägt er nachhaltig zur Veränderung des Landschaftsbildes bei, indem er nicht nur punktuell sondern flächenweise ganze Landstriche um mehrere zehn Meter tiefer setzen kann. So geschehen in Kaiseraugst!

Welches ist das Schicksal einer aufgelassenen Grube? Sie kann in einen der touristischen Freizeitaktivität und/oder dem ökologischen Ausgleich dienenden Baggersee umgewandelt werden, wie dies zahlreiche elsässische Beispiele zeigen, sie kann als Abfalldeponie eingesetzt werden – oder sie lässt sich als Industrieareal nutzen. In Kaiseraugst entschied man sich mit gutem Grund für die letztgenannte Variante, was eine Zeitung mit dem vielsagenden Begriff der „doppelten Goldschürfung" zu charakterisieren wusste. Und so entstand im Osten des Dorfes zwischen der Bahnlinie und der Landstrasse in den sechziger und siebziger Jahren des 20. Jahrhunderts das bedeutendste Industriegebiet von Kaiseraugst.

Wer heute auf der Landstrasse vom Dorf nach Rheinfelden fährt, erblickt tief unter dem Niveau der Strasse diesen gewaltigen Industriekomplex. Während sich ältere Bewohner des Dorfes noch durchaus an die Zeit erinnern, als das Gebiet landwirtschaftlich genutzt wurde, ist für jüngere Kaiseraugster der Anblick der weiträumigen, maschinen- und verkehrsbewegten Industrieanlage mit ihren hoch ragenden Bauten so selbstverständlich wie die Grossüberbauung Liebrüti. Die durch den Kiesabbau entstandene Landschaftswunde ist vernarbt!

---

[1] Die folgende Darstellung beruht im Wesentlichen auf der 1988 erschienenen Jubiläumsschrift der Firma Ernst Frey AG „75 Jahre Ernst Frey AG" sowie auf Gesprächen mit Herrn Ernst Frey-Burkard.

DIE WIRTSCHAFT

Die industrielle Expansion in der zweiten Hälfte des 20. Jahrhunderts [1]

Industrie schafft Arbeitsplätze und bringt Verdienst in ein Dorf. Sie stellt sich dann ein, wenn sowohl Industrieland zur Verfügung steht als auch günstige Verkehrsbedingungen vorhanden sind und Arbeitskräfte rekrutiert werden können – alles Binsenwahrheiten, die vergessen lassen, dass Industrie immer auch einen bejahenden politischen Willensakt voraussetzt: Man will Industrie oder man will sie nicht.

In Kaiseraugst wollte man sie, und das bezeugt ein schmaler Protokollband, dessen 200 Seiten aber nur gerade auf 29 Seiten genutzt worden sind; „Industrieprotokolle 1910 – 1913" ist er angeschrieben. Am 18. Mai 1910 hatte sich die auch als „Elektrizitäts-Kommission" in die Geschichte eingegangene „Industriekommission" konstituiert. Sie war hochkarätig besetzt und beschloss an ihrer ersten Sitzung, es sei dem Bezirksamt Rheinfelden zu beantragen, *„dass die grundsätzliche, jedoch vorderhand unverbindliche Beanspruchung von sechshundert Pferdekräften erklärt werden solle."* Im Einvernehmen mit Gemeinderat und Gemeindeversammlung wollte sie die Produktion des Rheinfelder Elektrizitätswerkes nutzen, um im östlichen Gemeindegebiet Industrie anzusiedeln. In einem ersten Schritt wurden die betreffenden Grundbesitzer zu einer Versammlung eingeladen; es sei sowohl in ihrem ureigensten Interesse als auch in jenem des ganzen Dorfes, wenn sie ihre Parzellen der Gemeindebehörde zum Preise von 2.50 Franken pro Quadratmeter zur Verfügung stellen würden, lautete die Begründung. Doch die meisten Landbesitzer verweigerten sich dieser Vision, und dann kamen der Erste Weltkrieg mit seinen Nöten und die Weltwirtschaftskrise – an Industrialisierung war nicht mehr zu denken. Erst die Zeit nach dem Zweiten Weltkrieg brachte eine Wende. Jetzt öffneten sich die Grenzen wieder, und so kommt es, dass praktisch alle Kaiseraugster Betriebe heute auch Grenzgänger – aus dem Badischen oder dem Elsässer Nahbereich – beschäftigen.

Accusynchroniser, unten: Gebindeumsetzer.

1948: Rotzinger AG

„Die Schweizer Industrie wird oft gleichgesetzt mit Grosskonzernen, in Wirklichkeit wird die einheimische Industrielandschaft von kleinen und mittlern Betrieben geprägt. Und das nicht nur nach absoluter Zahl, sondern auch was die Beschäftigung anbetrifft. Die Produkte dieser Unternehmen zeichnen sich weltweit ebenso aus, wie diejenigen der Grossen. In bezug auf Qualität, verwendete Technologie und Originalität ist bei vielen erstaunlicherweise kaum ein Unterschied festzustellen. Sie können mit dem rasanten wissenschaftlichen und technischen Fortschritt mithalten.

DIE WIRTSCHAFT

Drehturmspeicher. (Die Fotos wurden freundlicherweise von der Firma Rotzinger AG zur Verfügung gestellt.)

Ein Beispiel aus der Region eines solchen Unternehmens ist die Firma Rotzinger AG in Kaiseraugst."

Angefangen hatte das Unternehmen ausgangs Dorf an der Strasse nach Rheinfelden 1948 mit konventionellen, mechanischen Förderanlagen, wie beispielsweise – in Kaiseraugst naheliegend – für Kies. Rotzinger-Förderbänder, bekannt wegen ihrer Wirtschaftlichkeit und Zuverlässigkeit, trugen bald den Namen der Firma und damit auch des Dorfs auf Baustellen und in Werkhallen der ganzen Schweiz. Doch erkannten die Firmengründer, die beiden Brüder Hans und Karl Rotzinger, dass sich auf dem Gebiet der Fördertechnik tiefgreifende technologische Umwälzungen anzubahnen begannen, denen es zu folgen galt. Und so startete die Firma mit einem Stab hochqualifizierter Mitarbeiter massgeschneiderte, d.h. objektangepasste und von Mikroprozessoren gesteuerte Gesamtsysteme von grosser technischer Reife und Perfektion. Sie kommen heute in automatischen Produktionslinien verschiedenster Industrien weltweit zum Einsatz und dürfen als echte Pionierleistungen bezeichnet werden. Die Rotzinger AG nimmt heute auf zwei Gebieten eine Spitzenstellung ein, einerseits durch die individuelle Förderung von Stückgütern mittels eines eigens entwickelten Gliederband-Kettenfördersystems und anderseits mit flexiblen Speichersystemen, welche es ermöglichen, die Effizienz von Produktionslinien erheblich zu steigern.

Die Firma Rotzinger AG beschäftigt aktuell 70 Mitarbeiter und Mitarbeiterinnen.

1950: Thommen AG

Zu Beginn der 1950er Jahre suchte der Basler Schrotthändler Gustav Thommen für seinen 1939 gegründeten Betrieb, der mehr Platz benötigte, einen neuen Standort.

Im Schrott-Gelände.

Fündig wurde er in Kaiseraugst, direkt an der Bahnlinie. Hier, am früheren Standort einer Kehrichtgrube, konnte das Material sowohl über die Strasse wie auch über den eigenen Schienenanschluss an- und abtransportiert werden. Die Idee, dass die Wiederverwertung von Altstoff ein zukunftsträchtiges Geschäft werden könnte, hatte der Firmengründer von einem Kanada-Aufenthalt nach Hause gebracht. Mit einem „Berliet"-Lastwagen begann er darauf, Eisenschrott zu sammeln und auf einem Areal an der Rastatterstrasse in Basel zu lagern und weiterzuverarbeiten. Das Gründungsjahr der kleinen Firma fiel mit dem Ausbruch des Zweiten Weltkriegs zusammen. In einer Zeit der Rohstoffverknappung und Rationierung von Werkstoffen war Thommen zur rechten Zeit ins Geschäft eingestiegen.

DIE WIRTSCHAFT

Früh erkannte Thommen auch das Potential, das in der Verschrottung von alten Fahrzeugen lag. Damit hatte er ein weiteres Mal auf das richtige Pferd gesetzt, wuchsen doch in den Wirtschaftswunder-Jahren Berge ausgedienter Fahrzeuge in den Himmel. 1964 wurde in Kaiseraugst die erste Gross-Schrottschere angeschafft, und 1971 folgte mit den wachsenden Ansprüchen der Stahlindustrie an die Schrottqualität die Einrichtung einer leistungsfähigen Shredder-Anlage, die in der Lage ist, ein Auto in 30 Sekunden zu kleinen handlichen Schrottteilen zu zertrümmern. 1989 wurde als Tochterfirma der Thommen AG die CEREN AG gegründet; sie erweiterte das traditionelle Geschäft der Verschrottung von Autowracks und bietet die fach- und umweltgerechte Entsorgung von Elektronik- und Haushaltungsgeräten an.

(Die Fotos wurden freundlicherweise von der Firma Thommen AG zur Verfügung gestellt.)

In unserer Wegwerfgesellschaft ist angesichts knapper werdender Ressourcen Recycling genau wie Naturschutz nicht Luxus, sondern gebieterische Notwendigkeit. Bei Altwagen beträgt die Recycling-Quote bis zu 90%. Mit anderen Worten: Von einem 1300 kg schweren Mittelklassewagen landen heute gerade noch 130 kg definitiv im Abfall. Die übrigen 1170 kg finden wieder Verwendung, sei es in Neuwagen respektive an Occasionsfahrzeugen oder bei der Herstellung verschiedener Rohstoffe und Zwischenprodukte.

In Kaiseraugst war damals die Ansiedlung der Firma Thommen AG sehr willkommen, brachte sie doch Arbeitsplätze. Allerdings hatte und hat der Industriebetrieb auf dem als „Gewerbeland„ eingezonten Gebiet auch seine Nachteile: Geruchs- und Staubimmissionen sowie Lärmstörungen, insbesondere Verpuffungen, die wegen plötzlich austrenden Gausausstössen einen lauten Knall verursachen, führten und führen immer wieder zu Reklamationen, die den Standort in unmittelbarer Nähe des Wohngebiets anprangern – die Protokolle des Gemeinderates wissen von diesen Klagen zu berichten. Ein Versuch zur Dislozierung des Betriebs unter Mitwirkung der Ortsbürger- und der Einwohnergemeinde scheiterte in den achtziger Jahren. Zu gross waren die zuvor von der Firma Thommen in neue Anlagen vorgenommenen Investitionen.

Die Firmenleitung ist sich dieser schwierigen Situation durchaus bewusst und darum auch bemüht, alle Immissionen auf ein Minimum zu beschränken. In diesem Sinn hat sie beispielsweise ihr Areal, um es sowohl optisch wie auch akustisch abzuschirmen, mit einer mehrere Meter hohen Lärmschutzwand umgeben. Und im Februar 2001 organisierte der Gemeinderat mit Vertretern der Firma und dem Sachbearbeiter der Sektion Luft und Lärm beim Aargauer Amt für Umweltschutz ein Treffen. Damals wurde beschlossen, in Zusammenarbeit mit den kantonalen Instanzen im Dreijahresintervall umfangreiche Feinstaubmessungen in- und ausserhalb des Firmenge-

DIE WIRTSCHAFT

ländes durchzuführen. Bisher haben diese Messungen keine Überschreitung der Grenzwerte ergeben.

Die Thommen AG beschäftigte 2006 70 Mitarbeiter und Mitarbeiterinnen.

1966: Von der Klingentalmühle zur Provimi Kliba SA

Auch die seit 1928 im Kleinbasel beheimatete Futtermühle Klingentalmühle AG (Kliba) nutzte den Standortvorteil, den Kaiseraugst zu bieten hat, nämlich die Möglichkeit, den Wasserweg Rhein für die Zufuhr der Rohprodukte, sowie den direkten Bahn- und Strassenanschluss für die Verteilung der Fertigprodukte zu verwenden. In Basel, wo das Stammhaus erstmals 1241 erwähnt wird, war der Platz zu knapp geworden, in Kaiseraugst bot sich die Möglichkeit zu expandieren. 1963 legte die Mühle ihr Baugesuch vor: Das Land wurde dem Unternehmen, nachdem zuvor der Kiesabbau erfolgt war, von der Ortsbürgergemeinde im Baurecht auf 60 Jahre abgetreten. 1964 begannen die Bauarbeiten, ein Jahr später urteilte der scharf beobachtende Chronist: *"Die Arbeiten an dieser grössten Baustelle in unserem Gemeindebann schreiten stark vorwärts, werden jedoch noch Jahre dauern; inzwischen verändert sich das Landschaftsbild grundle-*

Der PROVIMI KLIBA-Komplex. (Foto PROVIMI KLIBA AG)

gend." Er spielte mit dieser Bemerkung auf den 55 m hohen Siloturm an, welcher der Kaiseraugster Silhouette tatsächlich ein neues Gesicht gegeben hat. Im Februar 1967 konnte die Firma die Mischfutterproduktion aufnehmen, und vier Jahre später wurde das erste Lagerhaus mit 4000 m² fertiggestellt. Als die Mühle 1973 in Basel einem Grossbrand zum Opfer fiel, erfolgte 1974 in Kaiseraugst ein Neubau. Zwischen 1984 – 1988 kam es zur Erweiterung des Fertiglagers sowie der Getreidesammelstelle und zur Aufstockung des Administrationsgebäudes.

Die Kliba Kaiseraugst umfasst neben der im Unterschied zum Silo wenig auffälligen Schiffslöschstelle ein grosses Werkgebäude. Es dient der Warenannahme und Lagerung, sowie verschiedenen Arbeitsgängen und der Verladung der Fertigware. Im Verwaltungsgebäude sind neben den Personalräumen auch Labors und Werkstätten für die Instandstellung des umfangreichen eigenen Lastwagenparks (16 LKW, aufgeteilt in 8 Lose- und 8 Sacklastwagen) untergebracht sowie eine Heiz- und Dampfzentrale.

Am 6. Dezember 1965 notierte der Chronist ein bedeutendes Ereignis: An diesem Tag löschte nämlich ein Schleppkahn zum ersten Mal seine Fracht an einer Rhein-Hafenanlage im Kanton Aargau, der damit in den Kreis der Rheinschifffahrtskantone für Güterverkehr eintrat. Die Ehre, 300 Tonnen Hafer als Probeladung für die ein halbes Jahr später in Betrieb genommene

DIE WIRTSCHAFT

Klingentalmühle zu transportieren, war dem Getreideschiff „Express 42" der Neptun Transport und Schifffahrts AG zugefallen. Ende 1966 betrug der in Kaiseraugst mit fünf Schiffen getätigte Getreideumschlag bereits 1'949 Tonnen. Im Kliba-Hafen Kaiseraugst können sowohl Rheinschiffe (aus den Meerhäfen) bis 1000 t per Schiff als auch Kanalschiffe mit 350 t anlegen. Bereits am 11. Mai 1971 konnte das Motorschiff M/S GRAUBÜNDEN als fünfhundertstes Schiff den Kaiseraugster Rheinhafen anlaufen. Sein Kapitän wurde von Vertretern der Gemeinde Kaiseraugst und der Klingentalmühle an der Augster Schleuse, wo das Schiff auf die erforderliche „aargauische Höhe" gebracht worden war, willkommen geheissen und zum Bestimmungshafen begleitet. Der Schiffsumschlag erhöhte sich von Jahr zu Jahr: 1998 waren es ca. 37'000 t, 2003 bereits 67'000 t.

An der Schiffslöschstelle wird das Rohmaterial jeweils mit einem Saugrüssel (Saugpneumatik) aus den Schiffsräumen gesaugt. Die Löschkapazität beträgt 30 bis 50 Tonnen pro Stunde, so dass ein Schiff mit 1000 Tonnen Getreide für die Löschung rund 25 Stunden benötigt. Eine Förderkette bringt dann das Rohmaterial durch einen Stollen, der unter der SBB-Linie Basel-Zürich verläuft, ins Annahmesilo mit einer Kapazität von 12'000 Tonnen. Sämtliche Arbeitsprozesse im Werk werden mit Hilfe eines grossen Schalttableaus vom Kommandoraum aus elektronisch gesteuert. Die dauernd dem Stand der technischen Entwicklung angepasste Anlage wird im Bestreben auf gute Nachbarschaft auch immer wieder auf ihre Lärmimmissionen geprüft.

In der ganzen Provimi Kliba arbeiten zur Zeit rund 400 Mitarbeiter und Mitarbeiterinnen, davon 120 in Kaiseraugst. 1995 wurden die Kliba Mühlen durch die Provimi AG in Cossonay übernommen, die sie 2002 an den amerikanischen Konzern Cargill verkaufte.

1974/75: F. Hoffmann-La Roche AG

„*Roche krempelt Kaiseraugst um*" – so titelte 1975 eine Zeitung, als sie über den Bau der künftigen Kaiseraugster Satellitenstadt Liebrüti berichtete. Angefangen hatte diese „Umkrempelung" in den sechziger Jahren mit einem 20-rappigen Telefonanruf einer Basler Immobiliengesellschaft auf ein Inserat zum Kauf des rund 17 Hektaren grossen Asphof-Geländes. Die F. Hoffmann-La Roche AG liess sich nicht zweimal bitten und stieg in das gigantische Geschäft ein. Von allem Anfang an plante sie dabei, Wohnen und Arbeit in enger Nachbarschaft unter einen Hut zu bringen. Die Kaiseraugster Gemeindebehörde wie auch die interessierten kantonalen Instanzen zeigten sich dem Vorhaben gegenüber aufgeschlossen. Zu seiner Realisierung brauchte es intensive Vorbereitungen. So mussten Richtpläne gebilligt, Verträge abgeschlossen und von der Gemeindeversammlung genehmigt sowie entspre-

Drei Fahnen.

DIE WIRTSCHAFT

Flugaufnahme des Roche-Geländes.

chende Baubewilligungen erteilt werden. Die Planung wickelte sich gewissermassen auf zwei Ebenen ab: Einerseits ging es mit Baubeginn 1973 um die Wohnüberbauung Liebrüti – darüber wurde im Kapitel Wohnen in Augst und Kaiseraugst berichtet –, anderseits um die Errichtung eines neuen Forschungs-, Entwicklungs- und Verwaltungsbetriebs, da der weitere Ausbau des Basler Stammhauses aufgrund der Lage im Kleinbasel begrenzt war und die Firma sich im Rahmen einer langfristigen Planung dazu entschloss, gewisse Abteilungen räumlich auszulagern. Von allem Anfang an war dabei klar, dass in der Kaiseraugster Filiale, die mit ihren 339'000 m² drei mal grösser ist als das Basler Areal, gemäss dem mit der Gemeinde 1972 geschlossenen Vertrag keine eigentlichen "Chemie-Grossfabrikationsanlagen" eingerichtet werden dürfen. Diese erfordern eine andere Infrastruktur und sind deshalb in Basel, Sisseln, Grenzach und Village-Neuf angesiedelt.

Der Ausbau des neuen Verwaltungs- und Forschungszentrums ging etappenweise vor sich. 1974/75 wurden die ersten 26 Mio. in die Entwicklungszentrale und das erste Produktionsgebäude für diagnostische Tests investiert. 1981 und 1991 erfolgte mit der Errichtung je eines Forschungs- und Produktionsgebäudes der weitere Ausbau zum weltweiten Zentrum der Division Vitamine und Feinchemie. Der Bau eines Verwaltungsgebäudes mit einem Rechenzentrum im Untergeschoss rundete diese Etappe, die mit 226 Mio. zu Buche schlug, ab.

Auch nach dem Verkauf der Division Vitamine und Feinchemikalien sowie dem Verkauf von Roche Consumer Health bleibt Kaiseraugst für die Roche-Gruppe ein wichtiger Standort. So befinden sich in Kaiseraugst etwa Verpackungs- und Lagerbetriebe sowie ein IT-Rechenzentrum. 2004 wurden zu-

DIE WIRTSCHAFT

dem ein neuer Entsorgungsbetrieb eingeweiht sowie drei Bürobauten für 300 neue Arbeitsplätze realisiert. Dies alles unterstreicht das Bekenntnis der Firma Roche zu Kaiseraugst.

Ende 2004 zählte das Unternehmen in Kaiseraugst 1'045 Mitarbeiter und Mitarbeiterinnen; typisch für die Region Basel ist dabei der hohe Anteil von rund 119 Grenzgängern aus Frankreich und 148 aus Deutschland. Augst und Kaiseraugst sind mit 56 Mitarbeitern vertreten. Auch das Parkplatzangebot – Ende 2004 sind es 1544 Plätze – spricht für die Grösse der Anlage, der noch immer rund 95'000 Quadratmeter Landreserven für Erweiterungsbauten zur Verfügung stehen. Und eine letzte beeindruckende Zahl. Im Personalrestaurant, wo im bedienten Bereich 60, im Selbstbedienungsbereich 550 Plätze zur Verfügung stehen, werden täglich um die 1000 Mahlzeiten serviert.

Die Firma F. Hoffmann-La Roche hat von allem Anfang an der Gestaltung der Umgebung besondere Aufmerksamkeit geschenkt. Wo heute inmitten von naturnahen Garten- und Parkanlagen Verwaltungs- und Forschungsgebäude sowie ein Verpackungsbetrieb dominieren, war bis in die siebziger Jahre ein allen Winden ausgesetztes „ruch und steinig Ackerfeld".

Die Heizzentrale, resp. der Kesselhaus-Bau 201 wurde als erstes Gebäude des Betriebsgeländes erstellt, da von dort auch die Wohnsiedlung Liebrüti beheizt wird.

(Die Fotos wurden freundlicherweise von der Firma Hoffmann-La Roche AG zur Verfügung gestellt.)

[1] Die Angaben zu den einzelnen Unternehmungen wurden mit der Firmenleitung abgesprochen.

DIE WIRTSCHAFT

Augster Gewerbefleiss – anno dazumal

Im Unterschied zu Kaiseraugst ist Augst nie Standort eines grösseren Industrieunternehmens gewesen, was u. a. mit der bescheidenen Grösse seines Bannes zu tun haben dürfte. Dafür besass Augst schon immer ein blühendes Gewerbe, denn zu einem Dorf, das weitgehend auf Eigenversorgung angewiesen war, gehörten früher auch Handwerker. Die nebenstehende Aufstellung zeigt eine gut ausgebildete dörfliche Infrastruktur. Augst kam überdies der starke Durchgangsverkehr zu Gute, was sich nicht zuletzt daran ablesen lässt, dass es seit alters fünf Wirtshäuser besass – den Bären, die Krone, das Rössli, das Salmeck und das ehemalige Restaurant Zur Ruine.

Auch zu Beginn des 20. Jahrhunderts, etwa zur Zeit des Kraftwerkbaus, gab es in Augst noch immer zahlreiche Kleingewerbe im Einmannbetrieb: 2 Wagner, 2 Schmiede, 1 Zimmermann-Schreiner, 1 Schneider, 1 Fischer, 1 Müller, 1 Baumeister, und 1 Maurer.[2] Ausser den Angestellten des Kraftwerks und der Aktienmühle arbeiteten indessen die meisten Augster auswärts – in der Florettspinnerei Ringwald im Schöntal, im Güterbahnhof Wolf, in der Kaiseraugster Cellulosefabrik, in der Kiesgrube Frey und in den Industriebetrieben von Schweizerhalle und Pratteln. Ausser den sieben Familien, die von rein landwirtschaftlichem Ertrag lebten, waren die meisten Augster Selbstversorger an Obst, Kartoffeln und Gemüse, viele hielten überdies Geissen, sogenannte „Eisenbahnerkühe", sowie Schweine und Hühner. Einkaufen liess es sich im Gemischtwarenladen, im Konsum, in der Metzgerei oder bei zwei Bäckern.

Einer der ältesten Augster Gewerbebetriebe sei im Folgenden kurz skizziert:

1772: Von der „Kunstmühle" zur „Aktienmühle Basel und Augst"

Die Aktienmühle lebt nur noch in der Erinnerung weiter, dabei reichen ihre Wurzeln bis ins 18. Jahrhundert zurück. Ihren Platz nehmen heute zwei 1973 erstellte und durch einen Ladentrakt miteinander verbundene Wohnblöcke mit 49 Ein- bis Vierzimmerwohnungen ein.

„1772 bis 1779 erbaute der Basler Hieronymus Huber die 'Kunstmühle', welche die Wasserkraft des oberhalb des Ergolzfalles bei der Hülften abgezweigten Mühlekanals, des so genannten Dychs, ausnützte. In der 'Kunstmühle' wurde nicht nur Getreide gemahlen, die Anlage diente auch der Papierfabrikation, war eine Gipsmühle (Gipsi), eine Oelmühle und eine Tabakmühle zur Herstellung von Schnupftabak."[3]

1834 wurde die Aktiengesellschaft „Aktienmühle Basel und Augst" gegründet; 1924 erfolgte die Stilllegung des Betriebs.

Den Kindern war bis weit ins 20. Jahrhundert der Dych, der in der Aktienmühle die Turbinen und in der alten Mühle das Wasserrad antrieb, viel

---

1863 kamen auf 361 Einwohner mit 62 Haushaltungen 25 Handwerker.[1]

Im Ernährungsbereich
- Bäcker   3
- Gastwirte   2
- Krämer   2
- Metzger   2
- Müller   2
- Pintenwirt   1
- Zuckerbäcker   1

Im Bekleidungsbereich
- Schneider   1
- Schuhmacher   3

Übrige
- Gipsmüller   1
- Küfer   2
- Sattler   1
- Schmiede   2
- Seiler   1
- Wagner   1

1863 standen überdies in Augst 9 Posamenterstühle, ferner handelten 3 Familien mit Lebensmitteln und Holz nach Basel.

Der Bäcker-Handwagen. (Zeichnung aus der Jubiläumsschrift der Firma Berger AG)

DIE WIRTSCHAFT

wichtiger als die von ihm abhängigen Gewerbebetriebe. Sein Geländer bot der Dorfjugend zu einer Zeit, als noch keine Autokolonnen die Hauptstrasse unsicher machten, eine willkommene Sitzgelegenheit; da sassen sie wie Spatzen auf der obersten Stange, plauderten und neckten sich.

Die Bäckerei & Spezerei-Handlung Berger um 1920

Noch ist die Hauptstrasse ungeteert – noch ist der Dych nicht eingedolt – noch wird nicht mit dem Plastiksack, sondern mit dem geflochtenen Einkaufskorb 'gepostet' – noch tragen die Frauen lange Jupes und noch verunstalten Elektrizitätsmasten die Hauptstrasse. (Foto aus Augst anno dazumal)

[1] Heimatkunde Augst 1863.
[2] Nach Stingelin Fritz: Ein alter Mann erinnert sich: Augster Anekdoten und 'Müschterli' us em Dorf, Augst 1985. S. 37f.
[3] Heimatkunde 1984, S. 53f.

DIE WIRTSCHAFT

Augster und Kaiseraugster KMU-Betriebe [1]

In Augst
1892: Bäckerei Berger AG

Von den älteren Augster Gewerbebetrieben nennen wir zuerst die Bäckerei Berger AG, die heute von der vierten Generation bewirtschaftet wird. Seit ihrer Gründung im Jahr 1892 hat sie sich aus bescheidensten Anfängen zu einem Unternehmen mit 27 Vollzeitstellen entwickelt. Das Angebot der Bäckerei Berger war anfänglich sehr bescheiden: eine Sorte Brot (ruche Vier-Pfünder), Mehl, Zucker, offene Teigwaren und Reis – das wars! *„Das Brot hat der 30-jährige Bäckermeister zu Fuss mit der Hutte nach Kaiseraugst, Giebenach, Arisdorf und Olsberg getragen. Es folgte bald ein Handwagen, später ein Esel- und Pferdefuhrwerk und 1926 sogar der erste Ford Lieferwagen."* [2]

1965 gab es in der Schweiz ca. 18'000 Lebensmittelgeschäfte, heute dürften es noch etwa 6'000 sein. Was hat dem Augster Kleinunternehmen in einer Zeit der rasanten Ausdehnung der Grossverteiler das Überleben gesichert? Der Bäckerei Berger ist es gelungen, dem Ladensterben mit Umsicht und Tatkraft zu begegnen: sie hat sich von einem kleinen „Warenhaus" im Dorf, wo man von der Mäusefalle über Petroleum bis zu den offenen Teigwaren mehr oder weniger alles fand, was man zum Leben brauchte, langsam und zögernd zu einem Selbstbedienungsladen gewandelt und sich seit 1989 auf Brot, Wein, Käse, Frischprodukte und Partyservice spezialisiert. Im Übrigen lässt die Filiale in der Kaiseraugster Liebrüti die Bäckerei Berger auch vom Aufschwung der Nachbargemeinde profitieren. Die seit 1976 als Aktiengesellschaft geführte Bäckerei hat somit dem anonymen Einkaufen erfolgreich das individuelle Einkaufserlebnis im Privatgeschäft entgegengestellt. Wo lässt sich schon in der Nordwestschweiz Römerbrot kaufen?

1909: ruder holz AG

Seit ein paar Jahren macht am westlichen Dorfeingang ein überlebensgrosser Holzbär auf die Sägerei und Holzhandlung ruder holz AG aufmerksam.

1909, als die Wagen und das landwirtschaftliche Gerät noch aus Holz hergestellt wurden, hatte Wilhelm Ruder hier eine Wagnerei gegründet. Den Kindern, die über die Strasse in die Schule gingen, bot seine Werkstatt handwerklichen Anschauungsunterricht. Damals, so berichtet ein Augster im Rückblick auf seine Jugendzeit, werkten die Handwerker noch von Hand. *„Staunend sahen wir zu, wie ein Wagenrad zusammengesetzt wurde, ein Wunder auch, wie der glühende Reif über den Felgen gezogen wurde."* [3] Doch mit der Motorisierung und dem Rückgang der Landwirtschaft wurden Wagnereiaufträge immer seltener – allein die Umstellung auf den Sägereibetrieb garantierte das Fortbestehen des Betriebs. 1992 wurde die ruder holz AG gegründet und 2003 unter Beibehaltung der Sägerei zu einem modernen Massivholzlager umgebaut.

1946: Gärtnerei Wyttenbach

Sie wurde 1946 von Albert Wyttenbach Senior gegründet und war während 25 Jahren ein Gemüsebaubetrieb. Die Vermarktung der Erzeugnisse fand über die Markthalle und die Gemüsezentrale statt. Anfang der siebziger Jahre begann A. Wyttenbach, als einer der ersten in der Schweiz, mit der Produktion von Gemüsesetzlingen in Erdpresstöpfen. In der Folge wurden auch Rabattenblumen und Sommertopfpflanzen produziert.

Mitarbeiter: 5 Vollzeit (mit Inhabern), 4 Saisonniers, div. Aushilfen saisonal. Betriebsstruktur: 77a beheizte Fläche, 5a kalt gedeckt, 120a Freiland Schnittblumen, 25a Ökoausgleichfläche, 30a Freistellfläche für Setzlinge. Produkte: 45% Gemüsesetzlinge, 40% Blumen, 10-15% Schnittblumen.

1949: Thomas Baumgartner: Sanitär, Spenglerei

Die Firma betätigt sich vorwiegend im Bereich Sanierung, Wartung und Reparatur von sanitären Anlagen für Kliniken, Hotellerie und Wohnüberbauungen. Private und staatliche Liegenschaftsverwaltungen nehmen regelmässig die Dienstleistung des Unternehmens in Anspruch.

Der Kleinbetrieb verlegt Werkleitungen für die kommunale Wasserversorgung und ist verantwortlich für deren Unterhalt und Funktionalität. Im Spenglereibedarf produziert die Firma selbst entwickelte Regenwasserfallen, welche über Grossverteiler in der ganzen Schweiz vertrieben werden. Das Unternehmen beschäftigte 2006 8 Mitarbeiter.

1955: Moritz AG: Malergeschäft

Die Moritz AG, die anfänglich nur die Kundenmalerei pflegte, besorgt seit langem auch die Industriemalerei. Nachdem 1984 an der Venusstrasse der Neubau der Malerwerkstatt und eines Industrielackwerkes realisiert

DIE WIRTSCHAFT

worden war, erfolgte 1992 der Ausbau zum Thermolackierwerk und 1995 die Übernahme der Korrosionsschutz-Werkstatt der Säurefabrik Schweizerhall.

Das Unternehmen beschäftigte am 1. Januar 2003 56 Mitarbeiter.

1966: Markus Fux AG: Bauunternehmung

Die Markus Fux AG, die je nach Saison 13 – 15 Mitarbeiter beschäftigt, ist eine Allroundbauunternehmung. Ihre Tätigkeiten: Um- und Neubauten, Kundenmaurer, Betonsanierung, Gartengestaltung, Umgebungsarbeiten, Plattenbeläge, Gipserarbeiten, Römische Restaurierungen, Verbundsteinarbeiten, Tiefbau.

In Kaiseraugst

Es würde den Rahmen einer Ortsgeschichte sprengen, wollten wir alle zu Beginn des dritten Jahrtausends in Kaiseraugst ansässigen grossen und kleinen Betriebe aufführen. Wir treffen eine Auswahl und halten uns dabei an die Chronologie, mit anderen Worten: Wir erwähnen nur die seit längerer Zeit in Kaiseraugst ansässigen Unternehmen.

1957: Ernst Ischi & Co.: Transportunternehmung

Als die Betriebsfläche des Hardhofs in den fünfziger Jahren des 20. Jahrhunderts angesichts der Industrialisierung immer mehr schrumpfte und schliesslich nur noch 10 ha umfasste, musste der Traum, einen Landwirtschaftsbetrieb zu führen, aufgegeben werden. So gingen denn Vater und Sohn Ischi 1957 an den Aufbau eines Transportgeschäftes. Aus dem anfänglichen Kipper-Betrieb entwickelte sich ein Unternehmen, das heute zehn Personen beschäftigt; es bietet neben Stückgut- und Schnelltransporten im In- und Ausland auch Busreisen an.

1959: Hans Bolinger AG

Die Hans Bolinger AG besorgt mit vier Mitarbeitern sämtliche Schreinerarbeiten und handelt mit Möbeln.

1971: L. Girod AG: Betonwaren

Das Unternehmen produzierte zunächst Verbundsteine. 1995 wurde deren Fabrikation eingestellt und der Handel mit vielfältigen Betonwaren wie Verbundsteinen, Gartenplatten, Blocktritten, Stellriemen, Böschungssteinen, Brunnen- und Pflanzentrögen, etc. aufgebaut. Die Firma beschäftigt 8 Mitarbeiter.

1971: Keller Metall- und Stahlbau GmbH

Der Betrieb mit heute acht Beschäftigten führt fast alles aus, was mit Metall zu tun hat: traditionelle Schlosserarbeiten (Gitter, Türen, Geländer, Tore), Verarbeitung von Aluminium, allgemeine Reparaturen sowie Unterhalts- und Kunstschlosserarbeiten.

1982: Emil Vögelin AG: Stahlhandel

Der 1932 in Basel gegründete und seit 1982 in Kaiseraugst ansässige Betrieb treibt Handel mit Edelbaustahl und ist freier Lagerhalter mit ca. 5000t (Stabstahl, Bleche und Profile). Er beschäftigt 15 Mitarbeiter.

Coop

Obwohl Coop als gesamtschweizerisches Unternehmen nicht den KMU-Betrieben zugeordnet werden kann, reihen wir das Unternehmen mit seiner langen Geschichte hier ein. 1910 wurde in Augst, 1916 in Kaiseraugst eine Filiale des Allgemeinen Konsumverein Nieder-Schönthal eröffnet. Nachdem die beiden Filialen 1929 vom Consumverein beider Basel übernommen worden waren, erfolgte ab 1979 die Eröffnung des Liebrüti-Centers und 1990 jene des Hobbyland-Fachmarktes mit Baucenter, Sport und Media Vision unter einem Dach. 1995 dislozierte der Liebrüti-Lebensmittelladen in den grosszügigen Kaiserhof-Komplex in unmittelbarer Nähe des Hobbymarktes. Es entstand dadurch am Junkholzweg ein kleines Einkaufszentrum, wo noch weitere Anbieter im Nonfood-Bereich angegliedert sind. Die gesamte Verkaufsfläche von Hobbyland und Kaiserhof beträgt 15'000 m² und weist 300 offene und unterirdische Parkplätze auf. Rund 50 Personen finden hier Beschäftigung. Dank dem Bau von Kreiseln und anderen Erschliessungsmassnahmen konnte der grosse motorisierte Kundenverkehr entschärft und das Junkholzquartier aufgewertet werden.

Wenn von Coop die Rede ist, dann darf auch die in Kaiseraugst 1995 eröffnete Bananenreiferei nicht unerwähnt bleiben. Sie verarbeitet jährlich 22'000 Tonnen Bananen und beliefert 1000 Coop- und Pronto-Filialen; das macht einen täglichen Ausstoss von 70'000 kg aus.

Die Bananenreiferei beschäftigt 25 Mitarbeiter und Mitarbeiterinnen.

---

[1] Die Angaben zu den einzelnen Unternehmungen wurden jeweils mit der Firmenleitung abgesprochen.

[2] Berger Urs: Entwicklung und Chancen eines Dorfladens – Zum Jubiläum 90 Jahre Bäckerei Berger, Augst. 1982.

[3] Nach Stingelin Fritz: Ein alter Mann erinnert sich: Augster Anekdoten und 'Müschterli' us em Dorf, Augst 1985. S. 37f.

DIE WIRTSCHAFT

Die Augster und Kaiseraugster Erwerbsstruktur in den letzten drei Jahrzehnten des 20. Jahrhunderts

Welche Folgen die Industrialisierung und die parallel dazu einhergehende Mobilitätssteigerung gezeitigt haben, lässt sich nicht nur an der Entwicklung des Siedlungsbildes ablesen, sondern auch mittels statistischer Daten der eidgenössischen Volkszählung feststellen. Augst zeigt entsprechend seiner bescheidenen Bevölkerungszunahme ein eher statisches Bild, während die Kaiseraugster Zahlen die stürmische Wohnbau- und Industrieexpansion des Dorfes belegen. 1970 betrug die Wohnbevölkerung von Augst 863 Einwohner und Einwohnerinnen, 30 Jahre später waren es 950. Die Bevölkerung von Kaiseraugst wuchs im gleichen Zeitraum um das Dreifache, von 1'311 auf 3'917 Personen.

Erwerbstätige	1970	2000
Augst	431	512
Kaiseraugst	589	2'102

Erwerbstätige nach Wirtschaftssektor	1970	2000
Augst		
Sektor 1: Landwirtschaft	12	17
Sektor 2: Produktion	247	130
Sektor 3: Dienstleistung	179	299
Kaiseraugst		
Sektor 1: Landwirtschaft	17	14
Sektor 2: Produktion	340	584
Sektor 3: Dienstleistung	232	1'215

Wie viele dieser Erwerbstätigen arbeiteten in ihrer Wohngemeinde, wieviele als Pendler auswärts?

Augst	1990	2000
Wohngemeinde	135	125
Auswärts	296	387

Kaiseraugst	1970	2000
Wohngemeinde	265	454
Auswärts	324	1'490

Wie erreichten diese Beschäftigten ihren Arbeitsort?

Augst	1970	2000
Kein Arbeitsweg	98	60
Zu Fuss	47	34
Mit öffentlichen Verkehrsmitteln	45	139
Mit individuellen Verkehrsmitteln	169	239
Mit Velo oder Mofa	64	40
Andere ohne Angabe	11	–

Kaiseraugst	1970	2000
Kein Arbeitsweg	85	112
Zu Fuss	95	151
Mit öffentlichen Verkehrsmitteln	167	516
Mit individuellen Verkehrsmitteln	174	1'015
Mit Velo oder Mofa	52	105
Unbestimmte Pendlerbewegungen	16	203

Alle diese Angaben – sie sind noch mit der Zahl der 1'530 Zupendler zu ergänzen – machen deutlich, wie dominant die Verkehrsprobleme der beiden Augst sind. Sie sind ein Dauerthema der kommunalen und der kantonalen Behörden, und von ihrer Lösung hängt zu einem guten Teil auch das Wohlbefinden der Bevölkerung ab.

DIE WIRTSCHAFT

Kaiseraugst und das Kernkraftwerk

Einleitung

Wie soll ein Thema angegangen werden, das die Bevölkerung und die Behörden von Kaiseraugst während Jahren in Atem gehalten hat – ein Thema, das schon in zahlreichen Studien und Büchern behandelt worden ist und weit über Kaiseraugst hinaus verschiedene Kantonsparlamente und -regierungen, den National- und Ständerat, den Bundesrat, das Bundesgericht und vor allem auch in mehreren Abstimmungen das Schweizer Volk nachhaltig beschäftigt hat?

„Während Jahren war das AKW-Werk Kaiseraugst nicht nur ein Plan, ein Projekt, es war vielmehr ein permanenter Unruheherd, der fast zur Staatskrise führte. Es war aber auch ein geistiges Testgelände für die Auseinandersetzung zwischen moderner Technik und menschlicher Gesellschaft, zwischen politischer Willensbildung und Rechtsstaat. Kaiseraugst wurde nicht realisiert, aber es war ein (teures) Lehrstück für die ungeahnte Komplexität bei der Einbindung umstrittener Infrastrukturprojekte in unserer politischen Landschaft." [1]

Modell des geplanten AKW Kaiseraugst. (Foto aus dem Archiv des NOK)

Es kann nicht Aufgabe einer Ortsgeschichte sein, all den komplexen politischen, gesellschaftlichen, juristischen und technischen Problemen eines Atomkraftwerks (AKW) im Detail und in aller Vollständigkeit nachzugehen; wir werden uns daher beschränken müssen und insbesondere die Frage zu beantworten suchen, welche Rolle Kaiseraugst in der ganzen AKW-Diskussion zugekommen ist. Hat das Dorf bloss eine Zuschauer- und Statistenrolle oder von allem Anfang an eine Hauptrolle gespielt? Sind der Gemeinde Kaiseraugst aus dieser Auseinandersetzung bleibende Schäden erwachsen oder hat sie dem Dorf gar Nutzen gebracht?

Zweifellos, die Ouvertüre des bitterernsten Schauspiels – oder war es gar eine Tragödie? – beginnt auf der Kaiseraugster Bühne, und das kam so.

Die Ouvertüre 1963/64: Die Diskussion um ein thermisches Kraftwerk Kaiseraugst

1963 fand gewissermassen die Ouvertüre der gewaltigen Jahre dauernden und das Dorf beherrschenden Diskussion um das Atomkraftwerk Kaiseraugst statt: Es ging um die Planung eines thermischen Kraftwerks durch die Motor-Columbus AG Baden. Ein Eingesandt in der „Neuen Rheinfelder Zeitung" vom 23. Dezember 1963 macht deutlich, wie verunsichert die Kaiser-

DIE WIRTSCHAFT

augster Bevölkerung in jenen Tagen und Monaten angesichts des drohenden Grossprojektes war:

"Ein Mann geht um ... bei einigen Bauern. Einmal, zweimal, dreimal und noch mehr klopft er an. Unverzagt und ohne Scheu versucht er im Hinblick auf das thermische Kraftwerk Land zu kaufen. Er scheint Weihnachtsluft gewittert zu haben und möchte den Bauern offenbar einen ansehnlichen Haufen Geld unter den Christbaum legen, selbstverständlich nicht als Geschenk, sondern als Preis für das heiss ersehnte Land. Es ist zu hoffen, dass sich die betreffenden Besitzer aus grundsätzlicher und idealer Gesinnung heraus des Goldfiebers erwehren. Neben den finanziellen Überlegungen muss in diesem Fall, da unsere Heimat und die Volksgesundheit durch die geplante Industrialisierung in Frage gestellt werden, auch die Verantwortung der Allgemeinheit gegenüber eine gewichtige Rolle spielen: Das Gebot christlicher Nächstenliebe und die Forderung gesunder Lebensbedingungen für Mensch, Tier und Pflanzen dürfen hier nicht ausser acht gelassen werden."

Nur – im Zeitpunkt dieses Aufrufs waren die Würfel bezüglich Landerwerb bereits gefallen: Am 12. Juni 1963 war es der Motor-Columbus AG in Baden gelungen, den Asphof zu erwerben. Als Tiefenbohrungen indessen zeigten, dass der gewählte Standort ungünstig war, sah sich die Motor-Columbus AG nach einem neuen Standort um. Der Zufall kam ihr zu Hilfe: Denn zur gleichen Zeit, als der Asphof seinen Besitzer wechselte, suchte die Öl-Firma ESSO ihr im Gebiet Schützenhölzli-Hirsrüti für eine Tankfarm erworbenes Land wieder zu veräussern, da sie wegen der Beteiligung an der Raffinerie von Cressier auf den Bau der Kaiseraugster Tankanlage verzichtete. Nun trat die Motor-Columbus ihre Besitzer-Nachfolge an, der Asphof aber fand in der Firma F. Hoffmann-La Roche AG einen neuen Käufer. So folgte Transaktion auf Transaktion – oder auf einen Nenner gebracht: Eine Hand wäscht die andere – und der Zufall mischt kräftig mit. Zwei Kriterien waren es, welche die Motor-Columbus AG den Standort Kaiseraugst wählen liessen: einerseits die Nähe zu Konsumzentren, anderseits die Möglichkeit die für ein thermisches Kraftwerk notwendigen Rohstoffe – Kohle oder Erdöl – preisgünstig per Schiff heranzuschaffen.

Doch in Kaiseraugst und in den umliegenden Gemeinden ging die Angst um. Gleich wie später anlässlich der AKW-Diskussion sah sich das stille Dorf am Rhein plötzlich im Mittelpunkt eines Projektes, dessen Auswirkungen die Dorfgrenzen weit überschritten. Nicht ohne Stolz vermerkte damals der Kaiseraugster Chronist in einer handschriftlichen Notiz: *"Wirklich: Kaiseraugst macht von sich reden."* Der Widerstand liess nicht auf sich warten. Schon an der ausserordentlichen Gemeindeversammlung vom 27. September 1963, die der Orientierung der Stimmbürger diente, manifestierte sich grosse Skepsis: Das Rheintal dürfe unter dem Druck der vorauszusehenden Stromknappheit keinesfalls einer übertriebenen und gefährlichen Industrialisierung, die mit Sicherheit eine permanente Luftverschmutzung mit SO_2-Immissionen nach sich ziehe, zum Opfer fallen, und schliesslich sei auch das Dorf vor der trostlosen Veränderung des Landschaftsbildes durch riesige Öltanks und ausgedehnte Schlackenlager zu bewahren. Andere Wege zur Steigerung der Stromproduktion stünden offen, selbst der Bundesrat gebe den Atomkraftwerken gegenüber thermischen Zentralen den Vorzug.

Auch die Kaiseraugster Strassenfasnacht nahm sich der Sache an, ein Fasnachtszettel kommentierte in Strophe 2, 4 und 8:
Der Asphof, dä chunnt undere Hammer,
es isch e Fluech, es isch e Jammer,
em Nebi, eusem Buredutti,
dem ghört versohlt e Stell e blutti.
Zeigt dä de Bure d'Millione,
so gön sie uff wie dürri Bohne.
Worum au het der Gmeinirot
die Sach e so lang gschwige tot?
Sie dänke bloss an d'Stütz, die Chläus,
worum nit au e chly an eus?
Drum langi Bärt am grüne Tisch,
ich find, dass das in Ornig isch.
200 Meter höch in d'Luft,
dass Rauch und Gas und Gstank verpufft,
wärd e Chemmi bout – s'isch e Strick,
denn z'Basel frisst me und au z'Frick
gnueg chemische und au andere Dräck.
Mir wei kei gräuchte ESSO Späck!

Und wie ein paar Jahre später wurde im November ein breit abgestütztes „Aktionskomitee gegen die Errichtung eines thermischen Kraftwerkes in Kaiseraugst" gebildet. Ihm gehörten insbesondere Vertreter der umliegenden Gemeinden im Fricktal und Baselbiet an. Am 6. Januar 1964 verlangten 163 beunruhigte Kaiseraugster die Einberufung einer ausserordentlichen Gemeindeversammlung, um über das Projekt abzustimmen. Sie drangen durch: Am 29. Januar stimmten bei einer Rekordbeteiligung von 195 Teilnehmern 171 Stimmbürger dem Antrag auf Ablehnung der Errichtung eines thermischen Kraftwerks zu, nur 10 waren der Ansicht, es sei noch zuzuwarten – ein Entscheid, den die „Neue Rheinfelder Zeitung" als *„machtvolle Willenskundgebung"* und als *„Demonstration der Solidarität mit unseren Nachbargemeinden"* kommentierte.

Die Motor-Columbus AG war überrascht und enttäuscht; sie bereute, die Kaiseraugster Anlage zu wenig seriös eingeführt zu haben, diese hätte in aller Öffentlichkeit geplant werden sollen: „Ein zweiter Fall Kaiseraugst ist zu vermeiden." [2] Und wie tönte es in Kaiseraugst? Dort erntete der Gemeinderat harsche Kritik, weil er sich im Laufe der Debatte nie eindeutig gegen das konventionelle thermische Projekt ausgesprochen hatte; so kam es, dass an der Gemeinderatswahl 1965 im ersten Wahlgang nur gerade ein Mitglied des alten Gemeinderates, ein konsequenter Gegner der thermischen Anlage, in seinem Amt bestätigt wurde.

Der 1. Akt: 1965 – 1969: Die Motor-Columbus AG steigt ins Atomgeschäft ein, und die Gemeindeversammlung stimmt der Umzonung zu. Befürworter und Gegner formieren sich

Die Motor-Columbus AG, die in Kaiseraugst auf teurem Land sass, gab sich nicht geschlagen: *„Mit der Notwendigkeit, uns Marktanteile zu sichern,"* begründete sie im Mai 1965 den Einstieg ins Atomgeschäft [3], und damit war auch Kaiseraugst, dessen Lage am Rhein mit seinen grossen Wassermassen günstige Voraussetzungen für die Kühlung des geplanten Atomkraftwerkes bot, wieder aktuell.

Am 22. März 1966 orientierte die Motor-Columbus AG im Löwen in einer öffentlichen Versammlung über ihre Absicht, in Kaiseraugst ein Kernkraftwerk zu bauen; eingeladen waren auch die Behörden der benachbarten Gemeinden und Pressevertreter. Um die Wichtigkeit und Ernsthaftigkeit der Pläne zu unterstreichen, trat das Badener Unternehmen mit einer grösseren Delegation an. *„Die Stimmung der sehr gut besuchten Versammlung war uns wohlwollend geneigt und man darf wohl sagen, dass wir politisch gelandet sind,"* lautete ihre Beurteilung der Kaiseraugster Stimmungslage. *„Die Schweizer Presse, die im Hotel Löwen ebenfalls zahlreich vertreten war, berichtete in den folgenden Tagen über das Ereignis. Der Tenor war lobend. Die 'Neue Zürcher Zeitung' sprach von einem 'Sprung nach vorne' und machte im Zusammenhang mit den weiteren AKW-Projekten eine 'historische Wende in der Energieversorgung' der Schweiz aus. Auch in der Nordwestschweiz kamen die Pläne für Kaiseraugst gut an. Die Basler 'National-Zeitung' publizierte einen wohlmeinenden Bericht, die regionale 'Volksstimme' druckte das Referat Kohns auf der Frontseite ab."* [4]

DIE WIRTSCHAFT

Die geplante Anlage, deren Bauzeit auf ungefähr fünf Jahre geschätzt wurde, sollte eine Nutzleistung von 925 Megawatt erbringen, ein Ertrag, der annähernd demjenigen entsprach, der durch die zwei bereits bestehenden schweizerischen Kernkraftwerke zusammen erbracht wurde. Im Vergleich dazu erzeugte beispielsweise das mittelgrosse Wasserkraftwerk Birsfelden 1974 eine maximale Leistung von 80 Megawatt. Allein der technische Betrieb und Unterhalt des Werkes sollte rund 180 neue Arbeitsplätze schaffen, ganz abgesehen von der Sicherung von vielen tausend weiteren Arbeitsplätzen in den Bereichen der Zulieferungsindustrie und der Baubranche.

Drei Jahre nach der Orientierungsversammlung hatten die Kaiseraugster Stimmberechtigten am 17. August 1969 über die Frage zu befinden, ob das Gebiet Asphof-Liebrüti gemäss Begehren der Motor-Columbus AG in eine zusätzliche Industriezone einzuweisen sei.

Der Urnenabstimmung ging ein heftiger Meinungskampf voraus, wobei der neugewählte und das Projekt befürwortende Gemeinderat grösstes Gewicht darauf legte, transparent zu agieren und von den Projektanten völlig unabhängig zu bleiben. So lehnte er etwa das Angebot der Motor-Columbus AG ab, die Kosten für eine Besichtigungstour nach Mailand zu übernehmen, und zahlte stattdessen die Reise aus der Gemeindekasse. Befürworter und Gegner des Projektes hatten sich in zwei Komitees gesammelt. Im „Aktionskomitee Kernkraftwerk Kaiseraugst" fanden sich vor allem Persönlichkeiten aus Industrie und Gewerbe zusammen, während sich die Projektgegner, die nicht prinzipiell gegen den AKW-Bau auftraten, sondern vor allem den Standort Kaiseraugst bekämpften, im Komitee „Kaiseraugst für gesundes Wohnen" gruppierten. Sie warnten vor den unbekannten Einflüssen auf das lokale Klima und auf das biologische Gleichgewicht des Rheins, sie wiesen auf die Strahlengefährdung und die Explosionsgefahr hin und traten *„für unser heimeliges Dorf mit seiner ländlichen Umgebung, dem ruhigen Wohngebiet mit geringer Luftverschmutzung"* [5] ein. Die Befürworter dagegen machten geltend, Kernkraftwerke seien ungefährlich und Kaiseraugst gehe mit einem AKW angesichts der voraussichtlichen jährlichen Steuereinnahmen von Fr. 550'000 einer blühenden finanziellen und industriellen Zukunft entgegen. Nur Kernkraftwerke seien mit ihrer gewaltigen Kapazität in der Lage, den riesigen Elektrizitätsbedarf, der für die Schweiz anstehe, zu decken.

Die im Grossen und Ganzen fair geführte Auseinandersetzung fand mit zahlreichen Leserbriefen in der Lokalpresse sowie in Flugblättern ihren Niederschlag. Der Gemeinderat entsprach auch dem Wunsch der Bevölkerung nach einer kontradiktorischen Versammlung und gelangte bereits im August 1966 an die Motor-Columbus AG. Die Veranstaltung fand am 24. Februar 1967 im Gasthaus Löwen statt. Eine weitere vom Gemeinderat organisierte Informationsveranstaltung stand den Einwohnern und Einwohnerinnen zehn Tage vor dem Abstimmungstermin offen.

In den Abstimmungserläuterungen führte der Gemeinderat aus, mit einem positiven Entscheid befürworte die Stimmbürgerschaft grundsätzlich den Bau und Betrieb eines Kernkraftwerks. Mit anderen Worten: Die Kaiseraugster Stimmberechtigten hatten es in der Hand, den Bau eines weiteren schweizerischen Kernkraftwerks – nach Beznau I und II – zu ermöglichen oder zu verhindern. Von 305 Stimmberechtigten – die Frauen waren damals noch ausgeschlossen – gingen 287 (94,2%) an die Urne. 174 legten ein Ja, 125 ein Nein ein. Man bedenke: 305 Stimmberechtigte fällten einen Entscheid, der Zehntausende von Menschen inner- und ausserhalb der Schweiz betraf! Mit diesem Beschluss hatte aber auch die Gemeindeversammlung ihre Kompetenzen an den Gemeinderat abgegeben.

Rückblickend lässt sich feststellen, dass sich die Abstimmungskampagne, deren Inhalt sich zu einem grossen Teil aus wissenschaftlichen Argumenten zusammensetzte, zu einem allgemeinen Volkshochschulkurs über Atomenergie entwickelt hatte.

Neben der Kaiseraugster Bühne des ersten Aktes begannen sich in diesem Zeitpunkt auch erste wichtige „Nebenschauplätze" zu entwickeln. Da waren im baselstädtischen Grossen Rat und im basellandschaftlichen Landrat Interpellationen betreffend das AKW Kaiseraugst hängig – parlamentarische Vorstösse, die man in Kaiseraugst als Einmischung in eine aargauische Gemeindeangelegenheit verurteilte: man wies u. a. auf die fast untragbare Belastung hin, welche der Gemeinde durch die verschiedenen Immissionsträger aus den Basler Nachbarkantonen erwachse, und beklagte, wenn Kaiseraugst einmal eine Chance hätte, so würden die lieben Nachbarn Zeter und Mordio schreien. Kurz vor der Abstimmung tauchte ein neues Element auf, das die Kaiseraugster Meinungsbildung ebenfalls beeinflusst haben dürfte: Es wurde bekannt, dass es konkrete Pläne für ein AKW im deutschen Wyhlen gebe. Wie ein Bürger in einer Fricktaler Zeitung schrieb, würden damit die Kaiseraugster zu blossen Statisten degradiert, denn bei einem deutschen AKW hätten sie keine Mitsprache und müssten das AKW mit all seinen Gefahren in Kauf nehmen, ohne dass der Gemeinde auch nur der geringste Vorteil zukäme. Im Nachhinein zeigte sich dann allerdings, dass die baden-württembergische Elektroindustrie in keiner Weise je an ein solches Projekt gedacht hatte und die Idee lediglich einem Wunschdenken des Wyhler Bürgermeisters entsprach.

Der 2. Akt: 1971 – 1973: Der „Kühlturmkrieg". Eine ausserordentliche Gemeindeversammlung spricht sich gegen das AKW aus

Am 5. März 1971 fasste der Bundesrat nach entsprechenden Gutachten den Beschluss, dass für die noch nicht im Bau befindlichen Atomkraftwerke die Flusswasserkühlung bis auf weiteres nicht mehr gestattet werde. Nur wenig später, am 5. Juli 1971, lag dem Gemeinderat ein revidiertes Baugesuch vor: Es sah zwei Kühltürme mit einer Höhe von je 115 m und Durchmessern von 92 m vor. Die Höhe des Reaktorgebäudes mit 63, des Maschinenhauses mit 33 und des Aufbereitungsgebäudes mit 13 m nahm sich daneben geradezu zwergenhaft aus.

Bereits am 9. Juli 1971 lud der Gemeinderat zu einer Orientierungsversammlung ein, und wie reagierte die Bevölkerung auf die neue Perspektive? In der Diskussion überwogen jetzt die ernsthaften Bedenken; u. a. war von einer verstärkten Nebelbildung und von der drohenden Beeinträchtigung durch Glatteis oder Lärm die Rede. Und selbstverständlich gab es auch Fragen bezüglich der rechtlichen Situation: *„Nach den beiden ersten Orientierungsversammlungen hat es Abstimmungen gegeben. Wie steht es diesmal? Es sollte eine neue Abstimmung durchgeführt werden, weil wir bei der letzten Abstimmung dem Kernkraftwerk ohne Kühltürme zugestimmt haben. Was kann der Bürger gegen das Baugesuch, das jetzt aufliegt, unternehmen?"* [6]

Und wieder bündelte sich der Protest im Begehren auf Einberufung einer ausserordentlichen Gemeindeversammlung. Der „Kühlturmkrieg" hatte begonnen, und er beschäftigte den ganzen „Kühlturmsommer" über Gegner wie Befürworter der neuen Ausrichtung des AKWs, nicht nur in Kaiseraugst, wo sich 216 Stimmbürger in einer weiteren Einsprache gegen das Kernkraftwerk wandten, sondern in der ganzen Region. In Rheinfelden erfolgte der Einspruch u. a. wegen der befürchteten negativen Auswirkug auf den Fremdenverkehr, und in Basel gelangte die Ortsgruppe des Bundes Schweizer Architekten mit einem Brief an den Bundesrat: *„Auch vom ästhetischen Gesichtspunkt sind schwerste Bedenken anzumelden. Die auf dem Baugelände vorgesehenen Kühltürme geben auf Grund ihrer Grösse und Lage ein Fernbild ab, das etwa 3mal grösser ist als das der Türme des Basler Münsters. Diese Proportion reduziert die gesamte Umgebung – Menschen, Natur, Wohnungen – zur absoluten Lächerlichkeit. Das psychologische Wohlbefinden der Bevölkerung dürfte dadurch erheblich gestört werden."* [7]

Kaiseraugst stand in diesen Tagen wirklich im Brennpunkt des schweizerischen öffentlichen Interesses, und dementsprechend versuchte das Fernsehen am 1. Juni 1972 in einer breit angelegten und sich an verschiedenen Standorten abspielenden Sendung „Heute Abend in Kaiseraugst" das Problem auf den Punkt zu bringen, kein einfaches Unterfangen angesichts der sich total widersprechenden Standpunkte.

Am 15. Juni 1972 fand nach einer Orientierungsveranstaltung mit Befürwortern und Gegnern des Projektes die ein Jahr zuvor geforderte aussergewöhnliche und entscheidende Gemeindeversammlung statt. In der Turnhalle hatten sich von den 704 Stimmberechtigten 369 eingefunden. Nach kurzer Diskussion schritt der Vorsitzende zur geheimen, konsultativen Abstimmung. Der Ausgang – 279 gegen, 88 für ein Atomkraftwerk bei 2 leeren Stimmzetteln – wurde mit starkem Applaus aufgenommen. Aufgrund der klaren und entschiedenen Willensäusserung der Stimmbürgerschaft lehnte der Gemeinderat nur vier Tage später das Baugesuch des Kernkraftwerkes ab. Er liess sich nicht vom Umstand leiten, *„was wir fünf persönlich als für die Zukunft als das Richtige empfinden."* [8] Doch der aargauische Regierungsrat liess es nicht bei diesem negativen Entscheid bewenden: Er hob ihn aufgrund einer Beschwerde des AKW-Studienkonsortiums mit der Begründung auf, der Gemeinderat habe rechtswidrig gehandelt, als er, gestützt auf eine konsultative und damit rechtlich nicht bindende Abstimmung der Gemeindeversammlung, die Baubewilligung verweigert habe. Das Presse-Echo liess nicht auf sich warten: „*Glorreiche Ermordung demokratischer Grundrechte durch Regierung und Energiewirtschaft im aufgeklärten 'demokratischen' Kulturkanton Aargau*", polterte ein aufgebrachter Leserbriefschreiber.[9] Auch den Gemeinderat brachte dieser Beschluss auf die Barrikaden: Er beschwerte sich zunächst beim aargauischen Verwaltungsgericht, wo er abblitzte, und später, gestützt auf einen Gemeindeversammlungsbeschluss, beim Bundesgericht. Dieses beeilte sich, und bereits Ende Sommer 1973 lag sein Urteil vor. Aus formalrechtlichen Gründen ging es jedoch auf die staatsrechtliche Beschwerde der Gemeinde, der Regierungsrat habe mit seinem Eingreifen die Gemeindeautonomie verletzt, nicht ein. Das Gericht argumentierte, der Gemeinderat dürfe nicht einfach auf den Willen der Stimmbürger abstellen, sondern sei als Baupolizeibehörde verpflichtet, das Baugesuch ausschliesslich auf seine Bauvorschriften hin zu prüfen. So musste sich der Gemeinderat – nolens volens – geschlagen geben. Am 22. August 1973 gab er die folgende öffentliche Erklärung ab:

„*Der Gemeinderat Kaiseraugst hat, gestützt auf den ergangenen Bundesgerichtsentscheid, beschlossen, die Baubewilligung für die Erstellung eines Kernkraftwerkes mit zwei Kühltürmen zu erteilen und die Baukommission anzuweisen, die baupolizeilichen Bedingungen und Auflagen zu formulieren. Mit diesem einstimmig gefassten Entscheid soll verhindert werden, dass die Baubewilligung ohne Mitwirkung des Gemeinderates von einer höheren Instanz erteilt wird.*"

Die angekündigte Baubewilligung wurde am 5. Dezember 1973 erteilt.

Der zweite Akt zeigt, wie sehr der Gemeinderat damals mit all seinen Überlegungen und Entscheidungen im Glashaus der öffentlichen Beobachtung und Kritik stand. Er führt aber auch zur Frage, wie es kommen konnte, dass die Kaiseraugster Stimmbürgerschaft den positiven Entscheid von 1969 wieder aufhob. Sicher hatten die in Aussicht stehenden Kühltürme das Dorf aufgeschreckt und den Meinungsumschwung gefördert, von grösserem Einfluss war indessen zweifellos die gegnerische Propaganda.

Der 3. Akt: 1. April – 11. Juni 1975: Der Höhepunkt des Widerstands – Elf Wochen Besetzung des Geländes und die Folgen

Nach dem Ja des Gemeinderates und den Hochspannungsjahren kehrte für die Kaiseraugster Behörde – mindestens äusserlich – etwas Ruhe ein: Der Hauptschauplatz verlagerte sich einerseits auf das Baugelände, andererseits auf die politische Bühne. Wir fassen zusammen:

• Ende 1973 leitet die Gewaltfreie Aktion Kaiseraugst (GAK), nachdem alle rechtlichen Mittel ausgeschöpft sind, mit einer symbolischen Besetzung des Baugeländes eine neue Phase des Widerstands ein.

• 29. Januar 1974: In Aarau wird die Kernkraftwerk Kaiseraugst AG gegründet. Auf dem Baugelände finden erste Demonstrationen statt.

• 24. März 1975: Beginn der Aushubarbeiten, obwohl die nukleare Baubewilligung, für die der Bund zuständig ist, noch aussteht.

DIE WIRTSCHAFT

Ohne Worte. Besetzung des Pavillons.

• 1. April 1975: Beginn der illegalen Besetzung des Baugeländes. Zwischen dem 1. April und dem 11. Juni besetzt die Gewaltfreie Aktion Kaiseraugst das Gelände – elf Wochen lang. Die GAK fordert den Baustopp, auch die Kantonsparlamente beider Basel plädieren für den Bauunterbruch. Der Bundesrat erklärt sich zu Gesprächen mit den Besetzern bereit. Die Kernkraftwerk Kaiseraugst AG unterbricht die Bauarbeiten.

• 20. Mai 1979: Das Schweizer Volk stimmt der Teilrevision des Atomgesetzes zu, mit dem ein neues Bewilligungsverfahren für den Bau von Atomanlagen eingeführt wird. Für jene Werke, die bereits eine Standort- aber noch keine nukleare Baubewilligung haben (z.B. Kaiseraugst), führt das Übergangsrecht ein vereinfachtes Verfahren (nur Bedarfsnachweis) ein.

• 20. Dezember 1979: Beim Eidgenössischen Verkehrs- und Energiedepartement liegen über 7000 Einsprachen gegen das Kernkraftwerk vor.

Mit der Besetzung des Baugeländes im Frühling 1975 war zweifellos der Höhepunkt des „Kampfes um Kaiseraugst" erreicht. Die friedliche Aktion – ihre Organisatoren hatten sich ausdrücklich zur Gewaltlosigkeit eines Martin Luther King oder eines Mahatma Gandhi bekannt – entwickelte sich rasch zu einer Volksbewegung, der sich zahlreiche Gruppen aus der ganzen Region anschlossen und die in allen Bevölkerungskreisen Unterstützung fand. Im Baselbiet bildete sich ein bäuerliches Aktionskomitee gegen das Atomkraftwerk, und in Sissach richteten Frauen vom Bäuerinnen-Verband eine zentrale Sammelstelle ein, wo Naturalspenden und Lebensmittel abgegeben werden konnten. Zwanzig Laibe Bauernbrot, Holz zum Heizen sowie Stroh und Heu, um die notdürftigen Unterkünfte ein wenig gegen die Kälte vom Boden her zu isolieren, fanden so den Weg nach Kaiseraugst. Selbst die Baselbieter Regierung und der Landrat stellten sich hinter die Forderung der GAK, wenn sie auch zur illegalen Besetzung auf Distanz gingen. Die breite Unterstützung, welche die Aktion fand, überraschte die kantonalen und eidgenössischen Behörden. Die wohlwollende Haltung der beiden Basel verärgerte die Regierungen des Standortkantons Aargau und der anderen Stände der Nordwestschweiz. Obwohl schliesslich Atomkraftwerk-Gegner wie auch Polizei darauf vorbereitet waren, erfolgte keine polizeiliche Räumung. Behörden, Besetzer und Bauherrschaft einigten sich, in Verhandlungen einzutreten, und die Atomkraftwerk-Gegnerschaft war bereit, gegen einen Baustopp das besetzte Gelände zu räumen.

Wie sah diese Besetzung aus? Eine bunte Zelt- und Hüttenstadt überdeckte den Atomkraftwerkbauplatz, ihr Mittelpunkt war eine Scheune, rund herum campierten die 150 Besetzer und Besetzerinnen bei bissiger Kälte. Am Eingang zur Zeltstadt hatten sie einen Informationsstand mit Flugblättern und Aufforderungen zu Solidaritätsunterschriften eingerichtet. Mit zahlreichen Transparenten versuchten sie auf die Atomproblematik aufmerksam zu machen. *„Der Wahn ist kurz, die Reu ist lang – A wie Atom, B wie Beerdigung – Radioaktivität, die sanfte Mörderin – Technik für das Leben oder Leben für die Technik? – Die Vernunft wird siegen – Totentanz ums goldene Kalb – Macht Euch die Erde untertan – zerstört sie"*, usw. Die Besetzer waren mit Wolldecken, Barrikadenmaterial und Essvorräten ausgerüstet. Am 6. April 1975 fand bei diesig verhangenem Himmel und pflotschigem Boden eine von fünfzehntausend Teilnehmern besuchte Grosskundgebung statt. Zu Tausenden standen sie auf der Wiese in der Mitte des Baugeländes – Jugendliche, Familienväter, Frauen, Kinder, Politiker und Umweltschützer, einfache Bürger und Bürgerinnen, Schirm an Schirm, Kapuze an Kapuze, auch auf die schon aufgeworfenen Erdwälle waren sie gekraxelt und hörten sich die verschiedenen Redner an. Die Besetzer beriefen sich nicht zuletzt auf Artikel 701 des Zivilgesetzbuches: *„Kann jemand einen drohenden Schaden oder eine gegenwärtige Gefahr nur dadurch von sich oder Anderen abwenden, dass er in das Grundeigentum eines Dritten eingreift, so ist dieser verpflichtet, den Eingriff zu dulden, sobald Gefahr oder Schaden ungleich grösser sind, als die durch den Eingriff entstehende Beeinträchtigung. Für den hieraus entstehenden Schaden ist angemessener Ersatz zu leisten."* Am 17. April berichtete die Basler Zeitung, wie sich die Besetzer in der Zwischenzeit eingerichtet hatten. Ein grosses rundes „internationales Freundschaftshaus" war aufgebaut worden. *„Für die Kinder wurden eigens Kinderhäuser aufgebaut, wo die Kleinen und Kleinsten spielen können. Ferner wurde eine medizinische Sprechstunde eingerichtet, wo kleine Verletzungen be-*

DIE WIRTSCHAFT

handelt werden können. Dann wurde auch eine Wasserleitung gelegt, damit das Gelände mit frischem Wasser versorgt werden kann und so für die Hygiene gesorgt ist." [10] Während der Besetzungszeit fand täglich eine Vollversammlung statt. Neben den ständigen Besetzern und Besetzerinnen erschienen immer auch Leute, die nur nach Feierabend oder über das Wochenende auf dem Gelände verweilen konnten. Standen wichtige Entscheidungen an, konnte eine Vollversammlung aber auch mehrere tausend Personen umfassen.

Die Besetzung des Kraftwerkgeländes brachte der Frage Atomstrom ja oder nein eine immer weitere Kreise einbeziehende Publizität: Aus einer lokalen und regionalen Angelegenheit eskalierte die Diskussion jetzt zu einem umfassenden nationalen Gespräch, und seine Schaubühnen wurden immer öfters die kantonalen und die nationalen Parlamente. Bald verging kein Tag, ohne dass nicht in fetten Schlagzeilen von Kaiseraugst berichtet wurde. Das stille Dorf am Rhein war plötzlich in aller Leute Mund. Hier einige Titel ganz unterschiedlicher Couleur aus dem Jahr 1975:

„Die Bevölkerung der Regio zur Besetzung und zur A-Werk-Frage von Kaiseraugst: Wir lassen uns nicht alles gefallen – Kaiseraugst: Entscheid noch offen – Atomkraftwerke: Mörder auf Zeit? – Lieber heute aktiv, als morgen radioaktiv! – Die Resolution der Fünfzehntausend – Ist ein Baustopp rechtlich möglich? – Kaiseraugst im Notstand – Umweltschutz und Kernkraftwerkbau – Man soll den Rechtsstaat respektieren – Volksentscheid und Baustopp gefordert – Ende des Kraftwerkkrieges noch nicht in Sicht?"

Am 11. Juni 1975 wurde die Besetzung abgebrochen: Die Gewaltfreie Aktion hatte ihr erstes vorläufiges Ziel erreicht, den Baustopp, sie übergab das sauber geräumte Gelände wieder der Bauherrschaft. Wie aufmerksam das Geschehen rund um Kaiseraugst beobachtet und kommentiert wurde, belegt u. a. ein Augenzeugenbericht, der bereits 1976 in den „Rheinfelder Neujahrsblättern", dem Geschichtsorgan der benachbarten Stadt, erschien.[11] 25 Jahre später, am 17. November 2000, wusste die aargauische Regierung rückblickend die Besetzung in versöhnlicher Tonart zu würdigen. Sie schrieb dem Hauptinitianten der Aktion:

„Wir möchten aber die Gelegenheit wahrnehmen, um Ihnen nochmals ausdrücklich unsere Anerkennung für Ihre konstruktiven Beiträge und Ihre persönlichen Leistungen im Zusammenhang mit der Konfliktbewältigung um das Atom-

DIE WIRTSCHAFT

kraftwerk Kaiseraugst auszusprechen. Wir hoffen sehr, dass die gegenseitige Gesprächsbereitschaft und das Verständnis für die Gegensätze in energiepolitischen Fragen letztlich dazu führen werden, die Vergangenheit gemeinsam bewältigen zu können." [12]

1977 war der Frieden noch in weiter Sicht. Am Dreikönigstag eröffnete das Kernkraftwerk auf seinem Gelände einen Informations-Pavillon, doch war dem 6,5 Millionen teuren Bau kein langes Leben beschieden. Er fiel im Februar 1979 einem Sprengsatz-Anschlag zum Opfer. Die Eskalation weckte Ängste. Im Dezember forderte ein Postulat im Nationalrat die Landesregierung auf, die Bedingungen zu ermitteln, unter welchen die Projektanten zu einem Verzicht auf die Realisierung des Projektes bewogen werden könnten. Das war der Beginn der Wende.

Der 4. Akt 1981: Die Geschichte mit den Feldwegen – Erste Gespräche mit der Bauherrschaft über einen möglichen Verzicht

1981 gerieten die Gemeindeversammlung und der Gemeinderat von Kaiseraugst erneut ins Rampenlicht der Medien, und wieder ging es um juristische Kompetenzfragen. Ausgangspunkt war die Tatsache, dass die Einwohnergemeinde Kaiseraugst Eigentümerin zweier Feldwege war, die mitten durch das Areal des geplanten Kernkraftwerks führten und der Absicht der Bauherrin, das Gebiet mit Industriestrassen an das übergeordnete Strassennetz anzuschliessen, im Wege standen. Sie sollten daher verlegt werden. Ohne auf die verzwickte juristische Vorgeschichte einzugehen, sei hier nur Folgendes festgehalten. Am 16. Dezember 1981 entschied sich eine grosse Mehrheit der 375 anwesenden Stimmbürger und Stimmbürgerinnen in einer Konsultativ-Abstimmung gegen die Abtretung dieser beiden Feldwege an die Kernkraftwerk Kaiseraugst AG. Bereits am 27. Januar 1982 war die Feldwegabtretung erneut Gegenstand einer ausserordentlichen Gemeindeversammlung. Sie bestätigte die Konsultativbefragung vom Dezember 1981 bei nur vier zustimmenden Voten und einigen Enthaltungen mit 411 Stimmen. Am gleichen Abend beschloss die Gemeindeversammlung

vom Basler Staatsrechtler Prof. Dr. R. Rhinow ein Rechtsgutachten erstellen zu lassen und sprach zu diesem Zweck 10'000 Franken. Umgekehrt erhob die Kernkraftwerk Kaiseraugst AG bereits tags darauf Verwaltungsbeschwerde und im Oktober verwaltungsgerichtliche Klage mit dem Begehren, der Einwohnergemeindebeschluss sei aufzuheben und der Gemeinderat zu verpflichten, die Eigentumsübertragung zu vollziehen. Kaiseraugst wehrte sich mit allen der Gemeinde zur Verfügung stehenden Mitteln. Am 15. Dezember 1982 erteilte die Gemeindeversammlung dem Gemeinderat Prozessvollmacht und bewilligte einen Rahmenkredit von 50'000 Franken für den von der Kern-

(Abbildungen: Fotos der Besetzung des AKW-Geländes auf den Seiten 290-293 aus dem Archiv von Michael Alder, FHNW Institut Architektur; Plakate: Heinz Frey; übrige: Archiv der Gemeinde Kaiseraugst)

DIE WIRTSCHAFT

> **Kraftwerkgelände Kaiseraugst**
> **Hygienische Verhältnisse kontrolliert**
> Die Besetzung des Kernkraftwerkgeländes in Kaiseraugst schafft hygienische Probleme hinsichtlich Trinkwasserversorgung, Vorratshaltung und Beseitigung von Abfällen und Ausscheidungen. Mit der Möglichkeit gesundheitlicher Gefahren sowohl für die Besetzer als auch die Leute der näheren Umgebung (Uebertragung von ansteckenden Krankheiten und der Vermehrung von Ungeziefer) muss gerechnet werden.
> Das Areal wird daher laufend amtsärztlich kontrolliert. Gewisse Massnahmen wurden angeordnet. Für den Moment ist keine gesundheitliche Gefährdung zu befürchten.
> Der Kantonsarzt

kraftwerk Kaiseraugst AG angestrengten Rechtsstreit. Zusätzliche 35'000 Franken sollten für die Öffentlichkeitsarbeit gegen das geplante Kernkraftwerk sowie gegen ein allfälliges Alternativ-Projekt in Form eines Kohlekraftwerkes bei Pratteln eingesetzt werden.

Die Geschichte mit den Feldwegen unterstreicht ein weiteres Mal den Widerstand der Gemeinde Kaiseraugst gegen das Atomkraftwerk, anderseits zeigt sie auf, wie sehr sich die ganze Angelegenheit, je länger sie dauerte, zu verzwickten juristischen und politischen Argumentationskämpfen entwickelte. Die Gewaltfreie Aktion Kaiseraugst aber errichtete 1985 auf dem Kraftwerkgelände ein erstes Denkmal. Umrahmt von den Wappen jener Gemeinden, wo sich lokale Aktionskomitees gegen den AKW-Bau formiert hatten, sollte eine in Stein gehauene Inschrift „Hier verhindert das Volk seit 1975 den Bau eines Atomkraftwerks" an die elfwöchige Besetzung erinnern. Im März 1994 wurde das „Monument" jedoch vom Landbesitzer weggeräumt.

Der 5. Akt: 1981 – 1988: Die Lösung des gordischen Knotens – Der Verzicht auf das Atomkraftwerk

Nach einer Reihe eidgenössischer Volksinitiativen der Atomkraftwerk-Gegner und nach zahlreichen parlamentarischen Vorstössen und Diskussionen auf höchster Ebene forderte der Bundesrat die Kernkraftwerk Kaiseraugst AG am 21. September 1981 auf, eine konkrete Verzichtofferte einzureichen. In der Folge wurde 1988 eine Entschädigungssumme von 350 Millionen festgesetzt. Warum verzichtete die Bauherrschaft auf die Realisierung ihres Projektes, obwohl sie nach wie vor trotz neuer rechtlicher Bestimmungen zum Bau und Betrieb eines Atomkraftwerkes ermächtigt gewesen wäre? Hatte etwa die Besetzungsaktion, der Kampf des Davids gegen den Goliath den Ausschlag gegeben?

Niemand wird bestreiten können, dass der Besetzung im Blick auf den lokalen, regionalen und sogar nationalen Widerstand eine Initial- und Schlüsselfunktion zukommt, anderseits ist aber ebenso gewiss, dass das Atomkraftwerk nicht nur am Widerstand der Atom-Gegnerschaft scheiterte. Auch die Katastrophe von Tschernobyl half mit, den gesellschaftlichen Meinungsumschwung zu fördern. Dazu kam, dass sich der Elektrizitätsbedarf in der Schweiz nicht im erwarteten Ausmass entwickelte und im Ausland billiger Strom zu kaufen war. So war denn schliesslich die Abfindung aus der Bundeskasse, welche Politiker durchsetzten, die den Atomkraftwerk-Betreibern nahe standen, für die Kernkraftwerk Kaiseraugst AG das bessere Geschäft als ein Festhalten am fragwürdig gewordenen Projekt.

Der Verzicht konfrontierte Kaiseraugst mit einem Streit über die Nutzung des AKW-Geländes. Während die AKW-Gegner das ganze Gelände zurückzonen wollten, verlangte der aargauische Grosse Rat von der Gemeinde eine Verkleinerung ihres Industrieareals. Im Januar 1991 kam Kaiseraugst dieser Forderung nach und verkleinerte das Industrie- und Gewerbegebiet um 20 ha, was etwa einem Drittel des AKW-Geländes entsprach. Der Einspruch der betroffenen Grundbesitzer führte schliesslich im Mai 1993 zu einer auf 17,6

DIE WIRTSCHAFT

ha reduzierten Auszonungsvariante, die im Juni von der Gemeindeversammlung angenommen wurde.

Das Nachspiel: Das Denk-Mal

25 Jahre nach der denkwürdigen Besetzung trafen sich trotz traditionell schlechtem Wetter am 1. April 2000 zahlreiche ehemalige Aktivisten auf dem früheren AKW-Gelände, um den 25-jährigen Beginn der 11-wöchigen Besetzung zu feiern. Nicht zum ersten Mal bekundeten sie den Willen, auf dem geschichtsträchtigen Gelände ein bleibendes Denkmal zu erstellen. Es war beabsichtigt, auf einer elf m² grossen, kreisförmigen Landfläche eine Linde zu pflanzen und eine Ruhebank aufzustellen. Die 11 m² sollten an die elf Wochen dauernde Besetzung, die kreisrunde Fläche an den damaligen geschlossenen Widerstand erinnern, die Linde aber, das ehemalige Wappen des kurzlebigen Kantons Fricktal und der Baum des geselligen Zusammenseins und somit der Versöhnung und Liebe, wäre ein Zeichen dafür, dass in Kaiseraugst schon längst der Energiefriede eingekehrt sei. Doch der Verein, der sich um die Denk-Mal-Idee gebildet hatte, kam nicht zum Ziel. Die Landbesitzerin, die Aurica AG – früher hiess sie Kernkraftwerk Kaiseraugst AG – stellte sich gegen das Vorhaben. Auch der Gemeinderat trat auf das Ansinnen der ehemaligen AKW-Gegner, mit einer Bronzetafel an die 2005 dreissig Jahre zurückliegende Besetzung zu erinnern, nicht ein. Er wollte vermeiden, im Dorf alte Wunden aufzureissen.

> ### *Die Sprengung des Informationspavillons am 19. Februar 1979*
>
> *Entgegen den Absichten und Erklärungen der Gegner des Atomkraftwerks verlief die Besetzung des AKW-Geländes nicht immer gewaltfrei; wiederholt kam es zu Sachbeschädigungen; besonders spektakulär war die von AKW-Gegnern vorgenommene Sprengung des von der Motor-Columbus AG 1977 errichteten Informationspavillons. Wie erlebte ein ehemaliger Kaiseraugster Feuerwehrmann dieses Ereignis? Hier sein Bericht:* [15]
>
> *„Der Begriff Gewaltfreiheit wurde unterschiedlich interpretiert und manchmal auch strapaziert. Die Erinnerung an die Sprengung des Informationspavillons in der Nacht auf den 19. Februar 1979 lässt sicher noch manchen damaligen Angehörigen der Feuerwehr erschaudern. Die durch die Detonation weit um den Pavillon verstreuten Verkleidungsteile und Hindernisse auf den Zufahrtsstrassen erschwerten den Einsatz zusätzlich. Die Ungewissheit, ob nicht während des Erkundens oder des Ersteinsatzes ein weiterer Sprengsatz hochgehen würde, war erdrückend. Erstaunlich und positiv zugleich war indessen, dass auch in den Wochen und Monaten nach dem Anschlag, als die Ruine des Pavillons immer wieder Ziel kleinerer oder grösserer Attacken wurde, der Einsatzwille der Feuerwehrangehörigen nie nachliess. Ob Befürworter oder Gegner des AKWs – alle Feuerwehrleute arbeiteten kameradschaftlich zusammen."*

Im Rückblick: Die geschichtliche Bedeutung der Kaiseraugster Atomdiskussion

Wo und wie ist der Kampf um das Atomkraftwerk Kaiseraugst geschichtlich einzuordnen? Ist es übertrieben zu behaupten, *„dass diese Auseinandersetzung nach dem Generalstreik von 1918 eines der markantesten Ereignisse in der Geschichte der Schweiz des ausgehenden 20. Jahrhunderts ist?"* [13] Eines steht jedenfalls fest: Auch heute noch ist die Auseinandersetzung um das Kraftwerk in Kaiseraugst von nachhaltiger Wirkung. Das beweist u. a. die Tatsache, dass der sogenannte „Geist von Kaiseraugst" immer wieder dann heraufbeschworen wird, wenn sich Bürgerinitiativen gegen vermeintliches Unrecht zur Wehr setzen und mit zivilem Ungehorsam gewaltfreien Widerstand leisten. Das jüngste Beispiel dafür ist der Kampf um die Zollfreistrasse in Riehen. So hat der Kampf gegen das Kernkraftwerk Kaiseraugst gewissermassen als Musterbeispiel einer gewaltfreien Bürgerinitiative Eingang in die Schweizer Geschichte gefunden. Bemerkenswert aus heutiger Sicht ist, dass

DIE WIRTSCHAFT

es die Anti-AKW-Bewegung – Kaiseraugst als potentielle Bedrohung vor Augen – damals geschafft hat, die Region im gewaltfreien Widerstand zu einen, und zwar über alle Partei- und Schichtgrenzen hinaus, von links nach rechts, vom Arbeiter bis zum Akademiker, vom Bauern bis zum Regierungsrat.

„Die Ausmasse, die das Projekt im Laufe seiner knapp 25-jährigen Geschichte annahm, sind beeindruckend. Rund 1,3 Mia. Fr. musste das Kernkraftwerk Kaiseraugst beim Abbruch des Projektes abschreiben. Hunderte, wenn nicht Tausende von Mannjahren (Mannjahre sind in der Industrie gebräuchliche Einheiten zur Berechnung des personellen Aufwandes für ein Projekt) hatten die Bauherrin und ihre Lieferfirmen in das Projekt investiert. Aber auch Behörden auf Gemeinde-, Kantons- und Bundesebene, Parteien und Verbände, Zeitungsredaktionen und nicht zuletzt Gruppierungen verschiedenster Couleur, von lokalen Bürgerinitiativen, über regionale Bewegungen bis zu nationalen Organisationen hatten dem AKW-Projekt unzählige Stunden, Tage und Jahre geopfert. Das Gelände in Kaiseraugst, das für die Atomanlage bestimmt war, hatten die investierten Gelder, Mann- und auch Fraujahre zwar kaum verändert, in der Landschaft der schweizerischen Gesellschaft hinterliessen diese Anstrengungen hingegen merkliche Spuren. Persönliche Lebensläufe wurden durch 'Kaiseraugst' ebenso geprägt, wie eine Reihe gesellschaftspolitischer Diskussionen. Neben seiner Karriere als technisches Infrastrukturprojekt durchlief 'Kaiseraugst' eine Karriere als Projektionsfläche und Verhandlungsraum für unterschiedliche Vorstellungen gesellschaftlicher Entwicklung." [14]

Die Bedeutung der AKW-Diskussion für Kaiseraugst

Und was bedeutete der Projektabbruch für Kaiseraugst? Nach der mehr als zwei Jahrzehnte langen heissen Diskussion um das Kernkraftwerk brachte der Entscheid, das Werk nicht zu bauen, für alle Kaiseraugster und Kaiseraugsterinnen eine spürbare Erleichterung. Unschwer lässt sich nachvollziehen, dass viele die Besetzung als flagrante Verletzung der dörflichen Identität empfunden haben mögen. Es störte sie, dass ihr Dorf landesweit mit den Besetzern und Besetzerinnen in einen Topf geworfen wurde. Sie fühlten sich in einem gewissen Sinn ausgegrenzt, denn die Besetzer waren schliesslich fremde und ungerufene Eindringlinge: Meinten die AKW-Gegner es ernst mit ihrer Beteuerung, keine Gewalt anzuwenden? Waren es nicht Chaoten, die einen Armeeeinsatz provozierten? All diese Fragen beschäftigten und beunruhigten die Dorfbewohner und -bewohnerinnen. Dazu kam, dass es mehr als einmal zu unliebsamen Zwischenfällen und Sachbeschädigungen gekommen war, die selbst das Eingreifen der Feuerwehr erfordert hatten. Unerträglich waren insbesondere auch die psychologischen Auswirkungen der ganzen Diskussion: Sie hatte zu Familienzwisten und zu Verleumdungen geführt. Freundschaften gingen in die Brüche, Leute grüssten einander nicht mehr, und die Behörden standen unter Dauerdruck. Kurz gesagt: Der AKW-Streit war eine demokratische und menschliche Zerreissprobe. Kaiseraugst hat sie überstanden. Auch wenn heute noch nicht alle der in der jahrelangen Auseinandersetzung entstandenen Wunden restlos verheilt sind, eines dürfte ohne lange Umfrage oder Abstimmung feststehen: Kaiseraugst trauert dem Kernkraftwerk nicht nach!

DIE WIRTSCHAFT

Rückblickend darf nicht unerwähnt bleiben, dass das AKW-Vorhaben der Gemeinde Kaiseraugst nicht nur Ungemach und Negatives sondern auch überaus lohnende Auswirkungen gebracht hat. So hatte die Bauherrschaft entsprechend der rund 200'000 m² grossen Arealfläche für die Baubewilligung Fr. 175'000.-, für die Wassererschliessung Fr. 480'000.- sowie für die Abwasser-Anschlussgebühr Fr. 1'920'000.- zu entrichten.

Im Vorfeld des Baubeginns wurden ferner von der Bauherrschaft des geplanten Kernkraftwerkes wichtige Infrastrukturleistungen erbracht, die der Gemeinde auch heute noch dienlich sind:

• Der Geh- und Radweg nördlich der Kantonsstrasse von Kaiseraugst bis zum Anschluss Rheinfelden.

• Ein grossdimensionierter Kanalisationsstrang vom AKW-Gelände durch den Dorfkern bis zur Ergolz und von dort als Sammelkanal bis zur regionalen Kläranlage Pratteln.

• Auch die damals erstellte Wasserversorgungsleitung dient als Erschliessungswerk den heute auf dem einstigen AKW-Gelände geplanten Gewerbe- und Industrieanlagen.

---

[1] Kohn Michael, in: Energieszene Schweiz, Zürich 1990. S. 155.

[2] Kupper Patrick: Atomenergie und gespaltene Gesellschaft, Zürich 2003. S. 40.

[3] Kohn Michael, in: Kupper Patrick (siehe Anmerkung 2), S. 42.

[4] Kupper Patrick, S. 62f.

[5] Flyer des Komitees „Kaiseraugst für gesundes Wohnen".

[6] National-Zeitung, 9. Juli 1971.

[7] Basler Volksblatt, 8. Oktober 1973.

[8] Interview des Kaiseraugster Ammanns, in: Neue Rheinfelder Zeitung, 14. April 1972.

[9] National-Zeitung, 16. Dezember 1972.

[10] National-Zeitung, 17. April 1975.

[11] Berner Käthi: Die Besetzung des Atomwerkgeländes Kaiseraugst, in: Rheinfelder Neujahrsblätter 1976, S. 69 – 72.

[12] Aus der Broschüre „Kaiseraugst, 25 Jahre nachhaltig besetzt – zur Erinnerungsfeier vom 1. April 2000".

[13] Basler Zeitung, 28. September 2001.

[14] Kupper Patrick, S. 14f.

[15] Brief an R. Salathé.

DIE SCHULE

Die Anfänge der Schule

In Augst

Die Geschichte der Augster Schule reicht ins 18. Jahrhundert zurück. Am 27. Juni 1720 vernehmen wir von einem Schreiben des Landvogts H. J. Burckhardt an den Basler Rat, der für die Einrichtung einer Dorfschule eintritt: *„Demnach die Gemeind zu Augst an der Brücke ihrem Schulmeister keine Schulstuben anzuschaffen weiss, und aber das Wachthaus allzeit verschlossen ist und von den (eingelagerten) Früchten merklichen Schaden nimmt, und mehr verdirbt, als wenn jemanden darinnen wohnte, so bittet die Gemeind, dass dieses für den Schulmeister und dann auch für den Nachtwächter zu besserem Schärmen für eine zeitlang überlassen und eröffnet werden sollte."* Die Basler Herren hatten kein Gehör: *„Der Nachtwächter gehört auf die Gasse, und die Augster sollen ihre Kinder fleissig nach Pratteln zur Schul schicken,"* beschieden sie. Erst 1740 erfahren wir von einem ersten Augster Lehrer. Es war Johann Heinrich Schickler; er teilte seine Schulstube mit der Wache im Wachthaus an der Brücke, bis die Schule 1858 endlich nach verschiedenen Zwischenstationen ihr eigenes Haus beziehen konnte. Es war das Wohnhaus des Schnapsbrenners Jakob Weibel, das jetzige Gemeindehaus, *„bequem in abgesönderter Lage mit vier guten Mauern, mitten im Dorf, gegen dem Wirtshaus über, solid neu, wohl erbauen, so dass nichts daran zu mangeln scheint."* Nach verschiedenen Renovationen tat es seinen Dienst bis in die zwanziger Jahre des 19. Jahrhunderts.

In Kaiseraugst

Als Kaiseraugsts erster Schulmeister ist 1732 Thomas Schmid nachgewiesen. Die Vermittlung der Künste des Lesens, Schreibens und Rechnens stand für ihn im Vordergrund.[1] *„Was an Zeit noch übrig blieb, das füllte der Religionsunterricht aus, einfach der Katechismus genannt"*, ein Fach, das wahrscheinlich vom Ortsgeistlichen erteilt wurde. Thomas Schmid stand am Anfang einer Schulmeisterdynastie, deren Wirken bis ins 20. Jahrhundert verfolgt werden kann. 1785 betrug die Besoldung des Lehrers 97 Gulden und 56 Kreuzer – kein fürstliches Gehalt, das der Lehrer, dem die Gemeinde eine Wohnung zu stellen hatte, allerdings durch den Sigristenlohn etwas verbessern konnte. *„Die Besoldung bestand aus barem Gelde und aus Naturalien. Erst nach und nach wurden die Lehrer aus der unangenehmen Lage befreit, ihren Lohn von Haus zu Haus selbst erheben zu müssen; die Gemeindeversammlung wurde zur ratenweisen Ausrichtung verpflichtet. Die Gemeinde musste auch die vorgeschriebenen Lehrbücher beschaffen und erhielt nötigenfalls Zuschüsse aus dem Religionsfonds."*

Die Entwicklung des Schulwesens im Fricktal wurde massgebend von der österreichischen Kaiserin Maria Theresia (1717 – 1780) beeinflusst; für sie war *„die Erziehung der Jugend beyderley Geschlechts ... die wichtigste Grundlage der Glückseligkeit der Nation."* Getragen von einem unerschütterlichen Glauben an die Kraft der Bildung erliess sie nach den Kriegswirren des 17. und 18. Jahrhunderts, die auch das Fricktal tief getroffen hatten, eine wegweisende Schulordnung mit neuen Lerninhalten. Sie basierte auf der allgemeinen Schulpflicht – *„Kinder beyderley Geschlechts ... gehören ohne Ausnahme* *ab dem vollendeten 6. Jahr in die Schule ... Ohne höchste noth darf keines fernbleiben."* – und verpflichtete die Lehrer in sogenannten Normalschulen, heute würde man von Seminarien reden, zweijährige Kurse mit anschliessender Eignungsprüfung zu besuchen. Die Lerninhalte der Fächer Religion, Lesen, Schreiben und Rechnen wurden genau definiert und entsprechende Lehrmittel geschaffen. *„Der Lehrer durfte nicht mehr mit 'Du', sondern musste wie der Pfarrer mit 'Sie' oder 'Herr' angesprochen werden. Die Anrede 'Herr Lehrer', die noch bis in die 1970er Jahre üblich war, stammt aus dieser Zeit."* [2]

Auf dem Weg ins 20. Jahrhundert wurde die Schule dies- und jenseits des Violenbachs laufend den veränderten Auffassungen von Staat und Gesellschaft, aber auch den neuen Herausforderungen der einsetzenden Industrialisierung angepasst. So sah beispielsweise das aargauische Schulgesetz von 1865 eine Gliederung der Primarschule in acht Jahresklassen vor, wobei der Unterricht der letzten beiden Schuljahre verstärkt den Bedürfnissen des praktischen Lebens Rechnung zu tragen hatte.

Die erste Augster Schulpflege

1835 begann für die Schule in Augst nach dem Willen des ersten Baselbieter Schulgesetzes ein neuer Abschnitt: Die Stimmberechtigten wählten ihre eigene Schulbehörde, die Schulpflege. Ihr Wirken ist in einem Protokollbuch festgehalten, das der Augster Historiker Werner Reichmuth in seinem kleinen kulturgeschichtlichen Abriss folgendermassen beschreibt: *„In einem altehrwürdigen, schwarzen Folianten mit braunem Lederrücken, dem man unschwer ansieht, dass er schon in vielen Händen war, sind wahrscheinlich auf handgeschöpftem Büttenpapier – heutzutage ist solches Papier nicht eben billig – die Schulpflegeprotokolle von Augst vom Jahre 1835 an bis zum Jahre 1915 geschrieben; nebenbei bemerkt, wurde die allgemeine Schulpflicht im Kanton Baselland 1835 eingeführt ... Die Protokolle sind in deutscher Schrift geschrieben, manchmal fein säuberlich, manchmal jedoch, vor allem die ersten zwanzig bis dreissig, so unleserlich, dass einen die Entzifferung in die helle Verzweiflung treiben könnte. Es sind nüchterne Berichte über die behandelten Sitzungstraktanden."* [3]

Die erste gewählte Schulpflege begann ihre Arbeit am 27. des Wintermonats 1835, wenige Monate nach dem Inkrafttreten des ersten Schulgesetzes „über die Organisation des Schulwesens im Kanton Basel-Landschaft" vom 14. Januar 1835. Dass die allgemeine Bildung damals noch wirklich im Argen lag, führt das erste Protokoll drastisch vor Augen. Es steckt voller Fehler und macht damit deutlich, dass die Kunst des Schreibens und Lesens Mitte des 19. Jahrhunderts noch längst keine Selbstverständlichkeit war – und dies sogar bei Dorfpersönlichkeiten. Das zweite Protokoll datiert – vier Jahre später! – vom 10. Juni 1839 und steht im Zeichen einer Rüge des Statthalters, der die neue, aus den drei Gemeinderäten und dem Pfarrer bestehende Schulpflege aufgefordert hatte, sich zu konstituieren und die Geschäfte an die Hand zu

Die auch für das Fricktal gültige österreichische Schulordnung von 1774 (Geschichte von Magden)

1774 erliess der Wiener Hof die Allgemeine Schulordnung. „Auf dieser Grundlage ergriffen die Behörden im habsburgischen Einflussbereich am Hochrhein erste Massnahmen zu einer grundlegenden Bildungsreform, die vor allem auch den ländlichen Raum erfassen sollte." [7]

DIE SCHULE

nehmen. Offensichtlich hatte die frühere Schulpflege versagt: Jedenfalls hinterliess sie ausser dem erwähnten ersten Protokoll weder weitere Protokolle noch Kassenbelege, so dass ein Neubeginn angesagt war. In diesem Sinn wollte sich die neue Behörde bessern. Sie nahm sich vor, sechs Mal jährlich zu tagen – jeweils am ersten Montag der Monate Januar, März, Mai, Juli, September und November um vier Uhr nachmittags –, jede Sitzung zu protokollieren, eine Schulrechnung zu führen sowie eine Zusammenstellung aller der Schule gehörenden Gegenstände anzulegen.

Die Lehrer
In Augst

In Augst dürfte einer der ersten Lehrer der Prattler Johannes Liechtlin gewesen sein. Er war von Beruf Seidenweber und wurde 1784 gewählt. 1803 attestierte ihm der vom Prattler Pfarrer verfasste Inspektionsbericht, *„er könne lesen und auch etwas schreiben und habe sich im Schulehalten wesentlich gebessert."* Methodisch-didaktische Kenntnisse dürfte Liechtlin indessen kaum besessen haben, was aber durchaus der gesetzlichen Vorgabe entsprach, die für die Zulassung zum Lehrerberuf lediglich annehmbare Kenntnisse in Lesen und Schreiben verlangte. Die Besoldung Liechtlins, der bis 1819 im Amt war, richtete sich nach der Anzahl der unterrichteten Schüler und Schülerinnen: Im Sommer waren es 15 bis 20, im Winter 30. Neben Geld winkten ihm übrigens als Lohn auch Naturalien, nämlich zwei Saum Wein, drei Säcke Korn und aus den Arisdörfer Staatswaldungen zwei Klafter Holz und hundert Wellen. Ferner gewährte ihm die Gemeinde freie Wohnung und die Nutzung von anderthalb Jucharten Land – in Geld umgerechnet betrug die Gesamtbesoldung monatlich 128 Franken. Wenige Jahre nach Liechtlins Demission übernahm Lehrer Rickenbacher das Schulszepter. Als er sich aber in den Trennungswirren für die Stadt exponierte, verscherzte er sich die Sympathie der Augster. Sein Nachfolger wurde der Zürcher Weilenmann, dessen *„schulmeisterliche Kraft eigentlich nur in einer schönen Handschrift lag"*, was die Augster bewog, dem Schönschreiber nach nur einjährigem Wirken den Rücktritt nahezulegen. Eine Konsolidierung der Schulverhältnisse brachte 1860 erst die Wahl von Lehrer Kummer. Er hielt seiner Schule, und es war noch immer eine Gesamtschule, während mehr als fünfzig Jahren die Treue. Erst 1905 – acht Jahre vor seiner Pensionierung – kam es zur Trennung in eine Ober- und Unterschule, 1906 wurde Lehrer Kummer mit bestem Dank von der Besorgung der Turmuhr und der Glocke befreit. Auf die Ausschreibung der Oberstufenstelle hin war ein Lehrer gewählt worden, der gemäss Bericht des Schulpflegepräsidenten zwar für die Schule sehr gut, aber für die Vereinsführung nicht sehr geeignet sei – eine Beurteilung, die heute wohl kaum mehr ins Gewicht fallen dürfte.

In Kaiseraugst

Hier hatte es die Schulpflege bezüglich Lehrerwahl etwas einfacher – sie konnte sich von 1732 bis 1903 einfach an die Lehrerdynastie der Familie Schmid halten. Wie höchst wahrscheinlich auch in Kaiseraugst bis weit ins 19. Jahrhundert hinein Schule gehalten wurde, lässt sich aus einem anschaulichen Bericht entnehmen, den ein Fricktaler Lehrer über seine eigene Schulzeit abgefasst hat:

„Mein Vorfahr, zu dem ich noch in die Schule gegangen war, war ein Strumpfweber. Sein Strumpfwebstuhl stand in der kleinen, niederen, dumpfigen und russigen Schulstube; da lernten wir alle miteinander den Katechismus auswendig, jedes eine andere Frage, und zu dem Gesumse und Gebrumme schnarrte dann der Webstuhl. Ich erinnere mich noch wohl, wie ich nach dem Takte desselben meine Fragen ableierte, und jetzt noch schwirrt mir die Strumpfwirkerei, so oft ich das Buch ansehe, und der Zwirnsfaden ist fast mein Gedächtnisfaden geworden. Neben dieser Strumpforgel, mit der der Schulmeister unseren Chorgesang begleitete, war sein grosses Scepter und Taktstock aufgesteckt, mit dem er als mit einem Zauberstab all sein Unterrichten und Erziehen vollbrachte, und den er besonders schwang, wenn ihm der Faden gebrochen war; sonst machte er auch etwan die Birkenreiser, wie ein Kutscher von seinem Sitze die Geissel spielen lässt, über unseren Köpfen weben und säuseln, vertrieb die Mücken und spornte den Lauf der Jungen. Wie ich den Katechismus lernte, weiss ich selbst nicht recht. Die älteren Knaben lehrten die jüngsten in demselben die Buchstaben kennen und buchstabieren; dann musste sogleich auswendig gelernt werden, und so habe ich selber wohl ein ganzes Jahr an der ersten Frage gehabt. Ein anderes Buch kannten wir nicht, konnten auch kein anderes lernen. Rechnen und Schreiben lernten wir nicht, wer darin etwa das Notdürftigste erringen wollte, musste besondere Stunden beim Schulmeister bezahlen. So lernten wir denn an den Sonntag-Nachmittagen das Einmaleins. Der Strumpfweber lag dann im Winter – denn im Sommer ward gar nicht Schule gehalten – der Länge nach auf dem Ofen und leitete mit seinem Scepter den Zahlen singenden Chor. Das Schreiben bestand in hundertmaligem Nachmalen etlicher Bibelsprüche. Und so sah es in den meisten Schulen unseres Landes aus." [4]

1821 betreute Lehrer Ignaz Schmid, als drittes Glied der Lehrerdynastie, die 70 Schüler und Schülerinnen zählende Gesamtschule mit einem Jahresgehalt von 338 Franken. Es kann nicht erstaunen, dass er bei diesem Einkommen auch den Sigristendienst mit der Jahresentschädigung von 158 Franken übernahm und darüber hinaus eine kleine Landwirtschaft führte. Gerade deswegen mussten ihn seine Söhne und Töchter öfters im Schuldienst vertreten, und so ergab sich eben 1850 für Sohn Arnold ganz selbstverständlich auch die Berufsnachfolge. 1891 erhielt Arnold Schmid einen Kollegen, es war der aus Klingnau gebürtige Beda Pfister; er übernahm noch zusätzlich die am Abend durchgeführte und der Fortbildung dienende Bürgerschule. Seine Besoldung als Oberlehrer betrug jährlich 1400 Franken, wozu nebst der Bürgerholzabgabe 100 Franken Entschädigung für die Bürgerschule kamen. Bereits 1907 erweiterte sich der Lehrkörper um Adolf Müller und Fräulein Fischer – Lehrkräfte, die während Jahrzehnten an der Schule wirkten.

Ein Schulmeisterjubiläum

Am 8. Juli 1900 feierte Lehrer Arnold Schmid sein fünfzigjähriges Arbeits-Jubiläum. Für die „Volksstimme" war die Kaiseraugster Schulgeschichte identisch mit der Familiengeschichte des im Schuldienst ergrauten Lehrers, seien „doch die Kaiseraugster Schulmeister während des ganzen 19. Jahrhunderts und eines grossen Theils des 18. Jahrhunderts seine Oberen" gewesen. Zur Feier des Tages gab es – angeführt von der Musikgesellschaft – einen Umzug durch das Dorf, anschliessend erfolgte „die Gastierung der Lehrerschaft und der Vereine im Adler, und der Schuljugend im Löwen." A. Schmid erhielt eine Prämie von 100 Franken. Drei Jahre später nahm der inzwischen 73 Jahre alt gewordene Dorflehrer, weil ihm verständlicherweise das Schulehalten immer schwerer fiel, den wohlverdienten Rücktritt.

DIE SCHULE

Das Schulhaus in Kaiseraugst

Wo wurde Schule gehalten? Eine überflüssige Frage könnte man denken. Zieht man indessen die bezirksamtlichen Jahresberichte zu Rate, so erfährt man, dass Kaiseraugst bis 1820 als letzte Gemeinde des Bezirks noch kein gemeindeeigenes Schulhaus besass, vielmehr war der Lehrer gehalten, in seiner Wohnung einen Schulraum zur Verfügung zu stellen. Bereits ein Jahr nach der bezirksamtlichen Rüge holte Kaiseraugst aber seinen Rückstand auf, und die Schule konnte feierlich im Schulhaus am Fähreplatz einziehen. Die gegen Ende des Jahrhunderts wachsende Schülerzahl brachte es mit sich, dass die inzwischen in eine Unter- und eine Oberstufe geteilte Schule unter Platzmangel litt, auch entsprach insbesondere das Schulzimmer der Unterstufe längst nicht mehr den Anforderungen eines zeitgemässen Unterrichts, es befand

Das Kaiseraugster Dorfschulhaus (Ansicht von Südwesten)

Weil im alten, 1821 am Fähreplatz eingeweihten Schulhaus seit vielen Jahren ein Mangel an Unterrichtsräumen herrschte, wurde 1900/01 zwischen Dorfstrasse und „Heidemuur" ein neues Schulhaus erstellt. Grosszügig geplant, umfasste es ursprünglich drei Schulzimmer mit je 90 m² Grundfläche, ein Zimmer für die Arbeitsschule, das gleichzeitig als Versammlungslokal diente, einen Archivraum, die Gemeindekanzlei sowie eine Abwartswohnung. (Foto: Kurzinventar der Kulturdenkmäler)

sich „*in einem erbärmlichen Zustand*" – so die Feststellung des Inspektors. Die Erklärung für diesen Missstand liefert vielleicht der Protokolleintrag vom 8. September 1839. Er stellt fest, dass sich einige Kinder geweigert hätten, das Schulzimmer zu reinigen. Die Schulpflege liess sich nicht beirren und

Die Nordfassade des Kaiseraugster Dorfschulhauses mit Eingangsportal

Das elegante und streng kubische Dorfschulhaus weist einen spätklassizistischen Baukörper auf. Besonders akzentuiert ist der Mittelrisalit (Risalit = Mauervorlage) mit dem Hauptportal, das über eine Freitreppe erreichbar ist. „*Es zeigt eine profilierte Gesimsbekrönung und bewahrt das zweiteilige Türblatt mit vergitterten Lichtern.*"[6] (Foto: Kurzinventar der Kulturdenkmäler)

hielt fest, dass das Schulzimmer wie bisher abwechselnd von den Kindern instand zu stellen sei. Obwohl die sich vergrössernde Schule unter einem permanenten Mangel an Unterrichtsräumen litt, schob man im Gemeinderat vermutlich einen Schulhausneubau hinaus. So wurden 1896 der Löwen- und der Adler-Wirt angefragt, ob in einem der Säle Schulraum geschaffen werden könne. Beide Saalbesitzer gaben aber abschlägigen Bescheid. Es blieb somit dem Gemeinderat nichts anderes übrig, als sich mit dem Bau eines neuen Schulhauses zu befassen. Anno 1901 weihte die Kaiseraugster Bevölkerung das grosszügig geplante, heutige Dorfschulhaus ein. Nebst drei Klassenzimmern mit je 90 m² Grundfläche stand jetzt für die Arbeitsschule ein eigener Raum zur Verfügung, der viele Jahre lang auch der Ortsbürgergemeinde als Versammlungslokal zu dienen hatte. Selbst für die Gemeindekanzlei, das Archiv und eine Abwartwohnung fand sich noch genügend Platz. Noch gab es indessen keine elektrische Beleuchtung, weshalb der Lehrer im Oktober 1903 den Antrag stellte, den Unterricht nach den Ferien infolge Dunkelheit der Zimmer erst um 8 Uhr morgens beginnen zu dürfen. Und noch gab es keine Ölheizung, so dass es der Abwartsfrau – der Mann arbeitete in der Cellulosefabrik – oblag, das Einheizen der Öfen in den Schulzimmern vorzunehmen; nota bene in Schwerarbeit, denn da musste gar mancher Kohlenkessel aus dem Keller herbeigeschleppt werden.

1976 musste als Folge der Grossüberbauung Liebrüti, welche die Bevölkerung Kaiseraugsts von 1100 Einwohnerinnen und Einwohnern auf 3000 anwachsen liess, neuer Schulraum geschaffen werden: Nicht weniger als 16 Schulzimmer und zwei Doppelturnhallen konnten damals in der Liebrüti bezogen werden.

In Augst

Wie andernorts wurde am Ende des 18. und zu Beginn des 19. Jahrhunderts auch in Augst in den privaten Räumlichkeiten des Schulmeisters Schule gehalten. Erst Ende 1835 erfahren wir von der Einrichtung eines Schullokals in der „Wacht„, dem Polizeiposten. Es diente bis 1858, dann übersiedelte die Schule wegen steigender Schülerzahl in das jetzige Gemeindehaus. Einen Abwart hatte die Gemeinde nicht zu wählen, denn die Schulzimmer wurden damals noch fronweise gereinigt. 1905 – bei der Teilung der Augster Gesamtschule in eine Unter- und eine Oberstufe – baute man das kleine Schulhaus um, was Schülerinnen und Schülern grosszügig eine dreimonatige Pause bescherte; 1927 wurde schliesslich das geräumige Schulhaus auf Obermühle bezogen.

Das Augster Schulhaus Obermühle

Das vom Liestaler Architekten Wilhelm Brodbeck erbaute währschafte und geräumige Schulhaus wurde am 24. April 1927 eingeweiht. „Es ist heute entschieden zu gross, denn seit 1976 gehen unsere Oberschüler nach Pratteln in die Kreisrealschule", stellt die Augster Heimatkunde von 1984 fest.[5] Nur die Turnhalle erweiterte man 1985; seither sind die örtlichen Vereine nicht mehr gezwungen, für grössere Veranstaltungen in den Nachbargemeinden „fremdzugehen". (Foto aus Augst anno dazumal)

Die Durchsetzung der Schulpflicht
In Augst

Während die allgemeine Schulpflicht heute selbstverständlich ist, musste diese staatliche und gesellschaftliche Massnahme zu Beginn des 19. Jahrhunderts hart erkämpft werden. Es war in den wenigsten Fällen Querulantentum, Nachlässigkeit oder gar Liederlichkeit, was viele Familien dazu brachte, die Schule als quantité négligeable zu betrachten, vielmehr fehlte es oft am notwendigen Grundverständnis für die Einrichtung Schule, was der Baselbieter Schulinspektor Johann Jakob Kettiger (1802 – 1869) folgendermassen kommentierte: *„Mit der Mündigkeit des Volkes ist es noch lange nicht im Reinen."* Entsprechend lauteten die Entschuldigungen: Frau L. erklärte, ihr Kind habe nichts gelernt, weshalb sie das Schulgeld nicht zahlen wolle – Frau W. argumentierte, ihr Kind werde jeden Tag verkehrter statt gelehrter – Frau G. schützte Unkenntnis des Gesetzes vor, usw. Handfester waren die vorgebrachten wirtschaftlichen Gründe. So vernehmen wir, dass Kinder

DIE SCHULE

der Schule fernblieben, weil sie Ähren oder Kartoffeln lesen mussten – ein Hinweis, dass damals in vielen Familien, insbesondere wenn ihre Ernährer weggestorben und die Witwen auf sich selbst gestellt waren, Schmalhans Küchenmeister war. 1855 hatte sich in Augst Frau Meier vom Tempelhof wegen ihrer Tochter Luise zu verantworten, die im September und Oktober sieben Tage gefehlt hatte, weil sie Kühe hüten musste. Aushilfe bei bäuerlicher Feldarbeit war eine immer wieder vorgebrachte Entschuldigung. Dass Kinder damals oft ganz selbstverständlich ins Erwerbsleben eingeschaltet wurden, bezeugt schliesslich auch der Eintrag, der Knabe Johann habe im September 1886 sieben Tage gefehlt, weil er mit Seidenwinden beim Posamenten mithelfen musste.

Rucksackbauern nannte man im Fricktal im späten 19. und im 20. Jahrhundert jene Kleinbauern, die als Fabrikarbeiter in Pratteln, im Schönthal oder in der Schweizerhalle ihren Lebensunterhalt verdienten und jeweils im Rucksack ihr Mittagessen an die Arbeit mitnahmen. Daneben gab es aber auch die „Unsitte" des Essentragens. So wurde beispielsweise in Kaiseraugst 1899 eine Mutter, die ihre zwei Buben aus der Schule genommen hatte, weil sie das Essen in die Saline Schweizerhalle brachten, vor die Schulpflege geladen – nota bene an einem Sonntagmorgen! Die Frau weigerte sich und beschied der Schulpflege, nur an einem Werktag zu erscheinen.

In Kaiseraugst

Während das Augster Schulpflegeprotokoll die Entschuldigungen immer wieder zitiert, erklärt und interpretiert, begnügt sich das Kaiseraugster Protokoll in den meisten Fällen mit der Aufzählung der verhängten Bussen – von Schulpflegesitzung zu Schulpflegesitzung, von Jahr zu Jahr. Der Leser dieser Protokolle erfährt dabei, dass die wesentlichste Aufgabe der Schulpflege darin bestand, die vom Lehrer gemeldeten Absenzen und Entschuldigungen auf ihre Glaubwürdigkeit hin zu untersuchen und die Fehlbaren mit Zuckerbrot und Peitsche – gröbere Verstösse wurden an den Bezirksamtmann weitergemeldet – zur Einsicht zu bringen. So gab es beispielsweise im Schuljahr 1866/67 bei einer Gesamtschülerzahl von 65 nicht weniger als 1230 entschuldigte und 235 unentschuldigte Schulversäumnisse.

- Sitzung vom 7. August 1842: *„Es wurden die Schulrapporte vom Mai und Juni vorgelegt und beschlossen, den Ausbleibenden und ihren Eltern durch den Gemeindewaibel eine Erinnerung zum fleissigen Schulbesuch zu erteilen mit der Ermahnung, dass bei künftigen Schulversäumnissen die Bestrafung nicht ausbleiben werde."*

- Sitzung vom 17. Dezember 1891: *„Von den 22 vorgeladenen Eltern und Pflegeeltern sind mit wenigen Ausnahmen sämtliche erschienen. Der Aktuar*

Absenzenkontrolle in der Kaiseraugster Schulchronik. (Foto Giuseppe Esposito) hielt denselben die hohe Absenzenzahl während des Sommerhalbjahres vor Augen, zeigte, dass die Meisten empfindlich strafbar wären, dass man aber, was thunlich sei, von einer weiteren Strafe absehen wolle. Eine ernste Mahnung, künftighin der Schule eine grössere Aufmerksamkeit zu schenken und einer gedeihlichen Schulführung nicht extra Schwierigkeiten zu bereiten, wurde damit verknüpft und in einem ähnlichen Sinn, mehr die gesetzlichen Bestimmungen der Schulordnung betonend, sprach auch der Herr Präsident, worauf die zur Verantwortung Citierten wieder entlassen wurden."

Schulreisen, Feste und Ferien

Schulreisen, Feste und Ferien – sie gehörten damals und sie gehören heute komplementär zum Schulalltag und waren und sind für Schülerinnen und Schüler oft wichtiger als die Schule selbst.

Das Augster Protokoll schweigt sich darüber aus, wann die ersten Schulreisen durchgeführt worden sind, doch am 31. Juli 1889 erfahren wir, dass der Ausflug auf die Froburg führen sollte. Die Abfahrt per Ross- und Leiterwagen war auf morgens 6 Uhr festgesetzt, in Läufelfingen wartete vor dem Fussmarsch zur Burg ein währschaftes Znüni auf die Schüler und Schülerinnen, während später in der Sonne für 80 Rappen ein Mittagessen aufgetischt wurde. 1892 hiess das Augster Reiseziel Mariastein, wo die Schüler, die per Wagen unterwegs waren, ein kräftiges Mittagessen mit einem Glas Wein vorgesetzt bekamen. 1906 führte die Reise der Oberschüler sogar ins nahe Ausland – nach Lörrach und auf das Schloss Rötteln, und dies wiederum per Leiterwagen.

Für die Kaiseraugster war des Öfteren der Basler Zoologische Garten das Schulreiseziel. 1884 setzte man die zeitliche Fixierung des Ausflugs – es war die erste Schulreise – zunächst aus, *„da man zuerst mit dem Heuet fertig machen"* wollte. Mit dem ersten Zug um 6.47 Uhr fuhr man dann am 16. Juli los. Das Mittagessen – es war wiederum mit einem Fussmarsch zu verdienen – wurde im Restaurant Neubad eingenommen.

Ein grosses Fest war in allen Schweizer Schulen 1891 angesagt. Damals wurde der 1. August zum ersten Mal feierlich begangen. In Augst hatte sich die Schuljugend um 1 Uhr auf Schönbühl zu versammeln, wo ein dichtes Festprogramm im Beisein sämtlicher Vereine und der Einwohnerschaft erfreute. Ihre Krönung fand die patriotische Feier in der von der Einwohnerkasse berappten Bewirtung der Schuljugend. *„Jedes Kind"*, hiess es, *„erhält nach der Feier ein Glas Bier, Wurst und ein Brödlein."* Der unbefangene Umgang mit Alkohol an Schulreisen und Festen zeigt, dass Bier und Wein damals Alltagsgetränke waren.

In Kaiseraugst fand die Sechshundertjahrfeier der Eidgenossenschaft auf der Schanz statt. Ein Jahr darauf beging das Dorf das erste Jugendfest und nahm damit eine Tradition auf, die bis heute ungebrochen ist.

Die Ferientermine waren in Kaiseraugst noch bis weit ins 20. Jahrhundert hinein vom bäuerlichen Alltag bestimmt. Die Empfehlung lautete, *„dass man sich einigermassen nach dem Wetter richten möge"*, entsprechend wurden 1927 die sogenannten Heuferien, obwohl bereits ca. 80% der Schüler

---

„Singe, wem Gesang gegeben"

Nur selten berichten die Kaiseraugster Schulpflege-Protokolle von Schulfächern. Eine Ausnahme macht der Bericht zum Schuljahr 1845/46. Er hebt die Bedeutung des Gesangs hervor, der „dem unbefangenen Kind nicht nur einen wahren Seelenaufschwung" vermittle, sondern es vom Unrechten und Gemeinen abhalte und zum Göttlichen erhebe. Grosse Worte, die nur vor dem Hintergrund der vom Kanton angeordneten Förderung des Gesangsunterrichtes zu verstehen sind. Tatsächlich ging damals von der Erziehungsdirektion jährlich die Weisung aus, welche Lieder einzustudieren waren. Für 1838 waren es beispielsweise die folgenden:

Üb immer Treu und Redlichkeit
Nun ade, du mein lieb Heimatland
Lieder gib mir, süsse Lieder
I han es Hüsli, nett und blank

Wie sähe wohl zu Beginn des dritten Jahrtausends eine solche Gesangsanweisung aus?

DIE SCHULE

aus nicht-bäuerlichen Kreisen stammten, *„auf den 23. Mai oder den nächsten schönen Tag festgelegt."*

Kaiseraugster Schulklasse aus dem Jahr 1931/32. (Foto aus Kaiseraugst – wie's damals war)

Eine alte Schulbank. (Aus Museum Birsfelden)

Vom Regelwerk der schulischen Erziehung

Die Schule hat nie nur der Ausbildung zu dienen, sondern bietet sich schon immer als „Sozialisierungsfeld" für die Eingliederung Jugendlicher in die Gesellschaft an. Am 14. November 1852 erliess die Augster Gemeindeversammlung in diesem Sinn und auf Vorschlag der Schulpflege ein in drei Kapitel unterteiltes und vom Schulinspektorat ausgearbeitetes Reglement: *„In Betracht, dass das Gedeihen der Schule und der Erziehung überhaupt einer zweckmässigen Vorschrift über das sittliche Verhalten und das anständige Betragen bedarf."* Das Reglement ordnete das Verhalten in- und ausserhalb der Schule und lieferte Grundsätze zu seiner Durchsetzung, die in der Hand *„aller rechtschaffener Eltern, Bürger und Einwohner"* lag.

Was heute reine Selbstverständlichkeit ist – Körperhygiene und Reinlichkeit – entsprach damals offensichtlich noch längst nicht der Normalität. Wie sonst lassen sich die Paragrafen 2 und 3 verstehen?

- *„Die Kinder sollen ordentlich gekämmt, an Gesicht, Kopf und Händen und die Barfüssler an den Füssen reinlich gewaschen, mit einem Nastuch versehen und die Mädchen wo möglich ohne Kopfbedeckung erscheinen.*

- *Beim Eintritt in der Schule wird jedes Kind hinsichtlich seiner Reinlichkeit untersucht. Unreinliche werden sogleich zur Säuberung fortgeschickt."*

Dass man damals noch prüde war, versteht sich:

- *„Beim Baden sollen sich die Kinder ordentlich und züchtig benehmen. Dieser Platz soll wo möglich etwas entlegen sein."*

DIE SCHULE

Nicht nur entlegen sollten Badeplätze sein, in Augst waren sie an der Ergolz bis in die dreissiger Jahre des 20. Jahrhunderts fein säuberlich getrennt – hier für die Knaben, dort für die Mädchen.

Die öffentliche Ordnung verlangte ferner, dass sich minderjährige noch nicht konfirmierte Jugendliche abends nach der Betzeit nicht mehr auf den Strassen und Gassen blicken liessen.

Und was geschah im Falle einer Übertretung des Reglementes? Da erhielten die Fehlbaren vor versammelter Schulpflege einen „Zuspruch"; auch hatte der Beschuldigte für seine Tat bei den Beschädigten Abbitte zu tun, während besonders strafbare und widerspenstige Kinder beim Statthalteramt zu verzeigen waren.

In Kaiseraugst war insbesondere das Milchhüsli Treffpunkt der Jugendlichen; beim Milchholen machten sie sich dort immer wieder "durch Lärmen und Allotriatreiben unliebsam bemerkbar." Disziplinierung der Schuljugend

Schulhygiene

Um die Wohnverhältnisse in der „guten, alten Zeit" stand es nicht immer zum Besten. Wie aus Berichten der Liga gegen die Tuberkulose hervorgeht, trat darum diese Krankheit des Öfteren auf. Im Schulbericht des Jahres 1912 heisst es vielsagend:

„Auch die Beschaffung eines Spucknapfes für jedes Schulzimmer wäre zu empfehlen, der Vermeidung der Tuberkulose-Ausbreitung wegen ... wäre auch die hygienische Besserung der Abortverhältnisse zu wünschen."

Augster Schulklasse aus dem Jahre 1905. (Foto aus Augst anno dazumal)

hiess darum das Losungswort der Schulpflege. So fasste sie 1875 im Hinblick auf die Zügellosigkeit der Schüler in Kirche und Schule und auf der Strasse den Beschluss, „ausser dem obligatorischen Unterricht an einem bestimmten Tag durch eine bevollmächtigte Person Disziplin-Unterricht erteilen zu lassen."

Zum Regelwerk des schulischen Alltags gehörten und gehören natürlich auch die Strafen. 1889 erlaubte die Schulpflege der Lehrerschaft ausdrücklich, *"gegen allzu flegelhafte Schüler, die auf keine gütige Warnung hören, etwelche (der Gesundheit unschädliche) Züchtigungen vorzunehmen."* Ein paar Jahre zuvor hatte sie, *"um den Schülern besseren Respekt vor dem Arrest beizubringen",* das Treppenhaus des Schulhauses zu einem *"gefängnissicheren Karzer,"* (Karzer = Schularrest-Lokal) ausbauen lassen. Und tatsächlich blieb es nicht nur bei leeren Drohungen; wir hören von 24-stündigem Sonntagsarrest im Gemeindegefängnis, der in zwei Raten abzusitzen war, von zweistündigem Dunkelarrest, von Sonntagsarrest von 12 bis 18 Uhr im Schulhauskarzer abzusitzen und von Einsperrungen während der Mittagsstunde, die beim *"Hinein- und Herauslassen mit 4 Rutentatzen"* quittiert würden.

Die Schularten

Im Schuljahr 1844/45 hatte Lehrer Schmid in Kaiseraugst nicht weniger als 60 Schülerinnen und Schüler zu betreuen, 1850/51 waren es 65 – 32 Knaben und 33 Mädchen! Auch wenn der Unterrichtsstoff damals noch elementarer war als heute, die Belastung des Lehrers, der im Rahmen der Gesamtschule verschiedene Altersstufen zu unterrichten hatte, muss enorm gewesen sein. Dass dabei die Rechnung nicht immer aufging, belegt das Protokoll vom 9. November 1885. *"Auch soll der Lehrer darauf achten",* hiess es da rügend, *"dass wenn er sich mit einer Klasse beschäftigt, die übrigen Klassen ebenfalls Beschäftigung haben und sich nicht unnötigem Allotria hingeben können, dadurch werde mehr Ruhe und Sitte herrschen."* Wirkliche Remedur brachte erst die Zweiteilung der Schule in die Unter- und die Oberstufe von 1903. Als dann 1920 eine dritte Lehrstelle ausgeschrieben wurde, konnte schliesslich die Gliederung in Unter-, Mittel- und Oberstufe erfolgen.

In Augst wurde die Alltagsschule seit 1814 durch eine an Sonn- und Feiertagen jeweils am Nachmittag durchgeführte sogenannte Wiederholungsschule für Schulentlassene ergänzt: Unterrichtsgegenstände waren das *"Abfassen von Aufsätzen, Brief, Conti, Verträge, Quittung."* In Kaiseraugst wollte die Schulpflege dem Wunsch des Kantons, eine *"Fortbildungsschule für die männliche Jugend"* einzuführen, zunächst nicht stattgeben, was das Protokoll im Dezember 1885 mit der Bemerkung quittierte, *"es wird vorläufig abstrahirt, dem Wunsch der betr. Behörde Folge zu geben."* Doch bereits zwei Monate später kam die Schulpflege auf ihren Vertagungsbeschluss zurück, und am 3. November 1886 konnte der Schulbetrieb abends um 19 Uhr aufgenommen werden. Die Schule – man nannte sie auch „Bürger- oder Nachtschule" – wurde durchschnittlich von 15 schulentlassenen Burschen im Alter von 16 und 17 Jahren ein Mal wöchentlich besucht. Sie sollte vor allem den Bedürfnissen des praktischen Lebens Rechnung tragen und daher *"vorzugsweise die für Landwirte, Handwerker und Gewerbetreibende notwendigen Kenntnisse berücksichtigen."* Für den Lehrer war sie kein „Honiglecken", bereits ein Jahr nach ihrer Einführung beantragte Lehrer Arnold Schmid ihre Aufhebung. Offensichtlich war das Ansehen der Bürgerschule in der Öffent-

---

Die Arbeitsschule

Zum selbstverständlichen schulischen Angebot gehörte in Kaiseraugst seit je die Arbeitsschule. Wie Amtsinhaberinnen gewählt wurden, erfahren wir aus dem Protokoll des Gemeinderates vom 24. Juli 1839:

„Wurde laut erhaltener Zuschrift von Titt. Herrn Inspektor Vögelin und Präsident des Bezirksschulrathes vom 16ten dieses erkannt, dass die Jungfer Elisabeth Meyer von Rüttihof bey Baden dermal Haushälterin bey unserm Hochwürden Herrn Pfarrrer Massmann, am 12ten dieses über die Fähigkeiten zu einer Arbeitslehrerin von der diesfalls aufgestellten Kommission geprüft, tüchtig erfunden worden ist, die Stelle einer weiblichen Arbeitslehrerin übernehmen zu können."

DIE SCHULE

lichkeit noch gering und Schwänzen entsprechend an der Tagesordnung. Die Devise der Schulpflege, die Fortbildungsschule solle Lust und nicht Last sein, war trotz Hausaufgabenverbot nur schwer zu realisieren; in weiten Kreisen der Bevölkerung fehlte damals noch die Einsicht in die Notwendigkeit einer vertieften, den veränderten gesellschaftlichen und wirtschaftlichen Gegebenheiten Rechnung tragenden Bildung.

Der Kindergarten

Sowohl in Augst wie auch in Kaiseraugst gaben Private den Anstoss zur Eröffnung eines Kindergartens. In Augst begründete Dr. Ludwig Ehinger-Sarasin als Zeichen der Dankbarkeit für die während Jahren auf dem elterlichen Landgut mitten im Dorf verbrachten glücklichen Sommermonate 1896 die „Stiftung Kleinkinderschule Augst". Sie wurde mit einem Wohltätigkeitsfonds von 100'000 Franken bedacht, einer für die damalige Zeit erklecklichen Summe, deren Erträge ausser der Kleinkinderschule Augst noch anderen wohltätigen Werken zugute kam.

In Kaiseraugst erfolgte die Eröffnung des Kindergartens sehr viel später, nämlich 1935. Das Bedürfnis nach einem Kindergarten war schon zu Beginn des 19. Jahrhunderts wach. Damals aber fehlten die finanziellen Mittel, die es erlaubt hätten ein solches Projekt zu verwirklichen. 1932 vermachte indesssen Frau T. Kaiser durch letztwillige Verfügung den grössten Teil ihres Vermögens zu diesem Zweck, und so konstituierte sich 1933 der „Verein für Krankenpflege und Kindergarten". Noch fehlten ihm aber zur Durchführung des Bauvorhabens mehr als 20'000 Franken. Dank der finanziellen Unterstützung, welche die Gemeinde und verschiedene Firmen und Private dem Werk zukommen liessen, und dank dem tatkräftigen Einsatz einiger Vereine konnte das Werk trotz aller Hindernisse glücklich zu Ende geführt werden. Schon der Oktober 1935 brachte die Eröffnung der Kleinkinderschule. Auf dem geschenkten Grundstück entstanden gemäss Legat am Bahnweg Nr. 21, heute Sitz der Spitex, im Erdgeschoss Räume für den Kindergarten und im 1. Stock eine Wohnung für zwei Schwestern. Diese kamen aus der Kongregation der „Franziskanerinnen von Erlenbad„ (Sasbach/D). Sie leiteten nicht nur den Kindergarten – jeweils 30 – 40 Kinder aller Konfessionen – sondern waren auch für die Krankenpflege verantwortlich. Die Schwestern waren äusserst bescheiden (das Haushaltungsgeld wurde mehrmals ohne ihr 'Zutun' angepasst) und erhielten von allen Seiten Naturalien; Milch von der Milchgenossenschaft, Holz von der Ortsbürgergemeinde, Brot und Eier von Privaten. Im Dorf waren sie für alle Leute da, was auch den Statuten des Vereins entsprach, die verlangten, dass neben dem ex-officio-Vorsitz durch den katholischen Pfarrer auch die anderen beiden Konfessionen im Vorstand vertreten waren. Die

Pausenplatz Schulhaus Liebrüti. (Foto Ursi Schild)

DIE SCHULE

Arbeit der Krankenschwestern war sehr geschätzt, und im Kindergarten wurde viel gesungen und gebastelt, die Kinder waren wirklich betreut, auch wenn die Unterrichtsmethoden je länger je weniger der 'neuen Zeit' entsprachen. Als die Kongregationsleitung auf den Rückgang der Schwestern aufmerksam machte, versuchten Gemeinderat und Bevölkerung das absehbare Ende der „Schwestern-Aera" möglichst hinauszuschieben Aber schliesslich blieb weder den altgewordenen Schwestern noch der Bevölkerung das endgültige Aus des Kindergartens erspart. In den 1970er Jahren löste sich der Verein auf und die Verantwortung ging an die Gemeinde über: Der Betrieb des Kindergartens wurde fortan durch Lehrkräfte an neuem Domizil aufgenommen.

Und die Gegenwart?

In Augst unterrichten 2004 drei Lehrkräfte 38 Primarschüler/innen; ab sechstem Schuljahr wird ihr Schulweg sie nach Pratteln führen. Auch für die nahe Zukunft ist entsprechend dem nur zögerlichen Wachstum der Gemeinde kaum mit wesentlich höheren Schülerzahlen zu rechnen, Schulraumsorgen sind daher in Augst kein Thema.

Turnhalle Liebrüti. (Foto Beat Zimmermann)

Anders die Situation in Kaiseraugst, wo die Schule seit Bezug der Liebrüti-Überbauung eine ungeheure Entwicklung gemacht hat; sie ist angesichts der Erstellung neuer Wohnüberbauungen noch längst nicht am Ende. Allein im Jahr 2004 nahm die Zahl der Schüler und Schülerinnen um 18 zu. Neben 5 Kindergartenabteilungen waren 13 Primarklassen zu bilden, während die Kreisschule Unteres Fricktal (KUF) je zwei Real-, Sekundar- und Werkjahrklassen zählte. Insgesamt lag damit die Kaiseraugster Schülerzahl 2004 bei rund 460 Schülerinnen und Schülern, die von 40 Lehrkräften unterrichtet wurden. Dazu kamen noch vier den Mundartunterricht auf der Stufe Kindergarten bestreitende sowie zwei für den Musik-Grundkurs zuständige Lehrerinnen.

---

[1] Zur Schulgeschichte von Augst und Kaiseraugst Anton Senti in: Geschichte von Augst und Kaiseraugst, Liestal 1976. S. 75f. und S. 134ff. sowie Salathé René: Ebda. S. 184ff. und 20of. – Quellen: Schulpflegeprotokolle von Augst und Kaiseraugst.

[2] Nach Wullschleger Albert: Kapitel Schulwesen in der Ortsgeschichte Magden, Magden 2004. S. 273ff.

[3] Reichmuth Werner: Kleiner kulturgeschichtlicher Abriss von Augst aufgrund der Schulpflegeprotokolle vom Jahre 1835 bis 1915, Augst (o. J.). S. 1.

[4] Nach Hauenstein H.: Von den Anfängen des fricktalischen Schulwesens bis 1835, VJzS 1954, S. 64.

[5] Heimatkunde Augst 1984, S. 136.

[6] Kurzinventar der Kulturdenkmäler Nr. 918.

[7] Bircher Patrick: Schule und Bildung, in: Nachbarn am Hochrhein, Band 2, Möhlin 2002. S. 255.

Das Brauchtum

Was ist Dorfkultur? Im Lexikon lässt sich keine Antwort finden – der Begriff ist vieldeutig, er versucht die Befindlichkeit eines Dorfes darzustellen, das Zusammenleben der Menschen zu beschreiben – im Guten und Schlechten. Die Komponenten der Dorfkultur sind vielseitig; angesprochen ist sowohl das alltägliche Zusammenleben als auch das traditionelle Brauchtum sowie das spontane Vereinsleben. Wir wenden uns zunächst dem Brauchtum zu; es ist teilweise altes, teilweise neues Kulturgut und hat sich in einer Welt der zunehmenden Anonymisierung und Globalisierung zu behaupten.

In Augst
Die Fasnacht

In Augst ist das alte Brauchtum, abgesehen von dem alljährlich durchgeführten „Eierläset" und dem Banntag, verloren gegangen.

Noch um die Wende vom 19. zum 20. Jahrhundert pflegte sich die Augster Jugend zur Fasnachtszeit regelmässig einen Vorrat von gelochten Scheibenrädchen aus Buchenholz anzulegen. Ihr Durchmesser betrug durchschnittlich acht bis zehn Zentimeter, während ihre Dicke einen Zentimeter nicht übersteigen durfte. Am Fasnachtssonntag versammelten sich dann die Mädchen und Knaben, beladen mit ihrem Scheibenvorrat, auf Chastelen, später auf Schönbühl. Wenn endlich die Dämmerung eingetreten und das Fasnachtsfeuer entzündet war, steckten sie ihre Holzrädchen an eine mitgeführte Haselrute und hielten sie so lange ins Feuer, bis sie zu glühen begannen. Dann gings zu einer in der Nähe auf der Erde aufruhenden, zweibeinigen Schrägbank. Dort schwangen die Jung-Augsterinnen und -Augster ihre Gerte wie Hornusser einige Male über diesen „Schybebock" und jagten das funkensprühende Rädchen den Hang hinunter gegen das Dorf zu. Ein Sprüchlein begleitete jeden Wurf.

„Schybi, Schybi, dr Rai ab,
am Ankehafe s Bei ab.
dr Chüechlipfanne dr Boden uus,
jetzt isch die alti Fasnacht uus!"

Die Jünglinge gaben sich allerdings mit diesen Versen nicht zufrieden: Ihre Scheiben hatten der Liebeswerbung zu dienen. Sie fielen nicht zufällig, sondern landeten nach sorgfältiger Zielübung so nahe als möglich beim Haus der Angebeteten. Eingeleitet wurden solche Würfe durch folgendes Frag- und Antwortspiel:

„Schybi, Schybi, Schybi,
säg, wäm sell si sy?
....
Sie sell my Schätzli -- sy."

In Kaiseraugst
Die Fasnacht

Das Feuerbrauchtum – Fasnachtsfeuer und Scheibenschlagen gehören dazu – steht gewissermassen am Anfang des Frühlings und wurde bis zum Zweiten Weltkrieg in Kaiseraugst jeweils an der Alten Fasnacht, am sogenannten Funkensonntag, dem ersten Fastensonntag, abgehalten. Beide

Kaiseraugster Fasnachtsplaketten

Wie populär und eigenwillig die Kaiseraugster Fasnacht ist, bezeugen ihre Fasnachtsplaketten, die seit den 1960er Jahren ganz selbstverständlich dazugehören. Am Anfang standen Plakettenkreationen aus Keramik, sie waren in Freizeitarbeit dem Chefkeramiker der Rheinfelder Keramik, dem Kaiseraugster Arthur Schmid zu verdanken. Vor neun Jahren begann dann eine der Buchstabenfolge des Dorfnamens verpflichtete Serie von metallenen Fasnachtsplaketten. (Fotos Giuseppe Esposito)

DORFKULTUR

Bräuche lassen sich in Mitteleuropa bis ins 11. Jahrhundert zurückverfolgen, wann sie aber zum ersten Mal in unserer Gegend ausgeübt worden sind, lässt sich nicht belegen. Es gibt nur wenige in das Dunkel der Vergangenheit zurückweisende Spuren, so beispielsweise einen Eintrag im Gemeinderatsprotokoll vom 10. Februar 1893: „*Albert Schmid teilt den Beschluss der Schulpflege von gestern mit, wonach anstössige, unanständige und unsittliche Ausdrücke beim Abbrennen des Fasnachtsfeuers von seiten der Schulpflege geahndet werden und dass der Gemeinderat ersucht werde, eine diesbezügliche Bekanntmachung zu erlassen zum Schutze für die der Schule entlassene Jugend.*"

Ob sich die Kaiseraugster Buben, die ja für das Fasnachtsfeuer verantwortlich waren, die Schulpflege-Ermahnung zu Herzen genommen haben, lässt sich nicht mehr feststellen, wir wissen nur, dass der Dorflehrer in den folgenden Jahren – er war wohl abkommandiert – ab und zu beim Fasnachtsfeuer gesichtet wurde.

Das Kaiseraugster Fasnachtsfeuer wurde noch um die Wende des 19. zum 20. Jahrhundert traditionsgemäss auf der Schanz durchgeführt. Schulbuben sammelten Holzwellen, Reisig von den geschnittenen Bäumen, Abfälle aus der Cellulosefabrik und viele andere Dinge, die für den Ofen nicht taugten. Tagelang zogen sie durch das Dorf und begleiteten ihre Sammlung mit dem Ruf:

Fasnachtsfeuer und Scheibenschlagen. (Fotos Giuseppe Esposito)

„Gänd' mer ä Wälle Strau
oder än-alti Sau
oder än alte Filzhuet
für's Fasnachtsfüür isch alles guet."

Oft wurde der Sammelkarren so schwer, dass die Buben ihn nur mittels Seil keuchend den Gstaltenrain hinaufschleppen konnten. Manchmal erbarmte sich ihrer auch ein Bauer und spannte seine Zugkuh oder sein Ross vor den Wagen. Damit es ein grosses Feuer gab, waren Strohwellen am willkommensten, doch sei man früher – wie ehemalige Sammelbuben verschmitzt zu berichten wussten – um ein grosses Feuer zu erzielen, nicht davor zurückgeschreckt, im Geheimen mit Petrol etwas nachzuhelfen.

Nachdem der Schanz-Hügel infolge Kiesausbeutung abgetragen war, wurde das Fasnachtsfeuer im Zeichen des Wachstums der Gemeinde an den verschiedensten Standorten veranstaltet, zunächst im Grubloch-Areal, dann auf dem Gelände des Spiegelgrunds und schliesslich beim Wasserreservoir

Lienertshalde. Da jedoch dieser Feuerplatz wegen allzu grosser Distanz zum Dorf bei der Bevölkerung keinen Anklang fand, einigten sich schliesslich die Fasnachtsgewaltigen auf den Fähreplatz, wo heute nicht mehr am Funkensonntag sondern am Aschermittwochabend ein kleines Feuer entzündet wird, das dem „Anglühen" der Scheiben dient. Das richtige, das grosse Fasnachtsfeuer aber hat auf einem im Rhein verankerten Floss Platz gefunden – ein Kompromiss, der sich sehen lässt.

Das Fasnachtsfeuer ist auch heute noch der Ort, von wo aus die Kaiseraugster Jungmannschaft gleich wie jene von Augst Scheiben in die dunkle Nacht hinausschlägt. Fasnachtsfeuer und Scheibenschlagen gehören zusammen, wie es auch der Vers bezeugt:

„Schybi, Schyba, an Rhy abe hür,
Chaiseraugst hett wieder e Fasnachtsfüür."

Gleich wie in Augst wurde früher das Abschiessen der Scheiben mit Versen untermalt, die prickelnde Neuigkeiten aus dem Dorf verrieten: Witziges und Hitziges, Verborgenes und Verbotenes – jedermann, der etwas Spezielles wusste, war aufgerufen, seine Verse selbst auszurufen und dabei die Scheibe abzuschlagen. Zur Hauptsache galten sie den Heiratslustigen und Verlobten, aber auch der politische Spott kam nicht zu kurz, was ein Vers aus den sechziger Jahren bezeugt.[1] Damals hatte man es anlässlich der Volkszählung unterlassen, einen Restaurator namens Fischer, der in der alten christkatholischen Kirche beschäftigt war und in einem Wohnwagen hauste, mitzuzählen. Es war die Zeit der beginnenden grossen Landverkäufe der Kaiseraugster Bauern.

„Schybi, Schybi fahr über d'Schwelle
Dr Fischer im Wohnwage het me vergässe gha z'zelle.
Jetzt ha i ghört säge,
d' Bure, wo bi ihre Landgschäft Gäld verdient hai, chaufe schins au Wohnwäge
und welle dört hinter d'Chile go wohne,
bis das chaibe Züüg umme sig mit der Stür-Taxatione."

Und wie verlief der Fasnachtsbetrieb vor dem Funkensonntag? Nach dem Zweiten Weltkrieg soll es in den „Beizen" lustig und laut zu- und hergegangen sein. Grosse Bedeutung besassen die am Fasnachtsmontag im „Bahnhöfli" und am Dienstag im „Leue" durchgeführten Maskenbälle.

Heute findet am Sonntag der Umzug mit anschliessendem Fasnachtstreiben in der Dorfturnhalle und in den Beizen statt, am Montagabend folgt in der Dorfturnhalle die Schlussveranstaltung, das sogenannte Finale, während der Dienstagnachmittag der Kinderfasnacht und der Mittwoch dem Fasnachtsfeuer reserviert ist. Der in der Dorfturnhalle durchgeführte Cherusball mit Maskenprämierung beschliesst am Samstag die Fasnacht. Das ganze Fasnachtstreiben untersteht einem Fasnachtskomitee und wird vor allem von fünf nach dem Krieg im Lauf der Jah-

Fasnachtsimpressionen. (Fotos Giuseppe Esposito)

DORFKULTUR

re neu gegründeten Fasnachtsgesellschaften bestritten, den „Tränkgassdolebutzer", den "Agfrässenä", den „Güllewagerugger", den „Rambasse" sowie der Guggemusik „Grossstadtchnulleri", der „schönen Muusig" und den „Blaukreuz-Waggis". Im Mittelpunkt ihrer Spottlust stehen natürlich vor allem Dorf- und Nachbarschaftsereignisse, sowie aktuelle politische Themen.

Angesichts eines immer grösseren Unterhaltungsangebotes bemüht man sich in Kaiseraugst nach Kräften, die eigene Identität zu wahren und zu pflegen. In diesem Sinn wurde 1992 der sogenannte „Schnooggestich" ins Leben gerufen, ein vorfasnächtliches Abendprogramm, das im Kraftwerkschopf stattfand. In mehreren Vorstellungen, die nahezu 700 Personen besuchten, wurde in witzigen Darbietungen das dörfliche Leben ins Visier genommen. Im Jahr 2005 fand der vorläufig letzte „Schnooggestich" statt – die Veranstalter sind älter und müder geworden. Nachwuchs ist nicht in Sicht.

Der Palmsonntag

Am Palmsonntag besammeln sich rund 30 Mädchen und Knaben – es sind meist Erstkommunikanten – mit Palmbäumen vor dem katholischen Pfarreizentrum „Am Schärme". Sie bieten ein farbenfrohes Bild und tragen an zwei bis drei Meter hohen, oft mit Buchszweigen girlandenförmig geschmückten Stangen Stechpalmengebinde, die sie unter Anleitung der Eltern

Palmsonntag. (Fotos Alwin Schwendemann)

und erfahrener Erwachsenen zuvor angefertigt haben. Hie und da ist ein Apfel eingeflochten worden, verschiedenfarbige Bänder sorgen zusätzlich für bunte Abwechslung. Nach der Besammlung werden die „Palmen" gesegnet, dann formiert sich unter Anführung des Seelsorgers eine kleine Prozession, die vom Pfarreizentrum über den Heidemurweg zur Kirche führt. Dort befestigen die Palmträger ihre „Palme" im Mittelgang rechts und links an den Bänken und tragen so zur Festlichkeit der Kirche bei. Mit dem Palmsonntags-Brauch spielt man *„gewissermassen die Szene nach, in der Jesus am Palmsonntag unter Jubel in Jerusalem eingezogen ist. Dazu werden alle Palmen (Nicht nur die Palmbäume, sondern auch die Palmen, welche die Leute mit nach Hause nehmen) am Anfang des Gottesdienstes gesegnet."* [2]

DORFKULTUR

Das „Eierläse"

Zum alten Kaiseraugster Frühlings-Brauchtum gehört wie in Augst auch das „Eierläse", ein Spiel, das vor allem in den Kantonen Aargau und Basel-Landschaft bekannt ist, aber auch in Teilen der Westschweiz am Weissen Sonntag begangen wird. Es handelt sich um einen Wettlauf zwischen zwei Gruppen, die sich jeweils aus zwei Vereinen rekrutieren. Im Mittelpunkt des Geschehens steht das Ei, das auch nach dem eigentlichen Wettlauf beim sogenannten „Eiertätsch", der in der Dorfturnhalle durchgeführt wird, zu Ehren kommt. Begleitet von einem Konzert der Musikgesellschaft Kaiseraugst werden da den zahlreichen Eierliebhabern verschiedene Eierspeisen – Ostereier, Rührei und Eiersalat – gratis serviert. Der Eierkonsum ist gewaltig; 2005 kamen nicht weniger als 3000 Eier dank dem am Osterdienstag von Freiwilligen durchgeführten Eiereinzug zusammmen.

Der Banntag

Den Bannumgang gibt es in unserer Region seit 600 Jahren. Während in Liestal der älteste urkundliche Nachweis eines Bannumganges von 1581 datiert, wurde der Banntag in Kaiseraugst erstmals vor dem Zweiten Weltkrieg durchgeführt; seit 1946 findet er regelmässig statt. Er ist gewissermassen staatsbürgerlicher Anschauungsunterricht, führt er doch der Gemeindegrenze mit ihren Grenzsteinen entlang. War er zunächst nur für die Bürger gedacht, so ist er heute schon längst eine Angelegenheit der ganzen Einwohnerschaft. Bis 700 Teilnehmer und Teilnehmerinnen – Kinder und Alte, Bürger und Zugezogene – schliessen sich jeweils dem von der Musik bis zum Dorfausgang begleiteten Zuge an, der ein Jahr der westlichen, das andere Jahr der östlichen Grenze folgt. Besammlung ist auf dem Schulhausplatz, wo der Ammann seine obligate Begrüssungsrede hält, Endpunkt die Waldhütte, wo für alle Teilnehmer eine kleine Stärkung wartet. Von der Waldbereisung der Ortsbürger, die ebenfalls Banntagscharakter hat, wurde bereits im Kapitel Wald berichtet.

Eierläset. (Fotos Giuseppe Esposito)

Das Jugendfest

Während der Bannumgang Baselbieter Wurzeln hat, ist die Wiege der Jugendfestidee in Aarau zu suchen: In Kaiseraugst fand das erste Jugendfest 1892 statt. Nach langem Unterbruch wurde die Idee 1966 in Verbindung mit einem Schulfest wieder aufgegriffen. Der Jugend des Dorfes gibt das Fest, das alle vier Jahre stattfindet, Gelegenheit, sich in frohem Spiel und in künstlerischen Auftritten der ganzen Bevölkerung zu zeigen.

DORFKULTUR

Die Bundesfeier

Alljährlich findet am Geburtstag der Eidgenossenschaft eine „kleine aber feine„ 1. Augustfeier statt. Die Dorfmusik führt einen Lampion- und Fackelumzug an, anschliessend ist beim Schulhaus Festwirtschaft. Kaiseraugst verzichtet in der Regel, abgesehen von der kurzen Begrüssung durch den Gemeindeammann, bewusst auf Festredner und Feuerwerk, das gemütliche Beisammensein ist wichtiger. Ausnahmen vorbehalten: 2005 hielt der Bürgermeister von Herten eine Ansprache zum Thema Europa. Das Singen der Nationalhymne beendet die Feier.

Die Jungbürgerfeier

Alle zwei Jahre organisiert der Gemeinderat eine Jungbürgerfeier. Im Organisationskomitee wirken meistens zwei bis drei Jungbürger oder Jungbürgerinnen mit. Die Feier ist – dem Zeitgeist entsprechend – eher ein lockeres Zusammensein als ein staatspolitischer Akt, weshalb seit 2003 auch ausländische Jugendliche dazu eingeladen sind. In der Regel wird ein Nachmittagsprogramm organisiert, zum Beispiel der Besuch einer Go-Kart-Bahn oder des Laguna-Bades. Der Abend ist dann dem gemütlichen Beisammensitzen bei einem von der Gemeinde gestifteten Nachtessen gewidmet: Leider sind es von Mal zu Mal weniger Teilnehmer; 2005 nahmen von 85 Eingeladenen nur gerade zehn am Anlass teil.

Die Chilbi

Uraltes Traditionsgut ist die Chilbi; sie war ursprünglich ein Kirchweihfest und wird darum seit je in Erinnerung an den 16. Oktober, den Tag des heiligen Gallus, der Schutzheiliger der alten Dorfkirche und der neuen katholischen Kirche ist, am dritten Oktobersonntag durchgeführt. Der Chilbi kam bis nach dem Zweiten Weltkrieg im dörflichen Leben grosse Bedeutung zu, bot sie doch den jungen Burschen und Mädchen die Möglichkeit, sich auf dem Tanzboden im Löwen kennenzulernen. Zur Chilbi gehörten natürlich – abgesehen von diversen Ständen – die Schiffsschaukel und das Karussell. Heute gehören Tanz und Schiffsschaukel der Vergangenheit an, gehalten hat sich aber die Rössliriti, und neu dazugekommen ist die Rutschautibahn. So zieht der weit über die Dorfgrenze hinaus bekannte Anlass nach wie vor viele Gäste an, die sich in den verschiedenen, meist von Vereinen geführten Imbissständen auch kulinarisch verwöhnen lassen.

Chilbi. (Fotos Giuseppe Esposito)

DORFKULTUR

Der Samichlaus

Weder Baselbieter noch Aarauer Importprodukt ist dagegen der Kaiseraugster Samichlaus, denn wo gibt es sonst ein Dorf, das seine Samichläuse nicht nur virtuell sondern real aus dem Schwarzwald bezieht und damit wieder aufleben lässt, was durch den Wiener Friedensschluss 1815 mehr oder weniger stark zerbrochen ist, die Verbundenheit über den Rhein ins Badische?

Am Abend des 4. Dezembers versammeln sich die am St. Nikolaus-Einzug teilnehmenden Mitglieder der Kaiseraugster Ehrengesellschaft St. Nikolaus im Pfarreizentrum „am Schärme" und kleiden sich dort ein. Die Fähre bringt dann auf dem nachtdunklen Rhein einen Bischof und ca. zwölf Schmutzlis unbemerkt ans deutsche Ufer, wo sie an Land gehen. Um 19 Uhr kommen sie, gut sichtbar durch den Schein ihrer Laternen, zurück zur Fähre, die sie zu einer gros-

Der St. Nikolaus-Einzug in Kaiseraugst. (Fotos Alwin Schwendemann)

sen Schar wartender Kinder zurückbringt. Und es ist diese Rückfahrt und Ankunft, die den Kindern glaubhaft vor Augen führt, dass der einzig wahre Samichlaus direkt aus dem dunkeln Schwarzwald kommt. Nach ihrem ersten Auftritt am 4. Dezember widmen sich die Samichläuse in den folgenden Tagen verschiedenen Hausbesuchen.

Der Kaiseraugster St. Nikolaus-Einzug hat noch keine lange Tradition, und doch ist er nicht mehr wegzudenken. Dazu der folgende Bericht:

„Vor Jahren wurden die Nikolausaktionen von den beiden in unserem Dorf ansässigen Klosterfrauen organisiert; nach ihrem altersbedingten Weg-

DORFKULTUR

zug drohte die Tradition jedoch zu sterben. Da beschloss ein Elternpaar, dessen Kinder selbst noch im samichlaus-gläubigen Alter waren, das Schicksal der Kläuse in die Hände zu nehmen ... 1993 wurde die Ehrengesellschaft Sankt Nikolaus Kaiseraugst ins Leben gerufen, um die Zukunft des schönen alten Brauchs zu sichern; 23 'Gründungschläuse' unterzeichneten die Beitrittserklärung. Oberster Grundsatz dieser politisch und konfessionell neutralen Vereinigung ist die Verwirklichung und Förderung der ursprünglichen St. Nikolaus-Idee, der Einsatz zugunsten benachteiligter Kinder – ganz im Sinne des Heiligen Nikolaus von Myra. – Am 4. Dezember 1994 überquerte der Samichlaus erstmals mit der Fähre den Rhein und zog mit einem Gefolge von Schmutzlis feierlich ins Dorf; ein lange gehegter Traum ging in Erfüllung. Der Ortsbürgergemeinde ist es zu verdanken, dass wir alljährlich um die 270 Säcklein mit allerlei Gutem füllen können, damit jedes Kind, das den Nikolaus am Fähristeg begrüsst, ein Geschenk mit nach Hause nehmen kann. Die Einwohnergemeinde finanzierte die prächtigen Mitren und Stäbe, die Römisch-Katholische Kirchgemeinde gewährt uns jeweils Gastrecht im Pfarreiheim „Am Schärme" und kommt für die Verpflegung von Klaus und Schmutzli auf. Derart unterstützt können wir die Geldspenden, den „Gewinn unserer Arbeit", an gemeinnützige Organisationen weitergeben, die sich für das Wohl armer Kinder dieser Welt engagieren." [3]

Kirche und Dorfkultur

Die Kirche ist oder war schon immer eine Stütze der Gesellschaft und der mitmenschlichen Beziehungen. In Kaiseraugst, wo sich 1875 nach dem Ersten Vatikanischen Konzil die christkatholische Kirchgemeinde bildete, muss es allerdings infolge dieser Neuorientierung zu grossen, vergiftenden Spannungen gekommen sein, die dem Dorfleben in hohem Masse abträglich waren und die wir heute kaum mehr nachempfinden können.

Rund 90 Jahre später – wir schreiben das Jahr 1964 – herrschte kirchliches Tauwetter. Im Zeichen der Gebetswoche für die Einheit der Christen luden die drei Pfarrämter – das römisch-katholische, das christkatholische und das reformierte – auf den 19. Januar zu einer ökumenischen Feierstunde ein, und ihr Aufruf verhallte nicht ungehört. Die Veranstaltung zählte 200 Besucherinnen und Besucher. Damit nicht genug: In den sechziger Jahren führten die drei Kirchen regelmässig gemeinsame Kulturabende mit Dia- und Filmvorträgen durch, und immer war ihnen ein grosser Besuchererfolg gewiss. Die Eröffnung der Ökumenischen Kirche in der Liebrüti entsprach offensichtlich einem Bedürfnis.

---

[1] Mitteilung von Hans Schauli.
[2] Mitteilung des Römisch-katholischen Pfarramtes.
[3] Mitteilung der Ehrengesellschaft St. Nikolaus.

Die Vereine

Vereine kommen und gehen: Sie sind Ausdruck gesellschaftlicher oder auch modischer Strömungen und darum Spiegelbild der sich wandelnden Identität eines Dorfes. Früher prägten sie das kulturelle Leben ungleich stärker als heute. *„Durch die geringe Mobilität und das Fehlen der modernen Massenmedien wurde die Bevölkerung zu einer Dorfgemeinschaft verbunden, wie wir sie uns heute kaum mehr vorstellen können. Vereinsanlässe und Feste waren willkommene Veranstaltungen, an denen sich die ganze Dorfbevölkerung beteiligte ...*

Vor der Einführung des elektrischen Lichts bestimmte das Tageslicht den Arbeitstag. In den Sommermonaten war deshalb ein geordnetes Vereinsleben kaum denkbar. Umso intensiver wurden die Wintermonate genutzt; jetzt hatte jedermann Zeit, sich der gebotenen Geselligkeit zu widmen." [1]

In Augst

Es würde den Rahmen der vorliegenden Ortsgeschichte sprengen, wollten wir der Geschichte jedes Augster Vereins nachgehen. Nur so viel: Die Anfänge waren mühsam, 1863 berichtet jedenfalls die Heimatkunde. *„Es ist zu bedauern, dass das Vereinsleben unter den Bewohnern des Dorfes nicht recht gedeihen will. Vor einigen Jahren entstand ein Gesangsverein, existierte aber nicht lange, sondern starb an der Auszehrung. Auch Schützen-, Turn- und andere Vereine finden bei uns keinen guten Boden und gedeihen ebenfalls nicht."* Und das blieb sich auch 1904 gleich. Wir lesen in der Chronik: *„Im Vereinsleben geschieht in Augst eher zu wenig als zu viel. Als einziger Verein existiert der in diesem Jahr gegründete Frauen- und Jungfrauenverein, und erst waren nur wenige Monatsbeiträge eingegangen, da gab's schon – eine Reise."*

Tempi passati: Heute gibt es in Augst nicht weniger als vierzehn Vereine, sie reichen – wenn wir die Heimatkunde zu Rate ziehen und von der Chronologie ausgehen – von der 1876 gegründeten Schützengesellschaft bis zum jüngsten Glied der Kette, zum 1980 gegründeten Bootsclub Augst. Leicht haben es die Augster Vereine auch heute noch nicht, was einerseits mit der Grösse des Dorfes zu tun hat, anderseits auf die Attraktivität einzelner Prattler Vereine zurückzuführen ist. Weil nämlich Augster Jugendliche ihre Schulpflicht nach der Primarschulzeit in Prattlen absolvieren und auf diesem Weg viele dorfübergreifende Freundschaften entstehen, können jugendnahe Prattler Vereine auf Augster Nachwuchs zählen.

Aus der Fülle der Augster Vereine erinnern wir zunächst an einen Verein, der lange Jahre mit seinem Namen weit über das Dorf hinaus für einen lebendigen Bezug zu Augusta Raurica gesorgt hat.

Der „Verein für Freilichtspiele im römischen Theater in Augst"

Nachdem schon seit 1938 hin und wieder Studentinnen und Studenten der Universität Basel Freilichtaufführungen in griechischer oder lateinischer Sprache geboten hatten, wurde diese Tradition 1949 durch einen Verein institutionalisiert. Prof. Dr. Rudolf Laur-Belart und der Theaterfachmann Dr. K. Gotthilf Kachler standen dabei Pate. Der Vorsitz des Vereins, der sich zur Aufgabe machte, klassische Werke aufführen zu lassen, lag aber in der Hand des

DORFKULTUR

Augster Posthalters. Die lange Reihe der gespielten Theaterstücke lässt sich sehen, genannt seien etwa „Die Vögel" von Aristophanes, Goethes „Iphigenie auf Tauris" oder Schillers „Braut von Messina". Und da stellt sich die Frage: Ist Augst ein Dorf der Schauspieler? Mitnichten – Augster und Kaiseraugster waren Helfer für die Organisation, allenfalls traten sie als Statisten auf, die Hauptrollen aber wurden von berühmten Darstellerinnen und Darstellern übernommen: Maria Becker, Ellen Widmann, Will Quadflieg, Helmuth Lohner, Robert Freitag und andere mehr. Zweifellos haben die Augster Freilichtaufführungen den Ruf von Augst als einer Kulturstätte ersten Ranges weit über die vor allem am römischen Erbe interessierten Kreise und weit über die Region Basel hinausgetragen.

Eine Besonderheit der Augster Freilichtspiele verdient es, hervorgehoben zu werden: Es sind die antiken Augster Maskenspiele, die seit 1936 auf Griechisch und Lateinisch, in den 1990er Jahren auf Deutsch gegeben wurden und sich wundervoll in die Basler Larventradition einpassten.

„Aber haben im Augster Theater je Theateraufführungen in Masken stattgefunden? Wir wissen sehr wenig darüber, wie die Theater der Kaiserzeit in den Provinzen genutzt wurden, über Augst konkret gar nichts. Vieles spricht dafür, dass diese Bauten primär Symbolcharakter hatten: Man war eine römische Kulturstadt – wie der temporäre Umbau des Theaters in ein Amphitheater zeigt, konnte man aber auch ganz gut darauf verzichten. Am ehesten sind Tanzdarstellungen denkbar, in denen die Pantomimen sich wechselnder Masken bedienten." [2]

Masken können in einem grossen Raum und auf einer Freilichtbühne viel lebendiger und ausdrucksvoller wirken als ein nur ungeschminktes Gesicht.

„Wenn der Darsteller aufgrund einer bestimmten zu erlernenden Technik die Maske richtig trägt, d. h. im Spiel zu gebrauchen versteht, kann sie für den Zuschauer alle Gemütsbewegungen des Schauspielers dramatischer, wirkungsvoller zum Ausdruck bringen als das Naturgesicht. Die an und für sich tote Maske beginnt zu leben, nimmt auf rational nicht fassbare Weise die Gemütsstimmung der Schauspieler auf, so wie wir dies in Basel vom 'Maskentreiben' an der Fasnacht kennen." [3]

Die Chöre in den einzelnen Stücken – genannt sei beispielsweise „Miles gloriosus – ein grossartiger Krieger" – rekrutierten sich jeweils aus theaterbegeisterten Einwohnerinnen und Einwohnern von Augst und Kaiseraugst oder der weiteren Umgebung. 1965 wurden die Augster Freilichtspiele kulinarisch ergänzt, indem das „Bukolische Picknick" geschaffen wurde, ein kleines Mahl im Freien mit echt römischen Zutaten, nämlich einer Römersuppe und Römerwürsten.

Gefragt waren ferner die bei diesen Anlässen geprägten Gedenkmünzen in Gold, Silber und Bronze nach Originalen, die man in Augst oder Kaiseraugst gefunden hatte. 1980 wurde sogar die Statuette des berühmten Römer Gourmet Lucullus gegossen und zum Verkauf angeboten. Diesem Lucullus haben wir es ja auch zu verdanken, dass im Baselbiet so viele Kirschbäume stehen, denn er war es, der den Kirschbaum aus dem kaukasischen Raum nach Europa gebracht hatte.

1992 setzte die Renovation des Theaters den Freilichtaufführungen ein Ende, aber jetzt, wo die Arbeiten bald abgeschlossen sein werden, beginnt man sich wieder Gedanken zur neuen Nutzung zu machen. *„Diese zielen weder auf Grossspektakel und Riesenopern noch auf die Erneuerung der Sprechtheater-Tradition ab. Aber könnten die Maskenspiele nicht wieder zum Markenzeichen von Augst werden? Immer wieder wird danach gefragt – hier besteht offensichtlich eine Marktlücke. Sollte man diese Chance nicht nutzen, bevor es jemand anders tut? Wer wagt den nächsten Schritt in 'experimenteller' Theaterarchäologie?"* [4]

Die Frage der Römerstadt-Leitung steht im Raum. Wird sie je von irgendeiner Seite aufgenommen werden? Eines steht schon heute fest: In Augst und Kaiseraugst fänden sich ohne Zweifel erneut Theaterbegeisterte bereit, die alte Tradition wieder aufleben zu lassen.

1854: Der Frauenverein Augst

Seine Wurzeln gehen bis ins Jahr 1854 zurück, doch hatte er wahrscheinlich kein langes Leben, 1904 erfahren wir jedenfalls von einer Neugründung. Heute kommt ihm besonders im Hinblick auf den immer grösser werdenden Anteil von Seniorinnen und Senioren eine wichtige Rolle für das soziale und kulturelle Leben im Dorf zu. So organisiert er u. a. Ausflüge, Kurse sowie Altersnachmittage und beschenkt in der Adventszeit Seniorinnen und Senioren. Aber auch die Kleinsten kommen nicht zu kurz: Kindertreffs entlasten junge Mütter.

1906: Der Turnverein und 1928 der Damenturnverein

Der Turnverein Augst wurde 1906 gegründet. *„Die ersten Turngeräte waren ein Reck und ein Barren, die auf dem alten Turnplatz hinter dem Gemeindeschopf beim ehemaligen Schul- und heutigen Gemeindehaus aufgestellt wurden. Bei schlechtem Wetter übte man in einer Scheune, sogar in einem Schulzimmer oder in einem Gasthaussaal. Als 1927 die Turnhalle des neuen Schulhauses 'Obermühle' eingeweiht wurde, waren die Raumnöte des Turnvereins und der Schule behoben."* [5] Der Damenturnverein ist jüngeren Datums; er wurde 1928 gegründet.

Obwohl beide Vereine unabhängig sind, führen wir sie nicht getrennt auf, denn Tatsache ist, dass sie sich immer wieder zu gemeinsam durchgeführten Anlässen zusammenfinden, so z. B. für den Turnerabend, für den übrigens eine spezielle Theatergruppe gegründet wurde, die eine komödiantische Note in die turnerischen Darbietungen bringt, oder für die Jugendriege. Dem Turnverein und der ihm angeschlossenen Männerriege kommt im Übrigen das Verdienst zu, alljährlich das traditionelle Eierlesen durchzuführen.

1970: Die Vereinigung „Pro Augst"

Die Vereinigung „Pro Augst" ist jüngeren Datums. Sie entstand 1970 unter dem Motto, dem Dorf mehr Zusammenhalt zu geben, die Bevölkerung „Augst-bewusst" werden zu lassen und damit die Dorf-Identität zu stärken. Eine Reihe sich jährlich wiederholender Anlässe – genannt seien bespielsweise die Jassmeisterschaften oder die Raclette-Abende sowie besinnliche und gemeinnützige Veranstaltungen – dienen diesem Ziel.

DORFKULTUR

Unter den besinnlichen Anlässen ist an erster Stelle das Weihnachtssingen zu erwähnen. Am Sonntag vor Weihnachten versammeln sich im Innenhof des Ehingergutes Mitglieder des Männerchors – sie werden von einer Kaiseraugster Bläsergruppe begleitet – und erfreuen die jeweils rund vierzig Anwesenden bei Glühwein und Grättimannen mit weihnachtlichen Weisen. Gemeinnützigen Charakter hat die ebenfalls von der Vereinigung „Pro Augst" initiierte „Bachputzete", über deren Ergebnisse schon andernorts berichtet worden ist, und eingebürgert hat sich schliesslich auch die tätige Mithilfe bei dem seit 1995 jährlich viele Schaulustige anziehenden „Römerfest" sowie die gemeinsam mit der Schule durchgeführte Kinderfasnacht.

Katholischer Kirchenchor Kaiseraugst 1897. (Foto aus dem Archiv der Gemeinde Kaiseraugst)

In Kaiseraugst

Entsprechend der Grösse von Kaiseraugst kann das Dorf mit mehr als fünfzig Vereinen aufwarten. Wir stellen zunächst zwei Vereine vor, die es heute nicht mehr gibt, die aber wesentlich dazu beigetragen haben, dass man sich in Kaiseraugst früher wohl fühlen konnte und es auch heute noch tut. Dann gehen wir den Spuren der älteren Kaiseraugster Vereine nach.

1880? – 1954: Der „Dramatische Verein"

Der Kaiseraugster „Dramatische Verein" – er hiess im Kürzel der „Dramatische" – dürfte Mitte der achtziger Jahre des 19. Jahrhunderts ins Leben gerufen worden sein. Er verstand es, in einer noch fernsehlosen Zeit Jahr für Jahr ab Neujahr im „Löwensaal" mit drei bis vier Aufführungen das Interesse der ganzen Bevölkerung auf sich zu ziehen. Was wurde von den rund 20 bis 30 Mitgliedern geboten? Beliebte Volksstücke, wie zum Beispiel „Versinkende Heimat", „Die Glocken von Plurs", „Bergheimat", u.s.w.

Volkstheater gehörte im Fricktal des 19. Jahrhunderts ganz selbstverständlich zu einem Dorf. Kaiseraugst mit seinem „Dramatischen Verein" war also keine Ausnahme. In vielen Gemeinden war das Vereinstheater damals (und ist es teilweise auch heute noch) *„das Jahresereignis par excellence und die wichtigste kulturelle Manifestation."* [6] Von allen Beteiligten in der Regie, auf und hinter der Bühne erforderte es eine grosse, kreative Anstrengung. Ferner mussten Inserate aufgegeben werden, in Basel galt es, in der Kostüm Kaiser AG Kleider zu bestellen

Dramatischer Verein um 1915. (Foto aus Kaiseraugst – wie's damals war)

DORFKULTUR

*Ausflug des Dramatischen Vereins um 1928.
(Foto aus Kaiseraugst – wie's damals war)*

und im Musikhaus Hug Notenmaterial einzukaufen, last but not least musste eine Musikkapelle für den an die Theateraufführung anschliessenden Tanz aufgeboten werden. Das letzte Kassabuch des „Dramatischen" belegt, dass die Rechnung von 1945 an zunächst auch finanziell aufging; als aber in den fünfziger Jahren das Publikumsinteresse merklich abzunehmen begann, war das „Aus" gewissermassen programmiert. Den Schlusspunkt setzte im Winter 1953/54 das der Fricktaler Geschichte gewidmete Stück „Landammann Fahrländer" aus der Feder des Dorfpoeten und Historikers Dr. G. A. Frey.

1995: Der Theaterverein

Traditionen sind zählebig! Am 21. April 1995 kam es erneut zur Gründung eines der grossen Theatervergangenheit des Dorfes verpflichteten „Theatervereins." Er führte die theaterspielenden Leute aus Musikgesellschaft, Reformiertem Gemeindeverein und Turnverein zusammen und zählt elf Jahre nach seiner Gründung über 60 Aktiv- und Passivmitglieder. Der Theaterverein Kaiseraugst führt alle zwei Jahre in der Dorfturnhalle ein abendfüllendes Stück auf: genannt seien 1996 „Rabeneck", 1999 „D Putzfrau als Dedektiv" und 2004 „Moorgang".

1933 – 1989: Der „Verkehrs- und Verschönerungsverein"

Von der Vereins-Bildfläche verschwunden ist auch ein Verein, der sich mehr als fünfzig Jahre weder für spezielle kulturelle Werte noch für sportliche Belange eingesetzt hat sondern für das Gesamtwohl der Gemeinde; gemeint

DORFKULTUR

ist der 1933 ins Leben gerufene „Verkehrs- und Verschönerungsverein Kaiseraugst", der sich – wie es der Name sagt – der Verschönerung der Ortschaft sowie der Pflege des öffentlichen Verkehrs annahm.

Ende 1989 löste sich der Verein auf, nachdem im Laufe der Zeit seine wesentlichen Aufgaben von der Gemeinde übernommen worden waren und er deshalb mehr und mehr zu den „Stillen im Lande" gehörte.

Was hat Kaiseraugst dem „Verkehrs- und Verschönerungsverein" zu verdanken? Das Kassabuch gibt Auskunft. Lange Jahre unterstützte der Verein die Stiftung Augusta Raurica und beteiligte sich an der Besoldung des Weibels. Aber seine eigentliche Aktivität lag im Aufstellen und in der Pflege von 12 Ruhebänken, im Schmücken der Dorfbrunnen und im Einrichten der Weihnachtsbeleuchtung. Last but not least – wir verdanken dem Verein ferner einige Fotos mit Postkartensujets, die in seinem Auftrag in den 1950er Jahren aufgenommen worden sind; sie besitzen heute bereits historischen Wert und berichten von einem noch ländlichen Kaiseraugst.

Die Musikgesellschaft um etwa 1897. (Foto aus Kaiseraugst – wie's damals war)

1865: Die Musikgesellschaft Kaiseraugst

Die Musikgesellschaft Kaiseraugst ist der Methusalem der Kaiseraugster Vereine – sie gehört seit 140 Jahren ganz selbstverständlich zum Dorf und hat es in ihrer langen Geschichte immer wieder verstanden, bei verschiedensten Anlässen für einen musikalischen Hintergrund zu sorgen: 1. Augustfeier, Fasnacht, Banntag, kirchliche Feiern, Frühschoppen, Konzerte, etc.

Eine „Musik" ist in der Schweiz ohne Fahne und Uniform undenkbar. Kaiseraugst macht da keine Ausnahme; schon eine erste Foto – sie datiert etwa aus dem Jahr 1897, als der hochgestellte Vatermörder noch Mode war – zeigt die Musikanten mit Bluse und einer Schirmmütze, wie die Polizei sie trug. 1929 überrascht die Mütze mit einem aufgesetzten Pinselbusch.

Vereine haben es im Zeitalter eines immer breiter werdenden Freizeitangebots nicht leicht: Wer will sich schon auf längere Zeit festlegen? Die Kaiseraugster Musikgesellschaft kann mit einem Gegenbeispiel aufwarten – von 1948 bis 1998 hielt ihr ein Fähnrich ein halbes Jahrhundert lang die Treue. Es bleibt zu hoffen, dass die Vereinstreue der 28 Aktivmitglieder, welche die Gesellschaft gegenwärtig zählt, ebenso dauerhaft sein wird.

Der christkatholische Kirchenchor auf Reisen. (Foto aus dem Archiv der Gemeinde Kaiseraugst)

1872: Die Schützengesellschaft Kaiseraugst

Der zweitälteste Kaiseraugster „Traditionsverein" wird von den Schützen gestellt. Eine reiche Jubiläumsschrift zu seinem 125. Geburtstag orientiert über seine wechselvolle Geschichte. Ihr entnehmen wir den Hinweis, dass die Schützen vor 1973, das heisst vor dem Bezug der regionalen Gemeinschaftsschiessanlage Ruschebächli – im Kapitel „Akustische Räume" wurde über sie berichtet – ihren Sport im Laufe dieser langen Jahre an nicht weniger als drei Standorten ausübten, an den Schiessständen Schützenhölzli, im Liner sowie auf Hirsrüti / Lange Jurten. Von Schiessplatz zu Schiessplatz erfuhr dabei die Anlage eine Verbesserung: So begnügte man sich beispielsweise am Schiessplatz im Liner noch mit Feldscheiben, die an jeder Schiessübung vor dem als Kugelfang dienenden Abhang der Lienertshalde neu aufgestellt werden mussten, das Scheiben- und Zeigermaterial aber lagerte man in einer alten Feldscheune. Heute wird auf einer modernen elektronischen Anlage geschossen. Und noch ein Hinweis, der belegen soll, wie sehr die römische Vergangenheit den Kaiseraugster Alltag immer noch durchwirkt: 1956 fand in Kaiseraugst erstmals ein als Römerkastellschiessen bezeichnetes Gruppenschiessen statt. Es wird auch heute noch bei einer Beteiligung von bis zu 500 Schützen durchgeführt. *„Besonders angetan waren viele Schützen von der einzigartigen Kranzmedaille mit dem römischen Kaiserkopf, die nach einer von „Pro Augusta Raurica" zur Verfügung gestellten Originalvorlage gestaltet worden war."* [7]

Die Schützengesellschaft kehrt vom „Kantonalen 1957" zurück. (Foto aus Kaiseraugst – wie's damals war)

DORFKULTUR

1910: Der Turnverein

Eine erste Turnerschaft, die 1890 mit eigener Musikkapelle aus den Reihen der Musikgesellschaft hervorgegangen war, existierte lediglich fünf Jahre lang. 1910 kam es zu einer Neugründung, sie war – typisch für jene Zeit – nur Männern vorbehalten, Frauen kamen erst 1963 mit der Gründung der Damenriege dazu. Weil es heute nur noch wenige Turner und Turnerinnen gibt, werden kaum mehr Turnerabende oder andere Aktivitäten durchgeführt, dafür erfreuen sich diverse Unterabteilungen (Mädchen- und Knabenriegen, Unihockeyabteilung) grosser Beliebtheit.

Der erste Turnverein in Kaiseraugst wurde 1890 gegründet. (Foto aus Kaiseraugst – wie's damals war)

Es wäre ungerecht, würde man es unterlassen, an dieser Stelle nicht auch die zahlreichen jüngeren Vereine, die sportliche Aktivitäten pflegen, zu erwähnen: American Football Club „Raurica Gladiators", Badminton-Club, Frauenriege, Frauenturnverein, Fussballclub, Gymnastik Raurica, Männerturnverein, Schwimmclub, Senioren-Turnen, Tennisclub, Tischtennis-Club, Veloclub „Raurica" und Volleyball-Club.

DORFKULTUR

Der katholische Frauenverein beim Kaffeekränzchen für ältere Vereinsmitglieder im Pfarrgarten. (Foto aus Kaiseraugst – wie's damals war)

Das stille Wirken der Frauen

Frauen leisten seit eh und je wertvolle und stille Hintergrundarbeit. Doch findet ihr Wirken, das die Statuten des bereits 1887 gegründeten und heute 82 Mitglieder zählenden Römisch-katholischen Frauenvereins folgendermassen umschreiben, nur sporadisch Anerkennung.

„Zu den Aufgaben des Vereins gehören:

a) Caritative Belange,

b) Förderung der religiösen, staatsbürgerlichen, kulturellen und wirtschaftlichen Weiterbildung der Frauen.

c) Pflege der Gemeinschaft und der Solidarität ...".

Und was für den katholischen Frauenverein gilt, hat seine Gültigkeit auch für den christkatholischen sowie den 1946 aus der Taufe gehobenen reformierten Frauenverein mit seinen rund 100 Mitgliedern. Alle drei Vereine widmen sich nebst ihrem uneigennützigen Einsatz für ihre Pfarrgemeinde und für soziale Belange der religiösen Vertiefung sowie der Förderung des ökumenischen Gedankens, politische Betätigung aber liegt ihnen fern.

DORFKULTUR

[1] Kaiseraugst wie's damals war, S. 11.

[2] Jungck Christoph: Maskenspiele in Augst – aus antiker Tradition?, in: Augusta Raurica. Eine Entdeckung durch die Zeit. archäologie der schweiz, 26, 2003, 2. S. 50.

[3] Kachler K. Gotthilf: Programmheft 1974 für die Aufführungen von Aristophanes' „Die Acharner".

[4] Jungck Christoph, S. 50.

[5] Heimatkunde Augst 1984, S. 158.

[6] Hugger Paul: Fricktaler Volksleben, Basel 1977, S. 279.

[7] Zinniker Willy: Jubiläumsschrift: 125 Jahre SG Kaiseraugst 1872 – 1997, S. 17.

RÖMERFORSCHUNG

„Aus den Ruinen von Augst erwuchs Basel"

„*Aus den Ruinen von Augst erwuchs Basel.*"[1] Treffender und kürzer lässt sich nicht sagen, warum es im Baselbiet kein zweites Dorf gibt, das dem Stadtbasler so vertraut ist wie Augst. „Römisches" gehört sowohl in Augst wie auch in Kaiseraugst zum optischen Alltag und begegnet einem auf Schritt und Tritt – als Säule im Vorgarten, als aufgesetztes Kapitell eines Dorfbrunnens, als Kastellmauer oder natürlich als eine der grossen Gebäudeanlage. "Römisches" durchdringt indessen auch das politische Geschehen der beiden Gemeinden und stellt sich nicht selten öffentlichen oder privaten Bauabsichten quer. Da scheiden sich die Geister: Während sich die einen der Berühmtheit ihres Dorfes erfreuen, empfinden andere die Rücksicht auf altes Kulturgut als entwicklungshemmendes und einengendes Korsett. Wir gehen vorerst nicht auf diese Kontroverse ein, sondern versuchen, den Gang der Entdeckungs- und Forschungsgeschichte von Augusta Raurica nachzuzeichnen.[2] Es wird im letzten Kapitel dieses Buches Gelegenheit geben, den Faden des römischen Pro und Contra aufzunehmen.

Im 19. Jahrhundert waren die Ruinen zu einem beliebten Ausflugsziel geworden. (Foto Augusta Raurica)

„Die Vergänglichkeit" – so heisst das bekannte Gedicht Johann Peter Hebels, das in Form eines lehrhaften und visionären Vater-Sohn-Gesprächs Parallelen zwischen der Hinfälligkeit des menschlichen Lebens und der Endlichkeit des Planeten Erde zieht:

„... es schloht e mol e Stund,
goht Basel au ins Grab, und streckt no do
und dört e Glied zum Boden us, e Joch,
en alte Turm, e Giebelwand; es wachst
do Holder druf, do Büechli, Tanne dört,
und Moos und Farn, und Reiher nischte drinn -
s'isch schad derfür!"

Genau dieses Schicksal ist Augusta Raurica vor mehr als anderthalbtausend Jahren beschieden gewesen. Zu verschiedenen Zeiten, so z. B. um 274 und kurz nach 350 n. Chr. brach die sich schon lange abzeichnende Katastrophe über die Grenzgebiete am Ober- und Hochrhein herein. Inflation, Verarmung und Abwanderung der Bevölkerung aus den Städten waren Begleiterscheinungen dieser allmählichen Destabilisation. Auch wenn nach dieser und anderen schmerzlichen Grenzerfahrungen ein zögerlicher Wiederaufbau erfolgt ist – die Tage der Zugehörigkeit zum römischen Reich waren gezählt, und nach 590 begann mit der Eingliederung des helvetischen Gebiets ins Reich der Franken eine *„neue, nahtlos ins Mittelalter weiterführende Epoche."* [3]

RÖMERFORSCHUNG

Was wissen wir von den Augster Ruinen im Mittelalter? Herzlich wenig! Wir können höchstens vermuten, dass sich damals im Laufe der Jahre, Jahrzehnte und Jahrhunderte das zugetragen hat, was Johann Peter Hebel in seherischer Weise für Basel (und die ganze Welt) vorausgesagt hat: Zerfall, Versinken und Überwachsen der einst so blühenden Stadt am Rhein.

Tempelruine mit dem von Aubert Parent zu Beginn des 19. Jahrhunderts errichteten Säulenfragment in der Grienmatt. (Anonymes Aquarell, Kantonsmuseum Baselland)

Augster Sagen

Und so dürften auch die ersten Besucher des Augster Ruinengeländes, von denen wir im Verlaufe des 16. Jahrhunderts erfahren, das Gebiet zwischen Rhein, Ergolz und Violenbach angetroffen haben: wild überwachsene Baufragmente, baumgekrönte Ruinen, Stein- und Schutthalden.

Doch nicht nur die Natur bot sich in wildem Gestrüpp dar, auch die Phantasie der Menschen wucherte. Sie bemächtigte sich der halbzerfallenen Trümmer und belebte sie mit Sagen und wundersamen Geschichten über verborgene und reichtumverheissende Schätze.

Eine dieser Sagen weiss von einem gar köstlichen Schatz zu berichten, der in einem tiefen, nur schwer zugänglichen Gewölbe ruhe, wo er von den Römern in einer *„Trucke"* hinter einer dicken, eisernen Türe vergraben worden sei. Überdies werde er von einem grossen, bösartigen Hund bewacht, weshalb *„bisshaer keiner also küen erfunden / der mit disem hund stritten."* Erst um das Jahr 1520 – so erzählt der Chronist Johannes Stumpf (1500 – 1577/78) – habe ein armer Geselle den Schatz zu heben gesucht: *„... auss hungers not* *und grossem mangel / den er in grausamster theüre mit wyb und kinden lang geduldet."* Doch stand das Unternehmen unter keinem guten Stern. Statt auf einen Schatz stiess der Schatzsucher in der Höhle nur auf menschliches Gebein, *„darab er in massen erschrack / dass er auss forcht und angst einem todten gleych hinsinckende / nichts mehr von jm selbs wusst."* [4] Endlich sei es ihm gelungen, kriechend und völlig kraftlos den Ausgang der Höhle zu erreichen. Halbtot habe er sich zu Hause in Sicherheit bringen können, doch sei er drei Tage darauf gestorben.

Besonders einprägsam ist die Geschichte des einfältigen Lienimann, die 1816 in Theodor Zwingers (1533 – 1588) Version selbst in Grimms „Deutschen Sagen" Eingang gefunden hat:

„Um das Jahr 1520 lebte in Basel einer namens Leonhard, genannt Lienimann, eines Schneiders Sohn; er war blöde von Verstand und stotterte. Um die genannte Zeit nun gelang es ihm durch gewisse Künste wiederholt in jene unterirdische Höhle zu Augst hinabzusteigen, und er drang weiter vor, als je einer vor ihm. Lienimann zündete eine geweihte Kerze an und stieg den Gang hinunter. Hier nun – so pflegte er zu erzählen – gelangte er zuerst an eine eiserne Türe. Durch diese trat er in Kammern ein, von einer in die andere, bis sich vor ihm prächtige grüne Gärten eröffneten. In ihrer Mitte stand ein herrlich geschmückter Palast. Da erblickte er eine wunderbare Gestalt: ihr Oberkörper bis zur Scham war der einer schönen Jungfrau mit goldenem Diadem auf dem Haupt, von dem flatterndes Haar herabhing, der Unterleib ging in eine greuliche Schlange aus. Die Gestalt führte Lienimann an der Hand zu einer eisernen Kiste, auf der zwei schwarze Hunde sassen und mit schrecklichem Bellen die Nahenden verscheuchten. Aber die Jungfrau bedrohte die Bestien und hielt sie zurück; sie nahm von dem Schlüsselbund, den sie am Hals trug, einen Schlüssel, öffnete damit die Kiste und holte alle möglichen Münzen daraus hervor goldene, silberne und eherne. Lienimann behauptete von der Jungfrau eine ganze Menge bekommen zu haben. Sie habe ihm erklärt, sie sei eigentlich eine Königstochter und einst durch grässliche Zaubersprüche in diese Gestalt verwandelt worden; gerettet könne sie nur werden, wenn ein reicher und keuscher Jüngling sie dreimal küsse. Dann werde sie ihre ursprüngliche Gestalt wieder erhalten, und der Erretter werde als Lohn alle hier verborgenen Schätze davontragen. Lienimann erklärte: zweimal habe er sie geküsst, da habe sie aus Freude, erlöst zu werden, so schreckliche Gebärden gemacht, dass er fürchten musste, von ihr bei lebendigem Leibe in Stücke gerissen zu werden. Nachdem er aber von schlimmen Gesellen in ein Hurenhaus geschleppt worden, habe er den Eingang zum Gewölbe nie mehr finden können. Unter Tränen klagte der arme Kerl öfter über dieses Ende." Die Sage schliesst mit der moralischen Nutzanwendung: „Ist alles andere nichts,

Die schatzhütende Jungfrau. (Federzeichnung von Willy Stäheli aus Baselbieter Sagen, 1990)

RÖMERFORSCHUNG

als ein lauteres Gespenst und Teufelsbetrug gewesen. Jedoch ist die auss dieser Klufft gebrachte und vielen Burgern gewiesene Münz eine genugsame Erscheinung, dass in denselben Gängen und Gewelben under der Erden grosse Schätze verborgen ligen, welche von Geistteufeln besessen und verwahret werden."[5]

Die Humanisten standen solchen Geschichten selbstverständlich sehr skeptisch gegenüber; sie liessen höchstens gelten, dass die Gestalt dieses Lienimann, der ja wirklich gelebt hatte, durch Münzfunde bekannt geworden war. Sagen, die sich um seine und andere Funde rankten, verwiesen sie dagegen wie beispielsweise Beatus Rhenanus (1485 – 1547) ins Reich der Märchen: „Aber dergleichen Dingen darf man nicht Glauben schenken."[6]

Doch trotz dieser humanistischen Einwände hielt sich der Glaube, in Augst seien Schätze zu horten, bis ins 19. Jahrhundert. „Als die kaiserlichen Truppen 1814 im Fricktal lagen, hatten zwei Soldaten, die zu Magden im Quartier waren, von einem Tausendkünstler den Ort des Schatzes erfahren sowie die Art und Weise, wie dieser zu heben sei. An einer Freitags-Mitternacht begaben sie sich mit Osterkerzen und anderen geweihten Schutzmitteln in das Gewölbe und streuten behutsam Spreuer hinter sich her, um den Rückweg sicher wieder zu finden. Eine Eisentüre öffnete sich auf ihr Anklopfen, und eine Jungfrau, die unten in einem Schlangenleib endete, wies sie zu einer Truhe, von der zwei Hunde mit Feueraugen herab bellten. Der Deckel ging auf, und die beiden konnten Geld nehmen, soviel sie mochten. Schon waren sie wieder vor der Höhle, als der eine der Soldaten gewahrte, dass er drinnen sein Seitengewehr hatte liegen lassen. Trotz den Vorstellungen seiner Kameraden ging er sogleich zurück, um es zu holen, und ist nie wieder zum Vorschein gekommen."[7]

Schatzgräberei

Dass gerade in Augst Schatzgräbersagen so lange im Umlauf waren, ist natürlich nicht Zufall, sondern erklärt sich aus der Tatsache, dass im Umgelände der römischen Ruinen seit altersher wertvolle Zufallsfunde an der Tagesordnung waren. So erfahren wir beispielsweise aus dem Basler Ratsprotokoll vom 7. Dezember 1510, der Stadtschreiber habe seinem Kollegen in Augsburg eine Bronzestatuette, „ein Bildl, so ... zu Ougst gefunden ist", geschenkt.[8] Und wer erinnert

Moderne „Schatzsuche": Die Kaiseraugster Löwenwirtin zeigt stolz wertvolle Stücke des geretteten Silberschatzes. (Foto Augusta Raurica, R. Laur-Belart)

sich in diesem Zusammenhang nicht an den wirklich „sagenhaften" Fund des Silberschatzes, der in den Winterwochen 1961/62 anlässlich von Baggerarbeiten bei der neuen Kaiseraugster Turnhalle gemacht wurde?

Ist es den Augstern und Kaiseraugstern zu verdenken, wenn sie deshalb in früheren Zeiten immer wieder durch wilde Grabungen versuchten, das Glück zu zwingen? So erfahren wir 1514 aus dem Ratsprotokoll, dass all denen, die *„zu Ougst in unnser Herlichkeit"* nach Schätzen graben würden, ein Erfolg ihrer Bemühungen zwar nicht vergönnt werde, sie jedoch gehalten seien, die Hälfte des Gewinns nach Abzug der Grabungskosten an die Staatskasse abzuliefern.[9]

Unschwer lässt sich aus dieser Verfügung, die übrigens rasch von einem allgemeinen Grabverbot abgelöst wurde, zweierlei ableiten: Erstens muss es im 16. Jahrhundert in Augst Mode gewesen sein, sich als Schatzgräber zu betätigen; zweitens wird deutlich, dass die Ruinen zu diesem Zeitpunkt bereits Gegenstand des amtlichen und öffentlichen Interesses waren. Wie hartnäckig und zerstörerisch bei solchen Nacht- und Nebel-Grabungen übrigens verfahren wurde, geht aus einem anderen gegen Ende des Jahrhunderts erschienenen Bericht hervor, der von den *„Maulwerff"* erzählt, *„die ihren Schatz eyn gantz Jar nit erbickelen mochten."*[10]

Die Liste derartiger Verfehlungen ist lang, und wir gehen sicher in der Annahme nicht fehl, dass es neben den zahlreichen Ruinenfrevlern, die nur dank polizeilichem Sündeneintrag bekannt geworden sind, noch viele andere gegeben hat, die ungeschoren davongekommen sind.

Die Ruinen als Steinbruch

Schon längst weiss man, dass viele behauene Steine des Augster Theaters vom Militär im frühen 4. Jahrhundert für den Bau des Castrum Rauracense wiederverwendet worden sind. Zerstörung oder zumindest Beschädigung drohte den Augster Ruinen indessen nicht nur von den Kastell-Erbauern und den schatzgrabenden „Maulwürfen", sondern auch von den Bauern.

Theatersanierung 1936. (Foto Augusta Raurica)

Der Augenzeugenbericht eines Kenners der Augster Verhältnisse ausgangs des 19. Jahrhunderts hält fest: *„... am nachhaltigsten und ausgiebigsten"* habe *„das Bedürfnis der Bodenkultur gewirkt. Sollte der Pflug den Boden durchfurchen, so galt es nicht nur die emporragenden Mauern zu beseitigen, sondern auch so tief im Boden die Steine wegzunehmen, dass die Arbeit des Bauern ungehindert vor sich gehen konnte. So sehen wir heute noch, wo die Felder längst eingeebnet sind, den sorgsamen Landmann beständig diese Vorsorge für seine Werkzeuge treffen: Er gräbt alte Häusermauern oder Quadersteine aus und beseitigt sie, nur um dem Pflug oder der Hacke das Hindernis zu entfernen. Wieviel*

RÖMERFORSCHUNG

mehr muss dies in der Zeit der ersten Urbarmachung des Bodens nötig gewesen sein! Und gerade in denjenigen Theilen der alten Römerstadt, wo die Häuser am dichtesten müssen gestanden haben, auf der Ebene östlich und südlich von der Theaterruine, im sogenannten 'Steinler', findet sich das meiste Ackerland." [11]

Gewiss – die Landwirtschaft hat ihren Tribut verlangt, aber auch das Baugewerbe und die Stadt Basel müssen ins Sündenregister eingetragen werden. 1566 erfahren wir, dass dem Steinmetz Onophrion Gürtler und dem Ziegler Lienhart Dür gestattet werde, *"die zu Augst herfürgrabnen – Quader und andere Steine – zu der Stadt Bau zu nemen"*, wohin sie per Schiff verfrachtet wurden.[12] Wahrscheinlich fanden sie Wiederverwertung für die eben damals errichteten Bollwerke der Stadtbefestigung. Es war doch so viel einfacher, die Kastellmauer und das Theater zu plündern als in beschwerlicher Steinbrucharbeit neue Steine zu brechen! Zudem konnte der Ziegler die *"aus dem noch stehenden Gemäuer"* gewonnenen kleineren Kieselsteine in einem Ofen zu Kalk brennen. 1590 erfahren wir überdies, dass sich die städtische Regierung für den Neubau der Augster Brücke *"... durch Wegschleppung ausgegrabener Steine"* schadlos hielt.[13]

Als sich 1711 ein Augster Bürger entgegen dem Ratsverbot unterstand, *"Heydnisches Mauerwerk zu demoliren und völliglich in ruin zu setzen"*, wurde der Landvogt auf der Farnsburg wenig später in die Pflicht genommen, *"dass bey höchster Unserer Ungnad von nun an an disen Gebäuwen nichts mehr verändert und viel weniger das Geringste davon weggeführt werde."* [14] Im Juni 1718 hatten sich entsprechend dieser Weisung 18 Augster vor dem Rat zu verantworten, *"weil sie sehr viele Steine in das Schönthal oder die Drahtzüge bey Liestal und zu dortigen Bauten verwendet hatten."* [15] Auch wenn das Verbot, die Ruinen zu plündern, zum Missfallen der Bevölkerung erneuert wurde, von einem echten Schutz der Ruinen war man weit entfernt. Noch 1779 erfahren wir jedenfalls, dass Hieronymus Huber, der Augster Papiermüller, für den Bau seiner Mühle Marmorsteine zerschlug und dass in der Orchestra des Theaters Gemüse angepflanzt sowie täglich Steine von diesem Monument weggenommen wurden.

Auf der Insel Gwert untersuchte Daniel Bruckner im 18. Jahrhundert den römischen Rundbau, der 1817 von den Fluten des Rheins mitgerissen wurde. Ausschnitt aus dem Originalplan Büchels. (Reproduktion Universitätsbibliothek Basel)

Humanisten und Historiker entdecken Augst

Nur zögerlich setzte sich in Basel und Augst ein stärkeres Bewusstsein für die Bedeutung der Ruinen durch. Den ersten Anstoss zu einer Neubewertung der Augster Ruinenlandschaft gaben Gelehrte, allen voran der Basler Humanist Beatus Rhenanus, der 1528 auf die Grabinschrift des Gründers der „Colonia Raurica", Lucius Munatius Plancus, in Gaeta in Unteritalien aufmerk-

RÖMERFORSCHUNG

sam machte. Rhenanus glaubte zeigen zu können, dass die Stadt Basel die Nachfolgerin dieser Kolonie sei, worauf der Rat dem Rathaus gegenüber im „Haus zum Pfauen" ein Gemälde des vermeintlichen Stadtgründers anbringen liess. Als das Wandbild im Laufe der Jahre verblasste, wurde es 1580 durch eine Statue ersetzt, die den Römer in Harnisch und Helm zeigt. Sie ziert noch heute den Innenhof des Rathauses und zeugt vom Selbstbewusstsein Basels.

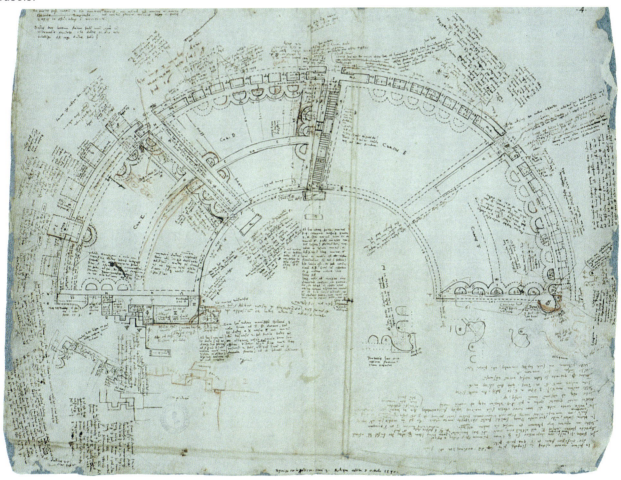

Ausgrabungen von Basilius Amerbach 1588/89 am römischen Theater von Augst. (Reproduktion Universitätsbibliothek Basel)

Das von humanistisch gebildeten Persönlichkeiten den römischen Ruinen im 16. Jahrhundert entgegengebrachte Interesse führte dazu, dass Augst schon damals Basler Ausflugsziel wurde. So erfahren wir 1548 von einem Studentenausflug mit Besichtigung der Ruinen und abschliessendem Wirtshausbesuch. Und 1577 wies Theodor Zwinger die Augster Ruinen erstmals in einer Art Reiseführer als historische Sehenswürdigkeit aus.

1582 begannen Bergknappen auf Anregung des Basler Juristen und Antikenliebhabers Basilius Amerbach (1534 – 1591) mit ersten wissenschaftlichen Ausgrabungen. Sie wurden von der Basler Obrigkeit finanziert und förderten u. a. einen Mosaikboden sowie ein Tempelpodium zu Tage, dessen Deutung allerdings ausblieb. Amerbach hatte für die Sagengläubigkeit der Bevölkerung nur wenig Verständnis. Einem Freund schrieb er am 15. März 1588: *„Die Fabel von dem blödsinnigen Lienimann, der Jungfrau und dem Schatz von Augst wird heute noch bei uns herumgeboten."* 1588 und 1589 unternahm Amerbach Nachgrabungen im Theater und liess die Anlage von Kunstmaler Bock

RÖMERFORSCHUNG

Daniel Bruckner legte zwar die Curia und die angrenzende Stützmauer frei, erkannte aber deren Funktion nicht. Bis Anfang des 20. Jahrhunderts glaubte man, es sei ein Teil der Stadtmauer. (Staatsarchiv Basel)

in einem Plan aufnehmen. Zum ersten Mal widersprach er dem Irrglauben, die Ruine der „Neun Thürmen" sei ein Schloss oder eine Burg, und interpretierte die vermeintlichen „*Kamine*" der Anlage zu Recht als Entlastungsbögen. Amerbachs Überlegungen gipfelten in der Vermutung, das in Augst zu Tage getretene Gemäuer habe entweder als Theater oder Amphitheater gedient. Trotz dieser klaren Erkenntnis, die allerdings nie publiziert wurde, blieb Augst für die Bevölkerung ein Buch mit sieben Siegeln. Die Bauern nutzten weiterhin die Nachfrage der Basler Oberschicht, die für ihre Privatsammlungen Kuriositäten und antike Münzen horteten. „*Wie denn wenige Reisende anher kommen, welche sich nicht naher Augst begeben um das allda noch vorhandene Gemäuer zu besichtigen und zum Denkmale eine römische Münze und anderes ... von dem Landmann einkaufen,*" erfahren wir 1765.[16]

Einen grossen Lichtblick in der Ausgrabungsgeschichte von Augusta Raurica brachte der Basler Historiker Daniel Bruckner (1707 – 1781) mit seinem „Versuch einer Beschreibung historischer und natürlicher Merkwürdigkeiten der Landschaft Basel". Den letzten Band seines 1748 begonnenen Monumentalwerkes widmete er 1763 mit über 300 dicht bedruckten Seiten ausschliesslich den Augster Ruinen. Daniel Bruckner hatte als Kanzleigehilfe Zugriff zu den Basler Archivalien; mit nie erlahmendem Interesse betrieb er kritisch interpretierende Forschung und bewirkte, dass der Vogt auf Farnsburg,

dem Augst unterstellt war, angewiesen wurde, allfällige Entdeckungen von Gewölben, Gemäuern und Säulen zu melden. Besonders wertvoll machen Bruckners „Merkwürdigkeiten" die zahlreichen eingestreuten Zeichnungen Emanuel Büchels, der dem Historiker bei allen Grabungen zur Seite stand. Die Zusammenarbeit von Forscher und Zeichner ist beispielhaft. *„Noch 150 Jahre später ist Bruckners Buch ein unentbehrliches und viel benutztes Werk. Nicht zuletzt weil es nicht wie andere gelehrte Werke in Latein sondern in Deutsch geschrieben ist, hat es sicher einer breiteren Schicht den Zugang zu den Augster Ruinen eröffnet. Sollte man jedoch meinen, dass dies zum Vorteil der antiken Stadt war, hat man sich getäuscht."* [17] Noch zeigte sich die Regierung wenig an einer systematischen Erforschung interessiert. Ein Reisebericht belegt es: *„Man hat zu verschiedenen Zeiten Spuren der Wasserleitung dieser Stadt gefunden und gesehen, dass sie bis an die mittlere Höhe eines Berges reichten; die Überbleibsel, die man noch jetzt dort sieht, sind über eine deutsche Meile (7,5 km) vom Basler Augst entfernt ... Von dem angeführten Berg bis ins Dorf herab könnte man leicht dieser Wasserleitung nachspüren, wenn man die Kosten darauf wenden wollte, man hat sich aber nie viel darum bekümmert, bis vergangenen Winter, da sich ein Bauer eine Höhle grub, um seine Erdäpfel aufzubewahren."* [18]

RÖMERFORSCHUNG

Eine dilettantische und romantische Grabung zu Beginn des 19. Jahrhunderts

„Klassizismus und erwachende Romantik bringen eine neue Dimension in den Umgang mit dem antiken Erbe." [19] Das Antikenfieber erfasste um die Wende des 18. und 19. Jahrhunderts die gebildete Oberschicht. *„Vom Medaillon bis zur Wedgewood-Tasse verziert man alles mit griechischen Helden und römischen Grazien. Die Augster Ruinen sind jetzt nicht nur Steinbruch, sondern sprudelnde Quelle antiker Bauelemente, die man zur Zierde der Gärten, Villen und Lustpavillons ausgräbt."* [20] In diesem Geist setzte 1803 der Walliser Architekt und Bildhauer Aubert Parent (1753 – 1835), dessen Kunst Ludwig XVI. hoch schätzte, den Spaten an. Um seinem Unternehmen die finanzielle Rückendeckung zu sichern, veranstaltete er eine Subskription, die ihm 896 Franken einbrachte. Den Spendern gab er die verlockende Zusicherung, dass nach Abschluss der Grabarbeiten eine Lotterie der Fundgegenstände durchgeführt werde. Parents Unternehmen schien[21] anfänglich vom Glück be-

Entwurf zu einem Landhaus im römischen Stil von Aubert Parent (1753 – 1835). Dem Eingang war ein viersäuliger Portikus vorgelagert, dessen Elemente der Architekt durch Ausgrabungen in der Grienmatt zu gewinnen hoffte. (Universitätsbibliothek Basel)

günstigt zu sein. Der Sommer des Jahres 1803 zeichnete sich durch grosse Trockenheit aus, so dass sich ähnlich wie 1948, 1950, 1962 und 2003 unter der dünnen und trockenen Humusdecke leicht die Umrisse von Fundamenten erkennen liessen. Auch die Landbesitzer machten keine Schwierigkeiten; sie erhielten als Belohnung, dass sie ihr Land unentgeltlich zur Verfügung stellten, alle behauenen Steine, zudem konnten sich einige von ihnen als Erdarbeiter verdingen. Als Entlöhnung erhielten sie, wie Parent in seinem französischen Rechenschaftsbericht schreibt, täglich *„dix batz"*, einen Liter Wein und ein Pfund Brot. Begreiflich, dass die Kaiseraugster darum etwas neidisch waren; sie wollten ihren Nachbarn nicht nachstehen und *„bildeten sich ein,*

RÖMERFORSCHUNG

man müsse nur graben, um solche Schätze zu finden. Als jedoch mehrere von ihnen lediglich auf Fundamente alter Gemäuer stiessen, beschlossen sie – des Zeitverlustes und des Kräfteverschleisses überdrüssig geworden – wieder zu ihrer angestammten landwirtschaftlichen Arbeit zurückzukehren." [22]

In Wirklichkeit ging jedoch Parent bei seinen Grabungen nicht viel anders vor als die Kaiseraugster Bauern, die er verächtlich als Dilettanten hinstellte. Seine Forschung blieb weitgehend dem Zufall überlassen. In Erfüllung seines Lotterieversprechens lag ihm daran, an möglichst vielen Stellen des weiten Ruinenfeldes Grabungen durchzuführen – mit der Gründlichkeit hielt er es dagegen nicht so genau. Als 1803 einer seiner Arbeiter tödlich verunglückte, wurden die Grabungen, die keine der ersehnten Schätze gefördert hatten, eingestellt. Doch Parent, der Romantiker, wusste sich als Architekt zu verwirklichen. Unter seinen Händen verwandelte sich die Theaterruine – sie gehörte damals dem Basler Papierfabrikanten Emanuel Brenner-Ehinger – zu einer romantischen Einsiedelei mit lauschigen Schaukeln, Glockentürmchen, chinesischen Tempelchen und einer Aussichtsterrasse.

Ausgrabungen von Aubert Parent in der Grienmatt. (Staatsarchiv Basel)

Das wachsende historische Bewusstsein – Von der Sicherung des Theatergeländes (1884) zum neuen Archäologiegesetz (2003)

Nach der Französischen Revolution verstärkte sich das Interesse an der nationalen Vergangenheit in den gebildeten Kreisen. Auch die Vorgeschichte erfuhr grössere Beachtung. In Basel propagierte beispielsweise der Lokalhistoriker Daniel Fechter in seinem Beitrag zum 23. Neujahrsblatt für Basels Jugend den Besuch der Augster Ruinen, und zwischen 1833 und 1843 wurden auf dem Schönbühl, auf Chastelen, am Theater und im Kaiseraugster Gräberfeld erneut Grabungen durchgeführt – nicht von der öffentlichen Hand, sondern von privater Seite. Dessen ungeachtet gingen die Steinräubereien weiter, und Funde wurden an Sammler verkauft. 1828 schenkte Augst zur Verschönerung des Prattler Friedhofs zwei römische Säulen. 1840 wurde das Heilbad in der Grienmatt geplündert: *„... jetzt sind die langen Säle zerstört"*, schrieb der Augster Papierfabrikant Johann Jakob Schmid, der sich aktiv für die Ruinen einsetzte, *„die Ziegelblättchen wurden zu Bauten verwendet, die Steinplatten liess Herr Forcart nach Basel führen, wie auch alles, was beim Tempel gefunden wurde."* [23] Und 1842 berichtete die Historische und Antiquarische Gesellschaft zu Basel, die sich verstärkt den Ruinen widmete: *„Zur Erbauung einer Brücke über die Ergolz für die neue Saline wurde eine Masse grosser Quader, zum Teil mit Inschriften, aus dem Fundament der Mauer von Kaiseraugst gezogen."* [24]

1884 kam es zur grossen Wende: Es gelang der Basler Historisch-Antiquarischen Gesellschaft mit Hilfe einer privaten Stiftung das ganze Thea-

RÖMERFORSCHUNG

Im 20. Jahrhundert dienten die Ruinen nicht mehr als Steinbruch. Im Krisenjahr 1937 wurde für Augst ein archäologischer Arbeitsdienst organisiert. (Foto Augusta Raurica)

tergelände samt dem Schönbühl aufzukaufen und für die Forschung zu sichern. Sukzessive wurde nun das Theater zwischen 1892 und 1934 von seinem Schuttmantel befreit. Doch 1935 sah sich die Gesellschaft genötigt, mit einem Hilferuf an die Öffentlichkeit zu gelangen. Sie stellte fest, dass ihr für die Forschung wohl wissenschaftliche Kräfte zur Verfügung stünden, sie sich aber ausserstande sehe, die finanziellen Mittel zur Konservierung der Ruinen und zur würdigen Fortführung der Erforschung von Augst allein aufzubringen. Sie appellierte daher an den Opfersinn der Bevölkerung und errichtete die auch von den Kantonen Basel-Stadt, Basel-Landschaft und Aargau unterstützte Stiftung „Pro Augusta Raurica".

Einen wichtigen Entwicklungsschritt brachte das Jahr 1975 mit dem sogenannten „Römervertrag". Er hält fest, dass die wissenschaftliche Betreuung von Augusta Raurica und Kaiseraugst den Kantonen Basel-Landschaft und Aargau übertragen ist, während die Stiftung „Pro Augusta Raurica" die Öffentlichkeitsarbeit leistet und ausgesuchte Projekte unterstützt.

Am 1. März 2003 trat schliesslich das „Gesetz über den Schutz und die Erforschung von archäologischen Stätten und Objekten" in Kraft. Der Kanton übernahm mit diesem vom Landrat am 11. Dezember 2002 einstimmig verabschiedeten Gesetz in der Deutschschweiz eine Vorreiterrolle und erfüllte damit das „Europäische Übereinkommen zum Schutz des archäologischen Erbes", die sogenannte Konvention von Malta von 1992. Das Archäologiegesetz, das einerseits die Tätigkeit der Archäologie regelt, anderseits den Grundbesitzern eine verbindliche rechtliche Basis für ihre Nutzungsinteressen bietet, gilt für das ganze Kantonsgebiet, dem Gebiet der ehemaligen Römerstadt gewährt es totalen Schutz.

Wissenschaftliches Ausgraben erfordert eine genaue Vermessung und Planaufnahme. (Foto Augusta Raurica)

„Wenn wir", schreiben die Verantwortlichen der Römerstadt, *„das Archäologiegesetz interpretierend, als langfristiges Ziel ins Auge fassen, den noch nicht ausgegrabenen Teil der römischen Stadt im Boden zu belassen, weil das aus ganz unterschiedlichen Gründen dem Ziel der Erhaltung am besten dient, erfüllen wir unseren Auftrag nur, wenn wir das in einem grösseren Zusammenhang planen mit der Vision eines für ein interessiertes Publikum attraktiven Freilichtmuseums ... Für uns Archäologen und Archäologinnen ist heute nicht mehr das Ausgraben von Mauern und das Finden von schönen Objekten das höchste Ziel. Von den Notgrabungen der letzten 70 Jahre sind heute noch genügend archäologische Funde und Dokumentationen unerforscht, um Dutzende von Wissenschaftlerinnen und Wissenschaftlern auf Jahre zu beschäftigen ... Es scheint uns unverantwortlich, weitere Bodenschät-*

RÖMERFORSCHUNG

ze in grossem Stil auszugraben und dadurch unwiederbringlich zu zerstören, bevor nicht unsere schon vorhandenen Geschichtsquellen befragt sind, bevor nicht die Geschichte von Augusta Raurica in einer Synthese des heutigen Wissensstands erarbeitet ist." [25]

„Nicht ausgegrabene Teile der römischen Stadt im Boden belassen", in diesem Sinn beschreitet die Kantonsarchäologie in Kaiseraugst seit kurzem neue Wege. Sie beschränkt ihre Grabungs-Nachforschungen auf jene Flächen, die infolge aktueller Bautätigkeit durch Mauerfundamente und Werkleitungen zerstört würden. Die übrigen Flächen lässt sie aufschütten und mit Betonplatten zudecken, so dass die darüber errichteten Häuser ohne Keller auskommen müssen. Auf dem Areal Buebechilch südlich des Bahnhofs ist bei Fertigstellung der vorliegenden Ortsgeschichte in dieser Weise eine Überbauung mit 14 Einfamilienhäusern geplant.

Schleichender Zerfall und Rettung

Die Forschungsgeschichte von Augusta Raurica, die an dieser Stelle nur im Überblick dargestellt worden ist, demonstriert, dass sich das Schicksal der Römerstadt Augusta Raurica zwischen „Zerstörung und Erhaltung" [26] bewegt. Auch heute stehen die römischen Ruinen von Augst und Kaiseraugst zwischen diesen beiden Polen; allerdings ist nicht mehr die Zerstörung durch Vandalen das Hauptproblem sondern der schleichende, aber nicht minder gefährliche, durch Witterungs- und Zivilisationseinflüsse verursachte Zerfall. Ihm musste Einhalt geboten werden. Am 5. Februar 1996 sprach das Baselbieter Parlament in diesem Sinn und ohne Gegenstimme einen Kredit von 16,4 Mio. Franken für ein umfassendes Sanierungsprogramm. Es war sich bewusst, eine kulturhistorische Verantwortung wahrzunehmen, denn ohne diese finanziellen Mittel wäre das Theater schon innerhalb von wenigen Jahren nicht mehr zu retten gewesen.

Fazit

Das 1845 erschienene 23. Neujahrsblatt für Basels Jugend lud die jungen Leser ein, im Frühling mit dem Wanderstab die Augster Ruinen zu besuchen, „wo sie im Gebüsch den einsamen Vogel piepen hören, wo einst die Masse des Volkes toste" [27]. Wenn auch heute im Theater weder Vogelgezwitscher noch szenische Geräusche, sondern höchstens Industrie- und Verkehrslärm zu hören sind, der Ruf der Römerstadt Augusta Raurica als eines nationalen und internationalen Kulturdenkmals sowie einer aussergewöhnlichen Bildungsstätte ist geblieben; die Anlage wird heute jährlich von gegen 140'000 Menschen – darunter knapp 2000 Schulklassen – besucht. Sie kommen von nah und fern – aus Basel, aus dem Badischen, aus dem Elsass, aus der Schweiz – kurz, aus allen Himmelsrichtungen.

Zerfallsinsula

Eine von vielen Ideen für ein Naherholungsgebiet Augusta Raurica der Zukunft: In einem «Römerpark» könnte – vielleicht einmal – auf einer antiken Stadtinsula, d. h. in einem einstigen Häuserblock, der allmähliche Zerfall der einst so stolzen Stadt vom 2. Jahrhundert n. Chr. bis in die Gegenwart dargestellt werden. So liesse sich eine Antwort «bauen» auf die meist gestellten Fragen in der Römerstadt Augusta Raurica: «Was stand hier einst?» «Wie wurde die Stadt verlassen?» «Wie kamen die Siedlungsreste unter den Boden?» «Wann hat sich der Humus über den römischen Schichten gebildet?» Auf einem authentischen Areal wäre für die Bevölkerung nachvollziehbar, wie eine Insula in römischer Zeit bebaut war und wie es im Laufe der letzten 16 Jahrhunderte dazu kam, dass heute eine ebene «grüne Wiese» ist, wo einst eine grosse Stadt mit ein- bis zweistöckigen Häusern stand. Eine derartige Insula mit ihrer «Zerstörungsgeschichte im Zeitraffer» wäre eine wissenschaftliche Herausforderung und ein Anschauungsmaterial erster Güte für Schulen und sämtliche Besucherinnen und Besucher. (Idee Alex R. Furger, Zeichnung Markus Schaub)

Die römischen Ruinen als Festkulisse. (Foto Ursi Schild)

Die römischen Ruinen als Festkulisse

Augst ist immer wieder zur idealen Feststätte erkoren worden, wenn es galt, grosse historische Feiern zu begehen. Erinnern wir uns – um nur einige Beispiele zu nennen – der grossen 2000-Jahrfeier Basels, die in den römischen Mauern von Augst ihren Anfang nahm, erinnern wir uns an die 500-Jahrfeier von Basels Eintritt in den Bund, die 2001 auf Chastelen begann und dann auf dem Rhein nach Basel führte, und blenden wir schliesslich mit einem Bericht der alten Augster Heimatkunde zurück ins Jahr 1860, dem Jahr der vierten Zentenarfeier der Basler Universität:

„Unsere Ortschaft prangte in festlichem Schmuck, draussen in den Ruinen des Theaters und auf dem Tempelhügel des Schönbüel war alles aufs angenehmste geordnet und eingerichtet. Nachdem der gewaltige Festzug in einem fast endlosen Eisenbahntrain in Pratteln angekommen, wurde er mit Kanonenschüssen begrüsst; geordnet bewegte sich hierauf derselbe, voran die spielende Blasmusik, nach Augst (zu Fuss, nota bene! Der Verfasser), wo Herr Erziehungsdirektor Banga im Namen des Kantons Baselland die Festgäste mit einer freundlichen Begrüssungsrede empfing und den Herren Festpräsidenten in der bei Nancy erbeuteten Trinkschale Karls des Kühnen den Ehrenwein darreichte... Auf dem Schönbüel fand die Bewirtung statt. Männer und Jünglinge der Wissenschaft vermischt mit Bürgern aus allen Ständen von Basel nicht nur, sondern von Fern und Nah bildeten ein fröhliches Trinkgelage und erlabten sich am Alten und Neuen und genossen dabei die prächtige Aussicht auf das Ergolz- und das Rheintal, auf die Berge des Juras und des Schwarzwaldes ... Erst

RÖMERFORSCHUNG

als der sinkende Abend zum Aufbruch mahnte, ordnete sich der Festzug zur Rückkehr von diesem Besuch. Der Nachmittag vor den Trümmern zu Augst wird jedem auf immer im Gedächtnis bleiben. Viele Basler, viele schweizerische und ausländische Gäste haben es versichert, dass derselbe mit zu den allerschönsten Theilen des schönen Festes zu zählen sei."

Als festliche Kulisse dient nicht zuletzt auch die Curia, wo immer an Pfingsten und am Bettag ein gemeinsamer Gottesdienst der Reformierten von Augst und Kaiseraugst abgehalten wird. „Dieser Gottesdienst im ungewohnten Rahmen wird geschätzt." [28]

Wissenschaftliche und populäre Publikationen der Römerstadt Augusta Raurica

Forschung darf nicht isoliert betrieben werden, sie ist nicht Selbstzweck und muss, wenn sie auf der Höhe der Zeit bleiben will, im nationalen und internationalen Kontext verankert werden. Die reiche Forschungsliteratur der Römerstadt Augusta Raurica mit ihren rund 800 Titeln zeugt von diesem Bemühen. Stellvertretend sei aus dieser Fülle das umfassende und 1997 erschienene Werk „Out of Rome" herausgegriffen. Es thematisiert in vergleichender Sicht das Alltagsleben in zwei römischen Provinzstädten, im schweizerischen Augusta Raurica und im ungarischen Aquincum (Budapest), und behandelt folgende Themen: Augusta Raurica und Aquincum im Wandel der Zeit – Vom Reissbrett zum Bau der beiden Siedlungen – Die Stadt als Lebensraum – Markt und Wirtschaft – Im Zeichen der Vielfalt: Religion und Kult – Das Leben im Jenseits.

Neben zahlreichen ausführlichen Detailstudien zu einzelnen Themen und vielen kleineren Arbeiten – sie sind seit 1977 in der Reihe „Forschungen in Augst" zugänglich – haben sich die Erforscher und Erforscherinnen der Römerstadt auch immer wieder darum bemüht, deren Besucher mit populären Schriften zum Verständnis der Schätze zu führen: Da gibt es zum einen den bereits in sechster Auflage vorliegenden, umfassenden und detaillierten „Führer durch Augusta Raurica", zum anderen für Eilige den „Kurzführer Augusta Raurica." Wer sich indessen ausführlicher mit einzelnen Themen befassen möchte, dem steht die bereits auf 34 Ausgaben angewachsene Reihe der „Augster Museumshefte" zur Verfügung. Eine ihrer jüngsten Publikationen ist den „Frauen in

Ausschnitt aus einem Comics-Bändchen.

RÖMERFORSCHUNG

Augusta Raurica" gewidmet. Besondere Erwähnung verdienen schliesslich zwei Hefte, die jungen und jung gebliebenen Lesern die Geschichte von Augusta Raurica über das Medium von Comics näher bringen: „Unruhige Zeiten in Augusta Raurica" und die „Zerstörung von Augusta Raurica".

Ihrem Bildungsauftrag wird die Römerstadt indessen nicht nur durch ihr reiches Schrifttum gerecht; immer wieder bietet sie einem interessierten Publikum Ausstellungen an – die letzte grosse war dem Silberschatz gewidmet – und seit 1986 erfreut sie überdies alljährlich Gross und Klein mit dem Römerfest. Hier seine Etikette:

„Tauchen Sie für zwei Tage in den römischen Alltag ein: Bummeln Sie auf einer Einkaufstour durch ein römisches Stadtviertel. Lernen Sie bei den Handwerkern etwas über die Herstellungstechniken von einfachen Alltagsgegenständen. Verkleiden Sie sich als Römerin und lassen sich anschliessend die Haare von den römischen Coiffeuren zu einer kunstvollen Frisur flechten. Zur Perfektion lassen Sie sich von der Kosmetikerin das passende Make-up auftragen. Vielleicht haben Sie aber auch Lust, selber zu experimentieren, zu töpfern, Münzen zu prägen oder einfach den Legionären beim Exerzieren zuzuschauen. Dabei können Sie sich überall durch die Auftritte von Strassenkünstlern überraschen lassen – einen Tänzer auf dem Seil bewundern, Athleten bei einem richtigen römischen Boxkampf anfeuern oder sich von den römischen Musikanten verzaubern lassen. Und nicht zuletzt: Essen und trinken Sie mit Ihrer Familie wie einst in römischer Zeit." [29]

Drei Protagonisten der Augster Ausgrabungen

Wenn von Römerforschung die Rede ist, dann geziemt es sich, aus der illustren Reihe der Augusta Raurica-Erforscher kurz drei Persönlichkeiten hervorzuheben, welche die Augster und Kaiseraugster Archäologie in ausserordentlichem Masse beeinflusst haben und mit den beiden Dörfern besonders eng verbunden waren.

Dr. Dr. hc. René Clavel (1886 – 1969)

Dr. Clavel war erfolgreicher Textilchemiker. Seine Freizeit widmete er der Fliegerei, insbesondere aber der Archäologie. Als Mäzen, Erforscher und Erhalter der römischen Ruinen von Augusta Raurica erwarb er sich unvergessliche Verdienste:

- Er ermöglichte der Stiftung „Pro Augusta Raurica" den Erwerb des Grundstückes im Sichelengraben, auf welchem von einem Liebhaber-Archäologen das Amphitheater entdeckt worden war.
- Er finanzierte den Bau des Römerhauses.
- Er schenkte der Stiftung das Land gegenüber dem Römerhaus, um die nähere Umgebung des Theaters vor allfälligen Verbauungen zu schützen.
- Er überschrieb seinen Herrschaftssitz „Chastelen" dem Kanton Basel-Landschaft.

1956 wurde Dr. Clavel von Augst durch die Verleihung des Ehrenbürgerrechtes geehrt.

Dr. Dr. hc. René Clavel (1886 – 1969) (Foto Augusta Raurica, Familienarchiv R. Clavel)

RÖMERFORSCHUNG

Fritz Frey-Haumüller *(1881 – 1912)*
Der Besitzer der Kiesgrube im Violenried war nicht nur erfolgreicher Geschäftsmann, er war auch leidenschaftlicher Sammler der vielen beim Kiesabbau geförderten römischen Fundstücke. Ihm kommt das Verdienst zu, 1907 den ersten Augusta Raurica-Führer geschrieben zu haben.

Prof. Dr. Rudolf Laur-Belart *(1898 – 1972)*
Professor Laur hat sich als kompetenter „Ausgraber" von Augusta Raurica einen Namen gemacht. Seit 1941 wirkte er auch als ausserordentlicher Professor für Urgeschichte und Provinzialrömische Archäologie an der Universität Basel, wo er viele Schüler für sein Fach begeisterte. Auch Professor Laur erhielt für seine grossen Verdienste 1968 von der Gemeinde Augst das Ehrenbürgerrecht.

Prof. Dr. Rudolf Laur-Belart (1898 – 1972). (Universitätsbibliothek Basel)

RÖMERFORSCHUNG

1. Ausspruch Pirkheimers (deutscher Humanist 1470-1538), nach Wackernagel R., Geschichte der Stadt Basel, Basel 1924, Band III . S. 218.
2. Über den Gang der Augster und Kaiseraugster Forschung orientiert detailreich und reich illustriert das 2003 herausgegebene Heft as. archäologie der schweiz, archéologie suisse, archeologia svizzera: Augusta Raurica – Benz Marion: Eine Entdeckungsreise durch die Zeit.
3. Martin Max: Römische Schatzfunde aus Augst und Kaiseraugst. Augster Museumsheft 2, 1977, S. 40f.
4. Martin Max, S. 7.
5. Suter Paul/Strübin Eduard: Baselbieter Sagen, Liestal 1990. S. 67f.
6. Nach Suter Paul/Strübin Eduard (wie Anmerkung 5), S. 72, Anmerkung 156.
7. Suter Paul/ Strübin Eduard, S. 68f.
8. Martin Max, S. 6.
9. Martin Max, S. 6.
10. Hieronymus Frank: Colonia Apollinaris Augusta Emerita Raurica. Katalog einer Ausstellung zur Geschichte der Ausgrabungen in Augst, Basel 1965. S. 5.
11. Burckhardt-Biedermann Theodor: Zerstörung und Erhaltung der römischen Ruinen zu Augst, in: Basler Jahrbuch 1892. S. 36ff.
12. Burckhardt-Biedermann Theodor, S. 47.
13. Hieronymus Frank, S. 16.
14. Burckhardt-Biedermann Theodor, S. 49.
15. Benz Marion, siehe Anmerkung 2, S. 15.
16. Ebda. S. 13.
17. Ebda. S. 21.
18. Ebda. S. 21.
19. Ebda. S. 22.
20. Ebda. S. 22.
21. Parent Aubert: Mémoire historique des fouilles faites au village d'Augst, canton de Basle, en Suisse, sur le territoire de l'ancienne Augusta Rauracorum, Basle 1804.
22. Parent, S. 9f.
23. Benz Marion, S. 29.
24. Ebda. S. 29.
25. Furger Alex anlässlich der Verleihung des Baselbieter Heimatschutzpreises 25. Oktober 2003.
26. Burckhardt-Biedermann Theodor: Zerstörung und Erhaltung der römischen Ruinen zu Augst, in: Basler Jahrbuch 1892. S. 36ff.
27. Ebda. S. 36.
28. Heimatkunde Augst 1984, S. 149.
29. Prospekt zum Römerfest 2004.

Augst: Quo vadis?

Augst ist ein ausserordentliches Dorf!

- Es liegt auf den antiken Ruinen einer berühmten römischen Stadt, in der einst über 10'000 Einwohnerinnen und Einwohner lebten.

- Die Römerstadt hat ein internationales Sonderstatut. Sie ist, weil sich auf ihrem Gelände keine Metropole entwickelt hat wie beispielsweise in Köln oder Trier, die am besten erhaltene antike Stadt nördlich der Alpen.

- Die wissenschaftliche Erforschung von Augusta Raurica wurzelt in der geschichtlichen Dimension von vierhundert Jahren. In Augst fanden im 16. Jahrhundert die ersten Grabungen nördlich des Alpenkammes statt.

- Es gibt derzeit in Mitteleuropa kaum eine wissenschaftlich so vorzüglich betreute archäologische Fundstelle wie Augst.

- Jährlich verzeichnet das Augster Freilichtmuseum rund 140'000 Besucher und Besucherinnen. Dort können sie sich didaktisch untermauert vor Augen führen lassen, *„wie eine römische Stadt ungefähr ausgesehen hat und was da in grauer Vorzeit geleistet wurde."* [1]

Und wie steht es mit der Befindlichkeit der heutigen, weniger als 1000 Einwohnerinnen und Einwohner zählenden Nachfolgesiedlung angesichts dieser Superlative? Ist Augst stolz auf seine unerhörte und einmalige Vergangenheit? Die Antwort ist eindeutig: Das kleine Dorf leidet an seiner grossen, die Gegenwart überschattenden Geschichte und fühlt sich wegen der anhaltenden und langwierigen archäologischen Notgrabungen in seiner Entwicklung beeinträchtigt. Der grollende Augster Unmut äussert sich immer wieder – sowohl in privaten polternden Gesprächen wie auch in amtlichen Verlautbarungen – und bis vor kurzem war kein Ende des Leidensdruckes abzusehen. Dazu einige Zitate:

- 1984 – Heimatkunde: *„Die Sorge um die Erhaltung historischer Zeugnisse in Ehren, allein sie darf nicht allzusehr die lebensnotwendigen Belange der heutigen Menschen einer Dorfgemeinschaft beherrschen."* [2]

– 2003 – Zielkatalog für die zukünftige Entwicklung von Augst: *„Bedürfnisse der Bevölkerung und der Gemeinde gehen gegenüber der Römerstadt vor (Lebende vor den Toten)."* [3]

- 2004 – Entwicklungskonzept der kommunalen Richtplanung: *„Im Vergleich der Entwicklung der Einwohnerzahl mit den Nachbargemeinden von Augst während des Zeitraumes von 1990 – 1999 ist feststellbar, dass Augst praktisch keinen Einwohnerzuwachs zu verzeichnen hatte."* [4]

- 2005 – Der Augster Schulleiter zum Schülerschwund in der Primarschule: *„Die Römer haben gegeben: Augusta Raurica und die damit verbundene kulturelle und historische Bedeutung!*

Die Römer haben genommen: Bauplätze für eine familien- und kinderfreundliche Siedlungspolitik!" [5]

Nur wenige Jahre nach Eintritt ins dritte Jahrtausend beginnt sich möglicherweise eine positive Wende abzuzeichnen. Augst hat die Planung seiner räumlichen Entwicklung und Ordnung aktiv an die Hand genommen. Den Anstoss zu diesem grossen Schritt haben einerseits das vom Kanton in die Wege geleitete Entwicklungskonzept Salina Raurica der Rheinebene zwischen Prat-

ZUKUNFTSVISION

teln und Augst gegeben, anderseits die Gesamtplanung der Römerstadt Augusta Raurica.

Im Sommer 2001 startete die basellandschaftliche Baudirektion unter dem Namen Salina Raurica einen städtebaulichen Wettbewerb, der die Erschliessung des 170 ha grossen, in der Rheinebene zwischen der Schweizerhalle und Augst gelegenen Gebietes zum Ziel hat. Es galt, einen zukunftsweisenden *„Spagat zwischen optimaler Nutzung des Baulandes, grünen Lungen und intelligenter Erschliessung durch den öffentlichen Verkehr zu finden."* [6] Einmalig für die Schweiz ist einerseits die Arealgrösse, anderseits die Vielzahl und Vielfalt der planerischen Anforderungen – römische Archäologie, Naturschutz, Freizeit, gehobenes Wohnen, Schaffung wertschöpfungsintensiver Arbeitsplätze – alles sollte unter einen Hut gebracht werden, um dem Areal seinen eigenen Charakter zu geben und ihm zu einem weit über die Region ausstrahlenden Label zu verhelfen.

Ein im Rahmen von Salina Raurica unter Einbezug der Bevölkerung von den betroffenen Gemeinden Augst und Pratteln erarbeitetes und am 30. August 2002 verabschiedetes Leitbild legte die Eckwerte der zukünftigen räumlichen Entwicklung und Ordnung fest. Das Leitbild bildete die Basis eines Zielkatalogs, der anschliessend vertieft wurde und im Mai 2004 in einem Entwicklungskonzept seine Ausformung im Hinblick auf die Erarbeitung des kommunalen Richtplans von Augst fand. Dem Inhalt dieser kommunalen Planung kommt eine besondere Bedeutung zu, er ist im Hinblick auf die Gewährleistung der kommunalen Interessen mit der kantonalen Planung Salina Raurica zu koordinieren.

Und so könnte Augst aussehen, wenn Politik, Wirtschaft sowie die finanziellen Mittel die planerischen Vorgaben von Salina Raurica mittragen und realisieren lassen. Wir greifen in die Zukunft und lassen den Chronisten des Jahres 2063 über das verwandelte Dorf Augst berichten:

„Der Gemeinderat von Augst hat mich in Erinnerung an die erste vor 200 Jahren erschienene Heimatkunde meines Dorfes – sie ist in zierlicher deutscher Schrift geschrieben und wird als wertvolles Dokument im basellandschaftlichen Staatsarchiv in Liestal aufbewahrt – gebeten, eine neue 2063er Heimatkunde zu schreiben. Ich komme dieser Bitte gerne nach, hat sich doch seit 1984, dem Erscheinungsjahr der zweiten Heimatkunde, gar vieles verändert, nota bene nicht zum Nachteil des Dorfes! Motor dieser Veränderungen war kurz nach der Jahrtausendwende das von der Baselbieter Regierung lancierte Salina-Raurica-Projekt und die geplante Neugestaltung der Römerstadt Augusta Raurica.

Was haben diese beiden Projekte – sie führten zu einer eigentlichen Renaissance des Dorfes – bewirkt? Begleiten Sie mich doch auf einem meiner Spaziergänge, die mich seit meiner Pensionierung täglich durch das Dorf führen.

Mein Lieblingsspaziergang geht der Ergolz entlang von ihrer Mündung in den Rhein bis zu ihrem Eintritt in den Augster Bann. Besonders im Winter lohnt es sich, im Mündungsgebiet auf ornithologische Pirsch zu gehen. Standorttreue Vögel und Durchzügler geben sich da ein munteres Stelldichein – man hat nie ausgesehen und ausgezählt. Auch flussaufwärts lohnt sich die Wanderung; alle künstlichen Uferverbauungen sind verschwunden, in schö-

ner Mäanderbewegung gibt sich die Ergolz zwischen Steilufern und weiten, kiesigen Gleitufern abwechslungsreich und spielerisch. Hier wäre anzumerken, dass sich der Natur- und Vogelschutzverein Kaiseraugst seit kurzem nicht nur neue Statuten und einen neuen Namen gegeben hat, sondern auch neue Mitglieder. Er heisst jetzt Natur- und Vogelschutzverein beider Augst! – Natur ist grenzenlos!

Meine zweite Route führt mich entlang der Dorf- und Giebenacherstrasse hinauf zum Theater.[7] Was man noch vor wenigen Jahren tunlichst vermieden hätte, nämlich den Gang etwa zur Post im Lärm stinkender und lärmiger Autokolonnen entlang der Hauptstrasse, das ist heute reines und gefahrloses Vergnügen. Dank der Anlage einer Umfahrungsstrasse längs der Autobahn ist die Dorfstrasse, die früher täglich bis zu 17'000 Fahrzeuge zu schlucken hatte, nahezu verkehrsfrei und zu Gunsten der Fussgänger und Velofahrer aufgewertet worden. Den Planern sei ein Kränzlein gewunden; sie haben es verstanden, die Dorfstrasse wieder zu einer begeh- und erlebbaren Strasse zu verwandeln. Wenn es nicht den Dauerlärm der das Dorf querenden Bahnlinie gäbe, man fühlte sich unter den die Strasse säumenden Linden – sie setzen die Lindenallee der Anstalt fort – tatsächlich um Jahrzehnte zurückversetzt, in die gute alte Zeit der Heimatkunde von 1863.

Ruhiger ist es auch im Theatergelände geworden. Nach wie vor verzeichnet zwar das Gebiet einen grossen Besucherzustrom, seitdem aber die Parkanlage von Chastelen auch für das gewöhnliche Volk zugänglich ist, verlieren sich die Besucher und Besucherinnen im grosszügig gestalteten Areal des Römerparks. Vor allem aber hat die Verlegung des Museums – sie war begleitet von der Anlage grossflächiger und von der Autobahn direkt zugänglicher Parkplätze – entlang der Autobahn im Sichelen-, Wildental- und Schwarzackergebiet zu einer spürbaren Entlastung geführt. Angesichts des ständig wachsenden Ausstellungsgutes platzte das international angesehene Museum aus allen Nähten. Neben einer ständigen Ausstellung, die den sagenhaften Silberschatz miteinschliesst, lockt das Museum von Jahr zu Jahr mit glanzvollen thematischen Ausstellungen die Besucherinnen und Besucher von nah und fern. Erstaunlich, was sich die Museumsleitung alles hat einfallen lassen! Da gibts einen römischen Kinderspielplatz, eine römische Picknickecke, und Invaliden wird ein Gratis-Elektromobil zur Verfügung gestellt, das sie mühelos in die entlegensten Ecken des weitläufigen Geländes führt.

Die Augster sind es zufrieden, dass es der Römerstadt gut geht, ist sie doch wichtigster Arbeitgeber im Ort, und über die Steuern mancher Angestellter und Zulieferer fliesst einiges in die Gemeindekasse. Überdies profitiert Augst nun auch direkt aus den Erträgen des Kulturtourismus. Kein Wunder, hat sich das Dorf, das sich dank der Erschliessung neuer Wohngebiete in Gallezen West und im Gallisacker einer steigenden Einwohnerzahl erfreut, in kurzer Zeit zu einer steuergünstigen Gemeinde entwickelt. Lag der Steuerfuss 2005 bei 50 %, so steht er heute bei 45 %. Das Wachstum und Wohlergehen der Gemeinde manifestiert sich auf Schritt und Tritt, nicht zuletzt trägt die Aufstockung der „alten" Gemeindeverwaltung den neuen Gegebenheiten Rechnung. Auf einen Nenner gebracht: Augst schwimmt im Glück, und längst gehören die früher alltäglichen Spannungen zwischen „Römern" und Neu-Augstern der Vergangenheit an. Ich schliesse meine Ausführungen mit einem rö-

ZUKUNFTSVISION

mischen Sprichwort, das die neue Augster Identität prägnant umschreibt: 'Ubi bene, ibi patria' – wo es mir gut geht, da ist mein Vaterland."

Kaiseraugst: „Die Zukunft hat schon begonnen"!

Heisst der Titel des Augster Zukunftskapitels „Quo vadis", so könnte man das Kaiseraugster Pendant in Anlehnung an einen berühmten Buchtitel mit „Die Zukunft hat schon begonnen" [8] überschreiben – eine Aussage, die natürlich den Leser veranlasst, sich zu fragen, wann denn dieser Schritt in die Zukunft vollzogen worden ist. Angesichts der Liebrüti-Überbauung fällt die Antwort nicht schwer: Damals in den 1970er Jahren wagte Kaiseraugst für jedermann auch heute noch nachvollziehbar den Schritt in die Moderne, was die Römer vielleicht mit der Redensart „alea jacta est" – die Würfel sind gefallen – kommentiert hätten. Im Kapitel „Kaiseraugst 1950 – 2000: Planung und Ausbau" kann diese Zukunftsgeschichte nachgelesen werden; Kaiseraugster Visionen erübrigen sich deshalb an dieser Stelle.

---

[1] Alex Furger, Leiter der Römerstadt, anlässlich der Verleihung des Baselbieter Heimatschutzpreises, 25. Oktober 2003.
[2] Heimatkunde Augst 1984, S. 43.
[3] Zielkatalog für die zukünftige Entwicklung von Augst, Gemeindeverwaltung Augst, Juli 2003. S. 8.
[4] Ebda. S. 5.
[5] Brief von Lehrer M. Käser an R. Salathé, 19. Januar 2005.
[6] Basler Zeitung, 9. Januar 2004.
[7] Die folgende Darstellung stützt sich auf den Kommunalen Richtplan – Entwicklungskonzept, Fassung Mai 2004. Gemeindeverwaltung Augst.
[8] Jungk Robert: Die Zukunft hat schon begonnen, 1952.

LITERATURVERZEICHNIS

Literaturverzeichnis

- Argast Regula: Die Bürgerrechtsgesetze im Kanton Basellland von 1835 und 1877 als Indikatoren kantonaler, kommunaler und individueller Interessen unter spezieller Berücksichtigung der Gemeinden Augst und Buckten, Basel 1995.
- Bächtold Hans-Georg: Erlebnisraum Augst-Pratteln im Kanton Basel-Landschaft. Zur Entwicklung eines stadtnahen Freiraumes in der Trinationalen Agglomeration Basel o. J.
- Baumann Max: Fischer am Hochrhein. Zur Geschichte der Fischerei zwischen Säckingen und Basel, Aarau 1994.
- Bender Helmut: Kaiseraugst – Im Liner 1964/1968, Augst 1986.
- Berger Urs: Entwicklung und Chance eines Dorfladens, Augst 1982.
- Bircher Patrick: Der Kanton Fricktal. Bauern, Bürger und Revolutionäre an der Wende vom 18. zum 19. Jahrhundert, Laufenburg 2002.
- Brogle Felix: Die Flösserei am Hochrhein, in: Fischer – Flösser – Laufenknechte, ihre Arbeit am Hochrhein im Wandel der Zeiten, Laufenburg 1989.
- Denkmalverzeichnis des Kantons Basellland. Gemeinde Augst. Bestand im Sommer 1941.
- Disler C.: Die Saline Riburg 1848-1948 und ihre aargauischen Schwestersalinen Kaiseraugst und Rheinfelden, Rheinfelden 1948.
- Fischer – Flösser – Laufenknechte, ihre Arbeit am Hochrhein im Wandel der Zeiten, Laufenburg 1989.
- Frei-Heitz Brigitte: Industriearchäologischer Führer Baselland, Basel 1995.
- Frey G. A.: Augster Spaziergang durch zwei Jahrtausende, Frick 1942.
- Frey G. F.: 20 Jahre Krankenpflegeverein und Krankenpflege Kaiseraugst.
- Furter Martin: Gemeindegrenzen im Kanton Basel-Landschaft, Sissach 1993.
- Furter Martin: Die Bauernhäuser der Kantone Basel-Landschaft und Basel-Stadt, Basel 1999.
- Hartmann Dieter: Augst – anno dazumal. Herausgegeben von der Vereinigung Pro Augst, Liestal 1999.
- Heiz Arthur, Schild Ursi, Zimmermann Beat: Fricktal – Bezirk Rheinfelden, Aarau 1983.
- Heyer Hans-Rudolf: Augst, in: Die Kunstdenkmäler des Kantons Basel-Landschaft, Band II, Basel 1974, S. 25 – 41.
- Hieronymus Frank: Colonia Apollinaris Augusta Emerita Raurica. Katalog einer Ausstellung zur Geschichte der Ausgrabungen in Augst, Basel 1965.
- Hugger Paul: Fricktaler Volksleben. Eine Studie zum Kulturwandel der Gegenwart, Basel 1977.
- Isenegger Eduard: Kaiseraugst, in: Jurablätter, Januar 1989, S. 1-8.
- Kaiseraugst wie's damals war. Bilder der Erinnerung, herausgegeben von der Dorf- und Kulturkommission Kaiseraugst, Liestal 1989.
- Köhler Hans J.: Die historische Schifffahrt auf dem Rhein und seinen Zuflüssen, in: Fischer – Flösser – Laufenknechte, ihre Arbeit am Hochrhein im Wandel der Zeiten, Laufenburg 1989.
- Kupper Patrick: Atomenergie und gespaltene Gesellschaft. Die Geschichte des gescheiterten Projektes Kernkraftwerk Kaiseraugst, Zürich 2003.
- Leber Walther: Die aargauischen Ortsbürgergemeinden im Wandel der Zeit, Zofingen 1988.
- Locher Markus: Den Verstand von unten wirken lassen. Schule im Kanton Baselland 1830-1863, Liestal 1985.

LITERATURVERZEICHNIS

- Lothar – Der Orkan 1999 – Ereignisanalyse, Bern 2001.
- Magden, herausgegeben von der Gemeinde Magden zum 1200-Jahr-Jubiläum, Magden 2004.
- Martin Max: Römermuseum und Römerhaus Augst, Augst 1981.
- Meyer Marcel: Kaiseraugst und die Schifffahrt, in: Rheinfelder Neujahrsblatt 2001, Rheinfelden 2001, S. 75-88.
- Müller Urs: Wie antike Strukturen das heutige Ortsbild von Kaiseraugst prägen, in: Jahresbericht von Augst und Kaiseraugst, Nr. 22, 2001, S. 125-133.
- Nachbarn am Hochrhein. Eine Landeskunde der Region zwischen Jura und Schwarzwald, Fricktal – Rheintal – Hotzenwald, herausgegeben von der Fricktalisch-Badischen Vereinigung für Heimatkunde, Möhlin 2002.
- Namenbuch der Gemeinden des Kantons Basel-Landschaft, Heft Augst – herausgegeben von Ramseier Markus, Stiftung für Orts- und Flurnamen- Forschung Baselland, Pratteln 2004.
- Opferkuch Dieter: Der Einfluss einer Binnengrenze auf die Kulturlandschaft am Beispiel der ehemals vorderösterreichisch-eidgenössischen Grenze in der Nordwestschweiz, Basel 1977.
- Räber Pius: Die Bauernhäuser des Kantons Aargau, Band 2 Fricktal und Berner Aargau, Basel 2002.
- Reichmuth Werner: Heimatkunde Augst, Liestal 1984.
- Reichmuth Werner: Aus vergangenen Tagen. Streiflichter von Augst im neunzehnten Jahrhundert, Augst 1989.
- Reichmuth Werner: Kleiner kulturgeschichtlicher Abriss von Augst aufgrund der Schulpflegeprotokolle vom Jahre 1815 bis 1835, Augst o. J.
- Riggenbach Albert: Collectanea zur Basler Wettergeschichte, Basel 1891.
- Salathé René: Augst und Kaiseraugst im 19. und 20. Jahrhundert, in: Geschichte von Augst und Kaiseraugst, Liestal 1976, S. 140-216.
- Salathé René: 100 Jahre Autobus AG Liestal – ein Unternehmen geht mit der Zeit, Liestal 2005.
- Schib Karl: Geschichte der Stadt Rheinfelden, Rheinfelden 1954.
- Schib Karl: Geschichte des Dorfes Möhlin, Thayngen 1959.
- Scholl Erich: Der Fischfang am Laufen in: Fischer – Flösser – Laufenknechte, ihre Arbeit am Hochrhein im Wandel der Zeiten, Laufenburg 1989.
- Seiler Christoph, Steigmeier Andreas: Geschichte des Kantons Aargau, Aarau 1991.
- Sennhauser Albert und Hans Rudolf, Hidber Alfred: Geschichte des Fleckens Zurzach, Zurzach 2004.
- Senti Anton: Communitas villae Ougst. Zur Gemeindewerdung von Augst, Separatdruck aus Festgabe Otto Mittler 1960, S. 81-101.
- Suter Paul/Strübin Eduard: Baselbieter Sagen, Liestal 1990.
- Tanner C.: Rettungsanstalt Augst – Knabenerziehungsheim Schillingsrain 1854-1952, Liestal 1953.
- Vetter J.: Schifffahrt, Flötzerei und Fischerei auf dem Oberrhein (Schaffhausen - Basel) sowie Geschichte der alten Schiffergesellschaften genannt „Rhein-Genossenschaft" und „Laufenknechte", Karlsruhe 1864.
- Wendt Gernot: Das Naturschutzgebiet „Altrhein-Wyhlen", eine Attraktion für Natur und Besucher, NABU, Kreis Lörrach, o. J.
- Zehnder Beat: Die Gemeindenamen des Kantons Aargau, Aarau 1991.
- Zinniker Willy: Kaiseraugst – Zeitreise durch die Jahrhunderte, in: Rheinfelder Neujahrsblätter 2001, Rheinfelden 2001, S. 61-74.

DIE FLURNAMEN

Die Flurnamen von Augst und Kaiseraugst

Heinrich Hänger

Birete, Böötme, Challere, Gstalte, Galleze, Hell, Liner, Sulz, Sichele: Wörter aus einer Mundart, die in irgendeinem abgelegenen Voralpental gesprochen wird, oder Ausdrücke aus einer nur Eingeweihten bekannten schweizerdeutschen Fach- oder Sondersprache? Weder das eine noch das andere, sondern ein Strauss zugegebenermassen reichlich fremdartig klingender Namen von Fluren aus den Bännen von Augst und Kaiseraugst.

Die Flurnamen in unserer Gegend haben zwar die wichtige Orientierungsfunktion, die sie einst hatten, infolge Güterzusammenlegung und Rückgang der Landwirtschaft weitgehend eingebüsst. Einst bedeuteten sie jedoch der ländlichen Bevölkerung etwa das, was die Strassennamen heute den Briefträgern: Sie erlaubten die Verständigung darüber, wo zu ackern, säen, heuen, ernten usw. war. Flurnamen zu sammeln, zu ordnen und zu deuten ist Aufgabe der Flurnamenforschung, der vielleicht populärsten Sparte der Sprachwissenschaft.

Die folgende thematisch geordnete Liste[1] heute noch lebender oder zumindest den Gewährspersonen bekannter Flurnamen erhebt weder Anspruch auf Vollständigkeit noch ist sie wissenschaftlicher Akribie verpflichtet. Sie gibt Einblick in die bunte Flurnamenlandschaft der beiden Gemeinden und mag die Verbundenheit mit der Gegend, in der man lebt, stärken.

Alteuropäische, keltische und römische Namen

Namen von Gewässern sind oft sehr alt. Einwanderer haben sie in der Regel von den Ortsansässigen übernommen. Deutlich machen das unter anderem die Namen von grossen nordamerikanischen Strömen: Mississippi und Missouri beispielsweise sind indianisch. So erstaunt es nicht, dass die Namen der drei bedeutenden Augster Gewässer voralemannisch sind:

Rhein heisst nichts anderes als Fluss. Die historische Sprachwissenschaft führt den Namen auf eine indogermanische Wurzel *rei, roi „fliessen" zurück. Auf keltisch hiess der Strom wohl *renos, die latinisierte Form Rhenus findet sich schriftlich erstmals bei Pytheas von Massilia im 4. Jahrhundert v. Chr.

Den Namen *Ergolz* stellt die Forschung heute fast übereinstimmend zur indogermanischen Wurzel *arg „klar, glänzend, weiss". Ursprünglich mag der Fluss *Argantia „die Glänzende" geheissen haben.

Der Name *Violenbach* stammt wohl aus römischer Zeit. Er lässt sich auf Lateinisch *felina „Katzenbach" zu lateinisch feles, felis „Katze" oder lateinisch *vialeina „Bächlein an der Strasse" zu lateinisch via „Strasse" zurückführen.

Erstaunlicherweise finden sich kaum Flurnamen aus römischer Zeit. Ob sie zusammen mit der keltoromanischen Einwohnerschaft von Augusta Raurica respektive des späteren Castrum Rauracense ausgestorben sind?

Challeren, heute noch lebendig in den Bezeichnungen *Challerenbrünnli*, *Challerenmatt*, *Challerenweg* und *Challerenweiher*, ist wahrscheinlich zu galloromanisch callis „Pfad, Weg, Übergang" zu stellen: Bei Challeren begann resp. endete die kürzeste, durch den Frauenwald führende Verbindung von der Ebene zwischen Rheinfelden und Kaiseraugst ins Tälchen des Violenbaches östlich von Giebenach und zum Stift Olsberg. Möglich ist allerdings auch die Rückführung auf schweizerdeutsch Chalch. Das recht häufige Flurnamenelement charakterisiert die Bodenbeschaffenheit oder Örtlichkeiten, wo Kalk gebrochen und gebrannt wurde. Gebrannter Kalk wurde zur Herstellung von Mörtel verwendet, aber auch als Dünger auf die Felder gestreut.

Geländeformen und Bodenarten

Böötme, Name des Mattlandes in der abgetieften Talsohle rechts des Violenbaches, ist auf mittelhochdeutsch bodmen „Talböden" zurückzuführen.

DIE FLURNAMEN

Der *Flue-/Flüeweghalde* zu ihrem Namen verholfen haben die gut sichtbaren Nagelfluhfelsen auf der Westkuppe und am Nordhang des bewaldeten Höhenzuges.

Grienholden heisst so viel wie „Abhang mit kiesig-sandigem Boden". Schweizerdeutsch Grien bedeutet „Kies, feines Geröll, grober Sand". Halde, im Baselbiet häufig Holde(n), hat sich aus dem althochdeutschen Adjektiv halda „geneigt" entwickelt. Als Flurnamenelement hat es die Bedeutung „Abdachung, Abhang eines Hügels, Berges, Berglehne".

Im Grueb, „bei der Senke", war zwischen ca. 1935 und ca. 1960 Standort einer Abfalldeponie.

Gstalten bedeutet „Steigung". Der Geltungsbereich des Namens ist verschoben worden von der Steigung auf die Terrasse, auf welche sie führt. Das anlautende G- ist Überbleibsel von ge-/gi-, einer Vorsilbe zur Bezeichnung von Gesamtheiten. Schweizerdeutsch Stalden „steiler Abhang, ansteigender Weg" kommt nur noch in Flurnamen (z. B. Muristalden) vor; in der Umgangssprache ist es durch Stutz ersetzt worden.

Hohlandschaft heisst das oberhalb des ⇨*Augster Stichs* und deshalb von Rheinfelden aus gesehen erhöht gelegene Gelände, auf dem 1952 ein Hof gebaut wurde, den man *Hardhof* nennt.

Das *Höllloch*, die „unheimliche Vertiefung", eine Senke respektive Bucht an der Ergolz, wurde vormals als Deponie genutzt. Mit dem Loch ist der Name verschwunden.

Lochmatt erinnert an die früheren topographischen Verhältnisse, als das ⇨*Höllloch* noch nicht aufgefüllt war.

Die unterschiedliche mundartliche Aussprache von *Lo(ch)acher* lässt keine sichere Deutung des schlecht belegten Flurnamens zu. Als Bestimmungswort kommt am ehesten Loch „Senke" in Frage, weniger Loh(e) „Grenzzeichen", obwohl die Flur nahe der Gemeindegrenze liegt.

Das Bestimmungswort in *Lochhau* verweist auf die Doline nördlich des ⇨*Eichlihagwegs*, die Teufelschuchi genannt wurde. – hau ist vom Verb hauen mit der Bedeutung „mit einem scharfen Werkzeug schneiden" abgeleitet. Die alte Waldwirtschaft teilte den Wald in Haue ein.

Auf der Schanz ist eine Geländeterrasse, die einer militärischen Befestigung, einem Abwehrwall ähnlich sieht.

Der Hügel mit dem römischen Tempel wird seiner Lage wegen *Schönbüel* genannt. Schweizerdeutsch Büel, Büchel, althochdeutsch buhil, heisst „Hügel".

Im Falle des *Schwarzachers* hat die dunkel gefärbte Erde namengebend gewirkt. Ob es sich um eine Kulturschicht aus der Zeitenwende vom Altertum zum Mittelalter handelt?

Der Untergrund des *Steinlers* ist mit Mauersteinen und Bauschutt aus römischer Zeit durchsetzt. Die Flur war Zentrum der vor Hochwasser geschützten römischen Oberstadt.

Der *Augster Stich* ist die von Rheinfelden aus gesehen Richtung Augst auf die Terrasse von ⇨*Hohlandschaft* führende Steigung.

Die *Böse Sulz* hat ihren Namen vom schlecht zu bearbeitenden sulzigen, d. h. sumpfigen Gelände.

Pflanzenwelt

Asphof, in einer Schenkungsurkunde von 1284 erstmals schriftlich erwähnt als „Gut Asp im Banne Augst", ist der Hof beim Espengehölz, in der älteren Mundart Asp.

Der Geltungsbereich des Namens *Eichlihag* dürfte massiv erweitert worden sein: Was ursprünglich einen kleinen Bestand junger Eichen bezeichnet haben mag, meint nun eine ausgedehnte Waldung.

Das *Gheidholz* auf älteren Plänen auch *Keitholz*, ist die „Waldung beim weiten offenen Feld". Abgeleitet von mittelhochdeutsch heide bezeichnet der Flurname Heid oft weite, offene Felder. Das anlautende G- ist Überbleibsel von ge-/gi-, einer Vorsilbe zur Bezeichnung von Gesamtheiten. Das Wort Holz hat im Verlauf der Sprachgeschichte eine Bedeutungsverengung erfahren. Es war ursprünglich nicht bloss Materialbezeichnung, sondern meinte auch das, was wir heute Wald nennen.

Hard heisst so viel wie „(ehemaliger) Wald, Weide": In früheren Zeiten wurden Hornvieh und Schweine gerne in lichte Wälder auf die Weide getrieben.

Ein kleiner Nussbaum dürfte im Fall der Flur *Nussbäumli* namengebend gewesen sein.

Im Rohr hat ursprünglich ein Wäldchen geheissen, das Ende der 1960er Jahre gerodet und dessen Untergrund (Kies) abgetragen worden ist. Ro(h)r bezeichnet in der Regel (einst) sumpfiges, schilfbestandenes Gebiet.

Das *Junkholz*, bereits 1352 als „Jungholtz" erwähnt, heisst so, weil dort, wohl nach einem Kahlschlag, junger Wald aufkam.

Die Flur *Schafbaum* hat ihren Namen von einem Baum erhalten, unter dem Schafe zusammengetrieben wurden. Bis zu diesem Baum hatten die Rheinfelder mit ihrem „gehürnten Vieh" ungehindert zur Weide fahren können. Als dann aber 1587 ein Rheinfelder „Hirt die Herde nach altem Brauch bis an den Bach zur Tränke getrieben habe, (…) seien plötzlich Augster daher gekommen und hätten ihm das Horn abgenommen. Wider alles Recht hätten sie es nicht mehr herausgegeben. Die Rheinfelder hielten diese symbolische Pfändung für ein grosses Unrecht und verlangten Wiederherstellung des Rechts, allenfalls durch ein gerichtliches Urteil. Die Augster gaben den Hergang zu, brachten aber einige Ergänzungen an: der Rheinfelder Hirt sei kürzlich sogar drei Tage nacheinander über die Banngrenze gefahren, und zwar über die untere Rheinstrasse, was bis dahin nie Brauch gewesen sei; das sei auf Befehl des Herrn Schultheissen geschehen. Als dann alles gütliche Abmahnen nichts verfangen wollte, seien sie zur Pfändung geschritten."[2]

Tannechopf ist die „mit Tannen bestandene Kuppe".

Vogelbeerschlag heisst so viel wie „Aushau, kleine Rodung, auf der es viele Vogelbeerbäume hat". Der Geltungsbereich des Flurnamens ist offensichtlich grösser geworden.

Widhag genannt wurde wohl ursprünglich ein aus Weiden bestehender Hag, dann auch dessen nähere Umgebung.

Tierwelt

Die *Dachshalde* war einst offenbar ein Revier für Dachse.

Fuchsloch, „Senke, wo Füchse hausen", heisst heute ein Stichsträsschen an den Rhein sowie dessen Umgelände, das vor Errichtung des Kraftwerkes umfangreicher und von diversen Gebäuden bestanden war.

Am *Schnäggeberg*, einem steilen Bord gegen den Violenbach, hat es offenbar schon früher sehr viele Schnecken gegeben.

Wolfheulete ist wohl nicht, wie eine volkstümliche Deutung lautet, ein Ort, wo man Wölfe heulen hörte, sondern auf eine erschlossene Form wolfhautalen zurückzuführen zu Wolf, Hau – die alte Waldwirtschaft teilte den Wald in Haue ein – und Tal, bedeutet also „Tal bei der Waldung, dem Aushau, wo Wölfe auftauchen". Es ist sehr wohl möglich, dass sich in den Giebenach am nächsten gelegenen Teil der ausgedehnten Waldungen westsüdwestlich von Rheinfelden einst Wölfe vorgewagt haben.

Besitzverhältnisse

Der *Bernhardsacher* war einst im Besitz eines Bernhard.

Der frühe Beleg „sant gallenacker" für *Gallisacker* zeigt eindeutig, dass der Besitzer, das Kloster Sankt Gallen, namengebend war.

Das *Herrenholz* war ursprünglich wohl ein Stück Wald, das der Kirche gehörte und von den Pfarrherren genutzt werden durfte.

DIE FLURNAMEN

Die *Liebrüti*, eine Rodung, wurde nach einem Besitzer mit dem Über- oder Familiennamen Lieb benannt.

Die *Lienertshalde* war wohl einst Eigentum eines Leonhard oder Lienhart.

Der Ertrag des *Pfaffenacher* dürfte den Pfarrherren oder der Kirche zugestanden haben.

Ein Besitzer mit der zum Familiennamen gewordenen Berufsbezeichnung Sager hat sehr wahrscheinlich der Flur *Im Sager* zu ihrem Namen verholfen.

Die *Schmidmatt* gehörte bis zur Restaurierung des römischen Gewerbehauses der Kaiseraugster Familie Schmid.

Der *Spiegelgrund* war vormals möglicherweise Eigentum eines Angehörigen einer Familie Spiegel oder Spiegler.

Der *Staatswald* gehörte ursprünglich dem Kloster Olsberg und hiess deshalb dazumal *Frauenwald*. Beim Einzug der Klostergüter gelangte er in den Besitz des Kantons.

Wilental, die ursprüngliche Form von *Wildental*, verweist auf den ehemaligen Besitzer, das Wyhlener Kloster „Himmelspforte". Wilental ist offenbar zu Wildental umgedeutet worden.

Lage und Form von Grundstücken

Augsterfeld heisst die beidseits der Grenze zwischen Füllinsdorf und Augst gelegene Flur, weil sie von Füllinsdorf aus gesehen, wo der Name vor allem gebräuchlich ist, Augst zu liegt.

Augstergraben genannt wird die von Olsberg respektive Rheinfelden aus gesehen an der Grenze zu Kaiseraugst gelegene Vertiefung zwischen Eichlihag und Frauenwald.

Die Flur *Auf dem Berg* liegt auf der Anhöhe westlich des Rifelderhübels.

Die *Chänelmatt* ist die Wiese, durch welche ein kleiner Kanal fliesst. Auf diesem Areal mag früher das Bächlein, das dem östlichen Rand von Böötme entlang fliesst, vom Violenbach abgeleitet worden sein. - Schweizerdeutsch Chänel „Röhre, Rinne" ist ein Lehnwort aus dem Lateinischen (canalis „Röhre, Rinne, Kanal").

Chällermatt heisst „Wiese in der kellerartigen Vertiefung". Schweizerdeutsch Chäller, hochdeutsch Keller, ist ein Lehnwort aus dem Lateinischen (cellarium „Speise, Vorratskammer").

Churzenbettli, Name einer Flur und eines Hofes, ist nach den dortigen kurzen Ackerstücken benannt.

Die *Churzmatt* heisst so, weil die Längenausdehnung der Parzellen zwischen der Landstrasse nach Giebenach und dem Violenbach relativ gering ist.

Der *Gassenacher* liegt in der engen Passage zwischen einem kleinen Wäldchen und dem Violenbach.

Gebsenacher könnte mit schweizerdeutsch Gebse „kleineres Holzgefäss" in Zusammenhang gebracht werden. Da das Gelände topfeben ist, will die Deutung nicht recht einleuchten.

Hinter de Mure, bereits 1354 als „hinder muren" bezeugt, wurde das Areal genannt, das vom Dorf aus gesehen hinter der *Heidemur* lag, der ehemaligen Mauer des spätrömischen Castrums.

Hinter den Bünten heisst das Areal, das von Kaiseraugst aus gesehen hinter den Bünten lag, den eingezäunten, vom Weidgang ausgeschlossenen, der privaten Nutzung vorbehaltenen Grundstücken.

Die *Husmatt* ist die Wiese beim Haus.

Die *lange Jurten* bestand aus langgestreckten Streifen Acker- und Wieslandes. Jucharte ist ein altes Flächenmass: Eine Jucharte, ca. 36 a, vermochten zwei Zugtiere unter dem Joch an einem Tag umzupflügen.

Jenseits des Weges, der quer über das Feld Richtung ⇨*Challeren* verlief, schloss an die ⇨*lange Jurten* die *kurze Jurten* an. Dieser Flurname wurde allerdings nur von den Landeigentümern gebraucht und ist seit längerer Zeit ausgestorben.

Der Flur *Marchstein* hat der Grenzstein mit der Nummer XIV den Namen gegeben.

Der *Rifelderboden* liegt wie der *Rifelderhübel* vom Südwesten des Kaiseraugster Banns aus gesehen der ehemaligen Herrschaft Rheinfelden zu.

Rinau heisst so viel wie „am Ufer des Rheins gelegenes Wiesland".

Das *Schuefehölzli* hatte wohl ursprünglich die Form einer Schueffe, eines „langstieligen Schöpfers für Wasser oder Jauche".

Auf oder in der Nähe der *Schürmatt*, bereits 1354 als "schuragker" belegt, wird eine Scheune gestanden haben.

Schützenhölzli heisst so viel wie „kleiner Wald beim Schiessplatz".

Die *Sichelen* ist eine sichelförmige Geländekerbe.

Die *Spitzmatt* läuft spitz aus.

Stundenglas heisst die stundenglas-, also sanduhrförmige Flur um Friedhof, Gemeindeverwaltung und Post an der westlichen Gemeindegrenze von Augst.

Der *Talhof* ist das im Tal des Violenbaches gelegene Gehöft samt Umgelände.

Der erst im 20. Jahrhundert erbaute *Violenhof* liegt in der Nähe des Violenbaches.

Violenried heisst so viel wie „Sumpfgebiet am Violenbach". Schweizerdeutsch Riet, Ried genannt werden einerseits verschiedene Riedpflanzen und Schilf, anderseits mit Riedpflanzen bewachsenes Gelände, allgemein unbebautes, sumpfiges Erdreich.

Der Name des *Walmenachers* dürfte auf dessen walmförmig vorspringende Gestalt zurückzuführen sein. Walm bedeutet „Teil des Dachstockes, Getreidekammer", aber auch „(längliche) Anhäufung von Gras, Schnee, Erde". Da im benachbarten Pratteln im 17. Jahrhundert ein „Walms guott" bezeugt ist, kann der Name aber auch auf einen ehemaligen Besitzer verweisen.

Winkel heisst so viel wie „in der Ecke gelegene Flur".

Die *Winkelmatt* ist die „winkelförmige oder in einem Winkel gelegene Wiese".

Bewirtschaftung und Nutzung

Baumgarten genannt wurden in der Regel in Hausnähe gelegene Grundstücke, die zum Anbau von Obst dienten.

Auf *Bireten*, schon 1375 als „in Birraten" bezeugt, müssen vormals viele Birnbäume gestanden haben.

Alte Fischzucht heisst das Areal am Violenbach, dessen Nutzung namengebend war.

Auf der *Hirsrüti*, einer ehemaligen Rodung, ist früher wohl vor allem Hirse angepflanzt worden.

Der *Leimgruebehau* ist das Waldstück bei der Leimgrube. Die alte Waldwirtschaft teilte den Wald in Haue ein. Die Leimgrube befand sich ca. 180 m südlich von Pt. 302 (623/264). Hier wurde Lehm für die Scheunenböden gegraben.

Neusatz getauft wurde der Kulturlandspickel, der neu mit Reben bepflanzt wurde.

Die ältesten Belege und die Lage der Flur deuten darauf hin, dass der Name *Obermüli* aus ob der muly „oberhalb der Mühle gelegen" zu Obermüli verschmolzen ist. Die Deutung „zur obern Mühle gehörig" ist aber nicht auszuschliessen.

DIE FLURNAMEN

Das heute mit Einfamilienhäusern überbaute Areal *Äussere Reben* war einst das mit Reben bestockte Gebiet, das am weitesten vom alten Dorfkern von Kaiseraugst entfernt war. Ein ehemaliger kleiner Rebberg wurde nach dem Wüten der Reblaus aufgegeben. – *Innere Reben* ist wohl eine jüngere Analogiebildung.

Rebgarten heisst so viel wie „eingezäuntes Gebiet, das mit Reben bestockt ist".

Stelli bedeutet „Ort, wo das Weidvieh über Mittag an einem Schattenplatz zusammengetrieben wurde". Der Name ist deshalb auf den ersten Blick seltsam, weil er heute einem Stück der grossen Waldung südöstlich von Kaiseraugst zukommt. Auf der Plankopie 17 der Gemeinde Kaiseraugst von 1879 ist im Raum Stelli aber noch eine ca. 60x20 m grosse Lichtung, wohl eine ehemalige Rodung, eingezeichnet, auf der heute Jungwuchs steht. Auf diese Rodung mag früher das Vieh, das man im Wald weiden liess, am Abend zur Nächtigung getrieben worden sein. Der Geltungsbereich des Namens hat sich von der Rodung auf den umgebenden Wald ausgedehnt.

Der *Zelglihof* ist das „Gehöft bei der kleinen Zelg, beim Feld, das abwechslungsweise zum Anbau von Getreide und als Weide dient." Zelg ist ein zur Dreifelderwirtschaft gehörender Begriff.

Gewerbe

Bei *Cholgruebe* wurde vormals geköhlert, Holzkohle hergestellt. Das uralte Gewerbe wurde von Randgruppen der bäuerlichen Bevölkerung betrieben.

Auf dem Areal *Alte Saline* stand einst eine Saline, also eine Salzgewinnungsanlage. Ihr Betrieb wurde nach dem Bau des Kraftwerkes (1908-1912) eingestellt. Mit dem Dampf der Anlage wurde laut Hans Schauli auch ein Hammerwerk betrieben, wo u. a. Bohrer und Meissel geschärft wurden, die in der angegliederten Steinfabrik Verwendung fanden.

Der *Ziegelhof* war der umschlossene Platz, wo Ziegel hergestellt wurden.

Bauten

Auf *Buebechilch* könnte an der Landstrasse nach Rheinfelden vormals eine Wegkapelle gestanden haben. Herkunft und Bedeutung des Flurnamens sind jedoch dunkel.

Die erst im 16. Jahrhundert auftauchende Ortsbezeichnung *Chastelen* heisst so viel wie „bei der Befestigungsanlage". Schweizerdeutsch Chastel „Schloss, Burg" ist ein Lehnwort aus dem Lateinischen (castellum „Befestigungsanlage"). Namengebend war die Befestigungsanlage in der Oberstadt von Augusta Raurica.

Der jüngere Flurname *Curia* nimmt Bezug auf die ehemalige römische Curia, das Amtsgebäude, Ort, wo Bürgerschaft respektive Senat sich versammelten.

Feldhof, Name eines Hofes mit Umgelände, ist jüngeren Datums: Der Feldhof wurde im 19. Jahrhundert erbaut.

Der Name *Nün Türm* nimmt Bezug auf die Ruine des römischen Theaters, die früher als Überreste eines antiken Schlosses betrachtet wurden.

Das *Schlössli*, das „schlossartige Gebäude", ist ein altes Dreisässenhaus. Es hiess auch Offenburger Schloss, weil es im 16. Jahrhundert von den Offenburgern erbaut worden war, einem mächtigen adligen Basler Geschlecht, das im Besitz des Augster Lehens war und dem bis 1556 die Hälfte der Zolleinnahmen zufloss.

Tempelhof heisst der beim ehemaligen römischen Tempel im westlichen Teil der Oberstadt gelegene Hof samt Umgelände.

Verschiedenes

Der nordwestliche, flache Abschnitt des *Chesslergrabens* war einst Aufenthaltsort von nicht-zünftigen, herumziehenden Kessel- und Schirmflickern.

DIE FLURNAMEN

Im Dokter genannt wurden von West nach Ost verlaufende Parzellen zwischen Bahntrassee und der Landstrasse nach Rheinfelden östlich von ⇨*Gheidholz* und westlich von ⇨*Rohr*. Der Flurname dunkler Herkunft und Bedeutung wird nicht mehr verwendet, seitdem das Gelände durch Kiesausbeutung tiefer gelegt worden ist.

Eidsträsschen hiess ein Wegabschnitt bei einer Brücke über den Violenbach in der Gegend der Fischzucht. Der Name ist nicht mehr im Gebrauch. Er rührte nach Auskunft von Hans Schauli, Kaiseraugst, daher, dass Kaiseraugster Bauern, die jenseits des Violenbaches Land bebauten und die Verbindung benutzten, um Gras, Heu, Ackerfrüchte usw. zu transportierten, einen Eid schwören mussten, jeweils nichts zu schmuggeln.

Die *Fyrtigächer* ganz im Süden des Kaiseraugster Gemeindebannes wurden von Giebenachern bewirtschaftet, und durften, da auf katholischem Gebiet liegend, an katholischen Feiertagen nicht bestellt werden.

Gallezen gehört zu den ältesten überlieferten Augster Flurnamen. Die Deutung ist jedoch unsicher. Ältere Augster/-innen bringen den Namen mit den Galiziern in Verbindung, was sprachwissenschaftlich aber unzulässig ist. Nicht auszuschliessen ist hingegen, dass dem Namen das romanische galet „Kieselstein" zu Grunde liegt. Falls der Name deutsch sein sollte, ist ein Bezug zu Galle „feuchte Stelle im Acker" auch „Boden aus hartem Sandstein" am wahrscheinlichsten. Möglich ist allerdings auch die Rückführung auf einen Familiennamen oder eine Berufsbezeichnung Galzer, Galzner „Schweineverschneider" zum schweizerdeutschen Galz „verschnittenes Schwein".

Der *Guggeregge* heisst nach Auskunft von Gewährspersonen nicht so, weil das kleine Wäldchen am Ostende des Stichsträsschens Aufenthaltsort des Kuckucks war, sondern verdankt seinen Namen einem Scherz.

Bedeutung und Herkunft des Flurnamens *Hell* sind nicht geklärt; Hans Schauli, Kaiseraugst, bringt ihn mit Höll in Zusammenhang: Das Gras sei dort im Sommer – vielleicht des Schotteruntergrundes wegen – jeweils verbrannt. Südwestlich von *Hell*, bei der Ergolzmündung, befand sich das ⇨*Höllloch*. Vielleicht besteht ein Zusammenhang.

Von der *Hohwart* oder einem dort stehenden Gebäude aus dürfte vormals gespäht worden sein. Der Name verweist zusammen mit ⇨*Auf der Schanz* und *Auf der Wacht* auf Militäranlagen zur Sicherung des Grenzübergangs zwischen Vorderösterreich und der Eidgenossenschaft.

Bedeutung und Herkunft des Flurnamens *Im Liner* sind dunkel. Da südöstlich die ⇨*Lienertshalde* anschliesst, drängt sich ein Zusammenhang mit dem Personennamen Leonhard bzw. dem Familiennamen Lienhart auf.

Pfefferlädeli hiess ein Hof mit Umgelände in der Ergolzniederung. Laut mündlicher Überlieferung hat eine potentielle Käuferin den Bau, der nach Errichtung des Kraftwerkes (1908-1912) geräumt und abgetragen worden ist, einst als Pfeffer(schub)lädeli bezeichnet.

Protzenalp, Ort an erhöhter Lage, wo geprotzt (angegeben) wird, ist ein scherzhafter Ausdruck für das so benannte Einfamilienhausquartier.

Herkunft und Bedeutung des Flurnamens *Rumpel* sind dunkel. Das lautmalerische Mundartwort Rumpel „Gepolter, Lärm, besonders von zusammenstürzenden Gegenständen" kann abschätzig auch Gerümpel „wertlose Dinge, Plunder" bedeuten.

Der Name des *Ruschebächli* mag mit schweizerdeutsch Rusch „Rauschen, Wassergeplätscher, Wasserfall", zum Verb ruschen „rauschen", zusammenhängen.

Um Nutzungsrechte des dem Kloster Olsberg gehörenden *Zankholzes* wurde lange Zeit gestritten: „1600 klagten die Giebenacher beim Rate zu Basel, dass die Augster sie am Akerit im Zankholze hinderten und damit einem früheren Schiedsspruch vor dem Landesgericht in Ensisheim zuwider handelten." [3]

Datengrundlage: Amtliche Vermessung, Erhebung durch Dr. Heinrich Hänger
Reproduziert mit Berechtigung der kant. Vermessungsämter
(AG/BL) vom 26.07.2006
Planerstellung: KOCH + PARTNER, Laufenburg, Dezember 2006

DIE FLURNAMEN

Augst
Augsterfeld
Baumgarten
Bernhardsacker
Challermatt
Chastelen
Churzenbettli
Curia
Ergolz
Feldhof
Fischzucht, alte
Gallezen
Gallisacker
Grienholden
Husmatt
Lo(ch)acher
Neusatz
Nün Türm
Obermüli
Pfefferlädeli
Protzenalp
Rhein
Rumpel
Ruschebächli
Schlössli
Schnäggeberg
Schönbüel
Schuefehölzli
Schwarzacker
Sichelen
Spitzmatt
Steinler
Stundenglas
Tempelhof
Violenbach
Violenried
Walmenacher
Wildental
Winkel

Kaiseraugst
Asphof
Augstergraben
Berg, auf dem
Bireten
Böötme
Buebechilch
Bünten, hinter
Challerenbrünnli
Challerenmatt
Challerenweg
Challerenweiher
Chänelmatt
Chesslergraben
Cholgruebe
Churzmatt
Dachshalde
Dokter, im
Eichlihag
Eidsträsschen
Ergolz
Flue-/Flüeweghalde
Frauenwald
Fuchsloch
Fyrtigächer
Gassenacher
Gebsenacher
Gheidholz
Grueb, im
Gstalten
Guggeregge
Hard
Hardhof
Heidemur
Hell
Herrenholz
Hirsrüti
Hohlandschaft
Hohwart
Höllloch
Junkholz
Jurten, kurze
Jurten, lange
Keitholz
Leimgruebehau
Liebrüti
Lienertshalde
Liner, im

Lochhau
Lochmatt
Marchstein
Mure, hinter de
Nussbäumli
Pfaffenacker
Reben, äussere
Reben, innere
Rebgarten
Rhein
Rifelderboden
Rifelderhübel
Rinau
Rohr, im
Sager, im
Saline, alte
Schafbaum
Schanz, auf der
Schmidmatt
Schürmatt
Schützenhölzli
Spiegelgrund
Staatswald
Stalden
Stelli
Stich, Augster
Sulz, böse
Talhof
Tannechopf
Violenbach
Violenhof
Vogelbeerschlag
Wacht, auf der
Widhag
Winkelmatt
Wolfheulete
Zankholz
Zelglihof
Ziegelhof

DIE FLURNAMEN

[1] Sie greift zurück auf den Beitrag von Anton Senti, ergänzt von Paul Suter, Die Flurnamen von Augst und Kaiseraugst in: Geschichte von Augst und Kaiseraugst, 2. Aufl., Liestal 1976, S. 247-251, und darf in verdankenswerter Weise Unterlagen der Forschungsstelle für Orts- und Flurnamenforschung Baselland verwenden. Hilfreich waren insbesondere auch die Auskünfte meiner Kaiseraugster Gewährsperson, Hans Schauli.

[2] Laur-Belart Rudolf, Senti Anton, Salathé René und Koch Walter, Geschichte von Augst und Kaiseraugst. – Liestal 1962, S. 68f.

[3] Laur-Belart Rudolf, Senti Anton, Salathé René und Koch Walter, Geschichte von Augst und Kaiseraugst. – Liestal 1962, S. 69.

DANK

Die Arbeit ist beendet – vor uns liegen zwei reich illustrierte Bücher. Es war ein langer Weg, der zu diesem stolzen Ergebnis geführt hat, und so gilt es, an dieser Stelle nochmals an die vielen hilfreich Mitwirkenden zu erinnern, die mit ihrem Einsatz und Können zum Gelingen des Unternehmens „Augst und Kaiseraugst: zwei Dörfer – eine Geschichte" beigetragen haben. Einige davon sind im Vorwort erwähnt, andere sollen hier genannt werden:

- das Fotografenteam: Ursi Schild, Giuseppe Esposito, Ronny Wittenwiler
- Urs Wullschleger, der aus seiner wertvollen Sammlung historisches Bildmaterial, eigene fotografische Dokumentationen von Kaiseraugster Architektur und Bauwerken wie auch Natur- und Vogelfotos grosszügig zur Verfügung gestellt hat,
- Mitarbeiterinnen und Mitarbeiter der beiden Gemeindeverwaltungen
- sowie viele weitere ungenannt bleibende Personen, die sich mit kleineren oder grösseren Beiträgen für dieses Werk eingesetzt haben.

Ihnen allen gebührt der Dank des Autorenteams, der Behörden von Augst und Kaiseraugst sowie der Herausgeberin des Werkes, der Ortsbürgergemeinde Kaiseraugst.